T0349708

1682 J.B.METZLER

Übergänge

Zwischen Künsten und Kulturen

Internationaler Kongress
zum 150. Todesjahr
von Heinrich Heine und Robert Schumann

Herausgegeben von Henriette Herwig,
Volker Kalisch, Bernd Kortländer,
Joseph A. Kruse und Bernd Witte

Verlag J. B. Metzler
Stuttgart · Weimar

Redaktion: Wolfgang Delseit
unter Mitarbeit von Kumi Dahlke-Oyamada
und Florian Trabert

Bibliografische Information der Deutschen Nationalbibliothek
Die Deutsche Nationalbibliothek verzeichnet diese Publikation
in der Deutschen Nationalbibliografie; detaillierte bibliografische Daten
sind im Internet über <http://dnb.d-nb.de> abrufbar.

Gedruckt auf säure- und chlorfreiem, alterungsbeständigem Papier.

ISBN: 978-3-476-02184-7

www.metzlerverlag.de
info@metzlerverlag.de
Einbandgestaltung: Willy Löffelhardt
Druck und Bindung: Kösel, Krugzell; www.koeselbuch.de
Printed in Germany
September 2007

Verlag J.B.Metzler Stuttgart · Weimar

Inhaltsverzeichnis

Vorwort

Im Jahr 2006 wurden die 150. Todestage Heinrich Heines und Robert Schumanns begangen. Die Biografien beider Künstler sind mit der Stadt Düsseldorf eng verbunden: Heine wurde hier geboren, Schumann erlebte als Musikdirektor in Düsseldorf seine letzten produktiven Jahre. Die Stadt und verschiedene in ihr angesiedelte Institutionen haben diese Gelegenheit ergriffen, mit einer Vielzahl von Veranstaltungen an die beiden weltberühmten Persönlichkeiten zu erinnern. Zur Folge der großen und viel beachteten Veranstaltungen zählte auch ein internationaler wissenschaftlicher Kongress, den die Heinrich-Heine-Universität Düsseldorf, das Heinrich-Heine-Institut der Landeshauptstadt Düsseldorf und die Robert-Schumann-Hochschule Düsseldorf gemeinsam organisiert haben. Er hatte sich die Aufgabe gestellt, beide Personen und ihre Wirkungskreise zusammen in den Blick zu nehmen, sie wechselseitig zu beleuchten und diese übergreifende Perspektive für den Dichter wie für den Komponisten fruchtbar zu machen.

Denn Heine und Schumann verbindet mehr als einige gemeinsame biographische Erfahrungen, wie das berühmte Zusammentreffen des jungen Abiturienten Schumann mit dem bereits arrivierten Autor Heine am 8. Mai 1828 in München, gemeinsame Freunde und Bekannte oder eben der gemeinsame Bezug auf Düsseldorf. Auch die Tatsache, dass Schumann mit Heine-Texten seinen Durchbruch als Liederkomponist erlebte und insgesamt 40 Gedichte Heines in Musik setzte, war nicht der zentrale Ausgangspunkt für den Kongress. Im Vordergrund stand vielmehr die kulturelle Bedeutung beider Künstler: Heine und Schumann haben die deutsche Romantik zu ihrem Höhepunkt geführt und zugleich Schneisen geschlagen für den Durchbruch der europäischen Moderne im bürgerlichen Zeitalter. Dazu gehört auch das Interesse an medialen Übergängen: Nehmen Fragen nichtliterarischer Ausdrucksformen – Malerei, Musik, Theater und Tanz – in den Schriften des Dichters und Prosaisten Heine einen großen Raum ein, so bezeugen die Liedvertonungen Schumanns, aber auch seine Rezensionen und Musikkommentare und die eigenen literarischen Versuche das tiefe Verständnis des Komponisten für die spezifischen Möglichkeiten der Literatur. Die 52 Beiträge des Kongresses berücksichtigen insbesondere die praktischen und theoretischen Überschneidungen von Literarischem, Musikalischem und Medialem. Sie stammen von Literatur- und MusikwissenschaftlerInnen aus Deutschland, Australien, Belgien, Frankreich, Japan, Kanada, Österreich, der Schweiz und den USA.

Möglich geworden sind der Kongress und das ihn mit verschiedenen Konzerten und Lesungen begleitende Kulturprogramm durch das ausgesprochen kollegiale Zusammenwirken der drei Feder führenden Institutionen. Bei der Vorbereitung half eine Runde von erfahrenen Heine- und Schumann-Experten. Unterstützt wurde die Tagung in der Hauptsache von der Deutschen Forschungsgemeinschaft, der für ihren Mut, ein solch außergewöhnliches Projekt zu fördern, ganz besonders zu danken ist. Finanzielle und persönliche Hilfe kam dem Kongreß aber auch zugute durch eine Reihe weiterer Partner und Förderer: Neben der Heinrich-Heine-Universität Düsseldorf und der Robert-Schumann-Hochschule waren in großer Einmütigkeit die Gesellschaft von Freunden und Förderern der Heinrich-Heine-Universität, die Heinrich-Heine-Gesellschaft, die Universität Duisburg Essen, das Steinway-Haus Heinersdorff und die Schlösser-Brauerei an der Finanzierung beteiligt. Allen Einrichtungen sei an dieser Stelle ganz herzlich für Ihren Beitrag zum Gelingen des Kongresses gedankt.

Die Finanzierung dieses Bandes hat das Heinrich-Heine-Institut der Landeshauptstadt Düsseldorf übernommen. Der Dank der Herausgeber gilt aber genau so den vielen Personen und Institutionen, die den für den Kongress passenden Rahmen geschaffen haben: dem Rektor der Heinrich-Heine-Universität Düsseldorf, Prof. Dr. Dr. Alfons Labisch, und dem Direktor der Kunstsammlung Nordrhein-Westfalen, Prof. Dr. Armin Zweite, für ihre ausführlichen Grußworte; Prof. Dr. Bernhard Appel und Dr. Matthias Wendt von der Robert-Schumann-Forschungsstelle für vielfältige Anregungen; der Prorektorin der Robert-Schumann-Hochschule, Prof. Barbara Szczepanska, für ihre organisatorische Unterstützung; dem Museum »K 20« und der Stadt Düsseldorf, die Veranstaltungsräume zur Verfügung gestellt haben; der zweiten Vorsitzenden der Heinrich-Heine-Gesellschaft, Renate Loos, für den Empfang im Heinrich-Heine-Institut; den Musikerinnen und Musikern der Robert-Schumann-Hochschule und den vielen Helferinnen und Helfern aus Universität, Musikhochschule und Heine-Institut, die für eine angenehme Atmosphäre und einen reibungslosen Ablauf des Programms gesorgt haben. Unseren besonderen Dank möchten wir Britta Claus, Dr. Karin Füllner, Dr. Karl Ivan Solibakke, Nina Sträter, Florian Trabert und Dr. Yvonne Wasserloos für ihre Mitwirkung bei der Organisation und Durchführung des Kongresses, Dr. Wolfgang Delseit, Kumi Dahlke-Oyamada und Florian Trabert für die redaktionelle Bearbeitung des Sammelbandes aussprechen.

Düsseldorf, im Mai 2007

Die Herausgeber

Die Kunst, die Freiheit, der Teufel und der Tod

Strategien des Überlebens bei Heine und Schumann

Peter von Matt

Zum Prozess der Moderne gehört die Verwandlung des Teufels. Die vorherrschende Meinung sieht es allerdings anders. Sie denkt sich den Teufel als etwas, woran man glaubt oder nicht glaubt. Ein vernünftiger Mensch glaubt nicht an den Teufel. Ein vernünftiger Mensch hat ihn abgeschafft. Für die vorherrschende Meinung gehört zum Prozess der Moderne daher ganz selbstverständlich die Abschaffung des Teufels. In Wahrheit aber kann der Teufel so wenig abgeschafft werden wie der Liebe Gott. Beide sind eingelagert in jenen Bereichen unserer Seele, über die wir keine Verfügungsgewalt haben. Beide können wir nur verschieben oder verwandeln.

Heinrich Heine hat an der Verwandlung des Teufels vielfach partizipiert. Er hat sich immer neu mit ihm beschäftigt. Meistens setzt er mit volkskundlichen Berichten ein, erzählt von Teufelssagen und kuriosen Nachrichten in alten Volksbüchern. Dann gleitet er unmerklich über in ein geschliffeneres Reden. Ein Beispiel dafür findet sich im herrlichen Essay »Elementargeister«. Da zählt er den Teufel zunächst zu den Feuergeistern, die im Feuer wohnen, wie die Sylphen als Luftgeister in der Luft hausen, die Gnomen als Erdgeister in der Erde und die Undinen als Wassergeister im Wasser. Dann kommt er auf den Hexensabbat zu sprechen und auf den Satan als den Liebhaber der Hexen, die auf ihren Besenstielen zur nächtlichen Hochzeit anfliegen. Lauter kurzweilige Geschichten. Aus einer davon entnimmt er, dass der Teufel gerne argumentiere und scharfsinnig sei wie ein ausgepichter Jurist. Mit sophistischen Schlussfolgerungen gelinge es ihm, jeden Teufelspakt zu seinen Gunsten auszulegen und die Opfer in die Hölle zu spedieren. Dazu zitiert er Dante, bei dem der Teufel zu einer erwischten Seele sagt: »Tu non pensavi ch'io loico fossi!« (B 3, 677) – »Du hast nicht bedacht, daß ich ein Logiker bin.« Und nun kommt Heine erst richtig in Fahrt. In einer glänzenden Passage lässt er den Teufel vom Logiker zum Aufklärer werden, zum Selbstdenker, zum freien Geist, der es wagt, sich seiner Vernunft zu bedienen. Und immer deutlicher erscheint dabei hinter der Maske des Gehörnten das Gesicht des Autors selbst:

> Der Teufel ist ein Logiker. Er ist nicht bloß der Repräsentant der weltlichen Herrlichkeit, der Sinnenfreude, des Fleisches, er ist auch Repräsentant der menschlichen Vernunft, eben weil diese alle Rechte der Materie vindiziert; und er bildet somit den Gegensatz zu Christus, der nicht bloß den Geist, die asketische Entsinnlichung, das himmlische Heil, sondern auch den Glauben repräsentiert. Der Teufel glaubt nicht, er stützt sich nicht blindlings auf fremde Autoritäten, er will vielmehr dem eigenen Denken vertrauen, er macht Gebrauch von der Vernunft! (B 3, 677f.)

Die Kirche aber, fährt Heine fort, habe folgerichtig diesen »Repräsentanten der Vernunft für den Vater der Lüge erklärt«. (B 3, 678) Denkt man die Aussage etwas weiter, dann drängt sich der Schluss auf, der Vater der Lüge sei das Medium der Wahrheit.

Unverfrorener als hier wird die Verwandlung des Teufels nirgends vollzogen. Der Teufel wird zu Heinrich Heine. Heinrich Heine wird zum Medium der Wahrheit. Genau damit aber, mit dieser Konsequenz, die wir, nun selbst zu Logikern geworden, ziehen müssen, geraten wir an einen Punkt, wo die Gleichsetzung mit dem Teufel noch weit mehr freilegt. Eine der unheimlichsten Dimensionen von Heines Existenz zeichnet sich ab. Der Teufel wird zum Zerstörer jeder absolut gesetzten Wahrheit. Wo immer eine solche auftritt, muss er, muss also auch Heine zu einem Wesen werden, das, nach den Worten des »Herrn« in Goethes »Faust«, »reizt und wirkt und muß als Teufel schaffen«.[1] Auch wenn ihm diese Wahrheit eigentlich heilig wäre, muss er sie sabotieren, bis er sie, um der Sabotage einer weiteren Wahrheit willen, für eine Weile wieder sanktioniert. Man könnte dies für das lustvolle Spiel eines Zynikers halten. Heine selbst hat es anders erlebt. Für ihn war es ein Schicksal und ein Leiden.

Ludwig Börnes Angriffe auf Heine zielen genau auf diese Haltung gegenüber der fixierten Wahrheit. Sie bestimmen Heines Einstellung aber nicht erkenntnistheoretisch, sondern moralisch: als sittlichen Makel. Börne hat den Fall Heine zu einer Charakterfrage erklärt und so den *Cantus firmus* intoniert, der anderthalb Jahrhunderte lang durch alle Polemik um diesen Autor schallen sollte.

Wie kann die Wahrheit mit dem Charakter eines Menschen zusammenhängen? Börne, der prophetisch glühende Börne, spricht es deutlich aus: durch die Überzeugung. In der gelebten Überzeugung verbindet sich die Wahrheit mit dem Charakter. Wer Charakter hat, hält an seiner Überzeugung fest. Sie ist die Gestalt der Wahrheit in der Menschenbrust. Wer von der Überzeugung ablässt, ist charakterlos. Börne schreibt:

> Wenn Herr Heine zu seinem seltenen Rednertalente noch hinzuzufügen wagte das Talent, [...] irgend eine Überzeugung zu haben, aber eine feste, unerschütterliche Überzeugung, welche den herrischen Launen der Winde [...] Widerstand leistete [...], er wäre alsdann ein vollkommener Schriftsteller.[2]

Jetzt aber, so müssen wir schließen, ist er weder ein vollkommener Schriftsteller noch ein Charakter; ja er kann gar kein vollkommener Schriftsteller sein, weil er kein Charakter ist. Er hat seine Begabung, aber nicht mehr. »Ein Talent, doch kein Charakter«, so lautet von jetzt an das stereotype Schlagwort aller Heine-Gegner.

Börne verknüpft also die Frage von Wahrheit und Überzeugung mit der Frage der Kunst. Weil Heine unfähig sei, aus einer erkannten Wahrheit auch eine gelebte

1 Johann Wolfgang Goethe: Faust. Eine Tragödie. Prolog im Himmel, V. 343.

2 Zit. als Übersetzung aus dem Französischen in B 4, 713. Das französische Original in: Ludwig Börne: Gesammelte Schriften. Vollständige Ausgabe in sechs Bänden. Leipzig o.J., Bd. IV, S. 266.

Überzeugung zu machen, weil er vielmehr alle Wahrheiten anzweifle und seine Überzeugungen wechsle wie Handschuhe, bleibe er charakterlos, und das ruiniere ihn als Dichter.

Dabei treibe Heine, meint Börne weiter, seine Meinungswechsel nur um der eleganten Sätze willen. Ein Wörterverkäufer sei er und ein Phrasenlieferant. Auf dem großen Schlachtfeld der Meinungen renne er zwischen den Fronten hin und her und offeriere mit der Untertänigkeit eines Straßenhändlers überall seine schönen Worte. Bald preise er das Christentum, bald ziehe er es herab, je nach der Möglichkeit, eines seiner hübsch gestickten Sätzchen anzubringen. Himmel und Erde seien ihm nichts als die Leinwand, auf der er seine bunten Nadelarbeiten verfertige, die allen gefielen, wenn man sie von vorn betrachte, aber hässlich und wertlos würden, sobald man sie umdrehe.[3]

Börne wird nicht müde, immer neue Metaphern für Heines angebliche Grundsatz- und Charakterlosigkeit zu finden. Gerne greift er zu kulinarischen Vergleichen: Was Heine liefere, seien Obstsalate der Meinungen,[4] literarische Pürees, philosophische Crèmes und Steaks mit Vanillegeschmack.[5] Das Obsessive dieser Polemik lässt vermuten, dass Börne seinen Verdammungsurteilen selbst nicht ganz traute. Aber er sah offenbar keine Möglichkeit, dem Phänomen Heine anders als moralisch und charakterpsychologisch beizukommen. So häufte er denn Metapher auf Metapher, um die Welt von der Glaubens- und Lieblosigkeit seines alten Freundes zu überzeugen.[6] Das fulminanteste Bild ist die Allegorie vom großen Höhlenbau, durch den Heine, die schlaue Maus, allen lauernden Katzen entkomme:

> Der gewandtesten, schlausten, katzenartigsten Kritik würde es dennoch nie gelingen, Herrn Heine zu ertappen, der noch mehr Maus als die Kritik Katze ist. Er hat sich in allen Winkeln der moralischen, geistigen, religiösen und sozialen Welt Löcher aufgespart, und alle diese Löcher haben unterirdische Verbindungsgänge untereinander. Ihr sehet Herrn Heine aus einer von diesen kleinen Meinungen heraustreten, ihr verjagt ihn, er begibt sich darin zurück: ihr umzingelt ihn; ihr werdet selbst ertappt, siehe, da entwischt er aus einer ganz entgegengesetzten Meinung. Ergebet euch, ihr verliert eure Mühe und eure List. Ihr leset die oder die Seite von Herrn Heine, wo ihr eine falsche, abgeschmackte, lächerliche Behauptung findet; beeilt euch nicht, sie zu widerlegen, wendet das Blatt um, Herr Heine hat umgewendet und widerlegt sich selbst. (B 3, 710f.)

Wenn man diese Metapher vom Höhlenbau mit den vielen Eingängen genau betrachtet, wird darin weit mehr sichtbar, als Börne selber wusste. Für Börne stehen

3 Vgl. die gekürzte Übersetzung in B 4, 712 und das französische Original in Börne, Schriften (Anm. 2), Bd. IV, S. 260f.

4 »macédoines d'opinion«. Börne, Schriften (Anm. 2), Bd. IV, S. 254.

5 »Cette purée de littérature, cette crême de philosophie, ces beafsteaks à la vanille ne sont de mon goût.« Börne, Schriften (Anm. 2), Bd. IV, S. 255.

6 Vgl. den zusammenfassenden Satz: »Beleidigt Herrn Heine nicht, indem ihr ihn eines ernsten Strebens, eines Glaubens, einer Überzeugung für fähig haltet; Herr Heine weiß so gut als ich, daß nichts fürchten, nichts hoffen, nichts lieben, nichts verehren und kein Prinzip haben, die wesentlichsten Züge eines großen Charakters sind.« Zit. n. B 3, 711.

Wahr und Falsch schroff gegeneinander und schließen sich gegenseitig aus – nach der Grundregel der Logik, wonach »A« nicht zugleich »Nicht-A« sein kann. Auf dieser Grundregel beruhen alle dogmatischen Systeme, um derentwillen sich die Menschen noch begeisterter erschießen lassen als für Gold und Ölquellen. »Wer nicht für mich ist, ist gegen mich.« Mit der Höhlenmetapher aber spricht Börne selbst verschlüsselt aus, dass die gegensätzlichen Positionen unterirdisch zusammenhängen können und keineswegs so absolut sind, wie sie von außen erscheinen. Ahnungslos entwirft er die symbolische Vision einer *Coincidentia oppositorum*. Wenn wir dies ernst nehmen, dann ist Heine, der in den dunklen Verbindungsgängen zwischen den unvereinbaren Überzeugungen haust und bald hier, bald dort zum Vorschein kommt, näher bei der tatsächlichen Beschaffenheit der Welt als alle Doktrinäre der Wahrheit. Das würde Börne natürlich nicht gelten lassen. Und Heine selbst?

Heine selbst liebt es zwar, mit plakativen politischen und philosophischen Gegensätzen zu operieren und er kann sich dabei so begeistert auf die eine Seite schlagen, dass man überzeugt ist, er sei glücklich, morgen schon im Kampf dafür zu sterben. Und doch steht hinter den knallenden Positionsbezügen immer auch ein verschatteter Hintergrund, der die Rhetorik seltsam stumpf werden lässt. Gelegentlich bricht dieser Hintergrund auf und zeigt sich als klaffender Abgrund. Ein Schopenhauerscher Riss durch den Schleier der Maja ereignet sich dann, durch die schöne Fassade der Welt. Heine ist nicht der einzige Autor des 19. Jahrhunderts, der heimlich von Hegel zu Schopenhauer gewechselt hat, ohne Schopenhauer zu kennen.

Zwei Stichworte gibt es bei ihm für dieses Ereignis, das Meer und die Nacht. Angesichts des Meeres erfährt er, dass die Weltgeschichte nicht voranschreite zum immer Bessern, dass sie sich vielmehr »nach den Gesetzen von Ebb und Flut« nur hin und her bewege, »im erfolglosesten Kreislauf«, und »niemals weiter kommt.« (B 4, 49f.) So steht es im Börne-Buch. Damit unterläuft Heine die Lehre vom unaufhaltsamen Fortschritt, die ihn selbst und sein Jahrhundert doch so gewaltig beflügelt hat. Und wenn er diese Einsicht auch gleich wieder korrigiert und durch einen begeisterten Revolutionstaumel ersetzt, so widerlegt er damit doch die Botschaft des Meeres nicht. Sie bleibt immer hörbar wie ein fernes Rauschen.

Ein Ort, vor dem die installierten Wahrheiten kollabieren, ist das Meer; der andere, wichtigere ist die Nacht. In ihr wird der entschlossene Kopf mit all seinen blanken Parolen überrannt von einem zweiten Erfahren und Erkennen. In der Nacht stürzen die Wahrheiten des Tages zu wüsten Trümmern zusammen. Die Überzeugungen entdecken sich als Wahn. Das Licht der Idee erlischt und das Phantasma wird zur Gegenwahrheit. Davon reden lässt sich nur in Paradoxen, in bald schrillen, bald verdüsterten Bildern. Ein frappantes Beispiel steht im fünften Teil von Heines Börne-Buch. Hier wird das Wissen der Nacht spektakulär inszeniert, und doch muss die Beschreibung in ihrem eigenen Tumult scheitern:

> Wenn ich auch am Tage wohlbeleibt und lachend dahinwandle durch die funkelnden Gassen Babylons, glaubt mirs! sobald der Abend herabsinkt, erklingen die melancholischen Harfen in meinem Herzen, und gar des Nachts erschmettern darin alle Pauken

> und Zimbeln des Schmerzes, die ganze Janitscharenmusik der Weltqual, und es steigt empor der entsetzlich gellende Mummenschanz...
>
> O welche Träume! Träume des Kerkers, des Elends, des Wahnsinns, des Todes! Ein schrilles Gemisch von Unsinn und Weisheit, eine bunte vergiftete Suppe, die nach Sauerkraut schmeckt und nach Orangenblüten riecht! Welch ein grauenhaftes Gefühl, wenn die nächtlichen Träume das Treiben des Tages verhöhnen, und aus den flammenden Mohnblumen die ironischen Larven hervorgucken und Rübchen schaben, und die stolzen Lorbeerbäume sich in graue Disteln verwandeln, und die Nachtigallen ein Spottgelächter erheben... (B 4, 125)

Eine Vision ist das, die an jene von Hans Castorp im Schnee-Kapitel von Thomas Manns »Zauberberg« erinnert. Nur erfährt der wackere Castorp bald danach wieder die Gnade des Vergessens, während Heine das andere Wissen weiterschleppen muss in seinen Tag hinein und in all sein Lieben und Schreiben. Jede Überzeugung wird von diesen Giften angefressen. Jede Wahrheit wird zur Larve. Heine greift hier zu Metaphern, die mit denen in Börnes Polemik auffällig verwandt sind. Der »Obstsalat der Meinungen« und die »Steaks mit Vanille«, die Börne ihm so höhnisch vorhielt, gleichen verblüffend der »bunten vergifteten Suppe, die nach Sauerkraut schmeckt und nach Orangenblüten riecht«, von der Heine selbst spricht. Aber während Börnes schrille Vergleiche Heine als einen Mann ohne feste Überzeugung bloßstellen möchten, spricht dieser damit sein tiefstes Leiden aus. Klagend stellt er fest, dass es die eine Wahrheit gar nicht gibt, an der man nur tapfer festzuhalten hätte, und die Welt würde daran gesunden. Die Welt krankt vielmehr gerade an den absoluten Wahrheiten, um derentwillen die Menschen einander aufjauchzend totschlagen. Und also sieht sich Heine um des Wohls der Welt willen dazu verurteilt, »als Teufel zu schaffen«.

Heine selbst wäre an den absoluten Wahrheiten zugrunde gegangen, hätte er nicht das Spiel mit dem Höhlenbau entwickelt. Er wäre zugrunde gegangen als Jude am Christentum, als Christ am Judentum, als Deutscher an Frankreich, als Franzose an Deutschland, als Atheist an Gott, als Gottesgläubiger an der Materie, als Spiritualist an den Hellenen, als Bacchant an der Mystik, als Republikaner an der Aristokratie, als Aristokrat an der Gleichheit aller Menschen, als Künstler an der Politik, als Politiker an der Kunst, als Lyriker an der Prosa, als Prosaiker am Gedicht, als unbedingt Liebender an der Liebelei des Schürzenjägers und als Schürzenjäger an der unbedingten Liebe. Er konnte nur überleben im Akt des Widerspruchs. Was er im zitierten Passus den »entsetzlich gellenden Mummenschanz« nennt, das sind die höchsten Wahrheiten als grelle Masken im philosophischen Maskenball des Jahrhunderts – wie von James Ensor gemalt. 1840, 33 Jahre vor Nietzsches Schrift »Über Wahrheit und Lüge im außermoralischen Sinn«, nimmt Heine deren Bestimmung der Wahrheit voraus: »Was also ist Wahrheit? Ein bewegliches Heer von Metaphern, Metonymien, Anthropomorphismen, [...] Illusionen, von denen man vergessen hat, daß sie welche sind.«[7]

---

7 Friedrich Nietzsche: Werke in drei Bänden. Hrsg. v. Karl Schlechta. Bd. III. München 1966, S. 314.

Das Wissen der Nacht färbt alles Schreiben Heines ein. Es manifestiert sich in seiner Poetik der kontrastierenden Fügung, des ironischen Unterlaufens aller Setzungen, der fließenden Gattungsgrenzen, des zuckenden Wechsels von Jubel und Schwermut, des Zweifels am Wort und an der Sprache, des Verstummens mitten in der Eloquenz. Die Einheit des Kunstwerks kommt nicht mehr aus dem vorgegebenen Gesetz der Form wie bei den Klassikern, sondern allein aus der Erregung des fluktuierenden Subjekts. Setzt diese aus, endet auch der Text.

Börne meinte einmal, wenn er ein Fabelschreiber wäre, würde er eine Fabel verfassen über Luther und Heine, mit der Überschrift: »Le rocher et l'éponge« – »Der Felsblock und der Schwamm«.[8] Das ist einmal mehr böse gemeint. Es enthält Börnes ganze Theorie vom Zusammenfall der Wahrheit mit der Überzeugung und vom Heilscharakter der felsenharten Überzeugungen. Heine aber hat gewusst, dass die Überzeugung nicht die Verlängerung der reinen Wahrheit in die Menschenbrust hinein ist, sondern oft genug der Vorwand, mit dem man sich um die Arbeit des Zweifels drückt. Wäre die Überzeugung tatsächlich die Verlängerung der reinen Wahrheit in die Menschenbrust hinein, hätte es ja die furchtbaren Kriege zwischen lauter Überzeugten nicht geben können, die Europa über Jahrhunderte hin verwüstet haben. Heine hat vorausgesagt, dass die großen Katastrophen der Zukunft mit dem Krieg zwischen Deutschland und Frankreich beginnen würden. Diesen Krieg wollte er verhindern. Es gelang ihm nicht, und er behielt auf schreckliche Weise recht. Gewiss, man kann den Schwamm lächerlich finden und den Felsblock heroisch. Man kann in diesem Gegensatz aber auch das Flüssige und das Starre sehen, das lebendig Bewegte, Offene, zur Wandlung Bereite gegenüber dem Fixierten, das nur noch dasteht und nicht anders kann – die Liebe gegenüber dem Gesetz. Dann gewinnen Börnes böse Metaphern einmal mehr einen ungewollten zweiten Sinn.

Durch das Wissen der Nacht gerät Heines rationaler Diskurs in die Krise. Er kann sich zwar an den klaren Tag halten und die dunklen Erfahrungen abschütteln, aber irgendwann bricht der Abgrund wieder auf. Dann muss er dessen Sprache sprechen, die Sprache der dissonanten Bilder. Aus ihr entwickelt Heine sein eigentümliches mythisches Reden. Dieses wird bis heute unterschätzt. Man hält es für unecht, weil es sich selbst ironisch bricht. Gewiss, verglichen mit Mörikes Gesang von Orplid und Hölderlins Hymnen an den Flußgott erscheint es zunächst artistisch, künstlich, kulissenhaft. Das ist aber eine Täuschung. Das genuin Mythische kann sich für Heine nur noch im Akt seiner Verfremdung offenbaren. In seinem mythischem Reden steckt das gleiche Bewusstsein von der Unerreichbarkeit des Ursprungs wie in Goethes »Helena« oder in den Erzählspielen von Thomas Manns Josephs-Romanen. Heines mythenschaffende Phantasie entfaltet sich erst dadurch, dass sie den Bruch eingesteht. Sie evoziert den reinen Klang durch die Dissonanz. So aber wird sie gewaltig, und das Wissen der Nacht gerät zur großen Poesie.

Man könnte das zeigen am »Atta Troll«. Bessere Verse als hier hat Heine nie geschrieben. Sie nähren sich aus dem Hass gegen die Apostel der Wahrheit, die politi-

---

8 Börne, Schriften (Anm. 2), Bd. VIII, S. 216.

schen Patriarchen und Ayatollahs mit ihren felsenharten Überzeugungen, und aus dem triumphalen Bewusstsein, dass es möglich sei, die Starrheit mit flutenden Bildern zu überwinden. Die Paradoxien des Abgrunds finden zum Wort in der Hochzeit von Mythos und Witz. Zentral ist dabei das Oxymoron vom lebendigen Toten, als den Heine sich selbst in der Nacht erlebt und in vielen Gedichten darstellt. Ein Toter aber ist er da auf eben die Art, auf die er auch ein Teufel ist. Darüber gewinnt er seine Freiheit, und es rollen die Verse. Der nächtliche Ritt im »Atta Troll« durch die Schluchten der Pyrenäen, als Untoter an der Seite der schönen Herodias, die mit dem Haupt des Täufers jongliert, ist ein Höhepunkt nicht nur von Heines Werk, sondern des ganzen literarischen Jahrhunderts. Und in der verrückten Liebe zu dieser Frau, dem schönen Gespenst, kann er auch aussprechen, was ihm hinter tausend Witzen in der Seele brennt: die Treue des Juden zu seiner Herkunft:

> Denn ich liebe dich am meisten!
> Mehr als jene Griechengöttin,
> Mehr als jene Fee des Nordens,
> Lieb ich dich, du tote Jüdin! [...]
>
> Jede Nacht an deiner Seite,
> Reit ich mit dem wilden Heere,
> Und wir kosen und wir lachen
> Über meine tollen Reden.
>
> Werde dir die Zeit verkürzen
> In der Nacht – Jedoch am Tage
> Schwindet jede Lust, und weinend
> Sitz ich dann auf deinem Grabe.
>
> Ja, am Tage sitz ich weinend
> Auf dem Schutt der Königsgrüfte,
> Auf dem Grabe der Geliebten,
> Bei der Stadt Jeruscholayim.
>
> Alte Juden, die vorbeigehn,
> Glauben dann gewiß, ich traure
> Ob dem Untergang des Tempels
> Und der Stadt Jeruscholayim. (B 4, 547f.)

Hier ist beides gegenwärtig, der Tag und die Nacht und die reißende Differenz des gegensätzlichen Wissens. Und beides wird sagbar im mythischen Erzählen. Aber es bleibt versetzt mit subversiven Reflexen. Die letzte Strophe scheint zu behaupten, der Mann auf dem Schutt der Königsgrüfte trauere keineswegs um die verlorene Stadt Jerusalem, sondern nur um die schöne Frau. Das ist eine Finte. In Wahrheit steht die schöne Frau für nichts anderes als die verlorene Stadt Jerusalem.

Heine wäre von seinen eigenen Wahrheiten zerrissen worden wie Aktäon von den eigenen Hunden, hätte er sich nicht in eine Ästhetik retten können, die wir heute als spezifisch modern erkennen. Darin stehen er und sein Werk für einen Übergang von säkularer Bedeutung. Er hat ihn lachend und klagend vielen andern Autoren vorgelebt. Ein Jahr nach seinem Tod erscheinen Baudelaires »Fleurs du mal« und Flauberts »Madame Bovary«. Die Moderne, wie wir sie heute noch begreifen, war da.

*

Keiner hat die Verwandlung des Teufels, die Heine in die Wege leitete, mit solcher Sprachgewalt weitergeführt wie Baudelaire in den »Fleurs du mal«. Bei Heine erscheint der Teufel als freier Geist, bei Baudelaire wird er darüber hinaus zum Stifter der Schönheit. Diese kann ebenso aus dem Abgrund stammen wie vom gestirnten Himmel. »Sors-tu du gouffre noir ou descends-tu des astres?« – »Steigst du aus dem schwarzen Schlund empor oder herab von den Sternen?«, heißt es im »Hymnus auf die Schönheit«, und die Antwort lautet: »De Satan ou de Dieu, qu'importe?« – »Von Satan oder von Gott – gleichviel!«[9] Das ungeheure Ereignis der Schönheit wird von Baudelaire nicht durch die Spaltung in ein harmloses Schönes und ein diffuses Erhabenes entschärft, mit der sich die Geisteswissenschaften oft genug scholastisch-spitzfindig um das Urphänomen herumdrücken. Er kann die Gewalt der Schönheit nicht denken ohne die Dimension der Tiefe, der Heineschen Nacht, des Bösen. Die Aufhebung der absoluten Differenz von Tag und Nacht, Gut und Böse, Himmel und Hölle ist weder bei Heine noch bei Baudelaire eine kokette Idee, sie ist vielmehr Ekstase und Schmerz zugleich. Und sie bleibt auch nicht auf diese zwei Autoren begrenzt. Es gibt ein Werk von Schumann, ein ebenso literarisches wie musikalisches, in dessen Mitte es genau um die Aufhebung dieser Differenz geht.

Schumann und Heine – beiden zusammen verdanken wir viele der berückendsten Lieder, und beide wurden sie am Ende ihres Lebens zu erschütternden Hiob-Gestalten, unter Qualen in ihre Zimmer gebannt und doch stets wieder emporgerissen von einer elementaren Schöpferkraft.

Schumann schrieb eine Oper, »Genoveva«, fertiggestellt 1848, die allgemein als missraten gilt. Die Ouvertüre wird geschätzt und oft gespielt. Alles andere, sagt man, sei unerträglich. Es gibt nur wenige Stimmen, die diesem Urteil widersprechen. Zu ihnen gehört Nikolaus Harnoncourt. Er erklärt das Werk kurzerhand zur »bedeutendsten Opernkomposition in der zweiten Hälfte des 19. Jahrhunderts«. Die »Genoveva« sei »ein Solitär, ohne Vorläufer und ohne Nachfolger«. Und weiter: »Das Stück ist wie eine große Symphonie mit Gesang.« Es »ist vielleicht dreißig oder vierzig Jahre zu früh gekommen. Niemand hatte die Antennen für diese völlig neue Art, Musik und Theater zu verbinden.«[10] Harnoncourt hat sich zum Ziel ge-

9 Charles Baudelaire: Hymne à la Beauté. In: Charles Baudelaire: Die Blumen des Bösen / Les Fleurs du Mal. Vollständige zweisprachige Ausgabe. Deutsch v. Friedhelm Kemp. München 1986. S. 50ff.

10 Alle Zitate aus dem Aufsatz von Nikolaus Harnoncourt: »Eine Neuerfindung der Oper« im Textbuch zur Aufnahme der Oper mit dem Chamber Orchestra of Europe und dem Arnold Schoenberg Chor unter Nikolaus Harnoncourt. Live-Aufnahme aus dem Stefaniensaal Graz, Juni 1996. Bei Teldec Classics International 1997. Nr. 0630-13144-2.

setzt, dieser Oper den Platz auf den Bühnen der Welt zu verschaffen, der ihr gebühre.[11] Die Widerstände aus einer langen Tradition der Verachtung bei Kritik und Publikum sind allerdings gewaltig.

Schumann selbst hat den Operntext abschließend gestaltet. Er hatte zuerst Friedrich Hebbel um ein Libretto gebeten, nach dessen Tragödie »Genoveva«. Der Dramatiker, der zu Schumann keinen Zugang fand, lehnte ab. Darauf gewann Schumann einen Librettisten in seinem Freund Robert Reinick, konnte dessen Arbeit aber nur teilweise brauchen. So stellte er schließlich das Libretto selbst fertig. Aus dieser Entstehungsgeschichte schließt man gerne auf ein Flickwerk. Man könnte aber mit ebenso guten Gründen vom Gegenteil reden, einer Einheit von Text und Musik. Schumann hat die verschiedenen Vorgänger eingeschmolzen. Er kannte das alte Volksbuch, das den Genoveva-Stoff populär gemacht hatte, er kannte das romantische Lesedrama von Ludwig Tieck, und er kannte Hebbels steile Tragödie. Mit seinem eigenen Text wollte er einen alten Traum verwirklichen: die deutsche Oper. Die Aufführungsgeschichte kann ich hier nicht referieren. Wohl aber habe ich zu reden von dem entscheidenden Punkt, der die Aufnahme des Werks scheitern ließ. Die Genoveva-Legende war im 19. Jahrhundert noch so bekannt, dass die Oper gar nicht anders heißen konnte als eben »Genoveva«. Damit wurde die weibliche Gestalt zur Hauptfigur erklärt, und ihr Gegenpart, Golo, zur Nebenfigur. Genoveva war die heilige Heldin, Golo der Schurke, der sie verleumdet und misshandelt. Der Mann erschien als ein bloßes dramaturgisches Hilfsmittel, der triviale Bösewicht in einem Märtyrerdrama. In Wahrheit kehrt Schumann literarisch wie musikalisch die Sache um. Golo ist die Hauptfigur. Er ist eine radikal tragische Gestalt, in der Gut und Böse, Engel und Teufel zusammenschießen. Die Gleichzeitigkeit des Unvereinbaren muss er ertragen wie die Menschen Kleists die doppelte Wahrheit, wie Heine das Wissen des Tages und der Nacht, wie Baudelaire den Abgrund und die Sterne im Ereignis der Schönheit.

Die Story geht so: Im hohen Mittelalter zieht Pfalzgraf Siegfried gegen die Mauren in den Krieg. Er lässt seine schöne junge Frau im Schloss zurück, unter der Obhut eines jungen Ritters, auf den er hohe Stücke hält: Golo. Dieser liebt Genoveva, bekennt seine Liebe und wird abgewiesen. Dafür rächt er sich, indem er einen angeblichen Liebhaber im Schlafzimmer Genovevas versteckt und vor aller Augen entdecken lässt. Er beschuldigt die Gräfin des Ehebruchs, kerkert sie ein, reist dem heimkehrenden Grafen entgegen und meldet ihm die Untreue Genovevas. Der Gatte erteilt Golo sogleich den Befehl, die Gattin hinzurichten. Die Frau wird in den tiefen Wald geführt, und die Knechte machen sich auf Golos Anweisung zur blutigen Tat bereit. Im letzten Moment verhindert der Graf, der inzwischen die Wahrheit erfahren hat, das Verbrechen, und die Eheleute versöhnen sich. Golo verschwindet.

Zugegeben: dieser Plot ist von beschränktem Reiz. Aber für Schumann war es ein großer deutscher Stoff, in der volkstümlichen Überlieferung verwurzelt wie die »Faust«-Sage oder die »Vier Haimonskinder«. Und er konnte die plakative Legen-

11 Aussage in Gesprächen mit dem Verfasser.

denmoral durch subtile Kunstgriffe verschieben, konnte der vordergründigen Eindeutigkeit der Hauptfiguren eine seelische Tiefe geben, die sich als unheimliche Gegenwahrheit hinter ihnen öffnet. Durch die Musik, dachte er, werde der Abgrund hinter den naiven Umrissen sichtbar und vom Publikum erlebt. Er täuschte sich. Die naiven Umrisse versperrten den Zugang auch zur Musik. Bis auf den heutigen Tag.

In seiner Tiefenstruktur erscheint das Libretto wie ein Stück von Kleist, was beim Kleist-Leser Schumann nicht überrascht. Auf den ersten Blick ist Genoveva die Unschuldige, Golo der Böse und der Pfalzgraf der Edle. Auf den zweiten Blick sieht alles anders aus. Der Pfalzgraf vertritt die starre Ordnung, die Norm, das Gesetz. »Du bist ein deutsches Weib, so klage nicht!« (I. Akt, Nr. 3) ruft er seiner Frau beim Abschied zu. Über diesen Satz hat man sich sehr lustig gemacht. Man nahm ihn als Symptom für die Verschmocktheit der ganzen Oper, ohne zu bedenken, dass für Schumann, der mit Heine und Hoffmann tief vertraut und mit Jean Paul aufgewachsen war, das ideologische Blech dieser Äußerung offenkundig sein musste. Der national-reaktionäre Anstrich des ehelichen Befehls charakterisiert in Wahrheit den Grafen. Er ist ein Vertreter jener Mächte die 1847/48, als Europa von einer kontinentalen Revolutionsbewegung erschüttert wurde und Schumann seine Oper schrieb, die alte Welt verkörperten. Der schroffen Anweisung an das »deutsche Weib« entspricht die Brutalität des späteren Tötungsbefehls.

Die Oper inszeniert sowohl das Tödliche der Ordnung und das Lebendige des Chaos als auch das Rettende der Ordnung und das Zerstörende des Chaos. In der Mitte steht Golo, der Mann, durch den alle Risse laufen, der sie aushält und beides zugleich ist, ein guter Mensch und ein Teufel. Auf diesem Paradox beruht die Freiheit dieses einzigen Freien im Stück. Mit ihm versuchte Schumann, das was ihn selbst zerreißen wollte, zu bannen, und also durch die eigene Kunst zu überleben.

Golo ist unbekannter Herkunft, ein »Bastard« oder, wie es damals hieß, ein »natürlicher Sohn«. Das bedeutete schon bei Shakespeare und für die Romantik erst recht: ein Sohn der Natur, der vorgesellschaftlichen, ursprünglich guten Welt. Kleists »Findling« ist so einer, bevor ihn die Gesellschaft verdirbt und zum Teufel werden lässt. »Wo ist er her? – Niemand weiß es! – Wer waren seine Eltern? – Es ist unbekannt!« Mit diesen Worten setzen Hoffmanns »Kreisleriana« ein. Gemeint ist damit der Kapellmeister Kreisler, eine Identifikationsfigur Schumanns; die Aussage kann auch für seinen Golo gelten. Dieser ist ein radikal Liebender wie Werther, wie Tasso, wie Penthesilea, wie Ottilie. In den Käfigen der Ordnung erst wird seine Liebe zerstörerisch. Aus Liebe und in der Liebe wird er zum Verbrecher, zum versuchten Mörder an der Geliebten. Aus einem Raum unbekannter Freiheit stammend, reitet er zuletzt mit einem unerhört vertonten Ruf, in einer musikalisch betäubenden Sekunde, in diesen Raum zurück:

> Und hört: kehr ich zur Nacht nicht heim ins Schloß,
> So sucht mich nicht und sagt den andern,
> Ich sei zu Ross, den Falken in der Hand,
> Ins Land hineingesprengt! (II. Akt, Nr. 17)

Das Land kann auch der Tod sein. Wir wissen es nicht. Ob die Musik es sagt, müssen die Hörer entscheiden.

Seinem ursprünglichen Wesen nach wäre Golo der »ganze Mensch« im großartigen Sinne der Klassik. Er ist Reiter, Jäger, Kämpfer und Sänger, also Künstler und Handelnder zugleich. So stellt er sich dar in seiner ersten großen Arie. Diese Ganzheit wird im Raum der starren Ordnung, der Siegfried-Ordnung, zerspalten wie bei Kleists Dornauszieher oder in der Gegenwartsanalyse von Schillers »Ästhetischer Erziehung«. Durch den Riss – Heine nannte es den »großen Weltriß« (B 2, 405) – wird sein Dasein zur Krankheit, zur *Maladie d'être*. Das Stichwort Wahnsinn fällt mehrfach im Moment der möglichen Liebe. Der Sinn wird zum Wahnsinn, die Liebe zum Mord. Bis zuletzt fleht Golo, der Teufel, um die Gegenliebe Genovevas, die er gleichzeitig misshandelt.

Von der Anlage her sind Golo und Genoveva das Paar im emphatischen Sinn, die Vorverwirklichung der vollkommenen Welt in zwei schönen jungen Menschen an einem schönen Ort, wie die deutsche Literatur sie so oft zur Anschauung brachte. Genoveva könnte eine ebenso tragische Gestalt wie Golo werden, könnte mit ihm zusammen aus der Ordnung treten und von deren Rache vernichtet werden wie Hero und Leander. Das Libretto zeigt sie aber als ein gänzlich unbewusstes Wesen. Sie lebt wie schlafend im Vergleich zu Golo, dem Überbewussten, dem qualvoll Immerwachen. Deshalb kann sie mit ihm zusammen das Liebeslied singen, ohne zu merken, was sie tut und sagt. Dass es dabei tatsächlich heißt: »Bin ich doch im Schlaf bei dir / Und red mit dir, und red mit dir!« (II. Akt, Nr. 9) ist eine fast unglaubliche Verdeutlichung. Sie will, dass er mit ihr singt und die Zither schlägt. Sie hat, darf man annehmen, keine Ahnung, dass sie Golo liebt. Wenn sie denkt, denkt sie in den Kategorien der Ordnung und weiß nichts anderes. Dies wird frappant bestätigt durch die Kuss-Szene im ersten Akt. Golo küsst dort die Ohnmächtige – auch ein Kleist-Motiv –, und sie fühlt und erlebt diesen Kuss. Als sie erwacht, kann sie ihn nur mit dem Grafen in Verbindung bringen. Dennoch verlangt sie die körperliche Nähe Golos: »Erlaubt daß ich mich stütze! Mir schwindelt!« (I. Akt, Nr. 6) Kein Wunder, dass Golo sie eine »Zauberin« nennt und erklärt: »Du schlugst die Wunde, still nun auch das Blut.« (II. Akt, Nr. 9) Unschuldig ist sie und hat es doch getan. Bis zum Schluss bleibt sie die Ahnungslose, die reibungslos wieder in den Raum der Ordnung treten kann. Wie im Schlaf hat sie, mit Golo singend, diesen Raum verlassen und das Unheil losgetreten.

Den spektakelhaften Hintergrund des Ganzen bildet der Gegensatz zwischen dem wüsten Chaos um die Hexe Margaretha mit den rebellischen Knechten und der feierlichen Ordnung um den Grafen Siegfried mit dem gehorsamen Heer. Je schärfer aber die Gewaltstruktur der Siegfried-Ordung hervortritt, desto deutlicher wird auch, dass die Chaos-Zone ein berechtigtes Gegengewicht darstellt. Wie man das auf einer Bühne plausibel macht, ist eine andere Frage. Zunächst müsste ein Regisseur gefunden werden, der das Stück begreift – zum ersten Mal seit 158 Jahren.

Zu den geisterhaften Momenten dieses Werks gehört die Szene, in der die Knechte, welche Genoveva in der Wildnis töten sollen, ein Lied von Heine anstimmen, als

Gassenhauer getarnt. Schumann hat es offensichtlich aus der Erinnerung zitiert, mit kleinen Veränderungen. Bei Heine heißt das Gedicht: »Ein Weib«[12] und steht in den »Neuen Gedichten«. Schumann übernimmt die erste und die letzte Strophe:

> Sie hatten beid' sich herzlich lieb,
> Spitzbübin war sie, er ein Dieb;
> Wenn Schelmenstreich er macht,
> Sie warf sich hin und lacht',
> Und lacht'!
>
> Um sechse früh ward er gehenkt,
> Um sieben drauf ins Grab gesenkt,
> Sie aber schon um acht
> 'nen Andern küßt, und lacht,
> Und lacht! (IV. Akt, Nr. 16)

Von Schumanns vielen Heine-Liedern ist dies das versteckteste. Heine hatte damit die Ballade von einer schrankenlos freien Frau geschrieben, frei im Lieben und Genießen, gefährlich frei, tödlich frei, außermoralisch wie ein schönes Tier. Sein Gedicht ist ein ästhetisch vollkommener Wurf, in dem die Kunst, die Freiheit, der Teufel und der Tod durcheinander spielen. Es markierte einen Widerstand, der auch politisch gefärbt war. Karl Marx kam bei der Nachricht von Heines Tod sogleich auf diesen Text zu sprechen.[13] Im heißesten Revolutionsjahr Deutschlands fügt Schumann also die zwei Strophen in seine Oper ein. Wenig später flieht er aus dem Pulverdampf der Barrikadenkämpfe von Dresden.

Der große Weltriss, der die Gestalt Golos so fürchterlich zeichnet, lief durch Schumann selbst, so wie er auch durch Heinrich Heine lief. Nur besaß Schumann keinen weitläufigen Höhlenbau mit vielen Ein- und Ausgängen. Er musste den Wahnsinn, als den Genoveva Golos Liebe bezeichnet, austragen bis zum dunklen Ende.

---

12 Neue Gedichte. Romanzen Nr. 1. B 4, 374. Das Gedicht wurde 1836 erstmals publiziert; die Sammlung der Neuen Gedichte erschien 1844. Schumann hat die Heine-Strophen vor allem metrisch verdichtet, aus Gründen der Vertonung. Sie lauten im Original:

> Sie hatten sich beide so herzlich lieb,
> Spitzbübin war sie, er war ein Dieb.
> Wenn er Schelmenstreiche machte,
> Sie warf sich aufs Bett und lachte.
>
> Um sechse des Morgens ward er gehenkt,
> Um sieben ward er ins Grab gesenkt;
> Sie aber schon um achte,
> Trank roten Wein und lachte.

13 Vgl. die Anmerkung in B 4, S. 937.

Sektion I
Lebens- und Wirkungsräume

Kulturbetrieb und Virtuosentum

Zu einigen Strukturveränderungen im Pariser Musikleben der Julimonarchie

Michael Werner

Die internationale Sozialgeschichte der Musik steckt noch in den Kinderschuhen. Diese Feststellung mag überraschen, angesichts des sozialen Raums und des ökonomischen Gewichts, welches das Musikleben in den modernen Gesellschaften seit dem Beginn des 19. Jahrhunderts besitzt. Im Gegensatz zur Kunst- und Literaturgeschichte hat die Musikwissenschaft den Aufschwung der Sozialgeschichte, der in den 1970er Jahren einsetzte und mittlerweile schon eher verebbt ist, geradezu verschlafen. Die Gründe für diesen Befund, der freilich zu nüancieren und international zu differenzieren wäre – es mag sein, dass die Dinge aus französischem Blickwinkel besonders krass erscheinen –, sind komplex und können hier nicht im Einzelnen entfaltet werden. Aber einem Missverständnis gilt es vorzubeugen: Die derzeitige Situation erlaubt es der Musikwissenschaft kaum, nunmehr flugs den Zug der sogenannten neuen Kulturgeschichte zu besteigen, um die verpasste Entwicklung einzuholen. Dazu fehlt es an der empirischen sozialwissenschaftlichen Fundierung, an den Daten und Erhebungen, die diese neue Kulturgeschichte ja erst ermöglicht haben. Hier müssten erst noch die grundlegenden Schneisen geschlagen werden, bevor neue Fragestellungen – etwa zu einer Geschichte des Hörens von Musik, zu einer Geschichte der Interpretation von Musik oder der mit der Interpretation verbundenen Wahrnehmungen und Repräsentationen überzeugend beantwortet werden können.

Die folgenden Ausführungen sind als ein Beitrag im Vorfeld solcher Forschungen zu verstehen, von denen in den letzten Jahren manche wichtige eingeleitet und vorangetrieben wurden.[1] Zugleich versuche ich zu zeigen, was die Heinesche Musikkritik aus dem Paris der Julimonarchie zur Präzisierung dieser Fragen und zur Skizzierung der möglicher Antworten beitragen kann.

Zuvor indessen noch eine weitere einleitende Bemerkung. Vor dem doppelten Publikum von Germanisten (mit der nicht unbedingt typischen Sonderform der Heine-Spezialisten) und Musikwissenschaftlern, denen ich gezwungenermaßen Eulen nach Athen zu tragen mich anschicke, begebe ich mich in die Rolle des Historikers, der über die Veränderungen der kulturellen Praxis von Musik recherchiert und berichtet. Dabei verleugne ich keineswegs den alten Heinespezialisten, der in mir

1 Zu vermelden wäre hier aus Frankreich das von Patrick Taïeb geleitete Unternehmen »Répertoire des programmes de concert en France« (RPCF), das von der European Science Foundation initiierte Programm »Musical Life in Europe 1600-1900. Circulations, Institutions, Representations«, aus dem inzwischen eine Reihe von Publikationen hervorgegangen sind (Berliner Wissenschaftsverlag).

steckt, ohne freilich einen Vortrag über Heine zu halten. Heine bildet zugleich Folie und dient als Informant und Richtschnur, als Illustrator der aufgezeigten Probleme. Ich schlage ein Vorgehen in konzentrischen Kreisen vor, vom Allgemeinen der sozialgeschichtlichen Veränderungen des Musiklebens in der ersten Hälfte des 19. Jahrhunderts zu einigen Besonderheiten der Heineschen Musikkritik aus dem Paris der Julimonarchie. Der Einfachheit halber habe ich meine Themenpunkte durchnumeriert.

Die erste Hälfte des 19. Jahrhunderts war eine Epoche grundlegender Veränderungen im musikalischen Leben Europas. Soziale, ökonomische und kulturelle Faktoren greifen hier ineinander und bedingen sich wechselseitig. Ich kann hier nur die allerwichtigsten Punkte kurz aufzählen und entschuldige mich vorab für grobe Vereinfachungen und Verkürzungen. Der besseren Übersicht halber habe ich dieses Tableau in acht Punkten zusammengefasst.

Erstens die große Welle der Urbanisierung, die noch vor der industriellen Revolution zur Ausbildung politisch-kultureller Metropolen führte, an erster Stelle London und Paris, dann in einem zweiten Kreis Wien, Petersburg, Berlin, Amsterdam, Mailand, New York, Brüssel. Vorreiter und tonangebend waren indessen die britische und die französische Hauptstadt. In diesen Metropolen formierte sich ein wachsendes Publikum, in dem sich die traditionellen höfischen und aristokratischen Kreise mit den neuen bürgerlichen Eliten mischten und das neue Formen des Musikkonsums initiierte, auf die ich gleich zurückkommen werde. Damit wurden die alten Modelle des Mäzenatentums zurückgedrängt und zugleich ein breiterer Markt für Musikkultur geschaffen, der neue Einkommensmöglichkeiten für alle am Musikleben beteiligten Akteure eröffnete. Diese zu Beginn des 19. Jahrhunderts vorgenommene neue Weichenstellung führt geradewegs in die Moderne der bis heute anhaltenden Musikkultur.

Damit bin ich beim zweiten Punkt, der Gattungsverschiebung innerhalb der Musikkultur, vor allem in Verhältnis von Oper und Instrumentalmusik. Während bis zur Jahrhundertwende die Oper die sozial dominierende Musikgattung darstellte, eine Vormachtstellung, die mit ihrer höfischen und aristokratisch kolorierten Grundausrichtung zusammenhing, geriet sie nun zunehmend in Konkurrenz zur Instrumentalmusik und zum Instrumentalkonzert – wobei freilich zu dieser Zeit vielfach Mischformen anzutreffen waren, insofern die Konzertprogramme mit Opernarien gespickt waren. Ja, diese Anreicherungen der Programme waren zu Beginn noch unumgängliche Publikumsmagneten. Doch der Aufschwung des Konzertlebens – auf den ich ebenfalls noch zurückkomme – hängt mit der Erweiterung und Differenzierung der Publikumsnachfrage zusammen: Konzerte ließen sich leichter und mit geringeren Orts- und Bühnenzwängen organisieren als Opernaufführungen und ermöglichten so eine schnelle Ausweitung des Angebots. Natürlich machte auch die Opernpraxis im fraglichen Zeitraum erhebliche Veränderungen durch, namentlich in Paris, der Geburtsstadt der »großen Oper« Meyerbeers. Doch die auch mit einer ästhetischen Aufwertung verbundene Ausbreitung der Instrumentalmusik, die eine Veränderung in der Einstellung des Bürgertums zum musikalischen Ereignis signalisierte, ist ein Einschnitt, dessen Folgen für die gesellschaftlichen Rolle von Musik wie für die Entwicklung der Musik selbst schwer zu überschätzen ist.

Drittens: Die bevorzugte Darbietungsform dieser Musik war das Konzert, dessen moderne Form sich damals auszubilden begann, ein Prozess, der sich freilich über viele Jahrzehnte erstreckte und erst im 20. Jahrhundert zum Abschluss kam. Konzerte fanden in der Wintersaison statt, zunächst in den Monaten von Januar bis März/April, dann, eben um das Angebot zu verbreitern, schon ab Dezember bzw. November und bis in den Mai hinein. In der Musikpresse der Zeit (und auch bei Heine) beklagte man sich über die Flut von Konzerten. In der Saison 1844/45 soll es in Paris Heinrich Börnstein zufolge über 200 Konzertveranstaltungen gegeben haben.[2] Der Kalender war übervoll, an vielen Tagen hatte der Konzertbesucher die Qual der Wahl. Aber diese Inflation stellte auch vor erhebliche Organisationsprobleme. Der britische Musikhistoriker Simon McVeigh hat gezeigt, dass Konzerte in der Frühphase der Konzertgeschichte meist von den Musikern selbst organisiert wurden.[3] Dann setzte ein komplexer Differenzierungsprozess ein, in dessen Verlauf eine Vielzahl von Akteuren auf den Plan traten. Als »Konzertgeber« fungierten Musikgesellschaften – in Paris etwa die »Société du Conservatoire« oder die »Société de musique de chambre« –, bald danach auch eigens gegründete Konzertgesellschaften, Musikverlage wie Schlesinger und Musikzeitschriften wie die »Gazette musicale« und die »France musicale«, Instrumentenhersteller wie Camille Pleyel und Pierre Erard, bevor sich dann die Figur des Konzertagenten bzw. der Agentur ausbildete. Vielfach waren diese Funktionen damals noch nicht genau getrennt, oft mehrfach in einer Person oder Institution vereint.

Viertens: Die Ausweitung des Konzertangebots bedeutete auch eine Differenzierung der Konzertform. Das Abonnementkonzert, das sowohl von Musikgesellschaften wie von Institutionen praktiziert wurde, ermöglichte eine Planung über eine ganze Saison hin und erlaubte durch seine Zyklenanordnung sowohl eine Ausrichtung auf musikpädagogische Intentionen wie auch erste Ansätze zu einer Repertoire-Bildung – man denke etwa an die Aufführungen der Beethovenschen Sinfonien durch das »Orchestre du Conservatoire« unter der Leitung Antoine-François Habenecks. Subskriptionskonzerte kombinierten das alte Mäzenatenmodell mit neuen Formen der Erschließung des Musikmarktes, während Benefizkonzerte als einmalige Veranstaltungen für besonders bekannte oder verdienstvolle Musiker organisiert wurden. Diese formale Typologie überschneidet sich mit einer sozialen, die von den prachtvollen Konzerten im Konservatorium oder in den Salons der Klavierfabrikanten bis zu bescheidenen Konzerten in Tavernen oder auch zu den intimen

---

2 In einer Notiz für die »Jahreszeiten 1856«, Sp. 1310, zit. im Kommentar der DHA XIV, 1359.

3 Simon McVeigh: The musician as concert-promoter in London. 1780-1850. In: Hans-Erich Bödeker/Patrice Veit/Michael Werner (Hrsg.): Le concert et son public. Mutations de la vie musicale en Europe de 1780 à 1914 (France, Allemagne, Angleterre). Paris 2002, S. 71-90, sowie laufende Forschungen von Simon McVeigh, deren Ergebnisse in der in Anm.1 erwähnten Publikationsreihe des Berliner Wissenschaftsverlags erscheinen.

Hauskonzerten bei den Musikern im »Square d'Orléans« reicht, wo in den 1830er Jahren George Sand und Frédéric Chopin sowie der Komponist und Klavierpädagoge Pierre Zimmermann, Lehrer am Konservatorium, wohnten.

Damit ist, fünftens, das Problem der Aufführungsorte aufgeworfen, das ebenfalls eine bedeutende Entwicklung erfuhr. Im Gegensatz zur Oper bedurfte das Konzert zumindest zu Beginn keines großen architektonischen Apparats. Es war somit mobiler und anpassungsfähiger. Zugleich jedoch zielte die entstehende Konzertkultur auf ein neues Hörverhalten, das neue akustische Ansprüche an die Räumlichkeit stellte. Somit kam es in Paris wie in anderen großen Städten zur Einrichtung von spezifischen Konzertsälen, am Konservatorium, bei den Klavierfabrikanten Pleyel, Erard und Henri Herz, der bekanntlich auch Klaviervirtuose war. Von der Raumstruktur her waren die meisten dieser Säle noch stark vom Modell des privaten Salons beeinflusst, das soziale Aufwertung verhieß. Doch der Saal des Konservatoriums, der zweite vom »Klavierhaus Pleyel« 1837 eingerichtete Konzertsaal sowie der »Saal Herz« und der »Saal Musard« in der Rue Vivienne deuteten bereits die neue, rechteckige, akustisch günstigere Saalkonzeption an, die sich dann im Laufe des Jahrhunderts durchsetzen sollte. Gleichzeitig wurde in den Sälen der Raum selbst anders strukturiert: Wir beobachten eine zunehmende Trennung von Musizierenden und Publikum, die Einführung einer überhöhten Estrade für das Orchester, den neuen Platz des Dirigenten, der sich nunmehr den Musikern zuwandte und dem Publikum den Rücken zukehrte. Auch hier handelt es sich um einen langsamen und keinesfalls linearen Prozess, der viele Varianten beinhaltete und Mischformen hervorbrachte. Aber langfristig war die Entwicklung unumkehrbar. Zugleich veränderte sich der Ort der Musik innerhalb des Stadtgebiets – das ist die zweite Perspektive auf die neue Topografie der Musik. Das musikalische Leben verlagerte sich auf das Viertel der Chaussée d'Antin hinter den Grands Boulevards, auf die neu erschlossenen Areale des Faubourg Montmartre, in denen sich das »Conservatoire« ansiedelte, und das sogenannte Neu-Athen (»La Nouvelle Athènes«), wo sich inmitten der neuen Finanzbourgeoisie auch eine Reihe von Künstlern niedergelassen hatte.

Die Entwicklung des Konzertbetriebs besaß – sechstens – vor allem eine ökonomische Dimension, die sich auf mehreren Ebenen bemerkbar machte. Zunächst als eigener Wirtschaftssektor, der zwar zu Beginn noch nicht an denjenigen der Oper heranreichte, aber doch aufgrund kontinuierlich steigender Umsätze bald eine ernsthafte Konkurrenz darstellte. Dann durch seine Verflechtung mit anderen Sektoren, unter denen in erster Linie die Musikverlage, die Presse und die Instrumenten-Faktur zu nennen sind. Der Musikalienverlag und -handel expandierte gewaltig aufgrund der Ausweitung und Popularisierung der Opern- und Instrumentalmusik. Die Entwicklung des Klaviers, der Saiten- und Blasinstrumente wirkte sich auf die Musikpraxis in den Bürgerhäusern und auf die Musikpädagogik aus. Diese steigende Hausmusikkultur erforderte Partituren, besonders Klavierauszüge. Der Aufschwung des Musikalien- und Musikverlagswesens war ein internationales Phänomen, in dem deutsche Musikverleger eine bedeutende Rolle spielten. Nach dem

Vorbild der international erfahrenen Buchverleger gründeten deutsche Musikverlage wie Schlesinger oder Brandus Filialen in Paris (und London), über die sie ihre an den internationalen Markt angepasste Produktion vertrieben und die sich besonders für den Absatz »deutscher« Musik einsetzten. Schlesingers Räumlichkeiten (»Salons«) in der Rue de Richelieu, in unmittelbarer Nachbarschaft sowohl wichtiger Theater und Musikeinrichtungen wie auch der deutschen Buchhandlungen von Heideloff und Brockhaus, war Treffpunkt, Umschlagplatz und Informationsbörse zugleich.

Maurice-Adolphe Schlesinger hat auch den Nutzen erkannt, der aus einer gut funktionierenden Verbindung zu den Pressemedien zu ziehen war. Er gründete eine der ersten französischen Musikzeitschriften, die »Gazette musicale« (später »Revue et Gazette musicale«), die bald einen besonderen Platz in der ansonsten der Tagespresse und den allgemeinen Kulturzeitschriften vorbehaltenen Musikberichterstattung einnahm. Die erbitterte Rivalität zwischen Schlesingers »Gazette musicale« und der »France musicale« des Konkurrenzverlags der Brüder Léon und Maire Escudier war eines der Strukturmerkmale des Pariser Musikbetriebs und belegt zugleich die Lukrativität des Geschäfts. Schlesinger wie Escudier betätigten sich gleichzeitig als Verleger, als Presseherausgeber und als Konzertorganisatoren. Beide hatten sie prominente Komponisten und Musiker unter Vertrag (»Rennpferde« wie Heine sagte), die sie gewissermaßen gegeneinander antreten ließen. Auch wenn der eine sich mehr als Promoter deutsch-romantischer »moderner« und die anderen sich eher als Protektoren klassizistisch-französischer oder italienischer Musik verstanden, waren die Übergange fließend und Abwerbungen dementsprechend häufig. Entscheidend war der ökonomische Vorteil, den man aus dem einen oder anderen »Produkt« ziehen konnte. Mittels der Presse konnte man sowohl für die eigenen Verlagsprodukte wie für die Konzerte werben. Die Berichterstattung verstärkte das Echo beim Publikum. Die »Gazette musicale« verfügte über die für damalige Verhältnisse stattliche Zahl von 1.500 bis 1.800 Abonnenten, denen ihrerseits wiederum Vorzugsbedingungen für die Konzerte zugestanden wurden, womit sich der Kreis schloss. Eines der Ergebnisse war eine neue Art von musikalischer Soziabilität, verbunden mit dem Bewusstsein der Abonnenten, einer kulturellen Elite anzugehören, die nicht mehr durch die alten sozialen Hierarchien bestimmt war.

Der Instrumentenbau schließlich war das dritte ökonomische Verbindungsglied. Hier war es besonders die Klaviermanufaktur, die den neuen wirtschaftlichen Magneten darstellte. Die technischen Fortschritte des Klavierbaus, insbesondere die doppelte Anschlagsmechanik, und die arbeitsteiligen Herstellungsverfahren eröffneten dem Klavier den Weg in die Bürgerhäuser, wo es, in Verbindung mit den Auszugspartituren, gewissermaßen als Vorläufer des Plattenspielers diente, der die meisten Arten von Musik in direkter Form verfügbar machte (Heine: »jenes Pianoforte, [...] das man in allen Häusern erklingen hört, in jeder Gesellschaft, Tag und Nacht«, DHA XIV, 45). Klavierhersteller und Pianisten sahen den Vorteil, den sie aus einer Verbindung der Produktion mit der ausübenden Kunst ziehen konnten. Virtuosen wie Pleyel und Herz gründeten oder kauften Firmen, die alsbald zu führenden Piano-Fabrikanten wurden und bei denen sich wiederum andere Pianisten einkauften (so etwa Friedrich Wilhelm Kalkbrenner bei Pleyel). Und im Klavier selbst verkörperte sich die neue industrielle Musikkultur. Heines Klagen über das Folterinstrument klingen uns allen in den Ohren: »Dieses Überhandnehmen des Klavierspielens und gar die Triumphzüge der Claviervirtuosen sind charakteristisch für unsre Zeit und zeugen ganz eigentlich vom Sieg des Maschinenwesens über den Geist« (DHA XIV, 45). Aber wenn der Anhänger der »alten Zeit« im Klavier auch das Symbol einer neuen, materialistischen, industriellen Welt denunzierte, so richtete sich Heines Kritik doch nicht eigentlich gegen das Instrument, dem etwa Chopin, so Heine, seelenreine Töne zu entlocken wusste, sondern gegen seine soziale Nutzung, ja geradezu Misshandlung.

Insgesamt lässt sich – siebtens – die ökonomische Durchdringung des Konzertwesens als Kommerzialisierung beschreiben, und als solche wurde sie auch vielfach von den Zeitgenossen kritisiert. Einerseits, auf der Seite der Organisatoren, als Vermarktung von Musik unter ausschließlichen Rentabilitätsgesichtspunkten, dementsprechendem Einsatz von einer korrupten und korrumpierbaren Presse zur Erfolgsmaximierung (das, was Heine als »Reklame« bezeichnet und mannigfach beklagt), Einsatz von Beifalls-Claquen wie im Theater, und dergleichen mehr. Andererseits, bei der Musikausübung selbst, das Aufblühen von Erscheinungen wie dem Virtuosentum oder der Spektakel-Oper und den Großveranstaltungen der historischen Panoramen. Das Virtuosenwesen hatte ja bereits Ende des 18. Jahrhunderts eingesetzt. Ab Ende der 20er Jahre des 19. Jahrhunderts stieß es indessen in neue Dimensionen vor. Große Virtuosen wie Franz Liszt und Henri Herz stellten Impresarios ein, welche die Tourneen organisierten, sich um die Verbindungen zur Presse kümmerten, um Saalmiete und -heizung, Kartenverkauf usw. Was indessen bei manchen Kritikern Missmut erregte, war die Inflation von Virtuosen-Genies zweiten und dritten Rangs. »Wie Heuschreckenschaaren«, so Heine 1843, »kommen die Claviervirtuosen jeden Winter nach Paris, weniger um Geld zu erwerben als vielmehr um sich hier einen Namen zu machen, der ihnen in andern Ländern desto reichlicher eine pekuniäre Ernte verschafft. Paris dient ihnen als eine Art Annoncenpfahl, wo ihr Ruhm in kolossalen Lettern zu lesen ist«, wobei er hinzufügt, dass diese Virtuosen auf Anerkennungssuche selbst die entsprechenden Reklame-Artikel inserieren lassen und somit die Presse instrumentalisieren (DHA XIV, 45f.).

Musiker waren schon immer mobil. Aber seit Anfang des 19. Jahrhunderts nahm diese Mobilität rapide zu, aufgrund einer Interaktion von verbesserten Verkehrsbedingungen und dem Wandel von Organisationsformen und Publikumsnachfrage (die Eisenbahn löste dann ab Mitte des 19. Jahrhunderts einen neuen Schubeffekt aus). Kritiker wie Heine waren der Ansicht, dass der Musik durch die Kommerzialisierung die Seele ausgeblasen würde, und dass sie ihrer Unmittelbarkeit und damit ihrer Wirkungsmacht auf das menschliche Gemüt verlustig ginge. Um so verdächtiger kamen ihm die ans Hysterische grenzenden Reaktionen in Liszts Klavierkonzerten vor (wo er wohlgemerkt die historische Besonderheit vermerkt, dass hier erstmals ein Musiker nur mit seinem Instrument ohne die Hilfe eines Orchesters auskam), die ihm weniger mit Musik zu tun zu haben schienen, eher mit Krankheit.

Damit sind wir schon mitten im achten und letzten Punkt angelangt: Heines Positionierung im Feld der Musikkritik und der speziell für diese Positionierung entwickelten Schreibart. Hier wie anderswo zeigt sich, dass Heine in Kunstdingen eher konservativ-aristokratisch urteilte und den modernen Zeiterscheinungen, soweit sie von Modeströmungen und kurzzeitigen Konjunkturen bestimmt schienen, skeptisch gegenüberstand. Sein analytischer Geist suchte nach den tieferen, langfristigen Zusammenhängen, und seine journalistische Praxis stellte selbstreflexiv das Dilemma dar, in dem sich der hellsichtige Musikkritiker angesichts von Kommerzialisierung, Korruption und aufkommender Kulturwarenindustrie befand – ein Thema, das sich übrigens gleichzeitig Charles-Augustin Sainte-Beuve mit seiner Kritik der »industriellen Literatur« vorgenommen hatte. Einerseits war er selbst als Journalist und Kritiker in diesen Betrieb eingebunden, musste sich in seinen Artikeln mit der Dialektik von Lob und Tadel auseinandersetzen, wohl wissend, dass er damit an dem Spiel teilnahm, das er gleichzeitig demaskieren wollte. Andererseits versuchte er, sich außerhalb zu stellen und den Zwängen der Musikkritik zu entziehen. Diese Doppelstrategie verleiht seinen Musikkritiken, vor allem denjenigen aus den Jahren 1843 und 1844, ihren besonderen Ton. Er vermittelte meistens sehr präzise Sachinformationen, griff die innerhalb der Musikkritik zirkulierenden Argumente auf, stellte sie zuweilen einander gegenüber. Seine eigene Position ist darum oft nur schwer auszumachen. Gewiss lässt er Musikern wie zum Beispiel Chopin oder dem Geiger Heinrich Wilhelm Ernst immer uneingeschränktes Lob zu Teil werden. Doch derartige Urteile betrafen im Grunde nur Musiker, die für ihn außerhalb des kommerzialisierten Musiklebens agierten und deshalb nicht direkt mit den Paradoxien des Musikmarkts konfrontiert waren. Die meisten besprochenen Akteure gehörten jedoch zum Pariser Musikbetrieb, und ihnen gegenüber ließ Heine jene Mischung aus Mehrfachspiegelungen und Maskenspiel walten, die viele zeitgenössische Kommentatoren irritierte. Ihren Höhepunkt erreichte diese Technik in den beiden Artikeln über die »Musikalische Saison« von 1844. In seiner Besprechung von Liszts Konzerten wechselt Heine ständig die Beobachtungsebene und die Perspektive. Er referiert »Ereignisse« als solche und fügt, etwa nachdem er Liszt Publikumserfolg vermeldet hat, hinzu:

> Wir constatiren unumwunden die Thatsache des ungeheuren Succes; wie wir diese Thatsache nach unserem Privatbedünken ausdeuten und ob wir überhaupt unsern Privatbeyfall dem gefeyerten Virtuosen zollen oder versagen, mag demselben gewiß gleichgültig seyn, da unsre Stimme nur die eines Einzelnen und unsre Autorität in der Tonkunst nicht von sonderlicher Bedeutung ist (DHA XIV, 130f.).

Heinrich Laube, selbst ein Meister der Kritik und intimer Kenner von Heines Schreibart, hat das Verfahren seines Freundes hellsichtig analysiert. Er schreibt in Bezug auf den fraglichen Artikel:

> Berlioz und Lißt, persönliche Freunde Heine's sollen lange zu lesen haben, ehe sie wissen, ob er sie mehr gelobt als verspottet hat. Heine's Malice ist so selbständig, daß sie dem Lobe des Freundes über die Schulter sehen muß, und daß sie das Lob der Weltfreunde stets wie eine Schlange umringelt, den Biß versparend bis zu dem möglichen Zeitpunkte, da der Weltfreund aus der Welt des Freundes gewesen sei. Der Weltfreund braucht nicht zu vergessen, daß ihm kein Leid geschehe, aber wohl geschehen könne. Heine hat eine ganz eigenthümliche Kunstform für solche Charakteristiken erfunden: es sind umgekehrte Uriasbriefe, diese Heine-Briefe; es ist nichts verborgen darin, sondern Alles offen gesagt in scheinbar allgemein verständlichen Chiffren. Er selbst aber behält sich den Schlüssel, um bei vorkommender Gelegenheit ihn zu veröffentlichen, und dann zu zeigen, daß man ihn nicht zu lesen verstanden habe. »Von allen Geistern die verneinen, ist mir der Schalk am wenigsten verhaßt«, hat Goethe dazu sagen lassen.[4]

Heines »umgekehrte Uriasbriefe« schicken die Opfer nicht in den Tod wie der Brief Davids an Joab. Sie sind ein öffentliches Versteckspiel, das den Ausgang offen lässt. Damit entzieht sich der Autor dem Zwang zur Parteinahme, ohne den Posten des Kritikers aufzugeben. Freilich wendet Heine dieses Verfahren nur den Koryphäen des Musikbetriebs gegenüber an. Diejenigen Musikern, die er für zweit- oder drittklassig hält, nimmt er direkt ins Visier seiner sarkastischen Kritik, sie werden ohne Federlesen aufgespießt und mit grellen Wertattributen bedacht. Sie sind gewissermaßen die unverstellten Projektionsflächen von Heines grundsätzlicher Infragestellung eines durch Kommerzialisierung entseelten Musiklebens.

Beide Formen der Musikkritik gehören jedoch zusammen, ergänzen und bedingen sich gegenseitig. Aus ihrer Komplementarität erst ergibt sich der charakteristische Ton von Heines musikkritischer Schreibart. Dazu kommt dann, als drittes Element, die übergreifende Betrachtung, die aus der Technik der Besprechung hinausführt. Als Beispiel dafür sei eine Passage aus dem Artikel vom 20. April 1841 angeführt:

> Obgleich [...] die innerlichste Tugend des deutschen Gesanges, seine süße Heimlichkeit, den Franzosen noch immer verborgen bleibt, so läßt sich doch nicht in Abrede stellen, daß die deutsche Musik bey dem französischen Volk sehr in Aufnahme, wo nicht gar zu Herrrschaft kommt. Es ist dieses die Sehnsucht Undinens nach einer Seele. Wird das schöne Kind durch den Gewinst dieser Seele glücklicher seyn? Darüber möchten wir nicht urtheilen; wir wollten hier nur eine Thatsache aufzeichnen, die vielleicht einen Aufschluß giebt über die außerordentliche Popularität des großen Meisters, der den Robert le Diable und die Hugenotten geschaffen und dessen dritte Oper, der Prophet, mit einer fieberhaften Ungeduld, mit einem Herzklopfen erwartet wird, wovon man keinen Begriff hat.
>
> Jeder ahnt, daß der Prophet eine Ergänzung jener Offenbarungen enthält, wodurch die Einzelnen erquickt und die Nazionen vermittelt werden. In der That, durch ihre Universalsprache ist die Musik mehr als jede andre Kunst geeignet zu solcher Vermittlung, und Meyerbeer konnte sich daher ein Weltpublikum bilden, das, trotz aller nazionellen Verschiedenheiten und Absonderungen, sich versteht und begreift. [...]

---

4 Aus der »Zeitung für die elegante Welt« vom 22.05.1844, zit. n. dem materialreichen Kommentar Volkmar Hansens in DHA XIV, 1357f.

> Jüngst sagte mir ein Franzose: durch die Meyerbeerschen Opern sey er in die Goethesche Poesie eingeweiht worden, jene hätten ihm die Pforten der Goetheschen Dichtung erschlossen. Es liegt ein tiefer Sinn in diesem Ausspruch, und er bringt mich auf den Gedanken, daß der deutschen Musik überhaupt hier in Frankreich die Sendung beschieden seyn mag, als eine präludirende Ouvertüre das Verständniß unserer deutschen Literatur zu befördern (DHA XIII, 338 u. 1583[5]).

Freilich bedeutete diese Form der Musikkritik nahezu immer eine Gratwanderung, zumal der Autor Heine selbst in das soziale Gefüge des Pariser Musikbetriebs persönlich involviert war und zum Teil durchaus auch eigene Interessen verfolgte. Die Darlegung dieser Interessen führt jedoch weit über den Gegenstand dieses Vortrags hinaus.[6] Entscheidend bleibt indessen, dass Heine Innen- und Außenansicht zu verbinden und mit der ihm eigenen Sensibilität auf die sozio-ökonomischen Transformationsprozesse sowie auf die damit verbundenen Veränderungen im Musikbetrieb zu reagieren wusste. Damit lieferte er einen wichtigen Beitrag zur Geschichte der sozialen Praxis von Musik, wie sie sich in den neuen kulturellen Metropolen des 19. Jahrhunderts herausbildete.

---

5 Der Redakteur Gustav Kolb hat in diese Passage stark eingegriffen und sie abgemildert (vgl. Heinrich Heine: Sämtliche Werke. Hrsg. v. Ernst Elster. Bd. 6. Leipzig 1890, S. 600), wohl wissend, dass es sich hier um einen strategischen Punkt handelte, und zwar nicht nur im Sinne der lobenden Hervorhebung Meyerbeers, sondern auch in der Spannung zwischen empirischer Musikkritik und genereller politischer Betrachtung. Diese Ausweitung erschien ihm offenbar überzogen.

6 Hierzu immer noch grundlegend: Michael Mann: Heinrich Heines Musikkritiken. Hamburg 1971.

Heine und die Pariser Klaviervirtuosen

Klaus Wolfgang Niemöller

Paris wurde seit dem Ende der 1820er Jahre in Konkurrenz zu Wien oder London zum europäischen Zentrum der Auftritte von Virtuosen.[1] Dazu gehörten zwar nicht nur Pianisten, sondern auch Violinisten wie der Paganini-Nachfolger Heinrich Wilhelm Ernst oder der Violoncellist Auguste Franchomme, ein Freund Chopins. Die Bedeutung des Auftretens Paganinis wird gleich zu thematisieren sein. »Virtuosenkonzerte« war noch für die Wiener Konzerte der 1850er in der Chronik von Eduard Hanslick eine eigene Kategorie. Bei den Pianisten haben wir eine Phalanx von etwa 30 Künstlern, die teils in Konkurrenz, teils in Freundschaft gegeneinander und miteinander auftraten.[2] Eine Übersicht der wichtigsten Namen unterscheidet französische Pianisten und »ausländische« Virtuosen, die in Paris ihr Glück suchten, darunter besonders viele aus deutschsprachigen Ländern (bis Österreich-Ungarn, wo Liszt deutschsprachig aufwuchs).

Klaviervirtuosen in Paris 1830-1845
(Auswahl)

1. französische Pianisten
(nach Geburtsjahr)

1804 Louise Farrence
1811 Camille Stamaty
1813 Charles Alkan
1814 Louis Lacombe
1816 Antoine François Marmontel

2. »ausländische Pianisten«
(chronologisch nach erstem Auftritt/Aufenthalt)

1816-1888	Henri Herz (1803-1888)
1819-1837; 1839-1848	Franz Hünten (1793-1878)

1 Bereits Hanslick setzte eine Periode des Virtuosentums zwischen 1830 und 1848 an. Eduard Hanslick: Geschichte des Concertwesens in Wien. Bd. 1. Wien 1869, S. 325.

2 Danièle Pistone: Musiciens germaniques et polonais à Paris du premier empire à nos jours. In: Christoph-Hellmuth Mahling (Hrsg.): Deutsche Musik im Wegkreuz zwischen Polen und Frankreich. Tutzing 1996 [= Mainzer Studien zur Musikwissenschat 34], S.199-205; dies.: Pianistes et concerts parisiens au temps de Frédéric Chopin. Irena Ponitowska (Hrsg.): Chopin parmi ses amis V. Warszawa 1999, S. 40-49; Serge Gut: Les impulsions artistiques du Paris romantique su l'œuvre de Chopin (1831-1838). In: Irena Poniatowska (Hrsg.): Chopin and his work in the context of culture. Kraków 2003, Vol. I, S. 120-129, hier: S. 124f. Vgl. Dieter Hildebrand: Pianofort oder Der Roman des Klaviers im 19. Jahrhundert. Wiesbaden 1988.

1821 -	Henri Bertini (1798-1876)
1822 -	John Field (1782-1837)
1823-1840	Johann Peter Pixis (1788-1874)
1823-1835; 1837; 1841	Franz Liszt (1811-1886)
1824 -	Friedrich Kalkbrenner (1784-1849)
1826-1843	John Osborne (1806-1893)
1828-1880	Albert Sowinsky (1805-1880)
1828-1836	Ferdinand Hiller (1811-1885)
1831-1849	Frédéric Chopin (1810-1849)
1831/32	Felix Mendelssohn-Bartholdy (1809-1847)
1832-1845	Johann-Baptiste Cramer 1771-1858)
1835-1837	Sigismund Thalberg (1812-1871)
1835-1890	César Franck (1822-1890)
1836-1895	Charles Hallé (1819-1895)
1838-1888	Stephen Heller (1815-1888)
1838 -	Alexander Dreyschock (1818-1869)
1838; 1843	Theodor Döhler (1814-1856)
1839	Ignaz Moscheles (1794-1870)
1839	Clara Wieck (1819-1896)
1840-1891	Henri Litolff (1818-1891)

Was es bedeutet, dass in Heines Musikberichten nur ein Teil der Namen überhaupt erscheint, hängt u.a. mit den jahrelangen Lücken zusammen, in denen Heine nicht zum Musikleben publizierte. Umgekehrt gibt es in Paris unabhängig von politischen oder publizistischen Einflüssen – wie zu zeigen sein wird – Verbindungen von Pianisten untereinander. Hier sei nur das Lehrer-Schüler-Verhältnis angeführt: Pierre Zimmermann, seit 1816 Professor am Conservatoire, war Lehrer von Alkan, Marmortel und C. Franck, Pixis unterrichtete Thalberg und Osborne, Kalkbrenner, Field, Herz und Stamaty. Angesichts der Berühmtheiten unter den damaligen Pariser Klaviervirtuosen und Komponisten wie Liszt, Chopin oder Mendelssohn, zu denen es jeweils umfangreiche monografische Literatur gibt, und angesichts jüngerer Studien zu heute unbekannteren Klaviervirtuosen wie Heller, Alkan, Herz, Pixis und Farrence,[3] sollen hier mit Blick auf Heines Berichte und Bewertungen einige zentrale Aspekte kurz beleuchtet werden.[4]

3 Stephen Heller: Lettres d'un musicien romantique à Paris. Hrsg. v. Jean-Jacques Eigeldinger. Paris 1981; Britta Schilling: Virtuose Klaviermusik des 19. Jahrhunderts am Beispiel von Charles Valentin Alkan (1813-188). Regensburg 1986 [= Kölner Beiträge zur Musikforschung 145]; Joachim Draheim: Robert Schumann und Henri Herz. In: Ute Bär (Hrsg.): Robert Schumann und die französische Romantik. Mainz 1997 [= Schumann Forschungen 6], S. 153-161; Christoph Kammertöns: Chronique scandaleuse. Henri Herz – ein Enfant terrible in der französischen Musikkritik des 19. Jahrhunderts. Essen 2000; Jean-Yves Bras: Johann Peter Pixis, un musicien de transition. In: Poniatowska, Chopin (Anm. 1), 164-183; Christin Heitmann: Die Orchester und Kammermusik von Louise Farrence. Wilhelmshaven 2004 [= Veröffentlichungen zur Musikforschung 20]; Chris-

Zum Beginn der Pariser Virtuosen-Szenerie um 1830

Eine Voraussetzung war die klavierbautechnische Entwicklung zu einer tragfähigeren und länger klingenden Tongebung, die das Konzertieren in größeren Sälen zu einem neuen Erlebnis werden ließ. Zu nennen sind vor allem die Erweiterung des Tonumfangs auf sieben Oktaven, der dreichörige Saitenbezug, die neue Repetitionsmechanik und der Filzbezug (statt Leder). Den neuen Stand des Klavierbaus repräsentierten in Paris die beiden Pianofortefabriken Erard und Pleyel sowie etwas später Herz.[5] Gerade über Camille Pleyel wird die Verknüpfung mit dem Virtuosenkonzerten deutlich: Zeitweilig war Friedrich Kalkbrenner Teilhaber und 1838 eröffnete Pleyel einen regelrechten Konzertsaal, die »Salle Pleyel«, nachdem die bisherigen Konzerte in den »Salons de MM. Pleyel« stattfanden. Kalkbrenner vermittelte auch die Freundschaft zu Chopin. Clara Schumann traf Heine 1839 bei den Erards (»ist sehr geistreich«),[6] nachdem die Bekanntschaft durch Friedrich Liszt vermittelt worden war (beide wohnten in der Rue des Martyrs), der als Korrespondent der »Augsburger Allgemeinen Zeitung« auch über Claras Debut bei Erard berichtet hatte.[7] Je nach den Wirkungsabsichten und ihrer Spielweise ordnete die Musikzeitschrift »Le pianiste« 1834 die beiden Pianotypen den Virtuosen zu.[8] Der brillante Erard, besonders geeignet für das Konzert, werde für Liszt, Herz und Bertini bevorzugt, während der weichere Klang des Pleyel mehr der Spielweise von Kalkbrenner, Chopin und Hiller entgegenkomme. Liszt, dem seit 1824 ein Erard-Instrument zur Verfügung stand, hat 1837 die »nouveaux progrès« in den Ausdrucksmöglichkeiten der Pianistik beschrieben: Der große Umfang sei der eines Orchesters, man könne Arpeggien wie eine Harfe machen, Töne wie ein Blasinstrument ausdehnen, Staccato und andere spezielle Anschlagtechniken anwenden. Insgesamt hätten die Neuerungen im Klavierbau zweifelsohne Klangdifferenzierungen (»différences de sonorité«) erbracht, die zuvor fehlten.

Die entscheidende Initialzündung, diese neuen spieltechnischen Möglichkeiten für eine neue Stufe virtuoser Pianistik nutzbar zu machen, kam jedoch durch den

---

toph Kammertöns u. Siegfried Mauser (Hrsg.): Lexikon des Klaviers. Baugeschichte – Spielpraxis – Komponisten und ihre Werke – Interpreten. Laaber 2006.

4 Michael Thomas Mann: Heinrich Heines Musikkritiken. Diss. Havard University Cambridge, Mass. 1961; Heinrich Heine: Zeitungsberichte über Musik und Malerei. Hrsg. v. Michael Mann. Leipzig 1964; Gerhard Müller (Hrsg.): Heinrich Heine und die Musik. Publizistische Arbeiten und poetische Reflexionen. Leipzig 1987; Harald Wehrmann: Heines Musikanschauung. In: Acta musicologica (1998), H. LXX/1 S. 79-107.

5 Dagmar Droysen-Reber: Érard und die Klaviervirtuosen seiner Zeit. In: Sébastian Érard: Ein europäischer Pionier des Instrumentenbaus. Michaelstein 1995 [= Michaelsteiner Konferenzen 48], S. 19-20.

6 Désirée Wittkowski: »In Paris hast Du doppelte Mühe in Allem...«. Clara Wieck-Schumanns Parisreisen. In: Ingrid Bodsch u. Gerd Nauhaus (Hrsg.): Clara Schumann 1819-1896. Katalog zur Ausstellung. Bonn 1996, S. 137-169, hier: S. 145.

7 Clara Schumann: »Das Band der ewigen Liebe«. Briefwechsel mit Emilie und Elise List. Hrsg. v. Eugen Wendler. Stuttgart 1996, S. 8f.

8 Jean-Jacques Eigeldinger: Chopin vu par ses élèves. Neuchatel 1986, S. 136, Anm. 9.

Auftritt des Violinvirtuosen Niccolò Paganini. Ähnlich wie bei Robert Schumann nach dem Erlebnis Paganinis in dem Frankfurter Konzert vom 11. April 1831 sein Entschluss, Musiker zu werden, endgültig durchbrach,[9] wirkte Paganini in seinem zweiten Pariser Konzert am 22. April 1832 auf Franz Liszt,[10] der zunächst in Technik-Klausur ging und fortan die übliche Virtuosen-Technik zugunsten neuer pianistischer Klangwirkungen hinter sich ließ, unmittelbar in der »Grande Fantaisie de Bravoure sur La Clochette«. Noch 1834 charakterisierte Mendelssohn den »Clavierspieler Chopin« brieflich: er »macht so neue Sachen, wie Paganini auf der Geige und bringt Wunderdinge herbei, die man nie möglich gedacht hätte.«[11] Das Jahr 1831 war aber auch das Jahr der Ankunft von Heine, Chopin und Mendelssohn in Paris, die rasch in die Kreise der Pariser Künstler Eingang fanden.

Zum Zeitrahmen und der Chronologie der Heine-Berichte
Die publizistische Lücke zwischen 1831 und 1837

Die bloße Benennung des zeitlichen Rahmens von Heines Musikberichten zwischen 1831 und 1844 täuscht über wichtige Unterschiede, vor allem aber über eine zeitliche Lücke hinweg. Nach dem ersten Bericht über das große Orchester-Konzert von Ferdinand Hiller 1831 in dem »Morgenblatt für gebildete Stände« vergingen sechs Jahre, bis Heine zunächst 1837 anonym in Cottas »Morgenblatt für gebildete Stände«, dann 1838 auch französisch, in seinem zehnten Brief »Über die französische Bühne« nach der durch Meyerbeer dominierten Opernwelt auch zur Entwicklung der Virtuosenkonzerte Stellung nimmt. Die vier Berichte über die »Musikalische Saison« der Jahre 1843/44 zeigen dann konkret die Bedeutung des Zeitrahmens, namentlich des zeitlichen Abstandes zu den frühen 1830er Jahren. Zwar werden aus Heines Sicht wichtige Ereignisse aus der Welt der Virtuosen, vor allem wenn es um herausragende Künstler geht, auch noch im Nachhinein berichtet und Stellung genommen, auch zu solchen Pianisten, die Paris längst verlassen haben. Das betrifft besonders Mendelssohn und Liszt.[12] Die persönliche Beurteilung dieser beiden hatte sich seit etwa 1840 kontinuierlich verändert und bezieht sich nun vermehrt auf sie als Komponisten und – ähnlich wie bei Meyerbeer – auf ihre berufliche Laufbahn außerhalb Frankreichs. Grundlage dieser kritischen Neueinstellung

---

9 Ernst Burger: Robert Schumann. Eine Lebenschronik in Bildern und Dokumenten. Mainz 1998 [= Robert Schumann: Neue Ausgabe sämtlicher Werke VIII,1], S. 84.

10 Serge Gut: Franz Liszt. Paris 1989, S. 37; Franz Liszt: Paganini. Ein Nekrolog (1840). In: Lisa Ramann (Hrsg.): Franz Liszt: Gesammelte Schriften. Leipzig 1880, Bd.2, S. 108-112; Pascal Fournier: Der Teufelsvirtuose. Eine kulturhistorische Spurensuche. Freiburg 2001, S. 169-171.

11 Ferdinand Hiller: Felix Mendelssohn-Bartholdy. Briefe und Erinnerungen. Köln ^{2}1878, S. 29.

12 Rainer Kleinertz: »Wie sehr ich auch Liszt liebe, so wirkt doch seine Musik nicht angenehm auf mein Gemüt«. Freundschaft und Entfremdung zwischen Heine und Liszt. In: HJb. 37 (1998), S. 107-139; Thomas Schmidt-Beste: Felix Mendelssohn Bartholdy und Heinrich Heine. In: HJb. 39 (2000), S. 111-134.

sind politische und auch religiöse Diskrepanzen, konkret vor allem die vorgeworfene Anpassung an die Vorstellungen des preußischen Monarchen. Das frühere Auftreten als Virtuosen tritt in den Hintergrund, ästhetische Fragen werden durch persönliche Vorbehalte überlagert. Die skizzierten Probleme des Zeitrahmens von Heines Musikberichten zeigt sich besonders in Bezug auf Ferdinand Hiller und dessen Rolle für die musikalischen Beziehungen Heines in den ersten Pariser Jahren.

Heinrich Heine und Ferdinand Hiller

Manchen mag es verwundern und verwundert haben, dass Heine seine Musikberichte 1831 mit einer Besprechung des Konzertes eines einzelnen Virtuosen und Komponisten begann, der später weithin in Vergessenheit geriet: Ferdinand Hiller. Durch dieses Konzert am 4. Dezember 1831 im Saal des Conservatoire, zu dem sich »die ganze haute musique von Europa« versammelte, konnte »unser junger Landsmanns« – er war erst 20 Jahre alt – »seinen Ruf in der hiesigen musikalischen Welt begründen«, befestigt auch dadurch, dass er zusammen mit dem etablierten Friedrich Kalkbrenner, an den Hummel ihn empfohlen hatte, dessen Konzert für zwei Pianos spielte. Hillers Sinfonie zeige, dass der Komponist im Heroischen und Romantischen »sehr ausgebreitete Mittel des musikalischen Ausdrucks besitzt, die Geheimnisse des Klanges kennt und die Erfahrung der Instrumentation hat«. In der Charakteristik des »freien, offenen, wahrheitlichen, tüchtigen, ernsthaften Charakters« Hillers schwingt in dem Bemerken »mit fast starrer Bravheit« auch schon eine erste Kritik mit. Sein vom ihm selbst gespieltes Klavierkonzertes sieht Heine im Stil von Hillers Weimarer Lehrer Johann Nepomuk Hummel. Zu diesem kam der aus einer jüdischen Kaufmannsfamilie in Frankfurt stammende Hiller durch Empfehlung Mendelssohns und Ignaz Moscheles', beide ebenfalls jüdischer Herkunft. Die positive Beurteilung und einigermaßen fachmännische Darstellung hat zu dem Verdacht geführt, Hiller habe auf den Text Einfluss ausgeübt.[13] Jedoch gab es schon 1968 den Hinweis auf den autografen Entwurf Heines im Hiller-Nachlass des »Historischen Archivs der Stadt Köln«.[14] Jedenfalls schrieb Berlioz am 1. Januar 1832 an Hiller, er habe den »sehr guten Bericht« im »Globe« gelesen. Chopin hatte schon drei Tage nach dem Konzert von der »großen Wirkung« der Werke Hillers berichtet. Sein Urteil, er eifere Beethoven nach, münzte 1833 Heine um, indem er von Hiller in einem Brief vom 2. November 1833 als dem »kleinen Beethoven« sprach, eine Bezeichnung, die man am 5. Januar 1834 auch in der »Gazette musicale de Paris« lesen konnte. In dem Artikel von A. Guémer werden die Vortragsweisen von vier Virtuosen vorgestellt: »Exécution musicale. Liszt, Ferd. Hiller, Chopin et Bertini«. Hierin spiegelt sich die damalige künstlerische Stellung Hillers wider.[15] Nun

13 Heine, Zeitungsberichte (Anm. 4), S. 195.

14 Reinhold Sietz: Heinrich Heine als Kritiker Ferdinand Hillers. In: Mitteilungen der Arbeitsgemeinschaft für rheinische Musikgeschichte (1968), Nr. 33, S. 25-29.

15 Klaus Wolfgang Niemöller: »Ich hatte mehrere Jahre in Paris... fast täglich mit Chopin verkehrt«. Chopin und Ferdinand Hiller. Eine Freundschaft. In: Irena Poniatowska

kann man auch würdigen, dass Hiller für Heine, Mendelssohn und Chopin, die alle 1831 nach Paris kamen, eine zentrale Vermittlerrolle zur kunstinteressierten Gesellschaft der Salons und den dort verkehrenden Musikern übernahm. Hier zeigte sich bereits ansatzweise Hillers kommunikative und organisatorische Fähigkeiten, die ihn seit 1847 als Musikdirektor in Düsseldorf und Köln (bis 1885) zu einer der einflussreichsten Persönlichkeiten des Musiklebens im Lager der Konservativen in der Linie Mendelssohn – Schumann – Brahms werden ließ, auch wenn die Anerkennung seiner Kompositionen seine Zeit nicht überlebten. 1831 jedenfalls war Hiller für Chopin »ein Bursche von gewaltigem Talent [...] ein Mensch voller Poesie, Feuer und Geist.«, 1832 trugen sie sich gegenseitig in ihr Autografen-Album ein, 1834 widmeten beide Freunde sich gegenseitig ein Klavierwerk. Hiller kam im Oktober 1828 nach Paris, wo er in der Bankiersfamilie Leo Verwandte hatte, Louis Spohr ihn an Pixis empfahl und er bald in die musikalisch interessierten Salons Eingang fand. Als Heine 1831 in Paris ankam, überbrachte er Hiller Grüße seiner Familie. 1885 wird über die Soireen bei Hiller in der Rue St. Florentin berichtet,

> bei denen Heine nie fehlte. Hier horchte er mit Entzücken den Klängen Chopin's und Thalberg's, hier wurde er mit den hervorragendsten Komponisten und Musikern bekannt, mit Cherubini, Baillot, Nourrit, Onslow u.A., denn Heine liebte die Musik ganz außerordentlich.[16]

Nachdem Hillers verwitwete Mutter 1833 nach Paris gekommen war, unterhielt sie auch einen Salon, in dem u.a. Bellini verkehrte. Von Chopin trug Regine Hiller 1836 einen Ring, »als wäre Chopin ihr Bräutigam«.

Heine und die »confrèrie romantique de Paris«

Heine erlebte so einem Kreis von Klaviervirtuosen und Komponisten, die bei allen unterschiedlichen künstlerischen Bestrebungen freundschaftlich miteinander verbunden waren. Noch 1855 erinnerte Liszt nach dem Tode Mendelssohns und Chopins Hiller an die fünf Mitglieder der »alten romantischen Brüderschaft von Paris«, zu der auch Berlioz gehörte.[17] Bei der Hochzeit von Berlioz am 3. Oktober 1833 war neben Liszt – jedenfalls nach Hillers Erinnerungen – auch Heine Trauzeuge.[18] Als 1833 Hiller nach dem Tode seines Vaters in Deutschland weilte, schrieben ihm Chopin, Liszt und Franchomme einen Brief, in dem sie auch Grüße von Heine und Berlioz ausrichteten. Über gemeinsame Besuch der Freunde des »Niederrheinischen Musikfestes« 1834 in Aachen berichtete die »Leipziger Allgemeine musikalische

---

(Hrsg.): Chopin and his work in the context of culture. Warszawa 2003, Vol. I, S. 160-170.

16 Gustav Karpeles: Hiller und Heine. In: Neue Musik-Zeitung (1885), Nr. 23, S. 290.

17 Reinold Sietz: Aus Ferdinand Hillers Briefwechsel (1826-1861). Köln 1958 [= Beiträge zur rheinischen Musikgeschichte 28], S. 106.

18 Ferdinand Hiller: Künstlerleben. Köln 1880, S. 87f.

Zeitung« auf dem Umweg über Paris: »Die Gazette musicale berichtet: [...] Unter Anderen waren zugegen Felix Mendelssohn-Bartholdy, Fétis, Hiller, Chopin etc.« Das Wiedersehen Chopins und Hillers mit Mendelssohn führte dazu, dass sie sich einen ganzen Morgen gegenseitig ihre neuesten Klavierwerke vorspielten, wobei Mendelssohn zwar ihre pianistische Weiterentwicklung anerkannte, jedoch auch spürte: »Beide laboriren nur etwas an der pariser Verzweiflungssucht und Leidenschaftssucherei«. Als Liszt 1836 sich aus Genf bei Hiller brieflich nach Chopin erkundigte, vergaß er nicht, Grüße an Heine auszurichten zu lassen. Die freundschaftliche Verbundenheit der Klaviervirtuosen untereinander kam aber insbesondere in dem gemeinsamen Auftreten in Konzerten zum Ausdruck. so schon beim Debut-Konzert von Chopin am 26. Februar 1832 in den »Salons de MM. Pleyel«, u.a. spielte Chopin mit Kalkbrenner dessen Duo »Marche suivie d'une Polonaise« mit Begleitung von weiteren vier Klavieren (Hiller, Osborne, Sowinsky und Stamaty anstelle von Mendelssohn); Chopin brieflich in der Vorschau: »Ist das nicht eine völlig verrückte Idee?«[19] Umgekehrt wirkte Chopin bei Hillers Konzert im Dezember 1833 mit. Er spielte mit Liszt und Hiller ein Allegro aus dem »Konzert für drei Klaviere« von J. S. Bach (BWV 1063), eine musikhistorische Sensation, über die Berlioz berichtete.[20] Hillers »Großes Duett für 2 Pianoforte« op. 135 spielten 1835 zunächst der Komponist mit Chopin, dann bei einem Benefizkonzert Chopins mit Liszt.[21] 1837 interpretierten Liszt, Pixis und Hiller an drei Klavieren die Ouvertüre zu Mozarts »Zauberflöte«.[22] Die Freundschaft endete auch nicht beim Wettspielen im Salon der Gräfin Paulina Plater, bei dem Liszt und Hiller versuchten, sich mit Chopin in der Wiedergabe einer Musik im nationalpolnischen Geist zu messen, nämlich der Mazurka »Noch ist Polen nicht verloren«, natürlich vergeblich.[23] Auf Initiative der Prinzessin Belgiojoso 1837/38 beteiligten sich an dem »Hexaméron«, einem Konzertstück mit Variationen über Bellinis Marsch der »Puritani«, neben Liszt, der Einleitung und Finale komponierte, Thalberg, Pixis, Herz, Czenry und Chopin mit Variationen. Die Kollegialität konnte aber auch durch öffentliche Polemiken zerbrechen.

Die musikalischen Zeitungen und die Ausbildung konkurrierender Richtungen

Es gab so nicht nur den freundschaftlichen Wettstreit, sondern auch erhebliche Rivalitäten unter den Virtuosen. Schon Mendelssohn bemerkte bei seiner Ankunft im Januar 1832: »Dazu giebt es Musiker hier wie Sand am Meer, hassen sich alle un-

19 Frederick Niecks: Friedrich Chopin als Mensch und Musiker. Leipzig 1890. Bd. I, S. 238 u. 247f.
20 Eigeldinger, Chopin (Anm. 8), S. 206, Anm. 164.
21 Niemöller, Chopin (Anm. 15), S, 168.
22 Bras, Pixis (Anm. 3), S. 170.
23 Niecks, Chopin (Anm. 17), S. 263f.

tereinander, da muß man jeden einzeln besuchen, und ein feiner Diplomat sein.«[24] Diese Rivalität wurde seit 1836 zwischen Liszt und Thalberg zugespitzt zu einem Richtungskampf und zwar durch eine Kontroverse in der musikalischen Presse, so dass das eigentliche pianistische Wettspiel zwischen beiden öffentliche Dimensionen erhielt. Und natürlich nimmt auch Heine Stellung. Da diese kontroverse Situation schon eingehend behandelt wurde, mag es genügen den Verlauf zu skizzieren, um Heines sich verändernde Haltung zum Klaviervirtuosentum besser zu verstehen.[25] Auslöser war ein Artikel in der »Revue et Gazette musicale de Paris« (12. Juni 1836), in dem Berlioz Liszt favorisierte. Er forderte einen Artikel von François-Joseph Fétis heraus, der sich für Thalberg einsetzte, worauf Liszt etwas arrogant dem »M. le Professeur« antwortete und Heine das Problem der akademischen Kritik aufwarf. Auf dem Höhepunkt der »skandalösen Reibungen« (so Heine) trafen in einem Wohltätigkeitskonzert im Salon der Prinzessin Belgiojoso am 31. März 1837 die Konkurrenten aufeinander mit dem von der Prinzessin diplomatisch ausgedrückten Ergebnis »Thalberg est le premier pianiste du monde – Liszt est le seul«. Der Verleger der »Revue«, Maurice Schlesinger, propagierte die neue Richtung von Meyerbeer und Berlioz. Er fand bei Heine Unterstützung gegenüber dem konservativen Musikgelehrten Fétis. In seinem Musikbericht von 1837, der einem Brief »über die französische Bühne« angefügt ist, bezeichnet er Liszt als den nächsten Wahlverwandten von Berlioz und merkt an, dass er »unstreitig derjenige Künstler [ist], der in Paris die unbedingtesten Enthusiasten findet, aber auch die eifrigsten Widersacher.« Im Übrigen findet Heine angesichts des schroffen Kontrastes von konträren künstlerischen Charakteren das Kriterium der »technischen Vollendung«, »das Prinzip der überwundenen Schwierigkeiten« für obsolet, und zwar auch mit dem anschließenden Hinweis auf Chopin, dessen Finger »nur die Diener seiner Seele« sind. Da Heines Bericht in der »Allgemeinen Theater-Revue« am 4. Februar 1838 als Übersetzung auch in der »Revue et Gazette musicale« erschien, gelangte der Richtungsstreit in die internationale musikalische Öffentlichkeit. Der Umstand, dass in Robert Schumanns »Neue Zeitschrift für Musik« im Mai 1838 eine kritische Reaktion auf Heines Bericht erfolgte, kann man – inhaltlich – nur auf dem Hintergrund von divergierenden Sympathien und Antipathien, vor allem hinsichtlich Meyerbeer verstehen. Lange war es her, dass Schumann 1828 Heine in München kennen gelernt hatte.[26] Aber schon das Echo, das 1832 die Berichte von Clara Wieck, die gerade 11-jährig zwei Monate in Paris debutiert hatte, über die Virtuosen dort bei Schumann fand, zog ihn in Beurteilungsauseinandersetzungen ein.[27] Im

24 Paul Mendelssohn Bartholdy (Hrsg.): Reisebriefe von Felix Mendelssohn Bartholdy aus den Jahren 1830 bis 1832. Leipzig 1862, S. 302.

25 Heine, Zeitungsberichte (Anm. 3), S. 101ff. u. 203ff.; Rainer Kleinertz: Subjektivität und Öffentlichkeit. Liszts Rivalität mit Thalberg und ihre Folgen. In: Gottfried Scholz (Hrsg.): Der junge Liszt. München 1993, S. 58-67.

26 Tb I, 63f.; Burger, Schumann (Anm. 9), S. 54 u. 60f.

27 Klaus Wolfgang Niemöller: Robert und Clara Schumanns Beziehungen zu Ferdinand Hiller. In: Bernhard R. Appel u.a. (Hrsg.): Schumanniana nova. Festschrift Gerd Nauhaus. Sinzig 2002, S. 521f.

Tagebuch notierte er Friedrich Wiecks »wenig bedeutendes« und auch »vielfach unwürdiges und gemeines Urtheil« über Kalkbrenner, Pixis, Chopin (»durch Paris liederlich und gleichgültig gegen sich selbst und die Kunst geworden«), Mendelssohn (»er mache ungeheures Aufsehen in Paris«) und Hiller (»In Hiller's Spiel sei der Judenjunge in jedem Takt zu erkennen«). 1838 nun entgegnete Anton Wilhelm von Zuccalmaglio unter dem Pseudonym Gottschalk Wedel aus Warschau in einem seiner »Vertrauten Brief« betitelt »An den Dichter Heinrich Heine in Paris« in der »Neuen Zeitschrift für Musik« Heine, indem er sich gegen dessen Reihenfolge der »Clavierkünstler: Lißt, Thalberg, Chopin« wendet und umgekehrt mit Chopin beginnt mit der Begründung: »Sie [Heine] beurtheilen nämlich die Künstler aus der Nähe, aus ihrem Spiele, und werden von ihrer Persönlichkeit bestochen, ich dagegen aus der Ferne, aus ihren niedergeschriebenen Werken.«[28] Richtig ist zwar, dass Heine seine Eindrücke von der Improvisationskunst Liszts und Chopins sehr zu ihrer Charakterisierung heranzieht, fragwürdig ist aber bereits die von Zuccalmaglio behauptet Reihenfolge bei Heine, jedenfalls nicht *expressis verbis*, nimmt man sein Bemerken, Chopin sei der »Liebling jener Elite, die in der Musik die höchsten Geistesgenüsse sucht«. Tatsächlich kann man in den nachfolgenden Jahren auch Heine auf der Seite derjenigen sehen, die das reine Virtuosentum abwerten und dem Werturteil über die Kompositionen Vorrang einräumen. Und eigentlich waren es die drei Komponisten Berlioz, Liszt und Chopin, die Heine würdigt unter Einschluss des fragwürdigen Wettspiels mit Thalberg. Immerhin hat Heine dann 1844 mitten in der Phase des Überdrusses an der Pianistenepedemie, wie Gollmick 1846 formulierte,[29] mit der Bemerkung, es gäbe nur drei Pianisten, die eine ernste Betrachtung verdienten, nämlich Chopin, Thalberg und Liszt, eine weitere Reihung gebildet. Dabei steht Liszt aber vielleicht deshalb an letzter Stelle, weil er sich dann mit ihm ausführlicher befasst und seine Vorstellung, die Berliner »Lisztomanie« sei »ein Merkmal des politischen Zustandes jenseits des Rheins« angesichts der »ansteckenden Gewalt der Ekstase«, die Liszts Spiel in Paris hervorrief, als Irrtum bekennen musste.

Die Polemik Heines gegen das Klaviervirtuosentum und dessen allgemeiner Ansehensverlust um 1840

Welche Mühen und Befürwortungen es 1839 bedurfte, angesichts der großen Konkurrenz in Paris als Pianistin in Paris erfolgreich auftreten zu können, hat Clara Schumann aus ihrem Aufenthalt anschaulich geschildert. Bereits 1841 geißelte Heine das Auftreten bloßer »Clavierspieler« etwa gegenüber dem »genialen Pianisten Liszt«. Am Beispiel von Döhler demonstriert er, wie das Mittelmaß durch die

---

28 Ders.r: Anton Wilhelm von Zuccalmaglio. Musikenthusiast-Volksliedsammler-romantischer Musikschriftsteller. In: Gertrude Cepl-Kaufmann (Hrsg.): Kultur und bürgerlicher Lebensstil im 19. Jahrhundert. Die Zuccalmaglios. Grevenbroich 2004, S. 147.

29 Carl Gollmick: Die Epidemie des Clavierspiels. In: Ders.: Feldzüge und Streiferein im Gebiet der Tonkunst. Darmstadt 1846, S. 114f.

Musikkritik in der »Revue« Schlesingers wie auch in der »France musicale« der Brüder Escudier systematisch gefördert wurde.[30] Bekanntlich kulminierte die Aversion Heines gegen die Klaviervirtuosen, ja gegen das Instrument und seinen Klang 1843/44. Die Überschrift »Virtuosen und kein Ende« spricht schon für sich. »Dieses Überhandnehmen des Clavierspielens und gar die Triumphzüge der Claviervirtuosen« sind für ihn ein Triumph des Maschinenwesens«.[31] Immerhin belegen die Meldungen in den Pariser Zeitschriften, dass in der Wintersaison von 1844 in Paris mehr als 50 Pianisten und wenigstens 25 Pianistinnen nach Ruhm und Ehre suchten. Dabei sah Heine in dieser Zeit bereits auf eine ganze ältere Generation von Klaviervirtuosen zurück, deren Erfolgszeit vergangen war. Für »ältere Pharaonen«, gar »Mumien« hält er Herz, Moscheles, Cramer, Bertini, Pixis und Kalkbrenner. Das Auftreten der Pianisten bedeutete bis 1840, als Liszt erstmals ganz allein ein Konzert bestritt, dass auch andere Musiker mitwirkten. Auffälligerweise berichtet Heine nun auch von den Violinisten wie Heinrich Wilhelm Ernst, mit dem er befreundet war. Aber auch Cellisten wie Alexander Batta oder die Sängerin Viardot-Garcia werden gewürdigt, Pianisten wie Herz, Döhler, Dreyschock werden nun den Violinisten Vieuxtemps, Sivori, Ernst gegenüber gestellt, deren ebenfalls virtuoses Spiel aber durch das Instrument unmittelbarer die seelische Verfassung des Künstlers widerspiegle. Die »Herrschaft der souveränen Virtuosität«, so Hanslick 1869, ging zu Ende. Bereits in seinem Musikbericht 1841 verlagerte Heine deutlich die Akzente, wenn er über Liszts Konzerte sagt: »Das Clavier verschwindet und es offenbart sich die Musik« Es war gerade Liszt, der durch seinen Vortrag von Beethoven-Werken auch den seriösen Charakter seiner Kompositionen unterstrich. Bereits 1840/41 hatte Richard Wagner in seinem Artikel »Der Virtuose und der Künstler« die gesteigerten Anforderungen des Komponisten gegenüber der Zeit hervorgehoben, in der es gewiß einmal leichter war, »auch sein eigener Virtuos zu sein.«[32] Damit spielt Wagner auf den Umstand an, dass die Virtuosen in erster Linie eigene Kompositionen spielten, mit denen sie ihre brillanten Stärken am wirkungsvollsten zur Geltung zu bringen hofften.

Mehr und mehr gewinnt auch bei Heine das Kriterium der kompositorischen Fähigkeiten gegenüber dem virtuosen Spiel als solchem an Gewicht. So nimmt er von Eduard Wolf besonders Notiz, da er sich mit seinen Studien für das Pianoforte »zugleich als Komponist auszeichnet«. Konsequent heißt es dann wenige Zeilen später von Chopin, er sei »vielmehr Componist als Virtuose« (womit er eigentlich auf die Sicht Zuccalmaglios von 1838 einschwenkt.) Nach den Klavierfabriken gewannen jetzt die Musikverlage an Bedeutung. Beispielhaft sei hier auf Aristide Farrence hingewiesen, da er durch seine Frau Louise unmittelbar mit der Virtuosenszene verbunden war. Farrence verlegte Johann Nepomuk Hummel, darunter seine Etüden op. 125. Auch Louise Farrence trat als Pianistin aus der Öffentlichkeit zurück und

30 Heine, Zeitungsberichte (Anm.4), S. 115-117.

31 Ebd., S. 141-150.

32 Zit. n. Erich Reimer: Virtuose. In: Handwörterbuch der musikalischen Terminologie. Freiburg 1972, S. 7.

veröffentlichte 1838 Etüden, um dann zur Kammermusik überzugehen. Nachdem auch Virtuosen wie Alkan oder Lacombe sich schon seit Jahren fast ausschließlich der Komposition widmeten, wurde der Vergleich auf einem Felde interessant, das Virtuosentum und Kompositionsrang miteinander verbinden: Bemerkenswerterweise wurde die Klavieretüde das kompositorische Feld, auf dem die Virtuosen aneinander gemessen wurden.[33] Nathalie Froud konnte nicht weniger als 241 Etüden-Sammlungen untersuchen, die zwischen 1826 und 1840 in Paris erschienen.[34] Hatten auch noch Liszt und Thalberg bei ihrem Wettspiel auf brillante Phantasien oder Variationen über bekannte Melodien, insbesondere aus Opern zurückgegriffen, gewann nun die nachprüfbare Systematik der Spieltechnik in Verbindung mit der kunstvollen Gestaltung mehr und mehr an Bedeutung. Als die Zeitschrift »Le Pianiste« 1834 eine ausführliche Besprechung von Hillers »24 grandes Etudes, op. 15« besprach stellt sie die Forderung auf: »Wir möchten wünschen, dass jeder Komponist ein Heft Etüden erstelle, da nichts mehr den Charakter des Talentes eines Künstlers zeigt; und wenn ihr diese Fähigkeiten gut kennt, habt ihr das Gepräge der anderen Werke.«[35] 1836 folgte Schumann mit seinem Artikel »Die Pianoforte-Etüden ihrem Zwecke nach geordnet«.[36] Schumann vergleicht Etüden von Clementi, Cramer, Moscheles, Chopin, Berger, Ries, Hummel, Kalkbrenner, Czenry, Herz und Hiller. Die Entwicklung ging von der Schul- und Virtuosen-Etüde zur Konzertetüde als anspruchsvollem Vortragsstück. Die verschiedenen Fassungen der Etüden von Franz Liszt aus den Jahren 1826, 1837 und 1851 zeigen deutlich, wie Liszt auf die verschiedenen Begegnungen mit Paganini, Berlioz und Chopin reagiert hat.[37] Heines Musikberichte über die Pariser Klaviervirtuosen erhalten so aus mancherlei Blickwinkeln Züge, die über seine teils subjektiv gefärbten Urteile weit hinausreichen in eine faszinierende Phase der Pariser, ja der europäischen Musikgeschichte.

---

33 Folke Augustini: Die Klavieretüde im 19. Jahrhundert. Diss. Köln. Düsseldorf 1985.

34 Nathalie Found: Les études pour piano à l'époque de Chopin: propositions pour une typologie des difficultés techniques. In: Poniatowska (Hrsg.), pianistes-virtuoses (Anm. 2), S. 185-203.

35 Le pianiste 1834, Nr. 10, S. 156.

36 Kreisig I, S. 42-52.

37 Christian Ubber: Liszts Zwölf Etüden und ihre Fassungen (1826-1837-1851). Laaber 2002 [= Weimarer Liszt-Studien 4].

»Die Macht des Gesanges«

Loreleys Verführungskünste in Opern des 19. Jahrhunderts

Gunter E. Grimm

Das im ›Biedermeier‹ verbreitete Frauenbild bevorzugte introvertierte, sanfte und tugendhafte Frauen, häusliche, in der Familienpflege aufgehende Geschöpfe, die neben einer zahlreichen Kinderschar auch für den außer Hause arbeitenden Gatten zu sorgen hatten. Die vom Mutter- und Gattinnentypus abweichende Frau geriet leicht in den Ruf der Außenseiterin. Suffragetten waren wenig geschätzt, die männliche Phantasie liebte mehr das Exotische oder das Zauberhafte. Nichtbürgerliche Frauen waren Elfentypen, zarte Wesen der Lüfte oder des Wassers, Feen und Nixen. Die Literatur des 19. Jahrhunderts wimmelt von solchen Wasserfrauen, Melusinen und Undinen bis zur schönen Lau. Oder sie waren Unholdinnen, Hexen aller Art, wie man sie von Shakespeare her kannte, meist hässlichen Aussehens, geschmückt mit Warzen und Krallenfingern, und ausgestattet mit fataler Zauberkraft. Ludwig Richter, der durch seine Illustrationen von Ludwig Bechsteins Märchen besondere Popularität erlangte, hat drei solcher Zauberfrauen prototypisch fixiert: die »alte schlimme Hexe«[1], die Zauberin[2] und die Nixe[3].

Bereits im 19. Jahrhundert hatte sich die Ansicht etabliert, bei der Loreley-Geschichte handle es sich um eine Volkssage, die von verschiedenen Dichtern in mehr oder weniger einprägsame Verse gebracht worden sei.[4] Dabei weiß man mittlerweile ja, dass der Erfinder dieser Sage oder dieses Mythos der Dichter Clemens Brentano war, dass Dichter wie Heinrich von Loeben, Karl Geib, Heinrich Heine oder Joseph von Eichendorff diesen Stoff dankbar aufgriffen,[5] wobei die Bilder der Zauberfrauen auf die jeweiligen Gestaltungen bestimmenden Einfluss nahmen. Die Bilderindustrie des 19. Jahrhunderts hat Heines dämonische Verführerin popularisiert

1 Ludwig Bechstein: Sämtliche Märchen. Darmstadt 1965, »Die Hexe und die Königskinder«, S. 209 (vgl. Abb. 1 im Bildanhang).

2 Ebd., »Goldener«, S. 197 (vgl. Abb.2 im Bildanhang).

3 Ebd., »Der Müller und die Nixe«, S. 190f. (vgl. Abb. 3 im Bildanhang).

4 Zur Entwicklung der »Loreley-Sage« vgl. Katja Czarnowski: Die Loreley. In: Deutsche Erinnerungsorte. Hrsg. v. Etienne François u. Hagen Schulze. München 2001, S. 488-502; Rotraud Ehrenzeller-Favre: Loreley. Entstehung und Wandlung einer Sage. Flensburg 1948; Markus Winkler: Mythos Loreley. In: »Ich Narr des Glücks«. Heinrich Heine 1797-1856. Bilder einer Ausstellung. Hrsg. v. Joseph A. Kruse unter Mitwirkung v. Ulrike Reuter u. Martin Hollender. Stuttgart/Weimar 1997, S. 408-414; Hermann Seeliger: Die Loreleysage in Dichtung und Musik. Leipzig 1898; Helga Arend: Die Loreley – Entwicklung einer literarischen Gestalt zu einem internationalen Mythos. In: Gender und Interkulturalität. [...] Hrsg. v. Liesel Hermes/Andrea Hirschen/Iris Meißner. Tübingen 2003, S. 19-28.

5 Die Loreley. Gedichte, Prosa, Bilder. Ein Lesebuch v. Wolfgang Minaty. Frankfurt a.M. 1988, S. 36ff.

und verharmlost – ganz in der Tradition der biedermeierlichen Märchenillustrationen.[6] Loreley posierte als mehr oder weniger blonde und stämmige Germania-Figur auf ihrem Felsen und schickte die tumben Männer in den Tod. Die Lorelei-Illustration, die Adolf Ehrhardt 1853 für Bechsteins Sagenbuch sowie die Stahlstiche, die Jakob Felsing nach einem Gemälde Carl Ferdinand Sohns 1858 und Goldberg nach einem Gemälde von Wügen 1865 angefertigt haben, orientieren sich an dieser Bildtradition.[7]

Das Motiv, wieso die verführerische Sirene Loreley auf dem Rheinfelsen sitzt, um dort ihr tödlich-betörendes Lied zu singen, blieb bei Heine im Dunkeln. Die kriminalistische Frage zielt auf ein Schicksal, das sich hinter der Beschreibung einer Situation auftut. Brentanos Ballade erzählt die ergreifende Geschichte einer unglücklichen Liebe, aber die Heinesche »Loreley« scheint mit dieser Gestalt wenig gemeinsam zu haben. Die Dramatiker, die sich des Sujets annahmen, mussten aber auf eine Geschichte zurückgreifen, und da bot sich in der Tat die Brentanosche Fassung an. Brentano hatte sich der Loreley-Figur in zwei Dichtungen angenommen, zum einen in der Ballade »Zu Bacharach am Rheine«, die in den Roman »Godwi« von 1802 eingelagert ist, und zum andern in den »Rheinmärchen«, die 1846 posthum veröffentlicht wurden. Während die Lore Lay der Ballade sich selbst in den Rhein stürzt und ihr ritterliches Begleitpersonal in den Untergang treibt, figuriert die Loreley der »Rheinmärchen« als eine ihr Blondhaar kämmende Zauberfrau, obendrein als Hüterin eines verborgenen Schatzes und ist außerdem mit dem Fluch belegt, einen Menschen lieben zu müssen und von ihm hintergangen zu werden. Sie ist jedoch keine Verderben bringende Zauberin. Das Personal der Geschichte wurde in der Prosafassung in Aloys Wilhelm Schreibers »Handbuch für Reisende am Rhein« von 1815 entscheidend erweitert.[8] Danach war Loreley eine Nixe, die auf dem Rheinfelsen saß und durch ihren Gesang die Männer bezirzte,

---

6 Abbildungen von Gemälden und Postkarten der Loreley finden sich in zahlreichen Bildbänden, zuletzt etwa bei Rita Müllejans-Dickmann: »Und kämmt ihr goldenes Haar«. Anatomie eines Frauenbildes. In: Die Loreley. Ein Fels im Rhein. Ein deutscher Traum. Katalog-Handbuch. Hrsg. v. Mario Kramp u. Matthias Schmandt. Mainz 2004, S. 82-91; Bettina Baumgärtel: »Die schönste Jungfrau«. Eine Ästhetik des Verführens. Ebd., S. 92-103; Ulrike Fuß: Die Loreley. Die Geschichte einer legendären Frau. In: Mythos Rhein. Ein Fluß – Bild und Bedeutung. Hrsg. v. Richard W. Gassen u. Bernhard Holeczek. Ludwigshafen 1992, S. 267-293; Ernst-Ullrich Pinkert: Die Loreley, Germania und Die Wacht am Rhein. In: Kruse (Hrsg.), Narr (Anm.4), S. 435-441; Peter Ruf: Kitsch und Souvenir. In: Mythos Rhein (s. o.), S. 79-102; Gertrude Cepl-Kaufmann u. Antje Johanning: Mythos Rhein. Kulturgeschichte eines Stromes. Darmstadt 2003; Winkler, Mythos Loreley (Anm. 3); Minaty, Loreley (Anm. 5).

7 Abbildungen bei Minaty, Loreley (Anm. 5), S. 115 u. S. 117 (vgl. Abb. 4 im Bildanhang).

8 Alois Wilhelm Schreiber: Die Jungfrau auf dem Lurley. Abgedruckt bei Minaty, Loreley (Anm. 5), S. 34f. Erstdruck in: Aloys Schreiber: Handbuch für Reisende am Rhein von Schafhausen bis Holland in die schönsten anliegenden Gegenden und an die dortigen Heilquellen. Zweite, durchaus verb. u. sehr vermehrte Aufl. Heidelberg 1818. Eine andere Version bei Niklas Vogt: Rheinische Geschichten und Sagen. Frankfurt a.M. 1817.

darunter auch den Sohn des Pfalzgrafen. Beim Versuch, aus dem Nachen ans Land zu springen und sie festzuhalten, versank er in den Fluten. Der Strafaktion des Vaters entkam die Zauberin mit Hilfe des angerufenen Rheins, allerdings wurde der Sohn gerettet.

Es wäre sonderbar, wenn Opernkomponisten nicht nach diesem dankbaren Stoff gegriffen hätten. Hatte bereits die Antike in der Gestalt Kirkes eine veritable Zauberin, und lieferte Ariost mit seinem »Rasenden Roland« auch eine brauchbare Vorlage für Händels Oper »Alcina«, so boomten insbesondere im 18. Jahrhundert Zauberstücke und auch Zauberopern. Hier konnte die geheimnisvoll-magische Macht weiblicher Verführung auf die Bühne gestellt werden und die Männer als letzten Endes genasführtes schwaches Geschlecht entlarvt werden. Gehört nicht etwa auch Mozarts »Zauberflöte«, in der Magie und Zauberei eine große Rolle spielen, noch zu den Ausläufern dieses Typus?

Opernliebhaber wissen, dass eine regelrechte Oper ein Heldenpaar braucht: eine Sopranistin und einen Tenor, die entweder miteinander oder gegeneinander agieren. Wenn es obendrein geeignete Rollen für Baritone, Bässe, Mezzosopranistinnen oder Altistinnen gibt, und außerdem dankbare Ensembleszenen, umso besser. Aus diesem Grund – dies die Grundkonstellation – war die Sagenversion Schreibers am Besten für ein Libretto prädestiniert. Man hat insgesamt über 30 Opern-Vertonungen dieses Stoffes gezählt,[9] drei sollen im Folgenden näher beleuchtet werden. Allen drei Versionen liegt das nämliche Libretto von Emanuel Geibel zugrunde.

Emanuel Geibel, in jungen Jahren noch romantisch gestimmt, hatte sich des Sujets angenommen und aus der knappen Prosaskizze ein Drama geformt, das freilich nicht als selbstständiges Sprechstück gedacht war, sondern als Libretto für eine Oper »Loreley« fungieren sollte, die kein geringerer als der europaweit berühmte Felix Mendelssohn Bartholdy komponieren wollte.[10] Das 1845/47 in enger Zusammenarbeit mit dem Komponisten entstandene Textbuch wurde noch mehrfach geändert, ehe Mendelssohn 1847 mit der Komposition begann, doch sein Tod am Ende dieses Jahres verhinderte, dass die Oper über Bruchstücke hinaus gedieh.[11]

9 Der Katalog der Ausstellung »An den Rhein, an den Rhein. Das malerische und romantische Rheinland in Dokumenten, Literatur und Musik«. Eine Ausstellung des StadtMuseums Bonn. Konzeption und Durchführung Ingrid Bodsch. Bonn 2002, S. 159f., führt 27 Operntitel (ohne Pacius) auf; Franz Stieger: Opernlexikon. Tübingen [2]1975, Bd. 2, S. 728f., nennt weitere Werke. Vgl. auch den Artikel von Heinrich Denzer: Opern, die am Mittelrhein spielen. In: Rhein-Museum Koblenz. Beiträge zur Rheinkunde (1988), H. 40.

10 Emanuel Geibel: Sänger der Liebe, Herold des Reiches. Ein deutsches Dichterleben von Karl Theodor Gaedertz. Leipzig 1897, S. 230f.

11 Felix Mendelssohn Bartholdy: Loreley. Unvollendete Oper. Bearb. Franz Abt. Clavierauszug mit Text. Leipzig ca. 1880; Braunschweig ca. 1885. Zu Mendelssohns »Loreley«-Oper vgl. Reinhold Sietz: Die musikalische Gestaltung der Loreleysage bei Max Bruch, Felix Mendelssohn und Ferdinand Hiller. In: Max Bruch-Studien. Zum 50. Todestag des Komponisten. Hrsg. v. Dietrich Kämper. Köln 1970, S. 14-45 [mit Abdruck des Briefwechsels zwischen Mendelssohn und Geibel, in dem beide um die Textgestalt ringen, Finale des ersten Aktes aus der unvollendeten Oper »Loreley«, gedichtet von E. Geibel, op.

Geibel publizierte das Textbuch separat im Jahr 1860, wobei er den Erben Mendelssohns versprach, keinen anderen Komponisten mit seiner Vertonung zu betrauen (ohne allerdings auf dieses Recht zu verzichten). Hier hatte Geibel, der explizit dem Druck die Notiz beigefügt hatte, das Drama dürfe »ohne Erlaubniß des Verfassers in keiner Weise öffentlich aufgeführt werden«, freilich die Rechnung ohne den Wirt gemacht, denn das Textbuch animierte mehrere Komponisten. Freilich wurden sie alle von Geibel abschlägig beschieden.

Betrachtet man nun das Bild, das Geibel von der jungen Lenore – so heißt die Protagonistin des Dramas – entwirft, so findet sich in ihrem Wesen nichts, das auf übernatürliche Kräfte hinwiese. Zauberisch mag allenfalls ihre Schönheit sein, mit der sie das Herz des jungen Pfalzgrafen Otto gefangen nimmt.[12]

Was aber macht dann die Faszination der jungen Lenore aus? In der Eingangsszene gibt der Pfalzgraf von ihr eine Beschreibung:

> Und zwischen all dem lichten Scheine
> Gewahrt' ich eine Jungfrau wunderhold.
> Sie saß gelösten Haar's und sang;
> O wie das klang
> Das Thal entlang!
> Mir war's, als sei's der Feyen Eine.[13]

Geibel greift zwei aus der Loreley-Sage bekannte Motive auf: die optische Schönheit und die akustische Verzauberung. Mit dem Begriff »Feyen« spricht Geibel bereits hier eine übermenschliche Dimension an. Die Sirenenhaftigkeit Lenores wird schon vor ihrem ersten Auftritt deutlich; denn bevor sie in Erscheinung tritt, vernimmt Otto wiederum ihren zauberischen Gesang und er bekennt: »Vor dieser Stimme schmilzt die Seele mir!« Er, der im Verlauf des Dramas als schwache Persönlichkeit gezeichnet wird, die zwischen den Verlockungen der Liebe und dem Gebot der Treue schwankt, verliert jegliche rationale Übersicht und stammelt verzückt:

> Geliebte, o wie fass' ich mich!
> In deinem Blick der Gruß der Minne
> Verwirrt wie heißer Wein berauschend mir die Sinne [...].[14]

---

98. Klavierauszug. Leipzig 1851]; ders.: Ave Maria für Sopran Solo und weiblichen Chor aus der unvollendeten Oper Loreley op. 98, Nr. 2. Klavierauszug. Leipzig/Winterthur 1868.

12 Inhaltsangaben des Operntextes finden sich bei Sietz, Gestaltung (Anm. 11), S. 16f.; Silja Geisler-Baum: Die Loreley in Finnland. Zur Entstehung, Aufführung und Rezeption der Oper von Fredrik Pacius und Emanuel Geibel. Mainz 2004, S. 39f.

13 Emanuel Geibel: Die Loreley. In: Emanuel Geibels Gesammelte Werke. In acht Bänden. Sechster Band. Stuttgart 1883, S. 107-174, hier S. 110.

14 Ebd., S. 113.

Otto spielt freilich ein falsches Spiel, denn innerlich hat er sich für die ihm bestimmte Braut, die Gräfin Bertha, entschieden. Am Hochzeitstag kommt es zur Katastrophe. Lenore muss erkennen, dass Otto sie betrogen hat. Aus dieser Enttäuschung heraus beginnt die psychische Verwandlung Lenores und sie schwört Vergeltung und Rache und erfleht von den Geistern des Rheins:

> Gebt mir Schönheit, Männer verblendende!
> Gebt mir die Stimme süß zum Verderben!
> Gebt mir tödtliche Liebesgewalt![15]

Diesem Schwur ist das Opfer eingeschrieben, was immer auch die Metapher »Braut des Rheines« konkret bedeuten mag. Denn die Konfession, nach vollendetem Rachewerk sei sie sein und gehöre ihm, dem Rhein, an, ist zunächst eine inhaltsleere Formel. Aus dem Handeln der »Stimmen aus der Tiefe«, der Rheintöchter, kann gemutmaßt werden, dass Lenore sich zu einem ähnlichen Dienst wie diese verpflichtet, nämlich »den Schiffer mit Saitenspiel« zu verlocken und »in die Wirbel den berstenden Kiel« zu ziehen, also ein gegen die Männerwelt gerichtetes Vernichtungswerk zu betreiben.

Der zweite Akt führt in einer darstellerisch schwer zu bewältigenden Szene die Verführungskraft Lenores vor, die durch ihre Blicke und ihren Gesang alle Ritter bezirzt, einschließlich des verheirateten Pfalzgrafen.[16] In der Rede des Erzbischofs taucht nicht von ungefähr das Urteil »Zauberin« auf.[17] Für die inquisitorische Geistlichkeit besteht kein Zweifel, dass an Ottos erneutem Schwanken die sündhafte Frau allein verantwortlich ist. Das Gericht spricht sie denn auch schuldig:

> So klag' ich denn: das Herz des Grafen, den ihr schaut,
> Hat diese Dirne hier mit Höllenkunst umsponnen,
> Hat ihn durch Zaubertrank, gemischt aus gift'gem Kraut,
> Entfremdet seiner hohen Braut,
> Und ihn für ihr Gelüst gewonnen.[18]

Als »schwarze Zauberin« steht ihr der Feuertod bevor, doch vermag sie – wie bei Brentano vorgezeichnet – durch ihre Schönheit und ihren Schmerz die geistlichen Richter milde zu stimmen und den drohenden Tod in eine Klosterstrafe zu verwandeln. Die seltsame Unentschlossenheit Geibels, aus der verlassenen Geliebten eine medeahafte Rächerin zu machen, gipfelt in der Entführungsszene, als der mit dem Kirchenbann belegte Otto versucht, sie aus dem Kloster zu befreien. Von all ihrer Rachgier ist nichts mehr geblieben, im Gegenteil, sie rettet sich vor Ottos Wut in einen bereit stehenden Nachen.[19] In der vorletzten Szene sitzt Lenore, auf dem Fel-

---

15 Ebd., S. 131.
16 Ebd., S. 141f.
17 Ebd., S. 146.
18 Ebd., S. 151.
19 Ebd., S. 164.

senvorsprung »ihr langes Haar ordnend und schmückend«,[20] und singt ihr bezauberndes Lied, das abermals den im Boot heranfahrenden Otto in seinen Bann schlägt.

> Vom Felsenhang
> Verlockend hernieder
> Schallt ihr Gesang,
> Und zieht und reißt mich hin zu ihr –[21]

Als sie sein Werben zurück weist, stürzt Otto sich in den Rhein, als Opfer der todesschönen »Fey«. Die Schlussszene zeigt, nach vollbrachtem Rachewerk, wie sich Lenore dem »Bräutigam« Rhein zuwendet. Damit ist ihr Schicksal besiegelt. Aus Brentanos Lore Lay wird Heines Loreley, die männermordende Sirene.

> Wer hinfort mir naht, und die Treue verrieth,
> Ihn reißt mit Gewalt in die Strudel mein Lied,
> Daß er Tod und Verderben erjage.[22]

Geibels Loreley ist von Haus aus keine Zauberin, sondern ein unglücklich liebendes Mädchen, das die Zauberkraft erst von außen als Mittel erhält, um sich für ihr Unglück zu rächen. Es ist ein Akt ausgleichender Gerechtigkeit, den das Schicksal vornimmt. Erst die Rheingeister verleihen Lenore auf ihre Bitten hin Schönheit und Faszination. Hier liegt eine Übermotivation vor. Denn angesichts ihrer zauberischen Schönheit wäre ein Liebestrank überflüssig. War sie sich ihrer Verführungskraft nicht sicher? Oder war Geibel sich seiner poetischen Kraft nicht sicher? Wie auch immer: Blick und Gesang üben auf die versammelte Ritterschaft eine unwiderstehliche Anziehungskraft aus. Silja Geisler-Baum hat darauf hingewiesen, dass bei Geibel das Rachemotiv von entscheidender Bedeutung ist, weil es Lenore zu dem teufelspaktähnlichen Schwur verleitet. »Aus der anständigen, gläubigen Bürgerstochter wird eine Dämonin, die jedoch gerechterweise nur die untreuen Männer ins Verderben führt und nicht jeden beliebigen, der ihr zu nahe kommt.«[23] Die Psychologie Lenores ist keineswegs flächig angelegt, sie ist zu sehr unterschiedlichen Empfindungen und Affekten in der Lage, von der liebenden Unschuld über die brennende Rachgier, über die magische Verführung bis zum endgültigen Triumph und zur Verwandlung in eine »Rheintochter«. Leider ist Geibel ein durchaus epigonaler Dichter, der mit vorgefertigten Bild- und Sprach-Klischees arbeitet. Anklänge an Volkslieder und Goethes Lyrik sind nicht selten, wie etwa ihr trauriges Bekenntnislied verrät:

---

20 Ebd., S. 167.
21 Ebd., S. 168.
22 Ebd., S. 173.
23 Geisler-Baum, Loreley (Anm. 12), S. 40f.

Ich habe mein Herz verloren,
Das liegt im tiefen Rhein; [...]
Mein Sinn ist schwer, meine Brust ist leer.
Ich kenne nicht Lächeln, nicht Weinen mehr; [...]
Mich däucht, ich bin gestorben,
Und bin doch schön und roth.[24]

Man hat in diesem viel geschmähten Textbuch einen »Widerstreit von lyrischem Stoff und dramatischer Form« konstatiert[25] und eine Reihe von Anleihen an zeitgenössische Opernlibretti gefunden.[26] Immerhin, das Libretto enthält eine ganze Reihe dramatisch und lyrisch einprägsamer Szenen und eine Reihe affektiv konträrer Stimmungen.

Geibels Drama war für Komponisten wohl aus dem Grund attraktiv, weil es eine szenische Vielfalt bot: das rührende Moment (Motiv: verlassene Liebste), das magische Moment (die Zauberkraft, die den Tod bringt) und das romantische Ambiente (Fluss, Fels, Jungfrau mit blonden Haaren, Gesang). Im Vordergrund des kompositorischen Interesses standen:

- die Ausgestaltung der Loreley-Figur,
- die Volksszenen,
- die dramatischen Höhepunkte
  a) Racheschwur,
  b) Kampf der Söldner,
  c) Tod des Pfalzgrafen bzw. der Loreley,
- die atmosphärische Ausmalung der Landschaft.

Während Kampf und Volksszenen nicht themenspezifisch sind, hat die Loreley-Figur einen individuellen Zuschnitt und sie agiert in einer magisch-romantischen Landschaft. Der Komponist hat hier große Chancen, farbige Tongemälde zu liefern (Flussromantik, Magie) und das Sirenenhafte der Figur klanglich zu charakterisieren.

Die »Gestalt der Loreley« ist eine Mischung aus verschiedenen Komponenten, weil sie eine psychische Entwicklung durchläuft. Das Rührende dominiert bei Brentano und Geibel. Aus dem anfänglich unschuldigen liebenden Mädchen verwandelt sie sich in eine Rächerin, die ihre spezifische Rache am ungetreuen Liebhaber auf die ganze Männerwelt ausdehnt. Es lassen sich drei Stufen der Entwicklung unterscheiden: 1) Unschuldiges Mädchen, 2) Rachefurie, 3) Zauberin / Nixe – Rheinbraut.

Bereits Mendelssohn hatte festgestellt, dass die anderen Figuren gegenüber der Protagonistin ziemlich blass aussehen, insbesondere gilt dies für den Pfalzgrafen; deshalb hat er bis zuletzt Geibel um eine psychologische Vertiefung gerade dieser

---

24 Ebd., S. 167.
25 Ehrenzeller-Favre, Loreley (Anm. 4), S. 175.
26 Sietz, Gestaltung (Anm. 11), S. 34f., nennt Meyerbeers »Robert der Teufel«, Halévys »Die Jüdin«, Wagners »Tannhäuser« und vor allem Lortzings »Undine«.

Gegenfigur gebeten. Denn: Macht auch der Liebhaber eine psychische Entwicklung durch, wird der auf der Bühne gezeigte Konflikt glaubhafter und interessanter. Dazu ist es freilich nicht mehr gekommen; insofern ist die Lenoren-Gestalt die psychologisch einzig interessante Figur, und dementsprechend haben sich die Komponisten auch bemüht, sie musikalisch entsprechend auszustatten. Je nach Gewichtung der einzelnen Komponenten ihres Charakters lässt sie sich anlegen als *femme fatale* oder als Kindfrau – ein für die bildnerische wie die kompositorische Fantasie ergiebiger Vorwurf. Eine reiche Tradition bildnerischer Beispiele stand den Regisseuren hier zur Verfügung, die lockeren und verführerischen Göttinnen des griechischen Olymps, aus der biblischen Tradition etwa Eva, Lilith, die Frau des Potiphar, Dalilah und Judith.

Nicht unwichtig ist die Landschaft, in der sich die Tragödie abspielt; sie lässt sich durch einen Katalog stereotyper Merkmale beschreiben.[27] Der optische Eindruck – »auf dem vom Abendlicht beschienenen Rheinfelsen sitzt die schöne Loreley« – findet eine akustische Ergänzung durch Loreleys Gesang und das Rauschen des Stromes. »Die Melodie von Loreleys Lied vereint sich mit dem Fließgeräusch des Wassers.«[28] Für Komponisten eine herausfordernde Konstellation, die Einheit von Charakter und Landschaft in Töne zu fassen: das Geheimnisvolle einer romantischen Landschaft (unheimliche Szenerie: Nachtdunkel, Felsen, Fluss) und das Rührend-Ergreifende einer liebenden und leidenden Frau (Süße, Trauer, Rache, Wechsel der Affekte). An drei Beispielen sei dies kurz vorgeführt.

Der erste in der Reihe der Komponisten war der junge Max Bruch (1838-1920). Über die Entstehung der Bruchschen Loreley sind wir recht gut unterrichtet.[29] Bruch hatte sich 1860 an Geibels Libretto gewagt, obwohl seine Anfrage von Geibel abschlägig beschieden worden war. In einem persönlichen Gespräch im Januar 1862 konnten die Unstimmigkeiten ausgeräumt werden, ja Geibel fand an der Komposition sogar Gefallen.[30] Bruch hatte aus Geibels drei Akten vier Akte gemacht, indem er den ersten Akt aufteilte.[31] Die musikalisch sehr ergiebige Schwurszene, in der Lenore ihr Herz dem Rhein verspricht, füllt bei Bruch einen eigenen Akt. Auch bei

---

27 Peter Lentwojt: Die Loreley in ihrer Landschaft. Romantische Dichtungsallegorie und Klischee. Frankfurt a.M. 1998, S. 228, schlüsselt auf: der Rhein bei St. Goar, der Loreley-Felsen, Abenddämmerung mit Abendsonne oder Mondschein, der Echohall, die Loreley-Gestalt auf dem Gipfel des Felsens, die Schiffer im Kahn am Fuß des Felsens.

28 Ebd., S. 229.

29 Max Bruch: Über die Oper »Loreley« und meine sonstigen dramatischen Bestrebungen. In: Max Bruch-Studien (Anm. 11), S.165-168; und bei Minaty, Loreley (Anm. 5), S. 100-104; Sietz, Gestaltung (Anm. 11), S. 34-43; Christopher Fifield: Max Bruch. Biographie eines Komponisten. Zürich 1988, S. 33-43; Karl Gustav Fellerer: Max Bruch 1838-1920. Köln 1974, S. 37-42; Max Bruch und Koblenz (1865-1867). Eine Dokumentation. Hrsg. v. Uwe Baur. Mainz 1996; Geisler-Baum, Loreley (Anm. 12), S. 54f.; Gaedertz, Geibel (Anm. 10), S. 231-236.

30 Fifield, Bruch (Anm. 29), S. 37.

31 Die Loreley. Grosse romantische Oper. Dichtung von Emanuel Geibel. Musik von Max Bruch. Op. 16. Vollständiger Klavierauszug mit Text bearbeitet vom Componisten. Breslau 1863.

Anordnung der Szenen und im Wortlaut gibt es erhebliche Unterschiede. Die Uraufführung fand am 14. Juni 1863 in Mannheim statt und war ein Erfolg. Clara Schumann urteilt in einem Brief, die Musik zeichne sich mehr durch lyrische Momente als durch »productive Kraft« aus. »Der Text ist übrigens schrecklich, die zwei Personen Bertha und Reinhold geradezu störend; [...] einzelne Momente der Loreley fand ich aber wundervoll.«[32] In einer Rezension der »Niederrheinischen Musikzeitung« stellt der Musikkritiker L. Bischoff den Komponisten als Bewahrer der klassizistisch-romantischen Tradition dem Neutöner Wagner entgegen. Bruch sei vom »Effekt-Stil der Pariser großen Oper« ebenso weit entfernt als vom »antimusikalischen Systeme Rich[ard] Wagners«. Man finde »keine grellen Dissonanzen, keine Tortur des Ohrs durch ewige Vorhalte und Trugschlüsse, nichts Widriges und Hässliches«. Nirgends seien die Gesetze des Schönen verletzt.[33] Ähnlich äußert sich das »Mannheimer Journal«.[34]

Weitere Bühnen folgten: Köln, Hamburg, Leipzig, Mainz, Weimar, Prag, Rotterdam, Coburg. Allerdings verschwand die eher undramatische Oper rasch wieder von den Bühnen. Bruch selbst sprach bereits 1864 etwas herablassend von seiner »Lorelips«[35] und ein halbes Jahr später, im März 1865, meinte er sogar, wenn er es könnte, würde er gerne und »ohne Bedenken« »mit einem einzigen Federstrich die Loreley aus der Welt schaffen«.[36] Gleichwohl haben Bruch und sein literarischer Gehilfe Oscar Walther eine Überarbeitung vorgenommen, und in dieser zweiten, nun dreiaktigen Fassung erlebte die Oper am 9. September 1887 ihre Uraufführung in Leipzig.[37] Auch diesmal gab es keinen lang andauernden Erfolg. Auch die Bemühungen Hans Pfitzners, der das Werk 1916 in Straßburg wieder aufführte, vermochten daran nichts zu ändern.[38] Interessant ist ein Brief aus der Korrespondenz mit Pfitzner, der von Bruchs eigener Distanz gegenüber dem Jugendwerk kündet:

> Das Lange und Breite von der Sache ist, dass wir es vom Finale des I. Aktes an eigentlich mit einer Wahnsinnigen zu tun haben, die in der II. Hälfte der Oper einige lichte Momente hat, und in einem dieser lichten Momente erlebt sie den Rückfall in ihr Menschentum, der zwar musikalisch sehr schön wirkt, im übrigen aber immer (auch schon vor 50 Jahren) große Bedenken erregt hat. Später auf dem Felsen, besinnt sie sich dann wieder auf ihren Pakt mit den Geistern! – Hier haben wir es also im Ganzen mit krankhafter Romantik zu tun – und Sie werden es vielleicht nicht ganz unbegreif-

32 Fifield, Bruch (Anm. 29), S. 41f.

33 Fellerer, Bruch (Anm. 29), S. 42; Fifield, Bruch (Anm. 29), S. 41.

34 Fellerer, Bruch (Anm. 29), S. 42. Weitere Rezensionen sind referiert bei Sietz, Gestaltung (Anm. 11), S. 40.

35 Fifield, Bruch (Anm. 29), S. 44.

36 Max Bruch an Rudolf von Beckerath. Brf. v. 9. März 1865. Zit. n. Fifield, Bruch (Anm. 29), S. 54; Geisler-Baum, Loreley (Anm. 12), S. 56.

37 Die Loreley. Große romantische Oper. Dichtung von Emanuel Geibel. Für die Bühne bearbeitet von Oscar Walther. Leipzig [1887].

38 Fifield, Bruch (Anm. 29), S. 42. Vgl. Hans Pfitzner: Meine Beziehungen zu Max Bruch. Persönliche Erinnerungen an den Komponisten, Originalbriefe von diesem, Bericht über meine Aufführungen von dessen Oper »Die Loreley« sowie Gedanken über die romantische Oper überhaupt. München 1938.

> lich finden, dass ein Mensch wie ich, der seine Seele so oft in der gesunden Luft des Klassischen Altertums gebadet hat, für edle reine und gesunde Frauengestalten, wie Nausikaa, Penelope und Andromache jetzt mehr Sinn hat, als für ein krankhaftes Fantasiegebilde wie diese Geibel'sche, völlig verzeichnete Loreley![39]

Die letzte Aufführung in Deutschland fand 1984 in Oberhausen statt,[40] doch Anfragen haben ergeben, dass es im Theaterarchiv keinerlei Aufzeichnungen, geschweige denn Tonaufnahmen davon gibt. Eine Gesamtaufnahme der Oper liegt nicht vor.[41] Das damalige Programmheft zeigte auf der Titelseite die nackte Marilyn Monroe auf einem Rheinfelsen. Intendant Frietzdieter Gerhards machte – so die Besprechung in der »Rhein-Zeitung« – die Verwandtschaft Lenores und Marilyns plausibel: »Nette junge Mädchen, die mit den Männern nicht zurechtkommen, von Männern benutzt und ausgenutzt werden, bis die Liebesfähigkeit auf den Gefrierpunkt sinkt, bis sie in Gestalt des Vamp oder der Sirene auf dem Felsen männermordend zurückschlagen«.[42]

Allgemein zugänglich ist heute die fünfminütige Ouvertüre, deren »harmonische und klanglich-instrumentatorische Strukturen romantische Atmosphäre schaffen und in der schon das Kopfmotiv des Hauptthemas geheimnisvoll anklingt«.[43] Der Hauptteil ist bestimmt durch eine für Bruch typische, ausschwingende Kantilene. Weitere Einzelszenen liegen in einer deutsch-polnischen Produktion aus dem Jahre 2001 vor, darunter auch die dramatische Szene der Leonore aus dem Finale des zweiten Akts.[44] Angesichts der Tatsache, dass weit unbekanntere und unbedeutendere Opern erneut eingespielt werden, wäre es an der Zeit, endlich eine Gesamtaufnahme dieser von lyrischer Melodik geprägten Oper vorzulegen.

Der zweite Komponist ist Alfredo Catalani (1854-1893), dessen Hauptwerk »La Wally« sich hin und wieder auf den Spielplänen findet. Catalani hat sich Ende der 1880er Jahre mit dem Stoff beschäftigt und hat sein Textdichter Carlo d'Ormeville ebenfalls das Libretto Geibels zugrunde gelegt. Zunächst hieß die Oper »Elda« und erlebte 1880 ihre Uraufführung. Aber erst in der (von Antonio Zanardini erstellten) Neufassung unter dem Titel »Loreley«[45] hatte die Oper im Februar 1890 in Turin

39 Max Bruch an Hans Pfitzner. Brf. v. 22. Juli 1916. Zit. n. Fifield, Bruch (Anm. 29), S. 40.

40 »Der Vamp auf dem Rheinfelsen. Bemerkenswerte Entdeckung fürs Musiktheater: Max Bruchs Jugendwerk ›Die Loreley‹ «. In: Rhein-Zeitung v. 13./14.10.1984.

41 Übrigens hat Fifield 1986 eine deutschsprachige Aufführung an der University College Opera in London zuwege gebracht. Fifield, Bruch (Anm. 29), S. 43.

42 Vgl. Anm. 40.

43 So Uwe Baur im Booklet zur CD Max Bruch: Orchesterwerke. Ouvertüre zur Oper »Die Loreley« (Rheinische Philharmonie, Dir. Wolfgang Balzer. Ebs records GmbH Bietigheim 1992).

44 CD Max Bruch »Die Loreley«. Ausschnitte aus der Oper. Landesjugendorchester Rheinland-Pfalz, Kammerchor der Musikhochschule Kattowitz, Dir. Klaus Arp. Deutsch-polnisches Jugendwerk. Potsdam 2001.

45 Alfredo Catalani: Loreley (1890). Azione romantica in tre atti di Carlo d'Ormeville e A. Zanardini. Opera completa per Canto e Pianoforte solo. Milano 1914.

eine erfolgreiche Premiere.[46] Sie liegt derzeit in zwei historischen Gesamteinspielungen vor.[47] Catalani ist ein Komponist mit stärkerer dramatischer Verve als Bruch, eine gewisse spannungsreiche Effektivität kann seiner Partitur nicht abgesprochen werden. Obwohl die Oper in England, Spanien, in den USA und in Südamerika aufgeführt wurde, kam sie erstmals 1980 in Koblenz auf eine deutsche Bühne; und laut Presseberichten mit Erfolg.[48] Loreley ist hier ein Waisenmädchen, das der Ritter Walter von Oberwesel zwar liebt, ihr aber eine adelig-vermögende Braut vorzieht. Loreley verspricht dem Gott des Rheines mit Namen Alberich [!] Treue und wird dafür in eine Nixe verwandelt, als welche sie Walter ins Verderben stürzt. Der Dirigent der Koblenzer Aufführung, Pierre Stoll, charakterisiert Catalanis Musik als ›geniale und eigenschöpferische‹ Synthese aus italienischer Tradition und Verarbeitung deutscher Romantik. »Wenn man genau hinhört, erkennt man Catalanis Vorliebe besonders für Wagner. Ich denke da an die Leitmotivik, die er von ihm übernahm, an die Ähnlichkeiten etwa zur Venusberg-Szene, zu der Rheintöchter-Musik, zum Festwiesen- und zu den Holländer-Chören. Ich denke auch an die Tristan-Chromatik, die gestörte ›Lohengrin‹-Hochzeitsfeier, die Abkehr von der vorher üblich gewesenen Nummern-Oper.«[49] Andere Beziehungen gibt es zur französischen Oper und zum italienischen *Verismo* etwa Mascagnis, aber auch zu Verdis »Otello«.

Bei einem italienischen Komponisten interessiert man sich als deutscher Hörer vielleicht weniger für die aus der italienischen Tradition vertrauten Affektausbrüche, eher dafür, wie die romantisch-mystische Rhein-Atmosphäre musikalisch gestaltet ist (Akt I, Szene 2: *Allegro agitatissimo quasi presto*).[50] Mit Wagners »Rheingold«-Komposition von 1869 war ein unerreichbares Vorbild geschaffen, wie das Wabern eines Stromes, ja wie Wellenbewegungen zu komponieren seien. Catalanis Gestaltung der Fluss-Magie ist eine aparte Mischung aus Hexenreigen, Nixengesang und Walkürenritt! Unverkennbar finden sich Anklänge an Heinrich Marschners »Hans Heiling«, entfernt erinnert die Musik auch an Wagners »Walkürenritt«. Italienisch ist das effektvolle Blechgeschmetter, der Chor assoziiert das »Wilde Heer«, Webers »Freischütz« lässt grüßen.

---

46 Düsseldorfer Opern-Programm: La Wally. Duisburg 2005, S. 22, 24.

47 Alfredo Catalani: Loreley. Orchestra e Coro del Teatro alla Scala di Milano, Dir. Gianandrea Gavazzini. Milano 1968. Living Stage LS 347.19; Alfredo Catalani: Loreley. Coro e Orchestra della RAI di Milano, Dir. Alfredo Simonetto. Milano 1954. Walhall eternity series. WLCD 0123. Eine von Thomas Voigt erstellte Diskografie der Oper im Düsseldorfer Opern-Programm La Wally, S. 56f.

48 Dazu die Presseberichte: Glanzvolle deutsche Erstaufführung der Oper »Loreley« in Koblenz; Alle Welt blickt auf die »Loreley«. Festlicher Rahmen zur deutschen Erstaufführung; Tannhäuser an den Ufern des Rheins. Nach neunzig Jahren die deutsche Erstaufführung: Alfredo Catalanis »Loreley« in Koblenz. In: Rhein-Zeitung v. 08.12.1980; »Loreley« im Netzplan. Von Catalani bis Ricordi – 3000 Platten aus Koblenz. In: Rhein-Zeitung v. 14.11.1980.

49 Gespräch mit Pierre Stoll, dem musikalischen Leiter der deutschen Premiere von Catalanis Oper. In: Rhein-Zeitung v. 03.12.1980.

50 Catalani, Loreley, Klavierauszug (Anm. 47), S. 73-76.

Der letzte der hier betrachteten Opernversuche stammt von Fredrik Pacius (1809-1891), einem aus Deutschland gebürtigen, aber in Finnland heimisch gewordenen Komponisten. Pacius war langjähriger Direktor der Musikhochschule in Helsinki. Die Loreley-Oper ist sein drittes Bühnenwerk.[51] Er hat es als 75-Jähriger zwischen 1884 und 1886, im Ruhestand gewissermaßen, komponiert, eigentlich mehr zum eigenen Vergnügen als in der Absicht, es auf die Bühne zu bringen. Seine Freunde haben ihn aber ermutigt und nach fertig gestellter Komposition bewogen, das Werk fürs Theater frei zu geben. Nach beträchtlichen Anstrengungen – Finnland war in jener Zeit operngeschichtlich noch ein Entwicklungsland – kam es in Helsinki zur Aufführung. Die Premiere selbst war vom Glück nicht begünstigt, weil ausgerechnet die Sängerin der Lenore an jenem Abend stockheiser war und kaum einen Ton herausbrachte. Nach Wiedererlangen ihrer Stimme verhalf sie den weiteren sieben Aufführungen jedoch zu einem großen Erfolg. Umso unverständlicher ist es, dass das kassenfüllende Stück so bald aus dem Spielplan genommen wurde (was mit theaterinternen Rivalitäten zu tun hatte). In Deutschland oder in Österreich dagegen blieben die Versuche, der Oper zu einer Aufführung zu verhelfen, erfolglos. Musikalisch war man in Finnland eher konservativ, während in Berlin und in Wien bereits avantgardistische Moden das Feld beherrschten.

Die Loreley-Version von Pacius spart den mittleren Akt aus, enthält also den ersten und den dritten Akt von Geibels Libretto. Der Zusammenhang geht durch diese Einsparung nicht verloren, da sich das Geschehen des zweiten Aktes problemlos dem dritten Akt entnehmen lässt. Wenn man bedenkt, dass es sich hierbei um ein Alterswerk handelt, erstaunt doch die Eingängigkeit der Melodik und die Kraft des musikalischen Ausdrucks. Zeitgenossen haben das Werk als Höhepunkt in Pacius' musikdramatischem Schaffen gerühmt. Und in der Tat hat Pacius in seiner späten Oper neuere Kompositionsprinzipien berücksichtigt.[52] Es gibt keine abgeschlossenen Nummern mehr, keinen Wechsel von gesprochenem und gesungenem Wort, es ist eine durchkomponierte Oper. Man hat Spuren der französischen *grande opéra* ausgemacht.[53] Auch wenn Wagner auf ihn nicht direkt eingewirkt hat, so begegnet immerhin ein Motiv, das sogen. »Loreley-Thema« – »Ich habe mein Herz verloren« – an drei Stellen der Oper: in der Ouvertüre, im ersten Auftritt Lenores (Akt I, Szene 2), von ihr gesungen, und am Schluss (Akt II, Szene 7), ebenfalls von ihr gesungen.[54] Man hat, eben weil das Thema nur an drei Stellen begegnet – im Unterschied

51 Geisler-Baum, Loreley (Anm. 12).

52 Ebd., S. 57-65.

53 Ebd., S. 57.

54 »Bereits beim ersten Erklingen erscheint dieses Thema als etwas Besonderes, das den Hörer aufhorchen lässt, indem es im Kontrast zu dem vorherigen musikalischen Geschehen steht. Anstelle des Düsteren, Brausenden und durch Chromatik Bestimmten der Einleitung der Ouvertüre tritt etwas Einfaches, Melodisches, Diatonisches. [...] Die ersten zwei Takte des Themas spielt die Oboe ganz ohne Begleitung, auch danach halten sich die Streicher sehr zurück und der vokale Gestus des Oboensolos steht deutlich im Vordergrund.« Ebd., S. 58 [mit Abdruck der bisher unveröffentlichten Noten]. Jedes Mal wird das Thema durch das Flötensolo und das anschließende Hornsignal eingeleitet. Sehr

zum durchgängig benutzten Leitmotiv – von einem »Erinnerungsthema« gesprochen: nicht an eine Person gebunden, sondern an eine bestimmte Situation. Nämlich an die »Loreley-Landschaft«, von der schon früher die Rede war. Eben die Elemente der Loreley-Landschaft finden sich an den beiden Stellen der Oper, zu Beginn und am Schluss. Das Motiv, dem eine Schlüsselfunktion in der Oper zukommt, signalisiert eindringlich, welche Zauberkraft von Lenore ausgeht und den Pfalzgrafensohn in ihren Bann zieht.

Außerhalb dieser individuell gestalteten Loreley-Melodik finden sich eher auswechselbare Partien. »Die Musik der Loreley erreicht keine große Individualität, zeichnet sich aber durch melodischen Einfallsreichtum und handwerkliche Qualität aus.«[55] Die dramatische Unwetterszene und die volksliedhaften Chöre machen die »Loreley« dennoch zu einer durchaus effektvollen Oper.[56] Man darf Pacius' »Loreley« nicht mit den späten Opern Verdis oder mit Wagners musik-dramatischem Werk vergleichen, man kann ihn aber sehr wohl als Fortsetzer der romantischen Tradition eines Weber und Marschner interpretieren.

Für Komponisten musste es besonders reizvoll sein, die halb in der Geisterwelt angesiedelte Loreley-Handlung in Töne zu fassen. Es gab für dieses tragisch-romantische Genre einprägsame Vorbilder, Heinrich Marschners dem Unheimlichen gewidmete Opern »Der Vampyr« und »Hans Heiling«, Webers allgegenwärtiger »Freischütz«, Wagners »Fliegender Holländer« und nicht zuletzt der gigantische »Ring des Nibelungen«. In den Loreley-Opern sind die am Rhein selbst spielenden Partien, wo nixenhafte Geschöpfe auftauchen und wo Magie unmittelbar in die Handlung eingreift, von besonderem musikalischem Interesse. Da sich die Heldin durch verführerische Schönheit und zauberhaften Gesang auszeichnen soll, könnte die Lenore Glanzpartie einer stimmschönen Sopranistin werden.

Und wieso hat sich keine dieser Opern auf dem Spielplan gehalten? Sietz mutmaßt im Hinblick auf Bruchs Oper, dass das Publikum gegenüber textlichen Unwahrscheinlichkeiten eher indifferent war, doch an dieser Oper »den entschiedenen Zusammenstoß zweier an sich gleichberechtigter, diametral entgegengesetzter Welten wie im Fidelio, Holländer, Tannhäuser und Lohengrin« vermisste;[57] außerdem enthielt die Oper keinen »Ohrwurm«, mit dem sich Wiedererkennungseffekte hätten verbinden können.

Die eigentliche musikalische Schwierigkeit bestand in der Verbindung von zauberischer Melodik und dramatischer Verve, und hier stießen doch alle Komponisten an ihre Grenzen. Gerade die Gestaltung der hochromantischen, mit Zauberbeiwerk ausstaffierten Liebesgeschichte geriet leicht in die Gefahr des Süßlichen oder des

empfehlenswert ist die erstmals eingespielte Aufnahme »Die Loreley«. Opera in two acts by Fredrik Pacius. Lahti Symphonie Orchestra, Dir. Osmo Vänskä mit Soile Isokoski in der Rolle der Lenore. BIS Records. CD-1393/1394. Åkersberga 2003.

55 Ebd., S. 64.

56 Ebd., S. 65.

57 Sietz, Gestaltung (Anm. 11), S. 40.

Gefälligen, setzte die Goldschnittpoesie[58] in anachronistische musikalische Romantik um. Die Synthese von verlassener Geliebter und Rächerin, von Verführerin und Kindfrau, Medea und Sirene, barg in sich durchaus einen gewissen Sprengstoff, der das handelsübliche Frauenbild gravierend unterminiert hätte. Doch Geibels biederer und von Klischees strotzender, ganz im Umkreis der Richterschen Zauberfrauen angesiedelter Text blieb der Gestaltung dieses neuen Frauentyps genau das schuldig, was Stéphane Mallarmés »Hérodiade«, Oscar Wildes »Salome« und Frank Wedekinds »Lulu« auszeichnete: die Schaffung einer von den Klischees der Tradition freien, künstlerisch authentischen Frauenfigur. Die genialen Vertonungen durch Richard Strauss und Alban Berg taten ein Übriges, um die spätromantischen oder veristischen Loreley-Opern von der Bühne zu verdrängen.

Vielleicht gibt es aber auch einen kulturgeschichtlichen Grund. Zweifellos bildete der I. Weltkrieg auch in geschmacksgeschichtlicher Hinsicht eine Zäsur. Die schrecklichen Erfahrungen des Krieges hatten die gesamte Goldschnittpoesie des 19. Jahrhunderts als harmlos, süßlich und verlogen entlarvt. In seiner Verbindung von Romantik und Verführung war das Loreley-Thema für den Lesegeschmack der zweiten Hälfte des 19. Jahrhunderts einigermaßen typisch. Doch um 1900 hatte sich das Frauenbild entscheidend verändert.[59] Man hat von einem Dualismus im Frauenbild der Jahrhundertwende gesprochen, der sich zwischen den komplementären Bildern der *femme fatale* und der *femme fragile* bzw. *femme enfant* bewegt.[60] Bei Wilde und bei Wedekind ist die Verführungsthematik schärfer und existenzieller gefasst, die Synthese aus *femme fatale* und Kindfrau hat mehr Tiefendimension, entwickelt mehr erotische Aktivität und weist modernere, vor allem bedrohlichere Züge auf als die märchenhafte Sirene Loreley. Wahrscheinlich hätte Geibels Libretto am besten für eine Märchenoper in der Art von Lortzings »Undine«, Humperdincks »Königskinder« oder Dvořaks »Rusalka« getaugt. Aber gerade in dieser Richtung gab es keine ernsthaften Kompositionsansätze. Und so ist es vielleicht kein Zufall, dass nach dem Weltkrieg keine neuen »Loreley«-Opern entstanden sind.

---

58 Vom Schlage der »Butzenscheiben«-Epen eines Albert Jeep: Die Loreley. Lyrisches Epos. Basel/Ludwigsburg 1863, und eines Julius Wolff: Lurlei. Eine Romanze. Berlin 1886.

59 Dazu die Textsammlungen: Gerd Stein (Hrsg.): Femme fatale – Vamp – Blaustrumpf. Sexualität und Herrschaft. Kulturfiguren und Sozialcharaktere des 19. und 20. Jahrhunderts. Bd. 3. Frankfurt a.M. 1985; Mythos Salome. Vom Markusevangelium bis Djuna Barnes. Hrsg. v. Thomas Rohde. Leipzig 2000; Mythos Medea. Hrsg. v. Ludger Lütkehaus. Leipzig 2001. Vgl. auch Lilith, Lulu, Mona Lisa. Frauenbilder um die Jahrhundertwende. Hrsg. v. Irmgard Roebling. Pfaffenweiler 1989; Vera Zingsem: Lilith. Adams erste Frau. Leipzig 1999; Swantje Christow: Der Lilith-Mythos in der Literatur. Der Wandel des Frauenbildes im literarischen Schaffen des 19. und 20. Jahrhunderts. Aachen 1998.

60 Walter Fähnders: Avantgarde und Moderne 1890-1933. Lehrbuch Germanistik. Stuttgart 1998, S. 111ff.

Bildanhang

Abb. 1: »Die Hexe und die Königskinder«

Abb. 2: »Goldener«

Abb. 3: »Der Müller und die Nixe«

Abb. 4: Adolf Ehrhardt: »Lurlei« (1853)

Abb. 5:
Jakob Felsing: Stich nach dem Gemälde von C.F. Sohn: »Loreley« (1858)

Abb. 6:
Goldberg, nach einem Gemälde von Wügen (1865)

Abb. 7:
Max Bruch: »Die Loreley.«
Klavierauszug. 1863

Abb. 8: Szenenfoto aus der Oper »Loreley« von Alfredo Catalani.

Schumann und Wieck – eine kritische Auseinandersetzung?

Friederike Preiß

I.

»Übergänge zwischen Künsten und Kulturen« – bereits das Motto des Kongresses signalisiert eine ausdrückliche Offenheit fachübergreifenden Forschungsperspektiven gegenüber. Es ließe sich hinzufügen: »Übergänge zwischen Disziplinen.« Dieser Eindruck wird bestätigt angesichts der Vielfalt der behandelten Forschungsgegenstände, der Besetzung der Tagungsorganisation sowie der Sektionsleitungen und nicht zuletzt der Liste der Referentinnen und Referenten, die in den unterschiedlichsten Fachdisziplinen zu Hause sind.

Anliegen meines Vortrags ist, am Beispiel eines der wohl berühmtesten Rechtsstreite der deutschsprachigen Musikgeschichte zu zeigen, welche gänzlich neuen Perspektiven ein interdisziplinärer Ansatz ermöglicht – auch bei einem scheinbar allgemein bekannten und vermeintlich längst erschöpfend behandelten Forschungsgegenstand. Bekanntlich erstritten Clara und Robert Schumann gegen den Vater der Braut 1839/40 in einem durch mehrere Instanzen gehenden Prozess erfolgreich die gerichtliche Zustimmung zu ihrer Eheschließung.[1]

II.

Unterschiedliche Kulturen zeichnen sich in der Regel durch unterschiedliche Rechtsordnungen aus – ebenso wie durch unterschiedliche Rechtsauffassungen bzw. eine unterschiedliche Rechtspraxis, in der sich u.a. die jeweiligen gesellschaftlichen Wertvorstellungen widerspiegeln. Mit einem aktuellen Beispiel für das Aufeinanderprallen unterschiedlicher kultureller Vorstellungen sind wir erst im April 2006 im Rahmen der Diskussion um die sogenannten »Ehrenmorde« wieder konfrontiert worden,[2] – in Deutschland als Mord mit neun Jahren Jugendhaft bestraft,

---

1 Vgl. hierzu die detaillierte Analyse des Konflikthintergrundes, der gerichtlichen Auseinandersetzung sowie deren Rezeption in meiner Dissertation. Friederike Preiß: Der Prozeß. Clara und Robert Schumanns Kontroverse mit Friedrich Wieck. Frankfurt a.M. 2004 [= Europäische Hochschulschriften XXXVI, 239].

2 Im Prozess um den sogenannten Ehrenmord an der Deutschtürkin Hatun Sürücü verurteilte das Berliner Landgericht deren jüngeren Bruder zu neun Jahren und drei Monaten Jugendhaft. Detaillierte Angaben finden sich unter: http://www.123recht.net/printarticle.asp?a=16311, AFP Agence France-Presse GmbH 2006 – 13. April 2006, letzter Zugriff am 01.05.2007.

in anderen Kulturen als »Ehremord« aufgefasst, mit der Konsequenz geringer oder keiner Bestrafung – nach dem Modell: wo kein Kläger, da kein Richter.[3]

Im Fall der Deutschtürkin Hatun Sürücü handelte es sich um unterschiedliche Kulturen aufgrund ihrer ›soziogeografischen‹ Entfernung. Der hier im Zentrum des Vortrags stehende Prozess hingegen hat sich nicht ›räumlich‹, sondern ›zeitlich‹ in einem anderen Kulturraum abgespielt. Diese historische Distanz, d.h. eine zeitliche differenzierte Perspektive im Hinblick auf die seinerzeit geltenden Rechtsnormen ist bei der Untersuchung der Kontoverse Schumann-Wieck unbedingt zu berücksichtigen. Denn um nachvollziehen zu können, worum es bei dieser gerichtlichen Auseinandersetzung ging, können wir nicht mit unseren heutigen Wertvorstellungen und auch nicht mit unserem heutigem Rechtsverständnis an das prozessuale Geschehen herantreten.

Gesetze werden – zumindest in demokratischen Verfassungen – den sich wandelnden gesellschaftlichen Vorstellungen und Bedürfnissen angepasst. Dafür lassen sich zahlreiche Beispiele finden. So war es damals 1839/40, d.h. zum Zeitpunkt des hier behandelten Prozesses, in Sachsen zwingend notwendig, dass die Eltern ihre Zustimmung zur Heirat der Kinder erteilten: Den sogenannten »Ehekonsens« – ein Rechtsinstitut, das in unserer heutigen Rechtsordnung nicht mehr existiert, damals jedoch in zahlreichen Ländern obligatorisch war, z.B. in Sachsen, Preußen und Österreich. Dieser Ehekonsens konnte seitens der Eltern – allerdings nur aus triftigen Gründen – verweigert werden, etwa bei zu geringem Einkommen oder ansteckenden Krankheiten der Brautwerber. Bei nichttriftigen Gründen konnte er auf dem Klageweg durch das Gericht ersetzt werden.[4]

Doch zunächst zu weiteren methodologischen Überlegungen: Das musikwissenschaftliche Instrumentarium allein – mit Quellenanalyse und Textkritik von Tagebüchern, Briefwechseln usw. – ist für ein tiefergehendes Verständnis der rechtlichen Aspekte des Prozesses nicht ausreichend. Da es sich im vorliegenden Fall um eine juristische Auseinandersetzung handelt, ist vielmehr eine umfassende rechtshistorische Kontextualisierung der Kontroverse Schumann-Wieck dringend erforderlich, um Missverständnisse oder gar die Gefahr gravierender Irrtümer zu vermeiden. Das bedeutet konkret: Es gilt zu klären, welche Konsequenzen sich für die Konfliktparteien aus den damals geltenden juristischen Normen ergaben. Dazu ist eine genaue Kenntnis der damaligen Gesetze und Rechtsauslegung unerlässlich.

Da juristische Normen auch Ausdruck gesellschaftlicher Machtverhältnisse sind und die Handlungsspielräume der betroffenen Personen im jeweiligen Geltungsbe-

---

3 »In der Türkei konnten Täter bei ›Ehrenmorden‹ lange Zeit mit Strafnachlässen rechnen, weil ihnen per Gesetz zugute gehalten wurde, durch das angeblich unehrenhafte Verhalten des Opfers provoziert worden zu sein. Diese Strafnachlässe wurden im vergangenen Jahr im Rahmen einer Strafrechtsreform abgeschafft.« Quelle: AFP Agence France-Presse GmbH 2006 – 13. April 2006, http://www.123recht.net/printarticle.asp?a=16311, letzter Zugriff am 01.05.2007.

4 Vgl. Adolph Karl Heinrich Hartitzsch: Das im Königreiche Sachsen geltende Eherecht. Dresden 1836, §§47 u. 48, S. 45ff. Robert Osterloh: Die summarischen bürgerlichen Processe nach Königlich Sächsischem Rechte. ^{2}Leipzig 1847, §§133 u. 134, S. 361ff.

reich definieren, ist Rechtsgeschichte in diesem Zusammenhang auch als Teil der Sozialgeschichte zu verstehen.[5] Damit stellt sich die Frage, wie abhängig oder unabhängig individuelle Bestrebungen und Handlungsformen der Einzelnen von übergreifenden kulturellen Normen sind – im vorliegenden Fall der Gesetzgebung. Mit andern Worten: Auf welchen rechtlich vorgeformten Schienen bewegten sich die drei Prozessbeteiligten?

III.

Im Folgenden ist anhand ausgewählter Beispiele zu zeigen, welche von der bisherigen Bewertung abweichende Forschungsergebnisse zu Tage treten, wenn dieser rechtshistorische Zugang gewählt wird. Im Vorfeld der prozessualen Auseinandersetzung ist zwischen den Beteiligten mehrfach diskutiert worden, in welchem Rahmen die Verbindung zwischen Clara und Robert möglicherweise zustande kommen könnte. Unter anderem formulierte Friedrich Wieck im Mai 1839 in einem Brief an Clara sechs Bedingungen, unter denen er bereit sein würde, seine Einwillligung zur Eheschließung zu erteilen. Diese Bedingungen sind vermutlich allseits bekannt – sie seien an dieser Stelle dennoch kurz zitiert, da die Argumente Wiecks für das Verständnis der weiteren Ausführungen notwendig sind. Er schreibt an seine Tochter:

> Also gebe ich meine Einwilligung unter folgenden Bedingungen: 1., daß Ihr, solange *ich lebe und in Sachsen wohnen bleibe, nicht in Sachsen* leben wollt. Das war so nie Dein Wille, und würde auch ganz verkehrt seyn, schon weil ich glaube, daß Du nie ganz Deine Kunst aufgeben wirst. 2.) daß ich von Deinem Vermögen 2000 cf. (das Wenige, was jetzt darüber ist, werde ich Dir noch zuschicken zur Ausstattung, nebst genauer Berechnung, oder *Selbst überbringen*) an mich behalte, sie Dir mit 4% verzinse und das Capital Dir erst nach 5 Jahren in bar auszahle. 3.) daß Schumann *obige* Berechnung seiner Einnahmen von 1320 cf. durch Documente beglaubigt, und einem hiesigen Advocaten, den ich dazu bestimmen werde, vorlegt. 4.) daß Schumann um keine mündliche oder schriftliche Zusammenkunft oder Unterredung mit mir eher ansucht, als bis ich es wünsche und die Erlaubnis gebe – überhaupt aber nie *Zuflucht in meinem Haus* oder *Unterstützung sucht.* [letzteres ist doppelt unterstrichen] Meine Tochter Clara kann zu mir kommen wann sie will, das versteht sich von selbst. 5.) daß Du nie Anspruch machst, von mir Geld erben zu wollen, *da mein unbedeutendes Vermögen* meine Frau u. Kinder erben sollen, deren musikal. Talent ich nicht ausbilden konnte, weil ich mein ganzes Leben *Dir* zuwendete und den Überrest jetzt der Maria, die gleichfalls ausgeschlossen ist, wenn ich sie zur Künstlerin gebildet. 6.) nächste Michaelis ist der Zeitpunct da, den *Schumann sich selbst bestimmt*; und da ich Deine Lage, *Deinen Seelenzustand nun vollkommen begriffen*, so verlange ich auch, daß *nächste Michaelis die Verehelichung vor sich geht. Ihr Beide habt nichts mehr zu erwarten – habt das Alter dazu – habt Talent und Kräfte, um Euch zu ernähren* (über das *Wie*? begebe ich mich aller Vorstellung und Erörterung) *und kennt Euch genau.* Also wozu warten, da *meine Einwilligung* ausgesprochen? Besprechungen der Neben-

5 Vgl. Rainer Schröder: Rechtsgeschichte. Münster [5]2000 [= Alpmann und Schmidt Juristische Lehrgänge], Vorwort.

dinge finden sich, u. über meine Einwilligung zur Verlobung und Verheirathung werde ich auf Verlangen ein gerichtliches Bekenntnis ausstellen, damit Ihr keine Schwierigkeit habt. (Briefwechsel II, 517f.)[6]

Diese sechs Bedingungen wurden in der Musikwissenschaft gemeinhin als unzumutbare persönliche Herabsetzung Schumanns und schikanöse Taktik Friedrich Wiecks bewertet, mit denen dieser die Verlobten gegen ihren Willen in einen Prozess getrieben habe – um nur ein gängiges, aber gravierendes Missverständnis zu nennen, welches u.a. auch im Artikel »Robert Schumann« der Neuauflage von »The New Grove Dictionary of Music and Musicians« von 2001 – also noch im 21. Jahrhundert zu lesen ist. So spricht der Verfasser des Artikels im Zusammenhang mit der eingereichten Klage von »defensive measure« – also einem Verteidigungsschritt Schumanns Wieck gegenüber.[7]

Unter Berücksichtigung des rechtshistorischen Kontexts stellt sich diese Bewertung jedoch als Fehleinschätzung dar – wie im Folgenden zu zeigen ist. Wieck war geradezu gezwungen, einen Prozess zu vermeiden, wollte er auch nur eine dieser konfliktträchtigen Forderungen (1 bis 5) durchsetzen. Robert Schumann dagegen konnte seine Interessen allein mit Hilfe eines Prozesses durchsetzen – denn er bewegte sich mit seinen Ehevorstellungen und Forderungen auf den damaligen gesetzlich vorgeformten Schienen, eine Tatsache, die ihm erwiesenermaßen sehr genau bekannt war: So schreibt er bereits im September 1837 an die damals 18-jährige Clara unmittelbar nach der ersten offiziellen Brautwerbung – also beinahe zwei Jahre vor Beginn des eigentlichen Prozesses und ziemlich genau drei Jahre vor dem Gerichtsurteil bzw. der Eheschließung – über die Unterredung mit Friedrich Wieck:

> *E t w a s B e g r ü n d e t e s k o n n t e e r u n d k a n n e r n i c h t v o r b r i n g e n.* [...] es fehlt ihm [Wieck] der gute Wille überhaupt; Sie [Clara] sollen durchaus als Concertgeberin leben und sterben, es müsste denn ein Banquier kommen. [...] Kein Wort darüber weiter. Treibt er uns auf das Äußerste, d.h. erkennt er uns nach anderthalb oder zwei Jahren noch nicht an, so müssen wir unser gutes Recht suchen. *Es darf ein Vater nur dann sein Jawort verweigern, wenn er äußerste Demoralisation oder Geldmangel*

---

6 Friedrich Wieck an Clara Schumann. Brf. v. 7. Mai 1839. Dieser Brief ist lediglich noch in einer von Schumanns Freund Moritz Emil Reuter vorgenommenen Abschrift innerhalb des Briefwechsels zwischen Clara und Robert vorhanden. Das Original ist offensichtlich verschollen oder wie andere Dokumente aus der konfliktbeladenen Zeit vor und während des Prozesses vernichtet worden. (Kursive geben einfache, Kursive und Sperrungen doppelte Unterstreichungen an.)

7 John Daverio: Artikel »Robert Schumann«. In: The New Grove Dictionary of Music and Musicians. Hrsg. v. Stanley Sadie. London 2001, Bd. 22, S. 770. Vgl. dazu auch Nancy B. Reich: Clara Schumann. Romantik als Schicksal. Reinbeck b. Hamburg 1997, S. 113. Eine detaillierte Analyse des Images Friedrich Wiecks sowie der Prozessrezeption findet sich in Preiß, Prozeß (Anm. 1), S. 249ff.

> *nachweist.* Mit Gründen, wie Concertgeben u. Reisen, Mendelssohn u. dgl. kommt er nicht durch. *Dann traut uns die Obrigkeit.*« (Briefwechsel I, 27)[8]

Mit »Demoralisation« ist z.B. eine ansteckende Krankheit wie Syphilis gemeint. Aus den Äußerungen Schumanns geht hervor, dass er bereits 1837 ernsthaft über eine gerichtliche Auseinandersetzung nachdachte und dieses seiner Braut auch bereits ankündigte. Dass Wieck seinen nachmaligen Schwiegersohn mit den Konsensbedingungen in einen Prozess gezwungen habe – wie so häufig in der Schumann-Biografik zu lesen ist –, muss angesichts dieser deutlichen Prozess-Ankündigung Schumanns zumindest in Frage gestellt werden, zumal – wie noch zu zeigen sein wird – Wieck diese seine Bedingungen in einem Prozess nicht nur nicht durchsetzen, sondern auf diese Weise gar nicht erst thematisieren konnte.[9]

Es gibt weitere Aspekte in diesem Brief, auf die in vorliegendem Zusammenhang hingewiesen werden muss. Schumanns Bemerkung – »mit Concertgeben [...] kommt er nicht durch« – belegt seine vollkommen realistische Einschätzung der rechtlichen Situation. Eine eigenständige berufliche Karriere der Ehefrau würde vor Gericht in einem Ehekonsensstreit absolut keine Rolle gespielt haben.

Dieser an Clara gerichtete Brief enthält allerdings keinen Hinweis darauf, dass Schumanns Prozessankündigung auf dem Hintergrund des damals geltenden Rechts eine Forderung an sie als Tochter implizierte: Clara war diejenige, die als Klägerin gegen den eigenen Vater würde auftreten müssen, gegen einen Vater, dem sie – zumindest aus damaliger Sicht noch – alles verdankte und – das sollte nicht vergessen werden – den sie liebte. Schumann als Schwiegersohn *in spe* konnte allein gegen Wieck nicht um den Konsens prozessieren. Diese Klage musste von dem Kind eingereicht werden, dessen Eltern den Konsens verweigerten.[10] Mit andern Worten: Ohne Clara – keine Klage. Es handelt sich somit aus juristischer Sicht in erster Linie um einen Prozess »Wieck gegen Wieck«. Dass Schumann die Klage mitunterzeichnete, war aus Perspektive des Gerichts unerheblich – eine weitere Tatsache, die sich erst im Zuge der genauen rechtshistorischen Analyse des Prozessgeschehens erweist. Und diese Unterschrift Claras zur Klage gegen den eigenen Vater, diese Unterschrift hätte Schumann von der 18-jährigen Clara im September 1837 noch nicht erhalten.

Der oben zitierte Brief Schumanns, in dem er teilweise auf die gerichtlich relevanten Konsensverweigerungsgründe eingeht, belegt weiterhin, dass er sich in allen

8 »*Dann traut uns die Obrigkeit*« ist doppelt unterstrichen. Interessanterweise lässt Wolfgang Boetticher die Prozessankündigung Schumanns in seiner Übertragung des Briefes v. 18. September 1837 aus. Vgl. Boetticher II, 146/47. Darauf hat bereits Beatrix Borchard in ihrer Dissertation hingewiesen. Vgl. Beatrix Borchard: Clara Wieck und Robert Schumann. Bedingungen künstlerischer Arbeit in der ersten Hälfte des 19. Jahrhunderts. Kassel ²1992 [= Ergebnisse der Frauenforschung 4], S. 183.

9 Eheprozeßakten, Sächsisches Staatsarchiv Leipzig – SächsStAL Appellationsgericht Leipzig Nr. 765.

10 Hartitzsch, Eherecht (Anm. 4), §48, S. 46.

juristischen Details sehr gut auskannte – eine Tatsache, die auch in zahlreichen anderen Briefpassagen zum Ausdruck kommt.[11]

IV.

Im Folgenden ist anhand einer scheinbaren Kuriosität darzustellen, welche neuen Perspektiven sich durch Einbeziehung des rechtshistorischen Kontexts weiterhin ergeben. Es handelt sich um zwei Daten, die vermutlich allseits bekannt sind: Am 12. September 1840 wurden Clara und Robert nach einem von allen Seiten mit äußerster Erbitterung geführten Prozess schließlich getraut. Am 13. September 1840 – einen Tag danach – wurde Clara volljährig. Diese Daten wirken auf den ersten Blick wie ein Zufall – eine Kuriosität. Aufgrund der geltenden Rechtslage sind daran jedoch verschiedene Beobachtungen zu knüpfen. Im ersten Moment stellt sich unwillkürlich die Frage: Warum haben die Verlobten nicht einfach auf Claras Volljährigkeit gewartet, dann hätten sie ohnehin heiraten und möglicherweise den für alle Seiten unerfreulichen Prozess vermeiden können? Bei näherem Hinsehen stellt sich diese Frage jedoch als ein wenig komplexer dar. Zunächst einmal: Clara hätte auch als Volljährige die Zustimmung ihres Vaters benötigt.

Weiterhin sind in diesem Zusammenhang zwei konträre Verhaltensweisen zu beobachten: Auf der einen Seite Friedrich Wieck mit seinem Bemühen, die Eheschließung bis in Claras Volljährigkeit hinauszuzögern – auf der anderen Seite Robert Schumann, der versuchte, Clara unbedingt zu heiraten, solange sie minderjährig war, wie u.a. aus folgender Äußerung hervorgeht: Schumann schreibt noch an die 20-jährige Clara am 28. September 1839 – nur ein Jahr vor der Verehelichung: »Was ich am meisten fürchte, ist daß Dein V[ater] vorbringen wird, er wolle ja einwilligen wenn Du warten thätest bis Du mündig wärest – und daß ihm das Gericht am Ende beistehen wird. Das laß uns aber ja entschieden abweisen.« (Briefwechsel II, 724)

Diese Beobachtung führt zu einer weiteren Frage: Welche Interessen lagen dem offensichtlichen Verzögern bzw. dem offensichtlichen Drängen zugrunde, wenn der Ehekonsens ohnehin auch bei Volljährigkeit obligatorisch war? Was würde sich darüber hinaus mit Claras Volljährigkeit ändern? Die Antwort auf diese Frage findet sich in den rechtlichen Konsequenzen, die sich für alle Beteiligten aus einer Minderjährigkeit bzw. einer Volljährigkeit Claras ergeben würden.

Am Beispiel der zweiten von Wieck gestellten Ehekonsensbedingung sei dieses verdeutlicht. Wieck hatte gefordert, Claras Vermögen weiterhin verwalten zu wollen, ihr die üblichen Zinsen von vier Prozent zukommen zu lassen und ihr das Kapital nach fünf Jahren – also nach ihrer Volljährigkeit – auszahlen zu wollen. War-

---

11 Vgl. z.B. Briefwechsel II, 508. Aus Schumanns Brief v. 2. Mai 1839 an Clara geht hervor, dass er sich mehrfach von seinem Freund Dr. jur. Friedrich August Herrmann, Advokat und Gerichtsassessor in Leipzig, in der Prozessangelegenheit beraten ließ. Vgl. Briefwechsel II, 510.

um? Schumann hingegen wollte Clara explizit als Minderjährige heiraten. In diesem Fall würde ihr nicht unbeträchtliches Vermögen als sogenanntes »Paraphernalvermögen« – man kann sagen automatisch – dem Ehemann als »Quasi-Eigentümer« zufließen.[12]

Die Konsequenz war, dass Clara jedes Entscheidungsrecht darüber verlieren würde. Robert hingegen würden sowohl der Nießbrauch (also die Zinsen) als auch die Verwaltung, d.h. sämtliche mit dem Vermögen zusammenhängenden Entscheidungen zukommen, – ausgenommen, es würde ein vorehelicher Vertrag geschlossen, der dieses Vermögen der Braut ausdrücklich als ein ihr eigentümliches Vermögen, die sogenannten »Receptitien« oder »Nadelgeld« deklarierte,[13] wie von Wieck angemerkt und in seinem Bedingungsbrief dokumentiert. Der Gesetzgeber ließ mit dieser Regelung eine Möglichkeit offen, wie das Vermögen der Familie der Braut bzw. der Braut selbst gegen den Zugriff des Bräutigams geschützt werden konnte.

Genau darum ging es in der zweiten Bedingung Friedrich Wiecks. Der 12. oder 13. September 1840 bedeutete rechtlich gesehen einen gravierenden Unterschied: Volljährig und unverheiratet würde Clara nach sächsischem Recht in den Besitz ihres Geldes gelangt sein, und (nach Auszahlung) dieses selbst verwalten, auch ausgeben und vor allem vermehren können – mit anderen Worten: Es würde sie unabhängig machen.[14] Sie hätte grundsätzlich zwei Möglichkeiten gehabt: Das Geld sich selbst vorzubehalten oder aber darauf zu verzichten und es Robert zu überlassen. Und um dieses »Oder« ging es. Diese Entscheidungsmöglichkeit würde sie als Volljährige gehabt haben, als Minderjährige hatte sie diese Alternative nicht – zumindest nicht ohne ihren Altersvormund, in diesem Fall ihren Vater, der sich dafür einsetzen musste.

Mit der Verzögerung in die Volljährigkeit hat Wieck für sie um genau diesen Entscheidungsspielraum gekämpft – selbst noch im Herbst 1839, als der Prozess bereits begonnen hatte. Er wollte und hoffte, dass sie in zwei, drei oder vier Jahren die Möglichkeit haben und auch wahrnehmen würde, über ihr Vermögen selbst zu verfügen. Diese Regelung allerdings konnte er nur mit Einwilligung seiner Tochter bzw. deren Rechtsbeistand erwirken. Andernfalls – wie schon dargestellt – hätte Robert den vollen Zugriff auf Claras Vermögen gehabt. D.h. bis zur Volljährigkeit standen ihm als Ehegatten die Zinsen zu und mit Volljährigkeit musste Wieck auch die Verwaltung an Robert abtreten.

---

12 Vgl. Adolph Karl Heinrich: Handbuch des in Deutschland geltenden Eherechts. Mit besonderer Angabe des Sächsischen und Preußischen Rechts. Leipzig 1828, §264, S. 275. Der Ehemann erhält im Falle des ihm überlassenen Paraphernalvermögens »an den ihm übergebenen Gegenständen alle Rechte eines wahren Eigenthümers«.

13 Vgl. Hartitzsch, Eherecht (Anm. 4), §98, S. 107.

14 Diese Möglichkeit hatten volljährige unverheiratete Frauen erst durch die Gesetzesänderung vom Januar 1838, mit der die sogenannte »bestätigte Geschlechtsvormundschaft« aufgehoben wurde. Vgl. dazu das »Gesetz, die Aufhebung der Geschlechtsvormundschaft betreffend« v. 08.01.1838. Gesetz- und Verordnungsblatt für das Königreich Sachsen, Nr. 7, S. 23.

Der häufig anzutreffende Vorwurf, Wieck habe das Vermögen für sich einbehalten wollen, ist angesichts dieser rechtlichen Konstellation nicht haltbar.[15] Er persönlich hatte keine unmittelbaren Vorteile aus dieser Regelung. Robert dagegen konnte aus seiner Sicht ein Verlust drohen: Das ihm mit Sicherheit als Paraphernalvermögen zufließende Geld einer minderjährigen Clara an eine mündige bzw. selbstständige Clara zu verlieren. Dieser Punkt erklärt Roberts große Sorge – noch aus der Perspektive vom September 1839 –, die Richter könnten Wieck Recht geben und vorschlagen, mit der Heirat noch bis zur Volljährigkeit Claras zu warten. Denn wie aus zahlreichen Passagen im Brautbriefwechsel hervorgeht, hatte Schumann ein entschlossenes Interesse an Claras Vermögen. So schreibt er etwa am 4. Mai 1839:

> Sage mir jetzt genau, liebe Clara, steht Dein Capital in Deines V[aters] Büchern, oder in den Büchern des Banquiers auf *Deinen Namen*? Oder steht es im Geschäft Deines Vaters? Mit einem Worte, wo ist es? – Zwar schrieb ich Dir früher, wir müßten bei unserer Verheirathung von Deinem Geld nichts erwähnen – doch warum solltest Du Dein Dir redlich erworbenes, mit Deinen Händen erworbenes Eigenthum nicht zurückverlangen? Die Summe ist ja auch zu bedeutend. (Briefwechsel II, 514)

Diese Furcht vor Claras Selbständigkeit bzw. in diesem Zusammenhang ihrer Volljährigkeit war nicht unbegründet, wie sich u.a. an folgender Bemerkung Claras zeigt, welche sie auf dem Gipfel ihres Ruhmes – nach ihren Wiener Erfolgen[16] – auch noch am 3. Oktober 1838 Robert gegenüber geäußert hatte:

> *Vom Capital laß ich Dich nicht anreißen*, einmal es gethan und man hört nicht mehr auf es zu thun, es finden sich dann immer wieder neue Gründe etc: nein, das geht nicht, dann will ich lieber mein Herz von der Sehnsucht nach Dir ein halbes Jahr länger verzehren lassen. (Briefwechsel I, 285)

Hier spricht eine junge Frau, die im Begriff ist, sich durch ihre in Aussicht stehende glänzende Virtuosenkarriere eine selbständige und unabhängige Position in der Gesellschaft zu erobern und die weiterhin deutlich die Absicht erklärt, selbst über Ihr Vermögen verfügen zu wollen. Auf dem Hintergrund der bisher geschilderten Tatsachen erscheinen die Daten der Verehelichung (12. September 1840) und der Volljährigkeit Claras (13. September 1840) nunmehr kaum noch als Kuriosum: Bei genauerer Betrachtung, aus rechtshistorischer Perspektive, verbirgt sich hinter diesen Daten eine Welt ernüchternder Tatsachen – mit gravierenden rechtlichen Konsequenzen. Darüber hinaus zeigt sich wiederum, dass Wieck mit seinem Anliegen unbedingt auf eine außergerichtliche Einigung angewiesen war und einen Prozess daher vermeiden musste.

---

15 Er hatte vielmehr mit seinem Brief das Geld ausdrücklich als Claras Vermögen bezeichnet und mit seiner Unterschrift dokumentiert, dass er keine Ansprüche auf dieses Geld erheben wollte.

16 Höhepunkt der Wiener Konzerttournee war die Auszeichnung Claras zur kaiserlich königlichen Kammervirtuosin. Die Urkunde vom 15. März 1838 befindet sich heute im Robert-Schumann-Haus in Zwickau. Vgl. dazu Tb II, 475, Anm. 173.

V.

Im diesem Zusammenhang ist auf zwei weitere der Wieckschen Forderungen einzugehen: Die fünfte Bedingung diente einem Interessenausgleich zwischen Clara und den ihr gegenüber benachteiligten Geschwistern, die Wieck in den vergangenen 14 Jahren nicht auch nur annähernd in der gleichen Weise hatte fördern können: Clara sollte auf ihr Erbe verzichten – den Pflichtteil eingeschlossen. Und um diesen geht es hier. Ein gänzlicher Erbverzicht konnte allerdings nur mit Zustimmung der Tochter – unter Hinzuziehung eines Rechtsbeistands – vereinbart werden.[17] Aber auch in diesem Punkt war Wieck auf eine gütliche bzw. außergerichtliche Einigung mit Clara angewiesen. Ein Blick auf die rechtlichen Hintergründe klärt die zugrundeliegende Interessenkonstellation.

Bei einem Erbschaftsfall musste der Erblasser dem Ehemann der Erbin zumindest Verwaltung und Nießbrauch an dem der Ehefrau gebührenden Pflichtteil überlassen.[18] Konkret bedeutete das: Claras Pflichtteil aus dem Erbe Wiecks wäre im Fall der Verehelichung mit Verwaltung und Nießbrauch ebenfalls an Robert gefallen. Robert wäre in gewisser Weise der »Erbe« Wiecks geworden – auf Kosten der benachteiligten Geschwister Claras. In diesem Punkt teilte Clara übrigens lange Zeit die Ansicht ihres Vaters und betonte Robert gegenüber mehrfach, auf keinen Fall einen Anspruch auf ein Erbe erheben zu wollen. Robert hingegen drängte Clara, keinesfalls auf diesen in Aussicht stehenden Pflichtteil zu verzichten. Die Ausgangsfrage, warum Robert auf Claras Pflichtteil bestand, ist damit beantwortet.

Darüber hinaus erweist sich, dass Wieck eine gerichtliche Auseinandersetzung auch in diesem Punkt vermeiden musste. Denn im Fall der Verehelichung konnte dem Ehemann der Anspruch auf diesen Pflichtteil seitens der Familie der Ehegattin nicht streitig gemacht werden – das war gesetzlich verankert. Mit anderen Worten: Waren Clara und Robert erst einmal verheiratet, hatte Wieck keine Chance mehr, diese Forderung geltend zu machen. Er wollte seine Tochter nicht wirklich enterben, sondern lediglich verhindern, dass auch dieser Pflichtteil Robert zufließen würde. Diese Haltung Wiecks zeigt sich nicht zuletzt in der Tatsache, dass er Clara 1873 über den Pflichtteil hinaus ein beträchtliches Vermögen hinterlassen hat, wie sie selbst in einem Brief an Johannes Brahms bestätigt.[19]

Auch in der hier abschließend zu besprechenden und seinerzeit heiß umkämpften Wohnortbedingung zeigt sich, dass Wieck auf eine gütliche Einigung angewiesen war: Clara sollte außerhalb von Sachsen einen Wohnort wählen. Hintergrund dieser Forderung war die Überlegung, dass sie, um ihre Virtuosenlaufbahn fortsetzen zu können, in einer der Kunstmetropolen leben sollte, in denen sie unschwer durch

---

17 Constitutio X, P.III von 1572, »Ob ein Testament, darinnen die Kinder praeteriret und übergangen werden, noch bey Leben des Vaters, durch die Kinder selbst, könne ratificiret und bekräftiget werden?« – Codex Augusteus, Bd. I, 107. Vgl. auch Christian Gottlob Haubold: Lehrbuch des Königlich=Sächsischen Privatrechts. [3] Leipzig 1847, §341 a) Anm. b), S. 538.

18 Vgl. Haubold, Lehrbuch (Anm. 17), §74 Anm. f3, S. 77.

19 CS-JB Briefe II, 33. Clara Schumann an Johannes Brahms. Brf. v. 12. Dezember 1873.

Stundengeben und Konzertieren 2.000 Taler im Jahr verdienen konnte – fast das Dreifache von dem, was Robert Schumann später in Düsseldorf verdienen sollte. Mit andern Worten: Sie würde für den eigenen und auch unter Umständen für den Lebensunterhalt der zukünftigen Familie sorgen können. Diese Bedingung wurde von Wieck bereits 1838 gestellt. Auch Clara hatte damals darauf bestanden, nicht in Leipzig wohnen zu wollen, da sie dort nichts würde verdienen können.[20] Robert hatte eingewilligt, schriftlich zugestimmt und war nun an seine Zusage gebunden.[21] Diese Zustimmung konnte dann für ihn rechtliche Konsequenzen haben, wenn Clara auf diesem Punkt bestehen würde.

Um die Relevanz dieser Wieckschen Forderung verstehen zu können, sind wiederum die gesetzlichen Regelungen vor Augen zu führen. Als dem Ernährer der Familie war dem Ehemann logischerweise die Festlegung des Wohnorts gesetzlich zugesichert. Anderweitige Regelungen mussten wiederum in einem vorehelichen Vertrag festgelegt werden.[22] Vor Gericht hätte eine derartige Forderung Wiecks keine Berücksichtigung gefunden – zumal eine eigenständige Karriere der Ehefrau nach dem damaligen Rollenverständnis kein Entscheidungskriterium war. Wiederum belegt der rechtliche Hintergrund, dass Wieck kein Interesse an einer gerichtlichen Auseinandersetzung haben konnte. Schumann dagegen würde ein Prozess auch in diesem Punkt von Nutzen sein – denn er wusste, dass diese Bedingung vor Gericht keine Rolle spielen konnte. Würde er Clara dazu bringen, die Wieckschen Bedingungen pauschal abzulehnen, würden ihm nicht nur ›automatisch‹ alle ehemännlichen Rechte an ihrem Vermögen zufallen, sondern er wäre auch nicht mehr an seine Zusage gebunden gewesen, mit Clara nach Wien zu gehen. Im Falle der Heirat würde dann er es sein, der als Ehemann den Wohnort – auch gegen den Willen der Frau – würde bestimmen können.

VI.

Zusammenfassend lässt sich festhalten, dass die rechtshistorische Kontextualisierung der geschilderten Auseinandersetzung sich als ausgesprochen tragfähiger Ansatz erwiesen hat. Aus juristischer Sicht erscheinen einige Aspekte der Kontroverse geradezu alltäglich. Das gilt insbesondere für den Versuch des Vaters, seiner Tochter Clara über die Eheschließung hinaus ihr Vermögen zu sichern, wie die Vielzahl von damaligen Gerichtsurteilen zu diesem Thema belegt.[23] Andererseits zeigte die Untersuchung des gesetzlichen Hintergrunds, dass Wieck mit den Forde-

20 Briefwechsel I, 108-110. Clara an Robert Schumann. Brf. v. 3. März 1838

21 Briefwechsel I, 118. Robert an Clara Schumann. Brf. v. 19. März 1838. Zur rechtlichen Bindung des Ehemannes vgl. u.a. Hartitzsch, Eherecht (Anm. 4), §80, S. 88, sowie Carl Gottlieb Weber: Systematische Darstellung des im Königreiche Sachsen geltenden Kirchenrechts. Leipzig 1818-1829, Teil II, Abteilung 3, §130, S. 1216, Anm. 18.

22 Vgl. u.a. Hartitzsch, Eherecht (Anm. 4), §80, S. 89.

23 Gustav Emminghaus: Pandekten des gemeinen Sächsischen Rechts. Jena 1851, S. 276ff. u. S. 325ff.

rungen für seine Tochter Clara – seinem Kampf um die Karriere einer genialbegabten Pianistin – sich in einer Ausnahmesituation befand, gemessen an den damaligen Vorstellungen einer bürgerlichen Ehe, wie am Beispiel der Wohnortbedingung angedeutet. Aus diesen Gründen war Wieck auf eine außergerichtliche Einigung angewiesen. Und in der Tat hat keine seiner Bedingungen im Verlauf des Prozesses eine Rolle gespielt – ausgenommen, dass Schumann ein adäquates Einkommen nachweisen musste, allerdings auch hier nicht durch einen von Wieck bestimmten Advokaten.

Dass Wieck als Prozesstreiber in die Musikgeschichte eingehen konnte, ist somit auf eine Fehleinschätzung der rechtlichen Hintergründe zurückzuführen. Schumann hingegen wusste sehr genau, dass er auf Wiecks Bedingungen nicht einzugehen brauchte – solange es zu keiner Einigung zwischen Clara und ihrem Vater kommen würde. Dass Schumann ernstlich einen Prozess vermeiden wollte, darf nach diesen Erkenntnissen in Zweifel gezogen werden.

Abschließend sei ein weiteres Beispiel für einen gelungenen interdisziplinären Zugang erwähnt. Es handelt sich um die medizinhistorische Untersuchung von Schumanns Krankheit. Mit der Publikationsfreigabe von Schumanns Krankenakte – ein durchaus mutiger Schritt Aribert Reimanns, dieses Dokument nicht aus falsch verstandener Pietät Schumann gegenüber zurückzuhalten, sondern der Forschung zugänglich zu machen – wurde der Weg frei für wichtige neue Erkenntnisse: Beispielsweise über den Krankheitsverlaufs während Schumanns letzter Jahre in der Endenicher Heilanstalt. Aus den Aufzeichnungen des behandelnden Arztes geht ebenfalls hervor, dass Schumann seine syphilitische Infektion sehr genau bewusst war.[24] Das wiederum ist ein Aspekt, der aus rechtshistorischer Perspektive von außerordentlicher Relevanz ist. Denn eine syphilitische Infektion – unabhängig in welchem Stadium – war aus juristischer Sicht nicht nur ein erheblicher Ehekonsensverweigerungsgrund, sondern darüber hinaus ein Ehetrennungsgrund.[25] Und so hing diese Krankheit in mehrfacher Hinsicht wie ein Damoklesschwert über Schumann, dem diese rechtlichen Konsequenzen nachweislich ebenfalls bekannt waren.[26]

Diese Beispiele zeigen, dass ein die musikwissenschaftliche Disziplin überschreitender Ausflug in die Rechtsgeschichte alles andere als eine trockene und abstrakte

24 Vgl. dazu die Mitteilungen des Schumann behandelnden Arztes Dr. Richarz, aus dessen Krankenbericht hervor geht, dass Schumann sich seiner syphilitischen Infektion im Jahre 1831 bewusst war. Dr. Richarz hielt im Rahmen seines Verlaufsberichts für den 12. September 1855 folgende Äußerung Schumanns fest: »1831 war ich syphilitisch und ward mit Arsenik curirt.« Franz Hermann Franken: Robert Schumann in der Irrenanstalt Endenich. Zum Verlaufsbericht seines behandelnden Arztes Dr. Franz Richarz. In: Robert Schumanns letzte Lebensjahre – Protokoll einer Krankheit. Hrsg. v. d. Stiftung Archiv der Akademie der Künste. Berlin 1994 [= Archiv-Blätter 1], S. 7-24, hier: S. 21. Vgl. dazu auch die jüngste Publikation über Schumanns Krankheit von Bernhard R. Appel (Hrsg.): Robert Schumann in Endenich (1854-1856). Krankenakten, Briefzeugnisse und zeitgenössische Berichte. Mainz 2006 [= Schumann Forschungen 11].

25 Vgl. u.a. Hartitzsch, Eherecht (Anm. 4), §47, S. 45 sowie Weber, Darstellung (Anm. 21), II.3. §124, S. 1116, Anm. 35, sowie §130, S. 1229ff.

26 Vgl. u.a. Briefwechsel I, 27, sowie Briefwechsel II, 508.

Materie ist, vielmehr die rechtshistorische Kontextualisierung – wie an vorliegendem Fall dargestellt – ein wichtiger und meines Erachtens ein unverzichtbarer Schlüssel für das Verständnis zugrundeliegender Interessenkonstellationen und Handlungsspielräume prozessbeteiligter Personen sein kann. Die interdisziplinär angelegte, rechtshistorische Untersuchung ermöglicht so eine gänzlich neue Sicht auf die Kontroverse Schumann-Wieck, welche sowohl eine Neubewertung der Persönlichkeit Friedrich Wiecks als auch Ergänzungen des bestehenden Clara- und Robert-Schumann-Bildes erfordert.

Ästhetische Korrespondenzen

Der Brief als Kunstmittel bei Heine und Schumann

Jocelyne Kolb

Der Briefkontakt zwischen Heine und Schumann besteht aus einem einzelnen übermittelten Brief, den Schumann im Mai 1840 – im Liederjahr also – zusammen mit seinem »Liederkreis« op. 24 an Heine geschickt haben soll. Eine Antwort ist nicht überliefert, und der Brief ist unter Schumanns, nicht unter Heines Papieren aufgetaucht. Ansonsten beschränkt sich der Kontakt zwischen den beiden Künstlern auf einen Besuch des jungen Schumanns in München vom 8. Mai 1828, den dieser in seinem Tagebuch auf die ihm eigentümliche und emphatische Art belegt hat.

> Donnerstags d. 8ten May – Einkauf – Geschmackssachen – Heine – geistreiche Unterhaltung – ironisches Männchen – liebenswürdige Verstellung – Gang mit ihm auf die Leuchtenbergische Gallerie – der Sessel Napoleons – die Grazien v. Canova nicht edel genug –[1]

Es ist schwer zu wissen, was sich bei dieser Eintragung direkt auf Heine bezieht – hiernach kommen noch eine schöne Madonna und Billard und eine *Table d'hôte* – aber man erkennt sofort Heine und Schumann zugleich. Dies und der Brief vom Mai 1840, in dem Schumann Heine »meine Musik zu Ihren Liedern« schickt, haben Seltenheitswert; vor allem der Brief, der seinen Empfänger nie erreicht zu haben scheint, ist symbolträchtig.

Die Briefform liefert nämlich ein vortreffliches Bild für die gestalterischen Gemeinsamkeiten – die ästhetischen Korrespondenzen – beider Künstler. Die Form des Briefs spiegelt die kontrastierende, ironisierende und stimmungsbrüchige Ästhetik beider Künstler wieder; bei Heine bestätigt der Brief seine oft solipsistische Haltung, anstatt sie zu überwinden – etwa wie bei den Briefen Werthers – und bei Schumann ist der Brief ein Sinnbild für sein produktives Gespaltensein. Historische Briefe spielen auch eine Rolle, besonders diejenigen aus dem Jahr 1840, aber die »Korrespondenz«, von der hier die Rede ist, ist vor allem im übertragenen Sinn gemeint. Von Schumann behauptet ein Kritiker, die Liederkreise hätten ihm die Entfernung von Clara Wieck erträglich gemacht; während der letzten Monate vor der Hochzeit haben diese Werke sozusagen die Rolle von Briefen übernommen.[2] Ein anderer Kritiker spricht von »musikalischen Liebesbriefen«, »musical love letters«, besonders bei den Klavierwerken.[3] Es ist zwar nicht ohne Risiko, »Brief« und

---

1 Tb. I, 64. Zu der Begegnung von Heine und Schumann vgl. Friedrich Schnapp: Heinrich Heine und Robert Schumann. Hamburg/Berlin 1924.

2 James Parsons: At Home with German Romantic Song. In: A Companion to European Romanticism. Hrsg. v. Michael Ferber. Oxford 2005, S. 537-551, hier: S. 547.

3 John Daverio: Robert Schumann: Herald of a »New Poetic Age«. New York/Oxford 1997.

»Briefwechsel« in diesem übertragenen Sinn zu verwenden, denn wie Schumann in seiner berühmten Analyse von Berlioz' »Symphonie fantastique« warnt, »macht nichts so leicht Verdruss und Widerspruch als eine neue Form, die einen alten Namen trägt«.[4] Doch soll hier der Versuch unternommen werden, solchen Verdruss durch Beispiele zu beheben.

Der Brief als Quelle von Authentizität und Intimität

Briefe sind heutzutage wieder in Mode. Die gegenwärtige Faszination für Briefe hängt wohl als Nachholbedarf zusammen mit dem Abklang der werkimmanenten Verachtung für biografische Details. Große und kleine, kritische und eher unkritische Briefausgaben erleben jetzt Hochkonjunktur, zusammen mit ihren Kusinen, den Biografien und Memoiren. Ohne Briefe keine Biografie oder wenigstens keine ganz glaubwürdige, »authentische«. Denn darum geht es meistens bei der Hinwendung zu Briefen: um Unmittelbarkeit und Authentizität, auch wenn eine neuere Studie zur Briefkultur im 18. und 19. Jahrhundert »Authentizität als Fiktion« heißt.[5] Aller intellektuellen Skepsis zum Trotz haftet Briefen immer noch ein Hauch von Authentizität an. Johannes Anderegg erwartet beispielsweise von Briefen »einen unvermittelten Zugang zum Historischen und dessen Verlebendigung«, selbst wenn es »ein Oszillieren zwischen Faktischem und Imaginiertem« gibt.[6] Man konsultiert Briefe mit Selbstverständlichkeit für Details zur geistigen Entwicklung und politischen Haltung großer Menschen, zu ihrer Lektüre, zu ihren musikalischen und sonstigen künstlerischen Erfahrungen, zu ihrem Schaffensprozess und auf weniger gehobener Ebene zu ihren Beziehungen und zu ihrem Alltag.

Außerdem und noch wichtiger: Briefe liefern besonders bei Schriftstellern die Quelle zu einem wertvollen Vokabular, das bei Werkinterpretationen nicht wegzudenken ist. Aus Heines Brief an Moses Moser vom 14. Dezember 1825 stammt beispielsweise die berühmte Kennzeichnung seiner Lyrik als »lyrisch maliziöse zweystrophige Manier« (HSA 20, 229); in einem Brief an Ludwig Robert vom 4. März 1825 charakterisiert Heine die »Harzreise« als »eine Mischung von Naturschilderung, Witz, Poesie und Waschington Irvingscher Beobachtung« (HSA 20, 187). Ebenfalls in einem Brief an Moser vom 1. Juli 1805 begründet er seine Auffassung von Witz, die den Kern bildet in seiner »Kontrast-Ästhetik«, wie Gerhard Höhn sie nennt.[7] Dies ist sogar – wie oft in Heines Briefen und in Schriftstellerbriefen überhaupt – die erkennbare, aber nicht ganz geschliffene erste Fassung einer

4 Robert Schumann: Schriften über Musik und Musiker. Hrsg. v. Josef Häusler. Stuttgart 1982, S. 38.

5 Annette C. Anton: Authentizität als Fiktion. Briefkultur im 18. und 19. Jahrhundert. Stuttgart 1995.

6 Johannes Anderegg: Schreib mir oft! Das Medium Brief von 1750 bis 1830. Göttingen 2001, S. 7.

7 Höhn 3/2004.

Stelle, die wir in einem Werk wieder entdecken, in diesem Fall »Ideen. Das Buch Le Grand« und »Englische Fragmente«:

> Witz in seiner Isolierung ist gar nichts wert. Nur dann ist mir der Witz erträglich wenn er auf einem ersten Grunde ruht. Darum trifft so gewaltig der Witz Börnes, Jean Pauls und des Narren im Lear. Der gewöhnliche Witz ist bloß ein Niesen des Verstandes, ein Jagdhund der dem eignen Schatten nachläuft, ein rothjäckiger Affe der sich zwischen zwey Spiegeln begafft, ein Bastard den der Wahnsinn mit der Vernunft im Vorbeyrennen auf öffentlicher Straße gezeugt (HSA 20, 205).

Ähnliches schreibt er in einem Brief an Friederike Robert vom 12. Oktober 1825, wo die Nähe zum 11. Kapitel von »Ideen. Das Buch Le Grand« noch deutlicher geworden ist:

> Das ist eben die Ironie, wie sie auch immer das Hauptelement der Tragödie ist. Das Ungeheurste, das Entsetzlichste, das Schaudervollste, wenn es nicht unpoetisch werden soll, kann man auch nur in dem buntscheckigen Gewande des Lächerlichen darstellen, gleichsam versöhnend – darum hat auch Shakspear das Grässlichste im Lear durch den Narren sagen lassen, darum hat auch Göthe zu dem furchtbarsten Stoffe, zum Faust, die Puppenspielform gewählt, darum hat auch der noch größere Poet (der Urpoet sagt Friedrike) nemlich Unser – Herrgott allen Schreckens-Scenen dieses Lebens eine gute Dosis Spaßhaftigkeit beygemischt. (HSA 20, 219)

Den Ausdruck »Selbstzensur« benutzt Heine regelmäßig in Briefen an Campe (vom 18. April 1840 über »Ludwig Börne« etwa, und im Brief vom 25. September 1840); ähnlich schreibt er in einem Brief an seine Schwester Charlotte vom 30. März 1824 (wenn auch in einem etwas anderen Kontext): »Meine Muse trägt einen Maulkorb« (HSA 20, 154). Solche Ausdrücke und Formulierungen ließen sich beliebig vermehren; sie enthalten auf gut Schlegelsche Art ein Echo Heinescher Werke und sind Leitfaden der Heineschen Kritik geworden. Das merkt man besonders deutlich bei Norbert Altenhofer, dessen nun klassischer Aufsatz zu Heines »Ästhetik des Arrangements« im »Buch der Lieder« sich auf Briefäußerungen bezieht, z.B. auf die Stelle, wo Heine sich »ein[en] groß[en] Meister in der Anordnung« nennt.[8] Der Titel für den posthumen Band von Altenhofers Heine-Essays, »Die verlorene Augensprache«, stammt aus Heines Kondolenzbrief an Karl August Varnhagen von Ense vom 5. Februar 1840, in dem er die »Augensprache« beschwört, die »bald verloren sein [wird]«; in demselben Brief befindet sich der für Altenhofer fruchtbare Begriff des »Hieroglyphen«, wenn Heine die Briefe Rahels »unenträthselbare Hieroglifen« für die »Spätgeborenen« nennt (HSA 20, 345f.).[9]

Gleichzeitig gibt es aber die fast leitmotivische Scheu davor – man könnte sogar von Abscheu reden – private Dokumente wie Briefe zum Verständnis von Kunst-

8 Norbert Altenhofer: Ästhetik des Arrangements: Zu Heines »Buch der Lieder«. In: Heinrich Heine, München 1982 [= edition text + kritik 18/19], S 16-32.

9 Norbert Altenhofer: Die verlorene Augensprache. Über Heinrich Heine. Hrsg. v. Volker Bohn. Frankfurt a.M./Leipzig 1993.

werken heranzuziehen. Im Berlioz-Aufsatz kritisiert Schumann das Programm der »Symphonie fantastique«, weil der intime, sogar der schöpferische Hintergrund des Werkes einer Entweihung gleichkommt. Dort heißt es:

> Es besitzt der Mensch eine eigene Scheu vor der Arbeitsstätte des Genius: er will gar nichts von den Ursachen, Werkzeugen und Geheimnissen des Schaffens wissen, wie ja auch die Natur eine gewisse Zartheit bekundet, indem sie ihre Wurzeln mit Erde überdeckt. Verschließe sich also der Künstler mit seinen Wehen; wir würden schreckliche Dinge erfahren, wenn wir bei allen Werken bis auf den Grund ihrer Entstehung sehen könnten.[10]

Das Schöpferische wird hier für tabu erklärt. Doch erwog es Schumann, seine und Claras Brautbriefe als romantisches Künstlerdokument zu veröffentlichen, und Clara Schumann betreute nach Schumanns Tode selber Briefausgaben mit den Änderungen und Kürzungen, die dem 19. Jahrhundert eigen sind.[11] Fragt sich also, inwiefern die Briefe – ähnlich wie Tagebücher – spontane und private Äußerungen sind oder nicht doch für die Nachwelt gedacht. In einem Aufsatz über Schumann als Dichter zitiert z.B. Joseph A. Kruse einen Jugendbrief Schumanns an Emil Flechsig vom 17. März 1828, in dem er von der Nachwelt redet und scherzhaft sagt: »denn dass unsere Briefe einmal gedruckt werden, ist ausgemacht«.[12] Paradox bleibt es, dass gerade in unserem jetzigen skeptischen Zeitalter Briefe durch die Verbindung zum Authentischen, Unmittelbaren, Intimen eine solche Anziehungskraft besitzen, denn sie eignen sich genauso gut zum Kaschieren. Man braucht kein literarisches Beispiel wie Laclos' Briefroman »Les Liaisons dangereuses« um zu wissen, dass Briefe durchaus dem Zweck von Verstellung und Täuschung dienen können. Heines Briefe liefern dafür ein glänzendes Beispiel. Es ist nicht die geringste der Heine-Ironien, dass man gerade bei den Briefen, von denen man Authentisches erwarten dürfte oder besser möchte, noch mehr auf der Lauer nach Verstellung sein muss als bei Heines Werken, wo die Illusion des Unmittelbaren entweder durch ihn entlarvt wird oder ohnehin zur künstlerischen Gestaltung gehört. Bei Heine handelt es sich nicht nur um den Ton, sondern auch um Tatsachen wie z.B. das wissenschaftliche Chaos auslösende Geburtsdatum von 1800, das er im Brief an Philarète Chasles vom 15. Januar 1835 nennt: »Je suis né l'an 1800« (HSA 21, 94). Robert Holub bemerkt spitz: »Heine is an unreliable reporter about Heine«.[13]

---

10 Schumann, Schriften (Anm. 4), S. 50.

11 Dazu z.B. Beatrix Borchard: Die Witwe als Herausgeberin. In: Anita Runge u. Lieselotte Steinbrügge (Hrsg.): Die Frau im Dialog. Studien zu Theorie und Geschichte des Briefes. Stuttgart 1991, S. 115-124.

12 Joseph A. Kruse: Robert Schumann als Dichter. In: Julius Alf u. Joseph A. Kruse (Hrsg.): Robert Schumann. Universalgeist der Romantik. Beiträge zu seiner Persönlichkeit und seinem Werk. Düsseldorf, 1981, S. 40-60, hier: S. 43.

13 Robert C. Holub: Troubled Apostate: Heine's Conversion and Its Consequences. In: Roger F. Cook (Hrsg.): A Companion to the Works of Heinrich Heine. Rochester, NY 2002, S. 229-250, hier: S. 229.

Bei Heine entsteht der Eindruck von Unmittelbarkeit in den Werken eher als in den Briefen – umso intensiver natürlich, wenn er für seine Werke die Briefform wählt. Diesen Unterschied erkennt man besonders am Beispiel von Liebesbriefen. Bei Schumann scheinen Liebesbriefe wie für die Öffentlichkeit bestimmt zu sein; bei Heine fehlen die Liebesbriefe gänzlich, wenigstens solche wie bei Clara und Robert Schumann oder im vorangegangenen Jahrhundert zwischen Denis Diderot und Sophie Volland. Gerade die Diskrepanz zwischen dem Mangel an Liebe in den Briefen und ihrem großen Stellenwert in den Werken verdeutlicht den Unterschied zwischen Briefen und Werken.

***

Das Jahr 1840 habe ich bewusst für meine Beispiele gewählt, denn es ist Schumanns Liederjahr und das Jahr seiner Hochzeit mit Clara Wieck; ich habe es auch gewählt, weil, wie Bernd Kortländer sagt, »[d]as Jahr 1840 [...] die Weichen in Heines Biographie neu«[14] stellt. Es ist auch das Jahr von Heines »Ludwig Börne«, in dem die »Briefe aus Helgoland« den zweiten Teil des Werkes bilden, Briefe – so sagt es Heine – die gleichzeitig »Kunde geben von [m]einer Stimmung« zur Zeit der Julirevolution und »als vermittelnde Brücke dienen zwischen dem ersten und dem dritten Buche«. »Der Übergang«, fügt er hinzu, »wäre sonst zu schroff« (DHA XI, 56). Es ist nicht vollkommen geklärt, ob die Briefe tatsächlich 1830 geschrieben wurden oder später nachgedichtet – wohl eher eine Mischung von beiden, nicht unähnlich wie beim »Rabbi von Bacherach«, dessen Fortsetzung Heine auch im Jahr 1840 unternommen hat, teils als Reaktion auf das Pogrom in Damaskus vom gleichen Jahr (dass die Schumanns 1840 antisemitische Äußerungen in ihren Briefen machen, bleibe in diesem Zusammenhang dahingestellt).

Noch etwas Konkretes dient zum Hintergrund der gegenwärtigen Untersuchung, nämlich Schumanns Verhältnis zur Literatur. Dass er wie etwa Hoffmann und Berlioz doppelbegabt war und sich auch als Schriftsteller verstand, ist bekannt; wie diese beiden übte Schumann mit seiner Kritik großen Einfluss aus. Sein dichterisches Schaffen und seine Literaturkenntnisse sind im Detail untersucht worden, z.B. von Joseph Kruse (der von seiner »Mehrfachbegabung« spricht[15]), und seine literarischen Vorlagen werden in der neuen Schumann-Ausgabe genauestens rekonstruiert.

Nur zwei Aspekte seines literarischen Schaffens möchte ich unterstreichen: Erstens, dass er, wie John Daverio es formuliert, jede Form der Kreativität als eine Form von Literatur betrachtet hat, und zweitens den Stellenwert des Briefs in seinem Schaffen. Daverio nennt ein Kapitel aus seinem Buch »Music as Literature« und betont beispielsweise die wichtige Rolle der Kritik für Schumann als Heraus-

14 Bernd Kortländer: Heinrich Heine. Stuttgart 2003, S. 56.
15 Kruse, Schumann (Anm. 12), S. 40.

geber der »Neuen Zeitschrift für Musik« während der 1830er Jahre, wo sie für ihn eine Vermittlerrolle zwischen Musik und Literatur spielte:

> [I]n the mid-1830s, Schumann's work as critic answered to a real need: it provided him with a means of mediating a long-standing inner struggle between his dual inclination toward music and poetry, thus serving as yet another manifestation of his attempt to approach all creative activity as a form of literature.[16]

An anderer Stelle spricht Daverio von Schumanns »rethinking of music as literature«[17] und gibt als Beispiel die formelle Nachahmung von Hoffmanns »Kater Murr« in seinen eigenen »Kreisleriana«.

Der Brief kommt bei Schumanns literarischem Schaffen nicht zu kurz; man denke etwa an seinen fragmentarischen Briefroman »Bernard von Nontelliers« oder an die »Schwärmbriefe« aus dem Jahr 1835, von denen Schumann sagt, sie könnten auch »Wahrheit und Dichtung« heißen (was man an der Tatsache erkennt, dass Chiara/ Clara die Adressatin ist von Florestan und Eusebius). Der Brief erlaubt es Schumann – wie die konträren Figuren von Florestan und Eusebius – ein Ganzes aus Gegenpositionen zu schaffen. Solches ist auch das Kompositionsprinzip der »Kreisleriana« und der »Dichterliebe«, Werke, die man wie gesagt als sinnbildliche Briefe verstehen kann. Zur Verwirklichung der Identifikation solcher Werke mit dem Brief gehört noch eine weitere Zutat: die Ironie.

Der literarische Brief als Ausdruck von Ironie

In seiner konstruierten, literarischen Form ist der Brief ein Ausdruck von Ironie, nicht im Gehalt so sehr wie in der Form. So kann man die Verbindung herstellen zwischen der Ironie bei Heine und Schumanns Umgestaltung davon in seinen Vertonungen. Es ist, wie Christiane Westphal emphatisch und richtig feststellt, absurd, Schumann nachzusagen, er habe Heines ironisch-distanzierte Sprechweise nicht verstanden.[18] Nur ist diese »ironisch-distanzierte Sprechweise« nicht die einzige Form der Ironie, die Heine sich zu eigen macht. Die Schwierigkeit, oder eher das Missverständnis, liegt an der Definition von Ironie und vor allem an der irreführenden Annahme, dass die Ironie bei der Lyrik und bei der Musik identisch sein muss – so, als hätte Gotthold Ephraim Lessing seinen »Laokoon« nie geschrieben. Es galt, der Wirkung der Heineschen Ironie mehr als ihrem Sinn eine musikalische Form zu verleihen. Ironie darf nicht nur als Witz verstanden werden, sondern im Schlegelschen Sinne als ästhetisches und philosophisches Mittel zu Kontrasten und zur Distanzierung. So verleiht Schumann in der »Dichterliebe« der Klavierbegleitung eine selbständige und distanzierende Funktion, die der Antwort auf einen Brief

---

16 Daverio, Schumann (Anm. 3), S. 130.

17 Ebd., S. 169.

18 Christiane Westphal: Robert Schumann: Liederkreis von H. Heine op. 24. München/ Salzburg 1996, S. 6.

ähnelt. Immerhin gibt es manche Stellen in der »Dichterliebe«, wo Schumanns Ton dem Heineschen sehr nahe kommt, z.B. im Kontrast zwischen der Aussage des 11. Liedes, »Ein Jüngling liebt ein Mädchen«, und der heiteren Stimmung der Vertonung, deren triumphale Schlussakkorde etwas Ironisches ausdrücken, im inhaltlichen und nicht nur im philosophisch-ästhetischen Sinn.[19] Sonst hat Schumann durch kontrastierende Stimmungen und technische Mittel wie die Übergänge von einer Tonart zur anderen oder durch die Unbestimmtheit mancher Tonart eine musikalische Äquivalenz zur Heineschen Ironie geschaffen. Das wird bei der eben erschienenen Studie von Thomas Synofzik deutlich, die sich die Verbindung von Musik und Ironie bei Schumann zum Thema gemacht hat, ebenso wie bei musikalischen Analysen wie denjenigen von Rufus Hallmark.[20] Verbindet man die paradoxe Mischung aus Nähe und Selbständigkeit in der »Dichterliebe« mit der Briefform, so vermeidet man die oft verwirrenden und widersprüchlichen Assoziationen mit dem Wort Ironie und gelangt umso sicherer zu der Erkenntnis, dass Schumanns Ästhetik doch mit derjenigen Heines korrespondiert. Es ist nicht vorstellbar, wie Daverio betont, »that one of the most poetically attuned composers of the nineteenth century was insensitive to such an obvious characteristic of Heine's style«.[21] Man bedenke Schumanns Gebrauch der Wörter »ironisch« und »geistreich« in der Tagebucheintragung nach der Begegnung mit Heine in München am 8. Mai.

Heine und der literarisierte Brief als Ausdruck von Unmittelbarkeit

Schon 1822, beim ersten der »Reisebilder«, wählt Heine die Form des Briefes. Seine »Briefe aus Berlin« wollen ihre Leser anlocken, indem sie sie direkt ansprechen. Der Vorteil liegt darin, dass die Illusion der Kommunikation entsteht, ohne dass der Briefschreiber auf eine Antwort zu reagieren braucht. So kann der Briefschreiber seine Autonomie bewahren. Hinzu kommt, dass Heine sich auf eine epistolare Tradition beruft, die ihn in bester und bunter Gesellschaft erscheinen lässt; man denke an solche unterschiedlichen Werke wie Diderots »Lettre sur les aveugles«, Johann Wolfgang von Goethes »Die Leiden des jungen Werther« und Friedrich Schlegels »Brief über den Roman« (der spielerischerweise zu dem »Gespräch über die Poesie« gehört).

1837 erscheinen Heines »Briefe über die französische Bühne«, und 1840 macht er auf noch geschliffenere, kunstvollere Art wieder Gebrauch von der fiktiven, literarisierten Briefform in »Ludwig Börne. Eine Denkschrift«. Bei den »Briefen aus Helgoland« sollen die Briefe Heines eine unmittelbare Reaktion darstellen auf die Juli-

---

19 Vgl. hierzu Charles Brauner: Irony in the Heine Lieder of Schubert and Schumann. In: The Musical Quarterly (1981), Nr. 67, S. 261-281, hier: S. 274-275.

20 Thomas Synofzik: Heinrich Heine – Robert Schumann: Musik und Ironie. Köln 2006; Rufus Hallmark: Schumanns Behandlung seiner Liedtexte. Vorläufiger Bericht zu einer neuen Aufgabe und zu einer Neubewertung von Schumanns Liedern. In: Schumanns Werke – Text und Interpretation. 16 Studien. Mainz 1987, S. 29-42.

21 Daverio, Schumann (Anm. 3), S. 210.

revolution von 1830 und gleichzeitig den Übergang bilden vom ersten zum dritten Buch. Auf inhaltlicher Ebene tun sie das; auf struktureller Ebene – sowie auf der Ebene der Schreibart – tun sie aber noch viel mehr, denn in diesem Werk der Gegensätze und Gegenüberstellungen spielt die Wahl der Briefform eine zentrale Rolle. Bernd Kortländer nennt die Texte im zweiten Buch »Tagebuchblätter«[22], aber das unterminiert die Doppelform des Briefes, die für Struktur und Sinn des Werkes unentbehrlich sind. Weil es sich in dem Börne-Buch bei Heine und Börne um zwei Personen in der Öffentlichkeit handelt und um ihre Einstellung zu Sachen im öffentlichen Leben, besonders aber weil die »Briefe aus Helgoland« Heines Reaktion auf die Julirevolution und seine Begeisterung dafür dokumentieren sollen, durfte er für das zweite Buch nicht die private, solipsistische, subjektive Form des Tagebuchs wählen, die sich nach innen und nicht nach außen wendet. Außerdem geht es im Börne-Buch darum, nicht Wortschöpfungen, sondern Begriffsschöpfungen zu entwerfen; das tut Heine gleich am Anfang, indem er die Bedeutung von Judentum und Christentum neu definiert oder verfremdet und sie zu einer Haltung umwandelt. Mit dem Wort »Brief« verfährt er ähnlich. Andererseits ist aber die subjektive Dimension ein wesentlicher Zug der »Briefe aus Helgoland«, weil sie zusammen mit der sensualistischen, »Zuckererbsen-für-jedermann«-Seite noch einen Kontrast bilden soll zu der Figur Börnes – und weil seine Briefe kontrastieren sollen mit Börnes eigenen »Briefen aus Paris«, die ihn berühmt gemacht haben. Was »Briefe« genannt wird, sind also keine normalen Briefe, und man darf von ihnen genau so wenig wie vom restlichen Werk Authentizität erwarten. Wie Gerhard Höhn es ausdrückt: »Was aber Authentizität bewirken soll, ist doch nur zum Teil authentisch: Der Eindruck von Objektivität beruht auf einer subjektiven Auswahl und gekonnten Montage Heines«.[23] Es geht mehr um die Wirkung – um die künstlerische Wirkung, wieder als Kontrast zu Börne – als um die Tatsachen.

Gerade deshalb, weil sie Subjektives und Konträres ausdrücken können, werden Briefe so häufig in literarische Werke eingebettet und passen so gut zur Begriffsbestimmung von Schumanns Liederkreisen. Und gerade weil Authentizität und Fiktion in Briefen nebeneinander stehen, braucht man Briefausgaben mit detailliertem und zuverlässigem Kommentar. Die Ästhetik der ästhetischen Korrespondenzen ist sonst schwer bestimmbar.

22 Kortländer, Heine (Anm. 14), S. 293.
23 Höhn 3/2004, S. 425.

Transkulturelle Vermittlung im musikalischen Feld am Beispiel der Schumann-Rezeption in Frankreich (1834-1914)

Damien Ehrhardt

1. Zur transkulturellen Vermittlung im kulturellen Feld

Der Begriff der »Schlichtung« fasst Verfahren zusammen, bei denen ein neutraler Dritter auf eine Konfliktregulierung Einfluss nimmt. Transkulturelle Vermittlung – als Vermittlung von Fachwissen über Kultur- bzw. Sprachgrenzen hinaus – erscheint dagegen nicht unbedingt als Konfliktregulierung, bei der der Mittler eine neutrale Position einnimmt. Insofern lässt sich transkulturelle Vermittlung vom Verfahren der Schlichtung unterscheiden.[1]

Es bleibt eine Herausforderung, den auf Interkulturalität angelegten Begriff der »Vermittlung« mit Pierre Bourdieus Feldtheorie in Beziehung zu bringen. Bourdieus Feldbegriff stellt ein Milieu dar, in dem soziale Kräfte wirken, die sich als psychologische Motivationen begreifen lassen.[2] Bourdieu analysiert in seinem kultursoziologischen Hauptwerk »Les règles de l'art«[3] die Position des kulturellen Feldes innerhalb des »Feldes der Macht«. Letzteres bildet einen Teilbereich des »sozialen Raums«, der in »Les règles de l'art« auf nationaler Ebene bestimmt ist. Nach Bourdieu differenziert sich im Frankreich des 19. Jahrhunderts ein kulturelles Feld mit einem heteronomen und einem autonomen Pol aus: Dem marktorientierten »Unterfeld der Großproduktion« wird das auf kollegiale Anerkennung zielende »Unterfeld der eingeschränkten Produktion« gegenübergestellt.

2. Paris-Leipzig. Ein ›transnationales‹ musikalisches Feld der 1830er Jahre

2.1. Spezifität des musikalischen Feldes

Befassen sich »Les règles de l'art« vorwiegend mit dem literarischen Feld (eines Sonderfalls des kulturellen Feldes), so behandelt Bourdieu in seinem Gesamtwerk eine Vielfalt anderer Felder wie das »Feld des Sozialen«, das »Feld der Medien«, das »Feld der Ökonomie«, das »Feld der Politik« usw. Demnach erscheint es sinn-

---

1 Vermittlung und Interkulturalität bieten zukunftsweisende Forschungsgebiete, mit denen sich das Humboldt-Kolleg »Mediationen und Interkulturelle Beziehungen im europäischen Raum« (Paris, Deutsche Botschaft, Deutsches Historisches Institut und Sorbonne, 2.-4. November 2006) auseinandergesetzt hat.

2 Zum Boudieuschen Feldbegriff vgl. Hans-Peter Müller: Action et structure. La praxéologie de Pierre Bourdieu. In: Hans-Peter Müller u. Yves Sintomer (Hrsg.): Pierre Bourdieu. Théorie et Pratique. Perspectives franco-allemandes. Paris 2006, S. 59-62.

3 Pierre Bourdieu: Les règles de l'art. Paris [2]1998, S. 207.

voll, den Begriff des »musikalischen Feldes« einzuführen.[4] Allerdings hat Antoine Hennion auf die Spezifität der musikalischen Produktion hingewiesen, die sich nicht immer anhand Bourdieus Feldtheorie untersuchen lässt.[5] Auch sollte der Begriff des »musikalischen Feldes« nicht in die Sphäre des kulturellen Feldes eingeschlossen werden.

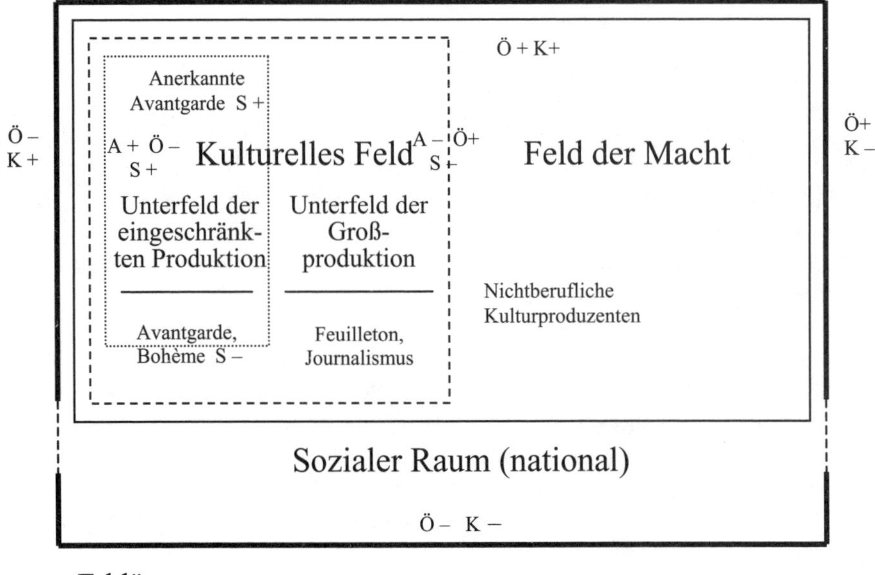

Erklärung

▬	Sozialer Raum	Ö	Ökonomisches Kapital
——	Feld der Macht	K	Kulturelles Kapital
----	Kulturelles Feld	S	Symbolisches Kapital
....	Unterfeld der eingeschränkten Produktion	A+	Hoher Grad der Autonomie
		A -	Tiefer Grad der Autonomie

Das kulturelle Feld im Feld der Macht und im sozialen Raum laut Bourdieu, »Les règles de l'art«, Paris [2]1998, S. 207 (dem Original nachgesetzt)

4 Als er die Etablierung des Forums der »Neuen Zeitschrift für Musik« erwähnt, verwendet Osamu Tomori den Begriff des musikalischen Feldes als künstlerisches Macht- und Kräftefeld – Osamu Tomori: Robert Schumann, rédacteur de la »Neue Zeitschrift für Musik«. Création d'un forum, conquête du champ musical. In: Cahiers F. Schubert (1997), H. 11 (Oktober), S. 34-54. Johannes Ullmaier bietet eine weitere Applikation von Bourdieus Feldtheorie auf die Geschichte der Popkultur bzw. -musik – Johannes Ullmaier: Felder eingeschränkter Produktion im Pop – eine Skizze zum Applikationspotential einer Kategorie von Pierre Bourdieu. In: Gereon Blaseio/Hedwig Pompe/Jens Ruchatz (Hrsg.): Popularisierung und Popularität. Köln 2005, S. 217-242.

Kann man in Folge dessen Bourdieus Unterteilung des kulturellen Feldes auf die Situation der musikalischen Szene des 19. Jahrhunderts übertragen? Nimmt man eine derartige Übertragung vor, so würde das »Unterfeld der Großproduktion« der Welt der Grand Opera und des Virtuosentums entsprechen, das »Unterfeld der eingeschränkten Produktion« dagegen die Sphäre der ›ernsten‹ Musik einschließen, die sich in der Beethoven-Tradition wieder fand. Diese Unterteilung ist jedoch nicht überzeugend, da z.B. Rebecca Grotjahn auf die Marktorientierung der Sinfonie im deutschen Kulturgebiet in der Zeit zwischen 1850 und 1875 hingewiesen hat.[6] Die Ausdifferenzierung des kulturellen Feldes in zwei Unterfelder wurde in »Les règles de l'art« aus einem bestimmten sozialen und historischen Kontext her abgeleitet. Es erscheint sinnvoll, die Felder von Fall zu Fall neu zu bestimmen.

2.2. »Unterfeld der Beethoven-Aneignung« im 19. Jahrhundert

Bezüglich der Musik im 19. Jahrhundert lässt sich in Frankreich und in Deutschland von der Ausprägung eines »Unterfeldes der Beethoven-Aneignung« sprechen.[7] In beiden Kulturräumen identifizierte man sich beständig mit diesem Komponisten, auch wenn ganz unterschiedliche Beethoven-Bilder existieren.[8] Meines Erachtens sollte man dieses Unterfeld dem »Unterfeld der Großproduktion« nicht einfach gegenüberstellen. Vielmehr handelt es sich um ein »minoritäres« Unterfeld, das im 19. Jahrhundert seine Position konsistent aufrechterhält. Das Adjektiv »minoritär« deutet auf die geringe Anzahl der Akteure und auf die positiv bewertete, zu einer höheren Autonomie strebende Distinktivität hin.

Mit dem Ziel, die Poesie solle der Kunst wieder zu Ehren kommen (Kreisig I, 1), engagierte sich Schumann gegen die Oberflächlichkeit der Großproduktion. Mit diesem Handeln wollte der Komponist die Musik von jenem befreien, was nicht den Prämissen der »neuen poetischen Zeit« entsprach. Dieser Willen zur Autonomie vor allem gegenüber dem »Feld der Ökonomie« steht der von Bourdieu in der französischen Literatur festgestellten Autonomisierung des Feldes sehr nahe. Von einer »verkehrten ökonomischen Welt« im Sinne von Bourdieu[9] kann jedoch nicht die Rede sein: finanzielles Interesse spielt weiterhin eine nicht unbedeutende Rolle,

5 Antoine Hennion: La Passion musicale. Une sociologie de la médiation. Paris 1993.

6 Rebecca Grotjahn: Die Sinfonie im deutschen Kulturgebiet 1850 bis 1875. Sinzig 1998.

7 Man könnte auch von einem »Unterfeld der Ernsten Musik« sprechen, wäre die Verwendung des Begriffs der »Ernsten Musik« nicht problematisch. In einem früheren Referat (Damien Ehrhardt: National Schools, Transcultural Mediation and Musical Field in the 19th Century. The Example of the Neudeutsche Schule and the Société Nationale de Musique), das ich während eines Kongresses über nationale Violinschulen (»Narodowe szkoły skrzypcowe w XIX wieku. Techniki gry, wykonawstwo, problemy źródeł i zagadnienia edytorskie«. Poznań, 10.-12. März 2005) gehalten habe, bezog ich mich noch auf den Begriff: »subfield of serious music«.

8 Vgl. hierzu das Referat von Beate A. Kraus: Beethoven en France. Un compositeur allemand? im Rahmen des Humboldt-Kollegs »France-Allemagne. Transferts croisés. Enjeux d'hégémonie culturelle au XIXe siècle«. Paris, Deutsches Forum für Kunstgeschichte, 5. März 2005.

9 »Un monde économique à l'envers«. Bourdieu, règles (Anm. 3), S. 139.

man denke an die Konzert-Reisen Liszts, aber auch an die Veröffentlichung vieler französischer Erstdrucke Schumanns.

2.3. Ästhetische Annäherungen im französischen und im deutschen »Unterfeld der Beethoven-Aneignung«

Über den informellen Austausch hinweg findet eine ästhetische Annäherung von verschiedenen Mitarbeitern der »Neuen Zeitschrift für Musik« und der »Revue et Gazette musicale de Paris« (Berlioz, Liszt und Schumann) statt. Die Programmsinfonie Berlioz', die Ideen Liszts, die zur Prägung der Symphonischen Dichtung geführt haben, und die neue poetische Zeit Schumanns zeugen von einer Poetisierung und Dramatisierung der Instrumentalmusik. In seinen Rezensionen »Ein Werk II« (1831) und »Sinfonie von Hector Berlioz« (1835) erkannte Schumann seine Vision einer »poetischen Musik« jeweils in Werken von Chopin und Berlioz.[10] Schumann erscheint hier als Mittler zwischen den Kulturen, indem er sich für die Rezeption beider Komponisten in Deutschland engagierte. Zwei Jahre nach Schumanns Rezension der »Symphonie fantastique« sah Liszt – als weitere Mittlerfigur – seine Idee der *musique poétique* in drei Werken Schumanns verwirklicht, nämlich in den »Impromptus« op. 5, in der »Sonate« op. 11 und im »Concert sans orchestre« op. 14. Laut Detlef Altenburg entdeckte »Liszt Schumanns Œuvre als Ausdruck eines neuen Ideals fortschrittlicher Künstler, die nicht am Beifall der Masse, sondern am Geschmack der petit nombre orientiert« waren.[11] Nicht die Masse der Großproduktion ist hier gewünscht, sondern der symbolische Ausdruck einer autonomen, »elitären« Avantgarde.

2.4. Publizistik als Basis der deutsch-französischen Vermittlung

Ferner war man sich in Leipzig und in Paris darüber im Klaren, dass die Ausprägung einer zukunftsweisenden Schule der Musik (insbesondere der Instru-mentalmusik) ohne die gezielte Einsetzung der musikalischen Publizistik nicht geschehen konnte. Wenn man – wie Schumann und Liszt – selbst zur Redaktion einer Zeitschrift gehört, kommt diese nicht mehr als externe Größe ins Spiel, was ein hohes Maß an »rhetorischer Handlungsmächtigkeit« im Sinne von Joachim Knape ermöglicht.[12] Auch Schlesinger wusste mit der Publizistik umzugehen, als er seine eigene Zeitschrift als Werbeträger für seinen Verlag nutzte.[13]

10 »Ein Werk II« [1831] und »Sinfonie von Hector Berlioz« [1835]. In: Kreisig I, 5-7 u. 69-90.

11 Detlef Altenburg: Robert Schumann und Franz Liszt. Die Idee der poetischen Musik m Spannungsfeld von deutscher und französischer Musikanschauung. In: Ute Bär (Hg.),: Robert Schumann und die französische Romantik. Mainz 1997, S. 130.

12 Joachim Knape: Was ist Rhetorik? Stuttgart 2000, S. 95.

13 Anik Devriès-Lesure: Un siècle d'implantation allemande en France dans l'édition musicale (1760-1860). In: Hans Erich Bödeker/Patrice Veit/Michael Werner (Hrsg.): Le concert et son public. Mutations de la vie musicale en Europe de 1780 à 1914 (France, Allemagne, Angleterre). Paris 2002, S. 25-45.

Diese »rhetorische Handlungsmächtigkeit« wurde ferner durch transnationale Zusammenarbeit erhöht. Schlesinger als Verleger und Chefredakteur der »Revue et Gazette musicale de Paris« setzte sich für die Förderung des Schumannschen Œuvres ein, indem er den »Carnaval« und die »Kinderszenen« veröffentlichte. Der »Carnaval« erschien sogar in einer verkürzten Form als Beilage der »Revue et Gazette musicale de Paris«.[14] Ein Zeichen der intensiven Zusammenarbeit ist die Ernennung Schumanns ab dem 15. Dezember 1839 zum Redakteur der »Revue et Gazette musicale de Paris«; ein weiteres Zeichen der Anerkennung Schumanns als Kritiker ist die Tatsache, dass »La France musicale« – die eigentliche Konkurrenz der »Revue et Gazette musicale de Paris« – ihn zwischen 1840 und 1843 als ihren Mitarbeiter auflistete.[15]

2.5. ›Transnationales‹ musikalisches Feld

Die interkulturelle Kommunikation, die sowohl bei der Internationalisierung des Virtuosentums und der *Grand Opéra* als auch bei der deutsch-französischen Vermittlung im »Unterfeld der Beethoven-Aneignung« ans Licht kommt, steht unter den Bedingungen eines ›transnationalen‹ musikalischen Feldes. Statt bei den Stereotypen der gegenseitigen Beurteilung stehen zu bleiben, wie etwa der von Madame de Staël verbreiteten Vorstellung eines Deutschlands der Dichter und Denker, konstituiert sich dieses ›transnationale‹ Feld im Dialog zwischen einzelnen Beiträgen, bei denen es vor allem um zukunftsweisende Ideale der Musik geht. Dieses deutsch-französische Feld nähert sich dem ›transnationalen‹ kulturellen Feld, das von Patricia Oster-Stierle im Rahmen des XXIX. Romanistentags 2005 in Saarbrücken geprägt wurde.

2.6. Methodologischer Ausblick

Den Begriffen, die Bourdieu in »Les règles de l'art« verwendet, sollte meines Erachtens keine universelle Geltung beigemessen werden: In verschiedenen Situationen sind sie zutreffend, in anderen indessen nicht anwendbar. Die Darstellung des kulturellen Feldes und die dabei verwendeten Begriffe sollten von Fall zu Fall diskutiert werden. Ist die Ausdifferenzierung des kulturellen Feldes in ein »Unterfeld der Großproduktion« und ein »Unterfeld der eingeschränkten Produktion« sinnvoll für die Untersuchung des literarischen Feldes in Frankreich am Ende des 19. Jahrhunderts, so erwies sich die Bestimmung eines ›minoritären‹ »Unterfeldes der Beethoven-Aneignung« innerhalb des musikalischen Feldes als geeigneter für die Erforschung der Musikszene im 19. Jahrhundert.

Bei der Anwendung der Bourdieuschen Begriffe auf die Situation des musikalischen Feldes in Deutschland in der ersten Hälfte des 19. Jahrhunderts kommt es zu weiteren Änderungen in der Begriffsbestimmung. Dies ist der Fall bei der poli-

---

14 Vgl. Damien Ehrhardt: Der französische und der deutsche Erstdruck von Robert Schumanns »Carnaval« op. 9. In: Bär (Hrsg.), Romantik (Anm. 11), S. 205-217.

15 Petra Schostak: Der Kritiker Robert Schumann aus französischer Sicht. In: Bär, Romantik (Anm. 11), S. 188.

tischen Prägung des Feldes der Macht. Obwohl Schumann in einer seiner Schriften eine politische Position einnahm,[16] spielte die Politik bei dem Streben nach einer poetischen Musik während der Schumann-Zeit eine geringere Rolle als bei der Autonomisierung des literarischen Feldes in Frankreich in der zweiten Hälfte des 19. Jahrhunderts.

Würde man das Musikleben in einer anderen Epoche bzw. in einem anderen Kulturraum behandeln, so könnte man noch andere Möglichkeiten offen legen, die zur Erstellung einer neuen (musikalischen) Feldtheorie beitragen würden. Diese Methodologie verbindet zwei Vorgehensweisen: Einerseits den Aufbau von Spannungsfeldern als Erklärungsmodelle bestimmter Situationen, andererseits die Bourdieusche Feldtheorie, jedoch ohne ihren universellen Anspruch. Diese neue Methodologie, die primär auf dem historischen und kulturellen Kontext basiert, nimmt auch die Spezifität der fachbezogenen Felder (z.B. das »musikalische Feld«) sowie die Internationalisierung des Feldes in Kauf.

Nachdem die Ausbildung des transnationalen »Unterfelds der Beethoven-Aneignung« nach einer neuen Methodologie untersucht wurde, sollen nun die Schwankungen der deutsch-französischen Vermittlung innerhalb dieses Unterfeldes während der Zeitspanne 1834-1914 am Beispiel der Schumann-Rezeption in Frankreich behandelt werden.

3. Schwankungen der deutsch-französischen Vermittlung innerhalb des »Unterfelds der Beethoven-Aneignung« am Beispiel der Schumann-Rezeption in Frankreich (1834-1914)

3.1. Schumanns Positionierung als Kritiker und Klavierkomponist während der Phase intensiven Austauschs 1830-1848

Die transkulturelle Vermittlung ändert sich von einer Epoche zur anderen. Es gibt Phasen intensiven Austauschs, denen man Latenzphasen gegenüberstellen kann. Dies ist der Fall bei den Wechselbeziehungen zwischen der französischen und der deutschen Kultur- bzw. Musikszene im 19. Jahrhundert. Nach den Napoleonischen Kriegen steht die Vermittlung zwischen beiden Kulturräumen besonders im Mittelpunkt. Die Verbreitung der Schriften Madame de Staëls und die Umsiedlung nach Paris von vielen Intellektuellen, aber auch Künstlern aus dem deutschsprachigen Kulturraum – die oftmals wichtige Mittlerfiguren waren – zeugen von einem starken Willen zur Vermittlung. Die Wechselbeziehungen zwischen den Netzwerken der »Revue et Gazette musicale de Paris« und der »Neuen Zeitschrift für Musik« wurden schon hervorgehoben. Die Schumann-Rezeption in Frankreich hing während dieser Zeit eng mit den Aktivitäten des Komponisten als Kritiker zusammen. Nichtsdestoweniger sprach Schumanns poetische Klaviermusik Künstler und Kritiker wie Liszt oder Kastner im Umkreis der »Revue et Gazette musicale de Paris« besonders an. Dass Schlesinger – der Chefredakteur dieser Zeitschrift – zwei fran-

16 Vgl. hierzu Tomori, rédacteur (Anm. 4), S. 44 u. S. 52, Anm. 56.

zösische Erstdrucke des Komponisten herausgab, ist kaum verwunderlich. Neben Schlesinger erschienen auch Werke bei Simon Richault, der sich damals auf die Verbreitung der deutschen Instrumentalmusik in Frankreich spezialisierte. Offenbar wandten beide Verleger in den 1830er Jahren die gleiche Strategie an, die Werke Schumanns zu veröffentlichen, die den in Frankreich seiner zeit beliebten Gattungen angehörten: Variationszyklen (op. 5 und 13), Etüden (op. 10), leichte Stücke (op. 15, 18 und 19). Die überwiegende Anzahl der großen Zyklen (op. 6, 12 und 16) und die Klaviersonaten op. 11, 14 und 22) erschienen erst zu einem späteren Zeitpunkt.[17] Über diese Editionen hinaus kann noch die erste 1840 in der »Revue et Gazette musicale de Paris« erschienene Schumann-Biografie in französischer Sprache von Georges Kastner erwähnt werden.[18] Obwohl Schumann als Kritiker und Klavierkomponist von der Pariser Avantgarde anerkannt wurde, blieb sein Werk einem breiten Publikum unbekannt.

In den 1840er Jahren lagen Schumanns Interessen nicht mehr auf dem Gebiet der Klaviermusik. Seine neueren Kompositionen schätzte man anscheinend weniger. In Deutschland gelang mit dem Oratorium »Das Paradis und die Peri« beim Publikum und bei den Kritikern der schon seit langem erwartete Durchbruch.[19] Weniger vorteilhaft ist allerdings die in der »Revue et Gazette musicale de Paris« am 4. Februar 1844 veröffentlichte Kritik dieses Werkes: »On s'est demandé si c'était de la musique ou un charivari qu'il voulait donner au public«.[20] Dies sollte auch erklären, warum es keine neuen französischen Erstdrucke Schumannscher Werke in den Jahren 1840-1846 gab.

3.2. Schumanns geschwächte Position im Milieu der Musikkritik während der Latenzphase 1848-1861

1848 ging Liszt nach Weimar, wo er sich für die Zukunftsmusik einsetzte. Wegen der Spaltung des »Unterfeldes der Beethoven-Aneignung« in Deutschland durch den Parteienstreit um die Ästhetik der Instrumentalmusik verringerte sich die Vermittlung zwischen der deutschen und der französischen Musikszene. Nachdem Schumann 1844 die Redaktion der »Neuen Zeitschrift für Musik« und 1846 auch die Kooperation mit der »Revue et Gazette musicale de Paris« aufgegeben hatte, war seine Position im Milieu der Musikkritik geschwächt. Somit ließ sich das Vorurteil leichter verbreiten, sein Spätwerk stehe in Verbindung mit seinen gesundheitlichen Krisen, die 1854 zur Einlieferung in Endenich führen sollten. Obwohl die Jahre 1848-1861 insgesamt eine Latenzphase für die deutsch-französische Vermittlung darstellen und Schumanns Position in Frankreich geschwächt war, erscheinen wieder regelmäßig Erstdrucke bei Richault. Zu Lebzeiten des Komponisten waren es vor allem Werke der Kammermusik (überwiegend mit Streicherbe-

---

17 Ehrhardt, Erstdruck (Anm. 14), S. 206.

18 Georges Kastner: Biographie. Robert Schumann. In: Revue et Gazette musicale de Paris (1840), H. 41 (21. Juni), S. 347.

19 Margit L. McCorkle: Robert Schumann. Thematisch-Bibliographisches Werkverzeichnis, München 2003, S. 23*.

20 Revue et Gazette musicale de Paris (1844), H. 5 (4. Februar), S. 39.

setzung).[21] Das sollte im Hinblick auf die damalige Entfaltung von Konzertgesellschaften keineswegs ungewöhnlich sein. In den Jahren 1848-1853 findet ferner der Briefwechsel zwischen Schumann und Jean Joseph Bonaventure Laurens statt, der mehrfach den Meister während seines Aufenthaltes in Deutschland 1853 portraitierte.

3.3. Schumann und die Aneignung der deutschen Instrumentalmusik während der Phase intensiven Austauschs 1861–1905

In den 1860er Jahren intensivierte sich erneut die Vermittlung bis zum Höhepunkt der Periode 1871-1905. Nach 1863 gelangten viele deutsche Ausgaben auf den französischen Notenmarkt auf. Dies ist u.a. durch die Senkung der Zollkosten, die durch Napoleon III. verordnet wurde, und die geringen Preise dieser Editionen zu erklären. Ferner erwies sich die »Société nationale de Musique« nach dem Krieg 1870 als Katalysator der Pflege einer französischen Instrumentalmusik, die schon in den 1860er Jahren im Vordergrund stand. Allmählich lehnte sich das französische »Unterfeld der Beethoven-Aneignung« gegen das frivole Bild der französischen Operetten des *Second Empire* auf. Dies führte zur Aneignung der deutschen Instrumentalkunst, die nach dem Krieg nicht abgebrochen, sondern sogar intensiviert wurde. Diese Aneignung steht unter den Bedingungen eines ›transnationalen‹ kulturellen Feldes. Gerade in dieser von Konflikten geprägten Periode, in der es oftmals zu einer »feindlichen Vermittlung«[22] kommt, entstand bei einigen Komponisten das gemeinsame Bewusstsein einer europäischen Musik. Auf der einen Seite waren die Deutschland-Aufenthalte von Komponisten wie Saint-Saëns oder d'Indy prägend für die Herausbildung einer neuen französischen Schule. Auf der anderen Seite beobachtete man in Deutschland mit großem Interesse den gewaltigen Aufschwung der französischen Instrumentalmusik. Heinrich von Ende, der Korrespondent des »Musikalischen Wochenblatts« in Paris, gab nach Kriegsende bekannt, seine Berichte sollten beide Nachbarvölker wieder einander annähern.

Während dieser Phase kam auch Schwung in die Schumann-Rezeption in Frankreich. 1860 schrieb Jean Joseph Bonaventure Laurens: »En France, on commence à connaître, à discuter Schumann, et à se passionner pour ou contre lui«.[23] Die negativen Kritiken bezogen sich sehr oft auf das Vorurteil, das Spätwerk stehe in Verbindung mit der Einlieferung in Endenich.[24] Allerdings widmeten sich verschiedene

21 Vgl. Ehrhardt, Erstdruck (Anm. 14), S. 212-217; »Gesamtübersicht der französischen Erstdrucke Schumannscher Werke (1834-1870)«.

22 Der Begriff *médiation hostile* stammt von Alexandre Kostka und Françoise Lucbert (Pour une théorie de la médiation. Réflexions sur les médiateurs artistiques entre la France et l'Allemagne. In: Distanz und Aneignung. Relations artistiques entre la France et l'Allemagne / Kunstbeziehungen zwischen Deutschland und Frankreich 1870-1945. Berlin 2004, S. 15).

23 Le Magasin pittoresque (1860), S. 139f.

24 Vgl. Damien Ehrhardt: Die Schumann-Rezeption im Frankreich des 19. Jahrhunderts im Lichte der französischen Erstdrucke. In: Rebecca Grotjahn u. Christin Heitmann (Hrsg.): Louis Farrenc und die Klassik-Rezeption in Frankreich. Oldenburg 2006, S. 111.

Quartettgesellschaften seiner Musik, darunter die »Société de quatuor Armingaud et Jacquard« und die »Société Schumann«,[25] so dass kurz vor dem Krieg 1870 die Weichen für den Durchbruch des Schumannschen Œuvre gestellt waren. Eine Schumann-Verehrung begann erst zur Zeit des *Wagnérisme*. Da Wagner sich primär auf dem Gebiet des Musikdramas durchsetzte, fand keine Gegenüberstellung der beiden Komponisten und ihrer Musik statt. Folglich konnten im französischsprachigen Kulturraum Schumann-Verehrung und *Wagnérisme* konkurrenzlos nebeneinander bestehen.

3.4. Schumann als Vorläufer Faurés während der Latenzphase 1905-1914

Die Situation nach dem I. Weltkrieg, die durch die Konfrontation zweier an einen Diskurs der Differenz gebundenen kulturellen Felder gekennzeichnet sein sollte, ist bereits in den Vorkriegsjahren zu spüren. Darüber hinaus fixierte sich Frankreich auf den Parteienstreit zwischen den »Scholistes«, den Anhängern der *Schola Cantorum*, und den unabhängigen Komponisten. Dieser Parteienstreit stellte dem »Unterfeld der Beethoven-Aneignung« eine neue Avantgarde um Debussy gegenüber, die sich von der deutschen Musik entfernte und durch die Wiederentdeckung früherer Musiktraditionen und die Auseinandersetzung mit anderen Kulturen geprägt war. Trotz dieser Entfernung tauchte die Figur eines »französischen Schumanns« auf, den man als Vorläufer Faurés in der intimen Sphäre des Liedes und der Klaviermusik würdigte. Noch heute gilt der so genannte »Style Schumann« in französischen Ausbildungsstätten als Inbegriff für »romantische Harmonik« auf dem Wege von Mozart zu Fauré.

4. Zusammenfassung

Ein besonders Phänomen in der Musikszene der ersten Hälfte des 19. Jahrhunderts ist die Herausbildung eines ›transnationalen‹ musikalischen Feldes mit einem »Unterfeld der Beethoven-Aneignung« deutsch-französischer Prägung. Innerhalb dieses Feldes spielte sich die transkulturelle Vermittlung auf unterschiedliche Weise ab: Die Jahre 1834-1848 und 1861-1905 waren durch einen intensiven Austausch gekennzeichnet; die Jahre 1848-1861 und 1905-1914 bildeten indessen Latenzphasen. Mit Ausnahme der Jahre 1905-1914 ging insgesamt die Schumann-Rezeption in Frankreich mit den Schwankungen der Vermittlungsintensität einher. Auch waren die Wechselbeziehungen zwischen der »Neuen Zeitschrift für Musik« und der »Revue et Gazette musicale de Paris« in den 1830er Jahren, sowie die Aneignung von Robert Schumanns Kunst durch Frankreich ab den 1860er Jahren für die Förderung des Komponisten im Nachbarland maßgebend.

---

25 Zur »Société Schumann«, vgl. ebd., S. 111f.

Orte und Strategien der Kulturvermittlung

Oder: Clara Schumann als »konzertierende Vermittlerin« deutscher Instrumentalmusik in Paris

Beatrix Borchard

Clara Wieck/Clara Schumann (1819-1896), die wohl berühmteste Musikerin ihrer Zeit, ist im Laufe ihrer über 60 Jahre andauernden Karriere als Pianistin selten in Paris aufgetreten, denn der Schwerpunkt ihrer Auslandsreisen lag auf England. Aber sie ist in unterschiedlichen Phasen ihrer Karriere in die französische Hauptstadt gereist: Die ersten beiden Parisreisen 1832 und 1839 fallen in ihre sogenannten Virtuosenjahre, gemeint sind die Jahre zwischen 1828 und 1840, also die Zeit von ihrem Debüt im Leipziger Gewandhaus bis zu ihrer Verheiratung mit Robert Schumann. Während ihrer Ehe trat sie nicht in Paris auf und nach Schumanns Tod 1856 nur noch zweimal, und zwar 1862 und ganz kurz auch 1863, obwohl in den über 30 Jahren nach dem Tode ihres Mannes bis zu ihrer letzten Englandreise im Jahre 1888 Konzertreisen die Basis ihrer künstlerischen Arbeit und ihrer Erwerbstätigkeit bildeten. Dreimal Paris, dreimal ein anderes Paris und eine andere Clara Wieck/Clara Schumann.

Die Quellen, auf die ich mich stütze, sind zwar weitgehend bekannt und die Parisreisen – zumindest was die Daten ihrer Auftritte und ihre Programme betrifft – vergleichsweise gut aufgearbeitet,[1] aber sie sind bisher nicht im Hinblick auf die Unterschiede zwischen deutscher und französischer Musikkultur und auf interkulturelle Wahrnehmungsfragen gelesen worden.[2] Ausgangspunkt meiner Überlegungen ist – um einen Begriff von Roland Barthes aufzugreifen – das Bedeutungselement »deutsch« innerhalb des »Bedeutungssystems« Schumann, zu dem Clara Wieck/ Clara Schumann untrennbar dazugehört.[3] Bezogen auf ihre drei Parisreisen frage ich also, als wer trat sie jeweils auf? Was tat sie, um spielen zu können? Wo spielte sie? Was spielte sie? Wer unterstützte sie? Welche Rolle spielte ihr Geschlecht? Wie reflektierte sie ihre Erfahrungen? Ausgehend von diesen Fragen soll der »Fall« Clara Wieck/Clara Schumann zum einen als Beispiel für und zugleich gegen die These einer durchgehenden Nationalisierung des Musikdiskurses um die Mitte des 19. Jahrhunderts dienen.

---

1 Vgl. Désirée Wittkowski, »In Paris hast Du doppelte Mühe in Allem...«. Clara Wiecks-Schumanns Parisreisen, in: Clara Schumann 1819-1896. Katalog Stadtmuseum Bonn. Hrsg. v. Ingrid Bodsch u. Gerd Nauhaus. Bonn 1996, S. 137-169.

2 Einen ersten Schritt in diese Richtung unternahm die Autorin selbst in ihrem Aufsatz »Kurz, alles ist anders« – Clara Schumann in Paris. In: Louise Farrenc und die Klassik Rezeption in Frankreich. Hrsg. v. Rebecca Grotjahn u. Christin Heitmann. Oldenburg 2006 [= Schriftenreihe des Sophie Drinker Instituts 2], S. 115-134.

3 Vgl. Beatrix Borchard: Von Robert zu Clara Schumann und zurück? In: Schumann-Studien 9. Hrsg. v. Ute Bär u. Gerd Nauhaus. Sinzig 2007 (Druck in Vorbereitung).

Clara Wieck als Verkörperung deutscher Instrumentalmusik

Spätestens nach Schumanns Tod war der Name Schumann mehr als ein Name und stand nicht nur für eine historische Person und ein kompositorisches und musikschriftstellerisches Werk sondern für etwas, was der französische Strukturalist Roland Barthes bezogen auf Beethoven eine »Bio-Mythologie«[4] genannt hat. Deren Elemente bilden laut Barthes ein »Bedeutungssystem«, welches aus einem Künstler einen Helden schafft, »versehen mit einer Legende (ein gutes Dutzend Anekdoten), und einem schicksalhaften Leiden.« Ich würde allerdings im Folgenden lieber von einem »Bedeutungskomplex Schumann« sprechen, denn die einzelnen Bedeutungsmerkmale bilden kein System im engeren Sinne. In wechselnden Zeit werden einige Elemente stärker als andere herausgegriffen, betont, auch funktionalisiert, je nachdem was gerade in den Zeithorizont passt, demnach »plausibel« erscheint.[5] Träger dieser Elemente sind nicht nur wissenschaftliche und populäre Veröffentlichungen, sondern gleichermaßen Gipsköpfe und Denkmäler, Filme und vor allem auch klingende Interpretationen.

Zentral für den »Bedeutungskomplex Schumann« ist es, dass – wie bereits erwähnt – der Name Schumann nicht nur für einen Komponisten und ein Werk steht, sondern für ein Paar, Clara und Robert Schumann, und für eine Konstellation, nämlich für die Konstellation zwischen (männlichem) Komponisten und (weiblicher) Interpretin. Zum Kern des »Bedeutungskomplex Schumann« gehört auch die Idee einer Künstlerehe, als eine nicht auf Konkurrenz sondern auf Ergänzung von Fähigkeiten angelegte Konstellation zwischen zwei Musikern, die gemeinsam für die deutsche Kunst streiten. Eine Szene aus dem 1947 in den USA gedrehten Film »The Song of Love« sei aus dem reichen Fundus von nationalen Zuschreibungen, die sich auf das Schumannsche Paar richteten, herausgegriffen. Die Regie führte Clarence Brown. Die Protagonisten sind Clara und Robert Schumann, dargestellt von Kathleen Hepburn und Paul Henreid, durchgehende Nebenfiguren Franz Liszt und Johannes Brahms, Robert Walker und Leo G. Caroll.[6] Die Szene spielt in Weimar. In ihr

4 Vgl. Roland Barthes: Musica Practica. In: Was singt mir, der ich höre in meinem Körper das Lied. Berlin 1979, S. 40f. (frz. Original: Musica Practica. In: L'obvie et l'obtus. Essais critiques III. Paris 1982, S. 231-235, Erstveröffentlichung 1970 in der Zeitschrift »L'Arc«).

5 Erich Wolfgang Partsch spricht von der »Plausibilität« bestimmter Künstlerbilder, die je nach Zeitgeist unterschiedlich aussieht. Vgl. Erich Wolfgang Partsch: Zur Problematik von Künstlerbildern am Beispiel Schuberts und Bruckners. In: Uwe Harten u.a. (Hrsg.): Bruckner-Symposion Linz 1998. Künstler-Bilder. Bericht. Linz 2000, S. 93-102.

6 1950 wurde eine gekürzte Fassung des Filmes unter dem Titel »The Schumann Story« veröffentlicht, »sketching the artistic triumphs and emotional upheavals in the lives of composer Robert Schumann, his wife Clara Wieck Schumann, and their friend, composer Johannes Brahms. Robert Schumann suffers more than most artists for his art, in that he is a victim of clinical depression, in an age when it could neither be diagnosed nor treated. His wife and friend struggle to support him and his work«; vgl. http://www.imdb.com/title/tt0438971/plotsummary (letzter Zugriff: 01.05.2007).

bündeln sich m.E. bereits im 19. Jahrhundert entwickelte Elemente des »Bedeutungskomplex Schumann«.

Zunächst sehen wir Franz Liszt spielen, Clara Schumann sitzt zwischen ihrem Mann und Johannes Brahms. Liszt spielt seine Klaviertranskription des berühmten Widmungsliedes, das Eröffnungslied der Clara Schumann zur Hochzeit gewidmeten Liedersammlung »Myrthen« aus dem Jahre 1840. Während Liszt seine Version mit den dicht um ihn gedrängten weiblichen Zuhörern kokettierend spielt, flüstert Clara Schumann hinter vorgehaltenem Fächer ihrem Mann, der links von ihr sitzt, zu: »Eine Widmung an die Liebe? Eher eine Widmung an ein Feuerwerk.« Er bedeutet ihr zu schweigen und flüstert: »Es ist sehr interessant.« Sie verdreht die Augen, schaut abwechselnd zu Brahms, der rechts von ihr sitzt, hin, und zu ihrem Mann. Nachdem Liszt gespielt hat, applaudiert alles. Liszt eilt mit ausgestreckter Hand auf Schumann zu, der sich erhebt. Die beiden schütteln sich freundschaftlich die Hände. Im Gegenschnitt sieht man Karl Reinecke, Leiter des Leipziger Gewandhausorchesters und andere. Die Geliebte Liszts, eine Prinzessin Hohenfels tritt in eleganter Toilette hinzu und wedelt dem Dirigenten mit ihrem Fächer aus Straußen[?]federn ins Gesicht. Sie wird vorgestellt. Reinecke verbeugt sich, »Es ist mir eine Ehre«, und küsst ihr die Hand. Sie antwortet französisch »enchanté«. Gegenschnitt: Brahms zu Liszt: »Diese Technik, Herr Liszt, ich weiß nicht, was ich sagen soll.« Liszt: »Sagen Sie lieber nichts, es wäre ein Sakrileg in der Gegenwart einer Heiligen der Musik.« Clara Schumann, die sitzen geblieben ist, verneigt sich. Liszt zu Clara Schumann: »Es ist schon so lange her, dass ich Sie spielen hörte.« Und zu Robert gewandt: »Kann man sie nicht auf irgendeine Art überreden...« Clara Schumann unterbricht ihn, wartet die Erlaubnis ihres Mannes spielen zu dürfen nicht ab, sondern erhebt sich rasch und erwidert: »Ich tue es gerne, Franz. Ganz allein für Sie.« Sie geht zum Flügel, zieht die Handschuhe aus. Liszt stellt sich zuhörend ihr gegenüber, Brahms zu ihrer linken Seite. Schumann setzt sich auf einen Stuhl in Distanz zum Instrument. Clara Schumann: »Sie sind ein brillanter Künstler, Franz. Ich beneide Sie.« Sie beginnt die einleitenden Takte des Widmungsliedes in ihrer eigenen, sehr schlichten Transkription zu spielen. (Dass diese Bearbeitung von ihr selbst stammt, wird nicht thematisiert.) Dann spricht sie weiter, ihn beim Spielen anblickend: »Ich wünschte, ich hätte die Kraft, das Alltägliche in eine derart erstaunliche Erfahrung umzusetzen. Sie spielt »Du meine Seele, Du mein Herz« und spricht weiter: »Hin und wieder jedoch gibt es Augenblicke im Leben, die sich einer solchen Umsetzung zu widersetzen scheinen. Wissen Sie, was ich meine, Franz (Liszt blickt betroffen), die ganz kleinen Dinge, ihre Wunder und ihr Zauber (Brahms blickt berührt), zwei Herzen vielleicht, die zueinander sprechen. Die unbedeutenden Dinge.« Liszt schaut sich um und sieht, dass sich die Gräfin Hohenfels, seine Geliebte, in Begleitung von Reinecke nähert und hinsetzt, um zuzuhören. Clara Schumann spielt weiter, schaut ihn an und sagt: »Die Liebe, Franz, so wie sie ist, ohne Illusion, keine Stürme auf hoher See (Brahms blickt wie ertappt), kein Schmuck, kein Glanz, nicht das Rascheln von Seide, keine glitzernden Strumpfbänder, nur Liebe, ohne Zierat.« Liszt und Brahms wechseln Blicke.

Sie wissen, wer gemeint ist. Zu diesem Blickwechsel erklingt im Klavier melodisch »mein bessres Ich«. Clara Schumann spielt ihre Klaviertranskription des Liedes bis zum Ende, steht auf, ergreift ihren Fächer und sagt zu dem immer noch nachdenklich am Flügel lehnenden Liszt: »Oder wissen Sie doch, was ich meine«. Dann küsst sie ihn auf die Wange. Schumann fordert sie auf: »Ich bin hungrig Robert, begleite mich zum Essen. Kommen Sie Johannes?« Im Weggehen klopft sie Liszt, der immer noch erstarrt am Flügel lehnt, mit dem Fächer auf den Rücken und schreitet davon, begleitet von Schumann und Brahms. Die Prinzessin Hohenfels schnappt empört nach Luft: »Aber, aber Franz, Sie hat Sie beleidigt.« Liszt erwidert ruhig: »Sie hat noch viel schlimmeres als das getan, meine Liebe. Sie hat mich beschrieben. Meinen Sie nicht auch, Sie hat Recht, Herr Reinecke?« Die Prinzessin: »Und Sie lassen sich das alles gefallen?« Liszt: »Gehen Sie, meine Liebe, und beglücken Sie einen anderen.«

Die Szene endet also damit, dass Liszt beschämt ist, seiner adeligen Geliebten den Laufpass gibt und sich für die Aufführung von Schumanns Oper »Genoveva«, sprich für die wahre und deutsche Kunst einsetzt.

Clara Schumanns Spiel steht in diesem Film wie übrigens auch in dem deutschen Seitenstück zu diesem Film »Träumerei« aus dem Jahre 1943/1944[7] für Gefühl im Gegensatz zum Sentiment, für Innigkeit und Wahrhaftigkeit im Gegensatz zur lügenhaften Schauspielerei der sogenannten großen Auftritte, für die Welt des Bürgertums im Gegensatz zur Welt des Adels, für deutsche Musik im Gegensatz zur französischen. Unterschiedliche Liebeskonzepte werden also mit unterschiedlichen ästhetischen Positionen und unterschiedlichen sozialen Orten analog gesetzt: Erotik, freie Liebe sind mit Frankreich, selbstzweckhafter Virtuosität und dem »adeligen Salon« verknüpft, repräsentiert durch Franz Liszt. Ehelich gebundene Liebe, Familiengründung wird indes mit Deutschland, mit dem Verzicht auf alles Äußerliche, mit Einfachheit und Wahrheit und dem »bürgerlichen Haus« assoziiert, repräsentiert durch das Paar Clara und Robert Schumann. Brahms wird als Nachfolger Schumanns und Testamentvollstrecker in Sachen deutscher Kunst in Szene gesetzt.

Soweit die Antwort eines Filmes auf die Frage, was ist deutsch und was ist französisch aus der Sicht emigrierter Deutscher, die diesen Film zwei Jahre nach Kriegsende herausbrachten. Natürlich ist dieser Film kein Dokumentarfilm, aber in seinen z.B. auch von Michael Werner[8] angesprochenen Dichotomien gut erfunden, und zwar nicht frei, sondern auf der Basis von Quellen, wie z.B. Briefen, Tagebüchern, Schumanns Rezensionen über französische Musik usw. Er trifft m.E. das Selbstbild und das öffentliche Image von Clara Schumann als Botschafterin deutscher Musik, und zwar deutsch im doppelten Sinne einer nationalen Zugehörigkeit und eines universellen Geltungsanspruches. Vor dem Hintergrund des Diskurses der

7 Die Regie führte Harald Braun, Hauptdarsteller waren Hilde Krahl (Clara Schumann), Mathias Wieman (Robert Schumann), Friedrich Kayssler (Friedrich Wieck), Emil Lohkamp (Franz Liszt) und Ullrich Haupt (Johannes Brahms).

8 Vgl. den Aufsatz von Michael Werner im vorliegenden Band.

Differenz zwischen Deutschland und Frankreich gewinnt diese frei erfundene Szene ihre historische Plausibilität.

Orte und Strategien

Die erste Reise führte die zu diesem Zeitpunkt 12-jährige Clara Wieck an der Hand ihres Vaters nach Paris. Sie dauerte vom Februar bis zum April 1832. Von Clara Wieck selbst ist keine Äußerung überliefert, aber die Briefe ihres Vaters an seine zweite Frau Clementine Fechner sind eine Fundgrube für Fragen der Eigen- und Fremdwahrnehmung, so heißt es in seinem ersten Brief aus der französischen Hauptstadt vom 16. Februar 1832:

> Meine geliebte Frau,
>
> Wir sind also 120 Meilen von Dir in Paris. Gott, was habe ich ausgestanden, die schlechtesten Wege und die schlechtesten Diligencen in Frankreich. [...]
>
> Doch, meine Liebe, ich kann nur wenig schreiben, wie kostbar ist hier die Zeit. Unser Französisch hilft uns gar nichts, Unsere außerordentlichen Empfehlungen an Rothschild, an die Gesandten pp können wir gar nicht abgeben, bis wir französisch sprechen und verstehen können. ...
>
> [...] Wir werden 4 Wochen hier ganz unbekannt bleiben müssen, um nun erst uns einrichten zu können. An ein Auftreten ist gar nicht jetzt zu denken, und Clara hat nun so lange nicht geübt? Nun, Gott mag helfen. Morgen früh gehe ich zu Chopin – er wohnt in der Nähe, schon haben wir 1 Hut für mich gekauft, eben werden Visitenkarten gestochen, morgen früh kommen Schneider und Schuhmacher, um einen Franzosen aus mir zu machen – der leider aber nicht französisch sprechen kann. Wir können nichts allein kaufen, nicht aber mal allein essen, denn uns versteht man nicht, und wir verstehen nichts. – Gestern abend waren wir noch auf dem Boulevard und in einigen Bazars. Nun, die Beschreibung erlasse mir. Dazu habe ich wirklich keine Lust, so außerordentlich, als es ist. – Mich drückt es noch gar zu sehr: alles anders, man schläft anders, ißt, trinkt – kurz alles ist anders.[9]

Dieser Fortsetzungsbrief ist für die Haltung charakteristisch, mit der reisende Künstler, die aus dem deutschen Kulturraum kamen, den französischen Verhältnissen bzw. dem, was sie für »französische Verhältnisse« hielten, begegneten. Außerdem dokumentiert er die verschiedenen Akkulturationsschritte, die sie meinten, gehen zu müssen, um überhaupt wahrgenommen d.h. gehört zu werden. Der erste Schritt, um aus Vater und Tochter Franzosen zu machen: Man muss sich verkleiden; der zweite: Man lässt Visitenkarten stechen; dann der dritte: die Sprache lernen. Eigentlich hätte dies der erste Schritt sein müssen und war es auch ursprünglich in diesem Falle gewesen, aber ihre Sprech- und Verstehenskompetenzen reichten nicht aus, weil die Menschen, mit denen sie sich verständigen mussten und

---

9 Friedrich Wieck an Clementine Fechner. Brf. v. 16. und 17. Februar 1832. Zit. n. Friedrich Wieck: Briefe aus den Jahren 1830-1838. Eingel. u. hrsg. v. Käthe Walch-Schumann. Köln 1968 [= Beiträge zur rheinischen Musikgeschichte 74], S. 43-46.

wollten, einfach anders französisch sprachen, als man es in Leipzig geglaubt hatte. Wer nicht wirklich gut französisch spricht, dem nützen auch Empfehlungsschreiben und frisch gestochene Visitenkarten nichts. Also hieß es nun, sechs Stunden am Tag französisch lernen, um die notwendigen Besuche bei anderen Musikern und einflussreichen Persönlichkeiten machen zu können, polizeiliche Genehmigungen zu besorgen, geeignete Säle zu mieten, Klaviere für Proben und Aufführungen zu beschaffen, Plakate und Programme drucken zu lassen etc. Der notwendige Einsatz von Zeit und Geld war hoch. Die Konzertkarten mussten Vater und Tochter selbst verkaufen. Als Musiker galten sie in den Salons als Dienstleistende und nicht als den Mitgliedern und Besuchern des Salons ebenbürtig. Die Erfahrung des »alles ist anders« führte nicht zur kulturellen Verunsicherung, sondern zu einer Bestätigung, dass so wie man es kennt, alles besser ist.

Wieck weiter an seine Frau in dem bereits zitierten Brief:

> [I]ch habe keine Bequemlichkeit, nur das einzige, daß ich 50 Cigarren mit hereingebracht. Unterwegs darf man nicht rauchen, also nach 4 Tagen rauche ich heute zum ersten Male – aber bereits die 3te. Man raucht hier nicht, auch nicht in den Cafés – nur auf der Stube; aber wenn die Soirées für uns angehen, darf ich auch das nicht mehr, weil es die Damen an den Kleidern riechen würden, was eine Todsünde ist. [...] Ach! was frieren wir! Diese elenden Camines! und diese Kälte jetzt hier – es kann bei Euch nicht kälter sein. Und nun die Fußboden alle von Stein! – Alles ist hier auf das äußerste berechnet. Immer alles schmutzig und dreckig. Der Ekel ist aber längst schon von uns überwunden. Ein Pianoforte würde uns auch gar nichts helfen, denn in diesen Zimmern kann man keine warmen Finger bekommen, und Clara nun vollends nicht. [...]
>
> Den 17. Gestern abend hat Clara schon bei Madame Valentin und Madame Leo gespielt vor einer ziemlichen Gesellschaft. Mendelssohn war auch da und mehrere Deutsche. Clara war sehr naiv. Sie mußte gleich 2 Kleider haben, und 1 Hut haben wir schon gekauft. Du hättest sehen sollen, welchen Beifall man der Clara schenkte, davon haben wir Deutschen keinen Begriff. Auf den Sonntag sind wir dahin zu einer großen Soirée gebeten, und wir sollen uns 1 Instrument hinbringen lassen; das ist hier gebräuchlich und tut jeder Klavierspieler, Clara sagte aber: »Mes dames, c'est ne pas necessaire pour moi, on ne l'aime pas en Allemagne.« – Sie fängt an, gut zu sprechen, und bekommt schon den Pariser Accent. – Unsere übrigen Empfehlungen dürfen wir nun nicht mehr abgeben, weil sonst alle Abende besetzt werden würden und wir kein Theater Robert le Diable, La Blache, Rubini pp. hören könnten. Du solltest uns Kaffee trinken sehen, aus ungeheuern Tassen, mit Butterbrot! und sehen, wie alles anders ist als zu Hause. Die Soirées gehen 10 Uhr an und endigen 1 Uhr des nachts. Abends 5 Uhr essen wir Mittag. Nun jetzt kommt die Näherin, die Wäscherin, pp. Gott! Du solltest dieses Leben hier sehen. Ce n'est pas dire!
>
> Gestern waren wir bei Kalkbrenner, Herz pp. [...] – Man lacht uns aus, wenn wir sagen, in 2 Monaten wieder fortgehen zu wollen. Ein Künstler könne hier unter 6 Monaten nicht wieder fort.
>
> Paris kennenzulernen ist gar nicht möglich in unserer Lage, wenn Clara bekannt werden soll. Es ist heute wieder sehr kalt und wir frieren zum Verzweifeln. Welcher äußere Glanz hier herrscht – ist unbeschreiblich. Clara muß immer ganz weiß gehen; in jeder Soirée muß alles neu sein – nur alles äußerlich – gewaschen braucht sie nicht zu sein und davon weiß man nichts. Man gibt die ganze Woche über eine kleine Serviette

> und jeden Morgen 1 Glas Wasser zum Waschen. Das ist der Clara eben recht. Unser Zimmer ist brillant aufgeputzt, große Uhr, Blumen, Vasen pp – aber, welch Abtritt! Diese Löcher sind nicht zu beschreiben. Doch ich will schließen, wie könnte ich Dir nur einen Begriff von unserem Leben machen.
>
> Der Brief soll fort. Ewig Dein Fr. Wieck[10]

Die Strategien der kulturellen Anpassung erstrecken sich natürlich noch sehr viel weiter, nämlich in das Musizieren selbst hinein: Um sich einen Namen zu machen, mussten Tochter und Vater in verschiedensten Salons vor Vertretern und vor allem Vertreterinnen der *aristocracie de la naissance et de la fortune* unentgeltlich alles das spielen, was die Gastgeber sich wünschten, und das war Anfang der 1830er Jahre kein Beethoven.[11] Clara Wieck spielte also Bravour-Variationen von Johann Peter Pixis, Henri (Heinrich) Herz und Sigismund Thalberg, phantasierte frei oder über ein aufgegebenes Thema und trat auch mit eigenen Kompositionen auf, Polonaisen (eine Hommage an Frédéric Chopin) und Capricen (eine Hommage an Niccolò Paganini). Auch ihre eigenen Kompositionen waren also Teil der kulturellen Anpassungsstrategie. Das Werbebild, das der in Paris lebende Schwager Wiecks, der Maler Eduard Fechner, von Clara Wieck malte und lithografierte, zeigt sie weiß gekleidet stilisiert zu einer Blume und dennoch als Komponistin.[12] Unterstützt wurde sie von befreundeten Künstler und Künstlerinnen wie z.B. von der Sängerin Wilhelmine Schroeder-Devrient, die zu dieser Zeit in Paris gastierte.

Als im April 1832 die Cholera in Paris ausbrach, verließen Vater und Tochter fluchtartig frühzeitig die französische Hauptstadt und reisten zurück. Es muss also offen bleiben, ob Wieck in seinen Vermarktungsstrategien flexibel genug war, um sein Ziel, mit dieser Wunderkindreise den europäischen Triumphzug eines Paganini in den Schatten zu stellen und mit seiner Klaviermethode via Demonstrationsmedium Clara die Hummelsche Schule zu überbieten, erreichen zu können.[13]

Ergebnis dieser ersten Auslandstournee: Viele Bekanntschaften, darunter mit Felix Mendelssohn Bartholdy, Giaccomo Meyerbeer, Franz Liszt, Ferdinand Hiller und Chopin, dessen von Schumann enthusiastisch besprochenes op. 2, Variationen über »Là ci darem la mano«, sie schon im Jahr zuvor öffentlich gespielt hatte. Wieck und Tochter kannten nun den internationalen Pianistenstandard, Clara Wieck war von einem Kind zu einer jungen Erwachsenen geworden und sprach Deutsch mit einem französischen Akzent, »den ihr Leipzig bald austreiben wird«, so Robert Schumanns launige Tagebucheintragung nach der Rückkehr von Vater und Tochter

---

10 Friedrich Wieck an Clementine Fechner. Brf. v. 16. Februar 1832. Zit. n. Wieck, Briefe (Anm. 9), S. 44.

11 Vgl. Beate Angelika Kraus: Beethoven-Rezeption in Frankreich. Von ihren Anfängen bis zum Untergang des Second Empire. Bonn 2001 [= Schriften zur Beethoven-Forschung IV].

12 Vgl. dazu Gabriele Busch-Salmen: Kunst und Werbemittel. Die Bildnisse Clara Schumanns. In: Österreichische Musikzeitung (1996), S. 808-821.

13 Vgl. Wiedergabe von Wiecks Äußerungen vor der Reise in Tb. I, Eintragung v. 24. Mai 1831, S. 333.

am 3. Mai (Tb. I, 383). Wie bereits erwähnt, kennen wir keine direkten Äußerungen von Clara Wieck aus dieser Zeit, wir wissen aber auch nicht, wie Vater und Tochter in ihrer Verkleidung auf Madame Leo und Madame Valentin wirkten. Wir wissen nur, dass es Frauen waren, die dem Kind die Möglichkeit zum Auftreten boten, und zwar in Salons, also an Orten, die durch sie geprägt waren.

Mit 18 reiste Clara Wieck ein zweites Mal nach Paris, diesmal allein, d.h. ohne ihren Vater. Sie blieb vom Februar bis zum August 1839. Von dieser Tournee haben wir Briefe und Tagebucheintragungen von ihrer Hand, geschrieben ohne Aufsicht des Vaters. Adressat der meisten Äußerungen, die wir kennen, ist Robert Schumann. Das ist für den vorliegenden Fragenzusammenhang entscheidend.

Clara Wieck war zu dieser Zeit auf dem Weg, eine der bedeutendsten Virtuosinnen der Epoche zu werden. In Deutschland und Österreich wurde sie Liszt und Thalberg an die Seite gestellt, und in Wien hatte sie 1838 die höchste Ehrung erhalten, die Österreich zu vergeben hatte, sie war zur kaiserlich-königlichen Kammervirtuosin ernannt worden. Paris sollte nun das Sprungbrett nach England und Russland werden »D. 6 Abends kamen wir endlich in der großen Weltstadt an. Das Leben, die Beleuchtung, die Großartigkeit der Gewölbe – da kann man nur staunen«, so beschreibt Clara Wieck im Februar 1839 die Ankunft in Paris in ihrem Tagebuch.[14] Das Paris der ersten Hälfte des 19. Jahrhunderts war bekanntlich dank Napoleons Eroberungen eine reiche Stadt, zahlreiche neue Gebäude wurden gebaut, Plätze und Gärten angelegt, und die neue Gasbeleuchtung machte Paris vor allem zur *ville lumière.* Aber die Entfernungen schienen Clara Wieck zu weit, die Preise zu hoch, die Luft zu schmutzig und die meiste Musik, die sie zu hören bekam, zu schlecht. Ihre Briefe an Schumann spiegeln deutlich ihre Kritik an der französischen Salonkultur und vor allem auch an dem Verhalten von Frauen, so schreibt sie am 10. März 1839 aus Paris:

> [F]änd ich nur Gelegenheit einmal von Dir zu spielen; ich wollte in einer Soirée d. 21. bei Zimmermann[15] von Dir spielen, doch er sagte mir, ich möchte das nicht tun, da Deine Compositionen für das Publikum zu serieux seyen. Nun spiele ich den 20. bei Schlesinger in seiner letzten Matinee, wo blos klassische Musik gemacht wird, doch der giebt seine Matinee bei Pape, der die schlechtesten Flügel hat, die ganz trocken und tonlos sind, kein [e] Piano zulassen ect: ich bin in großer Verlegenheit. [...] Die Concerte sind hier ganz furchtbar langweilig, sie dauern 3-4 Stunden. In Gesellschaften hier ist es kaum auszuhalten; in einem kleinen Stübchen sitzen über 50 Damen um das Clavier herum (da verliert schon der Spieler ungeheuer, denn das Clavier kann ja nicht klingen), und benehmen sich nun auf die fadeste Weise, wissen nicht wie den Kopf drehen – ich kann Dir sagen, die Franzosen sind mir furchtbar verhaßt, diese Frivolität, das Nichtsthun, Coccettieren, das ist unglaublich. (Briefwechsel II, 433)

---

14 Tagebuch, bisher unveröffentlichtes Manuskript, Schumann-Archiv Zwickau, IV, 7, S. 54 (6. Januar 1839), hier zit. n. Wittkowski, Parisreisen (Anm. 1), S. 137.

15 Gemeint ist wahrscheinlich eine Soiree bei dem Pianisten Pierre-Joseph-Guillaume Zimmermann (1785-1853).

Die Anpassungsschritte an die andere Kultur, die sie als reisende Künstlerin auch jetzt wieder gezwungen war zu erbringen, sind rein funktional motiviert, bleiben äußerlich, denn der fremde Blick sagt auch jetzt wieder nicht nur, hier ist alles anders, sondern hier ist alles schlechter, oder um mit Clara Wieck zu sprechen:

> In Frankreich möchte ich nicht leben, je näher man die Menschen kennenlernt, desto mehr Abscheu bekömmt man vor ihnen, diese Frivolität, dieses fade Courmacher-Wesen [in] diesen Menschen ohne alles edlere Gefühl – ach, das ist doch kaum zum Aushalten! und wenn sie in Gesellschaften so nach Tisch um den Kamin herumsitzen, und nun die uninteressantesten Gespräche führen – ich könnte vergehen vor Zorn und Sehnsucht nur nach einem Deutschen.
>
> Die Damen heucheln hier den größten Anstand, gehen nie allein aus, und doch! – – – Laß uns in Deutschland bleiben, nur da wohnt das Glück. (Briefwechsel II, 410)

Nun kann man sich über solche Äußerungen empören und sie mit dem Hinweis darauf abtun, dass hier nur Nationalstereotypen bemüht werden, und dass, wer sich ihrer bedient, sich selbst bloßstelle. Im vorliegenden Zusammenhang jedoch gilt es, nach den kulturellen und sozialen und individuellen Zusammenhängen zu fragen, die zu solchen Einschätzungen führen.

Was kritisiert Clara Wieck 1839? An Frauen kritisierte sie Koketterie, Frivolität, Widerspruch zwischen Schein und Sein in Fragen des »Anstandes«, Nichtstun und uninteressante Gespräche, an Männern fade Courmacherei, an allen: Äußerlichkeit. Was sind die Kontexte dieser Einschätzungen?

Als erstes wäre darauf hinzuweisen, dass das Zitat aus einem persönlichen Brief stammt. Auch Privatbriefe werden gerne als eine Art Steinbruch für Zitate benutzt, indem einzelne Zeilen aus brieflichen Zusammenhängen herausgelöst und als Belege im jeweiligen Argumentationszusammenhang angeführt werden. Briefe sind jedoch adressierte Texte, geschrieben für eine bestimmte andere Person, das heißt zugeschnitten auf – um einen Begriff von Hans Robert Jauß aufzugreifen – deren jeweiligen »Erwartungshorizont«[16]. Sie sind Teil eines Dialogs, lassen verschiedene Lektüren zu und dokumentieren zumeist stark situativ geprägte Äußerungen.

Clara Wiecks Brief ist an Robert Schumann gerichtet, somit Teil einer brieflichen Auseinandersetzung um die Frage, wohin sie gehen sollen, wenn, wie erwartet, der Vater weiter seine Zustimmung zu ihrer Eheschließung verweigert. Mit Schumann ist der Brief an jemanden adressiert, der keine Auslandserfahrungen hatte, kaum französisch sprach und im Dienste der eigenen – modern formuliert – Profilbildung als Kritiker und Komponist aggressiv gegen alles Französische polemisiert. Ausnahme ist Hector Berlioz.

Des Weiteren gilt es zu bedenken, dass Clara Wieck nicht zu den Pariser Künstlerkreisen gehörte. Sie kam von Außen, und als reisende Künstlerin musste sie sich gegen eine sehr starke Konkurrenz durchsetzen. Basis war die Veranstaltung von Konzerten. Das bedeutete nicht nur, wie 1832 Räume und Instrumente zu beschaf-

16 Hans Robert Jauß: Literaturgeschichte als Provokation. Frankfurt a.M. 1970.

fen, andere Musiker zu verpflichten, da es nicht üblich war, allein aufzutreten, für die gesamte Werbung aufzukommen und die Finanzen abzurechnen, sondern z.B. auch immer noch höchstpersönlich die Eintrittskarten zu verkaufen. Clara Wieck an Robert Schumann im Zusammenhang mit der Organisation ihres ersten Pariser Konzertes, das erst am 16. April stattfinden konnte:

> [M]it dem Concert hab ich jetzt große Mühen; 3-4 Stunden muß man herumfahren um einige Besuche zu machen, Alles Mögliche muß man thun um Billette zum Concert abzusetzen, in das Haus muß man sie den Leuten schicken, und dann muß man noch gewärtig sein, daß sie Einem über die Hälfte zurück schicken; man kennt das nicht wenn man es nicht selbst erfährt; daß doch der Künstler sich so oft demüthigen muß! (Briefwechsel II, 467)

Vor allem jedoch wollte sie gehört werden in der ihr eigenen Qualität. Jedoch allein die akustischen Bedingungen in den verschiedenen Salons verhinderten aus ihrer Sicht ein angemessenes Hören ihres Spiels. Außerdem ließ ihr die Enge nicht genug Raum – sie wollte keine Intimität, sondern Vorführung, und Vorführung setzt Distanz voraus. Dann ein ganz anderer Lebensrhythmus, der offenkundig ihrem eigenen nicht entsprach. Schließlich der Stellenwert der Musizierens, Dominanz des für sie uninteressanten Gesprächs und nicht der Musik. Das widersprach ihrem Künstlerbild – Musik war aus ihrer Sicht nicht zur Unterhaltung der Gäste da, sondern sollte in vollster Konzentration um ihrer selbst gehört werden.

Diese unterschiedliche Einstellung zu Sinn und Zweck des Musizierens ist natürlich nicht unabhängig von der Frage gesellschaftlicher Kontexte ihrer Auftritte: Clara Wieck bewegte sich in zumeist adeligen Gesellschaften, und sie war auf die Protektion besonders von Frauen angewiesen. Dass über die genannten Aspekte hinaus auch nationale Unterschiede einen entscheidenden Einfluss ausübten, bestätigen beispielsweise Briefe eines Künstlers wie des Baritons Julius Stockhausen, der als Elsässer französisch erzogen war, sich jedoch als Musiker der deutschen Kultur verpflichtet fühlte:

> Im Land der Deutschen wird der Künstler jedoch ruhiger und glücklicher. Die Anstrengungen, die Enttäuschungen, die Intrigen sind so zahlreich wie überall, vor allem in der Nomadenkarriere, bei der oft alles von einem einzigen Augenblick abhängt; das Publikum ist hier völlig anders als bei uns. Sicher reagieren die meisten Menschen wie überall, machen sich die gleichen banalen Komplimente, aber die Mehrheit empfindet die Musik tiefer, und es macht uns sehr glücklich, unseren Mitmenschen so viel Freude machen zu können, die Menschen ihren normalen und materialistischen Gedanken zu entreissen.[17]

Das zumindest subjektiv so empfundene wesentliche Unterscheidungsmerkmal zwischen französischer und deutscher Musikkultur war demnach die gesellschaftliche Rolle, die einem Künstler, einer Künstlerin zugewiesen respektive zugebilligt wur-

17 Julius Stockhausen an Madame Schlumberger. Unveröffentl. Brf. aus Berlin v. 1. April 1856. Abdruck mit freundlicher Genehmigung v. Renate Wirth, Frankfurt a.M.

de. Hintergrund dieses anderen Rollenverständnisses war der weit höhere gesellschaftspolitische Stellenwert von Musik im deutschen Kulturraum. Bekanntlich existierte Deutschland als politische Einheit bis 1871 nicht, und es war gerade die Musik, der die Aufgabe zugewiesen wurde, nationalbildend zu wirken, zunächst der Vokalmusik, dann der Instrumentalmusik.[18]

Zu den weiteren wichtigen Kontexten ihrer brieflichen Äußerungen gehört, dass Clara Wieck unter enormem Erfolgsdruck stand. Sie reiste zum ersten Mal ohne den Vater, musste ihm beweisen, dass sie ohne ihn »auch in der Welt dastehen«[19] könne, und ihr künftiger Mann brauchte zwar ihren Erfolg, fürchtete ihn jedoch gleichzeitig, weil er sie, wie er ihr schrieb, künftig »die Künstlerin vergeßen machen will nein, das Weib steht doch noch höher als die Künstlerin, und erreiche ich nur das, dass Du gar nichts mehr mit der Öffentlichkeit zu thun hättest, so wäre mein innigster Wunsch erreicht.« (Briefwechsel II, 571)

Dazu kam der finanzielle Druck, da Wieck ihr drohte, ihr das von ihr erspielte Vermögen vorzuenthalten, falls sie gegen seinen Willen heiratete, und auch Schumann nur über beschränkte finanzielle Ressourcen verfügte. Solange sie aber keine öffentlichen Konzerte geben konnte, hatte sie abgesehen von Unterrichtshonoraren keine Einkünfte, sondern nur sehr hohe Ausgaben.

Schließlich: Anders als bei ihrer Wunderkindreise wurde nun die Frage der Geschlechterkonventionen zusätzlich zur Sprach-, Bekleidungs- und Repertoirefrage virulent. Clara Wiecks Briefe aus Paris beschreiben ausführlich die Anfangsschwierigkeiten, sich ohne männlichen Schutz in Gesellschaft zu bewegen:

> Recht viele Sorgen drücken mich jetzt, und das wegen meines Aufenthaltes hier. So wie bei den Franzosen alles auf das Aeußere geht, so muß auch ich es fühlen. Die Leute schlagen die Hände über den Kopf zusammen, daß ich, wenn auch nicht den Vater, so doch wenigstens keine Mutter oder Tante bei mir hab, und alle Welt sagt mir, daß man mir nicht den mir gebührenden Respect erzeigen würde, hätte ich nicht eine alte Dame bei mir, die mich in alle Gesellschaften begleitete, Besuche empfinge etc (Briefwechsel II, 416f.).

Was unternahm sie, um dennoch in Paris Fuß zu fassen?

Friedrich Wieck hatte seiner Tochter eine Französin mit auf den Weg gegeben, die ihr von vornherein unsympathisch war (Briefwechsel I, 329). Clara Wieck musste für sämtliche Kosten für sie aufkommen, da eine Frau gezwungen war, aus gesellschaftlichen wie aus Sicherheitsgründen immer mit – möglichst männlicher – Begleitung zu reisen.[20] Die Aussicht, mit einer ihr völlig fremden Person nun mo-

---

18 Vgl. Beatrix Borchard: Stimme und Geige, Amalie und Joseph Joachim. Interpretationsgeschichte und Biographie. Wien 2005 [= Wiener Veröffentlichungen zur Musikgeschichte 6].

19 Vgl. Clara Wieck an Robert Schumann. Brf. v. 2. Februar 1839 (Briefwechsel II, 376).

20 Beatrix Borchard: Die Regel und die Ausnahmen. Reisende Musikerinnen im 19. Jahrhundert. In: Le musicien et ses voyages. Pratiques, réseaux et représentations. Hrsg. v. Christian Meyer. Berlin 2003 [= Music Life in Europe 1600-1900. Bd. 1: Concert et publics en Europe entre 1700 et 1920. Berlin 2003], S. 173-201.

natelang ständig zusammenleben zu müssen, konnte sie nicht begeistern. Außerdem verdächtigte sie Claudine Dufourd, dass sie vom Vater angeheuert worden sei, um sie auszuspionieren. So versuchte sie den Briefwechsel mit Schumann vor ihr zu verbergen (Briefwechsel II, 346), was vor allem für sie selbst nur schwer zu ertragen war: »meiner Französin hab ich noch kein Wort von Dir gesagt – das ist Qual, Alles so für sich zu behalten!« (Briefwechsel II, 363) Noch bevor sie in Paris ankam, lud sie deswegen ein gleichaltriges Mädchen ein, ebenfalls mit ihr zu kommen. Henriette Reichmann wurde ihre Schülerin und Freundin. Zunächst zog sie in das »großartigste aller Hotels«, ins »Hotel de Prince«, und traf ihre alten Jugendfreundinnen Emilie und Elise List,[21] die mit ihrem Vater nach Paris gezogen waren. Da sie aber in diesem Hotel »furchtbar geprellt« wurde, wechselte sie das Hotel. Auch hier traf sie eine Freundin, die Sängerin Pauline Garcia, auf die noch zurückzukommen sein wird.

Fast täglich war sie Gast der Familie List und wurde häufig zu Opernbesuchen und zum Essen eingeladen. In Anknüpfung an die Kontakte von 1832 und die väterlichen Strategien, aber auch dank der Kontakte von Emilie und Elise List wendete sie sich an Adlige und reiche Musikliebhaber wie den Attaché der österreichischen Botschaft Anton Graf Appony und seine Frau, an Gräfinnen Perthuis und Sparre und an die deutschen Bankiers Valentin und Leo, in deren Salons sie schon damals aufgetreten war, an Diplomaten wie den sächsischen Gesandten Julius Traugott Jakob von Könneritz und die württembergischen Gesandten Fleischmann und Tendtmann und an die zahlreichen in Paris lebenden deutschen Musiker wie beispielsweise Meyerbeer, Friedrich (Fédéric) Kalkbrenner und Stephen Heller.

Neben Friedrich List und seinen Töchtern vermittelte ihr auch noch Pauline Garcia, spätere Viardot-Garcia, wichtige Kontakte. Die junge Sängerin hatte sie zwei Jahre zuvor in Leipzig kennengelernt und sich spontan mit ihr angefreundet.[22] Sie und ihr Schwager der belgische Geiger Charles de Bériot gehörten zur Pariser Künstlerszene und de Bériot trat nun mit Clara Wieck mehrfach auf.

Meyerbeer schickte ihr Opernkarten und der Klavierbauer Pierre Erard (1796 1855), den sie ebenfalls unverzüglich besuchte, stellte ihr gleich ein Instrument zur Verfügung. Wie sein Konkurrent Pleyel, dessen Instrumente sie eigentlich bevor-

---

21 Emilie und Elise List, Töchter des Nationalökonomen Friedrich List. Mit ihnen war Clara Wieck seit 1833 eng befreundet. Vgl. auch Eugen Wendler (Hrsg.): Das Band der ewigen Liebe. Clara Schumann. Briefwechsel mit Emilie und Elise List, Stuttgart/Weimar 1996.

22 Vgl. Beatrix Borchard: Zwei Frauen – zwei Kulturen. Unveröffentlichte Briefe von Clara Schumann und Pauline Viardot-Garcia. In: Clara Schumann: Komponistin, Interpretin, Unternehmerin, Ikone. Bericht über die Tagung anläßlich ihres 100. Todestages veranstaltet von der Hochschule für Musik und Darstellende Kunst und dem Hochschen Konservatorium in Frankfurt. Hrsg. v. Peter Ackermann u. Herbert Schneider. Hildesheim/ Zürich/New York 1999 [= Musikwissenschaftliche Publikationen 12], S. 59-92.
Erweiterte Fassung: Zwei Musikerinnen – zwei Kulturen. Unveröffentlichte Briefe von Clara Schumann und Pauline Viardot-Garcia. In: Pauline Viardot in Baden-Baden und Karlsruhe. Hrsg. v. Ute Lange-Brachmann u. Joachim Draheim. Baden-Baden 1999 [= Baden-Badener Beiträge zur Musikgeschichte 4], S. 71-93.

zugte, stützte sich Erard auf einen kleinen Kreis berühmter Pianisten, mit denen er eng zusammenarbeitete, um den Absatz seiner Instrumente zu fördern. Wenn er also Clara Wieck kostenlos ein Instrument zur Verfügung stellte, hoffte er offenbar auf sie als Werbeträgerin auch in Deutschland. Ab Ende März zog sie sogar gemeinsam mit der Familie List in die Rue Navarin Nr. 12 am Montmatre und konnte ihre Französin, »eine Erzkatholikin, eine trügerische falsche Person, maliciös«, die fortwährend rede, entlassen (Briefwechsel II, 412). Auch der Konfessionsunterschied wurde also von ihr negativ konnotiert. Die Familie List war international orientiert,[23] bot ihr den notwendigen Schutz, gesellschaftliche Unterstützung und persönliche Freundschaft und wurde so ein Stück Heimat für sie mitten in Paris. Wie weit Lists Unterstützung ging, kann man auch an seinen Berichten für die »Augsburger Allgemeine« über ihre Auftritte ablesen. So schreibt er am 4. März 1839:

> Vorläufig hat sie, nach der France musicale, in einer Soirée bei Erard vor einigen der ersten musikalischen Autoritäten von Paris gespielt und großen Eindruck hervorgebracht. Meyerbeer soll von ihr gesagt haben, sie vereinige männliche Kraft mit weiblicher Grazie.[24]

Diese geschlechtsspezifische Zuschreibung, die schon in den Pressereaktionen auf ihre Wiener Triumphe in der Saison 1887/88 zum Beschreibungstopos geronnen waren,[25] greift er in seinem Bericht vom 28. Mai noch einmal auf. Sie werden nun auch in Paris so etwas wie ein Markenzeichen für sie:

> Im Fach des Fortepiano ist auch dießmal wieder der deutschen Künstlerschaft der Siegeskranz zu Theil geworden. Die Gekrönte heißt Clara Wieck. Ihr Concert war eines der elegantesten, die man je in Paris gesehen hat. Alle unpartheiischen Kunstrichter weisen ihr einstimmig den Rang neben Liszt und Thalberg an, und als eine noch nie dagewesene Eigenthümlichkeit der großen Künstlerin heben sie hervor, dass sie auf bewundernswürdige Weise männliche Kraft und weibliche Grazie vereinige. Seit ihrem Concert haben wir Fräulein Wieck wiederholt in den glänzenden musikalischen Privatcirkeln der Gräfinnen Appony, Perthuis und Sparre, und erst noch vor wenigen Tagen in einem von der letzten Dame zum besten einer verunglückten Familie veranstalteten öffentlichen Concert gehört. Überall ward ihrem Spiel wie der Genialität ihrer Compositionen die reichste Bewunderung zu Theil.[26]

---

23 Friedrich List (1789-1846) war 1825 von der württembergischen Regierung gezwungen worden, nach Amerika auszuwandern. 1832 kehrte er zurück und war zeitweise in Baden und Sachsen amerikanischer Konsul. In Paris lebte er mit seiner Familie seit 1837.

24 Friedrich List: Clara Wieck und die deutschen Virtuosen in Paris. In: AZ v. 04.03.1839, zit. n. Wendler, Band (Anm. 21), S. 6.

25 Vgl. Beatrix Borchard: Clara Wieck und Robert Schumann. Bedingungen künstlerischer Arbeit in der ersten Hälfte des 19. Jahrhunderts. Kassel [2]1992, Kap.: »Clara Wieck als weiblicher Künstlertypus«, S.140-148.

26 Friedrich List: Frankreich. In: AZ v. 28.05.1839, zit. n. Wendler, Band (Anm. 21), S. 6.

Vor allem war es ihr op. 9, Variationen über ein Thema aus Bellinis »Il Pirata«, mit dem Clara Wieck Furore machte.[27] Auch dieses Stück kann man als einen Versuch der Verknüpfung von italienischer Opernästhetik mit dem Konzept einer »poetischen« Musik verstehen.[28]

Wie 1832 präsentierte sie sich demnach zunächst in von Frauen geleiteten Privatzirkeln als Pianistin und Komponistin, jedoch nun nicht mehr als Wunderkind, das sich auch musikalisch um Akkulturation bemühte, sondern als eigenständige Musikerin, die sich als eine Art deutsche Kulturbotschafterin fühlte und auch so präsentiert wurde. Ihr Profil bildete sich aus ihrem für Pariser Verhältnisse ungewöhnlichen Repertoire, das nicht mehr in erster Linie an der kulturell dominanten Oper ausgerichtet war, sondern mit Bach und Beethoven an deutscher Instrumentalmusik, und ihrer Spielweise, der vielzitierten Synthese aus »männliche[r] Kraft und weibliche[r] Grazie«.

Entschiedene Unterstützung fand Clara Wieck vor allem beim Ehepaar Camille und Pierre Erard. Monsieur und Madame Erard luden sie häufig zu Tisch ein, ermöglichten ihr erstes öffentliches Konzert am 16. April in den »salons Erard«, neben dem Salon von Camille Pleyel der wichtigste Pariser Konzertraum für Klaviermusik, und ließen sie nur die Hälfte der entstandenen Kosten bezahlen. Bei dem Klavierbauer lernte sie auch weitere wichtige Leute wie z.B. Heinrich Heine kennen (er »ist sehr geistreich [...] spricht mit Bitterkeit von Deutschland« – Briefwechsel II, 468), oder den Schriftsteller Alexandre Dumas und den Kritiker Jules Janin. Vor allem jedoch konnte sie hier vor Kennern Stücke spielen, die damals auf ein öffentliches Konzertprogramm zu setzen undenkbar gewesen wäre, wie etwa Schumanns »Carnaval«. Wenn man also nach ihrer Rolle als Schumann-Interpretin fragt, sollte man auch ihre Briefe lesen, denn ihre Programmsammlung spiegelt nur einen Bruchteil ihres tatsächlichen Einsatzes für Robert Schumann wieder.

Ihre Hoffnung, ins *Conservartoire*, ins »musikalische Heiligthum« (Litzmann III, 118) der Franzosen eingeladen zu werden, erfüllte sich indes nicht:

> Im Conservatoire spielte ich auch so gern, doch das hält für eine Dame gar so schwer, da die Cabalen groß sind. Ich werde noch Alles Mögliche thuen um durchzudringen, doch an Habeneck, der gar keine Notiz von mir genommen, wende ich mich nicht wieder, dazu bin ich zu stolz. (Briefwechsel II, 592)

Die Bedeutung der 1828 von François-Antoine Habeneck gegründeten »Société des Concerts du Conservatoire« war ihr schon 1832 vom Vater vermittelt worden: »u. zu den Concerten im Conservatoir [...] abonnirt man sich 1 Jahr vorher, warum: weil es Ton ist, dahinein zu gehen, so sehr man sich auch langweilt.«[29] Aber nach

---

27 Vgl. auch Emilie List an Robert Schumann. Brf. v. 17. Mai 1839 in: Ebd., S. 67.

28 Vgl. dazu Janina Klassen: Clara Wieck-Schumann. Die Virtuosin als Komponistin. Kassel 1990, S. S. 87-92.

29 Clara Wieck: Tagebuch. Eintrag v. 18. Februar 1832, 1, 2, 5. 199, zit. n. Wittkowski, Parisreisen (Anm. 1), S. 146.

wie vor wurden hauptsächlich Beethoven-Sinfonien aufgeführt, keine Klaviermusik, und zudem war sie Ausländerin.[30] Inwieweit auch ihr Geschlecht eine Rolle spielte, wie sie es selber glaubte, muss offen bleiben.

Den Klagen über »die Franzosen« steht die Verwunderung über das hervorragende Niveau der *Conservatoire*-Konzerte gegenüber. Im Übrigen hörte sie nicht in Leipzig, sondern in Paris zum ersten Mal Beethovens »Neunte«.

Ihre Pläne bei Hof zu spielen, zerschlugen sich ebenfalls, allerdings aus anderen Gründen. Denn Mitte Mai brachen in Paris revolutionäre Unruhen aus, und König und Königin fürchten um ihr Leben. An einen Auftritt ist nicht zu denken (Briefwechsel II, 521). Als sich im Juni die Lage beruhigt hat, ist es zu spät, der Hof ist bereits auf dem Lande.

Nachgewiesen über Anzeigen und Rezensionen sind – wie bereits erwähnt – das als erster öffentliche Auftritt geltende Konzert bei Erard, also bei einem Klavierfabrikanten, dann bei dem Verleger und Herausgeber der »Révue et Gazette musicale« Maurice Schlesinger, dort spielte sie nur für Abonnenten, und bei Zimmermann, einem Künstlersalon. Des Weiteren trat sie gemeinsam mit de Bériot im »Cäcilienverein« auf, wo Frauen nur selten zugelassen wurden und wo sie die führenden Pariser Intelektuellen traf, und spielte ebenfalls gemeinsam mit de Bériot im Rahmen eines Benefizkonzertes bei der Gräfin Sparre. Während eines Aufenthaltes von vier Monaten waren das sechs Auftritte. Das klingt wenig, aber man muß bedenken, dass sich in gedruckten Programmen nur ein Bruchteil der tatsächlichen Aktivitäten niedergeschlagen hat. Wann immer sich die Gelegenheit bot, spielte Clara Wieck in privaten Kreisen. Dann kam die Sommerpause, in der sie sehr viel unterrichtete, ebenfalls ein Feld kultureller Vermittlung und Traditionsbildung. Leider kennen wir bisher jedoch keine Schülerinnenberichte u.a., insofern wissen wird nicht, wen sie unterrichtete, welche Stücke gespielt wurden etc.

Auch diese Reise musste Clara Wieck vorzeitig abbrechen. Schumann forderte ihre Rückkunft wegen der Gerichtsverhandlungen gegen den Vater. Glaubt man den erhaltenen Pressestimmen, wäre es ihr wahrscheinlich längerfristig gelungen, sich mit dem ihr eigenen Profil in Paris durchzusetzen. Denn vor allem wurde ihre werkzentrierte Interpretationshaltung, ihre »simplicité« und »la vérité de style« – also wesentliche Aspekte ihres Selbstbildes – gerühmt.[31] Als reisende Musikerin musste sie sich von der Masse ihrer Konkurrenten unterscheiden durch – modern formuliert – ein Markenzeichen, und Markenzeichen haben sehr viel mit kulturellen Mustern zu tun. Geschlechtsspezifische Wahrnehmungen sind ein Teil dieser Muster. Clara Schumanns Markenzeichen war ihre nicht auf Selbstdarstellung, sondern ganz auf den »Dienst am Werk« ausgerichtete Interpretationshaltung basierend auf einer genauen Textlektüre, ihr gesanglicher schöner Ton und ihre Programme, mit denen sie Schritt für Schritt abseits vom jeweiligen *Mainstream* wesentlich zur Bildung eines auf deutsche Instrumentalmusik zentrierten klassisch-romantischen Repertoires beitrug.

---

30 Vgl. zur Rolle des *Conservatoires*: Kraus, Beethoven-Rezeption (Anm. 11), S. 89-144.
31 Vgl. dazu noch einmal besonders Wittkowski, Parisreisen (Anm. 1).

Als Clara Schumann im Frühjahr 1862 das dritte Mal in ihrem Leben, nun in Begleitung ihrer ältesten Tochter Marie, nach Paris reiste, tat sie es unter ganz anderen Voraussetzungen. Die politischen und gesellschaftlichen Verhältnisse hatten sich sehr verändert, und ihr Name war Begriff. Denn man wusste, dass sie Witwe von Robert Schumann war, sieben unmündige Kinder zu versorgen hatte und dass sie es als ihre Mission ansah, seine Werke bekannt zu machen durch ihr Spiel. »La célèbre Clara Schumann«, wie sie nun angekündigt wurde, stand für ein bestimmtes Repertoire, und modern formuliert – für ein Image.

Zunächst trat sie wieder bei Erard auf, insgesamt innerhalb der zwei Monate, die sie diesmal in Paris verbrachte, fünf Mal. Alles in allem wurde Clara Schumann auf Händen getragen, Madame Erard (1813-1889) führte nun nach dem Tod ihres Mannes 1855 das Geschäft allein und rechnete es sich zur Ehre an, den kompletten Aufenthalt der deutschen Pianistin zu finanzieren. Sie ließ sie einen Flügel aussuchen und schenkte ihn ihr. Clara Schumann dankte ihr so viel Frauensolidarität, unterrichtete, spielte viel privat und öffentlich und konnte mit guten Einnahmen zurückkehren. Auch diesmal unterstützte sie wieder Pauline Viardot-Garcia, die sie in Christoph Willibald Glucks »Aceste« hörte und mit der sie, wie so oft, Schumanns »Variationen für zwei Klaviere« op. 46 aufführte, denn die Freundin war nicht nur eine der führenden Sängerinnen ihrer Zeit sondern auch eine exzellente Pianistin.

Diesmal wurde sie sofort eingeladen, im *Conservatoire* zu spielen, allerdings nicht Schumanns Klavierkonzert, wie sie gerne getan hätte, das schien immer noch zu avantgardistisch, sondern Beethovens Es-Dur-Konzert. Wie sie an Brahms am 6. April 1862 schreibt,

> gab es einen Beifallssturm. Es wurde schön begleitet, und wie prächtig waren all die Musiker gegen mich! – Außer in Wien habe ich solche Aufnahme nirgends gefunden [...] Hier werde ich geehrt, wie man nur einen Künstler ehren kann, warum soll ich nach London, wo man mich nicht viel höher schätzt als jeden Arbeiter! (CS–JB Briefe I, 397f.)

Nun wird ihr aus ihrer Perspektive die Achtung entgegengebracht, die ihr von Deutschland her selbstverständlich schien, auch wenn der Rezensent der »France Musicale«, dem Konkurrenzblatt zur »Revue et Gazette musicale«, ihre Programmwahl beklagte, denn das Werk sei zu lang und zu schwierig – und sie habe zwar eine große Begabung, aber dieses »Talent« habe »nichts sympathisches«.[32] In Clara Schumanns Briefen findet sich kein abfälliges Wort mehr über »die Franzosen«, aber in einem Brief an Johannes Brahms über ein Konzert im *Conservatoire* ist zu lesen: »technisch das vollendetste, was ich noch gehört, aber – kalt. Da ist alles auf Effekt berechnet, dem aber auch geopfert wird, ohne alle Berücksichtigung oft der Komposition« (Briefwechsel I, 394). Wir finden also auch unter ganz anderen Auspizien die alte Polarisierung: Tiefe, Sachangemessenheit *versus* Effekt, also Ober-

---

32 Vgl. Wittkowski, Parisreisen (Anm. 1), S. 158.

flächlichkeit. Eine explizite Werkästhetik steht einer impliziten Darstellungsästhetik gegenüber.

Clara Schumann wollte nicht, daß ihre kritischen Äußerungen in Frankreich bekannt würden:

> Was ich Dir aber schrieb, das sage niemand, denn ein Zufall könnte es hierher tragen und mir großen Schaden bringen, denn das Conservatoir ist hier das musikalische Heiligtum, die Menschen sitzen darin mit einer Andacht wie in einem Tempel. (Briefwechsel I, 395)

Im Übrigen war sie erstaunt, wie bekannt Schumanns Werke in Frankreich waren, obwohl sie im *Conservatoire* sein Klavierkonzert nicht spielen konnte. Aber wie sie an Elise List am 8. März 1862 aus Paris schreibt:

> Roberts Compositionen werden jetzt viel gespielt, aber wie mag das meistens seyn. Da fühlte ich nun einen entschiedenen Drang den Musikern und nahen Freunden der Musik (nicht Publikum) die Sachen einmal im Geiste des Componisten vorzuführen. Das klingt arrogant, nicht wahr, aber gehört habe ich sie von anderen noch nie schön – brillant wohl, aber mit dem Geiste, der darin liegt, nur von Brahms, sonst keinem, und dieser spielt sehr selten öffentlich.[33]

Diese Gegenüberstellung ist aufschlussreich und knüpft an alte Polarisierungen an. Nun geht es also nicht mehr darum, Schumanns Kompositionen zum ersten Mal zu Gehör zu bringen, das machte sie nun mit Stücken von Brahms, indem sie eine Brahms-Soiree gab.[34] Bezogen auf Schumann ging es vielmehr um Interpretationsfragen und Traditionsbildung bezogen auf Spielweisen und Spielhaltungen. Das zeigen auch die Rezensionen ihres Spiels. Sie wird als Frau und Witwe Robert Schumanns präsentiert, die ihr Spiel in den Dienst seiner Werke stellt und auf die Präsentation eigener Werke verzichtet (immerhin ist noch präsent, dass sie selbst auch Komponistin ist). Bei ihrem dritten Pariser Aufenthalt verkörpert sie ganz in Analogie zu der eingangs vorgestellten Filmszene »Wahrheit« und »Innerlichkeit«. Sie steht für ein Paar und die Konstellation männlicher Komponist und weibliche Interpretin und Hüterin des männlichen Erbes, für die Verknüpfung von Liebe und Musik. Als Verkörperung dieser Verknüpfung hat sie – modern gesprochen – ein Alleinstellungsmerkmal unter allen Pianisten und Pianistinnen. Sie muß sich nicht mehr akkulturieren, sich anders kleiden (sie trägt immer schwarz mit einem kleinen Witwenschleier auf dem Kopf), anders sich verhalten, anders sprechen, etwas anderes spielen als das, wozu sie sich berufen fühlt. Aus ihrer Sicht haben sich ihre Normen, für die sie und nicht nur sie universelle Gültigkeit beansprucht, durchgesetzt. Wieder sind es befreundete Musiker und Musikerinnen, die sich der deutschen Kultur verpflichtet fühlen, die mit ihr auftreten (Pauline Viardot-Garcia und Julius Stockhausen) und eine Frau, Madame Erard, die ihr private und öffentliche

33 Zit. n. Wendler, Band (Anm. 21), S. 248.
34 Vgl. Brf. an Avé und Joseph Joachim, abgedruckt in: Litzmann III, 120f.

Räume, Zeit und Publikum zur Verfügung stellt, ohne dass sie irgendein pekunäres Risiko tragen muss.

Normalerweise ist das Thema »Schumann in Frankreich« ein rezeptionsgeschichtliches Thema, und es wird gefragt, wann wurde was veröffentlicht, wann zum ersten Mal aufgeführt, ohne Berücksichtigung von Kontexten wie etwa der Differenzierung nach Orten, Medien und Personen und ihrer Kontexte, oft auch ohne Berücksichtigung der Rolle der klingenden Interpretation.

Wenn man aber den musikgeschichtlichen Blick auf die Orte kulturellen Handelns richtet und auf die Strategien reisender Künstler, dann wird deutlich, dass der öffentliche Auftritt, der Druck eines Werkes erst ganz am Ende einer Entwicklung steht, an der viele Menschen beteiligt sind, vor allem Frauen, die die Salons ganz unterschiedlichen Charakters geprägt haben und deren Namen man in keinem Lexikon findet, so selbst nicht den Namen einer für das Pariser Kulturleben der 1830er, 40er, 50er und 60er Jahre so wichtigen Frau wie Camille Erard. Der Salon war nicht »Vorstufe zum Eigentlichen«, sondern ein wichtiges Experimentierfeld. Das Öffentliche, Halböffentliche und Private waren untrennbar miteinander verknüpft. Die Rolle Clara Schumanns als Kulturvermittlerin wäre undenkbar gewesen ohne die vielen heute namenlosen Frauen, die sie getragen haben.

»Das Volk des Buches«

Der Autor Heine und das Judentum

Bernd Witte

I.

> Ich habe den Hegelschen Gott oder vielmehr die Hegelsche Gottlosigkeit aufgegeben und an dessen Stelle das Dogma von einem wirklichen, persönlichen Gott, der außerhalb der Natur und des Menschengemüthes ist, wieder hervorgezogen. Hegel ist bey mir sehr heruntergekommen, und der alte Moses steht in floribus.[1]

Diese launige Bemerkung Heines, mit der er im Januar 1850 in einem Brief an Heinrich Laube in Wien seine gewandelten Ansichten in Sachen Religion beschreibt, betont zugleich seine Abkehr von dem, was er jetzt als den Hegelschen Atheismus begreift. Allerdings sollte man aus solchen Bekenntnissen, denen sich viele ähnliche aus Heines letzten Lebensjahren an die Seite stellen ließen, nicht schließen, Heine habe durch seine Krankheit eine »neue jüdische Identität« gefunden.[2] Hinter dieser für die neuere Forschung charakteristischen Formulierung steht die Vorstellung, Heine habe sich unter dem Einfluss Hegels in jungen Jahren vom Glauben seiner Väter abgewandt, sei in Paris zu einem sinnenfreudigen Hellenen und saintsimonistischen Materialisten geworden, um schließlich 1848 nach dem Scheitern der Revolution und seinem physischen Zusammenbruch den Glauben an den einen Gott des Moses wiederzufinden. Diesem individualistischen Bekehrungsschema widerspricht Heine selbst energisch, wenn er in einem Brief an seinen Verleger Julius Campe vom Juni 1850 darauf hinweist, dass die »religiöse Umwälzung«, die sich in ihm vollzogen habe, ein »Akt« seines »Denkens« gewesen sei. »Es sind große, erhabne schauerliche Gedanken über mich gekommen, aber es waren Gedanken, Blitze des Lichtes und nicht die Phosphordünste der Glaubenspisse.«[3]

Heines Selbstverständnis als Jude war niemals abhängig von einem persönlichen religiösen Bekenntnis. Vielmehr hat er vom Anfang seiner schriftstellerischen Karriere an keinen Zweifel daran gelassen, dass er sich selbst trotz seines zwischenzeitlichen Bekenntnisses zum Hegelschen Atheismus oder zum saintsimonistischen Hedonismus unwiderruflich als Jude begreift. Genauer noch, dass er sein Schreibverfahren als Autor stets von seiner Zugehörigkeit zum Judentum her definiert. Dies trifft 1824/25 auf die Niederschrift des »Rabbi von Bacherach« ebenso zu wie 1840

---

1 Heinrich Heine an Heinrich Laube. Brf. v. 25. Januar 1850.

2 Jan-Christoph Hauschild u. Michael Werner: »Der Zweck des Lebens ist das Leben selbst«. Heinrich Heine. Eine Biographie. Köln 1977. S. 534.

3 Heinrich Heine an Julius Campe. Brf. v. 1. Juni 1850.

auf »Ludwig Börne. Eine Denkschrift« oder 1854 auf die »Hebräischen Melodien« des »Romanzero«.

In der frühen Erzählung des »Rabbi«, die zum ersten Mal in der Geschichte der deutschsprachigen Literatur einen genuin jüdischen Gehalt in einen ästhetisch anspruchsvollen literarischen Text einführt, wird die Geschichte des Volkes Israel am Beispiel eines mittelalterlichen Pogroms als unaufhörliche Leidensgeschichte und als Irrfahrt im Exil begriffen. Zugleich ist Heines »Fragment« aber auch eine Reflexion über die mögliche ästhetische Ausdrucksform dieser Geschichtserfahrung. Das Ursprungsereignis, das zur Konstitution des Volkes Israel geführt hat, der Auszug aus Ägypten und die Gesetzgebung am Berg Sinai, wird durch die fiktionale Erzählung des Ablaufs des Sederabends im Hause des Rabbi Abraham und durch die Zitate aus der dabei verlesenen »Pessach-Haggadah« vergegenwärtigt. Der katastrophale Ausgang der Feier und die darauf folgende Flucht ins Frankfurter Ghetto aber machen die Gefährdung dieser traditionellen Lebensformen des Judentums sichtbar.

Einen ersten Hinweis darauf, wo die Rettung dieser gefährdeten Tradition zu suchen sei, geben die Worte, mit denen Heine in der Erzählung der Shabbathfeier im Frankfurter Ghetto die »heilige Schrift« beim »Ausheben« der Tora-Rollen aus dem Tora-Schrein charakterisiert. Für ihn ist sie »jenes Buch [...], das Gott mit heilig eigner Hand geschrieben und für dessen Erhaltung die Juden so viel erduldet, so viel Elend und Haß, Schmach und Tod, ein tausendjähriges Martyrthum«. (B 1, 488) Die festliche Verlesung des Wochenabschnitts und seine Kommentierung, das ist das Verfahren, das nach der Zerstörung des Tempels und dem Ende des Opfergottesdienstes die Überlieferung des Judentums garantiert und damit zugleich den Zusammenhalt des Volkes trotz seiner Zerstreuung über den ganzen bewohnten Erdkreis. Heines fragmentarische Erzählung ist der Versuch, diese Tradition unter den Bedingungen der Moderne zu erhalten und fortzusetzen. Nicht ihrem Inhalt nach, als Indiz dafür ist die bewusste Auslassung des Normen setzenden Gottes in allen Texten zu werten, die Heine aus dem kanonischen Schrifttum zitiert. An seiner Stelle setzt er stets die »Kinder Israel« als handelndes Subjekt der Geschichte ein, während er Gott nur ein einziges Mal als Urheber der Heiligen Schrift nennt.

Wohl aber übernimmt er das in der jüdischen Tradition selbst geübte Verfahren der Textauslegung. Er konstituiert seinen Text als Kommentar eines rituellen Geschehens und eines kanonischen Textes, der »Pessah-Haggadah«, die das Wesen des Judentums als eines diasporischen und zugleich messianischen begründen. Kommentar insofern, als die trügerische Idylle, in der sich Rabbi Abraham und seine Familie in Bacharach eingerichtet haben, zerstört wird, der Auszug erneut stattfinden muss und die alte Geschichte von der aktuellen Erfahrung der Galut, wie sie sich in der Schilderung des Frankfurter Ghettos spiegelt und des Renegatentums, wie es Don Isaac Abarbanel im dritten Kapitel repräsentiert, neu gedeutet wird.

So erfüllt sein Fragment auf das genaueste die Funktionen, die im »Talmud« der haggadischen Erzählung zukommen. Es erneuert im Medium des fiktionalen Textes das biblische Ursprungsgeschehen und führt es zugleich einer radikalen Säkularisierung zu. Deshalb trifft schon auf Heine als Autor des »Rabbi« zu, was Walter Benjamin über Franz Kafka bemerkt hat. Das eigentliche Geniale an ihm sei, »dass er etwas ganz Neues ausprobiert hat: er gab die Wahrheit preis, um an der Tradierbarkeit, dem haggadischen Element festzuhalten«.

Der inhaltlichen Fixierung auf den diasporischen Zustand des Judentums entspricht die Form des Kommentars auf das genaueste. Der Auszug aus Ägypten, das Ursprungsereignis des Exils und der Verheißung, wird nämlich nicht nur in der Erzählung der Flucht aus Bacharach neu inszeniert, es vollzieht sich auch in der Erzählung selber. Sie konstituiert sich als Auszug aus dem kanonischen Text der Heiligen Schrift in die fiktionale Schrift der Literatur, wobei allerdings die Funktion die gleiche bleibt. Im literarischen Text soll – wie im kanonischen – das kulturelle Gedächtnis des eigenen Volkes bewahrt werden. Er wird so zum erzählerischen Kommentar einer heiligen Ursprungsschrift, die als solche ihres eigentlichen Inhalts verlustig gegangen ist, die nur noch als Zitat gegenwärtig gehalten werden kann. In doppelter Weise, inhaltlich und formal, erweist sich Heines Erzählung damit als Schrift im Exil.

Schließlich verdankt sich auch ihr fragmentarischer Charakter nicht nur den Zufällen einer unglücklichen Entstehungsgeschichte, sondern ist bedeutend als Wesensmerkmal des Kommentars, der nie an ein Ende kommt, der stets erneuert werden muss. Erzählung als Kommentar, darin erfüllt sich das Paradox der Erfindung der Schreibweise der Moderne aus den ältesten, den talmudischen Traditionen des Judentums. Im Kontext der in der ersten Hälfte des 19. Jahrhunderts unangefochten gültigen klassisch-romantischen Ästhetik bringt sie damit etwas revolutionär Neues in die europäische Literatur ein.

II.

Nicht von ungefähr steht in Heines frühester explizit jüdischer Schrift das im Zentrum, was auch den Mittelpunkt des rituellen Geschehens im diasporischen Judentum ausmacht, die feierliche Lektüre der »Gesetzesabschnitte aus den Büchern Mosis«. Damit bringt er in verwandelter Form die Erfahrung in den fiktionalen Text ein, die seine Zugehörigkeit zum Judentum trotz aller Wandlungen und Krisen während seines ganzen schriftstellerischen Lebens bestimmt hat. Die Lektüre der »Tora« ist es, die ihn dazu gebracht hat, sich bewusst in die jüdische Tradition zu stellen. In den auf Juli 1830 datierten Tagebuchaufzeichnungen, die er zehn Jahre nach ihrer Niederschrift als Zweites Buch von »Ludwig Börne. Eine Denkschrift« publiziert hat, gibt er den Eindruck wieder, den die Lektüre der Bibel auf ihn gemacht hat:

> Welch ein Buch! groß und weit wie die Welt, wurzelnd in die Abgründe der Schöpfung und hinaufragend in die blauen Geheimnisse des Himmels [...] Sonnenaufgang und Sonnenuntergang, Verheißung und Erfüllung, Geburt und Tod, das ganze Drama der Menschheit, Alles ist in diesem Buche [...] Es ist das Buch der Bücher, Biblia.« (B 7, 39f.)

Der Einschub dieses autobiografischen Textes in seine Abrechnung mit dem früheren Mitstreiter Börne hat für Heine strategische Bedeutung. In ihm bestimmt er – und das ist die zentrale Aussage der »Denkschrift« – seine Position als Jude im Kontext des zeitgenössischen Judentums, das heißt in Abgrenzung von den beiden Extremen der Säkularisierung, von dem sinnenfeindlichen, radikalen Republikanertum Börnes auf der einen Seite und dem wilden Kapitalismus des Börsenkönigs und neuen Herrschers der Welt, des Bankiers Rothschild, auf der anderen Seite.

Börnes Herkunft aus dem Frankfurter Ghetto als einem Ort der Unterdrückung und der Trauer, sein »Sanskülottismus des Gedankens und des Ausdrucks« (B 7, 66f.), schließlich seine Pariser Existenz im geistigen und sprachlichen Exil haben ihn zu dem gemacht, was ihn in Heines Augen, der sich zu dieser Zeit als »heimlichen Hellenen« (B 7, 39) begreift, am verabscheuungswürdigsten erscheinen lässt: »Börne war ganz Nazarener« (B 7, 18), lautet Heines Diagnose, und damit ist gesagt: er war fanatischer Asket und Revolutionär. Nur von diesem politischen und zugleich existentiellen Kontext her ist Heines harsches Urteil gegen seinen einstigen Mitstreiter im Pariser Exil zu verstehen, das immer wieder Verwunderung und Entrüstung hervorgerufen hat. Insbesondere die unfeinen Anspielungen auf Börnes Privatleben, auf seine *ménage à trois* mit Jeanette Wohl und Salomon Strauss, die ihm eine Forderung zum Duell einbrachten, und die Unterstellung, Börne würde sich in den Schoß der römisch-katholischen Kirche geflüchtet haben, wäre er nicht so früh gestorben, bleiben unverständlich, wenn man sie nur als postume Herabsetzung des einstigen Rivalen liest. Sie sind vielmehr grundsätzlicher Natur, gehören in den Zusammenhang von Heines Auseinandersetzung mit dem Konzept einer gewaltsamen politischen Revolution. In Börne sieht er die Gattung des moralistischen revolutionären Eiferers verkörpert, die zuerst

> in Maximilian Robespierre, glorreichen Andenkens, ihren vollkommensten Repräsentanten gefunden. Mit diesem hatte Börne zuletzt die größte Ähnlichkeit: im Gesichte lauerndes Mißtrauen, im Herzen eine blutdürstige Sentimentalität, im Kopfe nüchterne Begriffe (B 7, 93).

Diesen Börne, den Nachahmer des Tugendwächters der Revolution, sucht Heine durch die Hinweise auf sein Privatleben moralisch zu vernichten. Vor dem die Sache des Umsturzes mit religiösem Eifer Betreibenden warnt er mit dem hellsichtigen Diktum: »in der Tat, die Verbindung der beiden Fanatismen, des religiösen und des politischen, ist bedrohlich im höchsten Grade« (B 7, 112). Für Heine, der seine Zeit als die einer permanenten gesellschaftlichen und politischen Umwälzung erfahren hat, steht der Mensch in seinem öffentlichen Handeln vor einer unausweichlichen Alternative: »In Revolutionszeiten bleibt uns nur die Wahl zwischen Töten und Sterben« (B 7, 91). Mit diesem Satz formuliert er seine konkrete zeithistorische Erfahrung, und auf welcher Seite er, der Lesende und Schreibende, in diesem Falle steht, bedarf keiner weiteren Erläuterung.

Erstaunlicherweise wird aber auch der Bankier Rothschild in »Ludwig Börne. Eine Denkschrift« als einer »der größten Revolutionäre, welche die moderne Demokratie begründeten«, charakterisiert. Er sei wie der römische Kaiser Nero »ein gewaltsamer Zerstörer des bevorrechteten Patriziertums und Begründer der neuen Demokratie«. »Richelieu, Robespierre und Rothschild sind für mich drei terroristische Namen. [...] Richelieu, Robespierre und Rothschild sind die drei furchtbarsten Nivelleurs Europas.« (B 7, 28f.) Was Heine hier in knappen Worten ausspricht, hat er zu einem der literarischen Strukturprinzipien seines auf den Pariser Korrespondenzen der 1840er Jahre beruhenden Buchs »Lutetia« von 1854 gemacht. In ihm erscheint James de Rothschild, das Haupt des Pariser Familienzweigs, als der eigentliche Herrscher Frankreichs – Heine vergleicht ihn mit dem Sonnenkönig Ludwig XIV. –, der die Politiker der Republik des *Juste Milieu* samt dem Bürgerkönig Louis Philippe als bloße Marionetten erscheinen lässt. Aushöhlung der politischen Entscheidungsstrukturen durch ökonomische Interessen, die sich in Börsenspekulationen niederschlagen, – das ist die Diagnose, die Heine seiner Zeit mit ihren sozialen Problemen stellt. So erscheint das »Privatkabinett« des Bankiers als »heiliger Boden«, er selbst als der Prophet der gesellschaftlichen Moderne, als ihr Moses und Mohammed in einer Person. »Denn das Geld ist der Gott unserer Zeit und Rothschild ist sein Prophet.« (B 9, 355) Rothschild der Terrorist, Rothschild der Sonnenkönig und schließlich Rothschild der Gesetzgeber der neuen Religion des Geldes, das ist die emblematische Figur, in deren Zeichen für Heine das zu seiner Zeit sich ausbildende System einer globalisierten liberalen Marktwirtschaft steht.[4] Als deren Kennzeichen erweist sich die universelle Verfügbarkeit des akkumulierten Reichtums, in Heines Worten die Tatsache, dass die neuen Herren der Welt »überall [...] von den Zinsen ihrer Staatspapiere, ihres portativen Vermögens geschäftslos leben« können (B 7, 29).

»Portatives Vermögen« – das wohl von Heine erst neugebildete Adjektiv[5] bezeichnet in diesem Zusammenhang die Flüchtigkeit des an keine Landesgrenzen mehr gebundenen Kapitals. Es stellt damit in geheimer Korrespondenz das Gegenmodell zum kanonischen Text der Bibel dar, der von Heine in den »Geständnissen« als »portatives Vaterland« der Juden charakterisiert wird (B 11, 483). Diesem Vaterland der Juden rechnet er sich selber zu und nicht dem goldenen Kalb, dem sich die gesellschaftliche Moderne verschrieben hat.

---

4 Dass Heine hier tatsächlich schon den Kapitalismus als ein die ganze Welt beherrschendes System begriffen hat, lässt sich daran ablesen, dass er in einer beiläufigen Bemerkung die Diagnose, die er für das Frankreich der Rothschilds fällt, in beinahe identischen Worten auf »die Amerikaner« ausdehnt: »Der weltliche Nutzen ist ihre eigentliche Religion und das Geld ist ihr Gott, ihr einziger, allmächtiger Gott.« Am Beispiel eines zeitgenössischen Lynchmordes analysiert der Paria Heine, wie dieses System zu Rassismus und politischer Unfreiheit führen kann: »O Freiheit! du bist ein böser Traum!« (B 7, 39).

5 Das »Grimmsche Wörterbuch« kennt nur das Substantiv »das Portativ«, das »ein tragbares musikinstrument, eine handorgel« bezeichnet (DWB 13, 2005). Heine hat das Adjektiv wahrscheinlich als Lehnwort aus dem Französischen »portatif/tragbar« gebildet (mündlicher Hinweis von Frank Stern).

III.

Börne, der terroristische Revolutionär, und Rothschild, der terroristische Kapitalist, von diesen beiden extremen, von Juden seiner Zeit vertretenen Positionen des Umsturzes grenzt sich der Dichter Heine ab, indem er sich der Bibellektüre zuwendet. Mit diesem dritten Weg einer Reaktion auf die gesellschaftliche Moderne bekennt er sich bewusst zur Tradition derer, die er mit einem Zitat aus dem »Koran« »das Volk des Buches« nennt.[6]

> Ein Buch ist ihr Vaterland, ihr Besitz, ihr Herrscher, ihr Glück und ihr Unglück. Sie leben in den umfriedeten Marken dieses Buches, hier üben sie ihr unveräußerliches Bürgerrecht, hier kann man sie nicht verjagen, nicht verachten, hier sind sie stark und bewundrungswürdig. Versenkt in der Lektüre dieses Buches, merkten sie wenig von den Veränderungen, die um sie her in der wirklichen Welt vorfielen; Völker erhuben sich und schwanden, Staaten blühten empor und erloschen, Revolutionen stürmten über den Erdboden... sie aber, die Juden, lagen gebeugt über ihrem Buche und merkten nichts von der wilden Jagd der Zeit, die über ihre Häupter dahinzog! (B 7, 40).

Diese hymnische Beschwörung der Buchkultur bringt Heines Bewunderung und sein emotionales Engagement für die hergebrachte Lebensform der Juden unmittelbar zum Ausdruck. Als Bibelleser, der er sein ganzes Leben lang war, stellt er sich selbst in die Reihe seiner Vorväter, denen das Studium der »Tora« zentraler Lebensinhalt gewesen ist.

In den zitierten Sätzen aus seinem Helgoländer Tagebuch charakterisiert Heine sehr präzise den Lebensmittelpunkt, den das Studium der »Tora« für das diasporische Judentum darstellt. Schon im frühen rabbinischen Judentum waren Tempeldienst und Opferritual durch das Studium der kanonischen Schriften ersetzt worden, wie der »Talmud« im Traktat »Erubin« festhält: »R. Semuél b. Inja sagte im Namen Rabhs: Das Studium der Tora ist bedeutender als die beständigen Opfer.«[7] Diese Zentrierung auf den Text bringt es mit sich, dass nicht mehr der Priester, sondern der Schriftgelehrte als autoritative religiöse Gestalt des Judentums fungiert, was auf der sozialen Ebene eine grundsätzliche Demokratisierung nach sich zieht, weil die Legitimation zur Interpretation der Heiligen Schrift nicht mehr an eine Kaste gebunden ist, sondern grundsätzlich jedem offen steht.[8] Gleichzeitig gewinnt der kanonische Text, dessen formale Gestalt als unantastbar gilt, damit eine radikale Auslegungsoffenheit, in der die gegensätzlichsten Interpretationen aufeinanderprallen und als gleichberechtigte registriert werden können. Tradition in Form der Kontroverse wird so zum auszeichnenden Merkmal des diasporischen Judentums, wofür die den »Talmud« durchziehende Auseinandersetzung zwischen den Schulen der

6 Koran, Sure 4, 153: »Verlangen wird das Volk der Schrift von dir, ihnen ein Buch vom Himmel hinabzusenden. Aber etwas Größers wie dies verlangten sie schon von Moses.« (Übersetzung Max Henning). Vgl. auch Sure 3, 65 u.ö.

7 Der Babylonische Talmud. Übers. v. Lazarus Goldschmidt. Berlin 1930, Bd. 2, S.191.

8 Vgl. zum Folgenden: Moshe Halbertal: People of the Book. Canon, Meaning and Authority. Harvard University Press 1997.

beiden ältesten Tannaiten, der des sanftmütigen Hillel und der des gesetzesstrengen Schammai, beispielhaft einsteht. Die »Vermenschlichung« der »Tora« durch die mündliche Lehre geht so weit, dass auch die allerhöchste Autorität, die Gottes, als Entscheidungsinstanz nicht mehr anerkannt wird, wie eine aggadische Erzählung aus dem Buch »Baba Mezia« des »Talmud« deutlich macht, in der um ein Reinheitsgebot gestritten wird:

> Es wird gelehrt: An jenem Tage machte R. Eliézer alle Einwendungen der Welt [zur Verteidigung der von ihm vertretenen Ansicht], man nahm sie aber von ihm nicht an. [...] Hierauf sprach er: Wenn die Halakha wie ich ist, so mögen dies die Wände des Lehrhauses beweisen! Da neigten sich die Wände des Lehrhauses [und drohten] einzustürzen. Da schrie sie R. Jehosua an und sprach zu ihnen: Wenn die Gelehrten einander in der Halakha bekämpfen, was geht dies euch an! Sie stürzten hierauf nicht ein, wegen der Ehre R. Jehosuas, und richteten sich auch nicht gerade auf, wegen der Ehre R. Eliézers; sie stehen jetzt noch geneigt. Hierauf sprach er: Wenn die Halakha wie ich ist, so mögen sie dies aus dem Himmel beweisen! Da erscholl eine Hallstimme und sprach: Was habt ihr gegen R. Eliézer; die Halakha ist stets wie er. Da stand R. Jehosua (auf seine Füße) auf und sprach: Sie ist nicht im Himmel. [Deuteronomium 30,12] – Was heißt: sie ist nicht im Himmel? R. Jimerja erwiderte: Die Tora ist bereits vom Berg Sinaj her verliehen worden [und befindet sich nicht mehr im Himmel]. Wir achten nicht auf die Hallstimme, denn bereits hast du am Berge Sinaj in die Tora geschrieben: nach der Mehrheit zu entscheiden [Exodus 23,2]. R. Nathan traf Elijahu und fragte ihn, was der Heilige, gepriesen sei er, in dieser Stunde tat. Dieser erwiderte: Er schmunzelte und sprach: meine Kinder haben mich besiegt.[9]

Deutlicher kann man das skandalöse Faktum der radikalen Anthropologisierung der Heiligen Schrift, ihrer vollkommenen Emanzipation von ihrem Ursprung nicht formulieren: Gott selbst kann die »Tora« nicht besser auslegen als die Mehrheit der Weisen. Nicht nur Moses, der erste Prophet, sondern auch Gott als der ursprüngliche Schreiber der »Tora« müssen angesichts der Heiligen Schrift und ihrer Auslegung durch die Gelehrten abdanken. Das bedeutet: Im kanonischen Text ist die Intention des Autors unwichtig geworden.

Hier zeichnet sich eine Entwicklung ab, die mit Fug und Recht als graduelle Ästhetisierung der heiligen Schrift bezeichnet werden kann.[10] Denn deren Kanonisierung in einer autoritativen Textgestalt ermöglicht die Etablierung der vielen unterschiedlichen Bedeutungsschichten im Text bis hin zu einem verborgenen, nur den Eingeweihten zugänglichen Sinn. Von der auf die philosophische Lehre des Aristoteles bezogenen Auslegung eines Maimonides, der mehrdeutige Begriffe und Parabeln der »Tora« als philosophische Allegorien reinterpretiert, bis hin zur »Lurianischen Kabbala«, in der die gesamte Heilige Schrift als symbolische Gestalt eines geheimen Sinns verstanden wird, reicht dabei die Variationsbreite der jüdischen Auslegungstradition. Wenn die »Kabbala« in ihrer radikalsten Form den ganzen Text der »Tora« als einen einzigen Namen Gottes interpretiert, so verliert dieser in

9 Der Babylonische Talmud. Übers. v. Lazarus Goldschmidt. Berlin 1933, Bd. 7, S. 637f.

10 Vgl. Halbertal, People (Anm. 8), S. 19: »But after the sealing of the text, the Scriptures became also an object of interpretation and contemplation, like an artistic creation.«

seiner tiefsten Schicht jegliche semantische Dimension; denn der Name Gottes hat keine referentielle Qualität, ist vielmehr eine direkte und daher »unlesbare« Manifestation Gottes. An ihrem Extrempunkt führt die strikte Kanonisierung der »Tora« so zu einer vollständigen Auslegungsoffenheit, wie sie den talmudischen Kommentaren zu eigen ist, die sich nur noch an der Tradition der mündlichen Lehre, das heißt, den früheren Kommentaren orientieren.

Heine hat, als er sich selbst in »Ludwig Börne. Eine Denkschrift« in die Gemeinschaft des »Volks des Buches« einreiht, dies in dem Bewusstsein getan, dass dessen Lektüreverfahren die Bibel, »das Buch der Bücher«, in den absoluten dichterischen Text verwandelt. Unabhängig von den Intentionen ihres göttlichen Autors, wird sie an sich bedeutungslos und damit zum Gefäß unendlicher Deutungsmöglichkeiten.[11] Diese radikale Autonomie des biblischen Textes betont Heine, wenn er unter dem Datum des »29ten Julius [1830]« aus Helgoland von seiner Lektüre der Bibel berichtet:

> Ich habe wieder im alten Testamente gelesen. Welch ein großes Buch! Merkwürdiger noch als der Inhalt ist für mich diese Darstellung, wo das Wort gleichsam ein Naturprodukt ist, wie ein Baum, wie eine Blume, wie das Meer, wie die Sterne, wie der Mensch selbst. Das sproßt, das fließt, das funkelt, das lächelt, man weiß nicht wie, man weiß nicht warum, man findet alles ganz natürlich. Das ist wirklich das Wort Gottes, statt daß andere Bücher nur von Menschenwitz zeugen. (B 7, 46).

In der klassischen deutschen Ästhetik hatte die Natur als Urgrund aller Dichtung gegolten. Indem Heine die »Tora« zum Naturprodukt erklärt, macht er sie zu einem autonomen Gebilde, setzt an die Stelle der natürlichen Produktivkraft die von ihrem göttlichen Schöpfer losgelöste Schrift als Ursprung aller Bedeutung und allen späteren Schreibens, während er andererseits Homer, der bisher als Archetyp der »Naturdichtung« galt, zu einem »Produkt der Kunst« abwertet.

In seinem Hymnus auf die Bibel als das »Vaterland« der Juden akzentuiert Heine insbesondere die Abwendung von der Realgeschichte. Über der Lektüre der Heiligen Schrift, so seine Beobachtung, ziehen die Stürme der Geschichte unbeachtet an den Juden vorüber. Ihre Hinwendung zur »Textgeschichte« mache sie immun gegen die Erschütterungen und »Revolutionen« der Staatensysteme. Auch diese ausschließliche Fixierung auf die Lektüre und Kommentierung der »Tora«, von der her das diasporische Judentum spätestens seit der zweiten Zerstörung des Tempels seine Identität definiert, wird schon im »Talmud« als dessen auszeichnendes Merkmal reflektiert. Im Traktat »Temura« wird dieser Aspekt sogar so sehr betont, dass die weltliche Geschichte der Eroberungen und Kriege als Ablenkungsmanöver von der eigentlichen Aufgabe des Menschen, der Versenkung in das Gesetz Gottes, erscheint:

---

11 Vgl. Gershom Scholem: Der Name Gottes und die Sprachtheorie der Kabbala. In: Judaica 3. Frankfurt a.M. 1970. S. 51: »das Wort Gottes, das in alle Welten gelangt, ist zwar unendlich bedeutungsschwanger, hat aber keine feste Bedeutung. Selber bedeutungslos, ist es das Deutbare schlechthin.«

> R. Jehuda sagte im Namen Rabhs: Als unser Meister Mose, in den Edengarten schied, sprach er zu Jehosua: Frage mich über alle Zweifel [d.h. unentschiedene Rechtsfragen], die du hast. Er erwiderte ihm: Meister, habe ich dich je auch nur eine Stunde verlassen und mich nach einem anderen Orte begeben? Du selbst hast ja von mir geschrieben: Und sein Diener Jehosua, der Sohn Nuns, ein Jüngling, wich nicht aus dem Zelte [Exodus 33,11]. [D.h. ich habe nichts zu fragen.] Da erschlaffte die Kraft Jehosuas, so daß er dreihundert Halakhoth vergaß und siebenhundert Zweifel ihm entstanden. Als nun ganz Jisrael ihn zu erschlagen sich aufmachte [weil er ihre Rechtsfragen nicht zu beantworten wusste], sprach der Heilige, gepriesen sei er, zu ihm: Sagen kannst du es ihnen nicht, geh und verwickle sie in einen Krieg. So heißt es: Und es geschah nach dem Tode Moses, des Knechtes des Herrn, da sprach der Herr ect.[12]

Wie immer im »Talmud«, so argumentieren auch hier die Schriftgelehrten mit Bezug auf die kanonischen Schriften. Das zuletzt angeführte Zitat ist dem »Buch Josua« (1,1) entnommen, wo Gott dem Nachfolger des Moses gebietet, über den Jordan zu ziehen und das Heilige Land zu erobern. Die Erzählung des »Talmud« erweist sich als ein Text voller dialektischer Widersprüche. Zunächst stellt er die Hybris des Jehosua heraus, der sich mit Moses, dem Vater des Gesetzes, auf einer Stufe wähnt und deshalb glaubt, auf weitere Unterweisung in der mündlichen Lehre verzichten zu können. Selbst Gott kann ihm nach Abschluss der Offenbarung, die allein Moses unmittelbar zuteil wurde, bei der Auslegung der »Tora« nicht helfen. Sie ist jetzt ganz und gar den Menschen überantwortet. Das Versagen des Jehosua als Schriftgelehrter zieht den Krieg nach sich, in dem Kanaan erobert wird, wobei sich das höchst anstößige Paradox ergibt, dass die Eroberung des Gelobten Landes im Nachhinein als Ablenkung von der eigentlich gebotenen Aufgabe, der Auslegung des göttlichen Gesetzes, interpretiert wird. Sehr deutlich kommt hier die Tendenz des diasporischen Judentums zum Ausdruck, den Besitz und das Studium der Bibel über den Besitz des Landes zu stellen und als den höchsten Wert des Lebens anzuerkennen. Deshalb wird die Episode in eine Schwellenzeit verlegt, in die Zeit nach Moses' Tod und vor der Eroberung Kanaans. In diesem kritischen Moment erweist sich der Schriftgelehrte als dem Krieger überlegen, wird das Gesetz zum Kanon der historischen Zeit gemacht.

Heine hat die Bibel im Geiste der rabbinischen Tradition gelesen. Durch sie hat er, wie er 1852 im Vorwort der zweiten Auflage von »Zur Geschichte der Religion und Philosophie in Deutschland« bekennt, seinen Weg zum Judentum gefunden.

> In der Tat, weder eine Vision, noch eine seraphitische Verzückung, noch eine Stimme vom Himmel, auch kein merkwürdiger Traum oder sonst ein Wunderspuk brachte mich auf den Weg des Heils, und ich verdanke meine Erleuchtung ganz einfach der Lektüre eines Buches – Eines Buches? Ja, und es ist ein altes, schlichtes Buch, bescheiden wie die Natur, auch natürlich wie diese; [...] und dieses Buch heißt auch ganz kurzweg das Buch, die Bibel. (B 5, 512)

---

12 Der Babylonische Talmud. Übers. von Lazarus Goldschmidt. Berlin 1937, Bd. 12, S. 49f. Zitat: Josua 1,1.

»Meine Erleuchtung« – damit ist zunächst und vor allem die späte Hinwendung des in der »Matratzengruft« Leidenden zu einer an keine Kirche gebundenen Religiosität gemeint. Insgeheim aber auch die Tatsache, dass er als Dichter sein spezifisches Schreibverfahren, mit dem er die europäische Literatur der Moderne begründet, an der Tradition der Lektüre und Auslegung der Heiligen Schrift geformt hat. Erst jetzt, da das Zeitalter des Buches sich seinem Ende zuneigt, können wir ermessen, was es heißt, dass die von Heine übernommene und weitergegebene Weisheit, durch die das »Volk des Buches« unter den Völkern der Welt sich auszeichnet, durch ihn auch zu einem bedeutenden Element der literarischen Moderne geworden ist.

IV.

Nach 1848 hat Heine die Prinzipien seiner selbstverständlichen und kontinuierlichen Identifikation mit dem Judentum, die zuvor seinen Werken unreflektiert zugrunde lagen, explizit ausgesprochen. In dem zu Beginn der 1850er Jahre geschriebenen Gedicht »Jehuda ben Halevy«, in dem er den spanisch-jüdischen Dichter des Liedes »An Zion« zum Vorläufer der eigenen literarischen Ambitionen stilisiert, tritt seine Intention mit aller Deutlichkeit hervor, die in der jüdischen Tradition ausgebildeten Formen der Kommentierung der Schrift in die deutschsprachige Literatur einzuführen.

Dabei kommt der breit ausgeführten Unterscheidung von »Halacha« und »Hagada« im ersten Teil des Gedichts besondere Bedeutung für dessen poetologische Aussage zu. In der traditionellen Erziehung des jungen Jehuda, in dessen »Studium des Talmuds« (I, 64),[13] spielen diese beiden Formen, welche die Kommentierung des kanonischen Textes der »Tora« im Judentum angenommen hat, eine gleichgewichtige Rolle. Heine nimmt die Jugendgeschichte des Dichters zum Anlass, um die Differenz der beiden Ausdrucksformen verständlich zu machen und aus ihr die beiden Seiten des schriftstellerischen Charakters seines Vorbilds abzuleiten. Die »Halacha«, den normativen, die Religionsgesetze behandelnden und auslegenden Teil der »mündlichen Lehre«, vergleicht er einer

> Fechterschule, wo die besten
> Dialektischen Athleten
> Babylons und Pumpedithas
> Ihre Kämpferspiele trieben. (I, 69-72)

Die »Hagada« aber, die erzählerischen Teile des »Talmud«, beschreibt er als »einen Garten, hochphantastisch« (I, 87) und vergleicht sie in einem breit ausgeführten Gleichnis mit den hängenden Gärten der Semiramis. Durch das Studium der »Halacha« habe Jehuda sein polemisches Talent entwickelt und sei so zum Autor des

13 Zit. m. Nummer des Abschnitts und Verszahl nach B 11, 129-158.

»Buch[es] Cosari« (I, 76) geworden, einer religionsphilosophischen Darstellung des Judentums in Dialogen. Durch die »Hagada« hingegen sei er ergriffen worden

> von der wilden,
> Abenteuerlichen Süße,
> Von der wundersamen Schmerzlust
>
> Und den fabelhaften Schauern
> Jener seligen Geheimwelt,
> Jener großen Offenbarung,
> die wir nennen Poesie. (I, 138-144)

Es ist evident, dass der Doppelcharakter von Jehudas dichterischem Genius, den Heine aus dem Studium des »Talmud« herleitet, seine polemische und zugleich poetische Begabung, ebenso auf ihn selbst zutrifft. Als Polemiker wie als Lyriker steht auch er in der spezifischen Tradition der jüdischen Schriftauslegung. Er bestimmt demnach hier sein eigenes Schreiben als das Ergebnis eines Säkularisierungsprozesses, als die Umsetzung religiöser Diskursformen ins Literarische. Erstaunlich, dass er dabei schon die zentralen Kategorien herausarbeitet, die 50 Jahre später Chaim Nachman Bialik in seinem von dem jungen Gerhard Scholem ins Deutsche übertragenen Essay »Halacha und Aggada« zur theoretischen Grundlage der kulturzionistischen Erneuerung machen sollte.[14]

Aus der »Tora« leitet Heine folgerichtig auch seine neue Bestimmung von Funktion und Aufgabe des Dichters ab. Nach ihm war Jehuda Halevy:

> Stern und Fackel seiner Zeit,
> Seines Volkes Licht und Leuchte,
> Eine wunderbare, große
>
> Feuersäule des Gesanges
> Die der Schmerzenskarawane
> Israels vorangezogen
> In der Wüste des Exils. (I, 153-160)

Wie zur Zeit seiner Arbeit am »Rabbi von Bacherach« interpretiert er Dichtung hier im Medium der Werke seines spanisch-jüdischen Vorbilds als Ausdruck des »großen Judenschmerzes«[15] und zugleich als Wegweisung im Exil. Der Dichter übernimmt dabei die Rolle des Propheten, des Mahners seines Volkes, weshalb Jehuda auch ausdrücklich mit Jeremias und dessen Lamentationen über den Fall Jerusalems

---

14 Scholems Übersetzung wurde zunächst in der von Martin Buber herausgegebenen Zeitschrift »Der Jude« (4. Jg., 1919-20, S. 61-77) publiziert, dann in: Chaim Nachman Bialik: Essays. Berlin 1925, S. 82-107. Die hier entwickelten Kategorien spielen in den 1930er Jahren in der Diskussion zwischen Scholem und Walter Benjamin über die Interpretation von Franz Kafkas Schriften eine zentrale Rolle.

15 Heinrich Heine an Moses Moser. Brf. v. 18. Mai 1823: »Sehr drängt es mich in einem Aufsatz für die Zeitschrift [des Vereins für Cultur und Wissenschaft des Judentums] den großen Judenschmerz (wie ihn Börne nennt) auszusprechen.«

verglichen wird (III, 200). Mehr noch: Die durch den Strophensprung hervorgehobene zentrale Bestimmung des Dichters als »Feuersäule des Gesanges« übernimmt aus der »Tora« (2 Moses 13,21f.) die Beschreibung der Erscheinungsweise Gottes, der sein Volk durch die Wüste führt, um sie auf den Autor zu übertragen. Auch hier also Säkularisierng im eigentlichen Sinne: Während im ersten Zug durch die Wüste Gott selber seinem Volk noch den Weg weist, ist er in der späteren Geschichte Israels in der Diaspora, die diesen ersten archetypischen Exodus wiederholt, unsichtbar geworden. An seine Stelle ist – so Heine – der Dichter getreten.

Heines Großgedicht hat mit all seinen Exkursen und assoziativen Weiterungen seine Einheit darin, dass es als Metamorphose der Dichtergestalt fungiert. Neben dem mit seinem Leben und Werk ausführlich dargestellten Jehuda Halevy[16] zeichnet Heine im vierten Abschnitt der Romanze als Seitenfiguren seines Triptychons das Bild von dessen Zeitgenossen »Iben Esra und Gabirol« (IV, 60). Beide werden als Dichter geschildert, die in ihrer Kunst der Troubadourlyrik ihrer christlichen Umgebung ebenbürtig, als Menschen aber – wie ihr Volk – heimatlos und elend waren. Die Phänomenologie der Verwandlungen der Dichtergestalt wird dadurch vervollständigt, dass Heine auch das antike mythologische Urbild des Dichters, den Gott Apollo, mit einem ironischen Zitat des Daphne-Mythos aus Ovids »Metamorphosen« als einen solchen vom Unglück verfolgten Sänger hinstellt. Als weitere Projektionsfigur erscheint neben dem Propheten Jeremias das mythische Urbild aller Sänger, Orpheus, der durch seinen Gesang die wilden Tiere zähmt (III, 201-204). Mit diesen Figuren werden die Kontexte evoziert, die Heines Auffassung vom Dichtertum begründen: der antike Mythos wie die jüdische Tradition der »Tora«, die neuzeitliche Literatur und die eigene leidvolle Erfahrung als kranker, wegen seines Judentums diskriminierter Dichter im Pariser Exil.

Heines Neudefinition des Dichtertums ist eingebettet in den Versuch einer radikalen Neuorientierung der kulturellen Überlieferung. Mit der Geschichte von der Perlenkette und dem Kästchen, das seit Alexander dem Großen von Generation zu Generation weitergegeben wird und in das er statt der Gesänge Homers das »Perlenthränenlied«[17] des Jehuda Halevy legen möchte, stellt Heine als sein Vermächtnis die Forderung an die deutsche Literatur, die jüdische Tradition als vollwertigen Bestandteil der deutschsprachigen Kultur zu erkennen und anzuerkennen. Und setzt sie in seinem eigenen Gedicht zugleich in die Tat um, indem er es als

16 Heines Hauptquelle, Michael Sachs: Die religiöse Poesie der Juden in Spanien. Berlin 1845 nennt den Dichter richtig »Jehudah ben Samuel Hallewi« (S. 287), während Heine fälschlicherweise »Halevy« zum Patronym macht.

17 Heine variiert das Motiv drei Mal: »Denn es sind die Thränenperlen / Des Jehuda ben Halevy« (B 3,169f.); »Perlenthränen, die verbunden / Durch des Reimes goldnen Faden« (B 3, 173f.), »Perlenthränenlied« (B 3, 177). Mit dieser dreifachen Akzentuierung unterstreicht er noch einmal die poetologische Dimension der Erzählung von der Perlenkette Alexanders. Andererseits ist sie eine kontrastierende Anspielung auf Goethes berühmte Verse »Die schön geschriebenen« aus dem »West-östlichen Divan«, in denen die gesammelte Liebeslyrik ebenfalls als dichterische Perlenkette bezeichnet wird. So gesehen, definiert Heine seinen »Romanzero« auch als einen Anti-Divan.

erzählerischen Kommentar des »Psalms« 136 anlegt, den er zu Beginn des ersten und zweiten Abschnitts seines Gedichts zitiert: »Bei den Wassern Babels saßen wir / Und weinten«. (II, 1f.)

V.

Was das Judentum dabei inhaltlich für ihn bedeutet, hat er in den 1854 geschriebenen »Geständnissen« als sein geistiges Testament der Nachwelt hinterlassen. Auch in diesem späten Text betont er noch einmal, dass er die »Wiedererweckung [s]eines religiösen Gefühls« der Lektüre der Bibel verdankt (B 11, 499f.). Es sei das Verdienst der Juden, dieses Buch durch die Jahrhunderte gerettet und der Nachwelt überliefert zu haben. Für die Juden selbst sei es damit im Exil zum »portativen Vaterland« geworden (B 11, 483), dessen kontinuierliche Lektüre sie vor der Versuchung bewahrt habe, einen territorialen Machtstaat zu gründen. Die Beschäftigung mit der Heiligen Schrift als Grundlage des Zusammenhalts und der Identitätsbildung des eigenen Volkes erweist sich im Laufe der Geschichte – das ist Heines Überzeugung – der auf Krieg und Gewalt gegründeten Herrschaftsausübung überlegen. Sie hat das Überleben der Juden in Diaspora garantiert, während die großen Reiche der Antike längst untergegangen sind. Im Vergleich zu ihnen zeichnet Heine in seiner Hymne auf Israel ein idyllisches Bild des eigenen Volkes: »Israel saß fromm unter seinem Feigenbaum und sang das Lob des unsichtbaren Gottes und übte Tugend und Gerechtigkeit.« (B 11, 486)

Von seinem Verständnis des Judentums her entwirft Heine die Utopie einer Menschheitserziehung durch die Bibel. Im Gegensatz zur hierarchisch gegliederten, auf der geistigen Autorität des Papstes und der Bischöfe aufgebauten katholischen Kirche beruft er sich dabei auf die Tradition der mündlichen Lehre, nach der jeder der »Tora« und »Talmud« studiert, aufgerufen ist, zu deren Auslegung beizutragen und damit die Überlieferung nicht abreißen zu lassen. Diese Mitarbeit an der Kommentierung des kanonischen Textes ist es, die nach Heine »die große Demokratie« hervorbringt, »wo jeder Mensch nicht bloß König, sondern auch Bischof in seiner Hausburg sein soll«. (B 11, 485) Die Verwirklichung einer republikanischen Verfassung, die Heine vor 1848 mit politischen Mitteln zu erreichen hoffte, überantwortet er nunmehr dem Studium der Texte, in denen die Vorväter ihre Erfahrungen niedergeschrieben haben. In diesem Sinne kann das »Volk Gottes« für ihn »allen anderen Völkern als Muster, ja der ganzen Menschheit als Prototyp dienen«. (B 11, 481)

Das Volk Israel, das Heine zugleich als vorbildliche Verkörperung und als Garant dieser herrschaftsfreien Gesellschaftsordnung gilt, erscheint jedoch auch in den späten »Geständnissen« nicht so sehr als eine Schöpfung Gottes, sondern als die des Gesetzgebers Moses, der als »Künstler« mit ihm ein Werk von ewiger Dauer geschaffen habe: »Er nahm einen armen Hirtenstamm und schuf daraus ein Volk, das ebenfalls den Jahrhunderten trotzen sollte, ein großes, ewiges, heiliges Volk [...] er schuf Israel!« (B 11, 481) Um diese durch Moses geschaffene Sonderstellung des jüdischen Volkes zu begründen, beruft sich Heine keineswegs auf religiöse Glaubenssätze. Vielmehr führt er sie – aufgeklärter Jurist der er ist – auf die von Moses geschaffene Rechts- und Eigentumsordnung Israels zurück, die er positiv gegenüber dem in Europa herrschenden räuberischen Römischen Zivilrecht hervorhebt. Moses »suchte das Eigentum in Einklang zu bringen mit der Sittlichkeit, mit dem wahren Vernunftrecht, und solches bewirkte er durch die Einführung des Jubeljahres.« (B 11, 487) Diese in »Leviticus« (25) verfügte Gesetzesnorm, nach der alle 50 Jahre die ursprünglichen Verhältnisse im Grundbesitz wiederhergestellt, alle Schulden erlassen und alle Sklaven freigelassen werden sollten, garantiert nach Heine die gleichmäßige Besitzverteilung und damit zugleich die »Freiheitsliebe« unter den Juden. Der todkranke Dichter spricht nicht von Religion, sondern nennt Moses als Gesetzgeber der Freiheit den »großen Emanzipator«, als Schöpfer der jüdischen Eigentumsordnung gar einen »Sozialisten«. (B 11, 487 bzw. 488)

Das riecht nicht nach »Glaubenspisse«, gründet vielmehr in einer genuin materialistischen Gesellschaftsanalyse. So ist es auch nicht verwunderlich, dass Heine in einer äußersten Zuspitzung seiner Position den Ursprung der »Tora« nicht mehr Gott zuschreibt, sondern dem Menschen Moses. Er befindet sich damit in Einklang mit der radikalen anthropologischen Tendenz, mit der die mündliche Lehre des Judentums den Menschen, der die Schrift auslegt, als den Urheber der Gebote auszeichnet. Der Hymne auf das Volk Israel entspricht so in den »Geständnissen« die Aura, in die Heine Moses als dessen Schöpfer hüllt:

> »Welche Riesengestalt! [...] Wie klein erscheint der Sinai, wenn der Moses darauf steht! Dieser Berg ist nur das Postament, worauf die Füße des Mannes stehen, dessen Haupt in den Himmel hineinragt, wo er mit Gott spricht – Gott verzeih mir die Sünde, manchmal wollte es mich bedünken, als sei dieser mosaische Gott nur der zurückgestrahlte Lichtglanz des Moses selbst, dem er so ähnlich sieht, ähnlich in Zorn und Liebe.« (B 11, 480)

In dem von Moses geschaffenen »Volk des Buches« hat Heine als junger Mann seine Identität als Jude gefunden, mit ihm hat er sie bis ans Ende bewahrt.

Die Wiederkehr der Religion

Heine aus amerikanischer Perspektive

Roger F. Cook

An einer wohlbekannten Stelle in »Die Stadt Lucca« behauptet Heine, dass »die Gewerbefreiheit der Götter« (B 3, 518) das einzige Mittel sei, die Religion zu retten. Er erklärt dann weiter: »Wie den Gewerben ist auch den Religionen das Monopolsystem schädlich, durch freie Konkurrenz bleiben sie kräftig« (B 3, 518). Heine vertritt diese These im Kontext einer ausführlichen Denunzierung der Staatsreligion als einer »Mißgeburt«, die Verketzerung, Gesinnungsspionage und falsche Privilegien hervorbringt und auf diese Weise das wahre Christentum verdirbt. Die in »Die Stadt Lucca« geforderte Trennung von Kirche und Staat fasste allerdings weder in Deutschland noch überhaupt im alten Europa Fuß, sondern fand fruchtbaren Boden erst in den neuen Staaten Nordamerikas. Mit dieser Trennung gab es im Verlauf des 19. Jahrhunderts in Nordamerika eine freie Konkurrenz von religiösen Ideen und eine Versplitterung der alten europäischen Staatsreligionen in einige protestantische Sekten. Und wie Heine an der gleichen Stelle in »Die Stadt Lucca« andeutet, führte der Wettbewerb unter diesen verschiedenen religiösen Vorstellungen zu einer erhöhten spirituellen Begeisterung und einer stärkeren Opferbereitschaft der Gläubigen.

Dabei offenbart ein Blick auf die zweite Hälfte des vergangenen Jahrhunderts auf welche beinahe groteske Art sich Heines »Gewerbefreiheit der Götter« im Kontext eines postmodernen Kapitalismus amerikanischer Art gewandelt hat. Besonders während der letzten zwei Jahrzehnte verzeichnet man in den USA die zunehmende Bildung großer religiöser Gemeinschaften. Bei diesen sogenannte Mega-Churches kommen die modernsten betriebswirtschaftlichen Konzepte aus der Arbeits- und Organisationspsychologie zur Anwendung. Grundsätzlich zeigen diese Kirchen selbst wenig Berührungsängste mit wirtschaftsspezifischer Terminologie – ganz im Gegenteil, sie bezeichnen ihre Bewegung als »free market religion«.

Auf gewisse Weise hat dieser aus Amerika stammende, jetzt aber bereits weltweit agierende Neoevangelikalismus Heines Idee von der Gewerbefreiheit der Götter in die Tat umgesetzt. In dieser Arbeit analysiere ich vor dem Hintergrund der Neoevangelikalen, wie die grotesken Züge in der Darstellung konkurrierender Götter in Heines Spätschriften bestimmte Parallelen mit der Kirche im postmodernen Zeitalter aufweisen.

Schon zur Zeit der »Reisebilder« zeigt Heine eine Ambivalenz im Hinblick auf die freie Wahl von Göttern. In »Die Götter Griechenlands« verkündet der Dichter, dass er für »das gute ambrosische Recht« der verdrängten Götter kämpfen möchte, wenn er »bedenke, wie feig und windig / Die Götter sind« (B 1, 207), die sie besiegt haben. Allerdings beschließt er seine Erklärung mit einer Einschränkung. Die besiegten griechischen Götter könnten zu jeder Zeit die Seiten wechseln und als

Sieger hervorgehen, ohne Rücksicht auf die Unterdrückten der Erde zu nehmen. Der Mensch besitzt dagegen die Fähigkeit, sich auf die Seite der Besiegten zu stellen, und erweist sich dadurch als moralisch überlegen.

In dem kurzen Text »Verschiedenartige Geschichtsauffassung« findet diese Ambivalenz gegenüber den griechischen Göttern ihre geschichtsphilosophische Entsprechung. Wenn nämlich die griechischen Götter als die siegreichen Bewohner Olymps noch einmal ihr sinnliches Genussleben aufnehmen könnten, würden sie die Ideale der Humanitätsschule und die Idee von einem progressiven Geschichtslauf preisgeben. Dabei würden sie die revolutionäre Kraft einbüßen, die Heine ihnen in seiner optimistischen Phase der 1830er Jahre zuschreibt. Heines Formulierung dieser Humanitätsidee liest sich folgendermaßen: Die griechischen Götter würden den »höheren gottähnlichen Zustande des Menschengeschlechtes« (B 5, 22) im Stich lassen, um in zurückgezogener Selbsterfüllung dem Leben als Selbstzweck nachzugehen. In den zum Teil utopischen Schriften aus dieser Zeit gewinnt die Wiederkehr der besiegten Hellenen einen anderen Sinn. Als Mythos leistet sie Widerstand gegen die auf Religion gestützte Hegemonie einer priviligierten Klasse, die ihren Erfolg dem Elend des Volkes verdankt.

Dabei findet das demokratische Recht auf Lebensglück seine religiöse Entsprechung in einem Pantheismus, dessen utopischer Endpunkt »eine Demokratie gleichherrlicher, gleichheiliger, gleichbeseeligter Götter« (B 5, 570) sei. Wie in »Die Stadt Lucca« wendet sich Heine auch in dieser berühmten Stelle von »Zur Geschichte der Religion und Philosophie in Deutschland« gegen die irrige Meinung, dass eine solch große Auswahl von Göttern zur Gleichgültigkeit unter den Gläubigen führen würde (B 5, 570). Ganz im Gegenteil würde diese Vielzahl es ermöglichen, dass jedes Individuum gerade jene Gottheit verehren könnte, die seinen Anspruch auf materielles Glück und Selbsterfüllung anerkennt. Führt man diese Idee bis zum logischen Endpunkt hin, heißt demnach Pantheismus, dass Gott in allen Dingen sei. Aus der Perspektive von Heines nachchristlicher Eschatologie wird »Die Kirche von dem dritten, / [...] neuen Testament« nicht mehr der Dialektik der Geschichte ausgesetzt. »Das Leid ist ausgelitten. / Vernichtet ist das Zweierlei,« heißt es in »Seraphine Nummer VII« der »Neuen Gedichte«. Seine Schlussverse bieten eine romantische Apotheose eines solchen Pantheismus: »Und Gott ist alles was da ist; / Er ist in unsern Küssen« (B 7, 325).

In dieser begeisterten Harmonsierung von christlicher Religion und progressivem Geschichtsbild sieht man eine erste kuriose Parallele zu den Neoevangelikalen. Deren Geistliche verkünden den Glaubensgenossen einen vergleichbaren Triumph, ohne dabei jedoch irgendwelche Ironie oder Selbstreflexion spüren zu lassen. Im Jahr 2005 zum Beispiel jubelte der evangelikale Pfarrer Joel Osteen unter dem Beifall einer Kongregation von 16.000 Gläubigern in einer ehemaligen NBA-Arena und dem jetzigen Heim seiner Lakewood-Mega-Church: »You guys look like victors, not victims.«[1]

---

1 John Leland: A Church That Packs Them In, 16.000 at a Time. In: The New York Times v. 18.07.2005.

Im Kontext von Heines negativem Geschichtsbildes der Spätzeit gewinnt seine Idee der Gewerbefreiheit der Götter einen wesentlich veränderten Sinn gegenüber der Zeit seines revolutionären Optimismus der 1830er Jahre. Nach der Lebenskrise von 1848 kehrt Heine zum Thema der griechischen Götter zurück, wobei er sie jedoch in Konkurrenz zu einem freigewählten, persönlichen Gott aus der jüdisch-christlichen Tradition setzt. Auch in diesem Zusammenhang ergibt sich eine kuriose Parallele zu den Neoevangelikalen. Bei der »Wiederkehr zu Gott«, womit einige Zeitgenossen die in Heines späten Texten gewandelte Haltung zur Religion charakterisierten, handelt es sich einerseits um sein eigenes Wohlsein. In dieser Hinsicht gibt es eine gewisse Übereinstimmung mit der Religion des freien Marktes der Neoevangelikalen. Andererseits hatte Heine keine realistische Hoffnung, selber noch einmal ein schönes Leben genießen zu können, während für die Neoevangelikalen die freie Wahl eines Leben stiftenden Gottes die Verbesserung des Lebens auf Erden zu Folge hat. Wenn aber Heine seiner Skepsis gegenüber einem wohlwollenden Gott freien Lauf lässt, geht es um viel mehr als nur eine auf das Individuum begrenzte Selbstverwirklichung. Er fordert von seinem neugewählten persönlichen Gott eine Antwort auf die Kompetenzfrage: Verdient ein Gott, der keine Gerechtigkeit in der politischen und sozialen Ordnung zu gewährleisten vermag, unsere Hingebung? Diese Herausforderung steht nun im augenfälligen Gegensatz zum Optimismus der Neoevangelikalen. Deren Optimismus gründet sich jedoch überwiegend auf einer negativen Teleologie, deren Wurzeln mit dem skeptischen Geschichtsbild in Heines Spätwerk verwandt sind. Während die Anhänger der Neoevangelikalen Mega-Churches die traditionelle christliche Eschatologie akzeptieren, verschieben sie gleichsam das apokalyptische Weltende auf einen unbestimmten zukünftigen Zeitpunkt. Dabei wird das innere Beteiligtsein an einem solchen apokalyptischen Weltszenario Ersatz für alles Soziale.

Die ethische Rechtfertigung einer Loslösung vom Sozialen benötigt aber mehr als nur ein eschatologisches Endspiel. Sie verlangt nach einem neuartigen soziokulturellen Weltbild, das die christliche Sozialethik effektiv ersetzt und dadurch dem neuen Christen ermöglicht, unbelastet von traditionellen Vorbehalten nach materiellem Besitz zu streben. In der Tat lassen sich solche Ideen bereits in dem massiv auftretenden Phänomen der Mega-Churches nachweisen. Wie der deutsche evangelische Pfarrer Richard Ziegert feststellt, bildet diese Bewegung »eine individualisierte und kommerziell betreute ›Glaubensentfaltung‹ ohne Kirche, ein von freien Religionsunternehmern veranstaltetes christlich-religiöses Geschäft.«[2] Dieser christliche Eingriff in die kapitalistische Lebensform basiert auf der Prämisse, dass der globale Sieg einer marktwirtschaftlich organisierten Demokratie eine ausreichende Bedingung für den materiellen Lebensunterhalt der gesamten Weltbevölkerung sei. Die entsprechende Geschichtsdeutung liefert Francis Fukuyamas These

2 Richard Ziegert: Wohin entwickelt sich der Protestantismus? In: Pfälzisches Pfarrerblatt. http://www.pfarrerblatt.de/text_52.htm (letzter Zugriff: 01.05.2007). Ein überarbeitetes Vortragsmanuskript vom Vortrag am 12. Mai 2004 am Konfessionskundlichen Institut Bensheim.

vom Ende der Geschichte, die im Gegensatz zum imaginären Szenario vom apokalyptischen Weltende die Lebenseinstellung der Neoevangelikalen effektiv stützt.[3]

Mitte des 19. Jahrhunderts erlebte Heine die gescheiterte Revolution als eine Wende im Verlauf europäischer Geschichte, die bereits auf Fukuyamas These von deren Ende hindeutet. Allerdings ergibt sich für Heine aus dem negativen Geschichtsbild seiner Spätschriften nicht das Ende der Geschichte selbst. Das heißt, trotz seiner tiefen Skepsis gegenüber jedem teleologischen Konstrukt bewahrt er sich seinen Fortschrittsglauben in der Geschichte. Expliziter formuliert lag für Heine nach dem Scheitern der liberalen Bewegung die bestimmende Machtstruktur der nachrevolutionären Zeit in einer »globalen Geldherrschaft der Moderne.«[4] Aus dieser gemeinsamen Fundierung heraus wird die Verbindung zwischen den grotesk gestalteten Göttern in Heines Spätschriften und der entfremdenden Christlichkeit der Neoevangelikalen evident. Dabei ist anstatt einer »Wiederkehr zu Gott« vielmehr eine Wiederkehr göttlicher Figuren festzustellen.

Ein kurzer Blick auf »Die Götter im Exil« soll die gemeinsamen Facetten dieser zwei dem Anschein nach divergierenden Gestaltungen des Grotesken verdeutlichen. In dieser späten Prosaschrift kehrt Heine mit den drei Legenden griechischer Götter in den deutschen Ländern zum Thema der Gewerbefreiheit der Götter zurück. Im Zeitgeist des Nachmärz haben sich Bacchus und Merkur an die modernen Machtverhältnisse angepasst, um sich aus Eigeninteresse bescheidene Vorteile zu sichern. In der ersten Legende lebt der Gott Bacchus in Tirol, wo ein junger, frommer Fischer ihn jedes Jahr zu einem am anderen Ufer gefeierten Bacchanale überfährt. Als der Fischer schließlich im siebten Jahr entdeckt, was dort eigentlich stattfindet, fühlt er sich verpflichtet, dies dem Superior des naheliegenden Klosters zu erzählen. Zu seinem grossen Erstaunen erfährt er jedoch, dass der Superior und der als Mönch vermummte Bacchus ein und derselbe sind. Außerdem sind der geile Priapus und der fette Silenus, die Bacchus jedes Jahr im Boot begleitet haben, der Keller- bzw. Küchenmeister im Kloster. Die letzte Szene in Heines Legende des Nachlebens von Bacchus geht über die in diesem Zusammenhang übliche Dämonisierung griechisch-antiker Götter hinaus. In Heines Szenario ist es den vermummten Genießern der freien Sinnlichkeit und des Rausches gelungen, sich der katholischen Kirche in einer Weise anzupassen, die ihnen – wenn auch nur einmal im Jahr – die Fortführung ihrer heidnischen Orgien (und Rituale) im Geheimen erlaubt. Anstatt für das Recht auf Lebensglück für alle zu kämpfen, eine Rolle, die in Heines früheren Schriften zur Mythologie die verbannten griechischen Götter symbolisierten, sind Bacchus und seine Begleiter jetzt darauf bedacht, ihr letztes, armseliges Stückchen Freiheit für sich zu bewahren. Sie sind kirchliche Herren geworden, im Sinne der Verfasser des alten Entsagungsliedes in »Deutschland: Ein Wintermärchen«, in dem es heißt, sie »tranken heimlich Wein / Und predigten öffentlich Wasser« (B 7, 578).

---

3 Francis Fukuyama: The End of History and the Last Man. New York 1992, S. 328ff.

4 Christian Liedtke: »...es lachten selbst die Mumien«. Komik und grotesker Humor in Heines »Romanzero«. In HJb. 43 (2004), S. 25.

In der zweiten Legende unternimmt Merkur die Überfahrt verstorbener Seelen an der ostfriesischen Küste. Als ehemaliger griechischer Gott der Kaufleute fühlt er sich wohl unter diesen Nordseemenschen, die sich hauptsächlich um Geld und Handeln kümmern, ohne Grauen bei dem gespenstischen Charakter ihres Geschäfts zu verspüren. Die als holländischer Kaufmann verkleidete Figur des Merkur ist für diese Aufgabe hervorragend geeignet. Er hat sich jetzt vollkommen von seiner Rolle als griechischer Gott der Diebe losgesagt und begnügt sich damit, sich das Eigentum anderer durch die legitime Laufbahn eines Kaufmanns anzueignen. Sein Erfolg dabei signalisiert, dass sinnvolles Handeln im Zeitalter einer alles beherrschenden freien Marktwirtschaft einzig in der Verfolgung privater kommerzieller Interessen besteht. Bezogen auf den Begriff der Gewerbefreiheit der Götter ist folglich ein Bedeutungswandel erkennbar – die Götter sind nunmehr frei, Gewerbe zu treiben.

Allein in der dritten Legende verweigert der griechische Gott die Anpassung an die prosaischen Verhältnisse der Moderne. Jupiter hat sich auf eine abgelegene Insel über dem Polarkreis zurückgezogen, weil er nicht bereit ist, die Pracht und Größe des hellenischen Zeitalters als verloren aufzugeben. Seit dem Sieg des Christentums lebt er dort in totaler Abgeschiedenheit von der zivilisierten Menschenwelt. Für lange Zeit ist er ohne Kontakt mit der modernen Welt, bis ein russischer Walfischfänger vor 100 Jahren durch einen Nordsturm zur Insel getrieben wurde – und auch danach ist jeglicher Kontakt wieder unterbrochen. Die Diskrepanz zwischen seinem ehemaligen Glanz und der jetzigen Isolierung wird in den grotesken Gestalten der ihn begleitenden Tiere verkörpert. Den Berichten der Seeleuten nach hat sein Adler zwar noch »die langen struppigen Federkiele seiner Flügel« (B 11, 419), ist aber sonst ganz nackt. Seine Ziege ist alt und haarlos, hat jedoch »noch volle Milcheutern mit rosig frischen Zitzen« (B 11, 419).

Ein Vergleich mit einem anderen Gott im Exil aus den Spätschriften erklärt den Sinn dieser grotesken Facetten. Als Jupiter einen der Seemänner belauscht, der in ihm entweder ein Gespenst oder einen bösen Dämon vermutet, erwidert Jupiter: »ich bin weder ein Gespenst noch ein böser Dämon; ich bin ein Unglücklicher, welcher einst bessere Tage gesehen« (B 11, 419). Das Gegenbild zu Jupiter bildet der aztekische Kriegergott Vitzliputzli, der Held von Heines epischem Gedicht im »Romanzero«. Nachdem die Spanier das aztekische Reich durch Trug und Grausamkeit erobert haben, schwört Vitzliputzli, sich in einen Teufel zu verwandeln und sein geliebtes Mexiko an Europa zu rächen. Während der witzig-dämonischer Vitzliputzli im Untergrund gegen die reaktionären Mächte des christlichen Europas kämpft, hat Jupiter weder den Willen noch die Kraft, weiteren Widerstand zu leisten. Auch wenn er sich im Gegensatz zu dem opportunistischen Bacchus nicht angepasst hat, hat der alte Herrengott keine Hoffnung mehr, gegen die christlichen Sieger einen heimlichen Kampf führen zu können.

Jupiters Selbstcharaktersierung hat aber auch autobiografische Züge. Nach dem körperlichen Zusammenbruch im Frühjahr 1848 hat Heine sich selbst gelegentlich als einen Unglücklichen bezeichnet, der bessere Tage gesehen hat. Obwohl dies sich in erster Linie auf seinen körperlichen Zustand bezieht, deutet es auch auf die herbe Kritik, die er nach der gescheiterten Revolution einstecken musste. Insbesondere war er wegen des angeblichen Verrats an der liberalen Bewegung der Verleumdung durch Gleichgesinnte ausgesetzt. Eine kurze Allegorie, eingefügt in die Jupiterlegende, spielt indirekt auf Heines Kritiker an, speziell in Bezug auf die Kritik an seinen Äußerungen über Gott. Es geht um die Wale, die sich wegen der Herrlichkeit der riesigen Polareismassen wie Betende an den Eiswänden aufstellen und den Schöpfer anbeten, so zumindest geht es aus dem Bericht eines holländischen Missionars hervor. Aber Niels Andersen, der fiktive Walfischjäger und des Erzählers Quelle für die Jupiter-Legende, lehnt diese Deutung ab. Er versichert, dass das Verhalten der Wale keine religiöse Bedeutung hat. Mit dem nüchternen Sinn der Nordseemenschen erkärt er, dass sich Wasserratten in der Fettschicht unter der Haut der Wale einnisten und diese größten und schönsten der Tiere quälen. Nur um sich zu kratzen und die durch die Wasserratten entstandene Qual zu lindern, lehnen die Wale sich an die scharfen Kanten der Eiswände. Diese kleine Geschichte gewinnt erst autobiografische Bedeutung, wenn der Erzähler sie in Verbindung mit Jupiter bringt. Er vergleicht diese Wasserratten mit denjenigen, die in der alten Heimat den einstigen König der griechischen Götter verleumden. Dabei, so klagt der Erzähler, wird Jupiter von solchen »schnöden Ratten« unaufhörlich geplagt – und auch ihm »fehlt [...] der Trost der Religion« (B 11, 422). Mit dieser Anekdote antwortet Heine vor allem all jenen Kritikern, die ihn wegen seiner sogenannten Wiederkehr zu Gott denunziert haben. Impliziert wird damit, dass die direkten Appelle an einen Gott in Heines Spätschriften kein Flehen nach persönlichem Trost sind. Sondern als moderne Job-Figur initiiert er eine rhetorische Auseinandersetzung mit dem Herrgott, der den Leidenden auf Erden trösten sollte. Dies steht im starken Kontrast zu den Neoevangelikalen, in deren Interpretation christlicher Theologie die Figur des biblischen Gottes fast spurlos verschwindet. Auf blasphemische Weise fordert Heine im Spätgedicht »Laß die heilgen Parabolen« diesen Gott heraus und stellt sogar dessen Macht in Frage:

> Suche die verdammten Fragen
> Ohne Umschweif uns zu lösen.
>
> Warum schleppt sich blutend, elend,
> Unter Kreuzlast der Gerechte,
> Während glücklich als ein Sieger
> Trabt auf hohem Ross der Schlechte?
>
> Woran liegt die Schuld? Ist etwa
> Unser Herr nicht ganz allmächtig?

Nicht nur stellt Heine diesen Gott in Frage, er beschuldigt ihn auch letztlich, sich aus dem Staub gemacht zu haben, und dabei die Gerechten der Welt ohne Zuflucht verlassen zu haben. Wie die Figur des Merkur im Nordmeer suggeriert, hat der angeblich allmächtige Gott die Welt der globalen Geldherrschaft der Moderne einfach überlassen.

Mittels der stark grotesken Beschreibung der Götter im Exil verweist Heine auf jene Ambivalenz, die er bereits in »Die Götter Griechenlands« geäußert hatte. Jetzt allerdings hat sich das Bedenken, das er damals beim Parteiergreifen für die besiegten griechischen Götter äußerte, in Mitleid verwandelt. Am Ende von »Die Götter im Exil« spricht der Erzähler die Leser direkt an, um zu erklären, warum er gegen alle Vernunft Mitgefühl für den närrischen Jupiter empfindet. Zuerst zeigt er Verständnis für die Nachfahren von jenen Ochsen, die auf dem Altar Jupiters geschlachtet wurden, und für die Schadenfreude, die sie sicherlich bei solch lächerlichem Schauspiel auf der Kaninchen-Insel fühlen müssten. Aber der Erzähler stellt sich auf die Seite anderer Leser: »Uns aber, die wir von keinem Erbgroll befangen sind, uns erschüttert der Anblick gefallener Größe, und wir widmen ihr unser frömmigstes Mitleid« (B 11, 423). Durch diese rhetorische Nuance verweist Heine auf die ausweglose Wahl zwischen hellenischer Lebensfülle, die auf der Unterdrückung anderer gegründet ist, und dem nivellierenden Anspruch auf Gleichheit, die solche Lebensgröße negiert.

Wenn Heine sich vorsichtig auf die Seite Jupiters stellt, heißt das natürlich nicht, dass er den Wunsch hegt, zu einer auf immanenten Privilegien basierten Lebenswelt zurückzukehren. Die Bevorzugung Jupiters steht vor dem Hintergrund einer alles dominierenden Tyrannei des Gewerbes, die sowohl den mitmachenden Merkur wie auch den sich abwendenden Hauptgott mit grotesken Zügen ausstattet.

Als Schlussthese lassen sich die Berührungspunkte zwischen Heines Version der Gewerbefreiheit der Götter nach 1848 und den grotesken Erscheinungsformen der neo-evangelikalischen Kirche wie folgt formulieren. Im Falle der postmodernen Mega-Churches wird eine Theodizee aufgezeigt, die in der neoliberalen Verklärung der globalisierten Marktwirtschaft gegründet ist. Das heißt sie glauben, durch ihre neuartige Christlichkeit den unvereinbaren Gegensatz zwischen universellem Anspruch auf Lebensrechte und Streben nach individuellem Glück aufheben zu können. Daraus ergeben sich groteske Erscheinungsformen, die auf offensichtliche Widersprüche in ihren Glaubenssätzen verweisen. Im Kontrast dazu dient das Groteske bei Heine zur Enthüllung der tiefgreifenden Widersprüche, die jede eschatologische Vorstellung einer auf Freiheit und Gleichheit basierenden Weltreligion prägen.

Zauberlaute und Totengeläut

Heinrich Heine, Pierre-Jean de Béranger und die Tradition der Chansons

Ralph Häfner

Pierre-Jean de Béranger (1780-1857) hatte Heine am 7. Februar 1855 in der »Matratzengruft« der Rue Matignon aufgesucht.[1] Tags darauf nennt Heine den 75-Jährigen in einem Brief an Alexandre Dumas »notre illustre doyen Béranger«, der sich die Agilität eines »gamin de Paris« bewahrt habe. Unter der Maske der Biederkeit verberge sich der schalkhafteste Scharfsinn, der den Dichter populärer Chansons von je ausgezeichnet hatte. Dieser »ehrwürdige Schlingel« (»Quel vénérable polisson!«) wisse noch immer die anzüglichsten Pointen in einem Ton vorzutragen, in dem sich jugendliche Spottlust mit der Melancholie des Alters mische.[2]

Die beiden Dichter waren sich zuletzt über zwanzig Jahre zuvor begegnet. Am 1. Februar 1834 war Heine bei Béranger zusammen mit dem Schweizer Schriftsteller Charles Didier zum Abendessen zu Gast.[3] Damals, als Heine die Betrachtungen über Deutschland in der Zeitschrift »L'Europe littéraire« veröffentlichte, schien sich der frühe Erfolg, den er beim französischen Publikum genoss, zu verstetigen.

Bevor wir uns einigen Werkkomplexen zuwenden, fragen wir zunächst: Welche Gründe mochten Béranger veranlasst haben, den todkranken Dichter nach einer derart langen Unterbrechung der persönlichen Beziehung nochmals aufzusuchen?

1. Die 1830er Jahre: Eine »literarische belle époque«

Am 9. Februar 1855 erschien die zweibändige Ausgabe von Heines Werken in französischer Übersetzung bei dem Verleger Michel Lévy frères. Der erste Band enthält eine neue Edition der Abhandlung »De l'Allemagne«; im zweiten Band finden sich unter anderen Spätschriften auch die »Aveux de l'auteur«, die französische Fassung der »Geständnisse«.[4] Bereits am 15. September 1854 indes erschien ein Auszug von Heines Erinnerungen in der »Revue des deux mondes« unter dem Titel »Les aveux d'un poète«. Philippe Audebrand hatte das Fragment für »Le Mousquetaire« – die

---

1 Zu Béranger grundlegend: Jean Touchard: La gloire de Béranger. 2 Bde. Paris 1968. Zur späten Begegnung mit Heine vgl. ebd., Bd. 2, S. 512.

2 Vgl. Heinrich Heine an Alexandre Dumas. Brf. v. 8. Februar 1855. Zit. n. HSA 23, 408-411 (= Nr. 1624), hier: S. 410f. – Vgl. Michael Werner (Hrsg.): Begegnungen mit Heine. Berichte der Zeitgenossen. 2 Bde. Hamburg 1973, Bd. 2, S. 455 und 458.

3 Vgl. Fritz Mende: Heinrich Heine. Chronik seines Lebens und Werkes. 2., bearb. u. erw. Aufl. Stuttgart/Berlin/Köln/Mainz 1981, S. 116.

4 Sie waren erst wenige Monate zuvor, Anfang Oktober im ersten Band der »Vermischten Schriften«, gedruckt worden.

von Alexandre Dumas herausgegebene einflussreiche Zeitschrift – rezensiert. Audebrand schrieb, dass die Dichter und Schriftsteller der älteren Generation, nach Châteaubriands »Mémoires d'outre-tombe« und nach dem Vorbild Rousseaus, nun im Begriffe seien, ihre Memoiren zu schreiben: Lamartine, Dumas, Villemain, Véron, George Sand, Lamennais... Auch Béranger habe seine Autobiografie bereits bei seinem Verleger hinterlegt. Im Blick auf Heines »Aveux« fühlte er sich herzlich an die Mitte der 1830er Jahre erinnert, jene »belle époque littéraire«, die einen »warmen und farbigen Stil« ausgebildet hatte. Dieser finessenreiche Stil ist es denn ausdrücklich, den er noch an Heines »Aveux« bewundert: »La phrase est correcte, chose rare; le ton est poli, chose plus rare; la raillerie est fine, chose introuvable.«[5] Dieser »prickelnde«, »geistreiche« und sozusagen kulinarische Stil der Erinnerungen sei das genaue Gegenteil eines sogenannten realistischen Abbildens. Im Blick auf Heines bekannte Schilderung einer Abendgesellschaft bei Victor Bohain, dem Herausgeber der kurzlebigen »Europe littéraire« – Heine hatte ihn mit Homers hinkendem Vulkan verglichen, der der Götterversammlung aufwartet – ruft Audebrand aus: »O Réaliste, c'est de la réalité, cela, et pourtant que de fantaisie, de couleur, d'humour et d'art il y a là-dedans.«[6]

Man mag in diesem Syndrom von Motiven den Anlass finden, der Béranger bewog, nach jahrzehntelanger Unterbrechung wieder das Gespräch mit Heine zu suchen. Dumas, Heine, Béranger: Die Freunde waren Repräsentanten jener älteren und gerade im Rückblick erstaunlich homogenen Generation, die – jeder in seinem Genre – Stilfragen in den Mittelpunkt ihrer künstlerischen Arbeit gerückt hatten, in dem Bewusstsein, dass die Lebensform eines zu sich selbst befreiten Geistes in der geschmackvollen Schreibart, die sich jederzeit von der banalen Wirklichkeit kritisch zu distanzieren weiß, ihr Widerspiel finden würde. Eine unbändige »Liebe zur Unabhängigkeit«, von der Béranger 1842 im Vorwort der Sammlung »Dernières chansons« spricht, implizierte, dass sich der Schriftsteller niemals einem – literarischen oder politischen – Programm unterordnen, dass er sich niemals unter das Joch »positiver Dogmen« begeben würde, wie Heine in den »Aveux de l'auteur« versichert; denn der Dichter trinkt aus der Quelle der Wahrheit, er ist begnadet, die Symbole der Wirklichkeit zu deuten und das Glück der Menschen zu befördern (DHA XV, 150).

Heines Erinnerungen an die Zeitschrift »L'Europe littéraire« versetzten Béranger in die Zeit, als der deutsche Dichter den populären Vertreter der »bonapartistischen Poesie« in den Tagesberichten »Französische Zustände« (»De la France«) hoch gepriesen hatte. Damals schrieb er: »Es giebt keine Grisette in Paris, die nicht Bérangers Lieder singt und fühlt.«[7] Ebenso wie Béranger sah Heine im Bonapartismus die

---

5 Philippe Audebrand: Henri Heine. – Ses Mémoires. – Un premier fragment. – In: Le Mousquetaire, Nr. 296 v. 17.09.1854, S. 1, wieder abgedruckt in: Hans Hörling (Hrsg.): Die französische Heine-Kritik. Bd. 3. Stuttgart/Weimar 2002, S. 200-202, hier: S. 201.

6 Ebd., S. 202.

7 Heine: Französische Zustände, Artikel V, 25.03.1832, DHA XII, 125f.; De la France, DHA XII., 345.

politische Macht, die der Demokratie zum Durchbruch verhelfen konnte, auch wenn er sich des einseitigen, auf den »Repräsentanten der Revoluzion« (DHA XII, 127 und 346) verkürzten Napoleon-Bildes stets bewusst blieb.[8]

Zugleich vereinigt die drei Schriftsteller ein bemerkenswerter Gegensatz zu Victor Hugo. Gegenüber Hugos Hang zum Hässlichen und dem leeren rhetorischen Pathos seines Stils (»Notre-Dame de Paris«, 1831) bevorzugte Heine die im Strahlungshorizont Sir Walter Scotts situierten Romane Dumas'. Dieselbe Abneigung gegenüber der Poesie Hugos: In der »Lutetia« (20. März 1843) nennt er Alfred de Musset einmal beiläufig den größten Dichter »nach Béranger«;[9] für die französische Ausgabe hat er letzterem übrigens noch die Attribute »unvergleichlich und himmlisch« (*incomparable et divin*) beigelegt (DHA XIII, 195). Musset besitze jenes sichere Gespür des »Geschmacks«, der dem Stil Hugos in der »Unbeholfenheit eines Parvenüs oder eines Wilden« gänzlich abgehe: Bei Hugo findet Heine nur »barocke Barbarey, gellende Dissonanz und die schauderhafteste Difformität!« (DHA XII, 44) Mit einer Überzeugung, die ebenso an das L'art-pour-l'art-Bekenntnis des Freundes Théophile Gautier wie an das Vorwort zu dem komischen Versepos »Atta Troll« erinnert, empfiehlt Heine einen Stil, der sich darin vollende, »sich der heitern Lust farbenreicher und bestimmter Gestaltungen hinzugeben, die Kunst der Kunst wegen übend.« (DHA XII, 43).

Genauer betrachtet ist diese Behauptung des L'art-pour-l'art-Prinzips[10] von Gautiers Auffassung ebenso weit entfernt wie Heines ämulative Replik auf Gautiers »Symphonie en blanc majeur« (1849) in dem »Romanzero«-Gedicht »Der weiße Elefant« (1851). Man könnte Gautiers »Symphonie« als eine Apotheose der Kunst bezeichnen, die sich gänzlich vom Leben gelöst und zur Sterilität eines glatten Marmors verwandelt hat, eines Marmors freilich, in den erst am Ende das zarte Leben eines rosafarbigen Tons zurückkehrt. Heine indes feiert noch immer die »Apotheose des Lebens«, wie er sie seit dem Salonbericht »Französische Maler« (1831) im Kontext von Léopold Roberts Gemälde »Die Schnitter« mit Begeisterung proklamiert hatte. Aber sein »Spaßgedicht«[11] vom weißen Elefanten ist mehr als nur eine Antwort auf die kunstautonome Dichtung des hoch geschätzten Freundes Gautier. Im selben Augenblick entfaltet Heine ein Kunstverständnis, das sich mit Béranger gegen die Tendenzpoesie richtet. Welchen Charakter hat diese *via media*?

In demselben Feuilleton LV der »Lutetia« vom März 1843, das den Ausfall gegen Hugo und die beiläufige Erwähnung Bérangers enthält, setzte sich Heine mit dem Vorzug der Violine gegenüber dem Fortepiano auseinander. Heines tiefe Abneigung gegenüber dem modernen Tasteninstrument ist hinlänglich bekannt; sie

8 Vgl. Markus Winkler: Heines Napoleon-Mythos. In: Joseph A. Kruse/Bernd Witte/Karin Füllner (Hrsg.): Aufklärung und Skepsis. Internationaler Heine-Kongreß 1997 zum 200. Geburtstag. Stuttgart/Weimar 1998, S. 379-394.

9 Heine: Lutetia, LV, 20.03.1843, DHA XIII, 43.

10 Vgl. grundsätzlich: Albert Cassagne: La théorie de l'art pour l'art en France chez les derniers romantiques et les premiers réalistes. Paris 1959.

11 Heinrich Heine an Julius Campe. Brf. v. 15. Oktober 1851. Zit. n. HSA 23, 138.

schloss seine Bewunderung der Kunst Chopins im übrigen nicht aus. Man könnte Heines Begründung anthropologisch nennen: In der Technik des Klavierspiels schien ihm der »Sieg des Maschinenwesens über den Geist« zum Ausdruck zu kommen.[12] Die Violine hat ihm demgegenüber »fast menschliche Launen«, und sie steht »mit der Stimmung des Spielers sozusagen in einem sympathetischen Rapport«: »das gringste Mißbehagen, die leiseste Gemüthserschütterung, ein Gefühlshauch, findet hier einen unmittelbaren Widerhall« (DHA XIV, 47). In seinen besten Auftritten habe Niccolò Paganini diesen Lebensgeist, der dem großen Kunstwerk eignet, beschworen; Heine fragt: »Was ist in der Kunst das Höchste? Das, was auch in allen andren Manifestazionen des Lebens das Höchste ist: die selbstbewußte Freyheit des Geistes.« (DHA XIV, 48) Und er schließt mit einer expliziten Polemik gegen die Tendenzpoesie: »Die wahrhaft großen Dichter haben immer die großen Interessen ihrer Zeit anders aufgefaßt als in gereimten Zeitungsartikeln, und sie haben sich wenig darum bekümmert, wenn die knechtische Menge, deren Rohheit sie anwidert, ihnen den Vorwurf des Aristokratismus machte.« (DHA XIV, 48)

Heines Engführung, die eigenartige Spannung zwischen Bonapartismus und Aristokratismus, hat, wie man weiß, immer wieder kontroverse Diskussionen über sein Verständnis von der politischen Aufgabe des Dichters in seiner Zeit ausgelöst. Mit dem Begriff des »Aristokratismus« bindet Heine seine Argumentation offensichtlich an die Darlegungen über die Dichtung Alfred de Mussets an, die bekanntlich um die ästhetische Kategorie des »Geschmacks« zentriert waren. Sie steht darüber hinaus im Zusammenhang mit seinem Verständnis des Dichters, der nur dann die »großen Interessen« seiner Zeit gehörig aufzufassen vermöge, wenn er mit der Gabe der Weitsicht begnadet ist. Darin liegt kein Eskapismus, wie ihm von manchen Zeitgenossen und mitunter auch in der Forschung vorgeworfen worden ist – ein Missverständnis, das aus Heines machiavellistischer Argumentationsstrategie[13] vor allem seit den Bundestagsbeschlüssen gegen das »Junge Deutschland« 1835 erwachsen ist. Heine beharrt vielmehr darauf, dass es keine Kunst sei, tendenziöse Sujets in schlechte Verse zu bringen; die Dichtung erfülle sich vielmehr in dem Ziel, in der geschmackvollen Form die Fülle eines zukünftigen Lebensstils vorwegzunehmen. Aufgabe der Kunst ist es nicht primär, zu erinnern, sondern zu antizipieren und darin die Gegenwart einer zu sich selbst befreiten Menschheit zu ermöglichen. Die »großen Interessen« der Zeit: Sie kamen in den demokratischen Bestrebungen der Bonapartisten musterhaft zum Ausdruck.

---

12 Heine: Lutetia, LV, 20.03.1843, DHA XIV, 45.

13 Vgl. hierzu Bodo Morawe: Heines »Französische Zustände«. Über die Fortschritte des Republikanismus und die anmarschierende Weltliteratur. Heidelberg 1997 [= Beihefte zum Euphorion 28].

2. Bérangers Vorrede zu den »Dernières chansons«

Zu den bemerkenswertesten Bedingungen, unter denen sich Heines Kunstauffassung im Verlaufe der 1830er Jahre zu entfalten vermochte, gehört seine Begegnung mit den wichtigsten Repräsentanten der Pariser Intellektuellenszene der Zeit.[14] Zu Beginn der 1840er Jahre haben wir ein ausgereiftes Konzept vor uns, das in den folgenden Jahren nicht mehr wesentlich verändert worden ist. Die Wirkung des demokratischen Chansonniers Béranger ist in diesem Zusammenhang bisher noch nicht angemessen gewürdigt worden. Heines »Atta Troll« entstand zur Jahreswende 1841/1842. Das Feuilleton LV der »Lutetia« ist auf den 20. März 1843 datiert. Im September 1842 vollendet Béranger die bereits erwähnte Vorrede zu seiner Liedersammlung »Dernières chansons«. Man ist an gewisse Karikaturen Honoré Daumiers erinnert, wenn Béranger sein Zeitalter als »époque avocassière et cupide« charakterisiert.[15] Wie kann diese unerträgliche Gegenwart überwunden werden?

Zur Zeit des *Empire* war die Zirkulation der Chansons auf eine polizeiliche Genehmigung angewiesen, und das politische Lied war verstummt.[16] Der Ruhm Frankreichs, so der bonapartistische Sänger Béranger, gründe indes nicht nur auf der großen politischen Revolution. Das Jahr 1789 habe auch »neue Elemente der Zivilisation« freigesetzt, die zur »Einrichtung der Demokratie« koordiniert werden müssten. Alle Äußerungen des Geistes, die Naturwissenschaften ebenso wie die Philosophie, die Literatur und die schönen Künste, seien aufgerufen, diesen »neuen Abschnitt der Zivilisation« einzuleiten und zu befördern.[17] Für Béranger stellt sich die Aufgabe des Dichters insbesondere so dar:

> Wenn ich mich nicht täusche, so muß der Dichter – tief von den Bedürfnissen des Tages durchdrungen – seine Zuflucht in der Zukunft suchen, um den kommenden Generationen das Ziel anzuzeigen. Die Rolle des Propheten ist sehr schön; mir scheint, daß M. de Lamartine sich dieses Standes angenommen habe, besonders in »Jocelyn«, mit aller Überlegenheit des Genies.[18]

---

14 Vgl. Ralph Häfner: Die Weisheit des Silen. Heinrich Heine und die Kritik des Lebens. Berlin, New York 2006 [= spectrum Literaturwissenschaft 7].

15 Pierre-Jean de Béranger: Préface. In: Ders.: Dernières chansons de P. J. de Béranger – 1834 à 1851 – avec des notes de Béranger sur ses anciennes chansons. Paris [1876?], S. 1-11, hier: S. 6.

16 Vgl. ebd., S. 5: »Le Directoire ressembla trop à une anarchie, surtout vers sa fin, pour n'avoir pas été en butte à quelques-uns de ses traits. Avec toutes les factions, la chanson fut contrainte de se taire sous l'Empire, et elle ne put même alors être louangeuse sans un visa de la police.«

17 Vgl. ebd., S. 7.

18 Ebd., S. 8: »Cependant, si je ne me trompe pas, bien pénétré des besoins actuels, le poëte doit se réfugier dans l'avenir pour indiquer le but aux générations qui sont en marche. Le rôle de prophète est assez beau, et M. de Lamartine me semble s'en être emparé, particulièrement dans Jocelyn, avec toute la supériorité du génie.«

Béranger macht deutlich, dass das Eintreten für eine demokratische Zivilisation der Zukunft den Dichter nicht notwendig zur Tendenzpoesie erniedrigt. In dem ihm eigenen bescheidenen Ton, der im Blick auf die Bestimmtheit der Aussage indes nichts zu wünschen übrig lässt, legt Béranger dar:

> Diese und einige andere Überlegungen, die nicht herbeigezogen zu werden brauchen, haben mich auf den Gedanken gebracht, ein Prosawerk für die Erziehung der arbeitenden Klassen zu schreiben, um mein Alter nützlich zu machen. Ich habe lange darüber nachgedacht; unglücklicherweise erlernt man an der Neige des Lebens kein neues Talent, und ich könnte kein Werk verfassen, dem die Kunst fremd wäre. Das hieße zweifellos, die Liebe zu dem allgemeinen Wohl nicht weit genug treiben, wenn ich sie einer solch kindischen Eitelkeit untergeordnet hätte. Ich klage mich darob an: Man verzeihe meiner Natur, die so gemacht ist.[19]

Kein Werk, dem die Kunst fremd wäre: Béranger insistiert auf dem Kunstcharakter seiner Chansons, denn es ist nicht die Aufgabe des Dichters, die Kunst auf dem Brachfeld eines banalen Feuilletons zu opfern. Der Prophet der Demokratie, als den sich Béranger verstanden hat, steht vielmehr in einem doppelten Sinne jenseits: Er steht – in einem politischen Sinne – jenseits eines immerhin beschränkten Herdentriebs, von dem die Massenbewegungen des Tages getragen werden, und er befindet sich – in einem existentiellen Sinne – jenseits aller Zeitgebundenheit, denn er wird die Erfüllung seiner Verheißung nicht mehr schauen. Er ist die Verkörperung jenes Moses-Typs, den Heine in den »Geständnissen« zeichnen wird. Darin ist der Künstler wesentlich a-sozial, indem er die sozialen Normen der Gegenwart negiert und die Gesellschaftsform einer künftigen Zivilisation vorwegnimmt.

Béranger hat diese Spannung zwischen individueller – ›aristokratischer‹ – Isolation und öffentlicher Popularität in der Vorrede zu den »Dernières chansons« präzis zum Ausdruck gebracht: »Ich habe mich entschlossen, weiterhin zu singen, jedoch selten und für mich allein.«[20] Wenn das Alter einen Wert besitze, so sei es der Zustand der Zurückgezogenheit, die dem Propheten eine absolute »moralische Freiheit« sichere, denn: »Sind auch die Blicke des Publikums anfangs eine Ermutigung für den Schriftsteller, so werden sie ihm doch mit der Zeit ein Hindernis.«[21] Béranger bewundert dieses gleichsam epikureische Leben des Dichters im Verborgenen ausdrücklich an den Schriftstellern des Zeitalters Ludwigs XIV.:

---

19 Ebd.: »Cette réflexion et quelques autres, inutiles à rapporter, m'avaient donné l'idée d'entreprendre un ouvrage en prose pour l'éducation des classes laborieuses, afin d'utiliser ma vieillesse. J'y ai longtemps rêvé; malheureusement, ce n'est pas au déclin de la vie qu'on se fait un talent nouveau, et je ne puis concevoir d'œuvre écrite à laquelle l'art soit étranger. C'est pousser trop peu loins sans doute l'amour du bien public que de le subordonner à une si puérile vanité. Je m'en accuse: qu'on pardonne à ma nature ainsi faite.«

20 Ebd., S. 9.

21 Ebd.

> Worun ich sie, abgesehen von ihrem Genie, am meisten beneidet habe, ist die Art der Unscheinbarkeit, mit der ihr bescheidenes Dasein umgeben war; indem sie aus dem Lärm um ihren Namen kein Bedürfnis eines jeden Augenblicks machten, wußten sie in der Stille zu leben, die bei uns so rasch auf die Beifallsbekundungen folgt.[22]

Der Lebensstil der Genies im Zeitalter Ludwigs XIV. zeichnete sich nicht nur durch Unabhängigkeit von der ›Macht des Faktischen‹ aus, er sicherte vielmehr ebenso sehr die Unabhängigkeit eines Urteils über zukünftige Möglichkeiten der Zivilisation. Darin zeigt sich der Zauber einer Lebensform, die sich weder dogmatischer Propaganda noch erhitzter Demagogie unterordnet. Ebenso wie Heine hat Béranger das Wesen der sogenannten Tendenzpoesie – der »littérature facile«, wie er sie nennt – genau erkannt und sogleich verworfen. Die Vorrede zu den »Dernières chansons« endet mit einer für Béranger seltenen Emphase: »Ich bin es gewiß nicht, der dasjenige vorausgesagt hätte, was man heute einfache Literatur nennt, die Todfeindin jener anderen Literatur, die den Zauber meines Lebens ausmachte und so lange der Stolz Frankreichs war.«[23]

3. Ämulative Beziehungen

In einem Brief vom Herbst 1849 hat Heine den jung verstorbenen ungarischen Dichter Sándor Petöfi (1822-1849) mit dem schottischen Balladendichter Robert Burns (1759-1796) und mit Béranger verglichen.[24] Petöfi besitze eine »Natur, so überraschend gesund und primitiv inmitten einer Gesellschaft voll krankhafter und Reflexionsallüren, dass ich ihm in Deutschland nichts an die Seite zu setzen wüßte«. Heine, der sich selbst zu den »Reflexionsmenschen« rechnet, schränkt jedoch ein, dass Petöfis »Geist nicht eben sehr tief« sei, und im übrigen mangele ihm jeder »Hamletzug«.

Die partielle Parallelisierung des Persönlichkeitsprofils Petöfis mit Robert Burns und Béranger fordert geradezu die Frage heraus, in welchem Verhältnis Bérangers Chansons zu den Dichtungen Heines selbst stehen, des »Reflexionsmenschen«, der von sich behauptet, zeitlebens »nur wenige« »Naturlaute« gefunden zu haben. Intellektuell sind beide von annähernd denselben Lebensmotiven durchdrungen. Die Politik ist das Mittel, einer Zivilisation den Weg zu bereiten, die in ihrem Hedonis-

---

22 Ebd., S. 3: »Après leur génie, ce que j'ai le plus envié aux grands écrivains du siècle de Louis XIV, c'est l'espèce d'obscurité dont put s'envelopper leur modeste existence ; ne se faisant pas du bruit de leur nom un besoin de chaque instant, ils savaient vivre dans le silence qui chez nous succède si vite aux applaudissements.«

23 Ebd., S. 11: »Ce n'est certes pas moi qui aurais deviné ce qu'on appelle aujourd'hui la littérature facile, ennemie mortelle de cette autre littérature qui fit le charme de ma vie et fut si longtemps l'orgueil de la France.«

24 Heinrich Heine an Karl Maria Kertbeny. Brf. v. Herbst 1849. Zit. n. HSA 22, 320 (= Nr. 1276) (danach die folgenden Zitate). – Zu Heine und Burns vgl. Rudolf Zenker: Heines achtes »Traumbild« und Burns' »Jolly Beggars«. In: Zeitschrift für vergleichende Literaturgeschichte (1892), S. 156f.

mus den Geist auf weichen Kissen bettete. Die Ideen des Saint-Simonismus besaßen für beide zu einer gewissen Zeit hohe Anziehungskraft. Béranger, der einen Briefwechsel mit Lamennais unterhielt, brachte in seiner Ballade »Panthéisme. A un prophète saint-simonien« den Dreiklang Epikur-Lukrez-Spinoza zu Gehör, der jeden Einwand, er sei moralisierender, skeptischer oder idealistischer Natur, zu einer lustvollen Harmonie aufhob: »De ton Dieu que de dieux vont naître! / Puisqu'il est tout, tout sera Dieu.«[25]

Dieser Pantheismus barg die politische Formel, die die Zeitgenossen im Kampf gegen die Herrschaft der Tyrannen vereinigte – eine Chiffre, die Béranger in seinem Gedicht ausdrücklich entwickelt hatte. Heine spiegelt ihn in jenem »dritten neuen Testament«, welches er zu Beginn der 1830er Jahre in dem berühmten siebten »Seraphine«-Gedicht »Auf diesem Felsen bauen wir« verkündet hatte:

> Der heilge Gott der ist im Licht
> Wie in den Finsternissen;
> Und Gott ist alles was da ist;
> Er ist in unsern Küssen.[26]

Der politische Pantheismus ermöglicht es Heine und Béranger, nicht nur das Personal der Erdgeister, Feen und Gespenster, sondern auch die Tiere mit ihrem typischen Verhalten als Aspekte der Menschennatur zu engagieren. In einem Zeitalter der Herrschaft der Advokaten, so Béranger sarkastisch, ist der Mensch der Affe der Orang-Utans.[27] Betrachtet man einige Lithografien Daumiers aus dem Justizleben genau, so wird man in der Tat manche Physiognomie menschenaffenähnlich verzerrt finden können. Dem Supernaturalismus[28] der Sujets entsprechen auf der Ebene der literarischen Form und des Sprachstils vorzugsweise die Gattungen der Ballade, der Romanze, des Rondeaus etc., Formen, die durch Reim und – vor allem im Falle von Bérangers Chansons – durch die Verwendung des Refrains ausgezeichnet sind.

Thematisch trat Heine schon früh in einen Wettstreit mit dem älteren Dichter, gerade auch, wenn er formal andere Wege ging als sein Vorbild. Heines frühes Gedicht »Die Grenadiere« (1822) mit der Hoffnung auf die Rückkehr des Tyrannenmörders Napoleon ist ebenso gut bonapartistische Dichtung wie Bérangers Chanson »Les deux grenadiers«, die – in der Form eines Duetts – die Einsetzung des absolutistischen Königtums vor den Hintergrund der republikanischen Gesinnung Napoleons stellt.[29] Dieselbe Konstellation noch 1843: In der Ballade »Le Tambourmajor.

---

25 Béranger, Chansons (Anm. 15), S. 128.

26 Heine: Seraphine VII, Neue Gedichte, DHA II, 34.

27 Vgl. Pierre-Jean de Béranger: Les orangs-outangs. In: Ders.: Œuvres. Nouvelle édition contenant les dix chansons publiées en 1847. 2 Bde. Paris [um 1876], hier: Bd. 2, S. 323f.

28 Zu Heines Verwendung des Begriffs vgl. Ralph Häfner: Heine und der Supernaturalismus. Von Walter Scott zu Charles Baudelaire In: Germanisch-Romanische Monatsschrift (2005), S. 397-416.

29 Béranger, Œuvres (Anm. 27), Bd. 2, S. 158. – Zum Verhältnis beider Dichtungen vgl. Touchard, Gloire (Anm. 1), Bd. 2, S. 512.

A un jeune critique« verteidigt Béranger den *bon sens* von Racine und La Fontaine gegen den »eitlen Pomp« schmetternder Verse: »Wo der Geschmack verfällt, stirbt die Kunst« (»L'art meurt où le goût dégénère«).[30] Der Tambourmajor indes ist das wahre Genie, er ist der Dichter unter der Maske des Spielmanns, denn die echte – bonapartistische – Poesie ist weder pedantisch noch schulmäßig, sie bedient sich weder eines abgeschmackten Zierats noch großsprecherischer Worte, sie respektiert vielmehr den *bon sens* des Volks: »Ne souffre plus que le génie / Se déguise en tambour-major.«[31]

Heine hat in dem Gedicht »Der Tambourmajor« (verm. Ende 1842) in der Sammlung »Neue Gedichte« einen verwandten Vergleich gezogen, die Thematik jedoch stärker um Napoleon zentriert. Während der Kaiser auf dem Schlachtfeld siegt, erobert der Tambourmajor die Herzen der »Damen«. Aber nach dem Sturz Napoleons werden die lieblichen Gesänge desselben durch die anti-napoleonischen »Lieder von Körner« (V. 28) – »entsetzliche Verse« (V. 29) – ersetzt. Das Siechtum des Kaisers auf Sankt Helena spiegelt die Misere des Tambourmajors, der, »um nicht zu verhungern« (V. 43), endlich unter der Maske eines »Hausknechts« (V. 44) Dienst tut.[32]

Beide Gedichte machen – über mehr als zwanzig Jahre hinweg – die Art der ämulativen Beziehung Heines auf Bérangers Chansons sinnfällig. Insofern die Kunst Ausdruck des Lebens ist, eignet ihr ein existentieller Grund, auf dem das politische Projekt des Pantheismus – Chiffre für die demokratischen Ideen des Bonapartismus – ruht. Darin berühren sich einige Gedichte Heines aus dem letzten Lustrum seines Lebens eng mit den Chansons Bérangers. Die Ballade »Himmelfahrt« – aus der Sammlung »Gedichte. 1853 und 1854« – schildert die Seele »auf dem Wege nach dem Himmel«. Sie klopft an die Pforte des Paradieses und ruft:

Sankt Peter, komm und schließe auf!
Ich bin so müde vom Lebenslauf –
Ausruhen möcht' ich auf seidnen Pfühlen
Im Himmelreich, ich möchte spielen
Mit lieben Englein Blindekuh
Und endlich genießen Glück und Ruh! (DHA III, 207)

Nach einer Tirade gegen die dem Satan verfallenen »Vagabunde, / Zigeuner, Polacken und Lumpenhunde«, »Tagediebe« und »Hottentotten« (V. 17-19) betrachtet der Heilige die Seele des Neuankömmlings genauer und ist plötzlich »gutmüthig« (V. 31) gestimmt:

Du arme Seele, zu jener Sorte
Halunken scheinst du nicht zu gehören –

---

30 Béranger, Chansons (Anm. 15), S. 84-86, hier: S. 85.

31 Ebd., S. 86.

32 Heinrich Heine: Der Tambourmajor, Neue Gedichte, Zeitgedichte VII, DHA II, 113f. – Im Kommentar der Ausgabe kein Hinweis auf Béranger (ebenso wenig bei Briegleb).

Nu! Nu! Ich will deinen Wunsch gewähren,
Weil heute mein Geburtstag just
Und mich erweicht barmherzige Lust –
Nenn mir daher die Stadt und das Reich,
Woher du bist; sag mir zugleich,
Ob du vermählt warst? – Eh'liches Dulden
Sühnt oft des Menschen ärgste Schulden;
Ein Ehmann braucht nicht in der Hölle zu schmoren,
Ihn läßt man nicht warten vor Himmelsthoren. (DHA III, 208)

Heine gliedert die Ballade durch einen Wechsel von Frage und Antwort, wie er so vielen Chansons Bérangers eigen ist. Sankt Peter ist zwar nicht erfreut, als er erfährt, dass die Seele aus Berlin stamme, wo sie als Privatdozent der Philosophie ihr Wesen getrieben habe; aber er gibt ihr, da er entschlossen ist, sie nicht von der Tür abzuweisen, eine Lektion in machiavellistischer Verstellungskunst. Auch der Umgang mit den Engeln und dem »Weltkapellenmeister« erfordert bestimmte Konventionen.

Heines Ballade ist ein Musterbeispiel für den von Béranger eingeforderten *bon sens* der Dichtung. Die Mischung von Scharfsinn und Geschmack in der Auswahl der Metaphern, Vergleiche und Anspielungen auf zeitgenössische Personen und Ereignisse erzeugt bei aller formalen Schlichtheit ein Höchstmaß an geistigem Genuss. Durch die seit dem Sturm und Drang im Deutschen äußerst populären pindaresken Polyplokien (»edelsteingepflasterten«; »Weltkapellenmeister«) erreicht Heine auch in der Form einen die Tradition kritisch reflektierenden, sanglich weit ausschwingenden Lyrismus.

Thematisch indes scheint die Ballade auf zwei Chansons Bérangers zu antworten: »Les clefs du paradis« und »Le bon Dieu«. In der frühen Chanson »Les clefs du paradis« entwendet Margot – seit François Villon die Chiffre des Bordells – dem heiligen Peter die Schlüssel zum himmlischen Paradies, um einer sehr gemischten Gesellschaft Einlass zu verschaffen:

On voit arriver en chantant
Un turc, un juif, un protestant,
(L'histoire est vraiment singulière!)
Puis un pape, l'honneur du corps,
Qui, sans Margot, restait dehors.[33]

Nicht nur ein Trupp von Jesuiten, der sogleich auf die Engelsbänke zustrebt, auch ein Narr und Satan in eigener Person treten in den Kreis. Während der heilige Peter wenig Gefallen an Margots Frivolität findet, vergibt Gott großzügig den Sündern. Die Chanson endet mit der Evokation einer Art von Himmelreich auf Erden, von dem nur der Spielverderber Peter ausgeschlossen ist:

33 Béranger: Les clefs du paradis. In: Ders.: Œuvres (Anm. 27), Bd. 1, S. 242-244, hier: S. 242f.

Dieu, qui pardonne à Lucifer,
Par décret supprime l'enfer.
(L'histoire est vraiment singulière!)
La douceur va tout convertir:
On n'aura personne à rôtir.

Le Paradis devient gaillard,
Et Pierre en veut avoir sa part.
(L'histoire est vraiment singulière!)
Pour venger ceux qu'il a damnés,
On lui ferme la porte au nez.[34]

In der späten Ballade »Le bon Dieu« aus der Sammlung »Dernières chansons« hat Béranger den politischen Sarkasmus mit der Feier des Lebens im Sinne der bonapartistischen Poesie noch inniger durchdrungen. Die politische Satire ist zunächst ganz von einer supernaturalistischen Szenerie umfangen; die Strophen enden regelmäßig mit einem frivolen Refrain. Gott gerät in Wut über die Zustände auf der Erdkugel und ruft zornig aus: »daß mich der Teufel hole«. Hören wir die erste Strophe mit Refrain:

Un jour, le bon Dieu s'éveillant
Fut pour nous assez bienveillant;
Il met le nez à la fenêtre:
»Leur planète a péri peut-être.«
Dieu dit, et l'aperçoit bien loin
Qui tourne dans un petit coin.
Si je conçois comment on s'y comporte,
Je veux bien, dit-il, que le diable m'emporte,
Je veux bien que le diable m'emporte.[35]

Schon in der folgenden Strophe indes wird deutlich, dass Gott, der inzwischen eine »väterliche Miene« angenommen hat, deswegen über die weltlichen Zustände ungehalten ist, weil diejenigen, die sich als die Diener Gottes ausgeben, die Feier des Lebens zur Marter des Daseins verkehrt haben. Ein zweiter Sardanapal, ruft Gott vorwurfsvoll aus: »Pour vivre en paix, vous ai-je en vain / Donné des filles et du vin?« Ein Geschlecht von Pygmäen – man ist an einen Einfall Heines im »Atta Troll« (Caput XII) erinnert – nennt Gott aus politischem Kalkül den Herrn der Heerscharen, um sich des weltlichen Regiments zu bemächtigen: Diese Zwerge auf den Thronen, diese Herrscher, die vorgeben, aus göttlichem Recht die Staaten so erbärmlich zu regieren, diese schwarzen Zwerge endlich, die mit dem Weihrauchfass die Luft verpesten und das Leben in eine Karwoche verwandelt haben: Sie alle korrumpieren die Menschen mit den »guten Herzen«. Diesen aber gehört die Zukunft, wie Gott in der letzten Strophe versichert, die den Refrain ganz im Stil François Villons variiert:

---

34 Ebd., S. 243f.
35 Béranger: Le bon dieu. In: Ders., Chansons (Anm. 15), S. 320-322, hier: S. 320f.

Enfants, ne m'en veuillez donc plus:
Les bons cœurs seront mes élus.
Sans que pour cela je vous noie,
Faites l'amour, vivez en joie;
Narguez vos grands et vos cafards,
Adieu, car je crains les mouchards.
A ces gens-là si j'ouvre un jour ma porte,
Je veux, mes enfants, que le diable m'emporte,
Je veux bien que le diable m'emporte.[36]

Heine hat ein verwandtes Verdikt – in dem Gedicht »Lumpenthum« im »Lazarus«-Zyklus des »Romanzero« – gegen die angemaßte Macht der Heuchler geschleudert. Auch er bedient sich der balladesken Form Villons, die im Falle von »Lumpenthum« geradezu den Charakter eines von bitterem Hohn erfüllten Bänkelsangs annimmt.

4. Klagegesang, Mysterienspiel, Volkslied

Die wohl bemerkenswerteste Parallele im Wettstreit Heines mit dem geschätzten Freund stellt Bérangers Gedicht »Le corps et l'âme«, ebenfalls aus den »Dernières chansons«, bereit. Wie im Falle der »Grenadiere« und des »Tambourmajors« hat Heine den Titel wieder wörtlich übernommen. »Leib und Seele« ist das dritte in der Sammlung »Gedichte. 1853 und 1854«.

Das Sujet – eine Wechselrede von Seele und Leib – reflektiert und parodiert die Tradition des Mysterienspiels.[37] Bérangers Chanson wird von einer unerhörten Melancholie beherrscht, die an die tiefsten existentiellen Bedingungen des Menschseins rührt. Hier finden wir den »Hamletzug«, den Heine an den Gedichten Petöfis vermisst hat. Die Chanson erzählt die Geschichte eines Greises, dessen Seele sich im Sterben von ihrem Leibe löst. Im Gegensatz zu Heines Überformung ist die Unterredung ein Streitgespräch. Die Seele kann es nicht erwarten, von dem Leib, diesem »verkommenen Balg« (»abjecte dépouille«),[38] Abschied zu nehmen. Gott ruft sie zu seinem Licht; da ist es ganz gleichgültig, so die Seele, ob der Staub, zu dem der leidende Leib zerfällt, Ähren, Bäume oder Blumen nähren wird. Der Leib ist anderer Meinung. Er schilt die Seele eine »Undankbare« und hält ihr vor, wie er sich von früh an nur um sie gesorgt habe. Der Instinkt des Leibes habe der kindlichen Seele wie ein Lehrmeister den Weg gewiesen. Die jugendliche Seele habe sich in der Schönheit, Kraft und Beweglichkeit des Leibes gefallen und ihn mehr, als ihm zuträglich war, in der Leidenschaft erschöpft. Dann der Versuch des Freitods: Als sie ihn in die Seine warf, war es der Leib, der sie schwimmend ans Ufer trug,

---

36 Ebd., S. 322f.

37 Auch François Villon übrigens hatte mit der Ballade »Le débat dv cver et dv corps« und der Hiobschen Frage »Woher das Übel des Todes?« auf diese Tradition geantwortet.

38 Béranger: Le corps et l'âme. In: Ders., Chansons (Anm. 15), S. 217-220, hier: S. 217. – Zum Folgenden vgl. Häfner, Weisheit (Anm. 14), S. 402-404.

damit sie ihre Verzweiflung in Tränen wandeln konnte. Später, als sich die Seele zum Professor der Metaphysik aufgeworfen hatte und vorgab, Flügel zu besitzen, behandelte sie den Leib wie einen barfüßigen Bettler. Aber die Altersweisheit, die dann über sie hereinbrach, war nur Ausdruck der Impotenz: »De mon déclin naît ta sagesse; / L'impuissance abonde en vertu.«[39] Diese Weisheit gleicht den Eisblumen, die die Sonne am winterlichen Fenster gefrieren macht.

Heine hat die skurrile Anklage, die sich über mehrere Strophen dehnt, auf das Widerspiel von einmaliger Rede und Gegenrede verkürzt. Zugleich hat er die Bedeutungsrichtung umgekehrt und auf die eigene Lebenssituation bezogen. Die »arme Seele« sehnt sich durchaus nicht danach, den Leib zu verlassen. Sie ist gar nicht der Metaphysiker, zu dem sie Béranger gemacht hatte:

> Weh mir! Jetzt soll ich gleichsam nackt,
> Ganz ohne Körper, ganz abstrakt,
> Hinlungern als ein sel'ges Nichts
> Dort oben in dem Reich des Lichts,
> In jenen kalten Himmelshallen,
> Wo schweigend die Ewigkeiten wallen
> Und mich angähnen – sie klappern dabey
> Langweilig mit ihren Pantoffeln von Blei.
> O das ist grauenhaft; o bleib,
> Bleib bey mir, du geliebter Leib! (DHA III, 187)

Der Leib belehrt die Seele und verweist sie auf die schicksalhafte Verbindung, die sie eingegangen waren. Im Gleichnis: Jetzt, da der Docht der Lampe beinahe abgebrannt ist, wird die Seele von dem »Plunder«, der »Materie«, die »wie morscher Zunder« in sich zusammenfällt, befreit. Der »Spiritus« ist »auserlesen«, künftig »droben« als Stern zu leuchten. Heine hat den Mythos von der Verstirnung auserwählter Seelen durch den im Kontext doppelsinnigen Gebrauch des Wortes »Spiritus« stark ironisiert. Die Rede des Leibes endet mit einer witzigen Pointe auf den Komponisten und Zeitgenossen Meyerbeer, den Heine seit der Berliner Zeit kannte und mit dem er sich später überwarf.[40]

Heine hat im Spätwerk Balladen und Romanzen durch die Tradition der Hiobschen Klagegesänge überformt.[41] Es ist seit langem bekannt, dass die mittelalterliche jüdische Poesie, die er durch Michael Sachs' »Die religiöse Poesie der Juden in Spanien« (Berlin 1845) genauer kennengelernt hatte, eine wesentliche Rolle in diesem Prozess des Überformens gespielt hat. Darüber darf nicht vergessen werden, dass die zeitgenössische französische Poesie auch für den späten Heine der Hintergrund für motivische Anleihen, Ideenassoziationen und formale Auseinander-

---

39 Ebd., S. 219.

40 Vgl. Heinz Becker: Der Fall Heine – Meyerbeer. Neue Dokumente revidieren ein Geschichtsurteil. Berlin 1958.

41 Vgl. Israel Tabak: Judaic Lore in Heine. The Heritage of a Poet. Baltimore 1948; vgl. auch Ralph Häfner: Lyrische Maskerade. Das Problem der Gedankeneinheit in Heines »Morphine«. In: HJb. 43 (2004), S. 99-110.

setzungen geblieben ist. Wie unsere Beispiele hinreichend gezeigt haben, stellt ihm seine Lektüre Materialien für eigene und eigenwillige Dichtungen zur Verfügung. Ein gutes Beispiel für diesen kreativen Prozess ist die – oben bereits erwähnte – Ballade »Der weiße Elefant« in ihrem Verhältnis zu Théophile Gautiers »Symphonie en blanc majeur«. Nehmen wir indes noch eine weitere Ballade Bérangers in Augenschein. Das Gedicht »Le jongleur« – Béranger verzichtet hier wie andernorts in seinen späten Werken bewusst auf den Refrain – erzählt von der Zauberlaute des Titelhelden, deren ausgelassene Melodien Krankheiten, Betrübnis und Überdruss vertreiben und den Menschen Freude und Gesundheit zurückgeben:

Les démons sont fous de musique.
Un obscur jongleur fut doté
Par eux, jadis, d'un luth magique
Qui rendait et joie et santé.[42]

Obwohl er ein fahrender Geselle ist, öffnet man ihm Schlösser und Paläste, damit er mit dem Klang seiner Laute ein »Königsfest« veranstalte. Das »Glück« (»bonheur«), das er aus dem Seitenspiel zu ziehen weiß, hat eine präzise soziale und politische Bestimmung. Die Freude, die der Klang des Instruments erregt, gibt den Unterdrückten Mut, sich ihrer Freiheit zu erinnern:

Aux gens qu'épuise le servage
Il court rendre aussi la gaieté.
La gaieté leur rend le courage
Qui fait rêver de liberté.[43]

Aber die Laute besitzt eine ungute Eigenschaft; all die Übel, die sie heilt, gehen auf den Jongleur über, und der Versuch einer Selbstheilung misslingt. Der Weltverbesserer geht an seinem eigenen Werkzeug zugrunde. Die letzte Strophe lautet:

Il recourt à son luth sonore.
Sous ses doigts il se brise, hélas!
Une des cordes vibre encore:
»De ma mort, dit-il, c'est le glas.«
Avant l'âge enfin il succombe,
De son art même fatigué;
Et l'on grave en or sur sa tombe:
»Des mortels ci-gît le plus gai.«[44]

Heine durfte in dem Schicksal des Jongleurs ein Abbild des eigenen nahen Endes sehen. Auch er ist der heitere Weltverbesserer, der die Freiheit in den Palästen der Reichen und den Hütten der Armen besingt; auch er scheitert an der existentiellen

42 Béranger: Le jongleur. In: Ders., chansons (Anm. 15), S. 179.
43 Ebd., S. 180.
44 Ebd., S. 181.

Tragik des eigenen Schicksals, wiewohl die Idee, für die er lebte, überdauert (vgl. z.B. »Enfant perdu«); auch er stirbt eines unzeitigen Todes. Das Totengeläut der Zauberlaute ist auch sein Grabgesang.

Théophile Gautier hat in den Balladen Bérangers den Freimut und den Tonfall François Villons vernommen.[45] Heines nachgelassenes Gedicht »Die Söhne des Glückes...«, vermutlich 1855 entstanden, überblendet in der Melancholie und Direktheit der Aussage die Hiobsche Anklage mit einer ausgesprochen Villonschen Betrachtung über das schwankende Lebensglück. Allein, er hat es mit Bérangers Grabschrift auf den vagabundierenden Jongleur schließen wollen: »O Miserere! Verloren geht / Der beste der Humoristen!«[46] Das psalmodierende Totenoffizium (»Miserere«) findet hier einen Widerhall in einem durchaus balladesken Geleit.

Heine hat sich früh für die Lyrik des deutschen Minnesangs interessiert; man weiß, dass er kurz nach dem Eintreffen in Paris die »Bibliothèque royale« aufgesucht und sich die »Manessesche Liederhandschrift« hat vorlegen lassen. Hinzu kam eine intensive Beschäftigung mit der vor allem seit Herder systematisch aufgearbeiteten Volksliedtradition. Wie populär zeitgenössische Volksliedadaptionen mit ihren historischen, politischen und sozialkritischen Stoffen waren, zeigen etwa Beethovens Vertonungen von zum Kunstlied umgeformten Volksliedern irischer, schottischer und walisischer Herkunft. Neben Balladen von Lord Byron und Walter Scott finden sich darin auch einige Werke von Robert Burns, den Heine bekanntlich im Zusammenhang mit Béranger und Petöfi 1849 genannt hatte.

Aber auch in Frankreich hatte man inzwischen ein lebhaftes Interesse an der provençalischen Dichtung des Mittelalters, an der vorklassischen französischen Lyrik des 15. und 16. Jahrhunderts und an der eigenen Volksliedtradition gefunden. Man entwickelte Gespür und Geschmack für eine Dichtung, die – wie etwa im Falle François Villons – bei allen derben Sujets nichts weniger als kunstlos war. Gautier bildete seinen lyrischen Stil im Kampf gegen den Klassizismus explizit an derartigen Vorbildern aus. In ihrer facetiösen, zur Skurrilität neigenden Form waren sie aber auch ein Gegengewicht zur stark rhetorisierenden Lyrik Victor Hugos. Vor diesem Hintergrund war Béranger – der »Volksdichter«,[47] dessen Lieder jede Grisette in Paris »singt und fühlt«[48] – für Heine eine Herausforderung, die ihn immer wieder zum Wettstreit angeregt hat.

In der französischen Fassung der »Geständnisse«, »Aveux de l'auteur«, berichtet Heine von einem Gespräch mit der jungen Josephine, die er in der »Grande Chaumière«, einem beliebten Tanzlokal der Zeit, kennengelernt hatte. Als sie erfährt, dass er Deutscher sei, wünscht sie sich von ihm eine Bärenhaut, die sie als Bettvor-

45 Vgl. Théophile Gautier: François Villon. In: Ders.: Les Grotesques. Paris 1882. Neudr.: Genf 1978, S. 1-39, hier: S. 33.

46 Heinrich Heine: [Miserere], DHA III, S. 348f. (HSA 6, 333). – Das Gedicht, entstanden »wahrscheinlich nach März 1853« (DHA III, 1509), erschien zuerst (mit der nicht von Heine stammenden Überschrift) im »Deutschen Musenalmanach 1857«.

47 Heinrich Heine: Französische Zustände, Artikel V, 25.03.1832, DHA XII, 126.

48 Ebd.

leger zu benutzen gedenkt (vgl. DHA XV, 135). Heine erklärt ihr, dass man auch jenseits des Rheins nicht mehr in den Wäldern lebe und erzählt ihr von der Erziehung der jungen Mädchen in Deutschland, an der er ihr manche Schwächen aufdeckt: »Ich habe sogenannte gut erzogene Mädchen in meiner Heimat gesehen, die die zotigen Lieder Bérangers nicht zu singen wußten. ›Das kann doch nicht sein!‹, rief Fräulein Josephine aus.«[49] Die Wirkung Bérangers scheint im nach-napoleonischen Deutschland aus nachvollziehbaren Gründen sehr begrenzt gewesen zu sein. Auch für die Dichter der nationalen Einigung von 1848 kam er offenbar nicht in Frage.[50] Für Heine, den Europäer und Kosmopoliten, der ein Leben lang an der Stilisierung Napoleons als Befreiers der Völker arbeitete, blieb der berühmte Chansonnier bis zuletzt ein bewundertes Vorbild.

---

49 Heine: Aveux de l'auteur. DHA XV, 136: »En flatteur galant je taxai d'exagération ces aveux d'ignorance nationale, et j'allai même jusqu'à rabaisser un peu outre mesure l'instruction des demoiselles allemandes. Je soutins qu'elle n'était pas aussi parfaite qu'on se le figure à l'étranger, qu'elle était même très défectueuse, et que, par exemple, j'avais vu dans ma patrie des jeunes filles soi-disant bien élevées qui ne savaient pas chanter les chansons grivoises de Béranger! ›C'est impossible!‹ s'écria mademoiselle Joséphine.«

50 Spuren der Wirkung Bérangers in Deutschland hat Touchard, Gloire (Anm. 1), Bd. 2, S. 512-515, zusammengetragen (Börne, Hauff, Dingelstedt, Herwegh, Moritz Hartmann). Zur Wirkung in England vgl. jetzt Joseph Phelan: The British Reception of Pierre-Jean de Béranger. In: Revue de littérature comparée (2005), S. 5-20.

Wie »Die alten, bösen Lieder« zu »Rübezahl« wurden

Zur Rezeption der Schumannschen Heine-Lieder im »Dritten Reich«

Matthias Wendt

Als Hans Joachim Moser 1937 seine Fortsetzung zu Hermann Kretzschmars »Geschichte des Deutschen Liedes« vorlegt,[1] sieht er sich genötigt, im Kapitel Schumann auch zu dessen Heine-Vertonungen eindeutig Stellung zu nehmen. Aufhänger ist, wie so oft, das Ironie-Dilemma, dem Schumann bis auf wenige Ausnahmen – Moser nennt hier namentlich das »im grimassierenden Schlagerstil« geschriebene Lied »Ein Jüngling liebt ein Mädchen« – erlegen sei, da er jene von Heines »Rassezugehörigkeit« abzuleitenden »Kernzüge« nicht haben »sehen wollen«, nicht etwa »sehen können«. Er hätte vielmehr »von R[ichard] Dehmels Entwurf zu einem Heinedenkmal nur die Myrtenbraut, aber weder den Affen noch das Schwein zugegeben«[2]. Scheinbar starke Worte im »Ratten und Schmeißfliegenjargon« nicht nur jener Zeit, die deutlich die Absicht zeigen, sich selbst als rechten Genossen zu stilisieren. Doch so richtig überzeugend wirkt Moser nicht, eher schüchtern, intellektuell verbrämt verbannt er die Injurie in die Fußnote und verklausuliert sie zudem dermaßen, dass nicht mehr erkennbar ist, von wem sie nun eigentlich stammen mag. Andere bekennen sich da schon sehr viel persönlicher: »Ich nenne Heinrich Heine einen Schweinehund« setzt Börries von Münchhausen als Fazit unter den ersten Abschnitt seines berüchtigten Aufsatzes »Heinrich Heine in deutschen Tönen«,[3] die angeblich mangelnde Sittlichkeit Heines geißelnd. Münchhausen repliziert in diesem Feuilleton-Artikel auf einen wenige Wochen zuvor erschienenen Aufsatz von Georg Spandau.[4] Münchhausens Replik, so unflätig sie zunächst daherkommt, ist vor diesem Hintergrund relativ raffiniert gearbeitet. Münchhausen nennt Heine zwar »Schweinehund«, doch sei diese Verunglimpfung wie jedwede moralisch-sittliche Bewertung eines Dichters eben kein hinreichendes Argument für ein ästhetisches Urteil über die Dichtung selbst. Wenn aber Sitte und Moral des Autors als ästhetische Kategorien irrelevant seien, dann steht »auch die Rassenfrage als solche hier nicht zur Aussprache«. Für wesentlich hält Münchhausen vielmehr das schicksalhaft Faktische, dass nämlich – warum auch immer, über die Gründe schweigt er sich bewusst aus – »Heines Lieder [...] aus den Konzertsälen wie aus

1 Hans Joachim Moser: Das deutsche Lied seit Mozart. Zürich 1937.

2 Ebd., S. 168.

3 Deutsche Zukunft. Wochenzeitung für Politik, Wirtschaft und Kultur (1936), H. 18 (03.05.), S. 15. Vgl. hierzu auch den Leserbrief »Text und Melodie« von Dr. Arthur Luther, ebd., H. 19 v. 10.05.1936, S. 14.

4 Heinrich Heine im deutschen Lied. In: Das Deutsche Podium. Fachblatt für Ensemble – Musik und Musik-Gaststätten. Kampfblatt für deutsche Musik v. 13.03.1936, S. 1f..

der häuslichen Liedpflege verschwinden«. Das eigentliche Problem aber stecke in dem Vorschlag Spandaus, »die Weisen (Melodien) zu retten [...] unter Preisgabe der Gedichte«, d.h. die Texte der Lieder umzuschreiben. Dies sei

> eine überaus schwere Aufgabe! [...] Das Unterlegen neuer Gedichte unter alte Weisen gehört zu den schwierigsten Aufgaben der Dichtkunst. [...] Wenn wir uns nun zu einer neuen Gedichtunterlage entscheiden, [...] so unterliegt sie gleich auch dem Urteil des Auslandes.

Münchhausen schließt mit einer Warnung: »Auf den furchtbaren Gedanken, [...] etwa eine Loreley mit gleicher Weise und gleichem Inhalt aber in anders gestellten Worten zu schaffen, wird hoffentlich niemand verfallen.«

Damit wird offenbar, dass auch Münchhausen im Grunde ausweicht, laviert wie Moser, und die Ursachen des angeblich zu beobachtenden Phänomens, des Verschwindens der Heine-Lieder aus den Konzertsälen, nicht benennen mag, weil er dann eine ganz andere Position beziehen oder Heines Texte literarisch deklassieren müsste. Immerhin aber bietet er durch seine Argumentation in der wohl wichtigsten bildungsbürgerlichen Wochenzeitung dieser Jahre, der »Zeit« der NS-Zeit, eine Art Barriere oder Blockade, was Heine-Umdichtungen angeht. Sein Verdikt, an derartige Neuschöpfungen können nur »echte Dichter« gehen, und seine Warnung vor der Resonanz im Ausland zeigen Wirkung. Es wagt auf Jahre hinaus niemand, sich an den Heine-Liedern zu vergehen.

Dies allerdings ist ein reines Heine-Phänomen, Umdichtungen anderer, in einer Nebenbemerkung bereits von Münchhausen und Spandau in Betracht gezogener Texte jüdischer Herkunft oder jüdischer Sujets wird es zu Hauf geben.[5] Zur Kanalisierung und Steuerung der diversen derartigen Anstrengungen wird schließlich eine Unterabteilung im »Reichsministerium für Volksaufklärung und Propaganda« (RMVP) installiert, die sich ausschließlich mit Fragen der Neutextierung beschäftigt.

---

5 Insbesondere Händels »Judas Maccabäus« wird schon bald in einer Neufassung von Hermann Stephani, Marburger Universitäts-Musikdirektor, unter dem Titel »Der Feldherr. Freiheitsoratorium« außerordentlich populär. Vgl. ausführlich Katja Roters: Bearbeitungen von Händel-Oratorien im Dritten Reich. Halle 1999 [= Schriften des Händel-Hauses in Halle 16], S. 44-59.
Roters konnte in ihrer Arbeit insgesamt 13 in den wenigen Jahren des »Dritten Reichs« entstandene Bearbeitungen Händelscher Oratorien verorten, darunter allein sechs verschiedene Maccabäus-Versionen (S. 33-42); eine weitere Bearbeitung stellte Annette Landgraf auf dem Kongress der Gesellschaft für Musikforschung in Halle vor (vgl. Annette Landgraf: Der Opfersieg von Walstatt: Das Oratorium »Israel in Egypt« von Georg Friedrich Händel im nationalistischen Gewand. In: Musikkonzepte – Konzepte der Musikwissenschaft. Hrsg. v. Kathrin Eberl. Kassel 2000, S. 597-604). International prominenteste, wenn auch anscheinend nur zweimal aufgeführte Bearbeitung war zweifellos jene von Fritz Stein für die Olympiade 1936 in Berlin hergestellte, alle alttestamentarischen Namen eliminierende Version des Händelschen »Gelegenheits-Oratoriums«.

Eine der ersten Amtshandlungen des Generalsekretärs dieser im Mai 1940 begründeten »Reichsstelle für Musikbearbeitungen«,[6] Hans Joachim Moser[7], zeigt exemplarisch das Zusammenspiel zwischen diesem und seinem unmittelbaren Vorgesetzten, Heinz Drewes, Leiter der Musikabteilung des RMVP.[8] Moser erhält Anfang Juli 1940 eine Aktennotiz[9] über eine Anfrage des neuen Verlagsleiters des im Vorjahr »arisierten« also enteigneten Musikverlags Peters, Dr. Johannes Petschull[10], »ob der Neuvertrieb Schubertscher Lieder auf Texte von Heinrich Heine gestattet bezw. erwünscht sei«.[11] Der zuständige Referent, Dr. Siegfried Goslich, legt zwei vorformulierte Schreiben bei, eins an den Hitler-Stellvertreter, Rudolf Hess, zu Händen von Ernst Schulte-Strathaus adressiert[12], ein weiteres an Reichsminister Joseph Goebbels[13] selbst. Der Inhalt beider Briefe ist sehr unterschiedlich. An Hess bzw. Schulte-Strathaus schreibt Goslich so, als wenn er gewisse musikspezifische Standards nicht voraussetzen könne.[14] Gleichzeitig lehnt er aufgrund einschlägiger Erfahrungen mit Neubearbeitungen[15] eine Umdichtung als »nicht in Betracht kommend« ab.

Im Briefentwurf an Goebbels fehlen diese Details, sie werden offenbar als bekannt voraus gesetzt. Stattdessen rechtfertigt er den Neuabdruck, »die musikalisch wertvollen Werke« ließen sich so »für Gesangsstudierende als Übungsstoff und als Anschauungsmaterial für den Kompositionsunterricht zugänglich« erhalten. Im Entwurf findet sich außerdem ein (von Moser) separat gestrichener Passus, in dem Goslich betont, dass durch eine solche Ministererlaubnis noch keine Erlaubnis zur Aufführung im Konzertsaal ausgesprochen sei. Offenbar ist selbst Mitarbeitern des RMfVuP nicht bewusst, dass ein Aufführungsverbot für Schumanns Heine-Lieder

6 Vgl. Heinz Drewes: Die Reichsstelle für Musikbearbeitung. In: Allgemeine Musikzeitung. Wochenschrift für das Musikleben der Gegenwart (1943), H. 4 (19.02.), S. 25-27. Vgl. auch Hans Joachim Moser: Musiklexikon. ^{2}1943, S. 744 (Artikel »Reichsdienststellen« und »Reichsmusikkammer«).

7 Moser war u.a. durch eigene Bearbeitungen von Carl Maria von Webers »Euryanthe« (»Die sieben Raben«, Staatsoper Berlin 1915, Darmstadt 1920) und Händels »Orlando Furioso« (»Orlandos Liebeswahn«, Halle 1922 und Krefeld 1934) hinreichend als Experte für Bearbeitungsfragen ausgewiesen.

8 Zu Drewes vgl. Moser, Musiklexikon (Anm. 6), S. 217 sowie ^{3}1951, S. 265 (Artikel »Drewes, Heinz«).

9 Alle folgenden Aktenzitate sind, wenn nicht anders angemerkt, dem Aktenkonvolut »Akten der Reichsstelle für Musikbearbeitungen«, Bestandsignatur R55, Nr. 20572, Bundesarchiv Berlin [= BaB], entnommen.

10 Zu Johannes Petschull und dessen Übernahme des Verlags C. F. Peters nach 1945 vgl. Fred K. Prieberg: Handbuch deutscher Musiker 1933-1945. CD-Rom, Version 1.2-3/2005, S. 5170.

11 Laut maschr. Vermerk des Referenten Dr. Siegfried Goslich, datiert Berlin, 3. [korr. zu 1.] Juli 1940, BaB, Bl. 399.

12 Ebd.

13 Ebd., Bl. 400.

14 So verweist er etwa explizit darauf, dass Schuberts »Doppelgänger« mit Heines Text »unlöslich verbunden« sei.

15 Gemeint sind Bearbeitungen originaler Daponte- bzw. Hoffmannsthal-Libretti.

nicht besteht.[16] Beide Briefentwürfe sind durchgestrichen, oben rechts findet sich die hs. Notiz Mosers »Petschull zunächst zurückstellen«.

Worum geht es? Schuberts und auch Schumanns Lieder liegen zwar in zahllosen, unterschiedlichen Ausgaben vor. Doch die Ausgaben des Peters-Verlags, revidiert von Max Friedlaender, sind seit Jahrzehnten der *de-facto*-Standard an allen deutschen Konservatorien und Hochschulen. Goslich nun hat offenbar bei seinen Stellungnahmen ein Problem gar nicht erkannt, zumindest erwähnt er es nicht: Friedlaender ist Jude. Moser sieht dieses Seiten-Problem und will offenbar nicht die alleinige Verantwortung übernehmen. Nach Rückversicherung durch die ihm übergeordnete Musikabteilung des RMVP kann er am 16. [korr. aus 17.] Juli 1940[17] antworten:

> Dr. Drewes [...] hat angeordnet, daß die Angelegenheit weder an Schulte-Strathaus noch an den Minister gegeben werden soll. Ich soll Herrn Petschull privat den Rat geben, die bisherige Ausgabe (ggf. unter Löschung des Herausgebernamens M. Friedlaender) weiterzudrucken und vielleicht nach dem Kriege wieder deswegen vorzutragen.

Goslich setzt unter dieses Schreiben seinen Kommentar: »Ich darf empfehlen, diesen Vorg[ang?] zusammen mit Durchschrift Ihres Schreibens an Petschull auf ›W[ieder]v[orlage] nach dem Kriege‹ zu legen!«, darunter dann Mosers Sekretariatsanweisung: »H. Adam entspr[echender] Termin!« Eine Posse, oder es gab solch eine Nachkriegs-Ablage tatsächlich?[18]

---

16 Siehe BaB, Bestandssignatur R55, Nr. 240, Bl. 92, Rundspruch Nr. 77, vertrauliche Information Nr. 85/38 an alle RPÄ vom 13. April 1838: »[...] 6) lieder von franz schubert und robert schumann mit texten von heinrich heine duerfen in oeffentlichen veranstaltungen aufgefuehrt werden. die presse ist anzuweisen, keinerlei kritik an der tatsache einer solchen verwendung heinescher texte zu ueben, dies ist auch den zeitschriften mitzuteilen.« Selbst noch in den »Geflügelten Worten«. Volksausgabe. Berlin 1943, S. 203-207, bleiben die Heine-Zitate nahezu unkommentiert erhalten (freundlicher Hinweis von Horst Mauke, Leverkusen).

17 BaB, Bl. 397.

18 Friedlaenders Schumann-Ausgabe spielt nicht nur in diesen Akten eine Schlüsselrolle. Seine Ausgabe der Schumann-Lieder ist zwar bis heute Standard in der Gesangsausbildung, aber sie ist dreibändig, was gewisse Konsequenzen hat. Traditionellerweise werden im Gesangsunterricht allein die Lieder des ersten Bandes durchgenommen. In diesem aber stehen u.a. auch die »Dichterliebe« op. 48 sowie einige Lieder aus dem Heine-Liederkreis op. 24. Im zweiten Heft der 1940 begründeten Deutschen Robert-Schumann-Gesellschaft schlägt Moser nun vor, quasi zwei Fliegen oder um im Jargon zu bleiben zwei »Schmeißfliegen« mit einer Klatsche zu erlegen: die beiden Juden Friedlaender und Heine. Seine Idee zeugt von einer gewissen Bauernschläue, ist aber auch Realsatire auf die absurden Zwänge des NS-Staats, denen selbst ein inzwischen in der Hierarchie doch relativ weit empor geklommener nicht entgehen konnte. Wenn nämlich, so Moser, im Gesangsunterricht nur der erste Band der Schumann-Lieder durchgenommen werde, und die dort enthaltenen Lieder nur deshalb eine überproportional gewichtige Rolle im Musikleben spielen, so läge es doch nahe, die von Friedlaender getroffene Anordnung umzuwerfen, diesen als Herausgeber damit endlich loszuwerden, die Heine-Lieder in den

In den Akten der Reichsstelle für Musikbearbeitungen ist erst 1944 erneut von Schumanns Heine-Liedern die Rede. Der Beginn der folgenden Affäre ist in den von mir eingesehenen Akten nicht erhalten, lässt sich aber problemlos aus den überlieferten Schreiben entnehmen. Am 17. März 1944 schreibt Drewes einen wohl von Hans Joachim Moser formulierten, regelrechten Brandbrief an Goebbels:

> Betr.: Neue Texte zu Schumanns Heineliedern.
> Gauschulungsamt und RPA Niederschlesien hatten zur Vorführung von 17 neuen Texten des Gauschulungsleiters Venatier (eines Vertreters von Rosenberg) auf Lieder und Balladen von Schumann über Heinesche Gedichte eingeladen.[19]

Moser fährt fort, indem er fünf Kritikpunkte nennt:

> [1.] Die neuen Texte gehen fast sämtlich an den Vertonungsabsichten des Meisters vorbei. [2.] Die Musik wird robuster, [3.] Änderungen am Notentext sind mehrmals erforderlich. [4.] Der »Neudichter« hatte nicht einmal gemerkt, daß bei »Die beiden Grenadiere« stärkstens die Marseillaise verwendet ist, und das mit der Bemerkung zu überbrücken versucht, die von ihm hier gefeierten deutschen Panzergrenadiere von 1943 könnten auch diese Melodie singen, da man im künftigen Europa die nationalen Kulturbesitze nicht mehr so streng scheiden werde. Oder: Schumann habe zwar die »Dichterliebe« für Tenor geschrieben, weil aber die künftig aus der HJ hervorgehenden Sänger für solche zarten Empfindungen kein Organ mehr haben würden, habe er daraus ein zweites »Frauenliebe und -leben« gedichtet.
> [5.] Da die Gefahr besteht, daß eine Weiterbeschreitung dieses Weges nur zu unerwünschten Auswirkungen im In- und Ausland führt, und nicht zu erwarten ist, daß diese Versuche auch dem späteren Urteil der Geschichte standhalten werden, bitte ich, damit einverstanden zu sein, daß diese Angelegenheit mit äusserster Zurückhaltung verfolgt wird.

Alles in allem eine klare, in etwas spöttischem Ton, aber auch wieder extrem verschachtelt vorgetragene Absage an Hans Venatiers Neudichtungen. Seltsam nur, dass Drewes/Moser nicht direkt an diesen schreiben, sondern glauben, Goebbels einschalten zu müssen. Potentiell von Bedeutung könnte hierbei die Vorbemerkung, Venatier sei ein »Vertreter von Rosenberg«, sein. Diese deutet auf eine Hierarchie-

---

letzten Band der Ausgabe zu verbannen und somit im Bewusstsein der Sänger zurechtzurücken. Gewissermaßen das Ei des Kolumbus also, so absurd die Idee auch ist. Der Artikel Mosers liest sich so, als ob die Vorarbeiten zu einer solchen Ausgabe bereits mehr oder weniger abgeschlossen seien. Vor dem Hintergrund des anscheinend recht vertrauten Verhältnisses zwischen Moser und dem neu eingesetzten Verlagschef Petschull scheint es durchaus denkbar, dass eine derartige Ausgabe in der Tat geplant und nur durch das nahende Kriegsende verhindert worden ist. – H. J. Moser: Schumanns Liederschaffen in neuer Anordnung. In: Robert-Schumann-Blätter. Mitteilungen der deutschen Robert-Schumann-Gesellschaft. H. 2. Zwickau 1944, S. 9-12. Vgl. hierzu auch Thomas Synofzik: »Urdeutsche Musik« und jüdische »Lügenpoesie«. Zur Rezeption der Heine-Vertonungen Robert Schumanns. In: »Das letzte Wort der Kunst«. Heinrich Heine und Robert Schumann zum 150. Todesjahr. Hrsg. v. Joseph A. Kruse u. Mitarbeit v. Marianne Tilch, Stuttgart/Kassel 2006, S. 389-406, hier: S. 397.

19 BaB, Bl. 390f.

schiene abseits des eigenen, Goebbelsschen Ministeriums hin, obwohl die Konzert-Einladung ausdrücklich auch vom »Reichspropagandaamt« (RPA) Niederschlesien unterzeichnet worden war. Alfred Rosenberg jedoch war »Leiter des Außenpolitischen Amtes und Beauftragter des Führers für die gesamte geistige und weltanschauliche Erziehung der NSdAP«. In seiner Dienststelle existierte die sog. Hauptstelle Musik, deren Leiter Herbert Gerigk, u.a. Mitherausgeber des »Lexikons der Juden in der Musik« (1940), wiederum so etwas wie ein Intimfeind Mosers war.[20]

Der Begriff »Vertreter Rosenbergs« scheint eher metaphorisch zu deuten zu sein, faktische Vertreterfunktion erfüllte Venatier nicht,[21] er war vielmehr stellvertretend für Rosenberg in Schlesien verantwortlich für die ideologische Ausrichtung des NSDAP-Nachwuchses. Überhaupt fällt auf, dass Informationen über Venatier nur schwer zu beschaffen sind. Was verwundert, denn immerhin hat er mit seinem 1939 erschienen Erstlingsroman »Vogt Bartold. Der große Zug nach dem Osten«[22] einen der Bestseller des »Dritten Reichs« geschrieben. In den einschlägigen germanistischen Veröffentlichungen zur Literatur der NS-Zeit[23] kommt Hans Venatier praktisch nicht vor. Erst in einer jüngst erschienenen umfangreichen Arbeit von Wojciech Kunicki über die NS-Kulturpolitik in Schlesien[24] finden sich nähere Infor-

---

20 Man lese bspw. seine Besprechung von Mosers »Kleine deutsche Musikgeschichte«, deren Fazit mitverantwortlich für dessen erhebliche berufliche Probleme bis 1940 gewesen sein dürfte – Die Musik (1938), H. 11 (August), S. 766-767, hier: S. 767: »Moser macht sich zum Sprecher einer geistigen und weltanschaulichen Haltung, die nicht die des neuen Deutschlands ist [...]. Das Buch bildet in dieser Form eine Belastung des ehrwürdigen Verlages Cotta.« Aus Rache [?] eliminierte Moser in der dritten Aufl. (1951) seines Musiklexikons den in der zweiten Aufl. v. 1943 noch enthaltenen Personalartikel »Gerigk, Herbert«.

21 Ernst Piper – Alfred Rosenberg. Hitlers Chefideologe. München 2005 – etwa erwähnt Venatier nicht einmal.

22 Leipzig: Schwarzhäupter; eine überarbeitete Fassung erschien ab 1957 (Düsseldorf, Muth) mit geändertem Untertitel »Vogt Bartold. Der Roman des deutschen Ostens«.

23 Frank-Rutger Hausmann: »Dichte, Dichter, tage nicht!«. Die europäische Schriftsteller-Vereinigung in Weimar 1941-1948. Frankfurt a.M. 2004; Jürgen Hillesheim u. Elisabeth Michael: Lexikon Nationalsozialistischer Dichter. Biographien, Analysen, Bibliographien. Würzburg 1993; Hans Sarkowicz u. Alf Mentzer: Literatur in Nazi-Deutschland. Ein biografisches Lexikon. Hamburg/Wien 2000; Hitlers Künstler. Die Kultur im Dienst des Nationalsozialismus. Nach einer Sendereihe des Hessischen Rundfunks hrsg. v. Hans Sarkowicz. Leipzig 2004..

24 Wojciech Kunicki: »...auf dem Weg in dieses Reich«. NS-Kulturpolitik und Literatur in Schlesien 1933 bis 1945. Leipzig 2006. (Freundlicher Hinweis von Uwe-K. Ketelsen, Bochum). Für die bei Kunicki dem Thema entsprechend fehlende Nachkriegskarriere Venatiers siehe den kurzen Nachruf in »Der Spiegel« (1959), H. 7, S. 64, sowie die darauf replizierenden Leserzuschriften ebd., H. 9, S. 3f., sowie H. 11, S. 4f. Zu seinen Nachkriegs-Romanen (»Der Major und die Stiere«, »Der Boss und seine Narren«) und -Gedichte (»Gefährtenruf«) vgl. die Rezensionen von Helmut Günther in: Welt und Wort (1954), H. 9, S. 58, (1957), H. 12, S. 118, und (1960), H. 15, S. 189.

mationen, gestützt u.a. auf Venatiers in Marbach liegenden Nachlass.[25] Hier erfährt man, dass Venatier Anfang 1941 für ein halbes Jahr »unabkömmlich« gestellt wird, 1943 dann endgültig vom Fronteinsatz befreit ist, da man ihn als »für die Fortsetzung des kulturellen Lebens unentbehrlich erachtete«[26]. Verantwortlich für diese Bevorzugung war der Leiter des 1941 begründeten Gaus Niederschlesien Karl Hanke, der laut den autobiografischen Aufzeichnungen Anneliese Venatiers von ihrem Mann nur verlangt habe, er solle »innerhalb von 20 Jahren noch 3 Bücher schreiben wie der Vogt«.[27]

Ende 1943 wird Venatier zum kommissarischen Gauschulungsleiter des »Gaus Niederschlesien« ernannt. Nach dem Erfolg des »Vogt Bartold« entstehen in schneller Folge mehrere Schauspiele (»Das Banner von Ragnit«, 1940; »Wieland«, 1941; »Gudrun«, 1942) sowie ein Gedichtband »Sinfonie um Gott«. 1941 erhält Venatier für »Vogt Bartold« den »Volkspreis für Deutsche Dichtung«, wobei anscheinend das Oberkommando der Wehrmacht auf die Preisvergabe Einfluss genommen hatte.[28] Als Resultat hiervon erschien eine Sonderausgabe des Romans als »Frontbuchhandelsausgabe für die Wehrmacht« (Leipzig ^{16}1944). Der Roman beginnt mit einem Prolog:

> Ein Land heißt Schlesien. Es dehnt sich am Rande des Reiches. Durch das Land strömt aus den Bergen ein Fluß, dessen Name heißt Oder. Vor alten Zeiten wogte viel Wald um den Fluß. In den Wäldern wohnte kein Mensch.

Man sieht es handelt sich um so etwas wie Fantasy-Literatur, kurze, archaisierende Sätze schildern eine unberührte Phantasielandschaft, in der keine Menschen leben – wenn nicht die ›verflixten Polen‹ wären. Die Tendenz ist klar und es ist auch gut verständlich, warum das Oberkommando der Wehrmacht solche Art Ost-Literatur für besonders förderlich hielt. Das Buch schließt mit einem anscheinend selbst komponierten und gedichteten Lied, zumindest insofern also scheint Venatier prädestiniert für eine Neutextierung der Heine-Lieder.

Eine Einladung eines derart Prominenten, auf solcher Hierarchie-Ebene stehenden nimmt man an, und so verwundert nicht, dass Moser, aber auch Drewes selbst aus Berlin nach Breslau angereist waren, in die einzige bislang unzerstörte deutsche Metropole, um das Konzert zu hören und mit dem Schriftsteller über eventuelle Weiterverbreitung zu sprechen. Die Diskussion mit Venatier muss unbefriedigend verlaufen sein, anders lässt sich der Brandbrief an Goebbels nicht deuten.

---

25 Ebd., S. 268-280, S. 431-435 sowie 777. Hans Venatiers Nachlass in der Handschriften-Abteilung des Deutschen Literatur Archivs Marbach (Bestandssignatur: A: Venatier) umfasst 16 noch ungeordnete Kästen.

26 Ebd., S. 269.

27 Ebd., S. 271.

28 Ebd., S. 431f. Zur Geschichte des »Volkspreises für Deutsche Dichtung« vgl. auch Hanna Leitgeb: Der ausgezeichnete Autor. Berlin 1994, S. 224-228.

Die Antwort des Ministeriums auf Drewes'/Mosers Eingabe erfolgt umgehend, zwar nicht durch Goebbels selbst, aber immerhin durch den Staatssekretär und designierten Goebbels-Nachfolger Dr. Werner Naumann:[29]

> Der Herr Minister hat von Ihrer Vorlage vom 17. 3. Kenntnis genommen. Das RPA Niederschlesien und andere Dienststellen unseres Geschäftsbereiches sind darauf hinzuweisen, daß Umdichtungen der Schumann-Lieder in der hier vorgeschlagenen Form in keiner Weise zu fördern sind.[30]

Wie vorauszusehen unterstützt das Ministerium die Bedenken, wie aber bereits vermutet, sichert man sich ab, Anweisung ergeht nur an die Ämter »unseres Geschäftsbereiches« d.h. die »Reichspropagandaämter«. Die Rosenberg unterstellten »Gauschulungsämter der NSDAP« bleiben unerwähnt und Drewes/Moser bleiben in ihrer Antwort an Venatier, »Gauschulungsamtleiter« in Breslau, auf sich allein gestellt, denn ihm gegenüber sind sie nicht weisungsbefugt, auch nicht durch Erlass aus dem Propagandaministerium.

Beide lassen sich scheinbar Zeit; am 3. April wird ein Rundschreiben an alle RPÄ außer Breslau formuliert[31] und in gültiger Version – erst einen Monat später, am 3. Mai, – zur Genehmigung an Naumann geschickt.[32] Die Ursache für diese Verzögerung liegt möglicherweise in einem Gutachten über die Neudichtungen, das von Moser vorformuliert und erst jetzt fertig geworden ist. Dieses Gutachten verschickt Drewes am 2. Mai 1944, jedoch nicht an Venatier direkt, sondern an Dr. Walter Schult, den Leiter des RPA Breslau, die Hierarchieschiene bleibt weiter gewahrt:

> Infolge dienstlicher Überbeanspruchung war es beim besten Willen nicht möglich, eher das Versprechen einzulösen, die Bemerkungen über die neuen Texte zu Schumanns Heineliedern zu übersenden. Darf ich Sie nun bitten, die Anlage an Pg. Venatier weiterzugeben. Gleichzeitig darf ich Ihnen vertraulich mitteilen, daß auf meinen Bericht entschieden worden ist, das Problem sei mit großer Zurückhaltung zu behandeln. Sämtliche Reichspropagandaämter sind angewiesen, künftige Umtextierungen klassischer Werke rechtzeitig vorher der mir nachgeordneten »Reichsstelle für Musikbearbeitungen« vorzulegen.[33]

Der Schlusssatz bezieht sich auf das mittlerweile vom Staatssekretär genehmigte »Rundschreiben an alle RPÄ außer Breslau«, das am 8. Mai per Fernschreiben verschickt wird:

---

29 Werner Naumann (1909-1982); seit 1928 Mitglied der NSDAP, 1937 Leiter des Reichspropaganda-Amts Breslau, und daher mit den dortigen Verhältnissen bestens vertraut, Kriegsteilnehmer 1940/41, nach schwerer Verwundung 1942 Rückkehr zum Reichspropagandaamt, 1944 zum Staatssekretät ernannt, von Hitler testamentarisch als Nachfolger von Goebbels vorgesehen (DBE 7, 351).

30 BaB, Bl. 389.

31 BaB, Bl. 378.

32 BaB, Bl. 377.

33 BaB, Bl. 384.

> meldung nr. 75
> die bisher bekannt gewordenen versuche, nichtarische texte zu liedkompositionen klassischer meister durch neudichtungen zu ersetzen, haben die schwierigkeiten dieses bemuehens so deutlich erwiesen, dass sie dem spaeteren urteil der geschichte kaum standhalten duerften, daher sind alle weiteren derartigen versuche der reichsstelle fuer musikbearbeitung [...] vorher rechtzeitig vorzulegen.[34]

Das dem Brief an Schult zur Weitergabe an Venatier beigelegte Gutachten[35] kommentiert auf vier maschinengeschrieben Seiten sämtliche 17 Neudichtungen Venatiers. Man kann feststellen, dass zwei verschiedene Schreibmaschinen benutzt worden sind (vgl. Abb.1 im Bildanhang). Der Schreiber von Maschine 1 hat den Hauptanteil und setzt sich analytisch und sehr kritisch mit den Neu-Dichtungen auseinander. Der Schreiber von Maschine 2 versucht, versöhnliche Schlussbemerkungen einzustreuen, was ihm allerdings nur bei den Gedichten Nr. 5, 8, 10 und 16 möglich ist. Auf Grund der in den Akten zu beobachtenden Arbeitsteilung zwischen Drewes und Moser vermute ich, dass die kritischen Analysen von Moser stammen, die relativierenden Zusätze aber von Drewes formuliert worden sind.[36]

In den Akten befindet sich auch das gedruckte Programm zur »Morgenveranstaltung« vom 5. März 1944 (vgl. Abb. 2) sowie ein Doppelblatt mit den ebenfalls gedruckten, vollständigen Texten,[37] zumeist mitsamt dem Heineschen Originaltext. Wenn man bedenkt, dass im gleichen Monat März 1944 die vier letzten deutschen Musikzeitschriften ihr Erscheinen wegen Papiermangels einstellen mussten und nur in abgespeckter Form unter dem gemeinsamen Titel »Die Musik im Kriege« weitergeführt wurden, vermag man nachzuvollziehen, welchen Stellenwert Venatiers Texte und diese »Morgenfeier« im »Gauschulungsamt« hatten.

Es ist hier nicht möglich, die Lieder der Reihe nach durchzugehen, es ist auch nicht mehr möglich als *pars pro toto* einzelne Lieder herauszunehmen und durch sie auf den Gesamtzusammenhang zu schließen, zu unterschiedlich sind Qualität und Inhalt. Das folgende stellt daher so etwas wie eine Blütenlese dar. Im doppelten Sinne des Wortes beginne ich gleich mit einer Stilblüte, der »Lotosblume«, dem ersten auf der Morgenfeier gesungene Lied, nun unter dem Titel »Frauenlobs Tod und Begräbnis«:

	Original	Neudeutsch
2. Strophe		
	Der Mond der ist ihr Buhle er weckt sie mit seinem Licht, und ihm entschleiert sie freundlich ihr frommes Blumengesicht.	Nun schläft in gläserner Truhe Ein Herz, das sich liebend erhob, Nun schläft, zieht aus eure Schuhe, Der Sänger Frauenlob.

---

34 BaB, Bl. 376.

35 In doppelter Ausfertigung enthalten, Bll. 385-386 u. Bll. 387-388.

36 Der hierbei benutzte Schreibmaschinentyp mit auffälliger Engstellung der Buchstabenkombination »er« scheint aber im Rest der Akte nicht vorzukommen.

37 BaB, Bll. 393-396.

	Original	Neudeutsch
3. Strophe		
	Sie blüht und glüht und leuchtet Und starret stumm in die Höh, sie duftet und weinet und zittert vor Liebe und Liebesweh.	Zu seinen Füßen Kerzen Und was noch duftet und blüht, Soll flehn für liebende Herzen Kehr wieder und sing uns Dein Lied.

Man muss sich gar nicht mal bücken, das zieht einem die Schuhe von selber aus. Moser vermerkt zu dieser und der folgenden Strophe in einer hermeneutischen Miniatur:

> Was das Lied so berühmt gemacht hat, ist die musikalische Darstellung zitternder Sehnsucht – der neue Text bietet einen wesentlich anderen Affekt. Bei »Der Mond, der ist ihr Buhle« ist der Wechsel von C-dur nach As-dur ebenso kennzeichnend für den Wechsel der Gegenstände (Lotosblume – Mond), wie bei »und ihm entschleiert sie freundlich« die Rückwendung nach F-dur das »Entschleiern« verdeutlicht. Von da an bis »vor Liebe« sind fortgesetzt Spannungsakkorde aneinandergekettet, um die Ekstase, das Hypnotische, Morbide, zart Rauschhafte auszudrücken – von all dem bietet der neue Text nichts; und wer diese Gefühle ablehnt, muß folgerichtig auch die betreffende Schumann'sche Musik außer Gebrauch lassen.

Ein zweites Beispiel, jene Umdichtung, die im Referattitel genannt ist: »Rübezahl« *olim* »Die alten, bösen Lieder« (vgl. Abb. 3). Beim Anhören der Schumannschen Musik kann man mit gutem Willen heraushören, wodurch Venatier auf die Assoziation »Rübezahl« verfallen ist, jenes im Riesengebirge Unwesen verbreitende Fabelwesen.

Man erkennt, dass es Venatier durchaus nicht an Selbstwertgefühl mangelt: hie Heine – da Venatier unterschrieben, beide Male selbstredend ohne Nennung des Vornamens. Weniger deutlich wird, dass der Zeilenabstand des Venatier-Textes breiter läuft als der des Originals, sein Text also kürzer ist, weil er die letzten beiden Verse »Wißt ihr, warum der Sarg...« schlicht ausgelassen hat.
Moser stolpert über diese Falle und ordnet in seinem Kommentar die Zeilen falsch zu:

> »Der starke Christoph« – »den kleinen Mädchen« – [das reimt sich nicht zur Musik]. Man kann zur Not bei Einzelvortrag das zusammenfassende Nachspiel des Klaviers streichen, nicht aber, wie hier gewagt, auch schon die letzte Gesangszeile amputieren – dagegen sträubt sich die innere musikalische Organik der ganzen Komposition.

Das letzte Beispiel, die umfangreichste Neudichtung Venatiers, nennt Drewes in seinem Nachsatz »am meisten geglückt«. Dem Urteil kann man sich durchaus anschließen, gleichwohl überschreitet Venatier bei aller Martialität des Textes auch hier mitunter die Grenze zum unfreiwillig Komischen. Es handelt sich um das längste von Schumann vertonte Heine-Gedicht, die Ballade »Belsatzar« op. 57. Bekanntlich ist ja der alttestamentarische Hintergrund in Heines Fassung weitgehend aufgelöst, nicht Gott ist es, der den König straft, sondern die revoltierenden Diener, d.h. schon bei Heine schwingt in gewisser Weise mit, was Venatier zum Titel seiner Fassung macht: »Vergeltung« (vgl. Abb. 4).

Der Beginn dieses Textes zeigt am klarsten Venatiers Inspirationsquelle, Textgenese mit Hilfe assoziativer Verknüpfungen und Klangassimilationen jenseits übergeordneter semantischer Strukturen, wobei sich der eigene neue Text rasch verselbständigt:

Die *Mitternacht* zog *näher* schon;	Um *Mitternacht*. Die Flut *steigt* fort,
in stumm*er* R*u*h l*a*g *B*ab*y*lon	*Ein* dunkl*er* B*u*g... d*a*nn *B*ord an *Bo*rd...
*N*ur oben in des K*ö*nigs Schloss,	*N*achtjäger surr'n durch Regenbö'n
Da *flackert's*, da *lärmt* des Königs Tross.	*Lichtfinger grell* auf *groben* Seen!

Venatier folgt, ob bewusst oder nicht sei dahingestellt, Münchhausens Empfehlung von 1936, sein Verfahren ist völlig anders als das der unzähligen Händel-Bearbeiter, es geht nicht um Ersetzung einzelner Topoi oder belasteter Wörter, sondern um einen gänzlich neuen Text, der auf Handlungsebene mit der Heine-Fassung nichts mehr gemein hat.

Mosers Kritik dieses Liedes sowie des letzten im Programm folgenden Liedes »Russlandgrenadiere« (natürlich eine Neufassung der »Grenadiere« op. 49/1, die schlagend zeigt, wie komisch Schumanns Musik in Wahrheit ist) sieht in diesen gänzlich fremden Sujets den Hauptangriffspunkt: »Frage, ob solch moderner Stoff zu Schumanns Vorstellungswelt passen kann.«

Mit der Übersendung dieses ausführlichen, negativen Gutachtens sollte die Angelegenheit eigentlich beendet sein. Doch durch die Verzögerung beim Abfassen des Gutachtens gewann Venatier die Zeit, eine neue, achtseitige Version seiner Heine-Umdichtungen zu verfassen und der Reichstelle am 8. Mai 1944 zu präsentieren.[38] Venatier versucht sogar, vollendete Tatsachen zu schaffen, indem er auch diese Fassung aufwendig drucken lässt, mit einem Vorwort versieht und in Fußnoten auf Abweichungen in Versmaß oder Melodieführung hinweist, bspw. auf die oben erwähnte Verkürzung beim Lied »Rübezahl«, nun unter neuem Titel »Wuwo« mit der Anmerkung »Es empfiehlt sich die Begleitung von Takt 3 bis 15 um eine Oktave tiefer zu legen. Der neue Text schließt das Lied nach Takt 43 mit dem vollen Grundakkord.« Im Begleitbrief weist er ausdrücklich darauf hin, »daß das Interesse an diesen Neutextierungen steigt«.

Die Anordnung der Lieder ist verändert, die Texte selbst sind in zwei Abeilungen angeordnet: »I. Vermischte Lieder«, »II. Ein Lebenslauf«.

Einzelne Lieder sind gegenüber der Erstfassung modifiziert oder gar eliminiert, dafür sind neue Texte, u.a. eine Neudichtung zu Johannes Brahms' »Der Tod, das ist die kühle Nacht« unter dem Titel »Mittagsrast« hinzugekommen. Die Originaltexte Heines werden nicht mehr mit abgedruckt, es erfolgt nur Verweis auf die jeweiligen Titel.

38 BaB, Bll. 379-382.

Im Vorwort (vgl. Abb. 5) erläutert Venatier seine Motivation und die nicht vermeidbaren Probleme solcher Umdichtungen. Gleichzeitig macht er unmissverständlich klar, dass diese Fassung als gültige, druckreife Publikation zu verstehen sei.

Aus seinem Begleitbrief ist zu ersehen, dass er das Gutachten noch nicht erhalten hat und alle von ihm vorgenommenen Änderungen Resultat der langen Diskussion nach dem Breslauer Konzert gewesen sein müssen. So ist erklärlich, dass ausgerechnet das Lied »Vergeltung«, von Drewes als das gelungenste herausgestellt, nun entfallen ist. Venatier erklärt hierzu:

> Ich habe mich überzeugen lassen, daß die Balladen Belsazar-Vergeltung und Grenadiere Fehlgriffe waren. Die Neutextierung »Vergeltung« war für mich ohnehin nur ein artistisches Problem. Auch die »Rußlandgrenadiere« ziehe ich zurück, weil mir die romantische Musik ungeeignet erscheint, realistische Vorgänge zu untermalen. Auf den anderen Texten beharre ich jedoch, auch auf der »Fröhlichen Fuhre« (Ein Jüngling liebt ein Mädchen), weil ich trotz besten Bemühens nach Prof. Mosers Anweisung in der Schumann'schen Musik nicht jene ironische Stimmung entdecken konnte, die dem Text eigen ist.

Damit kommen wir wieder zurück zu Mosers »Geschichte des deutschen Liedes«, denn dort wird eben dieses Lied als eine der großen Ausnahmen herausgestellt, als eines jener Lieder, in denen Schumann die Heinesche Ironie in der Vertonung noch weitertreibt, »grimassierenden Schlagerstil« zur Persiflage unechter Gefühle benutzt, mit anderen Worten: nicht wahre Liebe, sondern Dichterliebe komponiert. Am 15. Mai 1944 entwirft Moser auf Briefpapier von Drewes eine bissige, regelrecht grobe Entgegnung auf Venatiers Einwände, alle hierarchischen und strukturellen Bedenken beiseite lassend. Der zweiseitige Entwurf ist durchgestrichen, wurde also nicht verschickt.[39] Dennoch möchte ich einen Satz hieraus zum Abschluss zitieren, er schließt sich unmittelbar an Venatiers Einwand an:

> Wenn Sie die Ironie oder besser »Grimasse« in der Komposition von »Ein Jüngling liebt ein Mädchen« nicht entdecken können, so ist damit noch nicht bewiesen, daß Schumann's Musik tatsächlich den harmlos-heiteren Charakter Ihres Textes hat.

Ein schöner Satz, den man durchaus noch allgemeiner fassen darf: Dass mancher in Schumanns Heine-Vertonungen Ironie nicht zu entdecken vermag, bedeutet nicht, dass Ironie dort nicht vorhanden ist.

---

39 BaB, Bl. 373.

Bildanhang

satz vom Schweigen der Vögel und dem - sehr charakteristischen Ruf des Pirols hatte Schumann gewiß musikalisch nachgebildet; da beides fehlt, erscheint der neue Text hierin noch nicht als ideale Lösung der Aufgabe.

5. Besorgnis.

Die Affekte und Stimmungen des alten und des neuen Textes unterscheiden sich recht weitgehend, so daß die Musik durch letzteren erheblich umgefärbt wird - von "Nebel" und "trübem (?) Duft" hat Schumann hier nichts vertont, sein "Schauern und Beben" hat mit "Besorgnis" nichts zu tun. Aber sonst könnte man sich mit dieser Textierung zufriedengeben.

6. Hochzeitsmorgen.

Der neue Text geht an Schumanns Musik völlig vorbei, die ja doch trotz des "ich grolle nicht" in Wahrheit mit wilder Verzweiflung grollt - man kann nicht "mein glücklich Herz" singen, wenn die betreffende Musik tiefstes Unglück meint. Die Stelle "und stürzest du dich übers Erdenrund" ist als dichterisches Bild kaum geglückt. Falsche Betonung: "Mein Hochzeitstag".

7. Hochzeit.

Schumanns Musik entstand aus dem Begriff "Dom" als eine polyphone quasi-Bachstudie, was bei dem neuen Text "Herr Tod" verloren geht; andererseits sind die "Flöten und Leiern" des neuen Textes in der Musik nicht wiederzufinden, und wo diese gegen Ende bei Schumann in's Schelmische umbiegt ("die Augen, die Lippen, die Wänglein"), bleibt sie im neuen Gewande ernst-pathetisch.

8. Erwartung.

Wieder sind eine Menge akustischer Motive an die Stelle von optischen getreten ("Wind", "pinken" die Meisen, "kichern"), ohne daß die Musik dazu Entsprechendes bietet. Der Akkordwahl bei "du trauriger, blasser Mann" wird in "Nun dauert's auch garnicht mehr lang" geradezu widersprochen. Davon abgesehen, gibt die Textierung die Stimmung der Musik im Ganzen wieder.

9. Fröhliche Fuhre.

Der neue Text geht hier besonders auffällig an der Musik vorbei, die ein kraß lumpiges Couplet voll bissigster Ironie gibt und nun völlig ver-

Abb. 1: BaB, Bl. 387 verso

392

Morgenveranstaltung

des Gauschulungsamtes in Zusammenarbeit mit dem Reichspropagandaamt Niederschlesien

Neue Dichtungen zu bekannten Schumann-Liedern

Dichtung und einführende Worte: Hans Venatier
Gesang: Charlotte Kraeker-Dietrich, Sopran · Bruno Sanke, Bariton
Am Flügel: Adelheid Zur

LIEDFOLGE:

1. Frauenlobs Tod und Begräbnis. Lotosblume
2. Frühlingserwachen. Aus meinen Tränen sprießen
3. Das Bräutchen. Die Rose, die Lilie, die Taube, die Sonne
4. Glücklicher Morgen. Wenn ich in deine Augen seh'
5. Besorgnis. Ich will meine Seele tauchen
6. Hochzeitsmorgen. Ich grolle nicht
7. Hochzeit. Im Rhein, im heiligen Strome
8. Erwartung. Am leuchtenden Sommermorgen
9. Fröhliche Fuhre. Ein Jüngling liebt ein Mädchen
10. Abschied. Ich hab' im Traum geweinet
11. Vergessen? Allnächtlich im Traume
12. Kriegerwitwen. Der arme Peter

Pause

13. Der Königssohn pirscht. Aus alten Märchen
14. Rübezahl. Die alten, bösen Lieder
15. Romantischer Ritt. Mit Myrten und Rosen
16. Vergeltung. Belsazar
17. Rußlandgrenadiere. Die beiden Grenadiere

B 0073

Abb. 2: BaB, Bl. 392

Rübezahl

Die alten, bösen Lieder, die Träume bös' und arg,
Die laßt uns jetzt begraben, holt einen großen Sarg.
Hinein leg ich gar manches, doch sag ich noch nicht, was;
Der Sarg muß sein noch größer wie's Heidelberger Faß,
Und holt eine Totenbahre und Bretter fest und dick,
Auch sie muß sein noch länger als wie zu Mainz die Brück'.
Und holt mir auch zwölf Riesen, die müssen noch stärker sein
Als wie der starke Christoph, im Dom zu Köln am Rhein.
Die sollen den Sarg forttragen und senken ins Meer hinab;
Denn solchem großen Sarge gebührt ein großes Grab.
Wißt ihr, warum der Sarg wohl so groß und schwer mag sein?
Ich senkt' auch meine Liebe und meinen Schmerz hinein. (Heine)

Der alte wilde Wuwo, der tobt von Berg zu Berg.
Jetzt gleicht er einem Riesen, jetzt einem bösen Zwerg.
In Siebenmeilenstiefeln tut er manch großen Schritt.
Und die er trifft am Wege, die müssen einfach mit.
Er säuselt durch Lüfte, o klarer Himmelsblick!
Nun heult er durch die Klüfte und bricht dir das Genick!
Den kleinen Mädchen schenkt er viel Gold und Edelstein.
Die Fluren unten tränkt er und lacht im Sternenschein.
So treibt seit tausend Jahren bei uns sein seltsam Werk
Der alte wilde Wuwo und stapft von Berg zu Berg. (Venatier)

Abb. 3: BaB, Bl. 395 verso

Vergeltung = Belsazar

Um Mitternacht. Die Flut steigt fort,
Ein dunkler Bug . . . . dann Bord an Bord . . . .
Nachtjäger surr'n durch Regenbö'n
Lichtfinger grell auf groben Seen!
In Firth of Klyde liegt klar zum Kampf
Britanniens Flotte unter Dampf!
Zerstörer, Kreuzer, ein Schnellboot-verband,
Viel Frachter, mit Infanterie bemannt,
Ein Flugzeugträger, Hornissennest,
Und U-Bootjäger, eng angepreßt . . . .
Nach banger Nacht ein Morgen graut,
Die Bootsmannspfeifen werden laut,
Ein Funkspruch löst den andern ab,
Barkassen stoßen vom Ufer ab,
Das Flaggschiff erwacht, mit gewichtigem Schritt
Der Admiral das Deck betritt.
Den Seelord packt die Regenböe.
Er hebt den Stab: „Kurs auf Tromsö!"
Da steigen schlanke Fähnlein am Mast
Und flattern so munter vom Seewind erfaßt.
Drauf zittern die Rümpfe, Maschinen-gestampf,
Aus schwarzen Schloten entquillt der Dampf,
Das Kielwasser quirlt, am Bug sprüht der Gischt,
Der Admiral seinen Cocktail mischt:
„Matrosen! Vernehmt eures Königs Gebot:
England for ever! Den Deutschen Tod!"
Doch kaum das stolze Wort verklang,
Ein Windstoß fegt heimlich, heimlich die Back entlang.
Die nässenden Nebel verwölkten zumal,
Der erste, goldne Sonnenstrahl . . . .
Und sieh und sieh aus Wogen schob
Gespenstisch sich ein Periskop,
Dann zieht's und zieht's die Blasenbahn,
Haifische pirschen sich heimlich an.
An Bord die Glocke tönt Alarm!
Wie summende Bienen der Bomber-schwarm!
Das Seemannsvolk packt kaltes Graun,
Und wagt kein Aug, ins Meer zu schaun!
U-Jäger kurvten, doch keinem gelang
Am deutschen U-Boot der rächende Fang —
Das Flaggschiff wurde — nichts bleibt geschenkt!
Von drei Torpedos hochgesprengt.

(Vepatter)

— 7 —

Abb. 4: BaB, Bl. 396 recto (Schreibmaschinenzusatz im Original)

Neue Texte
von
Hans Venatier
zu Liedern von Robert Schumann

(Ehemalige Texte von Heine)

VORWORT

Die folgenden Texte wollen die Heineschen Texte ersetzen. Es konnte sich nicht einfach darum handeln, stimmungsmäßig verwandte Texte zu finden. Die Neutextierung mußte vielmehr von der Wurzel aus geschehen, d. h. die rührselige und weinerliche Art Heines mußte durch Gedichte von einfacher, klarer Haltung ersetzt werden. Grundlage der neuen Texte war allemal die Musik. Die Musik aber offenbarte nach ihrer Befreiung vom Heineschen Text einen ganz anderen Charakter, als wir aus ihr bisher zu hören gewohnt waren. Aus begreiflichen Gründen können die Noten zur Zeit nicht nachgedruckt werden. Daraus ergeben sich für den Sänger, der die neuen Texte der Musik unterlegt, gewisse Schwierigkeiten. Es ist klar, daß die neuen Texte sich nicht sklavisch an das Heinesche Versmaß halten konnten. Einfühlungsvermögen wird aber an jeder Stelle jene kleinen rhythmischen Veränderungen, wie sie ja auch bei Übersetzungen zu erscheinen pflegen, von selbst herausfinden.

Abb. 5: BaB, Bl. 379

Sektion II

Musik, Bild und Literatur

Sprache und Musik: Intermediale Relationen

Ernest W.B. Hess-Lüttich

Vorwarnung

Der folgende Beitrag handelt weder von Heine noch von Schumann, sondern leistet der Einladung Folge, zur Einführung in den Themenbereich »Musik, Bild, Literatur« (Sektion 2) einige zeichentheoretische Überlegungen zum Verhältnis der Künste im Allgemeinen und zu dem zwischen Musik und Sprache (ästhetischer Sprachverwendung in der Literatur) im Besonderen anzustellen. Daher konzentriert sich dieses Kapitel auf die systematische Problematisierung intermedialer Relationen zwischen ästhetischen Objekten als komplexen Zeichen, vor allem am Beispiel der Beziehung zwischen Sprache und Musik. Der Beitrag rekurriert in Teilen auf die gemeinsamen Vorarbeiten zu dem Eintrag »Zeichen. Semiotik der Künste«[1] im siebten Band der »Ästhetischen Grundbegriffe«, dessen musiktheoretische Teile den Umfangsbeschränkungen des Verlages zum Opfer fielen.

1. Zeichen-Setzung: Synästhetische Transgressionen

Kunst als zugleich »semiologisches und kommunikatives« Faktum zu verstehen heißt Kunstwerke als ›Texte‹ anzuschauen.[2] Unterscheiden wir dabei zwischen dem Zeichenträger als ›Artefakt‹ und dem interpretativen Konstrukt ›Text‹ als dessen soziale Funktion, können wir auch die interaktiven Prozesse berücksichtigen, in denen Kunstwerke entstehen. Kunstwerke als ›Texte‹ sind Impulse von Künstlern, anderen ›etwas‹ mitzuteilen, sie spielen nach den Regeln der Kunst: »with their power the moment arises to supply meaning«.[3] Individuen rezipieren ihre ›Texte‹, interpretieren sie neu in ihrer Zeit, verleihen ihnen neuen Sinn nach den komplexen Prämissen ihres Verstehens.

Schon bei Mukařovský lassen sich Ansätze zur Überwindung der Vorstellung einer ›Werkbedeutung‹ finden, z.B. in seiner Unterscheidung zwischen ›Artefakt‹,

---

1 Ernest W.B. Hess-Lüttich u. Daniel Rellstab: Zeichen. Semiotik der Künste. In: Karlheinz Barck u.a. (Hrsg.): Ästhetische Grundbegriffe. Stuttgart/Weimar 2005, Bd. 7, S. 247-282.

2 Jan Mukařovský: Die Kunst als semiologisches Faktum. In: Ders.: Kapitel aus der Ästhetik. Aus dem Tschechischen von Walter Schamschula. Frankfurt a.M. 1970, S. 138-147, hier: S. 143; vgl. ders.: Der Strukturalismus in der Ästhetik und in der Literaturwissenschaft. In: Ders.: Kapitel aus der Poetik, Frankfurt a.M. 1967, S. 7-33, hier: S. 17ff.

3 Ernst Van Alphen: The Complicity of the Reader. In: VERSUS. Quaderni di studii semiotici (1989), H. 52/53, S. 121-131, hier: S. 130.

das »nur den Rang eines äußeren Symbols«[4] habe, und ›ästhetischem Objekt‹ (also der diesem Artefakt entsprechenden historisch veränderbaren und nicht auf das vom Produzenten Intendierte reduzierbaren Bedeutung) oder auch in seiner These, dass ein Kunstwerk seine ästhetische Funktion nur dann erhalte, wenn sie ihm von der Gesellschaft zugeschrieben werde, unabhängig von irgendwelchen Eigenschaften des Kunstwerkes selbst. Es gebe keinen Gegenstand und keine Handlung, die »in ihrem Wesen oder nach ihrer Anordnung ohne Rücksicht auf die Zeit, den Ort und den Beurteiler Träger der ästhetischen Funktion«[5] sein könne. Allerdings gibt auch Mukařovský die Vorstellung eines wesenhaft Ästhetischen nicht völlig auf, wenn er (*notabene* nur eine Seite nach der zitierten Stelle) in Anlehnung an Šklovskijs Theorie der »Kunst als Verfahren« das Wesensmerkmal der Kunst in der spezifischen Anordnung des Materials versteht, die auf ästhetische Wirkung ziele[6] und sich »logisch« aus dessen dominant ästhetischer Funktion ergebe.[7] Die ausführliche Darlegung der Wandelbarkeit des ästhetischen Wertes und die Möglichkeit des Verlusts der ästhetischen Funktion stehen jedoch quer zur Behauptung, dass es ein von der Wahrnehmung unabhängiges objektives ästhetisches Urteil geben könne, das ja auf der Bestimmung des objektiv Vorgegebenen gründen müsste.[8]

Kunstwerke entstehen als solche einer Gattung, stehen in ihrer Tradition. Dem Künstler stehen mithin im Sinne von Peirce *types* zur Verfügung, deren System aber nicht nur abhängig ist von der Tradition der Gattung, sondern auch von den technischen Errungenschaften seiner Zeit. Diese *types* ließen sich als eine erste Form von Intertextualität begreifen, die in der Literatur etabliert wird, aber auch in der Musik,[9] im Film[10] oder in der bildenden Kunst: »Intertextuality is the ready-made quality of signs that the maker of an image finds available in the earlier images and texts that a culture provides«.[11]

Ein Künstler schöpft also zwar in der Regel aus einer Tradition. Doch könnte ihm scheinen, als sei in dieser Tradition bereits alles gesagt und getan, was er selbst sich vorgenommen hatte: der Topos, auf der Schulter eines Riesen zu stehen, wird ihm in dem Moment zum Problem, in dem er sich als innovativer Künstler zu etablieren

---

4 Mukařovský, Kunst (Anm. 2), S. 139; vgl. ders.: Ästhetische Funktion, Norm und ästhetischer Wert als soziale Fakten. In: Ders., Kapitel (Anm. 2), S. 7-112, hier: S. 74.

5 Mukařovský, Funktion (Anm. 4), S. 12.

6 Ebd., S. 13; vgl. Viktor Šklovskij: Die Kunst als Verfahren. In: Jurij Striedter (Hrsg.): Texte der russischen Formalisten. Bd. 1: Texte zur allgemeinen Literaturtheorie und zur Theorie der Prosa. München 1969, S. 2-35.

7 Mukařovský, Funktion (Anm. 4), S. 18.

8 Vgl. Hans-Robert Jauß: Ästhetische Erfahrung und literarische Hermeneutik. Bd. 1: Versuche im Feld der ästhetischen Erfahrung. München 1977, S. 169.

9 Vgl. Joseph P. Swain: The Range of Musical Semantics. In: The Journal of Aesthetics and Art Criticism (1996), H. 2, S. 135-152, hier: S. 138.

10 Jürgen E. Müller: Intermedialität. Formen moderner kultureller Kommunikation. Münster 1996, S. 301f.

11 Mieke Bal: Light in Painting. Dis-seminating Art History. In: Peter Brunette u. David Wills (Hrsg.): Deconstruction and the Visual Arts. Art, Media, Architecture. Cambridge, Mass. u.a. 1994, S. 49-66, hier: S. 50.

und vom Epigonen abzuheben strebt. Er erlebt die Bindung an die Tradition nicht als »Quelle der Kraft«, wie Ernst Gombrich[12] dies für die Malerei beschrieb, sondern eher als »manual paralysis, an ebbing of the hand's natural vitality, forcing it back into tracks or furrows which its own energies will cut still deeper«.[13] Er will vom Rezipienten tradierter zum Produzenten eigener Kunstwerke werden, er will in den Dialog treten mit seinen Vorgängern und lernen aus ihren Werken, um es anders zu machen. Der Dialog kann sich in seinem Werk niederschlagen, das damit zum Zeichen würde, das ein anderes Zeichen interpretiert. Der Bezug auf tradierte Werke muss indes nicht immer markiert sein wie im Falle von Travestien oder Parodien.[14] Er muss nicht intendiert oder direkt sein, denn Einfluss wird in der allgegenwärtigen Tradition nicht nur nach bestimmten Ordnungsprinzipien und Regeln, sondern auch irregulär und ungeordnet ausgeübt.[15] In der literaturwissenschaftlichen Rezeption des Intertextualitätskonzepts ist zwar meist nur von den intendierten Bezügen des Autors die Rede,[16] aber der kann sie gerade auch verwischen wollen oder sich seines Rückgriffs auf andere oder frühere Werke nicht (mehr) bewusst sein.

Der Dialog zwischen Künstler und Tradition, also das Gewebe von Semiosen, in dem das Kunstwerk entsteht, überschreitet nicht selten die Grenzen der Genres. Bilder werden nach schriftlichen Texten gemalt oder vertont, Literatur thematisiert Bilder oder wird verfilmt. Die These, alle Künste seien »composite arts [...], all media are mixed media«,[17] hat ihrerseits eine lange Tradition. Im 6. Jahrhundert v.Chr. wies Simonides von Keos darauf hin, dass zwischen den Kunstwerken verschiedener Materialität und Medialität Interdependenzen und Interaktionen bestehen.[18] Seine Auffassung von der »Malerei als stummer Poesie« und umgekehrt von der »Poesie als stummer Malerei« findet Eingang in Plutarchs »Moralia«.[19] Im 4. Jahrhundert v.Chr. ist dieser *topos* bereits Gemeinplatz und wird auch von Horaz in seine »ars poetica«[20] aufgenommen. Seit der Renaissance spielte das von ihm

---

12 Ernst Gombrich: Die Geschichte der Kunst. Erw. 16. Aufl. Frankfurt a.M. 1996, S. 413.

13 Norman Bryson: Tradition and Desire. From David to Delacroix. Cambridge, Mass. u.a. 1984, S. 18.

14 Vgl. Ulrich Broich: Formen der Markierung von Intertextualität. In: Ders. u. Manfred Pfister (Hrsg.): Intertextualität. Formen, Funktionen, anglistische Fallstudien. Tübingen 1985, S. 31-47, hier: S. 35.

15 Bryson, Tradition (Anm. 13), S. 214.

16 Manfred Pfister: Konzepte der Intertextualität. In: Broich/Pfister, Intertextualität (Anm. 14), S. 1-30, hier: S. 25-30; Broich, Formen (Anm. 14), S. 31-47; Harold Bloom: Einflußangst. Eine Theorie der Dichtung. Basel 1995.

17 Thomas W.J. Mitchell: Picture Theory. Essays on Verbal and Visual Representation. Chicago 1994, S. 94f.

18 Vgl. C.O. Brink: Horace on Poetry. The »Ars Poetica«. Cambridge, Mass. u.a. 1971, S. 369.

19 Plutarch: Moralia. With an English Translation by Fank Cole Babbit. Vol. 4. London/ Cambridge, Mass. 1957, 346f-347a.

20 Horatius: Satires, Epistles, Ars Poetica. With English Translations by H. Rushton Fairclough. London/Cambridge, Mass. 1961, S. 361-365.

überlieferte Diktum eine nicht unwichtige Rolle in den Kunstdebatten zumindest bis ins 18. Jahrhundert. Es findet sich in Leonardo da Vincis »Paragone«, wo es zur Begründung der Superiorität der bildenden Kunst über Poesie und Musik angeführt wird,[21] ebenso wie in Lessings »Laokoon«, wo es um die Frage der wechselseitigen Übersetzbarkeit der Künste geht.[22]

Bereits in der Spätantike werden Mischformen der Künste erprobt – eine hielt sich bis in unsere Zeit: das Bildgedicht. Im 2. Jahrhundert v.Chr. gelangt es zu großer Popularität, es wird im Mittelalter gepflegt und erscheint der Renaissance als optimale Realisierung des Horazschen *ut pictura poesis*. In der Romantik greift Victor Hugo in seinem Gedicht »Les Djinns« (1829) die visuelle Textform wieder auf, die nach Gotthold Ephraim Lessing in Verruf geraten war, und Ende des 19. Jahrhunderts setzt Stephane Mallarmé mit seinem »Coup des Dés« (1897) »ein schlagkräftiges Leuchtsignal« für die moderne Lyrik[23] – notabene einige Jahre nach Arno Holz, der mit den Mittelachsengedichten in seinem »Phantasus« (1889) ebenfalls die Möglichkeit einer visuellen Poesie erprobt.[24] Anfang des 20. Jahrhunderts breitet sich diese Textform explosionsartig aus, und selbst die Konkrete Poesie knüpft mit ihren Palindromen und Anagrammen, seriellen Permutationen und illustrativen Umriss-Gedichten ebenso an eine letztlich in der Spätantike wurzelnde Tradition an[25] wie Anfang des 21. Jahrhunderts die sogenannte Netzliteratur oder Digitale Poesie.[26]

Nicht nur im ›Grenzbereich‹ zwischen Literatur und bildender Kunst wurden Mischformen geschaffen. Gerade die Romantik entwickelt eine besondere Vorliebe für grenzüberschreitende Kunstformen: durch bewusste Vermengung medialer Strukturen werden neue Wirkungsdimensionen erprobt.[27] In den *tableaux vivants* werden Bilder, Literatur und Musik zusammengebracht,[28] im *Poetic Drama* imagi-

21 Ulrich Weisstein: Einleitung. Literatur und bildende Kunst: Geschichte, Systematik, Methoden. In: Ders. (Hrsg.): Literatur und bildende Kunst. Ein Handbuch zur Theorie und Praxis eines komparatistischen Grenzgebiets. Berlin 1992, S. 11-31, hier: 13-14; vgl. Leonardo Da Vinci: Tagebücher und Aufzeichnungen, n. d. ital. Handschr. übers. u. ed. Theodor Lücke, Leipzig 1940; vgl. Brink, Horace (Anm. 18), S. 369-371.

22 Vgl. Ernest W.B. Hess-Lüttich: Medium – Prozeß – Illusion. Zur rationalen Rekonstruktion der Zeichenlehre Lessings im Laokoon. In: Gunter Gebauer (Hrsg.): Das Laokoon-Projekt. Pläne einer semiotischen Ästhetik. Stuttgart 1984, S. 103-136; ders.: Literary Theory and Media Practice. New York 2000.

23 Ulrich Ernst: Die Entwicklung der optischen Poesie in Antike, Mittelalter, Neuzeit. In: Weisstein, Literatur (Anm. 21), S. 138-151, hier: S. 146.

24 Vgl. Gesine L. Schiewer: Poetische Gestaltkonzepte und Automatentheorie. Arno Holz – Robert Musil – Oswald Wiener. Würzburg 2004, S. 189ff.

25 Ernst, Entwicklung (Anm. 23), S. 147.

26 Roberto Simanowski: Interfictions. Vom Schreiben im Netz. Frankfurt a.M. 2002; Ernest W.B. Hess-Lüttich: Netzliteratur – ein neues Genre? In: Acta Germanica (2003), H. 30/31, S. 139-156.

27 Müller, Intermedialität (Anm. 10), S. 76.

28 Thomas S. Grey: Tableaux vivants. Landscape, History Painting, and the Visual Imagination in Mendelssohn's Orchestral Music. In: 19th Century Music (1997), H. 1, S. 38-76, hier: S. 39.

näre und dramatische Welten konstruiert, »die ihren Aufführungs- und Handlungs-Spiel-Raum, ihre ›Bühne‹, im Bewußtsein des Lesers finden, ohne jemals zur Aufführung gelangen zu können«.[29] Wagner sucht in seinen Musikdramen eine organische Einheit von Musik, Sprache und Gebärde zu erreichen, um das Potential einer jeden Kunst zu entfalten – »jede der einzelnen Kunstarten [vermag] im vollkommenen, gänzlich befreiten Kunstwerk sich selbst wiederzufinden«[30] – und damit nicht nur Verstand, sondern auch Gefühl der Menschen anzusprechen, sie »in Ekstase zu versetzen«.[31] Den dafür geläufigen Begriff des ›Gesamtkunstwerks‹ sucht Wagner selbst ja eher zu vermeiden und fürchtet zuweilen, wie er im Brief an Liszt vom 16. August 1853 schreibt, dass »als Frucht von all meinen Bemühungen diese unglückliche Sonderkunst und Gesamtkunstwerk herausgekommen wäre«.[32]

Das Wagnersche Konzept des Gesamtkunstwerks[33] oder die Poetik des Tanzes und dessen Spiegelung in der Literatur,[34] die reiche Tradition des engen Verhältnisses von Literatur und Musik[35] oder anderen Künsten,[36] die Auf-Zeichnung choreografischer Bewegung in den verschiedensten Medien,[37] die Rückwirkung filmästhetischer Erfahrungen auf die literarische Produktion moderner Autoren,[38] der enorme Einfluss von Fotografie und *Video Art* in der zeitgenössischen Malerei, die Klang-Skulpturen (Stephan von Huene) und Video-Plastiken (Nam June Paik), die zwischen Graphik und Dichtwerk, Bildkunst und Sprechgesang changierende Konkrete Poesie oder die intermedialen Tendenzen im modernen Film und Fernsehspiel,[39] die Verschmelzung der Genres im Videotanz[40] und die zahllosen Transformationen

---

29 Müller, Intermedialität (Anm. 10), S. 77.

30 Richard Wagner: Gesammelte Schriften und Dichtungen. Bd. 3. Leipzig ^{2}1887, S. 117.

31 Müller, Intermedialität (Anm. 10), S. 78; vgl. Erika Fischer-Lichte: Bayreuth. Das ›Gesamtkunstwerk‹ – Ein Konzept für die Kunst der achtziger Jahre? In: Maria Moog-Grünewald u. Christoph Rodiek (Hrsg.): Dialog der Künste. Intermediale Fallstudien zur Literatur des 19. und 20. Jahrhunderts. Festschrift für Erwin Koppen. Frankfurt a.M. u.a. 1989, S. 61-74, hier: 70f.

32 Fischer-Lichte, Bayreuth (Anm. 31), S. 73.

33 Vgl. Jürgen Söring: Gesamtkunstwerk. In: Reallexikon der deutschen Literaturwissenschaft. Hrsg. v. Klaus Weimar u.a. Berlin/New York 1997, Bd. 1, S. 710-712.

34 Gregor Gumpert: Die Rede vom Tanz. Körperästhetik in der Literatur der Jahrhundertwende. München 1994.

35 Steven Paul Scher (Hrsg.): Literatur und Musik. Ein Handbuch zur Theorie und Praxis eines komparatistischen Grenzgebietes. Berlin 1992.

36 Weisstein, Literatur (Anm. 21).

37 Ernest W.B. Hess-Lüttich (Hrsg.): Tanz-Zeichen. Vom Gedächtnis der Bewegung. Tübingen 2004 [= Kodikas/Code 26].

38 Vgl. Karl Prümm: Multimedialität und Intermedialität. In: TheaterZeitSchrift (1987), H. 4, S. 95-103.

39 Vgl. Jürgen E. Müller u. Markus Vorauer (Hrsg.): Blick-Wechsel. Tendenzen im Spielfilm der 70er und 80er Jahre. Münster 1992.

40 Claudia Rosiny: Videotanz. Panorama einer intermedialen Kunstform. Zürich 1999.

literarischer Texte zu Oper, Ballett, Film, Cartoon usw. sind heute Gegenstand einer prosperierenden Intermedialitätsforschung.[41]

Film, Fernsehen, Radio, Video und Computer entfalten im 21. Jahrhundert ihre Wirkungen in einem ständig sich erweiternden Netz von wechselseitigen Einflüssen. Mit jedem neuen Medium erhöhen sich seit dem 19. Jahrhundert die Möglichkeiten der Kombinationen und damit auch die Möglichkeiten der Transformation von Texten einer bestimmten Medialität in solche einer anderen.[42] In der gegenwärtigen multimedialen ›Postmoderne‹ erproben Künstler in der Konkurrenz um die Aufmerksamkeit reizüberfluteter Rezipienten die unterschiedlichsten Medienkombinationen mit Batterien synästhetisch komplex-polycodierter Sinneseindrücke, wie z.B. in den Theaterarbeiten und Installationen Robert Wilsons,[43] den umstrittenen Videoprojektionen der Bayreuther »Parsifal«-Inszenierung Christoph Schlingensiefs (2004) oder den technisch hochgerüsteten »mixed media«-Skulpturen Tony Ourslers, den Filmen Peter Greenaways, die wie in »Pillow Book« (1997) Schrift und Buch, bewegte und statische Bilder zu irritierenden Collagen verschmelzen.[44]

2. Zeichen-Systeme: Intermediale Relationen ästhetischer Codes

Dabei ist der zeichentheoretische Gehalt dieser Versuche noch kaum erschlossen, wie schon Müller[45] in seinen immer noch aktuellen Überlegungen zur Theorie der Intermedialität vermerkt hat:

> Moderne Kommunikationsverhältnisse zeichnen sich durch mediale Verbundsysteme, intermediale Fusionen und Transformationen aus. Wenn wir Medientexte als Zeichensysteme betrachten, die durch (medien)spezifische Codes organisiert sind, dann stellt sich die Rekonstruktion des intermedialen Regelsystems, welches die Zeichenelemente zueinander in Beziehung setzt, als zentrale Frage semiotischer Forschung.

---

41 Irmela Schneider: Der verwandelte Text. Wege zu einer Theorie der Literaturverfilmung. Tübingen 1981; Ernest W.B. Hess-Lüttich: Text Transfers. Probleme intermedialer Übersetzungen. Münster 1987; ders. u. Roland Posner (Hrsg.): Code-Wechsel. Texte im Medienvergleich. Opladen 1990; Müller, Intermedialität (Anm. 10); Jörg Helbig (Hrsg.): Intermedialität. Theorie und Praxis eines interdisziplinären Forschungsgebiets. Berlin 1998; Ernest W.B. Hess-Lüttich (Hrsg.): Autoren, Automaten, Audiovisionen. Neue Ansätze der Medienästhetik und Tele-Semiotik, Wiesbaden 2001; Irina O. Rajewski: Intermedialität. Tübingen/Basel 2002; Joachim Paech u. Jens Schröter (Hrsg.): Untersuchungen zur Intermedialität. München [in Vorb.].

42 Müller, Intermedialität (Anm. 10), S. 130.

43 Vgl. Wolfgang Max Faust: Tagtraum und Theater. Anmerkungen zu Robert Wilsons »Death, Destruction & Detroit« In: Sprache im technischen Zeitalter (1979), S. 30-58; Eli Rozik: Non-Theatrical Space as Metaphor. In: Ernest W.B. Hess-Lüttich/Jürgen E. Müller/Aart van Zoest (Hrsg.): Signs & Space. Raum & Zeichen. An International Conference on the Semiotics of Space in Amsterdam. Tübingen 1998, S. 224-235.

44 Vgl. Joachim Paech (Hrsg.): Film, Fernsehen, Video und die Künste. Strategien der Intermedialität. Stuttgart/Weimar 1994; Hess-Lüttich, Theory (Anm. 22).

45 Jürgen E. Müller: Intermedialität als Provokation der Medienwissenschaft. In: Eikon (1992), H. 4, S. 12-21, hier: S. 18.

Wie dieses Regelsystem aussehen könnte, ist freilich bislang noch nicht einmal in Umrissen erkennbar. Allein schon die Frage der wechselseitigen Ersetzbarkeit sprachlicher und nichtsprachlicher Zeichensysteme hat sich als ungewöhnlich schwierig erwiesen. Richter/Wegner[46] hatten sie erstmals in systematischer Absicht gestellt unter Stichworten wie Parallelität, Simultaneität, Konkomitanz, Kookkurrenz, Äquivalenz, Kompatibilität, Synonymie oder Paraphrase von Codes. Aber jedes der Stichworte wirft neue Fragen auf: wie ist eigentlich das Verhältnis zwischen einander begleitenden (konkomitanten), zusammen auftretenden (kookkurrenten), gleichzeitig ablaufenden (simultanen) Zeichenketten, die je nach in Rede stehender Dimension des Mediums in ihrem semiotischen Modus höchst unterschiedlich sein können? Wechseln sie sich ab (alternierende Codes) oder laufen sie kontinuierlich parallel wie in untertitelten Filmen oder per Einblendung in Gebärdensprache übersetzten Fernsehnachrichten? Oder sowohl dies als auch jenes wie in der Oper mit Bühnenbild, Musik, Gesang und Lichtregie? Sind ihre jeweiligen Funktionen im Verhältnis zueinander äquivalent oder widersprechen sie einander? Ergänzen sie einander und verstärken so die Botschaft (übersummativ, synthetisch) oder passen sie eigentlich nicht zusammen (inkompatibel) und wirken dadurch insgesamt verfremdend (analytisch), verwirrend oder auf sich selbst verweisend wie zuweilen im experimentellen Avantgarde-Theater? Ist der eine Code notwendig zum Verständnis des anderen oder nicht, und welche Wirkung zeitigt dann das Weglassen des einen? Wirkt die Botschaft dann überinformativ und dadurch langweilig (redundant) oder unterinformativ und dadurch kryptisch (elliptisch), wirkt sie eindeutig oder vieldeutig, dynamisch oder statisch, in sich zusammenhängend oder nur locker verknüpft, spontan hervorgebracht oder strategisch geplant? Und wie ist das Verhältnis linearer und holistischer Zeichenstrukturen in solchen mehrfach codierten (poly-codierten) Texten?[47]

Bei der Komplementarität von Sprache, Bild und Musik etwa hat man segmentale, informative, expressive, direktive, reflexive, illustrative, ornamentale, dramaturgische Funktionen unterschieden.[48] Die Syntax von Bildketten (im Film) gewinnt z.B. durch Musik ein zusätzliches Mittel der Sequenzbildung; optische und akustische Schnitte können konvergieren (akzentuieren) oder divergieren (assoziieren); musikalische Sequenzen können expositionelle Funktionen haben bei der Repräsentation von Ort und Zeit einer Handlung, Herkunft und Status der agierenden Protagonisten; Datenkonsonanz kann dabei schemaverstärkende Funktion haben in der automatisierenden Parallelität von Codes (schottisches Schloss und Dudelsack-

46 Helmut Richter u. Dirk Wegner: Die wechselseitige Ersetzbarkeit sprachlicher und nichtsprachlicher Zeichensysteme. In: Roland Posner u. Hans-Peter Reinecke (Hrsg.): Zeichenprozesse. Semiotische Forschung in den Einzelwissenschaften. Wiesbaden 1977, S. 215-231.

47 Ernest W.B. Hess-Lüttich: Codes, Kodes, Poly-Codes. In: Ders. u. Jürgen E. Müller (Hrsg.): Semiohistory and the Media. Linear and Holistic Structures in Various Sign Systems. Tübingen 1994, S. 111-121.

48 Helga de la Motte-Haber: Komplementarität von Sprache, Bild und Musik – am Beispiel des Spielfilms. In: Posner/Reinecke, Zeichenprozesse (Anm. 46), S. 146-154.

musik, elisabethanische Mode und gleichnamige Musik, Schamane und Sitarklang, Kirche und Orgel, Beerdigung und Trauermarsch, Jagd und Hornbläser usw.) bis hin zu trivialer Redundanz oder komischem Effekt; Datendissonanz kann genutzt werden als Reflexionsimpuls zum Aufbrechen automatischer Assoziationen aufgrund routinisierter Wissensbestände; einfache Mittel der Veränderung von Lautstärke, Tempo, Rhythmus können expressive, dynamisierende Funktionen haben. Solchen und ähnlichen Code-Komplementaritäten wird heute bei der Analyse polycodierter Texte die gebotene Aufmerksamkeit zuteil.[49]

In seinen Notizen zu einer »Theorie der Multimedialität« hatte Karl Prümm[50] schon vor 20 Jahren eine »intermediale Genregeschichte« gefordert, weil schon damals nicht mehr zu übersehen war, dass manche Autoren, manche Gattungen sich durch eine besondere »mediale Flexibilität« auszeichneten, weil bestimmte Texte im Buch, im Film, im Fernsehen, im Theater, im Hörspiel und in Heftserien reüssierten, ohne dass sie in dieser ›Medienkonkurrenz‹ notwendigerweise Schaden nähmen. Vielmehr schüfen »die vielfältigen Prozesse der Adaption und Transformation eine Art ›Reizklima‹, das allen medialen Lösungen zugute«[51] komme.

3. Sprache und Musik. Über Kunst-Grenzen

3.1 Schrift, Bild, Musik und ihre Zeichenfunktionen

Die Diskussion über die unterschiedlichen Zeichenfunktionen von Sprache, Bild und Musik im Verhältnis der Künste, heute mit aktuellem Blick auf Ekphrasis und Intermedialität, hält unvermindert an.[52] Eine Position beschwört die Macht des Bildes, das »simply cannot be expressed in verbal terms«,[53] die andere sucht sie aus fundamentalistisch-theologischen Gründen zu bannen wie Teile des Islam oder des Christentums nach dem apodiktischen Gebot: »Du sollst Dir kein Gottesbild machen, keinerlei Abbild, weder dessen, was oben im Himmel, noch dessen, was unten auf Erden, noch dessen, was in den Wassern unter der Erde ist« (Exodus 20,4). Wer auf dem Primat der Sprache beharrt und behauptet, dass »was für uns nicht be-

---

49 Vgl. Ernest W.B. Hess-Lüttich: The language of music, gaze, and dance. Benjamin Britten's opera »Death in Venice«. In: Ders., Tanz-Zeichen (Anm. 37), S. 283-294.

50 Karl Prümm: Vorläufiges zu einer Theorie der Multimedialität. Erläuterungen am Exempel »Krimi«. In: Kontroversen, alte und neue. Akten des VII. Internationalen Germanisten-Kongresses Göttingen 1985. Hrsg. v. Albrecht Schöne. Tübingen 1986, Bd. 10, S. 367-375.

51 Ebd., S. 367.

52 Peter Wagner: Introduction. Ekphrasis, Iconotexts, and Intermediality – the State(s) of the Art(s). In: Ders. (Hrsg.): Icons – Texts – Iconotexts. Essays on Ekphrasis and Intermediality. Berlin/New York 1996, S. 1-40.

53 Stephen Bann: The True Vine. On Visual Representation and the Western Tradition. Cambridge, Mass. u.a. 1989, S. 29; vgl. Paul Alpers u. Svetlana Alpers: Ut Pictura Noesis? Criticism in Literary Studies and Art History. In: New Literary Criticism (1972), H. 3, S. 437-458.

schreibbar [sei], streng genommen auch nicht darstellbar«[54] sei, muss den Vorwurf der Kunsthistoriker gewärtigen, die darin einen Sprach-Imperialismus der Linguisten erkennen, der zugleich ihre eigene Disziplin bedrohe: wer die Irreduzibilität der Bilder auf Sprache leugne, sei wie ein Kolonialist, der ein ihm fremdes Territorium betrete.[55] Die Grenzziehung zwischen den verschiedenen Künsten war immer schon auch ideologisch motiviert, die Kulturgeschichte eine »story of a protracted struggle between pictorial and linguistic signs, each claiming for itself certain proprietary rights on a ›nature‹ to which only it has access«.[56]

Die Frage nach der Fähigkeit der Musik, bestimmte Dinge und Sachverhalte zu ›bezeichnen‹, wird nicht minder kontrovers beantwortet. Nach Platon und der antiken Musiktheorie eignet jeder Tonart, jedem Rhythmus von Natur aus ein bestimmter *ethos*: Musik als ikonisches Zeichen einer psychischen Disposition. Die Möglichkeit des Benennens (ονομαζειν), der Darstellung des Wesens einer Sache, sei ihr verwehrt.[57] Auch in der Musiktheorie des Barock gilt Musik als Zeichen der Affekte. Sie wird im 18. Jahrhundert zum Zeichen ›authentischer‹ Leidenschaft des Künstlers. Im 19. und 20. Jahrhundert wird sie dagegen eher als »tönend bewegte Form« betrachtet, als Zeichen einer musikalischen Idee, die sich anders nicht ausdrücken lasse:[58]

> Musik vermittelt musikalische, d.h. nicht begriffliche Bedeutungen. Es sind Bedeutungen musikalischer Ideen und Vorstellungen, die nicht verstanden, sondern im Prozeß der Wahrnehmung ästhetischer Zeichen generiert werden. Sie leiten sich weder von Gefühlen noch von außermusikalischen Entitäten ab, denn ästhetische Zeichen sind keine Stellvertreter, sondern materialisierte Erscheinungen dieser Ideen.[59]

Als ›reine Kunst‹, die ›nichts‹ sagt und bar jeglicher Bezeichnungsfunktion ist, wird sie im 19. Jahrhundert zum Prototyp der Künste schlechthin, vieldeutig und dunkel.[60] Wenn die poetische Funktion des sprachlichen Zeichens dessen referentielle

---

54 Manfred Muckenhaupt: Text und Bild. Grundlagen der Beschreibung von Text-Bild-Kommunikationen aus sprachwissenschaftlicher Sicht. Tübingen 1986, S. 109f.

55 Ernest B. Gilman: Interart Studies and the ›Imperialism‹ of Language. In: Poetics Today (1989), H. 10, S. 5-30, S. 7.

56 Thomas W. J. Mitchell: Iconology. Image, Text, Ideology. Chicago/London 1986. S. 43 u. S. 50f.

57 Vgl. Platon: Werke in acht Bänden. Griechisch und deutsch. Hrsg. v. Gunther Eigler. Darmstadt 1971: Nomoi S. 654e9-655b8 – Politeia 398c10ff.; Johannes Lohmann: Musiké und Logos. Aufsätze zur griechischen Philosophie und Musiktheorie. Zum 75. Geburtstag des Verfassers am 9. Juli 1970. Hrsg. v. Anastasios Giannarás. Stuttgart 1970, S. 7 u. S. 69.

58 Eduard Hanslick: Vom Musikalisch-Schönen. Ein Beitrag zur Revision der Ästhetik in der Tonkunst. Teil 1: Historisch-kritische Ausgabe. Hrsg. v. Dietmar Strauß. Mainz u.a. 1990, S. 75; vgl. Swain, Range (Anm. 9), S. 136.

59 Peter Faltin: Bedeutung ästhetischer Zeichen. Musik und Sprache. Aachen 1985, S. 182.

60 Clement Greenberg: The Collected Essays and Criticism. Vol. 1. Hrsg. v. John O'Brian. Chicago 1986, S. 31.

Funktion trübe, nähere es sich der Musik an: »Je bedeutsamer die poetische Funktion in einem Text ist, um so näher steht er folglich der Musik«.[61]

Das Verhältnis von Sprache und Musik ist auch in der Musiktheorie ein nicht eben populärer Gegenstand, der sich konkreter Analyse offenbar leicht entzieht. Was genau wissen wir über dieses Verhältnis, wenn es z.B. beschrieben wird wie bei Behr: »Der Komponist [...] spricht durch die Melodie das Gefühl, das noch Unwirkliche, Vorgewusste, Erahnte unmittelbar an«?[62] Theodor W. Adorno schrieb schon 1963 in seinem »Fragment über die Sprache« (in »Quasi una Fantasia«): »Musik ist sprachähnlich [...] Aber Musik ist nicht Sprache. Ihre Sprachähnlichkeit weist den Weg ins Innere, doch auch ins Vage.«[63]

Woran liegt das? Etwa nur daran, dass der Musik eine durchgehende denotative Bedeutungsschicht fehlt?[64] Oder andersherum: Was haben Musik und Sprache gemeinsam? Peter Faltin sucht eine musiksemiotische Antwort: »Die ›Sprachähnlichkeit‹ von Musik«, sagt er, »beruht nicht auf der eigentlichen Funktion der Sprache, Verständigung herbeizuführen, sondern nur auf einem Aspekt der Sprache, auf ihrer Fähigkeit, Gedanken zu artikulieren und zu vermitteln«.[65] Es ist offenbar nicht leicht, das Verhältnis von Sprache und Musik begrifflich scharf zu fassen; und schwerer noch, konkret, nicht vage, über Musik zu sprechen; und am schwersten, über Oper zu sprechen, also über die Verbindung der Codes von Musik, Sprache und Theater zum ästhetischen Insgesamt, eine Verbindung, in der stets »Text und Musik [...] zwei aufeinander bezogene, aber dennoch getrennte und von einander abhebbare Zeichenschichten«[66] bilden.

Wenn es der Musik-Kritik schwerfällt, in nicht-metaphorischer Rede über ihren Gegenstand zu sprechen, so bietet dem Philologen die Semiotik der Medien und das Vokabular der Intermedialitätsforschung vielleicht das analytische Instrumentarium für eine Beschreibung der »Oper als Textgestalt«,[67] die einen integrativen Ansatz zur Analyse der in einer Aufführung zusammenwirkenden Medien bzw. Codes als eines holistischen Zeichenkomplexes oder Superzeichens vorschlägt, indem »Oper als gestalthaft-semiotisches Relationsgefüge verbaler und non-verbaler Subtexte in ihren funktionalen Zusammenhängen«[68] definiert wird. Er erleichtert das Verständnis der Komplexität einer aus sprachlichen, musikalischen, malerischen, architektonischen, vokalen und klanglichen Zeichenstrukturen komponierten Botschaft, deren

61 Albert Gier: Oper als Text. Beiträge zur Libretto-Forschung. Heidelberg 1986, S. 68.

62 Michael Behr: Musiktheater. Faszination Wirkung Funktion. Wilhelmshaven 1983, S. 34.

63 Theodor W. Adorno: 1997: Fragment über Musik und Sprache. In: Ders.: Gesammelte Schriften. Bd. 16: Musikalische Schriften I-III. Frankfurt a.M., S. 251-256, hier: S. 251.

64 Wilfried Gruhn: Musikalische Sprachsituation seit Schönbergs Melodramen »Pierrot Lunaire«. In: Günter Schnitzler (Hrsg.): Dichtung und Musik. Kaleidoskop ihrer Beziehungen. Stuttgart 1979, S. 265-280, hier: S. 265.

65 Faltin, Bedeutung (Anm. 59), S. 178.

66 Gruhn, Sprachsituation (Anm. 64), S. 265.

67 Klaus Kaindl: Die Oper als Textgestalt. Perspektiven einer interdisziplinären Übersetzungswissenschaft. Tübingen 1995.

68 Ebd., S. 41.

Gestalt durch spezifische theatrale Konventionen nicht nur des Librettos mit seinen sprachlichen Modalitäten der Stimmführung, der Tonhöhenverläufe, rhythmischen Phrasierungen, phonotaktischen Segmentierungen, Pausen- und Schweigephasen bestimmt wird, sondern auch durch all die anderen Codes der Szene und Kulisse, der Körpersprache und Bewegungsfolgen, Maske und Kostüm, ggf. Bild und Video und Lichtregie usw. in ihrer Kombination mit den musikalischen Komponenten der Töne, Stimmqualität, des Rhythmus, des Tempos, der Harminie, der Melodie, der Geräuschmischungen.[69]

Die Frage nach den Zeichenfunktionen der Kunstarten lässt sich *in terminis* einer an Peirce orientierten Zeichentheorie genauer beantworten.[70] Bedeutungskonstitution (Referenz) ist ein dynamischer Prozess, in dem ein Zeichenträger mit einem *per conventionem* oder *per naturam* verbundenen Gegenstand nicht einfach verbunden wird, sondern Zeichen immer mit Hilfe weiterer Zeichen interpretiert werden. Auch vermeintlich nebensächliche Aspekte eines Zeichenträgers, die *tones*, lösen signifikative Effekte aus. Bezeichnungsmodi haften nicht an einem essentiellen Sein des Zeichenträgers, sondern werden in einem Interpretationsprozess erst hergestellt. Sprache, Bilder, Musik können demnach ikonische, indexikalische und symbolische Zeichen aufweisen. Die Bedeutung eines Zeichens ist dabei »the actual effect produced on a given interpreter on a given occasion in a given stage of his considerations«,[71] abhängig von den Erfahrungen des zeichenverwendenden Individuums.[72] Es geht um die Frage, was ein Rezipient im Akt der Interpretation eines Textträgers in bestimmter Materialität und Medialität tut, um »the many different things [we do] under the unifying heading of interpretation that we call response to signs« zu tun.[73]

Die Semiotik der Künste fragt zunächst nach den je spezifischen Zeichenfunktionen von Texten unterschiedlicher Medialität und den Veränderungen bei ihrer intermedialen Transposition. Eine zentrale Rolle in der Geschichte der Semiotik spielen dabei die Fragen nach dem ›Defizit‹ der Sprache »angesichts des Sichtbaren«,[74] nach der Möglichkeit narrativer ›Lektüre‹ von Bildern, nach der ›Bedeutung‹ von Musik.

---

69 Vgl. ebd., S. 257ff.; zu exemplarischen Analysen am Beispiel von Verdi vgl. Annette Frank: Zwischen Bürgerhaus, Thron und Altar. Die multimediale Konstruktion des Individuums [...] in den Opern Giuseppe Verdis. Wien 2002 [Univ. Wien]; zu Britten vgl. Hess-Lüttich, Language (Anm. 49).

70 Hess-Lüttich/Rellstab, Zeichen (Anm. 1).

71 Charles Sanders Peirce: Collected Papers. Vols. VII-VIII. Ed. Arthur W. Burks. Cambridge, Mass. 1958, CP 8.135

72 Vgl. ebd., CP 7.439

73 Mieke Bal: Reading »Rembrandt«. Beyond the Word-Image Opposition. The Northrop Frye Lectures in Literary Theory. Cambridge, Mass. u.a. 1991, S. 4.

74 Michel Foucault: Die Ordnung der Dinge. Eine Archäologie der Humanwissenschaften. Aus dem Franz. v. Ulrich Köppen. Frankfurt a.M. 1974, S. 38.

3.2 Nur Syntax? Musik und Interpretation

Musiksemiotik hat seit dem letzten Quartal des vergangenen Jahrhunderts einen bemerkenswerten Aufschwung genommen, obwohl über ihre Prämissen und Methoden alles andere als Einigkeit herrscht.[75] Kann ein Musikstück überhaupt Zeichenfunktionen übernehmen oder ist es nur komplexer Zeichenträger?[76] Ist Musik überhaupt ein System von Zeichen, das auf etwas außerhalb seiner selbst verweist? Hat Musik Bedeutung? Oder ist sie reine Syntax?

In »Un Amour de Swann« beschreibt Proust, wie Swann zum ersten Mal eine Sonate für Violine und Klavier des (fiktiven) Komponisten Vinteuil hört und darin ein Thema entdeckt, das ihm später zum Zeichen seiner Liebe zu Odette wird.

> Ainsi, à peine la sensation délicieuse que Swann avait ressentie était-elle expirée, que sa memoire lui en avait fourni séance tenante une transcription sommaire et provisoire, mais sur laquelle il avait jeté les yeux tandis que le morceau continuait, si bien que, quand la même impression était tout d'un coup revenue, elle n'était déjà plus insaisissable. Il s'en représentait l'étendue, les groupements symétriques, la graphie, la valeur expressive; il avait devant lui cette chose qui n'est plus de la musique pure, qui est du dessin, de l'architecture, de la pensée, et qui permet de se rappeler la musique. Cette fois il avait distingué nettement une phrase s'élevant pendant quelques instants audessus des ondes sonores.[77]

Das Musikstück wird ihm zum Zeichen, selbst wenn er es zunächst nur als musikalische Form erlebt, aber dann bilden sich Muster, die über das emotionale Erlebnis hinaus zu interpretativen Prozessen führen. Musikalische Form ist demnach nichts Stabiles, sondern etwas Konstituiertes, das also über die Erstheit des unmittelbaren Erlebens hinaus[78] zu kognitiven Interpretantenbildungen führen kann.[79]

Im Anschluss an Eduard Hanslicks Musikästhetik[80] entwickelt Peter Faltin eine Musiksemiotik, die den »musikalischen Einfall« des Komponisten, das »intentionale Produkt« seiner Phantasie, als die ›Bedeutung‹ eines Musikstücks definiert:

> Musikalische Zeichen erlangen ihre Bedeutung nicht durch den Bezug auf fremde Entitäten. Und dennoch sind die nicht semantisch fundierten Beziehungen, die Töne, Pausen, Intervalle, Rhythmen, Motive, Akkorde oder ganze Teile einer Komposition mit-

75 Eero Tarasti, (Hrsg.): Musical Semiotics in Growth. Bloomington, In. 1996.

76 Raymond Monelle: Musical Applications of Linguistics and Semiotics. In: R.E. Asher u. J.M.Y. Simpson (Hrsg.): The Encyclopedia of Language and Linguistics. 10 Bde. Oxford u.a., Bd. 7, S. 2643-2654, hier: 2651.

77 Marcel Proust: À la recherche du temps perdu. Édition établie et annotée par Pierre Clarac et André Ferré. Paris 1968f., Bd. 1, S. 209.

78 Charles Sanders Peirce: Pragmatism. MS 318. In: Ders.: The Charles Sanders Peirce Papers. Manuscripts on microfilm, 32 rolls. Hrsg. v. The Houghton Library. Cambridge, Mass. 1966: Rolle 7, S. 189.

79 Eero Tarasti: Can Peirce be Applied to Music? In: Herman Parret (Hrsg.): Peirce and Value Theory. On Peircean Ethics and Aesthetics. Amsterdam/Philadelphia, S. 335-348, hier: S. 336.

80 Vgl. Hanslick, Musikalisch-Schönen (Anm. 58).

> einander bilden, nicht ohne Bedeutung, ja, sie sind die einzigen Akteure der musikalischen Bedeutungsebene. Gäbe es keine Beziehungen, so gäbe es keine Musik und damit keine musikalischen Bedeutungen. Die musikalische Idee ist daher primär eine Idee der Beziehungen, die bestimmt, wie Elemente miteinander verbunden werden sollen, damit sie Bedeutung erlangen, die Bedeutung der syntaktischen Intention, die sie tönend realisieren und vermitteln. Musikalische Beziehungen sind also keine Zeichen für außermusikalische Ideen, die sie vertreten würden, sondern syntaktische Ideen, die durch den Vollzug der realisierten Beziehungen ihre Bedeutung erlangen.[81]

Der Nachvollzug einer musikalischen Idee involviere eine geistige Transformation akustischer Reize in Musik und sei damit auch geschichtlich und kulturell bedingt.[82] Die interpretative Konstruktion musikalischer Strukturen und ihre assoziative Verknüpfung mit Facetten persönlicher Erfahrung (wie bei Proust) weist Analogien zu Strukturen verbaler Texte auf: »Music has sections that are preparatory, developmental, valedictory; they are en route, journeys from one fixed point to another«.[83] Wird ein Motiv, ein Thema, ein rhythmisches Muster eingeführt, dann repetiert, entwickelt und variiert, so wird die Rekurrenz des Themas und seiner Variationen als ikonisch-indexikalisches Zeichen interpretiert, das zurückverweist auf das erste Auftreten des Motivs. Wie in einem verbalen Text wird so ein System kataphorischer Verweise etabliert, das konstitutiv ist für die Entwicklung musikalischer Kohärenz.[84] Der Dialog oder Konflikt zweier musikalischer Themen wird verstärkt durch die Zuordnung bestimmter Instrumente. Der Kontrast zwischen zwei z.B. von Streichern und Bläsern gespielten Themen wird intensiver erlebt als wenn sie beide von Querflöten gespielt werden.[85]

Musikalische Strukturen können durch ko- und kontextuelle Korrelationen mit anderen Zeichen semiotische Funktionen übernehmen und auf außermusikalische Sachverhalte verweisen.[86] Wird ein Titel, ein literarisches Sujet, ein extra-musikalischer Stoff zum Interpretanten einer Komposition, kann er im Rezipienten die Fähigkeit wecken, die musikalischen Strukturen zugleich als solche eines narrativen Ereignisses zu hören, als »emplotment«.[87] Wer z.B. Mussorgskys »Bilder einer Ausstellung« im Bewusstsein der Aquarelle von Victor Hartmann hört, ordnet die Teile des Stücks den Bildern zu und konstituiert sich im interpretativen Prozess eine narrative Struktur, wie sie Eero Tarasti etwa so beschreibt:

---

81 Faltin, Bedeutung (Anm. 59), S. 187.

82 Ebd., S. 197, n. 18.

83 Monelle, Applications (Anm. 76), S. 2652.

84 Tarasti, Peirce (Anm. 79), S. 342.

85 Vgl. Grey, Tableaux (Anm. 28), S. 64; Eero Tarasti: Pour une narratologie de Chopin. In: Irasm (1984), H. 15, S. 53-75, hier: S. 61.

86 Kendall Walton: Listening with Imagination: Is Music Representational? In: The Journal of Aesthetics and Art Criticism (1994), H. 1, S. 47-61, hier: S. 47.

87 John Neubauer: Tales of Hoffmann and Others. On Narrativization of Instrumental Music. In: Ulla-Britta Lagerroth/Hans Lund/Erik Hedling (Hrsg.): Interart Poetics. Essays on the Interrelations of the Arts and Media. Amsterdam/Atlanta 1997, S. 117-136, hier: S. 117f.

> After the introduction of the center, hic, of the narration in the modo russico of the first promenade, the music transfers to various heterotopic spaces and to »periphery« (like to the garden of the Tuileries, Italian castle etc.) and then back ›home‹, to the ›center‹ of narration with Baba-Yaga and the Gate of Kiev.[88]

Die ko-textuelle Relationierung von musikalischen Motiven und sprachlichen Zeichen kann dazu führen, einen dicentischen Interpretanten zu generieren, wie etwa in den Opern Richard Wagners, in denen die Möglichkeit der Semantisierung musikalischer Motive systematisch erprobt wird. In seiner »Walküre« (1869) z.B. wird (in I. 2) Siegmunds Erzählung, wie er auf der Flucht seinen Vater verlor, in der Orchesterbegleitung mit dem (in »Rheingold« eingeführten) »Wotan«-Motiv beendet, was als Hinweis auf die Identität von Siegmunds Vater zu interpretieren ist.

Abb. 1: »Wotan«-Motiv in Richard Wagners »Walküre« (I. 2)

Der propositionale Gehalt der orchestralen Begleitung wäre demnach »Wotan ist Siegmunds Vater«[89] – ein Verfahren, das im Film zur vollen Blüte gelangt:

> When music [...] teams up with words or images, the music often makes definite representational contributions to the whole, rather than merely accompanying other representational elements. Opera orchestras and music on the soundtrack of films frequently

88 Tarasti, Peirce (Anm. 79), S. 341.

89 Richard Wagner: Der Ring der Nibelungen. Erster Tag: Die Walküre. Vollständiger Klavierauszug von K. Klindwarth. Ausgabe der Original-Verleger. Bd. VIII. Mainz 1908, S. 26; vgl. Swain, Range (Anm. 9), S. 138.

> serve to ›describe‹ the characters and action, reinforcing or supplementing or qualifying the words or images.[90]

Auch die sogenannte Programm-Musik[91] gewinnt durch ko-textuelle Relationierungen mit anderen Zeichen eine semantische Dimension.[92] Oper, Programm- und Filmmusik sind Gattungen, deren Semantisierung vom Komponisten oder Regisseur vorgegeben wird, worin sie sich von der ›absoluten‹ Musik unterscheiden. Dennoch übersteigt die Rezeption von Musik stets die Intentionen des Komponisten. Verbale Texte, Titel, Programme oder Filmbilder sind dabei nur Wegmarken im Semioseprozess, dessen Interpretanten das Produkt der interpretativen Leistung des rezipierenden Individuums sind, in der sogar die ›reine Synax‹ ›absoluter‹ Musik signifikant werden kann.[93]

3.3 Unmögliche Zeichen? Mozarts Auflösung und ein Zeichen Chopins

Interpretationen absoluter Musik scheinen *prima facie* in den Solipsismus zu münden. Aber selbst die rudimentären Regeln der Interpretation von Musik lösen sie aus ihrer Absolutheit, da schon unter ihrer Anwendung ein ›emplotment‹ (vgl. oben) einsetzt. Meist werden musikalische Strukturen als ikonische Zeichen emotionaler Zustände interpretiert. Bestimmte Passagen werden als ›ruhig‹ oder ›nervös‹ beschrieben, von Spannung und Auflösung ist die Rede, aber selten wird geklärt, ob Musik bestimmte Emotionen im Rezipienten evozieren könne bzw. ob bestimmte musikalische Passagen Zeichen bestimmter Emotionen seien.[94] Moll-Tonarten etwa werden in westlichen Kulturen oft als ikonische Zeichen für ›Traurigkeit‹ (i.S. von Peirce als unmittelbare Objekte) interpretiert.[95] So harmlos eine solche Interpretation von Musik scheint, führt sie doch über das absolut Musikalische hinaus, indem sie verbalisiert und narrativiert. Dies sei exemplarisch kurz veranschaulicht am Beispiel von Einleitung und 1. Thema des Kopfsatzes von Mozarts »Streichquartett Nr. 19 in C-Dur« (1784/85; Abb. 2).[96]

---

90 Walton, Imagination (Anm. 86), S. 47.

91 Detlef Altenburg: Programmusik. In: Ludwig Finscher (Hrsg.): Die Musik in Geschichte und Gegenwart. Allgemeine Enzyklopädie der Musik. Begr. v. Friedrich Blume. 2., neubearb. Ausg. 20 Bde. in zwei Teilen. Kassel u.a.; Stuttgart/Weimar 1994ff., Bd. 7 [1997], S. 1821-1844, hier: 1821.

92 Walton, Imagination (Anm. 86), S. 47.

93 Vgl. Lawrence Kramer: Music as Cultural Practice. 1800-1900. Berkeley/Los Angeles/Oxford 1990, S. 9f.

94 Vgl. Walton, Imagination (Anm. 86), S. 47.

95 Robert S. Hatten: Musical Meaning in Beethoven: Markedness, Correlation, and Interpretation. Bloomington, In. 1994, S. 349f.

96 Wolfgang Amadeus Mozart: Quartet for 2 Violins, Viola and Violoncello. C major. K 465. London u.a. 1968, S. 1. Vgl. Steven Paul Scher: Mozart – An Epistolary Aesthetician? In: Lagerroth/Lund/Hedling, Interart (Anm. 87), S. 147.

Abb. 2: Wolfgang Amadeus Mozart: Quartett K 465, *Adagio* – Übergang zum *Allegro*

Das letzte innerhalb des Zyklus der Haydn gewidmeten Quartette beginnt mit einem langsamen *Adagio*, das durch Moll-Dreiklänge, die melodische Chromatik (ab T. 9) und die berühmten Ausdrucksdissonanzen gekennzeichnet ist.[97] Mit dem Mangel an Konsonanz und Harmonie führt Mozart ein musikalisches Problem ein, das nach Auflösung drängt. Die Retardation der Auflösung erzeugt eine Spannung, die während des gesamten Adagios aufrechterhalten und erst im ersten Thema des Allegros (nach 23 T.) durch den Wechsel des Tempos und der Moll-Tonalitäten in einen C-Dur-Akkord aufgelöst wird. Der erste Akkord des ersten Themas nimmt die letzte Kadenz der Introduktion wieder auf und vervollständigt sie damit.

Die Passage erfährt die unterschiedlichsten Interpretationen. Manche hören sie als »expressive resolution from darkness to light, from melancholy and anguish to the happier, more contended end of the emotive spectrum«.[98] Auch wenn Musik aufgrund bestehender Regeln als Zeichen bestimmter Emotionen gehört werden kann, bleiben solche Interpretationen nicht frei von Idiosynkrasie, denn viel stärker als bei verbalen und bildlichen Texten basieren sie auf der Phantasie des Hörers, es fehlen weitgehend die den Interpretantenbildungsprozess steuernden Regeln.[99] Dennoch sind solche Interpretationen nicht einfach sinnlos, denn: »It is a potential meaning, accessible and useful for some listeners in the community. It is no analytical proof, but rather an invitation to a mode of listening that might be enriching«.[100]

Wie bei der Interpretation von Bildern sind die von Musikstücken in einem Rezipienten evozierten Effekte der Anfang der Konstitution einer semantischen Dimension, denn er ist so disponiert, dass er ihm Unbekanntes oder Fremdes mit Hilfe ihm bekannter Schemata zu interpretieren sucht.[101] Musikalische Strukturen lassen dabei einen Spielraum von Aktualisierungsmöglichkeiten verschiedenster Interpretanten zu. Das »emplotment« von Musik kann durchaus so idiosynkratisch werden wie das der Romanfigur Helen in Forsters »Howards End« (1910)[102] bei der Rezeption von Beethovens »Fünfter Symphonie«, wenn sie in den ersten beiden Sätzen Helden und Schiffswracks erkennt und im dritten Satz tanzende Elefanten und Kobolde, die ihr zum Zeichen werden der Vergänglichkeit und Nichtigkeit der Welt und damit ihrer eigenen Existenz.

---

97 Vgl. Konold Wulf: Das Streichquartett. Von den Anfängen bis Franz Schubert. Wilhelmshaven 1980, S. 92f.

98 Peter Kivy: A new music criticism? In: Ders: The fine art of repetition. Essays in the philosophy of music. Cambridge, Mass./New York/Victoria 1993, S. 296-323, hier: S. 320.

99 Vgl. Grey, Tableaux (Anm. 28), S. 57; Neubauer, Tales (Anm. 87), S. 126.

100 Swain, Range (Anm. 9), S. 148.

101 Vgl. Neubauer, Tales (Anm. 87), S. 125.

102 Edward Morgan Forster: Howards End. Complete, Authoritative Text with Biographical and Historical Contexts, Critical History, and Essays from Five Contemporary Critical Perspectives. Boston 1997, S. 45f.

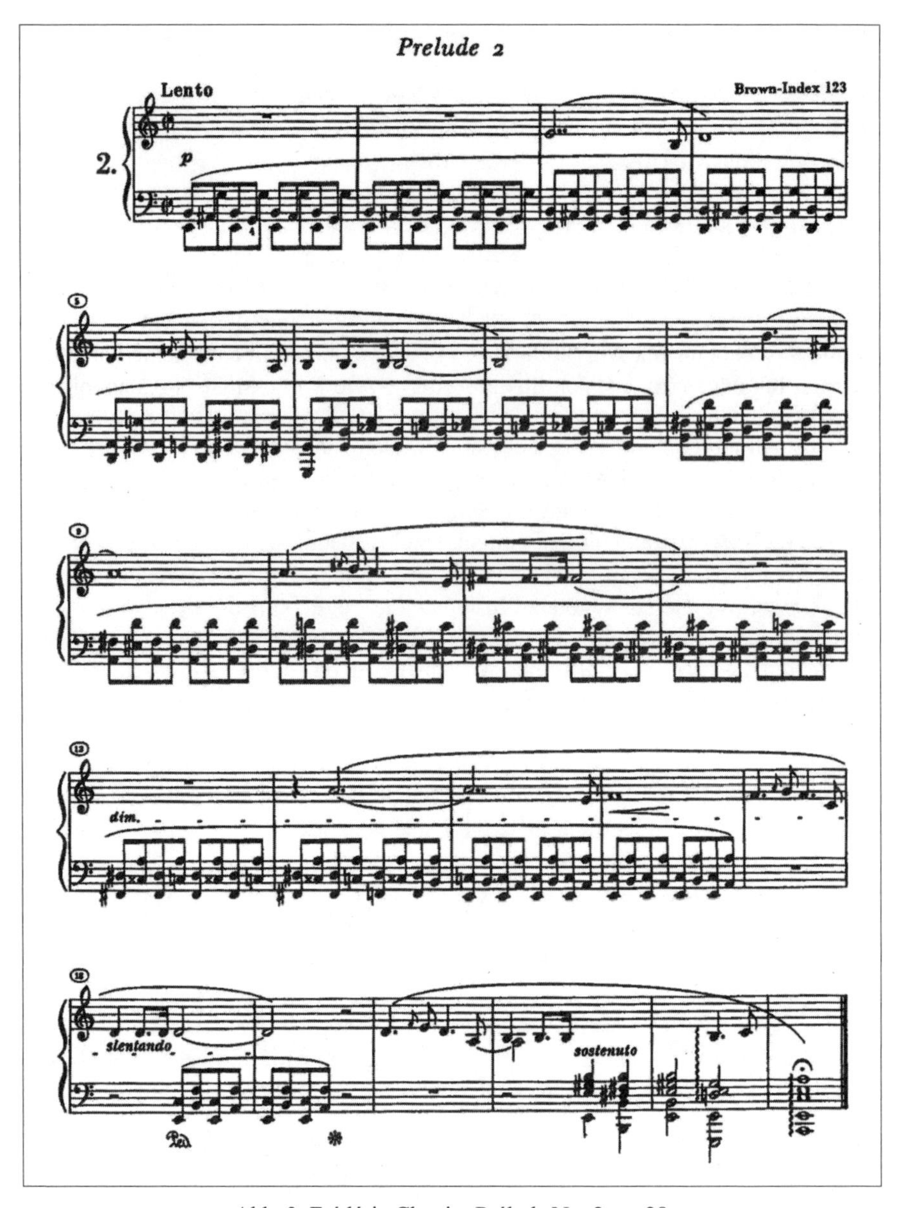

Abb. 3: Frédéric Chopin: Prélude No. 2 op. 28

Aber das gibt es nicht nur im Roman, sondern entspricht genau der Alltagspraxis beim Hören von Musik, die »inevitably mobilizes our talent to emplot, making thereby use of stories supplied by our culture and its history«.[103]

Aber musikalische Zeichen müssen nicht immer nur noch individuell nachvollziehbar unmittelbare Objekte bezeichnen. Wer Musik als innerhalb eines bestimmten historischen Kontextes produziertes Zeichen auffasst, kann nicht nur Musikstücke mit anderen in Beziehung setzen – etwa Mozarts »Streichquartett KV 465« mit Haydns Streichquartetten[104] –, sondern auch intermedial mit ›Texten‹ anderer Materialität und Medialität, die dann einen weiteren Kontext der Interpretantenbildung bilden. Betrachtet man z.B. die Gesamtentwicklung der »Prélude No. 2 in a-Moll« aus Chopins op. 28 (1839; Abb. 3),[105] so fallen darin eine Reihe von musikalischen Inkohärenzen auf, vor allem die sukzessive Entfaltung des Antagonismus zwischen Melodie und Harmonie.

Melodisch besteht die Prélude aus zwei parallelen Realisierungen eines langsam abfallenden Themas aus zwei parallelen Tonfolgen. Die melodische Kadenz der ersten Tonfolge koinzidiert in Takt 6 mit der ersten harmonischen Kadenz (*notabene* in G-Dur statt a-Moll), die sich in Takt 11 in harmonische Ambiguitäten auflöst: »the melody freezes and the harmony stops making sense«.[106] Die Melodie wird (in T. 14) wieder aufgenommen, aber nur als Ausarbeitung lokaler Dissonanzen. Die Melodie ist zuerst eine Artikulation der Harmonie und entwickelt sich zunehmend zu deren Antithese (bis T. 20). Die Antithese der Harmonie wird in den beiden letzten Takten in einer a-Moll-Kadenz aufgelöst, also der Grundtonart der Prélude (T. 22,3-23). Die Begleitfiguration, die vorher immer präsent war, ist jetzt verschwunden, nur hier lässt sich eine a-Moll-Kadenz ausmachen, was verglichen mit der musikalischen Entwicklung in den 20 vorangehenden Takten wie scheinbar deplatziert erscheint.[107]

Im Kontext der Romantik werden die Inkohärenzen laut Kramer zum Zeichen der »self-haunting incoherence that no Romantic subject can escape«[108] und die in den unterschiedlichsten Texten der Romantik von Coleridges »Christabel« bis hin zu Hoffmanns »Abenteuer einer Sylvester-Nacht« zutage träten, womit Musik aus ihrer Begriffslosigkeit heraustritt zum Zeichen für einen hochkomplexen intertextuell-intermedialen Verweisungszusammenhang wird. Die Zeichenfunktion von Musik bleibt – die Beispiele zeigen es – immer problematisch, da bei ihrer Rezeption die Interpretandenbildung keinen oder nur rudimentären Regeln folgt, aber

103 Neubauer, Tales (Anm. 87), S. 118.

104 Vgl. Wulf, Streichquartett (Anm. 97), S. 87-95.

105 Frédéric Chopin: Preludes, Opus 28. An Authorative Score. Historical Background, Analysis, Views and Comments. Hrsg. v. Thomas Higgins. New York 1973, S. 12.

106 Kramer, Music (Anm. 93), S. 93.

107 Ebd., S. 78.

108 Ebd., S. 91.

gerade dann bewährt sich der Mensch als *homo interpres*, der selbst scheinbar Unbedeutendes zu etwas Bedeutendem macht.[109]

4. Grenzverwehungen

Die Grenzen zwischen den Künsten sind fließend. Sie werden gezogen in individuellen Semioseprozessen, in denen Zeichen über Zeichen in Zeichen übersetzt werden,[110] bestimmten Perspektiven unterworfen und durch spezifische Interessen gelenkt. Die semiotische Kompetenz dazu ist dabei abhängig von je individuellen Erfahrungen und symbolisch vermittelten Interpretationsschemata. Die Zeichenfunktion eines Zeichenträgers ist nicht einfach nur gegeben (Datum), sie wird vom Rezipienten je hergestellt (Prozess). Dabei kann Sprache visuelle Erfahrungen vermitteln, in Bildern finden sich narrative Strukturen, Musikstücke können zum Zeichen mit einem dicentischen Interpretanten werden. Interpretationen sind Prozesse, in denen Interpretanten an einen Zeichenträger herangetragen werden. Sprachliche Texte können mit Hilfe von Interpretanten aus dem Bereich der visuellen Erfahrung interpretiert werden, in Bildern können temporale Strukturen gefunden werden (wenn eine bestimmte Zeichenträgeranordnung eine Übersetzung in eine temporale Struktur erlaubt), Musikstücke werden zum Zeichen (wenn seine Struktur die Konstitution eines ikonischen Bezugs zu bestimmten Ereignissen oder Sachverhalten erlaubt): stets handelt es sich um Übersetzungsprozesse, in denen Zeichen mittels Zeichen mit Zeichen in Verbindung gebracht werden.

Keine der beschriebenen Semiosen vollzieht sich unabhängig vom Textträger. Das Zeichenmodell öffnet den Blick gerade auch für das, was in Interpretationsprozessen geschieht, in denen der Rezipient sich nicht an vorgegebene Regeln hält, sondern neue Interpretationsstrategien erprobt (die manchmal auch in solipsistischen Sackgassen enden können). Interpretationen sind immer auch Zeichen des Interpreten, seiner Erfahrungen, seiner Existenz innerhalb einer bestimmten Kultur, denn »the word or sign which man uses is the man himself«.[111]

Das ist keine pansemiotische Nacht, in der die Welt insgesamt in einer Flut von Zeichen untergeht und alle Katzen grau, d.h. semiotisch sind, »weil ja nicht nur die Sprache etwas bedeutet, sondern vieles Andere auch ›Zeichen‹ ist und ›irgendwie‹ interpretiert, gedeutet und verstanden wird«.[112] Vielmehr öffnet das Zeichenmodell

---

109 Aleida Assmann: Geschmack an Zeichen. Homo interpres und die Welt als Text. In: Zeitschrift für Semiotik (1990), H. 1/2, S. 359-373, hier: S. 359.

110 Vgl. Achim Eschbach (Hrsg.): Zeichen über Zeichen über Zeichen. 15 Studien über Charles Morris. Tübingen 1981.

111 Charles Sanders Peirce: Collected Papers. Vols. I-VI. Ed. Charles Hartshone & Paul Weiss. Cambridge, Mass. 1960, CP 5.314

112 Jürgen Trabant: Apeliotes oder der Sinn der Sprache. Wilhelm von Humboldts Sprach-Bild. München 1986, S. 95f.; ders.: Elemente der Semiotik. Tübingen/Basel 1996, S. 84f.; vgl. auch ders.: Traditionen Humboldts. Frankfurt a.M. 1990.

den Blick gerade für jene Kontexte, in denen über die Plausibilität – oder Zulässigkeit – von Interpretationen entschieden wird.[113]

Das Zeichenmodell von Peirce kann also gerade Impuls sein auch zur kritischen Untersuchung von den Semioseprozess behindernden Faktoren (z.B. religiöser, ideologischer, wissenschaftssoziologischer Art). Unter seiner Prämisse, dass jeglichem Zeichenprozess das Potential seiner Fortsetzung innewohnt, weckt es kritische Aufmerksamkeit gerade dann, wenn ein Interpretationsprozess innerhalb eines gegebenen Zeichenverwendungszusammenhangs gestoppt wird, und fragt nach den Determinanten, die eine weitergehende, das als gesichert Geltende übersteigende Interpretation eines sprachlichen Textes, eines Bildes, eines Musikstücks verhindern.

Es verlangt, ›Kommunikation‹ in ihrer ganzen Komplexität zu verstehen als – auch ästhetisches – Mittel der Verständigung zwischen Subjekten nicht nur *qua* Sprache, sondern auch in Form von Literatur, Bildern oder Musik. Die je besondere Wirkung, die ein Bild oder ein Musikstück auslösen mag, das sogenannte ›Unsagbare‹ ästhetischen Wohlgefallens geht nicht etwa verloren, sondern Kunst und Musik werden durch Übersetzung in Sprache erst kommunikativ ›relevant‹ und Gegenstand der Kommunikation. Damit die ›semiotische Nacht‹ nicht ewig ›dunkel‹ bleibt oder anders herum: damit das ›Dunkel‹ ästhetischer Wertung und idiosynkratischer Empfindung sich aufhelle im Lichte semiotischer Analyse und kritischer Verständigung im Gespräch über die Künste.

---

113 Vgl. Peirce, Papers (Anm. 111), CP 3.174; Jørgen Dines Johansen: Dialogic Semiosis. An Essay on Signs and Meaning. Bloomington, In., S. 181f.; Gerhard Vigener: Die zeichentheoretischen Entwürfe von F. de Saussure und Ch.S. Peirce als Grundlage einer linguistischen Pragmatik. Tübingen 1979, S. 97f.

Intermedialität

Musik, Bild, Tanz und Literatur in Heines »Florentinischen Nächten«

Henriette Herwig

Für kaum einen anderen Text sind intermediale Relationen so konstitutiv wie für Heines »Florentinische Nächte«. Bei der Betrachtung der Erzählung unter diesem Gesichtspunkt empfiehlt es sich, von einem weiten Medienbegriff auszugehen, der auch die traditionellen Künste einschließt, nicht von ›Medium‹ im engeren technischen Sinn.[1] Intermedialität ist die nachweisliche »Einbeziehung wenigstens zweier konventionell als distinkt angesehener Ausdrucks- oder Kommunikationsmedien« in einem Werk der Kunst.[2] In Heines »Florentinischen Nächten« kann man eine Auseinandersetzung mit mindestens vier solcher Medien nachweisen: Musik, Bild, Tanz und Literatur. Sie werden aber alle mit den Mitteln der Sprache evoziert.

Die »Florentinischen Nächte« sind Heines dritter Erzählversuch. Die Entstehung des Textes fällt nicht nur in die Zeit seiner ersten Verliebtheit in Mathilde, sondern auch in die der politischen Grabesruhe nach dem Bundestagsbeschluss vom Dezember 1835 gegen das Junge Deutschland.[3] Das Verbot seiner sämtlichen Schriften in Preußen kam einem Berufsverbot gleich. Es stellte die Existenz Heinrich Heines als deutschsprachiger Schriftsteller und kritischer Publizist in Frage. Wenn er in den »Florentinischen Nächten« Geschichten gegen den Tod erzählt[4] und damit an die lange Tradition des lebensrettenden Erzählens seit »1001 Nacht« und Boccaccios »Dekameron« anknüpft, dann muss die symbolische Existenzvernichtung, die er gerade erlebte, als biografischer Hintergrund mitgedacht werden: der drohende Tod des Autors, nicht der Person Heinrich Heine.

Zur populären Form des Novellenzyklus hatte Heine sich vor dem Bundestagsbeschluss schon entschlossen. Unter dem verschärften Druck wird die Novellenform dann aber zur politischen Tarnkappe. Nicht nur seinem Verleger, auch der Zensur-

---

1 Irina O. Rajewsky: Intermedialität, Tübingen/Basel 2002, S. 7 und 201f.. Dazu auch: Helmut Schanze: Medien. In: Metzler-Lexikon Kultur der Gegenwart. Hrsg. v. Ralf Schnell. Stuttgart/Weimar 2000, S. 331f.

2 Werner Wolf: Intermedialität. In: Metzler Lexikon Literatur- und Kulturtheorie. Hrsg. von Ansgar Nünning. 2., überarb. Aufl. Stuttgart/Weimar 2001, S. 284.

3 Zur Entstehung des Textes unter Zensurbedingungen vgl. den Kommentar v. Manfred Windfuhr (DHA V, 854-868) und ders.: Zensur und Selbstzensur nach dem Bundestagsbeschluß. Heines »Florentinische Nächte«. In: Das Junge Deutschland. Kolloquium zum 150. Jahrestag des Verbots vom 10. Dezember 1835. Hrsg. v. Joseph A. Kruse u. Bernd Kortländer. Hamburg 1987, S. 218-237.

4 Volker Klotz: Erzählen als Enttöten. Vorläufige Notizen zu zyklischem, instrumentalem und praktischem Erzählen. In: Erzählforschung. Ein Symposion. Hrsg. v. Eberhard Lämmert. Stuttgart 1982, S. 319-334.

behörde kann er so glaubhaft versichern, einen amüsanten, unterhaltsamen, von jeder politischen Anspielung gereinigten Text vorzulegen. Der Text, den er zwischen Oktober 1835 und Februar 1836 schreibt und als »Florentinische Nächte« in den dritten Band des »Salon« einfügt, zeigt Übergänge zwischen Künsten und Kulturen in beispielloser Dichte. Die drei großen Themen, Liebe, Tod und Kunst werden mit topografischen Wechseln zwischen Hamburg, Potsdam, Italien, London, Paris und synästhetischen Übergängen zwischen den künstlerischen Ausdrucksformen Sprache, Bild, Musik und Tanz verbunden – als müsse der Raum ganz Europas vermessen und das ganze Spektrum der Künste ausgeleuchtet werden.

Der Text weist die gattungstypische Zweiteilung des Novellenkranzes in eine Rahmenerzählung und mehrere, teils episodische Binnenerzählungen auf. Diese werden auf zwei Nächte verteilt. Allerdings kommt in ihm nur eine Erzählerfigur zu Wort, Maximilian: ein Mann, der eine schwer lungenkranke Frau in den Abendstunden besucht und ihr auf Wunsch des behandelnden Arztes fantastische Geschichten erzählt. Der vereinbarte Zweck der Übung besteht darin, Maria ruhig zu stellen, sie am Sprechen zu hindern und so ihr Sterben hinauszuzögern. Damit delegiert der Arzt, der die Todkranke mit den Worten: »Ich bin sehr pressirt« (DHA V, 199) geradezu fluchtartig verlässt, die Verantwortung für ihr Leben an die Erzählerfigur. Wo die medizinische Hilfe versagt, tritt die Kunst auf den Plan, die Kunst des lebensrettenden Erzählens. Vordergründig wird sie durch die Angst vor dem Tod der schönen Frau motiviert, hintergründig durch eine morbide Erotik. Denn obwohl es sich um eine therapeutische Versuchsanordnung handelt, ist der Blick des Mannes auf die Schlafende ein begehrlicher. Maria liegt in einem weißen Musselinkleid auf einem grünseidenen Sofa in einem schwach erleuchteten Zimmer. Maximilian betrachtet ihre »schönen Glieder«, die »das leichte Gewand mehr offenbart[.] als verhüllt« (DHA V, 199), mit unverhohlener Begierde. Die Szenerie erinnert an die angedeutete Vergewaltigung der Marquise durch den Grafen in Kleists Novelle »Die Marquise von O...«[5], nur dass hier eine subtilere, makabrere Form der ›Vergewaltigung‹ beginnt, die nicht komödiantisch mit einer ganzen »Reihe von jungen Russen«[6] endet, sondern mit der Überführung der Geliebten in die »Totenmaske«.[7]

Der weiße Leib auf grünem Grund wirkt auf Maximilian als Schlüsselreiz für einen Strom von Erinnerungsbildern. Zunächst erinnert er ihn an »die schöne Marmorstatue« (DHA V, 200), die er als 12-Jähriger im verwilderten Schlossgarten seiner Mutter im Gras liegen sah und in »knabenhafte[r] Lüsternheit« (DHA V, 202) auf ihre Marmorlippen küsste. Dieser Grenzüberschreitung ging eine Zurück-

---

5 Heinrich von Kleist: Die Marquise von O... In: Ders.: Sämtliche Werke und Briefe. Hrsg. v. Ilse-Marie Barth u.a. Frankfurt a.M. 1990, Bd. 3, S. 145.

6 Ebd., S. 186.

7 Christine Mielke: Der Tod und das novellistische Erzählen. Heinrich Heines »Florentinische Nächte«. In: HJb. 41 (2002), S. 54-82, hier: S. 68. Zur Funktion der weiblichen Leiche als Projektionsfläche für männliche Wünsche vgl. Elisabeth Bronfen: Nur über ihre Leiche. Tod, Weiblichkeit und Ästhetik. Deutsch v. Thomas Lindquist. München 1994.

weisung durch die Mutter voraus. Wie der Erzähler seine Mutterliebe damals in pubertärer Verwirrtheit auf die Statue übertragen hatte, so überträgt er sie jetzt auf die durch ihre tödliche Krankheit ebenfalls tabuisierte Maria: »Hätten Sie länger geschlafen, meine Lippen würden nicht widerstanden haben« (DHA V, 203). Marias Reaktion auf dieses Geständnis ist ambivalent: ein Entsetzensschrei, gefolgt von heftigen Küssen auf seine Hand, womit sie die verbale Abwehr körpersprachlich widerruft. Zwischen dem Erzähler und seiner kranken Zuhörerin herrscht ein Verhältnis erotischer Gespanntheit.[8] Sie will ihn vermutlich nicht anstecken. Sein Problem besteht darin, sich aus Fixierung auf eine abweisende Mutter immer wieder zwanghaft in fetischistische Liebesbindungen zu verstricken, die zur Unfruchtbarkeit verdammt sind. Deshalb überrascht es nicht, dass auf die erste Episode mit der Marmorgöttin weitere folgen, die dasselbe Thema variieren: seine Liebe zu künstlichen, sterbenden oder toten Frauen. So berichtet er von einem Erlebnis mit Michelangelos »Nacht« in der Medici-Kapelle in Florenz, von einem Madonnen-Bild in einer Kölner Kirche, das in einer Antiken-Galerie dann durch eine »griechische[.] Nymphe« (DHA V, 204) ersetzt wurde. Von allen diesen Bildwerken geht für den Erzähler ein sinnlich-erotischer Reiz aus.

Abb. 1: Wilhelm Wagner: Die Marmorstatue (1920)

8 Höhn 2/1997, S. 370. Dazu auch: Bernd Kortländer: Heinrich Heine. Stuttgart 2003, S. 205.

Damit ist aus der Motiventlehnung aus Eichendorffs Traumnovelle »Das Marmorbild« eine Eichendorff-Parodie geworden[9]: Für Florio, Eichendorffs jugendlichen Helden, ist die Liebe zu einer antiken Marmorstatue nur Durchgangsstation in einem Läuterungsprozess, der in die Liebe zur christlichen Bianca mündet.[10] Heines Ich-Erzähler hingegen bleibt geradezu lustvoll auf seine Liebe zu Statuen und Madonnenbildern fixiert. Auf Marias lüsterne Frage: »Und Sie liebten immer nur gemeißelte oder gemalte Frauen?« antwortet er sogar mit der Überbietung: »Nein, ich habe auch todte Frauen geliebt« (DHA V, 204). Und er merkt nicht einmal, wie sehr er die Sterbende mit diesen Worten erschreckt. Da Maria Maximilians Beziehung zu ihr in seinen Geschichten gespiegelt sieht, muss sie dieses Geständnis ja so verstehen, als warte er auf ihren Tod. Die Geschichten, die noch folgen, die von der toten Very, von Enttäuschungen mit verruchten »lebendigen Weiber[n]« (DHA V, 205) und von der »glückliche[n] Liebe« (DHA V, 206) zu einer ätherischen Traumfrau, fügen substanziell nichts Neues mehr hinzu. Sie kreisen alle um die Unfähigkeit Maximilians, sich auf eine gelebte Liebesbeziehung zu einer lebendigen Frau einzulassen, die nicht käuflich ist. Was er mit jeder Episode neu variiert, ist das Grundthema seiner Liebesunfähigkeit.

Zunehmend stellt sich die Frage, wer hier wen therapiert. Ist Maximilian wirklich an der Genesung Marias gelegen, oder geht es um die Heilung seiner Herzenswunden? Vieles spricht für die zweite Annahme. Denn was Heine hier inszeniert, ist eine »umgekehrte Analysesituation«[11]: Ein sitzender, in freier Ideenassoziation Selbstgespräche führender Mann benutzt eine liegende, zum Schweigen verurteilte Frau dazu, vor ihr sein Unbewusstes zu entfalten. Er missbraucht sie für seine Zwecke: Zum einen will er ihr »beim Sterben zusehen«, zum andern will er ihr als »Grabbeigabe« die Geschichte seines pathologischen Liebeslebens aufbürden.[12] Deshalb überrascht es nicht, dass Maximilians Geschichten das Gegenteil des Intendierten erreichen: Sie beruhigen Maria nicht, sie regen sie auf. Die Kranke unterbricht seinen Redefluss mehrfach mit exaltierten Zwischenrufen.

Gegen Ende der ersten Nacht schläft Maria endlich ein. Doch der junge Mann ist so in die »Phantasmen seiner eigenen Rede« (DHA V, 222) vertieft, dass er das nicht einmal bemerkt. Wie Wilhelm Meister in Goethes »Lehrjahren«[13] schwelgt auch Heines Held in Jugenderinnerungen, ohne zu bemerken, dass die Geliebte, der er sie erzählen will, längst eingeschlafen ist. Als der Arzt, dem die Wirkung der

9 Rolf Hosfeld: Nachtgedanken. Heinrich Heines »Florentinische Nächte«. In: Heinrich Heine und das neunzehnte Jahrhundert: Signaturen. Hrsg. v. Rolf Hosfeld. Berlin 1986, S. 73-90, hier: S. 79.

10 Rudolf Drux: Mit romantischen Traumfrauen gegen die Pest der Zeit. Heinrich Heines »Florentinische Nächte« im »dritten Teil des Salons«. In: Literatur und Politik in der Heine-Zeit. Hrsg. v. Hartmut Kircher u. Maria Klanska. Köln 1998, S. 49-64, hier: S. 54.

11 Mielke, Tod (Anm. 7), S. 64. Dazu auch Höhn 2/1997, S. 371.

12 Mielke, Tod (Anm. 7), S. 64 und 70.

13 Johann Wolfgang von Goethe: Wilhelm Meisters Lehrjahre. In: Sämtliche Werke. Briefe, Tagebücher und Gespräche. I. Abtlg., Bd. 9, Hrsg. v. Wilhelm Voßkamp u. Herbert Jaumann. Frankfurt a.M. 1992, S. 355-992, hier: S. 384 (FA I 9, 384).

narrativen Medizin auf die Sterbende nicht gefällt, Maximilian darauf aufmerksam macht, reagiert dieser mit Verdrießlichkeit. Offenbar braucht er die Kranke wach oder tot. Seine Erzählungen scheinen ihren Gesundheitszustand zu verschlechtern. Ging es Maximilian wirklich um lebensrettendes Erzählen oder um Erzählen als indirekte Form des Mordes? Was er als Gegengabe für seine Geständnisse erwartet, ist der Gipsabguss vom Gesicht der Toten: »Sie wird auch als Leiche noch sehr schön seyn« (DHA V, 222), versichert er dem Arzt. In Gedanken hat Maximilian die Geliebte schon zum Kunstwerk gemacht, zum Artefakt. Angesichts ihres nahen Todes zeigt er keine Spur von Trauer oder Beklemmung. Entweder ist dieser Mann affektiv so gestört, dass er selbst auf den Schlaf einer Sterbenden noch narzisstisch gekränkt reagiert, oder es geht Heine nicht um die Darstellung einer Person, sondern um eine Idee: um »die Allegorie über die ›Tötung des Frauenleibes in der Kunstproduktion‹«[14]. So gelesen, braucht auch dieser Text zur Befreiung des Mannes das Frauenopfer. Die Emanzipation der Frau, die er in der Laurence-Episode gestaltet, nimmt er in der Rahmenerzählung zurück.

Abb. 2: Wilhelm Wagner: Maximilian und Maria (1920)

Dafür, dass auch biografische Reminiszenzen mitschwingen könnten, spricht, dass die Figur der toten Maria schon in der »Reise von München nach Genua« eine leitmotivische Rolle spielt. Die Erinnerung an sie taucht dort an mehreren Stellen in

14 Sigrid Weigel: Zum Phantasma der Lesbarkeit. Heines »Florentinische Nächte« als literarische Urszene eines kulturwissenschaftlichen Theorems. In: Lesbarkeit der Kultur. Literaturwissenschaften zwischen Kulturtechnik und Ethnographie. Hrsg. v. Gerhard Neumann u. Sigrid Weigel. München 2000, S. 245-257, hier: S. 254.

Verbindung mit Marmorstatuen, Madonnen, beichtenden Frauen und Künstlerinnenfiguren wie der kleinen Harfenistin auf. Sie erotisiert dort das katholische Sakrament der Beichte sowie den katholischen Madonnenkult. Das kann man, je nach Standpunkt, als Profanierung des Heiligen oder als Heiligung des Eros verstehen. In jedem Fall ist es eine Verbindung religiöser Rituale mit Eros, Erinnerung und Tod. Das zweite große Thema der ersten Nacht ist die Musik. Am Beispiel der italienischen Oper und der italienischen Musiker Bellini, Rossini und Paganini verdeutlicht Maximilian das Verhältnis der Musik zum italienischen Nationalcharakter. Implizit baut er dabei auch einen Kontrast zwischen der Sinnenfreude der Italiener, der Traumverlorenheit der Deutschen und der Maschinenhaftigkeit der Engländer auf. Maximilian erweist sich hier als Sprachrohr des Autors, fähig, in musikalischen Werken und ihren Wirkungen auf das Publikum die Spuren des Zeitgeistes zu lesen. Dabei entwickelt er eine Signaturenlehre, eine Ästhetik der Synästhesien.

Besonders eindrücklich ist seine Beschreibung des Hamburger Paganini-Konzerts. Schon die äußere Erscheinung des berühmtes Geigers muss für den Erzähler, der das Konzert miterlebt hat, so verblüffend gewesen sein, dass er vorgibt, nicht gewusst zu haben, ob er einen »Automaten«, einen »Hund[.]«, einen »sterbende[n] Fechter«, einen auferstandenen »Todte[n]« oder einen »Vampir mit der Violine« (DHA V, 216) vor sich gehabt habe. Sein »musikalisches zweites Gesicht«, seine Begabung, »bey jedem Tone [...] auch die adäquate Klangfigur zu sehen«, erlaubt ihm, die »tönende[.] Bilderschrift« des Virtuosen in ein »farbiges Schattenspiel« (DHA V, 217) und dieses in Sprache zu übersetzen. In anschaulichen sprachlichen Bildern lässt er Szenen aus dem Leben des genialen Virtuosen auf einer imaginären Bühne entstehen, als erzähle Paganini mit den Tönen seiner Violine sein Leben. Man kann vier Szenen unterscheiden: erstens ein galantes Liebesspiel Paganinis mit einer jungen Frau im Rokoko-Kostüm, evoziert von Tönen, »die sich küßten« (DHA V, 218), bis das Spiel in ein Eifersuchtsdrama umschlägt, bei dem der Geiger die Geliebte ersticht; zweitens Paganini als Galeerensträfling mit Ketten an den Füßen, hinter ihm eine »Bocksnatur«, die in die Saiten seiner Violine greift: die Visualisierung seines Teufelspakts und dazu Töne »gleich dem Gesang der gefallenen Engel, die mit den Töchtern der Erde gebuhlt hatten« und »aus dem Reich der Seligen verwiesen« (DHA V, 219) wurden, Angstlaute, Seufzer und Schluchzen; drittens Paganini barfuß in Mönchstracht als »Hexenmeister« mit »Zauberstab« (DHA V, 220), mit zornigen Basstönen den Elementen gebietend; schließlich Paganini als »erhabenes Götterbild« auf einer Kugel stehend, ein »Mensch-Planet, um den sich das Weltall« (DHA V, 221) bewegt, als sei er nur durch die Hölle gegangen, um in den Himmel aufzusteigen und kosmische Harmonie zu verkörpern – dazu »Sphärengesang«, von dem der Erzähler sagt: »Das waren Klänge, die nie das Ohr hört, sondern nur das Herz träumen kann, wenn es des Nachts am Herzen der Geliebten ruht« (DHA V, 222).

Maximilian beschreibt »die wunderbare Transfigurazion der Töne« (DHA V, 221) in Paganinis Geigenspiel. Er ruft dabei die Legenden ab, die sich um das

Leben des virtuosen »Teufelsgeigers« ranken.[15] In die Wiedergabe dessen, was er in Hamburg gehört und beim Hören vor seinem inneren Auge gesehen hat, fließt sein kulturelles Wissen über Paganini ein. Er sieht und hört, was er weiß. Seine Aufmerksamkeit richtet sich nicht auf die technische Seite des Geigenspiels: die Doppelgriffe, das chromatische Gleitfingerspiel, die Flageolett-Töne, die Gitarreneffekte; Kommentare wie den zu Paganinis Spiel auf der G-Saite macht der Hamburger »Pelzmakler« (DHA V, 218), der genau dadurch als Kunstbanause entlarvt wird. Maximilian lässt »die hinreißende Tonschönheit von Paganinis Klangphantasien«[16] ahnen, indem er zu jeder eine Geschichte erzählt. Wie Paganini sein Leben als musikalisches Gleichnis in die Sprache der Töne kleidet, so setzt Maximilian diese Töne in sprachlich vermittelte dramatische Szenen um. Was dabei entsteht, ist ein synästhetisches Paganini-Portrait.

Später greift der Erzähler die Wirkung des Virtuosentums auf das Publikum am Beispiel von Franz Liszt noch einmal auf. Er beginnt die Sequenz mit einer ironischen Beschreibung einer Pariser Soiree: »genug Licht um beleuchtet zu werden, genug Spiegel um sich betrachten zu können, genug Menschen um sich heiß zu drängen, genug Zuckerwasser und Eis um sich abzukühlen. Man begann mit Musik.« (DHA V, 238) Und diese Musik ist ein Klaviervortrag von Franz Liszt. Der junge Pianist liefert an diesem Abend »eine seiner brilliantesten Schlachten« (DHA V, 238) und verwandelt die Pariserinnen damit in Bacchantinnen. Schon vorher sind sie dem Erzähler wie Schmetterlinge vorgekommen, die ihn an die sagenhaften »Willis« erinnern: an jene »junge[n] Bräute, die vor dem Hochzeitstage gestorben sind, aber die unbefriedigte Tanzlust so gewaltig im Herzen bewahrt haben, daß sie nächtlich aus ihren Gräbern hervorsteigen« (DHA V, 238) und um Mitternacht bis zur Tobsucht auf der Landstraße tanzen. Sollten sie dabei einen jungen Mann in ihre Fänge bekommen, tanzen sie ihn zu Tode. Beide Beispiele, der kometenhafte Aufstieg Paganinis und der phänomenale Erfolg von Franz Liszt in Pariser Salons, dienen Heine dazu, die Unwiderstehlichkeit der erotischen Stimulation durch den Virtuosen zu veranschaulichen. Mit dem letzten Beispiel ist der Erzähler bereits von der Musik zum Tanz übergegangen, dem eigentlichen Thema der zweiten Nacht.

Das Einzige, was Maximilian seinen verhassten Londonaufenthalt erträglich gemacht hat, war, wie er mehrfach betont, seine Begegnung mit der Tänzerin Laurence. Diese Geschichte wird durchgehend erzählt und wächst sich zu einer veritablen Novelle aus. Die Kindfrau von griechischer Schönheit, die wie Goethes Mignon[17] in Begleitung einer sonderbaren Künstlertruppe auftritt, weckt die Aufmerksamkeit des Erzählers. Ihr selbstvergessener Ausdruckstanz und ihr bedeu-

15 Der historische Paganini regte die Fantasie des Publikums durch seinen großen Erfolg, sein merkwürdiges Aussehen, sein exzentrisches Benehmen, seine unklare Herkunft und die Besessenheit seiner Kunstausübung an. Johannes Mittenzwei: Das Musikalische in der Literatur. Halle a.d.S. 1962, S. 242.

16 Ebd., S. 243.

17 Als Wilhelm Meister die geheimnisvolle Tänzerin Mignon das erste Mal sieht, wirft sie ihm auch einen »scharfen schwarzen Seitenblick« zu. Goethe, Lehrjahre (Anm. 13), S. 444.

tungsvoller Seitenblick machen aus dem Flaneur, der ziellos durch die Straßen von London streift, einen Mann mit einem Ziel.[18] Von nun an, weiß er, was er sucht: Mademoiselle Laurence. Allerdings steht er ratlos vor dem »getanzte[n] Räthsel«[19] (DHA V, 231). Es sind vor allem zwei Gebärden, die ihn fesseln: das Lauschen mit nach der Erde gebeugtem Ohr, »als hörte sie eine Stimme, die zu ihr heraufspräche« (DHA V, 232), und das sorgfältige Händewaschen. Er sieht zwar: Laurence ist »keine große Tänzerinn«, sie beherrscht keine der Regeln des klassischen oder des romantischen Tanzes, ihre Fußspitzen sind »nicht sehr biegsam«, ihre Beine »nicht geübt zu allen möglichen Verrenkungen«, aber sie tanzt, »wie die Natur den Menschen zu tanzen gebiethet«, ihr »ganzes Wesen« ist »im Einklang« (DHA V, 230f.) mit ihrem Tanz, nicht nur die Füße, der ganze Leib, das Gesicht.

Abb. 3: Wilhelm Wagner: Der Tanz der Laurence (1920)

Das ist es, was ihn fasziniert. Wie in Paganinis Geigenspiel so vermutet er auch im Ausdruckstanz dieses Mädchens eine grauenhaft schmerzliche Geschichte. Beides sind für ihn Ausdrucksformen einer Sprache, die es zu entschlüsseln gilt.[20] War die Musik in der ersten Nacht »Möglichkeitsbedingung der Lektüre«[21] von Klangsigna-

18 Weigel, Phantasma (Anm. 14), S. 255.

19 Auch in Goethes »Lehrjahren« stellt Philine Wilhelm Meister die Tänzerin Mignon mit den Worten vor: »Hier ist das Rätsel«. Goethe, Lehrjahre (Anm. 13), S. 451.

20 Zum Schriftcharakter des getanzten Rätsels vgl. Roger W. Müller-Farguell: Tanz-Figuren: Zur metaphorischen Konstitution von Bewegung in Texten. Schiller, Kleist, Heine, Nietzsche. München 1995, S. 235-261.

21 Weigel, Phantasma (Anm. 14), S. 253.

turen, wirkt die Begleitmusik zum Tanz der Laurence, das Trommeln und Triangel-Schlagen, in der zweiten Nacht als Störung. Der Mann, der von sich sagt, »die Signatur aller Erscheinungen« (DHA V, 231) mühelos lesen zu können, versagt in diesem Fall als Zeichenleser und -deuter. Er kann die »Bewegungsformen« der Tänzerin, die er für »Worte einer besonderen Sprache« (DHA V, 231) hält, nicht verstehen. Er stellt zwar einige Hypothesen auf, um was für eine Art Tanz es sich handeln könnte, um einen unbekannten »Nazionaltanz«, den Tanz einer frevelhaften Bacchantin, »Fragmente einer uralten verschollenen Pantomime« oder um »getanzte Privatgeschichte« (DHA V, 231f.); er kommt dabei aber zu keinem Schluss. Und das ist der geheime Grund für seine Bindung an Laurence. Weil er das Rätsel ihres Tanzes nicht zu lösen vermag, kann er die Tänzerin nicht vergessen, auch nicht, als er sie längst aus den Augen verloren hat. Sie tanzt noch lange Zeit in seinem »Gedächtnisse« (DHA V, 233).

Als er sie Jahre später in einem Pariser Salon wiedertrifft und in einen märchenhaft traumartigen Dialog verstrickt, erinnert ihn ihr Gesicht noch immer an eine »Antique«, nur ist es »nicht mehr so marmorrein und marmorglatt wie ehemals« (DHA V, 239). Das ist auch nicht verwunderlich, denn aus dem 15-jährigen Mädchen ist inzwischen eine Halbweltkokotte geworden, die mit einem altfranzösischen General verheiratet ist. Die »Brüche« in ihrem Gesicht gemahnen ihren Verehrer wieder an die »Witterungsflecken« auf den Gesichtern von »Statuen« (DHA V, 239). Maximilian verliert die immer noch sehr attraktive Frau erneut aus den Augen, bis sie eines abends selbst die Initiative ergreift, ihn vor der großen Oper in ihren Wagen einsteigen lässt und von dort direkt in ihr »Schlafzimmer« führt, denn nur dort ist »eingeheitzt« (DHA V, 244). Diesmal scheint nicht er sie, sondern sie ihn gewählt zu haben – wie die Zwergenprinzessin den Barbier in Goethes »Die neue Melusine«.[22] Laurence lebt ihre Sexualität, mit wem sie will, und das gibt Maximilian die Möglichkeit, erstmals eine erfüllte Liebesbeziehung zu einer lebendigen Frau aufzunehmen.

Doch im Moment, wo ihm das gelingt, wird er von seiner Todesfaszination wieder eingeholt. Mit den Worten »Ach, ich wollte, sie hätten mich bey meiner Mutter im Grabe gelassen!« (DHA V, 246) beginnt Laurence, ihm die grauenhafte Geschichte ihrer Geburt im Grab als Kind einer scheintoten Mutter zu erzählen, so wie ihr diese von Dritten zugetragen wurde. Laurence ist keine vor der Hochzeit gestorbene Braut, sondern ein vor der Geburt begrabenes Kind. Deshalb wurde sie überall »das Todtenkind« (DHA V, 246) genannt. Der Mann ihrer Ziehmutter, ein Bauchredner, hat sie durch die Simulation der Stimme ihrer toten Mutter zusätzlich verstört. Seither steht sie unter dem Zwang, beim Tanzen das Trauma ihrer Geburt zu wiederholen und der nie gehörten Stimme ihrer Mutter nachzulauschen. Mit dieser haarsträubenden Geschichte hat Laurence die Bedeutung ihrer Tanzsignaturen entschlüsselt und den Schleier über ihrer Herkunft gelüftet. Sie weckt damit

22 Johann Wolfgang von Goethe: Wilhelm Meisters Wanderjahre. Zweite Fassung. In: Sämtliche Werke. Briefe, Tagebücher und Gespräche. I. Abtlg., Bd. 10. Hrsg. v. Gerhard Neumann u. Hans-Georg Drewitz. Frankfurt a.M. 1989, S. 633-656.

»Mitleid« (DHA V, 247) und Begierde, denn jetzt kann Maximilian eine Frau in die Arme schließen, die ihm die Todeserfahrung schon voraus hat.

Auf dem Höhepunkt dieser privaten Geschichte macht Maximilian eine Anspielung auf die größte Schande der politischen Geschichte Preußens: die Kapitulation aller preußischen Festungen nach der Schlacht bei Jena. Er analogisiert damit die begehrte Frau mit einer militärischen Festung, den Liebesakt mit der kriegerischen Invasion. Auch diese Verbindung kennen wir schon aus Kleists »Die Marquise von O...«. Das Motiv des von einer scheintoten Frau geborenen Kindes ist sowohl im »Dekameron« vorgebildet, in der vierten Erzählung des zehnten Tages,[23] wie in einem Gedicht mit dem Titel »Der Scheintod« aus »Des Knaben Wunderhorn«.[24] Neu bei Heine ist der Tanz. Selbst im Moment des höchsten Liebesglücks wird Maximilian noch einmal Zeuge von Laurences Wiederholungszwang: Aus unruhigem Schlaf erwacht, tanzt sie mit unheimlich geschlossenen Augen noch einmal wie in Trance ihren selbstvergessenen Tanz: Was als Liebesnacht begann, wird ein »Totentanz«.[25] Und so abrupt wie dieser Umschlag erfolgt auch die Auflösung der Beziehung. Das Verhältnis, das in dieser Nacht entsteht, wird durch die plötzliche Abreise der Geliebten mit ihrem Gatten beendet.

Für Sigrid Weigel, die diese Binnenerzählung der »Florentinischen Nächte« im Begleitband zur Karlsruher Ausstellung »Phonorama. Eine Kulturgeschichte der Stimme als Medium« analysiert,[26] gehört sie in den Kontext der Kulturgeschichte der Phantome, der Stimmen ohne Körper, der Stimmen von Wiedergängern, die von der Heimsuchung der Lebenden durch die Toten zeugen. Laurence wird nicht von der Stimme ihrer toten Mutter, die sie nie gehört hat, heimgesucht, sondern von deren Simulation durch den Bauchredner. Seither sucht sie die Lücken in der Überlieferung ihrer Herkunft zu füllen, die sie nur vom Hörensagen kennt. Das Symptom dieser Störung ist ihr Tanz. In Maximilian hat sie endlich einen Partner gefunden, vor dem sie ihren Wiederholungszwang im geschützten Raum ausagieren kann und der sie durch sein stummes Zuschauen vielleicht davon erlöst. Wenn ja, wäre auch das eine therapeutische Konstellation.

Die nächste Liebesepisode des Erzählers nach der mit Laurence muss die mit Maria sein. Auf die »Frau mit der getanzten Todesgeschichte« muss die »mit dem tatsächlichen baldigen Todeserlebnis folgen«.[27] Doch das ahnt nur der Leser, der die Liebesbeziehung der Binnengeschichte mit jener der Rahmenerzählung analogisiert. Offen bleibt auch, ob Maria am Ende stirbt oder lebt. Laurence ist keine »Al-

---

23 Giovanni di Boccaccio: Das Dekameron. Deutsch v. Albert Wesselski, Frankfurt a.M. 1997, Bd. 2, S. 850-858.

24 Des Knaben Wunderhorn. Alte deutsche Lieder, gesammelt von L. Achim von Arnim u. Clemens Brentano. Vollständige Ausgabe n. d. Text d. Erstausg. v. 1806/1808. Hrsg. v. Willi A. Koch. Düsseldorf/Zürich 2001, S. 220-222.

25 Höhn 2/1997, S. 371.

26 Sigrid Weigel: Echo und Phantom – die Stimme als Figur des Nachlebens. In: Phonorama. Eine Kulturgeschichte der Stimme als Medium. Hrsg. v. Brigitte Felderer. Berlin [2004], S. 57-70, hier: S. 66ff.

27 Mielke, Tod (Anm. 7), S. 59.

legorie der Freiheit«[28], Maria ist keine »kranke[.] Venus«[29]. Deutungen wie diese entschärfen den Text durch allzu rasche Allegorese. Mit beiden Figuren stellt der Text die Frage nach der Vereinbarkeit von Leben, Erinnerung und Kunst.
Vom intertextuellen Gesichtspunkt aus ist die abweisende Mutter des Erzählers, die ihn in die Arme gemeißelter, gemalter, geträumter oder toter Frauen treibt, die Literatur der Romantik. Von Tiecks »Runenberg« über Brentanos »Godwi oder das steinerne Bild der Mutter«, Eichendorffs »Marmorbild«, Kleists »Marquise von O...«, E.T.A. Hoffmanns »Nachtstücke«, »Des Knaben Wunderhorn« bis zu Goethes Mignon-Figur hat Heine sie vielen Sequenzen seines Textes als Subtext unterlegt. »Maximilians Traum- und Totenliebe weist auf einen seelischen und künstlerischen Solipsismus«, in dem sich mit dem Erzähler auch der Autor Heine »in seiner romantischen Erbschaft« selbstironisch zu erkennen gibt.[30] Doch nicht nur die deutsche Romantik, das ganze Archiv der abendländischen Kultur steht ihm als Spielmaterial zur Verfügung: Bildkünstlerische Darstellungen der antiken und christlichen Mythologie, heidnische Volkssagen und -legenden, Volksmärchen, die romanische Novellistik,[31] eigene Vorläufertexte, Tanztraditionen, Musikerportraits, dramatische Szenen und Militärgeschichte, alles kann in diesem Text gemischt, zwischen Traum und Wachen verschoben und in phantasmagorischen Übergängen synästhetisch verbunden werden. Was dabei entsteht, ist eine Feier der Sinneslust im Angesicht des Todes. Unter dem Druck der Restauration und ihrer biedermeierlichen Moral hat Heine hier ein hybrides Gesamtkunstwerk geschaffen, ein Werk, das mit den Mitteln der »erotische[n] Gesprächserzählung« (DHA V, 858) Gesellschaftskritik betreibt und dabei die Frage nach der Funktion der Künste in einer Umbruchszeit stellt. Den welthistorischen Übergang von der Herrschaft der Aristokratie zu jener der Finanzbourgeoisie konnte Heine in Hamburg, London und Paris gut beobachten.

> Die Erzählungen Maximilians [...] durchstreifen mit symptomatischem Blick den gesamten europäischen Raum, um dort den Zeitgeist bei seinen intimsten Verrichtungen zu beobachten [...]. Was haben sie zu berichten? [...] Deutschland träumt, Italien verzehrt sich in Leidenschaften, England ist von Automatenmenschen besetzt und Frankreich, ja Frankreich! Hier erzählt man sich heroische Geschichten von frühe-

---

28 Albrecht Betz: Ästhetik und Politik. Heinrich Heines Prosa, München 1971, S. 101.

29 Hosfeld, Nachtgedanken (Anm. 9), S. 73.

30 Bettina Knauer: Heinrich Heines »Florentinische Nächte«. Form und Funktion novellistischen Erzählens und esoterischer Allegorik. In: Aufklärung und Skepsis. Internationaler Heine-Kongreß 1997 zum 200. Geburtstag. Hrsg. v. Joseph A. Kruse u.a., Stuttgart/Weimar 1998, S. 833-845, hier: S. 836.

31 Windfuhr betont, dass »der ›italienische‹ Novellentyp in der zeitgenössischen französischen Erzählliteratur durchaus noch gepflegt wurde«, beispielsweise von Stendhal mit »Vanina Vanini«, von Prosper Mérimée mit »Mateo Falcone« und weiteren Novellen und von Balzac mit »Les cent contes drôlatiques« (DHA V, 859f.). Diese Novellenliteratur dürfte Heine dank ihrer Publikation in bekannten französischen Zeitschriften wie der »Revue de Paris« und der »Revue française« ebenfalls gekannt haben.

> ren Schlachten, [...] oder man träumt von blutigen Revolutionen, oder man konversiert gelangweilt auf irgendeiner Soirée [...].[32]

Der Titel der Erzählung weist zurück auf die florentinische Renaissance und ihren Sensualismus, die Darstellung der Hamburger Geldbourgeoisie, der Pariser Salonkultur, des aufkommenden Virtuosentums und der Anfänge der Kulturindustrie weist voraus in die Moderne. Als Leerstelle dazwischen liegt der deutsche Restaurationsstaat, und über den musste der Autor schweigen.

32 Hosfeld, Nachtgedanken (Anm. 9), S. 86.

»Das Geklingel der Kamele«

Zur Musikästhetik in Heines »Lutetia«

Karl Ivan Solibakke

> Mit der allmählichen Vergeistigung des Menschengeschlechts halten auch die Künste ebenmäßig Schritt. In der frühesten Periode mußte notwendigerweise die Architektur alleinig hervortreten, die unbewußte rohe Größe massenhaft verherrlichend, wie wir's z.B. sehen bei den Ägyptiern. Späterhin erblicken wir bei den Griechen die Blütezeit der Bildhauerkunst, und diese bekundet schon eine äußere Bewältigung der Materie: der Geist meißelte eine ahnende Sinnigkeit in den Stein. Aber der Geist fand dennoch den Stein viel zu hart für seine steigenden Offenbarungsbedürfnisse, und er wählte die Farbe, den bunten Schatten, um eine verklärte und dämmernde Welt des Liebens und Leidens darzustellen. Da entstand die große Periode der Malerei, die am Ende des Mittelalters sich glänzend entfaltete. Mit der Ausbildung des Bewußtseinlebens schwindet bei den Menschen alle plastische Begabnis, am Ende erlischt sogar der Farbensinn, der doch immer an bestimmte Zeichnung gebunden ist, und die gesteigerte Spiritualität, das abstrakte Gedankentum, greift nach Klängen und Tönen, um eine lallende Überschwenglichkeit auszudrücken, die vielleicht nichts anderes ist als die Auflösung der ganzen materiellen Welt: die Musik ist vielleicht das letzte Wort der Kunst, wie der Tod das letzte Wort des Lebens. (B 5, 356f.)

Im Artikel »XXXIII« von »Lutetia« skizziert Heinrich Heine die Entwicklung der Kunstmedien Architektur, Plastik, Malerei und Musik, die sich gemäß der Evolution des kulturellen Bewusstseins von der rohen Größe des Materials über die Sinnigkeit des Steins und das Offenbarungsbedürfnis des Farbsinns bis hin zum abstrakten Überschwang des Klangs bewegen. Mit diesem Exkurs schließt sich Heine an den ästhetischen Aufbau seines Lehrers Hegel an, der in den »Vorlesungen über die Ästhetik« expliziert wird und der Genese der menschlichen Ausdruckskraft verpflichtet ist. Für Hegel befindet sich die Musik allerdings als zweite unter den drei romantischen Kunstformen, wo sie das Scharnier zwischen der zunehmenden Abstraktion des Materials und der Virtualität der Sprachzeichen bildet. Ausdruck individuellen Empfindens, das die sich auflösenden Farbbilder in Klanggebilde transformiert, ist die Tonkunst für Hegel das Medium der Bewegung und der Zeitlichkeit aller Zeichenverhältnisse. Ist es dem Hegelschen Geist letztlich aufgegeben, Sprache zu evozieren, so vermittelt der geformte Klang zwischen unbeweglichen Farbbildern, die noch räumlich stationär sind, und dem rhythmisch diskreten Sprachfluss, der den zunehmenden Abstraktionsgrad des Geistes widerspiegelt. Konsequenterweise führt seine Dialektik von Bild und Ton zum visuellen, klangverankerten und zeitlich fließenden Zeichen der Begriffssprache hin. Auffallend ist diese Diskrepanz zwischen Hegel und Heine, zumal Heines Geist lediglich in der Auflösung der materiellen Welt im Klang seine Erfüllung, sein letztes Wort findet. Das Überschreiten der Musik zur Begriffssprache, die Hegel an den Gipfel seiner Medienentwicklung stellt, findet bei Heine nicht statt, sondern das letzte, erfüllte Wort des Bewusstseinslebens wird mit einem sowohl klanglichen als auch zeitlichen Index belegt, nämlich mit dem des Todes.

In diesem Sinne soll nachfolgend argumentiert werden, dass im Zentrum der für Heine prägenden ästhetischen Konzepte Hegels die Zeitlichkeit steht, deren Überwindung des Raumerlebnisses durch den Klang letztlich der zunehmenden Spiritualität der menschlichen Ausdruckskraft vorausgeht. Entsprechend gilt der Übergang von der Malerei zum Klang als eine medienhistorische Progression von der kollektiven Raumerfahrung zum Bewusstsein der Enträumlichung des Menschen wie der Todesverfallenheit seiner kulturellen Ausdruckskraft. Damit weisen die Darstellungen der Musik in »Lutetia« sowohl auf diachronische als auch auf synchronische Bedeutungsdimensionen hin, die den Klang und nicht die Schrift zum Medium der Politik, der Kunst und des Volkslebens im Frankreich der frühen 1840er Jahre werden lassen. Darüber hinaus dient die Technik der Zusammensetzung von Klängen als Denkmuster für ein Textkalkül, das die Kulturvernetzung mittels der zeitparallelen Aufschichtung heterogener Konstituenten auskomponiert. Hierbei wird das Synchrone, also das ›Zusammenklingen‹ unterschiedlicher Kulturzeichen, einem Fragmentierungsprozess ausgesetzt, den die Diachronie des kulturellen Gedächtnisses aufdeckt.

Einerseits setzt sich die folgende Untersuchung mit der Entstehung der Musikästhetik um 1800 auseinander, die sich von der Sprache der Empfindungen zur Klangästhetik als Kulturform entwickelt. Andererseits werden ausgewählte Aspekte der Musikphilosophien Kants, Schellings und Hegels erörtert, die zum theoretischen Verständnis der Zeichenhaftigkeit der Musik in »Lutetia« beitragen, da Heine beteuert: »Es [hat] den Anschein, als ob in den Annalen der Kunst unsre heutige Gegenwart vorzugsweise als das Zeitalter der Musik eingezeichnet werden dürfte.« (B 5, 356) Nimmt man diese kulturhistorische Dominanz des Klangs in seinem Spätwerk ernst, so stellt sich schließlich die Frage, in welchem Verhältnis »Lutetia« als Textkomposition zur Klangverbundenheit seines ästhetischen Kalküls steht. Es soll gezeigt werden, dass Heine der Ästhetik Hegels, die da scheitert, wo die Sprachkunst prosaisch wird und der Geist sich der Religion und Philosophie zuwendet, ein Kunstkonzept gegenüber stellt, das die von Hegel so verschmähte Prosa zum bevorzugten Ausdrucksmedium der Moderne erhebt. Für Heine manifestieren sich die modernen Kulturformen als Heterotopien, die ihrerseits aus unterschiedlichen Schichten vergangener und gegenwärtiger Erinnerungsmomente bestehen. Im Gegensatz zum Räumlichen und Linearen stellt deshalb die Dominanz des Gleichzeitigen und ›Polyphonen‹ den Schlüssel zum Verständnis der nachhegelschen Kodifizierung des kulturellen Gedächtnisses dar, die dem Kulturprojekt Heines zugrunde liegt.

Sprache der Empfindungen

Die Entstehung einer eigenständigen Musikästhetik um 1800, die schließlich in das große kunsttheoretische Gebäude Hegels Eingang findet, verlief nicht gradlinig. Zu den ersten Dokumenten der neuen Wissenschaft, die mit dem Erscheinen von Alexander Gottlieb Baumgartens »Aesthetica« im Jahre 1750 aus der Taufe gehoben wurde, zählen so unterschiedliche Werke wie Johann Georg Sulzers »Allgemeine Theorie der Schönen Künste« (1773/75), Johann Friedrich Reichardts »Brief über die musikalische Poesie« (1774) und Christian Friedrich Daniel Schubarts »Ideen zu einer Ästhetik der Tonkunst« (1777/78). Einerseits markieren diese Abhandlungen eine uneinheitliche Zugangsweise zur Tonkunst als Teilbereich der sich während der sogenannten Schwellenepoche der europäischen Geschichte entwickelnden Kunstphilosophie. Andererseits bestätigt sich im Rahmen dieser neuen Systematik der Kunstbetrachtung, dass die Tonkunst am ehesten als die ›Sprache der Empfindungen‹[1] zu verstehen war. Diese seit dem 17. Jahrhundert belegte Orientierung der Klangsyntax an der Sprachtheorie bewirkt nämlich, dass die Empfindungssprache sich wie ein Zeichensystem verhält, innerhalb dessen Parameter Aussagewerte mit Ausdruckswerten in Einklang gebracht werden sollen. Gilt die Übertragung von Sprachkategorien aus der Rhetorik oder der Aussagenlogik auf die Wahrnehmung des Klangs als Erweiterung des ästhetischen Vokabulars, so wird mit diesem intermedialen Übergang die Wechselwirkung zwischen Form und Materie im Tonphänomen selbst erkennbar.

Die Wechselwirkung zwischen Klangform und Klangmaterie, die mit den neuen ästhetischen Ansprüchen in den Blick gehoben wird, spiegelt zudem eine Verbundenheit von innerem Empfindungshaushalt und äußerem Klangkörper wider. Exemplarisch für diese erkenntnistheoretische Konkretisierung der Klangwahrnehmung ist Johann Nikolaus Forkels »Allgemeine Geschichte der Musik« (1788-1802). Betrachtet er den geformten Klang als logisches Gebilde, das sogar in die Bildung von Argumentationsketten und urteilsfähigen Aussagen gipfelt, so ist sein Ansatz der aus den Gesetzen der antiken Logik abgeleiteten Sprachphilosophie Gottfried Willhelm Leibniz' verpflichtet. Als Lehrer von Wilhelm Heinrich Wackenroder, Ludwig Tieck und Alexander von Humboldt, prägte Forkel eine Generation von jungen Dichtern und Denkern, die in der Klangentfaltung nicht nur ein kulturelles Medium sondern auch eine eigenständige Zeichensprache des Subjekts entdecken.

Die Auseinandersetzung mit dem auf die subjektive Sinneserweiterung beruhenden Kunsterlebnis liegen den ersten Literarisierungen des Wort-Ton-Nexus zugrunde, die Wackenroder und Tieck in den »Herzensergießungen eines kunstliebenden Klosterbruders« (1797) und »Phantasien über die Kunst für Freunde der Kunst« (1799) vorlegen.[2] Vorwiegend stützt sich hier der intermediale Ansatz auf das Verständnis des Kunsterlebnisses als Kulterlebnis, in dem das Hören der Musik und das Betrachten des Bildes einer Andacht gleichkommen. Die entrückte Wahrnehmung der Künste wird deshalb mit dem Begehren nach deren Sakralisierung und Entge-

---

1 Immanuel Kant: Kritik der Urteilskraft. Hrsg. v. Gerhard Lehmann. Stuttgart 1963, S. 269.

2 Zur Differenzierung der ästhetischen Positionen des Autorenpaars vgl. Walter Dimter: Musikalische Romantik. In: Romantik-Handbuch. Hrsg. v. Helmut Schanze. Stuttgart 2003, S. 408-429, hier: S. 418.

genständlichung verbunden, die von den »Konkreta der sozialen und gesellschaftlichen Realität«[3] ablenken sollen. Folglich steht der neue Tonkünstler abseits der Gesellschaft, vernimmt die Töne in einem genialen Kunstrausch und geht an diesem introvertierten Kunstgenuss kläglich zugrunde: So die Schilderung des Kapellmeisters Joseph Berglinger, der als Prototyp für den romantischen Künstler in den beiden Werken von Tieck und Wackenroder erscheint und dessen Scheitern die Charakterdarstellungen des Musikers in der Literatur des 19. und 20. Jahrhunderts prägt.[4] Produktionsästhetisch vermischen sich hier die Unsagbarkeitstopoi der frühromantischen Dichter mit der genialen Suche nach dem Unendlichen im Endlichen, die gerade im Übergang der Ausdrucksmedien alle bisherigen Erkenntnisstrukturen und Kunstreflexionen überrunden soll. Berglinger scheitert jedoch an der Unfähigkeit der Rezipienten, ihm Folge zu leisten, so dass er schließlich zum Opfer seines solipsistischen Kunstanspruchs in einem kunstfeindlichen Kulturparadigma stilisiert wird.

Mit Blick auf diesen Künstlertypus wird die Dialektik von Genie und Alltag, Produktion und Rezeption der Kunst erkennbar, die Heine in seinem Bericht über die »Musikalische Saison von 1844« im Anhang der »Lutetia« zeichnet. Zuletzt wirkt das traurige Dahindämmern des todkranken Komponisten Gaetano Donizetti als Metapher für die innere Hohlheit wie für den Mangel an Kunstverstand einer ›freudegaukelnden‹ Welt, deren Sinnhaftigkeit vollkommen abhanden gekommen ist.

> Über Donizettis Zustand werden die Berichte täglich trauriger. Während seine Melodien freudegaukelnd die Welt erheitern, während man ihn überall singt und trillert, sitzt er selbst, ein entsetzliches Bild des Blödsinns, in einem Krankenhause bei Paris. Nur für seine Toilette hatte er vor einiger Zeit noch ein kindisches Bewußtsein bewahrt, und man mußte ihn täglich sorgfältig anziehen, in vollständiger Gala, der Frack geschmückt mit allen seinen Orden; so saß er bewegungslos, den Hut in der Hand, vom frühesten Morgen bis zum späten Abend. Aber das hat auch aufgehört, er erkennt niemand mehr; das ist Menschenschicksal. (B 5, 548)

Klangkultur und Kulturkritik im Zeichen von Kant, Schelling und Hegel

Dass Musik, sofern sie kein unsinniges Geräusch ist, einer allgemeinen »Sprache der Empfindungen«[5] entspricht, bildet innerhalb der systematischen Betrachtung der Kunstformen die entscheidende Grundlage für die Thematisierung des geformten Klangs. So stellte sich für die Musikästhetik um 1800 die Aufgabe, Darstellungsmittel und Erkenntniswege zu finden, die die Verbundenheit von Klangformen mit Klangmaterial zweckmäßig erscheinen lassen. Auch aus der Perspektive ihrer kulturellen Wirksamkeit soll die Klangwahrnehmung mit einer von der Öffentlichkeit konsensfähigen Urteilsbildung konform gehen. Deshalb werden auf der einen

---

3 Ebd., S. 419.
4 Ebd., S. 415.
5 Kant, Kritik (Anm. 1), S. 269.

Seite die abstrakten Begriffsregister, auf der anderen Seite die Empfindungen auf eine denklogische Ebene gestellt, um gerade die Zweckgebundenheit des musikalischen Gedankens begründen zu können. Dieser Anspruch überträgt sich sowohl auf Klangeinheiten, die einen nachvollziehbaren Aussagewert artikulieren, als auch auf die Urteilsbildung für wortunabhängige Klangmodelle. Erstmalig entwickelt sich mit dieser Verschmelzung von Sprache und Klang die Notwendigkeit, die Tonkunst in den systematischen Aufbau einer Kultur nach ästhetischen Maßstäben zu integrieren. Demzufolge ist Immanuel Kants Musikästhetik, die der Philosoph im Rahmen der »Kritik der Urteilskraft« darlegt, nur aus dem Gesamtzusammenhang der Einbettung aller Kunstwahrnehmungen in ein großes denkkritisches Projekt zu verstehen.

Obwohl Kant der Tonkunst bescheinigt, Gemütsbewegungen zu affizieren, bleibt sie als ästhetisches Erkenntnismedium den anderen semiotisch konstituierten Künsten unterlegen. Sogar aufgrund mangelnder Anregung des begrifflichen Nachdenkens spricht Kant der Musik die Befähigung zur Kulturgründung ab und ordnet sie dem niederen Bereich des Genusses zu.[6] Ihn stört vorwiegend die Vagheit der Gefühlsmomente, die lediglich ein begrifflich unverankertes und assoziatives Gedankenspiel[7] hervorrufen: Aus der Klangwahrnehmung erwächst kein konsensfähiger Begriff, auf dem die Urteilsbildung ihren Anspruch fußen könnte.[8]

Einerseits rekurriert der Philosoph auf die Phonation der mündlichen Sprache, wenn ihm die Assoziation von Sprache und Musik als ein der Klangform zugeordnetes Gefühl gilt. Das Klangmaterial trennt er von der Sprachäußerung ab, um auf jene Tonfarbe zu kommen, die als Trägermedium für den logischen Begriff dienen könnte. Analog geht der Hörer von der Sprache aus, zerlegt diese analytisch in die Materialität des Klangs sowie die Form des Begriffs und überträgt diese akustische Reduktion auf die vermeintliche Bedeutung der musikalischen Zeichen. Verharrt die Musik trotz der Analogie zum Sprachklang im Bereich der nicht urteilsfähigen Wahrnehmung, so sind es andererseits streng mathematische Proportionen, die dem Klanggefüge seine Regelproportionen verleihen. Für Kant sind Melodie und Harmonie folglich Zusammensetzungen eines mathematisch fundierten Klangschemas, in dem die Sprache der Empfindungen assoziativ aus dem Affekt der Aussage zum Erkenntniswert gelangt.

Die Hinwendung zu einer rein instrumentellen Klangästhetik in der ersten Dekade des 19. Jahrhunderts lässt sich an der Klangverbundenheit der Kunstphilosophie Friedrich Wilhelm Joseph Schellings ablesen. Während seine Überlegungen zur Musik auf Kant beruhen und George Wilhelm Friedrich Hegel nachhaltig prägen, der Schelling in Jena erlebte, werden ihre Konturen erst 1859 – also nach Heines Tod – in der posthumen Veröffentlichung der kunstphilosophischen Vorlesungen allgemein zugänglich. Schelling stützt sich vor allem auf die Materialität des Klangs, den er in ›Schall‹ als stetige und ›Laut‹ als unterbrochene Klangform unter-

---

6 Vgl. ebd.
7 Vgl. ebd., S. 271.
8 Vgl. ebd., S. 269f.

gliedert. Im Hinblick auf die intellektuelle Anschauung erhält der Klang die Bestimmung, die »Seele des Körpers selbst«[9] wahrzunehmen, denn der Klang bildet sowohl *in abstracto* ein inneres Prinzip des Körpers als auch *in concreto* dessen Ablauf in der Zeit ab.[10] Damit wird Schellings gesamter ästhetischer Aufbau auf der Priorität der Klangbewegung fundiert, die dem sonoren Charakter des fließenden Materials[11] nahe dem Ursprung entspricht. Gemäß einem dialektischen Schema, das von der realen zur idealen Form aufsteigt, legt Schelling drei Potenzen in der Musik fest: Rhythmus, Modulation und Melodie. In dieser allerersten dialektischen Aufhebung kommt es nicht zum Verschmelzen des Rhythmus mit der Melodie. Statt dessen behält der Rhythmus seine Dominanz als erste Potenz, da ihm das Gleichmaß aller Naturabläufe und die Zeitlichkeit des Selbstbewusstseins zugrunde liegen. Die zweite Potenz, Modulation, bezieht sich auf die Verbindung der sinnlichen Klangempfindung mit der allgemeinen Urteilskraft. An dritter Stelle realisiert sich die Potenz der Melodie als Ausdruck des Individuums, das mittels seiner Einbildungskraft die Klangeindrücke sowohl sinnlich materiell als auch ideell zeichenhaft ausformt.[12] Damit leitet Schelling das Vermögen zur theoretischen und praktischen Weltkonfiguration aus der Bewegung der Einbildungskraft ab.[13]

In Anlehnung an Schelling verschreibt sich die Musikphilosophie Hegels dem Gedanken, dass die Tonkunst ein Bewegtes darstellt. Als Ausdruck innersubjektiven Empfindens ist die Tonkunst ein fließendes Medium, das die ›Innerzeitigkeit‹ des Individuums zum Vorschein bringt: Damit schreitet Hegels Kunstideal vom statischen Bild über den pulsierenden Ton zum bild- und klangkodierten wie bewegten Wortgebilde hin. Voraussetzung hierfür ist jedoch, dass zum einen die Empfindungen objektiven Charakter annehmen und zum anderen sich das geformte Wort der Begriffssprache aus dem Lautmaterial herauskristallisiert.[14] Mangelt nämlich dem Material der Tonkunst gerade das Räumliche, so sind dennoch die sinnlichen Aspekte des Klangs für die darstellenden Künste substantiell wichtig, während des-

9 Vgl. Berbeli Wanning: Schelling. In: Musik in der deutschen Philosophie. Hrsg. v. Stefan Sorgner u. Oliver Fürbeth. Stuttgart 2003, S. 85-91.

10 F. W. J. Schelling: Philosophie der Kunst II. Besonderer Theil der Philosophie der Kunst, 4. Abschnitt (1859). Nachdruck der Ausgabe von 1859. Darmstadt 1980, S. 134.

11 Vgl. Manfred Frank: Einführung in die frühromantische Ästhetik. Frankfurt a.M. 1989, S. 208-230 (hier 210f.).

12 Schelling, Philosophie (Anm. 10), S. 135.

13 F.W.J. Schelling: System des transzendentalen Idealismus. In: Ausgewählte Werke. Darmstadt 1975 [= Schelling-Studienausgabe], Bd. 2: Schriften von 1799-1801, S. 628. Hier steht: »Die Kunst ist eben deßwegen dem Philosophen das Höchste, weil sie ihm das Allerheiligste gleichsam öffnet, wo in ewiger und ursprünglicher Vereinigung gleichsam in Einer Flamme brennt, was in der Natur und Geschichte gesondert ist, und was im Leben und Handeln, ebenso im Denken, ewig sich fliehen muß. Die Ansicht, welche der Philosoph von der Natur künstlich sich macht, ist für die Kunst die ursprüngliche und natürliche.«

14 Vgl. Georg Wilhelm Friedrich Hegel: Vorlesungen über die Ästhetik. In: Werke. Frankfurt a.M. 1970, Band 15, S. 146.

sen geistige Aspekte in die Zeichenmedien von Sprache und Schrift eingehen.[15] Anhand der fühlbaren Klangresonanz, die über den Gehörsinn ins innere Bewusstsein dringt, nimmt das Subjekt die Konturen seiner Zeitlichkeit wahr, die ihm Individualität spendet und seine Identität innerhalb des Kollektivs zementiert. In diesem Zusammenhang stellt Hegel Überlegungen an über die Übereinstimmung von Zeitlichkeit und Sein in der Aneinanderreihung immerwährender Jetztpunkte: »Ich ist in der Zeit, und die Zeit ist das Sein des Subjekts selber.«[16] Fehlt dem Tonmaterial die Ausdehnung im Raum, die die performativen Kunstformen auszeichnet, so legt Hegel dennoch großen Wert auf die theoretische Vergleichbarkeit der Architektur als Ausgestaltung des Raumes mit dem Tongebäude als Raumwerdung der Zeit.[17]

Die Zeit als solche bestimmt Hegel zur abstrakten Grundform, bestehend aus Zeitmaß, Takt und Rhythmus. Gemäß einer komplexen Abstufung des Zeitbewusstseins konstituiert sich die Temporalität des Subjekts, das sich erstens großflächig orientiert, zweitens Selektionen aus dem Fließen der Gegenstandsfülle vornimmt und drittens Akzentuierungen an den Gegenständen differenziert. Wegen dieser zunehmenden Untergliederung der Klangbewegung gestaltet sich das Zeitbewusstsein zur Bedingung der Möglichkeit der Erinnerung als Rückverweis auf vergangene Klangmomente und Vorausnahme noch kommender Klangereignisse.[18] Insbesondere fällt auf, dass die drei Dimensionen der Temporalität jenen virtuellen Raum konstruieren, der laut Hegel der individuellen Erinnerung und dem kulturellen Gedächtnis ihr besonderes Gepräge verleihen.

In »Lutetia« stellt Heine Hegels ästhetisches Modell auf den Kopf, wenn er konstatiert, dass die Beschleunigung der Fortbewegung infolge der technischen Entwicklungen im Eisenbahnwesen den physischen Raum zum Verschwinden bringt. Subtil und nicht ohne den ihm eigenen Humor weist er auf die Veränderungen in der modernen Wahrnehmungsästhetik hin, wenn er behauptet:

> Die Eisenbahnen sind wieder ein solches providentielles Ereignis, das der Menschheit einen neuen Umschwung gibt, das die Farbe und Gestalt des Lebens verändert; es beginnt ein neuer Abschnitt in der Weltgeschichte, und unsre Generation darf sich rühmen, daß sie dabeigewesen. Welche Veränderungen müssen jetzt eintreten in unsrer Anschauungsweise und in unsern Vorstellungen! Sogar die Elementarbegriffe von Zeit und Raum sind schwankend geworden. Durch die Eisenbahnen wird der Raum getötet, und es bleibt uns nur noch die Zeit übrig. Hätten wir nur Geld genug, um auch letztere anständig zu töten! (B 5, 449)

Für Heine geht mit dem Tod des Raumes gleichermaßen eine Aufwertung der Zeit einher, deren Ablauf als polyvalente Zeichenfolge in der Vernetzung der Kulturformen erscheint. Gleich einer Klangfolge gestaltet sich die Folge der Ereignisse nicht nur linear homophon, sondern vertikal polyphon, was die zeitgleiche Wahrnehmung

---

15 Vgl. ebd., S. 138.
16 Ebd.
17 Vgl. ebd., S. 138 u. S. 151.
18 Vgl. ebd., S. 164.

von kulturellen Geschehnissen mit ihren unterschiedlichen Zeitspannen ermöglicht.[19] Anknüpfend an diese polyphone Zeichenwahrnehmung besteht die Notwendigkeit zur stetigen Reproduktion der kulturellen Ereignisfolge,[20] die sich vorwiegend in der Erzählhaltung der narrativen Stimme spiegelt. Unter den Zeitkünsten bildet daher die der menschlichen Stimme zuzuschreibende Gesangslinie den ausgezeichneten Modus des kulturellen Textgewebes, der analog zur Skulptur in den Raumkünsten die ideelle Form des Ausdrucks wiedergibt.[21] Diese Wechselwirkung zwischen individueller Erzählstimme (*alias* Melodie) und kollektivem Klanghintergrund (*alias* Harmonie) figuriert lange vor Friedrich Nietzsche als kulturästhetisches Denkmuster, das die Grundlage dafür bildet, Heines kritische Stimme in ein allmählich bedrohlich wirkendes kulturelles Koordinatensystem einzubetten und sich innerhalb dieses dissonanten Paradigmas zu bewegen. Dass es sich hier um Diskrepanzen zwischen dem hohen Kunstanspruch Heines und der Kunstpraxis in Paris, der Hauptstadt der neuen Kulturindustrie handelt, lässt sich wie folgt belegen:

> Das junge Jahr begann wie das alte mit Musik und Tanz. In der Großen Oper erklingen die Melodien Donizettis, womit man die Zeit notdürftig ausfüllt, bis der Prophet kommt, nämlich das Meyerbeersche Opus dieses Namens. [...] Wer in den öffentlichen Anstalten Polyhymnias nicht genug Gelegenheit findet, sich zu langweilen, der kann schon in den Privatsoireen sich nach Herzenslust ausgähnen: eine Schar junger Dilettanten [...] läßt sich hier hören in allen Tonarten und auf allen möglichen Instrumenten; Herr Orfila meckert wieder seine unbarmherzigsten Romanzen, gesungenes Rattengift. (B 5, 335)

Schließlich findet die medienästhetische Vermischung, die der ideellen Vorstellung der kulturhistorischen Verbundenheit von Wort als Geist und Klang als Leib zugrunde liegt, eine beispielhafte Entsprechung in der Würdigung Martin Luthers in Heines »Geschichte der Religion und Philosophie Deutschlands«. Luthers geniale Bibelübersetzung vermag nicht nur den Spiritualismus mit dem Sensualismus im Sprachformat zu vereinen, sondern avanciert auch zur medialen Grundlage für eine kongeniale Entfaltung von Kultur. Denn im Sinne der Dialektik von Form und Inhalt verleiht der Klangkorpus Luthers der neuen Sprache Deutschlands ihre wundersame Geisteskraft.

> Aber dieser Martin Luther gab uns nicht bloß die Freiheit der Bewegung, sondern auch das Mittel der Bewegung, dem Geist gab er nämlich einen Leib. Er gab dem Gedanken auch das Wort. Er schuf die deutsche Sprache. Dieses geschah, indem er die Bibel übersetzte. In der Tat, der göttliche Verfasser dieses Buchs scheint es ebensogut wie wir andere gewußt zu haben, daß es gar nicht gleichgültig ist, durch wen man übersetzt wird, und er wählte selber seinen Übersetzer und verlieh ihm die wundersame Kraft, aus einer toten Sprache, die gleichsam schon begraben war, in eine andere Sprache zu übersetzen, die noch gar nicht lebte. (B 3, 544f.)

---

19 Vgl. ebd., S. 165.
20 Vgl. ebd., S. 158.
21 Vgl. ebd., S. 213.

Das Geklingel der Kamele

In Anlehnung an die Betrachtungsweisen der Tonkunst als Geräusch oder als Sprache der Empfindungen ist für den modernen Mediendiskurs entscheidend, dass das Klangphänomen der Befreiung von begriffslogischen, rationellen Festlegungen bei gleichzeitiger Strenge des Ordnungsgefüges dient.[22] Im Zusammenhang mit der Ausbildung der Ästhetik bringt die Musik daher dreierlei zu Gehör: Erstens die klangverankerte Expressivität im Bereich der egopsychischen Bedeutsamkeit,[23] zweitens die klangkonnotative Umwertung des Subjekt-Objekt-Verhältnisses[24] und drittens die Präzisierung klangkodierter Unsagbarkeitstopoi, mit deren Hilfe die Klangsprache das auszudrücken verspricht, was außerhalb der Reichweite der Wortsprache liegt.[25] Um die Wende zum 19. Jahrhundert bildet schließlich dieser Anspruch den ersten Höhepunkt in der Literarisierung der Klangkunst. Innerhalb des Projekts einer Ästhetisierung des Lebensraums reklamieren Novalis, Schelling und die Gebrüder August Wilhelm und Friedrich Schlegel für sie sogar eine Ebenbürtigkeit mit den anderen Kunstdisziplinen und eine Gleichstellung mit der Begriffssprache.[26] Stellt daher die Musik in Heines »Lutetia« ein kulturelles Leitmedium dar, so wird sie zum Markstein für die kollektive Erkenntnisleistung in der Aufschichtung aller kulturellen Ausdrucksformen. Als Abstraktionsmittel bedingt die Tonkunst die Überhöhung des starren Zeichens und leitet somit die bis in den Tod einmündende Auflösung des Weltmaterials ein.

Was letztlich aus dem Rahmen des eingangs zitierten, an Hegel angelehnten kulturhistorischen Aufrisses fällt, ist gerade die Schrift, die als Leerstelle im Aufbau der Künste in »Lutetia« figuriert. Die Technik der Leerstelle kann somit als zentrale Kategorie im ästhetischen Kalkül des komplexen Werkes gelten, wie Heines Exkurs über die Architektonik des Pariser Opernhauses sogar im Hinblick auf die Tonkunst exemplifiziert. An dieser Stelle rekurriert Heine erneut auf die bei Hegel thematisierte Homologie zwischen der Architektur als Raumgestaltung und der Musik als Ausformung der Zeit.

> [Das Pariser Opernhaus] zeichnet sich nicht aus durch brillanten Luxus, es hat vielmehr das Äußere eines sehr anständigen Pferdestalles, und das Dach ist platt. Auf diesem Dach stehen acht große Statuen, welche Musen vorstellen. Eine neunte fehlt, und ach! das ist eben die Muse der Musik. Über die Abwesenheit dieser sehr achtungswerten Muse sind die sonderbarsten Auslegungen im Schwange. Prosaische Leute sagen, ein Sturmwind habe sie vom Dache heruntergeworfen. Poetischere Gemüter behaupten dagegen, die arme Polyhymnia habe sich selbst hinabgestürzt, in einem Anfall von

---

22 Zur medientheoretischen Aktualisierung der Ästhetik Hegels vgl. Dieter Merz: Was sich zeigt. Materialität, Präsenz, Ereignis. München 2002, S. 11-125.

23 Hans Heinrich Eggebrecht: »Das Ausdrucksprinzip im musikalischen Sturm und Drang«. In: DVjs. (1955), S. 323-349, hier: S. 325.

24 Vgl. Ebd., S. 330.

25 Vgl. Carl Dahlhaus: Klassische und romantische Musikästhetik. Laaber 1988, S. 32.

26 Vgl. Jürgen Schriewe: Die Macht der Sprache. Eine Geschichte der Sprachkritik von der Antike bis zur Gegenwart. München 1998, S. 150-176.

> Verzweiflung über das miserable Singen von Monsieur Duprez. Das ist immer möglich; die zerbrochene Glasstimme von Duprez ist so mißtönend geworden, daß es kein Mensch, viel weniger eine Muse, aushalten kann, dergleichen anzuhören. Wenn das noch länger dauert, werden auch die andern Töchter der Mnemosyne sich vom Dach stürzen, und es wird bald gefährlich sein, des Abends über die Rue Lepelletier zu gehen. Von der schlechten Musik, die hier in der Großen Oper seit einiger Zeit grassiert, will ich gar nicht reden. Donizetti ist in diesem Augenblick noch der Beste, der Achilles. (B 5, 538)

Unter den Kunstformen, die die Musen auf dem Dach der Großen Oper versinnbildlichen, weist die abwesende Polyhymnia auf die verborgenen Weltstrukturen hin, die sich ohne Bezug zur Begriffslogik organisieren und stets selbstreferentiell, ja autopoietisch verhalten. Der Abstraktheit des geformten Klangs, der im Operngebäude beheimatet ist, spricht Heine zu, die gesamte Kultur überblicken und analytische Aussagen über deren innere Befindlichkeit tätigen zu können. Ist die Musik in unmittelbarer Nähe des abstrakten Geistes zu lokalisieren und umgreift die Zeitlichkeit des Klangs die Bewegung des Weltbaus bis auf den Übergang zum Tod hin, so nimmt der Klang einen unmittelbaren Bezug zur gesamtkulturellen Zeichenanalyse ein. Dies bestätigt sich im Fehlen der Muse auf dem Dach ihres Tempels, die *ex negativo* auf das nunmehr Fragmentarische der kulturellen Zeichenverhältnisse verweist.

Im Hinblick auf Heines Umgang mit dem Leerzeichen[27] soll nun behauptet werden, dass das ästhetische Konzept der »Lutetia« darin gipfelt, auf das strukturierende Leitmedium einer linearen Begriffslogik im Sinne Hegels zu verzichten. Kontrastiv zur dialektischen Bewegung des Philosophen, in der Bild und Musik in die Sprache eingehen, um sie als dominante Zeichenordnung zu statuieren, arbeitet Heine mit einer hybriden Diskurskonstellation, die heterogene Zeichenordnungen – Kunst, Mode, Politik, Religion, Philosophie, Rassendiskurse, Medien, Konsum, Massenunterhaltung, Wissenschaft, Sexualität so wie die Abfallprodukte von Kommodifizierung und Industrialisierung – nebeneinander stehen lässt, ohne sie durch ein herrschendes Erkenntnisziel zu übertönen. Die Abstraktheit dieses kulturästhetischen Kalküls lässt sich mit der polyphonen Kompositionstechnik in der Musik vergleichen, die unter den ästhetischen Ausdrucksmöglichkeiten die Gleichzeitigkeit des Ungleichzeitigen und Divergenten zusammenführt. In Anlehnung an die Musikästhetik Eduard Hanslicks kann sogar gefolgert werden, dass der »Selbstzweck«[28] der Zeichenfolge Heines in den »tönend bewegten Formen«[29] liegt, die dem Zeichenmaterial eigen seien und dieses zu polyphonen Inhaltsaussagen über Politik, Kunst und Volksleben in der französischen Kultur der frühen 1840er Jahre aufstellen lassen. So bilden vermischte Themengruppen selbst den Inhalt der »Lute-

---

27 Vgl. Olaf Briese. Auslassungszeichen. Interpunktionsregime bei Heinrich Heine: In: [Auslassungen] Leerstellen als Movens der Kulturwissenschaft. Hrsg. v. N. Adamowsky u. Peter Matussek. Würzburg 2004, S. 213-220.

28 Eduard Hanslick: Vom Musikalisch-Schönen (1854). Reprint Darmstadt 1973, S. 3.

29 Ebd., S. 62.

tia«, die gemäß der Architektonik einer polyvalenten Klangentfaltung verknüpft und variiert werden. Wenngleich die Musikästhetik sich seit Anbeginn mit der genauen Ausmessung und Abgrenzung des Verhältnisses von Form und Inhalt beschäftigt, so entspricht seit Mitte des 19. Jahrhunderts die radikale Spaltung der Klangphilosophie entlang der Form-Inhalt-Dichotomie den medialen Extremen, die »Lutetia« im kultursymbolischen Rahmen auslotet. Damit stehen bei Heine die ideellen Vorstellungen Hegels und Hanslicks den klangsinnlichen Modellen Arthur Schopenhauers, Richard Wagners und Nietzsches gegenüber und diese Extreme spiegeln die polyphone Fülle seiner Kulturanalyse wider.

In diesem Sinne aussagekräftig wirkt Heines Betrachtung der Akademiker im letzten Artikel der »Lutetia« als eine radikale Abwendung von der Norm linearer Geschichtsnarrative. Denn deren Gewährsmann Mignet präsentiert seinem Publikum die anachronistischen *Eloges* aus der Zeit Ludwigs XIV., »nur dass diese nicht mehr in Alongeperücken stecken, sondern sehr modern frisiert sind.« Die erstarrten Denkparadigmen des akademischen Milieus unterschätzen die Fortbewegungen des Weltbaus, jene Karawane der Menschheit, deren Ausdrucksformen nunmehr im Prosaischen wie Fragmentarischen der polyphonen Zeichenkomposition und nicht mehr in der ideellen Logik der ›frisierten‹ Rede zu erblicken ist.

> Wie glücklich sind doch diese französischen Akademiker! Da sitzen sie im süßesten Seelenfrieden auf ihren sichern Bänken, und sie können ruhig sterben, denn sie wissen, wie bedenklich auch ihre Handlungen gewesen, so wird sie doch der gute Mignet nach ihrem Tode rühmen und preisen. Unter den Palmen seines Wortes, die ewig grün wie die seiner Uniform, eingelullt von dem Geplätscher der oratorischen Antithesen, lagern sie hier in der Akademie wie in einer kühlen Oase. Die Karawane der Menschheit aber schreitet ihnen zuweilen vorüber, ohne daß sie es merkten oder etwas anders vernahmen als das Geklingel der Kamele. (B 5, 495)

Während die Akademiker mit ihrem fingierten Geplätscher nur noch das Geklingel der Kamele wahrnehmen, verbirgt sich hinter dem ästhetischen Kalkül der »Lutetia« die Polyphonie der Metropole, in der sich alle Zeichenordnungen zur Kakophonie der modernen Massenkultur zusammenfinden. Mit der Indienstnahme seiner Klangästhetik leistet der Kulturkommentator einer Rekonfiguration des kulturellen Gedächtnisses Vorschub, die nunmehr auf der Durchlässigkeit, auf den Übergängen aller Zeichenfelder beruht. Gilt dieser Blick als Heines kulturästhetisches Vermächtnis, so bleibt seine Neukonfiguration des modernen Zeichenbestands der Erfahrung des musikalischen Virtuosen verschuldet. Analog zum Verhauchen des letzten Wortes der Kunst wird der prophetische Sänger des kulturellen Gedächtnisses – gleich dem verwahrlosten Donizetti im Anhang der »Lutetia« – dem Vergessen überantwortet und von seiner allzu dissonanten Erinnerungsarbeit überstimmt.

»Querelle des Anciens et des Modernes« oder Intermedialität und Metamorphose

Sikander Singh

I.

Die Korrespondenzartikel, die Heinrich Heine im Herbst 1831 im »Morgenblatt für gebildete Stände« veröffentlicht und die drei Jahre später unter dem Titel »Französische Maler« im ersten Band des »Salon« erscheinen, sind die erste literarische Arbeit des Schriftstellers nach seiner Übersiedlung in die französische Hauptstadt. Sie stehen in der Nachfolge der in Deutschland mit der frühen Aufklärung beginnenden und in der Romantik fortgesetzten kunst- und literaturtheoretischen Reflexion über die Inkommensurabilität von bildender Kunst und literarischer Sprache und schreiben zugleich die von Gotthold Ephraim Lessing, Karl Philipp Moritz, Johann Joachim Winckelmann, Johann Wolfgang von Goethe und Georg Forster bis zu Heines Bonner Lehrer August Wilhelm Schlegel reichende Tradition literarischer Bildbeschreibungen fort. Indem Heine sowohl durch das Sujet als auch durch den Titel der Buchausgabe an die von Denis Diderot zwischen 1759 und 1781 veröffentlichten Kritiken der periodischen Ausstellungen französischer Maler im »Salon Carré« des Louvre anknüpft, können seine Gemäldeberichte zudem als eine Reflexion über die kulturhistorische wie politische Interdependenz deutscher und französischer Diskurse in der ersten Hälfte des 19. Jahrhunderts gelesen werden.[1]

Auf diese Traditionslinien verweist auch die Gattung der Korrespondenz, die der Präferenz der Gemälde- und Kunstbeschreibungen des 18. Jahrhunderts zum Medium des Briefes entspricht.[2] In der Heine-Zeit ist es wie seit den Anfängen des neuzeitlichen Zeitschriftenwesens noch üblich, private Briefe mit Mitteilungen aus der Fremde in die Spalten der Journale als Korrespondenzberichte einzurücken. Erst die zunehmende Professionalisierung des Pressewesens in der ersten Hälfte des 19. Jahrhunderts führt dazu, dass die großen Zeitschriften ständige Korrespondenten in den Metropolen des Auslandes unterhalten. Die »Französischen Maler« spielen mit diesem epochentypischen Nebeneinander professioneller Berichterstattung und privater Mitteilung.

---

1 Vgl. hierzu Bernd Kortländer: »Salon-Kunst«. Heine und Diderot. In: »Aber der Tod ist nicht poetischer als das Leben« – Heinrich Heines 18. Jahrhundert. Hrsg. v. Sikander Singh. Bielefeld 2006, S. 121-139; Bettina Baumgärtel: Heine und die Malerei: deutsch-französischer Kulturtransfer. In: »Das letzte Wort der Kunst«. Heinrich Heine und Robert Schumann zum 150. Todesjahr. Hrsg. v. Joseph A. Kruse. Stuttgart/Kassel 2006, S. 33-49.

2 Vgl. hierzu Corina Caduff: Die Literarisierung von Musik und bildender Kunst um 1800. München 2003, S. 56.

Die Wahl der epistularen Form ist jedoch weder für die Schriftsteller des 18. Jahrhunderts noch für Heine eine beliebige Gattungsentscheidung: Seit der Empfindsamkeit gilt der Brief als genuine Ausdrucksform spontanen Erlebens und unmittelbaren Einfühlens. Das Schreiben für den Anderen in der Abwesenheit des Anderen eröffnet die Möglichkeit, in der Intimität und Zurückgezogenheit dem subjektiven Empfinden einen unmittelbaren schriftlichen – und eben oftmals auch literarischen – Ausdruck zu verleihen. Der Kunstbrief korrespondiert somit mit der spätestens seit Wilhelm Heinses 1776 und 1777 in Wielands »Teutschem Merkur« veröffentlichten »Düsseldorfer Gemäldebriefen« gegen den Klassizismus Winckelmanns akzentuierten Vorstellung, dass die sprachliche Wiedergabe eines Gemäldes keine distanzierte, im Sinne der Aufklärung kritische Auseinandersetzung mit einem ästhetischen Gegenstand sein soll, sondern eine intuitiv-einfühlsame Annäherung und Anverwandlung.

Das von den Schriftstellern im späten 18. Jahrhundert entwickelte Konzept eines autonomen Kunstwerkes bedingt im Bereich der Ekphrasis die Loslösung von der seit der Antike dominierenden Vorstellung einer systematischen Bildbeschreibung. Analog zu dem Kunstwerk, das zum Ausdruck unmittelbar-originärer Subjektivität wird, erlangt auch das Schreiben über die Kunst eine neue, individuelle Qualität. Karl Philipp Moritz, der bereits in den Jahren 1788/1789 der Frage nachgeht, »Inwiefern Kunstwerke beschrieben werden können?«, kleidet diesen Gedanken in das den »Metamorphosen« Ovids entlehnte Bild der Philomele, die ihrer Zunge beraubt, »die Geschichte ihrer Leiden in ein Gewand« einwebt. »Die Beschreibung war hier mit dem Beschriebenen eines geworden – die abgelöste Zunge sprach durch das redende Gewebe.«[3] Moritz akzentuiert damit zum einen den Übergang vom klassizistischen Konzept der Deskription zum nachklassizistischen Modus der Empathie. Zum anderen antizipiert er, da die einfache Übertragung des einen Genres in ein anderes mit dem Konzept einer autonomen Kunst und ihrer Ausdrucksformen unvereinbar geworden ist, bereits die Vorstellungen der nachfolgenden Generation.

Die Bildbeschreibungen der Romantik, in deren Tradition Heines »Französische Maler« wiederholt betrachtet worden sind, stehen somit ihrerseits in der Nachfolge kunst- und literaturtheoretischer Überlegungen des späten 18. Jahrhunderts.[4] So führt August Wilhelm Schlegel in der im Jahr 1799 als Gegenstück zu dem »Gespräch über Poesie« seines Bruders Friedrich im »Athenäum« veröffentlichten Reflexion über die Dresdner Gemäldegalerie, die er »Die Gemählde« nennt, den Ge-

3 Karl Philipp Moritz: Die Signatur des Schönen. Inwiefern Kunstwerke beschrieben werden können? In: Ders.: Werke. Hrsg. v. Horst Günther. Frankfurt a.M. 1981, Bd. II, S. 579.

4 Vgl. hierzu Irmgard Zepf: Heinrich Heines Gemäldebericht zum Salon 1831: Denkbilder. Eine Untersuchung der Schrift »Französische Maler«. München 1980; Peter Uwe Hohendahl: The Emblematic Reader. Heine and French Painting. In: Paintings on the Move. Heinrich Heine and the Visual Arts. Hrsg. v. Susanne Zantop. Lincoln/London 1989, S. 9-29.

sprächston Wilhelm Heinses fort.[5] Indem hier das Monologische der Briefform in das Dialogische eines Gespräches übergeht, spiegelt die Wechselrede die je eigene Originalität der Gemälde in der zueinander komplementär angelegten Individualität der Figuren. Im Gegensatz zu Beschreibungsverfahren, die das Gemälde systematisch zu erfassen suchen, erzeugt Schlegels Gemäldegespräch damit einen ästhetischen Reflexionsraum, welcher die Grenzen sowohl des bildnerischen wie des literarischen Mediums erweitert. Weil die Wiedererkennbarkeit des Beschriebenen der Aufmerksamkeit für die Beschreibung selbst weicht, akzentuiert der Text den Grenzbereich des Bildnerischen und des Literarischen.

In der Tradition der Romantik, welche der Malerei die Literatur als Kunst der unendlichen Selbstreflexion des Geistes im Medium der Sprache zur Seite stellt und damit bereits die Dekonstruktion des mimetischen Paradigmas durch die Entwicklung der Fotografie in der Mitte des 19. Jahrhunderts antizipiert, spiegeln Heines Gemäldebriefe darüber hinaus die Loslösung vom Gegenständlichen und die Hinwendung zu den Prozessen der Abstraktion. Während noch in den »Reisebildern« der topografische Ort zum Anlass des Textes wird, bildet in den »Französischen Malern« das Gemälde den Ausgangspunkt der literarischen Reflexion. Nicht mehr die Wirklichkeit wird zum Thema, sondern das Artefakt als bereits künstlerisch gestaltete Wirklichkeit.

II.

Die 23 Gemälde, die Heine aus den über 3.000 im »Salon Carré« des Louvre in den Monaten Mai bis August 1831 ausgestellten Bildern auswählt und beschreibt, sind als Chiffren für den politischen Aufbruch nach der Julirevolution des Jahres 1830 und den poetologischen Neuanfang nach dem »Ende der Kunstperiode« (HSA 7, 49) gedeutet worden. Indem Eugène Delacroix' Bild »Die Freiheit führt das Volk an« als das zwölfte von 23 Gemälden den arithmetischen wie kompositorischen Mittelpunkt der »Französischen Maler« bildet, verweist der Text bereits durch die Anordnung der Bildbeschreibungen auf den Charakter der Gemälde als Signaturen der Epoche.[6] Hier zeigt sich zudem, die für Heines Schreibart charakteristische sorgsame gedankliche Konzeption des Werkes, über die die Journalfassung, welche

---

5 Wie bereits Rahel Varnhagen von Ense in einem auf den 5. Dezember 1808 datierten Brief an ihren Mann Karl August betont, bezieht sich diese Beobachtung jedoch nur auf die formale Struktur des Werkes und nicht auf die inhaltliche Programmatik: »Warum hast du mir das Buch nicht viel heftiger empfohlen? da du doch von Schlegels Gemähldebeschreibung so eingenommen bist! Wie anderer Art sind die! Heinse's. Dem hatte Gott seine richtigen fünf Sinne gegeben – und allen ein weites Gesicht – und dann den köstlichen, von Musen und Grazien bereiteten, von Apoll bewilligten, dazu, der sie alle zusammenhält.« – Rahel. Ein Buch des Andenkens für ihre Freunde. Berlin 1834. In: Rahel Varnhagen: Gesammelte Werke. Hrsg. v. Konrad Feilchenfeld [u.a.]. München 1983, Bd. I, S. 372.

6 Höhn stellt heraus, dass die Gemälde »zu Signaturen der Zeitgeschichte« werden. –Höhn 3/2004, S. 273. Vgl. hierzu auch Baumgärtel, Heine (Anm. 1), S. 33-49.

die Salon-Berichte in drei Artikel zu 14 Lieferungen aufteilt, ebenso hinwegtäuscht, wie die Buchfassung, die das Werk einschließlich des Nachtrages aus dem Jahr 1833 in neun Kapitel unterteilt.

Die Symmetrie des Textes erschließt sich nicht auf der Ebene seiner formalen Konzeption, sondern im Bereich der Bildbeschreibungen als inhaltliche Tiefenstruktur. Nicht zuletzt um den Eingriff der Zensurbehörden zu umgehen, liegt die Betrachtung des Gemäldes von Delacroix, die Heine zum Anlass nimmt, erstmalig in seinem literarischen Werk über die Julirevolution des Jahres 1830 nachzudenken, hinter einer scheinbar zufälligen Kapitelfolge verborgen. So ist die Revolution, die der Dichter neun Jahre später in den der Börne-Schrift eingeschobenen Briefen aus Helgoland zum eigentlichen Grund seiner Übersiedlung nach Paris stilisiert, bereits das zentrale Thema des ersten in Frankreich entstandenen Werkes und steht damit auch am Beginn des ersten Bandes des »Salon«.[7]

Die Gemälde von Ary Scheffer, Horace Vernet, Alexandre Gabriel Decamps, Émile-Aubert Lessore, Jean-Victor Schnetz, Léopold Robert und Paul Delaroche, die in den »Französischen Malern« Gegenstand mehr oder weniger detaillierter Bildbetrachtungen werden, sind um das Mittelstück der allegorischen Figur der Freiheit angeordnet. Während jedoch Delacroix' Bild zum Anlass einer über das Medium der Malerei hinausweisenden zeitgeschichtlichen Reflexion wird, erscheinen die übrigen Bilder in den Beschreibungen des Dichters als Artefakte der Vergangenheit. Der Historismus der französischen Schule wird zu einer Chiffre für die Unmöglichkeit, den Forderungen der Gegenwart mit den tradierten Paradigmen der Literatur gerecht zu werden. Weil die Unmittelbarkeit des narrativen Elementes der Historienmalerei durch Verschriftlichung und reflexive Verkomplizierung gebrochen wird, thematisiert Heine im Spiegel französischer Gemälde sowohl die obsolet gewordenen ästhetischen Paradigmen der Kunstperiode als auch die Notwendigkeit eines poetologischen Entwurfes, der den Widerspruch von egalitärem Republikanismus und elitärem Absolutismus, in dessen Spannungsfeld der Dichter den ästhetischen Diskurs seiner Gegenwart verortet, zu einem Ausgleich zu führen vermag.

---

7 Im zweiten Buch seiner Schrift »Heinrich Heine über Ludwig Börne« schreibt Heine unter dem Datum des 10. August 1830: »Lafayette, die dreyfarbige Fahne, die Marseillaise... Fort ist meine Sehnsucht nach Ruhe. Ich weiß jetzt wieder was ich will, was ich soll, was ich muß... Ich bin der Sohn der Revoluzion und greife wieder zu den gefeyten Waffen, worüber meine Mutter ihren Zaubersegen ausgesprochen... Blumen! Blumen! Ich will mein Haupt bekränzen zum Todeskampf. Und auch die Leyer, reicht mir die Leyer, damit ich ein Schlachtlied singe... Worte gleich flammenden Sternen die aus der Höhe herabschießen und die Paläste verbrennen und die Hütten erleuchten... Worte gleich blanken Wurfspeeren, die bis in den siebenten Himmel hinaufschwirren und die frommen Heuchler treffen, die sich dort eingeschlichen ins Allerheiligste... Ich bin ganz Freude und Gesang, ganz Schwert und Flamme!« (HSA 9, 317-318)

III.

Im Spiegel französischer Gemälde betrachtet Heine in seiner retrospektiven Synthetisierung zahlreicher Salonbesuche noch einmal die deutsche Romantik, das im Raum der kulturellen Erinnerung programmatisch als Ideal bewahrte, politisch wie geistesgeschichtlich jedoch spätestens mit der Aufklärung gebrochene Primat des christlich-religiösen Weltbildes sowie zentrale Gestalten der französischen und englischen Geschichte des absolutistischen Zeitalters. Die »Französischen Maler« sind auch auf dieser Ebene als eine Betrachtung der Jetzt-Zeit im Medium der Kunst zu lesen, zugleich aber als der Versuch, die Erscheinungen der Gegenwart durch eine geschichtsphilosophische Reflexion zu relativieren.

Die Frage nach den politischen und sozialen Verhältnissen in Deutschland wie Europa nach der Etablierung einer restaurativen Nachkriegsordnung durch den Wiener Kongress, die noch in den »Reisebildern« als das zentrale Anliegen des Dichters hervortritt, ist nach der Übersiedlung in das Frankreich der Juli-Monarchie einer Nachdenklichkeit gewichen, die eher die poetologischen Implikationen der geistesgeschichtlichen Verfasstheit der Zeit thematisiert, als die politischen Möglichkeiten und Notwendigkeiten. Die Emphase, mit welcher Heine die Ereignisse der Revolution des Jahres 1830 im Kontext des Gemäldes von Delacroix hervorhebt und damit – ohne dies an der Oberfläche des Textes explizit werden zu lassen – auf die politische Situation seiner deutschen Heimat rekurriert, täuscht darüber hinweg, dass die Gemäldebriefe die Politik nur als Element des poetologisch-ästhetischen Diskurses begreifen. Dass der Dichter die Salon-Berichte als einen Beitrag wider das allmähliche Zurücktreten des literarischen Diskurses hinter den politischen versteht, wird bereits in den Eingangssätzen deutlich. Er schreibt:

> Der Salon ist jetzt geschlossen, nachdem die Gemälde desselben seit Anfang Mai ausgestellt worden. Man hat sie im Allgemeinen nur mit flüchtigen Augen betrachtet; die Gemüther waren anderwärts beschäftigt und mit ängstlicher Politik erfüllt. Was mich betrifft, der ich in dieser Zeit zum ersten Male die Hauptstadt besuchte und von unzählig neuen Eindrücken befangen war, ich habe noch viel weniger als Andere mit der erforderlichen Geistesruhe die Säle des Louvres durchwandeln können. (HSA 7, 15)

Versteht man Heines Werk als einen inneren Monolog, dessen einzelne Teile, mögen sie unterschiedlichen entstehungsgeschichtlichen Zusammenhängen zugehörig sein, in einem komplementären Verhältnis zueinander stehen, so kann man das Nachwort zu der späten, im Jahr 1851 veröffentlichten Gedichtsammlung »Romanzero« als eine metatextuelle Reflexion über die zwei Jahrzehnte zuvor entstandenen »Französischen Maler« lesen. Das Werk, von dem der Dichter glaubte, es werde sein letztes sein, verweist auf dasjenige, das er als erstes in Paris geschrieben hat. Wie sein erster Weg ihn in der französischen Hauptstadt in den Louvre geführt hat, so gilt sein letzter ebenfalls den im ehemaligen Schloss der Bourbonenkönige ausgestellten Kunstwerken. Richtet sich sein Blick in dem nachrevolutionären Frühsommer des Jahres 1831 auf »die hübschen Bilder, die armen Kinder der Kunst«

(HSA 7, 15), so wendet er sich inmitten der revolutionären Unruhen des Jahres 1848 auf die »hochgebenedeite Göttin der Schönheit, Unsere liebe Frau von Milo« (HSA 3, 156).

Indem aber der Dichter durch den zu einem Museum der Kunst gewordenen Königspalast geht, wird die Kunst parallel gesetzt mit dem alten, von der Revolution abgesetzten monarchistischen Prinzip. Durch die Verschränkung beider Diskurse akzentuiert Heine sein – vor dem Hintergrund der Revolutionsrhetorik der in den 1820er und 30er Jahren veröffentlichten Schriften – zunächst überraschendes Ideal einer autonomen Ästhetik gegenüber der heteronomen Vorstellung des Republikanismus. Dies wird auch deutlich, wenn Heine ein Gemälde Delaroches zum Anlass nimmt, über den englischen König Karl I. nachzudenken, der als erster neuzeitlicher Monarch in der Folge der »Glorious Revolution« im Jahr 1649 hingerichtet wurde.

> Welchen großen Weltschmerz hat der Maler hier mit wenigen Strichen ausgesprochen! Da liegt sie, die Herrlichkeit des Königthums, einst Trost und Blüthe der Menschheit, elendiglich verblutend. Englands Leben ist seitdem bleich und grau, und die entsezte Poesie floh den Boden, den sie ehmals mit ihren heitersten Farben geschmückt. Wie tief empfand ich dieses, als ich einst, um Mitternacht, an dem fatalen Fenster von Whitehall vorbeiging, und die jetzige kaltfeuchte Prosa von England mich durchfröstelte! (HSA 7, 41)

Dass auch diese Reflexion zwei Jahrzehnte später im »Romanzero« wieder aufgegriffen wird, zeigt nicht nur die Kontinuität der Bilder und Metaphern im Werk des Schriftstellers, sondern kann auch als ein Beleg für die Kontinuität seines dichterischen Selbstverständnisses gelesen werden. Heine negiert die spätestens seit der Aufklärung in den geschichtsphilosophischen Diskursen dominierende Vorstellung einer historischen Progression: Judith und Holophernes, Oliver Cromwell und Karl Stuart, Charles-Henri Sanson und Ludwig XVI. sind Sinnbilder für die Wiederkehr gleicher Erscheinungen unter geschichtlich veränderten Vorzeichen und sie sind zugleich Chiffren für die Relativität menschlicher Existenz. Die Kunst als das »träumende Spiegelbild ihrer Zeit« (HSA 7, 49), wie der Dichter gegen Ende der Gemäldebriefe formuliert, vermag die Welt zwar nicht zu bessern, als ein anthropologischer Reflexionsraum jedoch wird sie nach der Dekonstruktion des teleologischen Geschichtsbildes der Aufklärung zu der *Conditio humana*.

Was in der Betrachtung über den Historienmaler Paul Delaroche, welche die Folge der Korrespondenzartikel im November des Jahres 1831 beschließt, als Gegensatz von Autonomie und Heteronomie thematisiert wird, ist als literaturtheoretische Konzeption einer »neuen Kunst« (HSA 7, 50) gedeutet worden.[8] Vor dem Hintergrund der zuvor verfolgten literarischen Visualisierungsstrategie der Bildwerke der französischen Kunst ist dies jedoch zugleich als ein hermeneutischer Schlüssel zum Gesamtwerk zu verstehen. Heine versucht hier eine Antwort auf die Diskussionen der Zeit über die Möglichkeiten der Kunst nach dem Ende des klassisch-romantischen Paradigmas. Wenn der Dichter am Schluss der Salon-Berichte auf das

---

8 Vgl. hierzu Höhn 3/2004, S. 277f.

klassische Griechenland und das Italien der Renaissance verweist, deren Kunstwerke zu Abbildern ihrer Zeit zu werden vermochten, weil sie aus der Auseinandersetzung mit der eigenen Epoche entstanden sind, gewinnt das Konzept einer Kunst Kontur, welche die Gegenwart nicht negiert, sondern in den ästhetischen Diskurs integriert.

Heine entwirft mit den »Französischen Malern« das Programm einer Kunst, welche die Balance hält zwischen ihrer notwendigen Eigengesetzlichkeit und der unbedingten Teilhabe an den Diskursen der Gegenwart. Die Reflexionen über die Endlichkeit menschlicher Existenz und die letztliche Einsicht in ihre Zwecklosigkeit, die zu dem zentralen Thema seines Spätwerkes werden sollte, ist bereits in den geschichtsphilosophischen Betrachtungen der frühen 1830er Jahre angelegt, die das säkularisierte eschatologische Heilsversprechen der Aufklärung hinterfragen.

IV.

Wie das Gemälde »Karl I.« und der in den Korrespondenzberichten damit entfaltete metaphorische Raum zeigen, wird die Perspektive des Künstlers auf die Gegenwart auch von dem Tradierten und Überkommenen bestimmt und von dem Schmerz über den Verlust des Vergangenen, nur noch Erinnerten.

> Indessen, die neue Zeit wird auch eine neue Kunst gebähren, die mit ihr selbst in begeistertem Einklang seyn wird, die nicht aus der verblichenen Vergangenheit ihre Symbolik zu borgen braucht, und die sogar eine neue Technik, die von der seitherigen verschieden, hervorbringen muß. (HSA 7, 50)

Während die Romantik auf die Gegenwart aus der Perspektive der Vergangenheit schaut, blickt Heine aus der Gegenwart auf die Vergangenheit und entwickelt aus der Einsicht, dass der menschheitsgeschichtliche Fortschritt eine Illusion des Aufklärungszeitalters ist, das Denkbild der Metamorphose, der steten Verwandlung gleicher Erscheinungen als Paradigma der neuen Epoche. »Aber der Schmetterling«, schreibt er am Ende der Journalfassung, »ist auch ein Sinnbild der Unsterblichkeit der Seele und ihrer ewigen Verjüngung« (HSA 7, 50). Der metaphorische Raum, den der Dichter am Ende seiner Bildbetrachtungen eröffnet, verweist durch das Bild des Schmetterlings auf die griechische Königstochter Psyche, von der Apuleius in seinem Roman »Der Goldene Esel« erzählt. Am Ende ihrer Suche von Jupiter in den Kreis der Unsterblichen aufgenommen, wird sie zu einem Sinnbild der menschlichen Seele. Die Verwandlung aber vom sterblichen Menschen zum unsterblichen Gott steht am Schluss der »Französischen Maler« als eine Chiffre für die transzendente Dimension der Kunst.

Das erste Werk des Dichters nach seiner Übersiedlung in die französische Hauptstadt ist auch deshalb der Malerei und ihrer sprachlichen Wiedergabe gewidmet, weil die literarische Bildbetrachtung ebenfalls ein Prozess der Metamorphose ist, der Verwandlung eines ästhetischen Gegenstandes in einen anderen. Da das Bild nicht mehr Sujet der Beschreibung ist, wird es als ein Zitat im Gewebe des Textes zu einem Element des Literarischen.[9] Wie in Wilhelm Heinses Briefen aus der Düsseldorfer Gemäldegalerie wird die Aufmerksamkeit des Lesers nicht auf das Bild gelenkt, sondern auf dessen Beschreibung.

Während der Rekurs der Romantik auf das politisch wie geistesgeschichtlich als Einheit aufgefasste Mittelalter eine verloren geglaubte Totalität mitdenkt und die Klassik die Kunst als erzieherisches Medium zu dem ganzheitlichen Ideal eines umfassenden Seinsentwurfes auffasst, sind die »Französischen Maler« als der implizite Entwurf einer Poetik der Verwandlung zu verstehen. Die Gemälde als Emanationen bereits geschichtlich gewordener Kulturleistungen werden trotz ihrer Historizität in den Zusammenhang des Gegenwärtigen gestellt, weil es darum geht, die Gegenwart aus dem Vorangegangenen zu lesen und zu deuten.

Das Kaleidoskopartige der Bildbetrachtungen, die assoziative Folge der Gemälde, die zum Anlass literarischen Nachdenkens werden, löst den inneren Zusammenhang des Geschauten und Beschriebenen zwar auf, das Fragmentarische aber, das Ausschnitthafte, scheinbar zufällig Angeordnete und Verwandelte gerinnt in Heines Text zu einer Chiffre der eigenen Gegenwart. Mehr noch, das Fragmentarische wird zu dem Sinnbild der neuen Kunst, die sich von dem Goetheschen, auf Kants »Kritik der Urteilskraft« verweisenden Ideal einer »inneren Ganzheit« und »Übereinstimmung mit sich selbst« lossagt,[10] um durch die Gleichzeitigkeit einander widersprechender Bilder und Metaphern zu einem Ausdruck für ein Zeitalter zu werden, das durch den Verlust einer umfassenden Sinndeutung gekennzeichnet ist. Die dem Text zugrunde liegende Vorstellung einer Poetik des Nebeneinander wird bereits zu Beginn der Bildbetrachtungen deutlich. Heine schreibt:

> Da standen sie neben einander, an die dreitausend, die hübschen Bilder, die armen Kinder der Kunst, denen die geschäftige Menge nur das Almosen eines gleichgültigen Blicks zuwarf. Mit stummen Schmerzen bettelten sie um ein Bischen Mitempfindung oder um Aufnahme in einem Winkelchen des Herzens. Vergebens! die Herzen waren von der Familie der eigenen Gefühle ganz angefüllt und hatten weder Raum noch Futter für jene Fremdlinge. Aber das war es eben, die Ausstellung glich einem Waisenhause, einer Sammlung zusammengeraffter Kinder, die sich selbst überlassen gewesen und wovon keins mit dem anderen verwandt war. Sie bewegte unsere Seele wie der Anblick unwürdiger Hülflosigkeit und jugendlicher Zerrissenheit. (HSA 7, 15)

Der Medienwechsel vom Bildnerischen zum Literarischen markiert die Differenz zwischen dem Vergangenen und dem Gegenwärtigen und dekuvriert zugleich ihre Interdependenz. Die Überschreibung, die Verwandlung und Dekonstruktion der Vergangenheit im Bild des Historismus aber, ist der Versuch, das Verlorene durch

9 Corina Caduff spricht in diesem Zusammenhang von »Fiktionalisierung, d.h. die literarische Idee wird der anderen Kunst (Kunstobjekt, Diskursbezug) abgewonnen und im literarischen Imaginationsraum ästhetisch aufgelöst.« Caduff, Literarisierung (Anm. 2), S. 33.

10 Johann Wolfgang von Goethe: Wilhelm Meisters theatralische Sendung. In: Ders.: Gedenkausgabe der Werke, Briefe und Gespräche. Hrsg. v. Ernst Beutler. Zürich 1949, Bd. VIII, S. 589.

das Fragmentarische, das Erinnerte in dem nur Vorläufigen und Unabgeschlossenen als einen Teil des Kontinuums der Gegenwart sichtbar zu machen. Heine formuliert durch die Relation von Bild und Text in den »Französischen Malern« vor dem Hintergrund der tradierten kunst- und literaturtheoretischen Versuche über die Möglichkeiten der sprachlichen Wiedergabe bildnerischer Inhalte eine Poetik der Metamorphose, die als Antwort auf das Ende der Kunstperiode kennzeichnend wird für den poetologischen Diskurs der beginnenden Moderne.

V.

Das literarische Kunstwerk, das durch den transmedialen Verwandlungsprozess vom Bild zum Text entsteht, ist ein Gleichnis für die Vergänglichkeit. Auch als Fragment ist die Venus von Milo eine Chiffre für die Schönheit und die verwandelte Königstochter Psyche ein Sinnbild für die zeitlose Kontinuität des Geistigen, die transzendente Dimension der Kunst. Wenn aber auch das Vergängliche, das durch den Prozess der Bildbeschreibung bezeichnet wird, nur ein Gleichnis ist, dann ist die Schönheit nicht nur im Sinne Hegels Selbstvergegenständlichung des Geistes, sondern eine Chiffre für den Sinn der Welt.

Am Ende der Kunstperiode unternehmen die »Französischen Maler« den Versuch, die Bilder und Metaphern einer vergangenen Zeit zu lesen, zu verstehen und zu überschreiben. Die Auseinandersetzung zwischen den Traditionalisten und den Modernisten, die Debatte, die Charles Perrault 1687 in der »Académie Française« ausgelöst hat und die auch in der deutschen Literatur über Gottsched, Bodmer und Breitinger bis zu Schiller und Schlegel fortgeführt worden ist, gelangt in den Gemäldebriefen Heines zu einem Abschluss. Über Delaroche notiert der Dichter, auf den eigenen Text verweisend: »Dieser Maler hat keine Vorliebe für die Vergangenheit selbst, sondern für ihre Darstellung, für die Veranschaulichung ihres Geistes, für Geschichtschreibung mit Farben.« (HSA 7, 38) Das gilt auch für die Literatur am Ende der Kunstperiode, die Schicht um Schicht auf Ausradierungen beruht – und somit auch das Vergangene, das Gelöschte und Überschriebene als ein »Codex palimpsestus« (HSA 7, 53), wie Heine in der Nachschrift seiner Gemäldebriefe aus dem Jahr 1833 formuliert, verwandelnd bewahrt. Eingeschrieben in diesen Gedanken ist die Vorstellung der Vergänglichkeit als Teil und Bedingung der Schönheit.

Die Doppelnatur des Fragmentarischen als Relikt einer in der Zeit verlorenen Ganzheit und – in der Nachfolge der romantischen Vorstellungen – als Ausdruck der Unendlichkeit des Stoffes korrespondiert mit dem die Vorläufigkeit und Relativität alles Seienden antizipierenden Paradigma der Verwandlung.[11] Vor diesem Hintergrund entfaltet sich auch das Struktur- und Kompositionsprinzip des »Salons« weniger als das, was Goethe in einem Gespräch mit Eckermann bezogen auf

---

11 Zum Fragment-Begriff der Frühromantik vgl. Handbuch Deutscher Idealismus. Hrsg. v. Hans Jörg Sandkühler. Stuttgart/Weimar 2005, S. 343f.

die »Wanderjahre« als Aggregatstruktur bezeichnet, sondern als der Entwurf einer Poetologie nach dem Ende des romantischen Diskurses. Während die »Reisebilder«, wie Joseph A. Kruse herausgestellt hat, die Kompositionsstruktur der Musenalmanache des 18. Jahrhunderts zitieren und in das 19. Jahrhundert fortschreiben,[12] ist die Zusammenstellung lyrischer und prosaischer, fiktionaler und expositorischer, mythologischer und zeitkritischer Schriften in den zwischen 1835 und 1840 veröffentlichten vier Bänden des »Salon« der Versuch, die Poetik des Fragmentarischen und ihr zentrales Paradigma – die Metamorphose –, das die »Französischen Maler« in ihrer Mikrostruktur abbilden, auch in der Anordnung der Werke sichtbar zu machen, die der Dichter während seines ersten Pariser Jahrzehntes verfasst hat. Die verlorene Totalität der Kunstperiode geht in diesem Werk über in den Totalitätsanspruch des Fragmentarischen.

Die Metamorphose aber ist im Sinne Ovids eine Chiffre für das Kontinuum der Kunst, das Bleibende der Schönheit, das die Erscheinungen der Welt in sich umfasst, oder wie der römische Dichter im Vorwort seiner Wandlungssagen formuliert, auf die Heine bereits im dritten Kapitel von »Ideen. Das Buch le Grand« verweist: »Ihr Götter – habt ihr doch jene Verwandlungen bewirkt, – beflügelt mein Beginnen mit eurem göttlichen Atem und führt meine Dichtung ununterbrochen vom allerersten Ursprung der Welt bis zu meiner eigenen Zeit!«[13]

---

12 Joseph A. Kruse: »…weil die Musen nie in Prosa sprechen«. Almanache und Taschenbücher aus dem Heine-Kontext. In: Jahrbuch der Rückert-Gesellschaft e.V. 2000/2001. Würzburg 2001, S. 60.

13 Ovid: Metamorphosen. Übersetzt v. Michael v. Albrecht. München 1988, S. 9. Vgl. HSA 5, 91.

»Buchstaben von Feuer«

Zur Bedeutung des Dramatischen in Robert Schumanns Romanzen und Balladen nach Texten Heinrich Heines

Sonja Gesse-Harm

Romanzen und Balladen haben in der Forschung einen schweren Stand. Kaum ein anderer Gattungsbereich erscheint so unattraktiv und gar schon suspekt. So stößt man hier nicht nur auf die ideologische Entstellung, die dieser im Laufe des 19. und in den ersten Jahrzehnten des 20. Jahrhunderts erfahren hat. Die Topoi, mit denen besonders der Begriff der »Ballade« behaftet ist, rufen zudem allenfalls ein müdes Gähnen und bei manchem gar grausige Erinnerungen an den Deutschunterricht hervor. Moralisieren, memorieren, übermenschliche Helden, verstaubte Gewänder, rechtschaffene Bürger, heroische Rhythmen, endlose Verse: das ist offensichtlich alles, was die Ballade auch nach ihrer vorübergehenden Renaissance zwischen den 1960er und 70er Jahren zu bieten hat. Unterm Strich, so hat man den Eindruck, bleibt sie ein gattungsästhetisches Monster zwischen Lyrik, Epik und Drama, dem man anscheinend nur mit Ratlosigkeit zu begegnen vermag. Hatte Goethe dieses Zusammenspiel »aller drei Grundarten der Poesie«[1] 1821 noch gewürdigt, »weil hier die Elemente noch nicht getrennt, sondern wie in einem lebendigen Ur-Ei zusammen sind«,[2] so scheint dieses Ei – um in der Metapher zu bleiben – mittlerweile faul geworden zu sein.

Indes verweist die von Goethe formulierte Einheitlichkeit auf eine gattungsästhetische Transparenz, der nicht zuletzt auch speziell im Zuge des Programms der Romantik ein zentraler Stellenwert zukommt: scheint doch Friedrich Schlegels Ideal der »Universalpoesie«[3] durchaus auch in der Ballade aufzugehen. Dass diese Gattung zusammen mit der zarteren Variante der Romanze ihren Platz in der Literatur der Romantik behauptet, liegt also auf der Hand. Dabei ist es geradezu faszinierend zu beobachten, wie etwa Heinrich Heine mit dieser gattungsmäßigen Transparenz verfährt. So verzichtet er mitunter – obgleich es sowohl im »Buch der Lieder« als auch in den »Neuen Gedichten« jeweils einen sogenannten »Romanzen«-Zyklus gibt – auf einschlägige Charakterisierungen und integriert seine balladenartigen Gedichte, dem romantischen Verfahren der Gattungsmischung folgend, kurzerhand in Gedichtzyklen wie »Lyrisches Intermezzo« oder »Die Heimkehr«. In diesem Kon-

---

1 Johann Wolfgang von Goethe: Über Kunst und Alterthum. Bd. III, 1: Ballade. Betrachtung und Auslegung. Goethes Werke. Hrsg. i. A. d. Großherzogin Sophie v. Sachsen. Abtheilung I, Bd. 41, 1. Weimar 1902, S. 223.

2 Ebd., S. 224.

3 Siehe Friedrich Schlegel: Athenäums-Fragmente. Nr. 116. In: Kritische Friedrich-Schlegel-Ausgabe. Hrsg. v. Ernst Behler unter Mitwirkung v. Jean-Jacques Anstett u. Hans Eichner. Bd. 1, 2. München u.a. 1967, S. 182f.

text wird die Ballade, obgleich das Spiel mit alten Kostümen und Kulissen zu den Leidenschaften des Dichters gehört, ihres streng moralisierenden Habits beraubt. Heine macht sich an dieser Gattung zumindest in seinen früheren Werken das zu Eigen, was ihn grundsätzlich immer wieder fesselte: die – oftmals ironisch distanzierte – Auseinandersetzung mit alten Formen und Topoi, das Ausspielen lyrischer Subtilitäten gegen dramatisch überhöhtes Pathos. Somit werden seine Romanzen und balladenartigen Gedichte zu einem poetischen Feuerwerk.

Einem literarisch hochgebildeten und einfühlsamen Künstler wie Robert Schumann ist dieses Phänomen keinesfalls entgangen. Dennoch begegnet auch die musikwissenschaftliche Forschung seinen zweifelsohne berühmten Vertonungen von Heines »Belsatzar« und »Die Grenadiere« mit einer oftmals nur beiläufigen Betrachtung. Oscar Bie entdeckt 1926 in Schumanns »Belsatzar« allenfalls eine »gutgriffige Klavierfigur«,[4] während Paula und Walter Rehberg 1969 in der Ballade »kindliche Primitivität« und »Beschränkungen« konstatieren, die sie mit »verlegerischen Wünschen« zu erklären suchen, da sie dem »sonst so tiefschürfende[n] und verinnerlichte[n] Tondichter« nicht adäquat erscheinen.[5] Dietrich Fischer-Dieskau versucht sich 1981 einer solchen Beurteilung zwar entgegenzustellen, unterlässt es in seiner kurzen Skizze zur »Belsatzar«-Vertonung jedoch nicht, auch kompositorische Mängel anzuführen, die Schumanns vermeintliche Schwierigkeiten mit dem Balladenstoff akzentuieren.[6] Dennoch gehört er mit Karl H. Wörner zu den wenigen, die dieser Komposition ausdrücklich den »Charakter einer dramatischen Szene«[7] zuweisen bzw. in deren »Stimmungskraft fast schon eine Opernszene« erkennen.[8]

Auch im Hinblick auf »Die beiden Grenadiere« op. 49, 1 mangelt es an eingehenderen Auseinandersetzungen. Zwar gilt hier der »Balladenton«[9] generell als glänzend erfasst, doch erfährt man aus einem rund 100-jährigen Querschnitt von Äußerungen über diese Komposition kaum mehr, als dass sie »prächtig«, »geistreich« (Wasielewski 4/1906, S. 289) und »bewundernswert«[10] sei, der »Gesang [...] unbedingt Größe« habe,[11] sie einen Marsch-Rhythmus besitze und die »Marseillaise« verwende. Was aber bei der Durchsicht dieser Urteile vor allen Dingen verwundert, ist die gleichermaßen nur skizzenhaft wirkende Erwähnung dramatischer Momente. Gelegentliche Verweise auf die »dramatische Szene«[12] und auf dramatische Stei-

---

4 Oscar Bie: Das deutsche Lied. Berlin 1926, S. 120.

5 Paula und Walter Rehberg: Robert Schumann. Sein Leben und sein Werk. Zürich/Stuttgart [2]1969, S. 575.

6 Dietrich Fischer-Dieskau: Robert Schumann: Wort und Musik: Das Vokalwerk. Stuttgart 1981, S. 44f.

7 Ebd., S. 45.

8 Karl H. Wörner: Robert Schumann. Zürich 1949, S. 217.

9 Fritz Hug: Robert Schumann. Ein Leben für die Musik. Zürich 1965, S. 122.

10 Otto Schumann: Handbuch der Chormusik und des Klavierliedes. Wilhelmshaven 1953, S. 272.

11 Wörner, Schumann (Anm. 8), S. 216f.

12 Werner Oehlmann: Reclams Liedführer. Stuttgart 1973, S. 374.

gerung[13] erfolgen seitens der Forschung meistens marginal und werden nicht weiter reflektiert. Dramatische Strukturen, so möchte man hieraus folgern, sind im Liedschaffen Robert Schumanns zwar vorhanden, wohl aber nicht unbedingt von konstitutiver Bedeutung. Zu dem subtilen ›Tondichter‹ Schumann, dessen zarte Klänge Vögel und Blumen sprechen lassen und mit romantischer Zerrissenheit die »im wunderschönen Monat Mai« erblühten Liebeshoffnungen zu Grabe tragen, scheint ein extrovertierter Ausdruckswille nicht so recht zu passen – auch wenn er so furiose Lieder wie »Warte, warte wilder Schiffmann« (»Lieder« 6) oder »Ein Jüngling liebt ein Mädchen« (»Lyrisches Intermezzo« 39[14]) komponiert. Schumanns feine musikalische Auslotung emotionaler Zustände hat offensichtlich dazu geführt, sein Liedschaffen wesentlich unter dem Aspekt der Innerlichkeit, ihn selber als introvertierten Künstler zu rezipieren – und sicherlich erfasst man damit einen bedeutenden Bereich des Schumannschen Schaffens. Bedenkt man jedoch, dass er sich von Jugend an für die Oper und für das Drama begeisterte, dass er – wie der Verweis auf die »Opernanfänge« in seinem »Projectenbuch« verrät[15] – offenbar schon zu Beginn der 1820er Jahre den Wunsch hegte, selber eine Oper zu schreiben, und dass sein frühes »Klavierquartett c-Moll« op. V (1828/29) in der Anlage eher einer – wie Akio Mayeda festgestellt hat – »verkappte[n] Symphonie«[16] gleicht, so zeigt sich hierin ein kompositorisches Streben nach großformatigen Werken, die der Signatur eines ausschließlich nach Innen gekehrten Künstlers nicht mehr gerecht werden. Die auf das Liederjahr 1840 folgende kompositorische Entwicklung Schumanns scheint dies zu bestätigen: werden im Laufe der 1840er Jahre doch verstärkt Sinfonien und für die Bühne angelegte Werke komponiert. Zu denken wäre hier – neben seiner Oper »Genoveva« op. 81[17] sowie den zahlreichen unausgeführt gebliebenen Bühnenprojekten[18] – etwa an die Chordichtung »Das Paradies und die Peri« op. 50[19] oder an das dramatische Gedicht »Manfred« op. 115.[20] »[E]s afficirt mich Alles«, so Schumann in einem Brief an Clara Wieck vom April 1838,

> es afficirt mich Alles, was in der Welt vorgeht, Politik, Literatur, Menschen – über Alles denke ich nach meiner Weise nach, was sich dann durch die Musik Luft machen, einen Ausweg suchen will. Deshalb sind auch viele meiner Compositionen so schwer zu verstehen, weil sie sich an entfernte Interessen anknüpfen, oft auch bedeutend, weil

13 Vgl. Schumann, Handbuch (Anm. 10), S. 272.
14 Die Erstausgabe des »Buchs der Lieder« (Hamburg 1827) führt das Gedicht noch als »Lyrisches Intermezzo« 40.
15 Vgl. Akio Mayeda: Robert Schumanns Weg zur Symphonie. Zürich/Mainz 1992, S. 29, Anm. 9.
16 Ebd., S. 34.
17 Text nach Tieck und Hebbel; Entstehung zwischen 1847-1850.
18 Vgl. Margit L. McCorkle: Thematisch-Bibliographisches Werkverzeichnis. RSA. Serie VIII: Supplemente 6, 698-715.
19 Text nach Moore; Entstehung zwischen 1841-1844. Die Komposition rangiert im »Projectenbuch« unter »Operntexte« (vgl. dazu auch McCorkle, Werkverzeichnis [Anm. 18], S. 218).
20 Text nach Byron; Entstehung 1848.

> mich alles Merkwürdige der Zeit ergreift und ich es dann musikalisch wieder aussprechen muß.[21]

Das »Merkwürdige der Zeit« – einer Zeit des politischen und kulturellen Umbruchs, einer Zeit der zerbrechenden Ideale, einer Zeit des Romans, des Dramas und der Lyrik – das »Merkwürdige« einer solchen Zeit lässt sich von einem derart ›afficirten‹ Künstler, wie Schumann es war, nur dann erfassen, wenn ihm (dem »Universalkomponisten«)[22] die ganze Bandbreite der Gattungen und Ausdrucksmöglichkeiten zur Verfügung steht. Erst auf der Basis eines solchen umfassenden Gattungsbewusstseins kann sich das romantische Ideal des Universellen entfalten – nicht aber in dem Topos des nur träumenden Romantikers. Schumanns Vielfältigkeit schreckt vor dem Überschreiten von Gattungsgrenzen nicht zurück, sondern dient einzig der künstlerischen Verwirklichung seines Ausdrucksideals, Empfindungen – zarte und aufbrausende – für den Rezipienten transparent zu machen. Somit zeigt sich bereits in seinen Klavierkompositionen der 1830er Jahre, dass extrovertierte, dramatische Strukturen für Schumann von zentraler Bedeutung sind. Nicht zuletzt wird hier sein spezieller Hang zum Rollenspiel, das sich bekanntlich auch schon in seinen frühen Schriften abzeichnet, herausgestellt. Vult, Walt, Florestan, Eusebius und Meister Raro scheinen sich mitunter im bewegten, disparaten Dialog in seine Musik zu mischen. Sie entwickelt sich somit zu einem Sprachrohr ganz eigener, aber höchst romantischer Art, da sie in nur einem Augenblick die Vielschichtigkeit eines Gefühls vermitteln kann oder aber die zerrissene Befindlichkeit des lyrischen Subjekts in Szene zu setzen vermag. Es ist dieses Spiel zwischen Innen und Außen, das bereits dramatische Strukturen impliziert. Dass diese aber in seinen berühmten Heine-Zyklen op. 24 und op. 48 immer wieder in subtiler Brechung in Erscheinung treten, ist offensichtlich auch auf die kompositorischen Fertigkeiten zurückzuführen, die Schumann etwa durch die Vertonung von Heines »Belsatzar«, »Die Grenadiere« und auch von dem »Heimkehr«-Gedicht »Abends am Strand« gewonnen hat. Die entstehungsgeschichtliche Verwobenheit der hier genannten Werke ist offenbar nicht zu unterschätzen. In dieser nämlich zeichnet sich ein wesentliches Charakteristikum des Schumannschen Schaffens ab: das des Experimentierens mit Sprache und Musik, mit Gesang und Klavier, mit lyrischen und dramatischen Ausdrucksmitteln. Werden, wie Schumanns Kompositionslisten »Liederbuch« I und II verraten,[23] am 3. und 4. Februar 1840 drei Goethe-Lieder für »Myrthen« op. 25 komponiert, so verzeichnet er unter dem 7. Februar die Niederschrift von »Belsatzar« op. 57. Daraufhin wendet er sich in den noch verbleibenden Wochen dieses Monats erneut »Myrthen« sowie dem Heine-»Liederkreis« op. 24 zu, der vor dem 23. Februar fertiggestellt wird. März und April stehen jedoch neben der Lied-Komposition

---

21 Robert Schumann an Clara Wieck. Brf. v. 13. April 1838 [Hauptdatum; der Eintrag selbst wurde in dem über mehrere Tage verfassten Brief am 15. April niedergeschrieben]. Zit. n. Briefwechsel I, S. 146.

22 Mayeda, Weg (Anm. 15), S. 20.

23 Vgl. McCorkle, Werkverzeichnis (Anm. 18), S. 789-796.

(abermals mit Konzentration auf »Myrthen«) vor allem im Zeichen der Oper: Der bereits 1831 gehegte Plan, E.T.A. Hoffmanns Erzählung »Doge und Dogaresse« musikdramatisch zu verarbeiten,[24] wird in diesen Monaten fortgesetzt. Darüber hinaus aber entsteht am 13. April die Heine-Romanze »Zwei Brüder« op. 49, 2. Bis zum Mai werden dann noch mehrere Lieder komponiert – darunter Eichendorffs »Mondnacht« op. 39, 5. Bevor aber der Großteil des berühmten Eichendorff-Zyklus sowie Schumanns »2ter Liederkreis aus dem Buch der Lieder«[25] – kurz gesagt: »Dichterliebe« op. 48 – entsteht, verzeichnet der Komponist am 12. Mai 1840 die Niederschrift der »Grenadiere«. Die Romanze »Abends am Strand« op. 45, 3 blieb undatiert, ist aber vermutlich zwischen Februar und April 1840 komponiert worden.[26] Zusammenfassend wird aus diesem kurzen Überblick deutlich, dass Schumann just in den Monaten, in denen seine großen Liederzyklen nach Eichendorff und Heine entstanden sind, kompositorisch keinesfalls nur unter dem Eindruck des ›Liebesliedes‹ oder eines dezidiert lyrischen Ausdrucksideals stand. Die poetische (d.h. literarische) und musikalische Auseinandersetzung mit E.T.A. Hoffmanns Novellenstoff sowie die Entstehung verschiedener Romanzen und Balladen – und auch dabei dominiert Heine zu diesem Zeitpunkt als Textlieferant – weisen ihn ebenso als Dramatiker aus. Schumanns intensive Arbeit an »Doge und Dogaresse«[27] wird zwar schließlich als Fragment *ad acta* gelegt,[28] den Balladen aber eignen dafür umso mehr opernhaft szenische Elemente, in denen Lyrisches und Dramatisches entweder miteinander vereint oder wirkungsvoll einander gegenübergestellt wird. Lied, Ballade und Oper werden hier zu Schumanns großem Experimentierfeld, das seinem Ideal des künstlerischen Ausdrucks dient. Im Folgenden soll am Beispiel der »Belsatzar«-Vertonung op. 57 versucht werden zu zeigen, wie Schumann speziell das Gebiet der Romanze und Ballade musikalisch bewältigt, welche ästhetische und strukturelle Verwobenheit zwischen seiner Komposition und Heines Vorlage besteht und welch bemerkenswertes dramatisches Potential dieser Komposition inhärent ist.

---

24 Vgl. dazu Tb I, 372, sowie McCorkle, Werkverzeichnis (Anm. 18), S. 706f.

25 Vgl. McCorkle, Werkverzeichnis (Anm. 18), S. 794.

26 Ebd., S. 196.

27 Vgl. dazu den Briefwechsel zwischen Robert und Clara Schumann vom 10. März 1840 (»Klärchen, weißt Du wohl, daß ich jetzt an eine kleine Oper denke?«) bis Himmelfahrt [Ende Mai] 1840 (»Den Operntext möchte' ich für einen Andern gleich machen; macht' ich ihn für mich, so [...] würde / das / der musikalischen Erfindung die beste Kraft nehmen.«); vgl. Briefwechsel III, S. 976-1051; vgl. auch McCorkle, Werkverzeichnis (Anm. 18), S. 706.

28 Allerdings verweist Susanne Hoy-Draheim auf Parallelen zwischen diesem Stoff und Schumanns »Genoveva« op. 81 (vgl. dazu Susanne Hoy: Robert Schumanns Oper »Genoveva« und sein Opernplan »Doge und Dogaressa« – Variationen eines Themas. In: Schumann Studien 2. Hrsg. v. Gerd Nauhaus. Zwickau 1989, S. 103-108, sowie Susanne Hoy-Draheim: Robert Schumann und E.T.A. Hoffmann. In: Matthias Wendt (Hrsg.): Schumann und seine Dichter. Bericht über das 4. Internationale Schumann-Symposion am 13. und 14. Juni 1991 im Rahmen des 4. Schumann-Festes. Düsseldorf/Mainz u.a. 1993, S. 61-70).

Heines Romanze, erstmals 1822 in seinem ersten Lyrikband veröffentlicht,[29] repräsentiert mit der auf das fünfte Kapitel des Prophetenbuchs Daniel zurückgehenden alttestamentarischen Geschichte um den babylonischen König Belsatzar einen grandiosen Balladenstoff.[30] Bereits die damit in Anschlag gebrachte Archaik verleiht dem Gedicht ein dramaturgisch spannungsvolles Szenario. Durch das gespenstisch-wunderbare Moment der geheimnisvollen Flammenschrift sowie durch Belsatzars grausigen Tod wird es allerdings noch weiter verdichtet. Es ist nichts Geringeres als die gewichtige Antithetik von Götzentum und göttlicher Macht, die von Heine mit einem faszinierenden lyrischen wie dramaturgischen Feingefühl verarbeitet wird. So konzentriert er sich zunächst ganz darauf, die zügellose Zecherei von König und Hofstaat in schillernden Farben bühnenreif auszumalen und somit – allerdings niemals ohne ironisierende Stoßrichtung – eine verworfene, selbstgenügsame Gesellschaft in Szene zu setzen. Die vermeintlich Mächtigen sind nur eine betrunkene Horde, denen – zu (unchristlicher) nachtschlafender Zeit – vor allem im Suff »kecker Muth« erwächst. Die geheimnisvolle »Flammenschrift« aber lässt das Blut in den Adern des prahlerischen Regenten erstarren, so dass dieser mit »schlotternden Knien« in seinem Aufschneidertum vollends entlarvt wird. Somit ist im Folgenden nicht nur die Tatsache, dass Belsatzar zu Tode kommt, von erzähltechnischer Relevanz, sondern vor allem auch der Umstand, wie dies speziell bei Heine geschieht. Wird in der Bibel nämlich nicht explizit, durch wen der König getötet wird, sind es im Gedicht die eigenen Knechte, d.h. die kecken Mitzecher. Damit bereichert Heine diesen Stoff nicht nur um das geradezu klassische Motiv des Hochverrats; er akzentuiert auf diese Weise auch den brutalen Opportunismus des königlichen Gefolges, wobei gleichzeitig pointenreich deutlich wird, dass es weniger der direkte Zorn Gottes als vielmehr die profane Angst der Knechte ist, die zum Königsmord führt. Nicht einmal ein naher Freund (wie etwa Brutus im alten Rom) richtet über den Herrscher, sondern knechtische Schranzen, die sich bei ihrer Tat von der bloßen Angst um ihre eigene Haut und nicht von einem höheren Motiv leiten lassen. Dabei ist es im Grunde Belsatzars Größenwahn selbst, der – sozusagen als »die Moral von der Geschicht'« – die Vernichtung provoziert. Der große König, der sogar die Macht Gottes dominieren zu können glaubte, scheitert schließlich – und hierin liegt die tragische Ironie – ganz ›unköniglich‹ wie ein Normalsterblicher. Sicherlich ist es denkbar, dass Heine mit dieser Parabel auch auf zeitgenössische Machtverhältnisse anspielt. Vor allem aber darf nicht außer Acht gelassen werden, dass sich hier die Freude des Dichters am farbenreichen Balladentum zeigt.

29 »Gedichte von H. Heine«. Berlin 1822, S. 90-92.

30 Als Heines Inspirationsquellen gelten allerdings nicht zuletzt auch die hebräische Hymne »Bachazoz halajla« (»Um Mitternacht«) und die »Vision of Belshazzar« von Lord Byron (vgl. dazu DHA I, 710, sowie Sonja Gesse-Harm: Zwischen Ironie und Sentiment. Heinrich Heine im Kunstlied des 19. Jahrhunderts. Stuttgart 2006, S. 364f.).

Schumann hat sich bei der Vertonung dieser balladesken Verse anscheinend von einer ähnlichen Freude leiten lassen.[31] Dabei zeigt sich gleich zu Beginn seine dramaturgische Sensibilität. So versucht er zunächst durch ein kurzes Klaviervorspiel, einzig »Mitternacht« und »stumme Ruh« musikalisch zu vergegenwärtigen, lenkt jedoch in Analogie zur Vorlage bereits bei Einsatz der zweiten Textstrophe das Augenmerk von der äußerlichen Nachtstimmung kontrastierend in den Festsaal Belsatzars. Signifikant sind dabei zu Beginn vor allem geheimnisvoll gedämpfte 16tel-Ketten, deren fallenden und steigenden kleinen Terzen nicht zufällig eine präludienartige Archaik eignet. Diese Figuration spaltet sich indes unversehens in kurze, von Pausen durchbrochene 16tel-Motive, wodurch bei zunehmender Dynamik eine Straffung des Tempos und eine musikalische Zuspitzung der Szenerie bewirkt wird. Im Übrigen aber wird das spannungsreiche Potential der Vertonung auch durch den dominantischen Einsatz des soeben beschriebenen Klaviervorspiels evident. Der Komponist folgt hier Heines Bildführung, die den Leser von der Totale des nächtlichen Schlosses sukzessive auf dort flackernde Lichter und lärmende Menschen lenkt, um schließlich mit dramaturgischer Wucht den Blick auf den Saal freizugeben, in dem Belsatzar sein Königsmahl hält. Und nicht zufällig sind es diese Worte – »Belsatzar hielt sein Königsmahl« –, auf denen Schumanns Komposition (in T. 13) einen ersten dramatischen Höhepunkt erreicht. Im Anschluss daran entfacht der Komponist mit einer bewegten, stets variierten Klavierbegleitung, vergleichsweise hohen Tönen in der Vokalstimme (mit dem *e''*, T. 19f., wird erstmals der Spitzenton des Liedes erreicht), einer rasch zum Forte gleichsam ›aufbrausenden‹ Dynamik, markanten Tonakzenten auf »klirrten« und »jauchzten« sowie durch die perlende (fast ist man geneigt zu sagen: ›schäumende‹) Motivik im Klavier eine laute und wilde Zecherei. Schumann lässt sich von Beginn an von einem dramaturgischen Kalkül leiten. Die formale Anlage erweist sich dabei zwar keinesfalls als Nebensächlichkeit, wohl aber bildet nicht sie, sondern die dramatische Idee und Schumanns Ideal der Transparenz der Aussage den konzeptionellen Ausgangspunkt der Vertonung. Aus diesem Grund kann es bei der Beurteilung dieser Komposition nicht allein um satztechnische Fragen gehen. Es genügt nicht, festzustellen, dass es darin »eine gutgriffige Klavierfigur, einige notwendige Steigerungen, manche strophische Haltung« gebe,[32] oder aber Kritik an der »Reihung immer neuen motivischen Materials« zu üben, die zu einer ungeschickten »Überfrachtung« führe.[33] Schumanns Musik ist – wie in der Forschung ja mittlerweile seit langem stets aufs Neue diskutiert wird – eine Sprache. Sie ist in besonders ausgeprägter Weise das Medium, dessen Schumann zum Ausdruck all der Gefühle und Szenen bedarf, die ihn ›afficiren‹. Es ist dieses starke Bedürfnis nach nuancenvoller Mitteilsamkeit, das Schumann mitunter dazu treibt, sein technisches Können in den Hintergrund treten zu lassen. Die »kindliche Primitivität«, die Paula und Walter Rehberg – wie eingangs schon erwähnt – für Schumanns »Belsatzar« konstatieren,

31 Die folgende Analyse folgt dem Notentext: AGA 13/III, 3-9.
32 Bie, Lied (Anm. 4), S. 120.
33 Fischer-Dieskau, Schumann (Anm. 6), S. 45.

entspringt somit kaum – wie von Rehberg angenommen – »verlegerischen Wünschen«,[34] sondern vielmehr offenbar dem Bemühen, den Textinhalt musikalisch überzeugend umzu-setzen. Sprache bedarf, neben anderem, eines treffenden Vokabulars. So lässt sich etwa die Grobheit ›Beifall brüllender‹ Knechte nicht einem musikalischen Formenzwang oder aber etwa dem Klischee einer lyrischen Geschlossenheit unterstellen. Gelingt es Heine mit diesen Worten – »die Knechtenschaar ihm Beifall brüllt« – die derbe Situation des ›Saufgelages‹ in ihrer ganzen Wucht zu erfassen, so spricht es nur für Schumanns sprachliche und dramatische Sensibilität, wenn er diese rauschhafte Entgleisung als grob – und sicherlich auch »primitiv« – wirkende *For-te*-Passage in T. 34f. inszeniert. Tatsächlich können die bewegten und doch so schwerfällig wirkenden Tonfiguren, die motivisch in Vokal- und Klavierstimme konform gehen, strukturell als überaus einfach bezeichnet werden. Doch der so einfallslos wirkende musikalische Gedanke erweist sich als ein überaus prägnantes musikalisches Vokabular. Diese sogenannte ›Primitivität‹ bringt nämlich genau das zum Ausdruck, was Heine mit der ›Beifall brüllenden Knechtenschaar‹ formuliert hat: Primitivität lässt sich auch musikalisch nur mit Primitivität vergegenwärtigen, und so spiegelt sich in den kurzen Melismen auf »Knechtenschaar« sowie in den groben retardierenden Tonakzenten von T. 35 offenbar sowohl die physische Schwere der vom Wein berauschten Knechte als offensichtlich auch ein zügelloses, zünftiges Lachen. Bemerkenswert ist zudem, dass die motivische Geschlossenheit zwischen Vokal- und Klavierstimme in einer tieferen Dimension gleichsam auch die gesinnungsmäßige Geschlossenheit dieser Höflinge zu reflektieren scheint – eine Geschlossenheit, die Belsatzar später noch zum Verhängnis werden wird. Nicht zuletzt aber zeigt sich an den hier besprochenen Takten, wie sehr es Schumann bei der Vertonung eines Textes um eine bildliche, darstellerische Transparenz und somit um szenisch-dramatische Ansatzpunkte geht.

Doch nicht nur an der musikalischen Umsetzung inhaltlicher Nuancen wird Schumanns subtiles Gefühl für dramatische Momente evident. Von Bedeutung ist dabei nicht zuletzt auch die Organisation der formalen Ebene. So wird diese vom Komponisten – statt einfach nur formale Schemata zu erfüllen – dramaturgisch genutzt.

Ich möchte dies kurz erläutern: Schumann greift innerhalb seines »Belsatzar« dreimal auf die Initialmotivik der Vokalstimme zurück (T. 38f., T. 62f., T. 84f.), wobei diese zweimal mit einem variierten Rückgriff auf die Einleitungsmotivik des Klaviers verbunden ist (T. 36f., T. 58f.). Dadurch wird das Gedicht großformal in 8+5+4+4 Strophen strukturiert und weist dabei weniger eine »Reihung immer neuen motivischen Materials«[35] auf als vielmehr eine formal schlüssige Wohlorganisiertheit, die in dramaturgischer Hinsicht von großer Wichtigkeit ist. So nutzt der Komponist diese Struktur zur Anlage eines vierfachen Steigerungsweges. Wird im ersten Abschnitt – wie beschrieben – in sukzessiver musikalisch-dramaturgischer Verdichtung vom nächtlich ruhenden Babylon zum immer stärker ausschweifenden Königsmahl hingeleitet, so erklingt, auf den Vers »Der König rief mit stolzem Blick

34 Vgl. Anm. 5.
35 Fischer-Diskau, Schumann (Anm. 6), S. 45.

/ Der Diener eilt und kehrt zurück« hinführend, ab T. 36 erneut die Motivik des Anfangs. Allerdings erweisen sich Tempo und Dynamik (*f* statt *p*) als wesentlich akzentuierter. Zudem wird diese reprisenartige Anlage durch den abweichenden musikalischen Verlauf ab T. 42 gestrafft, indem Schumann ohne weitere Themenabspaltung sogleich – wenn auch melodisch modifiziert – die Klaviermotivik der T. 14-18 aufgreift. Allein dieses Vorgehen signalisiert bereits ein Bemühen um eine spannungsreiche Erzählstruktur, wie sie Heines Gedicht vorgibt. Vor allem aber fungiert die soeben erwähnte Motivik – ein an sich simpler musikalischer Einfall, der sich in bemerkenswerter motivischer Verwobenheit vom Eingangsthema ableitet und wie dieses einen archaisierenden Präludiencharakter besitzt – als erzähltechnisch bzw. dramaturgisch treibende Kraft. Der in seinem Tonvorrat minimal fortschreitende harmonische Rhythmus sowie die feine Phrasierung und dynamische Abstimmung tragen dazu bei, den erzählten Vorgang zu bündeln und zu forcieren – so weit, bis in einem breiten *ritardando* und brachialen *f* die blasphemische Anmaßung Belsatzars erklingt und dergestalt der Höhepunkt dieses musikalischen Abschnitts – und der gesamten Vertonung überhaupt – erreicht wird. Bemerkenswert ist dabei, welches dramatische Gewicht Schumann dem Subjekt in dem Vers »Ich bin der König von Babylon« zukommen lässt. So wird dieses »Ich« auf einem akzentuierten Spitzenton (*e''*) des Liedes artikuliert, begleitet von einem *sf* intonierten verminderten Vierklang. Tatsächlich liegt in dieser Ichbezogenheit, in dieser tyrannischen Selbstliebe die Wurzel allen Übels – sie ist es, die die Katastrophe gleichsam heraufbeschwört. Die forcierte Akzentuierung jenes »Ich« spricht also nur für Schumanns dramaturgisches Gespür.

Sodann folgt der dritte Steigerungsweg. Erneut greift der Komponist motivisch auf den Anfang zurück. Doch die in den ersten Takten der Vertonung noch so geheimnisvoll klingenden Tonfiguren haben sich in ihrem Ausdruck vollkommen gewandelt. Korrespondierend zum Text – der soeben verkündeten Machtanmaßung Belsatzars – erinnern sie nun an einen sintflutartigen Sturzbach, dem bereits das gesamte Ausmaß der nun folgenden Katastrophe innezuwohnen scheint. Schumann wahrt somit nicht nur einfach einen formalen Bezug; er passt ihn auch dramaturgisch exakt in das Gedicht ein. Es ist dieser ›Donnerschlag‹, der den nächsten Spannungsbogen motiviert. Er bildet die Grundlage für die folgende unheimliche Stille und kriechende Angst. Begleitet von spannungsvoll nachschlagenden 8tel-Gruppen im Klavier wird Schumanns Dramaturgie nun von einer pointierten Zurücknahme und von Anzeichen der Unsicherheit bestimmt. Die Dynamik schlägt zum *p* um, Pausen durchbrechen den Gesang, die Wiederholung des Wortes »heimlich« (T. 65f.) grundiert die in Belsatzar aufkommende Furcht. Besonders bemerkenswert ist diesbezüglich auch der kurze *Forte*-Ausbruch in T. 68f. So erfolgt wiederholt inmitten des hier aufsteigenden Motivs ein auf einem Tonakzent mündender intervallischer Sturz, der sich als synkopische Verschiebung erweist, in welcher sich die »heimliche« Labilität von Belsatzars »keckem Muth« zu spiegeln scheint. Schumann ist in diesem Abschnitt der Vertonung mit größtem inszenatorischen Feingefühl darum bemüht, das Wunderbare, Gespenstische sowie die starre Angst von

König und Knechten musikalisch wiederzugeben. Somit wird die rhythmisch gleichförmige Akkordstruktur für die unheimliche Flammenschrift-Szene in ihrem Tonvorrat pointiert schmal gehalten und zudem mit einem Sekundmotiv im Bass unterlegt, das eine fast schon übersinnliche Wirkung besitzt (T. 76ff.). Dabei ist nicht zuletzt dessen synkopische Intonation von Bedeutung, da hierdurch der Eindruck des Körperlosen evoziert wird. Bemerkenswert ist, dass die Gesangsmelodik zeitgleich und unmittelbar auf diesen gespenstischen Vorgang reagiert, indem sie mit den Tonrepetitionen und der abwärts gerichteten Linie sukzessive gleichsam zu ›erstarren‹ scheint. Besonders deutlich wird dies in der Passage ab T. 80ff., die zudem von einem *poco a poco ritardando* bestimmt wird. Das Bild der staunenden Festgesellschaft wird durch diese musikalische Gestaltung geradezu plastisch, und der »stiere Blick« des Königs scheint bereits mit der Fermate in T. 83 vorweggenommen zu werden.

Es folgt die Pointe. Großformal betrachtet wäre es durchaus konsequent erschienen, hätte Schumann die letzten vier Strophen erneut mit dem bereits bekannten Zwischenspiel versehen. Indes verzichtete er darauf, da dessen musikalische Bewegtheit das gespenstische Moment dieses Abschnitts nur gestört hätte. Das abgrundtiefe Entsetzen, das das Erscheinen der Flammenschrift bei den Beteiligten hervorgerufen hat, drückt sich daher auch auf musikalischer Ebene in einer Zurückgenommenheit der Mittel aus. »In langsamerem Tempo, leise und deutlich zu recitiren« (AGA 13/III, 9), fordert Schumann nun in seiner Vortragsanweisung – und tatsächlich wird in diesem Schlusspassus mehr rezitiert als gesungen. Die großen Töne sind dem prahlerischen König und seinem Gefolge im wahrsten Sinne vollends vergangen und einzig einem kalten Grausen gewichen. Somit zeichnet sich auch in der musikalischen Disposition ein bemerkenswertes Verständnis für den dramatischen Spannungsaufbau ab, der aus Sicht der antiken Tragödie tatsächlich den sogenannten »fallenden Teil« widerspiegelt. Der Komponist versetzt sich ganz in diese Szene hinein und arbeitet mit dem betont emotionalen Rückzug letztlich nur umso stärker die Pointe der Ballade heraus. Die dabei ruhig und dennoch schwer fallenden 8tel-Akkorde des Klaviers, die bis zum Schluss mit ständigem Pedalwechsel intoniert werden, verleihen der dezidiert unheimlichen Szene zusätzliches Kolorit, während die Vokalstimme die Anfangsmotivik aus T. 3 wieder aufgreift. Haben dort aber »Mitternacht« und »stumme Ruh'« dem königlichen Festmahl nichts anhaben können, so wird die Nacht nun auch für Belsatzar zu einem Signum geheimnisvoller Vorgänge, an deren Ende gar sein Tod steht. Die motivische Korrespondenz dient also nicht nur der formalen Abrundung der Vertonung, sondern offenbar auch in subtiler Weise deren Zuspitzung. Der Gipfel dieser Zuspitzung aber wird erst mit dem Schlussvers erreicht. Dabei liegt die dramatische Wucht musikalisch nicht im aufbrausenden Pathos, sondern in der weiteren Zurücknahme des Tempos (*Adagio*, *ritardando*). Indem sich Schumann kompositorisch hier ganz an der Grabesstille und der Übersinnlichkeit der Szene orientiert, gelingt es ihm, die Spannung dramaturgisch noch zu forcieren und somit den eigentlichen Schlusseffekt der Ballade wie Heine selbst gewichtig in den Raum fallen zu lassen. Dementsprechend verzichtet der Komponist auch auf ein ›beredtes‹ Klaviernachspiel, wie man es nicht selten von seinen zum Teil fast zeitgleich entstandenen Heine-Zyklen kennt. Der letzte Akkord von Schumanns »Belsatzar« erklingt bezeichnenderweise mit der letzten Wortsilbe, und das Lied hinterlässt daher – mit Eintritt der Katastrophe – ähnlich wie die Vorlage eine abgrundtiefe Leerstelle.

Resümierend bleibt vor dem Hintergrund dieses analytischen Überblicks festzuhalten, dass Schumann die feine Dramaturgie Heines mit verblüffender musikalischer Einfühlsamkeit umzusetzen vermochte. Bei der Betrachtung des »Belsatzar« op. 57 kann es somit nicht um die Frage gehen, ob kompositorische Schemata, die die Liedgeschichtsschreibung aus einem selbst konstruierten Kanon der Balladen-Vertonung abgeleitet hat, erfüllt worden sind. Desgleichen erscheinen auch rein musikalische Bewertungskriterien wie etwa der Verweis auf die »gutgriffige Klavierfigur«[36] oder auf Bezüge Schumanns zum mittleren Beethoven[37] als unzureichend. Führt man sich vor Augen, dass Schumann die Synthese von Dichtung und Musik seit seinen künstlerischen Anfängen idealisiert hat, so bedarf der literarische Aspekt bei einer interpretatorischen Annäherung an seine Vertonungen nicht nur einer beiläufigen Betrachtung, sondern eines eingehenden Studiums. »In den Liedern«, vermerkt Schumann in seinem Tagebuch unter dem 16. August 1828,

> lernen sich die schönen Seelen erst kennen, der Dichter den Componisten u. umgekehrt; sie müssen so beschaffen seyn, daß der Dichter, wär' er Musiker, es so in Tönen ausdrükte, wie im Wort, u. daß der Musiker, wär er Dichter es so in Worten, wie er in seinen Tönen.[38]

Diese unbedingte Zusammengehörigkeit von Wort und Ton aber verdeutlicht, dass Schumanns hoher literarischer Verstand, sein feines Gefühl für lyrische, dramatische, ironische und sentimentale sowie für formale und stilistische Nuancen, stets berücksichtigt werden muss, denn es ist dieser Verstand, aus dem sich seine Lieder und Balladen formieren. Bedenkt man vor diesem Hintergrund, dass Heine mit »Belsatzar« ein ›Drama in nuce‹ entwirft, das mit Exposition, Peripetie, Krisis und Katastrophe durchaus aristotelische Züge aufweist, so liegt Schumanns verblüffende künstlerische Leistung darin, dass er diesen Strukturen mit höchster Sensibilität gefolgt ist. Aufgrund dieser Sensibilität aber ist Schumann weitaus mehr zuzusprechen als eine wesentlich nur introvertierte Haltung. Sein tiefes künstlerisches Verständnis der Romantik, das ihn zu einem ihrer größten Repräsentanten avancieren ließ, eröffnet ihm einen Kosmos der Gefühle und befähigt ihn zum freien

---

36 Bie, Lied (Anm. 4), S. 120.

37 Eric Sams: The Songs of Robert Schumann. London ^{2}1975, S. 35: »The whole semiquaver impetus of this song is clearly indebted to the Appassionata (also an Op. 57), especially the last movement; the opening vocal melody is the motto-theme of the Pathétique; the ominous ascending semitones at 76 et seq. recall the first movement of Op. 31, No. 2.«

38 Schumann, Tagebücher I (Anm. 24), S. 114.

Umgang mit jeder Gattung. Es ist diese, von seinem unmittelbaren Ausdruckswillen bestimmte Grenzüberschreitung zwischen Künsten, Gattungen und Formen, die Schumanns Werk auszeichnet. Die Vertonung des »Belsatzar« ist dabei als ein Beitrag zur Verfeinerung des musikalischen Vokabulars Robert Schumanns zu bewerten, der speziell aufgrund des dramatischen Gehalts und der schlüssigen dramaturgischen Struktur nicht zuletzt auch den entstehungsgeschichtlich eng verbundenen Liederzyklen – verwiesen sei hier insbesondere auf die Heine-Zyklen op. 24 und op. 48 – zugute gekommen ist.

Für Gerd Nauhaus in aufrichtiger Bewunderung und Dankbarkeit

Warum zweimal »Dichterliebe«?

Opus 24 und Opus 48[1]

Rufus Hallmark

»Zu fragmentarisch ist Welt und Leben!«
Heine, »Die Heimkehr« (LVIII)

So beginnt ein Gedicht in Heines »Die Heimkehr,« eine der Gedichtsammlungen, die sein »Buch der Lieder« von 1827 konstituiert. Wenn man das ganze Gedicht liest, dessen Anfangszeile zitiert ist, wird einem bewusst, dass der Dichter diese Klage kaum wohlwollend meint, sondern dass er jene mit Spott überzieht, die glauben, dass Welt und Leben anders als fragmentarisch erfahren werden könnten.[2] Seine Satire zielt auf den Akademiker, »der weiß das Leben zusammenzusetzen« und aus ihm »ein verständlich System« zu machen. Warum ich dennoch diese Zeile als Motto meinem akademischen Aufsatz voranstelle, wird nach und nach klar werden.

1. Einleitung

Die Voraussetzung meines Aufsatzes ist, dass Schumanns zwei Liederzyklen mit Heine-Gedichten – »Liederkreis« op. 24 und »Dichterliebe« op. 48 – sich im allgemeinen Ton sehr ähneln; dass beide in unglücklicher Liebe ihren Ausgang nehmen, mit Ernüchterung, Trauer und Zorn fortfahren und dann in Rückzug und Trost enden. Manchmal wird »Liederkreis« op. 24 sogar die »kleine ›Dichterliebe‹« genannt. Und ich habe mich manchmal gewundert, warum Schumann zwei sich so ähnliche Liederzyklen mit Gedichten desselben Autors innerhalb von drei Monaten (Februar und Mai 1840) komponierte. Dies ist freilich keine Frage, die sich durch Quellenstudien und Analyse erschließen lässt, oder auf die man eine klare und eindeutige Antwort erwarten kann. Eher ist die Frage ein Anlass zum Nachdenken.

Chronologisch genauer formuliert, soll die Frage lauten: Warum hat Schumann den »Liederkreis« zweimal komponiert (denn dieser war ja die erste Komposition, auf die »Dichterliebe« folgte)? Meine Antwort wird sein, dass Schumann den Lie-

---

1 Ich bedanke mich herzlich bei Jürgen Thym, der meinen Aufsatz in Deutsche übersetzte, und bei Monika Torrey, die mir mit der ursprünglich mündlichen deutschen Fassung meines Beitrags behilflich war.

2 »Zu fragmentarisch ist Welt und Leben! / Ich will mich zum deutschen Professor begeben. / Der weiss das Leben zusammenzusetzen, / Und er macht ein verständlich System daraus; / Mit seinen Nachtmützen und Schlafrockfetzen / Stopft er die Lücken des Weltenbau's.« Aus: DHA I, 271.

derzyklus keinesfalls zweimal komponierte. Trotz gemeinsamer Themen und Stimmungen sind die beiden Zyklen zwei ganz verschiedene Kompositionen. Dies mag klingen, als ob ich einen bequemen ›Strohmann‹ aufstelle, um ihn zu demolieren, doch ist das Resultat, das ich vorschlage, weniger wichtig als die dahinterstehenden Gründe. Mein Aufsatz ist zum Teil eine Antwort auf Gedanken, die Beate Perrey in ihrem neuen Buch über »Dichterliebe« entwickelt hat, nämlich dass, entgegen ihrer Annahme, es in »Dichterliebe« einen Erzählungsfaden gibt, der im »Liederkreis« fehlt.[3]

Tabellen 1 und 2 geben einen Überblick über die Liederzyklen. Hier sollte ich kurz erwähnen, dass der uns als »Dichterliebe« bekannte Zyklus mit sechzehn Liedern ursprünglich heißt: »Gedichte von Heinrich Heine/20 Lieder und Gesänge aus dem lyrischen Intermezzo im Buch der Lieder.«[4] Da Schumann den Zyklus ursprünglich als einen Zyklus von 20 Liedern konzipierte und an dieser Konzeption bis kurz vor Veröffentlichung des Werkes vier Jahre später festhielt (September 1844; vgl. unten mehr), werde ich den Zyklus hier »20 Lieder« nennen und die einzelnen Lieder von 1 bis 20 numerieren.

Tabelle 1: »Liederkreis« op. 24 (komponiert Feb. 1840; veröffentlicht Mai 1840)

Heine »Junge Leiden«* »Lieder«	Schumann »Liederkreis« op.24	Tonart	Textanfang
1	1	*D*	Morgens steh' ich auf und frage
2	2	*h*	Es treibt mich hin, es treibt mich her!
3	3	*H*	Ich wandelte unter den Bäumen
4	4	*e*	Lieb' Liebchen, leg's Händchen
5	5	*E*	Schöne Wiege meiner Leiden
6	6	*E*	Warte, warte, wilder Schiffsmann
7	7	*A*	Berg' und Burgen schau'n herunter
8	8	*d*	Anfangs wollt' ich fast verzagen
9	9	*D*	Mit Myrthen und Rosen, lieblich und hold

* »Traumbilder«, »Lieder«, »Romanzen«, »Sonette«

3 Beate Julia Perrey: Schumanns »Dichterliebe« and Early Romantic Poetics. Fragmentation of Desire. Cambridge, Mass. 2002.

4 Deutsche Staatsbibliothek, Berlin (DStB), Mus. ms. autogr. R. Schumann 16/2, Titelentwurf, vor S. 62. Vgl. Robert Schumann: Dichterliebe. Opus 48. Liederkreis aus Heinrich Heines »Buch der Lieder«. Faksimile nach dem Autograph in der Staatsbibliothek zu Berlin Preußischer Kulturbesitz. Hrsg. v. Elisabeth Schmierer. Laaber 2006. Vgl. auch Viktor Ernst Wolff: Lieder Robert Schumanns in ersten und späteren Fassungen. Berlin 1914, S. 15f.; Rufus Hallmark: The Genesis of Schumanns »Dichterliebe«: A Source Study. Ann Arbor, Mich. 1979, S. 110-128, und Perrey, »Dichterliebe« (Anm. 3), S. 124-130.

Tabelle 2: »Dichterliebe« op. 48 (komponiert Mai 1840 als »Gedichte von Heinrich Heine, 20 Lieder und Gesänge aus dem lyrischem Intermezzo im Buch der Lieder«; bleibt »20 Lieder« mindestens bis 1843; veröffentlicht mit 16 Liedern als »Dichterliebe«, Sept. 1844)

Heine »LyrInt« 1827**	Schumann »20 Lieder« 1840	Tonart	Textanfang	Schumann »Dichterliebe« op. 48 (1844)	veröffentlich als op.127 (1854) op. 142 (1858)
1	1	*f#, A*?	Im wunderschönen Monat Mai	1	
2	2	*A*	Aus meinen Tränen sprießen	2	
3	3	*D*	Die Rose, die Lilie	3	
4	4	*G*	Wenn ich in deine Augen seh'	4	
5	5	*Es*	Dein Angesicht, so liebe		op. 127/2
6	6	*g*	Lehn' deine Wang'		op. 142/2
7	7	*h*	Ich will meine Seele tauchen	5	
11	8	*e*	Im Rhein, im heiligen Strome	6	
18	9	*C*	Ich grolle nicht	7	
22 ┐	10	*a*	Und wüßten's die Blumen	8	
20 ┘	11	*d*	Das ist ein Flöten und Geigen	9	
41 ┐	12	*g*	Hör' ich das Liedchen klingen	10	
40 ┘	13	*Es*	Ein Jüngling liebt ein Mädchen	11	
46	14	*B*	Am leuchtenden Sommermorgen	12	
47	15	*g*	Es leuchtet meine Liebe		op. 127/3
55	16	*B*	Mein Wagen rollet langsam		op. 142/4
56	17	*es*	Ich hab' im Traum geweinet	13	
57	18	*H*	Allnächtlich im Traume	14	
44 |	19	*E*	Aus alten Märchen winkt es	15	
66	20	*cis/Des*	Die alten, bösen Lieder	16	

** »Lyrisches Intermezzo« (66 Gedichte). In: »Buch der Lieder« (»Junge Leiden«, »Lyrisches Intermezzo«, »Die Heimkehr«, »Aus der Harzreise«, »Die Nordsee«). Erstausgabe 1827 [= Schumanns Exemplar, Heine-Institut, Düsseldorf, Inv.-Nr.: 83.5037]

2. Ähnlichkeiten zwischen den Zyklen

Bevor wir uns auf die Unterschiede zwischen den beiden Zyklen einlassen, müssen wir die Ähnlichkeiten verstehen – mit anderen Worten, die Gründe erkennen, die es ermöglichen, von der »kleinen Dichterliebe« zu sprechen. Die Ähnlichkeiten sowohl in literarischen als auch musikalischen Aspekten sind zahlreich. In der hier folgenden Diskussion werden diese Ähnlichkeiten aufgezählt und kurz kommentiert (vgl. Tabelle 3, die sich auf die in Tabellen 1 und 2 gelisteten Textanfänge bezieht).

Tabelle 3. Ähnlichkeiten zwischen op. 24 und »20 Lieder« (siehe Tafel 2)

1. Der allgemeine dramatische Verlauf:
    a. op. 24/1-4 ≈ »20 Lieder«/1-8 leidenschaftliche Liebe, nicht erwidert
    b. op. 24/5-6 ≈ »20 Lieder«/9-12 Schmerz, Zorn, Traurigkeit
    c. op. 24/7-8 ≈ »20 Lieder«/13-20 Entfernung, Trost

2. Textliche und thematische Parallelen
    a. Natursprache: die Vögelein, op. 24/3 ≈ die Blumen, »20 Lieder«/14
    b. Begräbnisbilder: op. 24/9 ≈ »20 Lieder«/20
    c. Herzenskrankheit: op. 24/5 ≈ »20 Lieder«/10
    d. Rheinbilder: op. 24/6 ≈ »20 Lieder«/8
    e. Schlangen: op. 24/5 ≈ »20 Lieder«/9
    f. Misstrauen des Wortes »Liebe«: op. 24/3 ≈ »20 Lieder« /4
    g. Todesbilder: op. 24/4, 9 ≈ »20 Lieder« /5, 15

3. Musikalische Parallelen
    a. Enge und logische Reihenfolge der Tonarten (siehe Tabellen 1 und 2)
    b. Mannigfaltige Formen:
        strophisch: op. 24/4,7 ≈ »20 Lieder«/1, 10, 11, 14, 17, 18;
        dreiteilig oder *A*(*A*)*BA*: op. 24/3 ≈ »20 Lieder«/5, 9?, 15?);
        rondo-artig: op. 24/5,9? ≈ »20 Lieder«/19;
        einzigartige und einmalige durchkomponierte Formen:
            op. 24/1,2,6,8,9 ≈ »20 Lieder«/3,4,6,8, 12,13,14,20, z.B. modifizierte strophische Form: op. 24/7 »Berg und Burgen« und »20 Lieder«/10: »Und wüßten's die Blumen«
    c. Motivische Verbindungen zwischen Liedern:
            op. 24 (siehe Höckner) ≈ »20 Lieder« (passim)
    d. Bedeutsames harmonisches Fortschreiten
        z.B. Sequenz: op. 24/6 »Warte, warte wilder Schiffsmann« ≈ »20 Lieder«/9 »Ich grolle nicht«
    e. Unerwartete, ausdrucksvolle und chromatische Tonarten-Wechsel:
        op. 24: 3 (*H* – *G*); 4 (*e* - *d* - *es*); 6 (*E* - *G* – *C*) ≈ »20 Lieder«: 5 (*Es* – *G; G* – *Ges* – *Es*); 13 (*Es* - *Ges* - *Es*); 14 (*B* - *H/Ces; B* - *G*); 16 (*As* - *A* - *B*); z.B. op. 24/3 »Ich wandelte unter den Bäumen« ≈ »20 Lieder«/14 »Am leuchtenden Sommermorgen«
    f. Selbständige und/oder wesentliche Klaviermusik:
        charakteristische Vor- und Nachspiele:
            op. 24/1,2,3,5,6,9 ≈ »20 Lieder«/1, 8, 10, 12, 14, 15, 16, 20.
            z.B. Urform als Klaviersatz?: op. 24/6 »Warte, warte wilde Schiffsmann« ≈ 20 Lieder /11 »Das ist ein Flöten und Geigen«
    g. Textabänderungen: Wortwechsel und -wiederholung:
            op. 24/1,2,3,5,6 ≈ »20 Lieder«/3, 9, passim;
            Strophenwiederholung: op. 24/5 ≈ »20 Lieder«/5;
            Strophenunterbrechung: op. 24/4,9 ≈ »20 Lieder«/9, 16

A. Die allgemeinen Stimmungsabläufe der beiden Zyklen sind, wie schon vorher erwähnt, sehr ähnlich.

1. Die ersten vier Lieder von op. 24 (op. 24/1-4) korrespondieren mit den ersten acht Stücken der »20 Lieder« (»20 Lieder«/1-8): Das lyrische Subjekt oder die *Persona* bringt in diesen Gedichten/Liedern seine starken Gefühle für seine Geliebte zum Ausdruck; gleichzeitig erfahren wir auch, dass nicht alles zum Besten steht: Seine Liebe bleibt unerwidert.

2. Op. 24/5-6 entsprechen »20 Lieder«/9-12: Das lyrische Subjekt reagiert auf den Verlust der Geliebten mit Schmerz, Zorn und Traurigkeit.

3. Op. 24/7-9 entsprechen »20 Lieder«/13-20: Die Zyklen enden mit Entsagung oder Entfernung und mit einer Art von Trost.

B. Die Zyklen sind voller textlicher und thematischer Parallelen, unter denen die Naturstimmen und das Begräbnismotiv die stärksten und bedeutungsvollsten sind.

1. Naturstimmen: In op. 24/3 spricht ein kleiner Vogel zur unglücklichen *Persona*; in »20 Lieder«/14 sind es die Blumen, die zum lyrischen Subjekt sprechen. Die Botschaft des Vogels wird im ersten Fall nicht als Trost vernommen; die *Persona* misstraut der Liebe (»das gold'ne Wort«), von der der Vogel spricht. Im zweiten Fall richten die Blumen wohlgemeinten Rat an die *Persona* (»sei uns'rer Schwester nicht böse«) und drücken ihre Sympathie aus (»du trauriger, blasser Mann«). Beide Bilder entstammen der Volkskunde und dem Aberglauben, wo sie als moderne Orakel verstanden werden können.[5]

2. Begräbnisbilder: Das lyrische Subjekt spricht vom Begraben der Liebe, im ersten Fall in einem Buch von Gedichten (op. 24/9), im zweiten Fall in einem Riesensarg, der im Meer versenkt wird (»20 Lieder«/20). Im ersten Fall kann die Liebe, von der die *Persona* spricht, wiedererweckt werden, wenn die Geliebte oder der einfühlende Leser die Gedichte liest; im zweiten Fall scheint es, dass die *Persona* der Liebe entsagt hat, doch in Schumanns Lied (nämlich im Nachspiel des Klaviers) entsagt sie auch dem durch die unerwiderte Liebe hervorgerufenen Zorn.

3. Krankheit des Herzens (oder Liebeskummer): In op. 24/5 sagt die *Persona*, »Mein Herz ist krank und wund«, nachdem die »bitt'ren Worte« von der Geliebten gesprochen worden sind. In »20 Lieder«/10 klagt das lyrische Subjekt über die erlittene Verwundung des Herzens (»wie tief verwundet mein Herz« und »wie ich so traurig und krank«, weil die Geliebte sein Herz zerrisen hat.

---

5 Christiane Westphal: Robert Schumann. »Liederkreis« von H. Heine Heine op. 24. München 1996, S. 15f.

4. Rheinbilder: Der Rhein erscheint in beiden Zyklen als Anlass, um über das Bild der Geliebten zu reflektieren. In op. 24/7 hören wir, dass »Berg und Burgen« herunterschauen »in den spiegelhellen Rhein«; hier ist der Fluss selbst das Bild der Geliebten (»der Liebsten Bild«): obwohl es »freundlich grüssend« den Betrachter anzieht, ist es doch zur gleichen Zeit voller Gefahren (im Fluss und in der Geliebten lauern »Tod und Nacht«). In »20 Lieder«/8 heißt es:

   Im Rhein, im heiligen Strome,
   Da spiegelt sich in den Well'n,
   Mit seinem großen Dome,
   Das große, heilige Köln.

   Hier bildet der Rhein mit dem Kölner Dom den majestätischen Hintergrund, vor dem das Antlitz der Geliebten im Heiligenbild der Madonna entdeckt wird.

5. Schlangenbilder: In op. 24/6 fragt die *Persona*:

   Kennst du noch das alte Liedchen
   Von der Schlang' im Paradies,
   Die durch schlimme Apfelgabe
   Unsern Ahn' ins Elend stieß.

   In »20 Lieder«/9 heißt es:

   Ich sah dich ja im Traume,
   Und sah die Nacht in deines Herzens Raume,
   Und sah die Schlang', die dir am Herzen frißt,
   Ich sah mein Lieb, wie sehr du elend bist.

   Während das erste Bild auf die Geschichte vom Garten Eden anspielt, ist das zweite ein allgemeines Symbol für Schuld und Angst, doch beide Schlangenbilder, indem sie als Ventil für den Zorn der *Persona* fungieren, stellen die Geliebte in einem sehr negativen Licht dar.

6. Misstrauen gegenüber dem Wort »Liebe«: In op. 24/3 und »20 Lieder«/4 drückt die *Persona* ihr Misstrauen aus, wenn der Vogel bzw. die Geliebte von Liebe reden. In einer früher veröffentlichten Version (1822) trägt das in op. 24 vertonte Gedicht den Titel »Das Wörtlein Liebe« (DHA I, 56 u. 679f.).[6] Obwohl Heine später den Titel tilgte, kann man aus dem Zusammenhang schließen, welches Wort der Vogel meint. Das lyrische Ich vernimmt das kleine Wort, doch es verwundet ihn, denn er vertraut nie-

---

6 Vgl. auch Westphal, Schumann (Anm. 5), S. 16.

mandem. In »20 Lieder«/4 weint die *Persona* bitterlich, wenn sie von der Geliebten das Wort »Liebe« hört.

7. Todesbilder: In beiden Zyklen gibt es Vorahnungen des Todes, des eigenen Lebens in op. 24/4 und des der Geliebten in »20 Lieder«/5. Im ersten Fall fühlt sich das lyrische Ich so miserabel, dass es den Tod herbeisehnt, im zweiten Fall sieht die *Persona* den unvermeidlichen Tod der Geliebten voraus. Das letztere Gedicht ähnelt anderen Meditationen über die Sterblichkeit einer jungen Frau (z.B. Ronsards »Mignonne«), doch ist Heines Gedicht von Sinnlichkeit durchzogen (»Und nur die Lippen, die sind rot, / Bald aber küsst sie bleich der Tod«).

C. Es gibt in beiden Zyklen eine Reihe von bemerkenswerten musikalischen Parallelen. Man mag diese Ähnlichkeiten als überall vorhandene Eigentümlichkeiten von Schumanns Stil ansehen. Das mag in gewisser Hinsicht wahr sein; dennoch glaube ich, dass einige der hier genannten Parallelen auf Schumanns Behandlung der Heineschen Gedichte zurückzuführen sind. Wie dem auch sei, sie unterstützen die Annahme, dass die beiden Liederzyklen sich sehr ähneln, auch wenn einige Elemente anderswo zu finden sind.

1. Beide Zyklen basieren auf wohlkalkulierten und logischen Tonartenreihungen (wie sie der dritten Spalte in den Tabellen 1 und 2 zu entnehmen sind). Die tonale Disposition in »Dichterliebe« ist eingehend erörtert worden,[7] und Berthold Höckner hat die Tonartenreihungen in beiden Zyklen diskutiert, von op. 24 in einem früheren Essay[8] und von op. 48 in einem der hier vorgelegten Aufsätze.[9] Die Bindekraft der Tonarten ist offensichtlich und wird kurz erörtert werden, wenn wir uns den Unterschieden zwischen den Zyklen zuwenden.

2. In den einzelnen Liedern manifestiert sich eine große Vielfalt von Formen: a) strophische Lieder (op. 24/4 und 7; »20 Lieder«/1, 10, 11, 14, 17 und 18), Bogenform oder *ABA* (op. 24/3; »20 Lieder«/5 und vielleicht 9 und 15), rondo-artige Strukturen (op. 24/5 und 9; »20 Lieder«/19) und durch-

---

7 Viele haben über die Tonartenfolge in op. 48 geschrieben; nur einige Autoren seien hier kurz erwähnt: Arthur Komar: The Music of »Dichterliebe.« The Whole and its Parts. In: Schumann, »Dichterliebe«. (Norton Critical Score). Hrsg. v. A. Komar, New York 1971, S. 63-94; Hallmark, Genesis (Anm. 4), S. 135-45; David Neumeyer: Organic Structure and the Song Cycle: Another Look at Schumanns »Dichterliebe«. In: Music Theory Spectrum (1982), S. 92-105; Fred Lerdahl: Tonal Pitch Space. Oxford 2001, S. 138f.

8 Berthold Höckner: »Spricht der Dichter oder der Tondichter? – Die multiple »persona« und Robert Schumanns »Liederkreis« Op. 24. In: In: Matthias Wendt (Hrsg.): Schumann und seine Dichter. Bericht über das 4. Internationale Schumann-Symposion am 13. und 14. Juni 1991 im Rahmen des 4. Schumann-Festes. Mainz 1993 [= Schumann Forschungen 4], S. 18-32 – engl. Fassung: Poet's Love and Composer's Love. In: Music Theory Online (2001).

9 Vgl. den Beitrag Berthold Höckners im vorliegenden Band (erw. engl. Fassung: Paths through »Dichterliebe«. In: 19th Century Music [2006], Vol. 30-1, S. 65-80).

komponierte Lieder (op. 24/1, 2, 6 und 8; »20 Lieder«/3, 4, 6, 8, 12, 13, 14 u. 20). All diese verschiedenen Formen sind eng verknüpft mit den strukturellen, semantischen und ausdruckshaften Elementen der Gedichte. Jeden Formtypus mit Beispielen zu erläutern würde hier zu weit führen, doch zwei strophische Lieder mögen als repräsentativ herangezogen werden. Op. 24/7 ist ein Gedicht, das den für Heine typischen Stimmungsbruch in der letzten Strophe aufweist. Die ersten drei Strophen beschreiben den Rhein, der an der Oberfläche glatt und verlockend, doch darunter gefährlich und dunkel ist; seine Tiefen bringen Nacht und Tod. Die letzte Strophe vergleicht den Fluss mit der Geliebten: »Oben Lust, im Busen Tücken, / Strom du bist der Liebsten Bild!« Schumann komponierte das Gedicht strophisch; er hätte die letzte Strophe musikalisch modifizieren können (wie er es z.B. in »20 Lieder«/10 »Und wüßten's die Blumen, die kleinen« tat), aber er unterließ es. Doch der Keim für eine Modifizierung ist da; die Musik für die Schlussstrophe ist nicht identisch mit den vorhergehenden drei Strophen. In die Melodie der dritten Phrase (T. 38) fügte er eine chromatische Nachbarnote ein (*fisis*), die den Sextsprung nach unten (*e''-gis'*) verziert und der Melodie eine Art von Bescheid wissendes Zwinkern verleiht.

3. Es gibt motivische Verknüpfungen zwischen den Liedern in jedem der Zyklen. Berthold Höckner hat überzeugend dargelegt, wie ein Motiv im ersten Lied von op. 24 in beinahe allen Liedern des Zyklus wiederkehrt. Das Motiv, ein aufwärtsführender Sprung zu den Worten »Träumend, wie im halben Schlummer«, wird als Erinnerung und Ermahnung bei Traumbildern in anderen Liedern wiederholt.[10] Motivische Verknüpfungen und thematische Wiederholungen finden sich auch in »20 Lieder«. Man vergleiche zum Beispiel die Anfangstakte von »Aus meinen Tränen sprießen« und »Ich hab' im Traum geweinet«. Beide Anfänge bestehen aus wiederholten Tönen und einem Halbton darüber; es scheint beinahe, als ob Schumann mit diesem Querverweis ironisch die Freudentränen in »20 Lieder«/2 mit den Tränen der Trauer in »20 Lieder«/17 in Beziehung setzt. Die Reprise des Nachspiels von »20 Lieder«/14 im letzten Lied des Zyklus wird später erörtert.

4. Beide Zyklen enthalten vergleichsweise bedeutsame harmonische Fortschreitungen. Man denke an die Ähnlichkeit der aufwärtsführenden melodischen und harmonischen Sequenzen in »Warte, warte, wilder Schiffmann« (op. 24/6) und »Ich grolle nicht« (»20 Lieder«/9). In beiden Fällen erscheinen die Sequenzen in den zweiten Hälften der jeweiligen Lieder, sie bestehen aus drei aufsteigenden sequenzierten Phrasen und erreichen die höchste Tonhöhe mit *a''*. In beiden Liedern kommen Schlangenbilder vor,

10 Höckner, Dichter (Anm. 8), S. 22ff.

im ersten die Schlange im Paradies, im zweiten die Schlange, die am Herzen der Geliebten frisst. Beide Sequenzen leiten zum Höhepunkt der jeweiligen Lieder, anschließend folgen Abstieg und Abschluss.

5. Unerwartete und ausdrucks- und textbezogene Tonartenwechsel kommen in beiden Zyklen vor. Wenn in op. 24/3 der kleine Vogel spricht, wechselt die Tonart von H-dur über einen chromatisch geführten Trugschluss vom Dominantseptakkord auf Fis nach G-dur. Eine vage Reminiszenz an diese Rückung kommt in »20 Lieder«/14 vor, wenn die Tonart beim Gesang der Blumen von B-dur nach G-dur wechselt. In beiden Fällen wechselt Schumann chromatisch die Tonart, wobei es zu einem Querstand kommt.

6. In beiden Zyklen gibt es Lieder, in denen Klaviermusik eine bedeutende Rolle spielt, z.B. in langen Einleitungen und Nachspielen. Zwei Lieder, die direkt aus Klaviermusik hervorgegangen sind, erwecken in diesem Zusammenhang ein besonderes Interesse: op. 24/6 und »20 Lieder«/11. Hier fällt auf, dass die Handschriften für beide Lieder Entwürfe für reine Klaviermusik enthalten.[11] Bei »20 Lieder«/11 mühte sich Schumann ab, eine zufriedenstellende Vokalmelodie zu finden, die zur schon komponierten Klaviermusik passte. Op. 24/6 scheint wie eine Instrumentalkomposition zu funktionieren, denn die tonale Disposition ähnelt der einer Sonatine oder Parallelform und wichtige thematische Abschnitte der Musik werden ohne Text wiederholt (vgl. die Formskizze in Beispiel 1).

7. Schumanns Vorliebe für Textänderungen ist bekannt und häufig kritisiert worden. In beiden Zyklen gibt es dafür zahlreiche Beispiele, besonders in Form von kleinen Wortänderungen und Wiederholungen. Bemerkenswerter sind Unterbrechungen der poetischen Strophen wie in op. 24/2. Hier komponierte Schumann nur die ersten drei Zeilen der vierzeiligen ersten Strophe als ersten musikalischen Abschnitt und vereinigte dann die verwaiste vierte Zeile mit der nächsten poetischen Strophe zu einem fünfzeiligen Gebilde (vgl. Beispiel 2). Meines Wissens sind solche Strophenverschiebungen ziemlich selten in Schumanns Liedern,[12] doch ein weiteres Beispiel ist in »20 Lieder«/9 (»Ich grolle nicht«) enthalten. Hier setzt Schumann die Anfangsworte der zweiten Strophe des Gedichtes ans Ende seiner ersten musikalischen Strophe und bringt somit seinen ersten Abschnitt zum Abschluss. Und dann wiederholt er die Anfangsworte des Gedichtes zu Anfang und zu Ende der zweiten musikalischen Strophe.

---

11 Zu »Das ist ein Flöten und Geigen« vgl. Hallmark, Genesis (Anm. 3), S. 17, S. 33 (Skizze Abbild) u. S. 74-81. Vgl. auch die Beschreibung der Handschriften für beide Lieder in Margit McCorkle: Robert Schumann. Thematisch-Bibliographisches Werkverzeichnis. Neue Ausgabe sämtlicher Werke. Ser. VIII: Supplemente. Bd. 6, S. 208 (op. 48/9) u. S. 100 (op. 24/6).

12 Jürgen Thym bemerkt, dass auch im Lied »Das verlassene Mägdlein« (op. 62/2, 1847) eine solche Verdrehung vorkommt.

Beispiel 1: Parallelen-Form (Sonatina-ähnlich) von op. 24/6 »Warte, warte, wilder Schiffmann«

<u>EXPOS.</u>					
1. Strophe (»Warte«)		2. Str. (»Blutquell«)	3. Str. (»Ei, mein Lieb»)	»Oh!«	
	→		→		→
Hauptthema, 1.,2.Teil		Nebenthemen*	Zwischensatz**	Wiederkehr	
E, gis		*E; G, C*	V/*E*, V/*Gis*	V7/*E*	
T. 1-12a, 12b-16		17-36	37-51	52-54	

<u>REPRISE</u>				
Klav. allein	4.Str.(»Kennst«)		4.Str.3-4 (»Die durch«) + 5. Str. (»Alles Unheil«)	Klav. allein
		→		→
1.Teil Haupt..	2. Teil Haupt.		Nebenthemen erweitert	Coda***
E	gis		fis, gis, H, dis, H, V7/E	E
55-66a	66b-71		72-98	99-121

* Expo. endet mit Widerhall des Hauptthemas.

** Das Hauptthema wird harmonisch entwickelt; Nebenthemenrhythmen in der Stimme.

*** Haupt- und Nebenthemen kehren wieder.

Beispiel 2: Strophenunterbrechung in op. 24/2 »Es treibt mich hin«
und 20 Lieder/9 »Ich grolle nicht«

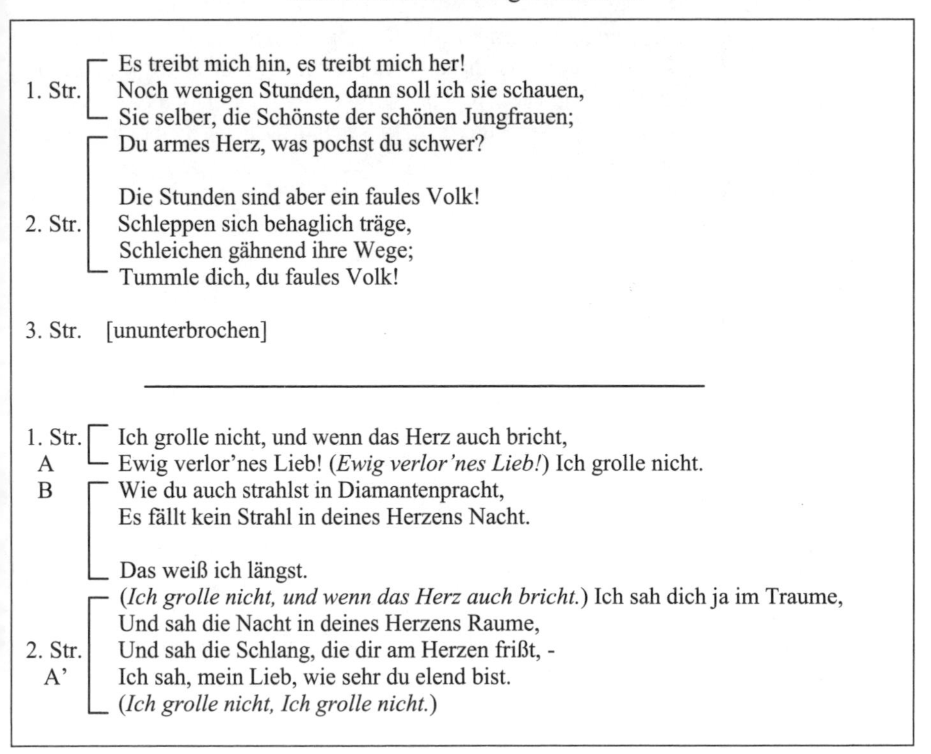

1. Str. Es treibt mich hin, es treibt mich her!
Noch wenigen Stunden, dann soll ich sie schauen,
Sie selber, die Schönste der schönen Jungfrauen;

2. Str. Du armes Herz, was pochst du schwer?

Die Stunden sind aber ein faules Volk!
Schleppen sich behaglich träge,
Schleichen gähnend ihre Wege;
Tummle dich, du faules Volk!

3. Str. [ununterbrochen]

---

1. Str. A Ich grolle nicht, und wenn das Herz auch bricht,
Ewig verlor'nes Lieb! (*Ewig verlor'nes Lieb!*) Ich grolle nicht.

B Wie du auch strahlst in Diamantenpracht,
Es fällt kein Strahl in deines Herzens Nacht.

Das weiß ich längst.

2. Str. A' (*Ich grolle nicht, und wenn das Herz auch bricht.*) Ich sah dich ja im Traume,
Und sah die Nacht in deines Herzens Raume,
Und sah die Schlang, die dir am Herzen frißt, -
Ich sah, mein Lieb, wie sehr du elend bist.
(*Ich grolle nicht, Ich grolle nicht.*)

Auf Grund der hier dargelegten Ähnlichkeiten muss man eingestehen, dass Schumanns zwei Heine-Zyklen in der Tat den Anschein geben, als seien sie Zwillingsbrüder. Doch sollten wir uns nicht mit dem Auflisten gemeinsamer Aspekte begnügen, sondern uns dem Auffinden von Unterschieden zuwenden.

3. Unterschiede zwischen den Zyklen

Die Zyklen sind sich zweifellos sehr ähnlich – trotzdem müssen wir uns die Frage stellen: Hat Schumann wirklich denselben Zyklus zweimal komponiert? Vorweg müssen wir uns die selbständigen literarischen Quellen der beiden Zyklen anschauen, sodann uns den unterschiedlichen Beziehungen eines jeden Liedes zu seiner literarischen Quelle zuwenden, und schließlich die ganz unähnlichen kompositorischen Entstehungsgeschichten der zwei Zyklen untersuchen (siehe Tabelle 1 und 2).

Schumanns »Liederkreis« op. 24 basiert auf einer Gruppe von neun Gedichten aus »Junge Leiden,« einem Teil des »Buch der Lieder.« Die Reihe von neun Liedern wurde so von dem Dichter zusammengestellt, und Schumann übernahm sie als integrales Ganzes. Man sollte hier erwähnen, dass dies der einzige Liederzyklus in

Schumanns Œuvre ist, in dem er so verfuhr; in allen anderen Fällen pflückte sich Schumann einen Strauß von Gedichten aus einer größeren Sammlung oder ließ Gedichte in einem sonst integralen Ganzen weg.[13] (In diesem Zusammenhang sollte man wissen, dass kein anderer Komponist alle neun Gedichte der Heineschen »Lieder« setzte.[14]) Schumann vertonte diese Gedichte im Februar 1840; man findet sie in dem ersten von drei großen Liederbüchern, die der Komponist aus seinen Liedermanuskripten zusammenstellte.[15] Dieser Zyklus gehört zu den frühesten Kompositionen des Liederjahres 1840 und ist sein erster Zyklus und auch seine erste Liederveröffentlichung.

Bei der »Dichterliebe« ist es ganz anders. Hier handelt es sich um 66 Gedichte des »Lyrischen Intermezzo,« wie sie in der ersten Ausgabe des »Buch der Lieder« erschienen, aus denen der Komponist sich die einzelnen Gedichte aussuchte.[16] Schumann komponierte zuerst die ersten sieben Gedichte, ohne ein einziges auszulassen und wählte dann weitere 13 aus den verbleibenden 59 Gedichten.[17] Im Mai 1840 wurden die Vertonungen abgeschlossen, und er nannte den Zyklus, wie schon früher erwähnt, »20 Lieder und Gesänge aus dem lyrischen Intermezzo...«. Der Korrespondenz mit den Verlegern ist zu entnehmen, dass er bis Herbst 1843 an seiner Originalintention festhielt, diese »20 Lieder« als ein Ganzes zu veröffentlichen.[18] Der Zyklus erschien schließlich im September 1844, doch unter dem Titel »Dichterliebe« und mit nur 16 der »20 Lieder«.[19] Mit anderen Worten, in diesem Fall war Schumann sowohl Dichter als auch Komponist. Diese Tatsache ist ein grundlegender Unterschied zwischen dem »Liederkreis« op. 24, und »20 Lieder«/ »Dichterliebe«, und daraus ergeben sich bedeutsame Verwicklungen bei der Beurteilung der Zyklen.

---

13 Jon Finson macht mich auf eine Ausnahme aufmerksam, die »Vier Husarenlieder« op. 117 von Lenau (1851), die vielleicht die Ausnahme sind, die die Regel bestätigen.

14 Westphal, Schumann (Anm. 5), S. 9 u. S. 30. Westphal entnimmt ihre statistischen Angaben aus Günter Metzner: Heine in der Musik. Bibliographie der Heine-Vertonungen in 12 Bänden. Tutzing 1989ff.

15 DStB, Ms. Mus. autogr. 16/1. Vgl. McCorkle, Werkverzeichnis (Anm 11), S. 789-792.

16 Vgl. Hallmark, Genesis (Anm. 4), S. 15-18, 110-123. Nach diesen und anderen Forschungen ist es aus mehreren Gründen klar, dass Schumann die erste Ausgabe des »Buches der Lieder« verwendet hat, wo das »Lyrisches Intermezzo« aus 66 Gedichten besteht. Von der zweiten und allen weiteren Ausgaben des »Buches der Lieder« hat Heine ein Gedicht (Original Nr. 37 »Ich kann es nicht vergessen«) weggenommen, so dass in allen späteren Ausgaben das »Lyrische Intermezzo« nur 65, statt 66, Gedichte enthält. Trotzdem liest man oft noch heute in der Schumann-Literatur von den »65 Gedichten« im »Lyrischen Intermezzo«. Das ist keine triviale Sache.

17 Es gibt auch ein Zwischenstadium, da Schumann während des Skizzensprozesses eine Liste der Nummern von anderen Gedichten aus dem »Lyrischem Intermezzo«, die er vertonen sollte, niederschrieb – vgl. Hallmark, Genesis (Anm. 4), S 110ff. Diese Liste enthält die Nummer 37 und auch mehrere höhere Nummern.

18 Vgl. u.a. Perrey, »Dichterliebe« (Anm. 3), S. 116-120.

19 Bei Peters (Leipzig), September 1844; vgl. McCorkle, Werkverzeichnis (Anm. 11), S. 208. Leider gibt es keinen Beweis dafür, wann genau und warum Schumann seine ursprüngliche Absicht aufgab.

Wir kommen jetzt auf Beate Perrey zurück und das Problem der Erzählung. Perrey hat sehr viel von Friedrich Schlegel und Novalis gelesen, um deren Theorien über das Fragment und die romantische Ironie zu begreifen. Sie hat auch Heines Intentionen bei seinen Gedichten studiert und Schumanns Aussagen zur Liedkomposition interpretiert. Auf Grund dieser philosophischen und ästhetischen Ideen kommt Perrey zu dem Schluss, dass weder Schumann in seinen Liedern noch Heine in seinen Gedichten darauf zielten, klassische Kunstwerke zu schaffen, die in sich beruhen, sondern romantische Fragmente, die über sich hinausweisen.[20]

Perrey beginnt mit Heine und literarischen Fragen. Sie schreibt: »The early Romantic text, consisting of fragments, is not characterized by a logical narrative where each incident connects with and leads to all following incidents.«[21] Das ist ganz sicher der Fall bei Heines »Lyrischem Intermezzo.« Zwar deutet der Dichter mit dem Prolog und den ersten und letzten Gedichten einen Anfang und ein Ende an, doch folgen die einzelnen lyrischen Momente zwischen diesen Polen keinesfalls einer logischen erzählerischen Ordnung. Perrey beschreibt die Reihenfolge der Gedichte als »kaleidoscopic« und »circular«. »Not external events but an inner state of mind [...] permeates the poetic cycle.«[22] Viele Forscher haben sich mit Heines Reihenfolge der Gedichte in seinen Zyklen befasst,[23] und Perrey stimmt denen zu, die keine »continuous story« im »Lyrischen Intermezzo« finden. Auch lehnt Perrey, wie viele Heine-Interpreten, eine autobiografische Basis für Heines frühe Liebesgedichte als den Sachverhalt allzu vereinfachend ab. Statt einer wirklichen Geliebten (als die Heines Kusine Amalie gelten könnte) postuliert sie eine weibliche *imago,* eine Art abstrakte Idee von der Frau, als die in den Gedichten Angeredete.[24]

Mit diesen Vorüberlegungen schreitet Perrey dann zur Behandlung der Schumannschen Lieder fort. Da Heines Gedichte als Fragmente zu gelten haben und sein Zyklus weder eine autobiografische noch eine erzählerische Basis haben, entbehren auch Schumanns Lieder einer erzählerischen Struktur. Diese Folgerung ist meiner Meinung nach ein Irrtum.

Ich akzeptiere gerne den fragmentarischen Aspekt der einzelnen Lieder Schumanns und glaube, dass dieser Ansatz eine reiche und fruchtbare Perspektive eröffnet, genau wie John Daverio sie für einige von Schumanns Klavierwerken und Da-

---

20 Perrey, »Dichterliebe« (Anm. 3), S. xii (Preface), S. 26-33 (zum romantischen Fragment), S. 64-66 (Schumann), S. 71-73 (Heine and Schumann). Perrey erklärt nicht, ob nur einzelne Gedichte oder auch ganze Gedichtreihen ihrer Meinung nach fragmentarisch sein können.

21 Ebd., S. 27: »Frühe romantische Texte, die aus Fragmenten bestehen, haben keine erzählerische Logik, bei der jeder Moment sich mit allen folgenden Momenten verbindet und zu ihnen führt.«

22 Ebd., S. 73: »Nicht äußerliche Ereignisse sondern ein innerer Geisteszustand durchziehen den Zyklus.«

23 Vgl. u.a. S. S. Prawer: Heine: Buch der Lieder. London 1960; Norbert Altenhofer: Ästhetik des Arrangements. Zu Heines »Buch der Lieder«, In: Heinrich Heine. Hrsg. v. Heinz Ludwig Arnold. München [4]1982 [= Text und Kritik 18/19], S. 16ff.

24 Perrey, »Dichterliebe« (Anm. 3), S. 83ff.; vgl. auch William Rose: The Early Love Poetry of Heinrich Heine: An Inquiry into Poetic Inspiration. Oxford 1962.

vid Ferris für den Eichendorff »Liederkreis« ausgeführt haben.[25] Aber ich finde, dass Fragment und Erzählung sich nicht gegenseitig ausschließen.

Bevor wir fortfahren, sollten wir den Ausdruck »erzählerisch« näher betrachten. Ein lyrisches Ich, wie Perrey ausführt, spricht in der ersten Person (Singular). Keine andere Rolle wird durch direkten Ausdruck dargestellt, und es gibt auch keinen allwissenden Erzähler. Aus diesem Grund sind die »20 Lieder« keine Erzählung, meint Perrey, und ich stimme ihr zu. Weder Heines »Lyrisches Intermezzo« noch Schumanns Liederzyklus sind »Erzählungen« in diesem engen Sinn. Doch dieser Unterschied ignoriert andere Aspekte in Schumanns Liedern. Wenn wir von »Dichterliebe« als einer »Erzählung« sprechen, verstehen wir darunter, dass die Äußerungen des lyrischen Ichs einen erzählerischen Verlauf andeuten oder einem solchen Verlauf entsprechen, nicht, dass diese Stimme selbst die Geschichte erzählt.

Wir können diesen Unterschied mit Hilfe der philosophischen Betrachtungen Karol Bergers klar machen. In seinem Buch »A Theory of Art« behauptet Berger, dass der wesentliche Unterschied zwischen epischer (oder erzählerischer) und lyrischer (vielleicht darf ich »fragmentarischer« sagen?) Dichtung darin besteht, wie sich die Teile zueinander verhalten. Bei der epischen Dichtung reihen sich die Teile wie Ursache und Wirkung; ihr Verhältnis ist kausal und ihre zeitliche Abfolge unabänderlich oder asymmetrisch. Bei der lyrischen Dichtung können die Teile in beliebiger Reihenfolge angeordnet werden; ihr Verhältnis zueinander ist veränderbar und symmetrisch.[26]

Wir können die Anordnung der Gedichte in Heines »Lyrischem Intermezzo« als symmetrisch verstehen. Zwar ist in dem Zyklus eine allgemeine Transformation von Liebeserwachen zu Liebesentsagung erkennbar, doch stehen die einzelnen Gedichte zueinander in keiner kausalen Anordnung. Wie in einer Spirale erforscht Heine in 66 Gedichten die Empfindungen seiner *Persona*. Schumann jedoch hat weder den Umfang noch die Anordnung (letztere wenigstens nicht immer) der Heineschen Gedichte beibehalten.

Wie schon erwähnt, hat Schumann nicht alle 66 Gedichte des »Lyrischen Intermezzos« vertont. Sein Ziel war nicht, Heines fragmentarische Form als Ganzes neu zu schaffen.[27] Anfangs vertonte Schumann 20 Lieder, unter ihnen auch das erste und das letzte Gedicht aus Heines Zyklus. Wichtig ist, dass sich Heines erstes Gedicht in der Vergangenheitsform vorstellt, während alle anderen von Schumann vertonten Gedichte in der Gegenwartsform stehen. Das bedeutet, dass das erste Lied

---

25 John Daverio: Nineteenth-Century Music and the German Romantic Ideology. New York 1993, Ch. 2: »Schumanns Op. 17 Fantasie and the Arabeske«, S. 19-47, Ch. 3: »Schumanns Systems of Musical Fragments and Witz«, S. 49-88; David Ferris: Schumanns Eichendorff »Liederkreis« and the Genre of the Romantic Cycle. Oxford 2000.

26 Karol Berger: A Theory of Art, New York & Oxford 2000, S. 189-196. Ich bedanke mich herzlich bei Prof. Dr. Hermann Danuser, der mir Bergers Buch empfohlen hat.

27 Für ein solches Unterfangen sollten wir unseren Blick auf Johann Hovens »88 Lieder« aus Heines »Die Heimkehr« richten, ein umfangreicher Liederzyklus, der während des Schumann-Festes 2006 von Markus Schäfer (Tenor) und Christian de Bruyn (Klavier) aufgeführt wurde.

von einem zurückliegenden Liebeserfahren spricht, und die darauf folgenden Lieder die Schritte dieses Liebeserfahrens fragmentarisch als gegenwärtig darstellen. Nach dem ersten Lied folgen die anderen wie bei der Rückblende oder dem »flashback« im Film. Beim Film wird die Rückblende oft duch ein »fade-out« nach der Eröffnungsszene angedeutet. Schumann benutzt als »fade-out« eine unabgeschlossene, offen bleibende Kadenz am Ende des ersten Liedes, und danach folgen die anderen Lieder als Aussagen der Gegenwart.

Außerdem muss man festhalten, dass Schumann die ausgewählten Gedichte nicht immer in Heines Folge angeordnet hat. (Tabelle 2 erlaubt uns, Schumanns Reihenfolge der Lieder mit der von Heines Gedichten zu vergleichen.) In zwei Fällen hat Schumann die Reihenfolge von Heines Gedichten umgekehrt: Nr. 22 kommt vor Nr. 20, und Nr. 40 folgt Nr. 41. Außerdem bringt er Heines Nr. 44 als vorletztes Lied vor Nr. 66. Warum ändert Schumann Heines Reihenfolge ab? Was ist das Ergebnis dieser Veränderungen?

Im Liederzyklus bringt das lyrische Ich die folgenden Themen oder Situationen in einer neuen Abfolge:

Nr. 22: Die Geliebte hat sein Herz gebrochen;
Nr. 20: Die Geliebte hat jemand anderen geheiratet;
Nr. 41: Er ergießt sein übergroßes Weh in Tränen;
Nr. 40: Er erzählt eine alte Geschichte, die eigentlich die seine ist.

Wenn Schumanns Lieder, wie Heines Gedichte, unabhängige Fragmente sein sollen, dann macht die Folge der Lieder keinen Unterschied: alles kann geändert werden. Doch Schumanns Neuordnung der Gedichte Nr. 20 und Nr. 22 ist mit einer traditionellen Technik des Erzählens verbunden, nämlich der Vorahnung. In »Und wüßten's die Blumen« (Heine Nr. 22) spricht die *Persona* von einem großen Leid, das die Geliebte verursacht hat, und in der letzten Strophe heißt es, dass die Geliebte sein Herz zerrissen hat, doch bleibt die Ursache der Verbitterung ungenannt. Dann wird im nächsten Lied die Erklärung nachgeschoben, die Schumann in seinem Zyklus uns aus dramatischen Gründen erst einmal vorenthalten hat: Die Geliebte hat einen anderen Mann geheiratet. Im »Lyrischen Intermezzo« jedoch würden wir nicht unbedingt folgern, dass die Heirat der einzige oder sogar der wichtigste Grund für die Unglückseligkeit der *Persona* ist. Doch in den »20 Liedern« läuft alles auf diesen Moment zu, und alles löst sich danach auf. Schumann hat dann folgerichtig auch eine thematische Beziehung zwischen diesen beiden umgestellten Liedern hergestellt: das Nachspiel von »20 Lieder«/10 antizipiert das Hauptthema von »20 Lieder«/11, wodurch das eine Lied zum nächsten in eine beinahe kausale Verbindung gebracht wird.

Schumanns Veränderung der Folge der Gedichte Nr. 40 und Nr. 41 entspricht einer psychologischen Erfahrung: Das lyrische Ich drückt zuerst seine große Traurigkeit aus, und erst danach distanziert es sich von ihr, ein Prozess, der in den nachfolgenden Traumliedern fortschreitet. In Heines Zyklus ist die Reihenfolge der Gedichte, die diese beiden verschiedenen Reaktionen zum Thema haben, austauschbar; beide sind kontinuierliche Geisteszustände, und keine Haltung ersetzt die andere.

Bei der dritten Umstellung handelt es sich um »Aus alten Märchen winkt es«. Obwohl das Gedicht in Heines Zyklus die Position Nr. 44 hat, bringt Schumann es als vorletztes Lied seines Zyklus, und dadurch dass es auf die bei Heine viel später erscheinenden Gedichte Nr. 46, Nr. 47, Nr. 55 und Nr. 57 folgt, rückt er es in unmittelbare Nähe zu Nr. 66. Das bedeutet, dass Schumann dieses Gedicht ganz bewusst zurückgehalten hat, vielleicht um es als Kommentar zu den vier vorhergehenden Traumgedichten zu benutzen. Es heißt denn auch im Lied:

> Ach jenes Land der Wonne,
> Das seh' ich oft im Traum,
> Doch kommt die Morgensonne,
> Zerfließt's wie eitel Schaum.

Dadurch erreicht Schumann eine zusätzliche Distanzierung des lyrischen Ichs. Und nicht nur das – er verstärkt damit auch den Eindruck eines geregelten Zeitablaufs: einige Ereignisse folgen anderen. Mit anderen Worten: Die Zeit ist eine gerade Linie und verläuft nicht kreis- oder spiralförmig.

Die thematische Verknüpfung zwischen »20 Lieder«/10 und »20 Lieder«/11 habe ich schon erwähnt, doch auf die bekannte Reprise des Klaviernachspiels von »20 Lieder«/14 »Am leuchtenden Sommermorgen« im Nachspiel von »20 Lieder«/20 »Die alten, bösen Lieder« zu Ende des Zyklus muss ich jetzt noch zu sprechen kommen. Diese Wiederholung, wenn ich sie recht verstehe, ist keine abstrakte Verknüpfung. Sie erinnert das lyrische Ich (und auch den Hörer) an die Worte der Blumen »Sei uns'rer Schwester nicht böse« und hat eine erzählerische Wirkung: Die *Persona* vernimmt die Botschaft der Naturstimmen genau in dem Moment, als sie versucht, sich der Liebe zu entledigen. In all diesen Fällen verbindet Schumann die lyrischen Momente durch eine kausale Ordnung. Dadurch mildert Schumann zusätzlich auch Heines Bitterkeit und schließt den Zyklus, statt mit Entsagung und Verzicht, mit einer Geste der Versöhnung.

In der Originalfassung des Zyklus, »20 Lieder«, findet man Spuren von Heines symmetrischer Anordnung der Gedichte. »20 Lieder«/6, »Lehn deine Wang«, eines der Lieder, die später ausgeschieden wurden, beschreibt reine leidenschaftliche Liebe, die nicht kausal auf die Zweifel über die Geliebte folgt, die im vorhergehenden Gedicht, »Wenn ich in deine Augen seh',« ausgedrückt wurden. Und »20 Lieder«/16, »Mein Wagen rollet langsam«, steht überhaupt in keiner unverrückbaren asymmetrischen Beziehung, weder zum vorhergehenden noch zum nachfolgenden Lied. Es ist reine Stimmungsmalerei und hat äußerlich nichts mit den anderen Gedichten zu tun (wenn man von der neutralen Erwähnung der Geliebten in der Kutsche absieht). Vielleicht waren solche Anomalien der Grund dafür, dass Schumann sich entschied (vielleicht auf Anraten des Verlegers), die »20 Lieder« in gekürzter Fassung als »Dichterliebe« zu veröffentlichen.

Ich hoffe, dass nun deutlich ist, wie ich den Begriff »erzählerisch« verstehe und unterschiedlich von Perrey verwende. Es gibt historische Gründe, den Begriff in diesem Sinn zu deuten. Ein aus einzelnen lyrischen Äußerungen bestehender Zyklus, dessen Momente zusammen zu einer implizierten Erzählung beitragen, wird im 19. Jahrhundert als künstlerische Form in Dichtung und Musik anerkannt. Das meinte Adelbert von Chamisso ganz sicher, wenn er solche Zyklen in seinem Gesamtwerk als »lyrisch-epische Gedichte« bezeichnete.[28]

Trotz ihrer vielen Ähnlichkeiten sind diese zwei Zyklen also ganz verschieden. Wenn wir uns op. 24 von den »20 Liedern« oder der »Dichterliebe« her nähern, werden wir vermutlich den »Liederkreis« mit einer Geschichte versehen, so als ob man die fehlenden Stücke eines Puzzles ergänzt. Doch wenn wir dem Einfluss des späteren Zyklus widerstehen, dann wird op. 24 zu einer Gruppe von Gedichten über unglückliche Liebe; es ist eine Sammlung, die nicht notwendigerweise eine Folge mit einem logischen und erzählerischen Ablauf beinhaltet. Doch »20 Lieder«/»Dichterliebe« kann in der Tat als einen erzählerischen Hintergrund enthaltend gedeutet werden. Das spätere Werk impliziert eine Geschichte, die ihren Höhepunkt in einem einzigen äußeren Ereignis erreicht, das im Zyklus genannt wird: die Heirat der Geliebten mit einem anderen Mann. Die implizierte Erzählung wird selbst zum Gegenstand eines Liedes in »20 Lieder«/13, »Ein Jüngling liebt ein Mädchen« – hier wird sie lakonisch als »alte Geschichte« abgetan.

Noch ein kurzes Wort zu den Tonartenfolgen (vgl. die dritte Spalte in den Tabellen 1 und 2). Die Tonarten in op. 24 sind tatsächlich eng aufeinander bezogen, doch die Dominant-Tonika-Beziehungen, die »20 Lieder«/»Dicherliebe« durchziehen und den Vorwärtsdrang dieser Lieder begründen, sind im »Liederkreis« weit weniger ausgeprägt. Benachbarte Lieder, die in der gleichen Tonart stehen und sich nur in modaler Hinsicht unterscheiden (2-3: *h-H*; 4-5: *e-E*; 8-9: *d-D*) sind genauso häufig wie solche, deren Tonarten im Quintverhältnis (will sagen: im Dominant-Tonika-Verhältnis) stehen (3-4: *H-e*; 6-7: *E-A*; 7-8: *A-d*). Es gibt sogar eine Folge von d r e i Liedern in der gleichen Tonart (4-6: *e-E-E*). Man könnte beinahe sagen, dass ein gewisser tonaler Stillstand kennzeichnend für diesen Zyklus ist, oder dass der Zyklus nicht geradlinig durch den tonalen Raum von Anfang bis Ende fortschreitet, sondern in Form von Konstellationen: zum Beispiel, *D-b-B*, *e-E-E*, *A-d-D*. (Diese Interpretation ist nur eine von mehreren Möglichkeiten, die Fortschreitungen zu erklären. Eine ausführliche Deutung würde hier zu weit führen; es sei aber festgehalten, dass, wie auch immer die tonalen Dispositionen in den beiden Zyklen erklärt werden, die Zyklen in dieser Hinsicht sehr verschieden sind.)

Wenn wir »Liederkreis« op. 24, nicht durch die Brille der »20 Lieder«/»Dichterliebe« betrachten, werden wir feststellen, dass eine erzählerische Deutung des

---

28 So ist der Titel des ersten Teils seiner gesammelten Gedichten die mit »Frauenliebe und -leben« anfangen, und andere, vergleichbare Zyklen wie »Thränen«, »Lebenslieder und -bilder,« usw., enthalten. Adalbert von Chamisso: Werke in zwei Bänden. Hrsg. v. Werner Feudel. Leipzig 1981, Bd. I, S. 40.

früheren Zyklus nicht gelingt. Tatsächlich steht op. 24 viel näher zu Perreys auf einer Folge von Fragmenten basierendem Arbeitsmodell.

4. Schluss

Obwohl ich mit einigen Schlussfolgerungen Perreys nicht einverstanden bin, bin ich ihr doch für ihre Erörterungen zur romantischen Ästhetik des Fragments und wie wir diese Ästhetik mit Gewinn in die Behandlung von Liedern einbringen können zu Dank verpflichtet. Ich muss auch ihre Wiederentdeckung und Veröffentlichung des beinahe vergessenen Briefwechsels über den zweiten Heine-Zyklus zwischen Schumann und seinen Verlegern loben; die Korrespondenz beweist, dass Schumann an seinem Plan, die »20 Lieder« als Ganzes zu publizieren, bis zum Schluss festhielt, mindestens bis Herbst 1843, vielleicht sogar noch später, bis er sich schließlich entschied, den Zyklus zu kürzen und ihn als »Dichterliebe« zu veröffentlichen. Perrey hat Recht, auf diese neuen Kenntnisse Gewicht zu legen, denn sie laden zu wichtigen, wenn auch unbeantwortbaren Fragen ein. Warum gab Schumann schließlich seinen Plan auf, an dem er so hartnäckig für drei bis vier Jahre festgehalten hatte? War es seine Idee, oder wollte der Verleger weniger Druckplatten herstellen und dem Werk einen programmatischen Titel verleihen? Sollte man den Zyklus mit allen 20 Liedern aufführen? Und wie soll er in der Gesamtausgabe erscheinen?[29]

Ich glaube, dass mein Essay eine Art von Fragment ist. Er kommt am Ende zu keinen sicheren Schlussfolgerungen; er kann keine klare Antwort auf meine Anfangsfrage liefern, warum Schumann zwei so ähnliche Heine-Zyklen vertonte. Wie ein Fragment kann mein Aufsatz nur auf Möglichkeiten hinweisen, die über ihn hinausführen. Ich bin der Überzeugung, kann es aber nicht beweisen, dass Schumann wirklich nicht darauf aus war, den selben Zyklus noch einmal, nur breiter angelegt zu komponieren, sondern dass er darauf abzielte, etwas ganz anderes zu schaffen. In seinem handschriftlichen Manuskript heißt der Untertitel auf der Titelseite: »2ter Liederkreis aus dem Buch der Lieder«; vielleicht wollte Schumann damit den Leser oder Musiker zu einem Vergleich einladen, wie denn sein zweiter

29 Arthur Komars Ausgabe der »Dichterliebe« (Anm. 7) ist meines Wissens die erste des Zyklus, in der die vier weggelassenen Lieder wieder in den Zyklus eingefügt werden. Sie erscheinen als 4a, 4b, 12a, und 12b. Kazuko Ozawas Urtext-Ausgabe für den Henle-Verlag (2005) enthält die vier Lieder in einem Anhang. Thomas Hampson hat alle 20 Lieder des erweiterten Zyklus aufgeführt und sie auch in einer CD-Aufnahme herausgebracht (EMI Classics 5 55598 2, 1997).

Zyklus sich von dem ersten unterschied. Nachdem er Heines Zyklus von neun Gedichten vertont hatte, wollte Schumann bei der Auslese und Anordnung der Gedichte aus dem »Lyrischen Intermezzo« selbst der Autor sein und dadurch einen ganz anderen und diesmal »lyrisch-epischen« Zyklus schaffen.

Schumanns kompositorische Aneignung von literarischen Texten am Beispiel der Heine-Lieder op. 24 und op. 48

Reinmar Emans / Monika Schmitz-Emans

Bei Heine verknüpft sich die sein Werk prägende Ironie mit dem von der Frühromantik übernommenen, wenngleich in neuer Weise umgesetzten Programm ästhetischer Autoreflexion. Heines Ironie ist, anders gesagt, bei aller Ironisierung von gesellschaftlichen und politischen Verhältnissen, Verhaltens- und Sprechweisen stets und vor allem eines: Selbstironie der sprechenden Instanz. Entsprechend enthält sein Œuvre zwar viele »Dichterbilder«,[1] diese konvergieren aber nicht zu einem stimmigen Selbstentwurf, sondern zersplittern in miteinander inkompatible Facetten. Dabei wäre es verfehlt, hinter den vielen Rollen-Ichs ein eigentliches Ich zu unterstellen, das sich auf variable Weise ›maskiert‹, in seiner Eigentlichkeit (als etwa Authentisches) aber zu enthüllen wäre – wie es denn auch nicht angeht, Heines Ironie als uneigentliche Verpackung eines eigentlich Gemeinten in verständigen Klartext übersetzen zu wollen. Mehr als nur ein rhetorische Stilmittel wird Ironie in der Heineschen Spielform zur Darstellungs- wie zur Vollzugsform innerer Spaltung; die »ironische Maskerade« erfährt, wie Sabine Schneider es ausdrückt, eine »existentielle Verschärfung«.[2] Heines frühe Gedichte – darunter die Textsubstrate für Schumanns op. 24 und op. 48 – sind bereits durch eine solchermaßen dem ›Eigentlichen‹, ›Authentischen‹ und ›Identischen‹ abschwörende Ironie geprägt. Sie sind Produkte komplexer ironisch-selbstbezüglicher Rollenarrangements, die gerade mit der Suggestion empfindungsvoller Selbstaussage spielen.

Um die Ironie Heines gänzlich zu verkennen, bedürfte es auf Seiten des Rezipienten erheblicher Naivität; eigenartigerweise hat man Schumann solche Naivität gelegentlich unterstellt. An der Geschichte der Forschungen zu Heine und Schumann lässt sich exemplarisch ablesen, wie die Paradigmenwechsel in den philologischen Wissenschaften deren Gegenstände in wechselnden Beleuchtungen erscheinen lassen.[3] Gerade mit der Frage, wie Schumann als Komponist auf die ironische Dimension der Heineschen Texte reagiert hat, verbinden sich grundsätzlichere methodische und hermeneutische Fragen; diese sind kontrovers beantwortet

1 Zu diesem Thema vgl. Sabine Bierwirth: Heines Dichterbilder. Stationen seines dichterischen Selbstverständnisses. Stuttgart/Weimar 1995.

2 Sabine Schneider: Die Ironie der späten Lyrik Heines. Würzburg 1995, S. 11.

3 Für weite Teile der jüngeren literatur- und musikwissenschaftlichen Forschung leitend ist vor allem das Interesse am reflexiven Potential ästhetischer Strukturen – sei es in Erinnerung an das Schlegelsche Postulat einer »Transzendentalpoesie«, sei es auch unter Akzentuierung der Beziehungen zwischen Kunst und historischer Wirklichkeit, wie sie sich in den Werken selbst bespiegeln. In früheren Zeiten, etwa unter dem Vorzeichen des positivistischen Paradigmas, des biografistischen Zugangs zu ästhetischen Werken oder auch der rassistischen Differenzierung zwischen »deutscher« und »jüdischer« Kunst, lagen die Akzente anders.

worden. Ein erster Typus von Antworten lässt sich unter die These subsumieren, Heines Texte seien zwar ironisch, Schumanns Musik aber nicht. Während einigen Verfechtern dieser Auffassung zufolge Musik prinzipiell nicht ironisch ist, es demnach also an den Schumann zu Gebote stehenden künstlerischen Mitteln gelegen hat, wenn seine Lieder denn unironisch sein sollten, meinen andere, dass es Schumanns Intentionen respektive seinem persönlichen ›Charakter‹ entsprochen habe, Heines Ironie abzumildern, zu übersehen oder ästhetisch zu sublimieren. Diese Begründung (angeblich) fehlender Ironie in Schumanns Vertonungen mit der persönlichen Disposition des Komponisten wird noch überboten durch die im rassistischen Diskurs früherer Musikologen-Generationen vertretene These, dem deutschen Wesen Schumanns habe die jüdische Ironie Heines eben nicht gelegen und er habe sie darum gleichsam purifiziert. Wiederum andere Interpreten meinen (irrigerweise), Schumann habe Heines Ironie eben nicht mitbekommen – eine Auffassung, zu deren Widerlegung einfach diverse Stellen aus Schumanns Schriften herangezogen werden können, was denn mittlerweile auch geschehen ist.

Der für eine zweite Gruppe von Forschungsmeinungen leitenden Gegenthese zufolge ist auch Schumanns Musik ironisch. Die Bedeutung des Ironischen bei Schumann hat vor allem Thomas Synofzik rezent in seiner Monografie zu den Heine-Liedern erörtert und detailliert belegt; für ihn besteht zwischen dem Musikalischen und dem Ironischen gerade ein innerer Zusammenhang.[4] Synofzik betont, dass Schumann das »Buch der Lieder« umfassend, und dabei keineswegs nur »identifikatorisch« (im Sinne der ›Ausleihe‹ von Zitaten für Liebesbotschaften) gelesen habe. Seine Analysen machen plausibel, dass es gerade die ironische Gebrochenheit der Heineschen Texte war, die Schumann angezogen hat, dass dies für die Textauswahl maßgeblich wurde – und für die kompositorische Arbeit. Verbindend für eine ganze Reihe der Texte sei das Prinzip der »Erwartungstäuschung« (so Synofzik in Fortsetzung von Destros Ansatz[5]), das in der Musik Schumanns aufgegriffen werde. Drittens schließlich ist in der Forschung die ›Angemessenheit‹ von Vertonungen an vertonte Texte, die ›Treue zum Text‹ als kompositorisches Ziel und als Kriterium ästhetischen Gelingens in Frage gestellt worden. Hat Schumann überhaupt versucht, zu den Heine-Liedern ein ›adäquat‹-textauslegendes musikalisches Pendant zu schaffen? Beate Perrey beantwortet diese Frage negativ, orientiert an Theoremen der frühromantischen Ästhetik, die sie aus dekonstruktivistischer Perspektive einer Re-Lektüre unterzieht.[6] Schon durch die Vertonung als solche, so ein wichtiger Leitgedanke, verändere der Text selbst seinen Charakter.

Divergieren die Beschreibungen und Interpretationen der Beziehung Schumanns zu Heine erheblich, so besteht Konsens über die Bedeutung Jean Pauls für Schu-

4 Thomas Synofzik: Heinrich Heine – Robert Schumann. Musik und Ironie. Köln 2006.

5 Alberto Destro: L'attesa contradetta. La svolta finale nelle liriche del ›Buch der Lieder di Heinrich Heine. In: Annali Istituto orientale Napoli. Sezione Germanica (1977), Nr. XX-1, S. 7-127.

6 Beate Julia Perrey: Schumann's »Dichterliebe« and Early Romantic Poetics: Fragments of Desire. Cambridge, Mass. 2003.

mann, obgleich hier noch viele Fragen, insbesondere die nach dem Einfluss seines Lieblingsautors auf die eigene Prosa, zu weiteren Erörterungen Anlass geben könnten. Schumanns Jean Paul-Lektüren sind mehrfach motiviert. Erstens gehört Jean Paul zu den Autoren der ersten Hälfte des 19. Jahrhunderts, die sich den wechselseitigen Bespiegelungsverhältnissen von Musik und Dichtung bzw. Sprache mit besonderem Nachdruck gewidmet und zur literarischen Modellierung von Musik maßgeblich beigetragen haben. Bei der Vorbereitung der Anthologie »Dichtergarten« liest Schumann mit Clara vor allem den »Titan«. Seine eigenen literarischen Beschreibungen von Musik und ihren Wirkungen auf das menschliche Herz sind entsprechenden Passagen bei Jean Paul erkennbar verpflichtet. Zweitens findet Schumann bei Jean Paul ein Gestaltungsprinzip, das er selbst übernimmt: die Erfindung komplementärer Figuren. Oft zitiert wurde der Tagebucheintrag über Jean Pauls Doppelcharaktere aus den späten 1820er Jahren:

> In allen seinen Werken spiegelt sich Jean Paul selbst ab [er], aber jedesmal in zwey Personen: er ist Albano u. Schoppe, Siebenkäs u. Leibgeber, Vult u. Walt, Gustav u. Fenk, Flamin u. Victor. [...] immer harte Gegensätze, wenn auch nicht Extreme vereint er in seinen Werken u. in sich – u. er ist es doch nur allein.« (Tb I, 82)

In den »Flegeljahren« (1804/05) verbindet sich die Thematisierung von Musik und Dichtung mit der Darstellung zweier Charaktere, die Schumann als doppelte Selbstbespiegelung des Dichters gedeutet hat. Zu fragen wäre gerade mit Blick auf die »Flegeljahre«, ob nicht Schumanns Interesse an Doppelfiguren à la Jean Paul in engem Zusammenhang mit seinem Interesse an Modellen der Beziehung zwischen Dichtung und Musik, Sprache und ›Tonsprache‹ zu sehen ist. Diese Hypothese mag im Folgenden als Leitfaden dienen.

Im Mittelpunkt der »Flegeljahre« steht ein Paar von Brüdern, deren Beziehung zueinander nicht einfach kontrastiv ist, sondern auf komplexe Weise und auf mehreren Ebenen zwischen Nähe und Distanz, Gleichklang und Disharmonie, aber auch zwischen Komplementarität und Unvereinbarkeit changiert.[7] Die äußerlich und charakterlich ungleichen Zwillinge Walt und Vult haben nicht nur denselben Familiennamen (Harnisch), sondern eigentlich auch denselben Vornamen (Gottwalt und Quoddeusvult); sie sind im selben Bett, aber auf verschiedenen Territorien geboren (denn der Vater hat in der Geburtsstunde aus hier nicht näher zu erörternden Gründen das Bett über die durchs Zimmer verlaufende Landesgrenze geschoben). Beide Hauptfiguren sind bekanntlich Künstler, Dichter der eine (Walt), Flötenvirtuose der andere (Vult). Jean Pauls Zwillings-Geschichte ist in mehr als einer Hinsicht ein musikalischer Roman. In keinem anderen seiner Romane hat ein Musiker eine Protagonistenrolle. ›Musikalisch‹ sind die »Flegeljahre« aber auch, weil sie einer Bemerkung Friedrich Schlegels über die methodische Affinität von Roman und Instrumentalmusik korrespondieren, in der es um die ›Willkür‹ der Figurenbehand-

7 Jean Paul: Flegeljahre. In: Werke. Hrsg. v. Norbert Miller. Bd. 2: Siebenkäs/Flegeljahre. München [3]1971, S. 567-1088.

lung geht: »Die Methode des Romans ist die der Instrumentalmusik. Im Roman dürfen selbst die Charaktere so willkührlich behandelt werden, wie die Musik ihr Thema behandelt«.[8] Der Dichter Walt und der Musiker Vult werden im Schlegelschen Sinn zu musikalischen ›Figuren‹.

Die »Papillons« belegen die Bedeutung dieses Romans für Schumann natürlich besonders klar. Dieser verstand seine auf die letzte Partie der »Flegeljahre« Bezug nehmende Komposition aber ausdrücklich nicht als Programm-Musik – und dies ist ein Hinweis darauf, dass es ihm statt um eine Übersetzung des Romangeschehens in ein musikalisches Geschehen um Korrespondenzen auf struktureller Ebene ging. Walt und Vult sind nicht nur zwei typisch Jean Paulsche Komplementärfiguren, in denen sich – bei analoger Opposition zur philisterhaften bürgerlichen Welt und analoger Sensibilität für die Sphäre der Kunst – ganz heterogene Charaktertypen repräsentiert finden. In beiden Brüdern verkörpern sich außerdem differente ästhetische Grundanschauungen, die für die romantische Poetik und Musikästhetik gleichermaßen prägend und dabei unvereinbar sind; Jean Paul nutzt also die Kunstform des Romans, um diese ›Ästhetiken‹ durch Inszenierung ihres Spannungsverhältnisses in Kunst aufzuheben: Walt ist dem empfindsamen Diskurs und seiner Ästhetik verpflichtet. Er betont (und verkörpert) die enge Beziehung künstlerischer Ausdrucksformen – auch und gerade der Musik – zur Sphäre der Empfindungen, leitet Kunst aus dem Ausdrucksbedürfnis des Menschen ab und scheut sich nicht, eigene Gefühle auf vernommene Musik zu projizieren, um diese als Ausdruck des eigenen Inneren zu würdigen. Vult hingegen ist dem Leitgedanken der Autonomie des Ästhetischen verpflichtet. Er verurteilt die Deutung von Musik als Ausdruck von Empfindungen scharf als unkünstlerisch und obsolet. Die Kontroverse zwischen beiden Brüdern, der Austausch ihrer Argumente bildet einen Teil ihrer Geschichte. Als Walt ein Konzert seines Bruders angehört hat, will dieser dessen ästhetisches Urteil hören, erfährt aber, dass Walt die Musik seinen persönlichen Gefühlen unterlegt hat, wie Walt Musik denn auch prinzipiell als Ausdrucksform der menschlichen Seele betrachtet (und ›gehörte‹ Musik entsprechend funktionalisiert). Er liebt gerade diese Kunst, weil sie zu seiner Seele spricht und diese zum Selbstgenuss stimuliert. Vult ist als Künstler gekränkt, dass Walt das Kunstvolle seines virtuosen Spiels über der Versenkung in eigene Emotionen förmlich überhört hat; als Ästhetiker ist er pikiert über die Funktionalisierung der Kunst für die Pflege persönlicher Emotionen (über solche »gräßliche Bespritzung des einzigen Himmlischen«) – und als Satiriker fühlt er sich zu einer Tirade über das Banausentum stimuliert:

> Ich habe [...] Stunden, wo ich aufbrausen kann gegen ein Paar verliebte Bälge, die, wenn sie etwas Hohes in der Poesie oder Musik oder Natur vorbekommen, sofort glauben, das sei ihnen so recht auf den Leib gemacht, an ihren flüchtigen Erbärmlichkeiten [...] habe der Künstler sein Maß genommen [...].

8 Kritische Friedrich-Schlegel-Ausgabe. Hrsg. v. Ernst Behler/Jean-Jacques Anstett/Hans Eichner u.a. Paderborn/München/Wien 1958ff., Bd. XVI, S. 208.

> »Ei, Bruder,« sagte Walt, »du bist so hart: was kann denn ein Mensch für eine Empfindung oder gegen sie, es sei in der Kunst oder großen Natur? – Und wo wohnen denn beide, so groß sie auch sind, als nur in einzelnen Menschen? – Wohl mag er sie sich daher zueignen, als wären sie für ihn allein. Die Sonne geht vor Schlachtfeldern voll Helden – vor dem Garten der Brautleute – vor dem Bette eines Sterbenden zugleich auf, ja in derselben Minute vor andern unter; und doch darf jeder nach ihr sehen und sie an sich heranziehen, als beleuchte sie seine Bühne nur allein und stimme ein in sein Leid oder in seine Lust [...].«
>
> »Gut, so nehmt die Sonne hin,« sagte Vult, »aber nur der Paradiesesfluß der Kunst treib' eure Mühlen nicht. Darfst du Tränen und Stimmungen in die Musik einmengen: so ist sie nur die Dienerin derselben, nicht ihre Schöpferin. Eine elende Pfeiferei, die dich am Todestage eines geliebten Menschen aus den Angeln höbe, wäre dann eine gute. [...] Die Musik ist unter allen Künsten die rein-menschlichste, die allgemeinste.« – –
>
> »Desto mehr Besonderes geht hinein«, versetzte Walt; »irgendeine Stimmung muß man doch mitbringen; warum nicht die günstigste, die weichste, da das Herz ja ihr wahrer Sangboden ist?«[9]

Der Roman als ganzer gibt keinem der beiden Brüder recht. Vielmehr ist er selbst durch die ironisch-gebrochene Form seiner Autoreflexion charakterisiert. Diese Brechung personifiziert sich in den ungleichen Zwillingen, die in einem Kontrast- und zugleich in einem Komplementärverhältnis stehen. Sie korrespondiert thematisch dem mehrdeutigen Verhältnis zwischen Poesie und Musik und der nicht minder mehrdeutigen Relation zwischen Kunst und außerkünstlerischer Sphäre: Figuren, Themen und Theoreme doppeln sich, ergänzen und widersprechen einander, bleiben kontrastiv und reflexiv aufeinander bezogen – und demonstrieren durch die Unauflösbarkeit ihrer Spannung unter anderem die Nicht-Reduzierbarkeit des Werks auf eine Aussage, eine Theorie, ein Programm. Eben wie die Beziehung der Zwillinge entzieht sich das Miteinander von Dichtung und Musik der Reduktion auf einen Begriff.

Von der kompositorisch inspirierenden Wirkung seiner Jean Paul-Lektüren hat Schumann in einer Bemerkung gesprochen, die oft zitiert worden ist. Seine Bemerkung über die für ihn so lehrreiche Jean Paulsche Kontrapunktik[10] allein wäre

9 Jean Paul, Flegeljahre, S. 772f.

10 Gemeint ist Schumanns Diktum, er habe von Jean Paul »mehr Kontrapunkt gelernt« als von seinem Musiklehrer (Robert Schumann an Simonin de Sire. Brf. v. 15. März 1839. In: Briefe NF 2/1904, 149). Vgl. dazu Carl Dahlhaus: Klassische und romantische Musikästhetik. Laaber 1988, S. 90: »Schumanns musikästhetisches Denken wurde primär durch Jean Paul bestimmt, dem er die Sprache verdankt, in der er sich überhaupt erst bewußt machen konnte, was die Musik Beethovens, Schuberts oder Chopins für ihn bedeutete. (In diesem Sinne ist das oft zitierte Wort über den Kontrapunkt, den er von Jean Paul gelernt habe, zu verstehen.)« – Manfred Eger vertritt die These, dass »Jean Paul ein unentbehrlicher Schlüssel zum Verständnis mancher Schumannscher Klavierwerke ist« und zudem »als Geburtshelfer des revolutionären Schumannschen Klavierstils bezeichnet werden kann.« (Jean Paul als Schlüssel zu Robert Schumann. In: Jahrbuch der Jean-Paul-Gesellschaft 1991/92, S. 363).

(wenn es denn keine anderen gäbe) hinreichend als Indiz dafür, wie wichtig ihm über Stoffliches hinaus die Struktur literarisch-poetischer Texte war. Zwischen der Heineschen Ironie und der Darstellung vieldeutiger Verhältnisse zwischen Sprechern und ihren Thesen bei Jean Paul bestehen auf inhaltlicher wie auf struktureller Ebene Analogien. Insofern liegt es nahe, sich anlässlich von Schumanns Auseinandersetzung mit Heine, wie sie sich in op. 24 und op. 48 dokumentiert, an den von Heine geschätzten Jean Paul zu erinnern. Es erscheint nicht abwegig, anzunehmen, Jean Paul – insbesondere als Autor der »Flegeljahre« – hätte bei Auswahl und Vertonung der Heineschen Texte durch Schumann katalysatorisch gewirkt.

In der Schumann-Forschung sind die Heinezyklen bereits als ästhetische Darstellungen multipler *Personae*, und zwar insbesondere eines Musiker- und eines Dichter-Ichs gedeutet worden. Eine Art reflexiver Selbstpotenzierung des musikalischen Maskenspiels diagnostiziert Berthold Höckner im vorletzten Lied des »Liederkreises« op. 24. Hier halte sich »die musikalische Maske [...] selbst die Maske vor«, und zwar mittels eines musikalischen Zitats: »Für den Vierzeiler ›Anfangs wollt' ich fast verzagen‹ verwendet die musikalische ›persona‹ mit dem Zitat des Chorals ›Wer nur den lieben Gott läßt walten‹ das Mittel der ›parodia sacra‹.«[11] Gerade der Choral »Wer nur den lieben Gott läßt walten« ist es, der auch in den Namen Gottwalts und Quoddeusvults nachhallt, nur in jeweils anderer Sprache.

Lassen sich die Heine-Zyklen Schumanns als Pendants der »Flegeljahre« betrachten? Analogien bestehen in mehrerer Hinsicht:

1. Es geht um die Modellierung der Beziehungen zwischen Musik und Text als zwischen ungleichen und einander doch liebenden, einander stützenden und miteinander rivalisierenden Zwillingen. Allgemeiner gesagt: Es geht um ein Spiel von Kongruenzen und Inkongruenzen.

2. Weil die Beziehungen zwischen Dichtung und Musik sich bei Jean Paul wie bei Schumann uneindeutig und spannungsvoll darstellen, wird ihnen keine Theorie gerecht – nur eine künstlerische Darstellung.

3. Um ein musikalisches Pendant zu den »Flegeljahren« zu schaffen, konnte Schumann nur solche Textgrundlagen wirklich brauchen, die ihrerseits bereits doppelbödig und gebrochen waren. Heines ironische Liebesgedichte sind durch eine Spannung zwischen Sentiment und Ernüchterung, Empfindungsausdruck und kritischer Selbstreflexion hinsichtlich der eigenen Ausdrucksmittel geprägt; sie haben gleichermaßen etwas von »Walt« und von »Vult«. Heines Texte sind nicht nur vielschichtig, sie lassen auch – bis heute – widersprüchliche Auslegungen zu, insbesondere bezogen auf ihren sentimentalen Anteil und dessen Gewicht. Wenn – wie Peter von Matt in seinem

11 Berthold Höckner: Spricht der Dichter oder der Tondichter? Die multiple »persona« und Robert Schumanns »Liederkreis« op. 24. In: Matthias Wendt (Hrsg.): Schumann und seine Dichter. Bericht über das 4. Internationale Schumann-Symposion am 13. und 14. Juni 1991 im Rahmen des 4. Schumann-Festes. Mainz 1993 [= Schumann Forschungen 4], S. 18-32, hier: S. 31.

Vortrag zur Eröffnung der Heine-Schumann-Tagung ausgeführt hat – Heine und Schumann in ihrem Misstrauen gegen absolute Wahrheiten und letzte Gründe konvergieren, dann bezieht sich ein solcher Vorbehalt gegen die einfältige Wahrheit zweifellos vor allem auf Texte. Einer Welt, in der es keine absoluten Wahrheiten gibt, werden auch nur doppelbödige, in sich spannungsvolle Texte gerecht.

4. Für die Erzeugung von Spannungen und Ambivalenzen maßgeblich ist das Mit-, Neben- und Gegeneinander von Worten und Musik nicht nur bezogen auf deren Synchronität, sondern auch bezogen auf deren Abfolge. Insofern verdient die Beziehung zwischen Vokal- und Instrumentalpartien besondere Aufmerksamkeit.[12]

Synofzik und Perrey haben auf die Gestaltungsmöglichkeiten hingewiesen, die das Nachspiel Schumann bietet. Perrey zufolge stellt »Dichterliebe« ein dramatisches Geschehen dar, in dem die Stimme ein personifiziertes Begehren ist; das Piano ist ihr Gegenspieler; die »short piano pieces« sind durch ihre »dialogical nature« charakterisiert.[13] Synofzik untersucht u.a. das letzte Lied des »Lyrischen Intermezzo«, »Die alten, bösen Lieder«. Er diagnostiziert den aus seiner Sicht typischen erwartungstäuschenden Umschlag innerhalb des gesungenen Liedes, die ›Enttarnung‹ der früheren Verse durch die späteren, wie sie durch den musikalischen Verlauf nachvollzogen wird[14] – und betont dann unter Hinweis auf Perreys Befunde, das folgende Nachspiel sei keinesfalls im Sinne eines versöhnenden Ausgleichs gemeint. Auch in »Ein Jüngling liebt ein Mädchen« dominieren Spannungen, die schließlich zu einer pointenhaften Wendung führen, auf die dann eine neuerliche Wendung im Nachspiel folgt.

Zu Recht hat Thomas Synofzik auch auf unterschiedliche Gestaltungsweisen Schumanns hingewiesen, die offenkundig die ironische Gebrochenheit der Heineschen Texte mit musikalischen Mitteln darstellen. Zu diesen Entsprechungen gehören nach Synofzik Kontrastierungen, musikalische Schlusspointen, Ambiguitäten und Ambivalenzen, Stilimitation bzw. Stilparodie sowie Zitate und Allusionen und musikalische Bilder und Topoi. In seiner Analyse weist er unmissverständlich auf,

12 Vgl. Sonja Gesse-Harm: »Empfindungen sind sprachlos«. Robert Schumanns Suche nach der Synthese von Dichtung und Musik. In: Joseph A. Kruse (Hrsg.): »Das letzte Wort der Kunst«. Heinrich Heine und Robert Schumann zum 150. Todesjahr. Stuttgart 2006, S. 157-172, hier: S. 166: »So erheben sich seine [Schumanns] Lieder über traditionelle Vorbilder, indem das Klavier nicht einfach nur eine begleitende Funktion übernimmt, sondern zur Versinnlichung des Textes beiträgt. Schumanns Klavier singt somit unter Umständen sein eigenes Lied, erzählt seine eigene Geschichte und verdeutlicht so dem Hörer die emotionale Mehrschichtigkeit des vertonten Textes.«

13 »[…] the piano in Schumann's songs […] does not continuously act as supporting accompaniment; rather it keeps disrupting the voice and contradicting it« – Perrey, »Dichterliebe« (Anm. 5), S. 20.

14 »Die Schlusswendung enttarnt hier den übertriebenen Gestus der vorausgegangenen Verse […]. Den setzt auch Schumann anfangs eindrucksvoll um« – Synofzik, Heine (Anm. 4), S. 87.

dass eine ironische Umsetzung der Heineschen Texte in Musik sehr wohl möglich ist und offenbar von Schumann auch sehr gezielt eingesetzt wurde. Merkwürdigerweise – zumindest auf den ersten Blick – findet dabei die Funktion des Klaviernachspiels eher wenig Beachtung. Dabei erkennt und würdigt Synofzik die Bedeutung des Klavierparts an sich durchaus. Schließlich vermittelt dieser erst die harmonischen Ambivalenzen, die von Synofzik auch diskutiert werden; anhand zahlreicher Beispiele wird gezeigt, wie Schumann gerade im Klavierpart die Erwartungen des Hörers täuscht und mitunter auf eine falsche Fährte lockt. Doch sollte zunächst noch einmal allgemeiner auf die Text-Musik-Bezüge eingegangen werden.

Als besonders signifikant – und schon von der zeitgenössischen Kritik als »drollig« erkannt – muss die markante Abwärtsbewegung bei den Worten »Ich steig hin auf des Berges Höh« beim zweiten Teil von »Der arme Peter« op. 53, 3 gelten.[15]

Diese Wirkung wird noch verstärkt durch eine Sequenzierung zu den Worten »Und wenn ich still dort oben steh.« Dass ein derartiges Missverhältnis von Text und Musik den Zeitgenossen aufgefallen ist, bedeutet immerhin auch, dass derartige musikalisch-rhetorische Umsetzungen noch als Topoi verstanden und erwartet wurden. Dabei ist es zunächst einmal unerheblich, dass Schumann selbst Tonmalereien als »übel angebrachte Malerei« verstanden zu haben scheint. Er wollte damit ja schließlich vor allem die zeitgenössischen Liedkomponisten kritisieren, die gewiss unreflektierter als er selber mit diesen Topoi zu arbeiten gewohnt waren. In seiner Musik konnte Schumann seine Kritik auf zweierlei Wegen umsetzen: Erstens durch Übertreibung wird die Tonmalerei als unangemessen entlarvt und zweitens durch ihr offenkundiges Vermeiden wird die Erwartung des Hörers getäuscht. Schaut man

15 Das Notenbeispiel ist folgender Ausgabe entnommen: Robert Schumann: Sämtliche Lieder für eine Singstimme mit Klavierbegleitung nach den Handschriften und Erstdrukken. New York/London/Frankfurt a.M. o.J. [= Edition Peters Nr. 2383a], Bd. I, S 176.

die Heine-Lieder unter diesem Aspekt durch, so lassen sich erstaunlich viele deutliche Positionierungen finden, die gewiss als ironische Brechungen des Text-Musik-Verhältnisses gedeutet werden sollten.

Folgende Beispiele müssten als ähnlich »drollig« empfunden worden sein wie »Der arme Peter«. In »Morgens steh ich auf und frage« op. 24, 1 erhebt sich die Singstimme und mit ihr das Klavier bei den Worten »Abends sink ich hin«.[16]

Die »Vöglein in luftiger Höh« bleiben in »Ich wandelte unter den Bäumen« op. 24, 3 mit dem Zielton *cis''* letztlich doch recht erdverbunden.

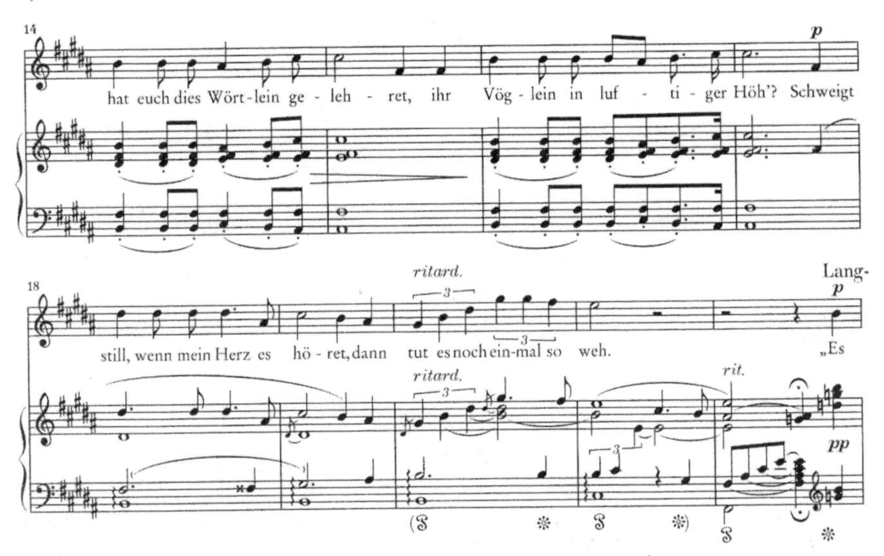

Die Darstellung der Sprachlosigkeit in »Lieb' Liebchen, leg's Händchen auf's Herze mein« op. 24, 4 bei der Verszeile »der zimmert mir einen Totensarg« durch den unerwarteten Pausentakt, in dem allerdings das Klavier bereits den »Totensarg« antizipiert, könnte prägnanter kaum sein.

16 Die Notenbeispiele zu op. 24 sind folgender Ausgabe entnommen: Robert Schumann: Liederkreis für Singstimme und Klavier Opus 24. Hrsg. v. Kazuko Ozawa. München 2006 [= Henle 548].

Dass – entgegen dem Text »Aus meinen Tränen sprießen viel blühende Blumen hervor« – Schumann mit Tonrepetitionen und einem Melodieambitus von gerade einmal einer Quarte sich auch in dem lyrisch gestimmten Liedchen op. 48, 2 offenbar gezielt der Tonmalerei verweigert, mag vielleicht zu den Spitzfindigkeiten der späten Analyse zählen. Erwähnenswert scheint es mir allerdings doch.

Die Möglichkeiten, allein durch die Melodik der Singstimme solche Brüche musikalisch darzustellen, sind naturgemäß sehr begrenzt. Wesentlich weitergehende Möglichkeiten bietet der Klavierpart, der trotz Schumanns Vorbehalten relativ häufig auf einer tonmalerischen Grundhaltung zu basieren scheint.

Dass insbesondere der Klavierpart Schumanns als neu empfunden wurde, belegt etwa eine Rezension von 1842:

> Dagegen stoßen wir noch häufig genug auf Mißgriffe, die sich meist in seltenen, schroffen modulatorischen Wendungen, und hauptsächlich in einer schweren, oft schwülstigen, den Gesang erdrückenden, überhaupt viel zu viel geltenden Begleitung zeigen.

Freundlicher wird der Sachverhalt im »Musikalisch-kritischen Repertorium für Musik« (hrsg. v. H. Hirschbach, 1. Jg. 1844, H. 9) bei einer Besprechung von Schumanns op. 48 gesehen: »Daß die Begleitung keine unbedeutende Rolle spielt, sondern charakteristisch sich geltend macht, wird man von diesem Componisten auch ohne Ansicht der Lieder glauben.« Eher positiv irritiert zeigt sich der Schreiber des »Dresdner Journals und Anzeigers« vom 12. Januar 1850:

> Man lasse sich nicht abschrecken durch die sonderbaren Figuren, durch die närrischen Notenköpfchen, die oft wie Kobolde übereinanderstürzen [...] kurz die ganze Anlage hat etwas so specifisch Originelles, daß es zu seinem Verständniß immer schon eines geläuterten Geschmacks, oder doch einer redlichen Beschäftigung mit ihm bedarf.

Dass im Folgenden von Schumanns »oft bizarrem Humor« die Rede ist, sei immerhin erwähnt. Zuvor, in der »Neuen Zeitschrift für Musik« vom 11. Juli 1845, war immerhin auch die Rede vom »ganz eigenthümlichen Gepräge« der Lieder aus op. 48: »die Begleitung ergeht sich in graciösen Figuren und überraschenden Wendungen«. Jedenfalls scheint das Originelle an den Liedern von den Zeitgenossen vor allem in der Begleitung gesehen worden zu sein, an der Schumann nachweislich seiner zahlreichen Korrekturen im Autograf auch offenkundig besonders intensiv gefeilt hat. Rufus Hallmark hat bekanntlich einen sehr differenzierten und überzeugenden Überblick über diese Korrekturen gegeben.[17]

Zu konstatieren ist zunächst einmal, dass in op. 24 die rechte Hand des Klaviers tendenziell häufiger die Singstimme stützt und dadurch in ihren Freiräumen noch sehr viel eingeschränkter wirkt als in op. 48. In »Ich wandelte unter den Bäumen« op. 24, 3 beispielsweise übernimmt das Klavier zunächst die Singstimmenmelodie im Einklang, um dann für acht Takte in die obere Oktave zu gehen. Bezeichnenderweise fanden wir hier das ironische Element bereits in der Singstimme (mit den Vöglein in gar nicht so luftiger Höhe) verwirklicht. Mit nur ganz kleinen Abweichungen entspricht in »Anfangs wollt' ich fast verzagen« op. 24, 8 die Oberstimme des Klaviers der Singstimme, wenngleich sie um eine Oktave nach unten versetzt ist. Eine musikalische Kommentierung erfährt dieses kurze Lied aber eben schon dadurch, dass sich die Melodie an den Choral »Wer nur den lieben Gott läßt walten« anlehnt, was auch bereits bei der frühen Rezeption bemerkt wurde.[18] Typischer für Schumann scheint aber fast das Verfahren, die Melodie der Singstimme in der rechten Hand mit einer Verzögerung nachzuspielen. Bei »Morgens steh ich auf und frage« op. 24, 1 beträgt die Verzögerung genau wie bei »Lieb Liebchen, leg's Händchen« op. 24, 4 ein Achtel. Obgleich die ersten Takte von »Es treibt mich hin« op. 24, 2 zunächst scheinbar die gleiche Beziehung von Singstimme und Klaviermelodie aufweisen, fällt Schumann nach wenigen Takten bereits in ein zeitgleiches Begleiten, um dann ab T. 26 den Klavierpart deutlich von der Singstimme zu trennen. Nach zwei noch weitgehend stützenden Akkorden gibt das Klavier mit Unisonoläufen bei »ein faules Volk« bzw. »behaglich träge« einen sicherlich nicht ganz ernstgemeinten Kommentar ab.[19]

Als Textkommentar angelegt ist gewiss auch die wiegende Bewegung der weitgehend von der Singstimme unabhängigen Klavierbegleitung bei »Schöne Wiege meiner Leiden« op. 24, 5.

---

17 Rufus Hallmark: The Genesis of Schumann's »Dichterliebe«. A Source Study. Ann Arbor 1979.

18 Vgl. Synofzik, Heine (Anm. 4), S. 138.

19 Der freilich in den meisten Einspielungen durch ein von Schumann allerdings nicht vorgeschriebenes starkes *Ritardando* nivelliert wird.

Man bekommt hier allerdings lediglich die »Schöne Wiege« zu hören, wodurch bereits die Leiden relativiert werden. Zwar unterstreicht der Klavierspieler im gleichen Lied durch Unisonoläufe, bei denen die rechte Hand jeweils im 16tel-Abstand nachklappert, dass »der Wahnsinn wühlt«, doch ändert sich das Verfahren dann bei »Und die Glieder, matt und träge« nur unwesentlich, wodurch die Ernsthaftigkeit der ersten hypotypischen Umsetzung fraglich werden muss.

Mit welchen Mitteln Schumann bei »Warte, warte, wilder Schiffmann« op. 24, 6 diesen kaleidoskop-ähnlichen Heinetext zu vertonen wusste, hat Thomas Synofzik ausführlich beschrieben.[20] Nicht uninteressant scheint zusätzlich, wie Schumann sich der wohl nach wie vor bestehenden Ausdruckserwartung widersetzt, die bei den Worten »Blutquell, rinn' aus meinen Augen, Blutquell, brich aus meinem Leib« eigentlich mit hypotypischen Ausdeutungen gerechnet haben dürfte.

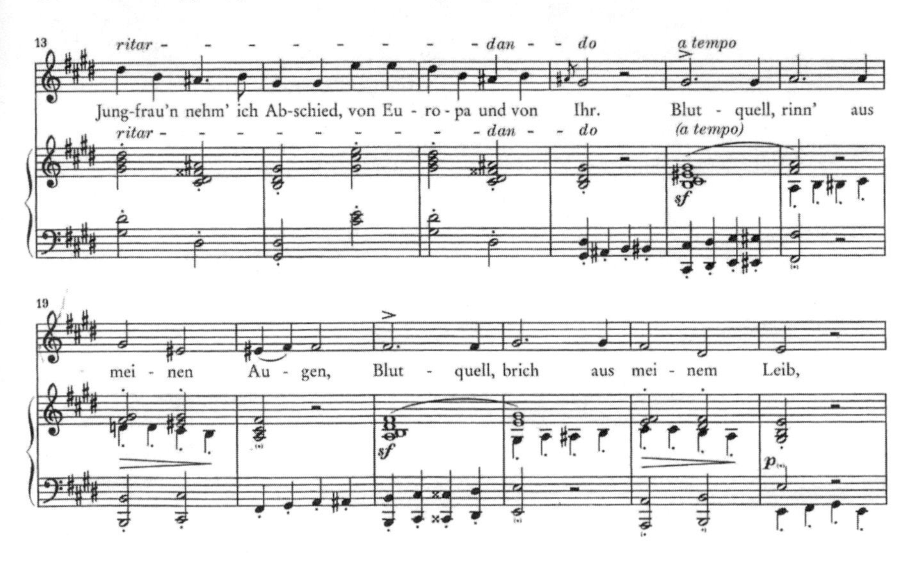

Die aufwärts gerichteten Oktavläufe können kaum ein Ersatz hierfür sein, hatte der Hörer diese doch zu Beginn auf den »wilden Schiffmann« beziehen müssen.

Obgleich sich das Klavier in »Berg' und Burgen schau'n herunter« op. 24, 7 durchgehend in 16tel-Figurationen ergeht, die zumeist auf dem 3/8 gestaut werden, sind die meisten Melodietöne der Singstimme in diesen Ablauf integriert.

20 Synofzik, Heine (Anm. 4), S. 47ff.

Die Klavierfiguration sollte aber wohl zugleich auch als sinnbildlich für die »Spiele goldner Wellen, kraus bewegt« verstanden werden, wobei die Stauung zugleich – allerdings erst auf den zweiten Blick, da der Text dies erst in der dritten Strophe thematisiert – die Tücken des Flusses verdeutlicht. So zumindest muss der Hörer das zunächst auffassen. Wenn Heine dann aber in der letzten Strophe die Tücke des Stroms mit der Tücke der Liebsten gleichsetzt, wird deutlich, dass die schlagenden Oktaven gar nicht primär auf die Wellen zu beziehen sind, sondern vielmehr auf das schon dadurch ironisierte Nicken der Liebsten (»Die kann auch so freundlich nicken, lächelt auch so fromm und mild«).

Geradezu eine Mixtur der oben geschilderten Kompositionsverfahren findet sich im letzten Lied des Liederkreises »Mit Myrten und Rosen«. Zunächst unterstützt die rechte Hand in groben Zügen die Singstimmenmelodik, befreit sich von diesen Fesseln aber in den T. 16-23 und 37-40, um dann in den T. 50-66 primär die Singstimme im 8tel-Abstand nachzuzeichnen. In den ersten beiden Abschnitten hätte Schumann grundsätzlich die Möglichkeit, den Text stärker hypotypisch umzusetzen. Doch deuten die durch Pausen voneinander abgesetzten Akkorde bei »da blüht es hervor« den Text offenkundig nicht aus, allenfalls ließe sich die Musik auf das folgende »da pflückt man es ab« beziehen. Und auch die nachfolgende Zeile entbehrt einer eindeutigen Hypotyposis. Dabei hatte Schumann gerade diese Zeile in seinem Handexemplar unterstrichen: »Doch *mir blüht's* nur, *wenn ich selber im Grab*.« – aber offenbar nur, um die Uneindeutigkeit dieser Phrase zu markieren. Wenn Schumann dann in der fünften Strophe »viel Ahnung« unterstreicht, so könnte dies als ein Hinweis für den besonderen Sinn der musikalischen Umsetzung verstanden werden. Schließlich bewirkt der Verzicht eines Bassfundaments in diesen Takten (T. 50-61) schon eine deutlich farbliche Einschränkung, die dann endlich in T. 62 mit den Worten »Dann löst sich des Liedes Zauberbann« (wobei »löst sich« ebenfalls von Schumann unterstrichen wurde) wieder zurückgenommen wird. Nicht von Schumann besonders markiert wurde das abschließende Wort »Liebeshauch«, das allerdings im Klaviernachspiel eindeutig hypotypisch umgesetzt wird.

Es ist offenkundig, dass Schumann bereits im Liederkreis das Klaviernachspiel gerne dazu nutzt, um den jeweiligen Schlussvers zu kommentieren. So dienen ihm im zweiten Lied »der Liebenden Hast«,

im dritten »ich aber Niemanden trau'« (durch ein harmonisches Vagabundieren)

und im Schlusslied das abschließende Wort »Liebeshauch« als Auslöser für musikalische Abbildungen.

Im 6. Lied mögen die aufwärts gerichteten Oktaven für »Flamm« und die mit Chromatik durchsetzte Abwärtsbewegung ab T. 115 für »Tod« stehen.[21]

Vergleicht man den anhand von op. 24 erhobenen Befund mit den Liedern aus op. 48, dann zeigt sich deutlich, dass Schumann hinsichtlich der Text-Musik-Relation nichts grundsätzlich neu konzipieren musste. Trotz der ähnlichen Techniken der Begleitung lassen sich allerdings im Vergleich doch Tendenzen ausmachen, die offenkundig auf eine stärkere Emanzipation der Klavierbegleitung gegenüber der Singstimme in op. 48 gerichtet sind.

Schon »Im wunderschönen Monat Mai«, op. 48, 1 durchziehen von der Singstimme unabhängige 16tel-Figurationen das Lied, denen jedoch Melodiematerial beigefügt wird. Die parallelen Textaussagen »als alle Knospen sprangen« und »da ist... die Liebe aufgegangen« dürften Auslöser für diese 16tel-Figuren gewesen sein. Obgleich das zweite Lied ähnliche Textworte zum Vertonen liefert (»sprießen viel blühende Blumen hervor«), reduziert hier Schumann nicht nur den Ambitus der Singstimme, sondern schränkt auch die Bewegungsintensität der stark singstimmenorientierten Klavierbegleitung deutlich ein. In »Die Rose, die Lilie, die Taube« knüpft Schumann noch einmal intensiv an die bereits in op. 24, 1 und 4 (und partiell 2) praktizierte nachklappernde Singstimmenbegleitung an. Fragt man nach dem Auslöser für die 32tel-Figuren und die ostinatomäßige Gestaltung des Klavierparts bei »Ich will meine Seele tauchen«, dann kommen mehrere Textelemente in Frage: »Ich will meine Seele tauchen« wäre zwar hypotypisch mit Deutlichkeit umzusetzen, doch müssten die Figuren eigentlich abwärts gerichtet sein. Die einzige Abwärtsbewegung aber findet sich in der partiell der Singstimme folgenden, vor allem

21 Die übrigen Nachspiele sind insofern unsignifikant, als sie entweder wie in op. 24, 1 keine neuen Motive enthalten (wenn man einmal von den ausleitenden drei Schlusstakten absieht) oder nicht eindeutig dem Text zuzuordnen sind wie in op. 24, 5.

mit abwärts gerichteten Terzen ausgestatteten Sopranstimme. Da passt zu den 32teln schon eher »die Lilie soll klingend hauchen«, dies umso mehr, als das Klavier durchgehend *pianissimo* zu spielen hat. Was aber ist mit »Das Lied soll schauern und beben«? Da sich an dieser Stelle der Duktus des Liedes nicht im geringsten ändert, wäre immerhin zu überlegen, ob Schumann durch den ostinaten Charakter das »Beben« darstellen wollte. Oder malt er hier vielleicht doch im Klavier nur die Stimmung der »wunderbar süßen Stund« nach?

Eindeutige bildhafte Umsetzungen finden sich etwa im sechsten Lied des Zyklus »Im Rhein, im heiligen Strome«, bei dem die abwärts gerichteten punktierten Dreiklangsbrechungen (1) wohl die »Well'n« des heiligen Stromes musikalisch widerspiegeln.[22]

22 Vgl. zu diesem Lied auch den Beitrag von Rudolf Drux im vorliegenden Band. – Die Notenbeispiele zu op. 48 sind Schumann, Lieder (Anm. 15), Bd. I, entnommen.

Die massiven Oktaven der linken Hand in langen Notenwerten (2) scheinen zu der Mächtigkeit des Domes zu passen, obwohl gerade, wenn von ihm die Rede ist, die Oktaven in die rechte Hand und mithin in die höhere Lage wechseln. Das Schweben der »Blumen und Englein« wird bezeichnenderweise vom Klavier nur in der unteren Oktave zur Singstimme begleitet. Alle drei Elemente, die Wellen, der Dom und das Schweben, werden im immerhin 16 Takte langen Nachspiel

dann noch einmal aufgegriffen und miteinander verbunden – eine Art musikalische Erinnerung. Hier erweist sich der Klavierpart also mit einer ziemlichen Eindeutigkeit als bildliche Umsetzung des Textes.

Auch wenn der Text im siebten Lied »Ich grolle nicht« heißt, so straft die Musik ihn Lügen.

Die durchgehenden 8tel-Akkorde mit ihren Akzenten auf der 1. und 3. ZZ sowie die doch insgesamt bedrohlich in halben Noten fortschreitenden Oktaven der linken Hand machen trotz des mäßigen Tempos deutlich, dass von eigentlichem Verzeihen die Rede nicht sein kann, auch wenn zahlreiche Einspielungen dieses Liedes den Sachverhalt eher zu kaschieren versuchen.

Die Einschränkungen tonmalerischer Kommentare bei strophisch vertonten Stücken zeigt sich bei »Und wüßten's die Blumen die kleinen« op. 48, 8.

p
ein. Sie al- - -le kön - nen's nicht wis- - -sen, nur
Ei - ne kennt mei - nen Schmerz; sie hat ja selbst zer -
ritard.
ris-sen, zer-ris-sen mir das Herz.
sf
a tempo
ritard.
sf
sf
sf
sf

Erst in der Schlussstrophe modifiziert Schumann die durchgehenden 32tel des Klavierparts, um dann bei »sie hat ja selbst zerrissen, zerrissen mir das Herz« in eine von einer 8tel-Pause »zerrissenen« Akkordbegleitung überzugehen. Doch folgen sechs Takte Nachspiel, in dem nun gänzlich neues musikalisches Material – das bekanntlich ein Zitat des Anfangs der »Kreisleriana« op. 16 darstellt – genutzt wird, das entsprechend schwer im Sinne eines eindeutigen Textkommentars zu interpretieren ist.[23]

Die ironisierende Gestaltung von »Das ist ein Flöten und Geigen« hat Thomas Synofzik überzeugend beschrieben. Die Bedeutung der von der Singstimme ganz unabhängigen Führung der Klavieroberstimme blieb allerdings undiskutiert. Das Herumirren dieser Stimme in fast durchlaufenden 16teln, das im Nachspiel immerhin noch für 20 Takte beibehalten wird, scheint doch mit einer Bedeutung belegt zu sein. Dies ist umso mehr vorauszusetzen, als diese kontinuierliche Bewegung erst als Lesart *post correcturam* installiert wurde.

Ist es vielleicht der Zuschauer, der sieht, wie »die Herzallerliebste mein« den Hochzeitsreigen ohne ihn tanzt – was dann also fast eine Parallele zum »Armen Peter« op. 53/3 darstellen würde?

23 Vgl. hierzu ebenfalls Synofzik, Heine (Anm. 4), S. 55.

Dann aber stünde auch nach einem Diminuendo als Zeichen des Sich-Entfernens der chromatische Abstieg in den letzten vier Takten über eine Oktave in einem direkten und plausiblen Erklärungszusammenhang. Dies umso mehr, als im folgenden Lied »Hör ich das Liedchen klingen« ebenfalls erst im Nachspiel ein chromatischer Gang, dieses Mal jedoch aufwärts gerichtet, wohl »mein übergroßes Weh« abbildet.

Die weite Lage, durch Oktavierung der Singstimmenmelodie bei diesen Worten erreicht, dürfte entsprechend ebenfalls hypotypische Qualitäten besitzen. Auch im 15. Lied der Dichterliebe »Aus alten Märchen« nutzt Schumann das Nachspiel, um den Schlussvers Heines musikalisch zu kommentieren.

Adagio.
senkt' auch meine Lie - be und mei - nen Schmerz hin - ein.
p
Andante espressivo.
Ped.
ritard.

Deutet man die Staccato-Akkorde noch als Darstellung von »doch kommt die Morgensonne«, dann wird das Zerfließen nach drei Generalpausen durch die auch für die eigentliche Textvertonung genutzten lang ausgehaltenen Akkorde in Verbindung mit den durch Pausen unterbrochenen Basstönen durchaus adäquat dargestellt.

Mit »Die alten, bösen Lieder« sprengt Schumann die Zusammengehörigkeit von eigentlichem Lied und Nachspiel, da letzteres ein deutliches Eigenprofil und zudem einen deutlichen Rückbezug auf das Nachspiel des 12. Liedes aufweist.

Es scheint allerdings dennoch so, als habe sich Schumann auch hier für das beschließende *Andante espressivo* ganz wesentlich von der Schlusszeile des Heineschen Liedes inspirieren lassen (vgl. Notenbeispiel auf der gegenüberliegenden Seite). Die abwärts gerichteten 8tel-Akkordbrechungen jedenfalls korrespondieren zu »Ich senk auch meine Liebe und meinen Schmerz hinein«. Dass dies freilich nur e i n Inspirationsmoment gewesen sein kann, belegt die insgesamt dann doch eher ambivalente Gestaltung des Nachspiels.

Wir können nach dieser *Tour de force* durch die Opera 24 und 48 folgende Feststellungen treffen:

1. Die Klavierbegleitung steht grundsätzlich in einem sehr variablen Spannungsverhältnis zur Singstimme. Dieses reicht von akkordischer Begleitung, bei der die Spitzentöne mehr oder weniger mit der Singstimmenmelodik übereinstimmen, bis hin zu von der Singstimme völlig losgelöster musikalischer Umsetzung.

2. Auch die Umsetzung ironisch zu verstehender Textwendungen wird von Schumann sehr vielfältig gehandhabt. Abgesehen davon, dass noch in op. 24 hypotypische Wendungen in der Singstimme geradezu gegenläufig verwendet werden, spielt sich vor allem in op. 48 die Darstellung des uneigentlich Gemeinten primär in der Klavierbegleitung ab. Auch hierzu werden tonmalerische Wendungen als Paradoxien genutzt. Zudem wird durch Übertreibungen, wie sie schon dadurch entstehen können, dass die entsprechenden Figuren über die Textbedeutungen hinaus beibehalten werden, eine ironische Distanziertheit erzielt. Einen gleichen Effekt erreicht Schumann durch das Aussparen der mutmaßlich vom zeitgenössischen Hörer erwarteten tonmalerischen Abbildungen. In den gleichen Zusammenhang scheinen die in op. 48 häufiger eingesetzten Generalpausen zu gehören; schließlich lassen sich solche zwar durchaus hypotypisch verstehen, doch können sie, werden sie unerwartet eingesetzt, eine durchaus ironisierende Bedeutung erhalten, die durch häufig nachfolgende lakonische Akkordschläge noch unterstrichen wird.[24]

---

24 So z.B. in op. 24, 6, 48, 11 oder auch 13. Zum Verhältnis von Sing- und Instrumentalstimme allgemein vgl. auch Walther Dürr: Sprache und Musik. Geschichte – Gattungen – Analysemodelle. Kassel u.a. 1994, S. 239: »Neu hingegen ist die Rolle der Instrumentalstimme: Sie ist der Singstimme nicht unter-, sondern nebengeordnet. Sie schafft den Rahmen, die ›Szenerie‹, und sie kommentiert den Text. Sie hat Teil an der Darstellung des Grundaffekts (und zwar oft unabhängig von der Gestaltung der Singstimme); sie

Die tendenziell stärkere Ausprägung der Klaviernachspiele in op. 48 lässt erkennen, wie Schumann auf die ironischen Brüche der Textvorlagen reagiert hat.[25] Interessant ist hier vor allem die deutliche Kommentierung der Schlusszeilen einzelner Lieder – ausgerechnet die können allerdings nicht primär ironisch aufgefasst werden. Wie wichtig Schumann diese Nachspiele waren, belegen die zahlreichen Korrekturen in seinem Autograf. Vor allem lässt sich erkennen, dass er wiederholt durch Einschübe oder Überklebungen die Nachspiele verlängerte und damit deutlicher vom Vokalteil abzusetzen versuchte.[26]

3. Als weitere Tendenz im Sinne einer Entwicklung ist der in der Literatur bereits vielfach und wohl erstmals 1844 bemerkte Umstand,[27] dass die Singstimme in op. 48 sehr viel häufiger nicht im Grundton der Tonika endet als in op. 24, was sich wohl auch als veränderte Abhängigkeit von Singstimme und Klavierpart deuten lässt. In op. 24 begegnet diese »unfertige« Liedmelodie lediglich in »Warte, warte, wilder Schiffmann«, in op. 48 hingegen in den Nummern 1, 2, 6, 9, 12 und 16. Hier muss das Klaviernachspiel »eingreifen« und gewinnt dadurch an Bedeutung.

4. Für die bemerkenswerte Selbständigkeit der Liedmelodie spricht auch das immer wieder beschriebene Verfahren Schumanns, zumindest für die meisten Lieder zunächst allein die Singstimme zu konzipieren. Der Text sollte zwar die Melodie inspirieren, doch war Schumann durch diese separate Erfindung der Singstimme auch bei der Konzeption des Klavierparts freier. Dass dieser im Nachhinein auch zu Änderungen in der Singstimme Anlass gab, spricht sehr für diese Eigenständigkeit.

Akzeptiert man eine kompositorische Entwicklung, wie sie hier in kurzen Zügen dargestellt wurde, dann stellt sich natürlich auch die Frage nach ihrer Bedeutung,

---

greift Bilder auf und führt sie aus – gelegentlich auch dort, wo der aktuelle Text der Singstimme von etwas ganz anderem spricht. Es ist vor allem der Parameter Instrumentalstimme, durch den der Komponisten zum ›Interpreten‹ der Dichtung wird: Er beschränkt sich dabei nicht mehr auf die Rolle des Vortragenden (auf den Parameter ›Singstimme‹) – er trägt neue inhaltliche Elemente bei«.

25 Hier müsste etwa auch das im Autograf noch für den gleichen Zyklus vorgesehene, dann aber ausgelagerte »Mein Wagen rollet langsam« op. 142, 4 mit seinem ausgreifenden Nachspiel berücksichtigt werden und ebenso »Es leuchtet meine Liebe« op. 127, 3.

26 Etwa in Nr. 11, 12, 15, 16 u. 20. Vgl. hierzu auch Hallmark, Genesis (Anm. 17). Deutlich zu sehen sind diese Überarbeitungen in: Robert Schumann: Dichterliebe. Opus 48. Liederkreis aus Heinrich Heines »Buch der Lieder«. Faksimile nach dem Autograph in der Staatsbibliothek zu Berlin Preußischer Kulturbesitz. Hrsg. v. Elisabeth Schmierer. Laaber 2006.

27 Vgl. die Besprechung von op. 48 in: Musikalisch-kritisches Repertorium für Musik. Hrsg. v. H. Hirschbach, (1844), H. 9 (September), S. 410: »Auch Schumann legt häufig die Schlussnote des Gesanges nicht auf den tonischen Dreiklang als Schlussaccord, sondern schliesst erst später, und dann noch mit unvollkommener Cadenz.«

die ihren Schlüssel zumindest zu einem großen Jean Pauls »Flegeljahren« zu haben scheint.

Besonders intensiv setzte sich Schumann mit dem vorletzten Kapitel der »Flegeljahre« auseinander, wie die »Papillons« belegen. Hatte das vorletzte Kapitel der »Flegeljahre« jenen Maskenball geschildert, so stellt das letzte den Abschied der Brüder Walt und Vult dar. In Walts Kostüm hat sich Vult vergewissert, dass Wina seinen Bruder liebt, nicht ihn selbst. Daraufhin beschließt er, verletzt, aber auch altruistisch, Walt zu verlassen. Im Fortgehen spielt er auf der Flöte. Der halbschlafende Walt wird durch diese Flötenklänge in eine Traumwelt getragen, hört »entzückt die entfliehenden Töne reden« – und bemerkt gar nicht, dass er gerade seinen Bruder verliert. Auf die Maskenballszene hat Schumann am 19. April 1832 in einem Brief an den Musikkritiker Ludwig Rellstab hingewiesen:

> Ew. Wohlgeboren erinnern sich der letzten Scene in den Flegeljahren – Larventanz – Walt – Vult – Masken – Wina – Vults Tanzen – das Umtauschen des Masken – Geständnisse – Zorn – Enthüllungen – Forteilen – Schlußscene und dann der forteilende Bruder. – Noch oft wende ich die letzte Seite um: denn der Schluß schien mir nur ein neuer Anfang – fast unbewußt war ich am Klavier und so entstand ein Papillon nach dem anderen. (Jugendbriefe, 167f.)

Die Ballszene ist aber – wie in der Forschung auch schon bemerkt – eben nicht die letzte Szene; Schumann erwähnt den ›forteilenden Bruder‹ – also das letzte Kapitel – dann ja auch. Wenn er den »Schluß« als möglichen ›neuen Anfang‹ wahrnimmt, so unterstreicht dies die Bedeutung der Abschiedsszene. Gerade die Erinnerung an Begegnung und Abschied des Poeten Walt und des Musikers Vult legt es nahe, Schumanns Lieder daraufhin zu befragen, wie hier Musik und Dichtung zusammenkommen und (ebenso wichtig!) wie sie sich wieder voneinander verabschieden. Den Klaviernachspielen dürfte hier – und damit für den thematischen Komplex der ästhetischen Bespiegelung von Text-Musik-Beziehungen – eine Schlüsselrolle zukommen: verabschiedet sich doch in ihnen die Musik von der Stimme, so wie Vult von Walt.[28] Mit solchen Nachspielen und Trennungen verbindet sich die Grundsatzfrage nach den Grenzen der Brüderschaft zwischen Poesie und Musik – und d.h. nicht zuletzt: nach dem Selbstverständnis von Lyrik-Vertonungen.

---

28 In Zyklen wie op. 24 und 48 wiederholen sich solche Abschiede und sind bis zuletzt nicht endgültig.

»Die Grenadiere«

Heine und Schumann

Markus Winkler

I.

Was an Heines Gedicht »Die Grenadiere« von vornherein auffällt, ist der Gegensatz zwischen dem archaisierenden Ton des Gedichts und seinen zeitgeschichtlichen Bezügen. Angespielt wird zu Beginn auf den napoleonischen Rußlandfeldzug, den Untergang des Empire und die Gefangenschaft Napoleons auf St. Helena. Der Ton dieser Anspielungen ruft jedoch eine historisch unbestimmte, sagen- und märchendurchwobene Vorzeit auf:

> Nach Frankreich zogen zwey Grenadier',
> Die waren in Rußland gefangen.
> Und als sie kamen in's deutsche Quartier,
> Sie ließen die Köpfe hangen.
>
> Da hörten sie beide die traurige Mähr:
> Daß Frankreich verlorengegangen,
> Besiegt und zerschlagen das tapfere Heer, –
> Und der Kaiser, der Kaiser gefangen. (DHA I, 176)[1]

Die Situation von Soldaten der »Grande Armée«, die in russische Kriegsgefangenschaft geraten waren – fast 100.000 Soldaten teilten dieses Schicksal – und erst ein Jahr nach der Niederlage der Armee freigelassen wurden, war Heine vertraut.[2] Wie später im »Buch Le Grand« wird sie in unserem Gedicht dramatisiert: Erst beim Rückmarsch durch Deutschland hören die beiden Spätheimkehrer von jenen Ereignissen, die den Untergang des Empire besiegelt haben. Auffallend ist nun die Wahl des schon zu Heines Zeiten veralteten Nomens »Mähr« (V. 5) als Bezeichnung für die Art der Nachrichtenübermittlung. »Mähr« legt den Akzent auf die Mündlichkeit der Mitteilung;[3] das Nomen evoziert also eine archaische Form der Kommunikation wichtiger Ereignisse, als gäbe es zu jener Zeit nicht schon längst das Medium der Zeitungspresse, und als hätten die Ereignisse, von denen die Rede ist, nicht in der jüngsten, sondern in einer fernen, unbestimmten Vergangenheit stattgefunden. Als Stilmittel harmoniert der Archaismus »Mähr« indes mit dem Strophenmaß des Gedichts. Es handelt sich um die Vagantenstrophe, die zu den

---

1 Zit. wird nach der Wiedergabe des Erstdrucks in dem Band »Gedichte« (Berlin 1822), der im Dezember 1821 ausgeliefert wurde. Die Überschrift lautet hier noch »Die Grenadier«.

2 Vgl. den Kommentar von Hans Böhm in HSA 1/K1, 178f.

3 Vgl. DWB 6, 1616f.

Strophenmaßen des Volkslieds und der volksliedhaften Lyrik zählt und an die Überlieferung des Mittelalters anschließt.[4] Mündlichkeit, wie sie das Wort »Mähr« und der holperige Rhythmus der Vagantenstrophe suggerieren, zählt auch zu den konstitutiven Merkmalen des mythisierenden Volkspoesie-Konzepts der Romantik, dem Heine Zeit seines Lebens verbunden blieb.[5] Die Suggestion der Mündlichkeit beinhaltet Einfachheit, ein stilistisches Merkmal, dem in unserem Gedicht formelhafte Wendungen, die weitgehend parataktische Syntax, Elisionen, unreine Reime (hier »Mähr«/»Heer«) sowie Alliterationen entsprechen. Das für die Lektüre bestimmte Lied soll also im Sinne des romantischen Konzepts der Volks- oder Naturpoesie (man denke an Arnims Nachwort zum ersten »Wunderhorn«-Band) seine Schriftlichkeit vergessen lassen; es soll natürlich und authentisch scheinen im Sinne einer heiligen Ursprünglichkeit und Gemeinschaftlichkeit, die allen historischen Entwicklungen und Differenzierungen vorausgeht. Dem entspricht ebenfalls, dass die beiden anonymen Grenadiere als Soldaten der »Grande armée« zugleich typische Repräsentanten des einfachen ›Volks‹ sind.

Die volksliedhafte Form des Gedichts hat also eine konnotative Bedeutung, die qualitativ verschieden ist von den zeitgeschichtlichen Sachverhalten, auf die es sich bezieht. Bevor ich untersuche, worin sich diese Verschiedenheit in den folgenden Strophen äußert und welches ihre Funktionen sind, möchte ich hervorheben, dass sie auch in der Doppelstellung enthalten ist, die das Gedicht im Zyklus-Gefüge des »Buchs der Lieder« einnimmt: Es ist Teil des ersten, mit »Junge Leiden« überschriebenen und mit der Zeitangabe »1817-1821« versehenen Großzyklus, doch es ist dies nur mittelbar, als Teil des Subzyklus der »Romanzen«. Gemäß dem damaligen Sprachgebrauch ist die Romanze (die man nicht klar von der Ballade unterschied) eine kleine Gattung der lyrisch-epischen ›Volkspoesie‹; zu ihren konstitutiven Merkmalen zählte man neben der Sangbarkeit die mittelalterlich-›romantische‹ Herkunft.[6] Die Zyklus-Überschrift »Junge Leiden« und die Zeitangabe »1817-1821« stellen das Gedicht jedoch in einen ganz anderen Kontext. Beide sind

---

4 Vgl. Christian Wagenknecht: Deutsche Metrik. Eine historische Einführung. München 1981, S. 47ff., 67, 138.

5 Vgl. Markus Winkler: »Dichterliebe« und »Dichtermärtyrtum« in Heines »Buch der Lieder«. Zum Konflikt zwischen Naturpoesie und Konvention in einigen »Heimkehr«- und »Intermezzo«-Gedichten. In: Bernd Kortländer u. Sikander Singh (Hrsg.): »... und die Welt ist so lieblich verworren«. Heinrich Heines dialektisches Denken. Bielefeld 2004, S. 309-339, hier: S. 311f.

6 Vgl. Sven-Aage Jørgensen: Romanze«. In: Georg Braungart/Harald Fricke/Jan-Dirk Müller [u.a.] (Hrsg.): Reallexikon der deutschen Literaturwissenschaft. Bd. 3. Berlin/New York 2003, S. 331-333; ferner Christian Wagenknecht: Ballade. In: Harald Frikke/Klaus Grubüller/Jan-Dirk Müller/Klaus Weimar (Hrsg.): Reallexikon der deutschen Literaturwissenschaft. Bd. 1. Berlin/New York 1997, S. 192-196, hier: S. 193f. Auf den begriffs- und sachgeschichtlichen Zusammenhang von »Romanze« und »romantisch« weist Heines Lehrer Schlegel schon 1798 in seinen »Vorlesungen über philosophische Kunstlehre« hin (vgl. August Wilhelm Schlegel: Kritische Ausgabe der Vorlesungen. Bd. 1: Vorlesungen über Ästhetik I. Mit Kommentar und Nachwort. Hrsg. v. Ernst Behler. Paderborn/München/Wien/Zürich 1989, S. 117f.).

nämlich nicht nur werk-chronologisch zu verstehen: Indem sie auf die tatsächliche oder vermeintliche Entstehungszeit der Gedichte verweisen, die der Zyklus enthält, erinnern sie auch an ihren zeitgeschichtlichen Kontext. »Jung« bezieht sich, so gesehen, nicht nur darauf, dass der Autor noch jung war, als er die Gedichte des Zyklus schrieb, sondern auch auf den geschichtlich noch nahen Ursprung der Leiden, von denen die Gedichte sprechen. Deutet man die Angabe »1817-1821« in diesem historischen Sinne und bezieht man sie auf unser Gedicht, so verlängert sich die Reihe seiner zeitgeschichtlichen Bezüge: Sie reicht dann vom Russlandfeldzug des Winters 1812-1813 und den sogenannten ›Befreiungskriegen‹ der deutschen Nationalbewegung über Napoleons Gefangennahme im Jahr 1815 bis in die Gegenwart des Gedichts, dessen Erstveröffentlichung im Dezember 1821 erfolgte.

1821 ist das Jahr, in dem Napoleon auf St. Helena starb – ein Datum von zentraler Bedeutung für die kultische Napoleon-Verehrung, zu der Heine mit »Die Grenadiere« wesentlich beitrug.[7] Ob das Gedicht tatsächlich vom Tod Napoleons veranlasst wurde, d.h. erst nach dem 5. Mai 1821 entstand, bleibt zwar offen;[8] der Zeitpunkt seiner Erstveröffentlichung und der seiner Wiederveröffentlichung im ersten Großzyklus des »Buchs der Lieder« machten es jedenfalls zu einer Antwort auf dieses Ereignis, wic dem zeitgenössischen Lesepublikum nicht entging.[9] Die Gattungsbezeichnung »Romanze«, d.h. die, mit Genette zu reden, ›Architextualität‹ des Gedichts, hat jedoch, wie gesagt, Bedeutungen, die von der paratextuellen historischen Angabe »1817-1821« qualitativ verschieden sind.[10] Die Doppelstellung des Gedichts im Zyklus-Gefüge des »Buchs der Lieder« hat also dieselbe Funktion der Doppeldeutigkeit wie das Ineinander von Anspielungen auf Zeitgeschichtliches und archaisierendem Volksliedton, das bei der Lektüre der ersten beiden Strophen auffällt. Es ist zu vermuten, dass sich diese semantische Struktur auch in den nachfolgenden Strophen des Gedichtes bemerkbar macht, dass also die Form der Bezugnahme auf Geschichtliches (die politischen Ereignisse, das Gedicht selbst) dieses Geschichtliche dekontextualisiert, d.h. mythisierend mit dem Konzept einer

---

7 Zum Kontext vgl. Markus Winkler: Heines Napoleon-Mythos. In: Joseph A. Kruse/Bernd Witte/Karin Füllner (Hrsg.): Aufklärung und Skepsis. Internationaler Heine-Kongreß 1997 zum 200. Geburtstag. Stuttgart/Weimar 1998, S. 379-394 (dort weitere Literatur); ferner in demselben Band (S. 379-394) den Beitrag von Wulf Wülfing: Luise gegen Napoleon, Napoleon gegen Barbarossa. Zu einigen Positionen Heines in einem Jahrhundert der Mythenkonkurrenzen.

8 Angesichts der Meisterschaft, mit der Heine in dem Gedicht den Volksliedton nachahmt, ist man sich heute darüber einig, dass es entgegen späteren Äußerungen Heines auf keinen Fall schon 1816 oder gar 1814 geschrieben wurde, sondern frühestens 1819 oder 1820. Vgl. Pierre Grappin in DHA I, 697ff.; Hans Böhm in HSA 1/K1, 178ff.; ferner Michael Perraudin: »Der schöne Heros, der früh dahinsinkt...«. Poesie, Mythos und Politik in Heines »Die Grenadiere«. In: Bernd Kortländer (Hrsg.): Interpretationen. Gedichte von Heinrich Heine. Stuttgart 1995, S. 32-50, hier: S. 35ff.

9 Vgl. Perraudin, Heros (Anm. 8), S. 37; Eberhard Galley u. Alfred Estermann (Hrsg.): Heinrich Heines Werk im Urteil seiner Zeitgenossen. Bd. 1. Hamburg 1981, S. 26.

10 Zur hier verwendeten intertextualitätstheoretischen Terminologie vgl. Gérard Genette: Palimpsestes. Paris 1982, S. 8ff.

qualitativ verschiedenen Zeit, einer heiligen Ursprünglichkeit, verknüpft. Ich möchte im Folgenden erst meine Vermutung zu erhärten suchen und dann auf Schumanns Vertonung aus dem Jahre 1840 eingehen. Diese zielt nämlich auf den revolutionären Impuls des Gedichts, den seine mythisierende Form verdeckt; sie stellt damit, wie Volker Kalisch in seiner Analyse der Vertonung schreibt, »einen Kontext her, den das Gedicht so jedenfalls nicht zu bedeuten [...] vermag«.[11] Aus der hier gewählten Perspektive wäre zu sagen: Schumanns Vertonung stellt diesen Kontext wieder her.

II.

Der zweite Teil des Gedichtes umfasst die Strophen drei bis fünf:

> Da weinten zusammen die Grenadier'
> Wohl ob der kläglichen Kunde.
> Der Eine sprach: Wie weh wird mir,
> Wie brennt meine alte Wunde!
>
> Der Andre sprach: Das Lied ist aus,
> Auch ich möcht' mit dir sterben,
> Doch hab' ich Weib und Kind zu Haus,
> Die ohne mich verderben.
>
> Was scheert mich Weib, was scheert mich Kind,
> Ich trage weit bess'res Verlangen;
> Laß sie betteln gehn, wenn sie hungrig sind, –
> Mein Kaiser, mein Kaiser gefangen! (DHA 1, 76)

Wie die Wahl des Nomens »Mähr« ist auch die Rede des ersten Grenadiers von seiner »alten Wunde« doppeldeutig: Auf die Zeitgeschichte bezogen, bedeutet sie eine Verwundung auf dem Schlachtfeld, die nun, bei der Nachricht vom Untergang des Empire, heftig schmerzt, weil sie sich rückblickend als Vorzeichen dieses Untergangs erweist. Als ›alte‹ Wunde aber ist sie zugleich Zeichen für einen Verlust, der über die zeitgeschichtliche Wirklichkeit hinaus auf den Verlust einer anderen, besseren Wirklichkeit zurückweist, eben jener heiligen Ursprünglichkeit und Gemeinschaftlichkeit, deren Wiederherstellung sich das Volk offenbar vom Kaiser Napoleon und seinem Reich erhofft hat. Die Zerschlagung dieser Hoffnung lässt eine Wunde wieder schmerzen, die viel älter ist als die Verwundung auf dem Schlachtfeld. Diese mythisierende Zusatzbedeutung, die sich dem Attribut des ›Alten‹ verdankt, dekontextualisiert das »Weh« und macht es zum Weltschmerz.

---

11 Volker Kalisch: Heines Geist aus Schumanns Händen. Eine Interpretation der Ballade »Die beiden Grenadiere« op. 49/1 (mit Blick auf Richard Wagners »Les deux grenadiers«). In: Bernhard. R. Appel (Hrsg.): »Neue Bahnen«. Robert Schumann und seine musikalischen Zeitgenossen. Bericht über das 6. Internationale Schumann-Symposion am 5. und 6. Juni 1997 im Rahmen des 6. Schumann-Festes. Düsseldorf/Mainz/London/Madrid [u.a.] 2002, S. 164-181, hier: S. 174.

Doppeldeutig ist dementsprechend auch die resignative Feststellung des zweiten Grenadiers: »Das Lied ist aus« (V. 13). Sie erinnert an die sprichwortartige Redewendung »Das Ende vom Lied«, die so viel bedeutet wie »das ist der unausbleibliche Ausgang der Sache, das ist das unerfreuliche Ergebnis«.[12] Diese konventionelle Bedeutung der Redewendung geht, wie es scheint, auf das oft traurige Ende der Volkslieder zurück, sie ist also metaphorisch.[13] Im Gebrauch, den der zweite Grenadier von der Redewendung macht, ist aber durch die konventionelle metaphorische Bedeutung hindurch eine kontextgebundene nichtmetaphorische Bedeutung wirksam. Denn der Satz »Das Lied ist aus« bedeutet hier nicht nur: Das ist das Ende vom Empire und das Ende Napoleons, sondern auch: Das ist das Ende des mythisierenden Lieds vom volkstümlichen Kaiser, ja der alten, volksliedhaften Dichtung überhaupt, insofern deren Erneuerung sich dem heroischen Leben Napoleon Bonapartes, des Halbgotts und messianischen Sohns der Revolution, verdankt; es ist somit das Ende auch des gemeinschaftlichen Geistes, aus dem die ›Volkspoesie‹ hervorgeht und den sie zugleich erhält.

Hier drängt sich die Frage nach dem Ort auf, den Heines Romanze in der Tradition der mythisierenden Napoleon-Lyrik einnimmt. Dazu einige Stichworte: In Deutschland entwirft Hölderlin seit 1797 Oden und Hymnen, in denen der die Menschen und Völker verbindende ›Geist‹ Bonapartes und seines Ruhmes evoziert wird.[14] Doch bei ihm dichtet nicht das Volk selbst solche Gesänge. Vielmehr nimmt der Dichter die Rolle eines Priesters ein, der die schwierige und gefährliche Aufgabe hat, »dem Volk ins Lied / Gehüllt die himmlische Gabe zu reichen«: So die fragmentarische Hymne »Wie wenn am Feiertage«, in der Bonaparte eine der die Dichter inspirierenden »Kräfte der Götter« ist.[15] Hölderlin weiß indes um die Gefahr, dass die mythisierende Poesie täuscht, ja sogar lügt, und er hat vielleicht auch deshalb seine Entwürfe zu Napoleon-Gedichten nicht ausgeführt. Andere haben, um diese Gefahr zu bannen, die Distanz hervorgehoben, die das mythisierende Bild des Kaisers von dessen Person trennt. So klagt Byron in seiner »Ode to Napoleon Buonaparte« aus dem Jahre 1814, dass der Kaiser, indem er es vorzog, abzudanken, anstatt eines glorreichen Todes auf dem Schlachtfeld zu sterben, gezeigt habe, dass er nicht sei, was er hätte sein können, nämlich Prometheus (»the thief of Fire from Heaven«) oder Satan (»the very Fiend«).[16] Auch nach Napoleons Tod verstummen diese Vorbehalte gegen eine konsequente Mythisierung nicht, wenngleich ihr Ton nun weniger schrill ist. In Manzonis Ode »Il Cinque Maggio« (der 5. Mai 1821, Todestag Napoleons) wird der Verstorbene zwar mit dem Göttlichen verbunden, aber

12 Lutz Röhrich: Lexikon der sprichwortartigen Redewendungen. Bd. 2. Freiburg/Basel/Wien 1994, S. 383.

13 Vgl. ebd.

14 Vgl. die Gedichtentwürfe »Die Völker schwiegen, schlummerten...«, »Buonaparte« und »Dem Allbekannten«. In: Friedrich Hölderlin: Sämtliche Werke und Briefe. Hrsg. v. Jochen Schmidt. Bd. 1, Frankfurt a.M. 1992 [= Bibliothek deutscher Klassiker 80], S. 373f.

15 Ebd., S. 239f.

16 Lord Byron: The Complete Poetical Works. Hrsg. v. Jerome J. McGann. Bd. 3. Oxford 1981, S. 259-266, hier: S. 264f.

es bleibt offen, ob seine Heldentaten wahren Ruhm (»vera gloria«) bedeuten; das Dichter-Ich verneigt sich nicht vor dem Toten, sondern vor Gott (»Massimo / Fattor«), dem es beliebt habe, in jenem eine Spur seines Schöpfergeistes zu hinterlassen.[17]

Dass in Heines Gedicht solche Zweifel und Vorbehalte zwar mit der Feststellung »Das Lied ist aus« deutlich artikuliert, dann aber zum Schweigen gebracht werden, dass sich also der Napoleon-Mythos hier durchsetzt, verdankt sich der Wahl der Gattung ›Romanze‹. Während in Oden und Hymnen wie den genannten der hohe Ton jede Volkstümlichkeit ausschließt, scheint in Heines volksliedhaftem Gedicht das Volk selbst dank seiner Poesie zum Mittler zwischen ihm und dem Göttlichen zu werden, das Napoleon repräsentiert. So ahmt das Gedicht eine schon zu Heines Zeit gültige Einsicht der Mythostheorie nach: Ein Mythos ist verbindlich, insofern er einer Gemeinschaft gehört, die er zugleich begründet.

Zunächst jedoch zerfällt die Gemeinschaft der beiden Grenadiere: Derjenige, der die Feststellung getroffen hat, das Lied sei aus, will nicht mit seinem Kameraden »sterben«, sondern zu Weib und Kind, die ihn brauchen, heimkehren. Im Kontext des Gedichtes bedeutet diese Wahl des Privaten, Häuslichen an Stelle des Gemeinschaftlich-Öffentlichen eine für die Epoche typische, resignativ-biedermeierliche Haltung, vor allem aber bedeutet sie die Wahl der historischen, unumkehrbaren Zeit an Stelle der mythischen (»sterben« bezeichnet also bildlich die entgegengesetzte Wahl).[18] Dass sich das Gedicht bis zu diesem Punkt auf beide zugleich bezieht, äußert sich auf semantischer Ebene im Strukturmerkmal der Doppeldeutigkeit, das ich exemplarisch nachgewiesen habe. Mit der Trennung der beiden Grenadiere macht nun die Doppeldeutigkeit der Eindeutigkeit Platz. Fortan dominiert die Logik des mythischen Denkens und seines Zeitverständnisses: In der fünften Strophe, also genau in der Mitte des Gedichts, weist der erste Grenadier die Wahl, die der zweite

---

17 Allessandro Manzoni: Tutte le poesie. Hrsg. V. Giovanni Titta Rosa. Milano 1966, S. 271-276, hier: S. 273.

18 Das übersieht Thomas Synofzik in seinem Plädoyer für eine ironische Lesart des Gedichts und der Schumannschen Vertonung: Zwar werde in dem Gedicht »nicht die Napoleonverehrung generell ironisiert«, wohl aber werde »die besondere Spielart der Kaiserverehrung, die sich an Napoleon und Vaterland klammert, daraus aber keine politische Perspektive gewinnt, sondern sich regressiv-lustvoll in den Tod stürzt, [...] hier ins Lächerliche gezogen« (Thomas Synofzik: Heinrich Heine – Robert Schumann. Musik und Ironie. Köln 2006, S. 38; der gesperrt gesetzte Text zitiert Johann Jokl: Von der Unmöglichkeit romantischer Liebe. Heinrich Heines »Buch der Lieder«. Opladen 1991, S. 79). Aus der von mir gewählten Perspektive kann diese Deutung nicht zutreffend sein, weil sie davon absieht, dass Heine in dem Gedicht Inhalte und vor allem Strukturen des Volksglaubens als einer Spielart des mythischen Denkens nachahmt, ohne sie komisierend herabzusetzen. Doppeldeutigkeit (Synofzik spricht von »Ambiguität«, vgl. ebd.) ist, wie bereits deutlich wurde, in dem Gedicht zwar durchaus angelegt, aber ihr ironisches Potential wird hier nicht verwirklicht, sondern im Gegenteil unterdrückt. So gesehen, nehmen die »Grenadiere« im »Buch der Lieder« eine Sonderstellung ein. Vgl. auch unten Anm. 21 und 39.

getroffen hat, im Namen eines »bessre[n] Verlangen[s]« harsch, ja brutal zurück, und er behält bis zum Schluss das Wort.

Gegenstand des »bessre[n] Verlangen[s]« ist die Treue nicht nur zum Kaiser, sondern auch zum »Lied«, das den Mythos vom Kaiser vermittelt. Der Einspruch des ersten Grenadiers signalisiert also die Fortsetzung des Lieds – eine Fortsetzung, die der Grenadier nicht nur verkündet, sondern mit den folgenden Strophen auch verwirklicht. Intertextuell begründet wird sie schon hier: Wie die Forschung hervorgehoben hat,[19] enthält der Vers »Laß sie betteln gehn, wenn sie hungrig sind« eine Anspielung auf die alte schottische Ballade von »Edward dem Vatermörder«, deren deutsche Übersetzung Heine aus Herders Sammlung der »Volkslieder« vertraut war. Edward will den Mord an seinem Vater büßen, indem er durch die Welt irrt; seiner Mutter, die ihn fragt, was dann aus seiner Frau und seinen Kindern werden solle, antwortet er:

Die Welt ist groß, laß sie betteln drinn,
Mutter, Mutter!
Die Welt ist groß, laß sie betteln drinn,
Ich seh sie nimmermehr – O![20]

Die Anspielung auf diese Stelle der alten Ballade soll gewiss dem Entschluss des ersten Grenadiers den Glanz eines großen, furchterregenden Schicksals verleihen. Wichtiger noch ist ihre poetologische Funktion: Sie soll der Fortsetzung des ›Liedes‹ den Glanz der Volkspoesie verleihen; die alte Ballade soll die neue begründen.

III.

Dieselbe Funktion haben zwei analoge Anspielungen im dritten Teil des Gedichts, der als Testament des ersten Grenadiers zugleich die Fortsetzung des ›Lieds‹ ist:

Gewähr' mir Bruder eine Bitt':
Wenn ich jetzt sterben werde,
So nimm meine Leiche nach Frankreich mit,
Begrab' mich in Frankreichs Erde.

Das Ehrenkreuz am rothen Band
Sollst du auf's Herz mir legen;
Die Flinte gieb mir in die Hand,
Und gürt' mir um den Degen.

So will ich liegen und horchen still,
Wie eine Schildwach, im Grabe,
Bis einst ich höre Kanonengebrüll
Und wiehernder Rosse Getrabe.

---

19 Vgl. DHA I, 700; HSA 1/K 1, 180f.
20 Johann Gottfried Herder: Herders Sämmtliche Werke. Hrsg. v. Bernhard Suphan. Bd. 25. Berlin 1885, S. 478; vgl. die erste Fassung der Übers. ebd., S. 20.

Dann reitet mein Kaiser wohl über mein Grab,
Viel Schwerter klirren und blitzen;
Dann steig' ich gewaffnet hervor aus dem Grab', –
Den Kaiser, den Kaiser zu schützen! (DHA I, 76-78)

Der Grenadier bittet seinen Kameraden, ihn wie einen Lebendig-Toten, einen Wiedergänger des Volksglaubens, zu behandeln: Bewaffnet und mit dem Kreuz der Ehrenlegion geschmückt, will er »wie eine Schildwach'«, also vollständig kampfbereit,[21] im Grab verharren, bis er zum Zeitpunkt der künftigen Wiederkehr des Kaisers dessen Schildwache erneut wird. Diese Prophezeiung des Manns aus dem Volk stützt sich wiederum auf Zitate von Texten, die man der ›Volkspoesie‹ zuschrieb. Der Vers »Dann steig' ich gewaffnet hervor aus dem Grab'« erinnert, wie die Forschung nachgewiesen hat,[22] an die Ballade »Rewelge« aus »Des Knaben Wunderhorn«. Dort weckt der tödlich verwundete Trommler die in der Schlacht gefallenen Soldaten, und die Wiedergänger schlagen schließlich den Feind.[23] Und für das deutsche Publikum war die Prophezeiung der Wiederkehr des Kaisers unschwer als Transformation der auf eine mittelalterliche Sage zurückgehenden Prophezeiung von der künftigen Wiederkehr des Stauferkaisers Friedrich Barbarossa zu erkennen,[24] vermutlich sogar als Anspielung auf Rückerts Barbarossa-Gedicht aus dem Jahre 1817. Heine hat sich bekanntlich sein ganzes schriftstellerisches Leben lang mit dieser Sage auseinandergesetzt.[25] Die Romantik machte aus ihr einen nationalen politischen Mythos. In unserem Gedicht beugt die Projektion der Sage auf Napoleon der nationalistischen Verengung vor; es setzt sich damit von Rückerts Gedicht ab wie auch vom Napoleon-Hass der Teilnehmer am Wartburg-Fest (einem weiteren Ereignis des Jahres 1817). Als Subtext suggeriert die Sage indes auch hier, dass die Hoffnung auf politischen Wandel in einer alten Versprechung begründet ist; in dem Maße, in dem das Gedicht das alte Bild vom wiederkehrenden Kaiser, zu dem

---

21 Vgl. DWB 9, 139. Synofzik, Heine (Anm. 18), S. 141, bezeichnet das Bild der im Grab liegenden Schildwache als »paradox« (eine Paradoxie, der bei Schumann der »Einsatz der Marseillaise als Requiem« entspreche). Damit aber verkennt er wiederum, dass es Heine hier darum geht, die Denkweise des Volksglaubens (konkret ihre Manifestation im Bild des Wiedergängers) nachzuahmen – eine Denkweise, der die aufgeklärte strenge Unterscheidung zwischen Leben und Tod fremd ist. Das Lächerliche und »Groteske« (ebd.) dieser Denkweise entspricht einem Maßstab, der in dem Gedicht außer Kraft gesetzt wird.

22 Vgl. DHA I, 700; HSA 1/K 1, 181.

23 Vgl. Des Knaben Wunderhorn. Alte deutsche Lieder gesammelt v. Achim v. Arnim u. Clemens Brentano. Kritische Ausgabe. Hrsg. v. Heinz Rölleke. Bd. 1. Stuttgart 1987, S. 67-69.

24 Vgl. Rolf Geissler: Heines Barbarossa als Herausforderung unseres Denkens. In: HJb. 29 (1990), S. 92-110, hier: S. 95; Synofzik, Heine (Anm. 18), S. 37; zur Gleichsetzung von Napoleon und Barbarossa an anderen Stellen von Heines Werk vgl. Wülfing, Luise (Anm. 7), S. 397ff.

25 Vgl. Markus Winkler: Mythisches Denken zwischen Romantik und Realismus. Zur Erfahrung kultureller Fremdheit im Werk Heinrich Heines. Tübingen 1995 [= Studien zur deutschen Literatur 138], S. 212-231.

auch die Anspielung auf »Rewelge« beiträgt, zum Hoffnungsträger macht, mit ihm das Bedürfnis nach Veränderung der bestehenden politischen Verhältnisse zu befriedigen sucht, führt es die ungewisse Zukunft mythisierend auf eine heilige Vorzeit zurück.

Das Gedicht postuliert also, indem es den Mythos vom Volkskaiser Napoleon mitbegründet, die Erneuerung deutscher ›Volkspoesie‹ (wie gesagt im Sinne des ›Volkspoesie‹-Konzepts der Romantik), und es trägt selbst prozessual zur Verwirklichung dieses Postulats bei. Zugleich aber sollen die drei Zeugnisse der ›Volkspoesie‹, auf die Heines Gedicht anspielt, dem Gedicht jenen revolutionären Impuls verleihen, der die geheime Dynamik des Volksglaubens ausmacht, wie Heine später in seinen Schriften über Deutschland ausführt. In ihnen wird das abergläubische Phänomen des begrabenen Wiedergängers zur Figur des verdrängten, aber revolutionären altgermanischen Pantheismus. In unserem Gedicht sind es nicht nur der Kaiser und sein Grenadier, die als lebendig-tote Wiedergänger eine revolutionäre Energie figurieren; auch die Texte, auf die angespielt wird, haben die Funktion von Wiedergängern, die den Widerstand der ›Volkspoesie‹ gegen die sie bedrohenden Kräfte bezeugen und ihre subversive Kontinuität gewährleisten.

Der dritte Teil des Gedichts »Die Grenadiere« konstruiert derart eine Analogie zwischen Form und Inhalt, genauer zwischen seiner volksliedhaften Form (zu der auch die genannten Anspielungen zählen) einerseits und den Konzepten der ›Volkspoesie‹ und des Volkskaisertums andererseits. Darin mündet seine mythisierende Tendenz, wenn wir mit Roland Barthes Mythisierung als Eliminierung der Arbitrarität des Zeichens durch die Herstellung einer solchen Analogiebeziehung definieren: »pas de mythe sans forme motivée«.[26] Mythisierend ist bereits die Dekontextualisierung, die sich in den ersten beiden Teilen des Gedichts nachweisen ließ: Die Zusatzbedeutungen, mit denen die archaisierende volksliedhafte Form die Bezugnahme auf Zeitgeschichtliches versieht, verformt diese Bezugnahmen und macht sie doppeldeutig; Historisches wird mit einer mythischen Vorzeit konnotiert und so seiner Historizität beraubt.[27] In der zentralen fünften Strophe und im dritten Teil des Gedichts haben die Anspielungen auf Zeugnisse der ›Volkspoesie‹ die Funktion, diese Dekontextualisierung zu radikalisieren: Sie ersetzen die vorangehenden Anspielungen auf Zeitgeschichtliches; das nachgeahmte mythische Denken löst am Ende das historische ab.

Die so konstruierte Analogie von Form und Inhalt erweist sich demnach bei genauerem Zusehen als ein Amalgam heterogenster Bedeutungsträger: Deutsche Sage und Anspielungen auf Zeitgeschichtliches, Aberglaube und Utopie, archaisierende Volkslied-Form und revolutionäre politische Aussage leisten in ihrem Zusammenspiel die mythisierende Legitimation des Künftigen durch ein Vergangenes, das von der Zeitgeschichte qualitativ verschieden ist.

---

26 Roland Barthes: Mythologies. Paris 1970 [[1]1957], S. 199.

27 Vgl. ebd., S. 255. Zu Heines Umgang mit der Geschichte des Napoleonischen Empire und seines Untergangs vgl. Winkler, Mythos (Anm. 7), S. 382f.

IV.

Darin aber besteht die Aporie des Gedichts: Es droht den mit dem Bild Napoleons verknüpften Protest gegen die Restauration im Namen der Revolution zu verraten, insofern als jede Mythisierung sich der Unumkehrbarkeit des Zeitflusses, damit aber auch zukunftsgerichtetem Wandel, widersetzt. In der Imagination des Neuen als Wiederkehr eines Alten, das sich dem Fluß der Zeit entzogen hat, ist der tiefere Grund für die Lücke zu suchen, die Volker Kalisch in seiner Analyse der Schumannschen Vertonung konstatiert: In dem Gedichttext finde sich nirgends ein Hinweis auf die konkreten politischen Ideale, für die der erste Grenadier sterben will.[28] Schumanns Vertonung füllt diese Lücke und bricht aus der Logik mythisierender Retrospektion aus, indem der erste Grenadier in den beiden letzten Strophen die Melodie der Marseillaise intoniert.

Diese geniale musikalische Lösung des Problems, das Heines Gedicht hinterließ, kann hier nur knapp im Hinblick auf ihre strukturelle Funktion zur Sprache gebracht werden, nicht im Hinblick auf den Napoleon-Kult, den Schumann mit Heine teilte, auch nicht im Hinblick auf Schumanns Beziehungen zu Heine.[29] Bei der Analyse jener Funktion ist allerdings zu berücksichtigen, dass das Lied im Jahre 1840 komponiert wurde, fast 19 Jahre nach der Erstveröffentlichung von Heines Gedicht im Jahr von Napoleons Tod. Schumann trägt den gewandelten historischen Umständen, genauer den besonderen Umständen des Jahrs 1840 Rechnung, indem er auf dem Arbeitsmanuskript der Komposition das folgende Datum notiert: 12. Mai 1840. Damit kann das Datum der Komposition (über das die Tagebücher nicht Auskunft geben[30]) gemeint sein – so die Deutung in Margit McCorkles »Thematisch-Bibliographischem Werkverzeichnis«.[31] Man kann die Datumsangabe aber auch darauf beziehen, dass die französische Abgeordnetenkammer nach intensiven

---

28 Vgl. Kalisch, Geist (Anm. 11), S. 171.

29 Zu Schumanns Beziehung zu Heine vgl. Friedrich Schnapp: Heinrich Heine und Robert Schumann. Hamburg/Berlin 1924, besonders den dort S. 16-18 abgedruckten Brief Schumanns an Heinrich von Kurrer, in dem der Komponist von seiner Begegnung mit Heine in München berichtet und von der ihm und Heine gemeinsamen Napoleon-Bewunderung; vgl. ferner: Robert Schumann und die Dichter. Ein Musiker als Leser. Katalog zur Ausstellung des Heinrich-Heine-Instituts in Verbindung mit dem Robert-Schumann-Haus in Zwickau und der Robert-Schumann-Forschungsstelle e.V. in Düsseldorf, bearbeitet von Bernhard R. Appel und Inge Hermstrüwer. Düsseldorf 1991, bes. S. 180f., sowie Christoph Bartscherer: Heines Schweigen. Schumanns Besuch in München und sein publizistisches Nachspiel. In: Joseph A. Kruse (Hrsg.): »Das letzte Wort der Kunst.« Heinrich Heine und Robert Schumann zum 150. Todesjahr. Stuttgart/Kassel 2006, S. 135-155. Zu Schumanns Napoleon-Bewunderung vgl. auch Arnfried Edler: Robert Schumann und seine Zeit. O.O. 1982, S. 75f.

30 Für die Zeit vom 18. Dezember 1839 bis zum 4. September 1840 hat Schumann nur ein knappes Resümee verfasst; vgl. Tb. II, 96f.

31 Vgl. Margit L. McCorcle: Robert Schumann. Thematisch-Bibliographisches Werkverzeichnis. Unter Mitwirkung v. Akio Mayeda u. d. Robert-Schumann-Forschungsstelle. Hrsg. v. d. Robert-Schmann-Gesellschaft, Düsseldorf. München 2003, S. 210f.

Debatten am 12. Mai 1840 das Gesetz zur Überführung der sterblichen Reste Napoleons von St. Helena nach Paris beschloss[32] – ein Ereignis, das Heine in »Lutetia« ausführlich kommentiert.[33] Versteht man die Datumsangabe auf diese Weise, analog dem oben skizzierten Verständnis der Zeitangabe zum Zyklus »Junge Leiden«, dann restituiert Schumanns Vertonung, indem sie auf die bevorstehende ›Heimholung‹ Napoleons anspielt, den Sinn der Prophezeiung von Napoleons Wiederkehr.

In Schumanns Vertonung der ersten vier Strophen entspricht der Doppeldeutigkeit, die oben in den ersten vier Strophen des Gedichts nachgewiesen wurde, der zweimalige Wechsel von, wie Kalisch schreibt, gegenwartsbezogener, vorwärtsweisender Marschmusik und rezitativischer, elegisch-vergangenheitsbezogener Erinnerungsmusik; diese verliert sich in »von der Grundtonart [= g-Moll] so weit entfernte harmonisch[e] Regionen, daß eine [...] Rückbindung und Rückkehr zur harmonischen Grundtonart schon beinahe in Frage gestellt zu sein scheint.«[34] Die fünfte Strophe markiert mit der Wiederaufnahme der Marschmusik auch bei Schumann einen Wendepunkt. Doch anders als im Gedichttext kommt nun eine die Rückwärtsgewandtheit durchbrechende, »beständig drängender werdende, zielgerichtete musikalische Entwicklung in Gang«,[35] die in der Intonation der »Marseillaise« gipfelt; unmittelbar vor der Hymne gleichzeitig findet eine Modulation von g-Moll nach G-Dur statt, und G-Dur bleibt von nun an die Grundtonart (vgl. Abbildung nächste Seite).

Indem Schumanns Vertonung den letzten Worten des Grenadiers die Melodie der »Marseillaise« in der neuen Grundtonart unterlegt, macht sie den revolutionären Impuls der Prophezeiung von Napoleons Wiederkehr geltend und versieht die angekündigte Überführung der sterblichen Reste des Kaisers nach Frankreich (die der Wunsch des Grenadiers, in »Frankreichs Erde« begraben zu werden, vorwegzunehmen scheint) mit einer analogen Bedeutung. Anders gesagt: Indem die »Marseillaise«-Melodie den archaisierenden Ton des Gedichts überlagert und seine nicht minder archaisierenden intertextuellen Relationen vergessen lässt, gibt sie ihm seinen damaligen politischen Kontext zurück und fügt es in den aktuellen Kontext des Jahres 1840 ein; die Melodie trennt den Volksglauben vom Aberglauben, löst Napoleons Bild vom Bild Barbarossas und macht den Kaiser, diesen, wie Schumann 1828 nach seiner Begegnung mit Heine in München schreibt, »größte[n] Mann aller Jahrhunderte«, eindeutig zum Repräsentanten der Ideale der Französischen Revolution, die, wie Schumann hoffte, auch in Deutschland der Restauration ein baldiges Ende bereiten würden.[36]

32 Vgl. G. Dujarric: Précis chronologique d'histoire de France des origines à nos jours. Nouvelle édition mise à jour par Yves D. Papin. Paris 1977, S. 158.

33 Vgl. Lutetia I, 7 (14. Mai 1840), I, 8 (20. Mai 1840), I, 10 (30. Mai) (DHA XIII, 47ff.).

34 Kalisch, Geist (Anm. 11), S. 169.

35 Ebd., S. 171.

36 Robert Schumann an Heinrich v. Kurrer. Brf. v. 9. Juni 1828. Zit. n. Schnapp, Heine (Anm. 29), S. 17.

8. So will ich lie - gen und hor - chen still, wie ei - ne Schildwach im Grabe, bis
65
einst ich hö - re Ka - no - nen - ge - brüll und wie - hern - der Ros - se Ge - tra - be. 9. Dann
70
rei - tet mein Kai - ser wohl ü - ber mein Grab, viel Schwer - ter klir - ren und blit - zen, viel
75
Schwer - ter klir - ren und blit - zen; dann steig' ich ge - waff - net her - vor aus dem Grab - den
ritardando
Kai - ser, den Kai - ser zu schüt - zen!"
ritardando

Der revolutionäre, zukunftsbezogene Enthusiasmus stößt sich jedoch am kurzen elegischen Nachspiel des Lieds.

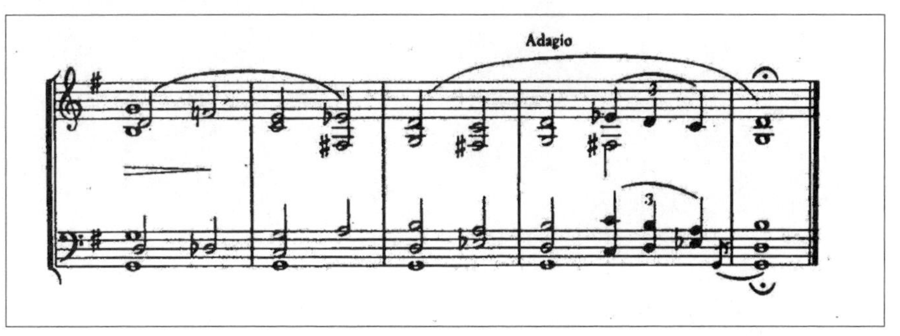

Dieses Nachspiel weist satztechnisch auf die vorangehende, reflexive ›Erinnerungsmusik‹ zurück.[37] Muss man es deshalb mit vielen Interpreten des Lieds als Eingeständnis des Scheiterns oder gar als Widerruf des revolutionären Enthusiasmus verstehen, den die »Marseillaise«-Melodie vermittelte?[38] Deutet man es im Sinne der romantischen Ästhetik, dann ist es vielmehr die antithetische Ergänzung des Enthusiasmus, also das Äquivalent jener skeptischen ›Selbstvernichtung‹, dic, wie die Brüder Schlegel, Jean Paul und E.T.A. Hoffmann hervorheben, das Gegengewicht zu aller enthusiastischen ›Selbstschöpfung‹ bilden muss; denn nur auf diese Weise könne der Abstand gezeigt werden, der den einzelnen Gegenstand des Enthusiasmus von der unendlichen Fülle des Ganzen trenne.[39] Das Nachspiel beseitigt den revolutionären Enthusiasmus also nicht, zumal es nicht nach der ›alten‹ Tonart g-Moll zurückführt; es verbindet aber den revolutionären Enthusiasmus und seine Bildlichkeit mit jener resignativen Innerlichkeit, die der zweite Grenadier vertritt. Enthusiasmus und Innerlichkeit erweisen sich am Ende als die einander ergänzenden Hälften einer antithetischen und kritischen Reflexion über die Gegenwart.

---

37 Vgl. Kalisch, Heine (Anm. 11), S. 174f. Kalisch macht für diese Deutung das »Zurückfahren auf das Niveau einer durch Halbe bestimmten harmonischen Ereignisdichte, die Rückkehr zu chromatischer Einfärbung, die klang-, nicht funktionsbegründete harmonische Kreisbewegung sowie das Einmünden in ein Adagio-Tempo« (S. 175) geltend.

38 Vgl. die Exzerpte bei Günter Metzner: Heine in der Musik. Bibliographie der Heine-Vertonungen. Bd. 7. Tutzing 1991, S. 248ff.

39 Erinnert sei hier nur an Friedrich Schlegels »51. Athenäum«-Fragment, in dem die Ironie als »stete[r] Wechsel von Selbstschöpfung und Selbstvernichtung« definiert wird – Kritische Friedrich-Schlegel-Ausgabe. Hrsg. v. Ernst Behler unter Mitwirkung v. Jean-Jacques Anstett u. Hans Eichner. Bd. II: Charakteristiken und Kritiken I (1796-1801). Hrsg. v. Hans Eichner. Paderborn/München/Wien/Zürich 1967, S. 172; dazu Ernst Behler: Studien zur Romantik und zur idealistischen Philosophie. Paderborn/München/Wien/Zürich 1988, S. 48ff. In diesem ›romantischen‹ Sinne kann man Schumanns Lied als ironisch bezeichnen; nicht aber ist das »Marseillaise«-Zitat für sich genommen »musikalische Ironie« als ein »uneigentliches Singen«, das die Ironie und das Groteske des Gedichtes auf die Spitze treibe – Synofzik, Heine (Anm. 18), S. 141. Die vorangehenden Ausführungen sollten im Gegenteil verdeutlichen, dass Schumanns Vertonung eine Dualität wiederherstellt, die in Heines Gedicht verloren geht.

Das Nachspiel macht also auf einen weiteren Bestandteil des historischen Kontextes von Heines Gedicht aufmerksam – eines Kontextes, den die mythisierende Struktur des Gedichts zu verdecken drohte.

Die »Marseillaise« bei Heinrich Heine und Robert Schumann

Bernhard R. Appel

Die Düsseldorfer Heine-Ausgabe (DHA) weist zum Stichwort »Marseillaise« nahezu 30 Belegstellen nach, wodurch dieser Revolutionsgesang als das Musikstück ausgewiesen ist, das den Dichter nachhaltig und vermutlich auch am Stärksten beeindruckt und beschäftigt hat. Geht man den einzelnen Fundstellen nach, so bestätigt sich erwartungsgemäß, dass nicht der Tonsatz als solcher Heine interessierte, sondern vielmehr die Ideenfracht, die er transportierte. Grob gesprochen taucht die »Marseillaise« in Heines Schriften in zwei kontextuellen Bezügen auf: einerseits als reales Klangereignis in Verbindung mit Berichten über politische Geschehnisse und andererseits als poetische Metapher oder Chiffre für ein politisches Bewusstsein bzw. eine gesellschaftliche Utopie. Oft lässt sich das eine vom andern nicht trennen.

Sowohl die Entstehung der am 26. April 1792 von Claude Joseph Rouget de Lisle (1760-1836) gedichteten und komponierten »Marseillaise« als auch deren einzigartige Rezeptionsgeschichte müssen an dieser Stelle nicht wiederholt werden.[1] Die demonstrative Ersetzung des ursprünglich zur Feier des Tuilerien-Siegs und zur Ausrufung der Republik vorgesehenen katholischen Dankgesangs (*Te Deum laudamus*) durch die »Marseillaise« verlieh dem profanen Kampflied quasi religiöse Weihen. Goethe bezeichnet das Lied als »revolutionäres Tedeum«,[2] und auch Heine verlieh ihm religiöse Dignität, indem er den Luther-Choral »Ein feste Burg ist unser Gott« als »Marseiller Hymne der Reformazion« (DHA VIII, 41) bezeichnete bzw. die »Marseillaise« zum »dies irae, dies illa der neuen Kirche« (DHA XII, 223) erklärte. Der Nationalkonvent deklarierte am 14. Juli 1795 die »Marseillaise« zur offiziellen Hymne der bewaffneten Streitkräfte der französischen Republik. Im Konvent wurde sie zum festen Bestandteil parlamentarischer Riten. Insgeheim verdankt sich die Gründung des Pariser *Conservatoire* (1795) der »Marseillaise«, denn am 12. Thermidor 1795 beschloss der Konvent die Gründung eines Nationalinstituts für Musik, das für die musikalische Ausgestaltung politischer Akte zuständig war, in der die »Marseillaise« eine zentrale Rolle spielte.[3]

Unter Napoleon war die »Marseillaise« allerdings unerwünscht. Erst mit der Julirevolution von 1830 lebte sie kurzfristig wieder auf, worauf auch Heine mehrfach

1 Die nachfolgenden Darlegungen zur Geschichte der »Marseillaise« beziehen sich, sofern nicht anders angegeben, auf Hermann Wendel: Die Marseillaise. Biographie einer Hymne. Zürich 1936, und auf František Gel: Internationale und Marseillaise. Lieder, die Geschichte machten. Prag 1954. Weitere Abhandlungen zum Thema: Frédéric Robert: La Marseillaise. Paris 1989, und Histoire de la Marseillaise 1792-1945. Catalogue de l'exposition, Colombe 1989.

2 Belagerung von Mainz. In: Johann Wolfgang von Goethe: Sämtliche Werke, Hrsg. v. Ernst Beutler u.a. Zürich/München 1977, Bd. 12: Biographische Einzelschriften, S. 451.

3 F.G.: Ueber die »Marseillaise« und ihren Verfasser. In: Caecilia (1848), H. 108, S. 228.

Bezug nimmt (DHA XII, 15, 123, 131, 165, 223 u. 254). Im *juste milieu* der sich anschließenden Ära des Bürgerkönigs Louis Philippe trat sie wieder in den Hintergrund, nicht gerade offen unterdrückt, jedoch auch nicht sonderlich erwünscht. Auch dies wird durch Heine bezeugt (DHA XIII, S. 92f., hier: 102). Die von Casimir Delavigne im Regierungsauftrag gedichtete »Parisienne« (»Peuple française, peuple des braves«) wurde nun zur offiziellen Hymne der Republik.[4] Dennoch gelangte unter dem Bürgerkönig der noch lebende Textdichter der »Marseillaise« zu Ehren, da Louis Philippe 1830 sich aufgrund einer Intervention Berangers darauf einließ, den nahezu vergessenen und verarmten Dichter-Komponisten Rouget de Lisle das Ritterkreuz der Ehrenlegion zu verleihen und ihm eine kleine Pension zu gewähren. Das politische Gerangel um die »Marseillaise« fand erst 1879 ein Ende, nachdem sie – gegen den Widerstand konservativer Kräfte – zur offiziellen Nationalhymne erklärt worden war.

In Deutschland zeigte man früh Interesse am französischen Kriegslied. In mehreren Artikeln berichtete Pastor Christmann in der »Allgemeinen Musikalischen Zeitung« (1798/99) begeistert über den beflügelnden Revolutionsgesang. 1842 wird die Melodie der »Marseillaise« chauvinistisch als deutsche Schöpfung reklamiert. Johann Friedrich Reichardt wird als Melodienlieferant gehandelt.[5] Selbst heute noch wird diskutiert, ob nicht der Österreicher Ignaz Pleyel, ein Freund Rouget de Lisles, wenn schon nicht den Text, so doch die Melodie geliefert habe.[6]

1848 erschien in Leipzig die »Marseillaise« in einer historisch kommentierten Druckausgabe.[7] Zur gleichen Zeit berichtete ein Artikel »Über die ›Marseillaise‹ und ihren Verfasser«,[8] dass die in ganz Frankreich gesungene »heilige Hymne« in Deutschland zahlreiche Bewunderer gefunden habe, »denen dieselbe als der wahre Typus eines Kriegs- und National-Liedes« erscheine.[9] Am Schluss des Artikels stellt der Autor fest, dass »die politischen Gefühle der Deutschen in diesen Tagen

4 Hermann Wendel: Die Marseillaise. Biographie einer Hymne. Zürich 1936, S. 73.

5 Vgl. hierzu den anonymen Artikel »Wer ist der Componist des Marseiller Marsches?« in: Jahrbücher des deutschen National-Vereins für Musik (1842), Nr. 4, S. 280.

6 Elena Ostleitner: Die Marseillaise – musikalische Auswirkungen einer Revolutionsmelodie ungeklärter Herkunft. In: Die Auswirkungen der Französischen Revolution außerhalb Frankreichs. Referate des 10. interdisziplinären Colloquiums des Zentralinstituts. Hrsg. v. Hanns-Albert Steger. Neustadt an der Aisch 1991, S. 175-187.

7 Die Marseillaise. Illustrirt von Charlet. Text u. Musik v. Rouget de Lisle. Für das Pianoforte arrangirt v. A. Aulagnier. Mit e. hist. Einl. v. Alphonse de Lamartine. Leipzig: Verlag von J.J. Weber 1848. Der Marsch ist französisch-deutsch textiert; die Strophe einem Vorsänger, der Refrain einem dreistimmigen Chor zugewiesen. Die sechs folgenden Strophen sind im Anschluss an den Notensatz ebenfalls in zweisprachiger Synopse gedruckt, wobei jede Strophe wie schon die erste mit einer textbezogenen Illustration versehen ist. Im Vorwort berichtet de Lamartine in legendenhafter Ausschmückung über die Entstehung der Revolutionshymne und würdigt sie als französischen Nationalgesang. (Dr. Matthias Wendt stellte mir zur Einsicht dankenswerterweise sein privates Druckexemplar zur Verfügung.)

8 F.G., »Marseillaise«, (Anm. 3), S. 226-235.

9 Ebd., S. 227 u. S. 230.

rege und mannbar geworden« seien, weshalb man hoffen dürfe, dass »die Phantasie eines begeisterten Tonsetzers bald ein Volkslied hervorrufen wird, das unserer Nation und der Stelle neben der französischen Nationalhymne würdig erfunden wird«.[10] Wir befinden uns im Jahre 1848, am Ende des Vormärz und im ersten Jahr der deutschen Revolution.

Schon zuvor, mit seinem im Januar 1842 erschienenen Zeitgedicht »Die Tendenz« (DHA II, 119f.) appellierte Heine an den »Deutschen Sänger«, das Lied der Freiheit anzustimmen, um »in Marseillaiserweise« aus Worten Taten werden zu lassen. Das Gedicht endet mit Blick auf die gegenwärtigen deutschen Verhältnisse mit klarsichtiger Ironie.

> Singe nur in dieser Richtung,
> Aber halte deine Dichtung
> Nur so allgemein als möglich.

Ferdinand Freiligrath dichtete 1849 »in dieser Richtung«, indem er der Melodie des Revolutionsgesangs unter dem Titel »Reveille, ein Weckruf an die ungeeinte deutsche Nation« einen neuen Text unterlegte:

> Frisch auf zur Weise von Marseille,
> frisch auf ein Lied mit hellem Ton!
> Singt es hinaus als die Reveille
> der neuen Revolution![11]

Über die halbherzig-heuchlerische Rezeption der »Marseillaise« in Deutschland konnte Heine nur spotten:

> Ja, im Heere der deutschen Revoluzionsmänner wimmelte es von ehemaligen Deutschthümlern, die mit sauren Lippen die moderne Parole nachlallten und sogar die Marseillaise sangen [...] sie schnitten dabey die fatalsten Gesichter (DHA XI, 84).

In der Nachschrift zur »Stadt Lucca« (November 1830) brachte Heine den politischen Elan, die Symbolkraft, die dichterisch inspirierende Potenz und die Wirkmacht der »Marseillaise« in Frankreich eindrucksvoll auf den Punkt:

> Während ich sitze, und schreibe, erklingt Musik unter meinem Fenster, und an dem elegischen Grimm der langgezogenen Melodie, erkenne ich jene marseiller Hymne, womit der schöne Barbaroux und seine Gefährten die Stadt Paris begrüßten, jener Kuhreigen der Freyheit, bey dessen Töne die Schweitzer in den Tuilerien das Heimweh bekamen, jener triumphirende Todesgesang der Gironde, das alte, süße Wiegenlied – Welch ein Lied! Es durchschauert mich mit Feuer und Freude, und entzündet in

10 Ebd., S. 235.

11 Freiligrath verfasste das Gedicht für die Revolutionsfeier im »Gürzenich« zu Köln am 19. März 1849 und veröffentlichte es in: Neuere politische und soziale Gedichte. 2. H., Köln 1849.

mir die glühenden Sterne der Begeisterung und die Raketen des Spottes. Ja, diese sollen nicht fehlen, bey dem großen Feuerwerk der Zeit (DHA VIII, 205).

I.

Mit der »Marseillaise« setzte sich Schumann in vier Werken kompositorisch auseinander. Der erste Beleg stammt aus dem Jahre 1839. Der Kopfsatz des »Faschingsschwanks aus Wien« op. 26 (1839) enthält eine Art Interludium (T. ⁺253-324), in das die »Marseillaise« in einen geradezu befremdlichen Kontext eingebettet ist. Der gesamte Abschnitt ist bereits durch seine harmonische Disposition (Fis-Dur, Des-Dur, As-Dur), die sich von der Grundtonart B-Dur des Satzes weit entfernt, als Einschaltung, als Digression, und in gewisser Weise als Fremdkörper ausgewiesen. Das Interludium besteht aus einer raffinierten Verknüpfung von mehr oder weniger eindeutig referenzierbaren Anspielungen auf drei bekannte Liedmelodien. Eröffnet wir die Folge von Allusionen durch das seinerzeit in Deutschland allbekannte »Marlborough«-Lied. Die Kontur der Gassenhauer-Melodie ist allerdings – vor allem im flüchtigen Moment der Aufführung – kaum sicher festzuhalten. (Deren nebelhafte Präsenz ist konstitutiver Bestandteil des musikalischen Allusions-Witzes.) Lediglich in der Schlusswendung (T. 257-259) tritt die Anspielung an das volkstümliche Lied deutlicher hervor. Dass Schumann das »Lied vom Marlborough«, eine geflügelte Melodie[12] des 19. Jahrhunderts, kannte, steht außer Frage.[13] Der zweite Abschnitt des genannten Interludiums (T. ⁺269-285) führt ein neues rhythmisches Motiv ein, das über drei Stufen melodisch verändert wird und

12 Entstehungshintergrund und Herkunft des volkstümlichen französischen Liedes sind nicht wirklich gesichert. 1783 wird die Melodie als Vaudeville (Volksgesang) mit französischem Originaltext und in deutscher Übersetzung im Frauenzimmeralmanach 1784 in Leipzig nicht nur veröffentlicht, sondern zugleich die (vermeintliche) Herkunft des Liedes erläutert. Demnach war es um 1780 in Frankreich ein allbekanntes Lied, das selbst von der Königin Marie Antoinette gesungen worden sei. Der Text bezieht sich angeblich auf die Schlacht von Malplaquet (September 1709), in der der englische Herzog von Marlborough den französischen Marschall de Villars geschlagen hat, dabei aber – dem Liedtext zufolge – den Tod gefunden haben soll. In Wirklichkeit starb Marlborough erst 13 Jahre später. Wie Max Friedlaender nachweisen konnte, verbreitete sich das Lied in kürzester Zeit über ganz Europa bis nach Russland und sogar im orientalischen Raum, so dass es nicht verwundert, dass es auch in der Kunstmusik aufgegriffen wurde (z.B. in Beethovens »Wellingtons Sieg oder Die Schlacht bei Vittoria« op. 91, 1813). Auch das Thema des Trio-Teils im Scherzo (T. 247ff.) von Franz Schuberts »C-Dur-Sinfonie« D 944 (ein Werk, das bekanntlich Schumann entdeckt hat) lehnt sich an die volkstümliche Melodie an. Musaeus baute den Text des Liedes zu einer Erzählung aus (»Liebestreue oder das Märchen á la Malbrouk«. In: Volksmärchen der Deutschen. 3. Teil. 1784). Vgl. Max Friedlaender: Das Lied vom Marlborough. In: Zeitschrift für Musikwissenschaft (1923-24), S. 302-328.

13 In Henry Hugh Pearsons »Soldatenlied« op. 7 entdeckte der Kritiker Schumann einen Anklang an das »Marlborough«-Lied (Kreisig II, S. 86). In der Heine-Vertonung »Der arme Peter« op. 53, 3 griff Schumann ebenfalls auf den Melodieverlauf des »Marlborough« zurück. Darauf wies bereits Friedlaender, Lied (Anm. 12), S. 320, hin.

schließlich zur Anspielung an das sogenannte »Großvaterlied«[14] mutiert (T. 281-285). In allen Klavierwerken Schumanns, die um das Thema Karneval kreisen, taucht dieses »Großvaterlied« auf: in den »Papillons«[15] op. 2 (als Eröffnung des Finales), im »Carnaval« op. 9 (im Finale, T. 51-58 und T. 147-154) und eben im Kopfsatz des »Faschingsschwanks« op. 26. In der Originalausgabe des »Carnaval« wird das Zitat durch den Vermerk »Thême du XVIIéme siecle« ausdrücklich als solches ausgewiesen und liefert uns in Verbindung mit der Satzüberschrift »Marche des Davidsbündler contre les Philistins« einen Schlüssel zu seinem Verständnis auch im Kontext des »Faschingsschwanks«. Die alte, zopfige Melodie des »Großvaterliedes« symbolisiert den musikalischen Philistergeist, gegen den die von Schumann konstituierten fortschrittlichen Davidsbündler zu Felde ziehen. Dass sie dies im beschwingten Walzerrhythmus tun, obwohl der Satz als »Marsch« ausgewiesen ist, gehört zum humoristischen Konzept des »Carnaval«. Zwischen diesem Klavierwerk und dem »Faschingsschwank« gibt es eine weitere Parallele. Der Begleitrhythmus des ersten Interludium-Abschnitts im »Faschingsschwank« (1. Satz, T. 253-268), in dem auf das »Marlborough«-Lied angespielt wird, ist mit dem des »Marche des Davidsbündler contre les Philistins« aus dem »Carnaval« op. 9 identisch. Schumann stellt durch derlei Querverweise ein poetisches – in diesem Falle

14 Hans Joachim Köhler erwog, ob die Allerweltsmelodie des »Großvatertanzes« nicht auch mit dem bekannten Volkslied »Es ritten drei Reiter zum Tore hinaus« in Verbindung gebracht werden könne (im Nachwort zu seiner Ausgabe des »Faschingsschwanks« op. 26, Leipzig 1980, S. 34). Die melodischen Entsprechungen verweisen jedoch stärker auf das »Großvaterlied« (auch »Großvatertanz« genannt), das überdies in Schumanns Zitatpraxis mehrfach anzutreffen ist und dabei als musikalische Vokabel für das Alte, Überlebte, liebenswert Altväterische oder auch borniert Philiströse (letzteres hier im »Faschingsschwank«) einzustehen hat. Zur Bedeutung des Liedes im Schaffen Schumanns vgl. [Dr. Adolf Schubring]: Schumanniana Nr. 2. Schumann und der Großvater. In: NZfM (1860), Bd. 532, Nr. 4 (v. 20. Juli), S. 29f. Das »Großvaterlied« wird in zwei Romanen Jean Pauls erwähnt, die Schumann bestens bekannt waren: Blumen-, Frucht- und Dornenstükke oder Ehestand, Tod und Hochzeit des Armenadvokaten F. St. Siebenkäs. 1. Bändchen. 1. Kapitel. In: Jean Paul: Werke in 12 Bänden. Hrsg. v. Norbert Miller. Bd. 3. München 1975, S. 38, und im Titan. 9. Jobelperiode. 47. Zykel. In: Ebd., Bd. 5, S. 227.

15 Frederick Niecks bezeichnete die »Papillons« als einen »young Carnaval« und den »Carnaval« op. 9 als »a higher kind of Papillons« (Programme Music in the Last Four Centuries. Edinburgh 1907 [Reprint New York 1969], S. 193 und 195). Die »Papillons« gehören deshalb zum erweiterten Sujet des Karnevals, weil sie sich bekanntermaßen auf den Maskenball von Jean Pauls Roman »Flegeljahre« beziehen. In diesem Lieblingsroman Schumanns sagt Walt zu Wina: »Ein Ball en masque ist vielleicht das Höchste, was der spielenden Poesie das Leben nachzuspielen vermag. Wie vor dem Dichter alle Stände und Zeiten gleich sind und alles Äußere nur Kleid ist, alles Innere aber Lust und Klang: so dichten hier die Menschen sich selber und das Leben nach – die älteste Tracht und Sitte wandelt auferstanden neben junger – der fernste Wilde, der feinste wie der roheste Stand, das spottende Zerrbild, alles, was sich sonst nie berührt, selber die verschiedenen Jahreszeiten und Religionen, alles Feindliche und Freundliche, wird in einen leichten, frohen Kreis gerundet, und der Kreis wird herrlich wie nach dem Sylbenmaß bewegt, nämlich in der Musik, diesem Lande der Seelen, wie die Masken das Land der Körper sind« – Paul, Werke (Anm. 14), Bd. 4, S. 1074.

ein humoristisch intendiertes – Beziehungsnetz zwischen seinen Kompositionen her.

Innerhalb der Allusion des »Großvaterlieds« erscheint im »Faschingsschwank« (1. Satz) erstmals in T. +277 ein Quartsignal, das danach – gewissermaßen als *running gag* – noch neunmal auftritt. Es erscheint zunächst wie eine Art »herrenloser Auftakt« und erfüllt im Verlauf des Interludiums verschiedene Funktionen: Es fungiert einerseits als Signal, als Aufmerksamkeitszeichen, gliedert zweitens wie eine Art Interpunktion musikalische Sinneinheiten, hat drittens – wie sich später herausstellen wird – eine semantische Bedeutung und funktioniert viertens als keimkräftiger Motiv-Partikel, aus dem schließlich die »Marseillaise« herauswächst. Durch das regelmäßige, viermalige Auftreten des Quartsignales (in T. +277, +281, +285, +289) wird die Hörerwartung konditioniert, so dass man es in T. +293 wieder in der gewohnten Form als isolierten Auftakt erwartet. Aber die Hörerwartung wird enttäuscht, denn das Signal tritt nicht in der vertrauten Form als herrenloser Auftakt auf, sondern erweist sich nun als Bestandteil des »Marseillaise«-Zitats (T. +293-299). Als konstitutives Eröffnungsintervall der »Marseillaise« erhält das Quartsignal eine semantische, politische Bedeutung. An dieser Stelle ist der Hörer aufgefordert, das frühere Auftreten des Quartauftakts zum vorbereitenden Metamorphose-Partikel umzudeuten, da dieser offenbar von Anfang an auf die »Marseillaise« abzielt. Sie selbst aber wird nicht in ihrer authentischen Form als »Marsch« zitiert, sondern humoristisch in einen »Walzer« verformt, ein Vorgang, der an den als Walzer maskierten »Marche des Davidsbündler contre les Philistins« erinnert. In geradezu unerhörter Weise wird die »Marseillaise« in die punktierten Rhythmen des »Großvaterlieds« gekleidet. Mit anderen Worten, die »Marseillaise« erscheint als musikalische Metamorphose eines altväterischen Spießergesangs. Da diesem Gestaltwandel auch noch die Anspielung auf das »Marlborough«-Lied vorangegangen ist, ein Lied, das sogar am vorrevolutionären französischen Hof Eingang gefunden haben soll, grenzt Schumanns Allusions-Potpourri ans Satirische. Durch die Metamorphose des »Großvaterlieds« zur »Marseillaise« mutiert gewissermaßen die Zipfelmütze des deutschen Michels zur revolutionären Jakobinermütze, freilich nur als Faschingsscherz, da der Citoyen sich im Walzertakt auf dem Tanzboden und nicht im aufrührerischen Marschschritt bewegt. Vielleicht ist das beschriebene Interludium die eigentliche »Schwank«-Szene, die dem »Faschingsschwank« seinen Namen gegeben hat.

Im vierten und letzten Abschnitt des Interludiums (T. +301-324) greift Schumann transponierend auf den zweiten Teil (T. +277-292) zurück, wobei nochmals das »Großvaterlied« anklingt (T. +314-316). In dieser Reprise wird die kompositorisch hergestellte Substanzgemeinschaft zwischen dem trivialen »Großvaterlied« und der pathetischen »Marseillaise« scheinhaft bestätigt. Der Quartsprung wird obsessiv fünfmal wiederholt (T. +305, +309, +313, +317, +321) und lenkt die Hörerwartung auf eine Wiederkehr der »Marseillaise«, die jedoch nicht eingelöst wird. Auch diese Pointenverweigerung, die selbst als Pointe zu begreifen ist, gehört zu den Mitteln musikalischen Humors. (Wiederholte Witze werden bekanntlich schal.)

Im Anschluss an das Interludium kehrt das Hauptthema des Kopfsatzes wieder (T. $^{+}$325-340), das den gesamten Eröffnungssatz rondoartig durchzieht (T. $^{+}$1-24, $^{+}$63-86, $^{+}$127-150, $^{+}$229-252, $^{+}$325-340, $^{+}$441-464 und abgewandelt zu Beginn der Coda, T. $^{+}$524ff.). Der nun folgende Teil (T.$^{+}$341-408) ist einer der bizarrsten Klaviersätze, die der junge Schumann komponiert hat. Bizarr deshalb, weil in diesem Formteil ein schierer Auftakt als thematisches Motiv abgehandelt wird. Er ist seiner Melodie- oder Themen-eröffnenden Funktion beraubt und verselbständigt sich in einer ziel- und endlos scheinenden Reihung, bar jeder melodischen oder thematisch stringenten Struktur. Ich deute diese humoristische Apotheose des Auftakts als Reflex auf den genannten herrenlosen Auftakt. Larry Todd[16] sieht dagegen in besagtem Abschnitt eine Anspielung auf das Trio des Menuetts aus Beethovens »Klaviersonate Es-Dur« op. 31 Nr. 3. Diese Deutung erscheint angesichts der strukturellen Ähnlichkeiten beider Textstellen durchaus plausibel, und sie steht auch nicht im Widerspruch zu meinem Interpretationsvorschlag, denn sie fügt sich in die beschriebene Verflechtung heterogener Zitate und Anspielungen ein. Todds Beobachtung aufgreifend und interpretierend, würde an besagter Stelle Beethoven gewissermaßen als Leitfigur der Davidsbündler inszeniert.

Adolf Schubring wies 1860 als erster auf die Verknüpfung der drei Allusionen (»Marlborough«-, »Großvaterlied« und »Marseillaise«) hin und behauptete, Schumann habe mit dem »Marseillaise«-Zitat humoristisch auf die österreichische Zensur reagiert.[17] Der »Faschingsschwank« spielt nicht nur, wie der Titel dies ausweist, in Wien, sondern wurde dort auch 1839 von Schumann komponiert (aber erst in Leipzig abgeschlossen), als er sich in der österreichischen Hauptstadt aufhielt, um seine »Neue Zeitschrift für Musik« hierher zu verlegen. Das Unternehmen scheiterte jedoch u.a. an den Zensurbestimmungen. Da der »Faschingsschwank« auch noch in Wien bei Pietro Mechetti im Druck, also quasi unter den Augen von Metternichs Zensoren erschienen ist, hat die »Marseillaise«-Anspielung in der Tat eine wie auch immer zu interpretierende politische Dimension, denn im Vormärz war die »Marseillaise« verboten. Um 1830 wurde Wien-Reisenden geraten, selbst das Pfeifen der »Marseillaise« zu unterlassen, um keine Konflikte mit der Polizei zu

16 R. Larry Todd: On Quotation in Schumann's Music. In: Ders. (Hrsg.): Schumann and his World. Princeton 1994, S. 80-112, hier: S. 82.

17 »Im Faschingsschwank aus Wien (op. 26, p. 7) wagt der Schalk sogar, sich mit den hohen Ohren der Wiener Polizei zu hutzen [d.h. sich provozierend anzulegen]. Erst werden die Herrn Spitzeln durch den Großvatertanz und den Marlborough (zugleich Scherzotrio aus Franz Schuberts`s Symphonie!) recht sicher gemacht, dann klingt plötzlich, als müßte es nur so sein, die Marseillaise mitten hinein. Die Spitzel spitzen die Ohren, schon wollen sie – – doch halt, es war denn doch wol nicht jener gefährliche Sansculotte, denn da kommt ja schon wieder der Großpapa! Und doch, ihr wohlweisen Herren, doch seid ihr an der Nase herumgeführt; der Schäker wußte recht gut den Marlborough von der Marseillaise zu unterscheiden« – Schubring, Schumanniana (Anm. 14). Schubrings Bezugnahme auf die Wiener Zensur fusst wahrscheinlich auf einem von Wasielewski mitgeteilten Selbstzeugnis des Komponisten: »Schumann that sich noch später auf das versteckte Anklingen derselben [»Marseillaise«] Etwas zu Gute, weil sie, wie er sagte, damals gerade in Wien verboten gewesen sei« – Wasielewski 1/1858, S. 184.

provozieren.[18] In einer zeitgenössischen Rezension des »Faschingsschwanks« wurde zwar die Anspielung auf das »Großvaterlied« verstanden, nicht aber die (schwerer zu erkennende) Anspielung auf das »Marlborough«-Lied und – man will es kaum glauben – auch nicht die Maskerade der »Marseillaise«.[19]

II.

Auf Schumanns Napoleon-Verehrung, die er mit Heinrich Heine teilte, ist immer wieder hingewiesen worden.[20] Schon 1823/24 (und nochmals 1845) las Schumann das in acht Bänden erschienene »Mémorial de Sainte Helene«,[21] ein Buch aus der Feder des bis 1818 amtierenden Napoleon-Sekretärs Comte Emanuel de Las Cases. Napoleon war Hauptthema, als Schumann mit seinem Studienfreund Gisbert Rosen im Mai 1828 in München mit Heine zusammentraf. Das »Marseillaise«-Zitat in Schumanns Vertonung »Die beiden Grenadiere« op. 49/1 wird – wenn auch nur spekulativ – mit diesem Gespräch in Verbindung gebracht.[22] Wie Gisbert Rosen

18 Ostleitner, Marseillaise (Anm. 6), S. 181.

19 Karl Koßmaly schrieb über den »Faschingsschwank«: »An allen Enden humoristisches Wetterleuchten; von allen Seiten fahren Raketen des Witzes und lustigen Uebermuths in die Höhe, umzischen uns die Sprühteufel schalkischen Spottes und des ausgelassensten Muthwillens, z.B. Seite 7 und 8-9, wo unter Anderm das altväterische, auch in den Carnevalscenen [op. 9] auftauchende, ächt spiessbürgerliche und philiströse Motiv: ›Als der Grossvater die Grossmutter nahm‹ [= »Großvaterlied«] – einen grotesken Contrast herbeiführt und eine ächt komische Rococowirkung hervorbringt« (Ueber Robert Schumann's Claviercompositionen. In: Allgemeine Musikalische Zeitung (1844), Nr. 3 (17.01.), Sp. 36. Es ist allerdings nicht auszuschließen, dass der mit Schumann persönlich bekannte Rezensent Koßmaly durch absichtliches Verschweigen des »Marseillaise«-Zitats den Komponisten vor der Aufmerksamkeit der Zensurbehörden schützen wollte. Schumann dedizierte den »Faschingsschwank« seinem belgischen Verehrer Simonin de Sire. Stellungnahmen des Widmungsträgers zum Werk und mithin zum »Marseillaise«-Zitat sind nicht überliefert. – Vgl. hierzu Klaus Wolfgang Niemöller: Simonin de Sire in Dinant und Robert Schumann: Eine Freundschaft in Briefen und Widmungen. In: Revue Belge de Musicologie (1993), Vol. XLVII, S. 161-175.

20 Friedrich Schnapp: Heinrich Heine und Robert Schumann. Hamburg/Berlin 1924, und Anneliese Schneider: Literarische Einflüsse auf Robert Schumanns ästhetische Anschauungen. In: Deutsches Jahrbuch der Musikwissenschaft für 1972. Leipzig 1974, S. 63-78, hier: S. 63-70.

21 Tb III, 380, 384 u. Anm. 524. Schumann las die deutsche Übersetzung. – Bereits im Mai/Juni 1832 befasste er sich mit einem Teil der »Memoires, ou Souvenirs historiques sur Napoléon, la révolution, le directoire, le consulat, l'empire et la restauration« (Paris 1831-35) von Laure Junot d'Abranté, die in deutscher Übersetzung von Ludwig Alvensleben eben im Erscheinen begriffen waren (25 Bände, Leipzig 1831-38) – Tb I, 390, 403 u. 437.

22 Ein Nachklang dieses Gesprächs war vielleicht die Komposition der »Beiden Grenadiere«, die ebenso wie Richard Wagners bereits früher entstandenes Lied mit der »Marseillaise« schließt. – Josef Reitler: Heinrich Heine und Robert Schumann. In: Neue Freie Presse (Wien) v. 19.12.1924, S. 12.

berichtete habe Heine bedauert, dass Napoleon sein Lebenswerk, die Befreiung Europas vom reaktionären katholischen Klerus, nicht mehr habe vollenden können.

Am Schluss der »Grenadiere« wird die Utopie des wiederkehrenden Kaisers und mithin die Vollendung u.a. dieses politischen Ziels ausgesprochen. Dabei fungiert in Schumanns Vertonung das »Marseillaise«-Zitat als Chiffre dieser Utopie.

Die »Grenadiere«, die Heine 1820/21 dichtete (erschienen in den »Gedichten«, Berlin 1822, und danach als Wiederabdruck im »Buch der Lieder«. Hamburg 1827) sind nicht identisch mit dem Text, den Schumann 1840 vertonte. Der zwischen der Dichtung und der Vertonung eingetretene politische Wandel hat die Bedeutung des Gedichts verändert.[23] Als Heine die »Grenadiere« verfasste, war Napoleon Gefangener auf St. Helena. Als Schumann 1840 die »Grenadiere« vertonte, war Napoleon längst verstorben (5. Mai 1821), aber postum wieder zu neuen Ehren gekommen. Zufällig exakt an jenem Tag, an dem Schumann die Vertonung begann (12. Mai 1840), beschloss die französische Kammer unter Louis Adolphe Thiers die Überführung der sterblichen Überreste Napoleons von St. Helena in den Invalidendom zu Paris.[24] Die Überführung geschah im Dezember 1840. (Dass – nebenbei bemerkt – Rouget de Lisle, der Schöpfer der von Napoleon so ungeliebten »Marseillaise« – am 14. Juli 1915 im Invalidendom neben Napoleon ein Ehrengrab fand, zeigt, welch merkwürdige Wege die politische Gedächniskultur gelegentlich beschreitet.) 1840 war die Ära Napoleons längst Geschichte geworden, der Kaiser politisch rehabilitiert und ins Pantheon der Politheroen aufgenommen, und nicht nur in Frankreich, sondern auch in Deutschland einer neuen, wenn auch nicht einhelligen Bewertung unterzogen worden. Aus der Perspektive des deutschen Vormärz musste Napoleon den fortschrittlich denkenden Intellektuellen als Verfechter bürgerlicher Rechte und Freiheiten erscheinen.

Schumanns Ballade »Die beiden Grenadiere« gehört zu den meistaufgeführten Werken des Komponisten. Mehrere Abhandlungen[25] sind ihr gewidmet, so dass an dieser Stelle der Blick sich auf den »Marseillaisen«-Aspekt beschränken kann. Bereits Heinrich Heine hat Napoleon und die »Marseillaise« dichterisch in Beziehung gesetzt. Im 30. Kapitel der »Reise von München nach Genua« beschreibt er beim Anblick des Schlachtfelds von Marengo eine Vision:

---

23 Susan Youens: Maskenfreiheit and Schumann's Napoleon-Ballad. In: The Journal of Musicology (2005), H. 22-1, S. 5-46; diesen Aspekt betont Youens auf S. 7.

24 Schneider, Einflüsse (Anm. 20), S. 69. Heine berichtete über die Überführung der Gebeine Napoleons in den »Lutetia«-Beiträgen vom 14. und 30. Mai und vom 25. Juli 1840.

25 Volker Kalisch: Heines Geist aus Schumanns Händen. Eine Interpretation der Ballade »Die beiden Grenadiere« op. 49/1 (mit Blick auf Richard Wagners »Les deux grenadiers«). In: »Neue Bahnen«. Robert Schumann und seine musikalischen Zeitgenossen. Bericht über das 6. Internationale Schumann-Symposion [...]. Hrsg. v. Bernhard R. Appel. Mainz/London u.a. 2002, S. 164-181; Youens, Maskenfreiheit (Anm. 23), und Egon Voss: »Das hat etwas zu bedeuten!«. Les deux grenadiers und Die beiden Grenadiere. In: Getauft auf Musik. Festschrift für Dieter Borchmeier. Hrsg. v. Udo Bermbach u. Hans Rudolf Vaget. Würzburg 2006, S. 315-324.

> Ich sah im Morgengrauen den Mann mit dem dreieckigen Hütchen und dem grauen Schlachtenmantel, er jagte dahin wie ein Gedanke, geisterschnell, in der Ferne erscholl es wie ein schauriges »Allons enfants de la patrie« (DHA VII, 71).

In der autobiografisch gefärbten Erzählung »Ideen. Das Buch Le Grand« (1826/27), in der Heine vom Einzug Napoleons in Düsseldorf berichtet, verständigt sich der französische Tambour Le Grand durch seine Trommel. Er bringt dem jungen Deutschen die Schlüsselbegriffe der französischen Republik mittels Trommelschlägen bei:

> [W]enn ich nicht wußte, was das Wort »liberté« bedeutete, so trommelte er den Marseiller Marsch – und ich verstand ihn. Wußte ich nicht die Bedeutung des Worts »égalité«, so trommelte der den Marsch »ça ira, ça ira,--- les aristocrates à la lanterne!« – und ich verstand ihn (DHA VI, 191).

Heine poetisiert mit dieser Episode eines von mehreren Epitheta der »Marseillaise«, denn sie wurde u.a. auch »hymne à la liberté«[26] bezeichnet und der Dichter selbst betitelt sie häufig als »Marseillerhymne«. Über Le Grands musikalisch vermittelten Sprach- und Politunterricht bringt Heine die Figur des Tambours, und zugleich die des Grenadiers mit Napoleon und der »Marseillaise« in Verbindung, was Schumann – und nicht nur er – kompositorisch einlöste. Dass der Zitatbezug zur »Marseillaise« bei einer Vertonung von Heines »Grenadieren« nahelag, wird durch die Tatsache belegt, dass nicht nur Schumann, sondern schon kurz vor ihm Richard Wagner und später auch Schumanns Berliner Bekannter, Friedrich Hieronymus Thrun,[27] den Revolutionsgesang in ihre eigenen Vertonungen der »Grenadiere« integrierten.

In Schumanns Vertonung dient die »Marseillaise« der hymnischen Schluss-Steigerung. Sie wird als Kontrafaktur zum Lied im Lied, indem dem ersten Teil der Revolutionshymne die Zukunftsvision des sterbenden Grenadiers unterlegt wird. Dabei wird die Originalmelodie sowohl melodisch-rhythmisch als auch formal modifiziert. Hört der Rezipient den originalen französischen Singtext mit (und dies gehört zur vollständigen Kenntnisnahme des musikalischen Zitats), so stellt er fest, dass der französische Revolutions- und der deutsche Dichter-Text inhaltlich nicht allzu weit voneinander entfernt sind. Hier wie dort geht es um einen glorreichen Tag, und beide Texte fordern zum befreienden bzw. schützenden Kampf auf. Insofern zitiert Schumann nicht nur die Melodie der »Marseillaise«, sondern auch deren politisches Programm.

Sind Heines ideologische Verbindung von Napoleon und Marseillaise einerseits und Schumanns Kontrafaktur andererseits »politisch korrekt«? Die Frage ist weniger abwegig, als dies auf den ersten Blick erscheinen mag. Im Vorwort zum 3. Teil der »Reisebilder« (Kap. XXIX, »Reise von München nach Genua«) schreibt Heine: »Napoleon Bonaparte war ein Aristokrat, ein adeliger Feind der bürgerlichen

26 Ostleitner, Marseillaise (Anm. 6), S. 179.

27 Youens, Maskenfreiheit (Anm. 23), S. 36. Wiedergabe der Zitatstelle in Truhns Vertonung auf S. 38f.

Gleichheit« (DHA, VII, S. 68). Dass Napoleon der »Marseillaise« ablehnend gegenüberstand und sie sogar unterdrückte,[28] wird Heine gewusst haben und auch Schumann hätte es durchaus wissen können.[29] Demnach müsste sowohl für Heine als auch für Schumann die Konjunktion von Napoleon und »Marseillaise« wenn nicht ein Widerspruch, so doch zumindest fragwürdig brüchig sein. Freilich, Schumanns Kunstlied ist kein politisches Manifest, sonst wäre es in Deutschland nicht zu einem der beliebtesten Lieder geworden.[30] Stellt man sich der durch die Napoleon-»Marseillaise«-Verbindung ausgelösten Irritation, so verändert sich der Blick auf Schumanns Klavierepilog. Die fünf Schlusstakte im Anschluss an das »Marseillaise«-Zitat nähren keine hoffnungsvolle Utopie, sondern stimmen ein *Lamento* an. Der Marschrhythmus bricht abrupt ab, der Satz wird ins Choralartige verbreitert, und die absteigende chromatische Melodik erinnert an den *passus duriusculus*, einen seit dem Frühbarock bekannten und zur musikalisch-rhetorischen Figur kodifizierten musikalischen Trauer-, Schmerz- und Resignations-Topos.[31] Natürlich lässt sich das epilogische *Lamento* vordergründig als Totenklage auf den sterbenden Grenadier interpretieren: der Gesang verstummt, die Musik erstirbt – dynamisch und im Tempo zurückgenommen – im *Adagio*. Es scheint, als würde Heines Gedicht durch Schumann mit kompositorischen Mitteln zu Ende gedacht: Der Klavierepilog fügt der Dichtung den in ihr nicht ausdrücklich mitgeteilten Tod des Grenadiers hinzu. Das ist keine pleonastische Geste. Denn der Epilog kontrastiert nicht nur die politische Utopie mit dem Tod des Grenadiers, sondern führt den Hörer zugleich aus dem Lied heraus und in die Wirklichkeit zurück. Und diese Wirklichkeit war 1840, im Jahr von Schumanns Komposition, die aktuelle Misere des Vormärz. Insofern kontrastiert der Lamento-Epilog resignativ die durch die melodische Adaption der »Marseillaise« zum Ausdruck gebrachte Utopie mit der bedrückenden politischen Realität.

---

28 Frédéric Robert: La Marseillaise. Paris 1989, S. 47-50. Der Kaiser ersuchte den Dichter der Marseillaise, Rouget de Lisle, für ihn einen *marche consultaire* zu dichten, der das ungeliebte Revolutionslied ersetzen sollte.

29 Dietrich Grabbe thematisierte Napoleons Abneigung gegen die »Marseillaise« in seinem Drama »Napoleon oder die Hundert Tage« (1830/31). Schumann war mit Grabbes Werken vertraut.

30 Schumanns Vertonung der »Grenadiere« erschien zuerst als Separatdruck in dem von Rudolf Hirsch herausgegebenen »Album für Gesang« (Leipzig [2]1843) bevor sie ein Jahr später als op. 49/1 im 2. Heft der »Romanzen und Balladen« (Leipzig) wiederveröffentlicht wurde. Danach wurde die Ballade unzählige Male wiederabgedruckt. Sie war u.a. im 4. Bd. der in hohen Aufl. verbreiteten Ausgabe »Das singende Deutschland. Album ausgewähltester Lieder und Romanzen« (Leipzig) enthalten, das bereits 1850 in einer vierten Aufl. erscheinen konnte. Bekanntermaßen verschleißen politische Inhalte musikalischer Kunstwerke u.a. durch häufige Aufführungen.

31 Schumann bringt im Klavier-Epilog (T. 115-119) des Heine-Liedes »Warte, warte, wilder Schiffsmann« op. 24/6 das Schlüssel- und Schlusswort Tod in einer *passus duriusculus*-ähnlichen Weise zum Ausdruck.

Schumann teilte mit Heine keinesfalls alle politischen Ansichten. Der Komponist sympathisierte mit einem tendenziell verengten deutschen Patriotismus,[32] wogegen Heine in europäischen, kosmopolitischen Dimensionen dachte.[33] Der späte Schumann distanzierte sich nach Auskunft seines Biografen Wilhelm Joseph von Wasielewski von Heines spätem dichterischen Werk. Bezogen auf die Zeit um 1851 berichtete Wasielewski:

> Um diese Zeit war gerade Heines »Romanzero« erschienen. Schumann zeigte sich indigniert davon. »Ich habe«, sagte er, »nur wenig darin gelesen, denn der Inhalt des Buches ist gar zu traurig, es wimmelt von Gemeinheiten. Wohl kann es vorkommen, daß jemand so etwas für sich schreibt, aber unbegreiflich ist's, dergleichen in die Welt zu schicken. Heine hat im »Romanzero« die Kehrseite seiner dichterischen Thätigkeit gezeigt. Es gibt meines Wissens nur noch ein Buch, welches einen ebenso abstoßenden Eindruck auf mich gemacht hat: die »Confessions« von Rousseau.[34]

Zugegeben, die hier formulierte moralisierende Distanz gegenüber den Romanzero-Gedichten kann nicht mit einer politischen gleichgesetzt werden. Die zeitgenössische Verbundenheit des Komponisten mit dem Dichter zeigt sich auf gänzlich anderen Ebenen. Schumanns musikfeuilletonistische Sprache weist viele Parallelen zu Heines Prosawerk auf. Heines Berichte und Schumanns Musikkritiken sind reflektierende Prosa von vergnüglichem Unterhaltungswert. Sie zeichnen sich durch Witz, Gedankenschärfe und aktuelle Zeitbezüge aus. Durch die Mischung unterschiedlicher Erzähl- und Berichtsformen (Briefe, fingierte Davidsbündlerprotokolle, Dialogszenen, Anekdoten usw.) gehören Schumanns Kritiken einem *genre mêlé* an, das in der jungdeutschen Prosa ihr Vorbild und Pendant findet. Philistersatire, wie Heine sie etwa in der »Harzreise« übt, ist auch Schumanns Thema. In der vitalen polemischen Auseinandersetzung mit konkurrierenden Blättern (z.B. mit der »Iris im Gebiete der Tonkunst« und der »Allgemeinen Musikalischen Zeitung«) verfolgte Schumanns »Neue Zeitschrift für Musik«, ähnlich wie die jungdeutsche Publizistik eine klare kunstpolitische und ästhetische Tendenz. Dass Schumann und Heine einige gemeinsame Bekannte haben (z.B. Johann Peter Lyser, Hermann Hirschbach, Carl R. Herloßsohn) ist ein äußeres, soziales Zeichen intellektueller Verbundenheit.

III.

1849 erreichten die politischen Unruhen auch Dresden. Preußisches Militär schlug Anfang Mai den Aufstand innerhalb weniger Tage nieder. Schumann entzog sich

32 Vgl. hierzu auch John Daverio: »Einheit – Freiheit – Vaterland«: Intimations of Utopia in Robert Schumann's Late Choral Music. In: Celia Applegate u. Pamela Potters (Hrsg.): Music and German National Identity. Chicago 2002, S. 59-77.

33 Youens, Maskenfreiheit (Anm. 23), S. 44f.

34 Wilhelm Joseph von Wasielewski: Aus siebzig Jahren. Lebenserinnerungen. Stuttgart/Leipzig 1897, S. 129.

der Zwangsrekrutierung für die Sicherheitswache durch Flucht auf das Gut Maxen und wohnte danach vorübergehend im benachbarten Kreischa. Unmittelbar nach seiner Rückkehr nach Dresden komponierte er in der Zeit vom 12. bis 16. Juni fünf Märsche für Klavier, von denen er vier am 17. Juni Friedrich Whistling zum Druck anbot. Es seien »keine alten Dessauer – sondern eher republicanische« Märsche, die er »in wahrem Feuereifer geschrieben« habe, teilte er dem Verleger mit. Das Werk müsse umgehend gedruckt werden, da es auf die aktuellen politischen Ereignisse Bezug nehme. In großen Lettern solle auf dem Titelblatt »1849« zu lesen sein.[35] Whistling ging auf die Verlagsofferte ein, und bereits im August lag der Druck als »Opus 76« in der vom Komponisten gewünschten Titelgestalt vor.

Den brillanten Höhepunkt des Werks bildet der letzte Marsch in Es-Dur. »Mit Kraft und Feuer« und im *fortissimo* soll der erste Teil des Satzes vorgetragen werden, wogegen der Mittelteil in H-Dur (T. 34–57) »Sehr gehalten« und dynamisch ins *piano* zurückgenommen gespielt werden soll (woran sich viele Interpreten nicht halten). Diese deutliche tonale und dynamische Abstufung ist von programmatischer Bedeutung. Im Mittelteil versteckt sich eine Anspielung auf die »Marseillaise« (T. $^{+}$48–51). Sie wird motivisch bereits zu Beginn des Mittelteils vorbereitet bis sie schließlich flüchtig in der Oberstimme des Satzes aufscheint, um sofort wieder zu verschwinden. Die Anspielung wird durch melodische Brechungen und zugleich durch Modulationen dermaßen verschleiert, dass sie nur wie ein Hör-Phantom anklingt und nicht als klares Zitat zutage tritt.

Von allen Bezugnahmen auf die »Marseillaise«, die sich in Schumanns Œuvre finden, ist diejenige im vierten Marsch des op. 76 die verdeckteste und zugleich die einzige, die zweifelsfrei mit einer politischen, d.h. republikanischen Bedeutung aufgeladen ist. Hier wird allerdings kein emphatischer Hymnus als Ausdruck revolutionärer Siegesgewissheit exponiert, sondern kleinlaut das Scheitern der deutschen Revolution zum Ausdruck gebracht. Dass Schumann den Rückgriff auf die »Marseillaise« kompositorisch bis an die Grenzen des kaum noch Erkennbaren verhüllt, mag darin begründet sein, dass im politisch angespannten, von Misstrauen und Zensur geprägten Klima des Jahres 1849 ein offenes Zitat als revolutionäre Bekenntnismusik hätte gedeutet werden. Und um derlei ging es Schumann gerade nicht: Die Anspielung fungiert als resignativer Abgesang auf die politischen Hoffnungen, die auch der Republikaner Schumann hegte aber trotz drohenden (und später eingetretenen) Scheiterns der Revolution nicht aufzugeben bereit war. Sein politisches Bekenntnis hatte der Komponist bereits im April 1848, also in unmittelbarem Anschluss an die Märzereignisse, in drei Kompositionen für Männerchor abgelegt, von denen zwei noch im selben Jahr aufgeführt worden sind, aber nur eine zu Lebzeiten veröffentlicht werden konnte.[36] Der Komponist selbst hat sich an keiner Stelle über

35 Briefe NF 2/1914, S. 461f.

36 Drei Freiheitsgesänge für vier Männerstimmen mit Harmoniemusik ad libitum WoO 4: Nr. 1 »Zu den Waffen« (Titus Ullrich), Nr. 2 »Schwarz-Rot-Gold« (F. Freiligrath), Nr. 3 »Deutscher Freiheitsgesang« (J. Fürst). Nr. 2 wurde am 7. Juni 1848 und Nr. 3 am 10. Mai 1848 in Dresden öffentlich uraufgeführt. Nur Nr. 3 erschien zu Lebzeiten des

die »Marseillaisen«-Anspielung in seinem Klaviermarsch geäußert. In einer zeitgenössischen Rezension wird der politische Kontext der Märsche zwar hervorgehoben, aber die maskierte »Marseillaise« wird entweder nicht erkannt oder bewusst nicht erwähnt.[37] Selbst dem Reminiszenzen- und Zitatenjäger Adolf Schubring, der alle übrigen »Marseillaise«-Bezüge in Schumanns Werken aufspürte, ist die Anspielung im Marsch op. 76/4 entgangen.

IV.

Zum vierten- und letztenmal benutzte Schumann die Revolutionshymne in der im Dezember 1851 in Düsseldorf komponierten aber erst postum (in Leipzig am 26. Februar 1857) uraufgeführten und veröffentlichten Ouvertüre zu Goethes »Hermann und Dorothea« op. 136 (»Nr. 1 der nachgelassenen Werke«. Winterthur und Leipzig 1857). Es ist der einzige Fall, bei dem der Komponist die darin einbezogene »Marseillaise« explizit als Zitat ausweist und zugleich dessen Bedeutung erläutert. Auf den Vorsatzblättern der Druckausgaben (Partitur und Stimmen sowie Klavierauszüge zu zwei und vier Händen) findet sich der vom Komponisten (mit »R. S.«) gezeichnete Hinweis:

> Zur Erklärung der in der Ouverture eingeflochtenen »Marseillaise« möge bemerkt werden, dass sie zur Eröffnung eines dem Göthe'schen Gedichte nachgebildeten Singspieles bestimmt war, dessen erste Scene den Abzug von Soldaten der französischen Republik darstellte.[38]

Der Plan, Goethes Versepos als Singspiel bzw. als Konzert-Oratorium (Anhang H 30) zu komponieren, zu dem Moritz Horn das Libretto liefern sollte, wurde von Schumann nicht verwirklicht; es blieb bei der Ouvertüre, die – wie die Gattungsbezeichnung bereits signalisiert – zur Dichtung hinführt. Goethes Verserzählung[39] beginnt mit der Schilderung eines Flüchtlingszugs als Folge der französischen Revolution. Den Flüchtenden gehört das arme Bürgermädchen Dorothea an, das

---

Komponisten als A-cappella-Satz im selben Jahr im »Album zum Besten des Frauenvereins zur Erwerbung eines Vaterländischen Kriegsfahrzeuges« (Berlin) im Druck.

37 Kurzrezension der »Vier Märsche« op. 76 v. E. B-f. in: NZfM, 31. Bd., Nr. 39 v. 11. November 1849, S. 208f.

38 Dass dieser Vermerk zweifelsfrei auf Schumann zurückgeht, beweist die autografe Partitur (Robert-Schumann-Haus, Zwickau; Archiv-Nr.: 93.64 – A1). Sie enthält in Schumanns Handschrift den zitierten Hinweis.

39 Goethe dichtete »Herrmann [sic] und Dorothea« 1796/97 unter dem Eindruck des aktuellen Zeitgeschehens, der 1796 einsetzenden Flucht linksrheinischer Bürger vor den Revolutionstruppen. Die Vers-Idylle erschien 1798 im Druck. Zu Beginn der Erzählung ist nicht, wie Schumanns Partiturvermerk behauptet, von abziehenden Soldaten die Rede, sondern von einer fast menschenleeren, linksrheinischen Stadt, deren Bewohner großenteils nach Deutschland geflüchtet sind. Dass die Flucht durch Kriegsereignisse ausgelöst wurde, wird erst im Verlauf der Dichtung deutlich (Johann Wolfgang Goethe: Sämtliche Werke. Bd. 3. Zürich/München 1977, S. 163-243).

schließlich Gemahlin des ehrbaren Gastwirtsohns Herrmann werden wird. Die Ouvertüre zitiert (in T. $^{+}$18-27) den bereits in T. $^{+}$6-10 motivisch vorbereiteten Revolutionsgesang zwar eindeutig und klar referenzierbar aber verhalten. Begleitet von Trommelschlägen (»hinter der Scene«) erklingen im *piano* bzw. im nachfolgendem *pianissimo* die erste Verszeile (»Allons, enfants de la Patrie«) und auf diese sogleich die Melodie des dritten und vierten Verses (»Contre nous de la tyrannie / l'étendard sanglant est levé«). Die Melodie des zweiten Verses (»Le jour de glorie est arrivé«) ist also ausgelassen, aus Gründen, über die sich spekulieren ließe. Innerhalb der knappen Durchführung (T. 75-134) wird vornehmlich das markante Incipit der Hymne aufgegriffen (T. $^{+}$96 ff., $^{+}$129 ff.) und erscheint als Pendant zur Exposition dann nochmals in der Reprise (T. 135 ff.). Selbst in der Schlusskadenz (T. 260-265) taucht das markante Quart-Eröffnungsmotiv noch dreimal auf, so dass man sagen darf, die »Marseillaise« liefert einen erheblichen Teil der thematischen Substanz dieser Ouvertüre.

Die »Marseillaise« erscheint dort aber an keiner Stelle als heroischer Schlachtengesang oder als politisches Bekenntnis im überwältigenden *forte*, sondern – wie uns Schumanns Kommentar schon vorab mitteilt – als Abzugsgesang von Soldaten nach getaner Tat. Die Erläuterung auf dem Vorsatzblatt der Druckausgaben ist sicherlich alles mögliche, nur keine zitatnachweisende Fußnote, denn musikalische Zitate benötigen derlei Belege nicht, weil sie, um überhaupt zu funktionieren, sich selbst referenzieren müssen. Was bedeutet der Vermerk dann? Ist er eine prophylaktische Maßnahme, um im nachmärzlichen Deutschland jedem Anflug einer politischen Missdeutung des musikalischen Zitats entgegenzutreten? Derlei Vorbeugung war im Zusammenhang mit der konservativen Dichtung Goethes, die sich klar gegen revolutionäre Unordnung ausspricht, überflüssig. Wie dem auch sei: Schumanns Hinweis auf die musikpoetische Funktion der »Marseillaise« im Kontext des Goetheschen Versepos und ihre kompositorisch verhaltene Umsetzung entpolitisiert geradezu deren revolutionären Impetus. Als musikalisches Zitat ist sie nur noch eine narrative Marke, eine *couleur locale* (Marschtrommel und Harmoniemusik) oder ein *signet historique* innerhalb einer musikalischen Erzählung, deren zugrunde liegendes dichterisches Sujet an ein reales geschichtliches Ereignis von 1796 anknüpft und diesem zugleich eine politische Absage erteilt: Goethes Idylle propagiert eine friedlich-beschauliche und apolitische Bürgerlichkeit in stiller Bescheidenheit, und schon allein deshalb kann Schumanns Ouvertüre keine gegenteiligen Akzente setzen. Die Bildaussagen der Titelblätter zu den Erstausgaben der Ouvertüre (für die Schumann jedoch nicht mehr verantwortlich war) bestätigen dies. Das Titelblatt zur Partitur zeigt Herrmann und Dorothea auf einem Berghang unter einem Birnbaum sitzend, von wo aus sich die dörfliche, friedliche Idylle, der zukünftige Lebensraum des Paares, überblicken lässt. Die Darstellung bezieht sich konkret auf eine Station in Goethes Dichtung (»Herrmann und Dorothea«, Achter Gesang, Melpomene, V. 52-76). Detailgenauer und erzählfreudiger ist die ebenfalls von Friedrich Krätzschmer gestaltete Titellithografie zur Ausgabe der Klavierauszüge und der Stimmen. Die linke Vignette zeigt den Löwenwirt und seine Frau behaglich vor ihrem Haus sitzend. In der rechten Vignette begegnet Herrmann erstmals Dorothea, als er der Flüchtenden im Auftrag seiner Eltern Tuchgeschenke überreicht. Die untere Miniatur zeigt die Verlobungsszene in der Stube des Gastwirts. Der Pfarrer überreicht dem Paar die Trauringe.

Schumanns viermaliger kompositorischer Bezug auf die »Marseillaise« sei abschließend resümiert. Kein Fall gleicht dem anderen. Im »Faschingsschwank« op. 26 wird sie als Walzerparodie mittels struktureller Metamorphosen gleichgeschaltet mit trivialen Gassenhauern (»Marlborough«- und »Großvaterlied«) und somit zum Gegenstand eines Faschingsscherzes, der kaum die Wiener Zensur beunruhigt haben, als vielmehr jene empört haben dürfte, für die die »Marseillaise« das *Te Deum* der politischen Freiheit und der Kampfgesang gesellschaftlichen Fortschritts war. In der Heine-Ballade »Die beiden Grenadiere« op. 49/1 werden Teile der »Marseillaise« zur Kontrafaktur, zum Lied im Lied, wobei der mitzuhörende französische Originaltext für die Vollendung napoleonischer Reformen einsteht. Die »Marseillaise«, in Heines Sinn die musikalische Chiffre der Freiheit, wird in Schumanns Klavierepilog allerdings merkwürdig gebrochen. Im Schlusssatz der »Vier Märsche« op. 76 begegnet uns die »Marseillaise« dagegen als Camouflage, wobei die bis an die Grenzen der Wiedererkennbarkeit versteckte Anspielung einerseits als Abgesang auf die gescheiterte Revolution von 1848/49, andererseits aber als noch weiterglimmende Hoffnung gedeutet werden kann. In der Ouvertüre zu »Hermann und Dorothea« op. 136, dem einzigen Fall, in dem Schumann explizit einen verbalen (aber überflüssigen) Zitatnachweis gibt, taucht das Incipit der »Marseillaise« quasi in höchster Reinheit als nahezu unverändertes musikalisches Zitat auf. Aber es fungiert hier nur als illustrierende klingend Kennmarke für ein historisches Ereignis, von dessen politischen Zielen sich die symphonisch kommentierte Vers-Idylle distanziert.

Heinrich Heine begriff die »Marseillaise« als wirkmächtige, revolutionsbewährte Vokabel für die Freiheit und als verpflichtendes politisches Programm, weshalb er diese quasi geheiligte Kampfhymne an keiner Stelle der Lächerlichkeit preisgibt. Für Schumann ist die »Marseillaise« zwar mit der selben Bedeutung befrachtet, aber kompositorisch gesehen nur ein *objet trouvé*, das sich aufgrund seiner zeitverhafteten Reiz- und Signalwirkung beliebig, d.h. in unterschiedlichen Kontexten verwenden lässt: als humoristische, vielleicht sogar satirische Parodie, als emphatisch-melodische Kontrafaktur, als Camouflage und als politisches Jingle für ein historisches Ereignis.

»Doppeltgänger«

Schubert und Schumann in »Winterreise« und »Dichterliebe«

Paul Peters

»Doppeltgänger«: Aus mannigfaltigen Gründen laden Schumann und Schubert in ihren großen Liederzyklen zum Vergleich ein – wie sehr sie sich auch wiederum jeglichem Vergleich widersetzen.[1] Das hat zunächst mit dem Rang beider Zyklen zu tun: Als beide unbestreitbare Gipfelpunkte in der Geschichte des Liedes, ist es eine eben so verlockende wie vermessene, eine so dankbare wie undankbare Aufgabe, sie miteinander zu vergleichen. Oder vorsichtiger ausgedrückt: zueinander in Relation zu setzen. Dennoch gibt es zwingende Gründe, einen solchen Vergleich, ein solches In-Relation-Setzen dann doch einmal zu versuchen. Zum einen handelt es sich bei Schubert und Schumann – ebenso wie bei ihren Autoren Heine und Wilhelm Müller – um wahlverwandte Geister: Nicht nur die Verehrung Schumanns für Schubert, sondern auch die Heines für Müller ist bekannt. Und gerade das schönste Zeugnis dieser letzteren Verehrung, der große Brief, den der junge Heine, als frischgebackener Autor des »Lyrischen Intermezzos«, an den nur ein paar Jahre älteren und leider früh verstorbenen Dichterkollegen Wilhelm Müller schrieb, führt in das Herz des Dialogs, den die Gedichte des jungen Heine mit den Gedichten Müllers – und den der Liederzyklus »Dichterliebe« mit dem Zyklus »Winterreise« – führt:

> [I]ch glaubte erst in Ihren Liedern den reinen Klang und die wahre Einfachheit, wonach ich immer strebte, gefunden zu haben. Wie rein, wie klar sind Ihre Lieder, und sämmtlich sind es Volkslieder. In meinen Gedichten hingegen ist nur die Form einigermaßen volksthümlich, der Inhalt gehört der conventionellen Gesellschaft. (HSA 20, 250)

Denn was Heine bei seiner liebevollen Charakteristik der Gedichte Müllers als Hauptunterschied zwischen den beiden Autoren signalisiert, spielt auch in der respektiven »Kongenialität« der Vertonungen Schuberts und Schumanns ebenfalls eine Rolle: das Volksliedhafte nicht nur in der Form, sondern im Gegenstand der Müllerschen Gedichte, während Heines Texte – wie der Autor selbst sehr zutreffend

---

1 Eine solche Parallellektüre von »Winterreise« und »Dichterliebe« ist meines Wissens noch nicht unternommen worden. Für die folgenden Bemerkungen greife ich auf eine ältere Arbeit zurück: Paul Peters: Musik als Interpretation. Zu Robert Schumanns »Dichterliebe«. HJb. 32 (1994), S. 121-144, sowie die dort angeführte Literatur. Eine Fülle von neuen Überlegungen sowie eine aktualisierte und vertiefte Auseinandersetzung mit der Forschung bietet Thomas Synofzik: Heinrich Heine – Robert Schumann. Musik und Ironie. Köln 2006. Für die Diskussion der »Winterreise« fühle ich mich besonders der Darstellung von Frieder Reinighaus verpflichtet: Schubert und das Wirtshaus. Musik unter Metternich. Berlin 1979, S. 212-226 und *passim*.

sagt – zwar die Volksliedform teilweise übernehmen, jedoch, wie Heine es formuliert, nicht eine Episode aus dem Volksleben, sondern aus der »conventionellen Gesellschaft« zum Thema haben. Mit anderen Worten: Heine und Müller – wie Schubert und Schumann – wählen beide für die eigentliche Handlung in ihren Werken dasselbe Grundmuster: die für das lyrische Ich unglücklich verlaufene Liebe, die aufgrund der sozialen Widerstände scheitert und in der schroffen Abweisung mündet wie in der unüberhörbaren Auflehnung gegen jenes erstarrte Sozialgefüge, welches das Liebesunglück verursachte. Diese – durchaus auch im Freudschen Sinne – ernüchternde wie den sozialen Schein und Ritus demaskierende Realisierung prägt bereits die großen Gedicht- und Liederzyklen Wilhelm Müllers, die »Schöne Müllerin« und die »Winterreise«, wo sie zum erstenmal in dieser Deutlichkeit ausgeprochen wird, auf eine Weise, die sowohl für Heines Generation wie für das ganze dichterische Projekt des »Buchs der Lieder« dann konstitutiv wird: Und Heine hatte also jeden menschlichen wie schriftstellerischen Grund zu jenen Worten der Anerkennung und der Dankbarkeit, die er dem älteren Kollegen hier ausspricht.[2]

Jedoch die Ähnlichkeit in der lyrischen Grundkonstellation von Heine und Müller wird begleitet von der ebenso entscheidenden Differenz: während Müllers Text vom Schicksal eines Handwerksburschen in noch traditionellen, ländlichen und patriarchalen Verhältnissen handelt, ist Heines ebenfalls unglückliche Liebeswelt die moderne bürgerliche, städtische und mondäne von Salons, Teegesellschaften und Soireen. Und dies führt wiederum in eine ästhetische Differenz, die sowohl für Heine und Schumann, wie für Müller-Schubert bezeichnend ist: einen unterschiedlichen Grad an Ironie und Reflexion. Innerhalb einer relativ kurzen Zeitspanne zwischen der jeweiligen Entstehung der Gedichte und ihrer respektiven Vertonungen, und bei aller Ähnlichkeit in der Grundkonstellation, tut sich zwischen ihnen dieser epochale Unterschied auf: der von patriarchal-ländlichen und bürgerlich-städtischen Verhältnissen. Das findet auch in der Ausgestaltung der Thematik bei Dichter und Komponist seinen unverkennbaren Niederschlag. Man wäre sogar versucht, hier die grundsätzliche Unterscheidung Schillers zwischen dem Naiven und dem Sentimentalen zu bemühen: mit Schubert und Müller als den darstellerisch »Naiven« und Unmittelbaren, und Heine-Schumann als den reflektiert Gebrochenen, Bewussten und »Sentimentalischen«. Aber bei näherem Zusehen erweisen sich solche Kategorien als nur bedingt brauchbar, und selbst ihrerseits gebrochen: Entgegen einer gängigen Auffassung zeigen sich nicht nur Schumann und Heine, sondern auch Müller und Schubert oft als abgründig ironisch und reflektiert in dem Einsatz ihrer poetischen wie musikalischen Mittel. Und ebenfalls im Gegensatz zu einer verbreiteten Meinung ist es häufig gerade die äußerste Reflektiertheit bei Dichter und Komponist, welche viel weniger einen Verlust, als vielmehr einen Gewinn an unmittelbarer Kraft des Ausdrucks bedeutet.

Um jedoch einmal kurz die wohl stärksten Stimmen für die jeweilige Gegenposition zu Worte kommen zu lassen: bei Friedrich Nietzsche findet sich folgende Cha-

2 Zum Verhältnis Heine-Müller vgl. Reinighaus, Schubert (Anm 1), S. 199-212.

rakteristik Schuberts als ein vor melodischen Einfällen nur so dahin sprudelnder Musikus, der aber seine große melodische Naturbegabung vergeudet durch das Unvermögen, diesen Reichtum formbewusst zu gestalten:

> Franz Schubert, ein geringerer Artist als die andern grossen Musiker, hatte doch von Allen den grössten Erbreichtum an Musik. Er verschwendete ihn mit voller Hand und aus gütigem Herzen [...] In seinen Werken haben wir einen Schatz von unverbrauchten Erfindungen; Andre werden ihre Grösse im Verbrauchen haben. – Dürfte man Beethoven den idealen Zuhörer eines Spielmanns nennen, so hätte Schubert darauf ein Anrecht, selber der ideale Spielmann zu heissen.[3]

Eine damals gängige Auffassung von einem im rein Gesanglichen sich aufzehrenden Schubert also, der aber völlig unbedarft den konstruktiven Anforderungen der großen Form gegenüberstand, die lange Zeit die etwas unglückselige *communis opiniono* in Sachen Schubert darstellte, bis angesichts der zwingenden Evidenz der Werke, der späten Sinfonien, Streichquartette und Klaviersonaten – aber auch der Müllerschen Liederzyklen – sie sich als unhaltbar, ja als ein Nonsens erwies. Schiller dagegen, in seiner großen und programmatischen Abhandlung über den naiven und den sentimentalischen Dichter, laboriert spürbar an dem Minderwertigkeitskomplex des letzteren, als welcher er sich selbst begreift, gegenüber dem Ersteren, in dem er unter anderem stillschweigend als wohl letzte Blüte das unerreichbare wie unerreichte Goethesche Vorbild erblickt. So – laut Schiller – wird es dem Sentimentalischen, sprich dem bewussten und reflektierten Künstler, immer an originärer Kraft der Darstellung fehlen, verglichen mit der Unmittelbarkeit und durch nichts gebrochener Spontaneität der Schöpfungen des Naiven, auf die er als Späterer wie auf eine verlorene schöpferische Unschuld blickt: denn eine epochale und durch nichts mehr zu überbrückende Kluft trenne nunmehr den Sentimentalischen von dem Naiven, den Bewussten und Reflektierten von dem rein Gegenständlichen und Spontanen, eine Kluft zwischen »Natur« und »Kultur«, die man mitunter auch versucht sein könnte, wie zwischen Goethe und Schiller, so zwischen dem Heine-Schumannschen und dem Müller-Schubertschen Kosmos anzusiedeln. Denn – ungeachtet ihres eigenen spezifischen literarhistorischen Kontexts – scheinen manche Schiller-Aussagen auf Schubert wie auf Heine doch wie gemünzt:

> Naiv muß jedes wahre Genie sein, oder es ist keines. Seine Naivität allein macht es zum Genie. Unbekannt mit den Regeln [...] bloß von der Natur oder dem Instinkt, seinem schützenden Engel, geleitet, geht es ruhig und sicher durch alle Schlingen des falschen Geschmackes [...] Nur dem Genie ist es gegeben [...] die Natur zu erweitern, oder über sie hinauszugehen.

---

3 Friedrich Nietzsche: Menschliches Allzumenschliches. In: Werke. Hrsg. v. Giorgio Colli u. Mazzino Montinari. Berlin 1967. Vierte Abteilung. Bd. 3, S. 255. Zu Recht ist das hier von Nietzsche propagierte Klischee vom bloßen »geborenen Melodiker« Schubert als eines der dubiosesten und zählebigsten von der jüngeren Forschung bekämpft worden. Vgl. Norbert Nagler: Reflexionen zum Klischeedenken in der gegenwärtigen Schubert-Literatur. Musikkonzepte. Sonderband Franz Schubert. 1979, S. 227-249, bes. S. 242f.

> Die verwickeltsten Aufgaben muß das Genie mit anspruchsloser Simplizität und Leichtigkeit lösen [...] Dadurch allein legitimiert es sich als Genie, daß es durch Einfalt über die verwickelte Kunst triumphiert. Es verfährt nicht nach erkannten Prinzipien, sondern nach Einfällen und Gefühlen; aber seine Einfälle sind Eingebungen eines Gottes [...].[4]

Ist das nicht ganz die Verfahrensweise Schuberts in den Müller-Zyklen? Und das folgende, klingt es nicht ebenfalls für die »sentimentalischen« und reflektierten Künstler Heine und Schumann wie maßgeschneidert?

> Ganz anders verhält es sich mit dem sentimentalischen Dichter. Dieser reflektiert über den Eindruck. [...] den die Gegenstände auf ihn machen, und nur auf jene Reflexion ist die Rührung gegründet, in die er selbst versetzt wird und uns versetzt.
>
> Das Gemüt kann keinen Eindruck erleiden, ohne sogleich seinem eigenen Spiel zuzusehen und, was es in sich hat, durch Reflexion sich gegenüber und aus sich herauszustellen. Wir erhalten auf diese Art nie den Gegenstand, nur, was der reflektierende Verstand des Dichters aus dem Gegenstand machte [...] und, wenn er uns seine Empfindungen darstellen will, erfahren wir nicht seinen Zustand unmittelbar und aus der ersten Hand, sondern wie sich derselbe in seinem Gemüt reflektiert, was er als Zuschauer seiner selbst darüber gedacht hat.[5]

Wie nehmen sich aber solche Thesen vor der Evidenz der Partituren aus? Zunächst muss man zugeben, dass es dort so manches gibt, was in gewisser Weise sogar für sie spricht. Schubert betritt ja das Gelände des Liederzyklus gleichsam »naiv«, als

---

4 Friedrich Schiller: Sämtliche Werke. München 1962, Bd. 5, S. 704. Es ist klar, dass der sehr spezifische literarhistorische Kontext, in dem Schiller seine Auffassungen vom Naiven und Sentimentalischen erläutert, hier nicht berücksichtigt werden kann; ebenfalls evident aber ist die mögliche allgemeinere Tragweite jener Schillerschen Kategorien, auch wenn man sie aus ihrem unmittelbaren Kontext herauslöst. Deshalb sei der Versuch gestattet, sie hier in diesem allgemeineren Sinn anzuwenden.

5 Ebd., S. 720 u. 731. »Theurer Freund! Was soll es nützen, / Stets das alte Lied zu leiern? Willst du ewig brütend sitzen / Auf den alten Liebeseiern? Ach! Das ist ein ewig Gattern, / Aus den Schalen kriechen Küchlein, / Und sie piepsen und sie flattern, / Und du sperrst sie in ein Büchlein.« (DHA I, 257) Vielleicht ist keine Stelle so geeignet wie diese, den historischen wie dichterischen Abstand aufzuzeigen, der bei aller Verwandtschaft und Sympathie einen Heine von einem Wilhelm Müller trennt. Durchaus fähig zur Ironie, bleibt es für einen Dichter wie Müller doch unvorstellbar, so wie Heine hier sich selbst, seine Gemütslage wie auch sein eigenes lyrisches Sprechen derart rücksichtslos zu persiflieren: dennoch destruiert dieser Heinesche Habitus das Gefühlvolle weniger, als dass er den alten romantischen Überschwang mit dem Relief des selbstkritischen und realitätsnahen modernen Bewusstseins ausstattet. Der singuläre Reiz der poetischen Sprechweise des Buchs der Lieder liegt gerade in der inkommensurablen Einheit – nicht Disparatheit – von diesen beiden Elementen, von Gefühl und Ironie in ihrer vollkommenen und neuartigen Verschmelzung: wie ja die Heinesche Ironie das Heinesche Gefühl dann keineswegs zurücknimmt. »Ich lache auch – und sterbe«: der Heinesche Ausspruch dürfte als Motto über der ganzen Sammlung stehen. Und gerade dieser inkommensurablen Einheit ist Schumann in seiner Vertonung gerecht geworden, wo Kritik, Realitätssinn, Ironisierung der Gesellschaft wie des Protagonisten Tragik, Gefährdung und Überschwang keineswegs ausschließen, sondern umso stärker hervortreten lassen.

musikalisches Brach- und Neuland: Denn abgesehen von Beethovens »An die ferne Geliebte« gibt es, im markanten Gegensatz zur Welt der Sinfonie, des Streichquartetts und der Sonate, in der gesamten Wiener Klassik keine Vorbilder für diese Form, so dass Schubert sich dort frei und ungehemmt entfalten kann, ohne das bisweilen erdrückende Gewicht von klassischen Vorgaben und Modellen. Und das tut er gerade, indem er sich seiner »unendlichen Melodie«, seinem scheinbar schier unbegrenzten melodischen Einfallsreichtum ohne Vorbehalte hingibt, während die strukturellen Erfordernisse der Instrumentalwerke ihm da größere Zurückhaltung – und größere Befangenheit – aufnötigten. So scheint auch die Einheit der beiden Müller-Zyklen zunächst eher eine atmosphärische, als eine strukturelle zu sein: der große erzählerische Handlungsbogen, der intime wie expressive Dialog von Singstimme und Klavier, mit ihrem Innehalten und ihren Ausbrüchen, der jeweilige Stimmungswechsel von Dur und Moll – diese, und keine vordergründigen Verbindungen im Geflecht von Tonart und Motivik – scheinen die ausschlaggebenden, einheitsstiftenden Momente der beiden Zyklen zu sein. Und gerade dieses letztere Element – der Wechsel von Dur und Moll – könnte man unschwer anführen als jenes Moment, das wie wohl kein anderes von Schuberts ganzer schöpferischer Unschuld zeugt: Denn es herrscht, um es einmal so auszudrücken, eine große, ja unbändige und geradezu abgründige, eine ›erweiternde‹ Naivität von Dur und Moll in diesen beiden Zyklen vor. Die gängige Kodierung von Dur und Moll in der klassisch-romantischen Musiksprache wird ja von Schubert zunächst keineswegs hinterfragt, dafür aber geradezu auf eine unerhörte Spitze getrieben: mit Dur als Ausdruck von freudigen, hellen, affirmativen und transparenten und Moll als Zeichen von trauer- und schmerzerfüllten, von dunklen, defizienten, negativen und bisweilen gar unergründlichen Zuständen. Hier begegnen wir einer ersten Wucht des Naiven bei Schubert: Denn bleibt in der »Schönen Müllerin«, der Wechsel von Dur und Moll zwar ausdrucksstark, jedoch im Prinzip durchaus konventionell, so hat, mit der gleichsam pathologischen Hinwendung zum Moll in der »Winterreise«, Schubert schlechterdings neue Räume des musikalischen Ausdrucks geschaffen. Ja, wir sind berechtigt zu fragen – und nicht anders haben es die Zeitgenossen und Freunde Schuberts in ihrem ganzen Befremden über diese neuartige Musik erlebt – ob mit der ganzen Intensität und Tragweite dieser Hinwendung die »Winterreise« nicht so etwas wie den Angriff des Moll auf die restliche Musikgeschichte darstellt.[6] Denn hier steht sie, mit der plötzlich und fast gewaltsam hereinbrechenden

6 Seit ihrem Entstehen hat gerade diese Eigenart der »Winterreise« Hörer wie Kommentaren beschäftigt: Man vgl. – neben Reinighaus, Schubert (Anm. 1) – die einschlägigen Kapitel und Passagen bei so unterschiedlichen Autoren wie: Alfred Einstein: Schubert. A Musical Portrait. New York 1951, S. 303ff.; Hans Gal: Franz Schubert oder die Melodie. Frankfurt a.M. 1970, S. 99f.; Thrasybulos Georgiades: Schubert. Musik und Lyrik. Göttingen 1967, S. 357ff.; Dietrich Fischer-Dieskau: Auf den Spuren der Schubert-Lieder. Wiesbaden 1971, S. 258ff. Dazu gehört indes nicht nur Vorherrschaft und erdrückende Präsenz des Moll, sondern auch dessen unerhörte Angriffslust, die neue Aggressivität des Moll gegenüber der Dur-Welt. Hier sei zunächst nur darauf hingewiesen, wie in dem fünften und allersten Dur-Lied des Zyklus, »Der Lindenbaum«, der schroffe e-moll-Ein-

Priviligierung des Moll, mit einmal Kopf: die alteingesessene und traditionelle Priorität des Dur – wie sie z.B. bei aller Tragik die Welt der »Schönen Müllerin« noch durchaus bestimmt und regiert hatte – wird mit einem Schlag außer Kraft gesetzt, und in der Tat scheint keiner Partitur wie dieser das rätselhafte und verstörende Komponisten-Wort so angemessen, er kenne überhaupt nur traurige Musik: Denn das Schubert-Wort, das die Musikgeschichte selber ein Stück weit revozieren möchte, ist geradezu auf die »Winterreise« gemünzt, als eine Musik, die – im Gegensatz zur »Schönen Müllerin«, die noch so was wie Glück zuließ – scheinbar nichts als Trauer kennt. So verhalten sich schon »Schöne Müllerin« und »Winterreise« zueinander wie Doppelgänger, in der verhängnisvollen Umkehrung von Dur und Moll, die hier für die respektiven Klangwelten der Zyklen nicht bloß atmosphärische, sondern geradezu kosmische Ausmaße annimmt: wie sie ja auch jeweils die unterschiedlichen Kosmen von Innenwelt und Außenwelt klanglich umsetzen. Denn »nach Innen geht der geheimnisvolle Weg«.[7] Keineswegs damit zufrieden, die Müllersche Liebeskatastrophe wie in der »Schönen Müllerin« nochmals als äußerliches und sichtbares gesellschaftliches Ereignis, als linearen Handlungsablauf zu erfassen, spürt Schubert fünf Jahre später und kurz vor seinem Tod, in seiner zweiten Aneignung des Müllerschen Stoffes, den unsichtbaren seelischen Wundkanal der Abweisung und Enttäuschung erneut auf. Sie ist jetzt aber so sehr inneres wie schier unabsehbares Ereignis, und als im strengsten Sinne Freudsches Trauma ebenso obsessiv unabgeschlossener wie unabschließbarer Prozess: die »Nachtseite« der Seele, wie Schuberts Namensvetter Gotthilf Heinrich die ganze »Nachtseite« der Natur der deutschen Romantik aufgetan hatte, ebenso wie die Romantik selber eine knappe Generation vor Schubert, in den Jahren um seine Geburt, die zweite kosmische Unendlichkeit, die Unendlichkeit des inneren Ich, entdeckte.[8] Von alledem zeugt Schuberts »Winterreise« nun als Ereignis der Musikgeschichte, welches diese neuen Räume des Ausdrucks und der Seele wohl erstmalig im Gesang erschließt: sie tut dies aber vor allem als Ereignis des Moll, und als ein solches Moll-Ereignis ist sie dann in die Musikgeschichte eingegangen. Da geben sowohl das erste Lied der »Schönen Müllerin« wie das der »Winterreise«, als Signal und *incipit*, in hellem B-Dur wie im düsteren d-moll die kontrastiven Klangwelten, die sich ebenso ergän-

---

satz die anfängliche Dur-Idylle gleich zertrümmert: die heile Dur-Welt wird somit förmlich im Keim erstickt.

7 Novalis: Schriften. Hrsg. v. Paul Kluckhohn u. Richard Samuel. Stuttgart 1960-1977, Bd. 2, S. 417.

8 Vgl. Gotthilf Heinrich Schubert: Ansichten von der Nachtseite der Naturwissenschaften. Dresden 1808. Dazu auch Novalis, Schriften (Anm 7): »Wir träumen von Reisen durch das Weltall: ist denn das Weltall nicht in uns? Die Tiefen unseres Geistes kennen wir nicht [...] In uns, oder nirgends ist die Ewigkeit mit ihren Welten, die Vergangenheit und Zukunft.« Eine solche Fahrt – durch die »Nachtseite« der Seele wie durch das unendliche Innere des Ich – ist Schuberts »Winterreise«.

zenden wie einander entgegengesetzten Sphären und Atmosphären der beiden Zyklen dann auch gleich unmissverständlich an.[9]

Und Robert Schumann? Bei aller Schubert-Verehrung und Neuentdeckung zeigte er sich, zumindest in seinen spärlichen schriftlichen Äußerungen, gerade dort, in jenem Bereich wo Schubert dem eigenen Schaffen am unmittelbarsten vorangegangen war, nämlich in seinen beiden großen Liederzyklen, betont zurückhaltend.[10] Die Partitur der »Dichterliebe« spricht da indes eine andere Sprache, indem sie sich in einer Art unterirdischer Dialog mit den beiden Liederzyklen Schuberts befindet, und die dort gemachte seelische wie musikalische Entdeckungs- und Erkundungsreise nicht bloß in einem anderen und urbanen Kontext fortsetzt, sondern gleichsam ihrerseits in eine andere Dimension des Seelischen wie des Musikalischen hineinträgt. Denn wie Schuberts beide großen Zyklen als entgegengesetzte Welten von Dur und Moll, von Innen und Außen, von möglicher Beglückung und purer, unversöhnter Auflehnung und Trauer sich wenn nicht gar wie *frères ennemis*, zumindest aber wie Doppelgänger verhalten, so verhält sich wiederum die Schumannsche Heine-Vertonung in »Dichterliebe« zu dem ganzen Zweigespann der Müller-Lieder wiederum als Doppelgänger, als das »sentimentalische« Double dieser beiden einander zwar entgegensetzten, jedoch gleichermaßen »naiven« Zwillingsbrüder. Ja mehr: Wenig fehlt, und man könnte das Projekt der »Dichterliebe« als das Projekt eines gewagten Überkreuzens, einer paradoxalen und bisweilen unmöglich scheinenden Verbindung und Verschmelzung von den beiden großen und entgegengesetzten Linien von »Schöne Müllerin« und »Winterreise« verstehen: den Linien nämlich von Innen und Außen, Dur und Moll, linear und kreisförmig, wie von Auflehnung und Trauer, Versöhnung und noch Unversöhntem, von purem bleibendem Unglück und vorbeihuschender euphorischer Beglückung, von schier unendlicher innerlicher Trauerarbeit und jäh aufblitzenden, scharf gezeichneten sozialen Vignetten, als simultane Reise schließlich durch das traumatisierte Innere wie durch die gesellschaftliche Umwelt, die zeitgenössische Sitten- und Morallandschaft. Und als ob das als schöpferisches Programm und künstlerische Herausforderung nicht ausreichen würde, so müssen wir jedoch zu diesem Schumann-Heineschen Gegenentwurf dem Müllerschen-Schubertschen Kosmos gegenüber gleich einen

9 Es ist vielleicht Theodor Adorno, der den allgemeinen Gehalt und die spezifische Dimension des Wechsels von Dur und Moll bei Schubert am tiefsten und genausten erfasst hat. Theodor W. Adorno: Schubert. In: Schriften. Bd. 17. Frankfurt a.M. 1982. S. 29ff. Man beachte dort besonders die Beobachtung zur »nach Dur und Moll geschiedenen Landschaft« Schuberts. Die beiden Pole dieser Landschaft markieren »Winterreise« und »Schöne Müllerin«, und dieses gleich mit dem Einsetzen ihrer allerersten Lieder.

10 So gibt es meines Wissens in dem ganzen umfangreichen Korpus der Schumann-Äußerungen zu Schubert keine einzige, die sich auf die »Winterreise« bezieht, und nur einen Hinweis auf die »Schöne Müllerin«. Somit bilden die beiden großen Lieder-Zyklen geradezu den »blinden Fleck«, die Leerstelle in der kritischen Auseinandersetzung Schumanns mit Schubert. Es muss also dahingestellt bleiben, ob diese Leerstelle von Unkenntnis bzw. Desinteresse zeugt oder aber von tiefer schöpferischer Affiziertheit, wo die eigentliche Auseinandersetzung Schumanns mit Schubert dann in der eigenen Produktion stattfindet.

zweiten und gleich gewichtigen Aspekt hinzufügen, nämlich den historischen, die Notwendigkeit, auf die von den Vorgängern Müller und Schubert eingesetzten expressiven Mittel bewusst zu reflektieren. So ist es ein weiteres Zeichen für die berühmte Kongenialität von Heine und Schumann, dass beide als im Schillerschen Sinne »sentimentalische« Künstler sowohl auf diesen historischen Stand des Materials reflektieren wie auch in ihn eingreifen, nicht jedoch, bloß um einst Dagewesenem elegisch nachzusinnen oder es ironisch aufzubrechen, sondern auch, um eine Art neuer Naivitität zu schaffen. Wie dies geschehen könnte, zeigt uns gleich, als Auftakt und *incipit* des Ganzen, ebenfalls das allererste Lied der »Dichterliebe«. Wir haben gesehen, wie die jeweils ersten Lieder der großen Schubert-Zyklen, im unmittelbaren und naiven Dur bzw. im ebenso unmittelbaren und naiven Moll gehalten, die atmosphärischen Klangwelten der beiden Zyklen gleich heraufbeschwören. Auch Schumanns »Im wunderschönen Monat Mai« beschwört die ganze atmosphärische Klangwelt der »Dichterliebe« herauf, die aber eine vollkommen neue ist: weder Dur noch Moll, aber in einer Art harmonischer Schwebe gehalten, die bereits die verschwimmende »Tristan«-Harmonik vorwegnimmt, und die, während Schuberts Lieder gleich unmissverständlich ihre Tonart signalisieren, bis zum Ende, auf der Dominante-Septime schließend, in dieser eigentümlichen Schwebe bleibt, wie dann der ganze Zyklus fast wie eine im doppelten Sinne Komprimierung der Schubert-Zyklen wirkt. Denn nicht nur in der Straffung auf 16 motivisch und tonal eng verknüpfte Heine-Lieder stellt Schumanns Zyklus die Komprimierung von Schuberts 44 expansiv ausgreifenden und ausmalenden Müller-Liedern dar. Sondern er wirkt bisweilen wie ein Konglomerat, in dem die beiden disparaten und distinkten Schubert-Schichten – Innen und Außen, Dur und Moll, hell erleuchtete Sozialsphäre und umdüstertes Psychogramm, linearer Ablauf wie traumatisiertes Umkreisen – mit einmal ineinander übergehen und ineinander greifen. Auch in diesem Sinne stellt Schumanns Zyklus zwischen den Polen der beiden Schubert-Zyklen eine Art Schwebe dar – ohne freilich auf den entscheidenden Vorstoß Schuberts, den Vorstoß ins Moll des traumatisierten Inneren, verzichten zu wollen. Dabei entstehen durchaus neuartige Wirkungen und Effekte, sowohl im musikalischen, poetischen, wie im seelischen Bereich. Denn wie im Harmonischen bleibt auch der Hörer ebenso wie der Protagonist am Ende dieses ersten Schumann-Liedes hängen: Und wissen beide nicht – noch nicht – um die Antwort auf jene bange Frage, welche das Heine-Gedicht ja eher andeutet als stellt: seelische wie harmonische Zwischenwelten, Ambiguitäten und Ambivalenzen, welche, bei aller Reichhaltigkeit und Differenziertheit des Ausdrucks, die Schubertsche-Müllersche Welt doch nicht kennt. So auch im Verhältnis zur Natur, welches im Glück und Unglück für den Müllerschen Wandergesellen der Schubert-Lieder grundsätzlich eines der Übereinstimmung ist – noch lind und frühlingshaft für seine Hoffnung, und entsprechend winterlich-öde für seine Abweisung. Der eher städtische Heine-Schumannsche Protagonist sieht sich dagegen oft wie in Kontrafaktur zu der Geliebten, so auch zur ihr verbundenen und verschwisterten Natur: So geht, im 12. Lied im Garten, sein Liebesunglück als wohlduftende Blume des

Bösen auf, und eine Übereinstimmung mit der ihn umgebenden Natur bleibt ihm hier noch ebenso verwehrt wie die ersehnte Eintracht mit der Geliebten. Es sind dies ein paar Beispiele für die ganz neuen, modernen, ironischen und urbanen Ausdrucksvaleurs, welche Heine und Schumann dem Schubert-Müllerschen Stoff hier abgewinnen. Im Folgenden und Abschließenden soll es indes darum gehen, weniger Kontrastives als Korrespondierendes zwischen Schumann und Schubert aufzuspüren: Und dies betrifft vor allem die Revolution von Dur und Moll, welche Schubert mit der »Winterreise« inaugurierte und die Schumann in der »Dichterliebe« dann vertiefend fortsetzt.

Es ist einmal bemerkt worden, dass in Schönbergs neuem musikalischem Universum der Vorherrschaft der Dissonanz auch die traditionell konsonantischen Klänge sich anders ausnehmen und selber anfangen, als Riss und Ausnahmefall im klanglichen Gewebe und folglich auf einmal auch selbst als dissonantisch zu wirken. Etwas Ähnliches geschieht in der Klangwelt von »Winterreise« und »Dichterliebe«. Das so helle, transparente, unbeschwerte und affirmative Dur beginnt, ironisch, sogar abgründig zu wirken. Ja, es gibt jetzt bei Schumann und Schubert auf einmal ein geradezu abgründiges Dur, wie es bei ihnen ein abgründiges Moll gibt: Denn das Moll reißt das Dur gleichsam in seinen Abgrund mit. Die geordnete und konventionelle Dur-Welt ist aus den Fugen, gerät ins Schwanken, und diese tiefe Verunsicherung durch das Moll zeichnet sich sogar den einst so unbekümmerten Dur-Klängen ein: Nicht nur werden sie gleichsam durch das Moll ironisiert, in Frage gestellt, zurückgenommen, sie fangen nun selber an, sich in Frage zu stellen, zu ironisieren und zurückzunehmen. Aus Schubert zwei Beispiele: das D-Dur-Gekläffe der angeketteten und aufgestörten Wachhunde im Lied »Im Dorfe«, deren entmenschlichtes und feindseliges Gebell nun als Kommentar zur Schlummerwelt der von ihnen so eifrig beschützten schlafenden, träumenden – und längst schon resignierten – Normalbürger, der angepassten und konformen Dorfbewohner dient; oder im vorletzten Lied »Im Wirtshaus«, wo runde F-Dur-Klänge dieses Reich des innerlich längst schon abgestorbenen, des Kollektivs des Normalen, als Friedhof, als doppelt spukhaftes Reich der Toten heraufbeschwören.[11] Übrigens ist dies einer der poetisch stärksten und ironisch aufgeschichtetsten Müller-Texte, den Schubert hier mit ent-

11 Ist doch das von vornherein entsagte Leben des Dorf-Kollektivs schon selbst der Tod, und als solcher weist es den Verstoßenen und doch noch Lebenden mittels seiner Dur-Klänge ab: Weder als Toter noch als Lebendiger findet er in dem solcherart befriedeten Kollektiv eine Aufnahme, da er sich weigert, so wie es zu »leben« und zu »sterben«: und folglich ist er als umherwandelndes Phantom eines noch nicht zur Gänze zu Grabe getragenen persönlichen Glücksanspruchs für dieses Kollektiv der im Leben bereits Gestorbenen schlechterdings unassimilierbar: sowohl kein richtiger Toter wie auch kein richtiger Lebender mehr. Denn desgleichen widerfährt ihm folgerichtig auch vor dem Friedhof: im Kollektiv der Normalen – sei es der Toten oder der Lebendigen – findet er keine Aufnahme. Gerade dieser »abgründigen«, vielschichtigen und schillernden Konstellation von Leben als Tod und Tod als Leben werden Müller wie Schubert hier darstellerisch gerecht. Zur musikgeschichtlich spezifischen Ironie dieser Vertonung vgl. Georgiades, Schubert (Anm. 6), S. 379ff.

sprechender musikalischer Ironie pariert: wie bei »Im Dorfe« eine Ironie jedoch des Dur.

Dur – und gerade das heroische Es-Dur – wird dann von Schumann in dem Lied »Ein Jüngling liebt ein Mädchen«, in der Peripetie des Liebesunglücks, ebenfalls zum Medium einer bitterbösen Apotheose des gesamten Weltlaufs, der hier munter herzlos über den Liebenden und Abgewiesenen hinwegtrollt: mit simplen, trällernden, wenn auch verräterisch entstellten, synkopisch hüpfenden und holpernden Dur-Akkorden, die nun aber das ganze hereinbrechende Unheil sowohl verkörpern wie verkünden. Dur als die Welt der herzlosen und konventionellen Norm, Moll als der Bereich der ebenso seelen- wie leidvollen Abweichung von dieser Norm: das ist die entscheidende Innovation, die Schumann hier von Schubert übernimmt. Hinzukommt dann in der Konsequenz eine weitere Schubertsche wie dann von Schumann dankbar aufgegriffene Innovation: Moll als Wahrheit, Dur als Lüge. »Täuschung« ist ja der Titel eines der wenigen Dur-Gesänge der »Winterreise«, des neunzehnten Liedes des Zyklus. Und in dem wohl ergreifendsten und verstörendsten Dur-Gesang der gesamten »Winterreise«, dem »Frühlingstraum«, wird, wie die Rede eines Lügners, die trügerische Dur-Idylle von der entlarvenden Interjektion des Moll urplötzlich unterbrochen, der ganze Schleier des Dur-Blendwerks vom wahrheitsliebenden Moll jäh niedergerissen.

So wird dann in der Folge von Schumann das illusionäre Dur als Scheinwelt sogar noch potenziert und gesteigert: etwa im klimaktischen sechsten und siebten Lied des Zyklus', wo sich im sechsten das Madonna-Bildnis der Geliebten vor unseren Augen und Ohren von einem holdseligen Dur-Gebilde in ein verhängnisvolles Moll umwandelt, und wo dann im siebten das strahlende C-Dur – welche Ironie des Komponisten! – nicht etwa die heile, konsonantische, sondern die schlechterdings unheile und dissonantische Welt verkündet. Folglich scheint bei ihm, im 14. und 15. Lied kurz vor Abschluss seines Zyklus', das süße Trugbild des simplen Dur dann erneut auf, nicht bloß als das Erträumte und Ersehnte, sondern in seiner schlichten Transparenz und Harmonie als das Exotische und Unerreichbare schlechthin, als dann, an der Schwelle zur wachen und gequälten Wirklichkeit, restlos und fatal verpuffende Fata Morgana. Welch eine musikalische Weltreise zwischen, welche eine epochale Umpolung von Dur und Moll stellen »Winterreise« und »Dichterliebe« also letztlich dar: wo das Moll als offenbarte Authentizität der Trauer, nunmehr die neue und wahre musikalische Grundlage abgibt, und Dur fast nur noch als verbrauchte und scheinhafte konventionelle Hülse, gar als Larve – und wahrhaft nur als diese dekuvrierte Hülse – aufglimmert.

Und doch ist diese musikalische Weltreise damit noch nicht ganz zu Ende. Denn beide Zyklen, »Winterreise« wie »Dichterliebe«, enden mit Liedern, welche die Frage von Moll und Dur jeweils erneut und in völlig anderer Qualität aufwerfen. So zum Beispiel auch in Schuberts »Leiermann«, wo, im wahrsten Sinne »am Ende«, nicht nur der Protagonist, sondern auch jenes Moll, welches die Wahrheit seines inneren Zustandes immer am untrüglichsten wiedergegeben hat, in einen vollkommenen Erstarrungs- und Erschöpfungszustand versinken. Denn nicht nur das konventionelle Dur, sondern auch der Protagonist mitsamt seinem treuen Moll-Begleiter scheinen hier wie endgültig verbraucht und ausgehöhlt. Das Aufbäumende und Unerhörte, die in Ungestüm und Unbändigkeit schier unerschöpflich anmutende Intensität und Vitalität jenes Angriffs des Moll auf die gesamte Dur-Welt kommt so zu einer Ruhe, welche jedoch eindeutig nicht die anheimelnde der Seele, sondern die unheimliche der puren physischen wie kreatürlichen Ermattung ist; welche hier einzig Klage wie Anklage des Subjekts eine Schranke setzt, und ihnen auf eine eher beklemmende Art Einhalt bietet: denn diese Zermürbtheit und Auszehrung scheinen in ihrer Starre auf die vollkommene Gleichgültigkeit und Passivität des Depressiven, wenn nicht gar auf den *rigor mortis* vorzugreifen. Somit schließt sich aber der Kreis des Liebesleidens weniger – so will es die Struktur des Zyklus suggerieren –, als dass er sich als »alte Leier« immer wieder erneut zu drehen droht. Deuten doch die wiederholten leeren Quinten auf *A*, welche dem Lied ihr harmonisches Gepräge geben, dank des Quintenzirkels und des Dominatenverhältnisses auf das d-moll des ersten Liedes. Somit ist der Protagonist vielleicht »am Ende«, nicht jedoch seine Leidensgeschichte, die, so suggeriert es jene Struktur, die hier sowohl Musikalisches wie Gesellschaftliches umfasst, dann doch so beschaffen ist, gleich wieder von vorne losgehen zu können. Aber mehr: Wie in diesem Zyklus der Dur-Bereich einem Angriff ausgesetzt ist, der ihn bis in seine innerste Verfasstheit destabilisiert und trifft, so scheint das Moll selber in dem Ungestümen seines Angriffs sich zu verschleißen und zu verbrauchen, sich gleichsam »wegzuwerfen«. Somit erscheint Schubert, gemäß der Aussage Nietzsches, die wir eingangs zitierten, weniger als einer, der seinen expressiven musikalischen Reichtum unnütz verschenkt und damit verschwendet, als vielmehr einer, der nicht nur sich, sondern das musikalische Material in der vulkanischen Wucht dieses expressiven Ausbruchs ganz verausgabt. Die »Winterreise« wäre damit im Doppelsinn Ereignis der Musikgeschichte: ein Meilenstein nicht nur als inkommensurables Meisterwerk, sondern in der Geschichte des musikalischen Materials, wo in diesem eruptiven Akt des Übermaßes ungeheuerliche Kräfte sowohl freigesetzt als dann auch verschlungen und verfeuert würden. Fast will es so anmuten, als wäre Schubert hier, gemäß Schillers Wort vom Naiven und Genialischen, kraft der Natur über die Natur, kraft Dur und Moll über Dur und Moll, kraft der Musik über die Musik, kurzum, seelisch wie musikalisch über die bekannte Welt hinausgegangen. Denn birgt, als genetische Keimzelle, als musikalischer Mikrokosmos, die »Winterreise« die kommende Musikgeschichte nicht prophetisch in sich, wo nicht bloß der Dur-Bereich seiner Verbrauchtheit und Hülsenhaftigkeit überführt, sondern auch das Moll bis an die äußerste Grenze seiner Ausdrucksmöglichkeiten gebracht wird? Eine solche Grenze scheint der Schluss der »Winterreise« zu markieren: ein Zustand der Erschöpfung nicht nur des Subjekts, sondern des musikalischen Materials, wo das zu Beginn so unerhört explosive und ausdrucksstarke Moll selbst zum Schluss mit einmal in eine Sphäre des Ausdruckslosen, der reglosen Erstarrung, der leeren Hülsenhaftigkeit gelangt; und wo es der gleichsam testamentarische wie prophetische Akt des Komponisten Schubert ist, in einer letzten Kraftanstrengung nun auch diesem Ausdruckslosen und Verschlissenen eine ungeahnte und unausdenkbare Dimension des Ausdrucks abzugewinnen.[12]

Das ist der historische Stand des Materials, mit dem sich Schumann in der »Dichterliebe« unmittelbar konfrontiert sieht.[13] Wir haben gesehen, wie sein großer Heine-Liederkreis sich auch als die unwahrscheinliche Verschmelzung, als die komprimierende Synthese und Fortentwicklung auf anderer geschichtlicher und materieller Ebene der beiden großen Schubert-Müllerschen Liederzyklen verstehen lässt. So auch in dem abschließenden Lied der »Dichterliebe«, das in der Originalität seiner musikalischen Konzeption, in seinem eigenen mikrokosmischen Durchlaufen der Geschichte von Dur und Moll, nicht nur die Summa der musikalischen Arbeit am Material in der »Dichterliebe« darstellt, sondern auch die Schumannsche Replik auf jene Frage an die Musikgeschichte, welche Schubert sowohl mit dem letzten Lied der »Winterreise« aufwirft wie überhaupt mit der Gesamtheit seiner Müller-Zyklen stellt.[14] Denn Schumann hat sowohl jenes Übermaß der Traumatisierung und der inneren Leiderfahrung in seine Heine-Vertonung aufgenommen als auch die damit zusammenhängende gewagte Neukodierung der Bereiche von Dur und Moll. Gleichzeitig gibt er sich jedoch nicht einfach dem dunklen Moll-Bereich hin, sondern behält in seinem eigenen Zyklus ein prekäres und haarfein abgestimmtes Gleichgewicht von den hellen Dur- und dunklen Moll-Bereichen bei und macht somit eine Art klangliche Grat- und Weltenwanderung, als würde er die jeweilige Privilegierung und Übergewichtung der Dur- oder Moll-Sphäre in den

12 Dazu vielleicht am eindrücklichsten Dieter Schnebel: Schubert. Auf der Suche nach der befreiten Zeit. In: Denkbare Musik. Schriften 1952-1972. Köln 1972, S. 118. Einige Kritiker sprechen hier sogar vom »Anti-Lied«. So H.H. Eggebrecht: Prinzipien des Schubert-Liedes. In: Sinn und Gehalt. Aufsätze zur musikalischen Analyse. Wiesbaden 1979, S. 193. Vgl. dazu auch Oliver Fürbeth: Schuberts Doppelgänger. Musik-Konzepte 97-98: Franz Schubert »Todesmusik«, S. 66-74, hier S. 66.

13 Eine solche Aussage mag gewagt erscheinen angesichts der Tatsache, dass man nicht mit Sicherheit davon ausgehen kann, dass Schumann die Partitur der »Winterreise« überhaupt gekannt hat. Indes, die Gültigkeit einer solchen Aussage liegt nicht im Biografischen begründet. »Winterreise« und »Dichterliebe« befinden sich, musikgeschichtlich gesehen, in Sukzession und Gegenüberstellung, und damit objektiv im intertextuellen Dialog. Das musikalische Material ist von Schubert in der »Winterreise« so weit gebracht worden; und darauf stellt die »Dichterliebe« für den heutigen Hörer zwangsläufig sowohl Fortsetzung wie Replik dar, ganz unabhängig davon, ob Schumann beim Komponieren sich dessen bewusst war oder nicht.

14 Es ist in diesem Zusammenhang bezeichnend, dass die jeweils letzten und abschließenden Lieder bei Schumann und Schubert selbst das »Lied« – bzw. die »Lieder« – zum Thema haben; ja, wenig fehlt, und man wäre versucht, zu meinen, dass die »alten, bösen Lieder«, von denen sich Schumann am Ende seines Zyklus verabschieden möchte, nicht nur die eigenen, sondern auch die der »Winterreise« mit einschließen, insofern sie nicht nur eine böse Anklage an die Adresse der Geliebten, sondern einen bösen Endzustand des universellen Verstoßenseins und der letztlichen Entfremdung vom Leben selbst beinhalten. Auf jeden Fall markieren Schubert und Schumann mit ihren Schlüssen ausdrücklich das »Lied« selber: Schubert als Endzustand des Moll, Schumann als Abbiegung dieses drohenden Endzustands.

beiden Schubert-Zyklen wieder ausgleichen, ausbalancieren und miteinander aussöhnen wollen.[15] Und auf paradoxe Weise gelingt es ihm sogar in der »Dichterliebe«, den linearen, überschaubaren und sich eher an dem äußerlichen Geschehen orientierenden Handlungsablauf der »Schönen Müllerin« mit der kreisförmigen und abgründigen, schier unendlichen inneren Leidensgeschichte der »Winterreise« zu verbinden, jedoch mit diesem Unterschied: Wo der Kreis des Leidens sich in der »Winterreise« unendlich weiter fortzudrehen droht, schließt sich bei Schumann auf wundersame Weise dieser Kreis. Und wie in der einsteinschen Geometrie zwei parallele Linien an einem unendlich fernen Punkt zusammenlaufen sollen, so ist die »Dichterliebe« wohl auch zu begreifen als jener mystische und post-euklidische Punkt, wo die beiden parallelen Linien der »Schönen Müllerin« und der »Winterreise« auf paradoxe Weise zusammentreffen: und dies nirgends so charakteristisch und einprägsam wie in dem kulminierenden Lied, wo in einer weiteren Paradoxie Endlichkeit und Unendlichkeit des Subjekts in seiner Leidensgeschichte sich ebenfalls verschränken. Daraus entsteht, gerade wo die Möglichkeit des Ausdrucks in den Zustand der Erschöpfung getreten war, eine neue expressive Qualität, und dort, wo alle Musik wie alle Erfahrung an ihrem Ende schien, die Möglichkeit des Neubeginns. Und bezeichenderweise ist das Medium, worin dies alles geschieht, nichts anderes als die erneute Begegnung von Dur und Moll.

Man kann sich fragen, wieso nach 160 Jahren der dramatische cis-moll-Absturz zu Beginn des letzten Lieds der »Dichterliebe« mit seinen leeren Oktaven auf der schlichten Basis des cis-moll-Dreiklangs nichts von seiner Wirkung eingebüßt hat. Um es polemisch überspitzt zu formulieren: Warum klingt dieser cis-moll-Dreiklang hier noch eher wie Beethoven, als Rachmaninow? Der Grund ist einfach, dass Schumann als reflektierter Künstler so behutsam mit diesem einen Mittel umgegangen ist, wie Schubert als naiver damit verschwenderisch umgegangen war: mit dem Mittel eines schlichten Moll-Dreiklangs. So hören wir ihn an dieser Stelle, in einer Art Wunder der Reflektiertheit, das das Naive und Unmittelbare inmitten aller drohenden Verbrauchtheit noch hervorzubringen vermag, bei Schumann in einem gleichsam doppelten und dreifachen Sinn zum erstenmal. Erstens, indem wir im Wortsinn einer solchen *fortissimo* donnernden Moll-Sequenz in der Tat erstmalig an dieser Stelle, am Ende und nicht etwa zu Beginn des Zyklus begegnen: Schumann hat sich seine klangliche Munition für diesen kulminierenden Moment also aufbewahrt. Und dies wiederum im Doppelsinn, denn der Klang trifft uns hier akustisch

15 *Grosso modo* darf gesagt werden, dass die »Winterreise« etwa zu zwei Dritteln aus Moll-Liedern (ca. 16 von 24), die »Schöne Müllerin« dagegen fast im gleichen Proporz aus Dur-Liedern besteht (ca. 14 von 20), so dass auch in diesem Sinne der spätere Zyklus so etwas wie das Negativ, die verdunkelnde Inversion des vorangegangenen darstellt. Es ist in diesem Zusammenhang so verblüffend wie aufschlussreich festzustellen, dass in der »Dichterliebe« Dur und Moll, bei jeweils acht von 16, sich demgegenüber genau die Waage halten, wobei das letzte (Cis-moll-)Lied zum Schluss nach Dur umgepolt wird: als würde der Schumannsche Zyklus genau die Mitte halten wollen zwischen den kontrastiven Dur- und Moll-Welten der Schubert-Zyklen und den drohenden Moll-Abschluss im letzten Moment dann nach Dur umbiegen.

ebenso überraschend und verblüffend wie insgeheim längst schon vorbereitet. Denn dieser Dreiklang ist hier nichts anderes als die Mauer der Finalität, an die der Liebende dann zum Schluss unwiderruflich stößt, wo er definitiv so nicht weiter kann und sich endgültig von seiner Liebe verabschieden muss. Somit liegt ihm hier das so lang verborgene und unaussprechliche Geheimnis seiner Liebe – ihre Unerfüllbarkeit – erstmalig, endlich und offenkundig auf. Und dieses auch im Sinne der rein musikalischen Dramaturgie: denn waren wir im ersten Lied noch in der Schwebe – auf dem Dominanten-Septimen Akkord auf Cis hängen geblieben – so hat sich nun dieser schwebende und ungewisse, dieser in noch banger und hoffnungsfroher Erwartung fragende Akkord im Lauf des Zyklus zur unabänderlichen Gewissheit eines Grundakkords verhärtet: der Gewissheit der Abweisung, des Verlusts, des Zu-Ende-Bringen-Müssens auch der unendlichen und elegischen Trauerarbeit. So versenkt der Liebende seine Liebe mit allen diesen ein letztes Mal noch fieberhaft wild aufblühenden Moll-Ausbrüchen in das Meer. Aber diesem Wunder eines noch völlig unverbrauchten Moll lässt der Komponist dann ein womöglich noch größeres Wunder folgen, auf das wir in diesem Augenblick noch am allerwenigsten gefasst sind: das Wunder eines noch völlig unverbrauchten Dur. Denn kaum haben wir die Liebe – und die sie begleitenden Moll-Ausbrüche – in ihr feuchtes Grab gelegt, so entsteigt sie ja dem Grabe; und dem klimaktischen Akt des Versenkens schickt Schumann ein regenbogenartig aufleuchtendes Klaviernachspiel dann nach. Aber nicht die so verhängnisvoll und unglücklich verlaufene Liebe ist da wieder aufgestanden, sondern vielmehr jene holdselige Empfindungswelt, aus der sie einst hervorgegangen war. Denn ist die Liebe endgültig verloren, so längst nicht jene Empfindung, der sie entsprungen ist: und gerade wo der Liebende den Totalverlust seiner Liebe mit aller erschreckenden Konsequenz zugibt, bekommt er dann unverhofft gerade diese zarteste aller Empfindungen wieder zurückgeschenkt, und das in Dur, wo das Nachspiel – ver- und abgeklärt – jene Blumenmelodie des 12. Liedes der »Dichterliebe« zitiert, mit der der Protagonist – wie mit den regenerativen Kräften der Natur – sich aber nunmehr im mysteriösen und wortlosen Einklang befindet, wie einst im hilflosen quälenden stummen Gegensatz zu ihr. Der enharmonische Wechsel von cis-moll auf Des-Dur besiegelt diese Wendung: Ein Dur, das – durch alle wilden Moll-Gesänge, durch Trennung, Tod und Trauer hindurch – geläutert in neuer Unschuld aus dem »heiligen Strome« aufersteht. Denn ist die »Winterreise« eine Reise bis ans Ende des Moll, so ist die »Dichterliebe« eine Reise zu den Quellen des Dur. So geht – ohne Preisgabe des Schubertschen Stachels der Sozialkritik wie der Leiderfahrung – der Schumannsche und Heinesche Protagonist am Ende der »Dichterliebe« wie umgetauft und neugeboren aus allen Dur- und Moll-Bädern hervor und tritt uns in einer sogar noch potenzierten Offenheit entgegen – selbst dann, wenn wir diesen Schluss mit der freilich ungeheuerlichen Offenheit des Schlusses auch der »Winterreise« vergleichen. Denn er ist – gemäß dem Worte Hölderlins – nun wahrhaftig frei,

»aufzubrechen, wohin er will«,[16] sprich wieder offen nach beiden Seiten, sowohl, existenziell gesehen, für Glück und Unglück wie, musikalisch gesprochen, für Dur und Moll. Und diese wie aus dem Nichts entstandene *tabula rasa*, dieser unausdenkbare Anfang am Ende, diese unbegrenzte und gegen jede Chance errettete Möglichkeit des Naiven wie des wahren Neubeginns, verschafft ihm gerade die Bewusstheit, Behutsamkeit, Reflektiertheit des höchst »sentimentalischen« Künstlers Robert Schumann.

16 Friedrich Hölderlin: Lebenslauf. In: Sämtliche Werke. Hrsg. v. Friedrich Beissner. Stuttgart 1946-1962 [= Kleine Stuttgarter Ausgabe], Bd. 2, S. 21f.

Zyklische Prinzipien in Dichtung und Musik am Beispiel von Heines »Lyrischem Intermezzo« und Schumanns »Dichterliebe«

Günter Schnitzler

1. Was ist ein Zyklus?

Im zyklischen Prinzip kommen unter phänomenologischer Perspektive – und diese geht über die bekannten Analysen Joachim Müllers[1] und Norbert Altenhofers[2] hinaus – eigentlich zwei Phänomene zusammen: zunächst eine Kreisfigur, die alleine schon im Begriff des Zyklischen ruht und in der Kulturgeschichte seit dem Vorsokratiker Alkmaion von Kroton, nachhaltig von Goethe aufgegriffen, als Figur der Vollendung fungiert; sodann aber auch eine lineare Komponente, die das Künftige antizipiert, im Geschehen auf Künftiges weist, Spannung erzeugt und damit auf Kommendes deutet. Überträgt man diesen Doppelaspekt des Kreises, der in der Moderne – etwa bei Arthur Schnitzler – auch die Bedeutung der Ausweglosigkeit anzunehmen vermag, und des Linearen auf die Lyrik und noch weiter auf einen vertonten lyrischen Zyklus, der als Vertonung sich selbst wiederum als aus zwei verschiedenen Medien zusammengesetzten und im neuen, dritten Medium als vertonte Gedichte sinnfällig werdenden Zyklus versteht, dann zeigt sich eine merkwürdige Doppelsicht, in der jedes einzelne Gedicht und auch Lied wahrgenommen werden muss: In einer im Grunde »unmöglichen Synthese« steht jedes Gedicht und auch Lied als eine künstlerische Entität abgeschlossen für sich, hat eine eigene Struktur und analysierbare wie auch interpretierbare semantisch-syntaktische Faktur. Darüber hinaus aber ist das Gedicht wie das Lied immer nur und notwendigerweise auch wahrnehmbar im Bezug zu den anderen zykluskonstituierenden Gedichten / Liedern wie im Bezug zum Zyklus als ganzen; es ist also auch immer unabgeschlossen, weil es sich offen hält für vorangehende und folgende Texte oder Lieder. Im Zyklus als Kreis und Lineares zugleich steht das Gedicht oder das Lied also sowohl für sich und weist zugleich, gleichsam »episch«, spannungsvoll ins Künftige.

Mit diesem ohnehin schwierigen zyklischen Prinzip ist sehr häufig – so etwa bei Heine und in Schumanns »Dichterliebe« – auch ein Geschehen verbunden, eine nachvollziehbare Ereignisfolge. Dies wiederum ist deshalb erwähnenswert, weil Geschehen zumeist mit der Epik oder auch dem Drama in Zusammenhang gebracht wird, während in einem lyrischen Werk, selbst in einer Gedichtfolge, eher Stim-

---

1 Joachim Müller: Das zyklische Prinzip in der Lyrik. In: Germanisch-Romanische Monatsschrift (1932), S. 1-20.

2 Norbert Altenhofer: Ästhetik des Arrangements. Zu Heines »Buch der Lieder«. In: Christian Liedtke (Hrsg.): Heinrich Heine. Neue Wege der Forschung. Darmstadt 2000, S. 49-67.

mungen, Gemütslagen, Weltverhältnisse sinnfällig werden, die nicht unbedingt einer Ereignisfolge verpflichtet bleiben.

Es fragt sich natürlich, wie sich ein derart in seinem Wesen kompliziert vorstellender Zyklus in der Lyrik und in einem Liedzusammenhang konstituiert. Natürlich gibt es unterschiedliche zyklusbildende Parameter, die in der Lyrik vom bereits angedeuteten Geschehensablauf bis hin zu Motivverflechtungen reichen, die sozusagen über dem Geschehenszusammenhang stehen und Feldstrukturen etablieren, die ebenfalls ein Gefüge zu konstituieren in der Lage sind; dies gilt natürlich in vergleichbarer Diversität auch für einen Liederzyklus, der sich nicht nur aus musikimmanenten Dimensionen wie Rhythmik, Harmonik oder Melodik konstituiert, sondern im Wechselspiel sich damit auch aus Bereichen herschreibt, die eigentlich im Medium der Musik gar nicht zu Hause sind: in semantischen Strukturen also, die einem Lied ja dadurch zukommen, dass es bestimmte Gedichte mit bestimmten Gehalten vertont und aus dem anderen Medium seine »Inhalte« gleichsam abliest und sich im neuen intermedialen Bezug des vertonten Gedichtes verfügbar macht. In der »Dichterliebe« kombinieren, ergänzen und durchkreuzen sich geradezu die zyklusprägenden Elemente beider Künste.

2. Heine-Zyklus

Das »Lyrische Intermezzo« Heines verdichtet exemplarisch alle diese angedeuteten zyklusbildenden Kriterien. Der Kreischarakter, das Wiederkehrende offenbart sich in der durchgängig, wenngleich in unterschiedlichen Intensitätsgraden, gegenwärtig bleibenden Melancholie, die sich durchaus auch im paradoxen Sinne als eine Melancholie des Schöpferischen vorstellt, aber auch in impliziten Besinnungen auf die Bedingungen künstlerischen Schaffens überhaupt, die schmerzliche Vergeblichkeit der Liebe wie der Kommunikationssuche, das gestörte Ich-Du-Verhältnis, das am Anfang im Prolog des blöden Ritters ausweglos und in diesen Zustand zurückmündend, d.h. also kreisförmig, berufen wird. Hinzu kommen einige, die Struktur des Feldes begünstigende Motive, die das »Lyrische Intermezzo« zusammenhalten; dazu zählen die Tränen, der Rhein, Grabesvorstellungen und andere in der Forschung ausführlich benannte Motive. Unerwähnt dürfen auch die dichterisch-formalen Aspekte nicht bleiben: so etwa die durchgängig den Bezug zum Volkslied nicht verleugnenden Vers- und Strophenformen, die fortwährend raffiniert gebrochen werden und dennoch – eine erneute Paradoxie – in ihrer Herkunft erkennbar bleiben. Auch zählt zu diesem zyklischen Charakter das raffinierte, kreiskonstituierende Spiel Heines mit dem bereits im ersten Mai-Gedicht ausgezogenen und zugleich abgeschlossenen Zeit-Raum, demzufolge alles wieder in diesen Beginn mündet.

Aber es gibt demgegenüber auch eine lineare Abfolge mit allen Verschachtelungen, Nebenhandlungen und Implikationen, die dennoch die Geschichte, die Ereignisfolge einer beginnenden, sich offenbarenden und letztlich vergeblich bleibenden Liebe erzählt.

Aus dieser durchaus bekannten Fülle zykluskonstituierender Parameter in Heines »Lyrischem Intermezzo« sei in der Folge das Geschehensprinzip und seine Herkunft aus Petrarca besonders in den Blick genommen, ohne damit die Bedeutung der anderen Zyklusprägungen herunterspielen zu wollen.

Von den insgesamt 66 Gedichten des »Lyrischen Intermezzos« waren bereits 46 zwischen Januar 1822 und Februar 1823 in verschiedenen Zeitschriften erschienen, ehe Heine im April 1823 erstmals diese Gedichte in zyklischer Form vorlegte.[3] Die Entstehungs- und Publikationsfolge der Einzelgedichte entspricht dabei keineswegs der Anordnung im »Lyrischen Intermezzo«, und das bedeutet, dass Heine bewusst eine Abfolge für die Drucklegung des Zyklus entworfen hat, mit dem Ziel, eine bestimmte Struktur, ein bestimmtes Ordnungsprinzip zu gestalten, durch das sich allererst ein Zusammenhang in der nun gewählten Gedichtkonstellation einstellt. Dass dies des Autors Absicht war, lässt sich eindrücklich am Prolog des alten, unglücklichen, aber auch »blöden« Ritters ablesen, dem um die »Mitternachtsstunde« im »rauschenden Wellenschaumkleide« »seine Liebste« erscheint, mit der er in Augenblicken des Glücks eine ihn erweckende Beziehung unterhält, die sich freilich nur als eine an die Nacht gebundene glückliche Traumvorstellung entlarvt: Üben der Tag, das natürliche Licht der Erkenntnis wieder ihre Macht aus, findet sich der derart getäuschte Ritter einsam in seinem »Poetenstübchen« wieder.[4] Bereits dieser Prolog verdichtet in seiner den Grenzbereich zwischen Traum, Wirklichkeit, Imagination und Erfindung berufenden Atmosphäre eine Fülle von jener »Geschichte«, die das »Lyrische Intermezzo« erzählen wird: Die Weckung des einsamen Ich durch den sich vermeintlich einstellenden Bezug zu einem Gegenüber, die angedeutete Möglichkeit eines Welt- und Ichverhältnisses, das sich durch den liebevollen wechselwirkenden Bezug zu einer Frau der Kommunikation wie eines Selbstbewusstseins versichert, das aber zugleich immer schon durch die gewahrte Offenheit zum Spielerischen und Unernsten gefährdet erscheint, die Hoffnung auf eine Erfüllung der Liebe und schließlich das Scheitern dieser Beziehung, das den dichtenden Ritter auf sich und seine düstere Weltentzogenheit zurückwirft. Durch das hier vorgestellte Spiel zwischen Traum und Wirklichkeit wird dem gesamten folgenden Geschehen von vornherein eine Vergeblichkeit eingeschrieben, die den Ausgang des »Lyrischen Intermezzos« vorwegnimmt. Im Vergleich zu dem dann folgenden ersten Gedicht des Zyklus nimmt der Prolog eine noch distanziertere, den später in Gedichten erzählten Ereignissen entzogenere Haltung ein: Der Autor offenbart einen traurig und einsam dichtenden Ritter, für den alle Versuche einer lebensvollen, liebenden Bezüglichkeit zu einer Frau, zum Leben und zur Welt, aber

3 Zur Entstehungsgeschichte vgl. DHA I, 748-855.

4 In allen Ausgaben des »Buchs der Lieder« erscheint der Text als »Prolog«; als Einleitung zum »Lyrischen Intermezzo« wird das Gedicht (»Prolog«) ab der Ausgabe von 1827 verwendet; entstanden ist »Das Lied vom blöden Ritter« wahrscheinlich im Herbst 1821. Vgl. dazu und zu den intertextuellen Bezügen, die von Cervantes bis zu E.T.A. Hoffmann reichen, die DHA I, 769-773, und Johann Jokl: Von der Unmöglichkeit romantischer Liebe. Heinrich Heines »Buch der Lieder«. Opladen 1991, S. 121-127.

auch eine welthafte, subjektstützende Einbindung des Ich in die Wirklichkeit gescheitert sind, und zwar durch ein Geschehen, das in der im Prolog vergegenwärtigten ironischen Weise sogar schon in der Art der dort sinnfällig werdenden Gebrochenheit von vornherein als keine wirkliche, ernst zu nehmende Möglichkeit erscheint. Resignation, Vergeblichkeit, eine nur vorgetäuschte potentielle Erlösung, – dies alles stellt einen schreibenden Ritter vor, der sich schon sehr weit von jenen noch zu berichtenden Ereignissen in Resignation, aber auch in jener schöpferischen Melancholie entfernt hat, die ihm im »düstern Poetenstübchen« immerhin noch die Kraft für die kommenden Gedichte gibt und damit Kreatives entbindet.

Der folgenden Erzählung wird also nicht nur der Weg bereitet, sondern deren Ende wird bereits vorweggenommen, ja, das Geschehen wird eigentlich sogar durch die Art der vergegenwärtigten Vergeblichkeit als unernst desavouiert, als Traumbild entlarvt, das sich dem nach Liebe sehnenden Dichter-Ritter ohne eine Möglichkeit aktiven Gestaltens und Eingreifens entzieht, kommen und gehen kann, ohne seinen Einfluss und ohne jede Rücksichtnahme auf ihn.

Näher an den Ereignissen selbst, begünstigt durch die nun in der Ich-Form erzählende, offensichtlich jugendliche Person, und dennoch im Wissen um das Scheitern geschrieben, stellt sich das erste Gedicht »Im wunderschönen Monat Mai« vor, mit dem die Erzählung eigentlich beginnt. Mit der Geste des Geschichtenerzählers, beinahe schon in der Art eines Romaneinsatzes von Eichendorff, Sealsfield oder Stifter, der mit der zeitlichen Festlegung auf eine Jahreszeit den Bezug zum Ereignis knüpft und dieses zugleich legitimierend situiert, ihm Authentizität verleiht, hebt er an, seine eigene Liebes-Geschichte zu erzählen, von der nicht nur er, sondern auch der Leser weiß, wie sie enden wird. Alles Folgende ist also von vornherein nicht nur linear, sondern zugleich auch kreisfömig als Zyklus angelegt: Das Ende der Liebe mündet in den Anfang des Erzählens dieser Geschichte, von der man zudem schon aus dem Prolog weiß, welche Konsequenzen sie für den dichtenden Ritter-Erzähler haben wird, nämlich das Entbinden von Kunst aus der schmerzlichen Einsicht in die Vergeblichkeit aller seiner Liebes- und Kommunikationsbemühungen – eine Kunst, die der Leser schon jetzt rezipiert.

Der Kontext des Geschehens, das im Prolog vorweggenommene Ende der Geschichte bestimmt und verändert von vornherein alle folgenden Gedichte, die damit ihre Autonomie verlieren und abhängig erscheinen von der im zyklischen Entwurf eingangs verdichteten Vorausdeutung. Kein einziges Gedicht, so positiv und erfüllt es beim isolierten Betrachten zu sein scheint, vermag sich im Zusammenhang des »Lyrischen Intermezzos« jener Abgründigkeit und Vergeblichkeit allen Bemühens zu entziehen, die ihm durch den Kontext eingeschrieben sind.

Heine zieht gleichsam einen Zeitkreis aus, versetzt sich mit dem Gedicht »Im wunderschönen Monat Mai« in eine bereits abgeschlossene Vergangenheit und öffnet zugleich, Spannung und Hoffnung weckend, sich dem künftigen, in Gedichten zu erzählenden Geschehen – ein dynamischer, durch die Worte »Sehnen und Verlangen« begünstigter Zug, der dem Lyrikzyklus geradezu ein episches Moment verleiht. Es ist dies zugleich aber ein Geschehen, das aus der Sicht des Schreibenden und im Wissen des prologkennenden Lesers schon zu einem Ende gekommen ist, d.h. Kreisform und Lineares als spannungsvoller Ausgriff ins Künftige gehen eine eigentümliche, Gegensätze verbindende Synthese ein. Fern jeder einfachen, volksliedhaften oder auch an Wilhelm Müller gemahnenden Schlichtheit wird hier mit genauestem Kalkül ein Zeit-Raum entworfen, der dem »Lyrischen Intermezzo« einen spannungsvollen Rahmen bietet, der aber darüber hinaus zugleich als ein Spiel mit dem Rezipienten aufgefasst werden muss: Denn dieser wird ja vom Autor nicht nur in dessen eigene, sich höchst unterschiedlich präsentierende Bewusstheits- und Wissensstadien einbezogen, sondern auch in das sich fortwährend verändernde Zeitverhältnis zwischen den in den Gedichten vorgestellten Ereignissen und dem Augenblick des Aufnehmens.

Wissen und Nichtwissen, Unmittelbarkeit und Vermittlung, Betroffenheit und Brüche, Abständigkeit und virtuose Konstruktion, Kreis und Lineares stehen in einem eigentümlichen Spannungsverhältnis, das vorzüglich in der Lage ist, nicht nur Wesenszüge des Gedichtzyklus zu charakterisieren, sondern auch ein zulängliches Bild von Grundzügen des Heineschen Schaffens überhaupt zu vermitteln. Dazu gehören in besonderer Weise die sich auch im Eingang dieses Zyklus offenbarenden Brüche und Widersprüche. Nichts ist so, wie es auf den ersten Blick zu sein scheint – eine Einsicht, die in besonderer Weise das einleitende Mai-Gedicht vermittelt, hat man sich erst der Bedeutung des Kontextes, des Prologs und des Zyklus-Charakters versichert –, und dass dieses Umfeld unablösbar mit diesem Gedicht, es verändernd, verbunden ist, belegt ja die von Heine bewusst gewählte Abfolge der einzelnen Texte.

Schon die Zyklusgestalt selbst, deren vielfältige zeitliche Verschränktheiten einhergehen mit einem Rollenspiel des sich selbst gegenübertretenden, weltentzogenen Ich, könnte vordergründig in einen Bezug zu den Zyklen Wilhelm Müllers gebracht werden, und in der Tat kann dessen Wirkung auf Heine nicht geleugnet werden, jedoch ist die alleine schon durch den Prolog und das Mai-Gedicht angelegte vielschichtige, an epische Möglichkeiten gemahnende Dynamik deshalb nicht mit den von Müller in dessen Zyklen erzählten Geschichten zu vergleichen, weil Heine mit den angedeuteten, weit virtuoser gehandhabten strukturellen Möglichkeiten einen spannungsvollen Zusammenhang schafft, während Müllers Geschichten eher episodischen Charakter haben.

Es ist nicht nur Wilhelm Müller gewesen, der Heines lyrischen Zyklus geprägt hat, sondern auch Petrarca. Dass Petrarca und der Petrarkismus bei Heinrich Heine Spuren hinterlassen haben, ist seit der wegweisenden Untersuchung Windfuhrs aus dem Jahre 1966[5] unumstritten. Die Wirkungen beschränken sich dabei keineswegs

5 Vgl. Manfred Windfuhr: Heine und der Petrarkismus. Zur Konzeption seiner Liebeslyrik. In: Jahrbuch der deutschen Schillergesellschaft 10 (1966), S. 266-285. Trotz aller wichtigen Ergänzungen, Belege und Differenzierungen von Bianchi, Hoffmeister und auch Korch sind die Überlegungen Windfuhrs bis heute maßstäblich und in den Grundzügen gültig geblieben. Alleine im Hinblick auf den noch von Windfuhr angenommenen Gegensatz zwischen dem Dur-System der Liebeskonzeption in der Anakreontik und dem

nur auf die thematische Revitalisierung einer unglücklichen, unerfüllten Liebe im Lichte der Laura-Texte Petrarcas oder auch geradezu formelhaft vergegenwärtigter Themen und Motive aus dem »Canzoniere« und dem sich daraus herleitenden, freilich durchaus vielgliedrig sich vorstellenden Petrarkismus in verschiedenen Gedichtzyklen, zumal des jungen Heine, sondern sie beziehen sich auch auf die wegweisende Funktion Petrarcas als eines Bahnbrechers der Neuzeit, dessen auffallenden Ambivalenzen auf verschiedenen Ebenen des Dichtens und Denkens sich vornehmlich aus dieser Vorreiterfunktion herleiten.

Die Wirkung und Bedeutung Petrarcas für Heine sollte vor diesem umfassenden epochalen Hintergrund gesehen werden und sich damit auf den wohl entscheidenden Wesenszug Heines beziehen: die in ihm waltende Gegensatzstruktur, die sich auf allen Ebenen als letztlich bedeutsamstes Kriterium für seine Epochenzugehörigkeit offenbart und die überdies in der Art der hier waltenden spezifischen Gegensätze in ihrer unverwechselbaren Mischungsart den »Personalstil« Heines charakterisiert.

Heine hörte 1819/20 zwei Semester an der Universität Bonn mit besonderer Intensität die Vorlesungen August Wilhelm Schlegels, der schon ab 1790 im »Göttinger Musenalmanach« Petrarca-Übertragungen vorgelegt hatte, die dann 1804 in »Blumensträuße italienischer, spanischer und portugiesischer Poesie« im Verlag der Realschulbuchhandlung Berlin zusammen mit übersetzten Texten anderer Autoren und auch eigenen Gedichten und Anmerkungen als Buch erschienen waren, – eine

---

Moll-System im Petrarkismus dürfte eine umfänglichere Korrektur deshalb angebracht sein, weil zwischen diesen beiden Konzeptionen nicht nur Durchlässigkeiten etwa im Zusammenhang mit dem »bembistischen Petrarkismus« bestehen, sondern – durchaus die zumeist gültige Annahme bestätigend, dass es im Bereich der Dichtung immer auch Übergängiges und nichts scharf Trennendes gibt – im Halberstädter Dichterkreis, etwa bei Gleim, geradezu von einem »anakreontischen Petrarkismus« gesprochen werden muss. Vgl. dazu etwa Gerhart Hoffmeister: Petrarkistische Lyrik. Stuttgart 1973, S. 82ff., und Achim Aurnhammer (Hrsg.): Petrarca in Deutschland. Heidelberg 2004, S. 77ff. Hoffmeisters Kritik (ebd. S. 85) an Windfuhr, dass dessen Überzeugung, Heine schaffe einen neuen Typus der Liebeskonzeption, deshalb zu relativieren sei, weil es präludierende Vorläufer zu Heines Liebesprogramm in Renaissance und Barock gäbe, muss hingegen zurückgewiesen werden, weil Windfuhr doch selbst auf diese Vorläufer und andere Heine prägende Liebeskonzepte hinweist.

Grundsätzlich wichtig für die Beziehung zwischen Petrarca und Heine, neben Windfuhr, Hoffmeister und Aurnhammer sind: Danilo Bianchi: Die unmögliche Synthese. Heines Frühwerk im Spannungsfeld von petrarkistischer Tradition und frühromantischer Dichtungstheorie. Bern 1983; Gerhart Hoffmeister: Petrarca. Stuttgart 1997 (in dieses Buch ist der Aufsatz Hoffmeisters »The Petrarchan Mode in European Romanticism«, In: Ders. [Hrsg.]: European Romanticism: Literary Cross-Currents. Modes and Models, Detroit 1990, S. 97-111 eingegangen); Gerhard Kaiser: Lazarus als Lyriker. Über das lyrische Werk Heinrich Heines. In: HJb. 43 (2004), S. 62-98; Wolfgang Hädecke: Heinrich Heine. Eine Biographie. Reinbek 1989, S. 167-169, und, besonders im Hinblick auf die Vermittlungen August Wilhelm Schlegels und Immermanns, Katrin Korch: Der zweite Petrarkismus. Francesco Petrarca in der deutschen Dichtung des 18. und 19. Jahrhunderts. Aachen 2000.

Publikation übrigens, auf die August Wilhelm Schlegel in seiner Vorlesung über die »Geschichte der romantischen Literatur« selbst mehrfach hinweist.[6] Derart vertraut mit Petrarca wundert es nicht, dass alleine in der Vorlesung zur romantischen Literatur ein knapp 25 Seiten umfassendes, nicht einmal ausformuliertes Kapitel über den italienischen Autor enthalten ist, das Schlegel nicht nur als einen intimen Kenner des Lebens und der Texte Petrarcas ausweist, sondern auch ein besonders ausgeprägtes Interesse an von diesem Autor verwendeten lyrischen Formen, naturgemäß besonders eindringlich in der Behandlung des sich der antithetischen Struktur öffnenden Sonetts[7] und auch der Canzone, erkennen lässt. Es ist unstrittig, dass Heine über diese höchst kenntnisreiche Vermittlungsinstanz Schlegel mit dem Werk des großen Italieners 1819 und 1820 vertraut war und sicherlich zu eigener Lektüre angeregt wurde. Die nicht allzu zahlreichen Sonette Heines, sein konsequentes Ringen um die Meisterschaft der Form, Konzentration und Strenge belegend, sind übrigens alle in diesen Jahren des Schlegel-Studiums entstanden; allerdings verwendet Heine die Form des Sonetts nicht in seinen frühen Zyklus-Gedichten, in denen die Nähe zu Petrarca dennoch am sinnfälligsten erscheint.

Immermann ist darüber hinaus als Vermittlungsinstanz für Heine bedeutsam gewesen, weil er in seinem gleichnamigen Bühnenstück Petrarca in die Nähe des romantischen Schwärmertums rückt und überdies eine durchaus distanziert-kritische Sicht der Liebe Petrarcas zu Laura gestaltet; dies ist, neben dem späteren brüsken Abrücken von den Lehren August Wilhelm Schlegels, fraglos ein möglicher Grund für die Ambivalenz, in der Petrarca bei Heine erscheint.

Die nachweisbaren Petrarca-Begegnungen Heines[8] verdichten sich also in den Jahren 1819 bis 1823, und dies ist genau die Zeit, in der viele Gedichte mit deutlichem Petrarcabezug, so die meisten Texte des »Lyrischen Intermezzos« entstehen, eben des wenig später zu einem Zyklus geformten Gedichtkomplexes, der die unglückliche Liebe zu einer Frau zum Gegenstand hat, die dann Robert Schumann zum Zyklus der »Dichterliebe« umformte, der allerdings anderen zyklusprägenden Kriterien verpflichtet ist als bei Heine. Die an Petrarca gemahnende Zuspitzung auf das eine Thema der unglücklichen Liebe bestätigt bereits der aus dieser Petrarca-Inkubationszeit stammende Brief an Immermann vom 10. Juni 1823, in dem Heine über seine eigenen zahlreichen Gedichte mitteilt, sie seien »nur Variazionen des-

6 August Wilhelm Schlegel: Geschichte der romantischen Literatur. In: Ders.: Kritische Schriften und Briefe in sechs Bänden. Hrsg. v. Edgar Lohner. Stuttgart 1965, Bd. 4, z.B. S. 18. Die »Blumensträuße« enthielten neben von Schlegel übersetzten Petrarca-Texten auch Übertragungen aus seiner Feder von Werken Dantes, Boccaccios, Ariosts, Tassos, Guarinis, Montemayors, Cervantes' und Camoes'.

7 Ebd. S. 193f.

8 Es darf nicht übersehen werden, dass Petrarca in der Vormärzzeit überhaupt – sicherlich bedingt durch die in jedem Autor der Zeit waltende, der Stellung Petrarcas nahe Gegensatzstruktur – ein erhöhtes Interesse hervorrief, das auch durch den Halberstädter Dichterkreis um Gleim im 18. Jahrhundert bereits genährt worden war. Vgl. etwa Windfuhr, Heine (Anm. 5), S. 272ff.

selben kleinen Themas«, das er konkret benennt, wenn er ausführt, er habe »bisher nur die Historie von Amor und Psyche in allerley Grouppirungen gemalt«.[9]

Heine selbst lässt in allen Phasen seines Schaffens erkennen, dass ihm Petrarca und der Petrarkismus gegenwärtig sind. Die Art seiner Hinweise auf den italienischen Autor und die mit ihm anhebende Tradition ist wiederum durch jene Heine und seine Epoche überhaupt charakterisierende Ambivalenz gekennzeichnet: Dem hohen Lob, das er den Sonetten Petrarcas in den »Florentinischen Nächten« zollt, wenn er dort differenzierteste Gefühle beschwört, die »so zart« seien »wie die Sonette des Petrarcha«,[10] den er auch aufgrund der Sonette in den »Bädern von Lucca« in die »Blumenlese der besten Dichter«[11] einreiht, diesen rühmenden, mühelos noch zu ergänzenden Erwähnungen steht indessen die immer wieder zitierte scharfe Kritik an der geradezu als Gebetsmühle gelesenen Folge der Laura-Gedichte gegenüber, wenn Heine, einen Hinweis auf Bezüge der Petrarca-Texte zu »Don Quixote« bei August Wilhelm Schlegel[12] aufgreifend, auf die »lyrische Donquixoterie« des »sentimentalen Petrarchismus«[13] hinweist und immer wieder den körperlich unerfüllten, idealisierenden und zur bloßen Namensschwelgerei neigenden »Platonismus« Petrarcas angreift; übrigens wird die motivische Bezugnahme zum traurigen Ritter Don Quixote im Prologgedicht zum »Lyrischen Intermezzo«, eine ironisierende Kanzone mit deutlicher thematischer Zielrichtung auf Petrarcas vergebliche Liebe, erneut sinnfällig. Auch im 1826 vorgelegten Prosatext »Ideen. Das Buch Le Grand« greift Heine diese traurige Rittergestalt im Zusammenhang mit Petrarca und in der Verknüpfung mit zeitgeschichtlichen Fragen auf, wenn er von der scheiternd-verfehlten Liebe eines »irrenden Ritters der Liebe« spricht, der von einer gewissen »Laura« in der Nähe Venedigs nicht erhört wird.[14]

Heines direkte Erwähnungen Petrarcas und des Petrarkismus enthalten also Anziehendes und Abstoßendes, Bewunderung und distanzierende Ironie, Hinwendung und vernichtende Kritik zugleich – eine Ambivalenz, die sich auch auf der Ebene der Dichtungen selbst abzeichnet, wenn in fortwährenden Variationen das Petrarca-Thema der unglücklichen Liebe durchgespielt und zugleich immer wieder bewusst ironisch und sarkastisch distanzierend gebrochen wird – am sinnfälligsten wohl in der 1833 entstandenen Romanze im anakreontischen Gedichttyp ungereimter Trochäen »Die Unbekannte« aus der Sammlung »Neue Gedichte«.

Aber in dieser Abstand suchenden Zuneigung, dieser kritisierenden Bewunderung Heines gegenüber Petrarca, die Windfuhr völlig einleuchtend auf die dichterische Ebene transformiert und derentwegen er Heine als »zugleich Erneuerer und Zer-

9 Heinrich Heine an Karl Lebrecht Immermann. Brf. v. 10. Juni 1823. Zit. n. Heinrich Heine: Briefe. Hrsg. v. Friedrich Hirth. Mainz 1948, Bd. 1, S. 59.
10 Heinrich Heine: Florentinische Nächte. In: B 1, 569.
11 Ders.: Die Bäder von Lucca. Ebd. 2, 453.
12 Schlegel, Geschichte (Anm. 6), S. 182.
13 Heinrich Heine: Einleitung zu Cervantes: Don Quixote. In: B 4, 163. Vgl. auch B 4, 74, 95 u. 879.
14 Vgl. dazu Windfuhr, Heine (Anm. 5), S. 277f.

störer des Petrarkismus«[15] bezeichnet, – in dieser merkwürdigen, freilich für Heine eher typischen Ambivalenz eines paradoxen Zugleich von Positivem und Negativem, liegt die eigentliche Begründung für die Hinwendung Heines zu Petrarca, bei dem er eine durchaus ihm nahe Ambivalenz und Zwischenstellung, ein Zugleich gegensätzlicher Kräfte in dieser unvergleichlichen Figur eines Epochenübergangs wahlverwandt wahrnehmen konnte.

Im Lichte der Schwellenposition Petrarcas wird die geradezu paradoxe und deshalb zugleich dynamische Struktur seines Schreibens und Denkens einleuchtend, ja sogar zum »symptomatischen Ausdruck seiner Existenz [...] zwischen Mittelalter und früher Neuzeit, ja, darüber hinaus als strukturelle Eigenheit humanistischen Philosophierens«[16] offenkundig, die sich bezeichnenderweise sogar bis zur Lehre von der doppelten Wahrheit zuspitzt.

Auch wenn es naturgemäß andere Gegensatzpaare sein mögen, die das Schreiben und Denken Heines bestimmen, so bleibt auch für den Autor des 19. Jahrhunderts die Struktur des dynamisch wirkenden Paradox wesensbestimmend, und darin offenbart sich eine ungemeine strukturelle Nähe zwischen beiden Geistern, die Heine angezogen haben muss. Es ist dies die weit über Heine hinausreichende epochale Charakterisierung der Autoren der sogenannten Vormärzzeit in ihrem Zugleich von Tradition und Neuerung, von Beharrung und Bewegung, Tatenlosigkeit und Tat, von idealistischer, die Zwecklosigkeit der Kunst betonender Ästhetik und materialistischer, die Kunst als politisches Mittel wahrnehmender Ästhetik, ein paradoxes, dynamisches Zugleich von Kontrapositionen, die auf allen Ebenen wahrnehmbar und wirksam sind und im letzten Sinne die moderne Ich-Problematik des beginnenden 20. Jahrhunderts präludieren, auch wenn sie bei Heine und seinen Zeitgenossen als ichbedrohende, ichgefährdende Antinomien die Instanz des Ich noch nicht zu einer wirklichen Auflösung bringen. Mit dieser durchaus analogen und sogar verwandten Gegensatzstruktur, die bei Petrarca »schwebende Unentschiedenheit« und bei Heine »Zerrissenheit« genannt werden kann, ist ein wohl entscheidender Grund für die Hinwendung Heines zu Petrarca berufen.

Unter einem anderen Aspekt, nämlich demjenigen des traditionalistischen Fortschrittlers Heine, ist diese Hinwendung zu Petrarca aber zugleich auch eine Erfüllung jenes Traditionalismus in dieser antinomischen Grundstruktur, und genau deshalb studiert Heine im Lichte Petrarcas und unter der Anleitung des Vermittlers August Wilhelm Schlegel die Form des Sonetts und andere lyrische Bauformen in den frühen 1820er Jahren derart intensiv, um sich an der Tradition von Lyriküberlieferungen zu schulen.

Dass Heine dann in seiner antinomischen oder – im Sinne Windfuhrs – »oxymorischen«[17] Sichtweise, der in keinem Falle und bei keiner Person eine uneingeschränkte Zuneigung und ein ungeschmälertes Lob möglich ist, Petrarca sowohl positiv als auch negativ sieht, ja, sehen muss, liegt auf der Hand, und die an-

---

15 Ebd., S. 278.
16 Ebd., S. 100.
17 Ebd., S. 268.

geführten Äußerungen Heines über Petrarca und den Petrarkismus konnten diese »liebevolle Abneigung« oder »ironisch-vernichtende Zuwendung« gegenüber dem zartfühlenden, körperlosen Platoniker und zugleich großen Dichter sinnfällig machen.

Heine selbst hat diese Nähe und Distanz zu Petrarca in seinen frühen Zyklen keineswegs verheimlicht, sondern mit durchaus deutlichen Hinweisen sogar hervorgehoben: So ist alleine schon der Titel zum »Buch der Lieder« eine unverkennbare Bezugnahme auf den »Canzoniere« des Petrarca wie natürlich die Geschichte von der unerfüllten Liebe auf die Laura-Gestalt verweist. Überdies sind die Motive, die eingesetzten Farben, Bilder und andere Verweise, ja sogar noch die ironische Brechung des Kanzone-Prologs mit dem »blöden Ritter« als Don Quixote-Erinnerung in ihrer Bezugnahme auf Petrarca offensichtlich. Es bereitet keine große Mühe, in vielen Gedichten gerade seiner frühen Zeit diese auf mannigfachen Ebenen sich offenbarenden Nähen zum großen Italiener und auch zur durch ihn begründeten Tradition nachzuweisen, aber auch zugleich deren, vor dem geschilderten Hintergrund sich abspielende, distanzierend-ironische Umgestaltung zu erkennen. Ja, man könnte sogar eine noch stärkere Wirkung Petrarcas auf Heine als bisher angenommen zumindest wahrscheinlich machen – eine Wirkung, die noch über die unglücklich geliebten, typisiert schönen Frauengestalten, die indessen vom ironischen Heine in einen Naturalismus und eine petrarcaferne moralische Fragwürdigkeit gerückt werden, ebenso hinausgeht wie über die in ein zeitgemäßes-heinenahes Bedeutungsfeld anverwandelten Topoi der Augen, Tränen, Flammen und auch der typisierten Naturkulisse.[18]

Diese bisher noch nicht benannte mögliche Wirkung Petrarcas auf Heine findet ihren Grund im Vermittlungsweg über August Wilhelm Schlegel. In Schlegels Darstellung, in der Petrarca als wohl bedeutendster Ahnherr der romantischen Literatur erscheint, findet sich nämlich ein Hinweis auf die Anordnung der Laura-Gedichte, der den vor allem in den 1820er Jahren zyklisch denkenden und schreibenden Lyriker Heine anregen musste. Schlegel schreibt in seiner Vorlesung in noch unausgeführten Sätzen über die Laura-Gedichte:

> Ganz außer Frage die Sammlung von Petrarca selbst veranstaltet. Weit mehr Gedichte gemacht. Verworfenes Manuskript, woraus man sieht, dass er ausgestrichen, auch jahrelang nachher ausgebessert. Die Stellung und Anordnung ohne Zweifel von Petrarca selbst und chronologisch. Hierin die Natur bessere Künstlerin als die Absicht. Die Liebe bildet das Leben rhapsodisch. Die unausgefüllten Zwischenräume von einem Seelenzustande zum anderen geben échappées de vue ins Unendliche. [...] Knüpft entfernte Momente unmittelbar zusammen, wenn das dazwischen Liegende sie nicht betrifft. Wo die Gedichte sich auf äußere Umstände beziehen, zum Teil leicht zu erraten, zum Teil in einem so verklärten Widerscheine, dass nur eine gleichgestimmte Fantasie das Recht hat, sie zu ergänzen. Manches soll Rätsel bleiben. Reiz des Geheimnisses. Laura nie genannt. Die höhere Liebe bleibt den Ungeweihten immer Geheimnis. [...] Petrarcas Sammlung ein wahrer und vollständiger lyrischer Roman. [...] Eröffnung des

18 Vgl. ebd., S. 274-275 u. S. 278-284; auch Bianchi, Synthese (Anm. 5), S. 84-105.

> Ganzen mit der Entstehung der Liebe, [...] Schluss: an die klagende Nachtigall, gleichsam Schwanengesang. Prolog: alles, auch diese Liebe eitel. Tragische Ironie [...].[19]

Dass diese bedeutsamen Notizen Schlegels auf Petrarca, nicht aber auf Heine gemünzt sind, ist geradezu erstaunlich, denn diese Auslegung trifft zumindest in weiten Bereichen Heines frühe Gedicht-Zyklen, zumal das in dessen »Petrarca-Zeit« 1822/23 entstandene »Lyrische Intermezzo«.

Die Konstruktion in der Abfolge, die August Wilhelm Schlegel berufen hat, wird in beiden Fällen im bedacht entworfenen Prolog mit der verklärten Erinnerung, die bei Heine ironisch gebrochen wird, und dem expositionsartigen Nachholen von Vorgeschichte, nämlich dem Entstehen der Liebe, im Rahmen eben jener beiden »lyrischen Romane« offenkundig. In der Folge der Gedichte zeigen sich sowohl bei Petrarca wie bei Heine jene ebenfalls zyklusbegünstigenden »unausgefüllten Zwischenräume«: Zwischen diesen Gedichten kann im Sinne Schlegels Unendliches liegen, während voneinander Entferntes sich unmittelbar zusammenknüpft, und damit jene von Schlegel berufene Geheimnis- und Rätselstruktur begünstigt. Das lyrische Romangeschehen schließt sich bei beiden Autoren schon zum Zyklischen zusammen durch ein im Prolog und den ersten Gedichten entworfenes Geschehen, das im Folgenden niemals direkt an- und ausgesprochen wird, sondern sich stets zwischen den Gedichten ereignet. Hinsichtlich des Geschehens also fordern die Gedichte sowohl des »Lyrischen Intermezzos« wie des »Canzoniere« den »creativen Leser«, der genötigt ist, das unausgesprochen gegenwärtige Geschehen zwischen den Gedichten, die eigentlich Stimmungs- und Bewusstseinszustände des unglücklich Liebenden vorzustellen, zu rekonstruieren und mit diesem rekonstruierten Geschehen, das abwesend anwesend ist, die Ausdrucksvaleurs der Gedichte zu begründen. Die Nähe zwischen Heine und Petrarca im Hinblick auf die von Schlegel benannte Zyklusbildung ist offenkundig.

Lassen Sie mich indessen auch und besonders angesichts dieser unbestrittenen Nähe zwischen Petrarca und Heine, die durch eine Beachtung der Schlegelschen Vermittlungsinstanz noch um die geradezu sich als verblüffend verwandt darstellende Dimension des Zyklischen ausgeweitet werden kann, ein Bedenken aussprechen: So deutlich und unwiderlegbar die durch Schlegel vermittelte Bezugnahme Heines auf Petrarca und den Petrarkismus auch ist, sie nötigt zugleich zu einer sehr ernst zu nehmenden Warnung. Es gibt nämlich eine Fülle von dichterischen Zyklen, die unglückliche Lieben vorstellen, thematische und motivische Nähen aufweisen und überdies formale Bezüge deutlich werden lassen, und an diesen Zyklen hat sich Heine gleichfalls orientieren können und er hat sich an ihnen tatsächlich orientiert, wie seine eigenen Äußerungen belegen. Es war nicht nötig, sich in seiner Rezeption auf Petrarca zu beschränken und er hat sich nicht auf ihn beschränkt, wie die brieflichen geäußerten Hinweise Heines auf Wilhelm Müller und die Volksliederzyklen beweisen; aber auch der »West-östliche Divan« Goethes, romantische Zyklen und die epochal verwandten Gedichtskreise etwa Lenaus können ihre Wirkung auf

19 Schlegel, Geschichte (Anm. 6), S. 182-183.

Heine nicht verleugnen. Zu all diesen lyrisch entworfenen Liebeskonzepten und strukturnahen Zyklen gibt es bei Heine deutliche Bezüge und ebenso klar benennbare Fernen und Distanzierungen.[20] In Heine ist vieles eingegangen.

Es sollte aber auch im Gedächtnis bleiben, dass Heines Nähe zu Petrarca auf der einen Seite mit der verwandten paradoxen Gegensätzlichkeit als Wesen beider Geister zu tun hat, das sich auf der Ebene der dichterischen Texte als »oxymorische« Struktur niederschlägt. Und auf einer anderen Ebene ist Petrarca ein markanter Vertreter der Tradition, der damit die Beharrungsseite des epochalen Gegensatzverhältnisses »Beharrung und Bewegung« in Heine repräsentiert und für eine idealistische, traditionelle Ästhetik in der Lesart Heines einsteht. Weil Heine aber zugleich auch paradoxal für die Bewegung und eine materialistische Zweckästhetik eintritt, wird Petrarca gerühmt und zugleich in seinem Spiritualismus bekämpft: Diese Tradition geht also ein in ein Konzept der Bewegung, der ästhetisch begründeten Zweckverfolgung und bleibt dennoch gebunden an eine zweckfreie, ästhetische Theorie. In diesem doppelt begründeten, auf die Epoche des Vormärz aufschlussreich weisenden Spannungsfeld ist Heine und mit ihm die Rezeption Petrarcas in seinem Werk anzusiedeln.

3. Schumann-Zyklus

Was macht Robert Schumann aus diesem abgründigen »Lyrischen Intermezzo«? Auch der Komponist entwirft 1840 mit der »Dichterliebe« einen Zyklus, und er hat sich sehr genau überlegt, welche Gedichte er aus der Heineschen Vorlage auswählt und welche Reihung er den Gedichten geben soll.

Nach mehreren Umarbeitungen und auch Streichungen einzelner Werke vertont er 20 Gedichte im Mai und Juni des Jahres, die er 1844, um vier Vertonungen gekürzt, die ihm offensichtlich allzu intim erschienen, als »Dichterliebe« op. 48, enthaltend 16 Lieder, veröffentlicht. Über die Anziehungskraft Heines auf Schumann, die fraglos auch etwas mit dem Thema erfüllter-unerfüllter Liebe im Zusammenhang mit Clara Wieck zu tun hat, ist in der Forschung schon sehr viel geschrieben worden.[21]

Schumanns Vertonung gehorcht zwar anderen zyklusbildenden Kriterien als das »Lyrische Intermezzo« – das von Heine strukturierend eingesetzte Spiel mit Rollen und Zeiten sucht man bei Schumann vergebens –, und dennoch lassen sich in der

---

20 Bei aller Nähe etwa zu Wilhelm Müller unterscheidet sich der Zyklus Heines von diesem dadurch, dass Heine mit den virtuos gehandhabten strukturellen Möglichkeiten einen spannungsvollen Zusammenhang schafft, während Müllers Geschichten eher episodischen Charakter haben. Vgl. dazu Günter Schnitzler: Heine und Schumann. »Im wunderschönen Monat Mai«. In: International Journal of Musicology (2000), S. 167-184, bes. S. 170-173.

21 Zu dieser Problematik, zur Entstehung und zu den Umarbeitungen sowie zum zyklischen Zusammenhang gibt kenntnisreich Auskunft: Rufus Hallmark: The Genesis of Schumann's »Dichterliebe«. Ann Arbor, Mich. 1976.

vom Komponisten bedacht zusammengestellten Folge nicht nur zyklusprägende Elemente des Mediums der Musik ausmachen, obwohl harmonische Bezüge und Tonartenzusammenhänge, genuine Möglichkeiten der anderen Kunst, letztlich bedeutsam bleiben. Wenngleich nicht so sinnfällig wie in Schumanns »Liederkreis« op. 39 nach Gedichten Eichendorffs, so sind auch in seinem Zyklus op. 48 deutliche Quint- und Terzverwandtschaften eines jeden Liedes zur Tonalität daneben stehender Vertonungen auszumachen. Dies geht fraglos zurück auf einen bewusst verfolgten Weg durch den Quintenzirkel, und zwar in der Weise, »dass das Fis-moll (bzw. A-Dur) des ersten Liedes in subdominantischer Richtung verlassen wird, bis im letzten Lied die Quinte über fis (bzw. Terz über *a*), enharmonisch als Des-Dur, erreicht wird«.[22]

Neben diesen planvoll eingesetzten, den Zyklus mit musikalischen Mitteln strukturierenden Kompositionsbesonderheiten gibt es aber auch noch aus der Sprache stammende, also durchaus semantisch benennbare Verbindungen zwischen den einzelnen Liedern, so etwa eine neue innere Dramaturgie in der Abfolge von Liebe, Liebesqualen und Verzicht, und darüber hinaus Assoziationsketten, immer wieder auftauchende Motive und Gegenstände wie etwa der Kölner Dom, die fremde Hochzeit oder auch Blumen, Vögel und Lieder, die geradezu leitmotivische Funktion gewinnen.[23]

Es zeichnet sich auf dieser semantischen Ebene in den Liedern Schumanns gegenüber der Vorlage des »Lyrischen Intermezzos« eine erhebliche Modifizierung ab, die man am besten daran ablesen kann, welche Gedichte Schumann aus dem Zyklus zur Vertonung ausgewählt und welche er eliminiert oder aber als von ihm vertonte Gedichte nicht dem Zyklus in seiner mehrfach geänderten Form einverleibt hat. Dass der Dichter-Komponist Schumann dies alles im Zuge akribischer Textanalyse sehr planvoll unternommen hat, zeigt sich nicht nur an der mehrfach geänderten Zyklusprägung der »Dichterliebe«, sondern vielleicht noch nachdrücklicher an seinen Handexemplar-Eintragungen in Heines »Buch der Lieder«, die von einem geradezu literaturwissenschaftlichen Impetus zeugen.

Der Umgang Schumanns mit seiner Vertonung von Heines aus dem »Lyrischen Intermezzo« stammenden Gedicht »Die Lotosblume« mag exemplarisch auf jene generelle Sinn-Veränderung vom Gedicht- zum Liederzyklus weisen. Zwar hat er dieses Gedicht vertont, aber dann nicht in die »Dichterliebe« aufgenommen. Die Gründe für diesen Verzicht liegen auf der Hand: Die allzu große Süße und zugleich damit distanzierende Irritation und Ironie des Gedichtes lassen Schumann davor zurückschrecken, dieses dann vertonte Gedicht in den Zyklus aufzunehmen, der ja schließlich an Clara adressiert bleibt. Außerdem stoßen hier zwei unterschiedliche

---

22 Peter Benary: Die Technik der musikalischen Analyse dargestellt am ersten Lied aus Robert Schumanns »Dichterliebe«. In: Versuche musikalischer Analysen. Berlin 1967 [= Veröffentlichungen des Instituts für Neue Musik und Musikerziehung Darmstadt 8], S. 21-29, hier: S. 26. Benary weist hier dezidiert die Tonartenzusammenhänge nach.

23 Vgl. dazu Albrecht Dümling: Heinrich Heine vertont von Robert Schumann. München 1981, S. 117-118.

Ironiekonzepte aufeinander, die nicht zuletzt wegen der epochalen Divergenz zwischen Heine und Schumann unvermittelbar bleiben.

Und dies alles bietet die Basis für eine legitime Verallgemeinerung: Die allzu extrem-verzweifelten Gemütslagen und die sich dem abständig Ironisch-Sarkastischen öffnenden Gedichte werden von Schumann im Zuge einer enger und strenger werdenden Handlungsfolge eliminiert, ohne dass damit auf das Brüchige, die Abgründe in den Liedern verzichtet wird. Eher im Gegenteil, die Intensität des Musikalischen, ganz im Wissen um die unmittelbare Wirkung der Musik in der – so Hegel – An- und Aussprache des Gemütes, führt, im Vergleich zur reinen Textpräsentation, zu einer Intensivierung der musikalisch evozierten Emotionalitätslagen; und eine gewisse Auflichtung der »Dichterliebe« im Vergleich mit dem »Lyrischen Intermezzo« ist keineswegs gleichbedeutend mit einem Verlust von Brüchen oder Abgründen. Unter der Voraussetzung der von Schumann geleisteten Emanzipation des Instrumentalen vom Wort eröffnen sich im Gespräch wie im Gegensatz zwischen Stimme und Instrument neue Ausdruckmöglichkeiten: Die Intensität des Gemüthaften vermöge der Wirkung der Musik, das Spiel mit den intellektuell herbeigeführten Brüchen, die sprachlich, und zwar syntaktisch wie semantisch, evozierten Gegensätze und auch nicht grenzscharf belegbaren Übergänge von Verstehen und Missverstehen, zuweilen konterkariert von musikalisch vergegenwärtigten Ausdrucklagen – all dies geht in ein vielstimmiges Feld ein, in dem sich Musikalisches und Dichterisches neue Dimensionen erschließen, die weder dem einen noch dem anderen Medium alleine zuzuordnen sind, sondern eben in medialer Verschränkung ein neues, drittes Ausdrucks- und Mediennetz entwerfen, das sich durch beeindruckende Schwebezustände – und das bezieht sich eben nicht nur auf die musikimmanente Tonalität – auszuzeichnen vermag. Deutlich wird diese intermediale Verdichtung in der zyklische Prägung übrigens auch bei einem Vergleich mit dem »Liederkreis« op. 39 nach Eichendorff-Gedichten, der seine Zyklusstruktur – wenn man das so sagen darf – sehr viel mehr aus den musikalischen Dimensionen des Harmonischen und auch Gestischen gewinnt als aus den semantisch-syntaktischen Kategorien der Gedichttexte. Dies liegt sicherlich auch daran, dass die Eichendorff-Gedichte aus keinem vom Lyriker selbst als Zyklus entworfenem Werk mit seinen erwähnten strukturprägenden Kriterien stammen, sondern aus von Schumann selbst zusammengestellten Gedichtvorlagen, die weniger einem Geschehen als einem Feld aufeinander abgestimmter Gemütslagen entstammen, die zudem nur wenige Themen vorstellen.[24]

Auf diese Weise stellen sich in den Liedern zyklusbildende Bezüge sowohl im musikalischen als auch im textlich-semantischen Bereich und in Wechselwirkung zueinander ein. Im Unterschied aber zu Heine verzichtet Schumann auf die Vertonung des Spannung begünstigenden, Kreis und Linearität zugleich evozierenden Prologs. Es ist dies indessen ein Verzicht, der Schumann nicht nur deshalb leicht-

---

24 Vgl. Dazu sehr aufschlussreich Christiane Tewinkel: Vom Rauschen singen. Robert Schumanns »Liederkreis« op. 39 nach Gedichten von Eichendorff. Würzburg 2003, bes. S. 173-175.

gefallen sein dürfte, weil ihm wohl diese spezifische Art des artistischen, selbstdistanzierend-ironischen Rollenspiels fern stand, sondern weil ein derart subtiles, vielschichtiges Zeit-, Bewusstheits- und auch Wirklichkeitsnetz der Wortsprache mit ihren vielfältig-dichten semantischen Möglichkeiten bedarf und kaum in der begriffslosen Musik angemessen vergegenwärtigt werden kann.

Indem Schumann den Prolog eliminiert, verzichtet er darüber hinaus auch noch auf jenes durchaus Kritik ermöglichende Spiel des Autors mit sich und seinen Lesern und, vielleicht noch folgenreicher, auf die im Prolog gebotene zusammenfassende Vorausinterpretation der Vergeblichkeit aller künftigen Liebesbemühungen und der vielfältigen Brüche, Widersprüche und Abgründe.

Schumann hat Heine ungemein genau erkannt, sieht die das Werk des Dichters und letztlich auch das der gesamten Epoche charakterisierenden abgründigen Brüche und die Zerrissenheit, die ihm deshalb nicht fremd sind, weil er sie in sich selbst und in seinem Schaffen in vergleichbarer Weise vergegenwärtigt: Dies zeigen seine Aufzeichnungen wie auch die Kompositionen, etwa der »Marsch der Davidsbündler gegen die Philister« aus »Carnaval«. Auch Schumann stellt sich in einem Proteus-Ich vor, das sich in verschiedenen Ich-Entwürfen vielspältig zeigt, aber nicht eigentlich mit diesem bei Heine ausgeprägten virtuosen Rollenspiel, sondern letztlich vielleicht sogar ernsthafter, weniger spielerisch und ohne die ironische Distanz des Autors.

Jedenfalls aber wird in Schumanns Vertonung, im anderen Medium der Musik also, vielleicht subtiler und weitreichender als in germanistischen Untersuchungen sinnfällig, wo die zentralen Wesenszüge der Heineschen Dichtung aufgespürt werden können, denn gerade in der Struktur und in der Überlagerung verschiedener unterschiedlicher, durch die Zuordnung zum Text semantisierbarer Zeichen wird jene Heinesche Zerrissenheit und Doppelbödigkeit offenkundig, die ohne die Einbeziehung des von Schumann eliminierten Prologs nur mühsam zu erschließen ist, – ohne dass die Musik dabei ihre Autonomie verlieren würde. Schumann zeigt sich als schöpferischer Interpret Heines im Schaffen eines neuen Kunstwerkes, das dennoch zugleich eine Eigenständigkeit gewinnt.

4. Ergebnis

Zwei Künste gehen bei Gedichtvertonungen eine Synthese ein, es entsteht ein neues Ganzes im Akt der Vertonung, die trotz aller medialen Unterschiede vielfältige Wechselwirkungen zwischen Dichtung und Musik erkennen lässt. So ist jede Vertonung Interpretation von Kunst durch Kunst im doppelten Sinne: Die begriffslose Musik legt die Lyrik deshalb aus, weil die Vertonung allererst Ausdruck dessen ist, was ein Gedicht, das als vollendetes vorliegt, beim Komponisten ausgelöst hat; und die Dichtung interpretiert, bestimmt und semantisiert ihre eigene Vertonung durch die im Lied sinnfällig werdende Weise, wie sie den Komponisten herausfordert.

Es handelt sich bei Schumann also um einen intermedial konstituierten Zyklus, der – anders als etwa im »Liederkreis« op. 39 nach Eichendorff-Texten – im semantischen Bezug zu den Geschehnissen wie Stimmungslagen eine Prägung erfährt, die weit über eine bloß musikanalytisch nachweisbare Bezüglichkeit hinausgeht, indessen diese – als da sind: Tonartenplan, harmonische Verkettung, motivische Beziehungen, Variationsbezüge – keineswegs vermissen lässt: Eine wechselwirkende Verschränkung also, die weder auf musikspezifische noch dichtungsimmanente Möglichkeiten zu verzichten vermag. Dies deutet auf einen bis heute zu beklagenden Mangel in der Analyse solcher Liederzyklen, die entweder unter ausschließlich musikwissenschaftlichen oder aber bloßen germanistisch-literaturwissenschaftlichen Horizonten vollzogen werden: Beide aber gehören in der Wechselwirkung des neuen Mediums »Kunstlied« zusammen, so dass sich die zyklusprägenden Elemente beider Medien in der »Dichterliebe« kombinieren, ergänzen und wechselwirkend durchkreuzen.

»Märchen-Musik«

Roe-Min Kok

Im folgenden Referat möchte ich Ihnen erste Ergebnisse eines noch nicht abgeschlossenen Projektes vorstellen, das Schumanns Musik für Kinder aus der Perspektive der Märchentradition untersucht, wie sie von Jakob und Wilhelm Grimm begründet worden war. Bis noch vor kurzem hat sich die Forschung vorwiegend mit der pädagogischen Funktion dieser Musik und weniger mit ihrer Ästhetik befasst. Neuere Forschungsergebnisse haben gezeigt, dass sich in Schumanns Musik für Kinder Parallelen zur Kinderliteratur des 19. Jahrhunderts finden lassen, was zu weiteren Fragen führte, wie zum Beispiel zu jener, ob Schumanns Werke für Kinder eine Art musikalische Märchen seien. Drückte deren Einfachheit und emotionale Lebhaftigkeit soziale Anliegen, Kindheitserfahrungen und -ängste aus? Waren der kompositorische Prozess, der Gehalt, die Form und Funktion von den entsprechenden Elementen mündlich überlieferter Erzählung beeinflusst? Diesen Fragen werde ich aus einer interdisziplinären Perspektive nachgehen, mit Blick auf das soziale und kulturelle Umfeld von Schumanns Werken für Kinder, die Märchenanspielungen in seinen Überschriften und die strukturellen Parallelen zwischen seiner Musik und Märchenerzählungen.

* * *

Das soziale Bewusstsein der Kindheit als eines deutlich unterscheidbaren Lebensabschnitts nahm gegen Ende des 18. Jahrhunderts markant zu und löste geradezu eine Flut von kinderorientierten Spielzeugen, Literatur und Kleidung aus.[1] Gleichzeitig schufen Komponisten von Leopold Mozart und Muzio Clementi bis zu Daniel Gottlob Türk und Ludwig van Beethoven Werke für Kinder.

Unbestritten ist, dass die künstlerische Qualität und Bedeutung von Robert Schumanns Musik für Kinder eine neue Ära der Gattung einleitete. Igor Strawinsky etwa sah ihren Reiz in einer neuartigen Mischung von Ästhetik und Funktionalität: »Schumann ist d e r Komponist von Kindheitsmusik [...] zum einen, da er die Vorstellungswelt der Kinder musikalisch darstellte, und zum andern, da Kinder einige ihrer ersten Musikstücke aus seinen wunderbaren Klavieralben erlernen.«[2] In meiner Dissertation habe ich die Beziehung zwischen den primären Quellen dieser Mu-

---

1 Karin Calvert: Children in the House: The Material Culture of Early Childhood, 1600-1900. Boston 1992; Ingeborg Weber-Kellermann: Die Kinderstube. Frankfurt a.M. 1991; Philippe Ariès: Centuries of Childhood. New York 1962.

2 Igor Stravinsky: Side Effects II, February 1968. In: Igor Stravinsky/Robert Craft/Vera Stravinsky: Themes and Conclusions. Berkeley 1982, S. 133f.

sik und spezifischen Ereignissen in der Kulturgeschichte der Kindheit untersucht.[3] Ich stellte klare Beziehungen fest, welche darauf hinwiesen, dass Schumanns Musik die Ästhetik anderer kinderorientierter Kunstformen widerspiegelte, insbesondere was die Kinderliteratur des 19. Jahrhunderts anging.

Von dieser Beobachtung ausgehend, möchte ich nun vorschlagen, dass Schumanns Musik auf verschiedenen Ebenen Impulse von einer zeitgenössischen, kinderorientierten, literarischen Gattung aufnahm, nämlich dem deutschen Märchen. Meine Untersuchung konzentriert sich auf die instrumentalen Werke für Kinder, die Schumann zwischen 1838 und 1853 komponierte: »Kinderszenen« op. 15, »Album für die Jugend« op. 68, »Zwölf Klavierstücke zu vier Händen für kleine und große Kinder« op. 85, »Ball-Szenen« op. 109, »Drei Klaviersonaten für die Jugend« op. 118 und »Kinderball« op. 130. Erste Analysen und Vergleiche dieser Werke mit Jacob und Wilhelm Grimms »Kinder- und Hausmärchen« sind einleuchtend.

Schumanns Musik und die Märchen der Grimms weisen enge Bezüge durch eine erstaunliche Anzahl von gemeinsamen Elementen und Anliegen auf. Im sozialen Bereich wandten sich beide künstlerischen Formen sowohl an Erwachsene als auch an Kinder; beide Formen spiegelten Aspekte der weiblichen Kultur der Zeit wieder; beide enthielten nationalistische Elemente; und beide dienten als künstlerische Auseinandersetzung mit Fragen des Familienlebens und seiner Rituale. Auf der strukturellen Ebene benutzten beide Künste Variationsformen; beide waren aus Motiven und ihrer Wiederholung konstruiert; beide enthielten binäre Gegenüberstellungen; und beide unterlagen einem Typus von kreativer Zensur, die an diejenige mündlicher Überlieferung erinnerte. Das Ausmaß der gemeinsamen Elemente deutet darauf hin, dass die Verbindung zwischen der Musik für Kinder und der Märchentradition weder schwach noch zufällig war. Ganz im Gegenteil scheinen die beiden in ihrer Motivation und Absicht ähnliche Ziele verfolgt zu haben. Beiden gemeinsam war ein kulturelles Verständnis von Kindheit als einer ästhetischen Konstruktion, die sich zentral mit sozialen und psychologischen Erfahrungen auseinandersetzte.

* * *

Märchen-Forscher wie Maria Tatar erinnern uns daran, dass »Märchen nie nur für Kinderohren gedacht waren«. Sie wurden ursprünglich »am Kamin oder beim Spinnen von Erwachsenen Erwachsenen erzählt.«[4] Ursprünglich publizierten Jacob und Wilhelm Grimm ihre Erzählungen gerade für Wissenschaftler, »im Dienste der Erforschung der Dichtungsgeschichte.«[5] Erst Jahre nach der ersten Ausgabe realisierten die Gebrüder, dass ihre Erzählungen »von Eltern in Bettgeschichten für ihre Kinder verwandelt wurden.«[6] Spätere Ausgaben wurden von den Grimms schließ-

3 Roe-Min Kok: Romantic Childhood, Bourgeois Commercialism, and the Music of Robert Schumann. Diss. Harvard University 2003.
4 Maria Tatar: The Hard Facts of the Grimms' Fairy Tales. Princeton ^{2}2003, S. xxvi.
5 Maria Tatar (Hrsg.): The Annotated Brothers Grimm. New York 2004, S. 410.
6 Tatar, Facts (Anm. 4), S. xiii.

lich so angepasst, dass der Inhalt der Erzählungen sich für Alt und Jung eignete, mit dem Resultat, dass die Erzählungen bis zur Ausgabe von 1825 zu einem »echten populären Erfolg« wurden.[7]

Die Frage nach der intendierten Hörerschaft von Schumanns Musik für Kinder ist umstritten. Das Werk »Kinderszenen« beispielsweise erregte die Gemüter der Kritiker, die allein davon ausgingen, dass die Musik rein pädagogische Funktion hatte. Ludwig Rellstabs Rezension in »Iris im Gebiete der Tonkunst« (1839) bespricht die Art und Weise, in der »Kinderszenen« sich von anderen Werken für Kinder unterscheidet. Rellstab zeigte sich unter anderem besorgt um den krassen Gegensatz zwischen den kinderorientierten Titeln und den technischen Anforderungen der Stücke. Kein »echtes« Kind könne solch schwierige Musik spielen:

> Wenn Mann aber den Titel: »Kinderscenen« liest, wenn man sieht, wie diese Stückchen meist auf einer Seite stehen, und nur etwa zwei achttaktige Theile lang sind, so muss man doch wohl auf den Gedanken gerathen, dass diese Kinderscenen auch für Kinder, die Klavier spielen, geschrieben sein sollen. Doch dem widerspricht ihre Struktur ganz und gar; ein Kind, das nicht drei Hände hat (und selbst dann würde manches demselben schwer fallen) kann diese kleinen Stückchen nicht spielen. Für jede ausgewachsene Hand aber bleiben immer noch schwierige Lagen und Verbindungen genug. [...] Sieht es da nicht wie Affectation aus, sie »leicht« zu nennen, blos weil es Schwierigeres giebt?[8]

Bernhard Appel hat gezeigt, dass Rellstabs Beobachtungen, als Widersprüche dargestellt, dennoch völlig Schumanns Absichten für das Werk entsprachen. »Kinderszenen« sollte Erwachsene an ihre Kindheit erinnern. Die Stücke waren »Rückspiegelungen eines Älteren für Ältere«, wie es Schumann in einem Brief an Reinecke vom sechsten Oktober 1848 nannte. Die Stücke enthielten, wie Schumann es Clara erklärte, Dinge, die Erwachsenen verständlich waren, nämlich »alte und ewige Zustände und Stimmungen, die uns beherrschen.«[9] Er fuhr fort: »Am Clavier und mit einigen Kinderszenen wollte ich Dir dies alles noch besser beweisen.«[10] Erwachsene waren Konsumenten dieser Musik, wie auch anderer kinderorientierter Kunstformen, einschließlich der Märchen. Wie die Gebrüder Grimm, gestand Schumann offen die unterschiedlichen Altersgruppen seiner Zuhörer ein. Er begrüßte die im Herzen Junggebliebenen in seinen Überschriften. So lesen wir etwa den Titel »Für Erwachsenere« im zweiten Teil des »Albums für die Jugend« op. 68 und die Einladung »für kleine und grosse Kinder« in den » Zwölf Klavierstücken«. Die Würdigung durch Erwachsene war – und ist bis heute – Teil dessen, was Jeffrey

7 Tatar, Grimm (Anm. 5), S. xl.

8 In Bernhard Appel: Ein produktives Mißverständnis. Robert Schumanns »Kinderszenen« op. 15 in der Kritik Ludwig Rellstabs. In: Die Musikforschung (1987), H. XL/2, S. 109-115, hier: S. 109f.

9 Robert Schumann an Clara Wieck. Brf. v. 26. Januar 1839. Zit. n. Udo Zilkens: Robert Schumann. Die Kinderszenen im Spiegel ihrer Interpretationen seit Clara Schumann durch Musiktheoretiker und Pianisten. Köln 1996, S. 11.

10 Ebd.

Kallberg den »Gattungs-Vertrag« für bestimmte Arten von Musik für Kinder nennt.[11]

Mit Blick auf das Kind, für welches die »Kinderszenen« geschrieben seien, bemängelte Rellstab im Weiteren:

> Endlich und hauptsächlich ist aber der geistige Gehalt dieser Sätzchen durchaus nicht für das Kind; es müsste ein Kind sein, dessen Geschmack schon durch die schärfsten und anreizendsten Gewürze alle Unschuld verloren hätte. So können wir denn den Titel, »Kinderscenen« nur für einen halten, der den Phantasiegang des Componisten bezeichnen sollte, seine Schöpfung aber so wenig den Kindern zuwiess, wie ein Pastorale für Hirten geschrieben ist.[12]

Hier verfehlt Rellstab aber gerade den Hauptpunkt. In privaten Briefen bezeichnete Schumann das Kind als die Quelle und weniger als den Adressaten der »Kinderszenen.« Das Kind dieser Quelle war er selbst, wie er an Clara Wieck in Wien am 17. März 1838 schrieb:

> Und dass ich es nicht vergesse, was ich noch componirt – War es wie ein Nachklang von Deinen Worten einmal, wo Du mir schriebst, »ich käme Dir auch manchmal wie ein Kind vor« – Kurz, es war mir ordentlich wie im Flügelkleid, und hat da an 30 kleine putzige Dinger geschrieben, von denen ich ihrer zwölf ausgelesen und »Kinderscenen« genannt habe.[13]

Überdies stellte Schumann das neue Werk Joseph Fischhof am 3. April 1848 als »Kinderszenen, sehr leicht für Kinder von einem großen« vor. Es ist auffallend, wie sehr diese Formulierungen Novalis' Beschreibung des »echten Märchens« und ihrer Kindheitsquellen ähneln. So schreibt Novalis in seinen Fragmenten »Poetik«: Märchen sind »Bekenntnisse eines wahrhaften, synthetischen Kindes – eines idealistischen Kindes. (Ein Kind ist weit klüger und weiser als ein Erwachsener – das Kind muss durchaus ironisches Kind sein.)«[14] Möglicherweise glaubte Schumann wie Novalis, dass Märchen die Kraft besaßen, die Mysterien des Geistes zu erschließen, aber nur dann, wenn ihre Quelle – ihr Schöpfer – die Persona des ironischen Kindes annehmen konnte.[15] War er also Rellstabs »Kind, das alle Unschuld verloren hätte«?

Bekanntermaßen von Frauen über Jahrhunderte mündlich überliefert, galten Grimms Erzählungen als Fundgrube weiblicher Weisheit.[16] Prinzessinnen, Stief-

---

11 Jeffrey Kallberg: Chopin at the Boundaries. Sex, History, and Musical Genre. Cambridge, Mass. 1996, S. 5.

12 Appel, Mißverständnis (Anm. 8), S. 110.

13 Zilkens, Schumann (Anm. 9), S. 11.

14 Novalis: Fragmente I. In: Ewald Wasmuth (Hrsg.): Novalis. Werke, Briefe, Dokumente. Bd. 1: Die Dichtungen. Heidelberg 1957, S. 391.

15 Marina Warner: From the Beast to the Blonde. On Fairy Tales and Their Tellers. New York 1994, S. 188-189.

16 Jack Zipes (Hrsg.): Don't Bet on the Prince. Contemporary Feminist Fairy Tales in North America and England. New York 1989.

mütter, Schwestern, Hexen und kleine Mädchen bevölkern die Seiten der Märchen. Diese verherrlichen oft ihre Handlungen wie das Zöpfen von Haaren, das Reinigen, Bekleiden und Weinen. Die Gegenwart des Weiblichen spielt in Schumanns Musik für Kinder ebenfalls eine große Rolle. Er schrieb »Kinderszenen« für die 18-jährige Clara Wieck, und verschiedene Teile des »Albums für die Jugend«, der »Zwölf Klavierstücke zu vier Händen für kleine und große Kinder« und der »Drei Klaviersonaten für die Jugend« für seine Töchter Marie, Elise und Julie. Forscher haben wiederholt Schumanns pädagogische Motivationen für seine Kinder hervorgehoben. Dieser Ansatz übersieht aber zwei Dinge. Erstens scheint Schumann das Wohl seiner Söhne in diesen Werken vernachlässigt zu haben. Zweitens galt die Musik für durchschnittliche Kinder weitgehend als unspielbar (Litzmann II, 275).

Jenseits der pädagogischen Funktion betrachtet, stellen sich weitere Fragen. Integrierte Schumann Erfahrungen aus der Welt der Mädchen in seine Musik? Und falls dem so war, bis zu welchem Grade waren diese Darstellungen typischen weiblichen Charakteristiken aus Märchen entlehnt?[17] Forscher wie Jeffrey Kallberg haben gezeigt, dass bestimmte Gattungen, melodische Gestalten und Texturen klangliche Symbole von Weiblichkeit in der Musik des 19. Jahrhunderts darstellten.[18]

Ich werde nun im Folgenden einige Stücke Schumanns auf ihre weiblichen *dramatis personae* und Verhalten untersuchen. Als Fallstudien habe ich Sätze ausgewählt, die nach der hübschen Prinzessin Sheherazade und der rätselhaften Mignon benannt sind, oder die weibliche Tätigkeiten (»Beim Kränzewinden«) oder Umgebungen (»Gartenmelodie«) darstellen. Des Weiteren werde ich Topoi betrachten, die Mutteraufgaben wie dem Singen von Wiegenliedchen gewidmet sind (»Kind im Einschlummern« und »Puppen-Wiegenliedchen«). Ebenfalls werde ich auf Sätze hinweisen, welche Schumann mit spezifischen Familienmitgliedern verband (»Erster Verlust«, »Kleiner Morgenwanderer«).[19]

Jacob und Wilhelm Grimm entwarfen ihr Märchenprojekt nicht nur, um die authentische Sprache des deutschen Volkes einzufangen, sondern auch, um die deutsche nationale Identität zu widerspiegeln und als Modell für die nächste Generation darzustellen.[20] Unter dem Einfluß der Herderschen Philosophie erhoben sie Volkswerte in den Erzählungen zur kulturellen Norm. Einfache tägliche Tätigkeiten des bäuerischen Lebens, wie Holzfällen, Ernten, Früchte sammeln und zärtliches Behandeln von Tieren wurden thematisiert und dabei mit Ehrfurcht und als höheren Zwecken dienend dargestellt.

Der Großteil von Schumanns Musik für Kinder fällt in die Periode seiner explizit nationalistisch orientierten Werke der späten 1840er und frühen 50er Jahre, einer

---

17 Marcia K. Lieberman: »Some Day My Prince Will Come«. Female Acculturation through the Fairy Tale. In: Zipes, Prince (Anm. 16), S. 185-200.

18 Kallberg, Chopin (Anm. 11), S. 38-40.

19 Bernhard Appel: Robert Schumanns »Album für die Jugend«. Einführung und Kommentar. Zürich 1998, S. 102-104.

20 Tatar, Facts (Anm. 4), S. xx; Thomas O'Neill: The Brothers Grimm. In: National Geographic (1999), Nr. 196/6 (Dezember), S. 102-129.

Zeit, in der sich die populäre Rhetorik und Erziehungsfragen mit dem Kind als Bürger der Zukunft in einem verformbaren Entwicklungsstadium auseinandersetzten.[21] Wie die Gebrüder Grimm übertrug Schumann die Tugenden der deutschen Volkskultur in ein kinderorientiertes Medium. Überschriften wie »Jägerliedchen«, »Fröhlicher Landmann, von der Arbeit zurückkehrend« und »Schnitterliedchen« wurden klanglich im »Album für die Jugend« umgesetzt mit Hornsignalen, jambischen und einfachen Rhythmen, homophonen Texturen und vorherrschender Diatonik. Während solche Symbole von deutscher Volksidentität erzählten, hing deren Wirkung im »Album für die Jugend« auch von Schumanns strategischer Platzierung fremder Elementen ab, die kulturell, geografisch und verhaltensmäßig ungewohnt waren. Elemente wie »Sizilianisch«, »Fremder Mann« und »Lied italienischer Marinari« stehen als Beispiele für das »Andere« (»The Other«) innerhalb der Erzählung des »Albums für die Jugend.«[22]

Bernhard Appel hat die Fülle von Familienfiguren und -ritualen in Schumanns Überschriften mit dokumentierten Ereignissen in seinem eigenen Familienleben in Verbindung gebracht.[23] In ihrem Verhalten wenden sich die Figuren an ein breiteres Publikum. Wie Maria Tatar beobachtet hat, scheint der Komponist die für Märchen typischen herzergreifenden Konflikte zwischen Erwachsenen und Kindern zerstreut zu haben.[24] In der Tat nehmen Schumanns »Bittendes Kind«, »Armes Waisenkind« und »Die Waise« weitverbreitete Volksthemen auf – nämlich das im Stich gelassene Kind – was in Kindheitsfantasien über Missmut und Vergeltung gegenüber Eltern verwurzelt war.[25] Andererseits wurden aus den Märchen bekannte elterliche Figuren – als Königinnen, Hexen und Ungeheuer verkleidet – mit eigentümlichen Gegenfiguren in Schumanns »Hasche-Mann« und »Ritter vom Steckenpferd« konfrontiert. Das waren nichts anderes als ausgelassene unvollständige Eindrücke über gebieterische Ausgewachsene! Sowohl Mitleid als auch Humor erwiesen sich als zentrales Band zwischen Kind und Erwachsenen. »Erinnerung an Mendelssohn« gilt dem Andenken an den berühmten, vor kurzem verstorbenen Patenonkel der kleinen Marie Schumann. Wie Fragmente erwachsenen Verhaltens, die in Märchen überlebt haben, lebt ein Teil von Mendelssohn weiter, noch lange nachdem Marie selbst von dieser Erde gegangen war.

In Grimms Märchen dargestellte Familienbräuche erhalten von Schumann musikalische Texte. Dazu gehören das Geschichtenerzählen (»Von fremden Ländern und Menschen«, »Curiose Geschichte«, »Gespenstermärchen«), das Musizieren in

---

21 Roe-Min Kok: Of Kindergarten, Cultural Nationalism, and Schumann's »Album for the Young«. In: the world of music (2006), H. 48/1, S. 111-132.

22 Ebd., S. 125-127.

23 Bernhard Appel: »Actually, Taken Directly from Family Life«. Robert Schumann's Album für die Jugend. In: R. Larry Todd (Hrsg.): Schumann and His World. Princeton 1994, S. 171-202.

24 Tatar, Facts (Anm. 4), S. xviii-xix; Bruno Bettelheim: The Uses of Enchantment. The Meaning and Importance of Fairy Tales. New York 1989, S. 28-29.

25 Tatar, Facts (Anm. 4), S. 60; Ruth Benedict: Zuni Mythology. New York 1935, Bd. 1, S. xix.

der Kirche und zuhause (»Ein Choral«, »Figurierter Choral«) und jahreszeitlich gebundene Anlässe (»Knecht Ruprecht«, »Weihnachtslied«, »Sylvesterlied«, »Am Camin«, »Winterszeit I« und »Winterszeit II«). »Von fremden Ländern und Menschen« ist ein Ritus in Klang und Darbietung einer Bettgeschichte über weit entfernte Orte. Der Pianist fühlt die Unannehmlichkeit des Koordinierens punktierter Rhythmen gegen Triolen im Bass verbunden mit dem Spiel verminderter Akkorde im sonst diatonischen Umfeld. Beides klingt buchstäblich »fremd«. Gleichzeitig wirken die wiegenliedartigen Triolen aber auch besänftigend und beruhigend.

Bisher habe ich gezeigt, dass Schumanns Musik für Kinder in verschiedenen sozialen Bereichen den Stil und die Ästhetik der »Kinder- und Hausmärchen« der Gebrüder Grimm widerspiegeln. Schumanns Musik war wahrhaftig »durch das geistige und kulturelle Leben« und insbesondere die Märchenliteratur seiner Zeit gefärbt.[26] Hat Schumann – der unermüdliche Leser – auch Strukturen aus überlieferten Märchen zur Komposition seiner Werke für Kinder entlehnt? Analytiker haben betont, dass diese Musik eine relativ kleine Anzahl von Elementen verwendet, wie beispielsweise die kurzen melodischen Motive und Wiederholungen in »Drei Klaviersonaten für die Jugend« und »Kinderszenen.«[27] Für manche signalisieren diese Züge einen weniger entwickelten Stil, der sich für die Darstellung des Kindlichen eignet; in der Tat wird musikalische Einfachheit oft automatisch mit ästhetischer Transparenz gleichgesetzt. Diese Perspektive geht jedoch implizit von Erwartungen aus, welche normalerweise an hochkomplexe Musik herangetragen werden. Ein vollwertiges, mehrdimensionales Verständnis von Musik für Kinder ist nur möglich, wenn sie unter ihren eigenen Bedingungen oder denjenigen vergleichbarer Gattungen beurteilt wird. Da meine bisherigen Untersuchungen ergeben haben, dass diese Bedingungen folkloristischer Natur sind, werde ich die Werke für Kinder im Vergleich zu den Strukturen, die aus Märchen bekannt sind, analysieren. Analytische Beobachtungen von Literaturwissenschaftlern wie Vladimir Propp, Stith Thompson, Claude Lévi-Strauss, Roman Jakobson und Alan Dundes bestätigen manche Beobachtungen, die andere und ich in Schumanns Musik für Kinder gemacht haben.

Variationsform, Motive und Wiederholungen in der Musik für Kinder stellen eine gemeinsame Basis im Vergleich von Musik und Märchen dar. In der musikalischen Variationsform wird am Anfang eine Konstante eingeführt – eine melodische Wendung oder eine harmonische Fortschreitung zum Beispiel. Diese Konstante wird dann in verschiedenen Ausformungen im selben Werk präsentiert. Propp hält fest, dass Erzählungen im Wesentlichen Variationen über eine bestimmte Anzahl von strukturellen Funktionen sind. »Ein Märchen ist eine Geschichte, welche aus

26 Robert Darnton: Peasants Tell Tales. The Meaning of Mother Goose. In: The Great Cat Massacre and Other Episodes in French Cultural History. New York 1984, S. 13.

27 Erika Reiman: Schumann's Piano Cycles and the Novels of Jean Paul. Rochester 2004; Michael Struck: Die umstrittenen späten Instrumentalwerke Schumanns. Hamburg 1984, S. 117-164.

einer Alternierung von Funktionen in verschiedenen Formen besteht. Dabei sind einige von ihnen abwesend [...] und andere wiederholt.«[28] Darüber hinaus fand Propp, dass Konstanten in Märchen eine narrative Funktion haben. Auf der Ebene der Form sind Propps Beobachtungen auch für Musik von Bedeutung. Lassen sich in verschiedenen Werken dieses Repertoires dieselben Variationstechniken ausmachen? Impliziert die Präsenz der Variationsform Erzählform? Und falls dem so wäre, was erzählt uns das Werk in Variationsform »Kinderszenen« und wie erzählen sie es?[29]

Wie bereits erwähnt ist Schumanns Musik für Kinder mit wiederkehrenden musikalischen Motiven durchsetzt. Erika Reiman beschreibt beispielsweise »die motivischen Verbindungen zwischen [den Stücken aus »Kinderszenen«], welche die oft wiederkehrende steigende Sexte betonen.«[30] Struck deutet auf ein dreitöniges absteigendes Motiv hin, welches in den »Drei Klaviersonaten für die Jugend« vorherrscht.[31] Nebst ihrer Identifikation müssten die vielfältigen Eigenschaften und Funktionen solcher Motive noch weiterer erörtert werden. Erzählerische Motive, welche als kleinste Elemente eines Märchens in der Tradition bestehen bleiben, liefern Struktur, Farbe und Charme, je nachdem wie und in welcher Form sie auftreten.[32] Diese analytischen Einsichten könnten dazu dienen, unser Verständnis der motivischen Wiederholungen in der Musik für Kinder zu vertiefen. Ein anderer Punkt, der zu erwägen wäre, ist die erzählerische Verdreifachung, in der bestimmte Begebenheiten oder Einheiten dreimal auftreten, beim dritten Mal besonders betont.[33] »Armes Waisenkind« beginnt mit drei sehr ähnlichen Phrasen, deren dritte den weiteren Verlauf »aufbricht«. »Der Dichter spricht« besteht aus drei parallelen Abschnitten, die das am Anfang eingeführte Material variieren. Die Anzahl, Vielfalt und Art der dreifachen Wiederholung ließe sich auf verschiedenen Ebenen in der Erzählform der Musik für Kinder identifizieren.

Claude Lévi-Strauss wies auf die Präsenz binärer Gegensätze hin, als eines »Musters [...] welches dem erzählerischen Text zugrunde liegt.«[34] Viele Stücke der mehrsätzigen Werke für Kinder stellen gegensätzliche Themen und musikalische Stile einander gegenüber: »Fröhlicher Landmann« steht neben »Sizilianer«; »Fremder Mann« in unmittelbarer Nähe zum patriotischen »Kriegslied«; »Italienische Marinari« sind den deutschen »Matrosen« gegenübergestellt. Frühling und Winter (»Mai lieber Mai«, »Knecht Ruprecht«) sind ein Paar, wie auch Tod und die Metapher für neues Leben (»Erster Verlust«,[35] »Frühlingsgesang«). Stellen solch

---

28 Vladimir Propp: Morphology of the Folktale. Texas [17]2003, S. 99.
29 Rudolf Réti: The Thematic Process in Music. New York 1951, S. 31-55.
30 Reiman, Piano (Anm. 27), S. 152.
31 Struck, Instrumentalwerke (Anm. 27), S. 117-164.
32 Alan Dundes: From Etic to Emic Units in the Structural Study of Folktales. In: Journal of American Folklore (1962), H. 75, S. 95-105.
33 Propp, Morphology (Anm. 28), S. 74-75.
34 Alan Dundes: Introduction to the Second Edition (1968). In: Vladimir Propp: Morphology of the Folktale. Texas 2003, S. xi.
35 Appel, Album (Anm. 19), S. 103-104.

deutliche Paarungen von gegensätzlichen Stimmungen, Tempi, Rhythmen, Melodien und Texturen einen weiteren Bezug zwischen der Musik für Kinder und Märchen dar?

Zum Schluss sei noch erwähnt, wie Roman Jakobson festhielt, dass Märchen einem schöpferischen Impuls von einem ganz anderen Typus als in der hohen Literatur unterliegen. »Die sozialen Bereiche der geistigen Kultur, wie zum Beispiel die Sprache oder das Märchen, unterliegen viel strengeren und einheitlicheren Gesetzen, als dies in Bereichen, in denen individuelle Kreativität vorherrscht, der Fall ist.«[36] Hörer, Leser und Erzähler von Märchen praktizierten eine kollektive Zensur, welche sich eher an der Erfüllung als an der Enttäuschung kommunaler Erwartungen orientierte. Über die Jahre blieben demnach nur diejenigen Konventionen in Märchen erhalten, die von Generationen von Konsumenten akzeptiert worden waren.

Jakobsons Theorie liefert uns eine einleuchtende Erklärung für die bestimmenden Merkmale und Charakteristiken der Musik für Kinder, oft direkt und ausschließlich den begrenzten Fähigkeiten von Kindern zugeschrieben.[37] Im 19. Jahrhundert waren Kinder jedoch machtlose Konsumenten: In Wirklichkeit wählten Erwachsene die Musik aus – ihre kollektiven kulturellen Vorlieben hatten Vorrang vor denjenigen der Jugend. Vor wenigen Jahren sind Materialien aufgetaucht, die einen seltenen Einblick in die Art und Weise gewähren, wie die Zensur des Publikums Schumanns Musik für Kinder beeinflusste. Der sehr erfahrene Musikverleger Julius Schuberth drängte den Komponisten, an »das allgemeine Publikum« zu denken und spezifische musikalische Änderungen und Überschriftenwechsel in »Ball-Szenen« und »Drei Klaviersonaten für die Jugend« vor deren Publikation vorzunehmen (1853). Schuberth drängte Schumann konventionelle, selbst gemeinplätzige Alternativen auf, die von kulturellen und nicht pädagogischen Anliegen ausgingen. Überraschenderweise – oder klugerweise – schenkte Schumann den Vorlieben »des Publikums« Beachtung.[38] Obgleich Schuberth nicht als Schumanns Ko-Autor bezeichnet werden kann, fügte sein Eingreifen im Namen der allgemeinen Konsumentenschaft der kreativen Identität des Werks eine charakteristische Ebene bei.

Ich fasse zusammen. Nebst eines Beitrags zur vernachlässigten historischen Forschung über die Musik für Kinder und zur Kindheitsgeschichte allgemein, nimmt mein Projekt ein neues Thema in der Schumann-Forschung auf. Schumanns umfassende Kenntnisse der hohen Literatur sind gut dokumentiert und erforscht. Hingegen ist fast nichts über seine künstlerische Beziehung zur Märchenliteratur

---

36 Roman Jakobson u. Petr Bogatyrev: Die Folklore als eine besondere Form des Schaffens. In: Selected Writings of Roman Jakobson. The Hague 1966, Bd. 4, S. 1-15.

37 Vgl. Isabel Eicker: Kinderstücke: An Kinder adressierte und über das Thema der Kindheit komponierte Alben in der Klavierliteratur des 19. Jahrhunderts. Kassel 1995.

38 Roe-Min Kok: Negotiating Children's Music. New Evidence for Schumann's »Charming« Late Style (in Vorbereitung).

seiner Zeit bekannt, obschon er einige Hinweise hinterließ.[39] Kurz vor der Komposition der »Kinderszenen« lobte Schumann Franz Schuberts späte Klavierwerke:

> So viel ist gewiss, dass sich gleiche Alter immer anziehen, dass die jugendliche Begeisterung auch am meisten von der Jugend verstanden wird, wie die Kraft des männlichen Meisters vom Mann. Schubert wird so immer der Liebling der ersteren bleiben; er zeigt, was sie will, ein überströmend Herz, kühne Gedanken, rasche That; erzählt ihr, was sie am meisten liebt, von romantischen Geschichten, Rittern, Mädchen und Abendteuern (NZfM v. 05.06.1838, 177f.)

Schumann gründete seinen einzigartigen und ansprechenden Stil der Musik für Kinder, indem er diese Musik mit der Welt der Jugend und Phantasiemärchen in Verbindung brachte. Wie steht es nun mit seinen späteren Kammermusikwerken, deren Titel explizit auf Märchen verweisen, die »Märchenbilder« op. 113 und »Märchenerzählungen« op. 132? Mir scheint, dass diese Werke nicht der Ästhetik der Kindheit zuzuschreiben sind, welche die in meiner Studie untersuchte Musik für Kinder mit den Märchen verbindet.[40] Andere Schumann vertraute Märchenautoren wie Johann Karl August Musäus, Ludwig Tieck, Hans Christian Andersen, Oskar Redwitz und Otto Roquette werden weitere nützliche Materialien zum Vergleich mit den beliebten und paradigmatischen Werken der Gebrüder Grimm liefern.

---

39 Etwa: Ernst Klusen: Robert Schumanns »Volkslied«. In: Julius Alf u. Josef A. Kruse (Hrsg.): Robert Schumann: Universalgeist der Romantik. Düsseldorf 1981, S. 170-201.

40 Fr. Sylvine Delannoy beschäftigt sich zur Zeit mit diesem Thema.

Das Geheimnis der Sphinxe

Thorsten Palzhoff

Im geistigen Haushalt der deutschen Romantik gehen Traum und Musik eine enge Beziehung ein. Beide Phänomene kommen in einem gemeinsamen Sehnsuchtsort zusammen, in dem sich dem einzelnen Subjekt eine unmittelbare Sprache der Seele, der Natur oder der Kunst mitteilt. Für diese Sprache gilt, dass sie nicht den Konventionen von Grammatiken gehorcht, sondern sich in einem rätselhaften Akt durch besondere und spontan einsetzende Empfindungen äußert.

Nicht nur, dass es in der Literatur der Romantik spätestens seit den Visionen Jean Pauls und den ätherischen Traumoffenbarungen des Novalis von Träumen und somnambulen Zuständen nur so wimmelt. Und nicht nur, dass nun die Literatur und nicht die Philosophie der Ort ist, in dem musikästhetische Positionen zur Sprache gebracht werden. Musik und Traum werden in der Literatur der Romantik außerdem bemerkenswert oft in einen unmittelbaren Zusammenhang gebracht. Der Jüngling Hyacinth, um nur ein Beispiel von vielen zu nennen, kommuniziert in Novalis' »Lehrlingen zu Saïs« auf der sehnsuchtsvollen Suche nach dem verborgenen Wohnsitz der Isis mit der sympathetischen Natur; als er auf seinem Weg eine Rast macht, geschieht ihm Folgendes:

> Unter himmlischen Wohlgedüften entschlummerte er, weil ihn nur der Traum in das Allerheiligste führen durfte. Wunderlich führte ihn der Traum durch unendliche Gemächer voll seltsamer Sachen auf lauter reitzenden Klängen und in abwechselnden Accorden. Es dünkte ihm alles so bekannt und doch in niegesehener Herrlichkeit, da schwand auch der letzte irdische Anflug, wie in Luft verzehrt, und er stand vor der himmlischen Jungfrau, da hob er den leichten, glänzenden Schleyer, und Rosenblüthchen sank in seine Arme. Eine ferne Musik umgab die Geheimnisse des liebenden Wiedersehens, die Ergießungen der Sehnsucht, und schloß alles Fremde von diesem entzückenden Orte aus.[1]

Die Textstelle fasst *in nuce* die für die romantische Verknüpfung von Traum und Musik wesentlichen Merkmale zusammen: Ein Subjekt erhält im Traumzustand Zugang zu einem in sich geschlossenen Sehnsuchtsort, in dem Elemente der gewohnten Welt entstellt erscheinen und sich dem Träumenden ein essenzielles Geheimnis offenbart. Die Musik steht in Wechselwirkung mit den sichtbaren Dingen, evoziert sie im synästhetischen Zusammenspiel der Sinne oder lädt sie mit dem Wunderglanz des Geheimnisvollen auf. Gleichzeitig schließt ihr Zauber den Sehnsuchtsort von der äußeren Welt ab.

Eine solche oder ähnliche Konstellation – mal bringt der Traum die Musik hervor, mal die Musik den Traum, mal gerät der Sehnsuchtsort zur schauerromantischen Geisterbahn – findet sich in vielen Variationen wieder. Besonders prägnant

1 Novalis: Schriften. Hrsg. v. Richard Samuel. Darmstadt 1999, Bd. 1, S. 218.

wird sie in Hoffmanns Erzählung »Don Juan« ins Bild gesetzt. Der Erzähler fährt aus dem Schlaf, weil unmittelbar neben seinem Bett aus der Wand heraus Musik angestimmt wird. Der Hotelkellner klärt ihn darüber auf, dass sich hinter einer verborgenen Tapetentür die Fremdenloge eines Theaters befindet. Der Erzähler, magisch in Bann gezogen, betritt durch den sich unerwartet öffnenden Zugang die Loge und mit ihr ein Kunstreich, das traumähnlich mit Spuren der realen Welt durchsetzt ist. Im verborgenen Theater wohnt der somnambul Entrückte einer idealen, aller Welt enthobenen Inszenierung von Mozarts Oper bei. Durch sie und die unwirkliche Doppelung der Donna Anna auf der Bühne und in der Loge eröffnen sich ihm ahnungsvolle Offenbarungen über das Geheimnis von Mozarts Bühnenmusik und das Verhältnis von Leben und Kunst. In Hoffmanns »Don Juan« wird also in der neben dem Bett verborgenen Tapetentür auch eine Traum-Schwelle zum offenbarungsvollen Sehnsuchtsort inszeniert. Ihr Pendant bei Novalis ist der Übergang vom Wachen zum Schlaf des Hyacinth.

Die Tendenz zur Synästhetisierung im romantischen Traum, vor allem zur Visualisierung sowohl von Klängen als auch von Emotionen, ist bemerkenswert für eine Zeit, in der von Hoffmann bis Wagner Überlegungen zum Gesamtkunstwerk angestrengt werden. Der literarische Traum der Romantik liest sich heute wie ein Experimentierfeld für synästhetische Effekte, und er hat tatsächlich manchmal auch etwas Opernhaftes.

In der Erzählung »Der Dichter und der Komponist« aus den »Serapionsbrüdern« lässt Hoffmann den Komponisten Ludwig sagen:

> »Ich will dir zugestehen, daß meine Phantasie wohl lebendig genug sein mag, manches gute Opernsujet zu erfinden; ja, daß, zumal wenn nachts ein leichter Kopfschmerz mich in jenen träumerischen Zustand versetzt, der gleichsam der Kampf zwischen Wachen und Schlafen ist, mir nicht allein recht gute, wahrhaft romantische Opern vorkommen, sondern wirklich vor mir aufgeführt werden mit meiner Musik. Was indessen die Gabe des Festhaltens und Aufschreibens betrifft, so glaube ich, daß sie mir fehlt [...].[2]

Musik inszeniert sich in jenem magischen Schwellenzustand zwischen Wachen und Schlaf als eine Art Gesamtkunstwerk selbst, strömt aber so unmittelbar auf alle Sinne des innerlich Lauschenden ein, dass es für sie kein Aufschreibesystem gibt.

Manchmal gelingt das Festhalten der Traummusik aber eben doch. Heinrich Heine preist im zehnten Brief der »Französischen Bühne« Chopin als »Tondichter« aus dem »Traumreich der Poesie«, der die »Poesie, die in seiner Seele lebt, zur Anschauung bringen« (B 3, 353) könne. Wieder ein aus Traum und Musik geschaffener Sehnsuchtsort. Allerdings öffnet sich für Heine das Traumreich der Poesie ganz real und ohne verborgene Tapetentür im Konzertsaal, wie er im sechsten Brief ausführt:

2 E.T.A. Hoffmann: Die Serapionsbrüder. Erster Band. Textrevision u. Anm. v. Hans-Joachim Kruse. Redaktion Rudolf Mingau. Berlin/Weimar 1994 [= Gesammelte Werke in Einzelausgaben 4], S. 96.

> Das Theater ist eine andere Welt, die von der unsrigen geschieden ist, wie die Szene vom Parterre. Zwischen dem Theater und der Wirklichkeit liegt das Orchester, die Musik [...]. Die Wirklichkeit, nachdem sie das Tonreich durchwandert [...], steht auf dem Theater als Poesie verklärt uns gegenüber. Wie ein verhallendes Echo klingt noch in ihr der holde Wohllaut der Musik, und sie ist märchenhaft angestrahlt von den geheimnisvollen Lampen. (B 3, 312)

Als Schwellenort zum Traumreich wird hier die Musik selbst vorgestellt, indem ihr realer Aufführungsort zwischen Bühne und Publikum symbolisch gedeutet wird. Wer dächte bei einem solchen Denkbild nicht an Wagners musikphilosophisches Konzept der »ersichtlich gewordene[n] Thaten der Musik«[3] und dessen Konsequenz für die Aufführungspraxis, dem Verschwinden der Musiker im Orchestergraben?

Die Vorstellung dieses Verschwindens steht in der Spur einer poetischen Verklärung der Musik, die sich auch bei Heine findet. Je begnadeter und poetischer der Musiker, desto mehr lobt Heine an ihm, dass bei seinem Spiel das Instrument und dessen technische Beherrschung aus dem Bewusstsein des Hörers verschwinden. An die Stelle ihrer Aufführung tritt die Visualisierung der Musik selbst. Ein besonders radikales Beispiel dafür liefert Heine in den »Florentinischen Nächten« mit der Beschreibung des Paganini-Konzerts. Die Musik verursacht im Erzähler Maximilian eine wahre Flut von Bildvisionen, in die sich Elemente der sich um Paganini rankenden und ihn zum Teufelsgeiger dämonisierenden Legenden mischen. Maximilian erklärt zwar etwas großspurig, er habe die »Begabnis, bei jedem Tone, den ich erklingen höre, auch die adäquate Klangfigur zu sehen« (B 1, 578), aber diese Begabnis ist im Grunde ein romantischer Gemeinplatz, wie etwa die durch Musik evozierte Bilderflut im »Uhrmacher Bogs« von Brentano und Görres zeigt. Das Töne-Sehen hat nämlich mit einem Phänomen zu tun, das Maximilian mit dem Begriff der »Klangfigur« selbst benennt. Der Akustiker Ernst Florens Friedrich Chladni führte ihn 1787 in seinen »Entdeckungen über die Theorie des Klanges« für die von ihm gefundenen und schon von Goethe und Novalis aufmerksam zur Kenntnis genommenen sternartigen Gebilde ein, die entstehen, wenn eine sandbestreute Platte mit dem Geigenbogen in Schwingung versetzt wird. Das Gebilde auf der bestreuten Platte ist die optische Erscheinungsweise des klingenden Tons, eine Beobachtung, die zu allerhand Spekulationen über Ton-Bild-Entsprechungen und die geheimnisvolle Chiffrensprache der Natur anregte.

Und diese Ton-Bild-Entsprechungen bleiben ein Rätsel. Was sind das für Formen, Farben und Fratzen, die Maximilian hörend zu sehen glaubt? Diese Frage treibt Heine zu Beginn des neunten Briefs der »Französischen Bühne« zu einer Erörterung über das Wesen der Musik. Und es sind ausgerechnet Nachtgedanken zwischen Wachen und Schlaf, die er äußert:

---

3 Richard Wagner: Über die Benennung »Musikdrama«. Leipzig [1911] [= Sämtliche Schriften und Dichtungen 9], S. 306.

> Aber was ist die Musik? Diese Frage hat mich gestern abend vor dem Einschlafen Stunden lang beschäftigt. Es hat mit der Musik eine wunderliche Bewandtnis; ich möchte sagen, sie ist ein Wunder. Sie steht zwischen Gedanken und Erscheinung; als dämmernde Vermittlerin steht sie zwischen Geist und Materie; sie ist beiden verwandt und doch von beiden verschieden: sie ist Geist, aber Geist, welcher eines Zeitmaßes bedarf; sie ist Materie, aber Materie, die des Raumes entbehren kann. (B 1, 332f.)

Musik wird von Heine ganz explizit auf der Schwelle zwischen Wachen und Traum, zwischen Geist und Materie geortet.

Dieser Schwellenort existiert für Heine also nicht nur in gedanklicher oder poetischer Abstraktion, sondern auch ganz real im Theaterraum zwischen Bühne und Publikum. Und es ist eine Besonderheit in der Verknüpfung der romantischen Unmittelbarkeits-Topoi Traum und Musik, dass Heine die Wirkung der Musik nicht nur vom erlebenden Subjekt aus schildert, sondern auch als deren Beobachter. Die Musikberichte der »Lutetia« leben vom Voyeurismus des Flaneurs, der nicht nur ins Opernhaus geht, um die Musik zu hören, sondern auch, um ihre Wirkung aufs Publikum zu beobachten. Die Unmittelbarkeit, mit der die Musik emotionale Reaktionen hervorruft, ist dem kulturpsychologischen Forscher der Garant fürs Gelingen einer Analyse des durchs Publikum verkörperten kollektiven Seelenhaushalts. Maximilian tut es Heine in den »Florentinischen Nächten« gleich. Er erwähnt, dass der Grund für seine Opernbesuche vor allem im Beobachten der Gesichter der schönen Italienerinnen liege. »[D]ie wechselnden Melodien«, sagt er,

> wecken [...] in ihrer Seele eine Reihe von Gefühlen, Erinnerungen, Wünschen und Ärgernissen, die sich alle augenblicklich in den Bewegungen ihrer Züge, in ihrem Erröten, in ihrem Erbleichen, und gar in ihren Augen aussprechen. Wer zu lesen versteht, kann alsdann auf ihren schönen Gesichtern sehr viel süße und intressante Dinge lesen [...]. (B 1, 569)

Das Geheimnis, das sich hier durch die Musik mitteilt, betrifft, wie Maximilian ausführt, den spezifischen, von der Literatur der Renaissance geprägten Gefühlshaushalt der Italiener. Die abgerufenen Emotionen liegen demnach weniger in der Musik selbst als vielmehr unbewusst im Hörer begründet, der, im Bann seines Traumreichs befangen, sie allerdings als wahre Ursache seiner Erregung erlebt.

Musik ruft also unbewusste Seelenzustände ab, ist aber nicht deren eigentliche Ursache. Damit gehorcht sie den Gesetzen der Traumlogik, wie sie Heine in der »Reise von München nach Genua« formuliert. Dort stellt er sich die Frage nach dem Wesen der Traumassoziationen und stellt fest:

> Es geht den Dichtern wie den Träumern, die im Schlafe dasjenige innere Gefühl, welches ihre Seele durch wirkliche äußere Ursachen empfindet, gleichsam maskieren, indem sie an die Stelle dieser letzteren ganz andere äußere Ursachen erträumen, die aber in so fern ganz adäquat sind, als sie dasselbe Gefühl hervorbringen. (B 2, 331)

Im Traumreich der Poesie werden wie im poetischen Reich des Traums die Gefühle mit falschen, aber in ihrer Wirkung dennoch stimmigen Ursachen assoziiert. Jenes berühmte »Ich weiß nicht, was soll es bedeuten, dass ich so traurig bin« führt demnach den Schulfall des dichterischen Vorgangs vor: die assoziative Suche nach einer Ursache für eine sich unmittelbar einstellende Gefühlsregung. Dieser Vorgang wird aber eben auch und besonders durch Musik ausgelöst.

Heine fragt sich nicht nur als Dichter, sondern auch als Musik- und Kulturkritiker nach der Bedeutung von Gefühlen, deren wahre Ursachen wie im Traum maskiert sind. In der »Reise von München nach Genua« weist ihn ein Besucher der Mailänder Scala darauf hin, dass

> Italien elegisch träumend auf seinen Ruinen sitzt, und wenn es dann manchmal bei der Melodie irgend eines Liedes plötzlich erwacht und stürmisch emporspringt, so gilt diese Begeisterung nicht dem Liede selbst, sondern vielmehr den alten Erinnerungen und Gefühlen, die das Lied ebenfalls geweckt hat, die Italien immer im Herzen trug, und die jetzt gewaltig hervorbrausen, – und das ist die Bedeutung des tollen Lärms, den Sie in der Scala gehört haben. (B 2, 372)

Also auch hier wieder die Frage nach der Bedeutung eines Gefühls, dessen wahre Ursache durch die Musik maskiert wird. Wie der reisende Erzähler weiß, sprechen die abgerufenen Gefühlsausbrüche des Publikums von der Erfahrung historischer wie gegenwärtiger Unterdrückung und vom politischen Leid der Italiener. Ganze Völker leben demnach in ihrer Kultur einen kollektiven Wachtraum, dessen entstellende Logik es zu entschlüsseln gilt. Im »Lutetia«-Artikel vom 1. Juni 1843 berichtet Heine von einer angeblichen Sentenz Hegels, nach der die Lektüre der aufgeschriebenen und gesammelten Träume einer Zeit ein »ganz richtiges Bild vom Geiste jener Periode« (B 5, 490) ergäben. Hat man einmal sein Maskenspiel entlarvt, eignet sich der Traum also als Dokument des kollektiven Seelenlebens der Zeit. Und so ist es die Aufgabe des Kritikers, die außermusikalische Entsprechung der durch Musik hervorgerufenen Leidenschaften und Affekte aufzuspüren. Bereits in den »Briefen aus Berlin« erkennt Heine ganz in diesem Sinn im Streit um Spontini und Weber eine Auseinandersetzung, die er als bloßen Ersatz für eine in Preußen verhinderte politische Debattenkultur interpretiert. Auf der Schwelle zum Traumreich der Poesie, dort, wo die Musik erklingt, dokumentiert sich also, chiffriert nach dem Assoziations- und Ähnlichkeitsprinzip der Traumlogik, der Zustand der Kultur.

Dass Musik, wie Heine im sechsten Brief der »Französischen Bühne« im Dämmerzustand erkennt, symbolisch auf der Schwelle zwischen Kunst und Wirklichkeit, Wachen und Traum, Geist und Materie steht, macht sie einem Traumbild Heines sehr ähnlich. Es ist das Bild der Sphinx. Sie ist das letzte Bild einer ausführlichen Traumszene, die für die Buchfassung der »Französischen Bühne« gestrichen wurde und in der Journalfassung den zehnten und letzten Brief beendet. Vorbereitet wird sie übrigens von langer Hand. Die Artikelsammlung insgesamt ist durchsetzt von Inszenierungen des Erwachens und des Einschlafens, das jeweils von einem musikalischen Klang ausgelöst wird.

Ort der Traumszene ist ein »ungeheure[r] Dom«, in dem ein »dämmerndes Zwielicht« und eine »märchenhaft-schauerlich[e]« (B 3, 829) Atmosphäre herrschen. Musik erklingt, ein »unbegreiflich wehmütiger Gesang«, der das erste von zwei Traumbildern vorbereitet: Eine einstmals schöne Frau, nun im Alter verblüht, betritt im gemessenen, elegischen Schritt den Dom. Plötzlich verlischt die Traum-Materialität dieser Szene, der Träumende findet sich in Einsamkeit wieder und erblickt ein weiteres Bild vergangener Schönheit, den Torso einer antiken, wunderschönen, weiblichen Marmorstatue. In seine »wehmütige Betrachtung« versunken, fragt der Träumende einen vorbeikommenden Reiter nach der Bedeutung der Traumbilder, und er wird auf die »steinerne Sphinx [...] im Vorhof des Museums zu Paris« verwiesen. Die Sphinx ist nach Hegel nicht nur eine das Rätsel stellende, sondern es auch verkörpernde Figur, die in ihrem Verweischarakter aufs Rätsel »Symbol [...] des Symbolischen selber«[4] ist. Als Figur, die halb Tier und halb Mensch ist, ist sie eine Figur des Übergangs zwischen Natur und Kunst, zwischen Materie und – Hegel zufolge – dem »Drang nach selbstbewußter Geistigkeit«.[5] Die geträumte Sphinx lagert vorm Eingang zum Pariser Museum und schweigt sich über ihren Schwellenort aus. In der Ortsbestimmung der Musik, wie sie in der »Französischen Bühne« vorgenommen wird, besetzt sie, dieses Mysterium, den gleichen Ort, den die Musik zwischen Parterre und Bühne einnimmt. Sie ist ebenso rätselvoll wie das »Wunder« Musik.

***

Der 20-jährige Schumann gesteht in einem Brief an seinen Klavierlehrer und späteren Schwiegervater Friedrich Wieck: »[I]ch bin manchmal so voll von lauter Musik und so recht überfüllt von nichts als Tönen, daß es mir eben nicht möglich ist Etwas niederzuschreiben.« (Briefe NF, 86) Schumanns tagträumerisch in sich versunkenes und nach außen hin unvermittelbares Töne-Hören lässt sich als ein weiteres Beispiel für das romantische Zusammenspiel der beiden Topoi Traum und Musik lesen. Wie Hoffmanns Komponist Ludwig entfaltet sich seine ungebrochene Schöpferkraft nur im Traumreich der Poesie, und wie Ludwig findet er keine Möglichkeit, außerhalb dieses Projektionsraums die ihm offenbarte Kunst schriftlich festzuhalten. Ins Tagebuch schreibt der junge Schumann über seine dichterischen Versuche, dass er im zurückliegenden Jahr 1827/28 nur ein paar Gelegenheitsgedichte zu Papier gebracht, und doch noch nie soviel gedichtet hätte wie in dieser Zeit (Tb. I, 82).

Die Frage drängt sich auf, wie es unter solchen Umständen überhaupt zu so etwas wie komponierter Musik kommen kann. Wenn es ein musikschöpferisches Äquivalent zu Schumanns früher, empfindsamer Kunstauffassung gibt, dann ist es das von

---

4 Georg Wilhelm Friedrich Hegel: Vorlesungen über die Ästhetik. Redaktion Eva Moldenhauer u. Karl Markus Michel. Frankfurt a.M. 1986, Bd. 1 [= Werke 13], S. 465.

5 Ebd.

ihm im Tagebuch und im »Leipziger Lebensbuch« der früheren 1830er Jahre immer wieder erwähnte Fantasieren am Klavier. Der alte Flügel aus Jugendzeiten ist ihm eine wahre Emotionsmaschine, die, wie er der Mutter im Juni 1828 schreibt, »[alles] hat mitempfinden müssen, was ich fühlte, alle Thränen und alle Seufzer, aber auch alle Freuden.«[6] Nur zwei Monate später notiert er ins Tagebuch unter dem Stichwort »Endfantasie« (Tb. I, 112): »Töne an u. für sich können eigentlich nichts mahlen, was das Gefühl nicht vorher mahlt« (Eintrag v. 14.08.1828). Die unmittelbare Umsetzung von Gefühlen in Musik findet demnach in einem Übersetzungsverhältnis statt, dessen Stimmigkeit im »Mahlen«, also in der Erzeugung von Bildern liegt. Das rückt den Begriff des Fantasierens von seinem zunächst rein musikalischen Gehalt ab in Richtung der Visualisierung und der freien bildhaften Assoziation. So ist es kein Zufall, dass sich im selben Tagebucheintrag auch Überlegungen zum Traum finden: »[D]as physische Träumen«, schreibt Schumann, »ist das eigentliche Wachen der Seele, wie das physische Wachen das Träumen der Seele« ist. Schumann formuliert hier in der Nähe zur ästhetischen Ortsbestimmung des Fantasierens auch für den Traum den Topos der Unmittelbarkeit. Keine neben dem Bett verborgene Tapetentür und nicht die Musikaufführung zwischen Bühne und Publikum, sondern das Klavier im Studierzimmer ist für Schumann der Schwellenort zum Traumreich einer unmittelbaren Gefühlssprache. Und so schreibt er rückblickend über seine Jugendjahre in der Einleitung zu seinen 1854 erschienen »Gesammelten Schriften über Musik und Musiker«, dass er ein »musikalische[r] Phantast« gewesen sei, der »sein bisheriges Leben [...] am Klavier verträumt hatte« (GS I, 7).

Musik steht in einem Übersetzungsverhältnis zur Seelensprache der Gefühle, an dem synästhetisch auch Bilder, Klangfiguren teilhaben. Schumann erkennt demnach eine innere Verwandtschaft zwischen den Künsten an. Am prägnantesten ausgedrückt findet sich das in der bekannten Sentenz, dass die Ästhetik der einen Kunst auch die der andern sei und nur im Material verschieden (GS I, 7). Die Musik stehe der Poesie in der Übersetzung der Seelensprache allerdings noch nach. Schumann führt zur Lösung dieses Defizits eben die Vorzüge der frei fantasierten gegenüber der auskomponierten Musik ins Feld. Im August 1828 notiert er ins Tagebuch unter dem Stichwort »Fantasie aus X dur Abends«:

> in der freyen Fantasie vereint sich das Höchste in der Musik, was wir noch in Compositionen d. reinen Satzes vermißen – das Gesetz des Taktes mit dem abwechselnd lyrisch-freyen Taktmaße. Die Poesie thut es in J. Pauls Polymetern u. in den alten Chören (Tb. I, 113).

Dem gilt es nachzustreben, da, wie es an anderer Stelle heißt, jeder Tonkünstler ein Dichter sei (Tb. I , 41).

---

6 Robert Schumann an seine Mutter. Brf. v. 13.Juni 1828. Zit. n. Der junge Schumann. Dichtungen und Briefe. Hrsg. v. Alfred Schumann. Leipzig 1910, S. 127.

In einem Schwärmerbrief lässt Schumann Eusebius gegenüber Chiara berichten: »Du kennst Florestan, wie er am Klavier sitzt und während des Phantasierens wie im Schlafe spricht, lacht, weint, aufsteht, von vorn anfängt u.s.w.« (GS I, 141) Es ist ein somnambuler Akt, der den Pianisten ins Traumreich der Poesie führt. Die anschließende literarische Episode, gewonnen aus Florestans doppelsinnigem Fantasieren über Beethovens Siebter Sinfonie, veranschaulicht, wie die eine Poesie für alle Künste grundlegend ist. Deren Interpretation führt zu ganz konkreten Bildern mit allerhand Szenen und namentlich genannten, maskenhaft auftretenden Figuren. Der Gedanke, dass durch Musik Bilder und Gestalten hervorgerufen werden, findet sich immer wieder in Schumanns Rezensionen, etwa in den Bemerkungen zum Programm in der bekannten Besprechung von Berlioz' »Symphonie fantastique«.[7]

Noch einmal die Traumtheorie des 18-jährigen Schumann: »[D]as physische Träumen ist das eigentliche Wachen der Seele, wie das physische Wachen das Träumen der Seele [ist].« Das Ausschlussprinzip von Wachzustand und wahrnehmbarer Seelenregung, formuliert in einer Traumtheorie, die auf eine Beschreibung des poetischen Zustands ausgerichtet ist – eine solche Traumtheorie scheint in der Spur einer anderen, weitaus prominenteren Traumtheorie der Zeit zu stehen: Gotthilf Heinrich Schuberts 1814 erschienener »Symbolik des Traumes«, einer raunend-spekulativen, ungeheuer erfolgreichen Schrift, die genauso an den Teetischen der Gesellschaft diskutiert wurde wie in gebildeten und künstlerischen Kreisen. Der Einfluss der »Symbolik des Traumes« etwa auf E.T.A. Hoffmann ist bekannt, wie überhaupt vieles in diesem Buch den Stellenwert des Traums in der romantischen Literatur ausdrückt. Gleich der Beginn des ersten Kapitels, der »Sprache des Traumes« gewidmet, fasst den Unmittelbarkeits-Topos und die Visualisierungsstrategie des Traums zusammen, Merkmale, die auch für die romantische Literarisierung von Musik gelten. Man könnte nun den Beginn auch als eine adäquate Beschreibung von Florestans somnambul-poetischem Fantasieren lesen:

> Im Traume, und schon in jenem Zustande des Deliriums, der meist vor dem Einschlafen vorhergeht, scheint die Seele eine ganz andre Sprache zu sprechen als gewöhnlich. Gewiße Naturgegenstände oder Eigenschaften der Dinge bedeuten jetzt auf einmal Personen, und umgekehrt stellen sich uns gewisse Eigenschaften oder Handlungen, unter dem Bilde von Personen dar. So lange die Seele diese Sprache redet, folgen ihre Ideen einem andern Gesetz der Association als gewöhnlich, und es ist nicht zu läugnen, daß jene neue Ideenverbindung einen viel rapideren, geisterhafteren und kürzeren Gang oder Flug nimmt, als die des wachen Zustandes, wo wir mehr mit unsern Worten denken. Wir drücken in jener Sprache durch einige wenige hieroglyphische, seltsam aneinandergefügte Bilder, die wir uns entweder schnell nacheinander oder auch nebeneinander und auf einmal vorstellen, in wenig Momenten mehr aus, als wir mit Worten in ganzen Stunden auseinanderzusetzen vermöchten [...].[8]

---

7 GS I, 89-110, bes. 107-110.

8 Gotthilf Heinrich Schubert: Die Symbolik des Traumes. Heidelberg 1968 [= Reprint der Originalsausgabe 1814], S. 1. Die nachfolgenden Zitate: S. 2-3.

Ähnlich wie Heine schreibt Schubert dem Traum eine entstellende oder maskierende Logik der Assoziation zu. Durch die so entstehende, verdichtete »Abbreviaturen- und Hieroglyphensprache«, so Schubert weiter, werde im Traum etwas ausgedrückt, wofür sich die erworbene Wortsprache nicht eigne und was »nur der versteckte Poet in unserm Innern zu handhaben weiß«. Dieser versteckte Poet, so ließe sich sagen, ist der Urheber von Schumanns Konzept einer poetischen Musik. Das führt zu der Frage, ob sich auch in Schumanns Kompositionen Spuren oder Indizien der romantischen Wahlverwandtschaft von Traum und Musik finden. Anhand der frühen Klavierkompositionen möchte ich versuchen, diese Frage zu bejahen.

Nachdem Schumann sich an seinen vielen originellen, beim Fantasieren entstandenen musikalischen Einfällen aus der Zeit um 1828/29 noch über Jahre abgearbeitet hatte – Jahre, in denen der Dilettant das pianistische und kompositorische Handwerk noch nachholen musste –, entstehen seine ersten mit Opuszahl veröffentlichten Klavierwerke aus diesem langen Arbeitsprozess heraus. Die Lösung des Problems, wie die meist nur auf den Raum eines oder zweier Takte begrenzten Einfälle in eine zusammenhängende Form zu bringen sind, findet er in der Sequenzierung des Motivs zu einem oft rastlos perpetuierten Pattern, in der Gewinnung kontrastierender Gestalten auf engstem Raum, in der Bildung von Zyklen aus kurzen, sich in Tonart, Takt, Tempo, Dynamik voneinander abhebenden Einzelsätzen. An die Stelle der Entwicklung tritt der barocke Einheitsimpuls einer sich in Mustern bewegenden Fortspinnung, an die Stelle des Charakterthemas der zündende Einfall, an die Stelle des Charakters die Maske. Sie tritt in den »Abegg-Variationen« op.1 gleich in den ersten anderthalb Takten mit der Tonfolge *a-b-e-g-g* auf, ein in unendlichen Variationen und Permutationen umherflirrendes Motiv, ein Hirngespinst wie die erfundene Widmungsträgerin Pauline Comtesse d'Abegg. Durch die ausgeweitete Harmonik, synkopische Versetzungen und etwa die Auflösung des Metrums am Ende der dritten Variation wird eine Atmosphäre des Flirrend-Irrealen erzeugt. Die – um mit Gotthilf Heinrich Schubert zu reden – »Abbreviaturen- und Hieroglyphensprache« des permutierten Fünfton-Motivs, diese der Fantasie entsprungene Chiffrierung macht die poetische Figur der Comtesse scherzhaft omnipräsent und doch zugleich ungreifbar.

Die fiktive Gestalt der Comtesse entspricht dem Tonfolgenmotiv. Sie ist nur in der und durch die Musik anwesend, ein bildhafter Eindruck von ihr kann nur adäquat zur Musik evoziert werden. Die Frage nach der Erscheinung der geheimnisvollen Comtesse d'Abegg müsste also Heines Erstaunen über den wunderbaren Seinszustand der Musik zwischen Gedanken und Erscheinung zur Antwort haben. Schumann stellt die Comtesse nicht als durchzuführendes Charakterthema vor, sondern setzt sie dem ganzen Stück als Maske auf. Und gerade diese Funktion einer Maskierung, das Auftreten von Personen an der Stelle von Empfindungen und Erregungen entspricht laut Schubert der Traumvisualisierung.

Ob in den »Papillons« op. 2, den »Davidsbündlertänzen« op. 6, den »Fantasiestücken« op. 12, den »Kinderszenen« op. 15, den »Kreisleriana« op. 16, den »Novelletten« op. 21 oder den »Nachtstücken« op. 23 – dies alles sind Klavierwerke der

1830er Jahre, denen Schumann einen wie und in welchem Maß auch immer mitzufantasierenden Bedeutungsgehalt mit auf den Weg gibt. Die Tendenz, musikalische Vorgänge motivisch zu chiffrieren und sie als Masken auftreten zu lassen, stellt im kompositorischen Schaffen der Zeit eine Besonderheit dar. Am deutlichsten tritt diese Tendenz in den Werken zu Tage, in denen schon im Titel die Maskerade präsent ist: dem »Faschingsschwank aus Wien« op. 26 (1839/40), der den bezeichnenden Untertitel »Fantasiebilder« trägt, und dem »Carnaval« op. 9 (1833-35). Im »Carnaval« treten die Figuren der Commedia dell'arte und – in ihren musikalischen Physiognomien – Chopin und Paganini, aber auch Schumanns Davidsbündler-Rollenfiguren Eusebius, Chiarina und Florestan auf. Das Spiel mit Verweisen und künstlichen Existenzen im Traumreich der Poesie geht so weit, dass Florestan bei einem motivischen Selbstzitat aus Schumanns op. 2 zwischen den Zeilen der Partitur seinen Komponisten fragt: »Papillon?«

Einen eigenständigen kleinen Abschnitt nimmt im »Carnaval« die Vorstellung der »Sphinxe« ein. Unter diesem Begriff stellt Schumann drei Tonfolgen in Bassnotation nebeneinander: *es-c-H-A*, *As-c-H* und *A-es-c-H*. Werden sie als Formteil der Komposition tatsächlich gespielt, ist der Höreindruck ungemein rätselhaft. Was es mit diesen geheimnisvollen Motiv-Sphinxen auf sich hat, deutet sich im Untertitel des »Carnaval« an: »Scènes mignonnes sur quatre notes«. Den vier musikalischen Noten, die variativ in immer anderer Gestalt als motivisches Movens bis auf wenige Ausnahmen die gesamte Komposition durchziehen, entsprechen nicht nur die vier Noten der Sphinxe, sondern, wie der Titel des Satzes »A.S.C.H.-S.C.H.A. (Lettres dansantes)« vorführt, vier Buchstaben des Wortalphabets. »ASCH«, das ist der Ort, aus dem Schumanns damalige Geliebte Ernestine von Fricken stammt (die in der Komposition als »Estrella« auftaucht); »SCHA« ist die musikalische Signatur von Schumanns Namen. So verweisen die Sphinxe nicht nur auf einen geheimen Liebesroman und die verdeckte Widmung, sondern auch auf die Autorschaft des Werks. In Chiffrenform bewahren sie Spuren von Wirklichkeit in all dem traumhaften Treiben des »Carnaval«, indem sie als eine Figur des Übergangs zwischen Noten und Buchstaben, zwischen Klang und Wort, zwischen Musik und Dichtung, zwischen Wirklichkeit und musikalischem Traum stehen.

***

Die Figur der Sphinx symbolisiert sowohl bei Heine als auch bei Schumann den Schwellenort, der den Stellenwert der Musik in ihrer romantischen Wahlverwandtschaft mit dem Traum bezeichnet. Als Figur des Übergangs gehört sie zugleich der Realität und einem geheimnisvollen Traumreich der Poesie an, in dem sich emotionale Seelenregungen nach der assoziativen Traumlogik maskieren. Zu dieser Maskierung gehört die Strategie der traumartigen Visualisierung von Musik über ein ihr adäquates Gefühl. Heine entwickelt das Konzept einer Analyse der sich in den Gesichtern des Publikums visualisierenden Wirkung von Musik. Seine Analyse geht nach den Prinzipien der entstellenden Traumlogik vor, indem sie die Frage nach der eigentlichen Ursache der durch Musik abgerufenen Erregungen stellt. Schumanns Klavierkompositionen der 1830er Jahre weisen – genau andersherum – die Tendenz zur Traumentstellung eines Gefühls zu einer fiktiven, im Notentext motivisch chiffrierten Figur auf. Diese Entstellung korrespondiert einerseits mit Schumanns Verständnis des Fantasierens als somnambuler Akt, der in einem synästhetischen Vorstellungsraum stattfindet, zum anderen mit Gotthilf Heinrich Schuberts Theorie der sich im Traum zu Personen maskierenden Seelenregungen.

Heines »Volkslied«

Der Dichter und das populäre Lied

Eckhard John

Wenn von Heines »Volkslied« die Rede ist, dann kommen die Worte »ich weiß nicht was soll es bedeuten« geradezu im gleichen Atemzug über die Lippen. Es ist jenes »Märchen aus alten Zeiten«, das uns bis heute »nicht aus dem Sinn« geht, auch wenn wir wissen, dass die »Loreley«-Story ebenso eine Erfindung ist wie ihre Herkunft aus »alten Zeiten«. Noch eine zweite Sinnebene enthält der eingangs formulierte Gedanke, denn die Aussage »ich weiß nicht was soll es bedeuten« lässt sich auch auf den Begriff »Volkslied« beziehen, und dies durchaus mit einiger Plausibilität. Ja, man könnte noch einen Schritt weitergehen und das »Volkslied« schlechthin als ein »Märchen aus alten Zeiten« charakterisieren. Denn es ist ein Phänomen, das seinerseits längst märchenhafte Züge trägt und das aus Zeiten stammt, mit denen uns heute nicht mehr allzu viel zu verbinden scheint.

Dennoch prägt die Kategorie des »Volksliedes« bis heute das kulturelle Gedächtnis, und dass es dabei in erster Linie die »Loreley« ist, die sich als Heines Volkslied *par excellence* ins historische Gedächtnis eingeschrieben hat, veranschaulichten erst jüngst wieder die Veröffentlichungen zum Heine-Jubiläum. Hier stößt man auf ein spezifisches Narrativ, das mit der Rezeptionsgeschichte dieses Liedes einhergeht: Ein ums andere Mal konnte man im Jubiläumsjahr 2006 wieder lesen, die »Loreley« sei derart populär und in der deutschen Kultur verwurzelt gewesen, dass nicht einmal die Nazis es gewagt hätten, dieses Lied aus Schul- und Liederbüchern zu eliminieren. Statt das Lied aus dem Kanon arischer Gesänge zu verbannen, habe man lediglich seinen Autor unkenntlich gemacht. Mit dem Zusatz »Verfasser unbekannt« oder einfach »Volkslied« sei der jüdische Dichter kaschiert, sein »Loreley«-Text aber auch nach 1933 verbreitet worden.

Mit diesem exponierten Beispiel der Liedrezeption wird die außerordentliche Erfolgsgeschichte und Wirkungsmacht dieses Liedes häufig exemplarisch veranschaulicht. Der Clou der Argumentation, dass nicht einmal diejenigen, die eine »Volkslied«-Ideologie zu einer ihrer ästhetischen Maximen gemacht haben, auf die »Loreley« verzichten wollten, beruht auf der schlichten Übereinkunft, dass dieses Lied selbstverständlich ein »Volkslied« sei. Dies ist eine für das 20. Jahrhundert durchaus typische und repräsentative Sichtweise – zu Heines Lebzeiten jedoch hätte man das sicher nicht so gesehen. Bis Ende des 19. Jahrhunderts sind solche populär gewordenen Kunstlieder eher als »volkstümliche Lieder« denn als »Volkslieder« bezeichnet worden – ein erster Hinweis darauf, dass sich das Verständnis des »Volkslied«-Begriffs im Laufe der Zeit durchaus verändert hat. Deswegen erscheint es hilfreich – wenn hinsichtlich Heines Lyrik beharrlich der volksliedhafte Ton dieser Dichtung herausgestellt wird – zu bedenken, was der Autor selbst unter

»Volksliedern« verstanden hat und wie sein Verhältnis zu den populären, traditionellen oder trivialen Liedern seiner Zeit eigentlich war.[1]

***

Es ist bekannt, dass Heines Vorstellung vom »Volkslied« maßgeblich geprägt war durch die von Achim von Arnim und Clemens Brentano herausgegebene Anthologie »Des Knaben Wunderhorn«. Diese romantische Anthologie gilt landläufig als erste umfangreiche Sammlung deutscher Volkslieder und hatte eine eminente Wirkung auf das »Volkslied«-Verständnis und auf die »Volkslied«-Rezeption in Deutschland. Wenn wir heute von dessen 200. Jubiläum sprechen,[2] dann beziehen wir uns auf die Jahresangabe auf dem Titelblatt der Erstausgabe des ersten Bandes, wo unter dem Verlagsort Heidelberg das Publikationsjahr 1806 zu lesen ist. Es ist jedoch kein Geheimnis, dass dieser Band bereits im Herbst 1805 veröffentlicht wurde. Dieses Detail – auf den ersten Blick: eine eher buchhalterische Spitzfindigkeit – wirft jedoch ein bezeichnendes Schlaglicht auch auf die Problematik des »Volksliedes«. Denn es ist immer zu fragen, ob überall wo – bildlich gesprochen – »Volkslied« draufsteht, auch wirklich »Volkslied« drin ist. Und kaum hat man diese Frage gestellt, drängt sich die nächste auf, nämlich: Was ist überhaupt ein »Volkslied«?

Generationen von Forschern, von Wissenschaftlern und Enthusiasten, haben versucht, darauf plausible Antworten zu finden:

---

1 Demgegenüber geht die bisherige Literatur vom »Volkslied«-Verständnis der herkömmlichen Volksliedforschung aus, fragt nicht nach Heines »Volkslied«-Begriff, sondern nach den von ihm zitierten Liedern oder nach dem Einfluss von »Volksliedern« auf sein lyrisches Œuvre; vgl. dazu insbesondere Ernst Klusen: Heinrich Heine und der Volkston. In: Zeitschrift für Volkskunde (1973), S. 43-60, und Michael Perraudin: Heine and the Folk-song. In: Ders.: Heinrich Heine – Poetry in Context. A Study of »Buch der Lieder«. Oxford u.a. 1989, S. 143-186. – Darüber hinaus ist überwiegend ältere Literatur anzuführen: Rudolf Greinz: Heinrich Heine und das deutsche Volkslied. Eine kritische Untersuchung nach dem Stoffgebiete der Heine'schen Lyrik. Neuwied u. Leipzig 1894 [= Kultur- und Literatur-Bilder 2]; Robert Goetze: Heinrich Heines »Buch der Lieder« und sein Verhältnis zum deutschen Volkslied. Diss. Halle 1895; August Walther Fischer: Über die volkstümlichen Elemente in den Gedichten Heines. Berlin 1905 [= Berliner Beiträge zur germanischen und romanischen Philologie 28]; vgl. weiter die bibliografische Liste von Ernst Klusen: Heinrich Heine und der »Volkston«. Eine Zusammenstellung spezieller Sekundärliteratur. In: ad marginem (1972), H. 24, S. 1f., sowie Nigel Reeves: The Voice of the People. In: Ders.: Heinrich Heine. Poetry and Politics. London 1974, S. 37-53, und jüngst Burkhard Moennighoff: »Im Anfang war die Nachtigall«. Zu Lied und Volkslied bei Heine. In: »Aber der Tod ist nicht poetischer als das Leben«. Heinrich Heines 18. Jahrhundert. Hrsg. v. Sikander Singh. Bielefeld 2006, S. 249-258.

2 Da der Heine-Schumann-Kongress in Düsseldorf aus Anlass von deren 150. Todestag stattfand, darf an dieser Stelle auch daran erinnert werden, dass das Jahr 2006 zugleich das 200-jährige Jubiläum der Herausgabe von »Des Knaben Wunderhorn« markiert.

- haben nach den Ur-sprüngen und Ur-texten gesucht;
- haben das »Volkslied« als neues poetisches Ideal auf den Schild gehoben oder im »Volkston« ein damit korrespondierendes musikalisches Signum kreiert;
- haben das Volkslied zum Leitbild romantischer Ästhetik zurechtgeschrieben oder mit philologischer Akribie traditionelle Lieder aus mündlicher Überlieferung aufgezeichnet;
- haben es als Ausdruck der schöpferischen Produktivkraft eines »Volkes« oder als ästhetische Codierung einer vermeintlichen »Volksseele« beschworen;
- haben es im Sinne der frühen Volkskunde als konservatives Element im ländlich-bäuerlichen Milieu verortet oder mit Wolfgang Steinitz als ein sozialkritisches, politisch-oppositionelles Medium interpretiert;
- haben es zum wolkigen Sinnbild sozialer Gemeinschaftsideologie stilisiert oder mit dem nüchternen Blick eines John Meier als ein spezifisches Rezeptionsphänomen bewertet;
- haben es zu einem nationalen Symbol überhöht und mit völkischem Pathos überfrachtet;
- haben es als sogenannte »Grundschicht« kreativen Schaffens in musikanthropologische Sichtweisen eingebaut oder als rassenideologisches Instrument dem nationalsozialistischen Terror dienstbar gemacht.

Nicht zuletzt deshalb ist die Haltung zum »Volkslied« im 20. Jahrhundert stets auch eine gebrochene. Gegenüber der eher überschwänglich-naiven »Volkslied«-Euphorie des 19. Jahrhunderts ist für das zurückliegende Jahrhundert ein äußerst ambivalentes Verhältnis zum »Volkslied« charakteristisch.

***

Für Heine war der Fall noch weit simpler. Über »Des Knaben Wunderhorn« schrieb er: »Dieses Buch kann ich nicht genug rühmen; es enthält die holdseligsten Blüthen des deutschen Geistes, und wer das deutsche Volk von einer liebenswürdigen Seite kennen lernen will, der lese diese Volkslieder.«[3]

Die »liebenswürdige Seite« beim »deutschen Volk« schien Heine offenbar keineswegs eine selbstverständliche zu sein. Aber die »Volkslieder« des »Wunderhorns« fungierten für ihn als ein der Realität enthobenes Refugium:

> In diesen Liedern fühlt man den Herzschlag des deutschen Volkes. Hier offenbart sich all seine düstere Heiterkeit, all seine närrische Vernunft. Hier trommelt der deutsche Zorn, hier pfeift der deutsche Spott, hier küßt die deutsche Liebe. Hier perlt der ächt deutsche Wein und die ächt deutsche Thräne. (DHA VIII, 202)

3 Heinrich Heine: Die Romantische Schule (1836). Zit. n. DHA VIII, 201.

Das war keineswegs ironisch gemeint. Heine sah das »Volkslied« vielmehr in einem positiv verstandenen Sinn als poetischen Repräsentanten nationaler Charakteristika.[4] Freilich war dies eine Sichtweise aus der Distanz, zu Papier gebracht 1833 in Paris. An einem Ort also, wo Heine den tatsächlichen »Herzschlag des deutschen Volkes« kaum gefühlt haben dürfte, als er sich rückblickend seine Gedanken über »Die romantische Schule« machte und dabei einräumte:

> Auf dem Titelblatte jenes Buches ist ein Knabe der das Horn bläst; und wenn ein Deutscher in der Fremde dieses Bild lange betrachtet, glaubt er die wohlbekanntesten Töne zu vernehmen, und es könnte ihn wohl dabey das Heimweh beschleichen.[5]

Dieses Heimweh bezeichnet die räumliche Distanz ebenso wie die emotionale. Denn dieses sentimentale Gefühl des »Heimwehs« bezieht sich auch auf die eigenen Anfänge als Dichter:

> In diesem Augenblick liegt dieses Buch vor mir, und es ist mir als röche ich den Duft der deutschen Linden. Die Linde spielt nemlich eine Hauptrolle in diesen Liedern, in ihrem Schatten kosen des Abends die Liebenden, sie ist ihr Lieblingsbaum, und vielleicht aus dem Grunde weil das Lindenblatt die Form eines Menschenherzens zeigt. Diese Bemerkung machte einst ein deutscher Dichter der mir der liebste ist, nemlich ich. (DHA VIII, 201)

Und so sind auch die im Folgenden von Heine zitierten Lieder aus dem »Wunderhorn« Texte, die Spuren in seinem lyrischen Werk hinterließen, wie »Der arme Schwartenhals«[6] oder »Wenn ich ein Vöglein wär«. Heines Begeisterung über diese oder andere »Volkslieder« aus dem »Wunderhorn« – er zitiert noch ausführlich »Nun schürz dich, Gretlein, schürz dich« und »Zu Straßburg auf der Schanz« – steht in bezeichnendem Kontrast zu den Bedenken anderer gegenüber den einschneidenden Bearbeitungen, die Brentano und Arnim den von ihnen zusammengetragenen Liedern zuteil werden ließen. Kaum ein Lied war seinerzeit in den »Wunderhorn«-Fassungen verbreitet und auch die dort annoncierte Mündlichkeit war eine lediglich simulierte Mündlichkeit. Heine hat sich nicht daran gestört. Vermutlich hat er die Arbeitsweise von Achim von Arnim und Clemens Brentano gar nicht

---

4 In diesem Sinne charakterisierte Heine 1825 auch das Buch von Philippe-Paul de Ségur: Histoire de Napoléon et de la Grande Armée pendant l'année 1812. Paris 1824 (deutsche Übersetzung Joseph von Theobald, Stuttgart: Cotta 1825): »Dieses Buch ist ein Ozean, eine Odyssee und Ilias, eine Ossiansche Elegie, ein Volkslied, ein Seufzer des ganzen französischen Volks!« Heinrich Heine (Lüneburg) an Moses Moser (Berlin). Brf. v. 8. Oktober 1825, zit. n. HSA 20, 215 (Brf. Nr. 150, Z. 14-16). Im gleichen Sinne schreibt Heine in den Reisebildern: »Wir haben auch den Segür übersetzt. Nicht wahr, es ist ein hübsches episches Gedicht? [...] Die Segürsche Geschichte des Rußlandzuges ist ein Lied, ein französisches Volkslied, das [...] in seinem Tone und Stoffe, den epischen Dichtungen aller Zeiten gleicht und gleich steht.« Heinrich Heine: Reisebilder. Zweyter Theil. Die Nordsee (1826). Zit. n. DHA VI, 162.

5 Heine, Romantische Schule (Anm. 3), S. 201.

6 Er sei, notiert Heine, »der deutscheste Charakter den ich kenne« (DHA VIII, 204).

durchschaut,[7] denn offensichtlich kannte Heine diese »Volkslieder« nur als »Wunderhorn«-Texte und nicht in ihren tatsächlich populären oder tradierten Fassungen. Sonst hätte er wohl kaum über »Zu Straßburg auf der Schanz« – also ausgerechnet über jenes Lied, das als die »berühmteste Fälschung des Wunderhorns« (Karl Bode) gilt[8] – geschrieben:

> Welch ein schönes Gedicht! Es liegt in diesen Volksliedern ein sonderbarer Zauber. Die Kunstpoeten wollen diese Naturerzeugnisse nachahmen, in derselben Weise wie man künstliche Mineralwasser verfertigt. Aber wenn sie auch, durch chemischen Prozeß, die Bestandtheile ermittelt, so entgeht ihnen doch die Hauptsache, die unzersetzbare sympathetische Naturkraft.[9]

Offenkundig nahm Heine die »Wunderhorn«-Lieder für bare Münze, er charakterisiert sie – im Zungenschlag des »Volkslied«-Diskurses – als »Naturerzeugnisse« und ignorierte die Bearbeitungsstrategien der Herausgeber, die letztlich nichts anderes waren als – mit Heines Worten – Nachahmungen von Kunstpoeten.[10]

Wenn Heine von »Volksliedern« spricht, dann meinte er nicht die seinerzeit tatsächlich populären und traditionellen Lieder, sondern ihre literarischen Überarbeitungen und Neuschöpfungen. Dies gilt für die Bemerkungen über sein »Studium des Volksliedes« in Briefen aus den Jahren 1821 und 1823[11] ebenso wie für seinen

7 Demgegenüber betont Michael Perraudin: »he did know [...] about the concoctions in ›Wunderhorn‹« und verweist in diesem Zusammenhang auf eine für die »Harzreise« 1824 geschriebene Passage: »Der Schneider sang noch viele andere Volkslieder, in welchen lauter ›schwarzbraune Augen‹ leuchteten, und also den süddeutschen Ursprung verrieten. Ich kenne nur ein einziges Volkslied, worin sich norddeutsche ›blaue Augen‹ befinden, und dieses (es steht im ›Wunderhorn‹) scheint mir nicht einmal echt.« Zit. n. B 2, 749. Aus dieser Formulierung lässt sich jedoch mitnichten ableiten, Heine sei »aware of the editors' concoctions« gewesen; vgl. Perraudin, Heine (Anm. 1), S. 146 u. S. 80.

8 Karl Bode: Die Bearbeitung der Vorlagen in »Des Knaben Wunderhorn«. Berlin 1909 [= Palaestra 76], S. 318.

9 Heine, Romantische Schule (Anm. 3), S. 202.

10 Ein ähnliches Missverständnis bestimmte auch Heines Haltung gegenüber den modischen Tiroler-Liedern seiner Zeit, die damals von den berühmten »Geschwistern Rainer« in ganz Europa verbreitet wurden. Er durchschaute diese frühe Form des Alpen-Folklorismus nicht, sondern glaubte, dass deren Lieder tatsächlich »in den Tiroler Alpen so naiv und fromm gejodelt werden«. Heines harsche Kritik am Auftreten der »Geschwister Rainer« in London basierte just auf diesem Irrglauben und nahm demzufolge daran Anstoß, dass bei solchen Auftritten »die Keuschheit des deutschen Wortes aufs roheste beleidigt, und die süßesten Mysterien des deutschen Gemütlebens vor fremdem Pöbel profaniert« würden (Reisebilder III). Für ihn kam dies einer »schamlosen Verschacherung des Verschämtesten« gleich; vgl. dazu Tobias Widmaier: »Salontiroler«. Alpiner Musikfolklorismus im 19. Jahrhundert. In: Cultures alpines. Alpine Kulturen. Rédaction: Reto Furter u.a. Zürich 2006 [= Histoire des Alpes 11], S. 61-72, hier S. 68.

11 1821 bemerkte Heine in einem Brief an Helfrich Bernhard Hundeshagen: »Aber ich weiß auch, daß Kenner wie ein Hundeshagen in meinen Gedichten Studium des Volksliedes, Kampf gegen Convenienzpoesie und Streben nach Originalität nicht verkennen werden.« (Brf. v. 30. Dezember 1821, HSA 20, 46 – Brf. Nr. 24). Und 1823 schrieb er an Maximilian Schottky: »Ich hoffe daß [...] Sie mit meiner jetzigen Behandlungsweise des Volks-

huldvollen Brief an Wilhelm Müller vom 7. Juni 1826, in dem er sich offen zum Vorbild der Müllerschen Gedichte bekennt und ausführt:

> Ich habe sehr früh schon das deutsche Volkslied auf mich einwirken lassen, späterhin, als ich in Bonn studirte, hat mir August Schlegel viel metrische Geheimnisse aufgeschlossen, aber ich glaube erst in Ihren Liedern den reinen Klang und die wahre Einfachheit, wonach ich immer strebte, gefunden zu haben. Wie rein, wie klar sind Ihre Lieder und sämmtlich sind es Volkslieder. (HSA 20, 250)

Heine betont im Folgenden ausdrücklich, dass ihm

> durch die Lecture Ihrer 77 Gedichte zuerst klar geworden, wie man aus den alten, vorhandenen Volksliedformen neue Formen bilden kann, die ebenfalls volksthümlich sind, ohne daß man nöthig hat, die alten Sprachholperigkeiten und Unbeholfenheiten nachzuahmen. (HSA 20, 250)[12]

Oft zitiert, wird auch in dieser Briefstelle genau besehen deutlich, dass Heines »Volkslied«-Begriff wesentlich auf einem poetischen Ideal basiert und nicht auf realen Popularliedern. Er stellte sich ausdrücklich in die Tradition des von Herder initiierten »Volkspoesie«-Diskurses und hatte für den Herder-Kritiker und Aufklärer Friedrich Nicolai nur hohnlachenden Spott übrig: Dessen Sorge, mit der »aufkommenden Vorliebe für altdeutsche Volkslieder« könnten »die alten Klänge, der Kuhreigen des Mittelalters, [...] die Gemüther des Volks wieder in den Glaubensstall der Vergangenheit zurücklocken«,[13] wies Heine mit dem Hinweis zurück, dass das »Volkslied«-Ideal vielmehr eindeutig auf der Seite des Fortschritts und der Zukunft zu lokalisieren sei: »Jetzt haben sich die Umstände in Deutschland geändert, und eng verbunden mit der Revoluzion ist die Parthey der Blumen und Nachtigallen.« (HSA 20, 250)

Mit der ›Partei der Blumen und Nachtigallen‹ umschrieb er hier die »Volkslied«-Freunde und »zu dieser Parthey gehört Schönheit, Grazie, Witz und Scherz«. Heine war sich sicher: »Uns gehört die Zukunft, und es dämmert schon herauf die Morgenröte des Sieges.« (HSA 20, 250)

Als Parteigänger der ›Blumen und Nachtigallen‹ bediente sich Heine bewusst aus dem Sprachrepertoire romantischer »Volkslied«-Metaphorik: Volkslieder als »Herz-

---

liedes, wie ich sie im lyrischen Intermezzo zeige, zufrieden seyn werden.« (Brf. v. 4. Mai 1823, HSA 20, 82 – Brf. Nr. 56).

12 Gemeint sind Wilhelm Müllers »Sieben und siebzig Gedichte aus den hinterlassenen Papieren eines reisenden Waldhornisten« (Dessau 1821). – Zu Heine und Wilhelm Müller ausführlich Perraudin, Heine (Anm. 1), S. 37-71.

13 Heinrich Heine: Zur Geschichte der Religion und Philosophie in Deutschland (1834). Zit. n. DHA VIII, 70. Und weiter formulierte Heine dort über Nicolais »Volkslied«-Skepsis: »Er suchte, wie Odysseus, die Ohren seiner Gefährten zu verstopfen, damit sie den Gesang der Sirenen nicht hören, unbekümmert, daß sie alsdann auch taub wurden für die unschuldigen Töne der Nachtigall. Damit das Feld der Gegenwart nur radikal von allem Unkraut gesäubert werde, trug der praktische Mann wenig Bedenken, auch die Blumen mit auszuräuten.«

schlag des Volkes«, als »Naturerzeugnisse«, gedichtet und gesungen von Handwerksburschen:

> Gewöhnlich ist es [...] wanderndes Volk, Vagabunden, Soldaten, fahrende Schüler oder Handwerksburschen, die solch ein Lied gedichtet. Es sind besonders die Handwerksburschen. Gar oft, auf meinen Fußreisen, verkehrte ich mit diesen Leuten und bemerkte, wie sie zuweilen, angeregt von irgend einem ungewöhnlichen Ereignisse, ein Stück Volkslied improvisirten oder in die freye Luft hineinpfiffen.[14]

Diese soziale Verortung des »Volksliedes« bei Heine ist insofern bemerkenswert, als das bäuerliche Milieu, das in der späteren »Volkskunde« so unabdingbar mit dem »Volkslied« verkoppelt wurde, hier gar keine Rolle spielt. Vielmehr sind es die Handwerksgesellen und andere Wanderarbeiter, denen er »Volkslieder« zuschreibt – etwa in seiner ersten berühmt gewordenen literarischen »Fußreise«, der »Harzreise«:

> Nachdem ich eine Strecke gewandert, traf ich zusammen mit einem reisenden Handwerksburschen, der von Braunschweig kam und mir als ein dortiges Gerücht erzählte: [...]. Der Erzähler jener Neuigkeit war ein Schneidergesell, ein niedlicher, kleiner junger Mensch, so dünn, daß die Sterne durchschimmern konnten, wie durch Ossians Nebelgeister, und im ganzen eine volksthümlich barocke Mischung von Laune und Wehmuth. Dieses äußerte sich besonders in der drollig rührenden Weise, womit er das wunderbare Volkslied sang: »Ein Käfer auf dem Zaune saß, summ, summ!« Das ist schön bey uns Deutschen; Keiner ist so verrückt, daß er nicht einen noch Verrückteren fände, der ihn versteht. Nur ein Deutscher kann jenes Lied nachempfinden, und sich dabey todtlachen und todtweinen. Wie tief das Goethesche Wort ins Leben des Volkes gedrungen, bemerkte ich auch hier. Mein dünner Weggenosse trillerte ebenfalls zuweilen vor sich hin: »Leidvoll und freudvoll, Gedanken sind frey!« Solche Corrupzion des Textes ist beym Volke etwas Gewöhnliches.[15]

---

14 Heine, Romantische Schule (Anm. 3), S. 206. Ergänzend dazu bemerkte Heine: »Die Worte fallen solchem Burschen vom Himmel herab auf die Lippen, und er braucht sie nur auszusprechen, und sie sind dann noch poetischer als all die schönen poetischen Phrasen, die wir aus der Tiefe unseres Herzens hervorgrübeln.«

15 Heinrich Heine: Die Harzreise (1826). Zit. n. DHA VI, 90. – »Er sang auch ein Lied, wo ›Lottchen bey dem Grabe ihres Werthers‹ trauert. Der Schneider zerfloß vor Sentimentalität bey den Worten: ›Einsam wein' ich an der Rosenstelle, wo uns oft der späte Mond belauscht! Jammernd irr' ich an der Silberquelle, die uns lieblich Wonne zugerauscht.‹ Aber bald darauf ging er in Muthwillen über, und erzählte mir: ›Wir haben einen Preußen in der Herberge zu Cassel, der eben solche Lieder selbst macht; er kann keinen seligen Stich nähen; hat er einen Groschen in der Tasche, so hat er für zwey Groschen Durst, und wenn er im Thran ist, hält er den Himmel für ein blaues Camisol, und weint wie eine Dachtraufe, und singt ein Lied mit der doppelten Poesie!‹ Von letzterem Ausdruck wünschte ich eine Erklärung, aber mein Schneiderlein, mit seinen Ziegenhainer Beinchen, hüpfte hin und her und rief beständig: ›Die doppelte Poesie ist die doppelte Poesie!‹ Endlich brachte ich es heraus, daß er doppelt gereimte Gedichte, namentlich Stanzen im Sinne hatte.«

Der Leser muss also glauben, der Dichter habe sein Ohr dicht am Volksmund gehabt. Auch wissenschaftliche Leser haben das bisweilen geglaubt und dabei übersehen, dass wenig später sich auch der von Heine beschriebene Schneidergesell zu Wort gemeldet und diese Begegnung aus seiner Sicht geschildert hat. Dabei stellte sich heraus, dass Heine sich bei dieser Begegnung offenbar als ein »türkischer Geschäftsträger« namens Peregrinus ausgegeben hatte, »der auf Kosten des türkischen Kaisers reise, um Rekruten an zu werben«, was sein Gegenüber wiederum veranlasste, in die Rolle des Schneidergesellen zu schlüpfen:

> Unter dergleichen Gesprächen setzten wir unsere Reise fort, und um meine angefangene Rolle durch zu führen, sang ich allerlei Volkslieder, und ließ es an Corruptionen des Textes nicht fehlen, bewegte mich auch überhaupt ganz im Geiste eines reisenden Handwerksburschen.[16]

Tatsächlich war der Herr gar nicht Schneider sondern Geschäftsreisender und hieß Carl Dörne; und die von Heine beschriebenen »Volkslieder« waren lediglich Teil seines Spiels. Schon möglich, dass Dörne ein begnadeter Schauspieler war, der seine Schneiderrolle incl. Lieder vorzüglich absolvierte, möglich aber auch, dass Heine die wirkliche Welt dieser Popularlieder einfach zu unbekannt war, um seinerseits diese Maskerade zu durchschauen.

Heines »Volkslied«-Vorstellung war in der Hauptsache eine literarische Substitution der tatsächlichen Handwerkerlieder. Er orientierte sich vornehmlich an den »alten Liedern« aus frühen gedruckten Quellen – seien es Forsters Liederbücher (16. Jahrhundert) oder Liedflugschriften (18. Jahrhundert) – wie sie das »Wunderhorn« zusammengetragen (und bearbeitet) hatte. An den wirklich in Handwerker- oder ähnlichen Kreisen gesungenen Popularliedern seiner Zeit war Heine offenkundig weit weniger interessiert. Allerdings hatte er durchaus ein offenes Ohr für das sozialkritische Potential solcher Lieder, wie seine Publikation des unbotmäßigen Soldatenliedes »Berlin! Berlin! Du großes Jammerthal« zeigt, in dem die Schinderei beim Militär mit deutlichen Worten angeprangert wird. Heine veröffentlichte den Liedtext 1824 in »Agrippina«, einer »Zeitschrift für Poesie, Literatur, Kritik und Kunst«, was dazu führte, dass diese von seinem Studienfreund Jean Baptist Rousseau herausgegebene Zeitschrift umgehend verboten wurde.[17] Die

---

16 Carl Dörne: Reise von Osterode nach Clausthal. (Seitenstück zu H. Heines »Harzreise«). In: Bemerker (1826), Nr. 26 (Beilage zum »Gesellschafter« [1826], Nr. 138, 30. Aug.); zit. nach DHA VI, 530f. Und ebendort auch zur »doppelten Poesie«: »Was nun die doppelte Poesie anbetrifft, die ich einem Kameraden zu Cassel beimaß, und von welcher Hr. Heine glaubt, daß ich darunter doppelt gereimte Verse oder Stanzen verstanden, so muß ich zur Steuer der Wahrheit bekennen, daß ich daran nicht dachte, vielmehr nur sagen wollte: der Kamerad ist von Natur ein Dichter und wenn er getrunken hat, sieht er Alles doppelt und dichtet also mit der doppelten Poesie. Die Redensarten, welche mir Hr. Heine in den Mund legt, sind wörtlich richtig und gehörten mit zu meiner Rolle. Hr. Heine und ich haben uns hiernach auf eine spashafte Weise getäuscht.« (S. 532)

17 Der Text erschien mit der Anmerkung: »Dieses Volkslied, welches, wie die Prügel-Erwähnung andeutet, aus früheren Zeiten herstammt, ist im Hanövrischen aus dem Munde

politische Brisanz des Textes dürfte Heine an diesem Lied weit mehr gereizt haben, als der Umstand, dass es sich dabei um ein »Volkslied« handelte. Seiner Distanz zu den »im Volk« tatsächlich gesungenen Liedern korrespondiert auch sein Desinteresse gegenüber der Zusendung von August Kretschmers Edition »Deutsche Volkslieder mit ihren Originalweisen« (1838).[18] Das betraf – wie dieses Beispiel zeigt – auch ihre musikalische Gestalt, denn Kretschmers »Volkslied«-Sammlung war eine der wenigen, die damals mit Melodien erschien. Heines Enthusiasmus galt eher einem erfolgreichen Popularliedkomponisten seiner Zeit wie Johann Albert Gottlieb Methfessel (1785-1869),

> dessen Liedermelodien durch ganz Deutschland verbreitet sind, von allen Volks-Classen geliebt werden, und sowohl im Kränzchen sanftmüthiger Philisterlein, als in der wilden Kneipe zechender Burschen klingen und wiederklingen. Auch Referent [also Heine selbst] hat zu seiner Zeit manches hübsche Lied aus dem Methfesselschen Commers-Buche ehrlich mitgesungen, und hat schon damals Mann und Buch hochgeschätzt.[19]

Dies schreibt der 26-jährige Heine im Berliner »Gesellschafter«, den »Blättern für Geist und Herz« im November 1823 – da lagen seine Göttinger Studententage gerade zwei Jahre zurück. In bezeichnender Weise artikulieren sich hier auch Aspekte seiner eigenen Liedsozialisation. Lieder sind überwiegend generationsgebunden, und besonders prägend sind dabei meist die Lieder der eigenen Jugendzeit. Es ist kein Zufall, dass Heine in seinen »Memoiren« die Ursprünge seines »Volkslied«-Faibles in der Begegnung als 16-Jähriger mit der etwa gleichaltrigen Scharfrichtertochter Josepha, dem »roten Sefchen«, festmachte.[20] Aber auch die Studentenjahre

---

des Volkes aufgeschrieben worden. H. Heine.« In: Agrippina. Zeitschrift für Poesie, Literatur, Kritik und Kunst (1824), Nr. 97 (11. August), S. 385, zit. n. Heinrich Hubert Houben: Verbotene Literatur von der klassischen Zeit bis zur Gegenwart. Berlin 1924, S. 7-9. Der Liedtext wurde später irrtümlich als ein Gedicht Heines aufgenommen in: Heinrich Heines sämtliche Werke. Band 18 (Gedichte. Aus dem Nachlaß) Hamburg 1874, S. 335. Vgl. auch den ausführlichen Kommentar in DHA II, 562 u. 1227-1231. – Zu dem im 19. Jahrhundert weit verbreiteten Liedtyp »O König von Preußen, du großer Potentat (O Kassel, o Kassel, du großes Jammertal)« siehe ausführlich Wolfgang Steinitz: Deutsche Volkslieder demokratischen Charakters aus sechs Jahrhunderten. Band 1. Berlin 1955, S. 317-331 (Nr. 130/131), dort auch die von Heine überlieferte Liedvariante als Edition E (S. 320f).

18 Vgl. August Kretschmer, Anklam, an Heinrich Heine, Paris. Brf. v. 24. November 1838 in: HSA 25, 183f. – Brief Nr. 458.

19 Heinrich Heine: Albert Methfessel (1823). Zit. n. DHA X, 223.

20 »Ihr Haar war roth, ganz blutroth und hing in langen Locken bis über ihre Schultern hinab, so daß sie dasselbe unter dem Kinn zusammenbinden konnte; das gab ihr aber das Aussehen als habe man ihr den Hals abgeschnitten und in rothen Strömen quölle daraus hervor das Blut. [...] Sie wußte viele alte Volkslieder und hat vielleicht bey mir den Sinn für diese Gattung geweckt, wie sie gewiß den größten Einfluß auf den erwachenden Poeten übte«. Heinrich Heine: Memoiren (1884), zit. n. DHA XV, 93. Mit der Erinnerung an das »rote Sefchen« verband Heine innig die Ballade vom Mädchenmörder: Als Josepha dem jungen Heine diese Ballade einst vorsang, »ward auch ich so erschüttert,

waren für Heine sicher prägend. Denn Lieder sind auch gruppenspezifisch gebunden. Und Studentenlieder und Kommersbücher waren – zumal im 19. Jahrhundert – von wesentlichem Einfluss. Was Heine an Methfessel als beliebten Liedkomponisten seiner Studentenzeit besonders schätzte, war sein Zug zum Populären:

> Wahrlich, man kann jene Componisten nicht genug ehren, welche uns Lieder-Melodieen gegeben, die von der Art sind, daß sie sich Eingang bey dem Volke verschaffen, und ächte Lebenslust und wahren Frohsinn verbreiten. Die meisten Componisten sind innerlich so verkünstelt, versumpft und verschroben, daß sie nichts Reines, Schlichtes, kurz nichts Natürliches hervor bringen können – und das Natürliche, das organisch Hervorgegangene und mit dem unnachahmlichen Stempel der Wahrheit Gezeichnete ist es eben, was den Lieder-Melodieen jenen Zauber verleiht, der sie allen Gemüthern einprägt und sie populär macht.[21]

Aber es war nicht die Popularität allein, die Heine an Methfessel faszinierte – denn gegenüber einem tagesaktuellen »Hit« seiner Zeit wie »Wir winden dir den Jungfernkranz« zeigte er sich beispielsweise merklich distanziert und kommentierte dessen immensen Erfolg sarkastisch:

> Und nun den ganzen Tag verläßt mich nicht das vermaledeite Lied. Die schönsten Momente verbittert es mir. Sogar wenn ich bey Tisch sitze, wird es mir [...] als Dessert vorgedudelt. Den ganzen Nachmittag werde ich mit »veilchenblauer Seide« gewürgt. Dort wird der Jungfernkranz von einem Lahmen abgeorgelt, hier wird er von einem Blinden heruntergefidelt. Am Abend geht der Spuk erst recht los. Das ist ein Flöten, und ein Gröhlen, und ein Fistuliren, und ein Gurgeln, und immer die alte Melodie. [...] der Jungfernkranz ist permanent; wenn der Eine ihn beendigt hat, fängt ihn

daß ich in ein plötzliches Weinen ausbrach und wir fielen uns beide schluchzend in die Arme, sprachen kein Wort, wohl eine Stunde lang, während wir uns wie durch einen Thränenschleyer ansahen.« (Ebd., S. 94) Zugleich war das der Augenblick, dieses »Volkslied, das sie von Zippel gelernt, und welches diese auch mir in meiner Kindheit oft vorgesungen«, von der Mündlichkeit in die Schriftlichkeit zu überführen: »Ich bat Sefchen mir jene Strophen aufzuschreiben und sie that es, aber sie schrieb sie nicht mit Tinte, sondern mit ihrem Blute; das rothe Autograph kam mir später abhanden, doch die Strophen blieben mir unauslöschlich im Gedächtniß.« (Ebd.) – Freilich erinnerte sich Heine lediglich an jene zwei Strophen, welche die Schlüsselszene der Ballade bilden: als der Mörder das Mädchen seine Todesart wählen lässt und sie sich für das Schwert entscheidet. Heine zitiert die beiden Strophen in seinen Memoiren, »da ich das Gedicht in keiner der vorhandenen Volksliedersammlungen fand«. Ergänzend sei darauf hingewiesen, dass die von Heine zitierte Variante (mit Odilia als Protagonistin) besonders am Niederrhein verbreitet und durchaus schon in zeitgenössischen Publikationen enthalten war; vgl.: Altrheinländische Mährlein und Liedlein: große und kleine, hübsche und reine, zarte und feine, so man von alters her in rheinischen Landen aller Enden hört singen und pfeifen. [Hrsg. v. Guido Görres]. Coblenz 1843, S. 48-50 (Nr. 24), sowie Anton Wilhelm von Zuccalmaglio: Deutsche Volkslieder mit ihren Original-Weisen. Berlin 1840. Teil 2, S. 66-68 (Nr. 28). Auch in der Sammlung des mit Heine befreundeten Karl Simrock ist die Ballade enthalten, vgl. Karl Simrock: Die deutschen Volkslieder. Frankfurt a.M. 1851, S. 19-21 (Nr. 7). Zu dieser Ballade ausführlich: Deutsche Volkslieder mit ihren Melodien. Hrsg. v. John Meier. Band 2. Berlin 1939, S. 67-115 (Nr. 41).

21 Heine, Methfessel (Anm. 19), S. 223.

> der Andere wieder von vorn an; aus allen Häusern klingt er mir entgegen; Jeder pfeift ihn mit eigenen Variazionen; ja, ich glaube fast, die Hunde auf der Straße bellen ihn.[22]

Den Siegeszug des prominenten Schlagers aus Carl Maria von Webers »Freischütz« (1821) hat das nicht weiter tangiert. Vielmehr wurde dieses von Weber als »Volkslied« überschriebene Lied im Laufe des 19. Jahrhunderts tatsächlich zu einem »Volkslied« (sofern man den Terminus im Sinne der Rezeptionstheorie John Meiers versteht). Für Heine spielte jedoch ein Komponist wie Methfessel in solchem Kontext eine gewichtigere Rolle und sein – oben zitiertes – Abheben auf das »Natürliche«, das »organisch Hervorgegangene« und »mit dem Stempel der Wahrheit Gezeichnete« mutet ebenso wie die Abgrenzung gegenüber dem Gros der »verkünstelten« Komponisten an wie eine Projektion seiner textbezogenen »Volkslied«-Zuschreibungen auf den Bereich der Musik. Der Artikel ist aber schlicht auch eine Huldigungsadresse an einen Erfolgskomponisten, zweifellos verbunden mit der Hoffnung, dass dieser auch die Verse Heines durch seine Töne populär machen möge.[23] Diesen Wunsch sollte später ein anderer Komponist – als sozusagen kongenialer »Volkslied«-Partner Heines – erfüllen: Friedrich Silcher.

Doch bevor ich darauf näher eingehe, noch ein letzter Aspekt hinsichtlich Heines Verhältnis zum populären Lied seiner Zeit. Denn der These, dass Heine »Volkslieder« primär als romantische Poesie zur Kenntnis nahm, die wirklichen Volks- und Popularlieder seiner Zeit aber weit weniger kannte, widerspricht deutlich eine Stelle in Heines »Neuen Gedichten« (1844). In seiner dreiteiligen »Tragödie« steht explizit über dem zweiten Teil geschrieben: »Dieses ist ein wirkliches Volkslied, welches ich am Rheine gehört«. Der Text dieses Liedes lautet:

Es fiel ein Reif in der Frühlingsnacht,
Er fiel auf die zarten Blaublümelein,
Sie sind verwelket, verdorret.

Ein Jüngling hatte ein Mädchen lieb,
Sie flohen heimlich von Hause fort,
Es wußt' weder Vater noch Mutter.

Sie sind gewandert hin und her,
Sie haben gehabt weder Glück noch Stern,
Sie sind verdorben, gestorben.[24]

---

22 Heinrich Heine: Briefe aus Berlin (1822). Zweyter Brief. 16. März 1822, zit. n. DHA VI, 23. – Hier kann leider nur eine kurze Passage aus dieser grandiosen Satire auf die durchschlagende Popularität von Webers »Jungfernkranz« zitiert werden. Heines köstliche Glosse bringt auf mehreren Seiten seine Abwehrhaltung gegenüber der allgegenwärtigen Präsenz jenes Ohrwurmes aus einer Erfolgsoper zum Ausdruck.

23 Methfessel war seit 1822 als Musikdirektor in Hamburg tätig, wo ihn Heine (damals in Lüneburg) im September 1823 kennen lernte. Methfessel komponierte im Oktober/November 1823 Lieder nach Heineschen Texten. Auf seine Veranlassung entstand 1830 Heines Gedicht-Zyklus »Neuer Frühling«.

24 Heinrich Heine: Neue Gedichte (1844). Zit. n. DHA II, 73f.

Heine hatte diesen Text erstmals 1829 im »Taschenbuch für Damen« publiziert. Dort lautete seine Kommentierung noch: »Dieses zweite Lied ist ein rheinisches Volkslied, und nur das erste und dritte habe ich selbst gedichtet. H.H.«[25]

Diese Formulierung kommt den Gegebenheiten schon näher. Denn Heine hatte das Lied aus der Zeitschrift »Rheinische Flora« übernommen. In dieser von seinem Freund Johann Baptist Rousseau redigierten Zeitschrift waren 1825 mehrere Heine-Gedichte erschienen. Im gleichen Jahrgang war dort auch das Blaublümelein-Lied unter der Überschrift »Volkslied« abgedruckt worden mit der Anmerkung: »Im Bergischen aus dem Munde des Volks aufgeschrieben von Wilh. v. Waldbrühl«. Dies war das Pseudonym von Anton Wilhelm von Zuccalmaglio (1803-1869), der diesen Text vermutlich selbst verfasst hatte. Heine hatte also nicht nur Zuccalmaglios Text, sondern auch seine »Volkslied«-Maskierung übernommen. Die nicht eindeutig belegbaren Ursprünge dieses Liedes sind verschiedentlich recherchiert und diskutiert worden, wobei schon früh Zweifel an der Authentizität als »Volkslied« diese Verse begleiteten. Zuccalmaglio, der das Lied an verschiedenen Orten als »Volkslied« propagierte,[26] reagierte gereizt auf Anzweiflungen, ob es sich hier wirklich um ein authentisches Volkslied handle:

> Da Simrock in seinem Volksliederbuch [1851] ebenfalls das Lied »Es fiel ein Reif in der Frühlingsnacht« in Verdacht hatte, von mir unterschoben zu sein, ließ ich es in Wiesdorf am Rhein, wo es noch gesungen wird, aufschreiben, ließ die Abschrift durch den Bürgermeister des Ortes amtlich bescheinigen und sandte diese Urkunde durch Arnold dem Gelehrten zu, – wohl das einzige Volkslied, das amtlich außer Zweifel gestellt ist.[27]

Doch hat auch dieses amtliche Attest Zuccalmaglio in den Augen der Forscher nicht wirklich genützt: die Forschung hielt und hält recht einhellig eine tatsächliche Liedaufzeichnung durch Zuccalmaglio für sehr unwahrscheinlich und sieht vielmehr in

---

25 Ebd., Apparat, S. 542.

26 So erschien es etwa durch seine Einsendung schon in Friedrich Karl von Erlach: Die Volkslieder der Deutschen. Band 4. Mannheim 1835, wenig später auch in der von Zuccalmaglio fortgeführten Volkslied-Sammlung August Kretschmers (1840).

27 So Zuccalmaglio in handschriftlichen Memoiren, die in Familienbesitz aufbewahrt wurden, vgl. Max Friedländer: Zuccalmaglio und das Volkslied. Ein Beitrag zur Stilkritik des deutschen Volksliedes. In: Jahrbuch der Musikbibliothek Peters 1918, S. 4f. u. 15f.; dort zit. n. den Mitteilungen von Zuccalmaglios Neffen A. H. Braun: Ein verschollener Volksliedsammler. In: Neue Musik-Zeitung (1919), H. 1, S. 7ff. – Simrocks Sammlung erschien 1851: Zuccalmaglios amtliches Attest (so es dieses tatsächlich gegeben hat) kann also erst 26 Jahre nach der ersten Veröffentlichung des Liedes erfolgt sein – und in diesem langen Zeitraum könnte das Lied möglicherweise in Wiesdorf popularisiert worden sein. Auch der Umstand, dass Heine ab 1834 mit der Publikation des Gedichtes im »Salon« die Neuformulierung wählt, er habe dieses »Volkslied« »am Rheine gehört«, könnte auf eine frühe lokale Rezeption von Zuccalmaglios Erfindung hinweisen. Möglicherweise ist es aber auch eine reine (Selbst-)Stilisierung Heines.

ihm selbst den Autor des Textes.[28] Sein Lied jedoch ist als vermeintliches »Volkslied« in der zweiten Hälfte des 19. Jahrhunderts tatsächlich sehr populär geworden – und in Heine hatte es eine namhafte Persönlichkeit gefunden, die als vermeintliche Gewährsperson die vorgebliche Authentizität dieses »Volksliedes« bestätigte.[29] Doch die Popularität des Liedes betraf lediglich das bürgerliche Milieu, wie der Liedforscher Franz Magnus Böhme 1893 betonte: »Bis zur Gegenwart singt das Volk dieses Lied nicht. Sondern nur Chorgesangvereine singen Heine's Textfassung nach der Komposition von Mendelssohn ›Drei Volkslieder‹ [op. 41], Nr. 2, erschienen 1836.«[30]

Ganz anders war das bekanntlich im Fall von Heines berühmtestem Text, der neben rund 80 anderen Komponisten auch Friedrich Silcher zu einer Vertonung animierte, die er 1838 als eines seiner »XII Volkslieder für vier Männerstimmen« (VI. Heft, Nr. 8) veröffentlicht hat. Auch hier zeigt sich (nochmals) exemplarisch, dass mit dem »Volkslied«-Begriff schon im 19. Jahrhundert nicht nur Lieder bezeichnet wurden, die besonders alt, anonym entstanden oder mündlich tradiert waren, sondern auch Lieder, die neu waren, von bekannten Autoren verfasst und über Printmedien verbreitet – kurz: Lieder, die erst noch »Volkslieder« werden sollten. Und Silcher war in musikalischer Hinsicht bekanntlich einer der Protagonisten dieser »Volkslied«-Neuschöpfungen, nicht nur weil er ein Händchen für zugkräftige Melodien hatte, sondern weil er – mindestens ebenso wichtig – Form und Struktur des beliebtesten Popularliedgenres im 19. Jahrhundert entscheidend prägte: die Männerchöre – die ihrerseits wiederum eine der wichtigsten Instanzen der gezielten »Volkslied«-Pflege im 19. Jahrhundert werden sollten.

Die Skepsis des Heine-Kritikers Wolfgang Menzel darüber, ob Silchers »Loreley«-Vertonung je ein »Volkslied« werden könne – im »Literatur-Blatt« zum Stutt-

---

28 Schon der Liedforscher Max Friedländer hielt Zuccalmaglios offizielles Attest für schlichten Betrug: »Es mag Zuccalmaglio, der stets den Schelm im Nacken hatte und sich so gern maskierte, nicht gerade schwer geworden sein, dem Dorfschulzen von Wiesdorf Kinder vorzuführen, denen er das Lied ›Es fiel ein Reif‹ einstudiert hatte, und trotz Attest und Bürgermeister kann kaum ein Zweifel darüber obwalten, dass Zuccalmaglio das Lied selbst gedichtet und sich, wie so oft, hinter dem Deckmantel des Volksliedes versteckt hat.« Friedländer, Zuccalmaglio (Anm. 27), S. 15f. Auch Franz Magnus Böhme hatte bereits skeptisch konstatiert: »Auffallend bleibt, daß außer Z[uccalmaglio] und Heine Niemand das zarte Lied aus Volksmund gehört hat, vor allem nicht der aufmerksame Forscher Erk, der so lange am Niederrhein [...] lebte und sammelte.« Ludwig Erk u. Franz M. Böhme: Deutscher Liederhort. Auswahl der vorzüglicheren deutschen Volkslieder, nach Wort und Weise aus der Vorzeit und Gegenwart. Bd. 1. Leipzig 1893, S. 588. Neben dem dortigen Kommentar zu »Blaublümelein« (Nr. 192, S. 587-589) vgl. Walter Wiora: Die rheinisch-bergischen Melodien bei Zuccalmaglio und Brahms. Bad Godesberg 1953, S. 44f., sowie den Kommentar zu Heines »Tragödie« in DHA II, 539-542.

29 Schon Erlach beruft sich auch auf Heines »Anmerkung im Salon« (1834); vgl. Erlach, Volkslieder (Anm. 26), S. 602.

30 Erk/Böhme, Liederhort (Anm. 28), S. 589.

garter »Morgenblatt« meinte er: »Das Lied ist bei aller scheinbaren Simplicität doch viel zu raffinirt, viel zu sehr Produkt der Kunst, um je Volkslied werden zu können«[31] – diese Skepsis ist durch die Erfolgsgeschichte des Liedes gründlich widerlegt worden: Die »Loreley« wurde eines der international populärsten deutschen »Volkslieder« des 19. Jahrhunderts. Das Ausmaß dieser Erfolgsstory zeigt sich in Umrissen nicht nur anhand des ausufernden »Loreley«-Kultes (in Dichtung und Musik ebenso wie in Tourismus und Freizeitindustrie), es zeigt sich auch in der Vielzahl der Lied-Varianten, Um- und Neudichtungen, Parodien und Kontrafakturen.

Die »Loreley« und ihre Geschichte als Lied ist somit auch ein Paradebeispiel für die grundlegende Neudefinition des »Volkslied«-Begriffs, die der Germanist John Meier – Gründer des »Deutschen Volksliedarchivs« – in seinen wegweisenden Überlegungen zum Thema »Kunstlieder im Volksmunde« (Halle 1906) dargelegt hatte. Es war die seinerzeit innovativste und modernste theoretische Position zum »Volkslied«, die mit zentralen »Volkslied«-Ideologemen des 19. Jahrhunderts brach: Nicht die Entstehung oder Herkunft von Text und Melodie sei ein entscheidendes Kriterium für ein »Volkslied«, nicht die Anonymität des Verfassers, nicht die Kollektivität der Liedproduktion, nicht die weite Verbreitung eines Liedes – allein entscheidend sei die spezifische Form der Aneignung eines Liedes. Die Rezeptionsgeschichte der »Loreley« wäre ein exponiertes Beispiel, dies umfassend darzustellen, aber sie kann und soll hier nicht im Einzelnen nachgezeichnet werden.[32]

Nur auf einen Punkt möchte ich abschließend noch zu sprechen kommen, einen Punkt, der unserer Gegenwart am nächsten ist und den ich eingangs bereits erwähnt habe: jenes legendäre »Verfasser unbekannt«, das sich in der Zeit des Nationalsozialismus unter dem Abdruck des Liedes in Schul- und Liederbüchern befunden haben soll. Bernd Kortländer hat diese seit Jahrzehnten grassierende Legende eindrücklich widerlegt und detailliert ihre Entstehung rekonstruiert.[33] Und dennoch

---

31 Und weiter heißt es: »Die Melodie klingt indeß ganz volksthümlich.« Zit. n. Bernd Kortländer: Heinrich Heine. Stuttgart 2003, S. 91.

32 Als Orientierungspunkte innerhalb der umfangreichen »Loreley«-Literatur seien erwähnt: Albrecht Riethmüller: Heines »Loreley« in den Vertonungen von Silcher und Liszt. In: Archiv für Musikwissenschaft (1991), S. 169-198; Sabine Giesbrecht: Die Loreley einst und jetzt. In: Musikunterricht heute 3. Beiträge zur Praxis und Theorie. Hrsg. v. Peter Börs u. Volker Schütz. Oldershausen 1999, S. 83-97, sowie Peter Lentwojt: Die Loreley in ihrer Landschaft. Romantische Dichtungsallegorie und Klischee. Frankfurt a.M. 1998. Vgl. außerdem die »Loreley«-Beiträge im Ausstellungskatalog »Ich Narr des Glücks«. Heinrich Heine 1797-1856. Hrsg. v. Joseph A. Kruse. Stuttgart, Weimar 1997, S. 408-443, den Literaturüberblick in Höhn 2/1997, S. 80, sowie den Beitrag von Gunter E. Grimm in vorliegendem Band.

33 Bernd Kortländer: Le poète inconnu de la »Loreley«: le médiateur supprimé. In: Romantisme (1998), Nr. 101, S. 29-40, hier: v.a. S. 34f. u. 37-40. – Ergänzend dazu sei noch auf eine sehr bemerkenswerte Liedparodie aus einem deutschen Exilkabarett hingewiesen, die frühzeitig diesen Topos vom »Dichter Unbekannt« aufgriff: In der »Lorelei«-Version der nach England emigrierten Kabarettistin Annemarie Hase hieß es 1940: »Einst hat

wird sie bis in die Gegenwart auch von Literaturwissenschaftlern beharrlich weiterkolportiert. Kortländer hat dagegen deutlich gemacht, dass das Heine-Gedicht weder in Schulbüchern noch in Anthologien der NS-Zeit mit dem Zusatz »Verfasser unbekannt« oder »Volkslied« publiziert wurde. Aber selbst er meint, »dass der Text [...] in Liederbüchern der Hitlerjugend zu finden ist, wenngleich natürlich ohne Angabe des Verfassers«.[34]

Es sei daher an dieser Stelle ergänzt, dass auch diese Annahme noch Teil der besagten Legende ist: Denn zum einen erschien die »Loreley« weder in »HJ«-Liederbüchern noch in anderen prominenten NS-Liederbüchern,[35] zum anderen lassen sich im Zeitraum der NS-Herrschaft überhaupt keine Liederbücher nachweisen, in denen die »Loreley« mit dem Zusatz »Verfasser unbekannt« oder »Volkslied« abgedruckt worden ist. Vielmehr macht die deutliche Mehrzahl der überprüften Schulliederbücher und allgemeinen Gebrauchsliederbücher – sofern sie die »Loreley« enthalten – Heine als Autor des Textes kenntlich. Es gibt freilich auch einige wenige Liederbücher, in denen das Lied ohne Namensnennung erscheint: Dies betrifft dann allerdings nicht nur Heine, sondern auch alle anderen Autoren. Hierin lässt sich nichts NS-Spezifisches erkennen: Liederbücher, die generell auf die Nennung von Autoren verzichten, gab es auch schon vor den Nationalsozialisten.

Der »Loreley«-Rezeption im Liederbuch-Repertoire der NS-Zeit liegt vielmehr eine ganz andere Struktur zu Grunde: Zunächst fällt auf, dass das Lied insgesamt viel weniger in Liederbüchern vertreten ist als noch in den Jahren zuvor. Aber in den Anfangsjahren der NS-Herrschaft, also in den Jahren 1933 bis 1936, erscheint das Lied noch gelegentlich in Liederbüchern. Bei diesen Veröffentlichungen handelt es sich häufig um Neuauflagen von bereits vor 1933 publizierten Schul- oder Gebrauchsliederbüchern, in denen Heines Name (wie gesagt) in der Regel genannt wird. In den Folgejahren ist es dann nicht Heines Name, der getilgt wird, sondern das komplette Lied: Nach verschiedenen Aufrufen in der NS-Presse, dieses Lied

---

man von mir gesungen im ganzen deutschen Land, jetzt heißt es, ich sei entsprungen einem Dichter Unbekannt.« Eine historische Aufnahme des Liedes enthält die CD-Edition »100 Jahre Kabarett. Texte und Lieder. 1933–1955.« Hambergen: Bear Family Records 2006, CD 5, Track 17 (für den Hinweis danke ich Dr. Tobias Widmaier).

34 Kortländer, Heine (Anm. 31), S. 91.

35 Es sind bislang lediglich drei NS-Liederbücher nachgewiesen, in denen das Lied enthalten ist: Sturm- und Kampfliederbuch. Nationalsozialistischer Liederschatz. Band 4. Berlin [1933], S. 15f.; Liederbuch der NS-Frauenschaften. Ausgew. v. Pgn. Maria Moser. Breslau ^{2}1933; Heil Hitler! Ein deutsches Liederbuch. Hrsg. Kurt Behnke. Breslau 1933, S. 52 (die zweite Aufl. von Behnkes Liederbuch enthält »Ich weiß nicht was soll es bedeuten« nicht mehr). Alle drei Liederbücher wurden bezeichnenderweise im Jahr 1933 veröffentlicht, also vermutlich bevor im »Stürmer« gegen die »Loreley« gehetzt wurde; vgl. Dr. B.: Nazis singen die Loreley nicht! In: Der Stürmer v. 07.10.1933. Eine nationalsozialistische (gegen die SPD gerichtete) Parodie des Liedes in: Das Hitler-Liederbuch der nationalsozialistischen Revolution. Ausgabe C. Hrsg. v. Paul Arendt. Sulzbach 1933, S. 11.

aus dem Repertoire zu eliminieren,[36] kann man feststellen, dass die »Loreley« in den zwischen 1937 und 1945 erschienenen Liederbüchern dann auch faktisch nicht mehr gedruckt wurde.

Zur Illustration des Sachverhaltes ein kleiner statistischer Seitenblick: Der Bestand an allgemeinen Gebrauchsliederbüchern im »Deutschen Volksliedarchiv« umfasst für die Jahre 1933 bis 1945 derzeit 181 Liederbücher (dabei sind Schulliederbücher sowie politische oder Parteiliederbücher noch nicht mitgerechnet). Von diesen 181 Gebrauchsliederbüchern enthalten lediglich 10 die »Loreley«. Unter Hinzuziehung von Schul- und Parteiliederbüchern lassen sich momentan insgesamt 23 Abdrucke aus der NS-Zeit lokalisieren. Für die Jahre 1937 bis 1945 sind es jedoch nur noch zwei Liederbücher, in denen die »Loreley« enthalten ist.[37]

Dies entspricht recht genau der allgemeinen Struktur des staatlich organisierten Antisemitismus des NS-Regimes, wo sich in allen sozialen und kulturellen Bereichen ab 1935 einschneidende Maßnahmen der sogenannten »Entjudung« feststellen lassen.[38] Im Zuge dieser antisemitischen Mobilmachung wurde – in Hinblick auf die »Loreley« – nicht nur der Name Heine, sondern auch sein berühmtes Lied eliminiert.

Auf den Kriegsschauplätzen der NS-Ära bot sich nun eine andere, nicht minder todbringende Projektionsfläche männlicher Fantasie: Sie hieß nicht mehr »Loreley« – sondern »Lili Marleen«. Der »Soldatensender Belgrad«, der das Lied von »Lili Marleen« im II. Weltkrieg zum Welterfolg machte, formulierte diesen Zusammenhang sehr treffend mit der Sentenz: »Das hat mit ihrem Singen, / Lili-Marlen gemacht«.[39]

Dass Liedgeschichten sehr häufig überwuchert sind von Legendenbildungen unterschiedlichster Couleur, die über lange Zeiträume weiter kolportiert werden, ist für kritische Liedforscher eine Binsenweisheit. Oft sind es Legendenbildungen, die etwa ein vermeintlich hohes Alter des Liedes oder eine bestimmte regionale Herkunft suggerieren, kurz: Legendenbildungen, die einem Lied eine besondere Sinnstiftung als »Volkslied« zuschreiben wollen.

---

36 Vgl.: Volkslieder? Jüdische Komponisten und Dichter, in: Völkische Musikerziehung (1937), H. 9 (Sept.), S. 414. Dieser Text beruft sich auf einen Artikel von Kurt Benkel [= Kurt Behnke?] in: Der schlesische Erzieher (1937). Entsprechende Verlautbarungen finden sich ebenfalls in: Nationalsozialistisches Bildungswesen (1937), S. 627, sowie (als Nachdruck davon) in: Kölnische Zeitung v. 24.11.1938 (»Unzeitgemäße Lieder«).

37 Akkordeon am Rhein. Die schönsten Lieder vom Rhein und Wein. Mainz 1941, S. 44; Der Pott. Ein unverschämtes Liederbuch. 4.-63. Tausend. Wolfenbüttel, Berlin 1942, S. 129f. Beides sind Neuauflagen bereits zuvor publizierter Ausgaben.

38 Zum musikalischen Bereich vgl. Eckhard John: Wer hat Angst vor »jüdischer Musik«? Die Politisierung der Musik im Zeichen des Antisemitismus. In: Jüdische Musik? Fremdbilder – Eigenbilder. Hrsg. v. Eckhard John u. Heidy Zimmermann. Köln 2004, S. 101-118.

39 Wir schlagen die kostbarste Brücke der Welt... Zwei Jahre Soldatensender Belgrad. Hrsg. v. den Soldaten des Senders Belgrad. [Belgrad] 1943 [= Schriftenreihe der Propaganda-Abteilung Südost. Stadt und Veste Belgerad 4], S. [28].

Aber die Beharrlichkeit, mit der seit über 50 Jahren die »Loreley in der Nazizeit«-Legende gepflegt und weiter verbreitet wird, zeigt, in welchem Maße auch die NS-kritische Intelligenz, die – gerade nach den Erfahrungen des »Dritten Reiches« – dem »Volkslied« häufig generell sehr skeptisch gegenübersteht, der Legendenbildung zu diesen Liedern unterliegt.

Seit seiner Erfindung durch Herder hat das »Volkslied« eine rasante Karriere gemacht und sich dabei im 19. Jahrhundert rasch als eine neue und zunehmend raumgreifende Kategorie im Popularmusikbereich etabliert. Dabei gingen mit dem Begriff »Volkslied« praktisch von Anfang an recht unterschiedliche Verständnisebenen einher. Auch Heine bezeichnete mit diesem Ausdruck beispielsweise sowohl die tatsächlich gesungenen Popularlieder nichtbürgerlicher Gruppen seiner Zeit, wie auch die vorwiegend auf schriftlichen Quellen basierenden Liedtexte der »alten Lieder« des »Wunderhorns« (die freilich neu bearbeitet waren), und ebenso neue Lieder und Gedichte, etwa die von Wilhelm Müller oder – mit Abstrichen – auch von Albert Methfessel.

Für die Wirkungsgeschichte des »Volksliedes« in Hinblick auf Heine waren aber nur die beiden letzten Kategorien von Belang, und diese beruhten auf Neuschöpfungen: auf kaschierten Neuschöpfungen (wie beim »Wunderhorn« oder bei Zuccalmaglio) oder auf neuen Dichtungen, die dem postulierten literarischen »Volkslied«-Ideal entsprachen. Auf diesen Ebenen hatte Heine wichtigen Anteil am Prozess der Etablierung des »Volksliedes« als einflussreiches Segment des Popularliedbereichs im 19. Jahrhundert. Paradigmatisch ließe sich dies anhand der Geschichte einzelner Lieder detailliert zeigen, seien es erfundene »Volkslieder« (wie »Es fiel ein Reif in der Frühlingsnacht«) oder neue »Volkslieder« (wie die »Loreley«). In beiden Fällen jedoch geht die Geschichte dieser Lieder als »Volkslieder« mit Legendenbildungen einher – seien es alte oder neue.[40]

Auch das Bild Heines als politischer Kopf und Autor ist von irrtümlichen Zuschreibungen nicht frei. Gerade seinem prominenten »Weberlied« wird bisweilen eine volksliedartige Verbreitung unterschoben. Die Rezeptionsgeschichte des Gedichtes zeigt freilich, dass der Mitte des 19. Jahrhunderts sehr verbreitete Text seinerzeit gelesen und nicht etwa gesungen wurde.[41] Als Liedvertonung wurden »Die

---

40 Demgegenüber stellt die neue Liededition des »Deutschen Volksliedarchivs« die meist recht vielschichtige Rezeptionsgeschichte der Lieder ins Zentrum. Als historisch-kritische Edition der populären und traditionellen Lieder des deutschsprachigen Raumes versucht sie, die verbreiteten und beharrlich weiterkolportierten Legenden zu einzelnen Liedern transparent zu machen und ihnen damit entgegenzuwirken; vgl. www.liederlexikon.de.

41 Heines Text erscheint (im Gegensatz zu anderen Liedern) ohne Melodiezuweisung in: Deutsches Volksliederbuch. Mannheim 1847, S. 261. Und das »Socialistische Liederbuch« (Kassel 1851), das den Text ebenfalls enthält, war kein Gebrauchsliederbuch sondern eine Lyrikanthologie. Zum »Weberlied« vgl. DHA II, 816-822; Walter Wehner: Heinrich Heine »Die schlesischen Weber« und andere Texte zum Weberelend. München 1980; Bernd Füllner u.a.: »Dieses Gedicht, in Deutschland hundertfach gelesen und gesungen...« Zur Aufnahme von Heines »Weberlied« in der frühen deutschen Arbeiterbewegung. In: HJb. 24 (1985), S. 123-142.

schlesischen Weber« eigentlich erst mit der deutschen Folkbewegung der 1970er Jahre nennenswert verbreitet. Hier deutet sich noch eine weitere Facette der Thematik »Heine und das Volkslied« an: die Heine-Rezeption in der deutschsprachigen Folk- und Liedermacherszene,[42] doch dies ist ein Kapitel, das einer eigenen Darstellung bedarf.

---

42 Erinnert sei hier nur an Gruppen wie »Liederjan«, an die Heine-Programme von »Wacholder« und »Poesie & Musik«, oder an die prononcierte Bezugnahme Wolf Biermanns.

Madonnenliebe

Zu Heines Gedicht »Im Rhein, im heiligen Strome« und Schumanns Vertonung

Rudolf Drux

Am 18. August 1822 erschien im »Rheinischen Unterhaltungsblatt« (Nr. 33), das in Krefeld verlegt wurde, ein Gedicht von Heinrich Heine mit dem Titel »Der Gruß des Engels. Aus der Mappe eines Malers«, dem gleich in der nächsten Nummer der Zeitschrift eine Woche später, also am 25. August, »Die Wallfahrt nach Kevelaar« folgte, die bereits im Juni im »Gesellschafter« veröffentlicht worden war.[1] Und beide wurden auch dem Herausgeber des Blattes, Johann Baptist Rousseau, für seine Sammlung mit »Liedern zum Kölner Dom« übersandt; diese sollten den Stellenwert der Kathedrale im kulturellen Bewusstsein der Nation und damit die kulturpolitische Dimension ihrer Fertigstellung unterstreichen, die nach der Wiederentdeckung der alten Dombaupläne verstärkt gefordert wurde.[2] Die auf diese Weise deutlich bekundete Verwandtschaft der beiden Gedichte ergibt sich im Wesentlichen aus ihrem zentralen Motiv, der Muttergottes, ob ihr Gnadenbild nun von den Pilgern in Kevelaer, die auf Linderung ihrer Leiden hoffen, oder sie selbst auf dem Gemälde als die ›Gebenedeite unter den Frauen‹ vom Boten Gottes (griech.: *ángelos*) aufgesucht wird. Den Bildnischarakter der Himmelskönigin, d.h. ihre (unumgängliche) Vermitteltheit durch ein Abbild bzw. durch die Imagination, die sich in der »Wallfahrt« sowohl im Traum der Mutter, der als reales Erlebnis geschildert wird,[3] ausdrückt als auch in einer metonymischen Verschiebung durch die aus Wachs geformten kranken Glieder, die ihr geweiht werden,[4] hebt der Untertitel des Ge-

1 Vgl. DHA I, 788 u. 977.

2 »Der Gruß des Engels« wurde dann auch in dieser Anthologie 1823 abgedruckt. Vgl. DHA I, 789. Zu den Anstrengungen um und den Gründen für den Weiterbau des Kölner Doms vgl. Otto Dann (Hrsg.): Religion – Kunst – Vaterland. Der Kölner Dom im 19. Jahrhundert. Köln 1983.

3 DHA I, 330, 61-69

> Der kranke Sohn und die Mutter,
> Die schliefen im Kämmerlein,
> Da kam die Muttergottes
> Ganz leise geschritten herein.
>
> Sie beugte sich über den Kranken,
> Und legte ihre Hand
> Ganz leise auf sein Herze,
> Und lächelte mild und schwand.
>
> Die Mutter schaut Alles im Traume [...].

4 Die Metonymie (lat.: *denominatio*) ist ein Kontiguitätstropus, der durch den Austausch von Wörtern zustande kommt, deren Denotate in einem realen Zusammenhang stehen

dichtes, »Aus der Mappe eines Malers«, hervor. Dieser ist offensichtlich von Stefan Lochners Altarbild im hohen Dom zu Köln fasziniert, als Mann, dessen »Lebens Wildniß« das Madonnenbild aufhellt, aber eben auch als Künstler, der ein ästhetisches Urteil fällt: »schöner nie« sei ihm das weibliche Antlitz vorgekommen, das in traditioneller Synekdoche auf markante, die Schönheit summativ belegende Details (»die Augen, die Lippen, die Wänglein«) reduziert wird. Die letzten beiden Verse, die die nominale Wendung des Titels: »Gruß des Engels«, dem ›Ave Maria!‹ des Lukas-Evangeliums (1,28) gemäß als Aktion rekapitulieren und in Handlungseinheiten auflösen: »Es kommt und spricht ein Englein: / Gegrüßt seyst du, Marie!«), legen nahe, dass die Schönheit Mariens aus der göttlichen Botschaft zu resultieren scheint, d.h. in der Verkündigung ihrer durch den Hl. Geist bewirkten Mutterschaft (Luk. 1,35) begründet ist.

Die Forschung hat dieses Gedicht wie auch die »Wallfahrt nach Kevelaar« als unstrittiges Zeugnis für Heines frühen schon 1816 dem Jugendfreund Christian Sethe mitgeteilten Madonnenkult genommen,[5] den eine Passage aus den »Geständnissen« von 1854 im Nachhinein zu bestätigen scheint:

> [A]uch ich schwärmte manchmal für die hochgebenedeite Königin des Himmels, die Legenden ihrer Huld und Güte brachte ich in zierliche Reime, und meine erste Gedichtsammlung enthält Spuren dieser schönen Madonnen-Periode, die ich in späteren Sammlungen lächerlich sorgsam ausgemerzt. (DHA XV, 51)

Solche Spuren sind in der ersten Ausgabe des »Buchs der Lieder« in der Tat nicht schwer zu finden;[6] bevor ich ihnen aber anhand der Version des ›Engelsgrußes‹ im »Lyrischen Intermezzo« nachgehe, möchte ich noch darauf hinweisen, dass Heines spätes Bekenntnis zu seiner jugendlichen »Madonnen-Periode« nicht nur seiner »theologischen Revision«[7] im Nachmärz (und in der »Matratzengruft«) geschuldet,

---

(vgl. Heinrich Lausberg: Handbuch der literarischen Rhetorik, München 1960, §565-571): Die Glieder aus Wachs ersetzen als Opfergaben die kranken, nicht funktionsfähigen Glieder/Organe der um ihre Heilung flehenden Pilger.

5 Im Bekenntnisbrief vom 22. Oktober: »Aber ich muß ja eine Madonna haben. Wird mir die Himmlische die Irdische ersetzen? Ich will die Sinne berauschen. Nur in den unendlichen Tiefen der Mystik kann ich meinen unendlichen Schmerz hinabwälzen« (HSA 20, 22).

6 Sie sind z.B. auszumachen in »Die Heimkehr, LIV« (DHA I, 267) und »Die Nordsee. Zweiter Zyklus, VI«, 33-41 (DHA I, 413-417) sowie in »Die Weihe« aus den »Nachgelesenen Gedichten. 1812-1827« (DHA I, 431f.).

7 Höhn 1987, S. 404f. Vgl. auch Wilhelm Gössmann: Die theologische Revision Heines in der Spätzeit. In: Internationaler Heine Kongreß 1972, S. 320-335. Für Bernd Kortländer: Heinrich Heine. Stuttgart 2003, S. 332f., handelt es sich hierbei keineswegs um eine »Revision der alten Ansichten, es ist eine Korrektur ihrer Einseitigkeit«, könne doch »ohne die spirituelle Dimension [...] die Emanzipation, die weiterhin das große Ziel bleibt, nicht funktionieren«. Nach Ralf Schnell: Heinrich Heine zur Einführung. München 1996, S. 227, wird von Heine »der rettende Funke der Theodizee-Tradition« hingegen zu dem Zweck einer »Konstruktion von Homogenität und Dauer« entzündet. Damit setze er »den transitorischen Stadien seines Lebens wie seiner poetischen Produktivität

sondern auch in einen poetologischen Diskurs eingebunden ist. Während er »als Denker, als Metaphysiker«, so führt er nämlich im beschönigenden Rückblick aus, stets die »Konsequenz der römisch-katholischen Dogmatik« bewundert und »weder das Dogma noch den Kultus je durch Witz und Spötterei bekämpft« habe – was sich schon bei einem oberflächlichen Durchblättern seines Gesamtwerks schnell widerlegen lässt –,[8] musste sich ihm, da er zeitlebens »ein Dichter« war, »die Poesie, welche in der Symbolik des katholischen Dogmas und Kultus blüht und lodert, viel tiefer als anderen offenbaren«. Ihr Transfer in seine Dichtung, »in zierliche Reime« – eine Wendung, die an das *decorum*-Postulat der vormodernen Poetik erinnert, das die passende Stillage mit dem jeweiligen Thema und Genre koordiniert,[9] – der poetische Rückgriff auf Elemente des katholischen Symbolrepertoires weist die Madonnenphantasien seiner »Jünglingszeit« als ein wichtiges Stadium seiner lyrischen Produktion aus, das er zuletzt nicht mehr verleugnen will, weil es die (seit 1852 mehrfach) behauptete Kontinuität seiner theologischen Position von seinem Frühwerk an belege, darüber hinaus aber als bedeutsam für seine schriftstellerische Entwicklung gelten kann.[10] Deren Spuren lassen sich aber auch daran ablesen, dass die Darstellung der Marienerlebnisse in den beiden Gedichten von 1822 durch geringfügige sprachliche und stoffliche Akzente an religiöser Intensität verliert: Immerhin geht die Heilung des jungen Mannes von seiner »Herzenswund‹« in der »Wallfahrt« mit seinem Tod einher; des Nachts »kam die Muttergottes« in sein »Kämmerlein«, »beugte sich über den Kranken, / Und legte ihre Hand / Ganz leise auf sein Herz, / Und lächelte mild und schwand«. Das dürfte die Wundertat erheblich relativieren; selbst der Mutter des Kranken, die »Alles im Traume [...] geschaut, [...] war, sie wußte nicht wie« (DHA I, 330; 332, 78). Und wie die Himmelskönigin, in beiden Gedichten mit dem vertraulich-rheinischen »Marie!« apos-

---

ein Element des Beharrens, des Festhaltens, des Bannens« entgegen, das er aus dem selbstreflexiven Spiel mit den ästhetischen Möglichkeiten und philosophischen Konzepten gewinnt, über die sich seine Entwicklung als Dichter vollzog, er aber nicht mehr »ungebrochen verfügen« kann.

8 Markante kirchenkritische Stellen in Heines Schriften hat Klaus Briegleb im »Sachregister« seiner Ausgabe unter dem Stichwort »Klerus, Mönchs-, Papsttum, Klerisei« verzeichnet (B 6, 803). Daneben bieten eindrucksvolle Beispiele aus den frühen 1840er Jahren im satirischen Ton der »Lobgesänge auf König Ludwig« (1843) vor allem die »Neue[n] Gedichte« (1844).

9 Am Prinzip der Zierlichkeit/Zierde sind die barocken Anleitungen zur Dichtkunst seit Martin Opitz: Buch von der Deutschen Poetery (1624). Studienausgabe. Hrsg. v. Herbert Jaumann. Stuttgart 2002, bes. Cap. V u. VI, durchweg orientiert. Den Liebesliedern, die dem *genus parvum* zugeordnet sind, kommt eine eher ›schlichte‹, jedenfalls nicht mit »pracht und großen worten« prunkende Tonlage zu (S. 45). Heine dürfte an diese Gattungsart gedacht haben, wenn er seine damalige Schwärmerei »für die hochgebenedeite Königin des Himmels« bekennt, die ihn zur lyrischen Gestaltung ihrer Legenden animiert habe.

10 Vgl. Olaf Briese: Venus – Madonna – Maria. Über Heines Marienverständnis. In: Aufklärung und Skepsis. Internationaler Heine- Kongress 1997. Hrsg. v. Joseph A. Kruse. Stuttgart/Weimar 1998, S. 447.

trophiert,[11] an Erhabenheit einbüßt, so wird im »Gruß des Engels« die Verheißung ihrer ›gebenedeiten Leibesfrucht‹ – und die Inkarnation des Gottessohnes ist der eigentliche Beginn der Heilsgeschichte –, dadurch deutlich verkleinert, dass der Erzengel Gabriel des Neuen Testamentes, der die ›frohe Botschaft‹ überbringt,[12] bei Heine zu einem »Englein« schrumpft, das kommt und spricht und grüßt.

***

Nun erzeugen diese sanften Irritationen einer lyrischen Marienverehrung aber noch keineswegs jenes Tongemisch aus Sentimentalität und Bösartigkeit, das Heine im Brief an Karl Immermann vom 4. Dezember 1822[13] als charakteristisch für die Lieder des »Lyrischen Intermezzos« bezeichnet, in das als elftes »Der Gruß des Engels« eingefügt ist (DHA I, 142f.) – mit zwei wichtigen Änderungen: Der Titel entfällt und die zuvor auf ihn Bezug nehmende dritte Strophe wird ganz neu gestaltet. Dadurch entsteht de facto ein in Thema und Ton neues Gedicht. Eingebettet in den Zyklus, führt es eine Variation über dessen zentrales Thema, das Verhältnis des lyrischen Ichs zur »Liebsten«, aus (das macht eine Titelgebung überflüssig und erlaubt die bloße Durchnummerierung der Lieder); zugleich rückt es von der Verkündigung des Engels, die Lochners Altarbild wiedergibt,[14] ab und stellt eine Ver-

---

11 Heine äußert sich am »16ten des Maymonds 1822« über die Herkunft dieser Geschichte, die er als Erlebnis eines ehemaligen Schulkameraden »im Franziskaner-Kloster zu Düsseldorf« ausgibt. Als er diesen später wiedersah, wirkte er »sehr blaß und krank«, was wohl daran gelegen habe, dass er »an einer unglücklichen Liebschaft laboriert« habe. Geführt von »seiner alten Mutter«, nahm er an einer Prozession teil, die schon in der Ferne an den »wohlbekannten Kevelaar-Liedern« zu erkennen war; von denen – und hier gebraucht Heine, da die vertrauliche Note keinen Sinn macht, den im Endlaut nicht abgeschwächten Namen der Gottesmutter in Anlehnung bzw. im Anklang an die Gesänge der Marienandachten – »das vorzüglichste den gedehnten Refrain hat: ›Gelobt sey'st du, Maria!‹« (DHA I, 332).

12 Schon nachdem der Engel dem furchtsamen und ungläubigen Zacharias die Botschaft übermittelt hat, dass ihm seine Frau Elisabeth, obgleich »wohl betagt«, »einen Sohn gebären« werde, dem er den Namen Johannes geben solle (Luk. 1, 13), weist er sich mit seinem Namen, dessen Bedeutung erklärend, gleichsam aus: »Ich bin Gabriel, der vor Gott steht, und bin gesandt, mit dir zu reden, dass ich solches verkündigte« (Luk. 1, 19).

13 »Dieses Buch [›Tragödien, nebst einem lyrischen Intermezzo‹] wird meine kleinen maliziös-sentimentalen Lieder, ein bildervolles südliches Romanzendrama und eine sehr kleine nordisch düstere Tragödie enthalten« (B 1, 639).

14 Das Gemälde auf der Rückseite von Lochners dreiflügeligem Altarbild, dessen Mittelteil die Anbetung der Hl. Drei Könige zeigt, war Heine als Kupferstich-Reproduktion aus dem »Taschenbuch für Freunde altdeutscher Zeit und Kunst auf das Jahr 1816« bekannt, das Eberhard von Groote, Abgeordneter des Rheinischen Landtags, aus dem alten katholisch-kölnischen Stadtadel stammend, zusammen mit Friedrich Wilhelm Carové Ende 1815 im Verlag DuMont-Schauberg herausgegeben hatte. Mit van Groote, der maßgeblich an der Gründung und Ausrichtung des Zentral-Dombau-Vereins (1842) beteiligt, also einer seiner ›Erzschelme‹ war, war eben jener Verleger und Schriftsteller Jean Baptist

bindung zwischen der Himmelskönigin und der Geliebten her. In dieser Fassung wurde es auch in der ersten Ausgabe des »Buchs der Lieder« (1827) abgedruckt, die Robert Schumann seiner Vertonung zugrunde legte. Die Ersetzung des dem Rhein zugeordneten Attributs ›heilig‹ durch ›schön‹ im ersten Vers (»Im Rhein, im schönen Strome«), die sich schlüssig aus dieser säkulareren Version ergibt, da sie die topografische Allgegenwart des Heiligen vermindert, während sie Schumann kompositorisch noch betont, erfolgt erst 1839 in der dritten Ausgabe:

Der Gruß des Engels. Aus der Mappe eines Malers (1822)	Buch der Lieder (1827) Lyrisches Intermezzo XI

Im Rhein, im heilgen Strome
Da spiegelt sich in den Well'n,
Mit seinem großen Dome,
Das große, heilge Cöln

Im Dom da steht ein Bildniß
Auf goldenem Leder gemalt;
In meines Lebens Wildniß
Hat's freundlich hineingestrahlt.

Die Augen, die Lipplein, die Wänglein, Die sah ich schöner nie. Es kommt und spricht ein Englein: Gegrüßt seyst du, Marie!	Es schweben Blumen und Englein Um unsre liebe Frau; Die Augen, die Lippen, die Wänglein, Die gleichen der Liebsten genau.

›Heiligkeit‹ und ›Größe‹ bestimmen die Rauminszenierung der ersten Strophe: Was den Rhein betrifft, wird dieser Eindruck durch die Apposition vom »heiligen Strome« hervorgerufen und das Bild der Stadt Köln, die ganz unvermittelt als eine »große« und »heilige« bezeichnet wird, wird vom »großen Dome« geprägt, der als Gotteshaus und Bischofssitz (den Katholiken zumindest) nicht minder ›heilig‹ als ein Strom wie der Rhein *per definitionem* groß ist.[15] Die in der ersten Strophe so rekurrent beschriebene sublime Wirkung von Stadt und Dom wird noch verstärkt bzw. verdoppelt durch den Vorgang, den gleich das erste Prädikat benennt und der die Pointe des Gedichtes präludiert, nämlich den der Spiegelung, durch die die steinernen Gebäude in den bewegten »Well'n« gleichsam doppelt (aber auch ver-

---

Rousseau, der die »Lieder vom Kölner Dome« zusammengestellt hatte, befreundet – nicht zuletzt wegen ihres gemeinsamen kulturpatriotischen Anliegens, den Dom weiterzubauen.

15 Auch hier fragt sich, ob die erhabene Größe der Stadt samt ihrer Kathedrale wirklich religiös, d.h. durch die Repräsentation ihrer Bindung an Gott motiviert oder nicht vielmehr ihrem Symbolpotential für einen Kulturpatriotismus zuzuschreiben ist, den Heine anfänglich gutgeheißen, dann aber nach seiner reaktionären Aufladung beim ersten Dombaufest 1842 vor allem in den kritischen Köln-Capita des »Wintermährchens« angeprangert hat.

zerrt) erscheinen.[16] Und der Rhein als Reflektor des heiligen Doms wird seinerseits zum »heiligen Strome«; formanalytisch betrachtet, wird hier die Figur der *Enallage* realisiert, die den Reflexionsprozess spiegelnde Vertauschung der Attribute zwischen dem ›grossen Strome‹ und dem ›heiligen Dome‹.

Die so auf Sicht- und Bedeutungsweite eingestellte Perspektive verengt sich in der zweiten Strophe zusehends: Der Blick des Betrachters wendet sich vom Rheinpanorama ab und dem Dom zu und konzentriert sich auf ein Detail in dessen Innenraum, auf »ein Bildniß / Auf goldenem Leder gemalt« (tatsächlich ist das Gemälde auf Holz aufgetragen). Außer diesem nüchternen materiellen Befund wird vorerst nichts über das Bild selbst, z.B. seinen Inhalt mitgeteilt – dass es überhaupt in den Focus der Betrachtung rückt, erklärt sich allein aus seiner Bedeutung für das (sich in V. 7 explizit zu Wort meldende) lyrische Ich, dem es »freundlich« begegnet. Das spricht nicht gerade für einen erotischen Kontakt und gegen eine Auslegung des metaphorischen Satzes in den V. 8 und 9 in dem Sinne, als würde die Dunkelheit eines wüsten Lebens (»Wildniß«) von den Strahlen der Liebe durchdrungen.[17] Die geschlechtliche Liebe wird erst, nachdem der Bildgegenstand, »unsre liebe Frau«, beschrieben ist, und zwar so, dass ihre »freundlich« besänftigende Ausstrahlung in der fließenden Bewegung der sie ›umschwebenden‹ »Blumen und Engelein« lexikalisch, lautlich und metrisch, d.h. genauer: durch die Bedeutung des Prädikats ›es schweben...um‹, die durch das Enjambement in 9/10 unterstrichen wird, die e/u-Assonanz und die starke Akzentuierung des streng alternierenden gleichmäßigen Dreihebers in 10, zum Ausdruck kommt, – eine Spur von Erotik, durch die Aufzählung der »Augen«, »Lippen« und (eines für die Darstellung der Muttergottes eher ungewöhnlichen Diminutivums) »Wänglein« in 11 angedeutet, wird eigentlich erst zum Schluss erkennbar, wenn die überraschende Gleichsetzung mit der Geliebten erfolgt. Und dass im letzten Vers (12), mit der Nennung der »Liebsten«, die sich aus der Sicht des Betrachters im Antlitz der Himmelskönigin (wie der Dom im Rhein) spiegelt, an die sinnliche Liebe gedacht ist, das macht die Pointe des Liedes aus.

Für die erotische Einbettung des Kölner Altarbildes von Lochner in das Liebesleben seines Betrachters pflegt die Forschung zum Beweis ihrer autobiografischen Authentizität eine Stelle aus den »Florentinischen Nächten« heranzuziehen:

---

16 Bereits in »Junge Leiden. Lieder VII« (1820) ist das Spiegelmotiv in die Darstellung des Rheins integriert; während seine helle Oberfläche »Berg und Burgen« widerspiegelt, birgt seine dunkle Tiefe Gefahr und Tod. Die Antithese: »oben Lust, im Busen Tücken«, lässt den Fluss symbolisch, nämlich zu »der Liebsten Bild« werden (DHA I 63).

17 Das behauptet Adam Smykowski: Heinrich Heines »Lyrisches Intermezzo« in Vertonungen von Robert Schumann und Robert Franz. Frankfurt a.M. u.a. 2002, S. 192, der davon ausgeht, dass alle Bilder des Gedichtes petrarkistischer Herkunft sind, und, von diesem Ansatz aus frei assoziierend, die Strahlen, die dem »Pfeil des Amor« entsprächen, zu »Trägern der Liebesbotschaft, mit der der lyrische Sprecher unheilbar getroffen wird«, erklärt. Dieser wiederum muss auf »das Bild, dem es möglich ist, die Geliebte in sich zu tragen«, neidisch sein, weil im »Canzoniere« Petrarca [!] »den Spiegel beneidete, in dem sich Laura beschaute« (ebd., Anm. 310).

> Nur einmal war ich in ein Gemälde verliebt. Es war eine wunderschöne Madonna, die ich in einer Kirche zu Köln am Rhein kennen lernte. Ich wurde damals ein sehr eifriger Kirchengänger und mein Gemüt versenkte sich in die Mystik des Katholizismus. Ich hätte damals gern, wie ein spanischer Ritter, alle Tage auf Leben und Tod gekämpft für die immakulierte Empfängnis Mariä, der Königin der Engel, der schönsten Dame des Himmels und der Erde!« (DHA V, 203f.)

Heine bzw. seinem ›vorgeschalteten‹ Erzähler Maximilian (der natürlich ebenso wenig wie das lyrische Ich im »Lyrischen Intermezzo« mit seinem Autor identisch ist) unterläuft hier ein weit verbreiteter Irrtum, der in keinem Kommentar irgendeiner Heine-Ausgabe vermerkt oder gar korrigiert ist: Die »wunderschöne Madonna«, in die er sich verliebt hat, hat er (wahrscheinlich) auf Lochners Gemälde »Mariae Verkündigung« gesehen, will aber, von ihr affiziert, für die »immakulierte Empfängnis Mariä« streiten, die mit der ›Verheißung‹ gar nicht gemeint ist: Unbefleckt, d.h. rein von der Erbsünde wurde vielmehr Maria von ihrer Mutter Anna empfangen,[18] anders gesagt: Die ›unbefleckte (lat.: *immaculata*) Empfängnis‹ bezieht sich auf Marias sündenlose Zeugung und Geburt, nicht auf ihre eigene Mutterschaft, die Inkarnation Jesu durch den Heiligen Geist. Aber abgesehen von Heines mariologischen Kenntnissen, die wiederum mehr für eine poetische Verwertung als eine theologische Durchdringung des Marienkultes sprechen, geht es in den »Florentinischen Nächten« weniger um die Rolle der Marienmystik im Leben des fiktiven Erzählers als um seine Leidenschaft für »gemeißelte oder gemalte Frauen«, die ein prägendes Kindheitserlebnis auslöste: Seine schwerkranke Freundin Maria, die er auf Anraten ihres Arztes mit einer Reihe von »phantastischen Geschichten« unterhält, erinnert Maximilian, wie sie, bleich »auf einem grünseidenen Sofa hingestreckt« (DHA V, 199), schläft, an jene Statue einer Göttin aus weißem Marmor, die er als 12-Jähriger bei seinen Streifzügen durch den Garten des mütterlichen Elternhauses im hohen Gras liegen sah. Nachdem ihn seine Mutter »mit hastiger Zärtlichkeit« umarmt und, da sie mit ihrem Liebeskummer allein sein wollte, weggeschickt hatte, begibt er sich des Nachts erneut zur umgestürzten Marmorgöttin und küsst ihren kalten Mund mit »Inbrunst«, »Zärtlichkeit« und »Verzweiflung« (DHA V, 202). Die Übertragung seines Begehrens nach Zärtlichkeit, das die Mutter

18 Das »Lexikon für Theologie und Kirche«. 2., völlig neu bearb. Aufl. Hrsg. v. Josef Höfer, Rom, u. Karl Rahner, München. Bd. 10, Freiburg 1965, Sp. 467, zit. unter d. Stichwort »Unbefleckte Empfängnis Mariä« nach der Feststellung, dass dieser Begriff nicht meint, »daß Maria Jesus jungfräulich empfangen hat«, das in der Bulle *Ineffabilis Deus* am 8. Dezember 1854 von Pius IX. verkündete Dogma, dass Maria »im ersten Augenblick ihrer [eigenen, sie selbst ins Dasein einführenden] Empfängnis durch eine besondere Gnade (*singulari gratia*) u. Auszeichnung (*privelegio*), mit Blick auf die Verdienste Christi Jesu, des Erlösers des Menschengeschlechtes, vor jedem Makel (Schaden) der Erbsünde bewahrt blieb«.
Inzwischen hat sich die Wendung in der Bedeutung ›Jungfernzeugung‹ im allgemeinen Sprachgebrauch durchgesetzt und wird nicht selten satirisch verwendet, wenn die Fortpflanzung ohne den *Coitus vulgaris* erfolgt. So gibt Rolf Hochhuth beispielsweise seinem Schauspiel über die Segnungen der Künstlichen Befruchtung (IVF) den Titel »Unbefleckte Empfängnis« (1988).

zu erfüllen verweigerte, auf die weibliche Statue führt zu einer lebenslangen Zwangsbesetzung durch leblose Frauenbilder.[19] Eine Verbesserung dieses Zustandes (wenn auch keine völlige Heilung) wird ihm erst durch die körperlich-sinnliche Liebe zuteil, die er bei und mit der sehr gezielt ihrer Lust nachkommenden Laurence in Paris erfährt. Mit dieser handfesten Therapie korrespondiert auf der Erzählerebene der Anschluss des Motivs von der Statuenverlobung, das von den Romantikern seit Clemens Brentanos Roman »Godwi oder das steinerne Bild der Mutter« (1801) über Joseph von Eichendorffs Novellenmärchen »Das Marmorbild« (1818) bis hin zu Prosper Mérimées Novelle »La Vénus d'Ille« (1837) häufig aufgegriffen wurde,[20] an den biografischen, poetologischen und politischen Diskurs, der an nachprüfbaren Daten und Fakten ausgerichtet ist.[21]

Am Schluss des Gedichts »Im Rhein, im heiligen Strome« erhält die Geliebte hingegen keine sinnlich reale Präsenz, ganz im Gegenteil: Indem die Erinnerung an

19 Mit einem psychoanalytischen Zugriff sucht Manfred Schneider: Die Angst des Revolutionärs vor der Revolution. Zur Genese und Struktur des politischen Diskurses bei Heine. In: HJb. 19 (1980), S. 14, diese Obsession zu erfassen und als »Fixierung an eine defekte mütterliche Imago« zu diagnostizieren.

20 Die Verschmelzung der heidnischen Schönheitsgöttin Venus mit der christlichen Himmelskönigin Maria deutet sich schon in der »Harzreise« (DHA VI, 89) an: Aus dem »drängenden Tollhauslärm« juristischer Disputationen flieht der Erzähler in den Antikensaal, »nach jener Gnadenstelle, wo die heiligen Bilder« des Apolls von Belvedere und der Venus von Medici, der künstlerischen Paradigmen des Klassizismus schlechthin, aufgestellt sind; »zu den Füßen der Schönheitsgöttin« erlangt er, fasziniert durch »das Ebenmaß und die ewige Lieblichkeit ihres hochgebenedeiten Leibes, griechische Ruhe«. Im allegorisch-ironischen Duktus der Ich-Erzählung werden die Abkehr von der Jurisprudenz und die dem Seelenheil förderliche Hinwendung zur Kunst, insbesondere einer, die der Liebe und Sinnenfreude gewidmet ist, veranschaulicht. Geradezu als Umkehr dieses künstlerischen Selbsterlösungsaktes stellt Heine im »Nachwort zum Romanzero« (DHA III, 181) seinen Zusammenbruch dar, der sich im Louvre, ebenfalls im Angesicht einer Venus-Statue – es handelt sich um »Unsere Liebe Frau von Milo« [sic!] –, ereignet. Vgl. zu den Stadien von Heines »Marienverständnis« Briese, Venus (Anm. 10), hier: S. 439-441 u. S. 445ff.

21 Über die komplizierte Entstehungs- und Druckgeschichte der »Florentinischen Nächte« in Zeiten der Restauration und Heines Kampf mit der Zensur informiert Manfred Windfuhr in seinem Kommentar zu diesem Text (DHA V, 854ff.); gattungspoetische Aspekte betrachtet Bettina Knauer: Heinrich Heines »Florentinische Nächte«. Form und Funktion novellistischen Erzählens und esoterischer Allegorik. In: Aufklärung und Skepsis (Anm. 10), S. 833-845; dem romantischen Motivkomplex der künstlichen Frau, seiner sozialgeschichtlichen Dimension und politischen Instrumentalisierung geht Rudolf Drux: Mit romantischen Traumfrauen gegen die Pest der Zeit. Heines »Florentinische Nächte« im »dritten Teil des Salons«. In: Literatur und Politik der Heine-Zeit. Hrsg. v. Hartmut Kircher u. Maria Kłanska. Köln u.a. 1998, S. 49-64, nach; und Sigrid Weigel: Zum Phantasma der Lesbarkeit. Heines »Florentinische Nächte« als literarische Urszene eines kulturwissenschaftlichen Theorems. In: Gerhard Neumann u. dies. (Hrsg.): Lesbarkeit der Kultur. Literaturwissenschaften zwischen Kulturtechnik und Ethnographie. München 2000, S. 245-257, verfolgt den kulturwissenschaftlichen Kernbegriff der Lesbarkeit und die sie ermöglichenden Texturen und Signaturen mit einer Lektüre der »Nächte« auf einem »genuinen Feld der Textualität«.

sie durch das makellos schöne Gesicht der von »Blumen und Englein« umgebenen Himmelskönigin, das dem ihrigen »genau« gleiche, hervorgerufen wird, wird sie derart erhöht, dass sie jeder Wirklichkeit entrückt und damit endgültig unerreichbar ist. Gleichsam spiegelverkehrt geht mit der spirituellen Erhebung der Geliebten die Profanierung der Gottesmutter einher, die der Betrachter aus der Erhabenheit ihres heiligen Umfeldes in den Bereich seiner alltäglichen Liebe holt. Es findet also eine (in dieser Radikalität innovative) doppelte ironische Brechung oder, um die zentrale Metapher nochmals zu strapazieren, eine wechselseitige Spiegelung statt: Die Trost spendende und beruhigend wirkende Madonna auf dem Altarbild im Kölner Dom ermöglicht die Identifikation mit dem Gesicht der Geliebten nicht mittels eines Wunders noch wird dadurch »die Liebe auf eine in Heines Werk seltene Weise verklärt«;[22] vielmehr wird die Madonna in der subjektiven Wahrnehmung des lyrischen Ichs zur medialen Vergegenwärtigung der Geliebten instrumentalisiert und diese zugleich in den sakralen Raum projiziert, wo sie höchstens angebetet, aber nicht angerührt werden kann. Das passt durchaus in den Kontext des »Lyrischen Intermezzos«, das – mit deutlichen intertextuellen Bezügen z.B. zur petrarkistischen Lyrik, zum »Hohen Lied«, zu den Marien-Hymnen, römischen Elegien und romantischen Motiven[23] – die Geliebte als unnahbar, launisch, hartherzig und letztlich nicht fassbar anzeigt und so den sich im Zyklus artikulierenden Liebenden als einen an seiner Liebe Leidenden ausweist.

Bevor ich die Spielarten des poetischen Madonnenkultes in Heines früher Lyrik zusammenfasse, möchte ich mich kurz Robert Schumanns Vertonung des Liedes zuwenden.[24] Schumann nimmt die Erhabenheit des in der ersten Strophe geschilderten Raums ernst, wie den machtvoll *alla breve* voranschreitenden punktierten Rhythmen – »ziemlich langsam« lautet die Tempobezeichnung – und den Stützakkorden der linken Hand zu entnehmen ist, die, ganze Noten umfassend, an die Pedalklänge einer Orgel erinnern und nach Art eines *Ostinato* die gesamte Klavierbegleitung durchziehen – was unüberhörbar barockisierend wirkt: Der diesen Eindruck maßgeblich evozierende punktierte Rhythmus ist mit Bachschen Kompositionen wie beispielsweise der Bass-Arie »Komm süßes Kreuz« (aus der »Matthäus-Passion«) und dem »g-Moll-Präludium« aus dem »Wohltemperierten Klavier« (2.

---

22 So Pierre Grappin im Kommentar der DHA I, 790.

23 Vgl. hierzu u.a. Paul Gerhard Klussmann: Die Deformation des romantischen Traummotivs in Heines früher Lyrik. In: Untersuchungen zur Literatur als Geschichte. Festschrift für Benno von Wiese. Hrsg. v. Vincent J. Günther u.a. Berlin 1973, S. 259-285; Manfred Windfuhr: Heine und der Petrarkismus. In: Heinrich Heine. Hrsg. v. Helmut Koopmann. Darmstadt 1975, S. 207-231; Michael Perraudin: Heinrich Heine. Poetry in Context. A Study of »Buch der Lieder«. Oxford u.a. 1989; Beate Perrey: Rationalisierung von Sinnlichkeit in Heines »Lyrischem Intermezzo«. Das »Hohelied« als poetisches Modell im Zerrspiegel »kleiner malziöser Lieder«. In: Aufklärung und Skepsis (Anm. 10), S. 846-857.

24 Robert Schumann: Dichterliebe, op. 48/6, Leipzig 1844 (vgl. Abb. am Schluss dieses Beitrages).

Teil) überzeugend belegbar.[25] Auch die phrygische Wendung, die die Melodie einschlägt, wenn das »heilige Cöln« erklingt (T. 14f.), hebt über die archaische Kirchentonart auf die Heiligkeit der altehrwürdigen Stadt ab. Der Ton hellt sich auf, wenn in der auf ein *piano* gedämpften Singstimme das Bildnis im Dom und seine Ausstrahlung erwähnt werden: Das melancholische e-Moll moduliert nach G-Dur. Mit der Nennung »unsre[r] liebe[n] Frau« ist mit dem ›f‹ (und damit einer kurzen Kontaktierung eines aufgeheiterten C-Dur) der höchste Ton in der Singstimme erreicht, der nur noch einmal erklingt – und zwar mit der Wiederholung von »die Lippen« (T. 37f.), dem einzigen Textelement, das sich einem Eingriff in Heines Gedicht verdankt. Die Verdopplung des Nominalsyntagmas »die Lippen« ermöglicht Schumann zum einen, in einer Sequenz aus absteigenden Terzen über vier Takte hinweg den das Madonnenantlitz abschreitenden Blick des Beobachters musikalisch nachzuzeichnen, wobei der Dezimensprung vom tiefen *d* der ersten »Lippen« zum hohen *f* der zweiten, unterbrochen von eine Achtelpause (T. 37), das Erstaunen oder die Begeisterung, jedenfalls das starke emotionale Engagement des Betrachters verrät. Zum andern werden durch die Gemination die Lippen besonders betont und leiten, als das Organ des Küssens der erotischste der aufgezählten Gesichtsteile, auf die Schlusspointe hin, die chromatisch realisiert und mit einem wirkungsvollen *ritardando* unterstützt, die Geliebte als das Ebenbild der Gottesmutter ausmacht. Dem Sänger ist allerdings nach diesem Bekenntnis nicht der Schlusston vorbehalten, vielmehr ist das tiefe *dis*, auf dem der Gesangspart endet, nur der Leitton zur Tonika e-Moll, die erst zwei Takte später im Klavier ertönt, wie überhaupt das insgesamt 16 Takte lange Nachspiel außer dem punktierten Rhythmus die absteigenden Terzen und der traurige e-Moll-Klang prägen.

In seiner Studie über das Verhältnis von »Musik und Ironie« in Schumanns Heine-Vertonungen sieht Thomas Synofzik dieses Lied als ein überzeugendes Beispiel dafür an, »wie Schumann die Heineschen Schlusspointen durch vorherige Spannungssteigerungen sorgfältig vorbereitetet, ihren Eintritt durch Verzögerungen umso überraschender macht und ihre Wirkung durch harmonische und rhythmisch-agogische Ausdrucksmittel unterstreicht«.[26] Das lässt sich durch die Analyse der musikalischen Form weitgehend erhärten, es geht jedoch an der entscheidenden Frage vorbei, ob Schumann die Pointe so verstanden, wie sie Heine angelegt hat.[27]

---

25 Vgl. Thomas Synofzik: Heinrich Heine – Robert Schumann. Musik und Ironie. Köln 2006, S. 125; dort sind auch die musikwissenschaftlichen Untersuchungen angegeben, die die Anlehnung von »op. 48/6« »an Stilelemente der Barockmusik« nachweisen.

26 Ebd., S. 94.

27 Die Frage, ob Schumann Heines Ironie richtig oder überhaupt verstanden habe, dominiert offenkundig die Forschung zu »op. 48«. Die verschiedenen Meinungen dazu erörtern im Zusammenhang mit einem (den komplexen Gegenstand allerdings stark verkürzenden) Versuch über Heines Ironie-Begriff Bettina Brandl-Risi, Clemens Risi: »meine kleinen maliziösen Lieder« – Heinrich Heines Lyrik und die Frage der Übersetzbarkeit von Ironie am Beispiel von Carl Loewe und Robert Schumann. In: Carl Loewe (1796-1869). Beiträge zu Leben, Werk und Wirkung. Hrsg. v. Ekkehard Ochs u. Lutz Winkler. Frankfurt a.M. u.a. 1998, S. 175-210.

Nochmals: Bei Schumann ändert die überraschende Erkenntnis des Sängers, dass sich im Gesicht der Madonna die Geliebte spiegelt, nichts an seiner Stimmungslage, wie das Nachspiel offenbart. Und indem ihm der Komponist, von Heines Zyklus abweichend, gleich das Lied »Ich grolle nicht« (Nr. 7) folgen lässt, durch dessen in kräftig repetierenden Achteln ›grollende‹ Klavierbegleitung diese Ich-Aussage als Schutzbehauptung oder gar als pure Lüge entlarvt wird, wird manifest, dass die Vergleichbarkeit der Geliebten mit der Madonna einer abwegigen Wunschprojektion zuzurechnen ist: Immerhin erblickt der Liebende im Traum, dem romantischen Medium zur Entdeckung nicht bewusster Vorgänge, »die Schlan', die dir am Herzen frißt« – und die Maria einst zertreten hat. Und während sie den Sprecher mit ihrem freundlichen Strahlen beglückt hat, besitzt die strahlende Erscheinung der Geliebten, was ihm »längst« bewusst ist, kein psychisches Äquivalent: »Es fällt kein Strahl in deines Herzens Nacht«, muss er bitter konstatieren. Die emotionale Finsternis rührt allerdings nicht daher, dass sich »die Abtrünnige durch ›Diamantenpracht‹ [habe] verführen lassen«,[28] sondern weil sie wahrer Liebe nicht zugänglich ist. In der petrarkistischen Lyrik, für die der Dualismus von schönem Körper und hässlicher Seele der Geliebten kennzeichnend ist, ist Heines metaphorisches Kompositum vorgeprägt; prominent bezeugt sind seine Bestandteile in Christian Hoffmann von Hoffmannswaldaus Sonett »Vergänglichkeit der Schönheit«. Darin schildert ein seine schöne Geliebte Umwerbender mit preziösen Metaphern ihres »zeitlich« verfallenden »Körpers Pracht«, um dann im letzten Terzett die Feststellung zu treffen:[29]

> Diß und noch mehr als diß muß endlich untergehen,
> Dein hertze kan allein zu aller zeit bestehen,
> Dieweil es die natur aus diamant gemacht.

Die Überredungsstrategie ist augenscheinlich: Angesichts ihrer unausweichlichen Vergänglichkeit sollte die Schöne ihre Hartherzigkeit aufgeben und den sie Begehrenden rechtzeitig erhören, d.h. die Chance auf eine gemeinsam der *vanitas* trotzende lustvolle Verbindung wahrnehmen.[30] Dem lyrischen Ich bei Heine ist sie gar

28 Synofzik, Heine (Anm. 26), S. 153.

29 Christian Hoffmann von Hoffmannswaldau: Sonnet. Vergänglichkeit der Schönheit. In: Gedichte des Barock. Hrsg. v. Ulriche Maché u. Volker Meid. Stuttgart 1980, S. 274.

30 In der Mitte des 17. Jahrhunderts sind allerdings die Möglichkeiten petrarkistischen Dichtens schon weitgehend ausgereizt; dadurch wird den Autoren im Spiel mit dem überkommenen Formenarsenal ein besonderes Maß an kombinatorischem »Scharfsinn« abverlangt, den Hoffmannswaldau mit einer Schlusspointe in der Manier des Konzeptismus beweist: Die Metapher des diamantenen Herzens, die aus der Sicht des Werbenden die Hartnäckigkeit der Umworbenen seinen Wünschen gegenüber indiziert, ist im Kontext barocker vanitas-Beschwörungen ein Sinnbild unerschütterlicher Tugend, die Unvergänglichkeit garantiert. Wenn die Geliebte ihr tugendhaftes Verhalten aufgäbe und dem Begehren des Sprechers nachkäme, würde sie sich zwar den Vorwurf der Hartherzigkeit ersparen, aber mit ihrer Tugend auch ihr ewiges Seelenheil gefährden. Indem Hoffmannswaldau die Lage der begehrten Frau zwischen den konfligierenden Bedeu-

nicht (mehr) gegeben und wird deshalb ironisiert.[31] Und in Schumanns »op. 48/6« vollzieht sich die Annäherung an die Geliebte nur noch im kurzen Akt romantischer Versenkung, in dem für einen Augenblick die hohe Frau wundersam zur Geliebten mutiert. Jene wird dadurch aber ebenso wenig entheiligt, wie diese vergöttert. Die Töne bewahren den sakralen Charakter wie auch die melancholische Stimmung bis zum letzten Akkord bei.

Die Intermedialität des vertonten Liedes schafft Eindeutigkeit: Die Musik sendet unüberhörbare Signale zur Monosemierung von Bedeutungen aus, die die linguistischen Zeichen offen lassen. Heine hat den Marienkult selbst in seinen frühesten lyrischen Bearbeitungen nicht ohne Brechungen poetisch gestaltet; das relativiert sein eigenes spätes Geständnis in theologischer Hinsicht, nicht aber in poetologischer; denn sie zeigen sein schon wenig später fortgeschriebenes und im Kontext des Zyklus profiliertes Verfahren an, Symbole katholischer Marienverehrung aufzugreifen, mit anderen Lyriktraditionen zu amalgamieren und ihnen ihren objektiven Bedeutungsanspruch zu entziehen, den in diesem Fall die Glaubensgewissheit (ob es nun der Glaube an die Wundertätigkeit der Muttergottes oder der an die treue Liebe der Geliebten ist) herbeiführte. Dass eine solche Gewissheit nicht mehr zu haben ist, das eben teilt sich im ironischen Diskurs mit.

---

tungsbereichen als ausweglos beschreibt, stellt er mit rhetorischer Ironie (und durch ihre stilistische Umsetzung in Antithesen und Oxymora) Distanz zur Ausschließlichkeit der verlangten Verhaltensweisen, der Hingabe wie der Standhaftigkeit, her. Vgl. Rudolf Drux: »Wie reimt sich Lieb und Tod zusammen?« Gestalten und Wandlungen einer Motivkombination in barocker Lyrik. In: Der Deutschunterricht (1985), H. 5, S. 25-37.

31 Die ironischen Brechungen in Heines Lyrik nehmen also nicht nur die Funktion wahr, falsche Sentimentalität zu entlarven und über die Fiktionen einer heilen Welt zu desillusionieren, sondern sie weisen darüber hinaus als Ausdrucksformen der Selbstreflexion, damit Friedrich Schlegels Forderung an eine »moderne Poesie« auf eine genuin poetische Weise erfüllend, ohne seinem transzendentalpoetischen Konzept der romantischen Ironie anzuhängen, auf die Schwierigkeit, ja Unmöglichkeit hin, nach dem Verlust ästhetischer, religiöser und politischer Verbindlichkeiten im Spannungsfeld von Revolution und Restauration, Aufklärung und Beharrung Literatur und Wirklichkeit zu versöhnen. »Die Entfremdung zwischen Poesie und Empirie wird mittels Ironie in die Lyrik hineingezogen, sie wird selbst thematische Realität«, hält Wolfgang Preisendanz (Der Ironiker Heine. Ambivalenzerfahrung und kommunikative Ambiguität. In: Heinrich Heine. Ästhetisch-politische Profile. Hrsg. v. Gerhard Höhn. Frankfurt a.M. 1991, S. 103) fest und Bernd Kortländer (Poesie und Lüge. Zur Liebeslyrik des »Buchs der Lieder«. In: Ebd., S. 205f.) betont, dass Heines Lieder » im Sinne einer Position, die romantische Tradition kritisch mit moderner Weltsicht vermittelt und verschränkt«, gerade »jenen Prozeß der Selbstreflexion ins Bild [setzen], in dem in einer Welt ohne Gewissheiten einzig die Hoffnung auf Befreiung gründen kann«.

Robert Schumann: »Dichterliebe« op. 48, 4 (Teil 1)

Robert Schumann: »Dichterliebe« op. 48, 4 (Teil 2)

Kreisler und die Folgen

Zur Künstlerproblematik bei E.T.A. Hoffmann und Heinrich Heine

Stefan Neuhaus

> Der Künstlerroman ist erst möglich, wenn die Einheit von Kunst und Leben zerrissen ist, der Künstler nicht mehr in den Lebensformen der Umwelt aufgeht und zum Eigenbewußtsein erwacht. Wann trifft dieser Fall ein?
>
> Herbert Marcuse[1]

Probleme des Künstlerproblems

Bereits bei Goethe, Schiller und anderen Autoren finden sich Künstlerfiguren oder man kann Protagonisten ihrer Texte als Künstlerfiguren deuten. Doch erst in der Literatur der Romantik wird der Protagonist zum unzweifelhaften Künstler und seine Probleme sind auf eben diesen Künstlerstatus zurückzuführen, sie erhalten Merkmale zugewiesen, die sie von Nicht-Künstlern unterscheiden. Mit den Worten Franz Loquais: »Bei der Lektüre romantischer Texte fällt auf, daß viele darin vorkommenden Charaktere Künstlerfiguren sind. Und die Mehrzahl dieser Künstler erweist sich als melancholisch oder gar wahnsinnig.«[2] Wie es dazu kommen kann, hat Herbert Marcuse so erklärt:

> Als Mensch ist der Künstler in die Lebensformen der Wirklichkeit hineingestellt, in steter Wechselwirkung ist er ihnen verpflichtet, sein Fühlen und Wollen, sein Erleben und Erleiden stellt sich in ihnen dar und verlangt in ihnen seine Erfüllung. Als Künstler lebt in ihm die metaphysische Ideenferne der Wirklichkeit, durchschaut er die ganze Kleinheit und Leere ihrer Lebensformen; und diese Erkenntnis macht es ihm unmöglich, sich in ihnen zu offenbaren, zu erfüllen. Aus diesem Zwiespalt muß der Künstler herauskommen: er muß eine Lebensform zu erringen trachten, die die Zerrissenheit zu neuer Einheit bindet, die Gegensätze von Geist und Sinnlichkeit, Kunst und Leben, Künstlertum und Umwelt wieder zusammenführt.[3]

Diese Entgegensetzung von »Kunst und Leben«, wie Marcuse es genannt hat, bedeutet eine Beobachtung des Lebens durch die Kunst – und der Kunst durch die Kunst. Wenn das Leben nicht mehr selbstverständlich ist, dann ist es die Kunst auch nicht mehr. Signifikant ist dabei, dass in vielen romantischen Texten Literatur

---

1 Der deutsche Künstlerroman. Frühe Aufsätze. Frankfurt a.M. 1978, S. 12.

2 Franz Loquai: Künstler und Melancholie in der Romantik. Frankfurt a.M. 1984 [= Helicon 4], S. 1.

3 Marcuse, Künstlerroman (Anm. 1), S. 16.

metafiktional wird. Die Künstler sind nicht nur Stellvertreter von Autor und Leser, sie machen den Text und seine Produktion zum Thema der Literatur.

Der zentrale Autor dieser Entwicklung ist E.T.A. Hoffmann. Praktisch alle seiner heute noch bedeutenden Figuren sind Künstler. Sie leiden unter dem Zwiespalt zwischen Kunst und Leben, doch der Text, der von diesem Leid kündet, ist zugleich auch dessen Linderung – nicht immer für die Figuren, aber doch für den Leser. Heine wählt ein ähnliches Verfahren, indem er die Form über den Inhalt stellt und im Inhalt immer auch die Form thematisiert.

Das metafiktionale Literaturkonzept von Autoren wie Hoffmann und Heine deutet bereits auf die Literatur der Moderne voraus. Niklas Luhmann hat festgestellt:

> Die Kunst des 20. Jahrhunderts läßt sich schließlich überhaupt nicht mehr als fiktional beschreiben; denn Fiktionalität setzt voraus, daß man wissen kann, wie die Welt aussehen müßte, damit die Fiktion als eine richtige Beschreibung der Welt gelten könnte. Genau diese Beschreibung wird jedoch in der modernen Kunst systematisch boykottiert – und [...] den Massenmedien überlassen, die damit den Bedarf an Unterhaltung bestreiten.[4]

Doch Hoffmann und Heine leisten erstaunlicherweise beides. Sie unterhalten ihre Leser, indem sie Bilder fiktionaler Welten entstehen lassen, und sie boykottieren diese Fiktionen, vor allem durch ihre innovativen erzählerischen oder lyrischen Konzepte.

Insofern gehen sowohl Hoffmann als auch Heine über die Grenzen hinaus, die Marcuse für den Künstlerroman zieht. Die »metaphysische Steigerung«[5] des romantischen Künstlerbegriffs findet sich etwa bei Novalis und Eichendorff, aber nicht bei Hoffmann und Heine. Wie zu zeigen sein wird, führen beide Autoren eine Entgegensetzung von »Kunst und Leben« vor, die durch künstlerische, d.h. literarische Mittel wieder aufgehoben oder zumindest in der Schwebe gehalten wird, vor allem durch die – keineswegs mehr romantische – Ironie der Darstellung.

Insofern bestätigen beide Autoren nur scheinbar das Konzept, das Pierre Bourdieu dem künstlerischen, besonders dem literarischen Feld unterstellt hat. Bevor ich Bourdieus Konzept kurz erläutere, möchte ich darauf hinweisen, dass Hoffmann mit der Distanz des Juristen und Heine mit der Distanz des politisch wirkenden, emigrierten Dichters schrieb. Bei beiden sind Lebensentwurf und Literaturproduktion durch eine Dialektik von Ferne und Nähe zur Literatur und zu Vorstellungen über Literatur gekennzeichnet, die sie sowohl von Schriftstellern im Sinne Bourdieus als auch von Autoren unterscheidet, die einer bestimmten politischen Programmatik verpflichtet sind.

Bourdieu stellt fest, dass sich im 19. Jahrhundert eine besondere Auffassung von Literatur herausgeschält hat, die zunächst durch Entgegensetzung zur Gesellschaft gekennzeichnet ist:

---

4 Niklas Luhmann: Die Realität der Massenmedien. Wiesbaden [3]2004, S. 107f.

5 Marcuse, Künstlerroman (Anm. 1), S. 110.

> Schreiben setzt alle Determinierungen, alle grundlegenden Zwänge und Beschränkungen des gesellschaftlichen Daseins außer Kraft. Gesellschaftlich zu existieren heißt, eine bestimmte Stellung innerhalb der sozialen Struktur einzunehmen und deren Stempel zu tragen – nicht zuletzt in Form verbaler Automatismen oder mentaler Mechanismen; heißt auch, von Gruppen abzuhängen [...].[6]

Gesellschaftliche Macht wird durch das ökonomische Kapital dominiert – man ist, was man hat. Künstler und Literaten entziehen sich diesen Zwängen, indem sie statt dessen nach »symbolischen Gewinne[n]« streben.[7] Um dies ermöglichen zu können, wird ein eigenes Wertesystem entwickelt, das eine Gegenüberstellung von materiellen und ästhetischen Qualitäten ermöglicht: »Damit ist der Gegensatz total zwischen den Bestsellern ohne Dauer und den Klassikern, Bestsellern in Langzeitperspektive, die ihre Kanonisierung, also ihren erweiterten und dauerhaften Markt, dem Bildungssystem verdanken.«[8]

Dieses System entwickelt sich in der deutschsprachigen Literatur in der 2. Hälfte des 19. Jahrhunderts[9] und es gilt noch heute, auch wenn seit den 1990er Jahren zunehmend darüber debattiert wird. Von Ausnahmen abgesehen ist ein literarischer Text entweder am Markt oder im literarischen Feld erfolgreich.

Dieser Gegensatz ist allerdings nur ein scheinbarer, denn das literarische Feld ist vom höherrangigen, dem der Gesellschaft, abhängig. Die symbolischen Profite behalten nur dann ihre Attraktivität, wenn sie irgendwann in ökonomische umgewandelt werden können. Avantgardisten werden zu »Künstlerfossilien«[10] und machen Platz für die nächste Avantgarde, die ihrerseits wieder veraltet, und so weiter, *ad infinitum*: »Die Neuankömmlinge können gar nicht anders, als die kanonisierten Produzenten, an denen sie sich messen, und damit auch deren Produkte und den Geschmack derer, die an sie gebunden bleiben, stetig in die Vergangenheit zurückzuverweisen.«[11]

Demnach wäre jedes künstlerische oder literarische Werk zugleich die »stumme Spur« von solchen »Spielen der Distinktion«, und es wäre »die eigentliche Struktur des Feldes in jedem Produktionsakt [...] präsent«.[12]

Ich möchte versuchen zu zeigen, dass dies zumindest auf Hoffmann und Heine nicht uneingeschränkt zutrifft und dass sie insofern vielleicht moderner sind als ihre späteren Autorenkollegen. Zwar ist Bourdieu zuzustimmen, dass stets »das Auge des Ästheten das Werk als solches schafft« und dass das Auge des Ästheten wiederum »Produkt einer langen Geschichte ist«, in der ein bestimmter Umgang mit Kunst

---

6 Pierre Bourdieu: Die Regeln der Kunst. Genese und Struktur des literarischen Feldes. Übersetzt v. Bernd Schwibs u. Achim Russer. Frankfurt a.M. o.J., S. 58f.

7 Vgl. ebd., S. 190.

8 Ebd., S. 238.

9 Vgl. Christine Magerski: Die Konstituierung des literarischen Feldes in Deutschland nach 1871. Berliner Moderne, Literaturkritik und die Anfänge der Literatursoziologie. Tübingen 2004 [= Studien und Texte zur Sozialgeschichte der Literatur 101].

10 Bourdieu, Regeln (Anm. 6), S. 145.

11 Ebd., S. 254.

12 Ebd., S. 259.

›gelernt‹ worden ist.[13] Doch wird hier eine Homogenität der Rezeption suggeriert, die sich faktisch nicht finden lässt – zu unterschiedlich sind die Auffassungen über unsere beiden Autoren. Insofern kann es ›das‹ Auge des Ästheten mit Blick auf Hoffmann und Heine nicht geben.

Damit ist Bourdieus Konzept nicht ausgehebelt. Durch größere Differenzierung von allgemeinen und unterschiedlichen Auffassungen über Kunst und Literatur ließe sich zweifellos zeigen, dass die Gemeinsamkeiten auf einer höheren, die Unterschiede auf einer niedrigeren Ebene angesiedelt sind, der Gegensatz von symbolischem und ökonomischem Kapital, von Kunst und Leben durchaus bestehen bleibt und dass die meisten Autoren nichts dagegen haben, diesen Gegensatz in der Kunst weiterzuführen, während sie ihn im Leben aufheben – etwa durch entsprechende Verkaufszahlen oder Literaturpreise, man denke beispielsweise an Günter Grass als den weltweit bekanntesten lebenden deutschen Autor. Auch ließe sich zeigen, dass sowohl Hoffmann als auch Heine einen Kanonisierungsgrad erreicht haben, der Bourdieus These vom »Fetisch Kunstwerk« recht gibt.[14]

Das ist die eine Seite der Medaille. Auf der anderen Seite unterlaufen beide Autoren gerade jene Literaturauffassung, die einer säuberlichen Trennung in ein ökonomisches und ein künstlerisches Feld Rechnung tragen würde. Ökonomischer Erfolg ist nicht grundsätzlich negativ, die künstlerische Existenz nicht grundsätzlich positiv, das Problem nicht allein in der Verkennung des Künstlers durch die Gesellschaft zu sehen.

Hoffmann

Anselmus in E.T.A. Hoffmanns berühmtem Kunstmärchen »Der goldne Topf« wird gern als Apologie des Künstlers gedeutet, durchaus im Sinne Bourdieus. Tatsächlich tauscht Anselmus aber den angestrebten gesellschaftliche Erfolg – eine Existenz als Hofrat – gegen eine, ökonomisch gesehen, bessere Existenz ein: Er wird, als Folge einer reichen Heirat, zum Rittergutsbesitzer in Atlantis. Wer nun meint, das sei ja gar nicht in der Realität, sondern in einem imaginären Kunstraum angesiedelt, der verkennt, dass es sich hier überhaupt nur um einen imaginären Kunstraum handelt, der in zwei fiktionale Subrealitäten geteilt ist, von denen keine ›wirklicher‹ ist als die andere. Nicht nur die bürgerliche, auch die Poetenexistenz wird einer gründlichen Ironisierung unterworfen. So heißt es beispielsweise über Anselmus, dass er Veronika, des Konrektors Tochter,

> mit so vieler Geschicklichkeit und so vielem Glück zu Hause führte, daß er nur ein einziges Mal ausglitt, und da es gerade der einzige schmutzige Fleck auf dem ganzen We-

13 Vgl. ebd., S. 455.
14 Vgl. ebd., S. 456.

> ge war, Veronikas weißes Kleid nur ganz wenig bespritzte. Dem Konrektor Paulmann entging die glückliche Änderung des Studenten Anselmus nicht [...].[15]

Hier wird Anselmus das Künstler-Merkmal Weltfremdheit zugeordnet und ironisch gesteigert. Ähnlich ergeht es dem Schöpfungsmythos von Atlantis in der 3. Vigilie[16] und überhaupt der Ausgestaltung der Märchenwelt. Soll man das Märchen ernst nehmen, wenn es heißt, das böse Äpfelweib habe »ihr Dasein der Liebe einer solchen aus dem Fittich des Drachen herabgestäubten Feder zu einer Runkelrübe zu verdanken«?[17]

Noch deutlicher wird dieses Konzept in »Klein Zaches genannt Zinnober«, wenn Balthasar, ebenfalls ein Student, zum Schluss in jener Welt, die als Entsprechung der Realität ausgegeben wird, ein reich ausgestattetes Landhaus bezieht, wieder als Mitgift, diesmal allerdings als Geschenk eines Gönners:

> Ziehst du mit deiner Candida ein in mein Landhaus, so ist das Glück deiner Ehe gesichert. Hinter den schönen Bäumen wächst alles, was das Haus bedarf; außer den herrlichsten Früchten, der schönste Kohl und tüchtiges schmackhaftes Gemüse überhaupt, wie man es weit und breit nicht findet. Deine Frau wird immer den ersten Salat, die ersten Spargel haben. Die Küche ist so eingerichtet, daß die Töpfe niemals überlaufen, und keine Schüssel verdirbt, solltest du auch einmal eine ganze Stunde über die Essenszeit ausbleiben.[18]

Auf noch ironischere Weise wird am Ende des unterschätzten Märchens »Die Königsbraut«, das immerhin den Zyklus der »Serapionsbrüder« beschließt, jede traditionelle oder avantgardistische Kunstauffassung desavouiert. Der Künstler und Student, der hier die Rolle des Bräutigams spielt, vergrault durch seine unsäglichen Gedichte den Fürsten aus dem Reich der Fantastik, der allerdings nicht viel mehr als hässlich anzusehen, tollpatschig und gemein ist und ganz prosaisch über das Gemüse im Garten herrscht. Der Erzähler verkneift es sich nicht, die »sublime[n] Verse« wiederzugeben. Es wird deutlich, dass Hoffmann hier eine ganze Lyriktradition auf den Arm nimmt, die von der Empfindsamkeit bis zur Romantik reicht:

15 E.T.A. Hoffmann: Fantasiestücke in Callots Manier. Blätter aus dem Tagebuche eines reisenden Enthusiasten. Mit einer Vorrede v. Jean Paul. Textrevision u. Anm. v. Hans-Joachim Kruse. Redaktion Rudolf Mingau. Berlin/Weimar 1994 [= Gesammelte Werke in Einzelausgaben 1], S. 232.

16 Vgl. ebd., S. 237ff.

17 Ebd., S. 285.

18 E.T.A. Hoffmann: Nachtstücke. Klein Zaches. Prinzessin Brambilla. Werke 1816-1820. Hrsg. v. Hartmut Steinecke unter Mitarb. v. Gerhard Allroggen. Frankfurt a.M. 1985 [= Sämtliche Werke in sechs Bänden 1], S. 619f.

> Ha! wie singt der Sänger froh!
> Blütendüfte, blanke Träume,
> Ziehn durch ros'ge Himmelsräume,
> Selig, himmlisch Irgendwo![19]

Auch aus den sogenannten Nachtstücken Hoffmanns lässt sich keine ›bessere‹ Auffassung von Kunst destillieren, die – auf die Realität des Lesers bezogen – dazu dienen könnte, symbolisches Kapital zu erringen und in ökonomisches zu konvertieren. Nathanael ist zwar eine Künstlerfigur, aber sein ›Auge des Ästheten‹ ist blind, denn er hält die Puppe Olimpia für eine höchst ästhetische und poetische junge Frau. Seine Freundin Clara sieht, wie ihr Name schon sagt, klarer und durchschaut die Mischung aus traumatischer Erfahrung und Narzissmus, die Nathanael in den Tod treibt. Dass Clara zum Schluss eine prosaische Existenz als Ehefrau und Mutter zugedacht wird, konnotiert der Text nicht negativ – das dürfte doch schließlich besser sein, als sich in wahnsinniger Verblendung von einem Turm zu stürzen. Nathanael verfällt dem Urteilsspruch des Textes, nicht Clara. Die ironische Konzeption des Nachtstücks wird schon am Anfang deutlich, wenn der Erzähler den Text metafiktional werden lässt und auf diese Weise den Ernst der Fiktion aushebelt: »Ich beschloß gar nicht anzufangen.«[20] Nur weil ihm keine Einleitung eingefallen sei, habe er drei Briefe an den Anfang gestellt. Und dann relativiert der Erzähler noch die Bedeutung seiner Geschichte: »Mich hat, wie ich es dir, geneigter Leser! gestehen muß, eigentlich niemand nach der Geschichte des jungen Nathanael gefragt«.[21]

Wenn der Kriminalroman »oft eine Kunst« ist, wie Friedbert Aspetsberger meint,[22] dann ist E.T.A. Hoffmanns »Das Fräulein von Scuderi« schon als Kriminalroman ein Kunstwerk. Doch lässt sich René Cardillacs Künstlertum, das er als brillanter Goldschmied ebenso entfaltet wie als fintenreicher Mörder, auch anders deuten. Im »Fräulein von Scuderi« stehen sich eigentlich zwei verschiedene Künstlerfiguren gegenüber, und ich möchte bezweifeln, dass das Fräulein wirklich die positive Künstlerfigur ist, die man in der Forschung gern in ihr sehen möchte. Vielmehr funktionieren die Dichtungen des Fräuleins, einer historisch belegten französischen Trivialautorin, nur im Kontext einer als defizitär bewerteten Wirklichkeit. Ihr galanter Spruch »Un amant qui craint les voleurs / n'est point digne d'amour« (franz.: »Ein Liebhaber, der die Diebe fürchtet, ist der Liebe nicht würdig«)[23] führt zu dem für die naive ältere Dame unerwarteten Ergebnis, dass ihr

---

19 E.T.A. Hoffmann: Die Serapionsbrüder. Hrsg. v. Wulf Segebrecht unter Mitarb. v. Ursula Segebrecht. Frankfurt a.M. 2001 [= Sämtliche Werke in sechs Bänden 4], S. 1194.

20 Hoffmann, Nachtstücke (Anm. 18), S. 27.

21 Ebd., S. 26.

22 Friedbert Aspetsberger: Krimi-Hausse. Einiges Bemerkenswertes, das allen auffiel. Zur Einführung. In: Ders. u. Daniela Strigl (Hrsg.): Ich kannte den Mörder, wußte nur nicht, wer er war. Zum Kriminalroman der Gegenwart. Innsbruck u.a. 2004 [= Schriftenreihe Literatur des Instituts für Österreichkunde 15], S. 16-63, hier S. 18.

23 Hoffmann, Serapionsbrüder (Anm. 19), S. 797 u. Anm. S. 1527.

Cardillac unter dem Pseudonym »Die Unsichtbaren« zum Dank einen außerordentlich kunstvollen Schmuck schenkt. Das Fräulein spricht konsequenterweise vom »verruchten Hohn« der Verbrecher, obwohl, bei aller Unvergleichbarkeit, der Schmuck die Qualität ihres Verses weit in den Schatten stellt. Das Fräulein von Scuderi vermag die Zeichen nicht mehr richtig zu lesen: »So wurde Manches, was ihr bisher als Beweis der Unschuld und Reinheit gegolten, sicheres Merkmal frevelicher Bosheit, studierter Heuchelei.«[24] Nicht nur die Anschuldigungen gegen Cardillacs Gesellen Olivier, der seinen Meister umgebracht haben soll, sondern auch die Schritte, die zu Oliviers Entlastung führen, sind ein Produkt von Zufällen. Wäre er nicht der Sohn des ehemaligen Pflegekindes der Scuderi und würde nicht ein für Manipulationen anfälliger absoluter Monarch regieren, dann hätte der junge Mann wohl keine Chance gehabt und die seltsame Kette von Mordfällen, die Cardillac ausgelöst hat, wäre nie aufgeklärt worden.

Auch die klare Abgrenzung des Künstlers von der Gesellschaft lässt sich nicht durchhalten, ganz im Gegenteil. Cardillac leidet unter einem pränatalen Trauma, seine künstlerische Brillanz ist sozusagen ein Geburtsfehler, und das Fräulein wird in den Fall der scheinbar unerklärlichen Morde verstrickt. Hoffmann bestätigt in der Erzählung keine Auffassung von Kunst, die der Gesellschaft entgegengesetzt wäre, er rechtfertigt aber auch nicht den herrschenden Konformismus – die Erzählung passt in keine von beiden Schubladen Bourdieus.

Und schließlich »Prinzessin Brambilla«: Giglio und Giacinta können erst zueinander finden, nachdem sie ihre Fantasie entwickelt und den Karneval für ein Spiel des Zeigens und Verhüllens genutzt haben, doch dann ist ihre poetische Existenz nur noch in der Fantasie begründet, mit der sie die prosaische Realität als Schauspieler gestalten. Von der Arbeit zurückgekommen, ist es für sie leicht, ihre Existenz zu wechseln und die beengte Wohnung mit fernen Ländern zu vertauschen:

> »O«, erwiderte Giacinta, »mein teuerster Prinz!« – Und nun umarmten sie sich aufs neue und lachten laut auf und riefen durcheinander! »dort liegt Persien – dort Indien – aber hier Bergamo – hier Frascati – unsere Reiche grenzen – aber nein nein, es ist ein und dasselbe Reich, in dem wir herrschen, ein mächtiges Fürstenpaar, es ist das schöne herrliche Urdarland selbst – Ha, welche Lust! –« Und nun jauchzten sie im Zimmer umher und fielen sich wieder in die Arme und küßten sich und lachten.[25]

Der Künstler unterscheidet sich also vom Bürger nicht durch das Sein, sondern durch das Bewusstsein, das – umgekehrt zu Marx' Diktum – das Sein bestimmt. Man könnte auch sagen, dass der Künstler eine Welt jenseits der Realität wahrnimmt, ohne dass diese zweite Realitätsebene mehr wäre als die nicht eingrenzbare Imagination. Genau dieses Sensorium begründet die Freiheit des Künstlers von den Fesseln der Realität, aber nur, wenn er das Imaginäre als Wunsch-Raum erkennt. Die Unmöglichkeit, das Imaginäre Wirklichkeit werden zu lassen, begründet seine

---

24 Ebd., S. 818.

25 Hoffmann, Nachtstücke (Anm. 18), S. 907ff.

Melancholie, doch das Gegenmittel ist ihm auch an die Hand gegeben – der Humor. Alles in allem ist es der Humor, der literarische Erfahrung zum Spiel transzendiert.

Heine

Wie Hoffmann ist Heine ein Autor der Metafiktionalität, und das, obwohl sich Heine das zeittypische Hoffmann-Bild zu eigen machte. Am 27. November 1823 schreibt er an Ludwig Robert: »Auch Hoffmanns Nachlaßfratzen [...] hab ich gelesen und bin fast seekrank davon geworden.«[26] Doch auch in Heines Texten wird Literatur als Literatur ausgestellt. »Der Dichter Firdusi« im »Romanzero« ist ein geradezu paradigmatischer Text, denn er verhandelt den Bezug von Literatur und Realität. Auf den ersten Blick könnte man meinen, dass Heine hier die Trennung von künstlerischem und ökonomischem System behauptet. Der zweite Blick macht aber die Ironie des Texts offenkundig. Heines Ballade kommt zu zwei Befunden, die in ein spannungsreiches Verhältnis zueinander treten. Vereinfacht gesagt: Literatur und Realität verweisen immer aufeinander, aber Literatur lässt sich auf die stark von Interessen und willkürlichen Regeln strukturierte Realität nicht eingrenzen.

Oberflächlich betrachtet ist »Der Dichter Firdusi« eine Lebens- und Leidensgeschichte. Schon der Titel legt nahe, dass es sich erstens um eine konkrete, historisch belegte Figur handelt und dass es, zumindest bis zu einem gewissen Grad, um das Verfassen von Literatur geht. Anders gesagt – schon im Titel wird die Ballade selbstreflexiv, indem der Dichter Heine eine Ballade über den Dichter Firdusi schreibt.

Firdusi bekommt den Auftrag eines Schahs, diesen im Gedicht zu verklären. Wir haben es hier mit einer typischen Gelegenheitsdichtung in einem feudalen Staatsgefüge zu tun, mit einer Dichtung also, wie sie im deutschen Sprachraum bis in die Barockzeit üblich war. Firdusi vertraut auf die bekannte Großzügigkeit des Fürsten, der üblicherweise symbolisches Kapital im Verhältnis 1:1 in ökonomisches konvertiert – er bezahlt gelungene Dichtung nicht in Silber, sondern in Gold, und zwar in Relation zum Umfang. In der Wahl des Metalls werden symbolisches und ökonomisches Entgelt sozusagen parallel geschaltet. Firdusi ist naiv, denn wie er »denken brave Leute« (DHA III, 49), so der ironische Erzählerkommentar. Für jeden Vers soll Firdusi einen Thoman, eine Münze bekommen, und er geht davon aus, dass sie golden sein wird. Also sitzt er Tag und Nacht am »Webstuhl des Gedankens«. Dort webt er seinen epischen »Riesenteppich«, der das Herrscherlob verbindet mit der Geschichte der »Heimat«, mit deren Fabeln und Märchen, also der mythischen Vergangenheit. Das Projekt ist überaus gelungen: »Alles blühend und lebendig, / Far-

26 Zit. n. der Briefe-Datenbank des Heinrich-Heine-Instituts, die auf der Weimarer Heine-Säkular-Ausgabe aufbaut (hier Bd. 20, Brief 83): http://germazope.uni-trier.de/Projects/HHP/briefe (zuletzt abgerufen am 01.05.2007).

benglänzend, glühend, brennend, / Und wie himmlisch angestrahlt / von dem heil'gen Lichte Irans« (DHA III, 50).

Als die »Zweymalhunderttausend Verse« (DHA III, 50) fertig sind, schickt sie Firdusi an seinen Herrscher und erwartet den gerechten Lohn. Doch der Herrscher schickt – 200.000 Silbermünzen. Firdusi wertet dies als Beleidigung seiner Arbeit und verteilt das Geld an die Boten und einen seiner »Badeknechte« als »Trinkgeld« (DHA III, 51). Firdusis Enttäuschung wird aus personaler Perspektive im zweiten Abschnitt in Worte gefasst. Der König habe auf ihn ehrfurchtgebietend und ehrlich gewirkt. »Er, der Wahrheit stolzer Mann – / Und er hat mich doch belogen« (DHA III, 52). Schon die gebrochene Syntax dieser beiden letzten Zeilen des Abschnitts drückt den Bruch in dem Verhältnis des Dichters zum Herrscher aus.

Eine von Heines ironischen Volten ist es, den sich anschließenden 3. Abschnitt beginnen zu lassen mit: »Schach Mahomet hat gut gespeist, / Und gut gelaunet ist sein Geist« (DHA III, 52). Hier beeinflusst der Körper den Geist und nicht umgekehrt. Auch die Umgebung des Schahs trägt zu seinem Wohlbefinden bei, sie macht ihn »weltvergessen« (DHA III, 52) und erzeugt so die Stimmung, in der er das Lied des Firdusi angemessen wahrnehmen kann. Als der Schah erfährt, von wem das Lied ist, das er gerade hört, ist er »betreten«. Dies ist der einzige, aber ausreichende Hinweis darauf, dass der Schah noch weiß, dass Firdusi nur Silbermünzen bekommen hat und dass er seine Bezahlung als unzureichend erkennt. Nun will er seinen Fehler wiedergutmachen, er lässt Maultiere und Kamele »mit allen Schätzen« beladen, die »eines Menschen Herz ergötzen« (DHA III, 53). Die Beschreibung dieser »Herrlichkeiten« nimmt viele Verse in Anspruch, doch dieses quantitative Übergewicht des Ökonomischen ist ironisch zu verstehen, denn es bereitet die Enttäuschung vor, die auf den Leser wartet. (Abgesehen davon trifft es der Herrscher wieder nicht im Maß; was er vorher zu wenig gab, gibt er jetzt zu viel.) Durch das »West-Thor« der Heimatstadt des Dichters zieht die reich beladene Karawane ein; durch das gegenüber liegende »Ost-Thor« indes bewegt sich der »Leichenzug, / Der den todten Firdusi zu Grabe trug« (DHA III, 54f.).

Der Fehler des Herrschers ist offenkundig, aber auch der Fehler des Dichters, der auf das Herrscherwort vertraute, das bei einem absolutistischen Regenten, der keinerlei Kontrolle unterworfen ist, ein gewisses Maß an Willkür stets einschließt. Man könnte den Ausgang der Ballade nun verschieden deuten. Triumphiert der Dichter im Tode über den Herrscher? Dafür gibt es keine Anzeichen, wenn man einmal davon absieht, dass Firdusis Leichenzug in Richtung aufgehender Sonne unterwegs ist und dies zweifellos eine Aufwertung der Dichterpersönlichkeit bedeutet. Aber eine Abwertung des Herrschers im Zusammenhang mit dem Tod des Dichters findet nicht statt. Ist das Feld der Kunst notwendigerweise gegenläufig zum Feld der Ökonomie zu sehen? Keineswegs, denn der Herrscher ist bekannt für seine Gerechtigkeit im Konvertieren von symbolischem Kapital in ökonomisches. Also handelt es sich hier um eine Ausnahme? Auch dies bleibt offen, denn es wäre ebensogut möglich, dass Ruf und Praxis beim Herrscher auseinander klaffen.

Hier wird ein Einzelfall geschildert, doch wäre er kein Gegenstand einer Dichtung, wenn damit nicht auch eine Aktualisierungsmöglichkeit für den Leser, also eine gewisse Generalisierbarkeit gegeben wäre. Auf der Basis dieser Vorannahme lässt sich die Lebensgeschichte des Firdusi als Fallbeispiel dafür lesen, dass das Verhältnis von künstlerischem und ökonomischem Feld willkürlichen Regeln unterworfen ist, dass also weder das gegenläufige Verhältnis zueinander, das Bourdieu konstatiert, noch das Parallele als Vorannahme gelten kann. Was übrig bleibt, ist die literarische Qualität des Texts, die für sich selbst spricht, auch wenn sie nur fallweise von denen, die für die Bewertung (auch im Wortsinn) zuständig sind, erkannt werden dürfte.

In anderen Texten wird Heine auf direkte Weise politisch. Zu der Kritik an hierarchischen Machtverhältnissen, also vor allem am Absolutismus, tritt die Reflexion über politische Wirkungsmöglichkeiten von Literatur. Die Dichtung der Vormärz-Kollegen – Herwegh, Freiligrath, Börne vor allem – bedeutete für Heine einen konzeptionellen Rückschritt. In »An Georg Herwegh« macht sich Heine über den Versuch des Dichters lustig, beim König persönlich politische Dichtung in politische Tat konvertieren zu wollen. Herwegh wäre demnach ein Firdusi, der seine ursprüngliche Naivität nicht erkennt. Sein Bestreben konnte nur scheitern, deshalb lässt Heine die Figur Herwegh ironisch lamentieren: »In Versen hab' ich ihn entzückt, / Doch ihm gefiel nicht meine Prosa« (DHA II, 119). In seinem Gedicht »Die Tendenz« mischt sich Heine bekanntlich in die Debatte über die Notwendigkeit politischer Parteinahme der Dichter ein, für ihn ist tendenziöse Dichtung literarisch naiv und er weist auf den Gegensatz zwischen Agitation – »Rede Dolche, rede Schwerter!« (DHA II, 120) – und literarischen Ambitionen hin: »Aber halte deine Dichtung / Nur so allgemein als möglich« (DHA II, 120).

In »Attra Troll. Ein Sommernachtstraum« wird das problematische Verhältnis von Literatur auf der einen, Realität und Politik auf der anderen Seite breit entfaltet. Ähnlich wie im »Firdusi« werden auch hier keine letztgültigen Antworten gegeben; sonst würde Heine ja auf die Seite der Tendenz-Dichter treten. Die entscheidende Differenz wird bereits im Vorwort markiert mit der Bezeichnung: »die sogenannte politische Dichtkunst« (DHA IV, 10). Ein Text gehört entweder zur Dichtkunst oder er ist politisch. Die notwendige Ironie, mit der die als politische Dichtung auftretenden Werke zu behandeln sind, bedeutet nicht einen generellen Einwand gegen die Literatur: »Wir lachen aber alsdann nur über das Zerrbild, nicht über den Gott« (DHA IV, 11). Noch in Versform macht Heine deutlich, dass ihm die erkennbare Wirklichkeitsreferenz weniger wichtig ist als das Allgemeine, das er mit seinem Text aussagen möchte, und das lässt sich nicht in eine konkrete Aussage fassen:

> Traum der Sommernacht! Phantastisch
> Zwecklos ist mein Lied. Ja, zwecklos
> Wie die Liebe, wie das Leben,
> Wie der Schöpfer sammt der Schöpfung! (DHA IV, 17)

Die Behauptung trifft zu und sie trifft nicht zu, die Ironie der Textstelle dient zur Relativierung. Liebe, Leben und Schöpfung, mit denen Literatur verglichen wird, sind sinnlos und dennoch sinnhaft, denn sie sind die einzigen übergeordneten Kategorien, von denen ein allgemeiner Daseins-Sinn abgeleitet werden kann. Nur wenn man diese Werteordnung und zugleich ihren heuristischen Charakter akzeptiert, dann lässt sich auch dieser Text, als exemplarischer literarischer Text, angemessen verstehen.

Diese doppelte Perspektive wird in der Selbstreferenz des Textes wiederaufgenommen – Literatur kann nur dann literarisch sein, wenn sie sich selbst als etwas Konstruiertes begreift und so dem Leser den Konstruktionscharakter nicht nur von Literatur, sondern auch von Liebe, Leben und Schöpfer als *Pars pro toto* vorführt. Wer sich mit weniger begnügt, aber mehr darstellen will, der verfällt dem göttlichen Gelächter des literarischen Schöpfers.

Kreisler und die Folgen

In der Figur des Kapellmeisters Johannes Kreisler hat E.T.A. Hoffmann bekanntlich sein Alter ego geschaffen. Diese Aussage sollte aber gleich wieder relativiert werden, denn vielen seiner Figuren hat Hoffmann Züge von sich und allen Texten hat er eine grundsätzliche Botschaft mitgegeben, die auf Heine vorausweist. Zwar gibt es eine Entwicklung von Callots Manier zum Serapiontischen Prinzip, auf die ich hier nicht näher eingehen kann.[27] Auch der Kreisler der »Kreisleriana« ist sicher nicht identisch mit dem Kreisler des »Kater Murr«. Und doch gibt es konzeptionelle Gemeinsamkeiten, die wichtiger sind als alle Unterschiede.

Es ist das Spiel mit Fremd- und Selbstreferenz, das Hoffmann und Heine auszeichnet und zu Autoren macht, die moderner – oder, je nach terminologischer Präferenz, postmoderner – nicht sein könnten. Für Niklas Luhmann bedeutet Selbstreferenz, dass »die Information im rekursiven Netzwerk des Kunstwerks gewürdigt« wird, »also bezogen auf das, was die Selektion gerade dieser Information (und keiner anderen) zum Formenspiel des Kunstwerks beiträgt«.[28] Der Fokus wird, vereinfacht gesagt, verschoben von der Aussage auf das Wechselspiel von Form und Aussage.

Folgendes Zitat stammt aus »Johann Kreislers Lehrbrief«: »Der Traum erschloß mir sein schimmerndes, herrliches Reich, und ich wurde getröstet.«[29] Es lässt sich wie folgt selbstreflexiv lesen: Wir leben in einer konstruierten Welt, doch nur die Literatur vermag dem Menschen die Freiheit der unbegrenzten Konstruktionen zu geben und so reflexiv die eigenen Konstruktionen und die Auswirkungen der Wirklichkeitskonstruktionen zu kommentieren, denen man unterworfen ist. Diese

27 Vgl. Stefan Neuhaus: Grenzen und Grenzerfahrungen in Leben und Werk E.T.A. Hoffmanns [im Druck].
28 Luhmann, Realität (Anm. 4), S. 123.
29 Hoffmann, Fantasiestücke (Anm. 15), S. 400.

Erkenntnis dürfte auch wesentlich dazu beigetragen haben, dass Heine aus der »Matratzengruft« Gedichte schreiben konnte, die zu den schönsten der Literatur gehören und auf die ich hier nicht mehr eingehen kann, weil den Konstruktionsmöglichkeiten von Vor- bzw. Beiträgen Grenzen gesetzt sind, die vor allem die Faktoren ›Zeit‹ und ›Umfang‹ betreffen.

Schumann und die Ästhetik der Skizze

Arnfried Edler

Anfang September des Jahres 1846 erschien ein Werk Robert Schumanns im Druck, das einiges Aufsehen erregte: die »Skizzen für den Pedalflügel« op. 58. Ursprünglich waren die vier Stücke in eine größere Sammlung integriert, deren Titel »Studien für den Pedalflügel« als Hinweis darauf zu verstehen ist, dass Schumann sich damit ein neues kompositorisches Terrain erschloss. Sein Interesse am Pedalflügel, d.h. an einem Flügel, an den eine Pedalklaviatur angehängt ist und der schon seit dem 18. Jahrhundert als häusliches Übe-Instrument für Organisten in Gebrauch war, erwuchs schon gegen Ende der 1830er Jahre aus seiner Überzeugung, dass die Klaviertechnologie in einem stetigen Entwicklungsprozess begriffen sei, der dazu führe, dass die klangliche Erweiterung einerseits eine Annäherung an das Orchester, andererseits eine Loslösung von diesem durch Verselbständigung ermögliche. Der Begriff »Studien« erfasst also zunächst durchaus buchstäblich Etüden für den Pedalflügel, darüber hinaus den weiteren Sinn des kompositorischen Experiments mit einem modifizierten Klaviersatz, dessen Ziel die Gewinnung neuer struktureller und klanglicher Dimensionen darstellte. Während des Kompositionsprozesses trat eines der Mittel, mit denen Schumann dieses Ziel des neuen Klavierklanges verfolgte, nämlich die Kanonstruktur, in einer solchen Weise in den Vordergrund, dass er sich zu einer Änderung der zyklischen Konzeption entschloss: er trennte die kanonisch strukturierten Stücke in der Weise ab, dass sie innerhalb des Opus als zusammengefügter Block den nicht kanonischen Stücken gegenübertraten. Später führten dann verlegerische Erwägungen dazu, aus diesen beiden Blöcken zwei getrennte Hefte mit eigenen Opuszahlen zu machen; um sie auch im Titel deutlicher gegeneinander zu profilieren, wählte er für das Heft mit den nicht kanonischen Stücken den Titel »Skizzen«, eine Gattungsbezeichnung, die innerhalb seines eigenen Werkes neu war. Daraus ergibt sich eine doppelte Fragestellung, die Gegenstand unserer folgenden Erörterung sein soll:

1. Signalisiert der neue Titel eine grundsätzlich neue, bis dahin bei Schumann nicht vorhandene Einstellung zur kompositorischen Produktivität im Sinn einer Art »Emanzipation« des Skizzenhaften gegenüber dem abgerundeten Werk?

2. Darüber hinausgehend wäre im Sinn des Generalthemas dieses Kongresses zu untersuchen, ob sich in der Musik »Übergänge« zu der zentralen Bedeutung ausmachen lassen, die die Skizze zu Beginn der zweiten Hälfte des 19. Jahrhunderts in den Künsten allgemein gewann.

I.

Welche Irritationen der Titel von Schumanns op. 58 hervorrief, zeigt sich an der Rezension des damals als Komponist und Verfasser einer Kompositionslehre bekannten Flodoard Geyer in der »Neuen Berliner Musikzeitung« vom 20. Januar 1847:

> Skizzen! Ein neues in der Musik noch nicht angewendetes Wort. Würde mich vor Bekanntschaft mit dem mir vorliegenden Werke Jemand gefragt haben, was ich darunter verstände, so würde ich damit etwa einige melodische in einer Brieftafel niedergelegte Notierungen bezeichnet haben, die, weil sie dem Gedächtnisse leicht entschlüpfen könnten, zu Papier gebracht worden sind. So haben manche Meister auf Reisen in ihr Porte-feuille flüchtige Gedanken aufgeschrieben, um sie bei gewonnener Ruhe zu verarbeiten. Weiter könnte ich unter dem Ausdruck »Skizzierung« wohl auch den harmonischen, genauer den modulatorischen Gang einer umfassenderen Composition verstehen, den ich mir planmäßig entwerfe, um dann die melodischen Sätze danach zu lenken und zu biegen. In andern Künsten hat das Wort »Skizzen« einen bezeichnenderen Sinn, namentlich in der Malerei, welcher es auch entlehnt ist. Hier bedeutet es flüchtig und vorläufig gemalte Umrisse, die nachher weiter auszuführen sind, an denen aber noch viel geändert werden kann. Jedenfalls ist damit die Vorstellung des Unfertigen und Einstweiligen verbunden. Von einem Componisten ist nun nicht anzunehmen, daß er absichtlich Vorläufiges, Unfertiges in die Oeffentlichkeit schicke und da weder diese noch jene beiden anderen Sinneserläuterungen auf des Herrn Sch. Werk passen, so ist der Ausdruck »Skizzen« kein glücklich gewählter [...].[1]

Die »Vorstellung des Unfertigen und Einstweiligen« bezieht sich selbstverständlich auf eine Ästhetik, in der erst fertige, abgerundete, in sich geschlossene Werke Anspruch auf ästhetische Vollgültigkeit erheben können. Schumann selbst legte diesen Maßstab an, als er 1834 in einer seiner frühesten Rezensionen für die »Neue Zeitschrift für Musik« anlässlich der »Préludes« op. 31 von Joseph Christoph Kessler vor der Gefahr der »Verflüchtigung« in der »rhapsodischen [...] Kunstform« warnte. Bezeichnend erscheint der Zeitpunkt, zu dem diese Rezension geschrieben wurde, nämlich zu Ende des Jahres 1834, gleichzeitig mit dem Beginn der Komposition des »Carnaval« op. 9. Dieses Werk, das Schumann im Untertitel als »Scènes mignonnes sur quatre notes« bezeichnete, besteht aus kurzen tanzartigen Stimmungsbildern, die die schnell wechselnden Impressionen eines Maskenballs wiedergeben. Mit den drei bis vier Jahre früheren »Papillons« op. 2 verbindet das Werk der Charakter einer raschen bewegten Folge von Tanzszenen; während aber das Material der »Papillons« großenteils aus einzelnen Gedanken besteht, die Schumann gewissermaßen als gelebte musikalische Momente in seinen Studienbüchern – die den Charakter von Tagebüchern aufweisen – notiert hatte, sind die einzelnen Szenen des »Carnaval« an der Gattungsgrenze von Klaviertanzfolge und Variation angesiedelt: als hoch differenzierte und fein nuancierte Transformationen der im

1 [Flodoard Geyer]: Rezension über: Robert Schumann. Skizzen für den Pedal-Flügel op. 58. In: Neue Berliner Musikzeitung (1847) Nr. 3 (20.01.), S. 32.

Hintergrund belassenen, nicht in klangliche Erscheinung tretenden »Sphinxes *as- c- h / a-(e)s- c- h*« erwecken sie einen ähnlich aphoristischen Eindruck wie die »Papillons«, sind aber vergleichsweise stärker zusammengebunden. In diesem »humoristischen Maskenroman« – wie Schumann sein Werk in einem anonym erschienenen Artikel von 1840 im »Leipziger Tagblatt« nannte (Kreisig I, 436, Anm. 440) – überlagern sich ständig mehrere Realitätsebenen: die Geselligkeit des Tanzabends ist durchsetzt von den Momenten romanhafter Fiktion – darin steht op. 9 in nächster Nähe zu den »Papillons«, die auch im Titel in Nr. 9 sowie im »Florestan« und im »Großvatertanz« des Finales zitiert werden. Darüber hinaus treten die Figuren des italienischen Theaters aus op. 4 und – neu – die geistige Versammlung der jungen Künstler des Davidsbunds ins Rampenlicht, unter ihnen im Zentrum Eusebius und Florestan, Clara (Chiara), Paganini und Chopin. Diese Überlagerung der Realitätsebenen bedingt das Herbeizitieren unterschiedlicher Gattungen. Der Untertitel »Scènes mignonnes« wurde mitsamt dem »Préambule« aus der vorausgehenden Konzeption der Variationen über Schuberts »Sehnsuchtswalzer« übernommen, für die der Titel »Scènes musicales sur un thème connu« vorgesehen war. Von Anfang an stand mithin die Vorstellung einer theaterhaften Fiktion im Hintergrund. Die Mischung aus dramatischen, epischen, aber auch lyrischen Elementen verweist ihrerseits – über Jean-Paul hinaus – auf zentrale Manifestationen romantischen Humors wie Ludwig Tiecks »Gestiefelter Kater« (1797), dessen Fortsetzung »Prinz Zerbino« (1799) oder E.T.A. Hoffmanns »Kater Murr« (1821) (wobei allerdings deren und der meisten anderen romantischen Literaten Idol – gerade was die Commedia dell'arte-Sphäre betrifft –, der Venezianer Carlo Gozzi, erstaunlicherweise nicht in Schumanns literarischen Gesichtskreis getreten zu sein scheint). – Das Skizzieren von musikalischen Gedanken im Tagebuch hatte Schumann bereits als 19-Jähriger als Merkmal der besonderen Authentizität von Franz Schuberts Musik ausgemacht:

> Es gibt überhaupt, außer der Schubert'schen, keine Musik, die so psychologisch merkwürdig wäre in dem Ideengang- und Verbindung und in den scheinbar logischen Sprüngen, und wie Wenige haben so, wie er, eine einzige Individualität einer solchen unter sich verschiedenen Masse von Tongemälden aufdrücken können und die Wenigsten so viel für sich und für ihr eigenes Herz geschrieben. Was Andern ein Tagebuch ist, in dem sie ihre momentanen Gefühle etc. niederlegen, das war Schuberten recht eigentlich das Notenblatt, dem er jede seiner Launen anvertraute, und seine ganz durch und durch musikalische Seele schrieb Noten, wenn andere Worte nehmen.[2]

Für Schumann selbst war das Beobachten und Fixieren des eigenen Lebens im Tagebuch ein besonders Charakteristikum. In seinem Elternhaus entstand frühzeitig ein Leistungsdruck »von innen«, der sich in einem bewussten, beobachtenden und kontrollierenden Erleben und Einprägen der eigenen Entwicklungsphasen im Vergleich mit den Altersgenossen in Schule und Studium ausprägte. Als Kontrast zwischen Aphorismen, Erzählungen und Reisebeschreibungen im Geist von Novalis,

2 Robert Schumann an Friedrich Wieck. Brf. v. 6. November 1829. In: Jugendbriefe, S. 83.

den Schlegels, Jean Paul oder Byron auf der einen und nüchternen Rechnungsbüchern auf der anderen Seite spiegelt sich in Schumanns Tagebüchern die Spaltung der eigenen bildungsbürgerlichen Lebenswelt in »Poesie« und »Prosa«. Die Anlage der fünf in der Bonner Universitätsbibliothek aufbewahrten Studienbücher[3] indiziert, dass Schumann seine musikalischen Ideen in weitgehend analoger Weise zu verbalen Tagebuch-Einträgen vornahm und sie dann später teilweise unverändert in eine Komposition wie die »Papillons« zu übernehmen.[4] Der Abstand zwischen Skizze und Werk war also bei Schumann wesentlich geringer als bei anderen Komponisten, insbesondere bei Beethoven, dessen Skizzenhefte die klassischen Paradigmata für ein Skizzieren im Sinn des Planens und Entwerfens liefern.

Spielt somit die Fixierung des Lebens in der Kurzfassung der Tagebuchnotiz in Schumanns künstlerischem Wirken und Selbstverständnis während der 1830er Jahre eine wichtige Rolle, so fällt auf, dass er den Begriff »Skizze« als Werktitel überhaupt nicht und in den publizistischen Texten nur gelegentlich und beiläufig verwendete. Am eingehendsten beschäftigte er sich mit ihm in den Rezensionen von Klavierstücken von William Sterndale Bennett und J. P. Emil Hartmanns »8 Skizzen« op. 31 (1843), in denen der Titel nach der wohl erstmaligen Verwendung durch Johann Christian Lobe (1831) vor Schumanns op. 58 auftaucht. Bennetts »Three musical Sketches« op. 10 (1836) rückte er in zwei verschiedenen Besprechungen von 1836 und 1838 ins Blickfeld. (Kreisig I, 367; Kreisig II, 256) In einem kleinen monografischen Artikel nannte er dieses Werk »wahre Claude Lorrains an Musik, lebende tönende Landschaften, und namentlich die letztere unter den Händen des Dichters voll wahrhaft zauberischer Wirkung« (Kreisig I, S. 247), und in der erwähnten Rezension stellte er fest, die »3 Sketches« übertreffen alles, »was ich von musikalischer Genremalerei kenne, wie er denn der Natur gerade einige ihrer musikalischsten Szenen abgelauscht hat.«

Aus dieser Rezension stammt auch eine Bemerkung Schumanns, die im Hinblick auf seine Einstellung zu außermusikalischen Anregungen zum Komponieren häufig – aus dem Zusammenhang gerissen – zitiert wird:

> Auf welche Weise die Skizzen übrigens entstanden seien, ob von innen nach außen, oder umgekehrt, macht nichts zur Sache und vermag niemand zu entscheiden. Die Komponisten wissen das meist selbst nicht, eins wird so, das andere so; oft leitet ein äußeres Bild weiter, oft ruft eine Tonfolge wieder jenes hervor. Bleibt nur Musik und selbständige Melodie übrig, grüble man da nicht und genieße. Noch vergaß ich des »Springbrunnens«; wir hörten es am liebsten von ihm, seine ganze Dichterseele ging hier auf; man hörte alles neben sich, dies hundertstimmige Plaudern und Plätschern [...] (Kreisig I, 368).

3 Universitätsbibliothek Bonn [Schumann 13-17].

4 Matthias Wendt: Zu Robert Schumanns Skizzenbüchern. In: A. Mayeda u. K.W. Niemöller (Hrsg.): Schumanns Werke – Text und Interpretation, Mainz 1987, S. 101-119, hier: S. 114.

Die zentralen Stichworte dieser Zitate (Claude Lorrain, tönende Landschaften, Dichterseele) indizieren, dass es Schumann hier – durchaus in mehr als metaphorischem Sinn – um die gegenseitige Beziehung der Künste ging, und zwar nicht im Sinn von »Einflüssen« oder Abspiegelung, sondern in der Wirkung auf den Rezipienten im Sinn der Beurteilung Claude Lorrains durch Goethe:

> Ausbreitung über eine heitere Welt. Zartheit. Wirkung der atmosphärischen Erscheinungen aufs Gemüt [...]. Von Claude Lorrain, der nun ganz ins Freie, Ferne, Heitere, Ländliche, Feenhaft-Architektonische sich ergeht, ist nur zu sagen, dass er ans Letzte einer freien Kunstäußerung in diesem Fache [der Landschaftsmalerei] gelangte. Jedermann kennt seine Werke, jeder Künstler strebt ihm nach, und jeder fühlt mehr oder weniger, dass er ihm den Vorzug lassen muß. [5]

Übrigens sah sich Lorrain gerade durch seine zahlreichen Nachahmer, die ihre Produkte unter seinem Namen verkauften, veranlasst, unter dem Titel »Liber veritatis« ein Verzeichnis anzulegen, in dem er seine Gemälde in Form von Skizzen festhielt. Als der »Liber veritatis« 1777 gedruckt erschien, bewunderte man diese Skizzen hinsichtlich ihrer Eleganz und Leichtigkeit, durch welche ihnen – ähnlich wie den Zeichnungen Rembrandts – in der Rezeption der folgenden Zeit ein ästhetisch eigenständiger Wert gegenüber den Gemälden zukam. Gegenüber dem vollendeten Gemälde vertraten die Skizzen – wie Arnold Hauser erkannte – bereits seit der Renaissance die Dynamik des künstlerischen Produktionsprozesses, in dem es den Betrachter in der Eigenständigkeit seiner atmosphärischen Prägung zugleich auf das Unabgeschlossene, den Durchgangscharakter verwies. Der Skizze haftete das Moment der Ursprünglichkeit, des Einfalls, zugleich aber der Studiencharakter an – eine Mischung, die für die in der Renaissance entstehende Genieästhetik unabdingbar war.[6] Es war wohl diese Mischung, die Schumann aus den »3 Sketches« seines englischen Freundes Bennett heraushörte. Es handelt sich um Klavierstücke in verschiedenen Bewegungen, die durch die Überschriften »The Lake«, »The Mill-Stream« und »The Fountain« mit Bewegungsformen des Wassers in bestimmten landschaftlichen Situationen in Beziehung gesetzt werden. Der Komponist versucht also nicht eine simple Nachahmung; vielmehr »studiert« er gleichsam die Wirkung der Bewegung auf den Zuhörer, wobei Schumann selbst auf die wahrscheinliche Anregung durch Mendelssohns Ouvertüre »Meeresstille und glückliche Fahrt« hinwies (man könnte sicherlich auch die »Melusinen«-Ouvertüre desselben Komponisten einbeziehen). In einer Zeit, in der die Darstellung von Quellengeriesel, badenden Nymphen oder rauschenden Mühlrädern in der Salonmusik zu wiederkehrenden Topoi erstarrte, war es gerade die studienhafte Gegenüberstellung des Unterschiedlichen, die zu differenzierter Wahrnehmung der Bewegungscharaktere anregte, indem sie an reale Erinnerungssituationen aus der Lebenswelt appellierte und auf diesem Weg zur Konzentration auf die Musik selbst zurückführte.

---

5 Johann Wolfgang Goethe: Schriften zur Kunst / Landschaftliche Malerei / ca. 1831. In: Goethes Werke. Bd. 12. Hrsg. v. E. Trunz. München 1982, S. 222.

6 Arnold Hauser: Sozialgeschichte der Kunst und Literatur (1953). München 1972, S. 351.

W. St. Bennett: Anfang op.10, 1: »The Lake«

W. St. Bennett: Anfang op.10, 2: »The Mill-Stream«

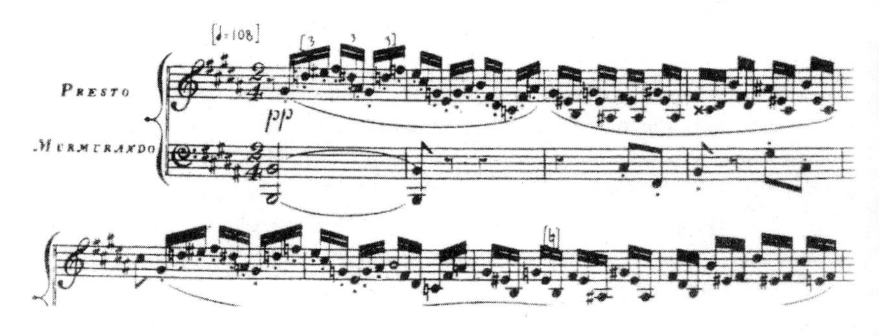

W. St. Bennett: Anfang op.10, 3: »The Fountain«

II.

Acht Jahre nach Schumanns Tod, Ende November/Anfang Dezember 1863, erschien im »Le Figaro« Charles Baudelaires Essay »Le Peintre de la Vie moderne«. Am Gegenstand der Federzeichnungen des Malers Constantin Guys reflektierte Baudelaire die Bedingungen der Produktion und Rezeption von Kunst, wie sie sich aus den Bedingungen der damaligen Großstadt ergaben. Elemente und Motive dieser Zeichnungen finden sich in Baudelaires lyrischem Hauptwerk »Les Fleurs du Mal« (1857), insbesondere in dessen zweitem Teil, den »Tableaux Parisiens«, wieder. In Baudelaires Essay wird die wechselseitige Spiegelung nicht nur der Künstlerpersönlichkeiten, sondern geradezu diejenige der Künste in der Veränderung durch das moderne Leben deutlich.

In dem Abschnitt »L'Art mnémonique« (»Die Gedächtniskunst«) gelangte Baudelaire zur Formulierung einer neuartigen Bedeutung der Skizze bei Guys, die sich dadurch von den »admirables croquis de Raphaël, de Watteau et de beaucoup d'autres«, unterscheiden, »que ce sont là des notes très minutieuses, il est vrai, mais des pures notes«.[7]

Demgegenüber hat die Skizze bei den »Malern des modernen Lebens« einen anderen Stellenwert: sie arbeiten nach dem Gedächtnis, ohne sich in die genaue Abschilderung ihres Gegenstandes zu verlieren. Ihr Ziel,

> der Mode das abzugewinnen, was sie im Vorübergehen an Poetischem enthält, aus dem Geschichtlichen das Übergeschichtliche herauszufiltern, das Bleibende aus dem Vorübergehenden zu ziehen [de dégager de la mode ce qu'elle peut contenir de poétique dans l'historique, de tirer l'éternel du transitoire]

verfolgen sie, indem sie am Vorübergehenden das Zufällige, die aufrührerische Menge der Details (»émeute de détails«) fernhalten, um in einem Zustand der Anspannung der auferweckenden, beschwörenden Erinnerung (»contention de mémoire résurrectionniste, évocatrice«) das Wesentliche zu erfassen und es mit ihrem perfekten Gefühl für die Form (»sentiment parfait de la forme«) zeichnerisch zu gestalten (»dessiner«). »Man mag das eine Skizze nennen, aber eine perfekte Skizze« (»vous nommerez cela une ébauche, mais ébauche parfaite«).

Die Differenz der Skizze zur naturalistischen, auf Fülle der realen Details gerichteten Abschilderung liegt also in der inhaltlichen Authentizität der künstlerischen Aussage: in der Skizze formt der Künstler in einem Akt der Beschwörung, den Baudelaire mit dem Wunder der Auferweckung des Lazarus vergleicht, den flüchtigen realen Eindruck zu einem Werk, das den Anspruch auf Weltdeutung erhebt und eben deshalb selbst zum unvergänglichen Dokument nicht der sich ständig verändernden Objektivität, sondern dieser Veränderung selbst in ihrer Wahrnehmung durch das Subjekt zu werden. Im Zeitalter der rasanten Beschleunigung des Lebens-

---

7 Charles Baudelaire: Le Peintre de la Vie moderne (1863). In: Critique d'art suivie de critique musicale. Hrsg. v. Cl. Pichois. Paris 1992, S. 354-360.

rhythmus gewinnt das rasche Entwerfen und Erfassen der charakteristischen Umrisse, der Bewegung und des Rhythmus ästhetische Superiorität im Sinn einer durch inneres Erleben des Schaffenden garantierten Einheit. Rasches und sicheres Rezipieren im Sinn des Zugreifens auf die Wirklichkeit stellt also in Baudelaires Sicht die entscheidende Voraussetzung dar, die den modernen Maler befähigt, Werke von dauerhafter Bedeutung zu erfassen.

Fragt man nach der Übertragbarkeit auf die Musik, so finden sich besonders in Schumanns früher Zeit Merkmale, die dieser Ästhetik weitgehend entsprechen. Für den jungen Schumann stand außer Frage, dass »die erste Konzeption immer die natürlichste und beste [sei]. Der Verstand irrt, das Gefühl nicht.« (Kreisig I, 25)

Dabei wurde das auf Tage- bzw. Studienbuch gestützte Komponieren ebenso beschleunigt wie innerhalb der Zyklen der rasante Wechsel der Ausdruckscharaktere. Wie Baudelaire das malerische, so bewertete Schumann das auditiv-strukturelle Gedächtnis als entscheidende Befähigung eines Musikers; das drückte er u.a. in einer Anekdote aus der Sammlung »Aus Meister Raros, Florestans und Eusebius' Denk- und Dichtbüchlein«, die in dem Jahr zwischen Oktober 1830 und 1831 entstand, in dem Schumann als Schüler Friedrich Wiecks in dessen Haus lebte:

> Als ein junger Musikstudierender in der Probe zu der achten Sinfonie von Beethoven eifrig in der Partitur nachlas, meinte Eusebius: »Das muß ein guter Musiker sein!« – »Mit nichten«, sagte Florestan, »das ist der gute Musiker, der eine Partitur ohne Musik versteht, und eine Partitur ohne Musik. Das Ohr muß des Auges und das Auge des (äußern) Ohrs nicht bedürfen«. »Eine hohe Forderung«, schloß Meister Raro, »aber ich lobe dich darum, Florestan«. (Kreisig I, 17)

Der Akzent liegt auf der Parenthese »äußeres« Ohr, die auf den Gegenbegriff – das »innere Ohr« – verweist, das für die Speicherung äußerer Eindrücke zuständig ist und sie zum Ausgangsmaterial für den kreativen Prozess umformt. Die Leistungsfähigkeit des »inneren Ohres« entscheidet über den Rang eines Komponisten; in einer Übersichtsrezension über preisgekrönte Klaviersonaten von 1842, die zu seinen letzten für die »Neue Zeitschrift für Musik« zählt, schrieb er: »Wir wissen wohl von Bach und andern verwickelt kombinierenden Künstlern [...], deren inneres Ohr so bewunderungswürdig fein schuf, daß das äußere die Kunst erst mit Hilfe des Auges gewahr wird.« (Kreisig II, 81)

Dabei ist es von nachgeordneter Bedeutung, ob die erinnerten Eindrücke auditiver oder visueller Natur sind. So heißt es in der Rezension von Berlioz' »Symphonie fantastique« (1835):

> Unbewußt neben der musikalischen Phantasie wirkt oft eine Idee fort, neben dem Ohre das Auge, und dieses, das immer tätige Organ, hält dann mitten unter den Tönen und Klängen gewisse Umrisse fest, die sich mit der vorrückenden Musik zu deutlichen Gestalten verdichten und ausbilden können. (Kreisig I, 84)

Bei diesen »Gestalten« handelt es sich um Landschaften, Menschen, Vorgänge, Stimmungen, die er vor allem in seinen Reisetagebüchern festhielt; ihnen ist deutlich der Eindruck von Heines »Reisebildern« anzumerken, die Schumann – wie die meisten seiner Altersgenossen – gelesen hat.[8] Den Zusammenhang zwischen musikalischem und außermusikalischem Denken schilderte Schumann im Brief vom 13. April 1838 an Clara:

> [E]s sind meist Vorgänge in meiner Seele, Gedanken über Musik und Compositionen – es afficirt mich Alles, was in der Welt vorgeht, Politik, Literatur, Menschen; über alles denke ich nach meiner Weise, was sich dann durch die Musik Luft machen, einen Ausweg suchen will [...]. (Briefwechsel I, 146)

Seit 1845 änderte Schumann nach eigener Aussage im Tagebuch die Organisation des Schaffensprozesses:

> Ich habe das Meiste, fast Alles, das kleinste meiner Stücke in Inspiration geschrieben, vieles in unglaublicher Schnelligkeit, so meine erste Symphonie in B-Dur in vier Tagen, einen Liederkreis von zwanzig Stücken ebenso [gemeint ist der Heine-Zyklus »Dichterliebe« op. 48, aus dem für die Druckfassung vier Stücke ausgesondert wurden], die Peri in [ebenso] verhältnismäßig kurzer Zeit. – Erst vom Jr. 1845 an, wo ich anfing, alles im Kopf zu erfinden und auszuarbeiten, hat sich eine ganz andere Art zu componiren zu entwickeln begonnen. (Tb II, 402)

Allerdings bedeutete dies *de facto* nicht, dass sich der Kompositionsvorgang wesentlich verlangsamte, es sei denn, dass krankheitsbedingte Verzögerungen eintraten: so nahm beispielsweise die Komposition der »Rheinischen Sinfonie« op. 97 von der Konzeption bis zur Fertigstellung der Partitur nicht mehr als vier Wochen in Anspruch (7.11.-9.12.1850); für die Skizzierung der einzelnen Sätze benötigte Schumann nur wenige Tage; so vermerkte er etwa im Haushaltbuch vom 9. November: »Den ersten Symphoniesatz in ›Es‹ in der Skizze beendigt«, und am 25. November: »Das Scherzo z. Symphonie comp[onirt]«. Diese Formulierung signalisiert überdies, dass Schumann nach wie vor das Skizzieren für den eigentlichen Kompositionsvorgang ansah und daher auch begrifflich mit ihm identifizierte, wogegen das Instrumentieren als gesonderter Schritt abgetrennt und mitunter durch zwischengeschaltete andere Arbeiten unterbrochen wurde.

***

Die enorme Beschleunigung der Welt und des Lebens und damit des je individuellen Erfahrungsstromes wurde jüngst von Hartmut Rosa als konstitutive Grunderfahrung der Neuzeit seit der Renaissance beschrieben.[9]

---

8 Robert Schumann an Heinrich Wilhelm von Kurrer. Brf. v. 09. Juni 1828. Zit. n. Ernst Burger: Robert Schumann. Eine Lebenschronik in Bildern und Dokumenten. Mainz 1999, S. 63.

9 Hartmut Rosa: Beschleunigung. Die Veränderung der Zeitstrukturen in der Moderne. Frankfurt a.M. 2005, S. 71.

Seit etwa 1830 erhielt diese Entwicklung einen gewaltigen Schub im Kontext der technischen Modernisierung, der sich u.a. in der Entwicklung der Großstädte, der Telegrafie, der Eisenbahnen und Dampfschiffe sowie der Daguerrotypie manifestierte. Dadurch wurde in den Künsten eine radikale Veränderung des mentalen Hintergrunds ausgelöst, die sich zu Beginn des 20. Jahrhunderts etwa bei den Malern der »Brücke« zu Tagebuchprotokollierungen der Dauer einer Skizzierung in Minuten und zu Bezeichnungen wie »Minutenskizze« oder »Minutenakt« führte.[10] In der Musik stellen etwa Darius Milhauds »Opéras minutes« Gegenbeispiele aus den 1920er Jahren dar.

Als schreibender Autor beschrieb Paul Valéry 1906 in seinen »Cahiers«

> die Angst vor dem, was nicht in einen Augenblick passt. Schnelligkeit und schnelle Ermüdung. Übermäßiger Sinn fürs Unvollständige – und für die Dauer [...]. Das Körperliche beim Schreibvorgang ist mir unerträglich. Kommt das Wort endlich aus der Feder, ist der Gedanke längst verändert oder verworfen.[11]

Dass Robert Schumann an dieser Entwicklung frühzeitig Anteil hatte, ist ein Aspekt, den es für die Musik und ihre Ästhetik im 19. Jahrhundert sowie im Verhältnis zu den Nachbarkünsten stärker zu beachten gilt.

---

10 Joachim Heusinger von Waldeck: Modelle und Modellstudium: Medienreflexion am Beispiel »Fränzi« und »Marcella«. In: Madalena M. Moeller (Hrsg.): Ernst Ludwig Kirchner: Aquarelle und Zeichnungen. Die Sammlung Karlheinz Gabler, München 1999, S. 15.

11 Paul Valéry: Cahiers / Hefte I. Hrsg. v. H. Köhler u. J. Schmidt-Radefeldt. Frankfurt a.M. 1987, S. 74.

Schumanns »Dichterliebe« und Heines Liebe zur Dichtung[1]

Berthold Höckner

1. Die »Armesünderblum«

Hier ist das 62. Gedicht aus Heines »Lyrischem Intermezzo«, aus dem Schumann die Gedichte für die »Dichterliebe« zusammenstellte:

> Am Kreuzweg wird begraben
> Wer selber brachte sich um;
> Dort wächst eine blaue Blume,
> Die Armesünderblum.
>
> Am Kreuzweg stand ich und seufzte;
> Die Nacht war kalt und stumm.
> Im Mondenschein bewegte sich langsam
> Die Armesünderblum.

Heine lamentiert. Heine provoziert. Am Kreuzweg vor den Toren der Stadt – so war es Sitte – wurden all die begraben, die sich das Leben genommen hatten. In Mitteleuropa wächst die blaue Wegwarte an Weg- und Straßenrändern.[2] Sie wird für Heine zur Blume des armen Sünders. Natürlich spielt die »Armesünderblum« auf das Ursymbol der Frühromantik an. Die blaue Blume ist das Paradigma der romantischen Sehnsucht. Der Held von Novalis' Roman »Heinrich von Ofterdingen« sieht sie im Traum und seine Suche nach ihr führt ihn auf den Pfad der Selbsterkenntnis. Heines Bezug auf diese Suche hinterlässt jedoch einen bitteren Nachgeschmack. Das romantische Wandern führt nicht nur in den Tod, sondern endet mit Selbstmord. Der arme Sünder ist der romantische Dichter selbst. Er gräbt sein Grab mit Hilfe der romantischen Dichtung. Durch den Wegfall des *e* reimt sich die

---

1 Dieser Beitrag ist die gekürzte Fassung meines Aufsatzes »Paths through ›Dichterliebe‹«. In: 19th Century Music (2006), S. 65-80. Besonderer Dank an Richard Cohn, Jeff Nichols, Rufus Hallmark und Richard Kurth. Der Aufsatz ist dem Andenken von John Daverio gewidmet.

2 Die Wegwarte ursprünglich ein Symbol der Treue, was im Volksglauben der Geschichte von der Braut zum Ausdruck kommt, die am Wegrand auf ihren im Krieg gefallenen Geliebten wartet und dabei in eine Blume verwandelt wird. Die Bezeichnung »Verfluchte Jungfer« entstammt der Legende, wonach eine Jungfrau dasselbe Schicksal ereilte, nachdem sie Jesus von ihrer Türschwelle verwiesen hatte. Die Folklore erklärt warum man hinter der Wegwarte verwunschene Menschen vermutete, und zwar gute Menschen für die Pflanze mit weißen Blüten und schlechte Menschen für die Pflanze mit blauen Blüten. Siehe C. Rosenkranz: Die Pflanzen im Volksaberglauben. Leipzig [2]1896, S. 385; und Jacob Grimm/Andreas Heusler/Rudolf Hübner: Deutsche Rechtsaltertümer. Leipzig [4]1899, Bd. II, S. 327.

»Armesünderblum« nicht nur mit der tödlichen Tat (»brachte sich um«), sondern imitiert auch die Geste des Verstummens (»bewegte sich stumm«).

Und doch ist Heines morbider Humor nicht ohne Hoffnung. Seine Selbstmordfantasie lebt von dem, was sie zu zerstören sucht. Als Symbol für das Ende der romantischen Dichtung ist die »Armesünderblum« auch Zeichen ihrer Auferstehung. Diesen Widerspruch beinhaltet das Wort »Armesünderblum«. Während seine fünf verbleibenden Silben immer noch Ausdruck dichterischer Kraft sind, mildert die Dehnung der letzten Silbe die Härte ihres männlichen Reims: »-blum« ist nicht mehr »um« und noch nicht »stumm«. So ist die »Armesünderblum« zwar ein Symbol für den Tod der romantischen Dichtung, aber sie spricht auch vom Leben, das sich noch in ihr regt. Heine plaziert die blaue Blume der Romantik an den Ort des Todes, damit sie dort von Auferstehung sprechen kann. Die »Armesünderblum« ist ein Versprecher, der zum Versprechen wird. Im Tod weckt sie Hoffnung auf das Weiterleben der Poesie.

2. Fragment und Ganzes

Schumann hat dieser Widerspruch fasziniert. Sowohl das letzte Lied des Heine-»Liederkreises« op. 24 und der »Dichterliebe« op. 48 enden mit dem Wunsch, die Lieder in einem Buch zu begraben oder ins Meer zu versenken. Aber beide Zyklen enden auch mit dem Wiederaufleben der Dichtung. Die Lieder entspringen dem aufgeschlagenen Buch; oder sie entweichem dem Sarg, der sich öffnet. Dieses offene Ende hat bei der analytischen Rezeption der »Dichterliebe« in der amerikanischen Musikwissenschaft eine Diskussion über die musikalische Einheit entfacht, auf die ich in der englischsprachigen Fassung meines Aufsatzes genauer eingehe.[3] Hier möchte ich nur einen Punkt herausgreifen, nämlich die Frage, ob die »Dichterliebe« ein Fragment oder ein Ganzes ist.

Die Frage hat nicht nur eine analytische und ästhetische Dimension, sondern betrifft auch die Entstehungsgeschichte des Zyklus. In ihrem Buch »Schumann's Dichterliebe and Early Romantic Poetry: Fragmentation of Desire«[4] hat Beate Perrey darauf hingewiesen, dass Schumann Anfang Juni 1840 alle 20 Lieder als »Gedichte von Heinrich Heine: 20 Lieder und Gesänge aus dem lyrischen Intermezzo im Buche der Lieder für eine Singstimme und das Pianoforte« dem Verleger Bote & Bock angeboten hatte. In seinem Brief an den Verleger sprach Schumann von einem »Zyklus von 20 Lieder[n], die ein Ganzes, aber auch einzeln für sich ein Abgeschlossenes bilden«.[5] Obwohl er eine Absage erhalten hatte, versuchte Schumann es drei Jahre später noch einmal bei Breitkopf & Härtel sowie bei Böhme & Peters. Erst nach der Zusage von Peters nahm Schumann vier Lieder heraus und gab dem

---

3 Vgl. Höckner, In: »Paths« (Anm. 1), S. 67f., mit weiteren Literaturhinweisen in Anm.7-9.

4 Beate Julia Perrey: Schumann's Dichterliebe and Early Romantic Poetry: Fragmentation of Desire. Cambrige, Mass. 2002.

5 Zit. n. ebd. 120, Anm. 46.

neuen op. 48 den Titel »Dichterliebe«. Für Perrey ist daher die endgültige Fassung kein einheitliches Ganzes. Mehr noch: aus ihrer Sicht konzipierte Schumann bereits die ursprüngliche Fassung im Geiste einer Ästhetik des Fragments.[6] Diese philologische Begründung ist jedoch problematisch. Da wir nicht wissen, was Schumann zur Revision veranlasst hat, sind beide Fassungen durchaus gleichwertig. Dennoch spricht einiges für Perreys ästhetische Begründung, dass Heines »Lyrisches Intermezzo« eine »Signatur der Moderne« sei.[7] Das »Buch der Lieder« war Gegenentwurf zu »Des Knaben Wunderhorn«, dessen Motive und Formen Heine aufgriff, um sie als künstlich geschaffene Volksdichtung zu entlarven. Heines Ironie zielte auf den Kern der romantischen Dichtung: ihren Wahrheitsanspruch. So verdrehte Heine die berühmte Zeile »In deinen Küssen welche Wonne« aus Goethes »Sesenheimer Liedern« zu »In den Küssen welche Lüge«, um die Authentizität der Erlebnislyrik in Zweifel zu ziehen. Und doch konnte Heine die romantische Stimmung nicht brechen, ohne sie zuvor richtig gefühlt zu haben. Perrey weist zu Recht darauf hin, dass »Die Romantische Schule« sowohl Heines Kritik als auch seine Sehnsucht nach der Romantik zur Sprache bringt. Was Adorno treffend als Heines »Wunde« bezeichnete, diese Wunde hatte der Dichter sich selber geschlagen. Die Folge der ironischen Selbstverstümmelung ist Heines Melancholie. Der Selbsthass des Dichters ist Symptom seines Versuchs, den Tod der Dichtung am Kreuzweg von Romantik und Moderne zu betrauern. Und diesen Versuch verkörpert die »Armesünderblume«.

Die Betonung von Heines Modernität stellt die herkömmliche Interpretation des romantischen Kunstlieds auf den Kopf. Der Blick fällt nicht mehr von Schumann auf Heine, sondern von Heine auf Schumann. Die romantische Hermeneutik weicht damit einer modernen Hermeneutik. Es geht nicht mehr um Intention und Identifikation, sondern um Verfremdung und Differenz. Anstatt Kongenialität gibt es Konflikt. Das integrale Subjekt löst sich auf und wird zum dezentrierten Subjekt. Der einheitliche Sinn verliert sich in eine ungewisse Mehrdeutigkeit. Aus diesem Grunde richtet Perrey ihr Augenmerk darauf, die modernen Kategorien der romantischen Ästhetik – Fragment, Ironie, und Reflexion – in der »Dichterliebe« zu bestimmen. So etwa im vielbesprochenen ersten Lied »Im wunderschönen Monat Mai«, welches auf der unaufgelösten Septime des Dominantseptakkords von fis-Moll endet, jedoch im Innern zweimal nach A-Dur kadenziert. Charles Rosen hatte dieses Lied mit Friedrich Schlegels berühmter Definition des romantischen Fragments in Verbindung gebracht: »Ein Fragment muß gleich einem kleinen Kunstwerke von der umgebenden Welt ganz abgesondert und in sich selbst vollendet sein wie ein Igel«.[8] Doch Perrey beklagt, dass Rosen mit dieser Definition immer noch am romantischen Ideal aphoristischer Abgeschlossenheit festhält. Diesem Ideal zieht sie Maurice Blanchots Idee des Fragments als etwas Unvollendetes vor, wobei einzelne

---

6 Diese Auffassung teilt Perrey mit David Ferris: Schumann's Eichendorff Liederkreis and the Genre of the Romantic Cycle. Oxford 2000; vgl. Introduction u. Kapitel 1.

7 Vgl. den zweiten Teil von Perrey, Dichterliebe (Anm. 6).

8 Ebd., S. 174; vgl. Charles Rosen: The Romantic Generation. Cambridge, Mass. 1995, S. 48.

Fragmente von der Lücke bestimmt sind, welche sie von einander trennt.[9] Im Sinne Blanchots entdeckt Perrey im ersten Lied der »Dichterliebe« einen symptomatischen Mangel von tonaler Abgeschlossenheit:

> »Sehnen und Verlangen« as a sentiment paramount to Romanticism has been seized structurally in its purest manifestation – through lack itself – in the first song of »Dichterliebe«. Without a tonal centre and by forging formal closure, it widens the ›wounded agony‹ sensed in Heines »Sehnen« by virtue of its fragmentary form [...] Song 1 does not, as has been assumed in previous studies, provide a stable basis on which all other songs can rely, nor is it forcibly connected to Song 2. Instead, it opens up the structure of Dichterliebe into a constellation of phantasmal dialogues.[10]

Yonatan Malin zufolge schießt Perreys Analyse jedoch über ihr Ziel hinaus und widerspricht damit der Grundidee ihres Buches. Die Schlüsse in A-Dur spiegeln Stabilität vor, und diese Illusion ist ein vortreffliches Beispiel von Perreys »fragmentation of desire«: »The poet sublimates his desire in images of springtime, in what seems to be a stable A major. Desire then destabilizes the key and creates fragmentation, in the song and in the poetic self, as it re-emerges at the end of each stanza«.[11] Anders gesagt schwankt das Lied zwischen der Illusion von Erfüllung und tatsächlicher Fragmentierung. Mein Ziel ist es nun zu zeigen, dass dieser Widerspruch sich in der Struktur des gesamten Zyklus wiederfindet.

3. Narrative und Tonale Strukturen

Der Ausgangspunkt meiner Interpretation ist Fred Lerdahls Analyse der »Dichterliebe« in seinem Buch »Tonal Pitch Space«. Lerdahl präsentiert eine »regional journey« durch den Zyklus, die er folgendermaßen erläutert:

> The unit of analysis is the tonic of each song, and there is no attempt to organize the sequence into a prolongational hierarchy. Beginning in f-sharp (the first song, »Im wunderschönen Monat Mai«, is ambiguous between prolonging *V/f-sharp* and *I/A*), the circle moves back and forth within one fold of the space. The sequence gradually descends down the fifth axis, until at »Ich hab' im Traum geweinet«, it crosses the seam to the adjacent fold and then continues to descent until *c#* is reached [vgl. den Pfeil in Beispiel 1] . The cycle has come full circle and in a sense could begin again, with the *I* of the *Db* coda, pivoting as *V/f* sharp [vgl. die Hervorhebungen um A-Dur und Fis-Dur in Beispiel 1]. It is tempting to ascribe narrative significance to this pattern, but Heines elusive poetry does not offer an easy interpretation. At the least, the stark »Ich hab' im Traum geweinet« signals a change in mood that conforms to the crossing from one fold to the next.[12]

9 Vgl. Perrey, Dichterliebe (Anm. 6), S. 177.

10 Ebd., S. 224 und 177.

11 Yonatan Malin: Review of Beate Julia Perrey »Schumann's Dichterliebe and Early Romantic Poetry: Fragmentation of Desire«. In: Music Theory Spectrum (2006), S. 302.

12 Fred Lerdahl: Tonal Pitch Space. New York 2001, S. 138.

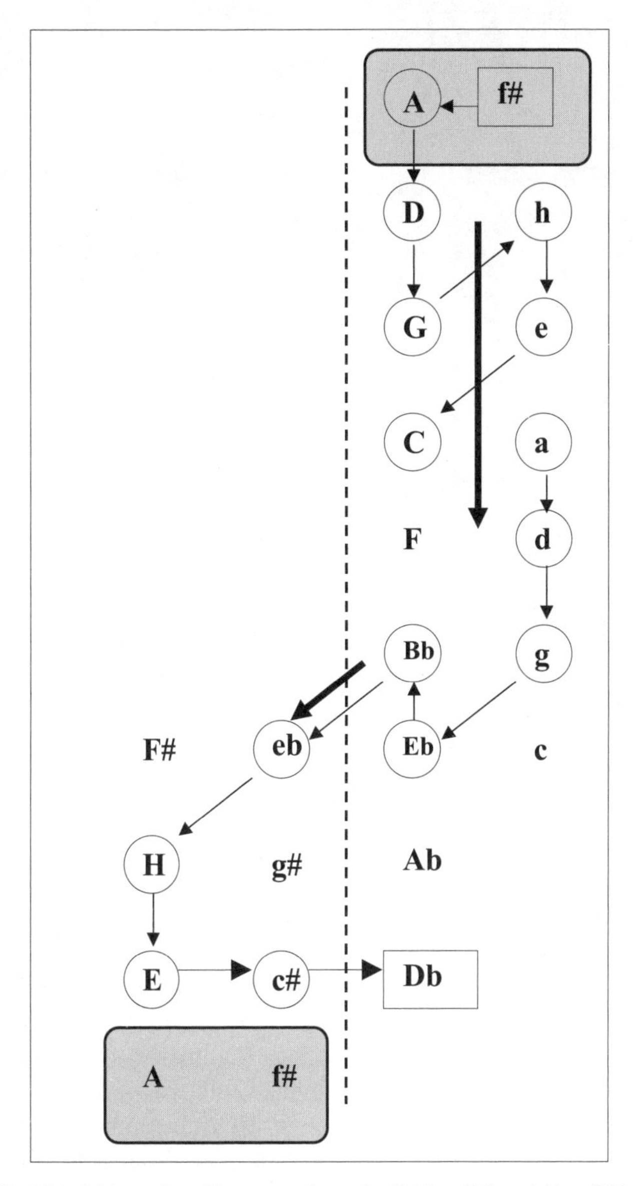

Beispiel 1: Fred Lerdahl »regional journey« through »Dichterliebe« (»Tonal Pitch Space«, S.139; fettgedruckte Pfeile und Hervorhebungen sind hinzugefügt und deutsche Tonartenbezeichungen entsprechend geändert).

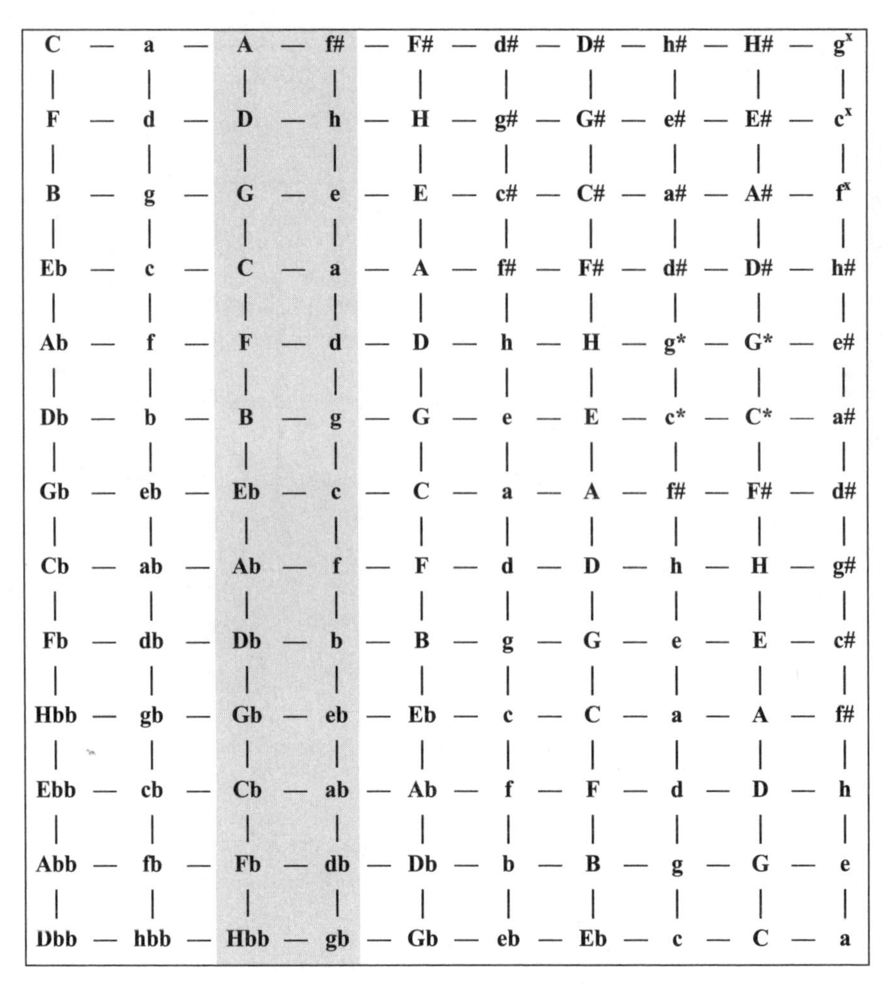

C	a	A	f#	F#	d#	D#	h#	H#	g^x
F	d	D	h	H	g#	G#	e#	E#	c^x
B	g	G	e	E	c#	C#	a#	A#	f^x
Eb	c	C	a	A	f#	F#	d#	D#	h#
Ab	f	F	d	D	h	H	g*	G*	e#
Db	b	B	g	G	e	E	c*	C*	a#
Gb	eb	Eb	c	C	a	A	f#	F#	d#
Cb	ab	Ab	f	F	d	D	h	H	g#
Fb	db	Db	b	B	g	G	e	E	c#
Hbb	gb	Gb	eb	Eb	c	C	a	A	f#
Ebb	cb	Cb	ab	Ab	f	F	d	D	h
Abb	fb	Fb	db	Db	b	B	g	G	e
Dbb	hbb	Hbb	gb	Gb	eb	Eb	c	C	a

Beispiel 2: Tonartenverhältnisse aus Gottfried Webers »Versuch einer geordneten Theorie der Tonkunst« (Hervorhebung hinzugefügt).

Lerdahls hermeneutische Zurückhaltung ist zwar verständlich, erlaubt uns aber seinen Ansatz weiter zu verfolgen. Lerdahl zeichnet die »regional journey« auf der Karte der Tonartenverhältnisse ein, die Gottfried Weber in seinem »Versuch einer geordneten Theorie der Tonkunst« entworfen hatte. Schumann war mit Webers Traktat vertraut; seine Tagebücher belegen, dass er den »Versuch« durchgearbeitet hatte.[13] Weber beschäftigte sich im »Versuch« unter anderem mit den Tonartenverhältnissen, die er in wechselnden Anordnungen arrangierte. So kombinierte er die

13 Vgl. Bodo Bischoff: Monument für Beethoven. Die Entwicklung der Beethoven-Rezeption Robert Schumanns. Köln-Rheinkassel 1994, S. 369-93, und Hubert Mossburger: Poetische Harmonik in der Musik Robert Schumanns. Sinzig 2005, S. 139-40.

fallenden Quinten von Dur und Moll in der Vertikalen mit kleinen Terzen in der Horizontalen, wobei er jeder Tonart eine Stelle im Raster zuwies (vgl. Beispiel 2). Die Anordnung der Tonarten in der »Dichterliebe« folgt der Doppelschiene von fallenden Quinten, die in Webers Schema in der dritten und vierten Spalte zu sehen ist und im Beispiel 2 hervorgehoben ist.

Der zentrale Aspekt von Lerdahls Analyse ist das Fehlen einer »prolongational hierarchy«. Damit distanziert sich Lerdahl ausdrücklich von dem Ansatz, mit dem Arthur Komar versucht hatte, die Tonartenfolge in der »Dichterliebe« im Sinne Schenkers auf eine übergeordnete Grundtonart zu beziehen.[14] Bei Lerdahl wird Webers abstrakter tonaler Raum (»tonal space«) zur Grundlage für konkrete tonale Ereignisse (»event space«).[15] Die zeitliche Abfolge dieser Ereignisse bildet die Basis einer tonalen und narrativen Struktur, bei der zwei Aspekte wesentlich sind:

1. das Schwanken zwischen zwei gegensätzlichen emotionalen Zuständen.
2. die Erfahrung von zeitlicher und räumlicher Distanz, die es zu überwinden gilt.

Lerdahl übernimmt die vertikale Anordnung der Doppelschiene in Webers Schema und damit die Vorstellung des »Fallens«. Ohne das hermeneutische Potenzial dieser Vorstellung zu verwerfen, ziehe ich eine horizontale Anordnung vor, da sie andere metaphorische Möglichkeiten eröffnet (vgl. Beispiel 3). Mir ist vor allem an der zeitlichen Abfolge gelegen, die sich – analog zum Lesen – mit dem Ablauf von links nach rechts verbindet und damit der musikalischen Verwirklichung einer Erzählung nahekommt. Dabei geht es mir um die Unterscheidung zwischen Geschichte und Erzählung. Obwohl die Geschichte, die der »Dichterliebe« zugrunde liegt, in ihrer zeitlichen Reihenfolge nicht genau fassbar ist, präsentiert der Dichter seine Erzählung in der unwandelbaren Abfolge von 16 (oder 20) Liedern. Zwar wird der Zugriff auf die Ereignisse der Vergangenheit von der non-linearen Logik der Erinnerung und des Traumes bestimmt, doch ist die Realität des Erzählens an den linearen Ablauf der Aufführung gebunden. Diese unwandelbare Abfolge bildet die Grundlage meiner Analyse. Die Verwirrung, die dadurch entsteht, dass der Erzähler zugleich der Protagonist seiner Geschichte ist, hat Schumann zum Gegenstand der »Dichterliebe« gemacht, indem er immer wieder die Grenze zwischen Illusion und Realität (sowie Vergangenheit und Gegenwart) verwischt.

A	**D**	**G**	**C**	**F**	**B**	**E^b**	**A^b**	**D^b**	**G^b**	**C^b**	**F^b**	**H^{bb}**
f$^\#$	**h**	**e**	**a**	**d**	**g**	**c**	**f**	**b^b**	**e^b**	**a^b**	**d^b**	**g^b**

Beispiel 3: Horizontale Anordnung der Doppelschiene

14 Vgl. Arthur J. Komar: The Music of »Dichterliebe«. The Whole and Its Parts. In: Ders. (Hrsg.): Dichterliebe. An Authoritative Score. Historical Background. Essays in Analysis. Views and Comments. New York 1971, S. 63-94.

15 Vgl. Lerdahl, Pitch Space (Anm. 12), Kapitel 3 u. S.140. Vgl. auch Patrick McCreless: Syntagmatics and Paradigmatics. Some Implications for the Analysis of Chromaticism in Tonal Music. In: Music Theory Spectrum (1991), S. 147-78.

Verfolgen wir also den Zusammenhang von narrativer Struktur und Tonartenfolge. Am Anfang steht, wie gesagt, ein Lied dessen tonale Ambiguität den Zyklus gleichzeitig auf der Schiene der Dur- und der Molltonarten eröffnet. Dieser Sachverhalt ist in Beispiel 4 durch den Pfeil mit zwei Spitzen ausgedrückt. Die Sorge des Protagonisten – des Dichters der »Dichterliebe« – löst sich im zweiten Lied nach A-Dur auf, das somit auf einer hoffnungsvollen Note schließt. Tatsächlich scheint im dritten Lied alles in bester Ordnung zu sein, denn hier bekennt der Dichter, dass er nicht länger »die Rose«, »die Lilie«, »die Taube« oder »die Sonne« liebe, sondern »Die Kleine, die Feine, die Reine, die Eine«. Und doch ist dieses Lied das kürzeste des Zyklus. Das Glück währt in der »Dichterliebe« nur einen Augenblick.

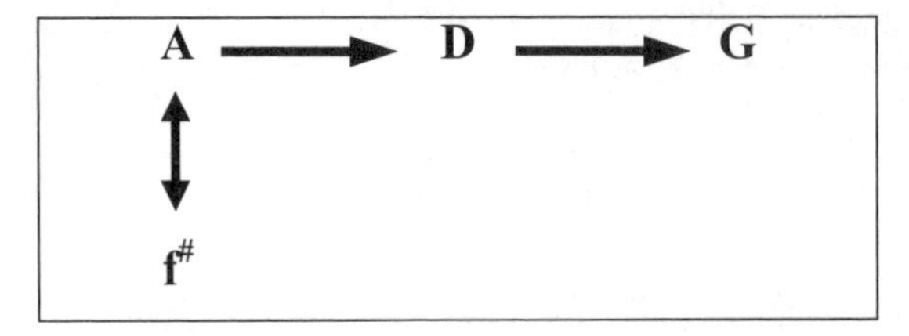

Beispiel 4: Die ersten vier Lieder

Das vierte Lied (»Wenn ich in deine Augen seh«) ist ein Paradebeispiel von Heines Stimmungsbruch: Der Dichter muss bitterlich weinen, wenn ihm die Geliebte sagt, dass sie ihn liebt – denn sie meint es nicht so. Weil die Stimmung erst am Ende des Liedes umschlägt, gehört dieses Lied in die Gruppe der ersten vier Lieder, von denen drei in den drei Durtonarten A-Dur, D-Dur und G-Dur verankert sind. Erst nach diesem Lied geschieht der erste Wechsel nach Moll: Im fünften Lied (»Ich will meine Seele tauchen«) erinnert sich der Dichter daran, seiner Geliebten »einst« einen Kuss gegeben zu haben. Zu diesem zeitlichen Abstand gesellt sich im sechsten Lied (»Im Rhein, im heiligen Strome«) die Erfahrung der räumlichen Ferne, die der Dichter durch die Ähnlichkeit der Geliebten mit der Gottesmutter zu überbrücken versucht. Als Zeichen wachsender Trennung knüpfen diese beiden Lieder an das fis-Moll im ersten Lied an, wo die Mollparallele die Möglichkeit einer Enttäuschung bereits andeutete.

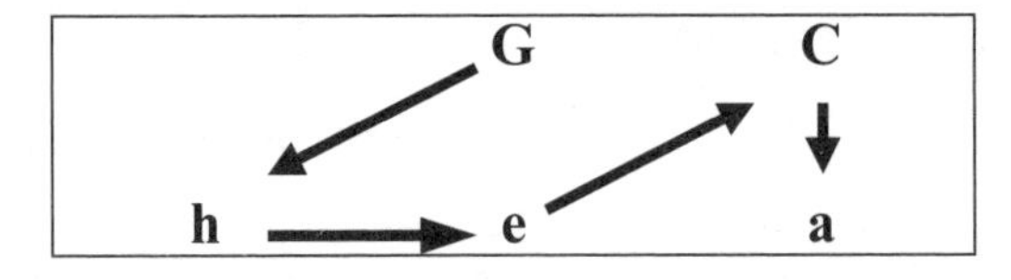

Beispiel 5: Dreifacher Wechsel zwischen Dur und Moll als Ausdruck einer emotionalen Krise

Die Rückkehr nach Dur findet im nächsten Lied statt, wo der Dichter beteuert, dass er seinem »Lieb« nicht gram ist. Edward Cone zufolge greift Schumann hier Heines einfache Wiederholung der Zeile »ich grolle nicht« auf und wiederholt sie insgesamt sechsmal um zu zeigen, dass der Dichter seinen Groll nur mühsam beherrschen kann.[16] Dieser innere Kampf ist Symptom einer wachsenden Krise, die sich in dem häufigen Wechsel zwischen der Dur- und Mollschiene niederschlägt (vgl. Beispiel 5). Der Versuch des Dichters seines Grolls Herr zu werden, scheitert jedoch und mündet in eine Gruppe von drei Liedern in a-Moll, d-Moll und g-Moll, welche die Mollschiene weiterführen. Das achte Lied (»Und wüssten's die Blumen«) klagt über die Gleichgültigkeit der Geliebten und bricht im Nachspiel in schmerzhaft-wilde Triolen aus, die an das erste Stück aus der »Kreisleriana« erinnern. Diese Triolen werden im neunten Lied (»Es ist ein Flöten und Geigen«) als 16tel im 6/8tel-Takt aufgegriffen, wo sie ein verzerrtes Echo der Hochzeitstanzes der Geliebten mit einem anderen Mann darstellen. Gleichzeitig bringen sie die Verzweiflung des Dichters zu Gehör. Im zehnten Lied (»Hör ich das Liedchen klingen«) ruft die Erinnerung an die Stimme der Geliebten hervor, was manchmal als Heines Heulerei oder Weinsucht bezeichnet wurde. Im tonalen Plan des Zyklus erscheinen diese drei Lieder in Moll als tonale and narrative Umkehrung der Drei Lieder in Dur am Anfang (vgl. Beispiel 6).

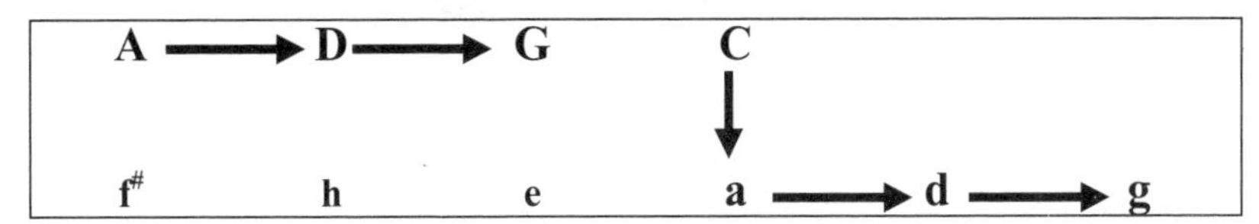

Beispiel 6: Umkehrung von drei Liedern in Dur durch drei Lieder in Moll

Der Erzähler von »Dichterliebe« versinkt somit tiefer in die Depression, aus der er sich erneut zu befreien versucht. Deshalb wechselt er im elften Lied (»Ein Jüngling liebt ein Mädchen«) den Ton. Der Dichter geht auf Distanz: fort mit dem lyrischen Ich; fort mit dem Weinen. Ironie und der Sarkasmus sind Schutzmechanismen für die verwundete Seele, welche die »alte Geschichte« zu verwinden und zu überwinden sucht. Der Gestus von Nr. 11 ist die »Wichtige Begebenheit« aus den »Kinderszenen«. Tonal wird diese Distanz im Tritonusabstand zur »Träumerei« des ersten Liedes greifbar (vgl. Beispiel 7). Diese neue Haltung hat eine wichtige Wendung auf dem tonalen Weg zur Folge (vgl. Beispiel 8). Mit dem zwölften Lied findet zum ersten Mal eine Umkehrung auf der Schiene absteigender Quinten statt.

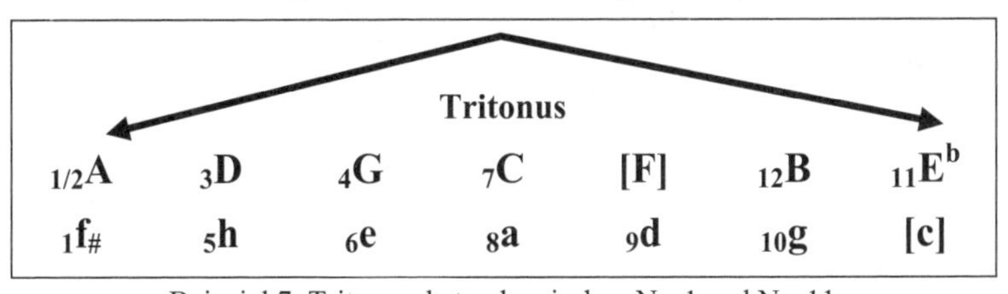

Beispiel 7: Tritonusabstand zwischen Nr. 1 and Nr. 11

16 Edward T. Cone: Words into Music: The Composer's Approach to the Text. In: Robert P. Morgan (Hrsg.): Music, a View from Delft. Selected Essays. Chicago 1989, S. 121-22. Cones Essays erschien zuerst in: Northrup Frye (Hrsg.): Sound and Poetry. New York 1957, S. 3-15. Vgl. auch Komar, Dichterliebe (Anm. 14), S.117-18.

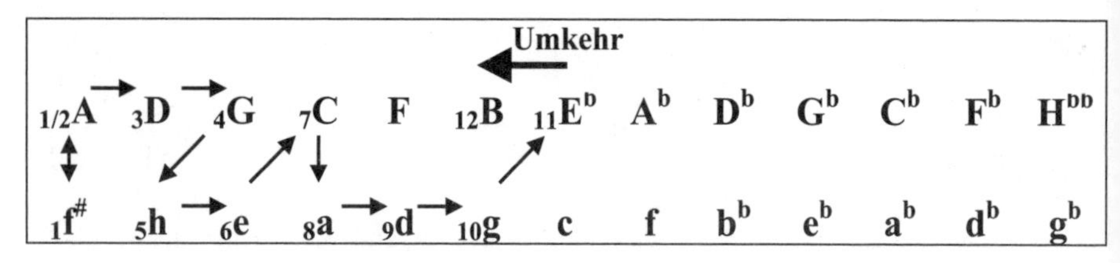

Beispiel 8: Umkehr auf dem tonalen Weg

Indem sich das zwölfte Lied der »Dichterliebe« gegen die Tendenz wachsender Traurigkeit stemmt, markiert es einen qualitativen Wechsel in der Bewältigung des Verlusts. Weder unterdrückte Wut (wie in Nr. 7) noch ironische Distanz (wie in Nr. 11) hatten geholfen; jetzt versucht es der Dichter mit Verstummen und Vergebung. Nun lässt er die Blumen sprechen und lässt sie um Verzeihung für ihre Schwester bitten. Und dabei berufen sich die Blumen mit ihrem Rezitationston (H) und dem charakteristischen Melodiesprung (H-D) auf den Anfang des Liedes, in dem der Dichter des Bruchs zuerst gewahr wurde (vgl. Beispiel 9).

Beispiel 9: Melodieähnlichkeit zwischen Nr. 4 und dem Gesang der Blumen in Nr. 12

Diese melodische Allusion ist sowohl süß als auch bitter, denn G-Dur wird sofort nach g-Moll verändert und von da geht es, wie am Anfang über den Quintsextakkord mit übermäßiger Sexte zur Dominante von B-Dur, über der sich das langezogene Nachspiel entfaltet.[17] Dessen Schlusswirkung ist jedoch zwiespältig. Einerseits erscheint das Nachspiel wie eine besänftigende Antwort auf die schmerzhafte Klage von Nr. 10. Andererseits erinnert das pianistische Verweben von Melodie und gebrochenen Akkorden an das erste Lied, als wäre es möglich, wieder zum bangen Hoffen des Anfangs zurückzukehren. Doch erscheint dieser Rückgriff auf den Anfang seltsam wirklichkeitsfern, sowohl harmonisch (der Zugriff über den übermäßigen Quintsextakkord) als auch poetisch (durch den wortlosen Gesang sprechender Blumen). Der Versuch des Dichters einen Schlusspunkt zu setzen,

17 Schumann buchstabiert diesen Akkord zwar am Anfang als *Ges-B-Cis-E*, aber als Vorbereitung auf den kadenzierenden Quartsextakkord der Tonika ist die Funktion eindeutig gemeint als *Ges-B-Des-E*.

entspringt der Einbildung. Das Ende vom Lied ist nur ein Tagtraum und daher nicht das Ende vom Leid.

Hier bietet sich die Gelegenheit zu einem Exkurs über das Verhältnis der »Dichterliebe« zu der früheren Fassung, den »Zwanzig Liedern und Gesängen«. Die vier Lieder, die Schumann herausnahm, standen ursprünglich an den Wendepunkten des Zyklus: nach Nr. 4 und nach Nr. 12. Tonal gesehen greifen Nr. 4a (»Dein Angesicht» in Es-Dur) und Nr. 4b (»Lehn' Deine Wang« in g-Moll) auf den zweiten Wendepunkt vor, wobei das Ende des zweiten Liedes auf der Dominante den Weg zurück nach h-Moll sicherlich erleichtert haben würde (vgl. Beispiel 10). Ferner thematisieren die Gedichte von 4a und 4b sehr früh im Zyklus die große Trauer des Protagonisten und beschwören den Tod seiner Geliebten herauf. Im Falle von Nr. 12a (»Es leuchtet meine Liebe« in g-Moll) und Nr. 12b (»Mein Wagen rollet langsam« in B-Dur) verharren die Tonarten am Ort des ersten Schlusses (vgl. Beispiel 11). Vor allem das lange Nachspiel von Nr. 12b klingt wie ein Echo von Nr. 12, wobei die eingeworfenen Staccato-Akkorde das Gefühl der versöhnlich-sehnsüchtigen Vergebung trüben. Zweifellos sind die vier Lieder Teil eines sinnvollen tonalen und narrativen Plans. Doch ist ebenso deutlich, worauf Schumanns Revision abzielte. Der Komponist wollte offensichtlich den tonalen und narrativen Verlauf durch den Verzicht auf erzählerische Vorgriffe und Verdoppelungen der Tonarten vereinfachen.

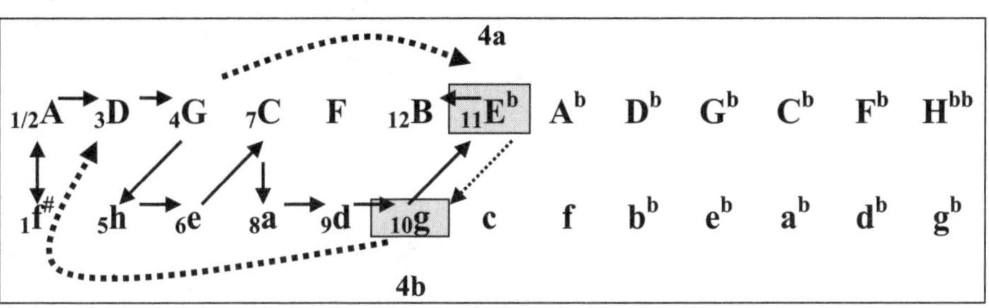

Beispiel 10: Der Ort von 4a »Dein Angesicht« (*Es*) und 4b »Lehn' Deine Wang« (*g-V/g*) in der tonalen Struktur

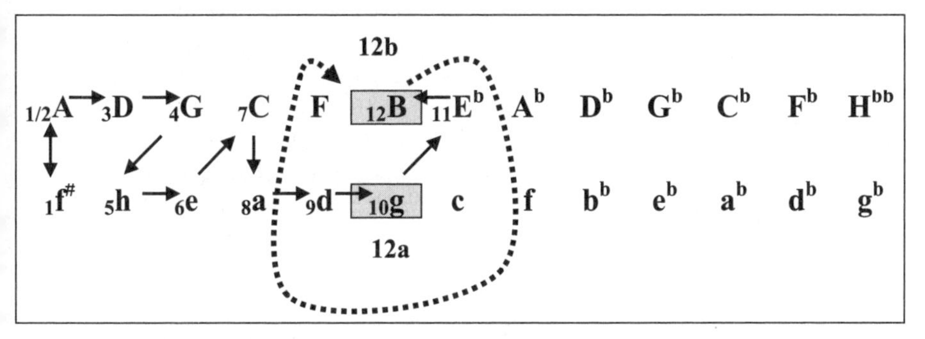

Beispiel 11: Der Ort von 12a »Es leuchtet meine Liebe« (*g/G*) und 12b »Mein Wagen rollet langsam« (*B*) in der tonalen Struktur

Schumanns Revision verändert jedoch nicht die Grundidee der »Dichterliebe«. In beiden Fassungen folgt dem B-Dur des zwölften Liedes (oder nach Nr. 12b) eine Gruppe von Liedern, die man als zweites Ende bezeichnen könnte. Sie sind der nochmalige Versuch, wieder ganz zum Anfang (oder genauer: vor den Anfang) zurückzukehren. Dieser Versuch (und sein Scheitern) findet zunächst seinen sinnfälligsten Ausdruck darin, dass es in beiden Fassungen kein Lied in F-Dur gibt. Diese Lücke stellt ein scheinbar unüberwindliches Hindernis dar, auf dem Weg der aufsteigenden Quinten wieder zum Anfang zurückzukehren. Man könnte das tonartliche Kreisen um Nr.12 in der Erstfassung sogar als Zeichen dafür sehen, dass der Dichter nach seiner Umkehr auf der Dur-Schiene gewissermaßen steckengeblieben ist. Die Folge dieses vergeblichen Versuchs ist Schumanns wohl traurigstes Lied überhaupt: »Ich hab im Traum geweinet«. In Lerdahls »regional journey« geschieht bei diesem Lied der Übergang in eine parallele Doppelschiene (vgl. Beispiel 1 und 2). Dieser Vorgang lässt sich jedoch auch anders verstehen, und zwar als ein rapider »Sturz« in die entgegengesetzte Richtung (vgl. Beispiel 12). Bei diesem Sturz werden zum ersten Mal drei Stationen auf der Schiene der Molltonarten übersprungen. Dieser Sturz ist ein zentrales Ereignis in der tonal-narrativen Struktur und bildet das Kernstück meiner Analyse.

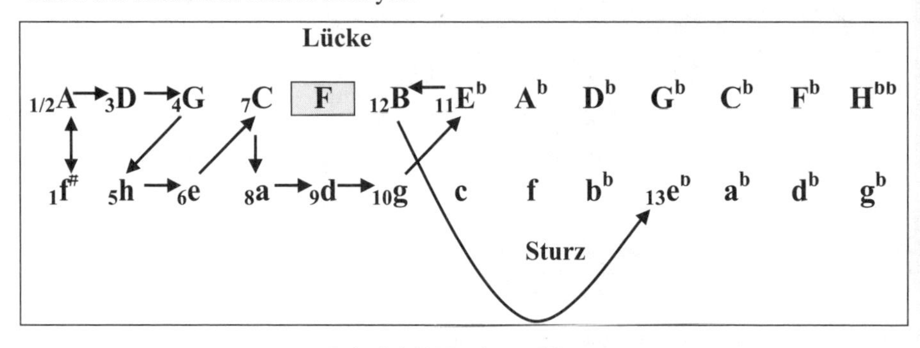

Beispiel 12: Lücke und Sturz

Der Sturz des Dichters führt nicht nur zu dem bisher tiefsten Punkt in Moll, sondern ruft auch seinen bisher ungewöhnlichsten Versuch hervor, mit der schlimmen Lage fertig zu werden. Was geschieht nach dem Sturz? Im äußersten Gegensatz zu den vorherigen Liedern behandeln die beiden nächsten Lieder Nr. 14 (»Allnächtlich im Träume«) und Nr. 15 (»Aus alten Märchen winkt es«) das Thema des Verlustes auf eine fast fröhlich-verspielte Art und Weise. Wäre Lerdahl Webers Tonartenschema genau gefolgt, so hätte er diese Lieder in Ces-Dur und Fes-Dur notieren müssen (vgl. Beispiel 1 und 2). Schumann hat für diese Lieder jedoch das enharmonische Äquivalent H-Dur und E-Dur verwendet. Dies lässt sich zwar aus notationstechnischen Gründen erklären, eröffnet aber auch bisher ungeahnte hermeneutische Möglichkeiten, vor allem, wenn man sich anders als Lerdahl auf nur einen Strang der Dur-Moll Doppelschiene beschränkt. In diesem Falle ändert sich die Position des 14. und 15. Liedes auf ganz dramatische Weise. Beispiel 13 zeigt, dass diese Tonarten uns in eine Zeit vor den Anfang versetzen.

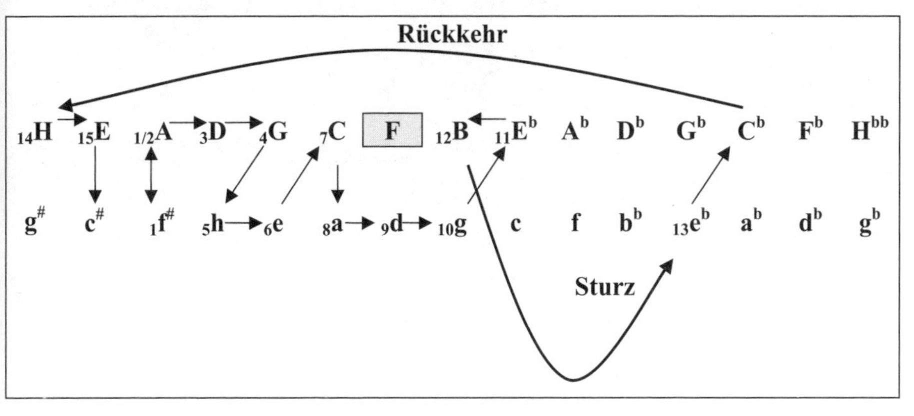

Beispiel 13: Rückkehr zu einer Zeit vor den Anfang

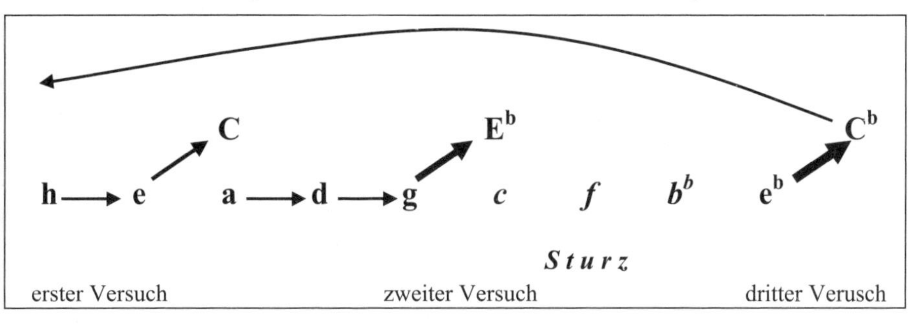

Beispiel 14: Drei Versuche, die wachsende Depression zu bewältigen

Beispiel 14 liefert eine Erklärung. Es zeigt die drei Versuche des Dichters, mit der Enttäuschung und Traurigkeit fertig zu werden. Bezieht man die Tonarten ein, die durch den »Sturz« übersprungen wurden, so zeigt sich, dass der Dichter auf immer längere Phasen in den Molltonarten reagiert, wobei erst sein dritter Versuch ihn von dem scheinbar unaufhaltsamen Abstieg in die Depression hinwegführt. Der enharmonische Wechsel von Ces-Dur nach H-Dur hat eine Entsprechung in zwei wichtigen melodischen Details. Da ist einerseits das statische H des Blumengesangs in Nr. 12 (T.17-18) und andererseits das Ces, das im nächsten Lied den Seufzer in der anfänglichen Rezitation auf B zum Ausdruck bringt. Dem B gegenüber wird H zum Leitton, der nach oben strebt, während das Ces nach unten tendiert. Die aufsteigende Tendenz wird in dem Sprung vor dem Anfang Wirklichkeit – oder zumindest scheint sie Wirklichkeit zu werden. Aus der Vogelperspektive sieht der enharmonische Wechsel von Ces-Dur nach H-Dur so aus, als würde der Dichter den Tritonusabstand zur Tonart der Lücke (F-Dur) benötigen, um diese Lücke zu überspringen (vgl. Beispiel 15).

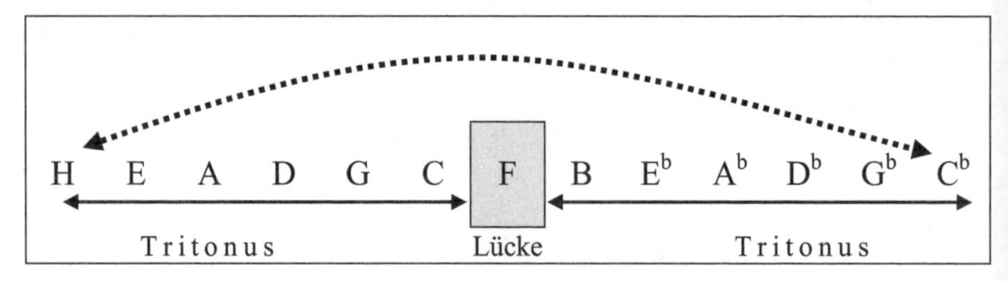

Beispiel 15: Sprung über die Lücke

Der enharmonische Sprung von Ces nach H wirft auch ein neues Licht auf die beiden Schlüsse der »Dichterliebe«. Zwischen dem ersten Schluss durch das Nachspiel von Nr. 12 und dem zweiten Schluss durch dessen Wiederholung am Ende von Nr. 16 bilden die letzten vier Lieder einen eigenständigen Teil, der auf besondere Weise mit dem Anfang des Zyklus in Beziehung steht. Diese Beziehung wird darin deutlich, dass das erste Lied (Nr. 13) den Stimmungsbruch von Nr. 4 aufgreift. Beide Lieder haben dieselbe poetische Struktur, die am Ende auf eine unerwartete Verdrehung hinausläuft:
Lied Nr. 4 (die letzten beiden Zeilen):

> Doch wenn du sprichst: Ich liebe dich
> So muss ich weinen bitterlich.

Lied Nr. 13 (letzte Strophe):

> Ich hab im Traum geweinet,
> Mir träumte, du wärst mir noch gut.
> Ich wachte auf und noch immer
> Strömt meine Thränenfluth.

Diese beiden Stimmungsbrüche markieren die beiden erzählerischen Knotenpunkte der »Dichterliebe«. Im Lied Nr. 4 ist die Geliebte präsent; in Nr. 13 erscheint sie im Traum. Anfangs sagt sie, dass sie den Dichter liebt, aber meint es nicht so. Hinterher meint sie es so, aber es ist nur sein Traum. Dieses Verhältnis zwischen den beiden Liedern gleicht Freuds Bild vom Unheimlichen, welches tonal im Verhältnis einer hexatonischen Polarität zum Ausdruck kommt.[18] In beiden Liedern legt der Stimmungsbruch die Grenze zwischen heimlicher Illusion und unheimlicher Realität (oder zwischen unheimlicher Illusion und heimlicher Realität) frei. Anders gesagt ist Nr. 4 das Ende vom Anfang, und Nr. 13 der Anfang vom (endgültigen) Ende. Diese verdrehte Symmetrie wird in Beispiel 16 verdeutlicht. Hier erscheinen Nr. 4 und Nr. 13 im gleichen Abstand vom Ende und vom Anfang des Zyklus.

18 Vgl. Richard Cohn: Uncanny Resemblances: Tonal Signification in the Freudian Age. In: Journal of the American Musicological Society (2004), S. 285-323.

Getrennt sind sie nur durch die unsichtbare Linie, deren Überbrückung den Zyklus zum Kreis machen würde.

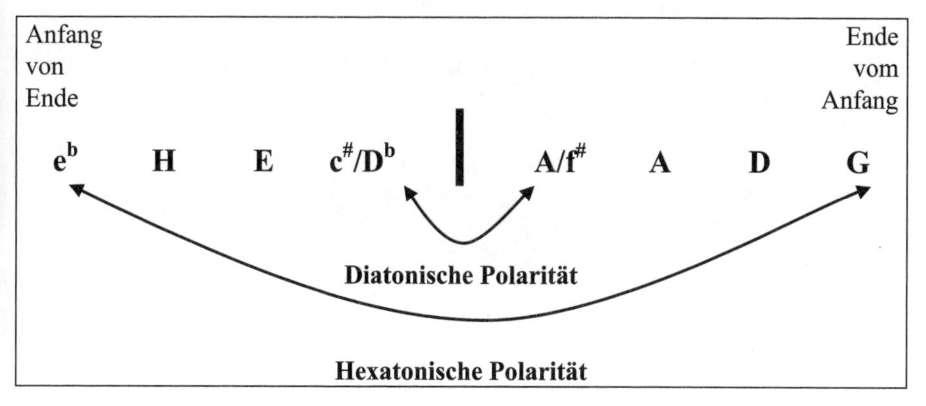

Beispiel 16: Diatonische und hexatonische Polarität

Hier stellt sich die zentrale Frage der tonalen und narrativen Struktur: Wird die Rückkehr wirklich Realität? Kann der Dichter noch einmal von vorne anfangen? Zunächst scheint es, dass der Dichter im letzten Lied erfolgreich einen Schlussstrich zieht – und zwar in der Vorstellung vom Begräbnis der Lieder mit allen nur erdenklichen Mitteln. Doch dann klingt sein letztes Lied in einer Reprise des Nachspiels von Nr. 12 aus. Ist es vielleicht doch möglich zu vergessen und zu vergeben? Tonal gesehen ist dieser zweite Schluss am Ende von Nr. 16 jedoch in einem entscheidenden Punkt anders als am Ende von Nr.12: Das Des, mit dem die Melodie endet, kann unmittelbar an das Cis des ersten Liedes anknüpfen. Mit dieser Verbindung bescherte das Des, nun zum Cis geworden, dem Dichter einen Neubeginn, der ihn in die anfängliche Stimmung des hoffnungsvollen Bangens zurückversetzte. Tatsächlich hatte Schumann die Reprise des Nachspiels ursprünglich in Cis-Dur notiert, aber bereits im Autograf angemerkt: »Hier ist besser Des Dur vorzuzeichnen«.[19] Der Wechsel der Vorzeichen könnte ein nur unbedeutendes Zugeständnis an die besser lesbare Notation in den B-Tonarten sein, doch eröffnet Schumanns Revision eine ganz neue Perspektive auf die tonal-narrative Gesamtstruktur der »Dichterliebe«.

19 Vgl. Rufus Hallmark: The Genesis of Schumann's Dichterliebe: A Source Study. Ann Arbor 1979, S. 110, und Robert Schumann: Dichterliebe Opus 48: Liederkreis aus Heinrich Heines Buch Der Lieder. Faksimile nach dem Autograph in der Staatsbibliothek zu Berlin Preußischer Kulturbesitz. Elisabeth Schmierer (Hrsg.). Laaber 2006.

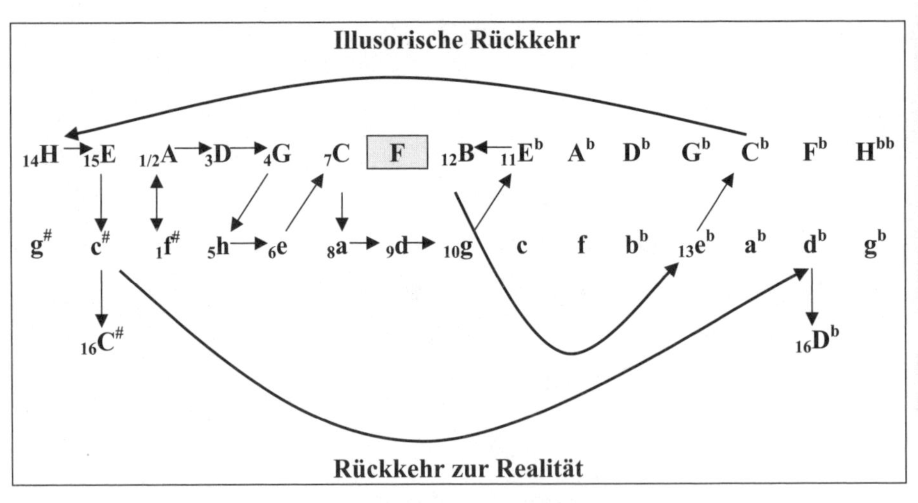

Beispiel 17: Illusorische Rückkehr und Rückkehr zur Realität

In dem Augenblick nämlich, wo der Schluss des letzten Liedes in Des-Dur notiert wird, rückt das Nachspiel an einen ganz anderen Ort im tonalen Zusammenhang. Der enharmonische Wechsel versetzt uns dann an das andere Ende der Weberschen Doppelschiene, und zwar genau dorthin, wo das erste Lied nicht in A-Dur und Fis-Moll, sondern in Heses-Dur und Ges-Moll erneut beginnen könnte (vgl. Beispiel 17).[20] Die Rückkehr ans Ende signalisiert, dass der Versuch des Dichters, vor den Anfang zurückzukehren, vergeblich war. Die Idee eines Neuanfangs vor der Zeit ist so illusorisch wie die Träume und Märchen, von denen die Lieder Nr. 14 und 15 singen. Sie zerfließen, wie es am Ende von Nr. 15 heißt, wie »eitel Schaum«. Der Wechsel nach Des-Dur ist eine Rückkehr zur Realität. Er macht deutlich, dass der Dichter die Uhr nicht zurückdrehen kann.

»Dichterliebe« schwankt zwischen Illusion und Realität. Nach dem Sturz findet die musikalische Erzählung sowohl in der Fantasie als auch in der Wirklichkeit statt. Der Dichter träumt von der Rückkehr in eine Zeit vor den Anfang und schreitet jedoch gleichzeitig in der Realzeit weiter. Diese Spaltung in einen doppelten Zeit-Raum ist Ausdruck seines seelischen Zustands. Nach dem ersten Schluss in Nr. 12 nimmt die Depression die Form einer Regression an, doch die Regression führt nur tiefer in die Depression. Als Rückkehr und Nicht-Rückkehr verweisen die beiden enharmonischen Wendungen auf den tieferen Sinn der »Dichterliebe« – ein Sinn, der zwischen geschlossenem Kreis und offenem Zyklus, zwischen klassischer und romantischer Form, zwischen einheitlichem Ganzen und Fragment schwankt. Solch einen Sinn beschreibt Slavoj Žižek, wenn er die Wirksamkeit der ver-

20 Diese Interpretation setzt voraus, dass man das letzte Lied ohne Tonartenwechsel hört, also in cis-Moll mit einem Dur-Schluss. Die Lesart deckt sich mit der von Lied Nr. 9, welches ebenfalls mit einem Dur-Schluss endet, ohne auf die Dur-Schiene zurückzuspringen.

schwiegenen Melodien in Schumanns Musik als Ausdruck moderner Subjektivität versteht:

> the modern subject emerges when its objectal counterpart (in this case, a melody) disappears, but remains present (efficient) in its very absence: in short, the subject is correlative to an »impossible« object whose existence is purely »virtual«.[21]

Žižeks Paradox erklärt vielleicht die unmögliche Gleichzeitigkeit von Rückkehr und Nicht-Rückkehr in der »Dichterliebe«. Die Frage, ob der Dichter zum Schluss kommt, läßt sich nicht eindeutig beantworten. Wir wissen nicht, ob er nach A-Dur und fis-Moll zurückkehrt oder mit Heses-Dur und ges-Moll weitergeht, – denn beide klingen gleich.

Der Ort zwischen geschlossenem Kreis und offenem Zyklus ähnelt dem Zustand zwischen dem, was Freud als zwanghafte Wiederholung und Durcharbeiten nach einer traumatischen Verlusterfahrung bezeichnet hat. Es ist der Zustand zwischen Melancholie (welche das verlorene Objekt nicht loslassen kann) und Trauer (welche dieses Objekt freigibt). Während der geschlossene Kreis Heilung verhindert, erlaubt der offene Zyklus Vergeben und Vergessen. Im tonalen Schwanken der »Dichterliebe« wird Heines Wunde greifbar als gleichzeitige Erfahrung von Einheit und Zwiespalt. Schumann hat Heines Ironie sehr wohl verstanden. Er fand den Dichter am Kreuzweg von Romantik und Moderne, dort, wo die »Armesünderblum« wächst.

---

21 Slavoj Žižek: Robert Schumann: The Romantic Anti-Humanist? In: Ders.: The Plague of Fantasies. London 1997, S. 204.

Jean Paulscher Kontrapunkt?

Zur neuartigen Klavierpolyphonie in Robert Schumanns Klavierwerken der 1830er Jahre

Thomas Synofzik

Wenn es um Heinrich Heine und Robert Schumann geht, so bildet Jean Paul eine wichtige Brücke als beider Vorbild.[1] Robert Schumanns Verhältnis zu Jean Paul ist vielfach Gegenstand spezieller Untersuchungen gewesen, so in den Monografien von Hans Kötz 1933[2] und Frauke Otto 1984.[3] Beide Studien konzentrierten sich jedoch auf die Einflüsse Jean Pauls auf Schumanns literarischen Stil. Wo es um den Einfluss Jean Pauls auf die Musik ging, standen die nach Schumanns eigener Aussage durch die Schlussszene der »Flegeljahre« inspirierten »Papillons« op. 2 im Vordergrund[4] oder Jean Pauls Ästhetik bildete den Ausgangspunkt.[5]

Vor zwei Jahren erschien eine angesichts dieses Forschungsstands verdienstvolle englische Studie von Erika Reiman über Schumanns Klavierzyklen und die Romane von Jean Paul.[6] Hier wird konkret nach Parallelen zwischen Dichtung und Musik gesucht, nicht auf inhaltlicher, sondern auf formaler bzw. narrativer Ebene. Im Vordergrund der musikalischen Analysen von Erika Reiman stehen harmonische Beobachtungen. Schumanns Modulationsgebrauch wird als digressiv verstanden. Reiman vergleicht die vorübergehende Tonikalisierung von Nebentonarten mit literarischen Perspektivenwechseln. Der häufige Gebrauch nicht der Haupttonart zugehöriger Tonarten wirke als Verfremdung dieser Grundtonart.

Ein wesentlicher Punkt jedoch kommt in dieser Arbeit mit ihrem Schwerpunkt auf dem Bereich der Harmonie zu kurz: Satztechnik oder Kontrapunkt – als Gegenstück eines harmonischen Denkens. Eine diesbezügliche Äußerung Schumanns ist häufig zitiert worden; sie stammt aus einem Brief, den Schumann am 15. März 1839 aus Wien an seinen belgischen Verehrer Simonin de Sire schreibt: »Kennen

---

1 Vgl. Thomas Synofzik: Heinrich Heine – Robert Schumann. Musik und Ironie. Köln 2006, S. 29f. u. S. 39f.

2 Hans Kötz: Der Einfluß Jean Pauls auf Robert Schumann. Weimar 1933.

3 Frauke Otto: Robert Schuman als Jean-Paul-Leser. Frankfurt a.M. 1984.

4 Wolfgang Boetticher: Robert Schumann. Einführung in Persönlichkeit und Werk. Berlin 1941; Eric Frederick Jensen: Explicating Jean Paul: Robert Schumann's Programm for Papillons op. 2. In: 19th Century Music (1998), Vol. XXII/2, S. 127-143.

5 Bernhard R. Appel: Robert Schumanns Humoreske für Klavier op. 20. Zum musikalischen Humor in der ersten Hälfte des 19.Jahrhunderts unter besonderer Berücksichtigung des Formproblems. Diss. Saarbrücken 1981.

6 Erika Reiman: Schumann's Piano Cycles and the Novels of Jean Paul. Rochester 2004 – vgl. dazu meine Rezension in: Die Musikforschung (2006), S. 181f. In ähnlicher Weise hatte auch schon ein von Reiman nicht beachteter Aufsatz von John Daverio argumentiert: Reading Schumann By Way of Jean Paul and His Contemporaries. In: College Music Symposium (1990), Nr. 2, S. 28-45.

Sie nicht Jean Paul, unseren großen Schriftsteller; von diesem hab' ich mehr Contrapunct gelernt, als von meinem Musiklehrer.« (Erler II, 192)

Erika Reiman bezieht sich auf dieses Zitat im Zusammenhang mit »classizising tendencies evident in Titan« und sieht eine musikalische Parallele in einem Satz wie »Fast zu ernst« aus den »Kinderszenen« op. 15, in dem der typisch digressive Stil Jean Pauls von der Oberflächenstruktur verbannt ist: »The digressive style of Jean Paul, while absent on a superficial level, remains buried within the stylistic roots of the work«.[7]

Es fragt sich, wie der Begriff »Kontrapunkt« in diesem Fall zu verstehen ist. In der Tat – insofern ist Reimans Analogieschluss auf klassizistische Tendenzen berechtigt – handelt es sich um die traditionelle, alte Weise, einen musikalischen Satz durch ein Regelsystem zu definieren. Erst im 18. Jahrhundert wird dieses kontrapunktische Denken abgelöst durch ein neues harmonisches Denken, wie es erstmals im »Traité de l'harmonie« von Jean Philippe Rameau 1722 theoretisch fassbar ist.

Ursprung des Begriffs war die Wendung *punctus contra punctum*, wobei Punkt nichts anderes als Note bedeutet: In einem zweistimmigen Satz wird jeder Note der einen Stimme eine Note in der anderen entgegengesetzt. Heute, vereinzelt auch schon zur Schumann-Zeit, wird Kontrapunkt oft unbegründet eingeengt auf Polyphonie, also musikalische Imitationsformen wie Fuge oder Kanon. Auch ein schlichter, gleichrhythmisch gesetzter vierstimmiger Choral fällt jedoch unter das Konzept des Kontrapunkts im engen Wortsinn, sofern er linear, nicht bloß harmonisch vertikal gedacht ist; auch hier handelt es sich um einen kontrapunktischen Satz Note gegen Note, von der Zweistimmigkeit erweitert auf die Vierstimmigkeit.

In welchem Sinne nun versteht Schumann den Begriff »Kontrapunkt« in seiner Äußerung gegenüber Simonin de Sire? Für Hans Kötz ist Kontrapunkt nur ein Synonym für Musik allgemein:

> »Von dem hab' ich mehr Kontrapunkt gelernt als von meinem Musiklehrer« – das heißt, daß Jean Paul ihm das Wesen der Musik, so wie es der Genius Schumanns fühlte, die Poesie der Musik erschloß; und wenn er Jean Paul und Bach nebeneinander stellt als die Meister, die den größten Einfluß auf ihn ausgeübt haben, so spricht er deutlich aus, daß die Tonkunst und die Dichtkunst ihm eine Einheit bedeuten, eine Poesie, deren Ausdrucksformen Töne wie Worte sein können.[8]

Sehr viel spezifischer ist die Deutung von Manfred Eger 1992:

> Mit dem Kontrapunkt meint Schumann die Gegenüberstellung, den Wechsel, die Durchdringung kontrastierender Stimmungen. Und ausdrücklich spricht er selbst einmal von der »Kontrapunktik der Gemüthsbewegungen«.[9]

---

7 Reiman, Piano (vgl. Anm. 6), S. 155.

8 Kötz, Einfluß (vgl. Anm. 2), S. 89.

9 Manfred Eger: Jean Paul als Schlüssel zu Robert Schumann. In: Jahrbuch 1991/92 der Jean-Paul-Gesellschaft 26/27 (1992), S. 363-375, hier S. 373. Für das angebliche Zitat liefert Eger keinen Nachweis. In einem anderen Artikel von Manfred Eger: Die »Träume-

Also nicht die Entgegensetzung einzelner Stimmen, sondern die Entgegensetzung einzelner Stimmungen ist gemeint. Auch eine dritte Deutung, diejenige von Arnfried Edler 1982, verlässt bei der Interpretation die rein musikalische Ebene: »die Äußerung, er habe von Jean Paul »mehr Kontrapunkt gelernt als von meinem Musiklehrer« zeigt, dass Schumann unter »Kontrapunkt« mehr verstand als nur die kompositionstechnische Lehre vom Verhältnis der Stimmen eines musikalischen Satzes untereinander. Dieser musikalische Satz ist eben für Schumann nur Widerschein des »Kontrapunkts des Lebens«, wie ihn die »vielschichtige und gestaltenreiche Romankunst darbietet.«[10]

Die Fragestellung der folgenden Untersuchungen ist auf dem Hintergrund eines geläufigen Vorurteils gegenüber der Musik Schumanns zu sehen: der Behauptung, Schumann habe nicht musikalisch linear – kontrapunktisch – sondern nur harmonisch gedacht. Bekanntermaßen hat Schumann keine reguläre musikalische Ausbildung genossen. Der nur in den ersten Schuljahren erteilte Klavierunterricht des Zwickauer Organisten Johann Gottfried Kuntsch schloss keinen Unterricht in den Regeln der Komposition ein;[11] in Leipzig dann erhält Schumann Instruktion von verschiedenen Musikdirektoren wie Kupsch, Dorn und Müller, keiner davon währt jedoch länger als wenige Monate. Wer überhaupt der Musiklehrer sein mag, auf den sich Schumann in der zitierten Briefstelle bezieht, ist ungewiss; am ehesten dürfte Heinrich Dorn gemeint sein, bei dem Schumann von Juli 1831 bis zum Frühjahr 1832 eigentlichen Kontrapunkt-Unterricht erhielt. Der von Dorn systematisch angelegte, zum Teil in Schumanns Studienbüchern (RSA, Anh. R 1-3) nachzuverfolgende Kursus wurde jedoch bereits vor Absolvierung des für das Fugenschreiben essentiellen Themas »Doppelter Kontrapunkt« abgebrochen.[12]

Doch das heißt eben nicht, dass Schumann sich seiner mangelnden Kontrapunkt-Kenntnisse schämen hätte müssen. Die Kompensation erfolgte autodidaktisch, durch Studium vor allem von Musik Johann Sebastian Bachs, durch Lektüre von Theoretikern wie Friedrich Wilhelm Marpurg, aber offenbar eben auch durch

---

rei« und andere Mißverständnisse – Jean Paul als Schlüssel zur Deutung und Wiedergabe der frühen Klavierwerke Robert Schumanns. In: NZfM (1985), Nr. 3, S. 13-16, hier S. 15, erscheint in Kursiva »Kontrapunktik der Gefühlsbewegungen« mit einem in die Irre führenden Zitatnachweis. Günter Henkel: Robert Schumann – Jean Paul. »daß ich eins und doppelt bin«. In: Correspondenz. Mitteilungen der Robert-Schumann-Gesellschaft Zwickau (1994), H. 17, S. 2-12, hier: S. 4 übernimmt Egers Ausführungen ohne Quellenangabe.

10 Arnfried Edler: Robert Schumann und seine Zeit. Laaber 1982, S. 89. Vgl. ders.: Aphoristik und Novellistik. Versuch über das Private in Schumanns Klaviermusik. In: Musica Privata. Festschrift für Walter Salmen zum 65. Geburtstag. Hrsg. v. Monika Fink e.a. Innsbruck 1992, S. 201-214, hier S. 206: »ein Satz, der in der Erweiterung der Bedeutung von ›Kontrapunkt‹ im Sinne von geregelter Mehrstimmigkeit in Analogie zur Vielschichtigkeit des romantischen Romanes als sehr tiefgründig sich erweist«.

11 Vgl. die Erinnerungen von Piltzing in: Schumanniana, S. 75.

12 Im Tagebuch schreibt Schumann am 15. Mai 1832: »Sind die Intermezzi's fertig, so wird Marpurg wieder vorgenommen u. der doppelte Contrapunct bey Dorn beendigt.« (Tb. I, 390)

Lektüre von Jean Paul. In einem bekannten Brief an Koßmaly vom 5. Mai 1843 erwähnt Schumann, »daß Bach und Jean Paul den größten Einfluß auf mich geübt in früheren Zeiten« (Briefe NF 2/1904, 228).

Methodisch ist die folgende Untersuchung in drei Schritte gegliedert. Zunächst ist zu fragen, inwieweit es literarische Phänomene bei Jean Paul gibt, von denen aus Parallelen zum musikalischen Kontrapunkt zu ziehen sind. Beispiele dafür werden durch Analyse von Anstreichungen in Schumanns Handexemplaren der Werke Jean Pauls gesucht. Abschließend stellt sich die Frage nach Parallelen dazu in der Musik Schumanns.

Nur in übertragenem Sinne ist bei Phänomenen in literarischen Texten von Kontrapunkt zu sprechen. Gerade Jean Pauls Romane werden seit jeher mit musikalischen Etiketten belegt, schon 1797 werden sie in einer Rezension des »Siebenkäs« als »Geistes-Konzerte« bezeichnet.[13] Vor fünf Jahren setzte Julia Cloot in einer Dissertation zur Klärung dieses Phänomens an, beschränkte sich dann in ihrer Untersuchung vornehmlich auf musikgeschichtliche und musikästhetische Bezugnahmen in den Romanen Jean Pauls, während der angeblich so musikalische Erzählstil unerörtert blieb.[14] Wie häufig in der germanistischen Forschung – ohne methodische Reflexion – musikalische Metaphern bemüht werden, um Jean Pauls Erzählstil zu beschreiben, scheint frappierend; Anlass dazu geben vielleicht einige Äußerungen des Autors selbst.

Schon Jean Paul benutzt musikalische Metaphorik, wenn er an einer Stelle im »Siebenkäs« eine seiner zahlreichen Digressionen rechtfertigt: »Ich wäre aber hier nicht unerwartet in diese fremde Tonart von Rührung ausgewichen«.[15] Nun ist Ausweichung oder Modulation jedoch ein musikalisches Phänomen, das nicht dem Kontrapunkt-Begriff subsumiert werden kann.

Doch ein anderes musikalisches Gleichnis Jean Pauls weist in die gewünschte Richtung: In einem ironisch auf Jean Pauls eigenen Erzählstil beziehbarem Gleichnis berichtet der Erzähler im »Siebenkäs« von einem Mann, den er in Bayreuth gehört habe, welcher

> eine ganze Académie royale de musique, ein ganzes Orchester darstellte, indem er mit seinem einzigen Körper alle Instrumente trug und spielte. Es blies dieser Panharmonist [...] ein Waldhorn, das er unter dem rechten Arme festhielt, dieser strich wieder eine Geige, die er unter dem linken hielt, und dieser klopfte wieder zur schicklichsten Zeit eine Trommel, die er auf dem Rücken trug – und oben hatt' er eine Mütze mit Schellen aufgesetzt, die er leicht mit dem Kopfe janitscharenmäßig schüttelte – und an die beiden Fußknorren hatt' er Janitscharen-Bleche angeschnallt, die er damit kräftig wider-

13 Peter Sprengel: Jean Paul im Urteil seiner Kritiker. München 1980, S. 11.

14 Julia Cloot: Geheime Texte. Jean Paul und die Musik. Berlin/New York 2000 [= Quellen und Forschungen zur Literatur- und Kulturgeschichte 17].

15 Jean Pauls sämmtliche Werke. Berlin 1826, Bd. XI, S. 28. Erika Reiman (vgl. Anm. 6) lässt diesen Passus, der einen idealen Anknüpfungspunkt für ihre harmonischen Digressions-Analysen hätte bieten können, unbeachtet.

> einander schlug; – und so war der ganze Mann ein langer Klang, vom Wirbel bis zur Sohle [...].[16]

Verschiedene Instrumente spielen verschiedene Stimmen, und so führt das Zitat zum musikalischen Konzept des Kontrapunkts. Auch der Erzähler in Jean Pauls Romanen scheint ein derartiges Orchester zu bedienen, es gibt die Stimme der erzählten Handlung, es gibt dazu die Kommentare des Erzählers als zweite Stimme, es gibt aber auch eine weitere Stimme, die nach dem berühmten Zettelkasten-Prinzip enzyklopädisches Wissen einbringt, das nicht immer in erkennbarem Zusammenhang zur Erzählhandlung steht. Und dann kommt hinzu noch eine empfindsame Stimme, durch die der Erzähler seine Gefühle kundtut. Anders als in der Musik können diese Stimmen im literarischen Text nicht in direkter Simultaneität erscheinen – das geht allenfalls durch den Subtext der Fußnoten. Unter den von Schumann angestrichenen Stellen im »Siebenkäs« gibt es zahlreiche Beispiele für diese bei Jean Paul typische Fußnotenpraxis. Diese ganz spezifische Form eines literarischen Kontrapunkts ist jedoch schwerlich auf ein konkretes musikalisches Modell rückführbar.

Dennoch sind die erwähnten Stimmen im Erzählstil Jean Pauls nicht nur im teils eng ineinandergreifenden Nacheinander verschlungen und verwebt, sondern es gibt eine indirekte Simultaneität im Sinne einer zweistimmigen Rede, wenn das Gesagte nicht in seinem wörtlichen Sinn aufgeht, gesagter und gemeinter Sinn nicht kongruieren. Wolfdietrich Rasch schreibt dazu:

> Die erzählte Geschichte, das ist nur eine Stimme in dem Konzert. Gleichzeitig mit ihr erklingt eine andere Stimme, mit der der Erzähler seine Lebenskenntnis ausspricht. Eine dritte gibt seine Gelehrsamkeit, die Reminiszenzen einer ausgebreiteten Lektüre kund, die ganz unabhängig von den Begebenheiten in die Erzählung mit einfließen. Ebenso beständig klingt ein anderes Instrument mit, auf dem der Erzähler seine eigenen Gefühle – nicht etwa die der Personen – vorträgt, seine Empfindungsweise ausdrückt. [...] Das Ensemble all dieser Stimmen und Instrumente, in dem die Geschichte selbst nur einen Part hält, macht den Körper eines Jean Paulschen Romans aus.[17]

Im Rückgriff auf die Romantheorie von Michail Bachtin beschreibt Hans Esselborn Jean Pauls Erzähltechnik. Zweistimmigkeit des Wortes ist demnach

> fremde Rede in fremder Sprache, die dem gebrochenen Ausdruck der Autorintention dient. Das Wort einer solchen Rede ist ein zweistimmiges Wort. Es dient gleichzeitig zwei Sprechern und drückt gleichzeitig zwei verschiedene Intentionen aus: die direkte Intention der sprechenden Person und die gebrochene des Autors.[18]

---

16 Paul, Werke (Anm. 15), Bd. XIII, S. 1f.

17 Wolfdietrich Rasch: Metaphernspiele und dissonante Strukturen. München 1961, S. 10.

18 Michail Bachtin: Das Wort im Roman. Zit. n.: Hans Esselborn: Die Vielfalt der Redeweisen und Stimmen. Jean Pauls erzählerische Modernität. In: Jahrbuch 1991/92 der Jean-Paul-Gesellschaft 26/27 (1992), S. 32-66, hier S. 52.

Esselborn geht noch einen Schritt weiter und meint ähnlich wie Rasch: »Die Polyphonie der Redeweisen und Stimmen setzt sich [...] in die Metaphorik Jean Pauls hinein fort [...].[19]

Hat Schumann Jean Paul ebenfalls in diesem Sinne gelesen? Was hat er überhaupt gelesen? Hat er vielleicht nur die empfindsamen Stellen herausgesucht und ist über das andere schnell hinweggegangen? Etwas derartiges scheint Schumann in einer Musikkritik sogar einmal ausdrücklich zu empfehlen, wenn er Bezug nimmt auf Jean Pauls »Häkelperioden und Parenthesen, bei denen man sich beim ersten Durchlesen eben nicht lange aufhalten darf, um nicht die Spur zu verlieren.« (GS II, 22) Doch Schumanns im Zwickauer Robert-Schumann-Haus erhaltene Handexemplare der Reimer-Ausgabe der »Sämtlichen Werke« Jean Pauls belegen durch ihre zahlreichen Anstreichungen eine durchaus umfassende Rezeption.[20] Als Beispiel seien die Bände XI-XIV mit Jean Pauls »Siebenkäs« gewählt.[21]

Bei der Mehrzahl der Einträge handelt es sich um Anstreichungen am äußeren Rand, diese erstrecken sich teilweise über bis zu sieben Seiten, betreffen teilweise aber auch nur drei Zeilen. Vereinzelt gibt es auch eine Druckfehlerkorrektur. Insgesamt gibt es auf 64 Seiten Randbemerkungen, mehr als die Hälfte davon in dem mit 164 Seiten dünnsten, ersten Bändchen.[22]

Drei Beispiele seien im Rekurs auf die diesbezüglichen Analysen von Rasch und Esselborn auf den Kontrapunkt-Aspekt hin kurz kommentiert:

1. Im vierten Kapitel erhält Siebenkäs einen Brief von seinem Freund Leibgeber, der im Wesentlichen aus einer Traurede von Leibgeber als fiktivem Adam an eine fiktive Eva besteht. In diesem humoristischen Glanzstück wird »Form und Sprache einer kontrovers gebauten Schulrede parodiert und adaptiert«[23] mit *Prima* und *Secunda Pars* sowie *Clausula Salutaris*, die mit musikalischer Metaphorik als »lustiger Hausball und Hexentanz« bezeichnet wird.[24] Durch diese mehrfache literarische Einbettung einerseits in Form des Briefeinschubs, andererseits durch Verwendung des Redemodells und schließlich durch die adaptierte Rolle eines ersten Menschen, handelt es sich um mehrstimmige Rede, bei der das Gesagte in vielfältiger Brechung erscheint, von zahlreichen – mehr oder weniger in den Vordergrund tretenden – Begleitstimmen sekundiert wird.

---

19 Esselborn, Vielfalt (Anm. 18), S. 40.

20 Archiv-Nr. 6079-A4/C1. Die Bände 58-60 fehlten bereits 1984 (vgl. Otto: Jean-Paul-Leser [vgl. Anm. 3], S. 12), obwohl sie bei der Archivierung 1926 offenbar vorhanden waren.

21 Paul, Werke (vgl. Anm. 15), Bd. XI-XIV.

22 Angestreichungen finden sich in Bd. XI: S. 6, 25-28, 38f., 41-44, 56, 68-72; Bd. XII: S. 2-6, 88f., 93, 138, 146-152, 157, 159-163; Bd. XIII: S. 44f., S. 50f., Bd. XIV, S. 13-15, 26-33, 36-41, 46-48, 115, 124-126.

23 Esselborn, Vielfalt (Anm. 18), S. 46.

24 Paul, Werke (Anm. 15), Bd. XI, S. 146.

2. Das zweite Beispiel entstammt einer Szene aus dem Anfangskapitel: Siebenkäs erwartet die Ankunft seiner Braut. Auch die Leser erwarten die Ankunft der Braut. Der Erzähler, der hier zum ersten Mal mit dem Personalpronomen »Ich« hervortritt, lässt sie warten und nutzt die Gelegenheit, dem Leser wichtige Informationen zur Finanzsituation seines Helden zu geben: Die gebotene Information hat Wolfdietrich Rasch mühelos in drei Sätzen zusammenfassen können:

> Er war ein Mann von wenigstens 1200 Gulden. Aber er hatte eine Verachtung des Geldes und behalf sich zehn Jahre, ohne nur einen Kreuzer Zinsen seinem Vormund abzufordern. Seiner Braut flößte er gern den Glauben ein, er habe bloß das liebe Brot.[25]

Bei Jean Paul nimmt diese Information anderthalb Seiten in Anspruch, weil sie kontrapunktiert ist von einer Vielzahl von Vergleichen und Metaphern. Jeder Leser weiß, was mit Geld gemeint ist, trotzdem werden in gleich zweifacher Apposition zwei Metaphern nachgeschoben: »Geld, dieses metallne Räderwerk des menschlichen Getriebes, dieses Zifferblattrad an unserm Werthe« – die zweite Metapher entsprießt aus der ersten, beide »sind [...] ironisch getönt«.[26]

Die Einstellung von Siebenkäs zum Geld wird derjenigen von »vernünftigen Menschen« gegenübergestellt, auch diese wird mit einem aus der neuen naturwissenschaftlichen Errungenschaft der Elektrizität entlehnten Bild belegt.

Wo von Geld die Rede ist, ist auch der Begriff der Macht nicht weit, so wird der Einstellung zum Geld noch Siebenkäs' Meinung beigesellt, es sei leichter, als Machtloser einen Missbrauch der Macht demütig an sich zu dulden, denn als Mächtiger der Versuchung zum Machtmissbrauch zu widerstehen: Das Bild, das dafür gewählt wird, ist – nach Wolfdietrich Rasch – »unerwartet grell, hart und provozierend; es steht zu der Sache, die es ausdrückt, nicht im Verhältnis der Harmonie, sondern in Dissonanz«: es sei leichter, »als Sklave das eigne Bein zum Zerschlagen hinzuhalten, als andern Sklaven ihre ganz zu lassen, wenn man einen ellenlangen Szepter führt.« Rasch resümiert seine Interpretation dieser Passage unter direktem Rekurs auf den Kontrapunkt-Begriff mit den Worten: »Eine kontrapunktische, gegenwendige Stimme begleitet in der Bildersphäre die ganze Erzählung und durchsetzt jede Harmonie mit dissonierenden Tönen.«[27]

3. Ein letztes kurzes Beispiel stammt aus der Charakterisierung eines der Widersacher im Roman, Heimlicher Blaise: »Seh' ich ihn auf einem Ölberg beten, so will er eine Ölmühle droben bauen; oder weinet er am Bache Kidron,

25 Paul, Werke (Anm. 15), Bd. XI, S. 25.
26 Rasch, Metaphernspiele (Anm. 17), S. 49
27 Ebd., S. 50

so will er drinnen krebsen oder einen hineinwerfen.«[28] Die wenig vorteilhafte Beschreibung nimmt Bezug auf den biblischen Passionsbericht, auch derartige intertextuelle Bezüge sind im Sinne einer Zweistimmigkeit zu lesen.

Diesen kontrapunktischen Phänomenen in Jean Pauls Romanen seien nun exemplarisch einige Beispiele aus zwei Klavierwerken der 1830er Jahre, einem frühen und einem späten gegenübergestellt, die charakteristisch für Schumanns durchaus stimmig, kontrapunktisch gedachten Klaviersatz sind.

Schumanns gedruckte Klavierwerke zeigen schon von den frühesten Werken an einen neuartigen Stil. Auffällig ist einerseits die ungewöhnliche Dichte des Satzes, die auch im zweihändigen Klaviersatz von der Komplexität der vierhändigen Erstlingswerke Schumanns inspiriert scheint. Die »Abegg-Variationen« op. 1 etwa lassen vielfach noch wenig vom später typischen Klavierstil Schumanns erkennen, brillante Figurationen wie in einzelnen Variationen dieses op. 1 schreibt Schumann später nie mehr. Solche Figurationen scheinen von Komponisten wie Moscheles, Ries oder Hummel abgeschaut. Keiner dieser drei Komponisten kann jedoch mit der Dichte des Satzes schon in diesen »Abegg-Variationen« Schumanns konkurrieren.

Ganz wichtig ist eine andere Charakteristik Schumanns: er vermeidet eine einfache Zweiteilung in Melodie und Begleitung, es gibt kaum einfache Begleitfigurationen,[29] die nicht auch als Selbstzweck Aufmerksamkeit verdienten. Dass das zur Ebene der Elaboratio gehört, zeigen die Entwürfe: Die Nr. 1 aus den »Papillons« wurde im April 1830 komponiert und kann damit als frühester von Schumann für veröffentlichenswert befundener Einzelsatz gelten. Auf dem Weg zum endgültigen Text sind mehrere Stadien zu unterscheiden.

Eine anfangs einfache harmonische Begleitung, bei der die streng genommen dissonanten Septtöne munter hin- und herspringen, statt eine korrekte Auflösung zu erfahren, wird allmählich ausgefeilt und schließlich sogar konsequent stimmig notiert. Ob Schumann die Anregungen zu solchem Feilen von Jean Paul, durch Werke anderer Komponisten – etwa Johann Sebastian Bach – oder vielleicht doch durch seinen damaligen Musiklehrer Heinrich Dorn erhalten hat, darüber lässt sich nur spekulieren. Da die »Papillons« in einem Brief vom Dezember 1831 an Dorn erwähnt werden, liegt nahe, dass sie im Unterricht tatsächlich besprochen wurden, und dass somit wohl auch Dorn Anregungen zu Verbesserungen gab. Schumanns erhaltene Studienbücher enthalten eine Reihe kontrapunktischer Übungen, die dem Unterricht durch entsprechende Vermerke konkret zuzuweisen sind. Was Schumann dann aber kontrapunktisch mit dem Anfangsthema im Finale unternimmt liegt fern solcher Schulbuchstudien: Reminiszenartig erscheint nach wenigen Takten im Schlusssatz als rahmenbildender Rückgriff auf den Anfang das eröffnende Thema erneut, wird aber bald mit dem eigentlichen Thema des Finales, jenem volkstüm-

---

28 Paul, Werke (Anm. 15), Bd. XI, S. 56 (vgl. Abb. 3).

29 Vgl. dazu schon Wolfgang Gertler: Robert Schumann in seinen frühen Klavierwerken. Leipzig 1931, S. 65.

lichen Großvatertanz, einem damals bekannten Volkslied, das übrigens auch in Jean Pauls »Siebenkäs« erwähnt wird,[30] kontrapunktiert. Ein solches Verfahren bietet eine direkte musikalische Analogie zu den erwähnten intertextuellen Bezügen bei Jean Paul. Durch Eintragungen in Schumanns Handexemplar der »Flegeljahre«, wo einzelnen Abschnitten des vorletzten Kapitels der Flegeljahre zehn mit Nummern bezeichnete »Papillons« zugeordnet sind, sowie durch zahlreiche briefliche Mitteilungen Schumanns[31] lässt sich belegen, dass die »Papillons« in Auseinandersetzung mit Jean Paul entstanden sind. Gingen die Anregungen über die inhaltlichen Bezugnahmen hinaus? Jedenfalls bietet dieses Frühwerk Schumanns Einblick in die Genese seines kontrapunktischen Klaviersatzes.

Äußerlich keine derartigen Jean-Paul-Bezüge haben die »Kreisleriana« op. 16.[32] Doch der Weg von Jean Paul zu Hoffmann liegt ähnlich nahe wie der von Jean Paul zu Heine – Jean Paul hat bekanntlich z.B. ein Vorwort zu Hoffmanns »Phantasiestücken« geschrieben. Bester Grund für die Werkwahl ist die Tatsache, dass Schumann die »Kreisleriana« in eben jenem Brief an Simonin de Sire, wo auf den Jean Paulschen Kontrapunkt Bezug genommen wird, als sein von allen bis dahin veröffentlichten Kompositionen bevorzugtes Werk bezeichnet.

Hatten die »Papillons« gezeigt, wie Schumann zu einem Stimmenbewusstsein findet und seine Experimente mit Überlagerung verschiedener Schichten macht, so tritt hier in den »Kreisleriana« eine wirklich neuartige Klavierpolyphonie zu Tage.

In mehreren Sätzen der »Kreisleriana« zeigen die geschriebenen Noten nicht viel mehr als trockene Einstimmigkeit. Was aber erklingt beispielsweise am Anfang des fünften Satzes: Ist das nicht drei-, vielleicht gar vierstimmig? Auf den Basston *G* folgt die Schnellfigur *g-a-g-d-d'* – ist das eine Melodie, oder vielleicht eher ein gebrochener Akkord mit zwei oder drei Stimmen, also *g-d'* oder *d-g-d'*? Und ist das folgende die Fortsetzung dieser Schnellfigur, oder nur des ersten Basstons? Was in T. 3 zunächst noch wie am Anfang durch Pausen getrennt unverbunden nebeneinander steht, entpuppt sich zwei Takte später als zusammengehörige Melodie, die kanonisch sequenziert wird. Am 13. April schreibt Schumann in einem Brief an Clara Wieck: »Meine Musik kömmt mir jetzt selbst so wunderbar verschlungen vor bei aller Einfachheit« (Briefwechsel I, 138). Die »Einfachheit« wirkt hier als direktes Äquivalent zur kontrapunktischen Schreibweise Jean Pauls: Auch sie ist nur auf dem Papier scheinbar einstimmig, verbirgt jedoch eine polyphone Mehrschichtigkeit.

Ganz konsequent »einstimmig« in diesem Sinne bleibt der Mittelteil des ersten Satzes der »Kreisleriana« (T. 25-48). Die im Prinzip auf einem Melodieinstrument

30 Paul, Werke (Anm. 15), Bd. XI, S. 28.

31 Vgl. dazu vor allem Gerhard Dietel: »Eine neue poetische Zeit«. Musikanschauung und stilistische Tendenzen im Klavierwerk Robert Schumanns. Kassel 1989, S. 82.

32 Als Versuch einer Analogsetzung von musikalischem Werk Schumanns und dem literarischen Modell E.T.A. Hoffmanns vgl. vor allem Loa Deahl: Robert Schumann's Kreisleriana and Double Novel Structure. In: International Journal of Musicology (1996), H. 5, S. 131-145.

spielbare Passage verschränkt in der Klaviernotation raffiniert die beiden Hände. Da die Triolengruppen dadurch aufgespalten werden ergeben sich für Pianisten und Hörer vielfältige Weisen, hier einzelne Melodielinien, Stimmen für sich zusammenzusetzen, gleichsam zu »komponieren«.

Der Schlussabschnitt der Nr. 3 der »Kreisleriana« (T. 116-129) verlangt ein ähnliches Ineinandergreifen der beiden Klavierhände, ist jedoch zweistimmig gehalten. Er bietet ein gutes Beispiel für Schumanns Technik, ohne Bass zu komponieren. Der Klaviersatz scheint zu schweben, er bleibt ohne Fundament. Erstmals und in vielleicht kunstvollster Ausprägung erprobte Schumann diese Technik in der erst postum veröffentlichten Variation V zu seinen »Etudes Symphoniques« op. 13.

Der vierte Satz der »Kreisleriana« op. 16 beginnt fünfstimmig. In seiner prosahaften Rhythmik[33] wirkt er sehr deklamatorisch, sprechend. Gleich mit dem dritten Akkord beginnt ein freier Mini-Kanon zwischen Ober- und Unterstimme. Viermal kehrt das durch den synkopischen Einsatz markante Motiv wieder, bei den letzten beiden Malen durch kadenzhafte Einschübe erweitert. Doch beim zweiten Mal wandert die bisherige Melodiestimme in eine Mittelstimme, im Chorsatz wäre es der Tenor, beim Pianisten ist es der Daumen. Ganz im Sinne der von Rasch für Jean Paul postulierten beständigen Dissonanz, kommt es auch hier im gesamten Anfangsteil zu keiner Auflösung – mindestens eine der Stimmen durchkreuzt alle derartigen Versuche durch Beharren auf einer Dissonanz.

Beim zweiten Mal, in T. 4, wäre *F/As* eigentlich konsonant, doch bleibt melodischer Auflösungsbedarf. Mit der Auflösung des *As* zum *G* entsteht ein Sekundakkord, der nun wiederum harmonisch auflösungsbedürftig ist. Erst nachdem die Oberstimmen verstummen, und nur noch der Bass allein übrig bleibt, findet der Abschnitt ein Ende, das eben so wenig schlusskräftig ist, wie das Ende des letzten Satzes der »Kreisleriana« – weshalb Schumann Clara empfahl, für das Pariser Publikum eine wirkungsvollere Schlusskadenz anzuhängen.

An zwei Stellen aus dem zweiten Satz der »Kreisleriana« sind einige weitere Aspekte des Jean Paulschen Kontrapunkts in Schumanns Klaviermusik zu verdeutlichen. Die rechte Hand bewegt sich in Oktavparallelen, die im strengen Kontrapunkt verpönt sind, von Schumann anderen Komponisten in Kritiken auch wiederholt angekreidet werden.[34] In dieser Form aber sind sie unproblematisch und bilden ein von Schumann bewusst eingesetztes klangliches Element. Doch beim dritten Ansatz – wieder haben wir, wie oft bei Jean Paul eine Art mehrfacher Apposition – verselbständigt sich die Oberstimme vom dritten Ton an plötzlich und entwickelt

33 Vgl. Schumanns berühmte Äußerung in seiner Rezension der »Symphonie fantastique« von Berlioz: »Es scheint, die Musik wolle sich wieder zu ihren Uranfängen, wo sie noch nicht das Gesetz der Tactesschwere drückte, hinneigen und sich zur ungebundenen Rede, zu einer höheren poetischen Interpunction (wie in den griechischen Chören, in der Sprache der Bibel, in der Prosa Jean Pauls) selbständig erheben.« (GS I, 125)

34 Vgl. die Anmerkungen Martin Kreisigs in: Kreisig I, 419 und Thomas Synofzik: Kunstreiche Verwebung der Viere. Zur Satztechnik in Schumanns Streichquartett op. 41/3. In: Das Streichquartett im Rheinland. Kassel 2005 [= Beiträge zur Rheinischen Musikgeschichte 167], S. 42-65, Anm. 52.

einen eigenständigen Kontrapunkt. Der wandert nach dem Wiederholungszeichen mit leichten Verzierungen in die Unterstimme, die Mittelstimme führt das Anfangsmotiv weiter. Dann – im dritten Takt nach dem Wiederholungszeichen – wird es interessant: Wo ist nun die Melodie? Zunächst bleibt sie im Bass, die Oberstimme verstärkt durch nachschlagende Oktaven. Zu Beginn des dritten Systems sind diese nachschlagenden Oktaven dann aber auf einmal der Mittelstimme zugeordnet.

In der »Humoreske« op. 20 hat Schumann eine ähnliche implizit sich ergebende Stimme auf einem gesonderten System notiert und als »Innere Stimme« apostrophiert.[35] Sie entsteht erst im Rezeptionsakt durch Leser, Hörer oder Interpreten, ebenso wie man im Erzählstil Jean Pauls etwa die ironischen Untertöne heraushören oder -lesen muss.

In einem Mittelteil desselben Satzes (T. 119ff.) erscheint das Anfangsthema intervallisch kontrahiert. Wie am Anfang beginnt die Achtelbewegung auftaktig auf der dritten Zählzeit und erreicht ihren Höhepunkt auf der zweiten Zählzeit des folgenden Taktes. Gab es zuvor jedoch große Sekundschritte und einen Terzsprung, so gibt es nun nur kleine Sekundschritte. Wenn dabei ein Motiv, das zunächst (T. 119) im Bass erscheint, anschließend (T. 123) zur Oberstimme wird, so entspricht das der Technik des doppelten Kontrapunkts, die Schumann bei Dorn nicht mehr erlernt hatte. Im »Tonroman«[36] ergreifen die Figuren – hier sind es die musikalischen Stimmen – abwechselnd die Rede, die schulische Satztechnik wird sinnerfüllt. Und allmählich findet das intervallisch kontrahierte Motiv zu seiner Ausgangsform zurück.

Schumanns Freund und Vertrauter Julius Becker schreibt wenige Monate nach der Druckpublikation dieser »Kreisleriana« op. 16 in seinem Roman »Der Neuromantiker«: »Schumanns Kreisleriana verrathen, ohne daß man im Entferntesten contrapunctische Arbeit an ihnen nachweisen kann, doch den Einfluß des Studiums solcher Werke, in denen er vorherrscht.«[37]

Die kontrapunktische Arbeit ist bei Schumann kein Selbstzweck. Ein einzelner fugenartiger Abschnitt in den »Kreisleriana« kommt über die Zweistimmigkeit nicht hinaus.[38] Mehrfach belächelt Schumann in seinen Rezensionen derartige Rückgriffe auf veraltete Formen.[39] Eben deshalb handelt es sich um einen Kontrapunkt *sui generis*, eine neuartige Klavierpolyphonie.

---

35 Vgl. Appel, Humoreske (vgl. Anm. 5), S. 258-269.

36 Als solchen bezeichnete Schumann die ihm vorbildlich erscheinenden »Variationen über ein Thema aus Hérolds Marie« op. 82/1 D 908 von Franz Schubert: »Die Schubertschen Variationen sind das vollendetste romantische Gemälde, ein vollkommener Tonroman – Töne sind höhere Worte. [...] Die Schubertschen Variationen sind überhaupt ein komponierter Roman Goethes, den er noch schreiben wollte.« (Tb. I, 96). In einem Brief an Friedrich Wieck vom 6. November 1829 schreibt Schumann: »Wenn ich Sch[ubert] spiele, so ist mir's, als läs ich einen komponirten Roman Jean Paul's.« (Jugendbriefe, 82).

37 Julius Becker: Der Neuromantiker. Leipzig 1840, S. 97.

38 Nr. 7, T. 40f.

39 Vgl. z.B. NZfM v. 03.08.1838, S. 42.

Es scheint aussichtslos, prozentual festlegen zu wollen, zu wieviel Prozent sich diese Satztechnik aus dem Studium kontrapunktischer Werke Johann Sebastian Bachs, zu wieviel Prozent dem spärlichen musiktheoretischen Unterricht und zu wieviel Prozent der Lektüre der Romane Jean Pauls verdankt. Schumanns Äußerung im Brief an Simonin de Sire ist nur relativ: Er habe von Jean Paul mehr Kontrapunkt gelernt als von seinem Musiklehrer. Ohne weitergehende Deutungen dieses Diktums ausschließen zu wollen, zeigt sich, dass es möglich ist, Schumann beim Wort zu nehmen.

»Dies verhüllte Genießen der Musik ohne Töne«

Robert Schumanns Reflexionen über das Medium Schrift

Vera Viehöver

In einer seiner Kritiken bespricht Schumann 1838 eine Sammlung von Klavierstücken für den musikalischen Liebhaber, der man als »Zugabe« neben einigen Kompositionsfaksimiles ein, so der Rezensent, »sehr interessantes lustiges Tableau von vielen Hundert Namenszügen lebender oder gestorbener, bekannter oder unbekannter Komponisten« beigefügt hatte. Neben der »diabolischen« Signatur Paganinis, der »Sonntagshand« Bachs und der mit »grotesken« Verzierungen versehenen Handschrift Beethovens entdeckt Schumann dort auch seine eigene Handschrift und nimmt »mit Schrecken« wahr, dass diese wohl nur »ein Champollion oder eine Geliebte« entziffern könnte (Kreisig II, 329f.). Dass seine eigene Handschrift kaum leserlich war, hat Schumann gerne und mit einiger Selbstironie zugegeben, so etwa in einem Brief an Rosen, den er mit den Worten beschließt: »Deine Augen dauern mich; ich konnte den Brief fast selber nicht mehr lesen.«[1] Wie berechtigt diese Selbstkritik war, haben die Herausgeber seiner Schriften häufig bestätigt.

Die Reflexion über sein »Sanskrit«, wie Schumann seine Handschrift öfters bezeichnet haben soll,[2] ist jedoch nur einer von vielen Belegen dafür, dass er sich für das Phänomen Schrift seit seiner Jugend besonders interessierte. Gerade seine Faszination für Handschriften deutet darauf hin, dass er Schrift auch im Zusammenhang mit Fragen der Charakterkunde und Ausdruckspsychologie reflektierte. So schreibt er im Jahr 1838, noch einmal auf seine kaum leserliche Schrift Bezug nehmend, an Henriette Voigt:

> Die Musiken mancher Componisten gleichen ihren Handschriften: schwierig zu lesen, seltsam anzuschauen; hat man's heraus aber, so ist's als könne es gar nicht anders sein; die Handschrift gehört zum Gedanken, der Gedanke zum Charakter etc. Kurz, ich kann nicht anders schreiben und componiren, als Sie mich einmal kennen, meine liebe Freundin.[3]

Schreiben wird hier als unverwechselbares Ausdrucksverhalten verstanden. Das sinnlich zugängliche Sediment dieses Schreibens, die Handschrift, kann daher als Schlüssel zum ›Geheimnis‹ des schöpferischen Ich fungieren.

---

1 Robert Schumann an Gisbert Rosen. Brf. v. 30. April 1829. Zit. n. Briefe NF 2/1904, 15.

2 Vgl. Kreisig II, 464, Anm. 529: »Schumanns Handschrift war klein und oftmals kaum zu entziffern [...]. Für die außerordentliche Gewandheit[!] im Schreiben spricht schon der Umstand, daß in seinen Briefen, trotzdem er sie mit rapider Schnelligkeit schrieb, wohl einmal ein Wort ausgelassen, aber fast nie eins ausgestrichen ist. Er scherzte manchmal über seine unleserliche Handschrift, sein ›Sanskrit‹.«

3 Robert Schumann an Henriette Voigt. Brf. v. 11. Juni 1838. Zit. n. Briefe NF 2/1904, 121f.

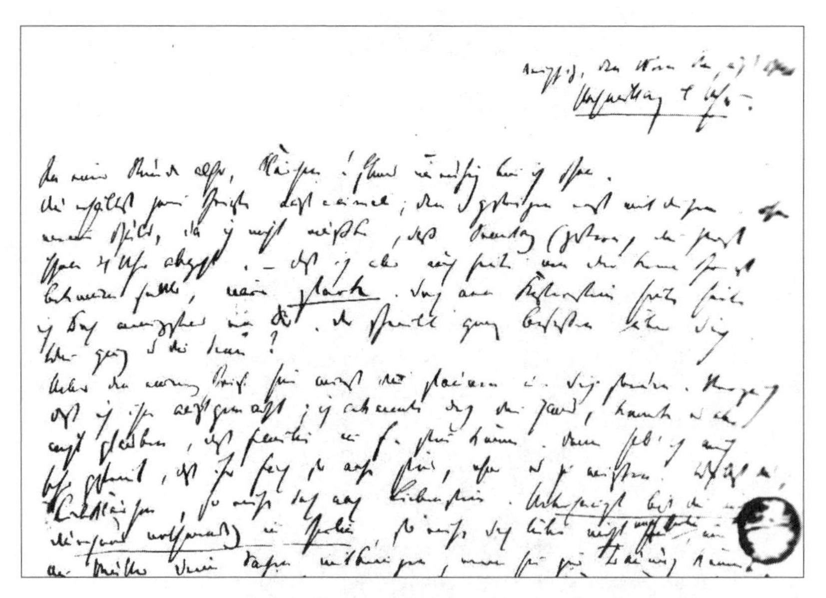

Abb. 1: Handschrift Schumanns in einem Brief an Clara Schumann

Abb. 2: Übung von Namensschriftzügen bekannter Persönlichkeiten

So mag man auch Schumanns Versuche, die Signaturen einiger berühmter Persönlichkeiten zu kopieren, als Annäherungen an dieses Geheimnis verstehen, wird doch erst nachschreibend die Handschrift nicht nur dem Auge als Bild, sondern auch der ausführenden Hand als typische Bewegung, als individueller Duktus, als Geste erfahrbar.

Allerdings interessierte sich Schumann keineswegs allein für die ausdruckspsychologischen Aspekte von Schrift. Nicht nur dem Musikwissenschaftler, sondern auch dem klavierspielenden Amateur fallen im Zusammenhang mit dem Thema »Schumann und Schrift« sofort die bekannten musikalischen Chiffrierungen von Personen- oder Ortsnamen ein, die auf der Vertauschbarkeit von Buchstaben und Notenzeichen basieren. Berühmt ist in dem als »Scènes mignonnes sur quatre notes« untertitelten »Carnaval« op. 9 das Spiel mit den Noten *a*, *es*, *c* und *h*, mit denen Schumann auf den Geburtsort seiner damaligen Geliebten und zugleich auf seinen eigenen Namen anspielt. Mit solchen kryptografischen Spielen, die ja bekanntlich eine lange Tradition haben, wird auf dem Zeichencharakter von Schrift insistiert. Das musikalische Zeichen ist aufgrund der identischen lautlichen Realisierung mit dem Buchstabenzeichen so verknüpft, dass musikalisch chiffriert auf Außerschriftliches verwiesen werden kann. Der Rezipient kann das hermeneutische Spiel mitspielen, wenn er der impliziten Aufforderung des Komponisten folgt und die von diesem vorgenommene Transposition in umgekehrter Richtung vollzieht, d.h. die musikalischen Zeichen rückübersetzt in Sprachzeichen.

Doch würde es wiederum zu kurz greifen, wollte man Schumanns Faszination für das Schriftliche ausschließlich auf seinen Hang zu kryptografischen Spielereien zurückführen. Um dies deutlich zu machen, sei auf einen kleinen Text hingewiesen, den Schumann schrieb, nachdem er 1833 in Leipzig den sogenannten ›Psychometer‹ kennengelernt hatte. Dieser ›Seelenmesser‹ war die Erfindung eines gewissen Magisters Portius und beruhte im Prinzip auf der in der Romantik so populären Idee des Magnetismus. Portius brachte die Probanden in »magnetischen Rapport«[4] mit seiner Maschine, die Auskunft über deren positive und negative Charakterzüge geben sollte. Schumann wurde durch dieses Erlebnis offensichtlich stark angeregt[5] und sann sogleich darüber nach, wie aus dieser Erfindung für musikalische Zwecke Kapital zu schlagen sei – nämlich in Form eines »Kompositions-Seelenmessers«. Anhand von Notenmanuskripten, die in die Maschine einzulegen wären, würde die Maschine über Wert und Unwert der jeweiligen Komposition automatisch befinden können:

> Zuerst dachte ich an die Verleger. Kaum find' ich Worte, sie auf die Größe der Realisierung einer solchen Erfindung aufmerksam zu machen. Stürzte z.B. ein jugendlicher Komponist zur Tür herein, so würde der Händler das Manuskript ruhig in den Kompo-

4 Robert Schumann an die Mutter. Brf. v. 9. April 1833. Zit. n. Jugendbriefe, 204.

5 Vgl. ebd: »Und wirklich bin ich seit Jahren (selber an Festtagen nicht) nicht so in mich gegangen, als gestern Abend, wo ich den oben erwähnten Psychometer besuchte.«

sitions-Seelenmesser legen und, auf die unverrückt bleibende Magnetzunge fußend, dem Phantasten das »Nichtreflektierenkönnen« bemerken, ohne daß es im geringsten beleidigte. [...] Klar ward mir's, daß dann kein Mozartgenie in einer Kaufmannswiege verloren gehen, daß dann sämtliche musikalische Cagliostros ohne weiteres aus der Welt gejagt würden [...] – wahrlich! Künstler und Kritiker trügen endlich den Regenbogen des ewigen Friedens, unter dem die Kunst hinschiffte, als glücklichste. (Kreisig I, 102)

Abb. 3: »Lettres dansantes« aus »Carnaval«

Im Folgenden führt Schumann die zu erwartenden wunderbaren Leistungen des »Kompositions-Seelenmessers« genussvoll vor, indem er die möglichen »Antworten« des Gerätes anhand von einigen Beispielen imaginierend vorwegnimmt.

Natürlich handelt es sich bei diesem Text um eine Satire: Der Autor macht seinem Ärger über die vielen Möchtegern-Komponisten seiner Zeit Luft. Doch kommt ihm die Idee zu diesem Gerät, das allein aufgrund von Notenhandschriften Urteile über den Wert von Kompositionen abgeben könnte, keineswegs von ungefähr. Hier treibt Schumann vielmehr ein Verfahren ironisch auf die Spitze, das er selbst offenbar seit langem praktiziert, ja geradezu zelebriert: die erste Annäherung an eine musikalische Komposition über das Medium Schrift.

In den Kritiken zu den Werken zeitgenössischer Komponisten, die in den »Schriften über Musik und Musiker« gesammelt vorliegen, erfährt man immer wieder *en passant*, dass sich Schumann eine ihm noch unbekannte Komposition zuerst über das Auge aneignet und die musikalische Schrift in ihrer Bildlichkeit auf sich wirken lässt, ohne sich das Werk – etwa am Klavier – akustisch zu vergegenwärtigen. So bekennt er in der berühmten Rezension zu Berlioz' »Symphonie fantastique«, dass er schon als Kind diese kleine Leidenschaft gepflegt habe:

> Wundersam war mir zumute, wie ich den ersten Blick in die Sinfonie warf. Als Kind schon legt' ich oft Notenstücke verkehrt auf das Pult, um mich (wie später an den im Wasser umgestürzten Palästen Venedigs) an den sonderbar verschlungenen Notengebäuden zu ergötzen. Die Sinfonie sieht aufrechtstehend einer solchen umgestürzten Musik ähnlich. (Kreisig II, 212)

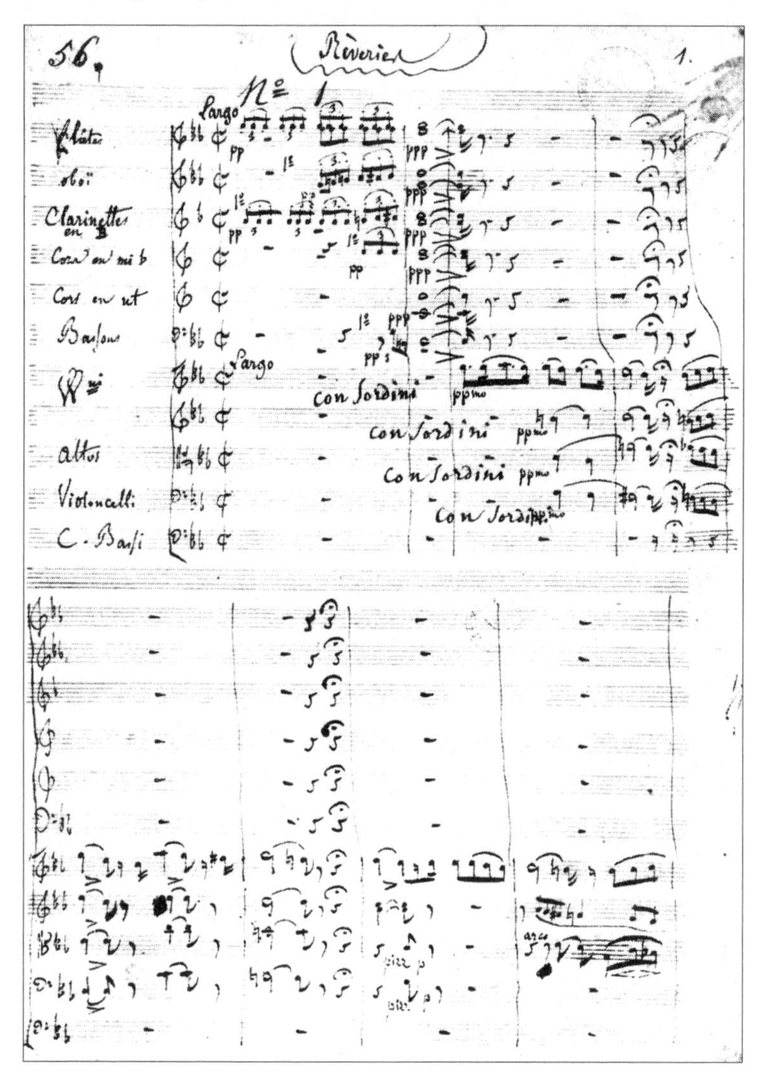

Abb. 4: Berlioz: »Symphonie fantastique«

Auch in der Kritik zu einer Sinfonie John Fields aus dem Jahr 1835 wird die Faszination visueller Erstannäherung an ein musikalisches Werk beschworen:

> Die Originalpartitur liegt vor mir aufgeschlagen, man sollte sie sehn! – gebräunt, als hätte sie die Linie passiert – Noten wie Pfähle – dazwischen aufblickende Klarinetten – dicke Querbalken über ganze Seiten weg [...] – und dann wieder ein NB mit ausgestrichenen Takten und drüber mit langen Buchstaben »cette page est bonne«, ja freilich ist alles bon und zum Küssen (Kreisig I, 161).

Zitate wie die eben angeführten sind, dies ist zunächst festzuhalten, sowohl ihrer inhaltlichen Aussage als auch ihrer Diktion nach prototypische Zeugnisse Schumannscher Selbststilisierung. Der Komponist tritt dem Leser der Kritiken an solchen Stellen in der Rolle des genialischen Enthusiasten entgegen, dessen Wahrnehmungsfähigkeit und Phantasie als außerordentlich herausgestellt werden sollen. Es ist daher nur bedingt zulässig, das Sprecher-Ich mit der natürlichen Person Schumann zu identifizieren. Ob der empirische Autor Robert Schumann tatsächlich das in den Kritiken evozierte Verfahren der Partituraneignung praktiziert hat, ist nicht zu entscheiden. Es ist jedoch auch ohne Bedeutung, wenn es darum geht, Passagen aus den Kritiken mit Blick auf Schumanns Ästhetik zu interpretieren. Denn gerade da, wo Schumann sich selbst als romantischen Enthusiasten inszeniert, ist er seinem Selbstverständnis als Künstler am nächsten. Wenn im Folgenden der Name »Schumann« verwendet wird, ist ausdrücklich nicht der empirische Autor der Kritiken gemeint, sondern das in eigenem Namen auftretende Sprecher-Ich der Texte.

Auf die besondere Aufmerksamkeit, die Schumann der visuellen Seite der Musik, also der Schrift, zuteil werden ließ, ist bereits verschiedentlich hingewiesen worden, jedoch ohne dass diese Neigung des Komponisten in Zusammenhang mit seinem Kunstverständnis gebracht worden wäre. So versteht Joseph A. Kruse Schumanns Wiedergabe seiner Eindrücke vom Notenbild der »Symphonie fantastique« als »interessanten Hinweis darauf, daß Partituren unter anderem auch einmal als Erzeugnisse konkreter Poesie betrachtet werden könnten, die aufgrund ihrer Zeichenhaftigkeit selbst graphisch-kommunikative Funktionen haben«.[6] Kadja Grönke hebt hervor, dass Schumann die Nützlichkeit einer eingehenden Betrachtung des Schriftbildes für die musikalische Analyse erkannt habe:

> Im Anblick notierter Musik liegt also nicht nur ein ästhetisches Vergnügen, sondern auch ein Erkenntnisgewinn – zumal im musikalischen Zeichensystem sogar Informationen enthalten sein können, die dem Ohr nicht oder nicht unmittelbar zugänglich sind.[7]

---

6 Joseph A. Kruse: Robert Schumann als Dichter. In: Robert Schumann. Universalgeist der Romantik. Beiträge zu seiner Persönlichkeit und seinem Werk. Hrsg. v. Julius Alf u. Joseph A. Kruse. Düsseldorf 1981, S. 40-61, hier: S. 51f.

7 Kadja Grönke: Das Notenbild als Bild. Zum ästhetischen Doppelwert musikalischer Graphik. In: Synästhesie in der Musik. Musik in der Synästhesie. Vorträge und Referate während der Jahrestagung 2002 der Gesellschaft für Musikforschung in Düsseldorf (25.-

Doch die in den Kritiken unternommenen Partiturbetrachtungen zielen, wie im Folgenden deutlich werden soll, gerade nicht darauf ab, Schrift im Interesse einer effizienteren Informationsgewinnung für die rationale Analyse des musikalischen Textes zu nutzen. Im Beharren auf der Sichtbarkeit der Musik wird vielmehr Schumanns genuin romantisches Kunstverständnis augenfällig, dem Nützlichkeitserwägungen solcher Art generell fremd sind. Für den Sprecher der zitierten Passagen hat das Visuelle keine Dienstleistungsfunktion, die Schrift ist kein ›Ersatzmedium‹ für das ›Primärmedium‹ Ton. Vielmehr erkennt es in der nur visuell erfahrbaren Schrift-Bildlichkeit die normalerweise verborgene, weil unbeachtete Entsprechung der nur auditiv erfahrbaren Klanglichkeit eines musikalischen Kunstwerks.

Inwiefern Schumanns Schrift-Faszination mit seinem romantischen Kunstverständnis zusammenhängt, lässt sich ausgehend von einem kleinen Dialog aus »Meister Raros, Florestans und Eusebius' Denk- und Dichtbüchlein« näher erläutern:

> Als ein junger Musikstudierender in der Probe zu der achten Sinfonie von Beethoven eifrig in der Partitur nachlas, meinte Eusebius: »Das muß ein guter Musiker sein!« – »Mit nichten«, sagte Florestan, »das ist der gute Musiker, der eine Musik ohne Partitur versteht, und eine Partitur ohne Musik. Das Ohr muß des Auges und das Auge des (äußern) Ohres nicht bedürfen.« – »Eine hohe Forderung«, schloß Meister Raro, »aber ich lobe Dich darum, Florestan!« (Kreisig I, 17)[8]

Hier werden zwei jeweils eigenständige Formen der Rezeption einer musikalischen Komposition voneinander abgegrenzt: Die eine vollzieht sich in der hörenden Aufnahme von Tönen, die andere in der sehenden Aufnahme von Schrift. Beide Rezeptionsverfahren erscheinen als gleichwertige Wege des Zugangs zum Werk. Auch der visuelle Weg soll idealerweise zu einem Hörerlebnis führen, das indirekt als ein inneres Hören qualifiziert wird. Naheliegend ist es, Schumanns Text so zu deuten, dass der »gute Musiker« angesichts einer Partitur genau die Musik innerlich hören müsse, die erklingen würde, wenn eben diese Partitur zur Aufführung gebracht würde. Doch dies wird in dem Dialog keineswegs explizit verlangt. Gefordert wird vielmehr zunächst nichts anderes als ein unbedingtes und ausschließliches Sich-Einlassen auf einen der beiden Zugangswege. Das Ohr macht sich unabhängig vom Auge, indem es auf Notenlektüre verzichtet. Das Auge wiederum macht sich unabhängig vom Ohr, indem es sich der Schrift als Medium ganz anvertraut. In

---

28. September 2002) an der Robert-Schumann-Hochschule. Hrsg. v. Volker Kalisch. Essen 2004, S. 132-147, hier: S. 132.

8 Erinnert sei in diesem Zusammenhang auch an zwei der »Musikalischen Haus- und Lebensregeln«: »Du mußt es so weit bringen, daß du eine Musik auf dem Papier verstehst« und »Legt dir Jemand eine Composition zum erstenmal vor, daß du sie spielen sollst, so überlies sie erst«. Robert Schumann: Musikalische Haus- und Lebensregeln. Faksimile mit Übertragung und Textabdruck. Eingel. und hrsg. v. Gerd Nauhaus. Sinzig 2002 [= Schumann-Studien. Sonderbd. 2], S. 50.

einer im Jahr 1836 entstandenen Rezension zu einer Sammlung von Klavieretüden führt Schumann dieses poetische Verfahren noch einmal vor:

> Nachdem ich einen prüfenden Engrosblick in das Heft geworfen (ich halte viel von der Notengestaltmusik für's Auge), so gesteh' ich, daß es wohl nicht allein an den sehr scharfen, einzeln stehenden, wie in Stein gehauenen Köpfen liegt, daß ein jeder etwas zu bedeuten und die lose verschlungenen Stimmfäden immer in einem klaren Büschel zusammenzuwachsen scheinen. Sodann sieht mich etwas ungemein Solides an, dabei Säuberliches, Geputztes, in der Art, wie sich alte Leute noch Sonntags gern anziehen, vor allem aber etwas Wohlbekanntes, dem man schon im Leben einmal begegnet zu haben[!] meint. Von romantischen Gießbächen hör' ich nichts, wohl aber von zierlichen Springbrunnen in verschnittenen Taxusalleen. (Kreisig I, 197)

Doch seien dies alles, so fährt er fort, »optische Ahnungen«. – Ahnungen, keine rationalen Gewissheiten! An dieser Stelle wird noch einmal deutlich, in welchem Verhältnis das Sehen von Schrift zum geheimnisvollen ›inneren Hören‹ steht. Offensichtlich löst das Schrift-Bild der Etüden bei Schumanns Erzähler-Ich keineswegs ein inneres Hören eben dieser Etüden aus, zumindest wird darüber nichts gesagt. Die durch den »Engrosblick« in die Notenschrift induzierten ästhetischen Erlebnisse werden vielmehr als rein visuelle beschrieben: Der Erzähler s i e h t »in Stein gehauene Köpfe«, »verschlungene Stimmfäden« und »klare Büschel«. Auch wenn am Ende davon die Rede ist, dass er zwar nichts von »romantischen Gießbächen« höre, wohl aber von »zierlichen Springbrunnen«: Die Klänge, die er als Betrachter der Notenschrift innerlich hört, sind nicht identisch mit dem, was beim musikalischen Vortrag akustisch erfahrbar würde. Allerdings, und das ist entscheidend, sind sie damit poetisch verwandt.

An einer Betrachtung wie der eben zitierten wird offenkundig, wie sehr sich Schumanns Kunstverständnis mit dem der Jenaer Frühromantiker berührt: »Musik – Plastik, und Poësie sind Synonymen«[9], hatte Novalis in einer seiner Fragment-Sammlungen formuliert. Diese Vorstellung von der Zusammengehörigkeit, ja letztlich Austauschbarkeit der Materialisationsformen des Poetischen teilt Schumann. Deshalb erklärt Eusebius im »Denk- und Dichtbüchlein« von 1833:

> Der gebildete Musiker wird an einer Raffaelschen Madonna mit gleichem Nutzen studiren können wie der Maler an einer Mozartschen Sinfonie. Noch mehr: dem Bildhauer wird jeder Schauspieler zur ruhigen Statue, diesem die Werke jenes zu lebendigen Gestalten; dem Maler wird das Gedicht zum Bild, der Musiker setzt die Gemälde in Töne um. (Kreisig I, S. 26)

Und Florestan ergänzt den bekannten Satz: »Die Ästhetik der einen Kunst ist die der andern; nur das Material ist verschieden.« (Kreisig I, S. 26) Auch die Notenschrift stellt nun, insofern sie ikonisch ist, für Schumann e i n e Materialisationsform des Poetischen dar. Diese ist gegenüber der klanglichen nicht defizitär, wie eben

9 Novalis: Werke, Tagebücher und Briefe Friedrich von Hardenbergs. 3 Bde. Hrsg. v. Hans-Joachim Mähl u. Richard Samuel. Lizenzausgabe. Darmstadt 1999, Bd. II, S. 362.

auch das Sehen des musikalischen Kunstwerks dem Hören desselben Kunstwerks bei der ersten Annäherung an eine Komposition als Rezeptionsform nicht untergeordnet ist. Denn poetisch tätig wird der Rezipient beim Hören und beim Sehen – sofern er sich dem poetischen Geheimnis des Werkes öffnet und sich hineintragen lässt in dessen Zentrum. Der »eifrige Musikstudent« aus dem Dialog zwischen Florestan und Eusebius ist kritikwürdig, weil er gerade dies nicht tut. In seinem Bemühen um ein adäquates Verständnis von Musik beschreitet er insofern einen Irrweg, als er sich weder auf das Medium Ton, noch auf das Medium Schrift ganz einlässt, sondern letzteres zum Hilfsmittel degradiert. Sein am Ziel der intellektuellen Einsicht in die Komposition orientiertes Lektüreverhalten wird denn auch ausdrücklich nicht als »Lesen«, sondern als »Nachlesen« bezeichnet. Der Student wird damit als unproduktiver Epigone entlarvt, dem nicht mehr als ein intellektualistisches Nach-Vollziehen von Musik möglich ist. Florestans Kritik an dem Eifrigen ist damit gegen eine Form der Musikrezeption gerichtet, die ›Verstehen‹ mit der intellektuellen Einsicht in die harmonische und melodische Struktur der Komposition ohne weiteres gleichsetzt. Indirekt wird damit eine andere Form des Verstehens aufgewertet: das poetische Verstehen, das nicht Nachvollzug von etwas Gegebenem, sondern Produktion von etwas Neuem ist. Auch Schumanns Verfahren, Partituren zunächst allein über das Auge wirken zu lassen, zielt auf einen solchen poetischen und damit produktiven Akt des Verstehens ab.

Dies belegt besonders eindrucksvoll der berühmte erste Aufsatz der Davidsbündler: Eusebius präsentiert Chopins »Don-Giovanni«-Variationen mit den Worten »Hut ab, ihr Herrn, ein Genie«. Daraufhin beschreibt der Erzähler Julius, wie er sich, ohne den Titel zu kennen, dem Notentext nähert, bevor Eusebius das Stück zu Gehör bringt:

> [I]ch blätterte gedankenlos im Heft; dies verhüllte Genießen der Musik ohne Töne hat etwas Zauberisches. Überdies, scheint mir, hat jeder Komponist seine eigentümlichen Notengestaltungen für das Auge: Beethoven sieht anders auf dem Papier [aus] als Mozart, etwa wie Jean Paulsche Prosa anders als Goethesche. Hier aber war mir's, als blickten mich lauter fremde Augen, Blumenaugen, Basiliskenaugen, Pfauenaugen, Mädchenaugen wundersam an: an manchen Stellen ward es lichter – ich glaubte Mozarts »Là ci darem la mano« durch hundert Akkorde geschlungen zu sehen. Leporello schien mich ordentlich wie anzublinzeln, und Don Juan flog im weißen Mantel vor mir vorüber. (Kreisig I, 5)

Was hier beschrieben wird, ist kein dekodierendes Lesen von Schrift und erst recht keine Partituranalyse im klassischen Verständnis. Julius betont, dass er beim Blättern im Notentext »gedankenlos« gewesen sei. Damit qualifiziert er den Rezeptionszustand, in dem er sich befand, als einen Zustand, in dem die Ratio inaktiv ist, die sinnliche Wahrnehmung aber um so aktiver. Genau in diesem Zustand wird der Betrachter empfänglich für das »Zauberische«, das Unheimliche, für das, was dem intellektuellen Verstehen inkommensurabel ist. Denn nicht nur blickt Julius' Auge auf den Notentext, nein, er selber scheint angeblickt zu werden, und zwar von »lauter fremden Augen«. Diese scheinen in einer Dunkelheit aufzuleuchten, die nur

»an manchen Stellen« aufgehellt wird. Und auch Don Juan, der im weißen Mantel »vorüberfliegt«, begegnet dem Betrachter wie ein Spuk, wie eine wundersame Geistererscheinung. Die Notenhandschrift fungiert hier als Medium im magischen Verständnis: Sie stellt eine Verbindung zwischen zwei Reichen – gewissermaßen Diesseits und Jenseits – her, zwischen der Alltagswelt und dem poetischem Geisterreich, das sich auch in Mozarts Oper auf unheimliche Weise öffnet.

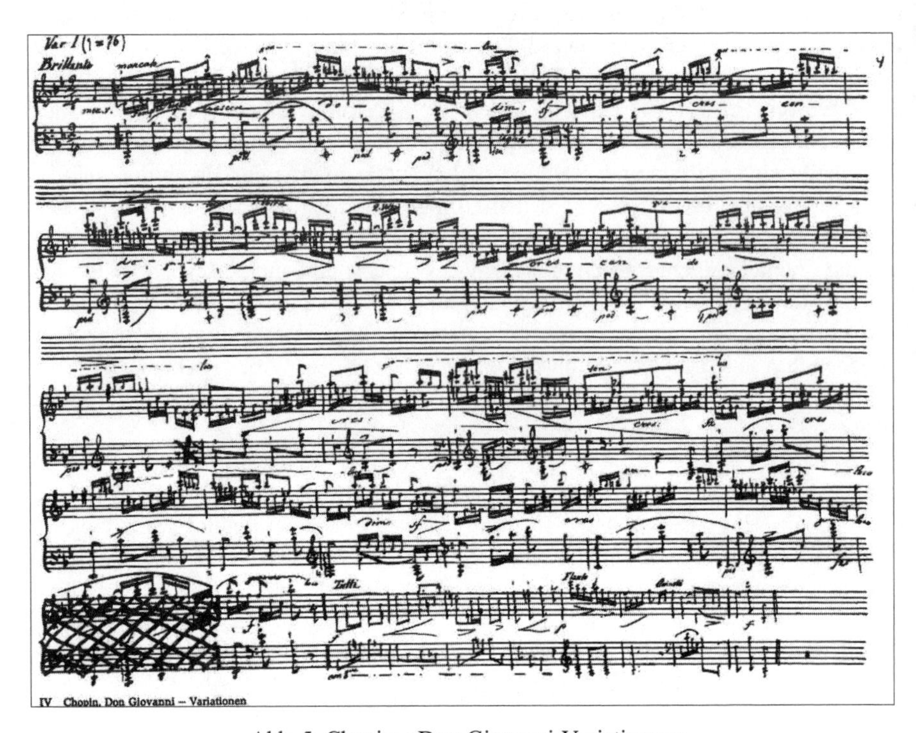

Abb. 5: Chopin: »Don-Giovanni-Variationen«

Was Julius' Kommentar zum Schrift-Bild der »Don-Giovanni-Variationen« deutlich macht, belegen auch weitere Textstellen, in denen Schumann über seine Schrift-Eindrücke spricht: Bei der ersten Annäherung an eine Komposition über das Auge geht es nicht um Lektüre oder gar Analyse, nicht um die geregelte Entschlüsselung eines Codes; es geht vielmehr um eine besondere Form von optischer Wahrnehmung, die einen Zugang zur poetischen Substanz des jeweiligen Werkes verschaffen soll. Man könnte auch sagen: Die subjektive Aneignung einer Komposition über das Medium Schrift wird für Schumann gerade dann in vollem Umfang möglich, wenn es gelingt, das Bezugssystem ›Schrift als Code‹ vorübergehend außer Kraft zu setzen und ganz in das Bezugssystem ›Schrift als Bild‹ einzutauchen.

Der Betrachter bleibt dabei mitnichten passiv, denn die in einer beliebigen Partitur verborgenen Schrift-Bilder zu sehen verlangt eine bildende Kraft, die der

Sehende selbst aufzubringen hat. So wird denn auch die Kunst des poetischen Sehens gerade durch solche Partituren herausgefordert, die den Bildaspekt musikalischer Schrift n i c h t bewusst inszenieren, wie dies etwa die seit dem Spätmittelalter bekannten, sog. »figuralen Notenschriften« tun, in denen Musikstücke in Herz-, Kreis- oder Kreuzform notiert werden.[10] Auch Partituren, in denen das musikalische Schrift-Bild vom Betrachter als eine Art Schlüssel zur Intention des Komponisten genutzt werden kann, interessieren Schumann nicht. Ein Beispiel dafür ist die Notation jener Passage aus Bachs Matthäus-Passion, in der der Evangelist singt: »Und siehe da. Der Vorhang zerriß in zwey Stücke von oben an bis unten aus. Und die Erde erbebete« (vgl. Abb. 6). Die Grafik der Notation unterstützt hier die inhaltliche Aussage, denn sie visualisiert in den auf- und absteigenden 32steln das Zerreißen des Vorhangs und in den anschließenden 32steln das Erbeben der Erde. Das Schrift-Bild basiert hier auf dem Mimesis-Prinzip: Die Schrift ist Sekundärmedium, denn sie bildet – nicht anders als die Töne selbst – ein Primäres ab: den heiligen Text des Evangeliums.

Abb. 6: Bach: Notation einer Passage aus der »Matthäus-Passion«

Schumanns idealer Rezipient jedoch lässt als Betrachter von Notenschrift das mimetische Prinzip hinter sich und vollzieht einen Akt der Poiesis, in dem er sich selbst als Künstler erweist. Geeignetes Stimulans für das poietische Sehen ist grundsätzlich jede Partitur, hängt es doch nicht von den optischen Qualitäten der Partitur, sondern von der Sensibilität des Rezipienten ab, ob sie in ihm Ahnungen hervorzurufen und ihn in einen Zustand »verhüllten Genießens« zu versetzen vermag.

Dass Schumann den verschiedenen Möglichkeiten der Rezeption von Musik so viel Aufmerksamkeit zuteil werden lässt, belegt einmal mehr seine Nähe zum Denken der Jenaenser Romantik. »Der wahre Leser muß der erweiterte Autor seyn«[11], fordert Novalis in seiner Fragmentsammlung »Blüthenstaub«. Was dieser

---

10 Vgl. dazu Rolf Ketteler u. Jörg Jewanski: Artikel »Musik und bildende Kunst«. Abschnitt »Der Bildcharakter der Notenschrift«. In: MGG^2, Sachteil Bd. 6: Meis-Mus, Sp. 759-760.

11 Novalis, Werke (Anm. 9), Bd. II, S. 282.

mit Bezug auf die Literatur formuliert, wird in Schumanns Betrachtungen für die Musik geltend gemacht. Beiden, Novalis und Schumann, geht es darum, den häufig als passiv und unproduktiv verstandenen Akt der Rezeption eines Kunstwerks aufzuwerten und seine produktive Seite ins Licht zu rücken.

Wenn Schumann in den zitierten Passagen seine musikinteressierten Leser auf die visuelle Seite des musikalischen Kunstwerks aufmerksam macht, dann geschieht dies nicht, um die Bedeutung des Hörens zu schmälern. Er spielt Auge und Ohr nicht gegeneinander aus. Im Idealfall ergänzen sich für Schumann Hören und Sehen – und zwar nicht nur bei der Rezeption, sondern auch bei der Produktion, d.h. Komposition von Musik. Denn auch dort, wo er über das Herstellen von Musik nachdenkt, kommt er immer wieder auf das Sehen als die bewegende Kraft im Fortgang des Komponierens zu sprechen. In der Rezension zu Berlioz' »Symphonie fantastique« heißt es:

> Unbewußt neben der musikalischen Phantasie wirkt oft eine Idee fort, neben dem Ohre das Auge, und dieses, das immer tätige Organ, hält dann mitten unter den Klängen und Tönen gewisse Umrisse fest, die sich mit der vorrückenden Musik zu deutlichen Gestalten verdichten und ausbilden können. (Kreisig I, 84)

Im Tagebuch formuliert Schumann die Überzeugung, dass nicht nur die musikalische Schrift, sondern Musik schlechthin auch Kunst fürs Auge, ja Kunst d e s Auges sei, in einer Sentenz, die nicht weniger als Allgemeingültigkeit beansprucht: »Je specieller die Musik ist, je mehr einzelne Bilder im Ganzen sie vor dem Hörer ausbreitet, desto mehr erfaßt sie u. desto ewiger wird sie seyn u. neu für alle Zeiten.« (Tb I, 410) Auch in diesem Satz offenbart sich die romantische Vorstellung, dass alle Kunstformen miteinander verbunden sind und ineinander übergehen. Diese Übergänge finden jedoch nicht, darauf hat Walter Gieseler zu Recht hingewiesen,[12] in den Kunstobjekten statt, sondern im Menschen, sofern er schöpferisch tätig ist.

12 Walter Gieseler: Schumanns frühe Klavierwerke im Spiegel der literarischen Romantik. In: Alf/Kruse, Schumann (Anm. 6), S. 62-87, hier: S. 68.

Sektion III

Kunst- und Kulturkritik

Zwischen Feuilleton und Geschichtsschreibung

Zur Medialität von Literatur- und Kunstkritik bei Heine

Peter Uwe Hohendahl

Wer Heines Literatur- und Kunstkritik darstellen und erklären will, steht sogleich vor zwei Hürden: Die erste bezieht sich auf ein ästhetisches Problem, die zweite auf ein historiografisches. Die ästhetische Hürde ist mit großer Schärfe und Härte von Karl Kraus benannt worden, wenn er Heine entgegenhält, dass er die deutsche Literatursprache dem Feuilleton überliefert und sie damit kompromittiert habe.[1] Der Standort, von dem aus dieses Urteil gefällt wurde, ist die Autonomieästhetik der deutschen Klassik, deren dauernde Gültigkeit, auch in der Moderne, für Kraus außer Frage stand. Gemessen an der Autonomieästhetik, die den Bereich der Kunst aus dem sozialen Bereich ausgrenzt, erscheint Heines Schreiben, namentlich aber sein Umgang mit Kunst und Literatur, als zwielichtig, bald über die Grenzen des Ästhetischen hinausgehend, bald ungenügend auf das ästhetische Moment ausgerichtet. Nicht ohne Grund hat Kraus für diesen Umstand das Medium verantwortlich gemacht, dessen sich Heine zum großen Teil bediente, nämlich die Zeitung und die Zeitschrift. Für Kraus war dieses Medium, verkörpert durch das Feuilleton der Wiener Presse, der Inbegriff von Kommerzialisierung sowie journalistischer Unverantwortlichkeit und Beliebigkeit, in jedem Fall unvereinbar mit strengen ästhetischen Maßstäben. Dieser Vorwurf wirkt bekanntlich noch bis zu Adorno nach.[2]

Die zweite Hürde ist ganz anderer Art. Sie ergibt sich aus dem Anspruch der Wissenschaftlichkeit, den man an Heines »Romantische Schule« herangetragen hat. Im Vergleich mit der gleichzeitig sich herausbildenden germanistischen Literaturgeschichte, namentlich dem großen Wurf von Gervinus, scheint Heines Werk die Gründlichkeit und Genauigkeit zu fehlen, die Gervinus durchsetzt. Wird Heines »Romantische Schule«, so würde der Einwurf lauten, dem Medium der wissenschaftlichen Literaturgeschichte gerecht?[3] Verfügt Heine über die Kenntnisse, um mit Gervinus in einen Wettstreit zu treten? In noch schärferer Form stellt sich diese Frage, wenn man sich mit seinen Äußerungen zur Kunst (Malerei) und Musik beschäftigt, denn auf diesen Feldern ist es offensichtlich, dass Heine nicht als Experte spricht und dies im Falle der Musik auch sogleich einräumt. Doch zieht Heine daraus bekanntlich nicht den Schluss, auf ein Urteil zu verzichten, sondern beruft sich vielmehr darauf, mit seinen Berichten eine andere, aber gleichwichtige Funktion zu

1 Karl Kraus: Heine und die Folgen. München 1910.

2 Theodor W. Adorno: Die Wunde Heine, in Adorno. Gesammelte Schriften (Hrsg. Rolf Tiedemann). Bd. 11. Frankfurt a.M. 1974, S. 95-100.

3 Dazu Peter Uwe Hohendahl: Fiktion und Kritik: Heines »Romantische Schule« im Kontext der zeitgenössischen Literaturgeschichte. In: Lothar Ehrlich/Hartmut Steinecke/Michael Vogt (Hrsg.): Vormärz und Klassik. Bielefeld 1999, S. 249-263.

erfüllen. Diese Funktion, so sein Anspruch, ergibt sich aus dem Medium der Mitteilung, also dem Wesen der Zeitung oder Zeitschrift, die sich an ein breiteres Publikum wenden. Der öffentliche Charakter des Schreibens und Publizierens ist also für Heine nicht peripher und sekundär, sondern zentral und primär. Er ist, wie ich zeigen möchte, ein wichtiger Gesichtspunkt des Kommunikationsplans, aber auch des Wahrheitsanspruchs. Es besteht kein Zweifel, dass die Autonomieästhetik und eine streng wissenschaftliche Literaturgeschichte diesen Anspruch zurückweisen. Daraus ergibt sich für uns die Frage: Wie sind diese Hürden zu überwinden?

Ich möchte mit der These beginnen, dass Heine die erwähnten Hürden kannte und sich der genannten Probleme durchaus bewusst war. Sowohl mit dem Postulat der klassisch-romantischen Autonomieästhetik als auch mit den Regeln wissenschaftlicher Geschichtsbeschreibung war er vertraut.[4] Insofern bleibt Kraus' Polemik unterhalb des Heineschen Reflexionsniveaus, wenn sie Kunst gegen Kommerz stellt. Doch kommt es darauf an, die besondere Art dieser Reflexion genauer zu bestimmen und von früheren wie späteren Formen zu unterscheiden. Sie bewegt sich zwischen mehreren Polen, nämlich der Idee und der empirischen Wahrnehmung sowie zwischen zeitlicher Veränderung und festen strukturellen Mustern. Anders gesprochen, sie ist auf den materialen historischen Prozess unter dem Gesichtspunkt seiner idealen Möglichkeiten bezogen. Diese mehrpolige Reflexion bezieht sich sowohl auf die objektive Seite, also Kunst und Literatur als Gegenstand, als auch auf die Seite des Subjekts, also Heines eigene Position. Sofern er sich mit älteren Schriftstellern vergleicht, z.B. den Autoren der Klassik und Romantik, machen sich für ihn Unterschiede bemerkbar, die nicht beiseite geschoben werden können und seine Arbeitsbedingungen als verändert bestimmen, und zwar so weitgehend, dass eine bloße Nachfolge verwehrt ist. Das gleiche gilt für die objektiven Bedingungen, auch hier die Wahrnehmung einer zu beschreibenden und zu deutenden Veränderung dessen, was man als Heines ästhetisch-kulturelle Umwelt bezeichnen könnte. Heine spricht bekanntlich vom Ende der Goetheschen Kunstepoche, um diesen Einschnitt zu markieren, wenngleich er sich später, nicht ohne Recht, als den letzten Romantiker, also als Erbe der früheren Kunstperiode bezeichnet. Diese zweite Markierung gilt der Abgrenzung gegenüber der realistischen Ästhetik nach 1850, während die erste für Heine schwieriger zu bestimmen ist, da sie nur zum Teil mit einem ästhetischen Paradigmenwechsel zur Deckung kommt.

Es ist das System der Literatur selbst mitsamt seinen Institutionen, das sich verändert hat, wenn auch nicht nach der von der Klassik ausgehenden Logik der Kunstautonomie. Im Gegenteil, Momente der Ausdifferenzierung von Subsystemen, die um 1800 als gesichert galten, erscheinen in den 1820er und 1830er Jahren

4 Zur Problematik der Kunstanatomie vgl. Jochen Strobel: Nach der Autonomieästhetik. Zur Reaktion romantischer Autoren auf Veränderungen des Literatursystems in der Zeit des Vormärz. In: Wolfgang Bunzel/Peter Stern/Florian Vaßen (Hrsg.): Romantik und Vormärz. Bielefeld 2003, S. 433-459.

als zurückgenommen und problematisch.[5] Genau hier setzen die Überlegungen Heines an. Er reagiert auf einen Strukturwandel der Öffentlichkeit, der dem Schriftsteller und Intellektuellen neue Möglichkeiten der Kommunikation öffnet, nicht zuletzt durch den Ausbau und die Verbreitung von Medien, die um 1800 zwar bereits vorhanden sind, aber für die Systeme Literatur und Kunst noch nicht die dynamische Bedeutung angenommen haben, die sie in den 1820er und 30er Jahren erhalten sollten. Gemeint sind die Zeitungen und Zeitschriften, die für die jüngere, nach-romantische Generation zentrale Mittel werden, um ihr Publikum zu erreichen. So ist das »Junge Deutschland« ohne Zeitschriften nicht zu denken.[6] Doch schon bei Ludwig Börne besteht ein deutliches Bewusstsein, dass für das zeitgenössische intellektuelle Leben, einschließlich der Literatur, Zeitschriften unverzichtbar sind. Die Ankündigung seiner neuen Zeitschrift »Die Wage« von 1818 beschreibt nicht nur die Aufgabe des Unternehmens, sondern auch seine gesellschaftliche Funktion. Wie die Straßen im Raum den Austausch von Gütern ermöglichen und damit den Reichtum der Gesellschaft vergrößern, so sind die Zeitschriften für Börne Straßen des Gedankens, die einen »lebhaften Umtausch« ermöglichen, »wenn ihrer freien und schnellen Mitteilung viele Wege offenstehen«.[7] Es liegt Börne bei der Vorstellung dieses liberalen Kommunikationsmodells mehr an dem Austausch von Gedanken als an der Produktion neuer Ideen. So nennt er die »Wage« »ein Tagebuch der Zeit«, das »das bürgerliche Leben, die Wissenschaft und die Kunst, vorzüglich aber die heutige Einheit jener drei« bespricht.[8]

Für Börne steht die Beschleunigung der Kommunikation im Mittelpunkt. Sein Autor, den er als Herausgeber oder Mitarbeiter einer Zeitschrift vorstellt, ist ausdrücklich als »Zeitschriftsteller« gekennzeichnet, der auf die Gegenwart und Zukunft ausgerichtet ist und durch seine Tätigkeit Veränderung bewirkt. Börnes Plan ist nun selbst zu lesen als Index eines Modernisierungsschubs, der zwar von der Aufklärung ausgeht, sich aber von der Gelehrtenkultur resolut absetzt, wie an Börnes Besprechung der Ankündigung der »Jahrbücher der wissenschaftlichen Kritik« (1826) abzulesen ist. Dieser Schub betrifft zum einen den temporalen Aspekt, nämlich die Beschleunigung der Kommunikation, und zum anderen den sozialen Aspekt, d.h. die Ausrichtung auf ein breiteres Publikum im Rahmen der noch entstehenden bürgerlichen Öffentlichkeit. Es ist bezeichnend, dass Börne seine Rolle als Kritiker nicht als die des Experten, sondern als die des Vermittlers versteht. Als Herausgeber einer kritischen Zeitschrift ist er sowohl Beobachter als auch intervenierender Teilnehmer des Modernisierungsprozesses.

Obgleich Heines Selbstverständnis sich mit demjenigen Börnes überschneidet, ist seine Position von Anfang an komplexer, denn sie beschränkt sich nicht auf die

---

5 Dazu Peter Uwe Hohendahl: Literaturkritik in der Epoche des Liberalismus. In: Ders. (Hrsg.): Geschichte der deutschen Literaturkritik 1730-1980. Stuttgart 1985, S. 129-204.

6 Vgl. Helga Brandes: Die Zeitschriften des Jungen Deutschland. Opladen 1991.

7 Ludwig Börne: Kritische Schriften. Hrsg. v. Edgar Schumacher. Zürich 1964, S. 305-320, hier: S. 306.

8 Ebd., S. 309.

Kritik. Insofern Heine zugleich als Lyriker, Prosaschriftsteller und Kritiker auftritt, bedarf er verschiedener Sprachräume und verschiedener sprachlicher Medien. Die Selbstbestimmung als Dichter (d.h. Lyriker) ist nicht identisch mit der Selbstauffassung als Zeitschriftsteller, obschon sie sich berühren können. Da mein Interesse hier vor allem dem Kunst- und Literaturkritiker Heine gilt, muss ich die Arbeitsbedingungen wenigstens knapp erläutern. Heine sucht das breitere, bildungsbürgerliche Publikum nicht weniger als Börne, doch gründet er keine Zeitschriften und meidet die Rolle des kontrollierenden Redakteurs, vielmehr arbeitet als freier Mitarbeiter für bestimmte Zeitungen, vornehmlich die Blätter des Cotta-Verlags. Damit unterwarf er sich der redaktionellen Vorzensur des Redakteurs, z.B. den Eingriffen Kolbs in der »Augsburger Allgemeinen Zeitung«, ein nicht selten frustrierender Akt der Submission, doch zog Heine diese Auseinandersetzung der Publikation in radikaleren kleineren Zeitschriften vor, da diese in der Regel das allgemeine Publikum nicht erreichten. Das war eine bewusste und gegen Vorwürfe verteidigte Strategie, die den Gesichtspunkt der größten Wirkung in den Vordergrund stellte, allerdings nicht betonte, dass die etablierten Zeitungen und Zeitschriften auch besser bezahlten. Doch eben dieser Gesichtspunkt spielte bei der Wahl des spezifischen Mediums eine Rolle, denn für den als freien Mitarbeiter tätigen Journalisten ist die Höhe des Honorars, wie Heine seinen Partnern offen eingestand, von ausschlaggebender Bedeutung.[9] Als Schriftsteller musste er sich auf dem freien Markt durchsetzen, also auch mit Konkurrenz umgehen können.

In einer neueren Untersuchung hat Jörg Requate nachgewiesen, dass der Arbeitsmarkt der Journalisten im Vormärz genug Verdienstmöglichkeiten bot, um eine Existenz aufzubauen, obgleich die Absicherung für die freien Mitarbeiter prekär blieb.[10] Die materiellen Bedingungen waren nicht wesentlich ungünstiger als in Frankreich, unterschieden sich indes in anderer Hinsicht. Der französische Journalist konnte hoffen, so Requate, sich entweder im Bereich der Politik oder auf dem Felde der Literatur einen Platz zu sichern. Solche Grenzübergänge waren nach Requate in Deutschland weniger wahrscheinlich. Im Blick auf Heines Strategie als Autor ist diese Differenz bemerkenswert, da dieser die Rolle des Journalisten in Paris mit Erfolg übernahm und zeitweilig durch seine Korrespondententätigkeit sogar in den Vordergrund stellte, aber sich nicht auf diese Funktion beschränken wollte. Das französische Modell kam daher seinen eigenen Kommunikationsstrategien entgegen, da es den dichterischen Anspruch nicht in Frage stellte. Anders gesprochen, Heine ließ sich nicht in den (kommerziellen) Journalismus abdrängen und vermied, obgleich er Zeitschriften als Stützpunkte schätzte, so weit wie möglich die Abhängigkeit von Redakteuren.

---

9 Zum Komplex der ökonomischen Bedingungen Heines vgl. Heinrich Heine, Schriftstellernöte 1832-1855. In: B 5, S. 7-121.

10 Jörg Requate: Die Entstehung eines journalistischen Arbeitsmarktes im Vormärz. Deutschland im Vergleich zu Frankreich. In: Rainer Rosenberg u. Detlev Kopp (Hrsg.): Journalliteratur im Vormärz. Bielefeld 1996, S. 107-130.

Das Vertrauen auf Zeitungen und Zeitschriften, die Überzeugung, über diese Medien ein allgemeines Publikum zu erreichen, bestimmt nun gleichzeitig Heines Begriff der Kritik. Bei Heine steht schon vor 1830 mehr auf dem Spiel als der Börnesche Gedankenumschlag, also die liberale Hoffnung auf Emanzipation durch öffentliche Diskussion. Ausdrücklich spricht er 1828 vom Ideenkampf, also einer antagonistischen Situation, und versteht die Kommunikation von oppositionellen Ideen als Teil einer subversiven Strategie, die nach der Art von Partisanen den Gegner nicht in offener Feldschlacht angreift, sondern in kleineren Scharmützeln und ermattenden Hinterhalten.[11] Nicht ohne Grund gehören militärische Metaphern zur Selbstdarstellung Heines. Die Konzeption eines Ideenkampfes auf dem Feld der Kritik enthält eine Verschiebung im Gebrauch der Zeitschrift, und zwar von der literarisch-ästhetischen zur politischen Thematik. Freilich war eine solche Politisierung der Publizität nur durchzusetzen, wenn die staatliche Zensur es zuließ. Das war bekanntlich weder in Preußen noch in Österreich der Fall. Folglich war das Umgehen oder Überlisten der Zensur immer ein wichtiger Aspekt der Kommunikationspolitik. So muss man die Beziehung zwischen dem politischen und dem ästhetischen Diskurs in einem veränderten Licht sehen. Was sich politisch nicht ohne Gefahr der Zensur sagen lässt, kann im Bereich der Kunst und Literatur angesprochen werden – scheinbar neutral, aber für den geschulten Leser durchaus als politischer Kommentar verständlich. Insofern ist die in der Goethezeit vorgenommene Ausdifferenzierung von Kunst und Politik unter den spezifischen Bedingungen der Restauration erneut in Frage gestellt. Allerdings, und das muss sogleich hinzugefügt werden, ist diese De-Differenzierung nicht auf das Moment des strategischen Gebrauchs im publizistischen Kampf zu reduzieren. Auch Heine war sich dessen bewusst. Sein Diktum vom Ende der goethezeitlichen Kunstepoche, das sich bereits 1828 findet,[12] bezieht sich auf den allgemeinen Geschichtsprozess und seine Konsequenzen für die Gegenwart, die als eine Zeit des Übergangs gelesen wird, in der sich eine neue Ordnung der Diskurse herstellt. Für Heine und die ihm folgenden Jungdeutschen bedeutet dies, dass sich nicht nur der Inhalt sondern auch die Gestalt der Kritik zu ändern hat.

Damit komme ich zu dem zentralen Thema der Heineschen Schreibweise, die weit mehr ist als eine Frage des Stils. Die neue Schreibweise erlaubt Heine, überkommene Diskurse, Argumentationsmuster und Urteile aufzulösen und in Bewegung zu setzen, so dass neue, unerwartete thematische, logische und sprachliche Bezüge hergestellt werden, die den sogenannten Ideenschmuggel fördern, also eine subversive Funktion übernehmen. Wolfgang Preisendenz hat bereits 1968 auf die Bedeutung der Heineschen Schreibweise verwiesen. Ihm sind Norbert Altenhofer, Hartmut Steinecke und andere gefolgt.[13] Daher können die wichtigen Punkte knapp

---

11 Brandes, Zeitschriften (Anm. 6), S. 113.

12 Der Hinweis findet sich in der Besprechung von Wolfgang Menzels Literaturgeschichte von 1828 (B 1, 444-456, bes. 445).

13 Wolfgang Preisendanz: Der Funktionsübergang von Dichtung und Publizistik. In: Ders.: Heinrich Heine. München 1973, S. 21-68; Norbert Altenhofer: Die verlorene Augenspra-

zusammengefasst werden. Man kann davon sprechen, dass der Inhalt der Information, das, was den Lesern vermittelt werden soll, durch Metaphern, Allegorien, Anspielungen usw. sprachlich umspielt wird; doch eine solche am Ideal rationaler Logik und Klarheit gemessene Auffassung verfehlt das Heinesche Verfahren, denn die Information entsteht allererst im komplexen sprachlichen Akt, in dem logische und sprachliche Brüche bewusst eingesetzt werden, um das zu sagen, was offiziell nicht gesagt werden darf oder auch in konventioneller Sprache nicht ausgedrückt werden kann. Die neue Schreibweise ist die zeitgemäße Schreibweise; denn sie nimmt Rücksicht auf ihr Medium, also die Zeitschrift oder Zeitung, wie auch auf das Publikum, das nicht nur aus Gelehrten oder Intellektuellen besteht. Dass sich der Autor durch Selbstreferenz und eingestreute Kommentare zur eigenen Situation in den Vordergrund drängt, artikuliert den speziellen Zeitbezug. Das schreibende Subjekt ist nicht transzendental, sondern historisch und sozial gedacht. Das heißt unter anderem, dass es die Rahmenbedingungen des modernen Journalismus versteht, wonach Information und Unterhaltung nicht zu trennen sind. Indem Heine diese Bedingungen akzeptiert, wird die witzige Darstellung der Weg, um das gefährliche, gesellschaftlich Tabuierte zu vermitteln. Folglich ist das Schreiben in den Journalen immer eine Gratwanderung zwischen der antizipierten (und schon verinnerlichten) Kontrolle des Staats und der vermuteten Aufnahmefähigkeit des Publikums. Es ist ein sprachliches Spiel, dessen Ernst nur selten durchscheinen darf. Daher das Missverständnis bei Karl Kraus über die Vulgarität von Heines Sprache. Wienbarg hat dies klar erkannt, wenn er Heines Witz mit der bürgerlichen Freiheit in Verbindung bringt.[14]

Die Frage lautet dann: Welche Folgen hat die neue Schreibweise für Heines Kunst- und Literaturkritik? Ich möchte dieser Frage an drei Texten nachgehen, nämlich erstens an der Artikelserie »Über die französische Bühne«, zweitens den Berichten aus Paris, später veröffentlicht unter dem Titel »Lutetia«, und schließlich dem gewichtigsten Text Heines zur Literatur, d.h. der »Romantischen Schule«. Dabei geht es mir nicht um die Inhalte, also spezifische Meinungen und Urteile, sondern um das Verfahren. Wie vermittelt Heine den ästhetischen Gegenstand?

In den Berichten über die französische Bühne, zuerst 1837 veröffentlicht, vermittelt der Kritiker den deutschen Lesern einen Eindruck vom Pariser Theaterleben. Freilich ist in den ersten beiden Briefen von dem Theater kaum die Rede, und auch der dritte Brief, in dem sich der Autor ausdrücklich entschließt, auf seinen Gegenstand einzugehen, behandelt keine spezifischen Aufführungen und Dramen, sondern beschäftigt sich mit den sozialen und kulturellen Voraussetzungen der französischen Bühne. Wo Lessing in der »Hamburgischen Dramaturgie« seinen Leser über eine individuelle Aufführung informiert und im Anschluss daran seine dramentheoretische Analyse vorlegt, nähert sich Heine dem einzelnen Werk und seinem Autor

---

che. Über Heinrich Heine. Frankfurt a.M. 1993, bes. S. 7-56; Hartmut Steinecke: Unterhaltsamkeit und Artistik. Neue Schreibarten in der deutschen Literatur von Hoffmann bis Heine. Berlin 1998, S. 165-179.

14 Steinecke, Unterhaltsamkeit (Anm. 13), S. 173.

über eine mehrfache Vermittlung. Er spricht über die Institution des französischen Theaters im Kontext der französischen Volkskultur, die er, um ihre Eigenart zu kennzeichnen, mit der englischen und der deutschen vergleicht. Das heißt: der Kritiker tritt als vergleichender Ethnograf in Erscheinung. Sein Urteil über ein bestimmtes Werk oder eine bestimmte Aufführung ist jeweils vermittelt über die Eigenart des französischen Theaters und die Besonderheit der französischen Volkskultur. Die begriffliche Analyse erweckt möglicherweise den Eindruck, dass Heines Gestalt der Kritik Herders verpflichtet ist, doch dieser Eindruck gibt uns von Heines Verfahren ein nur unvollständiges Bild, denn dieser vermeidet sorgfältig ein methodisches Vorgehen. So eröffnet er seinen dritten Brief mit der Erzählung eines Traumes, der zum Folgenden keine kausale Beziehung hat. Stattdessen entwirft er eine idyllische Szene des französischen Landlebens, in dem der schreibende Kritiker seinen konkreten Ort einnimmt als Beobachter des kulturellen Milieus, das er beschreibt. Als schreibendes Ich setzt er sich in Szene, um so seine Authentizität als Ethnograf vorzuführen. Um seinen Lesern die Gestalt des französischen Lustspiels zu erklären, entwirft der Ethnograf eine Beschreibung der französischen Sitten, namentlich der Ehe. Doch der Ton der Mitteilung unterscheidet sich signifikant von der Sprache der Wissenschaft. So heißt es:

> Die Ehe, oder vielmehr der Ehebruch, ist der Mittelpunkt aller jener Lustspielraketen, die so brillant in die Höhe schießen, aber eine melancholische Dunkelheit, wo nicht gar einen üblen Duft, zurückzulassen (B 3, 297f.)

Die Anspielung auf den üblen Duft bezieht sich auf eine zuvor gebrauchte Metapher. Dort hatte nämlich Heine die Konflikte zwischen den Geschlechtern als den »Dünger« angesprochen, »welcher den Boden des Lustspiels so kostbar befruchtet« (B 3, 297). Die Metapher vermittelt das Urteil des Beobachters. Doch wie zuverlässig ist dieses Urteil? Wenn Heine anschließend den Zerfall der Religion und Moral im zeitgenössischen Frankreich beschreibt, so ist die Ernsthaftigkeit des Urteils durchaus offen, denn die Sprachgebung untergräbt den Anspruch moralischer Entrüstung. So heißt es unter anderem: »Der verrufensten Messalina öffnen sich die Flügeltore des französischen Salons, so lange das eheliche Hornvieh geduldig an ihrer Seite hineintrabt« (B 3, 298). Die Anspielung auf die skandalumwobene Gattin des römischen Imperators Claudius, zusammen mit der Verwandlung des betrogenen Ehemanns in ein Hornvieh, verändert das Sittengemälde zu einem witzigen und frivolen Aperçu, durch den ein doppelter Kontrast aufgebaut wird. Auf der einen Seite wird französische Sittenlosigkeit gegen deutsche Moral abgegrenzt; zum anderen bildet sich eine Spannung zwischen der unterstellten strengen Moral des Lesers und dessen vorausgesetzem Verständnis der witzigen Pointe heraus. Der Leser amüsiert sich nicht nur über die angeblich frivolen Zustände in Frankreich, sondern gleichzeitig über die ihm zugeschobene Rolle des ehrbaren deutschen Tugendwächters, der bedenklich den Kopf schüttelt.

Der witzige, unterhaltende Stil ist, wie oft bemerkt, ein zentrales Merkmal der Heineschen Schreibweise, und zwar, wir unser Beispiel zeigt, nicht nur in den Reisebildern sondern auch auf dem Feld der Kunstkritik. Er ist Teil eines dem Feuilleton verpflichteten Kommunikationsplans, in dem Belehrung und Information in der Form der Unterhaltung geboten werden. Doch wäre es gefährlich, diese Einstellung sogleich mit der nivellierenden Tendenz der Kulturindustrie in Verbindung zu bringen, denn das Verständnis dieser Schreibweise setzt ein hohes Maß an kulturellem Kapital voraus. Die Leichtigkeit dieses Stils täuscht darüber hinweg, dass nur ein Teil des breiten Publikums die Voraussetzungen mitbringt, um Heines spielerische Ethnografie zu verstehen. Ferner wird der Sachverhalt kompliziert durch die Unterschiedlichkeit des Tons innerhalb eines Briefs. Wenn Heine im folgenden Absatz den alten Topos des Volkscharakters benutzt, um den Unterschied zwischen dem französischen und dem deutschen Publikum herauszuarbeiten und daraus wiederum die Eigenart der französischen Tragödie abzuleiten, dann schlägt er einen anderen Ton an, nämlich eher den einer quasi-neutralen Beschreibung, wenn auch subversive sprachliche Elemente hier und dort einfließen. Die Ausführungen scheinen auf eine Summation zuzulaufen, die so lautet: »Um französische Stücke einer gerechten Kritik zu unterwerfen, muß man sie mit französischem, nicht mit deutschem Maßstabe messen« (B 3, 301). Doch stellt sich sogleich heraus, dass dieser kulturelle Relativismus, in dem das ästhetische Urteil nicht eine universale sondern nur eine kulturspezifische Geltung haben kann, vor allem eine strategische Funktion hat, die der folgende Absatz verdeutlicht. Dessen Ziel ist es, ein wechselseitiges Verständnis zwischen deutscher und französischer Kultur vorzubereiten. Doch auch dieser Absatz ironisiert gleichzeitig diese Aufgabe, wenn er das deutsche Verständnis der Französischen Revolution als eine Form gründlicher Gelehrsamkeit beschreibt, durch die die gefährliche Tat in einen regierungsfreundlichen Kommentar verwandelt wird. Die plötzliche und unerwartete Politisierung des Textes verschärft den Gegensatz zwischen dem aktiven französischen und dem passivem deutschen Volkscharakter, der für die Differenz der Kunstproduktion in Anspruch genommen wurde, um nunmehr den Mangel an politischer Energie in Deutschland zu ironisieren. Es ist die vielzitierte deutsche Misere, die plötzlich zum Vorschein kommt.

Heines Briefe »Über die französische Bühne« fügen sich offensichtlich nicht in die Form der Abhandlung, ja nicht einmal in die Gestalt des ästhetischen Essays ein. Sie sind assoziativ und sprunghaft angelegt. Sie verweigern sich dem konsequenten Verfolgen eines Themas oder Arguments. Sie sind ihrer Form nach offen und können daher ohne Mühe aneinander gereiht werden, je nach den Umständen des schreibenden Subjekts. Somit stellt sich die Frage: Was wird eigentlich mitgeteilt? Folgt man der Aussagestruktur wörtlich, gibt es eine Vielheit heterogener Informationen und Urteile, unter anderem auch über das französische Theaterleben, den französischen Nationalcharakter, die Differenz zwischen Paris und der französischen Provinz, aber auch Gespräche mit den Nachbarn, einem Veteranen der Napoleonischen Kriege, und über die Frage, ob Katzen immer auf ihre vier Beine fallen. Dem Leser bleibt nicht verborgen, dass die mitgeteilte Information die Gelegenheit bietet, um über kulturelle und soziale Befindlichkeiten zu reflektieren, wobei der Autor das Prisma darstellt, durch das die Welt wahrgenommen wird. Und es stellt sich heraus, dass der Schliff des Prismas wichtiger ist als die gesehenen Gegenstände. Rhetorisch gesprochen ist es eine durchgehende Digression, getragen von einer ironischen Einstellung, durch die alle Sachverhalte verwandelt werden. Diese extreme Subjektivität ist Heine später von den Realisten als Willkür vorgeworfen worden. Die Gefahr ist nicht abzuleugnen; sie ist das Risiko der Heineschen Schreibweise. Sie verlangt ständige Anspannung – daher ihre Unruhe. In der Feder eines Epigonen kann sie zur Masche herabkommen.

Doch bewährt sich dieses Verfahren gegenüber Kunstwerken, zumal wenn, wie Heine im sechsten Brief ausdrücklich festhält, die Autonomie der Kunst nicht aufzugeben ist (B 3, 317)? Heines Vorgehen besteht darin, eine Metasprache zu entdecken, die ihm erlaubt, das Kunstwerk in seiner Konfiguration vorzustellen. Im Falle Victor Hugos benutzt er die kontroverse französische Rezeption, um die Politik der Literaturkritik zu verdeutlichen. Die Einwände der verschiedenen Parteien gegen Hugos Werke (die im einzelnen nicht genannt werden) beschreiben den Rahmen möglicher Wahrnehmung und Beurteilung, zu dem Heine als Berichterstatter kritisch Stellung nimmt. Auf diese Weise wird Hugo zum Anlass, um über Positionen der französischen Kritik zu schreiben.

Bei der Besprechung von Meyerbeer im neunten Brief wählt Heine einen anderen Zugang, nämlich einmal den musikalischen Vergleich mit Rossini, der auf den Gegensatz von Melodie und Harmonik hinausläuft, und zum anderen das Verfahren der politischen Allegorie. Die Größe der Oper »Die Hugenotten« beruht auf ihrer formalen Vollendung (vorgestellt im Vergleich mit einem gotischen Dom), die schließlich über sich selbst hinausstrebt und in ihrem Gehalt eine freilich verborgene politische Botschaft einschließt. Die Oper zielt auf »die Helden der Revolution« (B 3, 341). Formale Meisterschaft und politische Botschaft fallen hier zusammen. Dass Heine später, in der »Lutetia«, sein Urteil über Meyerbeer änderte, dass er nun Schwächen und Probleme entdeckte, wo er vorher Vollendung erblickte, beruht auf einer Kehre in der Perspektive; 1841 betonte er die Fähigkeit des Komponisten, den musikalischen Markt für seine Zwecke auszunutzen. So beschreibt Heine die Kommerzialisierung der Musik effektvoll in der Metapher der »Instrumentierung«. Das veränderte Prisma lässt auch Meyerbeers Œuvre in einem gewandelten Licht erscheinen. Diese Akzentverschiebung ist nicht isoliert. Sie gehört zu den scharfen Konturen und dunklen Farben, die im Paris-Bild der 1840er Jahre vorherrschen. Das Paris der 1840er Jahre ist von politischen und sozialen Widersprüchen geprägt, die sich in Heines Kunstkritik als verschärfte Kontextualisierung niederschlagen. In der Berichterstattung werden Künstler und Kunstwerk nunmehr explizit Momente einer übergreifenden Deutung, die den literarischen Text als Chiffre der Gegenwartssituation liest oder in der Bildbeschreibung emblematisch verfährt, um die Zeitsignatur zu verdeutlichen.

Wichtig ist dann die Frage, wie sich in Heines späteren Texten ein Urteil herausbildet. Kommt es überhaupt zu einem ästhetischen Urteil oder beschränkt sich die Darstellung auf Beschreibung und Kontextualisierung? An einem Beispiel möchte ich Heines Verfahren erläutern, und zwar der ausführlichen Auseinandersetzung mit

Leopold Roberts Gemälde »Die Fischer«, das dem Pariser Publikum in der Form eines Kupferstiches zugänglich gemacht wird. Der Bericht stammt vom 31. Dezember 1841. Bereits die Wahl des Bildes ist kaum zufällig, denn dessen bedrückendes Thema tritt mit einer politischen Lage in Berührung, die Heine als explosiv einschätzt. Die unlösbaren politischen Konflikte, die Guizot nur balancieren kann, treiben Heine zufolge auf eine politische Revolution zu, in der die Sozialisten (Kommunisten) die Macht (für kurze Zeit) übernehmen werden. Diese Zukunftsperspektive kontrastiert auf der einen Seite mit der Brillanz der ausgestellten Waren im Geschmack der Renaissance und auf der anderen mit Roberts Darstellung der Fischer.

Heines Urteil über das Gemälde ist distanziert und ablehnend, und zwar aus formalen Gründen. Er wirft Robert ein Übermaß an Komposition vor, d.h. einen Mangel an Einheit und Gestalt. Das Schlüsselwort des Urteils ist »Harmonie«, eine Eigenschaft, die Heine im ersten Entwurf entdeckt, im vollendeten Bild jedoch vermisst. Diesem Urteil geht eine bedeutsame biografische Einschätzung des Künstlers voraus, dessen Selbstmord Heine zu erklären versucht. Heines Spekulation entfernt sich von den individuellen Umständen und rückt statt dessen ein allgemeines Problem in den Vordergrund, nämlich die Diskrepanz zwischen dem imaginierten Kunstwerk und der tatsächlichen Begabung des Künstlers. Die Einschätzung geht einerseits dem Urteil über Roberts Bild voraus und liefert damit den Rahmen für das ästhetische Urteil und steht andererseits in Verbindung mit der Unfähigkeit Guizots, der politischen Probleme Herr zu werden. So erweist sich das formalästhetische Urteil (Kritik der Komposition) zugleich als politisch-soziales Urteil. Diese Parallele wird unterstrichen durch den Vergleich mit einem älteren Bild Roberts, einer Erntedarstellung, »wo römische Landleute gleichsam auf einem Siegeswagen mit ihrem Erntesegen heimziehen« (B 5, 376), denn dieser Vergleich kontrastiert thematisch das Glück der Bauern und das Unglück der verarmten Fischer. Heine liest hier allegorisch. Die Hoffnungen auf eine erfolgreiche Beteiligung des Volkes haben sich nicht erfüllt. »[D]ort malte Robert das Glück der Menschheit, hier malte er das Elend des Volkes« (B 5, 377). Anders gesprochen, das Kunsturteil ist zugleich ästhetisch und geschichtsdeutend im Verfahren der Allegorie. Damit ist allerdings die Geschichtlichkeit des Kunstwerks noch nicht angesprochen; der geschichtliche Prozess der Malerei oder Literatur selbst verlangt einen weiteren Schritt. In der »Romantischen Schule« bietet Heine einen Entwurf, der mit der aufkommenden wissenschaftlichen Literaturgeschichte, z.B. dem Werk von Gervinus, konkurriert, aber gleichzeitig in der Schreibweise dem Feuilleton verpflichtet bleibt.[15]

In der kritischen Literatur zur »Romantischen Schule« ist überwiegend die Literaturgeschichtsschreibung berücksichtigt worden mit der Folge, dass der Gesichtspunkt der Schreibart kaum untersucht wurde, doch ist es gerade die Spannung zwi-

15 Zur Literaturgeschichtsschreibung vgl. Jürgen Fohrmann: Das Projekt der deutschen Literaturgeschichte. Stuttgart 1989; Klaus Weimar: Geschichte der deutschen Literaturwissenschaft bis zum Ende des 19. Jahrhunderts. München 1989.

schen wissenschaftlicher Darstellung und Tageskritik, die dem Text sein eigentümliches Gepräge verleiht.[16] Wenngleich Heines »Romantische Schule« mit Gervinus' Literaturgeschichte signifikante konzeptionelle Elemente teilt, unter anderem den Gedanken einer Nationalliteratur sowie die Prävalenz von Ideen als Motor der Literatur, so bedient sich Heine gleichzeitig erzählerischer Mittel, die der wissenschaftlichen Darstellung untersagt sind, unter anderem der fiktionalen Darstellung, um ironische Effekte zu erzielen. Der extensive, ausgesponnene Vergleich Brentanos mit einer wahnsinnigen chinesischen Prinzessin hätte bei Gervinus keinen Platz. Das Gleiche gilt für die vorgestellte Metamorphose Tiecks zu einem Kleinkind, um die literarische Regression der Romantik zu verdeutlichen. Die Herkunft dieser Textelemente aus der feuilletonistischen Tageskritik ist schwer zu übersehen. Der Zweck ist die Belehrung der Leser durch die witzige Pointe. Der hier eingeforderte Wahrheitsanspruch ist nicht derjenige der Wissenschaft, sondern derjenige der polemischen Intervention durch das Aperçu. Nicht selten benutzt Heine dieses Stilmittel für das abschließende Urteil, z.B. bei der Behandlung von Zacharias Werner und Ludwig Tieck.

Die angeführten Beispiele werfen die Frage auf, ob Heine überhaupt ernsthaft an eine geschichtliche Darstellung gedacht hat oder eher an eine Reihe von Dichterportraits, locker zusammengehalten durch den Kommentar des Erzählers. Selbst wenn man den mosaikhaften Charakter der Darstellung einräumt, bleibt immerhin das Problem der literarischen Entwicklung, ihre Beschreibung und Beurteilung. Hier kann man (mit Michael Ansel) geltend machen, dass die geschichtsphilosophischen Überzeugungen Heines den Ansichten von Gervinus nahestehen, dass sich mit anderen Worten der Bildungsgang des deutschen Volkes vom Mittelalter bis zur Gegenwart in der Geschichte seiner Literatur darstellt.[17] Doch Heine verhält sich zu diesem Programm, das die Identität des Volkes und die Kontinuität der Entwicklung voraussetzt, skeptisch. Bei Heine fehlt das unbedingte Vertrauen auf die Teleologie der Geschichte und die wissenschaftliche Methode.[18] Insofern wäre die »Romantische Schule« eher als ein Gegenentwurf zu Gervinus zu lesen, ein Entwurf, in dem auch Momente der Diskontinuität erscheinen dürfen. Indem Heine in seiner historischen Darstellung die Mittel des Tagesberichts einsetzt, also witzig und pointiert schreibt, denkt er nicht nur an ein allgemeines Publikum, das Unterhaltung sucht, sondern auch an einen Begriff von Kritik, den die Wissenschaft aus methodischen Gründen ablehnen muss. Diese Methode bürstet die Geschichte auch gegen den Strich, wenn sie durch Ironie wieder in Frage stellt, was die Wissen-

---

16 Dazu Hohendahl, Fiktion (Anm. 3).

17 Michael Ansel: Auf dem Wege zur Verwissenschaftlichung der Literaturgeschichtsschreibung. Heines Abhandlungen »Zur Geschichte der Religion und Philosophie in Deutschland« und »Die Romantische Schule«. In: Internationales Archiv für Sozialgeschichte der deutschen Literatur (1992), Nr. 17,2, S. 61-94.

18 Dazu Walter Erhart: Das Ende der Geschichte und »verschiedenartige Theorien zur Literatur«. In: Joseph A. Kruse/Bernd Witte/Karin Füllner (Hrsg.): Aufklärung und Skepsis. Internationaler Heine-Kongreß 1997. Stuttgart 1999, S. 489-505.

schaft erarbeitet hatte. Sie ist interventionistisch und behält sich vor, jeden Autor und jedes Werk erneut vor den Richterstuhl zu rufen. Dadurch provoziert sie.

Dies besagt: Heine versteht die wissenschaftliche Kritik und weiß sich ihrer Ergebnisse zu bedienen, aber er ist nicht Teil der wissenschaftlichen Kritik. Vielmehr stellt er den Typus des Intellektuellen dar, der in der neuen bürgerlichen Öffentlichkeit seinen Platz und seine Aufgabe findet.[19] Nur vor dem Forum einer bereits konstituierten Öffentlichkeit, wie unvollkommen diese auch sein mag (bedroht von staatlicher Zensur), kann sich der Intellektuelle darstellen. Er ist weder mit dem Philosophen noch dem Wissenschaftler identisch, da er nicht als Experte, sondern als Vermittler und als interventionierender Kritiker auftritt. Darin berührt er sich mit dem neuen Beruf des Journalisten, dessen Schreibweise er benutzen kann. Er zehrt von philosophischen, literarischen, politischen und sozialen Diskursen, die er vorfindet, kommentiert und bewertet. Heine hat diese Rolle des kritischen Vermittlers zur Meisterschaft entwickelt, nicht zuletzt, weil er die Bedingungen seiner Arbeit reflektierte und seine Kommunikationspolitik darauf einstellte. Zu diesen Bedingungen gehört der neue literarische Markt, unter anderem die Beschleunigung der Diskussion durch das Medium der Zeitschrift, aber auch die Abhängigkeit des Autors von Verlegern und Redakteuren, die immer wieder in die Mitteilung eingreifen. Die von Heine erfahrene Einschränkung der Meinungsfreiheit erhöht den Druck, die eigene Subjektivität auch stilistisch hervorzuheben, um den Abstand von dem bloß referierenden Berichterstatter zu markieren und gegebenenfalls die Verletzung der Freiheit kenntlich zu machen. Allerdings ist diese Subjektivität des Schriftstellers/Intellektuellen nicht mit der poetischen oder philosophischen Subjektivität zu verwechseln, denn der Intellektuelle verhält sich beobachtend und selektiv zum produzierten Wissen. Er nimmt Beziehungen wahr und reflektiert über sie, und zwar im historisch-gesellschaftlichen Raum. Das heißt, er ist ausgezeichnet durch seine Beweglichkeit in der Öffentlichkeit; und die eigene Meinung, so stark sie auch ausgesprochen wird, ist immer Teil einer oft kontroversen Diskussion. Daher ist der Meinungswechsel, der bei Heine immer wieder zu beobachten ist, ein Merkmal intellektueller Arbeit und nicht Verrat oder Schwäche der Überzeugung.[20] Entscheidend ist vielmehr der kritische Impetus der Intervention.

Wie wir gesehen haben, ist Heines primäres kritisches Medium die Sprache, spezifischer die Zeitschrift oder Zeitung, da sie der Beschleunigung der Kommunikation die besten Möglichkeiten bietet. In dieser Konstellation ist der kritische Schrift-

---

19 Dazu Jürgen Habermas: Heinrich Heine und die Rolle des Intellektuellen in Deutschland. In: Ders.: Eine Art Schadensabwicklung. Frankfurt a.M. 1987, S. 25-54; Peter Uwe Hohendahl: Heinrich Heine. Macht und Ohnmacht des Intellektuellen. In: Responsibility and Commitment. Ethische Postulate der Kulturvermittlung. Festschrift für Jost Hermand. Hrsg. v. Klaus L. Berghahn/Robert C. Holub/Klaus R. Scherpe. Frankfurt a.M. 1996, S. 91-107; Gerhard Höhn: Heinrich Heine. Un intellectuel moderne. Paris 1994.

20 Dieses Selbstverständnis hat Heine am deutlichsten und entschiedensten in seiner Auseinandersetzung mit Börne entwickelt, besonders im Hinblick auf Börnes Vorwurf, Heine fehle eine feste Position. Vgl. Heinrich Heine: Ludwig Börne. Eine Denkschrift. In: B 4, 7-148.

steller vom Journalisten nur schwer zu trennen. Entsprechend bietet sich für das Schreiben eine Epistemologie der Abbildung an, so wie Heine in der Zueignung der »Lutetia« an den Fürsten Pückler-Muskau seine Berichterstattung ein »daguerreotypisches Geschichtsbuch« nennt (B 5, 239), also an eine genaue und objektive Abbildung denkt. Dieser Vergleich setzt jedoch ein Weltverständnis voraus, dem Heines Praxis nicht entspricht, denn sein Text bildet nicht eine bereits vorgefundene Welt sprachlich ab, sondern ist an ihrer Produktion beteiligt. Nicht allein die Selbstinszenierung des Autors, der sich schreibend bewusst in den Vordergrund stellt, sondern auch die fiktional-narrativen Elemente in Heines kritischen Texten bezeugen, dass der Vergleich mit dem fotografischen Abbild erhellend aber nicht völlig angemessen ist, weil er die produktive Leistung der Intervention unterschätzt.

Robert Schumann und die romantische Idee einer selbstreflexiven Kunst

Hermann Danuser

Selbstreflexivität in der Tonkunst, in Verbindung mit Texten seit dem Mittelalter nachweisbar, hat sich in der Epoche der Romantik mit großem Nachdruck manifestiert. Zwar entbehrte die zeitgleich mit der Musik der Wiener Klassik um 1800 formulierte romantische Musikästhetik noch einer klaren Darstellung musikalischer Selbstreflexivität insofern, als Friedrich Schlegels Theorie der Selbstreflexion zunächst wenig Haftpunkte in der Musik selbst fand und der Disput darüber, ob die Wiener Klassik bis Beethoven und Schubert im Sinne E.T.A. Hoffmanns zur Romantik zu rechnen sei oder nicht, bis heute andauert. Als Phänomen der Moderne indessen, dialektisch dem Alten zugewandt, war die europäische Romantik in den Jahrzehnten um 1800 musikhistorisch unzweifelhaft bedeutsam[1], und mit Berlioz und Schumann, gespalten in einen französischen und einen deutschen Zweig, erreichte sie um 1830 auch im Hinblick auf musikalische Selbstreflexion eine große Dringlichkeit.

Die schwierige, herausfordernde Frage, ob und inwiefern Musik *per se* einer Selbstreflexion überhaupt fähig sei, steht auch bei Robert Schumann im Hintergrund, obgleich Strategien ihrer Kontextualisierung, die eine selbstreflexive Bewegung in Gang setzen, hier dominieren. Des Komponisten erwiesene Bewunderung Jean Pauls, der die Denkfigur der Selbstreflexion mit der genuin romantischen Idee unendlicher Spiegelung im 25. Kapitel »Smaragdfluß. Musik der Musik« seines Romans »Flegeljahre. Eine Biographie« um 1800 auch auf die Tonkunst bezogen hatte, ist ein Ausgangspunkt – mehr nicht. Meine Studie umfasst – nach einleitenden Bemerkungen zum Textstatus der »romantischen Kunstform« bei Hegel – fünf Teile: Ich beginne mit Hinweisen zur kompositorischen Subjektivität bzw. zur Subjektspaltung bei Schumann und zu dessen anagrammatischen Spielen mit Tonnamen und Buchstaben, fahre fort mit »Klangsubtraktion«, gehe weiter zu Zitat und Allusion und schließe mit Aspekten der C-Dur-Phantasie op. 17, deren Schlegelsches Motto ich mit einem analytischen Befund verknüpfe.

Im System der Hegelschen Ästhetik wird der Musik – der Kunst einer »subjektiven Innerlichkeit« – allgemein ein Ort inmitten der romantischen Kunstform zugewiesen, an deren Ende, da sich diese Kunstform auflöst, Elemente von Selbstreflexion, die bei Schumann bedeutsam werden, besonders klar hervorzutreten beginnen. Die Behandlung der drei besonderen »Kunstformen«, der »symbolischen«, »klassischen« und »romantischen« Kunstform, in die sich die »Idee des Kunstschönen«

1 Vgl. hierzu v. Norbert Miller u. Carl Dahlhaus: Europäische Romantik in der Musik. Bd. 1: Oper und sinfonischer Stil. 1770-1820. Stuttgart/Weimar 1999. Der zweite Band (»Von E.T.A. Hoffmann bis Richard Wagner. 1820-1850«) befindet sich in Vorbereitung.

auffächert, führt Hegel in seiner »Ästhetik«, zumindest in der Hothoschen Textfassung, in einem Kapitel zu Ende, das mit der »formellen Selbständigkeit der individuellen Besonderheiten« in die »Auflösung der romantischen Kunstform« mündet.[2] Weil künstlerische Gestalt und künstlerischer Gehalt, die bei der klassischen Kunstform übereinstimmen, sich bei der romantischen entzweit zeigen und der geistige Gehalt sich einer ihm adäquaten Kunstgestalt, die ihn sinnlich fassbar machte, prinzipiell entzieht, bietet gerade die romantische Kunstform einer reflexiven Tätigkeit, auch bei der Tonkunst, großen Raum. Während in klassischer Musik musikalische Form und geistiger Inhalt sich decken, erscheint hier der geistige Gehalt gegenüber seiner formalen Manifestation als weit, wandelbar, grenzenlos und etabliert Musik damit als Phänomen eines denkenden Bewusstseins, das den Status einer auf das Hörbare begrenzten Kunst hinter sich lässt.

Die Bestimmungen der romantischen Kunstform, die Hegel keinesfalls positiv wertet, kommen den Perspektiven Robert Schumanns entgegen. Die Tätigkeit der Phantasie verknüpft ihre Elemente in freier Selbständigkeit, ungebunden schweifen die Assoziationen, und beim Begriff »Humor« tritt sogar Jean Paul, der von Schumann geliebte Schriftsteller, in der wenig freundlichen Färbung der Hegelschen Ästhetik auf. Zur Debatte steht hier nichts Geringeres als eine »Auflösung der Kunst selbst«:

> Auf der anderen Seite schlägt sie [die Kunst] im Gegenteil zur vollkommenen subjektiven Zufälligkeit der Auffassung und Darstellung um, zum Humor, als dem Verkehren und Verrücken aller Gegenständlichkeit und Realität durch den Witz und das Spiel der subjektiven Ansicht, und endet mit der produktiven Macht der künstlerischen Subjektivität über jeden Inhalt und jede Form.«[3]

Wie die Kunst Schumanns mit diesen Richtungen ohne pejorative Wertung verknüpft erscheint, wird in den Abschnitten des Beitrags deutlich werden. Musik büßt, wenn sie zum Gegenstand solcher Spiele erhoben wird, ihren exklusiven Status als »Ohrenkunst« ein und erweitert ihre Textdimension[4] in Richtung »Augenmusik«. In der Geschichte der Notation erhebt Schumann sie zu einer Reflexionsform, in Analogie zur Literatur, wo der Roman, zumal derjenige der Linie Jean Paul – Sterne – Cervantes, die künstlerische Reflexionsform der Moderne *par excellence* darstellt. Der musikalische Text verabschiedet sich damit vom Status einer bloßen

---

2 Georg Wilhelm Friedrich Hegel: Ästhetik. Hrsg. v. Friedrich Bassenge. Frankfurt a.M. o.J. Bd. 1, S. 549-583; vgl. Alain Patrick Olivier: Hegel et la musique. De l'esthétique à la spéculation philosophique. Paris 2003 [= Musique – Musicologie 34].

3 Ebd., S. 551. Vgl. Bernhard Appel: Robert Schumanns »Humoreske« für Klavier op. 20. Zum musikalischen Humor in der ersten Hälfte des 19. Jahrhunderts unter besonderer Berücksichtigung des Formproblems. Phil. Diss. Universität des Saarlandes 1981, S. 83-207.

4 Vgl. Musik als Text. Bericht über den Internationalen Kongreß der Gesellschaft für Musikforschung Freiburg im Breisgau 1993. Hrsg. v. Hermann Danuser u. Tobias Plebuch. Bd. 1: Hauptreferate, Symposien, Kolloquien. Kassel u.a. 1998. Bd. 2: Freie Referate. Kassel u.a. 1998.

Aufführungsanweisung für den Interpreten, er ist auch für die Lektüre bestimmt. Ohne dass er in Schriftlichkeit völlig aufginge, lässt sich die Klangdarstellung vom textuellen Lesevollzug nicht trennen. Im Hintergrund schimmert die Vereinigung der Künste in einem Reich der ›Poesie‹ durch, das Schumanns Ästhetik preist. Biografisch war dessen künstlerische Entwicklung zunächst – wie die vieler anderer Menschen – durch eine gewisse Unentschiedenheit der Präferenzen gekennzeichnet, denn der junge Schumann offenbarte gleiches Talent für Musik wie für Sprache und Dichtung. Aber auch nachdem die Entscheidung zur Musik gefallen war,[5] blieb die Textkategorie im Zeichen der »Poesie« doppelt besetzt. Vor diesem Hintergrund entfaltete Schumann Musik zu einer selbstreflexiven Kunst.

Subjektspaltung

Wie immer man die Subjekt-Kategorie musikhistorisch verortet – zwei jüngere Studien immerhin widmen sich diesem Thema[6] –, so hat sie unstrittig in der Epoche der ›Wiener Klassik‹ große Bedeutung und vollends in romantischer Musik eine konstitutive Rolle erlangt. Bei Beethoven balanciert ein starker Wille zu Form Tendenzen, die Klangwelt romantisch ins Unendliche zu entgrenzen, aus, bei Schumann indessen zwingt die sicht- und hörbare Außenseite der Subjektivität, die sich von tragenden Gattungsnormen distanziert, das, was sich musikalisch in den Werken zuträgt, anders zu begründen.

Wo die Autorinstanz ihre selbstverständliche Voraussetzbarkeit verliert, dringt eine selbstreflexive Verständigung in der Kunst vor. Das Tonkunstwerk wird zum Hörort eines Prozesses, bei dem Autorschaft sich durch musikalische Gestaltung ästhetisch allererst bildet. Solche Autorschaft ist nicht, sie wird. Indem das gattungsmäßiger Konstituentien ledige Werk sich entfaltet, gewinnt sie an Kontur.

Dabei handelt es sich um keine empirische, sondern eine ästhetisch-fiktionale Autorschaft. Die empirische Autorschaft ist sowenig zweifelhaft wie bei anderen Komponisten. Aber wenn Subjektivität sich als künstlerische Gestaltungsmacht behauptet, will sie nicht nur »stumm in Tönen formen« (so eine Formulierung Edu-

---

5 Vgl. John Daverio: Robert Schumann. Herald of a »New Poetic Age«. New York/Oxford 1997, S. 20-54. Eine wichtige Publikation, mit umfassender Bibliografie, liegt auch vor im Buch von Leander Hotaki: Robert Schumanns Mottosammlung. Übertragung, Kommentar, Einführung. Freiburg i.Br. 1998 [= Rombach Wissenschaften, Reihe Litterae 59]. Vgl. überdies Gerhard Dietel: »Eine neue poetische Zeit«. Musikanschauung und stilistische Tendenzen im Klavierwerk Robert Schumanns. Kassel u.a. 1989, S. 81-295, und v.a. Peter Gülke: »Robert Schumanns jubelnd erlittene Romantik«. In: Schumann-Handbuch. Hrsg. v. Ulrich Tadday. Stuttgart/Weimar sowie Kassel 2006, S. 16-79.

6 Albrecht von Massow: Musikalisches Subjekt. Idee und Erscheinung in der Moderne. Freiburg i.Br. 2001 [= Rombach Wissenschaften, Reihe Litterae 84]; Michael P. Steinberg: Listening to Reason. Culture, Subjectivity, and Nineteenth-Century Music. Princeton/Oxford 2004. Vgl. auch Siegfried Schmalzriedts Artikel »Subjectum / soggeto / sujet / Subjekt« im Handwörterbuch der musikalischen Terminologie. Hrsg. v. Hans Heinrich Eggebrecht. Stuttgart 1978, S. 1-13.

ard Hanslicks[7]), um vom klingenden Resultat beglaubigt zu werden, sie weist sich auch in der schriftlich bekundeten Form des Werkes aus.

Hier haben Schumanns nomenklatorische Strategien ihren Ort. Die Namensgebung, eine Schicht des Werktextes, inszeniert mit mannigfachen Spiegelungen ein reflexives Spiel. Pate stehen die für den Roman als Reflexionsform der Moderne seit Cervantes' »Don Quijote de la Mancha« wichtigen Maskeraden mit realer und fiktionaler Autorschaft. Hinzu kommt, für die Romantik so charakteristisch, die Spaltung der künstlerischen Subjektivität. Das formende Ich ist keine unversehrte Instanz, die nach klassischen Prinzipien schüfe, hier manifestiert sich vielmehr eine angegriffene, gestörte, entzweite Subjektivität. E.T.A. Hoffmanns phantastische Gestalten, die Idee des Doppelgängers, schizoide Spaltungen des Ich – diese Denkfiguren kehren bei Schumann wieder.

Die imaginäre Autorschaft oszilliert zwischen konträren künstlerischen Physiognomien, die gemütsvolle, stille Introversion wechselt ab mit leidenschaftlich aufgewühlter Extraversion, Eusebius steht Florestan gegenüber. Diese Namen, welche die beiden Seiten der Schumannschen Autorschaft chiffrieren, tauchen nicht nur in einem einzigen Werk auf, sie prägen während einer längeren Phase das Schaffen des jungen Schumann – »Papillons« op. 2, »Davidsbündlertänze« op. 6 und die fis-Moll-Sonate op. 11 tragen sie eingeschrieben –, und zudem spielen sie in Schumanns Schrifttum eine Rolle. So bildet Kritik eine Grundform künstlerischer Tätigkeit. Poiesis und Kritik, in Goethes Universum klar geschieden, verbinden sich im Zeichen einer Selbstreflexion hier aufs engste.

Die romantische Subjektivität lässt vielfältige Interaktionen zwischen dem kompositorischen Ich und seiner Umgebung zu. Wie bei Berlioz' Sinfonie »Harold en Italie« der einsame Titelheld durch Instrument (Solobratsche) und Thematik (Harold-Thema) sich gegenüber einem wahrnehmbaren Kontext profiliert, so treten die beiden Seiten der Schumannschen Autorschaft – Florestan und Eusebius – im Rahmen weiterer Strukturen hervor, welche das Subjekt zu seiner näheren und ferneren Umgebung hin spiegeln. Die Subjektivität wie ihr Kontext äußern sich in Werk und Kritik. Den imaginären soziologischen Rahmen bildet die Künstlergruppe des »Davidsbunds«, Vor- und Urbild der Avantgarden des 20. Jahrhunderts. Und die Spiegelungen des Subjekts setzen sich fort bei weiteren Personen, realen und imaginären; Clara Wieck etwa, später Schumanns Frau, ist verschlüsselt zur »Chiarina« des »Davidsbund« und in Nummer 11 des »Carnaval« für Klavier op. 9 porträtiert.

---

7 Von der musikalischen Reproduktion schreibt Hanslick: »Eine Subjektivität wird hier unmittelbar in Tönen tönend wirksam, nicht bloß stumm in ihnen formend. Der Komponist schafft langsam, unterbrochen, der Spieler in unaufhaltsamem Flug, der Komponist für das Bleiben, der Spieler für den erfüllten Augenblick. Das Tonwerk wird geformt, die Aufführung erleben wir.« – Eduard Hanslick: Vom Musikalisch-Schönen. Ein Beitrag zur Revision der Ästhetik der Tonkunst. Wiesbaden [15]1966, S. 101.

Anagrammatische Spiele

Reflexion spielt mit wechselnden Identitäten und Ebenen. Gegebenheiten, die fixiert scheinen, erweisen sich als offen, scheinbar offene als fixiert. Das Subjekt, das eine klare Identität besitzt, verliert sie in dem Moment, da es von einer Spiegelung erfasst wird: Das Bild, das der Spiegel zurückwirft, ist – auch ohne den Hohlspiegel von Parmigianinos Selbstporträt[8] – in aller Regel verzerrt, abgewandelt, bringt dasselbe jedenfalls in anderer Form zur Erscheinung.

Schumanns musikalische Selbstreflexion lässt nichts, was sich ausschöpfen lässt, unausgeschöpft – insbesondere kein Spiel mit Ambivalenzen, Ambiguitäten und Allegoresen der Tonschrift. Die zweifache Lektüremöglichkeit der musikalischen Notation – die diastematisch primär eine klangliche Tonhöhenfolge festlegt, sekundär aber auch als Buchstabenfolge mit einem verbalsprachlichen Sinn gelesen werden kann – eröffnet dem kombinatorischen Geiste faszinierende Optionen. Zu schaffen ist somit, eine Herausforderung künstlerischer Kombinatorik, ein doppelter Diskurs, welcher rein musikalisch das Hören zu überzeugen vermag und zugleich in der Wortsprache ein das Denken stimulierendes semantisches Resultat ergibt. Musikdenken, ein gebräuchlicher Terminus, gewinnt in dieser Hinsicht ungewohnte Bedeutungsfacetten hinzu.

Programmatisch lotet bereits Schumanns Opus 1, die »Abegg-Variationen« für Klavier, Möglichkeiten dieser Kunstidee aus. Die fünf Tonbuchstaben *A–B–E–G–G* ergeben, sprachlich gelesen, den Namen einer fiktiven Person, der »Comtesse d'Abegg«, der das Werk gewidmet ist, und markieren, als melodische Tonfolge musikalisch gelesen, den Themabeginn des virtuosen Variationenwerkes. Im Fremden findet so ein Teil des eigenen Selbst einen Widerhall.

Am spektakulärsten ergründet Schumann solche Wege in seinem »Carnaval« op. 9, den man, um eine Formulierung des Autors aufzugreifen[9], »Variationen, aber über k e i n Thema« nennen könnte. Anstelle eines Themas, das einen Ausgangspunkt zu Beginn oder einen Zielpunkt am Ende eines Werkes stiftet, ist hier in dreifacher anagrammatischer Permutation ein konstruktiver Kern absichtlich in ein Irgendwo des Werkes eingelassen. Inmitten der Folge der Stücke, die mit ihren Titeln einen bunten Reigen tanzen, erscheinen im Notenbild, eingeschoben zwischen Nr. 8 (»Réplique«) und Nr. 9 (»Papillons«), in altertümlich grotesker Brevisgestalt drei »Sphynxes«. Was bedeuten diese Rätselgebilde?

---

8 Francesco Mazzola genannt Parmigianino, Selbstporträt in einem Hohlspiegel, ca. 1523-24, Wien: Kunsthistorisches Museum; vgl. auch John Ashberys Gedichtsammlung »Self-Portrait in a Convex Mirror« (New York, N. Y. 1976). Zu diesem gesamten Problemkreis vgl. das 3. Kapitel »Schumann: Cryptographer or Pictographer?« in John Daverio: Crossing Paths: Schubert, Schumann, and Brahms. Oxford 2002, S. 65-101.

9 Robert Schumann an Clara Wieck. Brf. v. 26. Januar 1839. In: Briefwechsel II, 365-370, hier: 367. Vgl. John Daverio: Nineteenth-Century Music and the German Romantic Ideology. New York u.a. 1993, S. 74 sowie S. 243 (Anm. 93): »We know from both his letters and his critical writings that Schumann was much taken with the paradoxical notion of writing a set of variations without a theme.«

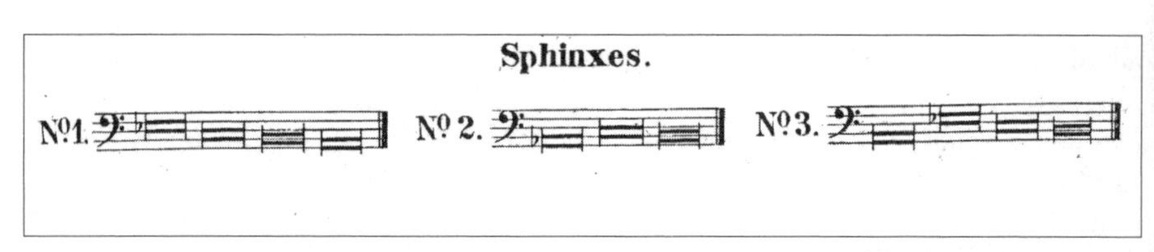

Abb. 1: »Sphinxes« aus »Carnaval« op. 9, Nr. 1-3 (AGA 2, 11)

Nicht nur ist die Reihenfolge der Positionselemente – im Vergleich von Nr. 1 und Nr. 3 – verändert, die mittlere Sphynx hat auch ein Bein weniger als die beiden anderen, dies aber aus gutem Grund. Bei den Eck-Sphynxen sind die vier Ton-Namen *per analogiam* den ihnen entsprechenden vier Buchstaben zugeordnet (*es–c–h–a* gelesen als *S–C–H–A*; *a–es–c–h* gelesen als *A–S–C–H*), bei der mittleren Sphynx jedoch spaltet die Lektüre den Ton-Namen as, der klanglich eine einzige Tonhöhe repräsentiert, auf in zwei Buchstaben: *A* und *S*. Aus diesem Grund enthalten alle drei Sphynxe dieselben vier Buchstaben, Nr. 2 und Nr. 3 sogar in derselben Reihenfolge, doch die Sphynx Nr. 2 produziert dies – im Unterschied zu den anderen Gebilden – mit nur drei, nicht mit vier Ton-Namen.

Kompositorisch wird das Anagramm so ausgeschöpft, dass Spiel, Ernst und Witz mit Paradoxie und Humor ineinandergreifen und der Denkradius erweitert, das Ahnbare vergrößert, der Erfahrungshorizont vertieft wird. Die Spiele sind kein Selbstzweck, sie aktivieren die Geisteskräfte, Kombinatorik versetzt sie in Bewegung und stärkt ihre Energien.[10]

»Lettres dansantes«: der Untertitel von Nr. 10 (»A.S.C.H. – S.C.H.A.«) könnte als Motto für den gesamten »Carnaval« gelten. Das Tanzprinzip des Karnevals wird hier auf die Anagrammatik selbst bezogen und die Permutation mit dem Tanzen gleichgesetzt – auch beim Tanzen wirbeln die Paare durcheinander. In der Idee tanzender Buchstaben scheint das Verrückte, Deplazierte und Desorganisierte der Formidee von Schumanns op. 9 auf.

Selbstreflexiv ist diese Kunst dann, wenn die eigene Subjektivität, dem Grundsatz Inklusion gemäß, auch das Andere spiegelt. Wie Schumann in einem Brief an Clara Wieck angedeutet hat, folgt »Carnaval« in gewissem Sinn, insofern ein Stück das vorangehende »aufhebe«, einem Formprinzip »schöpferischer Zerstörung«.[11] Die

10 Vgl. Gerhard Puchelt, Variationen für Klavier im 19. Jahrhundert. Blüte und Verfall einer Kunstform. Darmstadt 1973, S. 98-100.

11 Robert Schumann schreibt in dem bereits zitierten Brief (Anm. 9) an Clara Wieck: »Im Carnaval hebt immer ein Stück das Andere auf, was nicht Alle vertragen können«. Briefwechsel II, 365-370, hier: 367. Vgl. Ulrike Kranefeld: Der nachschaffende Hörer. Rezeptionsästhetische Studien zur Musik Robert Schumanns. Stuttgart/Weimar 2004, S. 155, u. Verf.: »Abschaffendes Schaffen. Zur Poetik kreativer Zerstörung«. Vortrag auf dem Kongreß der Deutschen Gesellschaft für Musiktheorie Hamburg im Oktober 2005. Druck in Vorbereitung, wo ich den Begriff »schöpferische Zerstörung« aus der politischen Ökonomie auf die Musiktheorie übertragen habe (vgl. Joseph A. Schumpeter: Kapitalismus, Sozialismus und Demokratie. Tübingen/Basel [7]1993, S. 134-142, Kapitel »Der Prozeß der schöpferischen Zerstörung«).

Mise en abyme ist hier demnach kein bewahrendes, sondern ein destruktives Prinzip musikalischer Formbildung. So schöpfen, wie John Daverio erkannt hat[12], außer den kleinen Stücken auch Schumanns großangelegte Werke Ideen einer musikalischen Fragmentform aus.

Klangsubtraktion

Weil Reflexion über das Wirkliche hinaus sich in Bereiche des Potentiellen ausdehnt[13], erstreckt sich ihre musikalische Bedeutung, indem sie den Bannkreis des faktisch Erklingenden sprengt, auf alle Räume des Denk-, Hör- und Ahnbaren – also auch auf die Negation von Klang. Eine Theorie des Schweigens in der Musik, zu der es bislang nur erste Ansätze gibt,[14] hätte solche Perspektiven herauszuarbeiten. In der Musikästhetik der Moderne hat jedenfalls Stille, auch in Reaktion gegen eine mittlerweile ubiquitäre Klangberieselung, erheblich an Relevanz gewonnen. Dieter Schnebels Buchtitel »MO-NO. Musik zum Lesen«[15] löst gleichwohl einen alten Gedanken ein, verdankt sich also nicht nur Impulsen der Avantgarde. Welchen Stellenwert nun nimmt »Klangnegation« im Universum von Schumanns Tonkunst ein?

In den *opera* 1 und 2, den »Abegg-Variationen« und den »Papillons«, setzt der Komponist an formal ähnlicher Stelle, auf einem Dominant-Akkord kurz vor Schluss – hier innerhalb der Schlusskadenz, dort vor der Stretta –, eine Klangsubtraktion außerhalb des metrischen Gefüges.

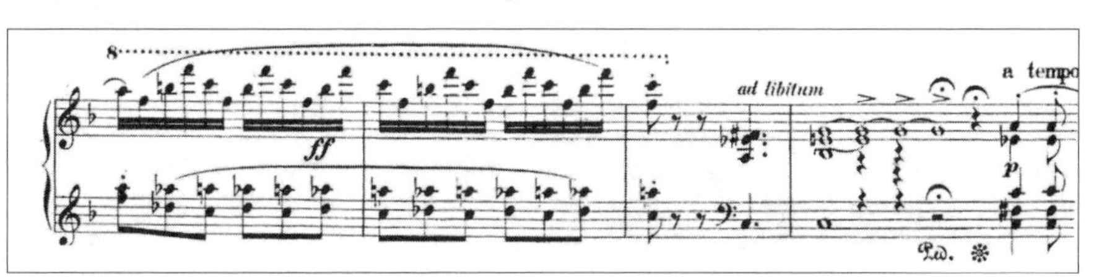

Abb. 2: »Abegg-Variationen« op. 1: »Finale alla Fantasia« (T. 194-197) [16]

12 Daverio, Music (Anm. 9), S. 49-88 (Kapitel 3: »Schumann's Systems of Musical Fragments and Witz«).

13 Vgl. hierzu Christoph Hubig: Die Kunst des Möglichen I. Grundlinien einer dialektischen Philosophie der Technik. Technikphilosophie als Reflexion der Medialität. Bielefeld 2006, vor allem S. 261-273.

14 Vgl. hierzu Wilhelm Seidels Artikel »Stille« in: MGG^2, Sachteil Bd. 8, Sp. 1760-1765; ferner: Tacet. Non tacet. Zur Rhetorik des Schweigens. Festschrift für Peter Becker zum 70. Geburtstag. Hrsg. v. Charlotte Seither in Zusammenarbeit mit der Hochschule für Musik und Theater Hannover. Saarbrücken 2004.

15 Dieter Schnebel: MO-NO. Musik zum Lesen. Köln 1969.

16 AGA 1, 2-11, hier: 10. Diese Stelle ist philologisch offenbar nicht ohne Probleme, denn außer der hier besprochenen Version gibt es mindestens noch zwei weitere Fassungen, deren Validität die im Gang befindliche »Neue Gesamtausgabe der Schumannschen

Bei den »Abegg-Variationen« bildet der Vorgang eine »negative Kadenz«, denn der Dominantklang, der subtrahiert wird, löst einen im virtuosen Stil eingeführten kadenzierenden Quartsextakkord auf. Wie bei einem Reversbild kippt die gesteigerte Virtuosität in ihr Gegenteil, das Schweigen, um. Zugleich antizipiert die Subtraktionspartie den nachfolgenden virtuosen Schluss, der, statt ins Monumentale zu wachsen, »perdendosi« ins Unhörbare verebbt. Es handelt sich dabei allerdings um eine spätere Fassung des Werkes. Erst ihr schrieb Schumann, angeregt wohl durch die Parallelstelle in op. 2, die Klangsubtraktion ein; bei der frühesten Fassung bleibt die Klangfülle des Dominantseptakkordes erhalten.[17]

Insofern hier eine Werkstruktur durch Spiegelung konstruktiv verdichtet wird,[18] ist diese Stelle allerdings noch tiefer mit der Idee einer selbstreflexiven Kunst verknüpft. Bei der Klangsubtraktion handelt es sich tatsächlich um eine *Mise en abyme* des op. 1, dessen Titel »Thème sur le nom ›ABEGG‹ varié pour le pianoforte« lautet. Die beim Thema aufsteigende Melodiefolge a–b–e–g–g stellt das Material für eine musikalische Meditation vor, welche das kompositorische Subjekt durch Veränderungen ausspinnt. Diese am Anfang des Themas präsentierte Tonfolge ruft die Subtraktion gegen Ende des Werkes erneut auf – ein Prozedere, das die Gattungstradition der Variationsfolge verändert, gehörte doch zu deren Prinzipien bislang die Wiederkehr des Themas am Schluss eines Werkes, um den Grad der durchmessenen Veränderungen für den Hörer nochmals fühlbar zu machen. Schumann be-

---

Werke« zu eruieren hat. Vgl. Edition Peters. Bd. III: Schumann Klavierwerke. Hrsg. v. Emil von Sauer, S. 15, oder auch auch bei der von Wolfgang Boetticher besorgten Edition im G. Henle Verlag München, wo das Prinzip der Klangsubtraktion nicht gegeben ist (Robert Schumann Klavierwerke. Bd. 2, S. 11). Zu den »Abegg-Variationen« vgl. jüngst Thomas Kabisch: »Schein, Sein, Werden. Anmerkungen zur instrumentalen Virtuosität bei Robert Schumann«. In: MusikTheorie – Zeitschrift für Musikwissenschaft (2006), H. 21, S. 195-208, insbes. S. 202ff.

17 Bei Robert Schumanns op. 5 wurde eine Kühnheit der Schlussgestaltung, die die Erstfassung aufweist, später gerade umgekehrt zurückgenommen. Die »Impromptus sur une Romance de Clara Wieck« (1833) zitieren am Schluss das Thema der Variationen, das nach dem Modell der Beethovenschen »Eroica«-Variationen erst nur den Bass und dann die Romanze präsentiert, nicht nur ohne Wiederholungen und in gegensätzlicher, kräftiger Lautstärke, sondern als ein Bruchstück, das man als Fragment hört: Der erste Teil der Romanze fehlt, und beim zweiten Teil gerät die Musik in den Takten 5-8 ins Stocken, wird zerspalten und gedehnt – satztechnisch völlig irregulär –, so dass beim Dissoziationsvorgang als stabiles Element einzig die viertönige zentrale Bassfigur – analog zum Beginn – intakt erhalten bleibt. Demgegenüber enden die »Impromptus« über ein Thema von Clara Wieck, wie Schumann das umgearbeitete Werk – nun ohne die Widmung an Friedrich Wieck – im Jahre 1850 in einer Neufassung herausbrachte, mit einem reichlich konventionellen Schluss. Ich danke meinem Kollegen Bernhard R. Appel herzlich dafür, dass er mir mit philologischen Informationen und Texten hilfreich zur Seite stand.

18 Vgl. hierzu z.B. Lucien Dällenbach: Le récit spéculaire. Essai sur la mise en abyme. Paris 1977 [= Collection Poétique], sowie Harald Fricke: »Oper in der Oper. Potenzierung, Ipsoreflexion, Mis en abyme«. In: Fiori musicologici. Studi in onore di Luigi Ferdinando Tagliavini nella recorrenza del suo LXX compleanno. Hrsg. v. François Seydoux, Giuliano Castellani u. Axel Leuthold. Bologna 2001, S. 221-245.

folgt diese Norm in seinem op. 1 nicht. Anstelle einer Themawiederkehr spielt er jedoch durch eine *Mise en abyme* auf den Kern des Themas, die im Titel des Werkes genannte Tonfolge, mit dem Reversbild einer Subtraktionskette an, ohne dass freilich zwischen Gesamtstruktur und Kern eine hierarchische Relation ausgebildet wäre.

Lässt sich dieser Subtraktionsvorgang klanglich adäquat realisieren? Was das Akkordgefüge anbetrifft, so führen nacheinander verminderte Septakkorde zu dem in Frage stehenden Dominantseptakkord in F-Dur hin. Innerhalb des Emblems ist die Tonfolge *a* zu *b* zwar in der Mittelstimme versteckt, doch die Analogie zum gleich anschließend (T. 75f.) wiederholten Finale-Beginn wirkt klärend, denn dort erklingen bei gleicher Harmoniestruktur die einschlägigen Anfangstöne (*a* und *b*) in der Oberstimme. Soll man im Emblem – die »ad libitum«-Vorschrift bezieht sich auf eine rhythmische Gestaltung außerhalb der Tempoordnung – die Mittelstimme *a* zu *b* dynamisch hervorheben oder nicht? Wenn man die beiden Töne hervorhebt, so ist zwar die Struktur als solche besser wahrnehmbar, als wenn man es unterlässt, so dass die beiden relevanten Töne in den Harmoniefolgen völlig aufgehen. Der Preis dafür ist allerdings ein klangliches Ungleichgewicht. Dem Prozess der Subtraktion entsprechend sind die im Akkord simultan angeschlagenen Töne e^1 und g^1 dadurch, dass sie im Rahmen der wachsenden Pausenbildung als Untertöne bemerkt werden und, nicht mehr neu angeschlagen, in der Unterstimme leichter als zuvor wahrnehmbar sind, klanglich nicht mit den Tönen *a* und *b* gleich, sondern erklingen schwächer. Darum stellt auch die Alternative, dass man die beiden Anfangstöne *a* und *b* gerade nicht hervorhebt, eine durchaus plausible Möglichkeit dar. Dann wird zwar die Struktur als solche nicht markiert, aber das Geheimnis der Klangsubtraktion wird durch die Tonfolge des Anagramms klanglich gleichmäßig gelüftet.

Abb. 3: »Papillons« op. 2, Nr. 12: »Finale« (T. 84-92) (AGA 2, 21)

Bei der Parallelstelle aus »Papillons« handelt es sich um eine regelmäßigere Struktur, die einer *Mise en abyme*-Dimension entbehrt. Wenn beim »Finale« der »Großvatertanz« verebbt – die programmatischen Implikationen deutet in der Partitur der Klammersatz an: »(Das Geräusch der Faschingsnacht verstummt. Die Turmuhr schlägt sechs.)«[19] –, geht die Musik bis zu dem Punkt zurück, an dem die Klangsubtraktion das Verstummen selbst durch ein musikalisches »Conceit« chiffriert.

19 Der Satz ist in der Werk-Edition des Peters Verlags bei den Takten 62ff. inskribiert, wo ein sechsmal angeschlagenes a^2 die Schläge der Turmuhr symbolisch markiert. In der Edition sowohl der »Alten Gesamtausgabe« wie auch in derjenigen des G. Henle Verlages fehlt diese Inskription.

Ein siebentöniger Dominantseptakkord, oben und unten eingerahmt vom Grundton a, wird mit einem ausgeschriebenen Arpeggio angeschlagen, um die zur Subtraktion freigegebenen Töne zuvor einzeln gut hörbar zu machen. Danach erfolgt auf die beschriebene Weise die Negation des Klangs. Auch ohne die reflexive Rätselhaftigkeit der anderen Figuration bildet der Reduktionsvorgang – von sieben Tönen zurück zum Einzelton – doch ein Verstummen ingeniös ab.

Im Vorwort zu seine »Studien für das Pianoforte nach Capricen von Paganini« op. 3 hat Schumann die Klangsubtraktion zum Prozedere zweier Übungen zum *Adagio* gemacht:

Abb. 4: Aus »Vorwort« zu Schumanns op. 3 (AGA 1, 26)

Beide Male soll der Dominantseptakkord durch ein Arpeggio von unten nach oben zum Klingen gebracht werden, aber die Subtraktion erfolgt in entgegengesetzter Richtung – das eine Mal von unten nach oben, das andere Mal von oben nach unten, so dass als letzter Ton der oberste bzw. der unterste übrig bleibt.

»Musica muta« lautet ein Eintrag in Johann Gottfried Walthers »Musikalischem Lexikon« von 1732:

> Musica Muta oder Mimica (lat.) wurde ehemals genennet, wenn ein Mimus oder Pantomimus bloß durch Geberden, und ohne ein Wort dabey zu sprechen, eine Geschicht so natürlich vorzustellen wußte, daß sie nicht besser erzehlt oder aufgeschrieben werden mögen.[20]

Mit dergleichen »stummer Musik« hat Schumanns Devise nichts zu tun. In einer Geschichte der Stille markiert sie musiktheoretisch einen anderen bedeutsamen Augenblick. Die Leere der Pause bietet Raum für Reflexion. Nachdem Musik vor Virtuosität überbordet, reißt das Subtraktionsverfahren den Hörer aus dem Klangrausch heraus und lässt ihn meditativ innehalten. Alle Figurationen, welche die selbstreflexive Klangbildung dem Hörer offenbart, sind der Stille abgerungen, in welche die Musik wieder – noch innerhalb des Werkes selbst, nicht erst nach dessen Schluss – zurücksinkt.

20 Johann Gottfried Walther: Musikalisches Lexikon oder musikalische Bibliothek. 1732. Faksimile-Nachdruck. Hrsg. v. Richard Schaal. Kassel/Basel 1953, S. 433.

Zitat, Allusion und »leiser Ton«

Wie aber wird Selbstreflexion in der Kunst kommunikabel? Wenn die unendliche Reflexion des Ich so rasch verläuft, dass außerhalb des eigenen Subjekts der rasende Bogen der Spiegelungen anderen Menschen verborgen bleibt, verfällt der in sich kreisende Mensch dem Wahnsinn. Dieser jedoch ist nicht nur ein pathologischer Befund, um dessen Heilung die Medizin sich bemüht, er ist auch, wie die Schriften E.T.A. Hoffmanns deutlich machen, ein Kunstprinzip. Bei Robert Schumann war er, als er in seinen letzten Lebensjahren der Krankheit verfiel,[21] leider beides. In diesem Zusammenhang allerdings interessiert weniger die Biografie *per se* als das, was mit seiner Kunst zusammenhängt und in der Kunst erfahr- und interpretierbar ist.

Mehr als den Wahnsinn scheute Schumann Trivialität. Sie hätte seine Kunst aus dem Reich der Poesie herausgedrängt und auf die Ebene verstandesmäßiger Prosa heruntergedrückt. Die vielfältigen Anstrengungen, das Leben zu poetisieren – und sei es im Rausch –, entsprangen dem Bemühen um Trivialitätsvermeidung. Ein künstlerisch fruchtbares Mittel hierzu ist die doppelte Rede bzw., sprachtheoretisch gefasst, die Ironie. Auch wenn das, was ihr musikalisch entsprechen könnte, nicht ohne weiteres feststeht,[22] so entfaltet doch eine nur auf mehreren Ebenen verstehbare Tonsprache eine reichere rezeptionsästhetische Wirklichkeit als eine, die sehr direkt zu einem Hörer spricht.

Gerade im Schumann-Brahms-Kreis macht die Kunst, mit Entliehenem zu arbeiten, die Erfahrung der Selbstreflexion eng vertrauten Menschen kommunikabel. Zitat und Allusion öffnen das Tonkunstwerk zum Anderen. Die reflexive Bewegung ist demnach eine doppelte: Einerseits unterstreicht ein Zitat die persönliche Verbundenheit eines Autors, bei den »Impromptus« op. 5 beispielsweise Schumanns Liebe zur Widmungsträgerin des Werkes. Andererseits gewinnt das einzelne Werk, wenn es sich zu Sphären außerhalb seiner selbst öffnet, weitere Züge, die in der Moderne gar zum Konzept eines »offenen Kunstwerks« führen. Beide Aspekte haben Modelle in romantischer Literatur, zumal bei Jean Paul.[23]

Auch aus der späteren Musikgeschichte ist diese Art Selbstreflexion bekannt. In Richard Strauss' Tondichtung »Ein Heldenleben« op. 40 (1897/98) passieren frühe-

---

21 Vgl. Robert Schumann in Endenich (1854-1856). Krankenakten, Briefzeugnisse und zeitgenössische Berichte. Hrsg. v. der Akademie der Künste Berlin und der Robert-Schumann-Forschungsstelle Düsseldorf durch Bernhard R. Appel. Mainz u.a. 2006.

22 Vgl. Thomas Synofzik: Heinrich Heine – Robert Schumann. Musik und Ironie. Köln 2006.

23 Vgl. hierzu insgesamt R. Larry Todd: »On Quotation in Schumann's Music«. In: Schumann and His World. Hrsg. v. R. Larry Todd. Princeton, N.J. 1994, S. 80-112. Aus der weiten Literatur zum Thema seien besonders hervorgehoben Daverio, Paths (Anm. 8), Christopher Alan Reynolds: Motives for Allusion. Context and Content in Nineteenth-Century Music. Cambridge, Mass./London 2003, sowie Tobias Bleek: György Kurtág: »Officium breve« op. 28 – Eine Studie über musikalische Intertextualität. Phil. Diss. Berlin (Humboldt-Universität) 2006 (Druck in Vorbereitung).

re Werke des Autors zitathaft Revue, um eine Vorstellung von dessen Taten – dem künstlerischen Œuvre – zu vermitteln.[24] Auch Schumanns Werke durchziehen Spuren anderer Musik, eigener und fremder, so assoziationsreiche Zitate der »Marseillaise« oder des bereits erwähnten »Großvatertanzes«.[25]

Abb. 5: »Carnaval« op. 9, Nr. 6 – »Florestan« (T. 19-25) (AGA 2, 8)

In »Carnaval« op. 9 driftet das musikalische Subjekt ab in ein früheres Werk, in »Papillons« op. 2. Schumann hat diese Stelle – zur Steigerung der Verwirrung findet sie sich in Nr. 6 (»Florestan«), nicht in Nr. 9 (»Papillons«) – in der Partitur mit »Papillons?« gekennzeichnet. Ohne Fragezeichen formuliert, empfände der Leser den Hinweis als einen Wink mit dem Zaunpfahl, der eine Allusion platt verdeutlichte. Mit dem Fragezeichen hebt Schumann die Inskription ins Spielerische – man erinnert sich der Inschrift in Magrittes berühmtem »Pfeifenbild« (»Ceci n'est pas une pipe«).[26] Die Klänge, die man hört, sind ja keineswegs »Papillons«; sie sind, als Zitat aus op. 2, nicht jenes Werk selbst. Elegant symbolisiert das Fragezeichen das semantisch offene Spiel mit eigener Musik.

Zu den häufig diskutierten Fällen eines Zitats im Werk Schumanns gehört die Anspielung auf Beethovens Liederzyklus »An die ferne Geliebte« in der C-Dur-

---

24 Vgl. Walter Werbeck: Die Tondichtungen von Richard Strauss. Tutzing 1996 [= Dokumente und Studien zu Richard Strauss 2], S. 157-172; Verf.: »Musikalische Selbstreflexion bei Richard Strauss«. In: Richard Strauss und die Moderne. Bericht über das Internationale Symposium München. 21. bis 23. Juli 1999. Hrsg. v. Bernd Edelmann/Birgit Lodes/Reinhold Schlötterer. Berlin 2001 [= Veröffentlichungen der Richard-Strauss-Gesellschaft 17], S. 51-77; Rainer Bayreuther: »Der Held des Heldenlebens«. In: Archiv für Musikwissenschaft (2005), H. 62, S. 286-302.

25 Adolf Schubring hat im zweiten seiner 12 Artikel »Schumanniana« aus der »Neuen Zeitschrift für Musik« die Ramifikationen des »Großvater-Tanzes« in Schumanns Musik untersucht. A. Schubring: »Schumann und der Großvater«. In: NZfM (1860), H. 53, S. 29-30. Vgl. Todd, Quotation (Anm. 26), S. 85ff., und Bernhard R. Appel: Robert Schumanns »Album für die Jugend«. Einführung und Kommentar. Mit einem Geleitwort v. Peter Härtling. Zürich/Mainz 1998, S. 151-155.

26 Von René Magrittes (1898-1967) surrealistischem Bild mit der Inschrift »Ceci n'est pas une pipe« (»Das ist keine Pfeife.«) gibt es verschiedene Versionen. Kurz vor seinem Tod äußerte Magritte sich zu diesem Gemälde: »Die berühmte Pfeife [...] Man hat sie mir zur Genüge vorgehalten! Und trotzdem [...] können Sie sie stopfen, meine Pfeife? Nein, nicht wahr, sie ist nur eine Darstellung. Hätte ich also unter mein Bild ›Dies ist eine Pfeife‹ geschrieben, so hätte ich gelogen!« Zit. n. dem Ausstellungskatalog René Magritte: Der Schlüssel der Träume. Kunstforum Wien und Fondation Beyeler Basel. Gent 2005, S. 94; das Zitat stammt aus einem Interview Magrittes mit Claude Vial aus dem Jahre 1966, zit. n. René Magritte: Sämtliche Schriften. München 1981, S. 536f.

»Phantasie« op. 17. Diese für viele Hörer ganz sichere musikalische Allusion an einen berühmten Prätext, der in der »Phantasie« sinnreich neu kontextualisiert erscheint, wurde allerdings, wie Anthony Newcomb bemerkte,[27] während weit über einem halben Jahrhundert seit der Erstpublikation des Werkes (1839) gar nicht diskutiert. Newcomb zufolge hat erst Hermann Abert im Jahre 1910 eine Zitatbeziehung zu Beethovens op. 98 aufgedeckt,[28] welche die spätere Hermeneutik mit unerschütterlicher Gewissheit weiterschrieb.

Eine selbstreflexive Tonkunst ist nicht strikt gegen ihre Kontexte abgrenzbar, die Ästhetik hat darum Befunde des erweiterten Werktextes – von Entstehungs- und Rezeptionsgeschichte – in den hermeneutischen Prozess zu integrieren. Den Text der C-Dur-Phantasie eröffnet bekanntlich ein »Motto«, einem Gedicht Friedrich Schlegels entnommen:

> Durch alle Töne tönet
> Im bunten Erdentraum
> Ein leiser Ton gezogen
> Für den, der heimlich lauschet.

Diese Verse[29] sind kein »wörtlicher« Exegeseschlüssel. Sie verweisen auf eine geheime Struktur, einen verborgenen Zusammenhang, eine poetische Welt im Werke. Ein introvertierter Reflexionsraum wird beschworen, die Elemente verbindet zum Ganzen ein »leiser Ton«[30], ein zartes Band. Während bei einer nach außen gewandten Ästhetik Wirkungskräfte mit großem Gestus Zusammenhalt schaffen, gilt das nach innen gewandte romantische Musikverstehen, das einen selbstreflexiven Prozess trägt, für den Interpreten und eingeweihte Zuhörer, nicht für ein breites Publi-

---

27 Vgl. Anthony Newomb: »Schumann and the Marketplace: From Butterflies to Hausmusik«. In: Nineteenth-Century Piano Music. Hrsg. v. R. Larry Todd. New York 1990, S. 258-315; ders., »Schumann and Late Eighteenth-Century Narrative Strategies«. In: 19th Century Music (1987), H. 11/2, S. 164-174; ders., »The Hunt for Reminiscences in Ninetheenth-Century Germany«. In: Music and the Aesthetics of Modernity: Essays. Hrsg. v. Karol Berger u. Anthony Newcomb. Harvard University Department of Music, Cambridge, Mass. 2005 [= Isham Library Papers 6, Harvard Publications in Music 21] S. 111-136.

28 Hermann Abert: Robert Schumann. Berlin [2]1910 [= Sammlung Berühmte Musiker 15], S. 64.

29 Letzter Vierzeiler aus Friedrich Schlegels Gedicht »Die Gebüsche«. Bei Schlegel lautet, metrisch korrekt, der zweite Vers: »Im bunten Erdentraume«. Der Wortlaut des Mottos bei Schumann ist also mit dem Text von Schlegels Gedicht nicht identisch.

30 Der französische Literaturkritiker Roland Barthes, einer der wenigen Schumannianer, bekannte 1979: »Schumann est vraiment le musicien de l'intimité solitaire, de l'âme amoureuse et enfermée, qui se parle à elle-même [...], bref de l'enfant qui n'a d'autre lien qu'à la Mère.« (In: R. Barthes: »Aimer Schumann«. Vorwort zum Buch von Marcel Beaufils. Musique pour piano de Schumann. Paris 1979, zit. n. Roland Barthes: Œuvres complètes. Bd. 3: 1974-1980. Hrsg. v. Éric Marty. Paris 1995, S. 1048-1051, das Zitat auf S. 1048. Vgl. Leon Botsein: »History, Rhetoric, and the Self: Robert Schumann and Music Making in German-Speaking Europe. 1800-1860«. In: Todd, Schumann (Anm. 26), S. 3-46, hier: S. 4.

kum. »Heimliches« Lauschen, ein besonderer Modus des Hörens, gilt einem Geheimnis und möchte es zwingen, sich zu offenbaren.[31]

Lässt sich das Rätsel des »leisen Tons« lüften oder bleibt es verborgen? Fragend fordert Schumann selbst im Frühling 1839 Clara Wieck, der insbesondere der mittlere Marschsatz gefallen hatte, zu einer Antwort auf:

> Schreibe mir, was Du bei dem ersten Satz der Phantasie Dir denkst? Regt er nicht viele Bilder in Dir an? Die Melodie

Abb. 6: Die Oberstimme der T. 65-67 des Kopfsatzes von op. 17

> gefällt mir am besten darin. Der »Ton« im Motto bist Du wohl? Beinah glaub ich es.[32]

Was lässt sich diesem Briefzeugnis entnehmen? Zunächst als ein selbständiges Werk komponiert, hatte der erste Satz von op. 17 seinen biografischen Ursprung, wie manche Musik jener Jahre, in der Absenz der geliebten Clara. So bezieht Schumann den »leisen Ton« metaphorisch auf die imaginäre Adressatin des Werkes. Aber auch hier scheut er vor einer definitiven Identifizierung zurück und versieht, als höbe er im Dialog mit Clara beschwörend seine Stimme, den Aussagesatz mit einem Fragezeichen. Er animiert die Geliebte zu einer Reaktion auch auf den Kopfsatz, aber ohne sie zu pressen. Auch der nachfolgende Satz (»Beinah glaub ich es«) verharrt in der Schwebe. Ohnehin wäre Schumanns Selbstexegese gegenüber anderen Deutungen seiner Musik nicht privilegiert.

Unangekränkelt von solchen Unwägbarkeiten schließt der amerikanische Pianist und Musikschriftsteller Charles Rosen – nach einer philologisch nicht gedeckten Parallelisierung zwischen der im Schumann-Brief erwähnten Melodie und einer Stelle im zweiten Satz von Beethovens »Siebenter Symphonie« – von Beethovens »Ferner Geliebten« direkt auf Schumanns Werk:

> Es ist typisch für Schumanns musikalisches Denken, dieses komplexe Netzwerk aus Bezügen zu erstellen, die außerhalb seiner Musik liegen – Beethoven zu zitieren und dann Beethovens ferne Geliebte auf Clara verweisen zu lassen. Doch dies liefert uns

31 Der Historiker Michael P. Steinberg hat das »heimliche« Lauschen in Bezug gesetzt zu Freuds Begriff des »Unheimlichen«. Vgl. M. P. Steinberg: »Schumann's Homelessness«. In: Todd, Schumann (Anm. 26), S. 47-79, hier: S. 68ff.

32 Robert Schumann an Clara Wieck. Brf. v. 9. Juni 1839. Zit. n. Briefwechsel II, 558-564 (Nr. 174), hier: 562.

> den Schlüssel zum Kern von Schumanns künstlerischer Leistung. Es ist nicht Schumanns Musik, die auf Clara verweist, sondern Beethovens Melodie, der »leise Ton«.[33]

Eine Melodieanalogie zwischen dem herausgehobenen Ende des Kopfsatzes von Schumanns Phantasie (T. 295ff.) und dem sechsten, letzten Stück aus Beethovens »Liederkreis« »An die ferne Geliebte« (Dichtung von Alois Jeitteles) op. 98 zu den Worten »Nimm sie hin denn diese Lieder« (T. 266f.) passt, auch wenn man eine Transposition von Es-Dur (Beethoven) nach C-Dur (Schumann) unterstellen muss,[34] allzu gut auf die biografische Situation des Autors zur Entstehungszeit seines Werkes, als dass sie, einmal getroffen, fortan nicht wie ein Teil der Werkbedeutung gelten dürfte. Allerdings ist, was Schumanns Intentionen betrifft, Vorsicht geboten. Niemand vermag mit letzter Sicherheit zu belegen, dass die Beziehung tatsächlich einem auktorialen Willen entspringt. Es kann sich auch um eine Strukturanalogie handeln, die sich erst dem rezeptionshistorischen Deutungsprozess verdankt. Tatsächlich hat die Hermeneutik noch eine weitere Parallele ins Spiel gebracht, Franz Schuberts Lied »An die Musik« (D. 547).[35]

Wie die Entstehungsgeschichte von op. 17 zeigt, hat bereits der Autor dieser Partie eine herausgehobene Bedeutung zugeschrieben. Schumann wollte sie zunächst, in einer leicht abgewandelten Variante,[36] außer an das Ende des Kopfsatzes auch an den Schluss des dritten Satzes setzen, doch hat er diesen Satz- und Werkschluss, der die beiden Ecksätze über Gebühr parallelisiert und das mutmaßliche Beethoven-Zitat zu einem doppelten Eckpfeiler des Werkes gemacht hätte, im Zuge der Drucklegung noch gestrichen.[37] So erklingt, am Ende des Kopfsatzes der Phantasie, der steigende Auftakt mit daraufhin fallender Quart – das Gebilde erscheint bei Beethoven allerdings auch anders rhythmisiert als bei Schumann – nach den Takten 295-297 noch drei Mal konklusiv mit einem Melodieschluss zur Tonika hin, das dritte Mal, wie ich im letzten Stück zeigen will, in einer entscheidend erweiterten, gesteigerten Form.

---

33 Charles Rosen: Musik der Romantik. Aus dem Amerikanischen v. Eva Zöllner. Salzburg/Wien 2000, S. 133f. Die Originalausgabe von Rosens Buch erschien unter dem Titel: The Romantic Generation. Cambridge, Mass. 1995.

34 Die meisten Autoren, so auch Charles Rosen (S. 134f.), nehmen die Transposition, um die Ähnlichkeit stärker erscheinen zu lassen, ohne Kommentar einfach vor; nicht aber Todd, Quotation (Anm. 23), S. 92f.

35 Es handelt sich um die Kadenz zu den Worten »in eine bess're Welt entrückt«. Siehe das Notenbeispiel bei Todd, Quotation (Anm. 23), S. 94.

36 Vgl. hierzu Nicholas Marston: Schumann: Fantasie, Op. 17. Cambridge, Mass. 1992 [= Cambridge Music Handbooks], S. 19f.

37 Selbst in der Stichvorlage des Werkes war dieser Schluss zunächst noch geschrieben, doch wurde er dann von Schumann gestrichen. Zur Stichvorlage, die sich in der Nationalen Széchényi Bibliothek in Budapest befindet, vgl. Marston, Schumann (Anm. 36), S. 17-22.

Ein Zentralklang der Phantasie op. 17

Bei einer *Mise en abyme* handelt es sich, wie oben angedeutet, um eine strukturelle Konzentration, welche vermittels einer oder mehrerer Spiegelungen den Kern eines Kunstgebildes freilegt. Das Theater im Theater, beispielsweise »The murder of Gonzago« innerhalb von Shakespeares »Hamlet«, bringt das Zentrum des Problems, um welches das Drama kreist, im Werk selbst zur Anschauung – auch wenn die beteiligten Akteure selbst dies gar nicht merken sollten. Eine Selbstreflexion in der Tonkunst hat der literarischen *Mise en abyme* vergleichbare Prinzipien zu erfüllen.

Bei op. 17 war Schumann lange Zeit unschlüssig gewesen, wie er das Werk benennen solle, ob »Sonate«, ob »Phantasie« oder mit einem anderen, mehr evokativen Titel. Und: Welche Form prägt der erste Satz aus? Ist er einer freien »Sonatenform« nachgebildet oder folgt er Grundsätzen einer »Phantasieform«? In jedem Fall setzt der Kopfsatz markante Differenzen zwischen zwei raschen Eckteilen (Viervierteltakt: »Durchaus fantastisch und leidenschaftlich vorzutragen«, T. 1-128; T. 225-295), einem gemesseneren Mittelteil (Zweivierteltakt: »Im Legendenton«, T. 129-224) und lange gedehnten Kadenzen am Schluss des zweiten Eckteils (*Adagio*, T. 296-309). John Daverio begreift den Mittelteil, obzwar dieser motivisch von einem Kontrapunkt des Anfangskomplexes hergeleitet ist (T. 33-41), nicht als »Durchführung« eines Sonatensatzes, sondern als Digression einer Fragmentform, die aus einer zusammenfassenden Kohärenz ausbricht.[38] Diese These relativieren indessen Befunde einer selbstreflexiven Tonkunst.

In drei Phasen, die für den Formprozess als wesentlich gelten müssen – erstens dem Beginn des Werkes (T. 1-9)[39], zweitens der Klimax des Mittelteils (T. 212-215) und drittens dem kadenziellen Höhepunkt am Ende (T. 305f.) –, beruht der Kopfsatz der »Fantasie« auf ein und derselben Tiefenstruktur.[40] Da diese Partien sehr verschieden, wenngleich in hohem Maße markiert klingen, nimmt man eine

38 John Daverio, der den »Im Legendenton«-Teil nicht vor, sondern nach den Eröffnungsphrasen der Reprise des Kopfsatzes ansetzt, deutet ihn als eine Digression nach dem Vorbild der Jean-Paulschen Erzähltechnik: »Schumann's placement of a self-sufficient character piece [Im Legendenton] in the middle of a ›higher‹ form calls to mind the parentheses and gnarled clauses in the novels of his beloved Jean Paul.« Daverio, Herald (Anm. 5), S. 154.

39 Walter Gieseler bezeichnet die »Grundmelodie« zu Beginn der »Phantasie« op. 17 als »idée fixe ›für den, der heimlich lauschet‹«. W. Gieseler: »Schumanns frühe Klavierwerke im Spiegel der literarischen Romantik«. In: Robert Schumann. Universalgeist der Romantik. Beiträge zu seiner Persönlichkeit und seinem Werk. Hrsg. v. Julius Alf u. Joseph A. Kruse. Düsseldorf 1981, S. 62-87, hier: S. 75.

40 Roland Barthes schrieb in dem oben bereits zitierten Text: »Mais précisément«: »sa simplicité est une insistance: pour bien des morceaux schumanniens, l'étalement tonal a la valeur d'une seul son qui vibre infiniment jusqu'à nous affoler; la tonique n'est pas douée, ici, d'un ›évasement cosmique‹ [...], mais plutôt d'une masse qui pèse, insiste, impose sa solitude jusqu'à l'obsession.« In: Barthes, Schumann (Anm. 30), S. 1050. Vgl. Daverio, Music (Anm. 9), S. 244.

Verwandtschaft zwischen ihnen nicht ohne weiteres wahr. Ihre Gemeinsamkeit beruht darauf, dass alle drei auf einem »Tredezimenakkord« fußen. Zwar ist die diesen prägende Tredezimendissonanz, die über einem Grundton durch Terzschichtung aufgebaute Intervallspannung von einer Oktave plus Sexte, von einem Sextvorhalt nicht in jedem Fall begründet unterscheidbar, weil die Frage, ob die Tredezime ihre Vorhalts- und Dissonanzspannung durch stufenweise Bewegung abwärts in die Duodezime auflöse oder nicht, kein hinreichendes Bestimmungskriterium darstellt. Und da überdies ein mehrtöniger Akkord zu seiner Konstitution keine vollständige Terzschichtung aufweisen muss, sondern sehr wohl Lücken im Aufbau aufweisen darf, braucht ein Tredezeminenakkord keineswegs immer alle sieben Töne, welche die Terzschichtung ergibt, zu umfassen; er kann auch aus weniger Tönen bestehen. Die Lage der Töne ist ohnehin frei wählbar. Betrachten wir die drei Stellen nun näher!

Klanglich am klarsten – wenngleich mehrdeutig wegen der Sextvorhaltfrage – erscheint der Tredezimenakkord am Ende des Kopfsatzes (T. 303ff.; vgl. Abb. 7). In ihn löst sich der kadenzierende Quartsextakkord in C-Dur bei der letzten Allusion an Beethovens op. 98 auf. Der stark erweiterte Dominantakkord wird in T. 305 durch ein Arpeggio nach aufwärts gebildet, wobei – abgesehen von der Sextproblematik – None (a) und Undezime (c) aus der Totalität der Töne ausgespart sind, so dass statt des siebentönigen ein fünf-, wenn nicht gar nur viertöniger Akkord erklingt.[41]

Abb. 7: op. 17, 1. Satz (T. 295-309) (AGA 3, 112)

Bei dieser Klimax erstreckt sich die Klanggestalt über einen weiteren Raum als zuvor. Die Melodiefigur des rhythmisch augmentierten, bedeutungsvoll gedehnten »Beethoven-Zitats« in den T. 303-304 und der Kadenzvorgang (Quartsextakkord →

41 Ich unterscheide zwischen Tonhöhe und Tonqualität in diesem Text dadurch, dass eine genaue »Tonhöhe« kursiv gesetzt ist, während eine »Tonqualität« (englisch: *pitch class*) im Schriftbild gerade erscheint.

Dominant-Tredezimenakkord) münden nach T. 305 in die Tonika so, dass zunächst über dem Tonika-Orgelpunkt zwei Takte lang ein Vorhalts-Dominantseptakkord verweilt, der sich erst danach in den reinen C-Dur-Dreiklang auflöst. In seiner unvollständigen Zusammensetzung entfaltet der Tredezimenakkord hier einen unnachahmlichen Zauber, denn während bei den beiden Parallelstellen zuvor (T. 298 u. 301) die Pänultima der Kadenz die akkordeigene Quinte des Dominantseptakkordes (d^2) dargestellt hatte, schwingt sich nunmehr ein weiter Bogen des Arpeggios zum akkordeigenen Tredezeminen-e^2 empor.

Abb. 8: op. 17, 1. Satz (T. 1-11) (AGA 3, 102)

Woher hat diese Musik am Werkbeginn ihren Ausgang genommen? Tiefenstrukturell bei keinem anderen Gebilde als demselben Akkord (vgl. Abb. 8), der hier indes nicht so fein-säuberlich wie am Ende aufgeschichtet wird, sondern sich mit einer dynamischen Kraft ohnegleichen sukzessiv etabliert.

Über einem aufgewühlten Klangteppich, der – zunächst noch ohne die leittönige Terz – einen Dominantseptnonakkord in C-Dur ausfaltet, setzt die Melodie in herrlicher Direktheit mit der Nonendissonanz a ein und schreitet dann im Quintzug stufenweise nach unten. Das zusätzliche c^2 bei Beginn von T. 3 erweitert das dominantische Spektrum vom Nonen- zum Undezimenakkord. Dass es über vier volle Takt liegen bleibt, prägt den Klangcharakter der Anfangspartie, denn dadurch verwandelt sich die Undezime von einem dissonanten Störfaktor zu einem spannungsreichen, aber akkordeigenen Element. Zwei Takte später, in Takt 5, wird mit dem e das Akkordspektrum noch einmal erweitert in Richtung eines Tredezimenakkordes, der, dort noch ohne Terz, sich mit dem besprochenen Arpeggio-Akkord (T. 305) tiefenstrukturell deckt und dessen dominantische Funktion in den Takten 7-9 das h – die aufleuchtende Terz des Dominantklangs – besiegelt.

Nun stellt die Summe der Töne eines Tredezeminenakkordes nichts anderes dar als die siebentönige diatonische Skala. Wenn daher op. 17 im fantastischen Rausch beginnt, so gibt es außerhalb des Tredezimenklangs zunächst keinen Ton, der zur C-Dur-Skala noch hinzuträte; diese ist mit dem Tredezimenakkord vollständig definiert. Die lange, über ein Dutzend Takte währende Orgelpunktfunktion des tiefen *G*, ein Klangmagnet, hält die heterogenen Töne des Gebildes zusammen. Die von *a* zu *d* fallende Quinte der T. 2 bis 5 faltet daher melodisch nur Möglichkeiten aus, die im Tonmaterial des Akkordes schlummern. Die *Mise en abyme* verklammert den weiten Raum des Satzes vom Beginn bis zu seinem Ende.

Abb. 9: op. 17, 1. Satz (T. 208-218) (AGA 3, 109)

Eine der großartigsten Erfindungen der gesamten romantischen Klavierliteratur – die mittlere Stelle der Tiefenstruktur – findet sich kurz vor Ende des Teils »Im Legendenton« (vgl. Abb. 9). Ein Klanggebäude, das seinesgleichen sucht, türmt sich über einem pedalisierten Orgelpunkt der Dominante in c-Moll auf. Seine kreisförmige Bewegung wird von zwei Fermatenklängen umrahmt, die ein und denselben Ton (as) markieren, die kleine None über dem *Contra G* im Bass. Damit – durch Gleichsetzung von Anfangs- und Endpunkt – wird es zu einem Ereignis außerhalb der musikalischen Zeitprogression.

Den harmonischen Kontext bildet ein Kadenzvorgang nach c-Moll, innerhalb dessen die mehrere Takte umfassende Struktur einen kadenzierenden Quartsextakkord in einen Dominantklang auflöst. Da dieser allerdings zugleich neue Dissonanzen setzt, fließt eine merkwürdige Ambiguität in das Klanggeschehen ein – ausgerechnet dort, wo der Hörer die klangliche Entspannung erwartet, wird er mit einem Zuwachs an Spannung konfrontiert. Die None as schreitet nicht regulär zur Oktave der Dominante g, sondern bleibt im weiteren Kadenzgeschehen liegen, um sich dann in den T. 217 bzw. 219 erst langfristig in g^2 bzw. g^1 aufzulösen.

Die Klangbewegung selbst wirkt aufgrund ihrer Richtung in hohem Maße ungewöhnlich. Während üblicherweise der Akkordaufbau, analog zu Prinzipien der Statik, von unten nach oben »errichtet« wird und sich danach ein Abbau in Gegenrichtung anschließt, erdröhnt hier eine musikalische »Hängebrücke«: Die Bewegung saust von oben nieder – über einen Ambitus von fast drei Oktaven (die Ecktöne der Oberstimme sind as^3 und *h*) – und danach wieder aufwärts zurück, jeder einzelne Sechzehntelwert *fortissimo* akzentuiert. Durch die Markierung wird diese Klangstruktur zum Zentrum des Kopfsatzes insgesamt.

Wie ist dieser Klang zu deuten? Ernst Kurth rückt ihn in seiner »Romantischen Harmonik« in die Nähe des »Tristan-Akkordes«.[42] In der Tat handelt es sich, wenn man vom Bass-Fundament absieht, um einen halbverminderten Septakkord, der – enharmonisch umgedeutet – dem »Tristan-Akkord« verwandt ist.[43] Freilich ist eine solche Herleitung Filibuster. Die wahre Dimension des Klanges – und zugleich seine Funktion als Herzstück des Kopfsatzes – eröffnet sich nur, wenn man ihn in seiner Gesamtheit betrachtet.

Gehört als ein Akkord, der auf dem Bass-Fundament aufgebaut ist, ist er nämlich kein anderer als der besagte Tredezimenakkord, aber in Moll. Mit Quinte (d) und Undezime (c) fehlen bei ihm allerdings, was seine Wiedererkennungschancen verringert, teilweise andere Töne als beim zunächst betrachteten Dominantakkord vom Satzende. Um so stärker treten die Dissonanzcharaktere der None und der Tredezime (as bzw. es) als Akkordspannungen hervor und färben klanglich die Physio-

---

42 Ernst Kurth schreibt hierzu: »Der Akkord tritt hier (mit dem 2. Takt) als kühner Vorhaltsakkord (mit Vorhalt von es vor d) in der Bedeutung von c V9 ein, was das vorangeschlagene tiefe g noch deutlich anzeigt, merkwürdiger Weise löst er sich von diesem, wie die nachfolgenden Harpeggientakte zeigen; schon das weist darauf hin, daß der eigentümliche Klangreiz dieser Akkordbildung an sich herausdrang und Schumann auf sich zog; das bestätigt sich noch überraschender darin, daß der Akkord im gleichen Werk noch wiederholt, und zwar mit einer von Ferner an den Tristan gemahnenden Chromatik eintritt, z.B. [folgt Notenbeispiel Nr. 21 zu Schumann, op. 17, 1. Satz, T. 271-273]«. – Ernst Kurth: Romantische Harmonik und ihre Krise in Wagners »Tristan«. Hildesheim u.a. 1985, S. 74f. Im Notenbeispiel Nr. 20 bei Kurth, das die in Frage stehenden Takte 211-216 im Kopfsatz der C-Dur-Phantasie wiedergibt, fehlt die Pedalisierungsvorschrift beim tiefen Dominantton *Contra G*, so dass Kurth zur irrigen Auffassung gelangt, der von ihm als Dominantseptnonakkord – nicht als Tredezimakkord – bestimmte, d.h. im Blick auf den Ton es als ein Vorhalt zur Quinte gedeutete Arpeggio-Akkord würde sich von seinem Fundament lösen.

43 Vgl. hierzu den Artikel des Verfassers »Tristanakkord« in: MGG^2, Sachteil Bd. 9, Sp. 832-844, sowie den Aufsatz Der Rätselklang. Zur historischen Semiotik des Tristanakkordes. In: Zukunftsbilder. Richard Wagners Revolution und ihre Folgen in Kunst und Politik. In Zusammenarbeit mit der Staatsoper »Unter den Linden« hrsg. v. Hermann Danuser u. Herfried Münkler. Schliengen 2002, S. 151-160.

gnomie des Gebildes. Nach diesem Dominant-Ungeheuer, das sich in eine Kadenz nach c-Moll auflöst, kann die Reprise nicht einfach wieder in der Variante C-Dur erfolgen. Daher erscheint die theoretisch schief liegende Reprise des Hauptthemas (*Tempo primo*, T. 225ff.) in der Parallele Es-Dur überzeugend.

Unter diesem Blickpunkt erscheint der Phantasiecharakter des Werkes – zumindest des Kopfsatzes – gut gegründet: Das mehrfache Wiederanknüpfen an den Werkbeginn hat mit solider thematischer »Arbeit« wenig zu tun, zumal die Musik in tonaler Hinsicht, statt sich fortzuentwickeln, eher auf der Stelle tritt und das musikalische Subjekt immer wieder beim gleichen – oder wenigstens einem ähnlichen – Ort anknüpft. Der Mittelteil etwa, den die Sonatenform-Argumentation einer »Durchführung« zuschlägt, verharrt statt der üblichen modulatorischen Ausschweifungen am Ort, erfährt jedoch durch die Wende zur Moll-Variante eine Horizontverschiebung gegenüber den in Dur angesiedelten Eckteilen. Erst dadurch aber eröffnet sich die Möglichkeit, die drei Teile mit einem einzigen Zentralakkord, dem dominantischen Tredezimenakkord, zu verbinden und durch den »leisen Ton« einer *Mise en abyme* zu verknüpfen. Die Frage, ob Schumann dies bewusst so komponiert habe, ist für die musikalische Poetik belanglos. Deren Verschlungenheit ist bei bedeutenden Kunstwerken weiter gefächert als der rationale Gestaltungsrayon des Autors.

Eine Studie über Selbstreflexion braucht nicht das zu rekonstruieren, was ein Künstler seinem Gebilde intentional eingeschrieben hat. Sie zielt auf immanente Gesetzmäßigkeiten eines Tonkunstwerks, sie zielt aber auch auf die Erfahrung, die ein Interpret, Hörer bzw. Analytiker an einem Musikwerk zu vollziehen vermag. Unter diesem Gesichtspunkt lässt sich die ästhetische Bedeutung der Strukturidentität, die der Tredezimenakkord vermittelt, in gar keiner Weise überschätzen. Er verhindert, dass die romantische Phantasie ins Konturlose zerfließt, und verankert das Streben nach Unendlichkeit. Die Tongestalten, die die Phantasie anregen, büßen von ihrer Individualität nichts ein. Gleichwohl verleiht die gemeinsame Strukturwurzel dem romantischen Sehnen einen Haftpunkt und schirmt dieses Kunstprinzip ab gegen eine andere, eine schlechte Unendlichkeit. Bei jeder Drehung gelangt die *Mise en abyme* zu nichts anderem als zu sich selbst, die Strukturbewegung entdeckt im Neuen das bereits präsente Alte.

»Neues Leben« und »neue Kunst«

Noch einmal zu Heines Frankreichbildern – mit einem Seitenblick auf Robert Schumann

Bernd Kortländer

Frankreich war für Heinrich Heine schon in Deutschland, dann aber besonders während der 25 Jahre, die er zwischen Mai 1831 und seinem Tod am 17. Februar 1856 in diesem Land verbrachte, ein ständiger Gegenstand der Beschäftigung. Noch in einem seiner Testamente schreibt er, er habe »nach meinem seligen Vater und meinem armen Weibe [...] auf dieser Welt nichts so sehr geliebt wie [...] das theure Frankreich« (DHA XV, 204). Selbstverständlich veränderte sich sein Blick auf das Land über die Jahre; zumal die für ihn enttäuschend verlaufene Revolution von 1848 bedeutete einen gravierenden Einschnitt. Ich will mich in meiner Untersuchung vor allem auf das Frankreichbild der 1830er Jahre konzentrieren:

> Die Franzosen sind aber das auserlesene Volk der neuen Religion, in ihrer Sprache sind die ersten Evangelien und Dogmen verzeichnet, Paris ist das neue Jerusalem, und der Rhein ist der Jordan, der das geweihte Land der Freyheit trennt von dem Lande der Philister,

heißt es voller Emphase noch vor der Übersiedlung und direkt nach der Julirevolution in den »Englischen Fragmenten« (DHA VII, 269). In den »Französischen Zuständen« von 1832 liest man eine weniger jenseitige, dafür aber mindestens ebenso pathetisch aufgeladene Beschreibung:

> Paris ist nicht bloß die Hauptstadt von Frankreich, sondern der ganzen civilisirten Welt, und ist ein Sammelplatz ihrer geistigen Notabilitäten. Versammelt ist hier Alles, was groß ist durch Liebe oder Haß, durch Fühlen oder Denken, durch Wissen oder Können, durch Glück oder Unglück, durch Zukunft oder Vergangenheit. Betrachtet man den Verein von berühmten oder ausgezeichneten Männern, die hier zusammentreffen, so hält man Paris für ein Pantheon der Lebenden. Eine neue Kunst, eine neue Religion, ein neues Leben wird hier geschaffen, und lustig tummeln sich hier die Schöpfer einer neuen Welt. (DHA XII, 103)

Offensichtlich bewegt sich das hier entworfene Frankreichbild – im Heine-Kontext darf man Paris synonym für Frankreich setzen – auf einem sehr hohen Abstraktionsniveau und ist jenseits der Realität eines Landes, einer Stadt oder einer Nation angesiedelt. Es geht dem Autor bei seinem leuchtenden Entwurf nicht um eine konkrete Orts- oder Zustandsbeschreibung, sondern um eine Deutung, eine Sinnstiftung, die er mit dem Ort »Paris« bzw. »Frankreich« verbindet.

Um welchen Sinn handelt es sich aber, welche Lesart von Frankreich will Heine dem deutschen Publikum – denn an dieses richten sich diese Art Texte in erster Linie – nahelegen?

Erst jüngst hat Karl-Heinz Bohrer in einem Vortrag im Heinrich-Heine-Institut[1] noch einmal mit Nachdruck auf diese Erfindung von Paris als »Ort der Zukunft, der Geburt des Neuen«[2] durch Heine hingewiesen und dabei herausgestellt, dass Generationen von Deutschen und insbesondere von deutschen Intellektuellen sich von dieser Erfindung haben inspirieren lassen, eine Inspiration, die bis weit in die Zeit nach dem Zweiten Weltkrieg hinein trug. Kern dieser Paris-Erzählung ist die Große Revolution: die Stadt erscheint bei Heine als Ort, der von der Energiequelle der Revolution aufgeladen wird, einer Revolution, die melancholisches Gestern und zugleich emphatisches Morgen ist. Gerade die »Mischung aus objektiv geschichtlichem Urteil und subjektivierter Empfindung (Heines Form der literarischen Geschichtsschreibung) ist die Pointe in Heines Blick. Letzteres erst macht das Historisch-Politische des weltgeschichtlichen Ereignisses zum Augenblick von Paris.«[3] Heines Liebesblicke auf die Stadt zeugen, so Bohrer, von »der Qualität der unendlichen Zukünftigkeit dieser Stadt. Diese Qualität hat die Große Revolution als Gründungsmythos.«[4]

Ein erster grundlegender Aspekt von Heines Frankreich-Lesart der 1830er Jahre ist damit bezeichnet und zugleich motiviert: Frankreich oder eben Paris ist für ihn der Ort, wo, gespeist von der noch immer wirksamen Energie der Großen Revolution, »das Neue« entsteht, wo sich zukünftige Entwicklungen entscheiden, es ist das Land der Verheißung, das den irdischen Erlösungshoffnungen Nahrung gibt, der »Emanzipation der ganzen Welt«, wie Heine es nennt.[5] Heine hat dieses Hochglanzbild von Frankreich liebevoll gepflegt und ausgemalt und in gewisser Weise bis zum Schluss daran festgehalten.

Eine wesentliche Farbe in diesem Bild ist die universelle Gültigkeit der durch das revolutionäre Frankreich vertretenen Ansprüche. Dieses Frankreich ist eine Gemeinschaft der *citoyens*, sein Status als Nation beruht nicht auf ethnischer Ausgrenzung, sondern auf den durch die Revolution beglaubigten berechtigten Forderungen aller Menschen, den Menschenrechten; die französische Nation öffnet sich auf die Welt als ganze, vertritt gewissermaßen die Nation der Menschheit.[6] Heine hat das in der »Romantischen Schule« so beschrieben:

---

1 Jetzt gedruckt unter: Karl Heinz Bohrer: Heinrich Heines Erfindung. Paris – Glanz und Ende eines Phantasmas. In: Merkur (2006), H. 2, S. 97-111.

2 Ebd., S. 99.

3 Ebd., S. 100.

4 Ebd., S. 100f.

5 Reise von München nach Genua, Cap. XXIX, DHA VII, 69.

6 Vgl. dazu im Einzelnen Rudolph von Thadden: Aufbau nationaler Identität. Deutschland und Frankreich im Vergleich. In: Bernhard Giesen (Hrsg.): Nationale und kulturelle Identität. Frankfurt a.M. 1991, S. 493-510.

> Der Patriotismus des Franzosen besteht darin, daß sein Herz erwärmt wird, durch diese Wärme sich ausdehnt, sich erweitert, daß es nicht mehr bloß die nächsten Angehörigen, sondern ganz Frankreich, das ganze Land der Civilisazion, mit seiner Liebe umfaßt; [...]. (DHA VIII, 141)

Es ist völlig klar, dass dieses märchenhafte Frankreich, das »Mutterland der Civilisazion und der Freyheit«,[7] nicht identisch ist mit jenem Land, das Heine im Mai 1831 real betritt. Im Gegenteil wird dieses wirkliche Frankreich der Julimonarchie von Beginn an zum Gegenstand heftigster Kritik und Polemik. Allerdings liegen diese so heftig kritisierten französischen Zustände für Heine immer noch unendlich über dem Niveau der Verhältnisse, die er in Deutschland hinter sich lässt. Es können deshalb nicht die Unzulänglichkeiten des französischen Systems sein, die dazu führen, dass der Dichter sich bereits in den frühen Texten der 1830er Jahre in der bewunderten und geliebten »Hauptstadt der Revolution« dennoch als Exilant definiert – Michael Werner hat die verschiedenen Aspekte dieser Rolle bei Heine kürzlich differenziert beschrieben[8] – und dieses Schicksal immer wieder bitter beklagt. Dieser Gegensatz von emphatischer Bewunderung für Frankreich als »Gipfel der Welt« und was der Epitheta mehr sind und der bitteren Klage darüber, dass er in diesem Frankreich leben muss, führt zu einem seltsamen Missverhältnis, einer Schieflage auch von Heines Frankreichbildern, der ich im folgenden nachgehen möchte.

Die »neue Kunst«

Heine war 1831 u.a. nach Paris aufgebrochen, um im revolutionären Frankreich die Geburt einer »neuen Kunst« zu erleben.[9] Und gleich in dem ersten Text, den er auf französischem Boden verfasst, dem Bericht über die Pariser Gemäldeausstellung von 1831, macht er sich daran, diese »neue Kunst« zu entdecken und seinen deutschen Lesern zu beschreiben. Er stellt dort kategorisch das Ende der Kunstperiode fest, die bei »der Wiege Goethes anfing und bey seinem Sarge aufhören wird« (DHA XII, 47), und richtet seine Hoffnung auf Frankreich: »Ich glaube, daß Frankreich aus der Herzenstiefe seines neuen Lebens auch eine neue Kunst hervorathmen wird. Auch diese schwere Aufgabe wird von den Franzosen gelöst werden« (DHA XII, 48). Neben das Frankreich als Inbegriff und Platzhalter der durch die Revolution geweckten Emanzipationshoffnung tritt also noch ein Frankreich als Repräsentant einer »neuen Kunst«.

---

7 Französische Zustände, Artikel IV, DHA XII, 109.

8 Vgl. Michael Werner: Ansichten des Exils. Zu einem Grundthema bei Heine. In: Bernd Kortländer u. Sikander Singh (Hrsg.): »...und die Welt ist so lieblich verworren.« Heinrich Heines dialektisches Denken. Festschrift für Joseph A. Kruse. Bielefeld 2004, S. 175-189.

9 Vgl. den oben zitierten Auszug aus den »Französischen Zuständen« (Anm 7).

Wie sieht diese Kunst nun nach Heines Meinung im Einzelnen aus, was sind ihre Hauptkennzeichen? Sie werden in der Malerschrift nur grob skizziert: Heine geht aus vom Grundwiderspruch zwischen der vorwärts treibenden revolutionären Energie, die die »Zeitbewegung« bestimmt, und den Grundlagen des herrschenden Kunstbetriebes, die noch in vorrevolutionären Verhältnissen, »der heiligen römischen Reichsvergangenheit« wurzeln und die die Künstler dazu nötigen, »ihre Kunst von der Politik des Tages« abzutrennen und sich in ein »egoistisch isolirtes Kunstleben«, in eine »kümmerliche Privatbegeisterung« zurückzuziehen. Die »neue«, nach-revolutionäre Kunst dagegen soll Kunst und Politik verbinden und aus dem zurückgezogenen Privatbereich des reinen »Kunstlebens« heraustreten auf die Bühne des öffentlichen Lebens: »[D]ie neue Zeit wird auch eine neue Kunst gebären, die mit ihr selbst in begeistertem Einklang seyn wird«, heißt es ebenso emphatisch wie vage (DHA XII, 47).

Doch was ist wirklich neu an dieser von Heine hier geforderten »neuen Kunst«? Und was ist der spezifisch französisch-revolutionäre Anteil? Die Notwendigkeit einer Öffnung der Kunst zum Feld des öffentlichen Lebens hatte Heine bereits während seiner deutschen Periode gesehen und zur Maxime seines Handelns als Schriftsteller gemacht. Bereits im »Reisebild« »Die Bäder von Lucca« beschreibt er den tiefen Riss zwischen der alten Kunst und der modernen Zeit: in der Vormoderne war »die Welt ganz« und es gab entsprechend »ganze Dichter«, während nach der Revolution jede Nachahmung dieser Ganzheit eine Lüge sein muss, »eine Lüge, die jedes gesunde Auge durchschaut« (DHA VII, 95). Poetische und wirkliche Welt, politisch-gesellschaftliche und Kunstwelt sind in ein neues Verhältnis getreten, dessen Signatur der »große Weltriß« ist, der mitten durch das Dichterherz geht (DHA VII, 95). Die Frage, wie mit diesem Riss umzugehen sei, wie es überhaupt noch möglich ist, nach der Revolution Gedichte und Prosatexte zu schreiben, steht von Anfang an im Zentrum von Heines literarischer Arbeit und bildet auch den Mittelpunkt seiner Auseinandersetzung mit der deutschen romantischen Literatur.[10]

In der »Romantischen Schule« und ihren Vorstufen hat Heine diese Auseinandersetzung und dabei zugleich die Hauptpunkte seines eigenen Kunstbegriffs beschrieben. Da dieser Text im Anschluss an die Gemäldeberichte entstand, sind die Kategorien der alten und der neuen Kunst, die Heine teilweise auch Anregungen der Saint-Simonisten verdankt, aus den »Französischen Malern« in die »Romantische Schule« übergegangen. Dort analysiert er die verschiedenen Versuche der Hauptzweige der »alten Kunst«, der »Goetheschen Kunstschule« und der Schlegelschen Romantik, den Bruch von Kunst und Leben zu überspielen: Die Romantische Schule im engeren Sinne flüchtet sich in eine ganzheitliche Ideologie, »zu den religiösen und politischen Instituzionen des Mittelalters« (DHA VIII, 484); der Goetheschen Kunstschule dagegen lastet Heine ihre politische Indifferenz an, die Flucht in eine egoistische Privatheit jenseits der öffentlichen Debatte: »Die That ist das

10 Vgl. dazu jetzt meinen Aufsatz: »Ich bin ein deutscher Dichter«. Liebe und Unglück in Heines »Buch der Lieder«. In: HJb. 45 (2006), S. 59-73.

Kind des Wortes, und die goetheschen schönen Worte sind kinderlos«, heißt die bekannte Stelle (DHA VIII, 155).

Diesen alten Positionen stellt er im jungen, nachromantischen Deutschland eine Literatur gegenüber, die sich bewusst auf den Zwiespalt von Kunst und Leben einlässt, sich der »Politik des Tages« öffnet und gerade daraus eine der modernen Zeit angemessene neue Ganzheit zieht. Als Vorläufer einer solchen Kunst wird in der »Romantischen Schule« Jean Paul angeführt, und er wird ganz genau mit jenen Merkmalen beschrieben, die Heine in der Malerschrift als Kennzeichen jener »neuen Kunst« herausgestellt hat, die sich nach dem emphatischen Bekenntnis dort erst nach der Revolution in Frankreich entwickeln soll. Über Jean Paul heißt es:

> Er steht ganz isolirt in seiner Zeit, eben weil er, im Gegensatz zu den beiden Schulen [d.s. die romantische Schule und die goethesche Kunstschule], sich ganz seiner Zeit hingegeben und sein Herz ganz davon erfüllt war. Sein Herz und seine Schriften waren eins und dasselbe. (DHA VIII, 218)

Auch der in den »Französischen Malern« betonte Zusammenhang zwischen neuer Kunst und französischer Revolution wird von Heine auf Jean Paul übertragen. In einer Vorstufe zu der eben zitierten Passage heißt es:

> Seine Schriften sind sonderbarermaßen das Echo der französischen Revoluzion. [...] so saß Jean Paul unter stummen Porzelanpuppen in der stillen, umfriedeten Abgeschiedenheit seines kleinen Fichtelgebirgstädtchens, und sein Herz erbrauste freudig oder wehmüthig, wenn hier in Frankreich das große Menschenmeer in Bewegung geriet. (DHA VIII, 474)

Von dieser Charakteristik Jean Pauls weist eine direkte Spur zu Heine selbst, der als dessen legitimer Erbe im Feld der »neuen Kunst« auftritt. Diese Spur führt über den Umweg der Saint-Simonisten. Am 2. Januar 1832 hatte Michel Chevalier für das saint-simonistische Zentralorgan »Le Globe« drei Auszüge aus Heines Salonbericht übersetzt, darunter auch die Abschlusspassage über die neue Kunst, und dazu einen Kommentar geliefert, der in seiner Begrifflichkeit teilweise wörtlich die Jean Paul-Passage Heines präfiguriert. Chevalier schreibt dort über Heine:

> [C]'est un homme du dix-neuvième siècle, dont le coeur bat vivement pour tout ce qui est beau et progressif, qui ne sait pas séparer ses affections politiques des ses sympathies d'artiste et de littérateur, un homme tout d'une pièce, qui écrit comme il sent, sans apprêt, avec la poésie du coeur. (DHA XII, 529)

Das Herz, der Zusammenhang von Schönheit und revolutionärem Fortschritt, von politischer und literarischer Neigung, die Ganzheit, all das sind Elemente, die auch in Heines Beschreibung von Jean Paul vorkommen. Heine wird in der Skizze Chevaliers zum Paradigma jener »neuen Kunst«, deren Entstehung in Frankreich er in seiner Ausstellungsbesprechung vorausgesagt hat. Und Heine übernimmt diese Beschreibung seiner selbst in kaum verhüllter Form für seine »Romantische Schule«. Dort heißt es im Anschluss an die Jean Paul-Stelle:

> Diese Eigenschaft, diese Ganzheit finden wir auch bey den Schriftstellern des heutigen jungen Deutschlands, die ebenfalls keinen Unterschied machen wollen zwischen Leben und Schreiben, die nimmermehr die Politik trennen von Wissenschaft, Kunst und Religion, und die zu gleicher Zeit Künstler, Tribune und Apostel sind. (DHA VIII, 218)

Wenn man bedenkt, dass die in diesem Zusammenhang namentlich genannten Autoren Karl Gutzkow und Heinrich Laube zum damaligen Zeitpunkt noch kaum etwas publiziert hatten, meint Heine hier in erster Linie sich selbst und sein eigenes, noch weitgehend in Deutschland entstandenes Werk vom »Buch der Lieder« bis zu den »Reisebildern«.

Es stellt sich sofort die Frage, wie das zusammenpasst: hier das revolutionäre Frankreich, auf dessen Boden nach dem Ende der Kunstperiode auch eine neue Kunst entstehen soll; dort die junge deutsche Literatur, auf durchaus nicht revolutionärem, im Gegenteil durch und durch reaktionärem Boden entstanden, in der die geforderte neue Kunst aber bereits zum Durchbruch gelangt ist. Wieder liegt eine Schieflage, ein seltsames Missverhältnis vor, dessen Bezug zu dem eingangs beschriebenen, ebenso eigenartigen Gegensatz von Frankreich-Bewunderung und Klage über das Exil noch zu untersuchen sein wird.

Doch wenden wir uns zunächst der Frage zu, ob Heine bei seinen Berichten der 1830er Jahre über die französische Kunst und Kultur nicht doch auch in Frankreich irgendwo die prophezeite »neue Kunst« entdeckt hat, und richten wir zu diesem Zweck unseren Blick zunächst noch einmal auf den Salonbericht von 1831, der uns bislang ja nur in seinen ganz allgemeinen Aspekten beschäftigt hat.

Französische Maler. Gemäldeausstellung in Paris 1831

Schon beim ersten Hinsehen fällt zweierlei auf:

1. Heine hat, wie in der Forschung seit je konstatiert, die Gemäldeausstellung, den »Salon« von 1831 in Höhen stilisiert, die er keinesfalls verdient. Voller Enthusiasmus präsentiert er ihn dem deutschen Leser als »große Revoluzion [...] im Reiche der Kunst«, ja es heißt schließlich: »Jener Salon war, nach dem allgemeinen Urtheil, der außerordentlichste den Frankreich je geliefert, und er bleibt denkwürdig in den Annalen der Kunst. Die Gemälde, die ich einer Beschreibung würdigte, werden sich Jahrhunderte erhalten«. (DHA XII, 53) Das stimmt nun ganz und gar nicht mit der Realität überein. Weder hat die zeitgenössische Kritik allgemein den Salon von 1831 in dieser Weise bewertet, noch haben die auf dieser Ausstellung gezeigten Bilder – mit der Ausnahme von Delacroixs »La liberté guidant le peuple« – irgendwelche herausgehobenen Positionen in der zeitgenössischen oder späteren Kunstgeschichtsschreibung eingenommen oder erhalten. Heines rhetorischer Aufwand hat einen anderen Grund, der mit der Verkündigung des Evangeliums der neuen Kunst zu tun hat.

2. Unübersehbar ist zweitens, dass Heine seinen Enthusiasmus denn auch nicht so sehr an den konkreten Bildern und deren Gestalt im einzelnen festmacht, sondern dass diese ihm nur Anlass werden, um seine hochgestimmten Gefühle hinsichtlich der »Zeitbewegung« zu artikulieren und den deutschen Leser mit zentralen politischen Themen des revolutionären Frankreich zu konfrontieren. »Emblematic reading« hat Peter Uwe Hohendahl dieses Verfahren zu Recht genannt.[11] Im Grunde konnte Heine mit der Ästhetik der meisten Bilder wenig anfangen. Delacroixs Freiheitsallegorie irritiert ihn in ihrer Gebrochenheit,[12] doch hindert ihn das nicht, bei ihrem Anblick in Revolutionsschwärmereien zu verfallen: »Heilige Julitage! wie schön war die Sonne und wie groß war das Volk von Paris!« (DHA XII, 20) usw. Das Bild Delacroixs ist aber durchaus kein schwärmerisches, sondern ein zutiefst zweideutiges Dokument der Revolution, in dem sich das Unbehagen des Malers an den Ereignissen der Julitage und der neuen Rolle des Volkes spiegelt.

Auch auf das eigenartig Unentschiedene des Bildes »Cromwell ouvrant le cercueil de Charles Ier« des typischen *juste-milieu* Malers Paul Delaroche geht Heine nicht ein, nimmt die z.B. von Delacroix heftig kritisierte theatralische Darstellung vielmehr zum Anlass für Reflexionen über das Thema Königsmord, wobei er die Hinrichtung des englischen mit der des französischen Königs parallelisiert und die Rolle Cromwells und Napoleons in der historischen Folge dieser Ereignisse erörtert. Schließlich folgt sogar eine brandaktuelle Übertragung der Bildsituation auf die Niederwerfung des polnischen Aufstandes.

Man kommt Heines »Französischen Malern« wahrscheinlich am nächsten, wenn man sich auf ihre literarischen Aspekte konzentriert. Heine hat eine traditionelle Zweckform, die Kunstkritik, literarisch überformt. Er setzt dabei Techniken ein, die man aus der Tradition der Diderotschen Salons kennt, z.B. die kunstvolle Inszenierung der Beschreibungen mit ihrer starken Subjektivierung der Perspektive.[13] Andererseits hat er solche Techniken und überhaupt das Verfahren der Digression und des Zusammenbindens sehr unterschiedlicher Inhalte aber auch bereits in seinen »Reisebildern« erprobt und zu seinem stilistischen Markenzeichen ausgebaut. Auch die Gemäldebeschreibungen sind ein solches »zusammengewürfeltes Lappen-

11 Peter Uwe Hohendahl: Heine and French Painting. In: Susanne Zantop (Hrsg.): Paintings on the move. Heinrich Heine and the visiual arts. Lincoln/London 1989, S. 9-29.

12 Vgl. den Beitrag von Susanne Zantop: Heine's »Historiographie in Color«. In: Dies., Paintings (Anm. 11), S.30-49. – Neuerdings hat sich Alexandra Böhm zu dem Thema in einem Vortrag vor der Heine-Gesellschaft am 10. Dezember 2005 ähnlich geäußert: Groteske und Naturnachahmung: Heines »Französische Maler«. – Vgl. auch den in Vorbereitung befindlichen Band zu dem von Ralph Häfner organisierten Kolloquium: Heinrich Heine und die Kunstkritik seiner Zeit – Henri Heine et la critique d'art contemporaine. Paris, 26.-30. April 2006.

13 Vgl. dazu meinen Aufsatz: »Salon Kunst«. Heine und Diderot. In: Sikander Singh (Hrsg.): »Aber der Tod ist nicht poetischer als das Leben«. Heinrich Heines 18. Jahrhundert. Bielefeld 2006, S. 121-140.

werk«,[14] wie Heine seine »Reisebilder« nennt, und genau wie dort an den Faden der Reise knüpft er hier an die Abfolge der Bilder die ausschweifendsten Bemerkungen und Abweichungen.

Offensichtlich handelt es sich bei diesem Ausstellungsbericht primär um Literatur, und es sind nicht zuerst die französischen Maler, die als die Apostel jener revolutionären »neuen Kunst« auftreten, es ist vielmehr der deutsche Berichterstatter selbst, der in seinem Text die vorwärtstreibende Zeitbewegung und den Kunstaspekt auf anschauliche Weise miteinander verbindet und damit ein konkretes Muster »neuer Kunst« präsentiert.

Briefe über die französische Bühne

Schauen wir jetzt auf die zweite Schrift Heines aus den 1830er Jahren, in der es ausschließlich um die Kritik französischer Kunst geht, die Theaterbriefe aus dem Jahr 1837. Der vollständige Titel lautet »Über die französische Bühne. Vertraute Briefe an August Lewald. (Geschrieben im May 1837, auf einem Dorfe bey Paris)«. Schon dieser Titel lässt erkennen, dass wir es hier erneut mit einem stark literarisierten Text zu tun haben. Wieder nimmt Heine ein damals weit verbreitetes Genre, die Reisebriefe, und gestaltet es mit seinen spezifischen literarischen Mitteln aus. Und wieder ist jene aus den Gemäldeberichten bekannte Tendenz zur Stilisierung erkennbar, die sich von der Realität der französischen Dramentexte weit entfernt: Auch als Theaterland wird Frankreich als revolutionäres Märchenland gezeichnet. Denn Heine geht es sichtbar nicht um die tatsächliche französische Theaterliteratur;[15] ihm geht es erneut um die Vision einer »neuen Kunst« und ihre Wurzeln in der Revolution. Die wird denn auch hier sogleich ins Spiel gebracht: »Wir stehen hier auf einem Boden, wo die große Despotinn, die Revoluzion, seit fünfzig Jahren ihre Willkürherrschaft ausgeübt«. (DHA XII, 237) Der dadurch bewirkte radikale gesellschaftliche und politische Wandel hat, so Heine, den Grund gelegt für das neue französische Theater. Die Komödie in Frankreich etwa beruht auf dem »Zwist der Gegenwart mit der Vergangenheit, die sich wechselseitig verhöhnen«, auf dem »Umsturz aller Autoritäten, der geistigen sowohl als der materiellen« (DHA XII, 237). Auch für die französische Tragödie schlägt er den Bogen zur Zeitgeschichte: »[D]as Leben ist hier in Frankreich dramatischer, und der Spiegel des Lebens, das Theater, zeigt hier im höchsten Grade Handlung und Passion.« (DHA XII, 243)

Es ist schon verräterisch, dass er an keiner Stelle dieser Erörterung des politischen und sozialen Hintergrundes des französischen Dramas irgendein Beispiel anführt. Ganz offenbar an der literarischen Realität vorbei wird das französische Theater erneut in den buntesten Farben der Heineschen Revolutionsphantasie ausgemalt. Aber wenn er dann wirklich einmal im Detail auf die französischen Autoren

14 Heinrich Heine an Moses Moser. Brf. v. 11. Januar 1825. Zit. n. HSA 20, 184.

15 Zu Heines tatsächlichen Kenntnissen des französischen Theaters vgl. Ina Brendel-Perpina: Heinrich Heine und das Pariser Theater zur Zeit der Julimonarchie. Bielefeld 2000.

zu sprechen kommt, findet sich durchweg nur Kritisches. Nimmt man ihn beim Wort, so fehlt der romantischen Literatur in Frankreich insgesamt jede poetische Qualität. Das beginnt bereits mit der französischen Sprache, die Heine für nicht poesiefähig hält. Durch den Salon ist das Französische gefiltert, alles »Unedle und Unklare«, alles »Trübe und Gemeine« ist verschwunden, aber damit auch aller »Duft, alle jene wilden Heilkräfte, alle jene geheimen Zauber, die im rohen Worte rinnen und rieseln« (DHA XII, 264). Das setzt sich fort mit der materialistischen Weltsicht der Franzosen, die, wie Heine schreibt, ganz auf »Reflexion, Passion und Sentimentalität« fixiert sind: »Daher ist ihren Dichtern die Naivetät, das Gemüt, die Erkenntniß durch Anschauungen und das Aufgehen im angeschauten Gegenstande versagt.« (DHA XII, 247) In den »Französischen Malern« hatte Heine aber bereits festgestellt, dass alle Poesie aus dem Gemüte aufsteige, was dann ja wohl soviel heißen soll, dass den französischen Autoren mit dem Gemüt auch die Poesie fehlt. Einer der wenigen Autoren, auf den er namentlich eingeht, ist Victor Hugo, dessen Beurteilung hier zwar im Vergleich zu den späteren Totalverrissen noch mäßig, aber doch schon recht perfide ausfällt. Er hebt sich deshalb von seinen Landsleuten ab, weil er – so Heines Diagnose – so viele deutsche Anteile hat: »[E]r ist voller geschmackloser Auswüchse, wie Grabbe und Jean Paul [...]. Seine Muse [...] ist mit einer gewissen deutschen Unbeholfenheit behaftet [...] sie hat zwey linke Hände.« Was soll man von einem Lob wie diesem halten: »Ja, Victor Hugo ist der größte Dichter Frankreichs, und, was viel sagen will, er könnte sogar in Deutschland unter den Dichtern erster Klasse eine Stellung einnehmen.« (DHA XII, 260)

Er trifft sich in dieser Einschätzung im übrigen mit Teilen der jungen deutschen Literatur, die in Hugo zwar die liberale Gallionsfigur schätzen und deshalb eine deutsche Gesamtausgabe seiner Werke veranstalten, die andererseits aber seine ästhetischen Positionen ablehnen. Karl Gutzkow, der Initiator des Ausgaben-Projektes, schrieb an Georg Büchner, den er für zwei Dramenübersetzungen gewinnen konnte, er solle nicht denken, dass er »eine große Verehrung vor der romantischen Confusion in Paris« hege.[16]

Das entscheidende Kriterium für Heine, um die französische Literatur insgesamt aus dem Reich der Poesie auszuweisen, ist aber der Traum: »Wie glücklich sind doch die Franzosen! Sie träumen gar nicht« (DHA XII, 246), stellt er kategorisch fest. Und ganz besonders in diesem Punkt kommt dann die Folie ins Spiel, die auch für die zuvor skizzierten Charakteristika der französischen Literatur als Vergleichshintergrund immer mitzudenken war: die deutsche Poesie. Die Traumlosigkeit der französischen Literatur wird nicht nur zum Kriterium ihrer Poesielosigkeit, sie wird zugleich zum wichtigsten Unterscheidungsmerkmal zur deutschen Literatur. Heine belässt es aber nicht dabei, dies diskursiv zu behaupten, er zieht in den Text eine ganze Traumebene ein, die die Berichte über das französische Theaterleben grun-

---

16 Karl Gutzkow an Georg Büchner. Brf. v. 12. Mai 1835. Zit. n. Georg Büchner: Sämtliche Werke, Briefe und Dokumente in zwei Bänden. Bd. 2: Schriften, Briefe, Dokumente. Hrsg. v. Henri Poschmann. Frankfurt a.M. 1999 [= Bibliothek Deutscher Klassiker], S. 404.

diert und ihnen jene poetische Dimension gibt, die auf dem französischen Theater fehlt. Diese Konstruktion der Traumebene beginnt bereits bei der fingierten Schreibsituation: Der Erzähler zieht sich aufs Land zurück, wo er schlechter schläft als in Paris und dementsprechend heftig träumt. Schon diese Tatsache macht ihn im Kontext der Berichte als Deutschen kenntlich, dessen deutsche Fähigkeit zu träumen sich offenbar in der Großstadt zurückbildet, während sie auf dem Lande, gewissermaßen in heimischer Umgebung, wieder ausbricht. Schließlich erzählt er im Verlauf der zehn Briefe – jeweils zu Beginn des dritten und vierten Briefes sowie am Ende des 10. Briefes der Zeitschriftenfassung – insgesamt drei mehr oder weniger umfängliche Träume nach, die sich nur sehr schwer entschlüsseln lassen. Ohne das hier im Einzelnen begründen zu wollen, möchte ich eine Deutung in zwei Richtungen vorschlagen: In den Träumen spiegelt sich Heines Exilsituation ebenso wie sein innig-schwieriges Verhältnis zur deutschen Poesie. Die Szenerie ist jedesmal gleich: Der deutsche Dichter wird in fremder, französischer Umgebung mit einem melancholisch-düsteren, traurigen oder schrecklichen Erinnerungsrest konfrontiert, in dessen Kern sich eine deutsche Erfahrung verbirgt, die ihn zugleich lockt und schreckt. Im ersten Traum steht der Erzähler in Selbstmörderpose nachts auf dem Pont-Neuf und starrt auf geisterhafte Figuren im Wasser; im mittleren Traum liegt er in den weißen, Mond beschienenen Armen einer Frau, in der man die deutsche Poesie vermuten darf, und der letzte Traum beginnt in den Trümmern einer gotischen Kathedrale, auch dies immer ein Zeichen für einen deutschen Hintergrund. In diesen verstörenden Träumen lebt Heine seinen Zwiespalt zwischen Zuneigung zum bewunderten Frankreich der Revolution und Zuneigung zum geliebten Deutschland der Poesie aus.

Ebenso wie der Malertext, sind auch die »Briefe über die französische Bühne« selbst Beispiel jener im Text eingeforderten »neuen Kunst«, die auch hier wieder die Kunst des Autors Heine ist, und zwar des gesamten Autors. Denn wie kaum ein anderer deutscher Dichter hat Heine seine Texte von den frühen Gedichten an über die »Reisebilder«, die Essays bis hin zu den späten Gedichten mit Träumen und Traumbildern durchsetzt. Monica Tempian hat das gerade in einer lesenswerten Studie untersucht und auf die verschiedenen Bedeutungsebenen der Traummotive bei Heine hingewiesen, wobei die poetologische Ebene eine zentrale Rolle spielt.[17]

Wir können feststellen: Heines Stellung gegenüber Frankreich ist in den 1830er Jahren geprägt von der besonderen Schwierigkeit eines deutschen Schriftstellers in Frankreich, dem Land, dessen avancierter politischer Idee seine Kunst entsprechen würde, das aber nicht in der Lage ist, ihn in seinen zentralen poetischen Qualitäten zu verstehen, weil es keine Poesie hat. Auch deshalb, wegen dieses Missverhältnisses, fühlte Heine sich in Frankreich im Exil, und deshalb hätte er für Frankreich sterben, aber niemals französische Verse machen können, wie er später in den »Memoiren« schreibt.[18] Er ist im übrigen tatsächlich bis heute – trotz der Übersetzungen

---

17 Vgl. Monica Tempian: »Ein Traum, gar seltsam schauerlich...« Romantikerbschaft und Experimentalpsychologie in der Traumdichtung Heinrich Heines. Göttingen 2005.

18 Vgl. DHA XV, 62.

Nervals – als Dichter in Frankreich kaum rezipiert und hatte selbst bereits befürchtet, von seinen Versen werde in der Übersetzung nichts als »lune empaillé«, ausgestopfter Mondschein, übrig bleiben.[19] Französische Kollegen wie Alfred de Vigny oder auch Victor Hugo haben ihm seine deutsche Überheblichkeit gegenüber der französischen Literatur mit einigen üblen antisemitischen Attacken vergolten. Baudelaire dagegen, der Heines Meinung über die Poesielosigkeit der französischen romantischen Dichtung teilte, nimmt den deutschen Kollegen vehement in Schutz und stellt sich in seine Linie.[20]

Robert Schumann

Nun zum angekündigten Seitenblick auf Robert Schumann und sein Bild von Frankreich. Zunächst ist festzuhalten, dass es so etwas wie ein konsistentes Frankreichbild bei Schumann nicht gibt. Auch die Beiträger zu Band 6 der Reihe »Schumann Forschungen« mit dem Titel »Robert Schumann und die französische Romantik«[21] tragen nur Bruchstücke zusammen, aus denen sich aber kein wirkliches Bild ergeben kann.

Schauen wir der Einfachheit halber noch einmal auf das, was gerade zu Heines Frankreichbild gesagt wurde und vergleichen wir. Äußerungen zur politischen Situation im Frankreich der Julimonarchie finden sich bei Schumann nicht. Was sich findet, ist seine bekannte Napoleon-Verehrung, die durch die Begegnung mit Heine in München am 8. Mai 1828 weitere Nahrung erhielt. Volker Kalisch hat in seiner Analyse von Schumanns »Grenadieren« zuletzt noch einmal betont, dass das Motiv der »Marseillaise« dort über Napoleon hinaus auf die Französische Revolution verweist und in Verbindung mit Heines Text ein heroisch-pathetisches Bedeutungsfeld eröffnet, das in seiner Zukunftsverheißung durchaus auf der Linie von Heines Bild des revolutionären Frankreichs liegt.[22] Welche historische Bedeutung Schumann der Revolution beimaß, zeigt auch, dass er sie als Ereignis auf eine Ebene mit den bewunderten Beethovenschen Sinfonien stellt:

> Wie Italien sein Neapel hat, der Franzose seine Revolution, der Engländer seine Schiffahrt etc., so der Deutsche seine Beethovenschen Symphonieen; über Beethoven vergißt er, daß er keine große Malerschule aufzuweisen, mit ihm hat er im Geist die

---

19 Préface zu »Poemes et Légendes«. In: DHA I, 570.

20 Zu Heine und Baudelaire vgl. zuletzt Paul Peters: Heine und Baudelaire oder: Die alchimistische Formel der Modernität. In: Bernd Kortländer u. Hans T. Siepe (Hrsg.): Baudelaire und Deutschland – Deutschland und Baudelaire. Heidelberg 2005, S. 15-51.

21 Vgl. Ute Bär (Hrsg.): Robert Schumann und die französische Romantik. Mainz u.a. 1997 [= Schumann Forschungen 6].

22 Vgl. Volker Kalisch: Heines Geist aus Schumanns Händen. In: Bernhard R. Appel (Hrsg.): »Neue Bahnen«. Robert Schumann und seine musikalischen Zeitgenossen. Bericht über das 6. Internationale Schumann-Symposium am 5. und 6. Juni 1997. Mainz u.a. 2002 [= Schumann Forschungen 7], S. 164-181.

> Schlachten wieder gewonnen, die ihm Napoleon abgenommen; ihn wagt er selbst Shakspeare gleichzustellen.[23]

Die naive Mischung dieses Vergleichs lässt es eher geraten scheinen, nicht weiter nach politischen Einschätzungen zu fragen. Stellen Sie sich vor, Heine hätte diese Bemerkung gelesen!

Schumann wäre sicher nie auf die Idee gekommen, im revolutionären Frankreich nach der »neuen Kunst« zu suchen. Was die französische Kultur angeht, so sind seine Kenntnisse im Feld der Literatur so minimal, dass er keine ernst zu nehmenden Urteile abgeben kann. Dass ihm die ›Stars‹ des französischen Betriebs dennoch bekannt waren zeigen beiläufige Namensnennungen, etwa in der Bemerkung zu den Etuden von Carl V. Alkan: »Der Geschmack dieses Neufranken [...] schmeckt sehr nach Eugène Sue und G[eorge] Sand. Man erschrickt vor solcher Unkunst und Unnatur [...] nichts als Schwäche und phantasielose Gemeinheit.«[24] Solch vorurteilsgesättigte Kritik an der französischen Romantik feiert dann ihren allerdings auch einzigartigen Höhepunkt in der Besprechung von Meyerbeers »Hugenotten«, wo erneut alle mit Un- beginnenden Vorwürfe erhoben und »Unnatur, Unsittlichkeit, Unmusik« und obendrauf noch »Gemeinheit« und »Verzerrtheit« des Ganzen gebrandmarkt werden.[25] Das ist eine typische Kette antifranzösischer und zugleich antisemitischer Stereotype, wie wir sie z.B. auch bei dem berüchtigten Literaturkritiker und Franzosenfresser Wolfgang Menzel finden. Immerhin haben solche Vorurteile Schumann nicht davon abgehalten, den wirklich bedeutenden französischen Komponisten der Zeit, Hector Berlioz, durchaus aufgeschlossen und angemessen zu würdigen. Die Schumann-Forschung hat sich dieses Themas ausgiebig angenommen.

Die avancierten ästhetischen Positionen der Musik lagen für Schumann nicht in Frankreich, sondern in Deutschland. Da unterscheidet er sich in keiner Weise von Heine, wenngleich ihm das Selbstbewusstsein fehlte, sein eigenes Werk zugleich als die Inkarnation dieser Positionen zu definieren, wie Heine es getan hat. Ohne mich zu weit auf das Gebiet der Schumann-Forschung zu begeben, lässt sich immerhin sagen, dass beide bei ihrer Bestimmung der »neuen Kunst« – auch Schumann kennt den Gegensatz von »alter und neuer Musikdenkweise« – einen gemeinsamen Ausgangspunkt hatten, nämlich Jean Paul. Dichter und Musiker haben von Jean Paul ähnliches abgeschaut, z.B. dass es für den Künstler auf eine Einheit von Leben und Schreiben ankommt: »Ich mag die nicht, deren Leben mit ihren Werken nicht im Einklang steht«, heißt es im »Denk- und Dicht-Büchlein« der Davidsbündler.[26] Ebenfalls auf Jean Paul zurück geht Schumanns Begriff des Poetischen und des Prosaischen: wie bei Heine ist das Poetische dem Träumerischen, Ahnungsvollen, dem Gemüt zugewiesen, wobei das Gemüt auch bei Schumann ein zentrale

---

23 Heinrich Simon (Hrsg.): Robert Schumann: Gesammelte Schriften über Musik und Musiker. 3 Bde. Leipzig o. J., Bd. 2, S. 206.

24 Ebd., Bd. 2, S. 149.

25 Ebd., Bd. 2, S. 113.

26 Ebd., Bd. 1, 30.

Rolle spielt, weil es jene »Anschauungen« produziert, in denen Zeitkolorit und künstlerische Phantasie sich verbinden.[27]

Ein wirklich interessantes Ergebnis meines knappen Vergleichs scheint mir darin zu liegen, dass Heine wie Schumann diese »neue Kunst«, die für beide eine »deutsche Kunst« ist – in der Schumann-Forschung ein viel gebrauchter und diskutierter Begriff, in der Heine-Forschung verständlicherweise nicht, obwohl er auch dort passend wäre – nicht in erster Linie über Inhalte definieren, sondern über Strukturen. Beiden ging es um eine Kunst, die sich den Zeitbewegungen, der nachrevolutionären Welt öffnete, einer Welt, die, wie Heine schrieb, zerrissen war, unter extremen Spannungen stand. Dieses strukturelle Moment stand als Merkmal einer »neuen Kunst« über den von beiden selbstverständlich nicht geleugneten nationalen Verschiedenheiten. Aus ihm resultierte die Qualität des Kunstwerks, nicht aus den Inhalten. Franz Liszt hat in seinem wegweisenden Beitrag über Schumann in der »Neuen Zeitschrift für Musik« im Jahr 1855 auf die Bedeutung dieses Moments für Schumann hingewiesen. Schumanns Bemühen ziele darauf ab, so führt Liszt aus, die Musik

> um jeden Preis aus ihrer Isolirung zu befreien, sie mit den in der Gesellschaft fortwährend gleich Luftströmungen sich kreuzenden Stimmungen und Gefühlen in Contact zu bringen und mit allem zu identificiren worin sich der Zeitgeist mit seinen Bestrebungen und Hoffnungen kund giebt.[28]

27 Vgl. dazu Arnfried Edler: Robert Schumann und seine Zeit. [Laaber] 1982, dort den Abschnitt I: Musikkritik und künstlerisches Bewusstsein.

28 Zit. n. Detlef Altenburg: Robert Schumann und Franz Liszt. Die Idee der poetischen Musik im Spannungsfeld von deutscher und französischer Musikauffassung. In: Bär, Schumann (Anm. 21), S. 125-137, hier: S. 135.

»Die Possenreißer sind längst abgereist«

Heines »Briefe aus Berlin« und die Kulturpoetik der Moderne

Sibylle Schönborn

> Achtung Stufen!
> Arbeit an einer guten Prosa hat drei Stufen: eine musikalische, auf der sie komponiert, eine architektonische, auf der sie gebaut, endlich eine textile, auf der sie gewoben wird.
>
> Walter Benjamin: »Einbahnstraße«

In seiner Vorlesung über die »Kulturgeschichte der Kulturwissenschaften« aus dem Jahr 2001 lässt der Berliner Kulturwissenschaftler Friedrich Kittler mit Hegel die Kulturgeschichte aus dem Zuständigkeitsbereich der Philosophie in den der Literatur übergehen. Bekanntlich hatte Hegel die Evolutionsgeschichte der Kultur als einen fortschreitenden Vervollkommnungsprozess auf einen paradiesischen Zustand hin konstruiert, der sich zuerst in der Religion dann in der Philosophie und schließlich in der Literatur manifestiere und reflektiere. Seit diesem Transfer der Kulturgeschichte in die Literatur, so Kittler, werde sie zu einer Kulturgeschichte des Alltags und damit zu einer Angelegenheit der »vom Zeitungsfeuilleton bezahlte[n] Schriftsteller«[1] und von Autoren historischer Romane wie Walter Scott. Gleichzeitig werde Kulturgeschichte zum Gegenstand der Allgemeinheit und zu einer umfassenden, alle bisher getrennt existierenden Wissensbereiche vereinigenden Angelegenheit, die »Zeitungsnamen wie damals die Augsburger Allgemeine [...] schon im Titel ausplaudern«.[2] Kulturgeschichte findet nach Kittler daher seit der »Erfindung von Rotationspressen« in »Massenzeitungen und Fortsetzungsromanen« statt und versteht sich als Emanation der »Vereinigungsphantasie aller kulturbefaßten Einzelwissensschaften.«[3]

Die Vorlesung, mit der Hegel diese Entwicklung vorzeichnete, seine »Vorlesung über die Philosophie der Weltgeschichte«, hat Heine, als er 1822 nach Berlin kam, besucht und Hegels kulturgeschichtlichen Systementwurf in seinen »Briefen aus Berlin« einer kritischen Rezeption unterzogen. Als Korrespondent des »Westfälischen Anzeigers« wird Heine zum unbestrittenen Gründungsvater des literarischen Feuilletons,[4] an dem sich jedes anspruchsvolle Feuilleton seitdem messen lassen muss. Er wird aber darüber hinaus – und dies ist noch lange nicht zum Allgemein-

1 Friedrich Kittler: Eine Kulturgeschichte der Kulturwissenschaften. München 2001, S. 122.
2 Ebd., S. 123.
3 Ebd.
4 Vgl. Gunter Reus: Ironie als Widerstand: Heinrich Heines frühe Feuilletons »Briefe aus Berlin« und ihre Bedeutung für den modernen Journalismus. In: Bernd Blöbaum u. Stefan Neuhaus (Hrsg.): Literatur und Journalismus. Wiesbaden 2003, S. 159-172.

gut geworden –, auch zum ersten Kulturwissenschaftler, dem so prominente Autoren wie Siegfried Kracauer[5] und Walter Benjamin nachfolgen sollten.

Heines »Briefe aus Berlin« sind bisher allerdings eher unter dem Aspekt von Großstadtwahrnehmung und Moderne[6] und nur am Rande als erste modellhafte Beispiele einer frühen Kulturpoetik gelesen worden, wie sie z.B. Clifford Geertz in seiner Kulturanthropologie der »dichten Beschreibung«[7] als Verfahren des Entschlüsselns der Strukturen einer Kultur beschrieben hat. In den »Briefen aus Berlin« entwickelt Heine sein Verfahren der Selbstbeobachtung von Kultur, die sie in ihren Strukturen und Funktionsmechanismen lesbar machen soll. Von jenen Verfahren der Selbstbeobachtung der Kultur oder »dichten Beschreibung« soll im Folgenden die Rede sein.

Erstens verweigert Heine in den »Briefen aus Berlin« bewusst Themen und Gegenstände des Genres »Hauptstadtbericht« und enttäuscht damit Publikumserwartungen, um stattdessen das scheinbar Marginale und Periphere zum Gegenstand seiner Betrachtungen zu erheben. Aus diesem Abfall und nicht aus dem Offiziösen oder Repräsentativen destilliert er seine Poetik der Kultur. Gleichzeitig nimmt Heine dabei die Rolle eines Beobachters zweiter Ordnung ein, um die eigene Kultur wie eine fremde lesbar zu machen. Zweitens konstruiert Heine seinen Text als einen doppelbödigen, mindestens zweideutigen, bei dem sich hinter dem Haupttext ein verborgener Subtext lesen lässt, der den ersten unterläuft oder gar dementiert. Den Haupttext bildet häufig ein Zitat fremder Rede, das »on dit«, das er seinem Text integriert, um es über die Bachtinsche Differenz[8] von fremder und eigener Rede im Wort brüchig werden zu lassen und damit zu ironisieren. Auf diese Weise kann Kritik in die Bruchstellen einsickern und der Text sich auf eine andere Lesart hin öffnen. Drittens operiert Heine virtuos mit verschiedensten Formen des Schweigens vom Abbruch der Rede bis zur angekündigten Auslassung, der Markierung einer Leerstelle oder dem bewussten Schweigen. Der Text, der auf diese Weise entsteht, ist ein mehrfach geschichteter und vollzieht zwei entgegen gesetzte Bewegungen, eine des Verhüllens und Verbergens und eine des Aufdeckens und Transparentmachens. Diese drei Schreibweisen lassen zusammen jene kreisende Bewegung des

---

5 Vgl. dazu: Dirk Niefanger: Orte im Abseits. Heterotopien im Großstadt-Feuilleton Siegfried Kracauers (und der »Klassischen Moderne«). In: Christoph Brecht u. Wolfgang Fink (Hrsg.): »Unvollständig, krank und halb?« Zur Archäologie moderner Identität. Bielefeld 1996. S. 175-193.

6 Vgl.: Anke Gleber: Briefe aus Berlin: Heinrich Heine und seine Ästhetik der Moderne. In: Monatshefte für deutschen Unterricht, deutsche Sprache und Literatur (1990), Vol. LXXXII.4, S. 452-466; Hinrich C. Seeba: »Keine Systematie«: Heine in Berlin and the Origin of the Urban Gaze. In: Jost Hermand u. Robert C. Holub (Hrsg.): Heinrich Heine's Contested Identities. Politics, Religion, and Nationalism in Nineteenth-Century Germany. New York 1999, S. 89-108; Susanne Ledanff: »Berlin ist gar keine Stadt«. Der Ursprung eines Topos. Heines »Briefe aus Berlin«. In: HJb. 38 (1999), S. 1-28.

7 Clifford Geertz: Dichte Beschreibung. Beiträge zum Verstehen kultureller Systeme. Frankfurt a.M. 1987, S. 7-43.

8 Michail M. Bachtin: Die Ästhetik des Wortes. Hrsg. v. Rainer Grübel. Frankfurt a.M. 1979.

Textes um ein nicht bezeichnetes Zentrum entstehen, das Heine in den Briefen selbst seine Ideenassoziation nennt, mit der er sich nicht systematisch oder linear, sondern sprunghaft und kreuz und quer im kulturellen Text bewegt:

> Nur verlangen Sie von mir keine Systematie; das ist der Würgeengel aller Korrespondenz. Ich spreche heute von den Redouten und den Kirchen, morgen von Savigny und den Possenreißern, die in seltsamen Aufzügen durch die Stadt ziehen, übermorgen von der Giustinianischen Gallerie, und dann wieder von Savigny und den Possenreißern. Assoziazion der Ideen soll immer vorwalten (HSA 4, 113f.).

Bei dieser programmatischen Poetik des Assoziativen bleibt jedoch nichts dem Zufall überlassen, denn die atomisierten, peripheren Einzelelemente, die vorgefundenen alltäglichen Diskursabfälle, kollektiven Praktiken und Rituale werden von Heine ganz bewusst zusammengeführt und arrangiert. In diesem Sinne werden Heines »Briefe aus Berlin« wie eine Partitur zu einer Sinfonie lesbar, in der die verschiedenen simultanen Themen und Stimmen sowie deren Variationen, die Motive, Rhythmen und Zäsuren ein polyphones, mehrdimensionales in sich zusammenhängendes Ganzes bilden. So überlagert Heine in seinen drei Briefen verschiedene Diskurse wie die über die preußische Politik, den deutschen Nationalismus und den modischen Orientalismus, die Hegelsche Geschichtsphilosophie, Savignys Rechtsgeschichte, Bopps Sprachphilosophie, den neuen Roman E.T.A. Hoffmanns u.v.a., die er nach dem oben beschriebenen Verfahren von »Savigny und den Possenreißern« als Thema *con variazioni* gestaltet.

Beobachter auf zweiter Stufe

In den »Briefen aus Berlin« weigert sich Heine explizit, die durch die Publikumserwartungen und die Gesetze des Mediums festgelegten Aufgaben des Hauptstadt-Korrespondenten zu übernehmen: Weder hält er sich an das Neuigkeitsgebot des Mediums, noch berichtet er über die gängigen Themen eines Gesellschaftsjournalisten. Aber auch die vornehmsten Aufgaben eines Korrespondenten wie die Kritik des vielseitigen kulturellen Lebens einer Metropole vernachlässigt er: nichts zum Theater, das auf den Bühnen der Hauptstadt gespielt wird, nichts zu Ausstellungen, Museen oder kulturellen Ereignissen. Wenn Heinrich von Kleists »Prinz von Homburg« auf dem Berliner Theater nicht uraufgeführt werden darf, weil eine hohe Adelige ihre Familie darin verunglimpft sieht, so ist die deutlichste und wirkungsvollste Reaktion des Berlin-Korrespondenten darauf, über das weitere Berliner Theater zu schweigen. Heine begründet seine Abstinenz allerdings vordergründig damit, dass bereits alle anderen Korrespondenten über das aktuelle Theater berichteten bzw. ihm die fachliche Kompetenz zur Beurteilung dieser Gegenstände fehle. Wer diesen Argumenten Glauben schenkt, ohne die Ironie und den offensichtlichen Selbstwiderspruch wahrzunehmen, ist selber Schuld. So muss der erstaunte Leser in den Briefen immer wieder vorgeschobene Ausreden wie die folgenden lesen: »Die ausführliche Beschreibung der Hochzeitfeierlichkeiten selbst lasen Sie gewiß schon in der Vossischen oder Haude- und Spenerschen Zeitung und was ich darüber zu sagen habe, wird also sehr wenig seyn. [...] Ich hatte mich auch nicht genug vorbereitet, sehr viele Notizen einzusammeln.« (HSA 4, 144) An anderer Stelle heißt es: »Ueber den Werth des Textes und der Musik des Freischützen verweise ich Sie auf die große Rezension desselben vom Professor Gubitz im Gesellschafter.« (HSA 4, 131) Einige Seiten vorher hatte Heine bereits behauptet: »Ich bin zu sehr Laye im Gebiete der Tonkunst, als daß ich mein eignes Urtheil über den Werth der Spontinischen Komposizionen aussprechen dürfte«. (HSA 4, 129f.) Den Gipfel der Dreistigkeit erklimmt Heine mit seiner Weigerung, die neue Gaspare-Spontini-Oper »Nurmahal, oder das Rosenfest in Kaschemir« anzusehen. Stattdessen speist er das Publikum mit dem Urteil seines fiktiven Gewährsmann, des Kammermusikus, ab, der eine Mischung aus Hoffmannschem Sachverstand und Heinescher Satirekunst darstellt:

> Es kostete den meisten Leuten viele Mühe, Billets zu dieser Oper zu erlangen. Ich bekam eins geschenkt; aber ich ging doch nicht hin. Ich hätte es zwar thun sollen, um Ihnen darüber zu referiren. Aber glauben Sie, daß ich mich für meine Korrespondenz aufopfern soll? Mit Grausen denke ich noch an die Olympia, der ich kürzlich, aus einem besondern Grunde, nochmals beiwohnen mußte, und die mich mit fast zerschlagenen Gliedern entließ. Ich bin aber zum Kammermusikus gegangen, und fragte ihn, was an der Oper sey? Der antwortete: das Beste dran ist, dass kein Schuß drin vorkömmt. (HSA 4, 147)

Mit Formulierungen wie diesen bietet Heine seinem düpierten Lesepublikum Entschuldigungen für seine Versäumnisse an, die einen anderen Hintersinn als seine vordergründige Bescheidenheitsgeste der Inkompetenz haben. Wenn er dann am Ende eines jeden Briefes doch noch pflichtschuldig seiner Korrespondentenpflicht nachkommt, so tut er dies summarisch in einem zum Telegrammstil verknappten *Name-dropping*, das er noch dazu als Bericht aus zweiter Hand ausweist, als Zitat seiner eher zweifelhaften Quelle, des fiktiven Kammermusikus. Damit verstößt er gegen eines der wichtigsten Gesetze des Mediums, dem nach der ›Authentizität‹ des Berichts, d.h. dem verbürgten ›Wahrheitsgehalt‹ der Information. Am Ende des ersten Briefes resümiert Heine:

> Herr Savigny wird diesen Sommer Instituzionen lesen. Die Possenreißer, die vorm Brandenburger Thor ihr Wesen trieben, haben schlechte Geschäfte gemacht und sind längst abgereis't. [....] Den 20. ist Prüfung bei Dr. Stöpel, der nach der Logierschen Methode Klavierspielen und Generalbaß lehrt. Graf Brühl wird von seiner Krankheit bald ganz hergestellt seyn. Walter aus Karlsruh wird noch in einer neuen Posse: »Staberles Hochzeit« auftreten. Herr und Madame Wolf geben jetzt Gastrollen in Leipzig und Dresden. Michael Beer hat in Italien eine neue Tragödie geschrieben: »Die Bräute von Arragonien« und von Meyerbeer wird jetzt in Mayland eine neue Oper gegeben. (HSA 4, 137f.)

Völlig ungeordnet häuft Heine seine »Vermischten Nachrichten« zu einem Abfallhaufen des vergänglichen Alltäglichen auf. Auf diese Weise schafft er es, innerhalb von 60 Zeilen 61 Namen aus Kunst, Kultur, Politik, Gesellschaft und Wirtschaft zu versammeln. In diesen Nachrichtenmüll eingeschmuggelt finden sich allerdings zwei für den aufmerksamen Leser wesentliche, echte Informationen, nämlich über die polizeiliche Schließung der Leihbibliotheken und die politische Verfolgung der polnischen Studenten.

»Ach Gott! es ist eine schlimme Sache mit Notizenschreiben« (HSA 4, 140), schließt Heine sein *information overload* und lässt in einer der vielen autoreflexiven Anmerkungen seiner Briefe ein kurzes Statement über das Sag- und das Unsagbare in einem deutschen Feuilleton folgen:

> Nicht wahr, der Kammermusikus der weiß Neuigkeiten! An den wollen wir uns halten. Er soll Westfalen mit Neuigkeiten versorgen, und was er nicht weiß, das braucht auch Westfalen nicht zu wissen. Er gehört zu keiner Parthei, zu keiner Schule, ist weder ein Liberale noch ein Romantiker, und wenn er etwas medisantes sagt, so ist er so unschuldig dabei, wie das unglückselige Rohr, dem der Wind die Worte entlockte: König Midas hat Eselohren! (HSA 4, 123f.)

Heine nimmt in seinen »Briefen aus Berlin« bewusst die Rolle eines Beobachters zweiter Ordnung ein, wenn er nicht das Ereignis selbst, sondern dessen Wirkung und Bedeutung im Alltag beschreibt. So setzt er sich weder mit Webers »Freischütz« noch mit Spontinis »Olympia« oder »Nurmahal« als Musikkritiker auseinander, sondern beschreibt vielmehr Wirkung und Bedeutung der scheinbar so gegensätzlichen Opernwerke. Und auf dieser Ebene ergänzen sich die beiden aufs Genaueste: Während Webers »Freischütz« als Medium nationaler Identitätsbildung funktioniert, bedienen Spontinis barocke Ausstattungsopern mit ihren Elefanten auf der Bühne das Bedürfnis nach orientalischer Exotik. Die nationale Selbstabschließung und den Orientalismus-Kult[9] in der preußischen Hauptstadt beschreibt Heine in seinen Briefen daher nicht als Gegensätze, sondern als zwei Seiten einer Medaille, nämlich der Abgrenzung gegenüber dem Anderen.

Als Beobachter auf zweiter Stufe nähert sich Heine später dann auch dem »Großereignis« der Stadt, der Hochzeit am Hof, wenn er sich unter die Statisten, das Volk, mischt und über dessen Emotionen und Reaktionen ihre Bedeutung im kulturellen System einfängt. So beschreibt er die Ausstattung eines Kutschers, um die Hochzeitsinszenierung des preußischen Hofes in einen unmittelbaren Zusammenhang zu den exotischen Bühnenspektakeln seines Hofkomponisten zu setzen: »Was ist Salomo in seiner Königspracht, was ist Harun-al-Raschid in seinem Kalifenschmuck, ja was ist der Triumph-Elephant in der Olympia gegen die Herrlichkeit dieses Herrlichen?« (HSA 4, 145)

---

9 Ganz nebenbei beobachtet Heine schreibend das Entstehen dessen, was Edward Said als europäischen »Orientalism« charakterisiert hat: »Orientalism, therefore, is not an airy European fantasy about the Orient, but a created body of theory and practice in which, for many generations, there has been a considerable material investment.« In: Orientalism. New York o.J., S. 6.

An anderer Stelle nähert sich Heine z.B. der Bedeutung des Weihnachtsfestes über die Beobachtung der kleinen Belinerinnen beim Betrachten der in den Konditoreien eigens für die Vorweihnachtszeit hergestellten Artefakte aus Zuckerguss. Auch hier gilt Heines Interesse den Beobachterinnen nicht dem Objekt der Beobachtung:

> Ich habe eine Menge dieser Konditorladen mit durchwandert, da ich nichts ergötzlicheres kenne, als unbemerkt zuzuschauen, wie sich diese Berlinerinnen freuen, wie diese gefühlvollen Busen vor Entzücken stürmisch wallen, und wie diese naiven Seelen himmelhoch aufjauchzen [...]. Es war mir unmöglich, von dieser Herrlichkeit bei Fuchs etwas zu sehen, da die holden Damenköpfchen eine undurchdringliche Mauer bildeten vor dem viereckigen Zuckergemälde. (HSA 4, 142)

Abgesehen von der größeren Attraktivität des Objekts seiner Beobachtung kann Heine aus dieser Perspektive die Funktion der um das Weihnachtsfest angeordneten Rituale deutlich machen.

Zitathafte Rede

> Ich bin heute sehr verdrießlich, mürrisch, ärgerlich, reizbar; der Mißmuth hat der Phantasie den Hemmschuh angelegt, und sämmtliche Witze tragen schwarze Trauerflöre. Glauben Sie nicht, daß etwa eine Weiberuntreue die Ursache sey. [...] Denken Sie auch nicht, daß vielleicht Glaubensskrupel mein zartes Gemüth quälend beunruhigten; ich glaube jetzt nur noch an den pythagoräischen Lehrsatz und ans königl. preuß. Landrecht. (HSA 4, 125)

So plaudert Heine zu Beginn des zweiten Briefes vertraulich. Eine einfältige Lesart dieser ironischen Selbstinszenierung ließe vermuten, dass Heine sich hier als preußischer Citoyen, respektive treuer Untertan des preußischen Staates entwirft. Allerdings kann und muss man diesem Bekenntnis aus Heines Mund misstrauen, so dass nur eine andere Lesart in Frage kommt, die den Text als Zitat lesbar macht: Denn es sind bekanntlich Savigny[10] und Hegel, die das preußische Landrecht Friedrichs des Großen als entscheidende zivilisatorische Leistung oder gar als Manifestation des Weltgeistes auf der höchsten Entwicklungsstufe der Menschheit in ihren Vorlesungen angepriesen hatten. Wenn Heine hier mit Hegels Stimme, also mit gespaltener Zunge, spricht, so wird sein vermeintliches Bekenntnis zum preußischen Staat zweideutig, ja es wird in der kritischen Aneignung der Hegelschen Lehre zum Dementi eines wörtlichen Textsinns und damit zur Dekonstruktion des Hegelschen Staatsphilosophen.

Das wohl berühmteste Beispiel zitathafter Rede bezieht Heine aber aus seiner Beobachtung der Berliner Alltagskultur. Es handelt sich dabei um das Motiv des »Jungfernkranzes« aus Webers »Freischütz«. Damit führt Heine eine Variante sei-

---

10 Nach Auskunft des Kommentars in der DHA (VI, 416) las Savigny im »Sommersemester 1821 über das ›Allgemeine Preußische Landrecht‹«.

nes Verfahrens zitathafter Rede vor, indem er im Zitat einen verborgenen anderen Diskurs sichtbar werden läßt. So referiert Heine im zweiten Brief die Entwicklung des zentralen Diskurses der Deutschen über nationale Identität, die das politische Berlin stellvertretend über die Kontroverse zwischen den beiden Operndirigenten Spontini und Carl Maria von Weber austrägt:

> Der heftige Partheikampf von Liberalen und Ultras, wie wir ihn in andern Hauptstädten sehen, kann bei uns nicht zum Durchbruch kommen, weil die königliche Macht, kräftig und partheilos schlichtend, in der Mitte steht. Aber dafür sehen wir in Berlin oft einen ergötzlichen Partheikampf, den in der Musik. (HSA 4,129)

Während Heine zunächst die Stellungnahme des liberalen bürgerlichen Lagers für Weber zu teilen scheint, weil es sich damit von dem Günstling des Hofes mit seiner der Herrschaftsrepräsentation dienenden Auftragsmusik kritisch distanziert, so geht er mit seiner Anekdote über die ihn durch alle Gesellschaftsschichten Berlins hindurch verfolgende einfältige Melodie »Wir winden dir den Jungfernkranz« seinerseits zu Weber auf Distanz. Denn vom Dienstmädchen bis zur Gesellschaftsdame bildet das deutsche Volk über das mehr oder weniger gekonnte Nachsingen des »Schlagers« eine homogene Einheit und das heißt übertragen auf den dahinter liegenden Diskurs: Die kollektive Sangesfreude eint die Deutschen und verkleistert ihre sozialen, politischen und kulturellen Differenzen in der Distinktion gegenüber dem Anderen. In der Endlosschleife des kollektiven Gesangsrituals wird die nationale Abdichtung der deutschen Kultur gegenüber dem Fremden codiert, so dass sich Heine am Ende mit dem Ausgegrenzten, dem Italiener Spontini, identifiziert. Zu der Genealogie der deutschen Charakterphysiognomie nach »altdeutsche[n] Meister[n]«, der Weber in den Briefen ironisch eingeschrieben wird, steht die Physiognomie des Südländers in einem unversöhnlichen Gegensatz. In Heines Beschreibung des Italieners scheint nicht nur Sympathie, sondern zugleich so etwas wie eine Selbstbeschreibung auf:

> Webers Aeußere ist nicht sehr ansprechend. Kleine Statur, ein schlechtes Untergestell und ein langes Gesicht ohne sonderlich angenehme Züge. Aber auf diesem Gesichte liegt ganz verbreitet der sinnige Ernst, die bestimmte Sicherheit und das ruhige Wollen, das uns so bedeutsam anzieht in den Gesichtern altdeutscher Meister. Wie kontrastirt dagegen das Aeußere Spontinis! Die hohe Gestalt, das tiefliegende dunkle Flammenauge, die pechschwarzen Locken, von welchen die gefurchte Stirne zur Hälfte bedeckt wird, der halb wehmüthige, halb stolze Zug um die Lippen, die brütende Wildheit dieses gelblichen Gesichtes, worin alle Leidenschaften getobt haben und noch toben, der ganze Kopf, der einem Kalabresen zu gehören scheint, und der dennoch schön und edel genannt werden muß. (HSA 4, 131)

Einmal codiert breitet sich der deutsche Nationalismus wie eine Pandemie auf alle Lebensbereiche aus: Selbst in die demokratischen Redouten für das ganze Volk, die im karnevalesken Ritual die politische Revolution spielerisch simulieren, sickert das kulturelle Muster ein, wie Heine – ergriffen vom revolutionären Rausch – erfahren muss. So bringt Heine hier seinem westfälischen Provinzpublikum den naiven Salonrevolutionär zur Aufführung: »Auf der vorletzten Redoute war ich besonders freudig, ich hätte auf dem Kopfe gehen mögen, ein bachantischer Geist hatte mein ganzes Wesen ergriffen« (HSA 4, 143). Als er die ganze Welt umarmen möchte, wird er wegen seines Gesellschaftsfranzösisch von einem »deutschen Jüngling« zurecht gewiesen:

> Nur ein deutscher Jüngling wurde grob, und schimpfte über mein Nachäffen des welschen Babelthums, und donnerte im urteutonischen Bierbaß: »auf einer deutschen Mummerey soll der Deutsche deutsch sprechen!« O deutscher Jüngling wie finde ich dich und deine Worte sündlich und läppisch in solchen Momenten, wo meine Seele die ganze Welt mit Liebe umfaßt, wo ich Franzosen und Türken jauchzend umarmen würde, und wo ich weinend hinsinken möchte an die Bruderbrust des gefesselten Afrikaners! Ich liebe Deutschland und die Deutschen; aber ich liebe nicht minder die Bewohner des übrigen Theils der Erde, deren Zahl vierzig mal größer ist, als die der Deutschen.« (HSA 4, 144)

Bei diesem Bekenntnis fällt dem aufmerksamen Leser der »gefesselte Afrikaner« als Fremdkörper im Text auf. Mit dieser Reflexion der Rede des »deutschen Jüngling[s]« weist Heine untergründig auf Hegel als einem der geistigen Väter nicht nur des deutschen Nationalismus, sondern auch des Eurozentrismus hin, der in seiner Vorlesung über die »Philosophie der Geschichte«, die Afrikaner nicht nur als unzivilisierte Barbaren bezeichnet, sondern auch die Sklaverei mit dem Argument gerechtfertigt hatte, dass die Afrikaner durch ihre Versklavung vor sich selber, sprich von den zivilisierten Nationen vor der Selbstausrottung, beschützt würden. Bei Hegel heißt es:

> Wir meinen das eigentliche Afrika, den Wohnsitz der Neger. Dieser Theil blieb stets verschlossen gegen die Geschichte. [...] Hier lebt der natürliche Mensch in seiner wilden Unbändigkeit, ohne Ehrfurcht, Sittlichkeit; wir müssen, um sie zu fassen, alles europäische Gefühl ablegen, Religion und Moral und Staat.[11]

Und weiter doziert Hegel zur Rechtfertigung der Sklaverei:

> Die Neger werden von den Europäern als Sklaven nach Amerika als Sachen verkauft und zu Arbeiten verdammt. Es geht ihnen in Amerika aber nicht schlimmer als in ihrer Heimath. Sie haben nicht das Bewusstsein, daß der Mensch an sich frei ist. [...]
>
> Wie wir sie jetzt kennen, so ist ihr Zustand von jeher gewesen. Die europäische Kultur, Macht, Tapferkeit hat nichts über dieses unbändige Leben vermocht. In dieser tigerhaften Roheit bleibt nun Afrika geschlossen und nur durch Sklaverei hängen sie mit Europa zusammen. Den Europäern gab man Schuld, dass die Veranlassung zur Sklaverei von ihnen ausgegangen sei; dieses ist aber nicht wahr, denn die Sklaven wurden früher aufgefressen, wenn sie durch den Krieg gefangen wurden; jetzt werden sie wenigsten an Menschen verkauft. Der Neger existiert nicht als frei durch die Natur; es ist das Gegentheil. Ist die Sklaverei durchaus unrechtlich, so würden sie den Sklaven un-

11 Georg Wilhelm Friedrich Hegel: Die Philosophie der Geschichte. Hrsg. v. Klaus Vieweg. München 2005, S. 67.

> mittelbar ihre Freiheit geben; aber dadurch entstehen die fürchterlichsten Folgen, wie in den französischen Kolonien. Man die Freiheit durch Bändigung des Naturells der Neger ihnen anerziehen.[12]

Solche offen politischen Bekenntnisse wie im Falle des »deutschen Jüngling[s]« sind in Heines »Briefen aus Berlin« allerdings eine Seltenheit.

Aposiopesen und markierte Leerstellen

Das Abbrechen der Rede oder bewusste Schweigen über einen Gegenstand, das Setzen einer Zäsur wie das Markieren einer Leerstelle betrifft in Heines Korrespondenz insbesondere zwei Themen: die Politik und das Judentum. Über den politischen Gehalt der Briefe ist bereits ausführlich berichtet worden,[13] weniger allerdings über das Judentum. Den Diskurs über die Lage der deutschen Juden kann Heine aber gegenüber seinem mehrheitlich nicht-jüdischen westfälischen Provinzpublikum nicht offen führen. Nicht berichten kann er über seine Besuche in den Salons der Rahel Varnhagen und Henriette Herz, in denen er die maßgeblichen Intellektuellen der Zeit wie Adelbert von Chamisso, Alexander von Humboldt, Hegel, Friedrich Schleiermacher, Friedrich de la Motte Fouqué, Willibald Alexis und Wilhelm Beer trifft, und nicht erwähnen darf er auch seine Mitgliedschaft in dem 1822 gegründeten »Verein für Cultur und Wissenschaft der Juden«.[14]

Nur an einer Stelle der Briefe ergreift Heine für die deutschen Juden Partei. Dies allerdings kann als symptomatisch für Heines Verfahren seiner schweifenden Bewegung durch die Diskurse angesehen werden, die virtuos die ausgesparte Leerstelle des Textes umspielt. Heine entwickelt dabei seine Darstellung der rechtlosen Situation des deutschen Judentums freilich nicht ohne einen (selbst)kritischen Unterton an den eigenen Reihen aus dem dominanten, unterschwellig alle Briefe durchziehenden Diskurs über die deutsche Nation. Ohne dass der deutsche Nationalismus als Ursache des Antisemitismus hier benannt werden muss, wird er als verborgener Grund für das Elend der Juden deutlich, wenn Heine in einer exemplarischen »Ideenassoziation« Goethe, die Frankfurter Börse, die Frankfurter Geldjuden und deren arme Mitjuden, das ihnen verweigerte Stadtrecht, Berlin und die bevor-

---

12 Ebd., S. 68 u. S. 69f.

13 Vgl. insbesondere: Jost Hermand: Heines »Briefe aus Berlin«. Politische Tendenz und feuilletonistische Form. In: Helmut Kreuzer (Hrsg.): Gestaltungsgeschichte und Gesellschaftsgeschichte. Literatur-, Kunst- und Musikwissenschaftliche Studien. Stuttgart 1969, S. 284-305.

14 Wolfgang Hädecke berichtet in seiner Heine-Biografie: »Der Verein verfolgte zunächst vier praktische Ziele: Er gründete ein wissenschaftliches Institut, dessen Vizesekretär Heine wurde, er gab unter der Leitung von Zunz seit dem Frühjahr die ›Zeitschrift für die Wissenschaft des Judenthums‹ heraus, er richtete eine Unterrichtsanstalt für junge Ostjuden ein, und er legte ein Archiv an, das Materialien über die gesamte Tätigkeit des Vereins auf lange Sicht sammeln sollte.« In: Heinrich Heine. Eine Biographie. Reinbek 1989, S. 151.

stehende Eröffnung der neuen Börse mit der Bekehrung der Berliner Juden zusammen denkt. Ausgangspunkt ist die Absicht der Frankfurter Bürgerschaft, ihrem berühmtesten Sohn, dem Dichterfürsten Johann Wolfgang von Goethe, ein Denkmal zu setzten: Dieser

> machte, wie bekannt ist, allen Diskussionen dadurch ein Ende, daß er seinen Landsleuten mit der Erklärung: »er sei gar kein Frankfurter« das Frankfurter Bürgerrecht zurückschickte.
>
> Letzteres soll seitdem – um frankfurtisch zu sprechen – 99 Prozent im Werthe gesunken seyn, und die Frankfurter Juden haben jetzt bessere Aussicht zu dieser schönen Akquisizion. Aber – um wieder frankfurtisch zu sprechen – stehen die Rothschilde und die Bethmänner nicht längst al pari? Der Kaufmann hat in der ganzen Welt dieselbe Religion. Sein Komptoir ist seine Kirche, sein Schreibpult ist sein Betstuhl, sein Memorial ist seine Bibel, sein Waarenlager ist sein Allerheiligstes, die Börsenglocke ist seine Betglocke, sein Gold ist sein Gott, der Kredit ist sein Glauben.
>
> Ich habe hier Gelegenheit, von zwei Neuigkeiten zu sprechen: erstens von der neuen Börsenhalle, die nach dem Vorbilde der Hamburger eingerichtet ist und vor einigen Wochen eröffnet wurde, und zweitens von dem alten, neu aufgewärmten Projekte der Judenbekehrung. Aber ich übergehe beides, da ich in der neuen Halle noch nicht war, und die Juden ein gar zu trauriger Gegenstand sind. (HSA 4, 135)

Dieses selbst auferlegte Redeverbot unterläuft Heine unmittelbar im nächsten Satz: »Ich werde freilich am Ende auf dieselben zurückkommen müssen, wenn ich von ihrem neuen Kultus spreche, der von Berlin besonders ausgegangen ist.« – Allerdings verschiebt Heine die Beschäftigung mit diesem Thema schon im darauf folgenden Satz auf unbekannte Zeit: »Ich kann es jetzt noch nicht, weil ich es immer versäumt habe, dem neuen mosaischen Gottesdienste einmal beizuwohnen.« (HSA 4, 135) – Auf die Einlösung dieser Ankündigung sollte das Publikum vergeblich warten. Denn nur für einen kurzen Augenblick werden die Juden und ihre »traurige« Geschichte zu einem Knotenpunkt in Heines Kulturpoetik, der unmittelbar auf den nächsten, im allgemeinen Diskurs bedeutenderen verweist, nämlich auf die Reform der protestantischen Liturgie, einem »Hauptgegenstand des Stadtgesprächs«. (HSA 4, 135)

Als Beobachter der Berliner Szene legt Heine durch das Zitat der vielfältigen Stimmen, Gesten, Rituale und Praktiken, die kulturellen Codes, sprich die Semantik der Kultur frei, wenn er vom Schlager der Saison, dem Glück der kleinen Leute in den Weihnachtsausstellungen der Konditoreien, dem karnevalesken Ritual inszenierter demokratischer Gleichheit bei den Volksredouten oder der Anteilnahme des Volks an der Hochzeit der Prinzessin »aller Herzen« (DHA VI, 28)[15] berichtet. Auf diese Weise betont er den performativen Charakter von Kultur und zeichnet neben der Alltagskultur zugleich den öffentlichen Diskurs nach, angefangen vom Opern-Streit über die Diskurse des Wissens in Humboldts Universität bis zu den Bestsel-

15 In der Journalfassung heißt es an dieser Stelle »als Himmelskönigin«. Vgl. HSA 4, 147.

lern der Saison, Walter Scotts historischen Romanen, »weil sie der ›Jungfernkranz‹ der Lesewelt sind«. (HSA 4, 133)

Seine so gewonnene Kulturpoetik konfrontiert er schließlich mit dem zeitgenössischen universitären Diskurs über die Entstehung der Kulturgeschichte. Gegen Hegels Systemprogramm des stetigen Fortschritts der Menschheitsgeschichte lässt Heine in einer respektlosen Travestie von Johann Gottfried Herders auf Jean-Jacques Rousseau zurückgehender Theorie »Über den Ursprung der Sprache«[16] die Menschheit in Tiergestalt auf der aktuellen Bühne der Kulturgeschichte einen umgekehrten Entwicklungsprozess durchlaufen:

> Die Esel und die Schafe hatten es einst schon bis zum Sprechen gebracht, hatten ihre klassische Literatur, hielten vortreffliche Reden über die reine Eselhaftigkeit im geschlossenen Hammelthume, über die Idee eines Schafskopfs und über die Herrlichkeit des Altböckischen. Aber wie es nach dem Kreislauf der Dinge zu geschehen pflegt, sie sind in der Kultur wieder so tief gesunken, dass sie ihre Sprache verloren, und bloß das gemütliche »I-A« und das kindlich-fromme »Bäh« behielten.
>
> Wie komme ich aber vom I-A der Langohrigen und vom Bäh der Dickwolligen zu den Werken von Sir Walter Scott? (HSA 4, 132f.)

Der Rest – Heines Urteil über die popularisierte Kulturtheorie in poetischer Form à la Walter Scott – ist bereits bekannt. Die Grundlagen zu Heines tierischer Ursprungsgeschichte der Kultur lehren aber die großen Professoren der Berliner Universität, Schleiermacher, Hegel, Friedrich Carl von Savigny und Franz Bopp. Ihr populäres Abbild findet Heine in den Moden und Vorlieben der Kultur am preußischen Hof. Nicht nur in der Sprachgeschichte Bopps geht der Blick über die bekannte, abendländische Welt hinaus in fremde, exotische Reiche nach Kaschmir und Ägypten oder gar nach Afrika. Die Elefanten in Spontinis Ausstattungsoper »Nurmahal, oder das Rosenfest in Kaschemir« bedienen deshalb vorrangig den Zeitgeschmack und laufen in der Alltagskultur wie in der universitären Wissenskul-

16 Herder polemisierte in seiner Sprachursprungsgeschichte durch seinen »Logozentrismus« gegen die jüdische Auffassung von dem göttlichen Schriftursprung der menschlichen Sprache. Auf diesen Diskurs über den Ursprung der menschlichen Sprache antwortet Heine hier indirekt. Bei Herder heißt es: »Das Faktum ist also falsch, und der Schluß noch falscher: er [der Laut] kommt nicht auf einen göttlichen, sondern gerade umgekehrt, auf einen thierischen Ursprung. Nehmet die so genannte göttliche erste Sprache, die hebräische, von der der größte Theil der Welt, die Buchstaben geerbet: dass sie in ihrem Anfange so lebendigtönend, so unschreibbar gewesen, dass sie nur sehr unvollkommen geschrieben werden konnte, – dies zeigt offenbar der ganze Bau ihrer Grammatik, ihre so vielfachen Verwechselungen ähnlicher Buchstaben, ja am allermeisten der völlige Mangel ihrer Vokale. [...] Und wenn die Sprache, je näher ihrem Ursprunge desto unartikulirter ist – was folgt, als dass sie wohl nicht von einem höhern Wesen für die vier und zwanzig Buchstaben, und diese Buchstaben gleich mit der Sprache erfunden, dass diese ein weit späterer nur unvollkommener Versuch gewesen, sich einige Merkstäbe der Erinnerung zu setzen, und dass jene nicht aus Buchstaben der Grammatik Gottes, sondern aus wilden Tönen freier Organe entstanden sey.« Johann Herder: Über den Ursprung der Sprache. Berlin 1772, S. 16ff.

tur der klassischen Antike den Rang ab. Heine verfremdet diese wohlfeile Kulturgeschichte der Menschheit ironisch: »Wirklich, ich glaube, daß Adam und Eva sich in schmelzenden Adagios Liebeserklärungen machten [...] Wie die Kanarienvögel zwitscherten unsre Ureltern in den Thälern Kaschimirs.« (HSA 4, 132) Und er zeigt sich fasziniert von der bunten Herkunft des Menschengeschlechts: »[...] mich ergötzte der anmuthige Kontrast vom ernsten Abendlande und dem heitern Orient, und wie die verwunderlichsten Bilder, in loser Verknüpfung, abentheuerlich dahingaukelten, regte sich in mir der Geist der blühenden Romantik.« (HSA 4, 132)

Zwischen Savignys, Bopps und Spontinis märchenhaftem Orient und Carl Gotthard Langhans', Christian Daniel Rauchs und Karl Friedrich Schinkels Klassizismus fehlt die dritte Wurzel der europäischen Kulturgeschichte, die verschwiegene jüdische, an deren Stelle Heines Briefe als kritische Kommentare der Kulturgeschichte stehen. Heine verschweigt, wenn auch aus ganz anderen Gründen als Hegel und seine Nachfolger die Herkunft seiner Kulturpoetik des kritischen Kommentars kultureller Praxis aus der jüdischen Denktradition, die wie Vilém Flusser aus eigener Erfahrung feststellt, Wirkung einer unbewussten, weil in der europäischen Kulturgeschichte unterdrückten Tradition ist: »Der Schock, den ich empfinde [...], ist folgender: daß all dies, Marx, Freud, Husserl, Hiob, Kafka,« und Heine – so könnte man hier ergänzen,

> in einem kulturellen Programm eingetragen ist, das man nicht erwerben muß und dessen man sich nicht bewußt sein muß, um von ihm programmiert zu werden. Goethe sagt: Was du ererbt von deinen Vätern, erwirb es, um es zu besitzen. Der assimilierte Jude verfügt nicht über die Werkzeuge zum Erwerben des Ererbten. Das ist seine Tragik.[17]

Heine praktiziert mit seinem zitathaften, uneigentlichen Sprechen ein Schreiben, das Flusser mit dem jüdischen Verfahren des »Talmud«-Kommentars, dem »Pilpul«, beschrieben hat. Dieses Denken und Sprechen ist eines, das in vielen Stimmen um ein – bei Heine leeres – Zentrum kreist, sich konsequent jeder Systembildung oder Metaphysik entzieht und dessen Wahrheit immer vorläufig und kontextgebunden bleibt. Flusser erläutert dieses Verfahren wie folgt:

> Erst wenn wir eine Seite des Talmuds aufschlagen, ersehen wir aus der Gestalt des Texts, wie ein nicht-diskursives Denken aussieht. In der Seitenmitte steht ein Wort, oder einige wenige Worte, und um diesen Seitenkern drehen sich konzentrisch einige Textkreise. Man sieht auf den ersten Blick, der Seitenkern ist das Zu-Bedenkende, Bedenkliche [...], und die sich drehenden Kreise bedenken den Kern (es sind »Kommentare«.) Aber diese Struktur ist nicht einfach: Die Kreise kommentieren nicht nur den Kern, sondern auch einander. Das nennt man »Pilpul«.[18]

---

17 Vilém Flusser: Pilpul (1). In: Ders.: Jude sein. Essays, Briefe, Fiktionen. Hrsg. v. Stefan Bollmann u. Edith Flusser. Mannheim 1995, S. 141f.

18 Vilém Flusser: Pilpul (2). In: Ebd., S. 144.

Heines »Ideenassoziationen« der »Briefe aus Berlin«, sein zitathaftes, polyvalentes Sprechen, das Distanz und Differenz durch Ironie setzt und auch vor Selbstwiderspruch und Selbstkritik nicht halt macht, steht als erste Kulturpoetik der »dichten Beschreibung« nicht nur in dieser Tradition, sondern hat sie in ein neues Medium – die Zeitung – eine neue Textsorte, – das Feuilleton – und einen neuen Diskurs – die Kulturpoetik – und damit in das Denken der Moderne überführt.

»Formel hält uns nicht gebunden, unsre Kunst heißt Poesie«

Niels W. Gade und Robert Schumann – Übergänge zwischen Poetischem und Nationalem

Yvonne Wasserloos

> »...schlangengleich häute er sich, wenn das alte Kleid zu verschrumpfen anfängt.«
>
> Robert Schumann: Niels W. Gade, 1844[1]

Niels Wilhelm Gade und Robert Schumann verband eine mehrdimensionale Künstlerfreundschaft. Das Ziel, eine poetische Musik zu schaffen, stellte für beide eine der obersten Prämissen ihres kompositorischen Wirkens dar. In diesen Ansatz spielt jedoch eine zweite, weiterreichende Komponente, die der Vorstellung und des Ausdrucks von ›Nation‹, eine wichtige Rolle. Die Betrachtung der Verbindung zwischen Gade und Schumann beinhaltet daher weitaus mehr als die bloße Feststellung gegenseitiger Sympathien oder wechselseitiger Beeinflussungen im Werk auf den ersten Blick preisgibt. Gräbt man tiefer, so trifft man eben bei Gade und Schumann auf das unter der Oberfläche brodelnde Problem der ständigen Auseinandersetzung im 19. Jahrhundert mit Nationalmusik und Universalmusik. Bei Schumann und Gade prallen zwei Welten aufeinander: der zumindest in seinem Frühwerk mit nationalen Elementen agierende und experimentierende Däne und der zu einem der größten Verfechter der instrumentalen Universalmusik zählende Schumann. Die Frage, die sich allerdings in diesem Kontext entfaltet, ist die nach Schumanns eigentlicher Definition des Begriffs ›Universalmusik‹. Augenfällig ist die häufig in seinen Schriften anzutreffende Herabsetzung des Nationalen gegen das Universale.[2] Folgt man Schumanns Argumentationsstrang, so kommt der Verdacht auf, dass er die ›deutsche‹ Musik als einzig mögliche Form der Universalmusik in Betracht zog.[3] Bei ihm verschwimmt die Abgrenzung zwischen ›universal‹ und ›deutsch‹ zu einem Synonym. Im Folgenden werden zwar einige Überlegungen und Fragen zum

---

1 Robert Schumann: Niels W. Gade. In: NZfM (1844), Nr. 20, S. 1f., hier: S. 2.

2 Vgl. z.B. seine Artikel über Gade in der NZfM oder über Frédéric Chopin: Eusebius [= Robert Schumann]: Friedrich Chopin. In: NZfM (1836), Nr. 4, S. 138.

3 Lütteken weist den Gedanken mit der Begründung einer zu großen Offensichtlichkeit in den Schumannschen Schriften von sich als das diese Annahme wahr sein könne. Vgl. Laurenz Lütteken: »...im gesunden musikalischen Deutschland« – Schumann und das »Nationale« in der Musik. In: Matthias Wendt (Hrsg.): Robert und Clara Schumann und die nationalen Musikkulturen des 19. Jahrhunderts. Mainz/London/Madrid u.a. 2005 [= Schumann Forschungen 9], S. 134-148, hier: S. 135. Lütteken führt vorrangig das Beispiel einer Schumann-Rezension zu Ferdinand Hillers »Rêveries« an, die von Schumann als der Meyerbeerschen Pariser Salonmusik nahestehend mit den Worten verrissen wurden: »auf gute deutsche Musik ist indes damit kein Eindruck hervorzubringen, und wir wünschten sie, wo sie hingehören, ins Pfefferland.« Zit. n. ebd., S. 135.

Themenkomplex Musik, Nation und Poesie im Hinblick auf das Exempel Gade und Schumann angestellt und aufgeworfen. Eine der Komplexität des Problems angemessene Antwort soll und kann im Rahmen der vorliegenden Untersuchung allerdings nicht gegeben werden.[4] Vielmehr soll einem Teilaspekt nachgegangen werden, nämlich inwieweit Schumann Teil hatte an Gades Auseinandersetzung mit dem Thema Nationalmusik kontra Universalmusik.[5]

Musik, Nation und Poesie nach Schumanns Verständnis

Das 19. Jahrhundert kommt ohne ein poetisches wie auch nationales Kunstverständnis kaum aus. Friedrich und August Wilhelm Schlegel legten die Basis für die Ästhetik der deutschen Romantik. Friedrich Schlegels Begriff der Universalpoesie prägte das Jahrhundert. Demzufolge sind der Universalpoesie Gattungsgrenzen fremd. Sie kennt nur Offenheit.[6] Weiter ist sie, wie August Wilhelm Schlegel es formulierte, nicht mehr der Darstellung der Wirklichkeit verpflichtet. Form und Inhalt eines Kunstwerkes verschmelzen miteinander und sprengen spätestens durch Reflexion oder Rezeption immer wieder seine Grenzen.[7] Angewendet auf die Kunstform der Musik und ihre Tendenzen zur Autonomisierung im 19. Jahrhundert bedeutete die Definition von Universalpoesie die Entwicklung einer Musik in Überwindung nationaler Grenzen bis hin zur Weltsprache. Im Umkehrschluss stellte dieser Prozess für kleine, noch wachsende Musiknationen wie Dänemark, Schweden oder Ungarn die notwendige Vorstufe dar, um an einer musikalischen Universalsprache teilzuhaben.[8] Schumann erkannte diese ›Freiheitsbestrebungen‹, verwies jedoch auf die weiter bestehende Vormachtstellung und Modellhaftigkeit der deutschen Musik:

> In der That scheint es, als ob die Deutschland angränzenden Nationen sich von der Herrschaft deutscher Musik emancipieren wollten [...] Und wie sie [Chopin, Bennett und Verhulst] auch alle die deutsche Nation als ihre erste und geliebteste Lehrerin in

4 Zu diesem Themenkomplex ist eine ausführlichere Abhandlung der Verfasserin geplant, deren Erscheinen 2007 anvisiert wird.

5 Auch Felix Mendelssohn Bartholdy spielte in diesem Punkt neben Schumann eine wesentliche Rolle. Seine Einflussnahme auf Gade während der gemeinsamen Jahre in Leipzig 1843 bis 1848 soll hier allerdings ausgeklammert werden. Eine erste Untersuchung des Verhältnisses zwischen Mendelssohn und Gade wurde in der bisher unveröffentlichten Magisterarbeit der Verfasserin unternommen: Niels W. Gades Leipziger Zeit. Westfälische Wilhelms-Universität Münster (Philosophische Fakultät) 1996, S. 84-90.

6 Vgl. Peter J. Brenner: Neue deutsche Literaturgeschichte. Vom »Ackermann« zu Günter Grass. 2., akutal. Aufl. Tübingen 2004, S. 121.

7 »Es wird also in der Poesie schon Gebildetes wieder gebildet; und die Bildsamkeit ihres Organs ist ebenso gränzenlos, als die Fähigkeit des Geistes zur Rückkehr auf sich selbst durch immer höhere potenzirte Reflexionen.« August Wilhelm Schlegel: Vorlesungen über schöne Litteratur und Kunst. Heilbronn 1884 [= Deutsche Literaturdenkmale des 18. und 19. Jahrhunderts 17], Bd. 1, S. 261f.

8 Vgl. Lütteken, Deutschland (Anm. 3), S. 146.

> der Musik betrachten, so soll sich Niemand verwundern, wenn sie auch für ihre Nation ihre eigne Sprache der Musik zu sprechen versuchen wollen, ohne deshalb den Lehren ihrer Meisterin untreu zu werden. Denn noch hat kein Land der Welt Meister, die sich mit unsern großen vergleichen können, und Niemand hat dies noch läugnen wollen.[9]

Der Anspruch von deutscher Seite, die Alleinvertretung für die Universalmusik zu übernehmen, zumindest was den Instrumentalbereich anbelangte, war aus der Moderatorposition erwachsen, die die ›deutsche‹ Musik seit dem 18. Jahrhundert einnahm, als sie zwischen die als unversöhnlich geltenden Stile des ›Italienischen‹ und des ›Französischen‹ manövriert wurde.[10] In der Wende vom 18. zum 19. Jahrhundert vollzog sich mit der Zentralfigur Beethoven die Autonomisierung der Instrumentalmusik zur absoluten Musik. Da Beethovens Rolle in diesem Prozess als unumstritten galt, schien damit auch die Interpretation dieser Entwicklung als ›deutsches‹ Verdienst legitim. Gleichzeitig wurde daraus der Anspruch der deutschen Musik als Weltsprache abgeleitet.[11] Mit dem Aufkommen der nationalen Schulen im 19. Jahrhundert war allerdings die Schwächung des Ziels, universelle Musik zu schaffen, mit eingeleitet worden. Damit schien die Vormachtstellung der deutschen Universalmusik bedroht.

Wie aber in oben zitierter Passage zum Ausdruck kommt, so gehörten das ›Nationale‹ und das Vorbildhafte des ›Deutschen‹ für Schumann zu seinen Kategorien der Musik.[12] Wie Carl Dahlhaus feststellte, sollte nach Schumanns Geschmack das Nationale im Universalen aufgehen, ohne sich dabei selbst aufzulösen. Schumann empfand also das Nationale und das Universale nicht als unvereinbare Gegensätze. Lediglich verabscheute er das »eng Nationale, das sich ängstlich oder arrogant in sich selbst verschließt«[13], was mit dem, wenn auch später erst aufkommenden Begriff des ›Nationalistischen‹ in Zusammenhang zu bringen wäre. Das Werk Niels Gades war es, das Schumann in einen Diskurs zwischen der von Schlegel geforderten Grenzenlosigkeit der Poesie und dem von Grenzen umgebenden Gebilde der Nation geraten ließ. Beides spielte in den frühen Kompositionen des Dänen eine tragende Rolle.

›Wahlverwandte‹: Niels W. Gade und Robert Schumann

> Den 17. April einen hübschen Tag mit Gade verlebt, der zum Vergnügen auf ein paar Tage von Leipzig hergekommen war [nach Dresden]. Abends sprachen wir viel über die verschiedenen Arten des Entstehens von Kompositionen. Er, daß er nicht eher nie-

9 Schumann, Gade (Anm. 1), S. 1f.
10 Vgl. Lütteken, Deutschland (Anm. 3), S. 141.
11 Vgl. Wilhelm Seidel: Nation und Musik. Anmerkungen zur Ästhetik und Ideologie ihrer Relationen. In: Helga de la Motte-Haber (Hrsg.): Nationaler Stil und europäische Dimension in der Musik der Jahrhundertwende. Darmstadt 1991, S. 5-19, hier: S. 10.
12 Vgl. Lütteken, Deutschland (Anm. 3), S. 136.
13 Carl Dahlhaus: Nationalismus und Universalität. In: Ders.: Die Musik des 19. Jahrhunderts. Laaber 1980 [= Neues Handbuch der Musikwissenschaft 6], S. 29-34, hier: S. 31.

> derschriebe, als er es bis zum kleinsten Detail herab fertig vor seinem Geiste stehen sähe: die Kritik folgte bei ihm der ersten Empfängnis auf dem Fuß. [...] - Ich habe in meinen Ansichten selten mit jemandem so harmonirt als mit Gade. Seine Verabscheuung der Meyerbeer'schen Musik. (Tb II, 401)

In dieser Aussage Robert Schumanns über Niels Gade ist in der Feststellung einer einhelligen Meinung zur Frage des Kompositionsprozesses bereits der zentrale Baustein ihres freundschaftlichen und künstlerischen Verhältnisses zu entdecken.[14] In der Frühphase seines Komponistendaseins in den 1830er Jahren verehrte der junge Gade Robert Schumann und beschäftigte sich intensiv mit dessen Werk. Dies geschah zu einer Zeit – und dies ist bemerkenswert –, als Schumann zumindest als Komponist in Dänemark bzw. Skandinavien beinahe unbekannt war. Clara Schumann bestätigte die Lage während eines Konzertaufenthalts in Kopenhagen 1842. Robert Schumann wurde dort mehr mit dem Herausgeber der NZfM als mit dem Komponist in Zusammenhang gebracht: »[...] alles kennt Deine Zeitung und, wenn auch noch nicht Deine Compositionen, so doch Deinen Namen«[15], berichtete sie. Einer der Gründe für Schumanns künstlerischen Niemands-Status lag in den spielerischen Unzulänglichkeiten der Kopenhagener Orchesters. Clara Schumanns Bemühungen, die Werke ihres Gatten 1842 in Kopenhagen zur Aufführung zu bringen, scheiterten an den geringen Probemöglichkeiten sowie an der, laut Clara Schumann, »Unkultiviertheit« des Kopenhagener Musikforeningen-Orchesters.[16] Dieser Zustand sollte einige Jahre bestehen bleiben. In Musikforeningen (Musikverein), immerhin das größte und repräsentativste bürgerliche Konzertunternehmen der Stadt und des Landes, sollte bis zur Aufführung der »B-Dur-Sinfonie« op. 38 im Jahr 1846 kein einziges Schumann-Werk erklingen.[17] Erst ab 1850 steigerte sich mit der Übernahme des Dirigentenpostens durch Gade der Bekanntheitsgrad der

---

14 Zahlreiche der in diesem Abschnitt formulierten Gedanken und Fakten basieren auf der genannten Magisterarbeit der Verfasserin (Anm. 5). Die Ergebnisse wurden bereits von Heinrich W. Schwab in zwei Aufsätzen aufgegriffen und bestätigt: Niels W. Gade und Clara und Robert Schumann. Dokumente ihrer künstlerischen Begegnung. In: Musik & Forskning (2003), H. 28, S. 43-60, sowie in leicht variierender Form: Clara und Robert Schumann und der Däne Niels W. Gade. Dokumente ihrer künstlerischen Begegnung. In: Matthias Wendt (Hrsg.): Robert und Clara Schumann und die nationalen Musikkulturen des 19. Jahrhunderts. Mainz/London/Madrid u.a. 2005 [= Schumann Forschungen 9], S. 217-233.

15 Clara an Robert Schumann. Brf. v. 23. März 1842. In: Litzmann II, 46f. Im Übrigen widerfuhr Schumann Gleiches in Schweden. Vor 1850 war keine seiner Kompositionen in Stockholm aufgeführt worden. Seine Bekanntheit beschränkte sich auch hier auf seine Funktion als Musikpublizist. Beispielsweise war 1844 Schumanns Aufsatz über Gade in der NZfM in schwedischer Übersetzung in der »Stockholms Musiktidning« erschienen. Vgl. Lars-Erik Sanner: Schumann und das schwedische Musikleben im 19. Jahrhundert. In: Hans Joachim Moser u. Eberhard Rebling (Hrsg.): Robert Schumann. Aus Anlass seines 100. Todestages. Leipzig 1956, S. 92-99, hier: S. 92.

16 Clara an Robert Schumann. Brf. v. 25. März 1842. In: Litzmann II, 47.

17 Vgl. die Aufführungsstatistik bei Angul Hammerich: Musikforeningens Historie 1836-1886. Kjøbenhavn 1886, S. 206f.

Schumannschen Werke. Dass der Däne diese klar protegierte, zeigt die Zahl der Aufführungen: in 36 Jahren wurden bis 1886 30 Werke Schumanns verschiedenster Gattungen in 116 Konzerten gespielt.[18] Auch Schumann versuchte, durch Aufführung der Kompositionen Gades, seinen Freund zu fördern. Im ersten von ihm geleiteten Abonnementskonzert als neuer Musikdirektor in Düsseldorf am 24. Oktober 1850 wurde Gades »Comala« op. 12 zu Gehör gebracht. Schumann schätzte dieses Werk außerordentlich. In einem Brief an Franz Brendel schätzte Schumann »Comala« als »das bedeutendste [Stück] der Neuzeit« ein, »das einzige, das einmal wieder einen Lorbeerkranz verdient.«[19]

Gade selbst rühmte sich damit, als einer der ersten oder vielleicht der erste überhaupt in Dänemark auf die Kunst Schumanns aufmerksam geworden zu sein. Als sich Carl Helsted 1840 in Leipzig aufhielt, beauftragte Gade seinen Freund mit einer ausführlichen Berichterstattung über Schumann:

> Das einzige, worum ich Dich von allem beneide, was Du in Deinen Briefen erzählt hast, ist, daß Du bei Schumann so ein und aus gehen kannst – es freut mich doch, daß Du seine Kompositionen als etwas ganz besonderes erkennen mußtest!!!!!! weiter freut es mich, daß ich es war, der als erster auf ihn aufmerksam wurde und mich durch seine Werke holperte, so gut ich konnte. Du kannst ihn von seinem unsichtbaren Freund grüßen. [...] Schreibe nächstes Mal mehr über R. Schumann.[20]

Der erste Kontakt zur Familie Schumann entstand im März 1842 eben während jener Konzertreise Claras nach Kopenhagen. Auch hier konnte der Däne nicht genug von Robert Schumanns Werken bekommen, wie Clara schrieb: »Gade besuchte mich heute und schwärmte von Dir. Er kennt alles von Dir, spielt alles (nach Kräften) selbst. [...] ich habe ihn morgen wieder zu mir bestellt, um ihm von Dir vorzuspielen«.[21] Die beiden Komponisten trafen erstmalig im Winter 1843 in Leipzig persönlich aufeinander. Gade hielt sich auf Einladung Felix Mendelssohn Bartholdys dort auf, um seine Furore machende »Sinfonie Nr. 1 c-Moll« op. 5 selbst in einem Gewandhauskonzert zu dirigieren.[22]

---

18 Vgl. ebd., S. 206f. Darunter liegt die »Es-Dur-Sinfonie« op. 97 an erster Stelle.

19 Robert Schumann an Franz Brendel. Brf. v. 3. Juli 1848. Zit. n. Briefe NF, 245

20 Nils W Gade an Carl Helsted. Brf. v. ca. Ende 1840/Anfang 1841. In: William Behrend: Omkring Niels W. Gade. In: Aarbog for Musik (1922/23), S. 55-72, hier: S. 64. – »Det eneste jeg misunder dig af Alt havd du har fortalt i dine Breve er at du saaledes kan gaae ind og ud hos Schumann - det glæder mig dog at du maatte erkjende hans Compositioner for noget ganske godt!!!!!! endvidere glæder det mig at det var m i g der først blev opmærksom paa ham, og hakkede dem igjennem saa godt jeg kunde. Du kan hilse ham fra hans unsynlige Ven.[...] Skriv næste Gang noget mere om R. Schumann.« Soweit nicht anders vermerkt, handelt es sich bei den Übertragungen vom Dänischen ins Deutsche um Übersetzungen der Verfasserin.

21 Clara an Robert Schumann. Brf. v. 31. März 1842. Zit. n. Litzmann II, 48. Bei genannter Ouvertüre handelt es sich vermutlich um ein unveröffentlichtes Werk. Laut Gade-Katalog entstand in dieser Zeit keine der später im Druck erschienenen Ouvertüren.

22 Diese Aufführung der c-Moll-Sinfonie fand am 26. Oktober 1843 im Gewandhaus unter Gades Leitung statt. Mendelssohn hatte die Sinfonie einige Monate zuvor, am 2. März,

Den großen Respekt, den wiederum Schumann Gade entgegen brachte, zeigte sich Jahre später in einem Brief Schumanns an Friedrich Whistling. Schumann berichtete darin von seiner Begeisterung über den jungen Carl Wettig, der »seit Gade [...] der Erste« wieder sei, der ihn »wahrhaft interessirt.«[23] Auch Karl Ritter betonte in einem Brief an den Schumann-Biografen Hermann Erler, dass Schumann »von den [...] im Vordergrund des öffentlichen Interesses stehenden Meistern jener Zeit [...] Gade besonders hoch« gehalten habe.[24] Der Däne verhehlte ebenfalls nicht, dass ihn mit Schumann eine enge Freundschaft verband. Trotz seiner Bewunderung der Werke Schumanns wehrte sich Gade gegen die Eingruppierung als ›Schumannianer‹ als der er sich zweifelsohne nicht sah.[25] Trotz aller Sympathie, die sich auch in der gegenseitigen Widmung[26] zahlreicher Werke zeigte, konnten sowohl Gade

---

ebenfalls in einem Gewandhauskonzert zur Uraufführung gebracht. Der Erfolg war überwältigend und sicherte Gade insbesondere in Leipzig bis an sein Lebensende große Beliebtheit und hohe Aufführungszahlen.

23 Robert Schumann an Friedrich Whistling. Brf. v. 8. August 1848. In: Erler II, 52.

24 Karl Ritter an Hermann Erler. Brf. v. 22. Februar 1885. Wiedergabe nach dem Original im Robert-Schumann-Haus Zwickau (Archiv-Nr. 2255-A2) bei: Peter Jost: Karl Ritter, Komponist zwischen Schumann und Wagner. In: Bernhard R. Appel (Hrsg.): »Neue Bahnen«. Robert Schumann und seine musikalischen Zeitgenossen. Bericht über das 6. Internationale Schumann-Symposion am 5. und 6. Juni 1997 im Rahmen des 6. Schumann-Festes. Düsseldorf. Mainz, London u.a. 2002 [= Schumann Forschungen 7], S. 182-204, hier: S. 186.

25 Dies ging aus einem Gespräch mit Halfdan Kjerulf im Juni 1850 hervor. Vgl. Nils Grinde/Øyvind Norheim/Børre Qvamme (Hrsg.): Halfdan Kjerulfs Dagbøker. Oslo 1990 [= Norsk musikksamling og Universitetsbiblioteket i Oslo 16:1, Bd. 1, S. 111.

26 Gade eignete Schumann 1849 seine »Violin-Sonate Nr. 2 d-Moll« op. 21a zu, Schumann widmete ihm das »Klavier-Trio g-Moll« op. 110. Bereits im Sommer 1844 hatte Schumann Gade vor dessen Abreise nach Kopenhagen in sein Stammbuch »Auf Wiedersehen« mit einigen Takten geschrieben, die im Bass die Tonfolge *G-A-D-E A-D(E)* enthielten. Es handelt sich dabei um das erst 1887 publizierte »Albumblatt für Niels W. Gade ›Auf Wiedersehn‹« für eine Singstimme und Klavier WoO 8. Das Albumblatt wurde als Indruck veröffentlicht in: Erler I, 303 (vgl. Kurt Hofmann. Die Erstdrucke der Werke von Robert Schumann. Tutzing 1979, S. 385). Nach der endgültigen Rückkehr Gades nach Kopenhagen 1848 ehrte Schumann den Dänen in seinem »Album für die Jugend« op. 68 (1848) im »Nordischen Lied« (»Gruß an G.«) auf der Grundlage der Tonabfolge *G-A-D-E* im Stile des Nordischen Tones. Gade nahm für die Bezeichnung seiner Werke als Anregung von Schumann den Titel »Arabeske für Klavier« op. 27 auf, den Schumann mit seiner »Arabeske« op. 18 in die Musik eingeführt hatte. Gleiches geschah mit dem Titel »Noveletten«, den Gade für sein Klavier-Trio a-Moll op. 29 (1853) und die beiden Noveletten für »Streichorchester F-Dur« op. 53 (1874) und »E-Dur« op. 58 (1883/1886) wählte. Vgl. Joachim Draheim: Arabeske op. 18. In: Helmut Loos (Hrsg.): Robert Schumann. Interpretation seiner Werke. Laaber 2005, Bd. 1, S. 106-110, hier: S. 109f., und Bernhard Appel: Novelletten für Klavier op. 21. In: Ebd., S. 114-120, hier: S. 120. Ein letztes Zeugnis der Verehrung an den Dänen legte Schumann in seinem Testament vom 6. Juni 1851 ab, indem er verfügte: »[...] möchte ich in Hinsicht meiner zurückbleibenden Kompositionen anordnen, daß Gade, oder ist dieser verhindert, J. Rietz über etwa noch herauszugebende Werke, natürlich im Einvernehmen mit meiner lieben Clara, entscheiden möchte, und zwar bitte ich nach vorheriger strengster kritischer Prüfung.« Vgl. Wolfgang Boetticher (Hrsg.): Robert Schumann in seinen Schriften und Briefen. Berlin

als auch Schumann kritische Töne für einander finden. Auf Schumanns skeptische Beobachtung Gades im Hinblick auf eine mögliche Verirrung in der Nationalmusik wird noch detaillierter einzugehen sein. Gade sparte nicht an Kritik, als er im Juni 1850 im Leipziger Gewandhaus die Uraufführung von Schumanns »Genoveva« op. 81 erlebte. Gegenüber Halfdan Kjerulf bemerkte er, dass er das Werk für einen »absoluten Fehlgriff« (»kolossalt Misgreb«) hielte.[27] Wie weit die Ehrung und Kritik zwischen Gade und Schumann insbesondere das Schaffen des sieben Jahre jüngeren Gade beeinflusste, lässt sich deutlich an drei Werken aus Gades früherer Schaffensperiode in den 1840er Jahre nachzeichnen: der »Ossian«-Ouvertüre und den Sinfonien Nr. 1 und Nr. 4.[28] Hier wird weiter vom Themenfeld »Nation und Poesie« zu reden sein.

Die Poesie im Frühwerk Niels W. Gades

Bei der Betrachtung des poetischen und kompositorischen Konzepts in Gades Frühwerk bedarf es einer kurzen Rückblende auf den kulturpolitischen Hintergrund Dänemarks. Bis in weit in das 18. Jahrhundert hinein wurde das dänische Musikleben von deutschen Einflüssen beherrscht. Eingewanderte Musiker und Komponisten hatten die Vorherrschaft übernommen. Erst mit Johann Abraham Peter Schulz, Friedrich Ludwig Æmili Kunzen, Christoph Ernst Friedrich Weyse oder Friedrich Kuhlau, obwohl allesamt eingewandert und deutschstämmig, erwachten am Ende des 18. Jahrhunderts das Bewusstsein und der Wille zur Errichtung einer eigenständigen Kultur. Das wachsende Bestreben nach nationaler Individualität und Identität wurde in die Künste transportiert. Vor allem die Wiederentdeckung der altnordischen Sagen und Mythen sowie die Renaissance des landestypischen Volksliedes stellten entscheidende Katalysatoren dar.

Von großer Wirkkraft war die bis 1814 erschienene, mehrbändige Sammlung mittelalterlicher dänischer Volkslieder, die die Literaten Abrahamson, Nyerup und Rahbek zusammengetragen hatten.[29] Besonders Gades Lehrer Andreas Peter Berggreen gab seine Faszination von diesem nationalen Heiligtum an seinen Schüler weiter. Berggreen war es auch, der als erster in Dänemark den Versuch unternommen hatte, ein ästhetisches Programm für eine national-dänische Musik zu formu-

---

1942 [= Klassiker der Tonkunst in ihren Schriften und Briefen 6, Hrsg. v. Herbert Gerigk], S. 433. Clara hielt sich allerdings nicht an den Wunsch und gab Schumanns Werke zusammen mit der Unterstützung von Johannes Brahms und Joseph Joachim heraus.

27 Worauf sich sein Missfallen allerdings konkret bezog, ist nicht zu ermitteln. Vgl. die Eintragung in Halfdan Kejrulfs Tagebuch, Juni 1850. In: Grinde, Dagbøker (Anm. 25), Bd. 1, S. 114.

28 Das Zusammenspiel der beiden Säulen Poesie und Nation bei Gade soll im Folgenden näher beleuchtet werden. Daher wird auf eine ausführliche werkimmanente Analyse verzichtet.

29 Udvalgte danske Viser fra Middelalderen. Hrsg. v. W.H.F. Abrahamson/Rasmus Nyerup/ Knud Lyhne Rahbek. 5 Bde. København 1812-1814.

lieren. Innerhalb seiner Sammlung »Folke-Sange og Melodier«[30] betonte Berggreen die Bedeutung der Volkslieder für die Darstellung des Volksgeistes.[31] Gade nahm diese theoretisch-ästhetische Basis für sich an und entwickelte daraus etwas, das Zeitgenossen mit dem relativ unscharfen Begriff des Nordischen Tones[32] belegten.

Erste Aufmerksamkeit erregte der 25-jährige Gade 1841 in Leipzig mit seiner preisgekrönten Ouvertüre »Efterklange af Ossian« op. 1 (»Nachklänge an Ossian«). Die Inspiration zu diesem 1840 komponierten Werk entsprang den »Ossian«-Dichtungen des Schotten James Macpherson.[33] Im Zentrum der letzteren stehen Dichtungen aus den schottischen Highlands, die nach einer der Hauptfiguren, dem nordischen Mythologie-Helden und Harfe spielenden Barden Ossian, benannt wurden. Der poetische Charakter der Ouvertüre ist nicht zu übersehen, sandte Gade sein Werk doch unter dem Motto »Formel hält uns nicht gebunden, unsre Kunst heißt Poesie« aus Ludwig Uhlands Gedicht »Freie Kunst«[34] (1812) zur Bewertung in

30 Andreas Peter Berggreen: Folke-Sange og Melodier, fædrelanske og fremmede, udsætte for Pianoforte. 4 Bde. København 1842-1855. Bis 1871 erschienen weitere Zusatzbände, so dass die Sammlung ca. 2.000 Lieder aus aller Welt enthält.

31 Vgl. Niels Martin Jensen: Niels W. Gade og den nationale tone. Dansk nationalromantik i musikalsk belysning. In: Ole Feldbæk (Hrsg.): Dansk Identitetshistorie. København 1991-1992, Bd. 3, S. 188-336, hier: S. 206. Zur Rezeption des Volksliedes als Träger nationalen Geistes vgl. ebd., S. 207ff. Zu den Ursprüngen des dänischen Nationalgedankens und seinem zunehmenden Eingang in die Musik vgl. Finn Mathiassen: Nationalismus und nationale Eigenart in der dänischen Musik des 19. Jahrhunderts. Einige vorläufige Erwägungen. (Übers. Erich Brüll). In: BzMw (1972), H. 14, S. 315-322, sowie Jensen, Gade, S. 219ff.

32 Grundlegend für den Nordischen Ton ist die skandinavische Volksmusik. Entsprechende Volkslieder oder ihnen nachempfundene Melodiemodelle werden genauso mit einbezogen, wie auch Tänze. Diese Volkstümlichkeit zeigt sich klanglich in Bordunquinten, der Verwendung von modalen Tonarten und einem harten und steten Wechsel zwischen Dur und Moll, wobei die Molltonarten generell bevorzugt werden. Ein deutlich hörbares Merkmal aber ist vor allem die ausgesprochene Leittonarmut in der Melodieführung. Hauptsächlich durch die Verwendung dieser urtümlichen Elemente in Rhythmus, Harmonik und Melodik hört man den Nordischen Ton gegenüber der traditionellen europäischen Tonsatzkunst als klare Abweichung heraus.

33 Die »Ossian«-Dichtungen gehören zu den großen Literaturfälschungen. 1760-1763 gab Macpherson die »Ossian«-Dichtungen mit der Behauptung heraus, die Verse und Gesänge lediglich übersetzt zu haben. Sie waren aber sein ureigene Erfindung. Trotzdem lösten die »Ossian«-Dichtungen in Europa durch ihre starke Empfindungskraft, die sich Naturbildern widerspiegelte, große Faszination aus. Die dänische Übersetzung von Steen Steensen Blicher (Ossians Digte. 2 Bde. Kjøbenhavn 1807-1809) hatte Gade gründlich studiert.

34 Zum besseren Verständnis der Ausführungen und aus dem Grund der nicht geringen Aussagekraft des Uhland-Gedichts als Motto Gades sei der Text hier in voller Länge wiedergegeben (Fassung nach: Ludwig Uhland: Werke. Hrsg. v. Hartmut Fröschle und Walter Scheffler. Bd. 1: Sämtliche Gedichte. München 1980): »Freie Kunst / Singe, wem Gesang gegeben / In dem deutschen Dichterwald! / Das ist Freude, das ist Leben, / Wenn's von allen Zweigen schallt. // Nicht an wenig stolze Namen / Ist die Liederkunst gebannt; / Ausgestreuet ist der Samen / Über alles deutsche Land. // Deines vollen Herzens Triebe, / Gib sie keck im Klange frei! / Säuselnd wandle deine Liebe, / Donnernd

einen Ouvertüren-Wettbewerb des Kopenhagener Musikforeningen ein – und gewann.

Es stellt sich die Frage, warum Gade sich ausgerechnet für das Zitat eines deutschen Dichters entschieden hatte. Uhland gehörte keinesfalls zu jenen Literaten, die bis *dato* durch die Vertonungen ihrer Dichtung besonders in Erscheinung getreten waren. Lediglich bei Conradin Kreutzer und Carl Loewe finden sich mehrere Uhland-Vertonungen.[35] Gade gebrauchte nach dem Motto in der »Ossian«-Ouvertüre in seinem Schaffen nur ein einziges weiteres Mal einen Uhland-Text. In den »Fünf Liedern für Männerchor« op. 26 (»Fem Sange for Mandskor«), 1853 komponiert und dem Pauliner Sängerverein zu Leipzig gewidmet, taucht als letztes Lied Uhlands »Das Reh« (1810) auf.[36]

Eine kurze Betrachtung des Gedichts soll der Frage nachgehen, warum Gade sein Motto der »Ossian«-Ouvertüre aus Uhlands »Freie Kunst« wählte. Das Gedicht leitet programmatisch den zweiten Almanach der Tübinger Romantiker, den von Kerner, Fouqué, Uhland u.a. 1813 herausgegebenen »Deutschen Dichterwald« ein. Der von Gade gewählte Ausschnitt »Formel hält uns nicht gebunden unsre Kunst heißt Poesie« benennt das zumindest in der Musik vorhandene Dilemma der nachklassischen Ära. Die Normen der Tradition, die in einen klassischen Formenkanon gegossen worden waren, standen in einem Konfliktverhältnis zum poetischen Ausdruckswillen und -vermögen der aufziehenden Romantik.[37] Der Verweis auf die eigene künstlerische Freiheit trotz der bestehenden Verbundenheit mit der Tradition

---

uns dein Zorn vorbei! // Singst du nicht dein ganzes Leben, / Sing doch in der Jugend Drang! / Nur im Blütenmond erheben / Nachtigallen ihren Sang. // Kann man's nicht in Bücher binden, / Was die Stunden dir verleihn: / Gib ein fliegend Blatt den Winden! / Muntre Jugend hascht es ein. // Fahret wohl, geheime Kunden, / Nekromantik, Alchimie! / Formel hält uns nicht gebunden, / Unsre Kunst heißt Poesie. // Heilig achten wir die Geister, / Aber Namen sind uns Dunst; / Würdig ehren wir die Meister, / Aber frei ist uns die Kunst! // Nicht in kalten Marmorsteinen, / Nicht in Tempeln, dumpf und tot: / In den frischen Eichenhainen / Webt und rauscht der deutsche Gott.« Vertont wurde das Gedicht u.a. von Conradin Kreutzer, Ignaz Moscheles und Carl Heinrich Saemann.

35 Vgl. Walther Dürr: Uhland im Lied. Zur Interpretation der Gedichte durch Musik. In: Ludwig Uhland. Dichter – Politiker – Gelehrter. Hrsg. v. Hermann Bausinger. Tübingen 1988, S. 201-216, hier: S. 205. Bezeichnenderweise findet sich aber auch in Schumanns Liedschaffen kaum ein Uhland-Text. Lediglich versteckt tauchen im »Album für die Jugend« op. 79 mit »Des Knaben Berglied« und »Die Schwalben« zwei kleine Strophenlieder auf. Häufiger nutzte Schumann Uhland-Vorlagen dagegen in seiner Chormusik. Eben dort findet sich eine Reaktion auf Gades »Ossian«, vorrangig in den späten Balladen für Solo, Chor und Orchester. Vgl. dazu: John Daverio: Schumann's Ossianic manner. In: 19th Century Music (1998), Vol. XXI/3, S. 247-273.

36 Den anderen vier Liedern liegen Gedichte von Emanuel Geibel, zwei Mal Otto Roquette und Ludwig Bechstein zugrunde. Vgl. Dan Fog: N.W. Gade-Katalog. En fortegnelse over Niels W. Gades trykte kompositioner. København 1986.

37 Vgl. Siegfried Oechsle: Symphonik nach Beethoven. Studien zu Schubert, Schumann, Mendelssohn und Gade. [Zugl. Diss., Kiel 1989]. Kassel/Basel/London u.a. 1992 [= Kieler Schriften zur Musikwissenschaft XL], S. 135f. Weiteres zur Aussage des Uhland-Gedichtes vgl. dort.

tritt bei Uhland in der Zeile »Würdig ehren wir die Meister, aber frei ist uns die Kunst!« deutlich zu Tage.

Der poetische Charakter des Uhland-Gedichts, der grundsätzlich für die Gestaltung der Ouvertüre gilt, und Gades Naturbegeisterung, die er während einer Reise durch Schweden und Norwegen 1838, zusammen mit der Inspiration von literarischen Vorlagen für das eigene musikalische Schaffen, scheinen den jungen Gade mit der Musikanschauung des jungen Schumann zu verbinden.[38] Wie bereits erwähnt, bewunderte Gade besonders dessen Frühwerk. Anders als Schumann wandte sich der Däne jedoch nicht dem lyrischen Charakterstück, sondern einer symphonischen Gattung zu. Kurz vor und nach der »Ossian«-Ouvertüre entstanden mehrere orchestrale Werke, darunter einige Ouvertüren, die literarisch inspiriert wurden: »Jugendträume« (1838), »Agnete og Havmanden« (»Agnete und der Wassermann«, nach Hans Christian Andersen), »St. Hansaften Spil« (nach Adam Oehlenschläger). Einzig die »Ossian«-Ouvertüre aber wurde aus dieser Reihe veröffentlicht. Kehrt man zu ihrer Konzeption zurück, so hatte Gade augenscheinlich das Volkstümliche des Uhland-Textes sowie die Thematisierung von Natur und Lied besonders gereizt. So wandte er in der Ouvertüre mit der Integration eines Volksliedes erstmalig ein Prinzip an, das später in der c-Moll-Sinfonie seine größte Reife erlangen sollte. Aus der Volksliedsammlung von Abrahamson, Nyerup und Rahbek entnahm er die Melodie »Ramund var sig en bedre mand« und formte sie zum Hauptthema der Ouvertüre. Glanzpunkt des Werks ist aber zweifellos der Nordische Ton und die dunkle, melancholische Stimmung, die das Werk zu einem poetischen Schmuckstück werden lassen. Ganz dem Uhland-Motto verhaftet, hält sich Gade daher wenig an ein konventionelles Formgerüst. Der Zusammenhalt der Ouvertüre konstituiert sich eher aus den poetischen Charakteristika wie dem folkloristischen Ton, dem kantablen Melodieverlauf und aus der versatzweise auftauchenden Harfe als direkter Hinweis auf Ossian selbst.[39]

Nach einer Aufführung in einem Gewandhauskonzert im Januar 1842 war die Presse voll des Lobes über Gades originelles Werk: »Es that dem Publicum wohl, nachdem es seit Jahren unaufhörlich in dem glühenden Strome der Beethovenschen Musik hatte schwimmen müssen, zur Abwechslung ein kaltes Sturzbad in den Eisbergen des Nordens zu genießen.«[40] Auch Schumann gab wenige Tage später in seiner NZfM eine fundierte Rezension zur Ouvertüre ab, die bereits seine Skepsis gegenüber dem nationalen Element in seiner Begrenztheit und Starrheit zum Ausdruck bringt und seine spätere Kritik an der c-Moll-Sinfonie vorwegnimmt:

> [D]ie vorliegende Ouvertüre ist durch ihren Charakter, ihre poetische Färbung und eine gewisses düsteres nationelles Element im hohen Grade interessant. Für die letztere Eigenschaft muß der Hörer freilich, wie für alles Nationelle, den empfänglichen Sinn

38 Vgl. Oechsle, Symphonik (Anm. 37), S. 137,

39 Zur ausführlichen Darstellung der Konstitution der Ouvertüre vgl. ebd., S. 135ff., und Anna Harwell Celenza: The early works of Niels W. Gade. In search of the poetic. Aldershot 2001, S. 123ff.

40 Anonymus: Niels W. Gade. In: Die Grenzboten (1850) S. 809-816, hier: S. 809.

> mitbringen, weil dieselbe eine gewisse Einförmigkeit des Ausdrucks, und ich möchte sagen Kälte des Tones bedingt; [...].[41]

Man muss sich vor Augen halten, dass es sich bei der »Ossian«-Ouvertüre bei näherer Betrachtung durchaus nicht um ein rein ›nordisches‹ Werk handelt, als das es stets rezipiert und in der Fachliteratur diskutiert wird. Vielmehr entpuppt sich die Ouvertüre bei näherer Betrachtung als ein ›Kulturpuzzle‹ aus aussagekräftigen Elementen verschiedener Kulturräume.[42] Das Motto, das Gade wählte, stammt nicht nur aus dem deutschen Sprachraum, sondern ist auch jenem Gedicht Uhlands entlehnt, das den »deutschen Dichterwald« besingt. Das Sujet oder – wenn man so will – Programm der Ouvertüre ist der nordischen Mythologie entlehnt und durch den Barden Ossian konkret in Schottland lokalisiert. Die entscheidenden dänischen Anteile finden sich im Titel so wie in erster Linie in der Verwendung eines dänischen Volksliedes als Hauptthema der Ouvertüre wieder. Das »Ramund«-Lied vermischt sich wiederum mit den Elementen einer als volkstümlich-nordisch empfundenen, musikalischen Gestaltungsweise. Deutlich zeigt sich vor diesem Hintergrund, dass Gades Inspiration rein literarischen Ursprungs war. Dies stellt einen Unterschied zu beispielsweise Felix Mendelssohn Bartholdys »Hebriden«-Ouvertüre op. 26 dar, die oft als Vorbild für Gades Ouvertüre benannt wird.[43] Sie thematisiert zwar mit Schottland dieselbe Region, bei Mendelssohn entspringt der poetische Gedanke jedoch dem Eindruck vor Ort, dem Erleben von Landschaft und Natur auf einer Reise durch Schottland 1829. Anders als Mendelssohn hatte Gade zum Zeitpunkt der Entstehung der »Ossian«-Ouvertüre Schottland jedoch niemals betreten. So stellt die Ouvertüre also ein rein poetisches Gebilde dar, ohne jeglichen biografischen Bezug des Erlebens vor Ort. Das Schwanken zwischen den Kulturen und die puzzleartige Anordnung ihrer Elemente zeigen, dass sich Gade verschiedener Versatzstücke bediente, um daraus ein poetisches Klangbild zu malen. Die Erschaffung einer national behafteten Musik war nicht das vorrangige Ziel gewesen.

Klarer wird das Streben nach Nationalem erst mit der c-Moll-Sinfonie, die eindeutig den Regionen Dänemarks verhaftet ist. Die Sinfonie entstand 1842, zwei Jahre nach der »Ossian«-Ouvertüre. Ein Blick auf die hervorstechendsten Merkmale soll sowohl Gades Kurs mit Richtung auf eine ›typisch‹ dänische Musik als auch die Grundlage für die weitere Auseinandersetzung Schumanns mit diesem Stil liefern. Die große Leistung von op. 5 birgt die erneute Integration eines – wenn

41 [Robert Schumann]: Nachklänge von Ossian. In: NZfM (1842), H. 16, 41f., hier: S. 42.

42 Celenza stellt die These auf, dass die »Ossian«-Ouvertüre im Hinblick auf die Veröffentlichung in einem deutschen Verlag einzig und allein nach dem deutschen Publikumsgeschmack konzipiert worden sei. Was dem deutschen Publikumsgeschmack konkret entgegenkommen sollte bzw. ihn ausmachte, wird allerdings nicht näher erläutert. Vgl. Celenza, Works (Anm. 39), S. 123, 187ff.

43 Vgl. dazu R[alph] Larry Todd: Mendelssohn's Ossianic Manner, with a New Source – On Lena's Gloomy Heath. In: Jon W. Finson u. ders. (Hrsg.): Mendelssohn and Schumann. Essays on Their Music and Its Context. Durham, N.C. 1984, S. 137-160.

auch von Gade nachempfundenen – Liedes im Volkston. Gades Lied »Paa Sjølunds fagre Sletter« (»Auf Seelands lieblichen Ebenen«) nach dem Gedicht »Kong Valdemars Jagt« (»König Valdemars Jagd«) des dänischen Nationaldichters Bernhard Severin Ingemann (1789-1862) stellt das melodische Material in drei von vier Sätzen und verleiht dem Gesamtwerk seinen folkloristischen, rustikalen Charakter.

»Paa Sjølunds fagre Sletter« erklingt in seiner vollen Länge quasi als Motto in der langsamen Einleitung des Kopfsatzes. Aus diesem Melodiemodell formt Gade im weiteren Verlauf die meisten seiner Themen oder Motive.

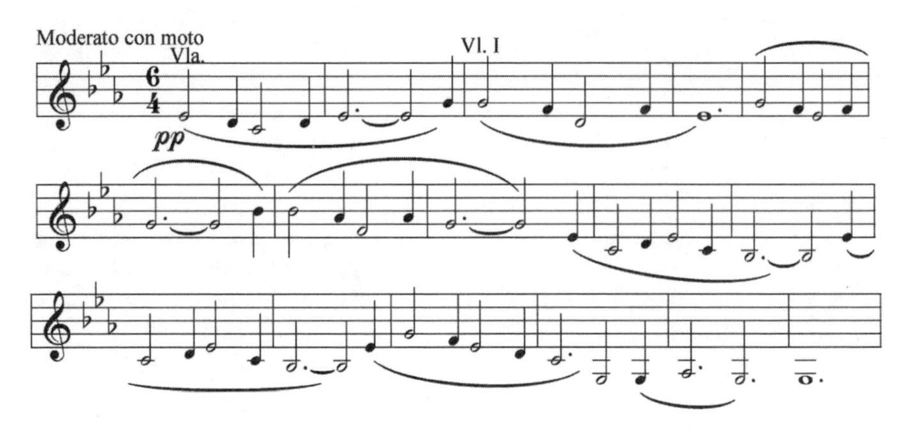

Abb. 1: »Sinfonie c-Moll« op. 5, 1. Satz, T. 1-16.

Für die Verwendung der Liedthematik in den anderen Sätzen wird insbesondere das Terzmotiv aus dem Vorsatz des Liedes (T. 1-4) genutzt. Es taucht in verschiedenen Varianten mit oder ohne Durchgangsnoten auf. Durch die Gewichtung dieses liedhaften Themas innerhalb des ersten Satzes kehrt Gade die Charaktere des Sonatensatzes um.[44] Folgerichtig stellt das Seitenthema im Kontrast zur Hauptliedthematik eine Dur-Variante des Terzmotivs dar, das mit einer punktierten Rhythmik versehen wird:

44 Vgl. Wulf Konold: Die Symphonien Felix Mendelssohn Bartholdys. Untersuchungen zu Werkgestalt und Formstruktur. Laaber 1992, S. 347.

Abb. 2: »Sinfonie c-Moll« op. 5, 1. Satz, T. 124-126

Im zweiten Satz, einem siebenteiligen Scherzo, verwendet Gade das Terzmotiv ohne die Durchgangsnoten in einer Dur- und einer Mollvariante:

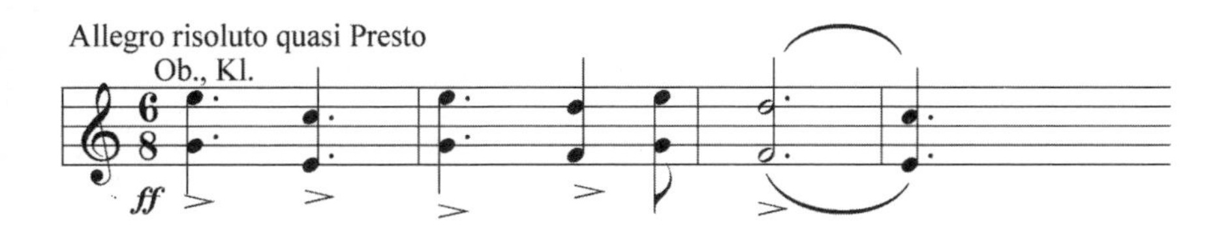

Abb. 3: »Sinfonie c-Moll« op. 5, 2. Satz, T. 9-12

Im Finale kehrt das Liedthema in der Abspaltung des Terzmotivs zu einer kreisenden Achtelbewegung wieder. Daneben tauchen immer wieder als Originalzitat die ersten vier Takte des Liedmottos auf, die der Sinfonie somit eine zyklische Form verleihen. Zum Schluss monumentalisiert Gade »Paa Sjølunds fagre Sletter«, indem er es in der Vergrößerung als Variante in C-Dur auftreten lässt (IV. Satz, T. 539-546).

Der entscheidende Schritt, den Gade in seiner Sinfonie unternimmt, ist der Austausch eines offenen, fortspinnungsfähigen Materials gegen die geschlossene Thematik eines Liedes. Dies hat allerdings zur Folge, dass statt vermittelnder motivisch-thematischer Arbeit lediglich eine »Montagetechnik« der Liedfragmente in den einzelnen Satzabschnitten möglich ist.[45] Durchführungen finden nicht statt, vielmehr werden die Motive blockartig nebeneinander gesetzt. Dadurch geschehen allerdings häufige, bisweilen ermüdende Wiederholungen eines Themenabschnittes, den Gade oft nur in eine andere Tonart rückt.

In Gades weiterem symphonischem Schaffen sollte diese ausgeprägte Art der Verwendung eines folkloristischen Liedmaterials als Basis für thematische Arbeit allerdings einmalig bleiben.[46] Nicht zuletzt Schumanns Einwände gegen eine solch

---

45 Vgl. Friedhelm Krummacher: Gattung und Werk – Zu Streichquartetten von Gade und Berwald. In: Ders. u. Heinrich W. Schwab (Hrsg.): Gattung und Werk in der Musikgeschichte Norddeutschlands und Skandinaviens. Referate der Kieler Tagung 1980. Kassel/Basel/London 1982, S. 154-175, hier: S. 165.

46 Vgl. Jensen, Gade (Anm. 31), S. 135.

überbordende Darstellung von Folklore und ihre Verarbeitung bewegten den Dänen zu einem neuen Kurs.

Schumanns Kritik an Gade

Bereits ein Jahr bevor Schumann seinen Aufsatz über Gade in der NZfM veröffentlichte, finden sich Hinweise darauf, dass er die Schwächen der c-Moll-Sinfonie klar erkannt hatte. Nach der Uraufführung des Werkes am 2. März 1843 ist in Schumanns Tagebuch ein Kommentar zu lesen, der auf die eben angesprochene Einseitigkeit der thematischen Arbeit verweist und bereits das Problemfeld ›Nationalmusik‹ anschneidet.

> Eine Symphonie von Gade interessierte uns am meisten, entsprach jedoch nicht ganz unseren Erwartungen. Das Scherzo ist wohl das Originellste vom Ganzen, im Uebrigen ist sehr viel Schubert, wenig eigene Gedanken, jeder Satz dreht sich um Einen, daß es bis zur Ermüdung wird. Ich glaube, Gade ist bald fertig, sein Talent scheint sich nur bis auf einen gewissen Genre zu erstrecken, wo er sich aber bald erschöpfen muß, denn der nordische Nationalcharacter (der Genre den ich meine) wird bald monoton, wie wohl überhaupt alle Nationalmusik. (Tb II, 259)

Schumann hatte sich bereits 1836 öffentlich mit dem Thema Nationalmusik beschäftigt. In einem Artikel über Frédéric Chopin[47] hatte er die Frage beleuchtet, wie dieser sich aus der Enge seiner nationalen Tonsprache befreien könne, um Größeres zu erreichen. Er empfahl ihm, sich von ihr zu lösen, um »seine Bedeutung für das Allgemeine in der Kunst« weiter zu mehren.[48] Auch hier findet sich im Ausdruck »Allgemeine« die bereits angesprochene Betonung Schumanns der Wertigkeit der Universalmusik wieder. Eine gleichartig kritische Haltung nahm Schumann acht Jahre später in seinem umfangreichen Gade-Artikel ein.

Bisher unbemerkt oder unberücksichtigt blieb das Zitat Theodor Körners, das Schumann – ganz modusgemäß für das Titelblatt der NZfM unter Schumanns Redaktion – seinem Gade-Portrait voranstellte. Aus Körners Gedicht »An den Heldensänger des Nordens« entnahm Schumann die Strophe: »Und es kommt mit Nordens Größe / Mit der deutschen Helden Sage/Und mit alten kühnen Thaten / Alte Liederkraft herauf.«[49] Kein ungeschicktes Manöver, richtet Schumann damit den Blick

---

47 [Schumann], Chopin (Anm. 2), S. 138.

48 Ebd., S. 138.

49 Auch hier sei zum besseren Verständnis das Gedichte in voller Länger wiedergegeben (Fassung nach Theodor Körner's sämmtliche Werke. Mit einer Einleitung v. Ernst Hermann. 10. Auflg. Berlin 1882): An den Heldensänger des Nordens / (De la Motte Fouqué) // Aus dem Tiefsten meiner Seele / Biet' ich dir den Gruß des Liedes; / Aus des Herzens tiefsten Tiefen/Biet ich dir der Liebe Gruß. // Hab' dich nimmer zwar gesehen, / Nie erblickt des Skalden Antlitz, / Der mit großen, heil'gen Worten / Mir Begeistrung zugeweht. // Aber leicht wollt' ich dich kennen / In dem weiten Kreis der Menge, / Diese Brust voll Kraft und Liebe, / Diesen liedersüßen Mund, // Der so schön das Schöne webte, / Der so wild das Wilde fasste, / Der so kühn das Kühne löste / Und die

des Lesers zur Einstimmung doch gleich auf das archaische Moment der Heldensagen und -gesänge und suggeriert, dass das Deutsche und der Norden gemeinsam eine alte, heldenhafte Kultur heraufbeschworen hatten. Der Verdacht, dass Schumann diese Passage mit Bedacht gewählt hatte, lässt die Beobachtung zu, dass diese Strophe die einzige ist, in dem der Norden und Deutschland miteinander verwoben sind. Im Zentrum des Körner-Gedichtes steht dagegen eine klare Huldigung an die Skalden.[50] Wenn Schumann nun dieses Körner-Zitat seinem Artikel über einen dänischen Komponisten voranstellt, so betont er die kulturelle Verwringung des Nordens mit dem Deutschen im Sinne eines möglicherweise ›Germanischen‹. Darin zeigt sich wiederum Schumanns Forderung nach Auflösung und Überwindung des Nationalen im Universalen zur Entwicklung einer musikalischen Weltsprache. Im Verlauf des Artikels zieht sich Schumann daher auf die Frage nach der Ästhetik der Nationalmusik zurück, die zu diesem Zeitpunk auch in Leipzig stark diskutiert wurde.[51] In diesem Zusammenhang erwähnt er, vermutlich als Erster, das Phänomen einer ›nordischen‹ Musik, als er der »Ossian«-Ouvertüre einen »entschieden ausgeprägten nordischen Charakter« bescheinigte.[52] Damit ahnte er den bereits erwähnten emanzipatorischen Hintergrund »von der Herrschaft deutscher Musik«[53] bei Gade voraus. Die Warnung aber lautete: »Dabei ist nur eines zu wünschen, daß der Künstler in seiner Nationalität nicht etwa untergehe, daß seine »nordscheingebährende« Phantasie, wie sie Jemand bezeichnete, sich reich und vielgestaltig zeige [...]«.[54] Nach Schumanns Auffassung konnte ein Komponist also zwar seine

---

große Tat so groß. // Ach! in deines Liedes Tönen, / Wo die kühnen Heldenkinder / Kräftig mit dem Schicksal ringen, / Stand mir neues Leben auf. // Hohe, mächtige Gestalten, / Wackre Degen, stolze Recken / Und der Asen tiefes Walten / Ziehen durch des Skalden Lied. // Und es kommt mit Nordens Größe / Mit der deutschen Heldensage / Und mit alten, kühnen Taten / Alte Liederkraft herauf. // Also hast du kühn begonnen / In der Zeiten Stolz und Lüge, / Also hast du schön vollendet, / Edler Skalde, wackres Herz. // Seit solch Singen mich begeistert / Zieht mich all der Seele Streben / Deiner starken Welt entgegen, / Zu des Nordens lichtem Kreis, // Wo der Helden kühnstes Wagen / Auch den kühnsten Skalden weckte, / Dass er zu dem Götterkampfe / Göttlich in die Saiten schlug. // Drum für diesen neuen Morgen, / Der in meiner Brust erwachte, / Für den Frühling meiner Träume, / Wackrer Skalde, dank' ich dir; // Biete dir aus tiefer Seele / Einmal noch den Dank des Liedes, / Biete aus des Herzens Tiefen / Dir noch einmal meinen Gruß.

50 Die Thematisierung dieser altnordischen Dichter ist wiederum auf eine Auswirkung der »Ossian«-Dichtungen im deutschen Sprachraum zurückzuführen. 1766 hatte Heinrich Wilhelm von Gerstenberg, der zu dieser Zeit in den Diensten des dänischen Königs in Kopenhagen stand, im »Gedicht eines Skalden« direkt die Ausstrahlung »Ossians« aufgegriffen.

51 Vgl. Schwab, Gade (Anm. 14), S. 48.

52 Schumann, Gade (Anm. 1), S. 2. Zur ersten Benennung der ›nordischen‹ Musik durch Schumann vgl. Heinrich W. Schwab: Niels W. Gade als Lehrer von Edvard Grieg. In: Ekkehard Kreft (Hrsg.): Kongressbericht. 3. Deutscher Edvard-Grieg-Kongress. Altenmendingen 2001, S. 106-121, hier: S. 110.

53 Schumann, Gade (Anm. 1), S. 1.

54 Ebd., S. 2.

nationale Originalität gestalten, sollte sie aber in dem Augenblick abstreifen, wenn sie zur Manier zu werden drohte. Damit berührte er erneut das Problem von musikalischer Regionalität und Internationalität. Indirekt stellte er die Frage, ob internationale Größe durch die Distanzierung vom Nationalen erst möglich sei.

Bemerkenswerterweise wurde Schumanns Aufsatz über Gade noch im selben Monat in einer dänischen Übersetzung in der Zeitschrift »Fædrelandet«[55] in Kopenhagen veröffentlicht. Dies ist vor allem deshalb von Bedeutung, da in etwa zur selben Zeit in der dänischen Hauptstadt die Diskussion darüber geführt wurde, ob und welche Kraft die Musik im Identitätsfindungsprozess des Landes bieten könne.[56] Eine Auseinandersetzung sowohl mit der Entwicklung einer Nationalmusik, die möglicherweise mit der Kunst Gades verknüpfbar war, fand also auch hier statt. Im Umkehrschluss des Mottos seines op. 1 bedeuteten diese Kritiken für Gade, dass er Gefahr lief, nicht durch Formel, sondern durch seine Poesie, genauer seine nationale Poetik, gebunden zu bleiben.

Weder von Gade noch von Schumann sind konkrete Aussagen oder Erinnerungen an Diskussionen über die Möglichkeiten und Grenzen von Nationalmusik überliefert. Trotzdem lassen sich auf anderem Wege Hinweise dafür finden, dass Gade Schumanns Kritik reflektierte und weiter zu vermitteln versuchte. Besonders sein Verhältnis zu Edvard Grieg gibt darüber Aufschluss. Der Däne ließ Zeit seines Lebens nicht davon ab, den Norweger dazu aufzufordern, weniger ›norwegisch‹ sondern ›universeller‹ zu schreiben. Noch 1888, Grieg hatte sich längst als Nationalkomponist etabliert, entrüstete sich Gade darüber, dass in der norwegischen Musik bald mehr »Nordlicht als Musik zu finden sei.«[57] Gade selbst hatte in den 1870er Jahren bereits betont, dass er am Nationalen endgültig ermüdet sei.[58] Er hielt den Nordischen Ton für ausgeschöpft und resümierte: »Es ist nichts mehr daraus zu machen!« (»Der er ikke mere at bringe ud deraf.«)[59]

Diese Kehrtwende begann bereits gegen Ende der fünf Leipziger Jahre 1848. Ein untrügliches Indiz, dass Gade »schlangengleich« seine nationale Hülle abstreifte, um seinen Stil zu modifizieren, bietet die »Symphonie Nr. 4 B-Dur« op. 20.

---

55 »Fædrelandet« wurde 1839 als politisches Wochenblatt von jungen Politikern (u.a. Orla Lehmann) gegründet und später von Carl Ploug übernommen, der besonders die Einheit des Nordens als Losung aufstellte.

56 Vgl. Schwab, Gade (Anm. 14), S. 50.

57 Zit. n. ebd., S. 51, Anm. 43. Das Originalzitat findet sich in: Eduard Hanslick: Reisebriefe aus Skandinavien. In: Musikalisches und Litterarisches. Berlin ^{3}1980 [= Der Modernen Oper V. Theil], S. 326f.

58 Edvard Grieg an Gottfred Matthison-Hansen. Brf. v. 17. Oktober 1877. In: Gunnar Hauch (Hrsg.): Breve fra Grieg. København/Kristiania u.a. 1922, S. 45f.

59 Zit. n. Angul Hammerich: J.P.E. Hartmann. Biografiske Essays. København 1916, S. 93.

Gade als Kosmopolit? Die »Sinfonie Nr. 4 B-Dur« op. 20 (1850) und ihre Rezeption

Die B-Dur-Sinfonie entstand ein knappes Jahr nach Gades Rückkehr nach Kopenhagen innerhalb weniger Monate zwischen Weihnachten 1849 und März 1850.[60] Gade hatte bereits in vorausgehenden Werken den Versuch unternommen, sich einem universelleren Stil anzunähern. Erste Anzeichen finden sich im 1848/49 entstanden »Streichoktett F-Dur« op. 17 sowie in den »Tre karakterstykker« op. 18 für Klavier vierhändig. Der »Nordische Telegraph« urteilte 1848, dass sich Gade besonders in letzterer Komposition weit von seiner nordischen Tonsprache entfernt habe und die Einflüsse Schuberts und Spohrs deutlich spürbar seien.[61] Der in diesen Vorarbeiten angedeutete Stil fand seine reinste Ausprägung in der kurz darauf folgenden B-Dur-Sinfonie.

Als Beispiel für den neuen, universellen Kompositionsstil kann der dritte Satz exemplarisch stehen. Das Scherzo in g-Moll ist von zwei konträren Prinzipien durchdrungen. Auf der einen Seite bestimmen die an Mendelssohns Elfenscherzi erinnernden Staccatofiguren in den Streichern und die Piano-Dynamik die Bewegung und die Lockerheit des Satzes. Demgegenüber steht eine vermeintlich starre Abgrenzung der fünf Abschnitte Scherzo, Trio 1, Scherzo, Trio 2, Scherzo. Bei näherer Betrachtung stehen diese Teile sich jedoch nicht als unverbundene Blöcke gegenüber. Vielmehr erschafft Gade im Aufbau des Satzes durch Wiederaufnahme von Themen aus den beiden Trios in das darauf folgende Scherzo ein dichtes motivisches Geflecht.[62] Der Klangeindruck ist der der Leipziger Schule verhaftet. Kaum Dunkelartiges, keine Folklore, dafür jedoch Leichtigkeit und Harmonie- und Konsonanzfreudigkeit. In keiner anderen seiner acht Sinfonien zeigt Gade einen derartig ausgeprägten Sinn für thematische Arbeit und ein Gespür für die symphonische Form und ihre Ansprüche.

Die B-Dur-Sinfonie erlangte große Popularität. Obwohl sie mit zu den meistgespielten Orchesterwerken im 19. Jahrhundert gehörte – allein im Gewandhaus kam sie in 36 Jahren 18 Mal zur Aufführung – war ihre Rezeption überraschend unstimmig.[63] Innerhalb von Gades Schaffen löste sie die konträrste Diskussion aus. In Kopenhagen wurde sie 1850 positiv aufgenommen und die vollendete Form des

---

60 Der Gade-Katalog gibt für die Entstehung lediglich das Jahr 1850 an. Halfdan Kjerulf hielt allerdings in seinen Tagebüchern fest, dass Gade bereits Weihnachten 1849 an einer neuen Sinfonie arbeitete. Fog, Gade-Katalog (Anm. 36), S. 24, sowie Grinde, Dagbøker (Anm. 25), S. 67. Das Abschlussdatum des Druckmanuskripts war der 22. März 1850. Vgl. Niels Bo Foltmann: Niels W. Gade: Symphony No. 4 op. 20. Preface. Hrsg. v. Niels Bo Foltmann. København 1995 [= Niels W. Gade: Works I:4], S. IX.

61 Zit. n. Inger Sørensen: Niels W. Gade. Et dansk verdensnavn. København 2002, S. 133.

62 Vgl. Schwab, Gade (Anm. 14), S. 52f.

63 Zur konträren Rezeption der B-Dur-Sinfonie vgl. Yvonne Wasserloos: Kulturgezeiten. Niels W. Gade und C.F.E. Horneman in Leipzig und Kopenhagen. Hildesheim/Zürich/New York 2004, S. 281ff.

Werkes gelobt.[64] In Leipzig waren 1851 die Reaktionen des Publikums zwar wohlwollend, aber weitaus weniger enthusiastisch als bei der ersten Begegnung mit der »Ossian«-Ouvertüre oder der c-Moll-Sinfonie. Julius Rietz hatte die Vierte im Vorfeld sogar als »unbedeutend« bezeichnet.[65]

Diese vereinzelten Reaktionen weisen daraufhin, dass der Teil der ›Verehrer‹ des Nordischen Tones sich enttäuscht sah. Deutliche Worte fand die NZfM. Gade wurde vorgeworfen, in seinem Bestreben, – und dieses Attribut ist entscheidend – »deutsch« zu sein, seine Eigentümlichkeit bzw. »Ursprünglichkeit« verloren zu haben.[66] Kritiker der Gadeschen »Formel« hingegen stellten in der B-Dur-Sinfonie die Beherrschung der symphonischen Arbeit fest. So urteilte ein Rezensent der »Rheinischen Musik-Zeitung«, dass weder eine starke Anlehnung an Mendelssohn zu erkennen noch, dass das Werk bedeutungslos sei. Vielmehr bewahre der Däne hier seine Selbständigkeit und bestäche durch die »wohlgruppiertesten und wohlklingendsten Tonfiguren«.[67] Gade selbst scheint die Sinfonie unter seinen Kompositionen hochgeschätzt zu haben. Auffällig häufig führte er sie bei Einladungen als Gastdirigent auf, so z.B. in Hamburg, Amsterdam oder 1881 beim »Niederrheinischen Musikfest« in Düsseldorf. Vor allem aber in Leipzig erfreute sie sich größter Beliebtheit.

Sinfonie	Gewandhaus Anzahl/Zeitraum	Musikforeningen Anzahl/Zeitraum
Nr. 1 c-Moll op. 5 (1842)	14 / 1843 (UA) -1893	5 / 1843-1878
Nr. 2 E-Dur op. 10 (1844)	4 / 1844 (UA) -1883	1 / 1844
Nr. 3 a-Moll op. 15 (1847)	14 / 1847 (UA) -1891	7 / 1849-1894
Nr. 4 B-Dur op. 20 (1850)	18 / 1851-1885	5 / 1850 (UA) –1879
Nr. 5 d-Moll op. 25 (1852)	1 / 1853	1 / 1852 (UA)
Nr. 6 g-Moll op. 32 (1857)	1 / 1857	7 / 1857 (UA) -1891
Nr. 7 F-Dur op. 45 (1864)	1 / 1865 (UA)	4 / 1865-1898
Nr. 8 h-Moll op. 47 (1871)	1 / 1872	2 / 1871 (UA) -1872
	Σ: 54 / 1843-1893	Σ: 32 / 1843-1898

Aufführungen von Gade-Sinfonien im Gewandhaus Leipzig
und Musikforeningen Kopenhagen 1843-1898.[68]

64 Vgl. Kai Aaage Bruun: Dansk musiks historie fra Holberg-tiden til Carl Nielsen. København 1969, Bd. 2, S. 108f.

65 Grinde, Dagbøker (Anm. 25), Bd. 1, S. 247.

66 Vgl. F. G.: Leipziger Musikleben. In: NZfM (1851), H. 34, S. 37f., hier: S. 37.

67 Siebentes Gesellschafts-Concert im Casino-Saale. In: Rheinische Musik-Zeitung (1854), H. 4, S. 87f., hier: S. 87.

68 Aufstellung nach den Angaben bei Knud Atlung: Niels W. Gades Værker. Nogle historiske og musikalske bemærkninger. In: Dansk Musiktidsskrift (1937), H. 12, S. 149-154 u. S. 177-185, hier: S. 154ff. Diese Statistik kann nur Tendenzen der Bevorzugung oder Ablehnung einer Sinfonie widerspiegeln. Zu berücksichtigen ist, dass in Leipzig pro Konzertsaison allein in der Abonnementsreihe, also ohne Extra-Konzerte usw., bereits 20

Auffälligerweise ebbte gerade in Leipzig das Interesse an Gade nach der B-Dur-Sinfonie ab. Es scheint, als sei mit der Präsentation des Höhepunkts des Gadeschen Stilwandels das Interesse an ihm durch die fehlende ›Nördlichkeit‹ fast vollständig erloschen. Dafür spricht auch, dass neben den oben genannten Zahlen in Leipzig nur jene Werke ähnlich hohe Aufführungszahlen erlangten, die aus seiner nordischen Frühphase stammten. An erster Stelle stehen hier die »Ossian«-Ouvertüre und die Ouvertüre »Im Hochland« op. 7 mit 11 bzw. 16 Aufführungen in den Jahren 1842 bis 1878.[69]

In den Jahren 1850 bis 1875 kam die B-Dur-Sinfonie mit genau 90 Aufführungen außerhalb Kopenhagens allein in Europa bald doppelt so häufig zur Aufführung wie die c-Moll-Sinfonie, die 53 Mal – allerdings weltweit – gespielt wurde.[70] Dies lässt darauf schließen, dass der Däne die größten Erfolge mit jenen Sinfonien feiern konnte, in denen er sich mit einem klaren Stil präsentierte. Dies betraf sowohl die nordische ›Eigentümlichkeit‹ der c-Moll-Sinfonie als auch den Universalstil der B-Dur-Sinfonie. Damit liefert Gade eine klare Bestätigung für Carl Dahlhaus' These, dass im 19. Jahrhundert der internationale Erfolg eines Komponisten »kein Korrelat weltbürgerlicher Gesinnung« bedeutete, aber auch ein »musikalisches Kosmopolitentum« kein Hindernis für länderübergreifende Anerkennung darstellte.[71]

Der »Heldensänger des Nordens«

Das Motto von Gades op. 1 lautete: »Formel hält uns nicht gebunden, unsre Kunst heißt Poesie«. Mit dieser Konstellation von poetischer Inspiration und einem Geflecht von volkstümlichen Elementen hatte Gade seine Komponistenkarriere eingeläutet. In der Auseinandersetzung mit den ästhetischen Prämissen Schumanns wandelte sich sein Eigenbild von einem ›nordischen‹ Komponisten zu einem Kosmopoliten. Somit vollzog Gade nicht nur Übergänge zwischen den Künsten Literatur und Musik, sondern auch den Kulturen Dänemarks und Deutschlands und ihren ästhetischen Ansprüchen. Indem er den dänischen Volksliedton in die symphonische Form integrierte, hob er nationales Volksgut aus seiner kulturellen Abgeschlossenheit heraus und transportierte es durch das Medium der symphonischen

---

Konzerte stattfanden. In Musikforeningen waren es hingegen erst sechs, unter Gade später zehn Abonnementskonzerte. Die Zahlenverhältnisse führen daher im Punkt der Quantität zu einem verzerrten Ergebnis aufgrund unterschiedlicher Ausgangslagen in den beiden Konzertunternehmen.

69 In Musikforeningen sind für die »Ossian«-Ouvertüre hingegen nur fünf, für die Ouvertüre »Im Hochland« nur zwei Aufführungen in den Jahren 1841 bis 1874 nachweisbar. Zahlen nach Alfred Dörffel: Festschrift zur hundertjährigen Jubelfeier der Einweihung des Concertsaales im Gewandhause zu Leipzig. 25. November 1781-25. November 1881. Leipzig 1884, S. 19 bzw. Hammerich, Musikforeningen (Anm. 16), S. 197.

70 Vgl. das Aufführungsverzeichnis bei Rebecca Grotjahn: Die Sinfonie im deutschen Kulturgebiet. Ein Beitrag zur Gattungs- und Institutionengeschichte. [Zugl. Diss., Hannover 1997]. Sinzig 1998 [= Musik und Musikanschauung im 19. Jahrhundert 7], S. 330ff.

71 Dahlhaus, Nationalismus (Anm. 13), S. 30.

Musik in die Konzertsäle Europas. Der Wandel in seinem Werk aber war verhängnisvoll. Gade geriet zwischen die Fronten von nationaler und universaler Musik und wurde zwischen den Anforderungen zweier Länder an seine Kunst aufgerieben – die Aufführungszahlen der Sinfonien haben es gezeigt.[72] Den Übergang des Dänen von einer Kunst, die ursprünglich einer nordischen Poetik verhaftet war hin zu einem ›deutsch-universellen‹ Stil hatte Robert Schumann eingeläutet. Ging es ihm aber wirklich einzig und allein um die Warnung Gades vor der Einseitigkeit der nationalen Kunst, also um die Begrenzung seines poetischen Werks durch nationale Grenzen? Oder ging es Schumann mehr um die Wiederherstellung von Hierarchien, als er den Kompositionsstil eines jungen Dänen kritisierte, der trotz aller formalen Schwächen in seiner Poetik bestach und damit die Hauptforderung der romantischen Kunst- und Musikästhetik nach Poesie und Fantasie eigentlich absolut erfüllte? Die hier absichtlich spekulativ formulierten Fragen führen zunächst ins Leere und bedürften einer eingehenden Untersuchung. Blickt man allerdings noch einmal auf das Kulturpuzzle zurück, das Gade in seinen Anfängen in der »Ossian«-Ouvertüre zu poetischen Zwecken entwarf, so steht zumindest fest, dass er im Hinblick auf seine persönliche Musikästhetik durch das deutsche Publikum und eben auch durch jene von Schumann geprägte deutsche Musikkritik ›eingenordet‹ wurde.

72 Vgl. Wasserloos, Kulturgezeiten (Anm. 63), S. 474.

Ohnmacht der Ästhetik

Heines Einstellung zur zeitgenössischen ›Kunstrevolution‹

Takanori Teraoka

I.

Im Jahr 1831 besuchte Heine die Gemäldeausstellung im Louvre. Dies hat ihn dazu angeregt, sich über die Kunst der Gegenwart Gedanken zu machen. Am Schluss der Berichte stellt er seine These vom »Ende der Kunstperiode« auf. In dieser berühmten These postuliert Heine den »Einklang« der Kunst mit der »Zeitbewegung«. Er verlangt von der modernen Kunst den Bruch mit der »Vergangenheit« und die Herausbildung der neuen »Symbolik«. (DHA XII, 47) Er prophezeit, die »neue Kunst« werde »aus der Herzenstiefe [des] neuen Lebens« hervorgerufen und werde »das greise Europa [...] wieder verjüngen«. (DHA XII, 48) Er verurteilt die herkömmliche Kunst zum Untergang: »Die jetzige Kunst muß zu Grunde gehen, weil ihr Prinzip noch im abgelebten, alten Regime, in der heiligen römischen Reichsvergangenheit wurzelt.« (DHA XII, 47) Damit stellt er fest, dass die moderne Kunst aus dem Geist der Revolution geboren ist. Das Ancien Régime und das Heilige Römische Reich wurden beide im Verlauf der Französischen Revolution aufgelöst.

Die enge Beziehung zwischen politischer Revolution und Erneuerungen der Kunst thematisiert Heine noch einmal im »Nachtrag« derselben Berichte. Heine hält dort die erwähnte Gemäldeausstellung für die »bedeutsamste Erscheinung« der »große[n] Revoluzion [...], die [...] im Reiche der Kunst statt gefunden« hat. (DHA XII, 51) Er sieht die Julirevolution als Quelle und Triebfeder des ästhetischen Wandels. Die französische Malerei – so schreibt Heine – »folgte der socialen Bewegung und ward endlich mit dem Volke selber verjüngt«. (DHA XII, 51) Er betont dabei die Pionierrolle ihrer »Schwesterkünste«. (DHA XII, 51) Damit drückt er aus, dass die ästhetische Revolution die drei wichtigen Gattungen der Kunst (Malerei, Musik und Dichtung) umfasst.

Eine ähnliche Äußerung finden wir in Heines Novelle »Florentinische Nächte«. Im zweiten Kapitel macht der Erzähler Maximilian eine kritische Bemerkung über den Tanz:

> Es ist mir wahrlich nichts so sehr zuwider, wie das Ballet in der großen Oper zu Paris, wo sich die Tradizion jenes klassischen Tanzens am reinsten erhalten hat, während die Franzosen in den übrigen Künsten, in der Poesie, in der Musik, und in der Malerey, das klassische System umgestürzt haben. Es wird ihnen aber sehr schwer werden eine ähnliche Revoluzion in der Tanzkunst zu vollbringen; es sey denn, daß sie hier wieder, wie in ihrer politischen Revoluzion, zum Terrorismus ihre Zuflucht nehmen und den verstockten Tänzern und Tänzerinnen des alten Regimes die Beine guillotiniren. (DHA V, 230)

Die Kunstrevolution wird mit der »politischen Revoluzion« in Parallele gebracht.[1] Sie wird zugleich als Opposition gegen den Klassizismus aufgefasst.[2] Durch die Gleichstellung des Ancien Régime mit dem Klassizismus wird gezeigt, dass Heine unter der Kunstrevolution die romantische Bewegung verstand, deren Vertreter Hugo, Berlioz und Delacroix waren.

Der Terminus ›Kunstrevolution‹ wird im dritten Buch der »Geschichte der Religion und Philosophie in Deutschland« eingeführt. Dort spricht Heine von der »berühmte[n] Kunstrevoluzion, die noch heute nicht beendigt ist, und die mit dem Kampfe der Romantiker gegen das altklassische Regime, mit den schlegelschen Emeuten, anfängt« (DHA VIII, 101). Er weist darauf hin, dass die sich jetzt vollziehende Kunstrevolution auf die literarischen und kritischen Betätigungen der Brüder Schlegel zurückzuführen ist. Wie der Ausdruck »noch heute nicht beendigt« zeigt, dachte Heine, dass er sich als Dichter und Beobachter gerade im Strudel der ästhetischen Umwandlung befand, deren momentane Hauptbühne Paris war. Mit dem »altklassische[n] Regime« meint er diesmal die dichterische Dynastie von Weimar. Dadurch deutet er indirekt an, dass er selbst als Verkünder des »Ende[s] der [goetheschen] Kunstperiode« der Nachfolger der Frühromantiker ist. Um die geistige Verwandtschaft zwischen sich und ihnen zu betonen, verweist er auf ihr Interesse für den Pantheismus: »In der That, unsere ersten Romantiker handelten aus einem pantheistischen Instinkt, den sie selbst nicht begriffen.« (DHA VIII, 101) Am Schluss der »Französischen Maler« führt Heine »die selbsttrunkenste Subjektivität, die weltentzügelte Individualität« und »die gottfreye Persönlichkeit« (DHA XII, 47) als Charakterzüge der Kunst in der postklassischen Übergangszeit auf. Dies erinnert an Friedrich Schlegels Programm der »romantische[n] Poesie«.[3] Schlegel charakterisiert die romantische Dichtung als Kunst, die von jeden Normen frei ist und auf der Subjektivität des Autors beruht.[4]

Es war allerdings nicht die frühromantische Theorie der freien Subjektivität, sondern das aktuelle Zeitbewusstsein der französischen Romantiker, das Heines Interesse an der zeitgenössischen Kunstrevolution erregte. Die französischen Romantiker waren früher meistens royalistisch.[5] Sie rückten sich nach der Julirevolution

---

1 Hugo spricht bereits im Vorwort zu »Marion de Lorme« (1831) von der »révolution de l'art« und kontrastiert sie mit der »révolution sociale«. (Zit. n. Hans Robert Jauß: Das Ende der Kunstperiode. Aspekte der literarischen Revolution bei Heine, Hugo und Stendhal. In: Ders.: Literaturgeschichte als Provokation. Frankfurt a.M. 1970, S. 116.)

2 Eine ähnliche Gleichstellung macht Hugo in »Préface de Cromwell«. Er bezeichnet die zu überwindende klassizistische Literatur als »ancien régime littéraire«. (Ebd., S. 114.)

3 Friedrich Schlegel: Kritische Schriften und Fragmente. Studienausgabe in sechs Bänden, hrsg. v. Ernst Behler u. Hans Eichner. Paderborn o.J., u.a. Bd. 2, S. 114.

4 »Sie [die romantische Dichtart] allein ist unendlich, wie sie allein frei ist, und das als ihr erstes Gesetz anerkennt, daß die Willkür des Dichters kein Gesetz über sich leide.« (Ebd., Bd. 2, S. 114.)

5 Mundt beschreibt in »Madelon« die politische Konstellation der französischen Literatur vor der Julirevolution folgendermaßen: »Im Durschschnitt« galten »die Royalisten eben so sehr für Anhänger des Romanticismus [...], als die Liberalen es gewöhnlich mit der Partei der Klassiker hielten und in den Gegnern dieser Dichtergilde auch die Gegner ihrer

zum Teil in die Nähe des Liberalismus. Heine erwähnt in »Französische Bühne« die politische Umorientierung Victor Hugos:

> Die Carlisten betrachten ihn als einen Abtrünnigen, der seine Leyer, als sie noch von den letzten Accorden des Salbungslieds Carls X. vibrirte, zu einem Hymnus auf die Juliusrevoluzion umzustimmen gewußt. (DHA XII, 258f.)

Ludwig Börne berichtet in den »Briefen aus Paris« über den Prozess ausführlich, den Hugo wegen seines Dramas »Le roi s'amuse« gegen die Regierung ausfechten musste. Ihm wurde die »Aufführung [des Dramas im Théatre Français] untersagt«.[6] Börne zitiert aus Hugos Rede vor dem Handelsgericht die Äußerungen, in denen sich der politische Habitus und der kämpferische Gestus des Dichters kundtun. Er versteht diesen Prozess weniger als Streit der Romantiker mit dem konservativen Kunstverständnis des Establishments. Er sieht darin vielmehr den Kampf eines Revolutionsverteidigers gegen die Unterdrücker der Freiheit.[7]

Börne griff ebenfalls auf politisches Vokabular zurück, um den unkonventionellen Charakter der modernen Kunst hervorzuheben. Er vergleicht die französische Romantik mit dem Jakobinismus:

> Es herrscht jetzt ein Terrorismus, ein Sansculottismus, ein Jakobinismus [...] in der französischen Literatur. [...] Sie [die romantischen Dramatiker] haben noch nicht gelernt Freiheit mit Ordnung [zu] paaren. Jede Regel ist ihnen Tyrannei, jeder Anstand Aristokratismus, Tugend, Schönheit und Würde – in der Kunst – sind ihnen Vorrechte.[8]

Die Anwendung der politischen Kategorien auf den Kunstbereich ist ein rhetorisches Mittel, zu dem Heine und seine Zeitgenossen gern griffen.[9] Laube verglich oppositionelle Schriftsteller mit den großen Jakobinern. In seiner Imagination trat Menzel als Danton »mit der Löwenstimme« auf, Börne als Robespierre »mit dem weichen Gemüthe« und Heine als Saint-Just »mit dem blutigen Herzen und der schwertscharfen, schonungslosen Lippe«.[10] Robert Schumann stellte die Konstellation der Komponisten als Parlament dar, in dem politische Parteien gegeneinander

---

Ansichten über Staat und Regierung verfolgten und haßten.« (Theodor Mundt: Madelon oder die Romantiker in Paris. Eine Novelle. Leipzig 1832, S. 6f.)

6 Ludwig Börne: Sämtliche Schriften. Hrsg. v. Inge u. Peter Rippmann. Dreieich 1977, Bd. 3, S. 623.

7 Börne zitiert Hugos Wort folgendermaßen: »Ich sage, unsere Regierung nimmt uns stückweise alle die Rechte und Freiheiten, die wir in den vierzig Jahren unserer Revolution erworben haben.« (Ebd., Bd. 3, S. 676.)

8 Ebd., S. 630.

9 Im ersten »Brief aus Berlin« vom 16. März 1822 spricht Heine vom »ergötzlichen Partheykampf [...] in der Musik«. (DHA VI, 24)

10 [Heinrich Laube]: Gedichte von Nikolaus Lenau. In: Zeitung für die elegante Welt, Nr. 22 v. 31.01.1833, S. 87.

kämpfen. Auf der »Linken« dieses Parlaments sitzen »die phrygischen Mützen«, romantische »Formenverächter« und »Genialitätsfreche«.[11]

Außer ›Jakobinismus‹ wurden die Begriffe ›Juste-Milieu‹ und ›Restauration‹ herangezogen, um die Kunstwerke je nach deren ästhetischem Standpunkt zu klassifizieren. Heine verglich den Maler Ingres mit Louis Philipp. Er sah beide als Vertreter der Julimonarchie.[12] Zur Kategorie ›Restauration‹ zählte Heine Rossinis Musik.[13] Er stellt Meyerbeer hingegen als »Mann« der modernen »Zeit« (DHA XII, 276) dar. Er betont, dass Meyerbeers Opern dem »Geiste« der Julirevolution »entsprossen« (DHA XII, 278) waren. Heine führt die »Oberherrschaft der Harmonie« als wesentlichen Charakterzug von Meyerbeers Komposition auf. Er stellt sie dem »Vorwalten der Melodie« (DHA XII, 275) in Rossinis Musik gegenüber. »Harmonie« wird also gegen »Melodie« ausgespielt. Mit dieser Bemerkung thematisiert er nicht nur den »zeitgenössichen Übergang von der italienischen Belcanto-Oper zur französischen Grand Opéra«.[14] Er betont auch, dass Meyerbeers Musik dem Zeitgeist entspricht, die die Vorrechte der Aristokratie abbauen will. Die »Oberherrschaft der Harmonie« bedeutet hier das demokratische Prinzip, das nicht auf die Individualitäten der Privilegierten, sondern auf das allgemeine Wohl des Volks Gewicht legt. »Melodie« und »Harmonie« sind Metaphern für unterschiedliche soziale Prinzipien.[15]

II.

Heines These vom »Ende der Kunstperiode« fügt sich aber nicht nahtlos zur Idee des Sensualismus zusammen, die er zur gleichen Zeit entwickelt hat. Der Sensualismus bedeutet nach Heines Definition die »Denkweise«, die »die natürlichen Rechte der Materie gegen die Usurpazionen des Geistes zu vindiziren sucht« (DHA VIII, 29). Als sensualistisch kann man daher auch konservative Werke bezeichnen, wenn sie natürliche »Sinnenfreuden« (DHA VIII, 127) besingen. Ein eklatantes Beispiel dafür gibt Heines überschwengliches Lob für Roberts Gemälde »Schnitter«. Er würdigte dieses zur neoklassischen Genremalerei gehörenden Werk als

---

11 Robert Schumann: Gesammelte Schriften über Musik und Musiker. Leipzig ^{4}1891, Bd. 1, S. 56.

12 Heine: »Wie Ludwig Philipp im Reiche der Politik, so war Herr Ingres dieses Jahr [1833] König im Reiche der Kunst. Wie jener in den Tuilerien, so herrschte dieser im Louvre. Der Charakter des Herren Ingres ist ebenfalls Jüste-Milieu« (DHA XII, 54).

13 Heine: »Rossinis Musik war angemessener für die Zeit der Restaurazion [...]. Nimmermehr würde Rossini während der Revoluzion und dem Empire seine große Popularität erlangt haben. « (DHA XII, 275).

14 Thorsten Palzhoff: Der Ort der Musik in Heinrich Heines Schriften. In: HJb. 44 (2005), S. 181.

15 Heine verwendet den Begriff »Harmonie« als Metapher fürs »Gesamtgefühl eines ganzen Volkes« und bezeichnet Meyerbeers Musik in diesem Sinne als »mehr social als individuell« (DHA XII, 275).

Sinnbild seiner eigenen sensualistischen Ideen.[16] Er hielt es für ein »großes Meisterwerk«, das die »Apotheose des Lebens« (DHA XII, 32) beinhaltet. Er bemerkt, die gemalten fröhlichen »Schnitter« seien »nicht nur sündenlos, sondern sie kennen keine Sünde« (DHA XII, 34). Der Maler gehöre »einem Volke an, worin der Katholizismus erloschen ist«. Er huldige selber »unbewußt einer noch verhüllten Doktrin« des Saint-Simonismus, die »den Menschen [...] auf dieser Erde beseligen möchte« (DHA XII, 34).

Die Inkongruenz zwischen der Ästhetik der zeitgemäßen Kunst und dem Sensualismus lässt sich auch an der Wertung und Darstellung von Delacroix' »Liberté« erkennen.[17] Dieses Werk entspricht vollkommen Heines These vom »Einklang« zwischen Kunst und Zeit. Der Maler verwendete die »dreyfarbige Fahne« (DHA XII, 20) und das bewaffnete Volk als »Symbolik« der neuen Zeit. Es gelang ihm, den »große[n] Gedanke[n]« (DHA XII, 20) der Revolution durch eine gewaltige Allegorie zu veranschaulichen und einen neuen Mythos zu schaffen. Heine lobte das Werk, obwohl dessen ästhetische Kühnheit ihm nicht völlig gefiel. Er bemerkt, die »Heiligkeit des Sujets« erlaube »keine strenge Kritik des Colorits« und decke einige »Kunstmängel« (DHA XII, 20) des Werkes. Die eingeschlagene »Farbe«, die »Abwesenheit von Firniß und Schimmer«, der »Pulverdampf und Staub« auf den Gestalten, die sonst als ästhetische Schwächen zu betrachten seien, gäben dem Bild »eine Wahrheit, eine Wesenheit, eine Ursprünglichkeit« und man ahne »darin die wirkliche Pysiognomie der Julitage« (DHA XII, 21).

Heine stilisiert die Freiheitsgöttin ungewöhnlich zur Schönheitsgöttin und nennt sie »Gassenvenus« (DHA XII, 20). Er tut dies, um dem Revolutionsgemälde sensualistisches Kolorit zu geben. Venus ist bei Heine das Sinnbild des Sensualismus.[18] Die Bezeichnung »Gassenvenus« hat aber einen ironischen und abschätzigen Nachklang. In dieser Gestalt sieht Heine »eine seltsame Mischung von Phryne, Poissarde und Freyheitsgöttinn« (DHA XII, 20). »Phryne« und »Poissarde« passen aber nicht gut zusammen. Erstere deutet den sensualistischen Charakter der Figur an.[19] Letztere weist auf ihre plebejische Herkunft hin. Heine betont, dass die gemalten Gestal-

16 Heine selbst sprach später Robert Genialität ab und nannte ihn einen bloßen »Genremaler« (DHA XIII, 144).

17 Schon der Umstand, dass die »realistische Allegorie der Revolution [Heine] bei weitem nicht in dem Maße ergriffen und begeistert« hat wie Roberts »Schnitter« (Dolf Sternberger: Heinrich Heine und die Abschaffung der Sünde. Mit einem Nachtrag 1975. Frankfurt a.M. 1976, S. 235f.), deutet dies an.

18 In »Romantische Schule« sieht Heine in Tizians Venus »viel gründlichere Thesen« als Luthers Protestantismus und die Antithese gegen den »christlichen Spiritualismus«. (DHA XIII, 132) Venus wird als Inbegriff »griechischer Heiterkeit« (DHA XIII, 134) präsentiert, die zur »kristkatholischen Weltansicht« (DHA XIII, 127) das Gegengewicht bildet.

19 Rose verweist auf Heinses »Ardinghello«, »worin eine hellenistische Aphrodite als Phryne [...] genannt ist« – vgl. Margaret Rose: Heines ›junghegelianisches‹ Bild von Delacroix. In: HJb. 18 (1979), S. 30. Zur Parallelität zwischen Heinses und Heines Venus-Bild siehe mein Buch Spuren der Götterdemokratie – Georg Büchners Revolutionsdrama »Danton's Tod« im Umfeld von Heines Sensualismus. Bielefeld 2006, S. 90ff.

ten aus einem unteren ärmlichen Milieu stammen. Er stellt den Jungen als Schornsteinfeger dar. Er vergleicht die Freiheitsgöttin mit einer Prostituierten und bringt den Sensualismus in schlechten Ruf.[20]

Heines Schema von Sensualismus und Spiritualismus enthält übrigens ein Moment, das die These vom »Ende der Kunstperiode« weitgehend relativiert. Denn Heines Kritik an der deutschen Romantik als literarischer Version des Spiritualismus war verkoppelt mit der Würdigung von Goethe. Im ersten Buch der »Romantischen Schule« erwähnt er Goethes »Verdammnißurtheil« (DHA VIII, 148) über die Brüder Schlegel. Er degradiert die Frühromantiker, die er an einer anderen Stelle als Oppositionelle gegen Goethes »Regime« und Verkünder der Kunstrevolution hoch schätzte, zu Anhängern der »katholisch feudalistischen Denkweise« (DHA VIII, 142). Goethe wird hingegen als ein durchweg sensualistischer Dichter dargestellt.[21]

Die Widersprüchlichkeit von Heines Schema zeigt sich am deutlichsten, wenn der Begriff Spiritualismus auf Musik angewendet wird, die nicht direkt Ideen transformiert und sich vielmehr in der »Materie« (im Ton und Klang) verwirklichen will. In diesem Kunstbereich wäre vielleicht nur noch Kirchenmusik als spiritualistisch zu etikettieren, wenn sie nicht besonders melodienreich ist.[22] Heine war sich selbst des sinnlichen Wesens der Musik bewusst. In »Französische Bühne« bemerkte er, dass die Musik »als dämmernde Vermittlerin [...] zwischen Geist und Materie« (DHA XII, 273) steht. »Geist und Materie« sind die zwei Kategorien, auf die sich Heine beim Entwurf des Schemas ›Spiritualismus/Sensualismus‹ berief. Wenn es, wie Heine emphatisch behauptet, auf die »Versöhnung« der »Materie« mit dem »Geiste« ankäme, wenn beide miteinander »wieder vermählt« (DHA VIII, 60) werden sollten, wäre Musik unter den Künsten am adäquatesten als Sinnbild der ersehnten Harmonie.

In »Lutetia« charakterisierte Heine die Musik überraschenderweise als ›spiritualistische Kunst‹.[23] Er thematisiert unter Anlehnung an Hegels Ästhetik die »all-

---

20 Rose übersieht Ironie und Brechung in Heines interpretatorischer Option, wenn sie in dessen Deutung der Freiheitsgöttin als »Gassenvenus« den Versuch des Dichters sehen will, »Vernunft« mit dem »Sensualismus« zu verbinden. (Ebd., S. 29.) Durch den Hinweis auf die Ähnlichkeit der gemalten Figur mit einer Prostituierten wollte Heine vielmehr aus dem Gemälde den Sansculottismus herausbeschwören, von dem er sich bereits zu distanzieren beginnt. Er lässt daher fiktive aristokratische Beobachter bemerken, dass diese »schmutzige Frau mit der rothen Mütze« »sehr erbittert auf alle Leute« sei, die »weiße Wäsche tragen«. (DHA XII, 20)

21 »Goethe [...] warf sich gleichsam mit dem Geiste selbst in die Arme des Sensualismus, indem er den West-östlichen Divan schrieb.« (DHA VIII, 161)

22 In »Romantische Schule« erwähnt Heine die »Meisterwerke der katholischen Kirchenmusik« des 16. Jahrhunderts und bemerkt, dass »sie den christlichen Spiritualimus am reinsten aussprechen«. (DHA XIII, 131f.) In »Französische Bühne« verteidigt er Rossinis »Stabat mater« gegen die Kritiker, die das Werk »zu weltlich, zu sinnlich, zu spielend« finden. (DHA XIV, 12) Er betont Rossinis »unverwüstliche Milde« und seine »melodische Lieblichkeit und Süße« (DHA XIV, 14) .

23 Im Manuskript für die Musikkritik von 1844 bezeichnet Heine die Musik sogar als »spiritualistische Zeitkrankheit«. (DHA XIV, 1385)

mählige Vergeistigung des Menschengeschlechts« (DHA VIII, 124). Er schreibt, in der modernen Zeit bilde sich das »Bewußtseynsleben« aus und schwinde »bey den Menschen [...] alle plastische Begabniß«. In dieser Zeit der »gesteigerte[n] Spiritualität« greife man »nach Klängen und Tönen« (DHA VIII, 124). So entstehe »das Zeitalter der Musik« und dies sei »nichts anders [...] als die Auflösung der ganzen materiellen Welt« (DHA XIII, 124f.). Für Heine sind Beethoven und Liszt die Repräsentanten des musikalischen Spiritualismus.[24] Auf die geistige Verwandtschaft der beiden Musiker anspielend, bemerkt er: »Beethoven treibt die spiritualistische Kunst bis zu jener tönenden Agonie der Erscheinungswelt, bis zu jener Vernichtung der Natur, die mich mit einem Grauen erfüllt« (DHA XIII, 126).

Die Deutung der Musik als spiritualistische Kunst war vermutlich mit Heines Enttäuschung über die Abläufe der französischen Kunstszenen verbunden. Er hatte auf die »Wiedergeburt« der »Welt« und der »Kunst« gehofft. Die Gemäldeausstellung von 1831 überzeugte ihn von dem Verblühen der spiritualistischen Kultur. Er stellte fest, dass der Katholizismus »im neuen Frankreich«, also in der Julimonarchie »nicht bloß erloschen« ist, »sondern [...] nicht einmal einen rückwirkenden Einfluß auf die Kunst« (DHA XII, 34) hat. Die Erwartung auf ein Erblühen der sensualistischen Kunst ist aber in Heines Augen nicht in Erfüllung gegangen.[25]

III.

Heines Bericht von 1843 zeigt, wie desorientiert er der Physiognomie der zeitgenössischen Kunst gegeüberstand. Heine gesteht, dass er nicht imstande war, »den Gedanken der Zeit« in den ausgestellten Werken »zu entdecken« (DHA XIV, 85). Die »tollen Farben« und der »bunte Wahnwitz« der Bilder geben ihm den Eindruck, als ob alles in »Anarchie« und »Chaos« wäre. Er versucht »vergebens«, die »zeitliche Signatur« der »Gemälde der heutigen Maler« (DHA XIV, 85) zu erhaschen. Er setzt bei seinen Reflexionen den Grundsatz voraus, dass alle »Werke einer und derselben Periode« den »verwandtschaftlichen Charakterzug« haben. Er sieht in den

---

24 Michael Mann weist auf die damals gängige »Gegenüberstellung von deutschem ›Mystizismus‹ und italienischem ›Sensualismus‹« als Kontext von Heines Beethoven-Bild hin. (Michael Mann: Heinrich Heines Musikkritiken. Hamburg 1971, S. 114f.) Beethoven galt außerdem als »Paradigma des romantischen Künstlers« – vgl. Rainer Kleinertz: »Wie sehr ich auch Liszt liebe, so wirkt doch seine Musik nicht angenehm auf mein Gemüt« – Freundschaft und Entfremdung zwischen Heine und Liszt In: HJb. 37 (1998), S. 116. Dass Heine Beethovens Musik als spiritualistisch etikettiert hat, deutet auf die Wende in seiner Einstellung zur Kunstrevolution hin, die wesensmäßig romantisch war.

25 Nach 10 Jahren (1841) musste Heine gestehen, dass seine Prophezeiung fehlgeschlagen ist: »Einen freudigen Aufschwung nahm die Malerey und die Skulptur [...] bald nach der Juliusrevoluzion; aber die Schwingen waren nur äußerlich angeheftet, und auf den forcirten Flug folgte der kläglichste Sturz.« (DHA XIII, 124) In demselben Jahr nahm Heine seinen ästhetischen Optimismus *de facto* zurück, indem er Roberts Kupferstich »Fischer« als Sinnbild vom »Elend des Volks« und als »schneidendsten Gegensatz« zum Gemälde »Schnitter«, einem »Werk der Freude«, aufgriff (DHA XIII, 142).

Werken Watteaus, Bouchers und Vanloos den Zeitgeist des Rokoko mit dem »graziöse[n] gepuderte[n] Schäferspiel«, der »geschminkte[n], tändelnde[n] Leerheit« und dem »süßliche[n] Reifrockglück des herrschenden Pompadourthums« (DHA XIV, 85). Den Gegensatz zur sinnlichen Üppigkeit der Rokoko-Malerei findet er in der »republikanischen Tugendperiode«, deren »farbige[s] Echo« die »Gemälde des David und seiner Schüler« darstellen. In ihren Werken merkt er »eine forcirte Begeisterung für das marmorne Modell« und »einen abstrakten frostigen Verstandesrausch« (DHA XIV, 85).

Ancien Régime und die jakobinische Tugendrepublik sind in Heines Augen die These und die Antithese desselben historischen Prozesses, der in der ›göttlichen Demokratie‹ mit »Nektar und Ambrosia« (DHA VIII, 61) zur Synthese gelangen wird. Die Kunst der neuen Zeit sollte, wie Roberts »Schnitter«, das irdische Leben in seiner Herrlichkeit und Schönheit ausdrücken. In der Gemäldeausstellung von 1843 sah er aber das Übergewicht religiöser Themen und deren fragliche Koppelung mit dem »Industrialismus« (DHA XIV, 85). Mit nüchterner Selbstironie musste er berichten, wie sich der »Geist der Bourgeoisie« in den »zeichnenden Künsten [...] geltend gemacht« hat und dass die ausgestellten »Heiligenbilder« die Gesichter der modernen Bankiers und Aktionäre darstellen (DHA XIV, 85).

Die Dysfunktion der sensualistischen Ästhetik Heines drückt sich auch in seiner Musikkritik von 1844 aus. Schon bei der Charakterisierung von Berlioz' Werken versagt das Schema von Sensualismus und Spiritualismus. Heine kann seine Musik weder als antik-griechisch noch als christlich-romantisch definieren. Sie erinnert ihn »weder an Griechenland noch an das katholische Mittelalter« (DHA XIV, 128). Sie wird als »urweltlich« (DHA XIV, 127) charakterisiert. Durch den Vergleich der gewaltigen Orchesterklänge mit der »Urwelt« voll von »untergegangene[n] Thiergattungen« (DHA XIV, 127) nimmt er die Satire gegen Richard Wagner vorweg.[26]

Mendelssohn, dessen »Schottische Symphonie« Heine für ein Meisterstück »von ächter Schönheit« (DHA XIV, 128) hält, behandelt er abschätzig. Er vergleicht ihn mit Tieck, der zwar »das Vorzüglichste zu reproduziren« wusste, aber »nie etwas geschaffen« hat, »was die Menge« (DHA XIV 128f.) bezwingt. Er spricht Mendelssohns Werken »Wahrheit und Leidenschaft« ab (DHA XIV, 129) und suggeriert ihnen die Nähe zur »Lüge« (DHA XIV, 128). Der verletzende Ton von Heines Kritik ist zum Teil auf sein Unbehagen an dem Erfolg zurückzuführen, den das Oratorium »Paulus« im ganzen Deutschland genossen hat.[27] »Paulus« wurde 1836 in Düsseldorf uraufgeführt und laut Heine »von den Gegnern Rossinis als ein Muster der Christenthümlichkeit gerühmt« (DHA XIV, 13). Die begeisterte Aufnahme des

26 In Heines satirischen Gedichten aus der Spätzeit (»Mimi«, »Jung-Katerverein für Poesie-Musik«) wird auch Berlioz in einem Zug mit Liszt und Wagner genannt. In »Jung-Katerverein« stellt Heine Wagners Musik als »primitive [k]unstlose Tonkunst« (DHA III, 223) dar und spottet: »Das war ein Tauhu-Wauhu, als ob / In der Arche Noä anfingen / Sämtliche Thiere unisono / Die Sündfluth zu besingen. « (DHA III, 224)

27 Schumann würdigte »Paulus« und stellte dessen Komponisten als »Prophet einer schönen Zukunft« dar, »wo das Werk den Künstler adelt«. (Schumann, Schriften [Anm. 11], Bd. 2, S. 65)

»Paulus« war für Heine nicht nur der Beweis der geistigen Rückständigkeit Deutschlands, sondern auch ein gewichtiges Indiz, das seine Prophezeiung der Verbreitung des Sensualismus entkräftete.

Wenn Heine nun die Frage nach dem »Unterschied zwischen Kunst und Lüge« als eine der »höchsten Probleme der Aesthetik« (DHA XIV, 128) bezeichnet, greift er ungewollt zum abgenutzten Angriffsmittel der Gesinnungsideologien, die er selber bekämpft hat. Der Ausdruck »passionirte Indifferenz« (DHA XIV, 128), mit dem er auf Mendelssohns unpolitische Haltung und Anpassung an die bestehende Gesellschaftshierarchie anspielt, ist eine Variante des ›Indifferentismus‹, der zum Vokabular der einstigen Goethe-Gegner gehört. Das Wort »Formtalent« (DHA XIV, 1371) aus dem Manuskript beleuchtet paradoxerweise Heines eigene kritische Stellungnahme zur Tendenzpoesie und deren Parole ›Charakter‹.

In der Darstellung von Liszts Konzert bekundet sich Heines geänderte Einstellung zur modernen Kunst deutlicher. Früher hatte er Liszt trotz der Vorbehalte gegen seine Neigung zur katholisch-republikanischen Lehre von Lammenai als Träger der Kunstrevolution angesehen. So bemerkte er in »Französische Bühne«, Liszt sei »kein stiller Klavierspieler für ruhige Staatsbürger und gemüthliche Schlafmützen« (DHA XII, 288). Er betonte damit die Radikalität seiner Musik, die sich nicht dem Geschmack des unpolitischen bürgerlichen Publikums anpassen will. Er stellte ihn als Mann der Zeit dar, der »das Bedürfniß fühlt sich um alle Bedürfnisse der Menschheit zu bekümmern, und gern die Nase in alle Töpfe steckt, worin der liebe Gott die Zukunft kocht« (DHA XII, 288). Die »Töpfe« der Zukunft, die Heine und Liszt göttliche Gerichte und »kostbare Wohlgerüche« (DHA VIII, 61) versprechen, haben sich schrecklicherweise als Hammonias »Zauberkessel« erwiesen, durch den der Dichter des »Wintermärchens« die blutige und übelriechende »Zukunft Deutschlands« (DHA IV, 152) erblickt hat.

In Heines Musikkritik von 1844 wird Liszt schließlich als gefährlicher Verführer, als »wieder auferstandene[r] Rattenfänger von Hameln« dargestellt, der durch seinen genialen »Wahnsinn« dem sonst vernünftigen Publikum »den Sinn verwirrt« (DHA XIV, 130). Heine wundert sich, dass ausgerechnet Franzosen von einem »Virtuosen«, wenn auch einem genialen, so restlos begeistert werden konnten. Denn sie waren »kein deutsch-sentimentales« politisch unerfahrenes Publikum, sondern die »wachende[n] Pariser«, die »mit den höchsten Erscheinungen der Gegenwart vertraut« waren und »das große Drama der Zeit« (DHA XIV, 131) miterlebten. Heine gibt von Liszt ein bizzares Bild, als ob seine Erscheinung das »Gebrechen« (DHA XIV, 130) der Gesellschaft abspiegelte. In Heines Augen war Liszt »das tolle, schöne, häßliche, räthselhafte, fatale und [...] sehr kindische Kind seiner Zeit«. (DHA XIV, 130) Er war »Philadelphia« und »Bosko«, Zauberer und Taschenspieler zugleich (DHA XIV, 132). Die Wörter »Wahnsinn«, »Verrücktheit« (DHA XIV), »krank« (DHA XIV, 1380) und »ansteckend« (DHA XIV, 1385), die Heines Liszt-Kritik kennzeichnen, rücken seine Kunstbetrachtung in die Nähe der »Pathologie« (DHA XIV, 132). Die »kranke« Welt der »Eckstase« (DHA XIV,

1385) entzieht sich dem Zugriff der sensualistischen Ästhetik, deren Schlagworte Glück, Gesundheit und Heiterkeit sind.

Zwischen Identitätsbegehren und Identitätsaufschub

Heines Verortung des Dichters im Prozess der gesellschaftlichen Modernisierung

Franz-Josef Deiters

I.

In der Einleitung eines von ihnen herausgegebenen Sammelbandes schlagen Jürgen Fohrmann und Helmut J. Schneider vor, die Geschichte der 1830er und 1840er Jahre als »die Geschichte von ›Bewegung‹« zu erzählen.[1] Sie sehen diese beiden Dezennien durch einen Diskurswechsel bestimmt, »der mit den politischen Schlagworten ›Leben‹, ›Jugend‹, ›Gegenwart‹, ›Emanzipation‹ usw. eine strukturelle Umpolung unserer Semantik auf ›Bewegung‹ hin versucht«.[2] Dieser Vorschlag leuchtet unmittelbar ein; doch ist von dem Diskurswechsel nicht nur die Semantik, sondern auch die Pragmatik der Literatur und damit die Konzeptualisierung der Autorposition betroffen. Lässt sich in diesem Sinne eine ganze Reihe von Schriftstellern nennen, die sich in den genannten Jahrzehnten einem neuen, im Zeichen der politischen Emanzipation stehenden Konzept der Autorschaft verschreiben, so kennzeichnet es die Schriften Heinrich Heines, dass sie an diesem Konzeptwechsel nicht lediglich teilhaben, sondern ihn thematisieren und inszenieren. Ja, man kann sagen, dass die Inszenierung der eigenen Autorschaft einen Grundzug des Heineschen Werkes darstellt.

II.

Eine solche Inszenierung lässt sich bereits in einem der frühen, von Heine selbst auf das Jahr 1828 datierten »Reisebilder« beobachten. So beginnt das zweite der »Englischen Fragmente«, es ist »London« überschrieben, mit der Darstellung eines Modernitätsschocks[3], die wohl als die Urszene der Heineschen Selbstinszenierung bezeichnet werden darf: »Ich habe das Merkwürdigste gesehen«, beginnt die Passage,

> was die Welt dem staunenden Geiste zeigen kann, ich habe es gesehen und staune noch immer – noch immer starrt in meinem Gedächtnisse dieser steinerne Wald von Häu-

---

1 Jürgen Fohrmann u. Helmut J. Schneider: Einleitung. In: Dies. (Hrsg.): 1848 und das Versprechen der Moderne. Würzburg 2003, S. 7-14, hier: S. 9.

2 Ebd., S. 10.

3 Vgl. Stefan Neuhaus: Warum sollen keine Poeten nach London fahren? Zur Intention literarischer Reiseberichte am Beispiel von Heines »Englischen Fragmenten«. In: HJb. 36 (1997), S. 22-39.

> sern und dazwischen der drängende Strom lebendiger Menschengesichter mit all ihren bunten Leidenschaften, mit all ihrer grauenhaften Hast der Liebe, des Hungers und des Hasses – ich spreche von London. (B 3, 538)

Im Zentrum von Heines Inszenierung des »London«-Erlebnisses steht die nachhaltige Erschütterung überkommener Ordnungsvorstellungen im Prozess der gesellschaftlichen Modernisierung. London, die in den 1820er Jahren modernste Stadt der Welt, wird von Heine zum paradigmatischen Ort einer völlig dezentrierten, klassischen Konzepten des Gemeinwesens sich nicht mehr fügenden Gesellschaft erhoben. Und in dieser paradigmatischen Funktion dient die englische Hauptstadt dem Verfasser der »Englischen Fragmente« als Schauplatz, um die Instanz des Autors zu reflektieren:

> Schickt einen Philosophen [...]. Aber schickt keinen Poeten nach London! Dieser bare Ernst aller Dinge, diese kolossale Einförmigkeit, diese maschinenhafte Bewegung, diese Verdrießlichkeit der Freude selbst, dieses übertriebene London erdrückt die Phantasie und zerreißt das Herz. Und wolltet Ihr gar einen deutschen Poeten hinschicken, einen Träumer, der vor jeder einzelnen Erscheinung stehen bleibt, etwa vor einem zerlumpten Bettelweib oder einem blanken Goldschmiedladen – o! dann geht es ihm erst recht schlimm, und er wird von allen Seiten fortgeschoben oder gar mit einem milden God damn! niedergestoßen. (B 3, 538f.)

Das Konzept des Dichters und der Dichtung, das hier im Zeichen von Bewegung und Beschleunigung thematisiert und verabschiedet wird, ist das romantische einer Poetisierung der Welt. Zu ihm rechnet Heine auch das panegyrische Genre der Kunst und Literatur, das einzelne Herrschergestalten in dem Sinne poetisiert, dass es sie zu Repräsentanten eines die Ordnung der Welt garantierenden Gottes umformt. Und so ist es im Horizont des gesellschaftlichen Modernisierungsprozesses zunächst das politische Paradigma des großen Herrschers und das ihm korrespondierende Konzept panegyrischer Autorschaft, das in Heines Text ironisiert und verabschiedet wird: Der nach London verirrte »arme[...] deutsche[...] Poet[...]« (B 3, 539), jene Autormaske, die Heine sich hier aufsetzt, verfällt »an der Ecke von Cheapside« (B 3, 539) angesichts eines in einer Auslage entdeckten Gemäldes in eine kontemplative Haltung, um aus diesem Rezeptionsmodus jäh ins Chaos einer vollends dezentrierten Metropolenwelt, um aus einer sich für autonom erklärenden zweiten Welt der Kunst in die erste der gesellschaftlichen Realität zurückgerissen zu werden.

Dabei ist für die Auslegung des von Heine skizzierten Szenarios zunächst einmal der Gegenstand des Bildes entscheidend, in das sich der »arme[...] deutsche[...] Poet[...]« versenkt. Das Gemälde thematisiert nämlich den Rückzug der geschlagenen französischen Armee über die Beresina, also den Niedergang Napoleons (vgl. B 3, 539) und damit den Sturz des Konzepts eines die Ordnung der Welt garantierenden Herrscherindividuums.

Nicht von ungefähr wird indes das Scheitern des politischen mit dem Scheitern des ihm korrespondierenden ästhetischen Konzepts eng verknüpft. Denn das Gemälde begeht insofern einen performativen Selbstwiderspruch, als es das Scheitern Napoleons in jenem Medium darstellt, das auf die Stillstellung des Zeitstroms in der Totalität des Augenblicks gelingender Ordnung, also auf die Apotheose des großen Herrscherindividuums angelegt ist.[4] Im vierten Fragment, das der Napoleon-Biografie Walter Scotts gilt, ist ausdrücklich von »jenen schönen Bildern« die Rede,

> die den Kaiser in der Umgebung seiner Generale und Staatsleute darstellen, während doch jeder, der sie unbefangen betrachtet, tief betroffen wird von der tragischen Ruhe und antiken Gemessenheit jener Gesichtszüge, die gegen die modern aufgeregten, pittoresken Tagsgesichter so schauerlich erhaben kontrastieren, und etwas herabgestiegen Göttliches beurkunden. (B 3, 551)

Das Geschichtsgemälde wird damit als ein paradigmatisches Medium jenes ästhetischen Konzepts der Kunstperiode markiert, das die Dezentrierungserfahrungen einer sich ausdifferenzierenden Gesellschaft auf der symbolischen Ebene durch Simulation einer in sich vermittelten und durch eine autoritative Instanz garantierten Totalität zu bannen trachtet.[5] Wenn das von Heine zitierte Gemälde nun das Scheitern dieses ästhetischen Konzepts inszeniert, indem es die Niederlage Napoleons im Medium des panegyrischen Geschichtsgemäldes performativ selbstwidersprüchlich ins Bild setzt, so entspricht dem auf der Seite der Rezeption das Scheitern des »armen deutschen Poeten«, im Akt der Kontemplation jene ästhetische Distanz zur zunehmend dezentrierten Erfahrungswelt zu gewinnen, die in der Kunst die Einheit des sozialen Kosmos sinnlich erfahren lässt und ihn über die Brüche und Widersprüche einer sich modernisierenden Gesellschaft hinwegträgt. Indem der »arme[...] deutsche[...] Poet[...]« aus der Kontemplation in das chaotische Treiben seiner sozialen Umwelt zurückgerissen wird und in der modernen Metropolenwelt buchstäblich unter die Räder zu geraten droht, symbolisiert er das durch die Beschleunigungsprozesse, die Georg Simmel später als das Prinzip der Moderne diagnostizieren wird,[6] entstandene Erfordernis, die systemisch ausdifferenzierte Literatur neu auf die gesellschaftliche Wirklichkeit zu beziehen und ein ihren Erfordernissen adäquates Konzept der Autorschaft zu formulieren.

---

4 Vgl. Albrecht Koschorkes Ausführungen zur Funktion panegyrischer Literatur (Albrecht Koschorke: Macht und Fiktion. In: Thomas Frank/Albrecht Koschorke/Susanne Lüdemann/Ethel Matala de Mazza unter Mitw. v. Andreas Kraß: Des Kaisers neue Kleider. Über das Imaginäre politischer Herrschaft. Texte, Bilder, Lektüren. Frankfurt a.M. 2002, S. 73-84, hier: S. 82f.).

5 Diesen Sachverhalt, dass es sich um die Beschreibung eines Bildes handelt, zu dessen Gattung Heine sich kritisch stellt, blendet Markus Winkler aus, wenn er die zitierte Passage als einen Beleg dafür anführt, dass Heine Napoleon mythisiert: »Ganz im Sinne der platonisierenden spätromantischen Symbolik und Mythologie schreibt Heine in den ›Englischen Fragmenten‹ die ›Gesichtszüge‹ des Kaisers hätten etwas ›herabgestiegen Göttliches‹.« Markus Winkler: Heines Napoleon-Mythos. In: Joseph A. Kruse/Bernd Witte/Karin Füllner (Hrsg.): Aufklärung und Skepsis. Internationaler Heine-Kongreß 1997 zum 200. Geburtstag. Stuttgart/Weimar 1999, S. 379-394, hier: S. 387.

6 Vgl. z.B. Georg Simmel: Die Großstädte und das Geistesleben. In: Ders: Gesamtausgabe. Bd. 7. Frankfurt a.M. 1995, S. 116-131.

III.

Wenn nun im Fortgang des Textes der Blick des sich als unsanft aus der Kontemplation aufgeschreckt inszenierenden Dichters Heine auf die sozialen Widersprüche umschwenkt, welche die moderne Gesellschaft prägen, so wird damit in der Tat eine gegenüber der »Kunstperiode« radikal veränderte Funktionszuweisung an die Literatur und also ein Ansatz zur Neukonzeptualisierung der Systemstelle Autor sichtbar. »Armut«, »Elend« und »Hunger« in den »eigentlichen Pöbelquartiere[n]«, die »mit dem Übermute des Reichtums, der überall hervorprunkt«, scharf »kontrastier[en]« (B 3, 542), werden in Heines Text zum zentralen Parameter für die Selbstverortung der Literatur. Stellt »London« für Heine den paradigmatischen Ort einer dezentrierten Welt dar, so hat sich die Neukonzeptualisierung der Autorposition an diesem Paradigma abzuarbeiten. Anders als später ein Charles Baudelaire affirmiert Heine den Ort der dezentrierten Metropole jedoch nicht. Das Fehlen einer Instanz, auf die hin sich alle Vorgänge des gesellschaftlichen Lebens ordnen, stellt der Verfasser der »Englischen Fragmente« vielmehr als ein Chaos dar, und »London« als einen Ort des Grauens, dessen Schilderung gar im Motiv des Todes gipfelt (vgl. B 3, 539).

Vor dieser als Schreckbild entworfenen Kulisse inszeniert Heine sich, an das »teure[...] deutsche[...] Volk« gewandt, dem er das Schicksal eines derart ordnungslosen Modernisierungsgeschehens ersparen will, als »dein Kunz von der Rosen«, der dem Volk als dem »wahre[n] Kaiser« die Insignien der Macht, das »starke[...] Zepter und die schöne Krone«, überbringt und ihm den »Tag der Befreiung« verkündet (B 3, 604). Wenn die in dieser Passage entworfene Zukunfts- und Revolutionsperspektive auf die Figur des das Volk zur Handlungsmacht formierenden Dichters ausgerichtet wird, dann ist damit der Anspruch auf Entwicklung eines alternativen Konzepts gesellschaftlicher Modernisierung formuliert. Der dezentrierten Gesellschaft der englischen Hauptstadt stellt Heine ein Ordnungskonzept gegenüber, das sich ideengeschichtlich aus der Politischen Philosophie der Aufklärung speist, dessen Subjekt bei ihm aber der Dichter ist. Für die gesellschaftliche Figur des Dichters formuliert Heine die Funktionsbehauptung, die Ordnung des sozialen Kosmos mit literarischen Mitteln herbeiführen, sie also buchstäblich herbeischreiben zu können.

IV.

Bestätigt wird diese Identitätszuschreibung an den Dichter durch die Geschichtskonstruktion in »Zur Geschichte der Religion und Philosophie in Deutschland«. Denn hier entwirft Heine den geschichtlichen Prozess als ein sich im Medium der Literatur vollziehendes Geschehen. Stellt er sich mit seiner Geschichtsschrift generell in den Zusammenhang neuzeitlicher Geschichtsphilosophie, so erweist sich der Status seines Konzepts indes erst, wenn man realisiert, dass sich der Verfasser selbst als »Literarhistoriker« (B 5, 572) begreift. Damit ist gesagt, dass die drei

Revolutionen – die religiöse, die philosophische und die noch ausstehende politische –, denen in der Geschichtsschrift jeweils ein eigenes Buch zukommt, als Punkte auf einer gemeinsamen Achse anzusprechen sind: auf jener der Literaturgeschichte; sie werden von Heine mithin als literaturgeschichtliche Ereignisse konzeptualisiert.

Dies gilt zunächst für die Reformation. Das Individuum, dem er die Autorschaft dieses epochalen Ereignisses zuschreibt, ist Martin Luther. Dieser habe nämlich, wie Heine betont, nicht nur »der menschlichen Vernunft das Recht eingeräumt, die Bibel zu erklären und sie, die Vernunft«, »als oberste Richterin in allen religiösen Streitfragen anerkannt« (B 5, 541); vielmehr sieht Heine Luthers Bedeutung darin begründet, dass er »dem Geist« auch »einen Leib«, also der Idee ein Medium gegeben habe: »Er gab dem Gedanken auch das Wort. Er schuf die deutsche Sprache« (B 5, 544). Und er fügt hinzu, »daß [...] ganz eigentlich die schöne Literatur mit Luther beginnt, daß seine geistlichen Lieder sich als die ersten wichtigen Erscheinungen derselben ausweisen und schon den bestimmten Charakter derselben kund geben« (B 5, 549). Luther wird von Heine also nicht lediglich als der Autor der Reformationshymne »Eine feste Burg ist unser Gott« und anderer geistlicher Lieder und Schriften angesprochen, ihm wird überdies die Autorschaft der deutschen Literatur als des Mediums der deutschen Geschichte zugeschrieben.

In gleicher Weise wird auch die Revolution der philosophischen Denkungsart, Kants transzendentalphilosophische Wende, in die Position eines literaturgeschichtlichen Ereignisses eingetragen. Wenn Heine nämlich Kants »Kritik der reinen Vernunft« die Funktion zuschreibt, »das Schwert« gewesen zu sein, »womit der Deismus hingerichtet worden« ist »in Deutschland« (B 5, 594), so attestiert er dieser Tat einen epochalen Status für die Literaturgeschichte deshalb, weil er die Kritik des Deismus als den Akt einer Verweltlichung der Autorposition bestimmt. Denn insofern die Kritik der Gottesbeweise gegen die Auffassung des gegebenen Weltzustandes als des abgeschlossenen Schöpfungstextes eines transzendenten Autorgottes gerichtet ist, wird die diesseitige Welt als ein offener Textraum sichtbar und wird die Autorposition als ein Dispositiv bestimmbar, das von menschlichen Individuen zu besetzen ist.

Kants Säkularisierung der Autorposition, also derjenigen Instanz, die den Phänomenen ihre Bedeutung zuschreibt, bildet nun aber die Voraussetzung dafür, dass auch die dritte Revolution, der politische Umsturz in Deutschland, statthaben kann. Schon der Umstand, dass dieser noch aussteht, signalisiert, dass mit der Säkularisierung der Autorinstanz ein grundsätzlicher Wechsel auch in der zeitlichen Orientierung der Literatur von der Vergangenheit auf die Zukunft verbunden ist. Insofern Luther das Christentum von der Tradition befreit hat, ist die Reformation in Heines Geschichtskonstruktion als dasjenige Ereignis anzusprechen, von dem her sich die Zukunft als Bestimmungsraum der Welt öffnet. Allerdings sieht Heine dieses Potential bei Luther selbst noch blockiert, weil er an die Stelle des »Joch[s] der Tradition« das »Joch [...] des Buchstabens« der Bibel (B 5, 590) als des verbindlichen, da einem extramundanen Autorgott zugeschriebenen Prätextes gesetzt habe. Erst

Kants Säkularisierung der Autorposition hebt Heine zufolge diese Blockierung auf. Denn wenn durch die Kritik der Gottesbeweise diese Instanz in ihrer Funktion für eine Bestimmung der Welt durchgestrichen wird, dann erlangen die Texte der menschlichen Autoren ihre Autorität nicht mehr durch eine Referenz auf den einen göttlichen Prätext; und an die Stelle der fortwährenden Lobpreisung des die Weltordnung ins Leben rufenden göttlichen Schreibakts tritt die urschriftliche Konstitution einer Ordnung der Welt in der Zukunft. Damit vollzieht sich nun aber ein grundsätzlicher Konzeptwechsel: An die Stelle eines mimetischen Konzepts der Dichtung tritt dasjenige einer operativen, die weltlichen Dinge allererst bestimmenden Literatur.[7]

V.

Es stellt sich nun aber die Frage nach der Identität des »dritte[n] Befreier[s]« (B 5, 585), der in der Nachfolge des Theologen Luther und des Philosophen Kant die Position des Autors der noch ausstehenden dritten, der politischen Revolution in Deutschland besetzen und das Volk, den »wahre[n] Kaiser« (B 3, 604), in seine souveränen Rechte einsetzen wird. Die Autorschaft dieser politischen Revolution reklamiert Heine nun, wie ich meine, für sich selbst. Dies geht deutlich aus der Kritik hervor, die er an Kant übt. Der Königsberger Philosoph habe nämlich, wie Heine einwendet, einen »trockenen Papierstil geschrieben«, der die soziale Wirksamkeit seines revolutionären Gedankens blockiere. Damit habe Kant die von ihm säkularisierte Autorposition selbst nicht eigentlich besetzt; daran erweise sich seine literaturgeschichtliche Grenze: »Nur das Genie hat für den neuen Gedanken auch das neue Wort. Immanuel Kant war aber kein Genie« (B 5, 597). Kant habe also das Telos des Geschichtsprozesses, die Versöhnung von Geist und Sinnlichkeit, nicht zu realisieren vermocht: »Der Gedanke will Tat, das Wort will Fleisch werden« (B 5, 593), formuliert er komplementär zur Kritik an Kant das Prinzip seines eigenen Entwurfs einer operativen Literatur. Das »Wort« kann nach Heine aber erst dort »Fleisch«, der »Gedanke« erst dort »Tat« werden, wo die Literatur als das sich selbst wissende operative Medium des Geschichtsprozesses volksmäßig wird, also sich in ihrer eigenen Verfasstheit jener Sphäre öffnet, die bis in die jüngste Gegenwart hinein unter dem Diktat des christlichen Dogmas abgewertet und vom literarhistorischen Formierungsgeschehen ausgeschlossen worden war: jener Sphäre des sinnlichen Lebens. Diese Versöhnung von Geist und Sinnlichkeit leisten zu können, reklamiert Heine für sich selbst, wenn er eingangs von »Zur Geschichte der Reli-

7 Den Begriff der operativen Literatur als dominantes Konzept der deutschen Literatur in der Restaurationszeit diskutiert Peter Stein: Operative Literatur. In: Gerd Sautermeister u. Ulrich Schmid (Hrsg.): Zwischen Restauration und Revolution. 1815-1848. München/ Wien 1998, S. 485-504. Vgl. außerdem Gerhard Plumpe: Epochen moderner Literatur. Ein systemtheoretischer Entwurf. Opladen 1995.

gion und Philosophie in Deutschland« ausruft: »ich selber bin Volk« (B 5, 515).[8] Er proklamiert seine eigenen Texte mit diesen Worten zu demjenigen Ort, an dem die Idee des Volkes und das Bewusstsein des empirischen Volkes sich begegnen und ineinander fallen. Heines Schriften kommt damit auf der Bühne seines eigenen Geschichtskonzepts die Rolle zu, die Verheißungen der Reformation einzulösen, indem er durch seine Schreibart Geist und Sinnlichkeit in Einklang bringt und sich so in die durch Kants Kritik des Deismus vakant gewordene Autorposition einträgt. Im Horizont von Heines Konzept läuft die literaturgeschichtliche Entwicklung teleologisch auf ihn selbst zu. Mithin erfüllt das Unternehmen seiner Geschichtsschreibung keinen anderen als den Zweck, die eigene Autorschaft zu exponieren und sie zu legitimieren.[9] Auf der Bühne seiner Geschichtsschrift inszeniert er sich als den Autor jenes Textes der noch ausstehenden politischen Revolution in Deutschland.

VI.

Heines Programm einer »Volkwerdung der Freiheit«, wie es in der »Lutetia« heißt (B 9, 461), wäre allerdings nur unzureichend begriffen, wollte man in ihm allein den Versuch sehen, die Idee des Volkes in die politische Wirklichkeit zu überführen. Denn die erstrebte Versöhnung von Geist und Sinnlichkeit ist im Horizont von Heines Sensualismus nicht einfach als eine Operation zu verstehen, welche die Idee in der sinnlichen Welt zur Erscheinung bringt. Dies genau ist der Punkt, an dem sich sein Konzept von den Entwürfen unterscheidet, die er als spiritualistisch bestimmt und kritisiert.

---

8 Vgl. in diesem Kontext auch die Diagnose des grundsätzlichen Wandels im Verhältnis der Schriftsteller zum Volk, den Heine in »Französische Zustände« formuliert: »In früheren Zeiten waren sie [die Schriftsteller] entweder Fakultätsgelehrte oder Poeten, sie kümmerten sich wenig um das Volk, für dieses schrieb keiner von beiden, und in dem philosophischen poetischen Deutschland blieb das Volk von der plumpsten Denkweise befangen, und wenn es etwa einmal mit seinen Obrigkeiten haderte, so war nur die Rede von rohen Tatsächlichkeiten, materiellen Nöten, Steuerlast, Maut, Wildschaden, Torsperre usw.; – während im praktischen Frankreich das Volk, welches von den Schriftstellern erzogen und geleitet wurde, viel mehr um ideelle Interessen, um philosophische Grundsätze, stritt« (B 5, 211).

9 In der Funktion einer Selbstverständigung über die eigene Position sieht auch Kurt Kloocke Heines Geschichtsschrift: »Das Deutschland-Buch wäre also nicht in erster Linie ein Werk über die deutsche Literatur und Philosophie, sondern ein Werk über Heine selbst, über sein Verständnis von Literatur. Es wäre zu lesen als der Versuch einer Standortbestimmung, die in der Auseinandersetzung mit dem Schreiben der anderen erarbeitet wird, als die Objektivierung der eigenen Position in einer diskursiven Poetik der romantischen Subjektivität.« Kurt Kloocke: Madame de Stael, »De l'Allemagne« – Heinrich Heine, »Die Romantische Schule«. Literatur – Poetik – Politik. In: Markus Winkler (Hrsg.): Heinrich Heine und die Romantik / Heinrich Heine and Romanticism. Erträge eines Symposiums an der Pennsylvania State University (21.-23. September 1995). Tübingen 1997, S. 104-115, hier: S. 105.

Im Horizont eines spiritualistischen Weltverständnisses geht es immer nur um die Frage, ob das Sinnliche dem Intelligiblen, ob die Realität der Idee kommensurabel ist. Der Sinnlichkeit wird mithin grundsätzlich eine dienende, lediglich mediale Funktion zugewiesen, während die Idee hingegen prinzipiell den Status eines Fixums besitzt, das den Dimensionen von Zeit und Raum und damit jeder Veränderung entzogen ist. Im Horizont von Heines sensualistischem Konzept stellt sich die Verhältnisbestimmung von Geist und Sinnlichkeit, Idee und Realität grundsätzlich anders dar. So findet sich in »Ideen. Das Buch Le Grand« eine Satire auf den rationalistisch-idealistischen Begriff der Idee[10] als einer Zeit und Raum überhobenen Entität. Aufschlussreich ist dabei, auf welche Weise die Ironisierung des rationalistischen Konzepts der Idee erfolgt. Es wird von Heine entparadigmatisiert, indem es mit den Vorstellungen eines Kutschers, einer Wäscherin, eines Schneiders und eines verschrobenen Hofrats – also mit den Bewusstseinsinhalten des empirischen Volkes – auf eine Stufe gestellt wird. Der Ideenhimmel des Spiritualismus fällt damit aber unter die Definition des Schusters, der zufolge eine Idee »alles dumme Zeug« ist, »was man sich einbildet«[11], statt diesen dummen Einbildungen des Volkes korrektiv gegenübergestellt zu werden. Wenn das philosophische Konzept der Idee – und damit auch die Idee des Volkes – aber eine nur relative Vorstellung darstellt, die im gleichen Maße den Veränderungen von Zeit und Raum entspringt wie die Vorstellungen des empirischen Volkes, so kann es nicht Aufgabe des operativen Dichters sein, ihr die empirische Realität zu unterwerfen. An diesem Punkt wird sichtbar, wie grundsätzlich sich Heines Konzept von demjenigen der Republikaner unterscheidet, denen es darum geht, die philosophische Idee des Volkes in der gesellschaftlichen Realität durchzusetzen. Der Weg, auf dem die Versöhnung von Geist und Sinnlichkeit in Heines sensualistischem Konzept betrieben wird, ist ein prinzipiell anderer. Denn indem er den spiritualistischen Ideenhimmel satirisiert, verschiebt er – unter der Hand, aber mit weitreichenden Konsequenzen – genau jene Größe auf die paradigmatische Ebene, die im Horizont des nazarenischen Republikanismus der Idee des Volkes unterworfen wird: die Lebenswirklichkeit des Volkes selbst. Heines Konzept ist mithin sensualistisch in dem Sinne, dass es die Vorgänge im Leben des Volkes in ihrer irreduziblen Vielgestalt zum Paradigma erhebt. Der von ihm immer wieder formulierte Zielhorizont seines Schreibens, die Versöhnung von Geist und Sinnlichkeit, stellt mithin eine gegenläufige Operation dar: Das Sinnliche, dem im Horizont des Spiritualismus lediglich mediale Funktion zukommt, wird auf die Ebene der Ideen verschoben, und die rationalistischen Ideen, um deren Realisierung im Medium der Sinnlichkeit es den Spiritualisten geht, werden in die Sphäre der sinnlichen Vorstellungen eingeholt. Heines Konzept der Versöhnung nimmt damit eine vitalistische Wende.

---

10 Zu dieser Passage vgl. die Ausführungen von Olaf Hildebrand: Emanzipation und Versöhnung. Aspekte des Sensualismus im Werk Heinrich Heines unter besonderer Berücksichtigung der »Reisebilder«. Tübingen 2001, S. 119ff.

11 Ebd.

Für Heines Konzept der Autorschaft zeitigt diese Verschiebung allerdings einschneidende Konsequenzen. Denn sensualistisch zu schreiben heißt, an den Vorgängen des Lebens in ihrer irreduziblen Vielgestalt entlang zu schreiben. Diese Konsequenz findet sich in der Zeitschriftstellerei realisiert. So ist der Untertitel der »Lutetia« überaus wörtlich zu nehmen: »Berichte über Politik, Kunst und Volksleben« (B 9, 217); und im »Zueignungsbrief. An seine Durchlaucht, den Fürsten Pückler-Muskau«, den Heine dieser Schrift voranstellt, schreibt er seinen Berichten den Status eines »daguerrotypische[n] Geschichtsbuchs« zu, »worin jeder Tag sich selber abkonterfeite, und durch die Zusammenstellung solcher Bilder« habe »der ordnende Geist des Künstlers ein Werk geliefert, worin das Dargestellte seine Treue authentisch durch sich selbst dokumentiert« (B 9, 239). Wenn der Autor für sich in Anspruch nimmt, »eine Fliege ebensogut wie das stolzeste Pferd treu wieder[zu]geben« (B 9, 239), mithin die Wechselfälle des »Volkslebens« in ihrer Irreduzibilität auf der Ebene seines Textes abzubilden, so ist dieses Verfahren – das Heine, wie zitiert, ein »ordnende[s]« nennt – jedoch nicht, wie er es selbst versteht, am empirischen Leben des Volkes in seiner Vielgestalt orientiert, sondern vielmehr an der Idee des Lebens, in deren Horizont Heines Texte denn auch nicht als eine in sich vermittelte Totalität konstruiert, sondern zum Zwecke einer Produktion von Unmittelbarkeitseffekten oft bewusst digressiv und assoziativ gehalten sind.[12]

In dem Maße, in dem die »Berichte über« das »Volksleben« den Status beanspruchen, selbst ein Teil dieses Volkslebens zu sein, auf das sie referieren, also in einem Verhältnis der metonymischen Identität zur Realität zu stehen, entfällt nun aber die Notwendigkeit, die abstrakte Sinnlichkeit des Buchstabens mit der des konkreten gesellschaftlichen Lebens zu vertauschen. Heines ursprüngliches, in der Parole einer »Volkwerdung der Freiheit« formuliertes Ziel eines Medienwechsels vom Buchstaben zum Leben des empirischen Volkes verschiebt sich im Horizont des zum Paradigma erhobenen »Volkslebens« zu einem Wechsel des Schreibverfahrens innerhalb des Schriftmediums, in dem die Versöhnung von Geist und Sinnlichkeit, Idee und Realität simuliert wird. In der Konsequenz verliert das Adressierungsproblem, das doch – ausgehend von seiner Kritik des Kantischen Stils – die ursprüngliche Intention von Heines sensualistischem Konzept darstellt, seine Relevanz, und das empirische Volk als die zu formierende Menge der Vielen rückt aus dem Blick, denn Texte, welche die Versöhnung in sich selbst vollbringen, bedürfen eines

---

12 Zum Stil der Heineschen Zeitschriftstellerei führt Wolfgang Preisendanz, dem eine wegweisende Untersuchung über Heines Bruch mit dem Paradigma des idealistischen Kunstbegriffs zu danken ist, aus: »Zur Sprache kommt fast durchweg ein kunterbuntes Durcheinander von Fakten, Phänomenen, Episoden, Prospekten, Bewußtseinsdaten, ein Potpourri von Realitäten der verschiedensten Ebenen und Dimensionen also, die nur durch Assoziation, Reflexion, Gedächtnis des niemals gänzlich fiktiven Autors miteinander in Kontakt kommen. [...] Anstatt einer sich selbst tragenden und haltenden ›dargestellten Wirklichkeit‹, einer abgeschlossenen Welt des ästhetischen Scheins haben wir ein Gewebe aufgedrungener oder intendierter Wirklichkeitsbezüge vor uns.« Wolfgang Preisendanz: Der Funktionsübergang von Dichtung und Publizistik. In: Ders.: Heinrich Heine. Werkstrukturen und Epochenbezüge. 2., verm. Aufl. 1983, S. 21-68, hier: S. 30f.

Adressaten, auf den sie wirken können, nicht mehr. Heines Texte verschließen sich selbstbezüglich gegen jene Realität, auf die sie operativ angelegt zu sein behaupten, indem sie sich mit ihr identisch erklären. In diesem Sinne ist dem Urteil Hans Boldts zuzustimmen, dem zufolge Heine »eigentlich gar kein Verhältnis zum Volk besessen« habe.[13]

VII.

Doch wird der gekappte Außenbezug, der Bezug zur Menge des Volkes, auf einer anderen Ebene durchaus wieder hergestellt. So wie die »Berichte über« das »Volksleben« und das Leben des Volkes, wie also Darstellung und Objekt der Darstellung in ein Verhältnis der metonymischen Identität zueinander treten, so fällt auch die Differenz zwischen dem Subjekt der Darstellung und ihrem Medium, zwischen dem Autorindividuum und seinen Texten in sich zusammen. Dies verdeutlicht wiederum eine Passage aus »Französische Zustände«, in der die wirkungsästhetische Seite von Heines Konzept unter einem ganz bestimmten, den Autor betreffenden Blickwinkel thematisiert wird:

> Wenn wir es dahin bringen, daß die große Menge die Gegenwart versteht, so lassen die Völker sich nicht mehr von den Lohnschreibern der Aristokratie zu Haß und Krieg verhetzen, das große Völkerbündnis, die Heilige Allianz der Nationen, kommt zu Stande [...]. Dieser Wirksamkeit bleibt mein Leben gewidmet; es ist mein Amt. (B 5, 91f.)

Aufschlussreich ist hier die von Emphase getragene Formulierung, der »Wirksamkeit« der universalistischen Ideen sei sein »Leben« gewidmet; denn sie impliziert eine Identität von Leben und Werk, sinnlichem Leib und Textkorpus, die wiederum durch einen Akt metonymischer Verschiebung erzielt wird: Nicht nur bilden die Texte die Bühne, auf der das Individuum Heine seine gesellschaftliche Identität inszeniert, vielmehr bildet zugleich der konkrete Leib des Individuums den Schauplatz, auf dem sich das Schicksal seiner Texte abzeichnet. Ihre Wirkung wird zu einem das Leben des Individuums bestimmenden Ereignis. Damit wird aber auch das Ausbleiben ihrer Wirkung zu einem Ereignis im Leben des Individuums Heine. Ja, das Ausbleiben ihrer Wirkung und der damit verbundene Mangel an Bestätigung der beanspruchten gesellschaftlichen Autorrolle durch die empirische Volksmenge erhält den Status eines Angriffs auf das konkrete Leben des Individuums Heine, auf seine physische Existenz. So bildet die metonymische Identifikation von Leben und Werk, wie sie sich im Horizont seines sensualistischen Konzepts ergibt, die strukturelle Voraussetzung für die von der Forschung immer wieder gemachte Beobachtung, dass Heine nach seinem physischen Zusammenbruch im Jahre 1848 die

---

13 Hans Boldt: Heine im Zusammenhang der politischen Ideen seiner Zeit. In: Wilhelm Gössmann u. Manfred Windfuhr (Hrsg.): Heinrich Heine im Spannungsfeld von Literatur und Wissenschaft. Symposion anläßlich der Benennung der Universität Düsseldorf nach Heinrich Heine. Bonn 1990, S. 65-80, hier: S. 72.

eigene körperliche Agonie zum Schauplatz einer Inszenierung des Scheiterns seines Konzepts operativer Autorschaft machen sowie umgekehrt die ausbleibende Wirkung seiner Schriften auf »die große Menge« zur Bühne für die Inszenierung seiner eigenen körperlichen Auszehrung werden kann.[14] So verkehrt sich schließlich die Simulation einer Identität von Literatur und Leben in Heines Texten angesichts ihrer ausbleibenden Wirkung zu einer Inszenierung der Differenz von Literatur und Leben, Geist und Sinnlichkeit, Dichter und Volk, gesellschaftlicher Identität und physischer Existenz des Individuums.

Zu einer Szene der Differenz gerät die eigene körperliche Agonie in Heines späten Texten aber noch in einem weiteren Sinne. Ist es jene unter dem Paradigma »London« dargestellte schockhafte Erfahrung einer zunehmenden Dezentrierung des gesellschaftlichen Lebens, die Heine zum Ausgangspunkt wird, von dem aus er sein Konzept eines alternativen, im Medium der Literatur zentrierten Weges der gesellschaftlichen Modernisierung formuliert, so steht auch die Inszenierung seines Scheiterns im Zeichen von Dissoziations- und Dezentrierungsprozessen. Beispielsweise handelt es sich im Falle des Auseinandertretens von Leib und Seele im Gedicht dieses Titels (B 9, 190f.) um die Darstellung einer existentiellen Dissoziation und Dezentrierung des eigenen Ichs, wenn die sich vom Leib scheidende Seele um diesen als um ihr »zweites Ich« (B 9, 190) klagt und wenn die dissoziierten Teile dieses Ichs sich in entgegengesetzte Richtungen bewegen: die Seele nach »oben in [das] Reich des Lichts« und der Leib in die »Erde« (B 9, 191). Und auch im Gedicht »Der Scheidende« findet sich das eigene Sterben als ein Vorgang der Dezentrierung inszeniert, wenn Heine sich selbst als »Schattenfürst in der Unterwelt« bezeichnet, dem »[j]edwede weltlich eitle Lust« »erstorben« sei (B 9, 350). Poetologisch gelesen inszenieren diese Verse jene Ausdifferenzierung der modernen Literatur zu einem dezentrierten sozialen System, welche eben auch einen Vorgang ihrer Entpragmatisierung darstellt. Das Reich der Schatten ist der entpragmatisierte Ort schlechthin, denn die Toten können ins Leben nicht mehr eingreifen. Bezeichnet sich Heine in den »Geständnissen« als »heruntergekommene[r]« Gott (B 11, 475), so weist diese Selbstzuschreibung von Identität in ihrer Doppeldeutigkeit in die gleiche Richtung. Denn die Wendung bezeichnet einerseits den Status der Entmächtigung oder – um Heines verräumlichende Metaphorik aufzugreifen – der Exi-

---

14 Dolf Oehlers Interpretation der Lazarus-Figur im Heineschen Spätwerk zustimmend stellt Christian Liedtke in diesem Sinne fest: »›Aus den Zusammenhängen des Lebens ausgesondert‹ ist auch die Zentralgestalt seiner Dichtung nach 1848, in der Heine selbst zur allegorischen Figur wird: Lazarus. Bei aller Nähe zum real leidenden Heinrich Heine, die immer wieder betont worden ist, bleibt sie, wie Oehler zu Recht hervorhebt, eine bewusst eingenommene Rolle und die Matratzengruft ›Bühne, und als Bühne wird sie zum Tribunal, vor das Heine in der Rolle des Lazarus die Sieger der Geschichte zitiert.‹« Christian Liedtke: »Ich kann ertragen kaum den Duft der Sieger«. Zur politischen Dichtung Heinrich Heines nach 1848. In: Christian Liedtke (Hrsg.): Heinrich Heine. Neue Wege der Forschung. Darmstadt 2000, S. 216-236, hier: S. 226.

lierung.[15] Der »heruntergekommene« Gott ist der Dichter, dem die Macht nicht gegeben ist, die Prozesse des gesellschaftlichen Lebens nach seinem Willen einzurichten. Dieser Aspekt der Entmächtigung verweist dabei aber bereits auf die andere Facette, die der Identitätsbehauptung, ein »heruntergekommene[r]« Gott zu sein, eignet. Sie stellt nämlich gleichzeitig den Gestus einer *imitatio christi* dar, den Anspruch, die gesellschaftliche Welt zu erlösen. Die Wendung metaphorisiert mithin den Versuch moderner sozialer Systeme, die Umwelt nach ihren eigenen Parametern zu überformen. Im Falle der systemisch ausdifferenzierten Literatur heißt das: ihr Bedeutung und dem Subjekt der Literatur, dem Dichter, die Position des Autors eines in sich kohärenten Gesellschaftstextes zuzuschreiben. Die Selbstinszenierung des auf den Tod daniederliegenden Heine als »heruntergekommene[r]« Gott reflektiert mithin metaphorisch die gesellschaftliche Position des Dichters in der sich modernisierenden Gesellschaft.[16] Auf der einen Seite gelingt es dem modernen Dichter nicht, die gesellschaftliche Umwelt den Parametern zu unterwerfen, welche die Literatur im Prozess ihrer systemischen Ausdifferenzierung ausgebildet hat, d.h. es gelingt ihm nicht, die gesellschaftlichen Verhältnisse zu einem kohärenten Text zu formieren, wie es das Konzept einer operativen Literatur impliziert. Auf der anderen Seite gehört es zur ausdifferenzierten Sphäre der Literatur, die gesellschaftlichen Vorgänge mit ihren Vorstellungen von Textkohärenz (als der ihr eigenen Weise der Ausbildung einer systemischen Rationalität) wie ein Schatten zu begleiten.

---

15 Vgl. exemplarisch Heines Essay »Die Götter im Exil« (B 11, 397-423). – Davon wird freilich die wichtige Betonung der grundlegenden Differenz von Heines Umgang mit dem Mythos und der aufklärerischen Mythenallegorese nicht tangiert: »Daß die ›Götter im Exil‹ von individuellen Emigrantenschicksalen handeln und daß im Epilog vom erschütternden ›Anblick gefallener Größe‹ und vom ›Mitleid‹ mit dieser die Rede ist, hat einige Interpreten dazu veranlaßt, den autobiografischen Bezügen der Schrift nachzugehen und anzunehmen, Heine schildere hier ›die Leiden des politischen Exils, freilich in allegorischer Verkleidung‹. Aus der Perspektive die in der vorliegenden Untersuchung gewählt wurde, ist dagegen einzuwenden, daß es in der Schrift primär um den Mythos selbst und die kryptische Form seines Überlebens in der Moderne geht, nicht aber darum, mit dem Mythos einmal mehr etwas anderes zu bezeichnen als das, was er selbst meint: die Realität, die seinen Gesetzen gehorcht.« Markus Winkler: Mythisches Denken zwischen Romantik und Realismus. Zur Erfahrung kultureller Fremdheit im Werk Heinrich Heines. Tübingen 1995, S. 280. Zu Heines Umgang mit dem Mythischen vgl. außerdem: Markus Küppers: Heinrich Heines Arbeit am Mythos. Münster/New York 1994.

16 Zu einem ähnlichen Urteil ist bereits Jürgen Brummack gelangt. Er schreibt: »Heine hat bewußt so stilisiert, daß die persönliche Katastrophe, die er ins Bild setzt, zeitsymptomatische Bedeutung erhält. Man kann deshalb sagen, daß er die These vom Ende der Kunstperiode in einem bedeutsameren Sinne ein zweites Mal verkündet hat. Sie meint nun nicht den Übergang von einer ästhetischen zu einer politischen oder sozialen Epoche in der Literatur, sondern das Ende der Bedingungen, unter denen der Riß zwischen Poesie und Leben in einem revolutionären Prozeß aufhebbar und die Poesie selbst, vermittelt durch die Kunst, eine geschichtlich wirkende Kraft scheinen konnte.« Jürgen Brummack: Satirische Dichtung. Studien zu Friedrich Schlegel, Tieck, Jean Paul und Heine. München 1979, S. 135.

Schattenhaft bleibt damit aber auch die soziale Identität des Dichters, dessen Selbsteinschreibung in die Position des Autors eines als kohärenter Text bestimmten sozialen Geschehens nicht gelingt. Dieser systemisch bedingte und nie einzuholende Identitätsaufschub des operativen Dichters ist es darum wohl, der sich in den ambivalenten und mitunter verstörend paradoxen Äußerungen Heines über die Massen des Volkes vom Frühwerk an manifestiert. Die Ambivalenz gegenüber der Masse des Volkes, die den ihr zugewandten Dichter nicht erkennt – »erkennst du mich nicht, mein Kaiser?«, fragt Heine in den »Englischen Fragmenten« (B 3, 604) –, ist darum kaum zufällig zum Grundgestus vieler engagierter Schriftsteller in der Moderne geworden.

Zur Vorgeschichte der Kulturindustrie

Heines Kritik an der Durchdringung von Kunst und Kommerz

Gerhard Höhn

In den ersten beiden Jahrzehnten der Bundesrepublik war eine theoretisch fundierte Medienkritik undenkbar ohne den damals neuartigen Begriff Kulturindustrie. Dieser paradigmatisch gewordene Begriff beruht auf Erfahrungen, welche die Sozialphilosophen Max Horkheimer und Theodor W. Adorno kurz vor und während des II. Weltkrieges im englischen und amerikanischen Exil gesammelt haben, speziell durch intensive, ideologiekritische Analysen amerikanischer Film- und Radiosendungen. Das Erscheinen der Fragment gebliebenen Schrift »Dialektik der Aufklärung« machte den Ausdruck »Kulturindustrie« 1947 publik und ließ ihn langsam ins öffentliche Bewusstsein eindringen. Wurde das frühe Hauptwerk der Frankfurter Schule von den beiden Denkern gemeinsam signiert, so wird inzwischen doch der Komponist und Pianist, Musikkritiker und Musiksoziologe Adorno[1] als Hauptautor des berühmten Kapitels »Kulturindustrie. Aufklärung als Massenbetrug« angesehen.

Wenn Horkheimer und Adorno den bekannteren Ausdruck »Massenkultur« durch Kulturindustrie ersetzt haben, wollten sie einen grundlegenden Wandel der Moderne aufzeigen: Die aufklärerische Vernunft, die jetzt sowohl für die technisch durchrationalisierte, massenhafte Produktion als auch für die genau kalkulierte, massenmediale Verwertung von Kulturgütern verantwortlich ist, hat ihre früheren progressiven Potentiale aufgegeben. So erzeugt sie in der Gegenwart planvoll konformistisches Bewusstsein (»Massenbetrug«), das im *status quo* verhaftet bleibt. Weiter haben sich alle Teilbereiche der Kulturindustrie zu einem umfassenden System zusammengeschlossen, das den Raum für authentische Kunst auf ein Minimum reduziert hat: Müssen sich alle Kulturprodukte als Waren dem Prinzip ihrer Verwertung und damit dem Gewinn unterwerfen, wird der ihr eigene, autonome Gehalt fortschreitend aufgelöst. – Der Zusammenhang von Kulturindustrie und Wirkungskalkül besitzt nun auch eine interessante, historische Dimension, die eine Definition von 1947 unterstreicht:

1 Die frühen musikästhetischen Aufsätze aus der »Zeitschrift für Sozialforschung« haben die reife Vernunft-kritische Philosophie Adornos nachhaltig geprägt. Die wichtigsten Titel: »Zur gesellschaftlichen Lage der Musik« (1932); »Über Jazz« (1936); »Über den Fetischcharakter in der Musik und die Regression des Hörens« (1938); »Fragmente über Wagner« (1939).

> Die Kulturindustrie hat sich entwickelt mit der Vorherrschaft des Effets, der handgreiflichen Leistung, der technischen Details übers Werk, das einmal die Idee trug und mit dieser liquidiert wurde.[2]

Diese Verselbständigung der technischen Details, die das Ganze des Werkes sprengen, wird zwar auf das 19. Jahrhundert zurückgeführt (»von der Romantik bis zum Expressionismus«), aber eine Periode wie die Julimonarchie fällt analytisch nicht ins Gewicht.[3] Von einem vergleichbar ausgeprägten System kann auch auf dieser Entwicklungsstufe keine Rede sein. Was jedoch bestand, war ein kommerziell gut ausgebildeter Kulturbetrieb, der alle Anzeichen des Warencharakters der Kunst erkennbar werden lässt – eine Organisation, die es einem kritischen Zeitgenossen wie Heinrich Heine ermöglichte, erstmals Phänomene zu beschreiben, die typisch für die spätere Kulturindustrie erscheinen und ziemlich genau 100 Jahre danach auf diesen Begriff mit durchschlagender Wirkung gebracht worden sind.[4]

Paris war der ideale Standort, um frühe Anzeichen dieser Entwicklung zu erkennen. Hier wurde Heine unmittelbarer Zeuge eines glanzvollen Kulturbetriebes, mit dem dynamischen Musikbetrieb im Zentrum. Ein Artikel in der »Augsburger Allgemeinen Zeitung« von 1841 stellt deshalb sogar die Frage, ob die Gegenwart nicht als »Zeitalter der Musik« in die Annalen der Kunst eingehen werde (DHA XIII, 124). Tatsächlich stand die Pariser Musikszene damals im Mittelpunkt des europäischen Musiklebens. Die besten Komponisten und Dirigenten, Interpreten und Sänger des Kontinents gaben sich an der Seine ein Stelldichein, oder sie lebten zeitweise hier, bot die französische Metropole ihnen doch bisher unbekannte Mög-

---

2 Max Horkheimer u. Theodor W. Adorno: Dialektik der Aufklärung. Philosophische Fragmente. Amsterdam 1947, S. 150 [1944 zuerst hektografiert]. Vgl.: Theodor W. Adorno: Résumé über Kulturindustrie. In: Ders.: Ohne Leitbild. Parva Aesthica. Frankfurt a.M. 1967, S. 60-70, hier: S. 61: »Die Autonomie der Kunstwerke [...] wird von der Kulturindustrie tendenziell beseitigt, mit oder ohne den bewußten Willen der Verfügenden«.

3 In seinem Vortrag von 1956, »Die Wunde Heine« (Text in: Noten zur Literatur I, 1958), hat Adorno zwar Heines Leistung als aufklärerischer Prosaschriftsteller, nicht aber als Musiksoziologe gewürdigt. Im Anschluss an Karl Kraus behauptet er vielmehr, Heine habe mit seinen frühen Liedern die Lyrik an »die Gewalt einer fertigen, präparierten Sprache«, der »Sprache von Zeitung und Kommerz« ausgeliefert. Vgl. Gerhard Höhn: Adorno face à Heine ou le couteau dans la plaie. In: Revue d'Esthétique. Nouvelle série (1985), H. 8, S. 137-144; Gabriele Ewenz: Theodor W. Adornos Wunde? In: »Das letzte Wort der Kunst«. Heinrich Heine und Robert Schumann zum 150. Todesjahr. Hrsg. v. Joseph A. Kruse unter Mitarbeit v. Marianne Tilch. Stuttgart 2006, S. 380-387.

4 Der Begriff »Kulturindustrie« wird in der Heineforschung meist unthematisiert verwendet, z.B. von Volkmar Hansen – in seinen »Lutetia«-Kommentaren (DHA XIII, 1553 u. 1555 oder XIV, 565 u. 1417) – oder von Peter Uwe Hohendahl (Kunsturteil und Tagesbericht. Zur ästhetischen Theorie des späten Heine. In: Wolfgang Kuttenkeuler [Hrsg.]: Artistik und Engagement. Stuttgart 1977, S. 207-241, hier: S. 227f.); der Autor vertritt die These, nach der Heines Bekenntnis zum Prinzip der Autonomie der Kunst als Abwehr der fortschreitenden Kommerzialisierung zu verstehen ist) und von Albrecht Betz (Der Charme des Ruhestörers. Heine-Studien. Ästhetik und Politik II. Aachen 1997. S. 66); mit Bezug auf Adorno u. Horkheimer vgl. Höhn 3/2004, S. 393 u. S. 481ff.

lichkeiten sowohl zu hohen Gagen als auch zu internationalem Renommeegewinn. Die Künstler verfügten über drei große Opernbühnen sowie über Konservatorien, Akademien, mehrere Theater, zahlreiche Säle und private Salons. Eine wöchentlich erscheinende, musikalische Spezialpresse, mit der »Revue et Gazette musicale« und »France musicale« an der Spitze, sorgte für öffentliches Echo und lebhafte Kritik. Zwei Musikverleger veranstalteten Matineen und Soireen. Schließlich darf man auch berühmte Instrumentenbauer wie Erard und Pleyel nicht vergessen.[5]

Aber wo viel Licht ist, ist auch viel Schatten. War Paris ein bevorzugtes Sprungbrett für europäische Künstlerkarrieren, dann forderte die internationale Anerkennung einen hohen Preis. Die Musiker und Virtuosen sahen sich gezwungen, sich auf die anonymen Gesetze des bürgerlichen Kulturbetriebes einzustellen, und das in wachsender Konkurrenzsituation, d.h. sie mussten sich profilieren, sich den neuen Bedürfnissen und einem wechselnde Publikumsgeschmack anpassen, kurz, sie mussten sich den neuen Werbepraktiken unterwerfen und sogar schon »Imagepflege« betreiben.[6]

Wie kaum einem anderen vergleichbaren deutschen Zeitgenossen ist es Heine gelungen, den scharfen Kampf um künstlerische Anerkennung zusammen mit den Auswüchsen des Kulturbetriebes zu erfassen. Das ging mit einer Verlagerung seiner Musik-kritischen Einstellung einher.

Über 30 Jahre lang, von den »Briefen aus Berlin« bis zu »Lutetia«, hat sich Heine in mehreren Werken und zahlreichen Journalbeiträgen mit zeitgenössischer Musik auseinander gesetzt. Ohne als Experte mit ausgewiesener Sachkenntnis aufzutreten, konnte er einen gewichtigen Beitrag zu einer modernen Musiksoziologie leisten, weil er als eifriger Besucher von Opern und Konzerten immer wieder nach der politischen und sozialen Relevanz von Musik gefragt hat. Nicht grundsätzlich anders als der Kulturkritiker Adorno hat der Zeitdiagnostiker Heine z.B. zwei Meyerbeer-Opern als »fait social« bzw. »fait politique« behandelt: Am Verhalten des Titelhelden der Oper »Robert le Diable« (1831) betont er das für das Bürgerkönigtum Louis-Philippes typische Schwanken zwischen zwei entgegengesetzten Machtprinzipien – Volkssouveränität und Feudalherrschaft (»Französische Zustände«). Die Reaktion auf »Les Huguenots« (1836) geht noch einen Schritt weiter, kehrt hier doch ausdrücklich das neue Prinzip, das Primat des Politischen, kompositorisch in

---

5 Vgl. dazu: Michael Werner: Deutsch-französische Verflechtungen im Pariser Musikleben der Julimonarchie. In: Gerhard Höhn u. Bernd Füllner (Hrsg.): Deutsch-französischer Ideentransfer im Vormärz. Bielefeld 2002 [= Forum Vormärz Forschung, Jahrbuch 8], S. 211-227. Werner untersucht den Strukturwandel des Pariser Musiklebens während der Julimonarchie; dort weitere Spezialliteratur; s. auch Werners Beitrag in diesem Band. – Ferner: Michael Mann: Heinrich Heines Musikkritiken. Hamburg 1971 [= Heine-Studien], S. 38f. u. S. 120ff. Und: Das Heine Liederbuch. Noten – Texte – Kommentare. Hrsg. v. Babette Dorn u. Jan-Christoph Hauschild. Hamburg 2005, Nachwort S. 221-248, hier: S. 228f.

6 Mit diesem Begriff hat Michael Werner Heines letztlich vergebliche Anstrengungen untersucht, sein Bild in der Öffentlichkeit selber zu orientieren (Genius und Geldsack. Zum Problem des Schriftstellerberufs bei Heinrich Heine. Hamburg 1978, S. 100-111).

der »Oberherrschaft der Harmonie« über die Melodie, den Ausdruck des Individuellen wieder, oder in der Dominanz der Chöre über Einzelgesänge (DHA XII, 275).

Um 1840 bleibt die grundsätzliche Frage nach der »zeitlichen Signatur« (DHA XIV, 85) von Kunst weiter aktuell, aber Werkanalysen treten zugunsten von z.T. virulenten Analysen des Musikbetriebes zurück. Die volle Tragweite der von Heine aufgespießten, zeitsymptomatischen Verfallsphänomene lässt sich wohl erst heute im Hinblick auf die geschichtsphilosophisch begründete Kritik an der Kulturindustrie ganz erfassen. Will man Heines Modernität herausstellen, dann scheint die immer satirischer angelegte musikalische Zeitkritik einen besonders günstigen, wenn auch bisher wenig beachteten Zugang zu bieten.[7]

Wenn auch Heine das personale Räderwerk dieses Betriebes so genau durchschauen konnte, darf man nicht vergessen, dass der markterfahrene Schriftsteller und »AZ«-Journalist selber eine aktive Rolle in diesem ›Industriegewerbe‹ gespielt hat. Heine war sich seiner Machtposition im Kulturbetrieb durchaus bewusst und hat nicht gezögert, sie einzusetzen. Er wurde um Freundschaftsdienste gebeten und hat auch solche Dienste erwiesen, z.B. 1831 in einem Artikel über den Komponisten Ferdinand Hiller und 1836 über den Autor der erwähnten Oper »Les Huguenots«. Meyerbeer hat wiederum Heine in seine Öffentlichkeitsarbeit einbezogen,[8] bevor er in den 1850er Jahren zunehmend von begründeten Ängsten geplagt wurde, Opfer von Heines satirischer Feder werden zu können.

Im Folgenden sollen einige Aspekte der sehr komplexen Analysen Adornos herausgegriffen und locker als Leitfaden der Untersuchung verwendet werden. Teil I behandelt Taktiken der Verwertung, Teil II Formen der Produktion.

I. Werbung, Presse, Starkult

Zu Beginn der 1840er Jahre hatten sich Musikveranstaltungen in ein Modephänomen verwandelt, speziell Klavierkonzerte waren zu einer oft kritisierten Flut angewachsen. Im Zuge dieser Entwicklung hatte der bereits kräftig kommerzialisierte Betrieb den Kampf um Anerkennung in ein wahres Getümmel ausarten lassen. Wer sich durchsetzen wollte, war weitgehend auf einen Faktor der Öffentlichkeit angewiesen, mit dem stets alle Künstlerkarrieren (ent)stehen oder fallen: der Rolle der Pariser Presse. Diese Presse mit Juli-revolutionärer Vergangenheit befand sich damals in einer großen Umbruchsphase und war für Missbräuche verschiedener Art anfällig geworden. In seinen Journalbeiträgen für die »Augsburger Allgemeine Zeitung« beklagt Heine wiederholt den Verfall einer Presse, die sich immer stärker

---

7 Die auf das Negative ausgerichtete Vorgehensweise dieses Beitrages muss den Kunstcharakter der Heineschen Musikfeuilletons unberührt lassen. Ansätze dazu etwa bei Mann, Musikkritiken (Anm. 5), S. 43ff.

8 Vgl. Dorn/Hauschild, Liederbuch (Anm. 5), S. 231; Mann, Musikkritiken (Anm. 5), S. 34, S. 35 u. S. 101ff. – Zu Heines Meyerbeer-Beziehung, vgl. Anm. 18. Zu Heines eigener Öffentlichkeitsarbeit, vgl. Werner, Genius (Anm. 6), sowie den Beitrag von Tom Verschaffel im vorliegenden Band, S. 619ff.

privaten, partikularen und parteipolitischen Interessen unterworfen hat. So prangert er wörtlich die »Misere« und die Gebrechen der Presse an, die »Ausbeutung der Journale und der Journalisten« sowie die »Käuflichkeit der Presse« (DHA XIV, 46f. u. 129). Heute spricht man ganz einfach von »Korruption der Presse«.[9] Ein Zustand, der es den Musikern leicht machte, die Presse zur Vertretung persönlicher Interessen zu benutzen und zu missbrauchen. – Heines Musikberichte stellen vier Praktiken deutlich heraus.

1. Paris, eine Litfasssäule – Zuerst fällt eine einfache, von Klavierspielern bevorzugte Praxis auf, ihre Darbietungen gewinnbringend auszuwerten: Sie haben Paris als selbstwerbendes Mittel benutzt. Den Massenbetrieb der Klavierkonzerte mit seinen negativen Auswirkungen nehmen die »AZ«-Berichte mehrfach aufs Korn. So z.B. mit einer trockenen Meldung von April 1841: »Die Zahl der Concertgeber während der diesjährigen Saison war Legion, und an mittelmäßigen Pianisten fehlte es nicht, die in öffentlichen Blättern als Mirakel gepriesen wurden« (DHA XIII, 126).

Um was es den Künstlern wirklich geht, deckt ein Feuilleton von März 1843 auf: »Wie Heuschrekkenschaaren [wohl schon damals eine gefürchtete Plage] kommen die Claviervirtuosen jeden Winter nach Paris, weniger um Geld zu erwerben als vielmehr um sich hier einen Namen zu machen« (DHA XIV, 45).[10]

Nicht nur hier, in Paris, sondern auch dort, im Ausland, denn die Künstler planen europaweit. Diese eigentliche Absicht unterstreicht ein Artikel im April 1844: »Das alles klimpert drauf los und will gehört seyn, und sey es auch nur zum Schein, um jenseits der Barrière von Paris sich als große Celebrität geberden zu dürfen« (DHA XIII, 129). Auftritte in Paris sollen sich in Wirklichkeit im eigenen Land auszahlen. Das bringt die Fortsetzung des Heuschrecken-Zitats mit einer Metapher drastisch zum Ausdruck: Diese Scharen machen sich einen Namen, »der ihnen in andern Ländern desto reichlicher eine pekuniäre Ernte verschafft. Paris dient ihnen als eine Art Annoncenpfahl, wo ihr Ruhm in kolossalen Lettern zu lesen« (DHA XIII, 47). Paris, die »Hauptstadt des XIX. Jahrhunderts«, auf das Niveau einer Werbesäule mit persönlichen Absichten runtergekommen! Was sich in der »Augsburger Allgemeinen Zeitung« so provokativ liest, wird von der Forschung bestätigt: Zahlreiche Musikerbiografien belegen tatsächlich, dass Pariser Erfolge gerne international ausgenutzt wurden (DHA XIII, 571). Allerdings lastet Heine diese Praxis jenen Künstlern an, die mit Erfolg die Presse ausnutzen konnten. Das Zusammenspiel von profilsüchtigen Musikern und käuflicher Presse wird anlässlich der Drauf-los-Klimperer so bloßgestellt, dass heute übliche Methoden ›alt‹ aussehen:

> Den erbettelten oder erschlichenen Fetzen Feuilletonlob wissen die Kunstjünger, zumal in Deutschland, gehörig auszubeuten, und in den dortigen Reklamen heißt es dann, das berühmte Genie, der große Rudolf W. sey angekommen, der Nebenbuhler von

9 Mann, Musikkritiken (Anm. 5), S. 17.
10 Vgl. »Entwurfsvariante zur Journalfassung« (DHA XIV, 244).

> Liszt und Thalberg, der Clavierheros, der in Paris so großes Aufsehen erregt habe«, und von führenden Kritikern gelobt worden sei (DHA XIII, 129).

Man braucht nur den Namen Paris z.B. durch eine andere Stadt zu ersetzen, um sofort die Aktualität dieser Werbemethode zu bemerken: Der Große Künstler X, der in New York Triumphe gefeiert hat, kommt endlich nach Deutschland...[11]

2. (Selbst)Werbung – Dann stößt man auf Praktiken, mit denen die Künstler selber Reklame machen bzw. machen lassen. Die Pariser Berichte decken ein ganzes Werbesystem auf, mit dem die erwähnte »Ausbeutung der Journale und der Journalisten« betrieben wird – je nachdem, ob man selber aktiv wird oder z.B. ein Familienmitglied einsetzt. – Der Begriff Reklame wurde übrigens erst 1842 im deutschen Sprachgebrauch üblich,[12] und zwar im Sinne von »Werbehinweis, anpreisender Aufsatz, Ankündigung, Anzeige«, die außerhalb des redaktionellen Teils einer Zeitung gedruckt wurden.

Heine betrachtet die Reklamen ausdrücklich als »eine sehr ergötzliche Lektüre«. Er nennt eine Reihe von Beispielen, um die »sogenannten Reclamen«, diese »Lobeserhebungen in die Presse« und »Selbstvergötterungen«, lächerlich zu machen (DHA XIII, 126).

So gibt er den berühmten, in Neapel geborenen Pianisten Theodor Doehler dem Spott preis, weil dieser sich wiederholt als »célèbre«, als »berühmt«, ankündigen lässt. Der Künstler befand sich damals auf Konzertreise durch Europa und wurde 1841 in Paris erwartet (DHA XIII, 1559). Heine verfährt nun so, dass er die in der »Gazette musicale« erschienene Selbstreklame durch die Wortwiederholung: »der berühmte Döhler« parodistisch vorführt. Man hört aus Marseille, spottet er,

> daß der berühmte Döhler auch dort alle Herzen entzückt habe, und besonders durch seine interessante Blässe, die eine Folge überstandener Krankheit, die Aufmerksamkeit der schönen Welt in Anspruch genommen. Der berühmte Döhler ist seitdem nach Paris zurückgekehrt und hat mehrere Concerte gegeben; er spielt im der That hübsch, nett und niedlich.

Fazit des etwas kraft- und geistlosen Vortrages, mit erneuter Wortwiederholung: »Zierliche Schwäche, elegante Ohnmacht, interessante Blässe« (DHA XIII, 126).

Ähnlich springt Heine mit dem Komponisten Gasparo Spontini um, den er schon 1822 in den »Briefen aus Berlin« angegriffen hatte. Dieser Musiker, der unter Napoleon I. in Paris seine Glanzzeit erlebt hatte, aber dort inzwischen als toter Mann galt, wollte 1840 sein Renommee erneuern und Einfluss auf die Aufführung einer seiner Opern nehmen. Deshalb hatte er versucht, ein »Zirkular« in die Pariser Pres-

---

11 Heine hat auch selber mit der günstigen publizistischen Rückwirkung der Pariser Presse auf Deutschland gerechnet, z.B. 1832,1833 bei den Reaktionen auf »Französische Zustände« (Brief an Julius Campe v. 28. Dezember 1832, HSA 21, 44).

12 Vgl. DHA XIV, 572. Vgl. Friedrich Kluge: Etymologisches Wörterbuch der deutschen Sprache. 22. Aufl., unter Mithilfe v. Max Bürgisser u. Bernd Gregor völlig neu bearb. v. Elmar Seebold. Berlin/New York 1989, S. 592.

se zu schleusen, um auf seine jüngsten Berliner Aktivitäten hinzuweisen. Heine zitiert nun genüsslich so aus diesem in schlechtem Französisch verfassten Text, dass sich der eitle Mann selber lächerlich macht. Seine mangelnden Sprachkenntnisse, sein Anbiedern und seine übertriebene Selbstdarstellung werden schließlich böse mit »Spontinischen Sümpfen« verglichen (DHA XIII, 66).

Wie sehr diese Art Reklamebedürfnis einer Selbsterniedrigung gleich kommen kann, hat Heine in der Redaktion der »Gazette musicale« direkt erleben können. Bei dem Verleger und Musikveranstalter Maurice Schlesinger sah er, wie dem Direktor jene »Berühmten unterthänig zu Füßen lagen und vor ihm krochen und wedelten, um in seinem Journale ein bischen gelobt zu werden« (DHA XIV, 46), und gemeint waren in ganz Europa gefeierte Virtuosen!

Will man sich nicht selber einer solchen Situation aussetzen, hält die Reklamepraxis noch eine andere Variante bereit: Man lässt werben – zu Reputationszwecken und Profilstärkung.

Diese Praxis hat ausgerechnet einer betrieben, der nach Heines früheren Ansichten zu den Größten seines Faches gehört hat: Meyerbeer. Der Erfolgskomponist sei nie müde geworden, giftet Heine, intensivst für seinen Ruhm zu sorgen. Dabei habe er die Presse manipuliert wie kein zweiter: Er brauche nur mit dem Kopf zu nicken, heißt es in »Lutetia«, »und alle Posaunen der großen Journale ertönen unisono« (DHA XIII, 130). 1854 wird aber nicht Meyerbeer direkt, sondern vielmehr das Verhalten seines Sekretärs Louis Gouin bloßgestellt. In einem Zusatz zur Buchfassung verspottet er diesen Mitarbeiter mit dem Bericht

> er läuft mit seinen Thranstiefeln ohne Lederstrippen von Morgens bis Abends nach allen Zeitungsredakzionen, um irgend ein Reklam zu Gunsten der sogenannten Meyerbeerschen Opern anzubringen, und seine Unermüdlichkeit soll jeden in Erstaunen setzen (DHA XIII, 69).

Mit den Worten »sogenannten Meyerbeerschen Opern« spielt Heine auf Gerüchte an, der Komponist habe nicht selber alle seine Opern komponiert! Diesen Zweifel äußert er auch in »Lutetia«, wenn er einfließen läßt, Meyerbeer habe in Italien Manuskripte gekauft und besitze Papiere von Carl Maria von Weber, oder wenn er Gouin selber als Opernkomponisten ins Spiel bringt![13]

Für Meyerbeer ist Werbung einfach alles. Dafür geht er ›über Menschen‹. Als Heine 1847 in einem Artikel öffentlich verschärft Kritik am Maestro übt, zögert er nicht, dessen uneingeschränkten Egoismus als eine Art allgemein-menschliches Gebrechen anzuprangern. Meyerbeers Egoismus sei so ungeheuer, dass ihn

> die Menschen nur in dem Grade interessiren sollen als er sie auszubeuten gedenke, und dessen erster und letzter Gedanke, wenn er ein Menschenkind anblicke, immer darauf hinauslaufe: wie kann ich dich als eine Reklame für meine Berühmtheit benutzen? (DHA XIV, 283).

13 Vgl. DHA XIII, 69; vgl. auch Mann, Musikkritiken (Anm. 5), S. 49f.

Schließlich ist aber nicht Meyerbeer, sondern der heute vergessene Ole Bull Heines eigentlicher Prügelknabe unter den Reklamemachern. Der 1810 geborene, norwegische Starviolinist lässt den auf prä-kulturindustrieller Vermarktung beruhenden »Zeitgeist« exemplarisch deutlich werden. So erkennt ein Entwurfsmanuskript dem Musiker den beschämenden Ruhm zu: »Der größte Virtuos in seiner Kunst, nemlich in der Kunst des Reclame bleibt immer Ole Bull« (DHA XIII, 1531, zu Art. XXXI-II).
Diese ›Erhöhung‹ der Reklame zur Kunst unterstreicht außerdem eine von Heine aufgegriffene Meldung aus Amerika, die ein entlarvendes Missgeschick des Künstlers publik macht:

> wir erhielten die ergötzlichsten Nachrichten über die Triumphzüge von Ole Bull, dem Lafayette des Puffs, dem Reklameheld beider Welten. Der Entrepreneur seiner Successe ließ ihn in Philadelphia arretiren, um ihn zu zwingen, die in Rechnung gestellten Ovazionskosten zu berichtigen. Der Gefeyerte zahlte [...].[14]

Ein zweites böses Missgeschick des Violonisten gibt seinen extrem erscheinenden künstlerischen Narzissmus vollends dem Gelächter preis. 1843 wurde in Paris eine Szene verbreitet, nach der Ole Bull bei seiner Ankunft im schwedischen Upsala beschimpft, sein Diener und sein Kutscher sogar tätlich angegriffen worden seien. Mit vorgetäuschtem Verständnis lästert Heine 1843, man könne doch diesen schwedischen Studenten nicht mehr grollen, die sich

> gegen den Unfug der Virtuosenvergötterung ausgesprochen und dem berühmten Ole Bull bey seiner Ankunft in Upsala die bekannte Ovazion bereiteten. Der Gefeyerte glaubte schon, man würde ihm die Pferde ausspannen, machte sich schon gefaßt auf Fackelzug und Blumenkränze, als er eine ganz unerwartete Tracht Ehrenprügel bekam, eine wahrhaft nordische Sürprise. (DHA XIV, 47)[15]

3. Claqueure – Wirkungsvolle Öffentlichkeitsarbeit lässt sich auch noch auf eine dritte Art betreiben. Wer über reichlich finanzielle Mittel verfügt, kann sich nämlich die (selbst)erniedrigende Ochsentour durch die Redaktionen ersparen und den Erfolg einer Werkaufführung direkt steuern. Als sichere Investition galten damals angemietete »Claqueure« als eine ganz normale, allgemein bekannte Ausgabe im Pariser Kulturbetrieb. Bereits die Schrift »Über die französische Bühne« hat dem ahnungslosen deutschen Leser die Aufgabe des »Chatouilleur« klar gemacht: Bei Witzen in Lustspielen musste der Vorlacher laut lachen und die »Lachlust des Publikums« aufreizen. »Dieses ist ein sehr wichtiges Amt«, erklärt Heine, »und der Succes von vielen Lustspielen hängt davon ab«. Wobei der »Chatouilleur« lachtechnisch einiges zu leisten hatte, nämlich »durch allerley Modulazionen seines

---

14 Vgl. DHA XIV, 134; mit Puff ist hier der dumpfe Schall der Eigenreklame gemeint (vgl. DHA XIII, 1430).
15 Tatsächlich handelte es sich um eine anti-norwegische Demonstration (vgl. DHA XIV, 573f.).

Lachens, vom leisesten Kichern bis zum herzlichsten Wonnegrunzen«, das Mitgelächter der Menge auch bei schlechten Witzen zu erzwingen (DHA XII, 272)!

Wieder erscheint der ängstliche, extrem kritikempfindliche und zwangsneurotische Giacomo Meyerbeer, der Komponist aus reichem Hause, als skrupelloser Meister des selbstbezahlten Erfolges. Schon in der Journalfassung bespöttelt Heine sehr zweideutig den Maestro, der »unabhängig mit einem grandiosen, fast genialen Vermögen zur Welt gekommen« sei (DHA, XIV, 624). 1854 stellt er den vermögenden und umtriebigen Musiker dann mit der nüchternen Bemerkung bloß, Meyerbeer lasse seinen Sekretär Gouin ständig mit allen unterhandeln – mit dem Operndirektor, den Sängern und Journalisten, vor allem aber mit dem »Chef de claque« (DHA XIII, 69).

Als zweiter Meister des finanziell organisierten Ruhmes wird jetzt der frühere Freund und als Genie gefeierte Franz Liszt vorgeführt.[16] Den umjubelten Virtuosen verspottet Heine in »Lutetia« mit Worten, die ihn zusammen mit Meyerbeer an den Pranger stellen sollen:

> Es will mich manchmal bedünken, die ganze Hexerey ließe sich dadurch erklären, daß niemand auf dieser Welt seine Successe, oder vielmehr die m i s e e n s c è n e derselben so gut zu organisiren weiß wie unser Franz Liszt. In dieser Kunst ist er ein Genie, ein Philadelphia, ein Bosco, ja ein Meyerbeer. Die vornehmsten Personen dienen ihm als Compères, und seine Miethenthusiasten sind musterhaft dressirt. (DHA XIV, 132)[17]

Der von Natur aus freigebige Liszt ließ in der Tat Champagnerflaschen knallen und die besten Journalisten anlocken, um sein Bild in der Öffentlichkeit ins rechte Licht rücken zu können.

Wieder gibt Heine eine Anekdote zum besten, um den bezahlten Erfolg zu verhöhnen. Als der Tenor Giovanni Rubini nach einer Konzertreise mit Liszt die Unkostenrechnung sah, musste er verblüfft feststellen, dass eine größere Summe für »Ovazionskosten« verschiedenster Art angesetzt worden war – die der erzürnte Sänger, ähnlich wie Ole Bull, zunächst nicht bezahlen wollte (DHA XIV, 133)!

4. Ruhm über den Tod hinaus – Mit Geld lässt sich nicht nur jedes unmittelbare Anerkennungsbedürfnis befriedigen, sondern auch das Weiterleben der Meisterwerke über den Tod des Künstlers hinaus absichern. Wieder bietet Meyerbeer ein beschämendes Beispiel. In Rollenrede wird 1854 aus seinem Testament berichtet, der Maestro habe für die Pflege eines jeden seiner Geisteskinder die bestimmte Summe eines sich verzinsenden Kapitals angesetzt. Mit diesen »Popularitätsausgaben« soll nach dem Ableben des Meisters »der eventuelle Aufwand von Flitterstaat, Claque, Zeitungslob u.s.w., bestritten werden können«! So soll der »zärtliche

---

16 Zu Heines wechselnder Einstellung zu Liszt vgl. Rainer Kleinertz: » Wie sehr ich auch Liszt liebe, so wirkt doch seine Musik nicht angenehm auf mein Gemüt«. Freundschaft und Entfremdung zwischen Heine und Liszt. In: HJb. 37 (1998), S. 107-139. – Einen Überblick dazu gibt auch: DHA XIII, 1555f.

17 Philadelphia war ein amerikanischer Magier, Bosco ein italienischer Taschenspieler.

Erzeuger« sogar für das »noch ungeborene Prophetchen [...] die Summe von 150,000 Thaler Preuß. Courant ausgesetzt haben« (DHA XIII, 71; vgl. DHA XIV, 245f.).

Mit solchen Anfeindungen hat der Satiriker Heine nicht einmal übertrieben. Wenn er über die so »künstliche als kostspielige Maschine« herzieht (DHA XIV, 283) oder wenn er unterstellt: Meyerbeer sei selber der »Capellenmeister des Meyerbeerschen Ruhmes« (DHA XIII, 130f.), dann greift er nur Gerüchte auf, die damals im Umlauf waren. Meyerbeer wurde laut Forschung tatsächlich verdächtigt, er habe sich mit Hilfe finanziell von ihm abhängiger Journalisten gute Kritiken verschafft (DHA III, 999, vgl. auch 1004).

II. Effekt, Serienkunst, Virtuosität

Nimmt das Vermittlungssystem mit der unvermeidlich gewordenen Imagepflege typische Phänomene der späteren Entwicklung vorweg, dann erscheinen die »AZ«-Berichte und »Lutetia« deshalb so weitsichtig, weil sie zeigen, in welch' starkem Maß die Aspekte der Vermarktung bereits die Produktion geprägt haben. – Zwei besonders charakteristische Textbeispiele sollen prä-kulturindustrielle Züge der Heineschen Analysen verdeutlichen.

Zuerst betont nichts die Aktualität dieser Musikfeuilletons so stark wie das Aufspüren der von den Musikern bewusst eingeplanten Effekte. Bei diesem gewichtigen Nachweis muss Meyerbeer erneut seinen Kopf hinhalten. – In den 40er Jahren des 19. Jahrhunderts war bekannt, dass der Komponist nicht gezögert hat, seine Opernstoffe dem Markt und dem vorherrschenden Publikumsgeschmack anzupassen. Schon »Über die französische Bühne« hatte betont, dass der höchst kritikempfindlichen Tonkünstler bereit war, dem herrschenden Publikumsgeschmack musikalische Neuerungen zu opfern (vgl. DHA XII, 278f.). 10 Jahre später nutzt ein Artikel eine Schaffenskrise des Komponisten aus, um dessen Musik insgesamt herabzusetzen. Wir müssen gestehen, spottet Heine 1847, dass der Meyerbeersche Ruhm ins Stocken geraten ist; er stichelt weiter: Ein wahrer, uneigennütziger Enthusiasmus habe in Paris nie für den großen Maestro geherrscht, »der sein Publikum nur zu unterhalten wußte. Dieses Amüsement hat aber aufgehört«.

Nur »Amüsement«, das heißt klipp und klar: keine große Kunst, allenfalls Unterhaltungskunst (vgl. DHA XIV, 1554), wenn nicht bereits Kulturindustrie. An diese These schließt sich noch eine regelrechte Generalabrechnung mit Meyerbeers Künstlertum an. Die große Menge habe durch das »beständige Ableyern des Robert-le-Diable und der Hugenotten eingesehen«, so lautet Heines Urteilsspruch, wie sehr

> Meyerbeers Opern weniger organisch entstanden als atomistisch kombinirt sind, wie er seine Effekte durch Calkul hervorbringt, so daß man unwillkürlich glaubt hinter dem prunkvollen Mantel die dürftige Prosa zu erschauen (DHA XIV, 283).

»Atomistische« Kombination der Teile und planvolle »Effekte« – das sind nicht nur die untrüglichen Zeichen des »Zeitgeistes« der industriellen Epoche, sondern auch sichere Vor-Zeichen der entwickelten Kulturindustrie, die Adorno präzise mit »Vorherrschaft des Effekts« definieren wird.

Wie prägnant und maßstabsetzend Heines Charakterisierung Meyerbeers 1847 gewesen ist, hat kein anderer als Richard Wagner bestätigt. Im ersten Teil seiner umfangreichen, musikästhetischen Schrift »Oper und Drama« (1852) analysiert er die aktuellen Grundirrtümer der Kunstgattung Oper und greift das buntscheckige, krause und wirre »Allerlei« der Meyerbeerschen Erfolgswerke an, die eben jedem Opernfreund etwas Befriedigendes zu bieten haben. Der »lustige Scribe«, polemisiert Wager, musste »blutschwitzend« Meyerbeer

> den dramatischen Wirrwarr auf das Allerberechnetste zusammenstellen, vor dem nun der Musiker mit kaltblütiger Sorge stand, ruhig überlegend, auf welches Stück Unnatur irgendein Fetzen aus seiner musikalischen Vorratskammer so auffallend und schreiend wie möglich passen dürfte.

Liest sich das schon wie ein Kommentar zu Heines Urteil »atomistisch kombinirt«, dann erstaunt nicht, wenn Wagner seine Abrechnung mit den Worten zusammenfasst: »Das Geheimnis der Meyerbeerschen Opernmusik ist – der Effekt«. Wagner geht nun noch einen logischen Schritt weiter: Er verdreht die Kausalitätskette, um die abgehobene Mechanik dieser Musik mit den Worten zu denunzieren: Wir dürfen »›Effekt‹ übersetzen durch ›Wirkung ohne Ursache‹«. Paradoxer lässt sich Substanzlosigkeit kaum formulieren.[18]

---

18 Richard Wagner: Oper und Drama. Hrsg. u. komm. v. Klaus Kropfinger. Stuttgart 1994, S. 100f. – Für den Hinweis auf Wagner danke ich Hermann Danuser. – Die Kontinuität oder Parallelität in Heines und Wagners Meyerbeerkritik ist, so weit zu sehen, von der Forschung nicht näher aufgegriffen worden; Mann streift allenfalls diesen speziellen, musikästhetischen Aspekt (Musikkritiken [Anm. 5], S. 40 u. S. 155f.). – Erstaunlich ist übrigens auch die ähnlich verlaufende Entwicklung der persönlichen Beziehungen Heines und Wagners zu Meyerbeer, die sich von einem positiven Beginn in offene Ablehnung bzw. Feindschaft verkehrt hat. In den 1830er und zu Beginn der 40er Jahre hatten beide freundschaftlichen Kontakt mit Meyerbeer. Heine hat Meyerbeer publizistisch unterstützt. Wagner lebte von 1839 bis 1842 in Paris, und bei dem Versuch, seinen internationalen Durchbruch zu erreichen, konnte er sich der Gunst seines Förderers Meyerbeer erfreuen (vgl. Brief an Robert Schumann v. 29. Dezember 1840, zit. n. »Oper und Drama«, S. 403). Gleichzeitig mit Heines Artikel von 1847 macht sich auch die inzwischen gewandelte Einstellung Wagners bemerkbar: In seinem Brief an Eduard Hanslick v. 1. Januar 1847 z.B. betont er zwar weiter seine persönliche Dankbarkeit, fügt aber hinzu, er fasse jetzt mit dem Begriff »Meyerbeer« alles Negative im Opernbetrieb zusammen (»ein grosses Geschick für äußerliche Wirksamkeit«, zit. n. »Oper und Drama«, S. 403). Wenige Jahre später denunziert Wagner dann sowohl Heine wie Meyerbeer mit perfiden, antisemitischen Argumenten. In dem Aufsatz »Das Judentum in der Musik« (1850) spricht er dem Juden Heinrich Heine sein Dichtertum ab (»gedichtete Lügen«) und greift ohne Namensnennung Meyerbeers Musik an. In »Oper und Drama« spricht er dann dem Juden Jakob Meyerbeer sein melodisches Musikertum ab (»Als Jude hatte er keine Muttersprache«, [»Oper und Drama«, S. 92]; zu Wagners Meyerbeerbeziehung: Reiner Zim-

Anschließend fällt die Serienproduktion ins Gewicht – eine zweite Konzession an die neuen Marktbedingungen. Das Verhalten dreier Künstler bezeugt diese typische Entwicklung.

Der Erfolgslibrettist Eugène Scribe hat das Geschäftsgeheimnis der Vermarktung am Besten verstanden. Wenn Geld der Gott der Moderne und Baron Rothschild der »Held des Tages« ist (DHA XIV, 59), dann ist Scribe der Mann der Stunde. Wie sehr, das zeigt die Spöttelei über den Autor zahlreicher Libretti, der als »der Mann des Geldes, des klingenden Realismus« verlacht wird und der sich festklammert »an der irdischen Wirklichkeit der Vernunftheurath, des industriellen Bürgerthums und der Tantième« (DHA XIV, 141). – Scribe verkörpert noch auf andere Weise den »Zeitgeist«. Während der Arbeit an einem Operntext für den »im materiellen und industrieusen Sinne« gut ausgerüsteten alten Dessauer soll ein Pariser Bankhaus eine Bürgschaft geleistet haben, »daß bey etwaigem Durchfall des alten Dessauer ihm, dem berühmten Librettofabrikanten, eine namhafte Summe als Abtrittsgeld oder Dedit ausbezahlt werde« (DHA XIV, 53).

Nicht weniger industriell muss auch der Komponist Gaetano Donizetti gearbeitet haben. Heine mockiert sich jedenfalls über dessen »Fruchtbarkeit«, die größer sei als sein Talent und nur mit der Fertilität eines Kaninchens zu vergleichen (DHA XIV, 52). Oder er verhöhnt den großsprecherischen Italiener, wenn er trocken mitteilt, Donizetti habe die Pariser Operndirektion wissen lassen, dass er – offenbar eine Bagatelle – die »versprochenen fünf und zwanzig Opern nicht liefern werde« (DHA XIV, 137).

Als der eigentliche Massenproduzent oder Fließbandarbeiter gilt aber Horace Vernet, damals der »größte Maler Frankreichs«. 1843 nennt Heine ihn auch den »nationalsten der französischen Maler« und bezeichnet ihn in »Lutetia« sogar als ein »Genie« (DHA XIV, 88f.). Den für Heines Ästhetik zentralen Begriff »zeitliche Signatur« repräsentiert Vernet in besonderem Maß, weil sich in seinen Gemälden »der Geist der Bourgeoisie, der Industrialismus, der jetzt das ganze sociale Leben Frankreichs durchdringt«, mustergültig durchgesetzt hat (DHA XIV, 85). Am Bei-

---

mermann: Giacomo Meyerbeer. Eine Biographie nach Dokumenten. Berlin 1991, S. 256ff.). Anders der radikale Preußenfeind Heine. Er war zwar persönlich sowohl verärgert über finanzielle Streitigkeiten wie enttäuscht über Meyerbeers mangelnden Einsatz im Erbschaftsstreit, stellte aber zunächst politische Motive in den Mittelpunkt seiner immer schärferen Kritik, in der die neue Einstellung spürbar wird: Der von Friedrich Wilhelm IV. geförderte Meyerbeer war 1842 zum Generalmusikdirektor in Berlin ernannt worden (vgl. dazu: Heinrich Heine und die Musik. Publizistische Arbeiten und poetische Reflexionen. Hrsg. von Gerhard Müller. Köln 1987, S. 23ff.). Im Spätwerk kommt noch die »Satanella«-Affäre hinzu, in der sich Heine erneut von Meyerbeer nicht gebührend unterstützt gefühlt hat. Zu der vieldiskutierten Beziehung Heine-Meyerbeer: Heinz Bekker: »Der Fall Heine-Meyerbeer«. Berlin 1958 (verteidigt Meyerbeer u.a. gegen den Vorwurf, die Presse bestochen zu haben); Jürgen Voigt: Mäzen und Erpresser? Noch einmal zum »Fall« Meyerbeer-Heine. In: Zeitschrift für deutsche Philologie (1992), Bd. 112.4, S. 543-568. Überblick und Zusammenfassungen bei Mann, Musikkritiken (Anm. 5), S. 58ff. und 104ff.; HSA XIII, 1097ff; Dorn/Hauschild, Liederbuch (Anm. 5), S. 231f.).

spiel des Gemäldes »Juda und Thamar« aus dem Salon von 1843 betont Heine, wie unreligiös und vorurteilslos der Maler mit dem biblischen Stoff umgesprungen ist; wie er ihn vielmehr mit sinnlich-erotischer Auffassung dargestellt, d.h. wie sehr Vernet »Gleichgültigkeit« und »Indifferentismus« in religiösen Fragen Ausdruck verliehen hat. Das ist genau der neue Geist der bürgerlichen Gesellschaft.[19]

Was aber noch stärker hervorgekehrt wird, ist Vernets »dämonische Überschwänglichkeit«, seine unversiegbare »Schöpferkraft«, kurz, seine außerordentliche Vitalität. Vernet sei das Malen angeboren wie »dem Seidenwurm das Spinnen, wie dem Vogel das Singen«. Die biologische Metaphorik gipfelt in dem abschmetternden Urteil: »Kein Styl, aber Natur. Fruchtbarkeit die ans Lächerliche grenzt« (DHA XIV, 89).

Vernets zwanghafte Serienproduktion wird zuletzt rein quantitativ geschmäht. Heine überschlägt mit 100.000 die Anzahl der abgebildeten Soldaten und Kavalleristen auf den »kolossalen Schlachtstücken«, die Vernet in jüngster Zeit für Versailles geliefert hat. Danach erwähnt er die Sage, nach der am Tage des jüngsten Gerichtes die Menschen mit all' ihren Werken erscheinen dürfen. Käme nun Vernet an diesem Tage mit einigen 100.000 Soldaten anmarschiert, dann würde er mit Sicherheit gerettet!

Nicht allein die künstlerische Produktion, sondern auch die Reproduktion wird von dem Geist der neuen Zeit weitgehend beherrscht, die der Klaviervirtuosen an erster Stelle. So wie Heine die Berühmtheit der Berühmten aufgespießt hat, so zieht er ständig über die Virtuosität der Virtuosen her – heißen sie Franz Liszt oder Alexander Dreyschock, Friedrich Wilhelm Kalkbrenner, Heinrich Wilhelm Ernst oder Ole Bull. Ausgenommen natürlich der geniale Frédéric Chopin. Und der Anti-Virtuose Sigismund Thalberg, der gentlemanlike Musiker, der ohne »epileptische Anfälle auf dem Klavier« auskommt (DHA XIV, 51).

Mit ihrem technisch vollendeten Spiel haben die Klavierkünstler, wie erwähnt, eine wahre Mode ausgelöst. Aber ihre Aufführungen erliegen dem zeittypischen Trend mit der Betonung der Wirkung, der Inszenierung der Effekte. Die Körperpose wird zu einem wichtigen Bestandteil der Darbietung. Den Triumph des Details, der Geste, über das Ganze, die Musik hat wiederum schon »Über die Französische Bühne« näher analysiert: Für Heine sind alle »virtuosische Tours-de-force« verwerflich, denn sie gehören »ins Gebiet der Taschenspielereyen, des Volteschlagens, der verschluckten Schwerter, der Balancierkünste und der Eyertänze« (DHA XII, 503). – Diesen Trend verkörpert keiner besser als Franz Liszt. Die Beschreibung seiner Auftritte gehört zu den narrativen Höhepunkten der Heineschen Musikkritiken. So entstand bereits 1837 das plastische Bild von dem Musiker, der am Fortepiano sitzt, sich die Haare über die Stirn streicht, zu improvisieren beginnt und »eine Wildniß von himmelhohen Gedanken« erklingen lässt, »wozwischen hie und

---

19 Speziell dazu: Michael Werner u. Michel Espagne: Horace Vernet und die Tendenzdichter. Zu Heines Kunstauffassung während der vierziger Jahre. In: Text + Kritik (1982), H. 18/19, S. 2-15 (Heines Kunstauffassung zu Beginn der 1840er Jahre im Ausgang von philologischer Textkritik).

da die süßesten Blumen ihren Duft verbreiten«. Ein ambivalentes Bild jedoch, denn die virtuose Vorführung verbreitet sowohl Glücksgefühle wie Missbehagen (DHA XII, 288). Diese Ambivalenz ist auch vier Jahre später nicht verschwunden. Heine vergleicht die frühere, wilde mit der jetzigen, gemäßigten Spieltechnik und betont: Wenn Liszt früher auf dem Pianoforte »ein Gewitter spielte, sahen wir die Blitze über sein eignes Gesicht dahinzucken, wie von Sturmwind schlotterten seine Glieder«; spielt er jetzt ein schweres Donnerwetter, »so ragt er doch selber darüber empor [...] die Wolken lagern tief unter ihm [...] das Haupt erhebt er lächelnd in den reinen Aether« (DHA XIII, 125). Aber er »ragt« und »erhebt« eben immer noch!

Wie zwiespältig dieses Klavierspiel berührt, das zeigt ein Erklärungsversuch der in Deutschland grassierenden »Lisztomanie«. Spätestens hier spürt man Heines innere Distanz gegenüber dem Phänomen Liszt sehr deutlich, wird doch die ganze »Hexerei« 1844 vorrangig auf Liszts Genie zurückgeführt, seinen eigenen Erfolg blendend organisieren zu können. Was seine ungeheure, irritierende Wirkung speziell auf das weibliche Publikum genauer angeht, erwägt Heine eine Erklärung mit ganz modernen, psychopathologischen Mitteln – obwohl es sich doch einfach um die Wirkung genau einstudierter Effekte handelt (DHA XIV, 131f.).

Ob Selbstreklame oder Imagepflege, Effekthascherei oder Pose – die »AZ«-Berichte und »Lutetia« erstellen zum Schluss ein dichtes Bild des allmählichen Vordringens der neuen Marktbedingungen ins Zentrum der Kunst. Diesen Prozess macht der Artikel vom 14. Mai 1843 mit dem aus heutiger Sicht paradigmatisch klingenden Titel »Industrie und Kunst« auf verblüffende Weise bewusst. Der in »Lutetia« in die beiden Artikel LVII und LIX aufgespaltene Essay bringt zwei Themen zusammen, die alles zu trennen scheint, aber dennoch eng verzahnt sind: einmal der »unheimliches Grauen« auslösende Eisenbahnbau und zum andern die bereits behandelte Gemäldeausstellung. Führt nicht, so möchte man fragen, der Weg von »Industrie und Kunst« direkt zur Kunstindustrie und weiter zur Kulturindustrie?

Jedenfalls geht man wohl nicht fehl mit der Feststellung, dass in der Moderne etwas Einmaliges unweigerlich unter die Räder kommt. Real wären das die Räder der Eisenbahn, im übertragenen Sinn die Räder des Industriekapitalismus, der sich nach 1848 machtvoll durchgesetzt hat, mit dem Eisenbahnbau als fortschrittlichem Symbol.[20]

Heines Berichte weisen deshalb über ihre Zeit hinaus, weil sie veranschaulichen, wieweit diese Räder die authentische Kunst bereits überrollt haben. Immer wieder schweißt seine Schreibweise die heterogenen Phänomene dieser Entwicklung metaphorisch oder durch Vergleiche zusammen. So wird 1847 z.B. Meyerbeers Ruhm eine »kostspielige Maschine« genannt (DHA XIV, 283, vgl. 245). Gerät aber diese

---

20 Vgl. Christian Liedtke: »... die überwuchernde Macht des Kapitals«. Geld, Gold und Eisenbahnen im Spätwerk Heinrich Heines. In: Bernd Kortländer u. Sikander Singh (Hrsg.): »...und die Welt ist so lieblich verworren«. Heinrich Heines dialektisches Denken. Festschrift für Joseph A. Kruse. Bielefeld 2004, S. 73-100, hier S. 85ff.

Maschine ins Stocken, stellt sich die typische Frage: »Ist in dem feinen Getriebe irgendeine Schraube oder ein Stiftchen losgegangen?« – Eine Textvariante insistiert weiter: Da die Maschine ja weiter funktionieren soll, muss sie geschmiert werden, vor allem dann, »wenn einst im Grabe die gewaltige Hand ruht, die das Räderwerk so gut zu schmieren und im Gange zu halten wußte« (DHA XIV, 245, zu Art. LVI). – Wie die Räder auch zu Glücksrädern werden können, beweist das Beispiel des Textschreibers Eugène Scribe: Er wird als »Librettofabrikant« vorgestellt. Schließlich haben die Räder des Fortschritts auch die Malerei erfasst. Die Hauptfigur eines Heiligenbildes aus dem Salon von 1843, das eine Geißelung darstellt, sieht mit ihrer Leidensmine »dem Direktor einer verunglückten Actiengesellschaft ähnlich«. Die Gesichter auf den Historienbildern erinnern »an Kramladen, Börsenspekulazion, Merkantilismus, Spießbürgerlichkeit« (DHA XIV, 85f.).

Die Kritik an der mechanistischen Triebfeder der industriellen Revolution gipfelt schließlich in einer »Signatur«, die beispielhaft wirkt: das Pianoforte[21]. Das zum Modeinstrument gewordene Hammerklavier mit seiner Repetitionsmechanik signalisiert für Heine nichts weniger als den »Sieg des Maschinenwesens über den Geist«. Er fährt richtungweisend fort:

> Die technische Fertigkeit, die Präcision eines Automaten, das Identifiziren mit dem besaiteten Holze, die tönende Instrumentwerdung des Menschen, wird jetzt als das Höchste gepriesen und gefeyert (DHA XIV, 45).

Heine, Meister kunstvoller Komposition, rundet den »Musikalische Saison in Paris« betitelten »AZ«-Artikel später in »Lutetia« damit ab, dass er diesem negativ »Höchsten« erneut ein positiv »Höchstes« entgegensetzt, aber damit den Essay enden lässt. Dieser Textabschluss stellt die Grundlage seiner wegweisenden Zivilisationskritik nur umso stärker heraus. »Was ist das Höchste in der Kunst?« lautet die alles entscheidende Frage, und die Antwort heißt: »Das, was auch in allen andren Manifestazionen des Lebens das Höchste ist: die selbstbewußte Freyheit des Geistes« (DHA XIV, 48).

---

21 Vgl. dazu: Gesine Haase: Zur Geschichte des Pianofortes. Staatliches Institut für Musikforschung Preußischer Kulturbesitz. Musikinstrumenten-Museum. Berlin 1982. 1709 experimentiert Bartolomeo Cristofori erfolgreich mit der Hammermechanik, um abgestuft Töne « pian e forte » mittels Anschlags der Saiten durch Hämmerchen zu erzeugen. Johann Gottfried Silbermann, der bekannteste Instrumentenbauer Sachsens, übernimmt diese Technik beim Bau seiner Hammerflügel. Bahnbrechend für den modernen Klavierbau wird dann die Pariser Firma Erard, die 1821 die Repetitionsmechanik mit doppelter Auslösung erfunden hat. Diese Bauweise übernahm die Firma Pleyel; auf einem Pleyel-Flügel gab Chopin 1832 im Salon Pleyel sein erstes Pariser Konzert. – Für diese Hinweise möchte ich Gernot Scheufler danken.

Der Verlust dieser Freiheit durch das Räderwerk der Moderne bedeutet das Ende der Autonomie, ohne die keine authentische Kunst mehr existieren kann.[22] Genau diese Gefahr ist nach Adornos Hauptthese 100 Jahre später in der Kulturindustrie Wirklichkeit geworden. Die kontinuierliche Entwicklung geht allerdings mit einer Diskontinuität einher, die den historischen Abstand, der zwischen den ästhetischen Theorien des Dichters und des Denkers besteht, ins Auge springen lässt: Muss nach Heine der Autonomieanspruch grundsätzlich nicht auf praktische, wie auch immer komplexe Kommunikation verzichten, dann vermag sich für Adorno authentische Kunst im 20. Jahrhundert nur noch durch radikale Absage an Kommerz und Kommunikation zu behaupten, wie sie an der hermetischen und dissonanten Bearbeitung des künstlerischen Materials spürbar wird.

---

22 In Art. LV nennt Heine ausdrücklich musikalische Komposition und Aufführung, Kunst und (mit Seitenhieb) deutsche Dichtkunst. Genauer: Tendenzdichtung. Anlässlich seiner Kritik an den christlichen Gehalten der Mendelssohn'schen Musik (»Paulus«) könnte man sich übrigens fragen, wie stichhaltig in diesem Zusammenhang der Begriff »Tendenzmusik« wäre (Art. XLIII).

Die poetische Ökonomie von Heine und Marx

Hans-Georg Pott

> Haben Sie die Idee eines Mittagessens begriffen, mein Lieber? Wer diese begriffen hat, der begreift auch das ganze Treiben der Menschen.
> [D]ie Poesie, die Himmelstochter, die Hochgeborene, hat selbst nie Geld und wendet sich, bei solchem Bedürfnis, immer an Cotta.
>
> Heinrich Heine[1]

Der Titel einer poetischen Ökonomie von Heine und Marx bezieht sich durch Assonanz und Wissen auf die politische Ökonomie, deren Kritik die Hauptwerke von Karl Marx, insbesondere »Das Kapital«, bekanntlich gelten. Auch aus einigen der wichtigsten Werke Heines, den »Reisebildern«, den »Französischen Zuständen« und der »Lutetia« (aber damit sind keineswegs alle benannt) ließe sich eine Kritik der politischen Ökonomie extrahieren, wenn man darunter die Kritik der politischen Konsequenzen wirtschaftlichen Handelns versteht. Etwa in den Ausführungen über die Eröffnung der neuen Eisenbahnenlinien und über den Baron Rothschild in »Lutetia« wird implizit ein wirtschaftlich induzierter Funktionswandel des Souveränitätsbegriffs verzeichnet. (Vgl. B 5, 448ff.: »es ist das Staatsruder, dessen sich die herrschende Geldaristokratie täglich mehr und mehr bemächtigt.«)

Über die Begegnung von Heine und Marx im Jahr 1843 und in späteren Jahren ist viel geschrieben worden. Wolfgang Hädecke hat in seiner Heine-Biografie die Erfindung des Kommunismus durch Heinrich Heine eindrucksvoll beschrieben.[2] Das nahezu einhellige Urteil der Forschung lautet, Heine habe vieles in der Begrifflichkeit und dem politischen Anspruch nach vorweggenommen und formuliert, was Marx und später Marx und Engels dann ausgearbeitet und (leider) vereinseitigt hätten.[3] Auch stilistisch zehrt Marx von Heine.[4] Erinnert sei hier nur an das bedeutende Werk von Siegbert Prawer: »Karl Marx und die Weltliteratur«. Heine, Shakespeare und Goethe sind die Dichter, die das Denken und Schreiben von Marx

---

1 »Die Bäder von Lucca«, zit. n. B 2, 453 u. 19.

2 Wolfgang Hädecke: Heinrich Heine. Eine Biographie. München 1985, vgl. das Kapitel »Die neuen Genossen«, S. 414-429.

3 Manfred Windfuhr: Heinrich Heine. Revolution und Reflexion. Stuttgart ^{2}1976, S. 236f., S. 266ff., S. 270-274; Höhn 3/2004, S. 127-130; Jean Pierre Lefebvre: Marx und Heine. In: Heinrich Heine. Streitbarer Humanist und volksverbundener Dichter [Internat. Wiss. Konferenz aus Anlass des. 175. Geburtstages von Heinrich Heine vom 6.-9. Dez. 1972 in Weimar]. Weimar 1973, S. 41-61.

4 Siegbert S. Prawer: Karl Marx und die Weltliteratur. München 1983; Nigel Reeves: Heine and the Young Marx. In: Oxford German Studies (1973), H. 7, S. 44-97; Zvi Tauber: Remarks on the Relationship Between Heine and Marx in 1844. In: Tel Aviver Jahrbuch für deutsche Geschichte 30. Göttingen 2002, S. 402-413. Ebenso Lefebvre, Marx (Anm. 3).

nachhaltig beeinflusst haben. Ich möchte aber diesem Kapitel kein weiteres hinzufügen.

Vielmehr geht es mir um das Irreduzible des rhetorisch-poetologischen Modells. Es ist die poetisch-rhetorische Konstruktion von Wirtschaft und Gesellschaft, von Ökonomie und Religion, welche die »metaphysischen Spitzfindigkeiten« und die »theologischen Mucken« von Ware, Geld und Kapital offen legt. Das Ziel meiner Ausführungen besteht in einer Stilkritik der ›politischen Ökonomie‹, welche die sprachliche Konstitution ökonomischer ›Tatsachen‹ aufdecken möchte. In der Erkenntnis einer ›poetischen‹ Ökonomie bei Heine und Marx, in ihrer rhetorisch-poetischen Schlagkraft, deren ideologiekritisches Potential außer Frage steht, zeigt sich, wie sich Fakten und Fiktionen durchdringen, was sachlich gerechtfertigt ist, da Dichtung und Geld ein durchaus gebrochenes Verhältnis zur Wirklichkeit haben und beide mit Schein und Illusionsbildung arbeiten.[5] Das wird insbesondere am Beispiel des Börsenkapitals deutlich werden.

Heine und Marx präsentieren eine Fülle von Daten und Fakten, die aber niemals nur als reine Tatsachen dargestellt und hingenommen werden. Sie werden oftmals zugleich in einem Ausdruck kommentiert, kritisiert, infrage gestellt. Ein solcher »Ausdruck« kann Sein und Sollen, Analyse und Wertsetzung vereinigen. Die poetisch-rhetorische Form solcher »Ausdrücke« ist kein Beiwerk des Schreibstils beider Autoren, sondern integraler Bestandteil der Methode ihres Denkens. Ich spreche hier bewusst von Ausdrücken, weil ihre Bestimmung mit dem Instrumentarium der klassischen Rhetorik – es handelt sich vor allem um den Bereich der Tropen (*metaphora, ironia, allegoria, prosopopoiea* usw.) – als Ornatus, »Luxus der Rede« (Lausberg), die sinnkonstitutive Bedeutung der Tropen und Figuren bei weitem unterschätzt.[6] Die Schriften beider Autoren sind wirkungsmächtige Zeugnisse für ein Erkenntnispotential, das ganz auf der Höhe ihrer Zeit ist und das – insofern beide in den Modus der Vergangenheit gerückt sind – unserem ›kulturellen Gedächtnis‹ anvertraut ist. Es liegt an uns, diese Erbschaft zu nutzen und zu verwerfen.

Der junge Heinrich Heine schreibt in den »Briefen aus Berlin« (1822):

> Der Kaufmann hat in der ganzen Welt dieselbe Religion. Sein Comptoir ist seine Kirche, sein Schreibtisch sein Betstuhl, sein Memorial ist seine Bibel, sein Warenlager ist sein Allerheiligstes, die Börsenglocke ist seine Betglocke, sein Gold ist sein Gott, der Kredit ist sein Glauben. (B 3, 36)

Die Beispiele einer »Geldwerdung Gottes« oder »Gottwerdung des Geldes«, des »gemünzten Metall[s], de[r] silbernen und goldenen Hostien« (»Romantische Schule«, B 3, 472) etc. lassen sich leicht vermehren. Bei dieser nicht unüblichen Aus-

5 Vgl. dazu auch Jochen Hörisch: Kopf oder Zahl. Die Poesie des Geldes. Frankfurt a.M. 1996, S. 83.

6 Die rhetorische Begrifflichkeit nach Heinrich Lausberg: Elemente der literarischen Rhetorik. München [4]1971.

drucksweise,[7] handelt es sich um eine Art typologischer Korrespondenz, die Übertragung religiöser Begriffe oder eines religiösen »Bildbereichs« auf die Sphäre der Ökonomie – also um eine rhetorische Figur, die auch der Allegorie zugeordnet werden kann.

Und dabei sollte es bleiben. Das ist deshalb zu betonen, weil ich Heine und Marx vor einer Politischen Theologie und (Re-)Theologisierung der Ökonomie, die sich bei beiden tendenziell nachweisen lässt, bewahren möchte.[8] Es handelt sich um falsche Ersatzbildungen und Substitutionen, soll damit ein realer gesellschaftlicher Entwicklungsprozess beschrieben sein, der in Wirklichkeit ein Prozess der Ausdifferenzierung ist. Ohne den Streit um die Säkularisierungsthese hier aufgreifen zu können[9], möchte ich betonen, dass die Identifizierungen von Geld und Gott, Religion und Kapital, also Anschauungen, die Ökonomie, Religion und Politik nicht radikal von einander trennen und von einander emanzipieren, von mir einer latenten oder offenkundigen Gegenaufklärung zugerechnet werden.

Man wird Gott nicht los, wenn man mit einer Kritik der Religion, die »Voraussetzung aller Kritik«, wie es in der Einleitung »Zur Kritik der Hegelschen Rechtsphilosophie« (MEW 1, 378) heißt, nicht auch eine Sprachkritik der theologisch-ökonomischen Rhetorik und Begrifflichkeit verbindet. Heine und Marx theologisieren nicht nur die Ökonomie, sondern die gesamte Weltgeschichte, wenn sie nicht ohne

---

7 Die Analogien und die Konvertierbarkeiten von Religion und Ökonomie sind natürlich seit der Antike bemerkt worden. In jüngster Zeit hat vor allem Jochen Hörisch die rituellen und sprachlichen Konnotationen von Abendmahl und Geld sowie den Neuen Medien unter medienanalytischen, semiologischen und medienhistorischen Gesichtspunkten in zahlreichen Schriften herausgestellt.

8 Es geht mit anderen Worten um die Politik der Rhetorik als Rhetorik der Politik – um mich der rhetorisch von Marx wie Heine so beliebten Figur des Chiasmus zu bedienen. Sie wurde in der Forschung unterschiedlich eingeschätzt. Manfred Windfuhr meint zur metaphorischen Übertragung alter, geheiligter Begriffe auf neue liberale und demokratische Gedanken, Heine habe damit die Zensur umgangen und sich einem breiteren Publikum verständlich gemacht. (Windfuhr, Heine [Anm. 3], S. 89f.) Damit wäre der Stil nur Mittel zum Zweck.
Klaus Pabel kommt der Sache m.E. näher, wenn er am Beispiel der Personifikation (von Rothschilden und Bethmännern) davon spricht, sie habe »Beispiels- und Analysefunktion«. Das gilt auch für die Übertragung und die Gleichsetzung von Glauben und Kredit oder Gott und Geld. Heine wie Marx zitieren in diesem Zusammenhang Shakespeares »Timon von Athen«: »sichtbare Gottheit, / Die du Unmöglichkeiten eng verbrüderst, / Zum Kuß sie zwingst!« (Klaus Pabel: Heines »Reisebilder«. Ästhetisches Bedürfnis und politisches Interesse am Ende der Kunstperiode. München 1977, S. 59.) An späterer Stelle seines Buches erweitert er die Bestimmung der rhetorischen Funktion einer vielgestaltigen Verschränkung von Religion, Politik und Ökonomie als »ideologiekritisches« Verfahren und Erkenntnis der Wirklichkeit: »Wirtschaftliche und politische Bereiche sind also nicht nur zum Vergleich herangezogene Desillusionierungsebenen der Religion, sondern deren Praxis, in der der Schleier der göttlichen Wahrheit von den unheiligsten, unchristlichsten Machtinteressen zerissen wird. [...] weil sie [die Religion] ihren Kredit verloren hat, darf man ihr keinen Glauben mehr schenken« (S. 223).

9 Vgl. Fußnote 4 bei Giorgio Agamben: Theos, Polis, Oikos. In: Lettre International (Sommer 2005), S. 60-62.

Pathos verkünden, dass Weltgeschichte und Heilsgeschichte, vorwärtsgetrieben durch den Klassenkampf, in der Weltrevolution konvergieren. So Heine in der »Lutetia«: »die Weltrevolution, der große Zweikampf der Besitzlosen mit der Aristokratie des Besitzes, und da wird weder von Nationalität noch von Religion die Rede sein: nur Ein Vaterland wird es geben, nämlich die Erde, und nur Einen Glauben[!], nämlich das Glück auf Erden.« (B 5, 406) Bis es zu diesem Ende kommt, wird es nicht gerade gemütlich zugehen auf Erden, man müsste eine neue Apokalypse schreiben, noch schrecklicher als die des Johannes: »Die Zukunft riecht nach Juchten, nach Blut, nach Gottlosigkeit und nach sehr vielen Prügeln. Ich rate unsern Enkeln, mit einer sehr dicken Rückenhaut zur Welt zu kommen.« (B 5, 407) Die Ironie und der Humor mildern den Ernst dieser Ausführungen nur schwach.

Bei Heine und Marx findet sich also auch, was heute wieder Konjunktur hat: die Re-Theologisierung der Ökonomie und Politik. Die ökonomische Theologie, die nach Agamben zwischen dem zweiten und fünften Jahrhundert als katholische Kirche die politische Bühne des Abendlandes betritt, wird zur theologischen Ökonomie.[10] Radikale Säkularisierung führt zum »Götzendienst des goldenen Kalbs«. Gott ist Geld, Geld ist Gott.[11] Wie im Mittelalter Staat und Kirche auf dem Glauben an Blut beruhten, so »beruhen alle unsere heutigen Institutionen auf dem Glauben an Geld, wirkliches Geld. Jenes war Aberglauben, doch dieses ist der bare Egoismus. Ersteren zerstörte die Vernunft, letzteren wird das Gefühl zerstören.« (B 3, 472) Diesen Optimismus werden wir heute kaum teilen können – wenn es denn Anlass zu Optimismus wäre. Aber vielleicht sind wir auch der Ansicht, dass das Geld als Medium der Kommunikation besser als der Aberglaube erhalten werden sollte. Auch können wir wissen, dass sich die Weltgeschichte weder nach theologischen, noch nach politischen, noch nach ökonomischen Imperativen allein richtet. Doch ist Heine, wie wir sogleich sehen werden, durchaus mit Adam Smith der Meinung, dass egoistisches Handeln auch die allgemeine Wohlfahrt befördern kann.

Immerhin gilt heute die Einsicht in die »implizite Theologie« von Politik und Ökonomie insoweit, dass nämlich religiöse Sprachwelten, dank ihrer Potentiale grundlegende Bedürfnisse der Menschen zu artikulieren, »auch in modernen Gesellschaften die gedachte politische Ordnung symbolisch strukturieren und starke Ressourcen von Legitimitätsproduktion darstellen.«[12] Die Religion des Kaufmanns, wie Heine später präzisieren wird: des Bourgeois, der »Aristokratie des Besitzes«, ist der Kapitalismus, der »Kapitalismus als Religion«. Er ist unser Schicksal, wie es scheint, nachdem nahezu alle Alternativen gescheitert sind. Ein frühes Fragment

---

10 Ebd.

11 So Bernd Witte: Politik, Ökonomie und Religion im Zeitalter der Globalisierung – unter Berufung auf Heine. In: Bernd Witte u. Mauro Ponzi (Hrsg.): Theologie und Politik. Walter Benjamin und ein Paradigma der Moderne. Berlin 2005, S. 9-19, hier: S. 17. Ebd. auch der Beitrag von Giorgio Agamben: Ökonomische Theologie, der mit dem Lettre-Aufsatz (Anm. 9) nahezu identisch ist.

12 Friedrich Wilhelm Graf: Wie Wiederkehr der Götter. Religion in der modernen Kultur. München 2004, S. 275. Graf vertritt eine Zielrichtung auf Transzendenz, ich hingegen mit Heine und Marx auf Immanenz.

von Walter Benjamin, »Kapitalismus als Religion« (1921), verzeichnet die religiöse Struktur des Kapitalismus, nicht nur, wie »Weber meint, als eines religiös bedingten Gebildes, sondern als einer essentiell religiösen Erscheinung«. Er »dient essentiell der Befriedigung derselben Sorgen, Qualen, Unruhen, auf die ehemals die so genannten Religionen Antwort gaben.«[13] Ganz in diesem Sinn erweist das Gespräch über die verschiedenen Formen des jüdischen und christlichen Glaubens mit Herrn Hyazinth, der eigentlich den jüdischen Namen Hirsch trägt, im neunten Kapitel der »Bäder von Lucca« den Zusammenhang von Lotteriespiel, das sich ja vom Börsenspiel strukturell nicht unterscheidet, und Religion, die denselben Wünschen und Bedürfnissen dienen. Bezeichnenderweise war Herr Hyazinth Lotterieeinnehmer in Hamburg, der die Zahlen der sonntäglichen Gesangbuchnummern im protestantischen Gottesdienst in der Altonaer Lotterie setzt, weil diese Zahlen vielleicht »ebenso gut ein Wunder tun können« wie »ein Bild der Mutter Gottes oder wie ein Knochen von ihrem Mann«. (B 2, 428f.) Er verliert bei dieser Aktion »vier Mark und vierzehn Schilling« und zieht dann doch die altjüdische Religion vor, die mit Gewissheit einen Vorgeschmack auf das Himmelreich bietet, wenn es am Vorabend des Sabbat delikaten Fisch mit köstlicher weißer Knoblauchsauce gibt – aber auch nur dann, wenn »kein Ziehungstag ist« (B 2, 430).

Der Philosoph im Irrenhaus (»Englische Fragmente« VI und VII)

In den »Englischen Fragmenten« (1827-1829), die in den vierten Teil der »Reisebilder« aufgenommen wurden, ist von der Begegnung mit einem Philosophen in Bedlam, also im Irrenhaus bei London, die Rede, der

> mir, mit heimlichen Augen und flüsternder Stimme, viele wichtige Aufschlüsse über den Ursprung des Übels gegeben hat. Wie mancher andere seiner Kollegen meinte auch er, daß man hierbei etwas Historisches annehmen müsse. Was mich betrifft, ich neigte mich ebenfalls zu einer solchen Annahme und erklärte das Grundübel der Welt aus dem Umstand, daß der liebe Gott zuwenig Geld erschaffen habe. (B 2, 558)

Das ist eine Äußerung des Heinesches Witzes; und dieser Witz hat Verstand. Die Schöpfung ist eine des Mangels oder der Knappheit; theologisch müssen dafür die Schlange und der Teufel herhalten. Aber wie kommt die Schlange ins Paradies? Der Philosoph jedenfalls entpuppt sich in seiner Antwort als Anhänger Mandevilles und seiner »Bienenfabel«, die auch von Marx sehr geschätzt wurde.

> »Du hast gut reden«, antwortete der Philosoph, »der liebe Gott war sehr knapp bei Kassa, als er die Welt erschuf. Er mußte das Geld dazu vom Teufel borgen und ihm die ganze Schöpfung als Hypothek verschreiben. Da ihm nun der liebe Gott von Gott und Rechts wegen die Welt noch schuldig ist, so darf er ihm auch aus Delikatesse nicht verwehren, sich darin herumzutreiben und Verwirrung und Unheil zu stiften. Der Teu-

13 Walter Benjamin: Gesammelte Schriften. Hrsg. v. R. Tiedemann u. H. Schweppenhäuser. Bd. VI. Frankfurt a.M. 1985, S. 100-103.

> fel aber ist seinerseits wieder sehr stark dabei interessiert, daß die Welt nicht ganz zugrunde und folglich seine Hypothek verlorengehe; er hütet sich daher, es allzu toll zu machen, und der liebe Gott, der auch nicht dumm ist und wohl weiß, daß er im Eigennutz des Teufels seine geheime Garantie hat, geht oft so weit, daß er ihm die ganze Herrschaft der Welt anvertraut, d.h. dem Teufel den Auftrag gibt, ein Ministerium zu bilden. Dann geschieht, was sich von selbst versteht, Samiel erhält das Kommando der höllischen Heerscharen, Beelzebub wird Kanzler, Vitzliputzli wird Staatssekretär, die alte Großmutter bekommt die Kolonien usw. Diese Verbündeten wirtschaften dann in ihrer Weise, und indem sie, trotz des bösen Willens ihrer Herzen, aus Eigennutz gezwungen sind, das Heil der Welt zu befördern, entschädigen sie sich für diesen Zwang dadurch, daß sie zu den guten Zwecken immer die niederträchtigsten Mittel anwenden. [...] Siehst du, das ist die schlimme Nachwirkung einer Schuld.« (B 2, 559)

Diese theologische Fabel dient dazu, ironisch die politischen Verhältnisse im damaligen England zu kommentieren, in einem der Irrenhäuser dieser Welt.[14]
Die Quelle jener Übel ist die Schuld, *the national debt* oder, wie Cobbett sagt, *the king's debt*. Cobbett bemerkt nämlich mit Recht: Während man allen Instituten den Namen des Königs voransetzt, z.B. *the king's army*, *the king's navy*, *the king's courts*, *the king's prisons* u.a., wird doch die Schuld, die eigentlich aus jenen Instituten hervorging, niemals *the king's debt* genannt, und sie ist das einzige, wobei man der Nation die Ehre erzeigt, etwas nach ihr zu benennen.

> Der Übel größtes ist die Schuld. Sie bewirkt zwar, daß der englische Staat sich erhält und daß sogar dessen ärgste Teufel ihn nicht zugrunde richten; aber sie bewirkt auch, daß ganz England eine große Tretmühle geworden, wo das Volk Tag und Nacht arbeiten muß, um seine Gläubiger zu füttern, daß England vor lauter Zahlungssorgen alt und grau und aller heiteren Jugendgefühle entwöhnt wird, daß England, wie bei stark verschuldeten Menschen zu geschehen pflegt, zur stumpfsten Resignation niedergedrückt ist und sich nicht zu helfen weiß – obgleich 900.000 Flinten und ebensoviel Säbel und Bajonette im Tower zu London aufbewahrt liegen. (B 2, 560f.)

Das gesamte nächste Kapitel beschäftigt sich mit der Frage der Schuld. Nun haben wir im Englischen die Unterscheidung von ›debt‹ (Geldschuld) und ›guilt‹ (moralische, religiöse oder rechtliche Schuld). Heine spielt aber mit dem Mehrfachsinn des deutschen Wortes ›Schuld‹.

> Schulden, ebenso so wie Vaterlandsliebe, Religion, Ehre usw. gehören zwar zu den Vorzügen des Menschen – denn die Tiere haben keine Schulden – aber sie sind auch eine ganz vorzügliche Qual der Menschheit, und wie sie den einzelnen zu Grunde richten, so bringen sie auch ganze Geschlechter ins Verderben, und sie scheinen das alte Fatum zu ersetzen in den Nationaltragödien unserer Zeit. (B 2, 563)

Den Zusammenhang von Theologie und Ökonomie verdeutlicht Heine ebenso im VII. Kapitel von »Ideen – Das Buch le Grand« an der Aufforderung seines Lehrers, das französische Wort für Glaube zu nennen. Der junge Schüler antwortet: *le crédit*, was zweifellos etymologisch richtig und sachlich angemessen ist, wahrhaftiger je-

---

14 Vgl. dazu auch den Artikel IV der »Französischen Zustände« (B 3, 134-148).

denfalls als die Übersetzung *la religion*, die Heines Lehrer fordert. Er kommentiert die peinliche Schulszene auf – wenn ich das einmal so sagen darf – unnachahmlich Heinesche Art: »Madame! Seit der Zeit kann ich das Wort religion nicht erwähnen hören, ohne dass mein Rücken blaß vor Schrecken und meine Wange rot vor Scham wird. Und ehrlich gestanden, le crédit hat mir im Leben mehr genützt als la religio« (B 2, 270). Damit hat Heine dem Glauben und der Schuld keineswegs abgeschworen. Im Gegenteil, wie der Fortgang der Geschichte im »Buch le Grand« sofort zeigt. Aber er hat im besten Sinn aufgeklärt, Begriffskritik als Ideologiekritik betrieben, ohne den didaktischen Zeigefinger zu heben. Darin liegt für mich ein bedeutender Teil des Heineschen Erbes.

Heine beschreibt auf das Genaueste den Zusammenhang von Politik und Ökonomie im modernen Staat – am Beispiel Englands in der ersten Hälfte des 19. Jahrhunderts und die Ökonomie als das Schicksal der Politik. Die folgenden Ausführungen lesen sich wie eine Abhandlung zur Staatswissenschaft und Finanzpolitik des Staates einschließlich der wirtschaftlichen Bedeutung des Kolonialismus (Indien). Heine zitiert seitenlang aus Cobbetts Wochenschrift »Weekly Political Register«. (B 2, 563-571) Er ist kein Wirtschaftstheoretiker und auch kein Politiker, aber er hat erkannt, dass eine Kritik des modernen Staates nicht im Stil einer Kritik despotischer Herrschaft (vgl. das Beispiel der Türkei, B 2, 561) zu schreiben ist, sondern als »Kritik der politischen Ökonomie«, die Karl Marx auf seine Weise dann 30 Jahre später verfasste. Heine ist jedoch ein Dichter, dessen, wie Klaus Briegleb schreibt, »stilistische Natur in keiner politischen Opposition aufhebbar ist, sondern in einem jeden Sprachgebrauch, der Heines Ton aufnimmt, subversiv wird.«[15] Heines Witz ist entlarvend. Seine Ausführungen lassen sich niemals zu einem Weltbild verfestigen. So wird er nicht zum Theoretiker des Kapitals. Karl Marx zehrt vom Heineschen Witz, wie sich in seiner Replik auf Heines seitenlange Ausführungen über die englische Staatsschuld zeigt, die sich 40 Jahre später (1867) im ersten Buch des »Kapitals«, findet. Dort wird Cobbett ebenfalls zitiert. Die Staatsschuld drücke, sagt Marx, der kapitalistischen Ära ihren Stempel auf. »Der einzige Teil des sogenannten Nationalreichtums, der wirklich in den Gesamtbesitz der modernen Völker eingeht, ist – ihre Staatsschuld.« (MEW 23, 782) In einer Anmerkung fügt er hinzu: »William Cobbett bemerkt, dass in England alle öffentlichen Anstalten als ›königliche‹ bezeichnet werden, zum Ersatz dafür gab es jedoch die ›National‹-Schuld (national debt).« (MEW 23, 782) Das heißt, der Staat gehört dem König, aber die Staatsschuld der Nation, also dem Volk. Ohne ein ausgebildeter Ökonom zu sein, hat Heine wie später Marx die Bedeutung der Staatsschuld für die moderne kapitalistische Gesellschaft bereits 1827 erkannt, als die Expansion von Banken und Börsen, die ursächlich damit zusammenhängt, gerade erst begann. Auch bei Marx finden wir wieder eine, metaphorische Verschiebung in der Realität der Sprache, die die Sprache der Realität ist. So heißt es weiter im »Kapital«: »Der öffentliche Kredit wird zum Credo des Kapitals. Und mit dem Entstehen der Staats-

15 Klaus Briegleb: Opfer Heine? Frankfurt a.M. 1986, S. 74.

verschuldung tritt an die Stelle der Sünde gegen den heiligen Geist, für die keine Verzeihung ist, der Treubruch an der Staatsschuld.« (MEW 23, 782)

Wie die englischen Staatsschulden werden Schulden überhaupt über Kredit und Zinsen finanziert. Damit ist die sachliche Nähe oder vielleicht sogar Identität zur Religion gegeben. Dirk Baecker schreibt im Kontext einer Auseinandersetzung mit Benjamins »Kapitalismus als Religion«:

> Kaum eine Handlung scheint daher religiöser, das heißt angewiesener auf einen Glauben an Transzendenz, als die Kreditaufnahme, die nicht nur Geld schöpft, sondern sachlich, zeitlich und sozial auf einen Glauben an die Qualität von Versprechungen angewiesen ist, der wirtschaftlich zwar so tut, als könne er kalkuliert werden, gesellschaftlich jedoch auf das Unkalkulierbare verweist. [...] Denn verschuldet zu sein macht berechenbar – solange sich die Schuld in jenen Grenzen hält, die noch eine Rückzahlung erwarten lassen. [...] So hätte denn die Religion, zumindest die christliche, im Kapitalismus ihren eigentlichen Vollstrecker einer Verstrickung in die Schuld und damit einer Verschränkung in die soziale Bindung und Rückbindung gefunden, die sicherer und auswegloser gar nicht sein kann.[16]

So gesehen wäre der Kapitalismus die Vollendung der christlichen Religion, ihr Heilszustand, wie Heine ihn in der »Lutetia« bereits vorausgesehen hat, eine »gleichgeschorene, gleichblöckende Menschenherde!« (B 5, 407)

Der große Marmortempel

Als zweites Beispiel von Heines »theologischer Politökonomie« soll seine Betrachtung der Börse in Paris dienen, die sich in den »Französischen Zuständen« findet.

Die Börse wird als ein durchaus sakraler Bau vorgestellt, das »schöne Marmorhaus, erbaut im edelsten griechischen Stile«. Bemerkenswert, dass Heine in dieser Frühzeit des Börsenhandels seine Funktion durchschaut, die er zu Recht mit der des Orakels zu Delphi vergleicht.

Der Artikel VIII vom 27. Mai 1832 dient dem zwiespältigen Andenken Casimir Périers, des im gleichen Jahr an der Cholera gestorbenen Bankiers und Premierministers, der die Inkarnation des »Justemilieu« darstellt, der Herrschaft der Bourgoisie und der Hochfinanz. »Casimir Périer hat Frankreich erniedrigt, um die Börsenkurse zu heben. [...] Er hat das heilige Feuer gelöscht, die Tempel geschlossen, die Götter gekränkt, die Herzen gebrochen.« (B 3, 191) Dennoch anerkennt Heine seine Größe, auch wenn sein Tempel dem »nichtswürdigsten Geschäfte, dem Staatspapierenschacher« dient. (B 3, 192)

> Ich konnte nicht umhin, an dem Tage, wo Périer gestorben, nach der Place de la Bourse zu gehen. Da stand der große Marmortempel, wo Périer wie ein Gott und sein Wort wie ein Orakel verehrt worden, und ich fühlte an die Säulen, die hundert kolossalen

16 Dirk Baecker: Volkszählung. In: Dirk Baecker u.a. (Hrsg.): Kapitalismus als Religion. Berlin 2003, S. 265-282, hier: S. 273.

> Säulen, die draußen ragen, und sie waren alle unbewegt und kalt wie die Herzen jener Menschen, für welche Périer so viel getan hat. O der trübseligen Zwerge! Nie wird wieder ein Riese sich für sie aufopfern und, um ihre Zwerginteressen zu fördern, seine großen Brüder verlassen. (B 3, 192)

Heine erkennt, dass es die Börse ist, »wo die Interessen wohnen, die in dieser Zeit über Krieg und Frieden entscheiden. / Daher ist die Börse auch für uns Publizisten so wichtig.« (B 3, 193) Seine Darstellung ist umso beeindruckender, als sein eleganter bildhafter Stil überaus präzise das genaue Funktionieren der Börse erfasst, die wie das Orakel zu Delphi nicht tatsächliche Entwicklungen anzeigt, sondern Hoffnungen und Erwartungen, also in die Zukunft ausgerichtet ist.

> Das Steigen und Fallen der Kurse beweist nicht das Steigen oder Fallen der liberalen oder servilen Partei, sondern die größere oder geringere Hoffnung, die man hegt für die Pazifikation Europas, für die Erhaltung des Bestehenden, oder vielmehr für die Sicherung der Verhältnisse, wovon die Auszahlung der Staatsschuldzinsen abhängt. (B 3, 193)

Daher sind die Börsenspekulanten »wie Wetterfrösche«. »Weder Sein noch Nichtsein, sondern Ruhe und Unruhe ist die große Frage der Börse.« (B 3, 194) Und es folgt ein Satz, der stilistisch Marx beeindruckt haben muss: »So ein alter Louisdor hat mehr Verstand als ein Mensch, und weiß am besten, ob es Krieg oder Frieden gibt.« (B 3, 194) Apollo, der Gott von Delphi, ist zum Geld-Gott mutiert, und sein Hohepriester war Périer. Das Schicksal der Menschen liegt immer noch in den Händen übermenschlicher Mächte.[17]

Vom Gespenst der Ware zum Geist des Kapitals

Marx liebt die sinnliche Materialität und die Nützlichkeit der Dinge, mit anderen Worten den Gebrauchswert. Dem ersten Abschnitt »Ware und Geld« des ersten Bandes des »Kapitals«, in dem John Locke zitiert wird, ist eine Anmerkung beigefügt, der ihn ebenso wie Heine als »Diener des Wortes« (»wahrlich, wir sind nicht die Herren, sondern die Diener des Wortes« [»Vorrede zu Salon«, B 1, 3 u. 10]) ausweist: »Im 17. Jahrhundert finden wir noch häufig bei englischen Schriftstellern ›Worth‹ für Gebrauchswert und ›Value‹ für Tauschwert, ganz im Geist einer Sprache, die es liebt, die unmittelbare Sache germanisch und die reflektierte Sache romanisch auszudrücken.« (MEW 23, 50 Anm. 4 – Ähnliches gilt innerhalb des Englischen für die Unterscheidung von ›work‹, Arbeit die Gebrauchswerte schafft, und ›labour‹, Arbeit die nur quantitativ messbaren Wert schafft [MEW 23, 61, Anm. 16]) Man fragt sich, was für ein ›Wert‹ in Bezug auf das Germanische und das Romanische hier zugrunde liegt, welche Ideologie der Völker da zum Vorschein kommt. Das kann ich hier nicht weiter erörtern.

---

17 Vgl. auch unter Betonung von medientechnischen Aspekten Hörisch, Kopf (Anm. 5), S. 83ff.

Der Tauschwert ist zunächst »etwas Zufälliges und rein Relatives«, er ist nichts Eigenständiges, sondern nur die rein quantitave, gleichmacherische Erscheinungsform eines von ihm unterscheidbaren Gehaltes, also gleichsam ohne Hand und Fuß. (MEW 23, 50f.) Die Verwandlung der Dinge, die man gebrauchen kann, in Waren vermittels des Tauschwertes wird als ein Verschwinden erfasst. »Mit dem nützlichen Charakter der Arbeitsprodukte verschwindet der nützliche Charakter der in ihnen dargestellten Arbeiten, es verschwinden also auch die verschiedenen konkreten Formen dieser Arbeiten« (MEW 23, 53). Das Verschwinden führt zu ihrer »gespenstigen Gegenständlichkeit«. Wir befinden uns in der Schwarzen Romantik, der *Gothic Novel* des Warenfetischismus. Waren sind Gespenster, Gespenster der menschlichen Arbeitskraft, die allerdings gesellschaftliche Werte darstellen. »Waren kommen zur Welt« (MEW 23, 62) wie ganz normale und gesunde Kinder als Warenkörper in der Form von Gebrauchswerten, »ihre hausbackene Naturalform«; ihnen haftet aber ihr Doppelgänger in der unfassbaren Wertgegenständlichkeit an, die als Geldform zugleich blendend und rätselhaft erscheint. Wobei das »Wahre«, die verausgabte menschliche Arbeitskraft, selbst durch die »größte Fadenscheinigkeit« des Rockes nicht hindurch blickt. (MEW 23, 66) Wir befinden uns also in der Sphäre des Spuks, des Ungeheuren, und damit auch in der Sphäre des religiös Numinosen. Der bekannte Passus, der den »mystischen Charakter der Ware« entdeckt, lautet:

> Eine Ware scheint auf den ersten Blick ein selbstverständliches, triviales Ding. Ihre Analyse ergibt, dass sie ein sehr vertracktes Ding ist, voll metaphysischer Spitzfindigkeiten und theologischer Mucken. [...] Die Form des Holzes z.B. wird verändert, wenn man aus ihm einen Tisch macht. Nichtsdestoweniger bleibt der Tisch Holz, ein ordinäres sinnliches Ding. Aber sobald er als Ware auftritt, verwandelt er sich in ein sinnlich übersinnliches Ding. Er steht nicht nur mit seinen Füßen auf dem Boden, sondern er stellt sich allen andren Waren gegenüber auf den Kopf und entwickelt aus seinem Holzkopf Grillen, viel wunderlicher, als wenn er aus freien Stücken zu tanzen begänne. (MEW 23, 85)

Hat der Louisdor Verstand, so entwickelt der Tisch als Ware eine Vorliebe für spleenige Ideen. Immerhin begannen tanzende Tische bei spiritistischen Sitzungen zu Marxens Zeiten Mode zu werden.

Wenn Marx in der Einleitung »Zur Kritik der Hegelschen Rechtsphilosophie« die Kritik der Religion zur Voraussetzung aller Kritik, also auch der von Politik und Ökonomie, erklärt (MEW 1, 378), so konstituiert die Kritik der Ware zugleich eine theologische Ökonomie, indem die »phantastische Wirklichkeit des Himmels«, die Sphäre des Scheins des Menschen selbst, in der ebenso phantastischen Wirklichkeit der Warenwelt wiederkehrt. Der Kapitalismus ist insofern auch hier Religion. Diese gegengespiegelte Wiederkehr zeigt sich in der Sprache:

> Trotz seiner zugeknöpften Erscheinung hat die Leinwand in ihm [dem Rock] die stammverwandte schöne Wertseele erkannt. [...] Ihr Wertsein erscheint in ihrer Gleichheit mit dem Rock wie die Schafsnatur des Christen in seiner Gleichheit mit dem Lamm Gottes.

> Man sieht, alles, was uns die Analyse des Warenwerts sagte, sagt die Leinwand selbst, sobald sie in Umgang mit andrer Ware, dem Rock, tritt. Nur verrät sie ihre Gedanken in der ihr allein geläufigen Sprache, der Warensprache. (MEW 23, 66f.)

Die Warensprache besteht aus dem »steifleinernen Körper«, der Erdenrest, der zu tragen peinlich, der Leinwand und dem »Wertsein«, der gleichsam seelischen Qualität, die sich aber als reines Quantum ausdrückt (20 Ellen Leinwand = 1 Rock usw.); also aus materiellem Zeichen und ideellem Wert, Körper und Geist, Signifikant und Signifikat:

> Um zu sagen, dass ihre [der Leinwand] sublime Wertgegenständlichkeit von ihrem steifleinernen Körper verschieden ist, sagt sie daß Wert aussieht wie ein Rock und daher sie selbst als Wertding dem Rock gleicht wie ein Ei dem andern. Nebenbei bemerkt, hat auch die Warensprache, außer dem Hebräischen, noch viele andre mehr oder minder korrekte Mundarten. Das deutsche »Wertsein« drückt z.B. minder schlagend aus als das romanische Zeitwort valere, valer, valoir, daß die Gleichsetzung der Ware B mit der Ware A der eigne Wertausdruck der Ware A ist. Paris vaut bien une messe! (MEW 23, 67)

Der Ausspruch, dass Paris eine Messe wert sei, wird Henry IV. zugeschrieben, dessen Konversion zum Katholizismus zugleich die Konvertierbarkeit von Religion und Ökonomie im Interesse des Staates und der Politik demonstriert. Analog sind sich Ware und Mensch ähnlich.

> In gewisser Weise geht's dem Menschen wie der Ware. Da er weder mit einem Spiegel auf die Welt kommt noch als Fichtescher Philosoph: Ich bin ich, bespiegelt sich der Mensch zuerst in einem andren Menschen. Erst durch die Beziehung auf den Menschen Paul als seinesgleichen bezieht sich der Mensch Peter auf sich selbst als Mensch. Damit gilt ihm aber der Paul mit Haut und Haaren, in seiner paulinischen Leiblichkeit, als Erscheinungsform des Genus Mensch. (MEW 23, 67 Anm. 18)

Auch hier deutet der buchstäbliche Wortwitz auf einen geistigen Sinn: Die paulinische Leiblichkeit ist diejenige, worin der Mensch in seinem Fleisch zur Sünde verdammt ist, um am Tag des jüngsten Gerichts, wenn seine »schöne Wertseele« aus dem »steifleinernen Leib« befreit ist, gewogen zu werden, um im ewigen Höllenfeuer zu schmoren oder zu ewiger Seligkeit aufzuerstehen. In letzterem, also der ewigen Seligkeit der schönen Wertseele konnte man ein Sinnbild für die Apotheose des Kapitals als »Geld heckendes Geld« erblicken.

Wir haben gesehen: Die Leinwand spricht. Es handelt sich vordergründig um den rhetorischen Kunstgriff der *prosopopoeia* oder *fictio personae*. Damit bekommen die Dinge eine Seele und einen Willen. Ein sinnlich übersinnliches Ding ist ein wenig unheimlich: Spiegelungen, Spuk und Gespenster. Die »Nebelregionen« des Religiösen und Ökonomischen durchdringen einander.[18] Der rhetorische Kunstgriff

18 Jacques Derrida hat jüngst diese ganze Sphäre der Spektralität einer eingehenden Dekonstruktion unterzogen. »Spectre des Marx«, Gespenster und Spiegel: auch hier die Bedeutung der Sprache (Deutsche Marx' Gespenster. Frankfurt a.M. 1995).

sei abgründig, sagt Derrida, der Ökonom sei gleichsam der Bauchredner der Ware.[19] Er markiert eine Schwelle, die Marx und seine Zeitgenossen erahnten und in gewissem Sinn auch erkannten, für die aber keine zureichende Begrifflichkeit zur Verfügung stand. Daher Formulierungen wie: »Um diese Dinge als Waren aufeinander zu beziehn, müssen die Warenhüter sich zueinander als Personen verhalten, deren Willen in jenen Dingen haust« (MEW 23, 99). Auch hier wieder die Spukterminologie: in den Dingen »hausen« wie Gespenster in alten Schlössern. Diese Übertragung menschlicher Eigenschaften auf die Dinge markiert das Tor zu der Erkenntnis, die nicht klar ausgesprochen werden kann und daher in der Form des Gespenstischen geistert, was ja eine Vorform von Geist ist, dass nämlich der Tausch, der auf dem Geldverkehr beruht, in der Tat autonom, unabhängig vom menschlichen Willen sich vollzieht. Die Warensprache ist für menschliche Motive nicht mehr erreichbar, ebenso wenig wie für die Eigenschaften der Dinge. Aber das wird noch als Verlust markiert. Die *prosopopoeia* ist also eine Vorform dessen, was später Systemautonomie heißen wird. Auch das kann ich hier nicht weiter verfolgen. Aber wir wissen jedenfalls: Geld regiert die Welt und nicht der Mensch. Das kann man sogar als Fortschritt begreifen angesichts der Gewalttätigkeit des Menschen; denn: »Geld ist der Triumph der Knappheit über die Gewalt.«[20]

Noch aber, wir bleiben bei Marx, dem alten Humanisten, spielt der Mensch eine Rolle, der Mensch mit den sinnlichen Eigenschaften des Geschmacks und der Schrift, die beide mit der Zunge zu tun haben.

> Der Preis oder die Geldform der Waren ist, wie ihre Wertform überhaupt, eine von ihrer handgreiflich reellen Körperform unterschiedene, also nur ideelle oder vorgestellte Form. [...] Der Warenhüter muß daher seine Zunge in ihren Kopf stecken oder ihnen Papierzettel umhängen, um ihre Preise der Außenwelt mitzuteilen. (MEW 23, 110)

In einer Anmerkung verweist Marx auf den Gebrauch der Zunge beim Tauschhandel der Wilden und Eskimos, die den empfangenen Artikel belecken.

Die Lehre von Marx und sein Erbe besteht vielleicht heute vor allem in der Ideologiekritik, in dem Sinn eines Entlarvens, Enttarnens und Aufdeckens von Verschleierungen, von Verdrehungen und Verkehrungen, eingeübt und grundgelegt in der Religionskritik und geschärft als Blick, das Verdeckte zu sehen, die Vorspiegelungen, das gesamte reiche Spektrum des Theater- und Gespensterwesens. Derrida hat die gesamte Semantik und Lexik des Gespenstischen im »Kapital«, vor allem aber auch in der »Deutschen Ideologie«, in der Auseinandersetzung mit den Gespenstern von Stirner und last not least in der Dekonstruktion des berühmtesten Gespenstes, dem des »Kommunistischen Manifestes« (»Ein Gespenst geht um in Europa, das Gespenst des Kommunismus«) vorgestellt. Dieses Gespenst ist irreduzibel. Es lässt sich nicht auf die Rhetorik der Sprache reduzieren und dann mit Effekten der Wirksamkeit und Überredung der Schrift erklären. Das Gespenst überlebt wie das religiöse Modell. Also immer noch: Gespenster gehen um in Europa [...]. Die Gespenster von Heine und Marx.

19 Ebd., S. 248.

20 Niklas Luhmann: Die Wirtschaft der Gesellschaft. Frankfurt a.M. 1988, S. 253.

> Wenn die Zunge so im Norden als Organ der Aneignung, ist es kein Wunder, dass der Bauch im Süden als Organ des akkumulierten Eigentums gilt und der Kaffer den Reichtum eines Mannes nach seinem Fettwanst schätzt. Die Kaffern sind grundgescheite Kerle, denn während der offizielle britische Gesundheitsbericht von 1864 den Mangel eines großen Teils der Arbeiterklasse an fettbildenden Substanzen beklagt, machte ein Dr. Harvey, der jedoch nicht die Blutzirkulation erfunden hat, in demselben Jahre sein Glück durch Puff-Rezepte, die der Bourgoisie und Aristokratie Fettüberflusseslast abzutreiben versprachen.

Die Leinwand spricht. Es handelt sich um mehr als einen rhetorischen Kunstgriff. Die Ware spricht nämlich selbst figürlich, sie ist *fictio personae.*[21] Die Warensprache spricht die Sprache des Fetischismus. Der religiös-ökonomische Begriff schlechthin ist der des Warenfetischs. Die Ware kommuniziert nur mit ihresgleichen und unterschlägt, dass sie das Produkt menschlicher Arbeit und ihrer Organisation ist. Damit verschleiert sie die Wahrheit und vernebelt die Köpfe. Marx spricht zunächst nur von einer Analogie, um das »Geheimnisvolle der Warenform« zu erklären:

> Um daher eine Analogie zu finden, müssen wir in die Nebelregion der religiösen Welt flüchten. Hier scheinen die Produkte des menschlichen Kopfes mit eigenem Leben begabt, untereinander und mit den Menschen in Verhältnis stehende selbständige Gestalten. So in der Warenwelt die Produkte der menschlichen Hand. Dies nenne ich den Fetischismus, der den Arbeitsprodukten anklebt, sobald sie als Waren produziert werden, und der daher von der Warenproduktion unzertrennlich ist. (MEW 23, 86f.)

Gespensterfetischismus gegen die Arbeit der menschlichen Hand. Die gute, gerechte Arbeit der menschlichen Hand gegen das Illusionstheater der Warenwelt und die »Magie des Geldes«: »Das Rätsel des Geldfetischs ist daher nur das sichtbar gewordene, die Augen blendende Rätsel des Warenfetischs.« (MEW 23, 107f.)

Ein Fetisch setzt einen Glauben voraus, den Glauben an einen Zauber, an die Macht künstlicher sakraler Gegenstände und ihre Manipulierbarkeit. Geister sind in ein Objekt gebannt. Aufgeklärtes Denken erkennt darin eine Projektion natürlicher und sozialer Mächte und Kräfte in ein Ding. Was ist nun genau ein Waren- oder Geldfetisch? Es ist eine Übertragung, eine Metapher, gebildet von einer kritischen Vernunft im Dienste der Aufklärung. »Es ist nur das bestimmte gesellschaftliche Verhältnis der Menschen selbst, welches hier für sie die phantasmagorische Form eines Verhältnisses von Dingen annimmt.« (MEW 86) Mit diesem »Quidproquo« und ihrer kritischen Aufklärung ist die Sache aber keineswegs erledigt. Als sinnlich übersinnliche oder gespenstische Dinge treiben sie in der gesellschaftlichen Praxis ihr Unwesen. Die »verkehrte Welt« ist eine wirkliche Welt. Der Schein ist Sein.[22]

---

21 Werner Hamacher hat diesen Sachverhalt in einer ebenso luziden wie subtilen Analyse herausgearbeitet. Lingua Amissa: The Messianism of Commodity-Language and Derrida's »Specters of Marx«. In: Ghostly Demarcations. London/New York 1999, S. 168-212, hier insbes.: S. 175.

22 Vgl. dazu die vorzügliche Düsseldorfer Dissertation von Hans-Joachim Helmich: »Verkehrte Welt« als Grundgedanke des Marxschen Werkes. Frankfurt a.M. 1980. Zu den

Marx spricht selbst von einer »Befestigung dieses falschen Scheins« (MEW 23, 107). Er erkennt in der Dichtung Shakespeares bereits die Realverkehrung des Geldes, in der aus Rhetorik Ontologie wird. Shakespeare hebe

> an dem Geld besonders 2 Eigenschaften heraus: 1. Es ist die sichtbare Gottheit, die Verwandlung aller menschlichen und natürlichen Eigenschaften in ihr Gegenteil, die allgemeine Verwechslung und Verkehrung der Dinge; es verbrüdert Unmöglichkeiten; 2. Es ist die allgemeine Hure, der allgemeine Kuppler der Menschen und Völker. (»Ökonomisch-philosophische Manuskripte«, 1844; MEW Ergänzungsbd. I, S. 565)

Der gesamte Fetischkult des Kapitalismus verwandelt auch den Menschen selbst, seine Subjektivität. »Die Personen existieren hier nur füreinander als Repräsentanten von Ware«, als »ökonomische Charaktermasken«, »Personifikationen der ökonomischen Verhältnisse« (MEW 23, 100), als »Kapitalist oder personifiziertes, mit Willen und Bewusstsein begabtes Kapital« (MEW 23, 168). Die Ausdrücke der Verkleidung, des Verschleierns, der Verkehrung sind zahllos. Schließlich wird der Wert zum Subjekt, und zwar zu einem »automatischen Subjekt«, ganz im Sinn der romantischen *Gothic Novel*. »Er hat die okkulte Qualität erhalten, Wert zu setzen, weil er Wert ist.« (MEW 23, 169) Damit ist die Monsterwerdung des Kapitals à la Frankenstein vollendet, indem der Kapitalist der »toten Gegenständlichkeit lebendige Arbeitskraft einverleibt, verwandelt er Wert, vergangene, vergegenständlichte, tote Arbeit in Kapital, sich selbst verwertenden Wert, ein beseeltes Ungeheuer, das zu ›arbeiten‹ beginnt, als hätt es Lieb' im Leibe.« (MEW 23, 209) Das liest sich wie eine genaue Beschreibung von Mary Shelleys Monster in »Frankenstein«. Aus den Eisregionen des Polarmeeres hat es heute die gesamte Welt erobert.[23]

Das Gespenst der Ware hat sich zum letalen Monster materialisiert. Was mit dem tanzenden, kopfstehenden Tisch begann, eine Verkehrung aller Verhältnisse, eine Art Automatismus der Dinge, mit anderen Worten: ein Automat, wie der Illusionsmaschine eines romantischen Dichters entsprungen. Doch ist ein Fetisch mehr: ein religiöser Gegenstand. So ist die Religion und die Religionskritik einerseits das Paradigma der Exegese der Ware. Andererseits, und darauf macht Derrida nachdrücklich und wie ich finde zu Recht aufmerksam, formt das Religiöse zusammen mit

---

dort diskutierten Strategien einer De-Ontologisierung, gleichsam als Vorläufer der Dekonstruktion, die es 1980 in Düsseldorf nominell noch nicht gab, S. 252ff.

23 Bei Heine findet sich das romantische Automatenmotiv und die Maschinenmetaphorik in der an E.T.A. Hoffmann erinnernden Darstellung des Geigers Paganini in den »Florentinischen Nächten«: »Hat er diese Komplimente einem Automaten abgelernt oder einem Hunde? [...] Oder ist es ein Toter, der aus dem Grabe gestiegen, ein Vampir mit der Violine, der uns, wo nicht das Blut aus dem Herzen, doch auf jeden Fall das Geld aus den Taschen saugt.« (B 1, 578) Die Anspielung auf »Frankenstein« von Mary Shelley (1818 erschienen) findet sich am Anfang des dritten Buches der »Religion und Philosophie in Deutschland«. Wie schon in den »Englischen Fragmenten« wird »das Automat« mit dem mechanischen Dasein des englischen Volkes verglichen, das eine Seele verlangt. Heine leitet über zu jenen seelenvollen Gedanken, die einen Leib verlangen, wie die Gedanken Rousseaus das blutige Tun Robespierres, die Mechanik der Guillotine. (Vgl. B 3, 592ff.).

dem Messianismus und dem Eschatologischen »jenen ›Geist‹ des emanzipatorischen Marxismus [...].Es geht dabei zunächst um das, was die originale Form einer Wiederkehr des Religiösen annimmt, [...] alles, was seinen Standort in der zumindest symptomatischen Figur Jerusalems konzentriert« (SM, 262f.). Das »Kommunistische Manifest« nennt den Namen eines »neuen Jerusalem« ebenso wie Heine, der Paris das »neue Jerusalem« genannt hatte (MEW 4, 491 u. B 2, 601). Das ist alles andere als eine Utopie. Das messianische Versprechen ist eine möglicherweise universale Struktur von Erfahrung, die nicht an eine bestimmte Religionsform gebunden ist. Es ist das stets gegenwärtige Bewusstsein, es könnte und müsste (alles) auch anders sein, der Mensch nicht der Louisdor hätte Verstand und wüsste oder mehr noch könnte darüber entscheiden, ob es Krieg oder Frieden gibt. Insofern ist das messianische Versprechen (»une attente sans attente«, sagt Derrida[24], »ein Warten ohne Erwartung«) untrennbar von der Idee oder dem Gefühl der Gerechtigkeit.

Es gibt ein solches Warten immer noch. Es ist ein untilgbares, unzerstörbares Erbe von Heine und Marx, und zwar deshalb, weil die Bedürfnisse des Menschen Ursprung und Mittelpunkt ihres Schaffens bilden. Hören wir die Bedürfnisse der Menschen, kennen wir sie überhaupt? Wir hören durch das Getöse der Diskursmaschinen hindurch den leisen, monotonen Tropfenfall, das sind – Heine hat es uns gesagt – die Zinsen, die »fortlaufend hinabträufeln in die Kapitalien«. »Manchmal auch klirrt etwas, wie ein Messer das gewetzt wird.« (B 5, 425) Dieses Klirren ist heute wieder sehr deutlich zu vernehmen. Worauf warten wir?

24 Jacques Derrida: »Marx & Sons«. In: Ghostly Demarcations (Anm. 21), S. 213-269, hier: S. 249. Auf die Idee des Messianischen ohne Messianismus des späten Derrida kann ich hier nur verweisen. Sie ist erarbeitet an Benjamins Ausdruck einer »schwachen messianischen Kraft«. Sie entzieht sich ebenso wie die Idee der Gerechtigkeit begrifflicher oder definitorischer Festlegung.

Kunst als Krankheit – Kunst als Therapie[1]

Volker Kalisch

Wer sich mit Genese und Gestalt der »Symphonie fantastique« beschäftigt, wird an zwei Dokumenten gewiss nicht vorbeikommen. Damit sind zum einen jene literarischen Zeugnisse gemeint, die der Komponist, die Hector Berlioz im Kontext der Komposition seines eindrucksvollen *drame instrumental* angefertigt und uns überliefert hat. Da ist zum anderen jene mit »Symphonie von H. Berlioz« übertitelte Werkbesprechung durch Robert Schumann von 1835 gemeint, ohne die das Verständnis des Komponisten und die Rezeption des Werkes zumindest im deutschsprachigen Raum vermutlich anders verlaufen wäre. Was die Bedeutung letzteren Dokuments anbelangt, so hat dies Wolfgang Dömling präzise und eindringlich gewürdigt. Nicht zu Unrecht hat er dabei die kritische Frage aufgeworfen, inwiefern mit Schumanns Rezension nicht zugleich auch ein Dokument charakteristischer Verkennung und Verstellung geschaffen wurde.[2] Was die literarischen Zeugnisse im Entstehungsumfeld der »Symphonie fantastique« anbelangt, so beziehe ich mich im Wesentlichen auf jenen Brief an den Vater, den Berlioz in bemerkenswerter (Selbst-)Offenheit im Februar 1830 schrieb:

> Ich möchte auch ein Mittel finden, das meine fieberhafte Hitze beruhigt, die mich so oft quält; ich werde es niemals finden, das liegt an meiner Veranlagung. Darüber hin-

---

1 Auf diesen Text fällt der eigene Entstehungsanlass zurück: Gedacht als Beitrag, um in der laufenden Schumann-Forschung auf ein bestehendes Desiderat aufmerksam zu machen, wurde dieser zu einem Zeitpunkt konzipiert, da Bernhard Appel just im Begriff stand, dasselbe zu schließen. Und obschon auch genügend persönliche Kontakte zwischen Prof. Appel und dem Autor seit langem bestehen, wusste gewissermaßen keiner vom anderen. So kam wie es kommen musste; Bernhard Appel stellte unmittelbar am Wochenende vor Eröffnung des Düsseldorfer Heine-Schumann-Kongresses seine zuverlässige, erschöpfende, mit kongenialen Kommentaren ausgestattete und eben mit neuen Dokumenten aufwartende Dokumentation »Robert Schumann in Endenich (1854-1856): Krankenakte, Briefzeugnisse und zeitgenössische Berichte. Hrsg. v. d. Akademie der Künste, Berlin, u. d. Robert-Schumann-Forschungsstelle, Düsseldorf, durch Bernhard R. Appel. Mainz u.a. 2006 [= Schumann Forschungen 11]« der interessierten Öffentlichkeit vor, was freilich keine Berücksichtigung mehr durch den Autor und Kongress-Mitveranstalter finden konnte. Zum Vortrag und zur Veröffentlichung des Referats habe ich mich aus zwei Gründen entschlossen: 1. Repräsentiert der Text eine mittlerweile und ganz im Sinne der fachwissenschaftlichen Diskurskultur notwendig überkommene historische Diskussionslage; 2. stelle ich Schumanns Erkrankung sowie seinen Umgang mit ihr gleichwohl in einen größeren, für das Selbstverständnis der ersten Hälfte des 19. Jahrhunderts nicht unwesentlichen Horizont und versuche somit das Einzelschicksal verlängernd auf allgemeine mentale Strukturen aufmerksam zu machen. Ich habe deshalb auch auf die vollständige Überarbeitung des Textes, gar auf das Einflechten einer völlig neu gelagerten Frageperspektive verzichtet.

2 Vgl. Wolfgang Dömling: Hector Berlioz. Die symphonisch-dramatischen Werke. Stuttgart 1979, S. 34ff.

> aus habe ich die Gewohnheit angenommen, mich ständig zu beobachten, was dazu führt; dass keine Empfindung mir entgeht und dass sie durch die Reflexion verdoppelt wird; ich sehe mich in einem Spiegel. Häufig empfinde ich ungewöhnliche Eindrücke, die schwer zu beschreiben sind; wahrscheinlich ist die nervöse Überspanntheit daran schuld, das ist ähnlich wie der Opiumrausch. Was mich aber überrascht, ist, dass ich mich sehr gut erinnere, genau dasselbe schon im Alter von zwölf Jahren empfunden zu haben [...]. Meine Phantasie umgab mich mit all meinen trojanischen und römischen Helden, [...] schließlich [...] diese Sitten, so weit entfernt von den unsern, all dies verschmolzen und vermischt mit den biblischen Bildern [...] – das versetzte mich in einen Zustand unbeschreiblichen Leides, ich hätte gewünscht, noch hundertmal mehr weinen zu können.
>
> Ja, die phantastische Welt [...] hat sich in mir bewahrt, und hat sich vermehrt um alle die neuen Vorstellungen, die ich mit fortschreitendem Leben kennen gelernt habe; es ist zu einer wahren Krankheit geworden.
>
> Manchmal widerfährt es mir, dass ich diesen inneren oder äußeren Schmerz (eine Unterscheidung kann ich nicht machen) kaum ertragen kann, besonders an den schönen Sommertagen, wenn ich an einem freien Platz wie dem Tuileriengarten allein bin; o dann fällt es mir leicht, an eine Expansionskraft in mir zu glauben, die heftig am Werk ist: Ich sehe diesen ganzen Horizont, diese Sonne, und ich leide so sehr, so sehr, dass ich, wenn ich mich nicht zurückhielte, Schreie ausstoßen und mich am Boden wälzen würde. Ich habe nur ein einziges Mittel gefunden, das diese ungeheure Begierde nach Gemütsbewegung völlig befriedigt, und das ist die Musik. Ohne sie könnte ich sicherlich nicht existieren.[3]

Freilich beeindruckt dieser Brief den Leser durch sein perfektes Bedienen aller Standards eines Psychogramms. Berlioz' Eingeständnis seines inneren Getriebenseins, seine beständigen Selbstbeobachtungen zur Genussverstärkung der Gefühlslagen, die rauschhaft-nervöse Überspanntheit, die wahnartige Verschränkung von fiktiven mit tatsächlichen Erlebnisinhalten, die ununterscheidbare Verschmelzung von Kindheit und Gegenwart, seine heftigen, unkontrollierten Leidensausbrüche, die nahtlose Verschränkung innerer und äußerer Leidensquellen und -gründe, die geradezu unstillbare Selbsterlebensbegierde und freilich als zentrale Botschaft, nur in und durch Musik ein halbwegs probates Mittel gefunden zu haben, das ihn davor bewahre, nicht tatsächlich durchzudrehen. Dem Musikkomponieren wird somit unbezweifelbar der selbsterhaltende Zwangscharakter implementiert.

Komponieren als eine Art Selbsttherapie. Man braucht nicht Analytiker zu sein, um dieses Zeugnis als ein schreiendes Dokument wahnhaften Grenzgängertums zu lesen. Nur, und da ›liegt der Hase im Pfeffer‹, wenn nicht genau diese Wirkung durch Berlioz selbst gezielt gesucht und lanciert worden wäre. Dieser Brief an den Vater ist im Kontext bereits mehrfacher, dabei zu immer drastischeren Mitteln greifender Versuche von Hector zu lesen, nur irgendwie und möglichst nachhaltig die Öffentlichkeit auf sich selbst aufmerksam zu machen. Und Berlioz wusste genau, dass ihm dies vor allem dann gelingen sollte, wenn sich am besten ein Aufsehen erregendes Werk mit einem nicht minder spektakulären öffentlichen Auftritt verknüp-

---

3 Zit. n. Dömlings genauer Übersetzung (Anm. 2), S. 16f.

fen ließ. Und dazu waren ihm alle Mittel recht. Auch solche, die bewusst und schließlich für den Akteur selber nicht mehr auseinanderhaltbar auf der Linie des »Borderliners« balancierten. Die Uraufführung fand immerhin in einem von der damaligen Presse mit Sensationen und Skandalen vorbereiteten Ambiente statt.[4] Erstaunlich daran sind nicht so sehr die eingesetzten Mittel, wohl aber, wie die Rezeptionsgeschichte von Berlioz' Wirken belegt, der tatsächlich erzielte Erfolg. Seit Uraufführung der »Symphonie fantastique« im Dezember 1830 erfreut sich das Werk eines angestammten Platzes im Repertoire der großen Orchesterwerke, war Berlioz öffentlich bekannt wie der sprichwörtlich bunte Hund, begründete das Bekanntwerden der Sinfonie lebenslange Künstlerfreundschaften und sorgte dafür, dass »man« sich mit ihm beschäftigte.

Warum aber ist Berlioz' Rechnung aufgegangen, warum z.B. hat sein Vater nicht einfach dafür Sorge getragen, dass ihm ein Platz in der Irrenanstalt eingeräumt werde? Nun, zunächst einmal deshalb, weil die Verbindung von Genie und Wahnsinn in Berlioz' Zeit gar nicht so selten vorkam. Robert Schumann etwa, der ja nicht unwesentlich an Berlioz' Erfolgsgeschichte mitgestrickt hat, beschritt seit frühestem Mannesalter und keineswegs versteckt den nicht weniger atemberaubenden schmalen Pfad des schizoiden »Borderliners«. Ich gebe zu, mit tragischem, nicht zu ironisierendem Ausgang: nämlich dem Ausbruch der schizophrenen Psychose, wie man sich in jüngster Zeit wieder auf die u.a. auch zum Tode führende Krankheitsdiagnose geeinigt zu haben scheint.[5] Aber abgesehen von der Tatsache, dass sich seine »Leidensgeschichte« tatsächlich zur unumkehrbaren Erkrankung entwickelte, spielte Schumann in gewiss entscheidenden Lebenssituationen nicht zufällig auch immer wieder die Karte des potentiell Gefährdeten in Sachen seelischer Gesundheit durchaus gezielt und bewusst aus. Warum?

Tatsächlich haben Schumanns Störungen des seelischen Gleichgewichts später Formen von sich immer mehr verschließenden Halluzinationen und Wahnvorstellungen angenommen. Clara nennt sie symptomatisch mehrfach »Gehörsaffektionen«. Mittlerweile ist die gesamte Krankengeschichte samt ihres tragischen Verlaufs bekannt und beide sind auch schon zuvor mehrfach gedeutet und interpretiert worden; ich setze beides hier als bekannt voraus.[6] Im Tagebuch von Clara z.B. findet sich der Vermerk, dass Robert Musik höre, »so herrlich mit so wundervoll klingenden Instrumenten [gespielt], wie man auf der Erden nie hörte« (Litzmann II, 296). Und ein Freund berichtet, Schumann quäle sich mit einem merkwürdigen Phänomen, denn er höre wundersam schöne Musik in seinem Inneren, vollendet gestaltet! Der innerlich gehörte Klang erinnere an von fernen Blechbläsern into-

---

4 Vgl. Christian Berger: Phantastik als Konstruktion. Hector Berlioz' »Symphonie fantastique«. Kassel u.a. 1983 [= Kieler Schriften zur Musikwissenschaft 27], S. 34f.

5 Vgl. Roland Schiffer: Das Leiden Robert Schumanns. In: »Das letzte Wort der Kunst«. Heinrich Heine und Robert Schumann zum 150. Todesjahr. Hrsg. v. Joseph A. Kruse unter Mitarb. v. Marianne Tilch, in Zusammenarb. m. Ulrike Groos u. Bernhard R. Appel. Stuttgart/Kassel 2006, S. 267-276.

6 Vgl. Anm. 1.

nierte großartigste Harmonien. Die geradezu ekstatischen Erlebnisse durchmischten und verbanden sich alsbald jedoch mit quälenden Erfahrungen. Clara etwa berichtet:

> [N]achts, als wir nicht lange zu Bett waren, stand Robert wieder auf und schrieb ein Thema auf, welches, wie er sagte, ihm die Engel vorsangen; nachdem er es beendet, legte er sich nieder und phantasierte nun die ganze Nacht, immer mit offenen, zum Himmel aufgeschlagenen Blicken; er war des festen Glaubens, Engel umschweben ihn und machen ihm die herrlichsten Offenbarungen, alles das in wundervoller Musik; sie riefen uns Willkommen zu, und wir würden beide vereint, noch ehe das Jahr verflossen, bei ihnen sein. [...] Der Morgen kam und mit ihm eine furchtbare Änderung! Die Engelstimmen verwandelten sich in Dämonenstimmen mit gräßlicher Musik; sie sagten ihm, er sei ein Sünder, und sie wollen ihn in die Hölle werfen, kurz, sein Zustand wuchs bis zu einem förmlichen Nervenparoxysmus; er schrie vor Schmerzen (denn wie er mir nachher sagte, waren sie in Gestalten von Tiger und Hyänen auf ihn losgestürzt, um ihn zu packen), und zwei Ärzte, die glücklicherweise schnell genug kamen, konnten ihn kaum halten. (Litzmann II, 297)

Als sich Schumanns Zustand noch verschlechterte, wurde er manchmal von einem einzelnen Ton und gelegentlich von einem Intervall gequält, das sich nicht vertreiben ließ und ihn vom Komponieren abhielt.[7] Kurz vor Einlieferung in die Nervenheilanstalt Endenich waren seine halluzinatorischen Wahrnehmungsstörungen nur noch schlimm und

> er hörte ununterbrochen Musik, bald nah, bald ferne, stark, oft bis zur Unerträglichkeit; dann wieder herrlich, wie Sphärenmusik. Keinen Augenblick hatte er Ruhe, Tag und Nacht klang es ihm. Später hörte er Geisterstimmen, die ihn unabläßig quälten, oft mit den bittersten Beschuldigungen – seine Rachegeister, wie er sie nannte – dann erfreuten ihn andere mit den himmlischsten Verheißungen. Sein klares Bewusstsein verließ ihn; zwar nahm er an Außendingen noch einen gewißen Antheil, doch nur selten; meistens lauschte er in völligem Entrücktsein den Engelstimmen, oder er wurde in Verzweiflung gejagt durch die bösen Geister, die in seinem Innersten, wie er sagte, wühlten.[8]

Schumann wehrte sich, wie es die Analytikerin Dagmar Hoffmann-Axthelm zusammenfasst, »während dieser letzten zwei Jahre gegen Feinde, die er teils von innen – als hämische, entwertende Stimmen – und teils von außen – in Gestalt der Ärzte und Pfleger der Klinik – wahrnahm und die ihm, wie er meinte, sein Werk streitig machten«.[9] Und der Feind von innen trat gleich noch im Doppelpack auf, nämlich als die irdisch unerreichbare Musik des Himmels, die aber jederzeit und häufig genug in eine unentrinnbare Musik der Hölle umschlagen konnte.

Zum Signum Schumanns eigener Lebensführung ob als Musiker, Mann oder gesellschaftlicher Rollenträger wurde alsbald sein Kampf, sich mit bestimmten

---

7 Laut Tagebucheintrag Claras v. 10. Februar 1854. In: Litzmann II, 295f.
8 Nach Appel, Schumann (Anm. 1), S. 63.
9 In Robert Schumann »Glücklichsein und tiefe Einsamkeit«. Ein Essay. Stuttgart 1994 [= Universal-Bibliothek 9321], S. 9.

Aspekten seiner eigenen widersprüchlichen Charakterdisposition auseinander setzen zu müssen. Ihm gab er in Gestalt seiner selbst analysierten »Doppelnatur« bekenntnishaften, in der literarischen Exposition des ungleichen Brüderpaares Florestan und Eusebius poetischen Ausdruck.[10] So wurde etwa zu einem durchgängigen Motiv sein nahezu permanenter Kampf um Anerkennung seiner über alle Zweifel erhabenen eingebrachten musikalischen Leistungen, umzingelt von bestehenden zerstörerischen Selbstzweifeln wie von tatsächlich erfahrener oder auch projizierter äußerer Missachtung und Geringschätzung. Schumann verstand sich nicht als ein gewöhnlicher Komponist, nicht als ein irgendwie begabter Künstler und er wollte dies auch nicht sein. Schumann wusste nur allzu gut, dass er der beständigen Veralltäglichungsgefahr seiner Wirkmöglichkeiten nur dadurch entgegenzutreten vermochte, indem er dem Außeralltäglichen, Außerordentlichen einen ständigen, wirkenden Platz in seiner eigenen Lebensführung anwies. Beständig Ausschau haltend nach Anerkennungsleistungen, litt er unter den vergleichsweise geringen Erfolgen als Komponist in genau umgekehrt proportionalem Maße, wie er den oft triumphalen Erfolgen seiner jungen Gattin als Pianistin aus seiner Sicht nichts annähernd Gleichwertiges an die Seite zu setzen wusste. Aus Selbstachtungsgründen fühlte er sich gezwungen, auf Strategien zu sinnen, die ihm beständig das Außergewöhnliche und Außerordentliche seiner selbst vor Augen zu führen geeignet waren, und die sich dazu benutzen ließen, der befürchteten Verflachung oder Veralltäglichung seiner öffentlichen Wirkung entgegen zu bauen. So lag es nahe, zumal in Anknüpfung und Übereinstimmung mit dem herrschenden Künstlerbild seiner Zeit, zumindest teilweise seine tatsächlichen psychischen, weil Selbstwertprobleme auch als ein Wiederherstellungsinstrument außeralltäglicher Superiorität zu entdecken. Sein Kranksein verschaffte ihm also neben und zu den anderen Außeralltäglichkeiten die gesuchte erhobene Distanz zum Alltag – und das, wo sich doch unter den Notizheften Schumanns die durchaus gegenläufige Bemerkung finden soll: »man hüte sich als Künstler den Zusammenhang mit der Gesellschaft zu verlieren, sonst geht man unter wie ich«![11]

Seine kompositorischen Leistungen wogen angesichts seiner Erkrankungen gleich noch einmal so viel. Um nicht missverstanden zu werden: Schumann war krank und es gibt keinerlei Grund, mit Häme darüber zu berichten – aber zugleich benutzte er sie, um schließlich ihr immer nur noch tiefer anheim zu fallen. Entsteht ihm daraus ein moralisches Problem? Selbstverständlich nicht. Aber seine eigenen Äußerungen wie sein Handeln belegen, dass Schumann um seinen Zustand wusste und dass er diesen in das dicht geknüpfte Netz des Genie-Interpretaments seiner Zeit verschränkte, um letztlich daraus für sich ein Mehr an Anerkennung und Prestige zu

---

10 Vgl. hierzu etwa Arnfried Edler: Robert Schumann und seine Zeit. Laaber 1982 [= Große Komponisten und ihre Zeit], S. 277.

11 Nach Appel, Schumann (Anm. 1), S. 63.

gewinnen. Clara erblickte in ihm schließlich einen »Menschen mit göttlichen Eigenschaften«.[12]

Dieses Ausschauen nach und nicht sofortige Erhalten von Anerkennung bewirkte jedoch, dass Schumann nun seinerseits aus der zunächst noch inszenierten Pathogenese Konsequenzen für das Musikdenken im Allgemeinen zog. Spuren hierfür lassen sich leicht in seinen »Gesammelten Schriften« finden und durchsetzen seinen Musikbegriff. So war er einerseits ein glühender Anhänger und Verfechter der Genieästhetik. Einer seiner Wahlsprüche lautete: »Das Talent arbeitet, das Genie schafft« (GS I, 38).[13] Und in seinen Rezensionen wurde Schumann nicht müde, diesen Satz entsprechend auszumünzen, ihn gewissermaßen in und für die Öffentlichkeit durch Rekapitulation in Umlauf zu bringen. Übrigens mal mehr mit belehrendem Tonfall, wie etwa: »Das ist der Fluch des Talents, dass es, obgleich sicherer und anhaltender arbeitend, als das Genie, kein Ziel erreicht, während das Genie längst auf der Spitze des Ideals schwebt und sich lachend oben umsieht!« (GS I, 33), mal mehr in dogmatischer Wendung, wie etwa »Jenes, das Erfinden, ist das Enthüllen einer nie dagewesenen Schöpfung, dieses das Auffinden einer schon vorhandenen, – jenes Sache des Genies, das (wie die Natur) tausendfachen Samen ausstreut, jenes das Kennzeichen des Talentes, das (wie die einzelne Scholle Landes) den Samen aufnimmt und in Einzelgebilde verarbeitet« (GS I, 68f.), gelegentlich sogar im herrschaftlichen Imperativ:

> Das Genie schafft Reiche, deren kleinere Staaten wiederum von höherer Hand unter die Talente verteilt werden, damit diese, was dem ersteren in seiner tausendfach angesprochenen und ausströmenden Thätigkeit ohnmöglich, im einzelnen organisieren, zur Vollendung bringen (GS I, 187),

aber auch kalauernd im Radio-Eriwan-Ton: »Darf sich das Talent die Freiheit nehmen, die sich das Genie nimmt? – Ja; aber jenes verunglückt, wo dieses triumphiert –« (GS I, 37).

Andererseits konnte sein Verständnis der Motivlagen des Komponierens geradezu kühl und ironisch ausfallen. Und so zählte er die Umstände, jene die seine Zeitgenossenschaft gerne unter das Etikett »romantisch« subsumierten und die vor Gebrauch alle erst in den Topf der Außeralltäglichkeit und des Irrationalismus getunkt wurden, durchaus skeptisch auf.[14] »Aus vielen Gründen komponiert man, – der Unsterblichkeit halber, – oder weil der Flügel offen steht, – um ein Millionär zu werden, – auch weil Freunde loben, – oder weil einen ein schönes Auge angesehen, – oder auch aus gar keinem« (GS II, 142).

---

12 Nach Clara und Robert Schumann, Roman einer Liebe. Von ihnen selbst in Briefen und Tagebuchblättern erzählt. Hrsg. v. Hans Walter Bähr. Tübingen [1950], S. 218.

13 Hier wie im Folgenden stets zit. n. der von Heinrich Simon besorgten Ausgabe Gesammelte Schriften über Musik und Musiker von Robert Schumann 3 Bde., Leipzig [1888].

14 Vgl. auch Volker Kalisch: »Zum Studium mittelmäßiger Kompositionen haben wir keine Zeit«. Aspekte eines unbekannten Schumann. In: »Das letzte Wort der Kunst« (Anm. 5), S. 50-63.

Das Genialische, wo vorhanden, sah Schumann gleichwohl in die Artefakte selbst eingehen und ästhetisch entscheidend über ihren Wert bestimmen. »Das Große macht sich auch in der Vernichtung geltend. Zerschneidet eine Sinfonie von Gyrowetz, und eine von Beethoven – und seht, was bleibt. Kompilatorische Werke des Talents sind wie einander umwerfende Kartenhäuser, während von denen des Genies noch nach Jahrhunderten Kapitäler und Säulen vom zerbrochenen Tempel übrig bleiben, so hoch übrigens auch die Zusammenstellung (Komposition) in der Musik anzuschlagen ist. –« (GS I, 39). Als genialische Musik ragt sie weit über den Alltag hinaus und in die Welt des Übersinnlichen hinein:

> Es bleiben noch das »Kindermärchen« und der »Traum« [der »Charakteristischen Studien für das Pianoforte« op. 95 von Ignaz Moscheles] übrig, die mir als die zartesten und poetischsten der Sammlung gelten. Hier, wo sie ins Übersinnliche, in das Geisterreich hinüberspielt, übt die Musik ihre volle Gewalt. [...] Im »Traum« fließt es Anfangs dunkel auf und nieder: man weiß, wie die Musik träumen, wie man in ihr träumen kann; erst in der Mitte ringt sich ein entschlossener Gedanke los; dann verschindet alles wieder in das erste leise Dunkel (GS II, 154).

Dieses ist nach Schumann sogar der Musik ureigenstes Vermögen, ihre »volle Gewalt« wie sich Schumann ausdrückt und entspricht gerade auch in ihrer Labilität genau der Struktur jener genialen Wahnwelten, die dort gefährlich werden, wo die Rückkehr ausgeschlossen ist und wo das, was im Dunkeln beginnt, nicht auch dorthin wieder zurückkehren kann. Geniale Musik als Künderin des schlichtweg Anderen, geniale Kunst als Mittlerin einer höheren, höherwertigen Wirklichkeit, das Genie als deren Diener. Eine Vermittlung zwischen Talent und Genie, zwischen Alltag und Außeralltäglichem findet nicht statt. »Der Komponist«, schreibt Schumann über Wilhelm Taubert,

> schließt mit einem Traum, dem poetischsten Stück der Sammlung; das Leben möge ihm und uns ähnliche Träume zu Gestalten krystallisieren. Was sonst darüber zu sagen wäre, steht lieblicher und fester in der Musik, die wir denen empfehlen, die in den Täuschungen der Kunst Ersatz suchen für die mancherlei der Wirklichkeit (GS I, 218).

Immer deutlicher zu einem pathologischen Fall in einer geschlossenen Welt für sich und andere werdend, wie war es da um entsprechend gegenwirkende Möglichkeiten in der damaligen Medizin bzw. Psychiatrie bestellt? Wenn es gewiss auch gefährlich klitternder Konstruktion entsprechen mag, den Nachvollzug dessen, was einst als geistige Erkrankung überhaupt galt, von der »Rekonstruktion der Krankheit innerhalb der zeitgenössisch geltenden Krankheitslehre«[15] abhängig machen zu wollen, so begründet sich diese Betrachtungsweise gleichwohl aus der Zurkenntnisnahme der Tatsache, dass »Geisteskrankheit« in der ersten Hälfte des 19. Jahr-

15 So sehr richtig Christoph auf der Horst: »...in der Medicin Freigeist«. Heines Krankheit, Therapie und Bewältigungsstrategie. In: »Das letzte Wort der Kunst« (Anm. 5), S. 278-293, hier: S. 280.

hunderts durchaus etwas anderes hieß als »Geisteskrankheit« heute! Dies versuche ich zu berücksichtigen.

Im Übrigen entbrannte nicht nur Anfang des 19. Jahrhunderts im deutschsprachigen Raum ein keineswegs spitzfindiger Streit über Begriffe, sondern damit eng zusammenhängend, auch über Sinn und Bedeutung solcher Erkrankungen sowie über die Frage, wie dem so Erkrankten mit welchen Therapiemöglichkeiten überhaupt geholfen werden könne. Tatsächlich begleitete die als Fortschritt anerkannte Etablierung von klinischen Psychiatrieeinrichtungen von Frankreich ausgehend keineswegs e i n e Psychiatrie in welch vorläufigem Verständnis auch immer, sondern am Anfang der mit unseren Vorstellungen verbundenen »Psychiatrie« im deutschsprachigen Kulturraum standen zwei Lager. Die »Psychiker« befanden sich dabei, grob gesprochen, unter Einfluss der Philosophie des deutschen Idealismus (insbesondere Schellings), die »Somatiker« unter dem der positivistisch-naturwissenschaftlich orientierten Richtung (z.B. Fries). Oder um mit dem Medizinhistoriker Wolfram Schmitt zu sprechen:

> Die »Psychiker«, als deren wichtigste Vertreter Johann Christian August Heinroth und Karl Wilhelm Ideler zu erwähnen sind, gingen davon aus, dass die Geisteskrankheit eine Erkrankung der Seele oder der Persönlichkeit sei. Bei der Entstehung sollen ungesteuerte Leidenschaften oder ein der Sünde verfallenes Leben die Hauptrolle spielen. Darin ist das Postulat enthalten, dass das Irresein die Folge eigener Schuld sei. Eine solche psychogene Entstehungsweise hielten die »Somatiker« nicht für möglich, da sie davon überzeugt waren, dass die unsterbliche Seele selbst nicht erkranken könne. Statt einer moralisierenden und theologisierenden Betrachtungsweise vertraten ihre Hauptrepräsentanten – Friedrich Nasse, J. B. Friedreich, Maximilian Jacobi – ein naturphilosophisch-spekulatives somatisches Konzept. Danach vermuteten sie entweder im Gehirn oder auch in anderen Organen die Ursache der Geisteskrankheiten und betrachteten die Seelenstörung lediglich als Folgeerscheinung der primär körperlichen Erkrankung. Damit war der Kranke auch von der moralischen Verantwortung für seine Krankheit befreit.

Beide Lager »unterschieden sich hauptsächlich darin, dass die einen eine mehr psychogene, die anderen eine mehr somatogene Entstehung des Irreseins behaupteten, wobei beide Schulen seelische u n d körperliche Momente bei verschiedener Bewertung berücksichtigten«.[16] Eine Folge der Lagerbildung war aber umgekehrt die Erzeugung der so häufig beklagten babylonischen Sprach-, und wenn nicht Sprache, dann Begriffsverwirrung, die sich nicht nur darauf auswirkte,

1. unter ein und demselben Begriff ganz Unterschiedliches zu verstehen, sondern

2. der Suche nach der »Einheitspsychose«, also der später aufgegebenen Annahme, dass den Formen der Manien, Melancholien und des Wahnsinns

---

16 Wolfram Schmitt: Die Psychiatrie und der Geisteskranke im Wandel der Zeit, in: Die Prinzhorn-Sammlung. Bilder, Skulpturen, Texte aus Psychiatrischen Anstalten (ca. 1890-1920). Hrsg. v. Hans Gercke u. Inge Jarchov. Königstein/Ts. 1980, S. 44-54, hier: S. 45.

eigentlich nur *eine* Geisteskrankheit zugrunde liege, neue Impulse zuführte und

3. die Entscheidung für die richtige Therapie schon von einem gerüttelt Maß an glücklichem Zufall abhängig machte, eben weil auf kein konsensuales Therapiekonzept zurückgegriffen werden konnte.

Erst um die Mitte des 19. Jahrhunderts (und insbesondere in der Folgezeit Wilhelm Griesingers) waren dann schließlich auch erfolgreiche Bemühungen am Werk, eine hilfreiche, weiterführende Brücke zwischen »Geistes-« und »Gehirnkrankheiten« zu schlagen.

Der Diskussion um das Genie arbeitete dabei recht eigentlich vor allem das Lager der »Psychiker« zu. Ließen sich vermutlich auch Entstehung und Verlauf eines z.B. mit halluzinatorischen Begleiterscheinungen ausbrechenden Wahnsinns à la Schumann nach beiden Ansätzen erklären, so war es gerade eben wegen ihres philosophieüberschüssigen Bezugs eigentlich den »moralisierenden und theologisierenden« »Psychikern« vorbehalten, Genie und Wahnsinn aufeinander zu beziehen. Bei allem Leiden, bei aller Anamnese, Diagnose und Therapie entsprechender Kranke konnten sie vor allem in ihnen zugleich Genies entdecken und die Produktionen des Genies als Mitteilungen (aus) einer höheren Wirklichkeit deuten, dabei ihren Artefakten mehr als nur kuriosen Wert oder Bedeutung beimessen. Schumanns Arzt, Dr. Franz Richarz, schien allerdings eher ein Anhänger der »Somatiker« – unter französischem Einfluss[17] und Anwender der *no restraint*–Orientierung[18] – gewesen zu sein,[19] erkannte er doch bei Robert nicht auf eine »primäre spezifische Geisteskrankheit«, sondern behandelte ihn hin auf eine »unvollständige Paralyse« (also auf eine Gehirnerkrankung!)[20] im Zuge einer »geistigen Ueberanstrengung«[21] vor dem Hintergrund der herrschenden »Erschöpfungstheorie«.[22]

Das aber schuf eine neue Lage. Clara Schumann berichtet in ihrem Tagebuch über Roberts Krankheitsverlauf in einem Vokabular, das erkennen lässt, wenn

---

17 Vgl. Uwe Henrik Peters: Erläuterungen zum Endenicher Krankenbericht Schumanns. In: Appel, Schumann (Anm. 1), S. 448-480, hier: S. 458.

18 Vgl. Franz Hermann Franken: Robert Schumann in der Irrenanstalt Endenich. Zum Verlaufsbericht seines behandelnden Arztes Dr. Franz Richarz. In: Ebd., S. 442-447, hier: S. 443.

19 Vgl. Udo Rauchfleisch: Mensch und Musik. Versuch eines Brückenschlags zwischen Psychologie und Musik. Winterthur 1986 [= Forum Musicologicum. Sonderband], S. 92f.

20 Nach Dieter Kerner: Krankheiten Grosser Musiker. Stuttgart 1963 [u.ö.], [Bd. I], S. 118. In Dr. Richarz' Zeitungsartikel heißt es hierzu: »Schumann's letzte verderbliche Krankheit war gleichwohl nicht, wie man nach manchen Anzeichen vermuthen könnte, eine primäre, specifische Geisteskrankheit; sie bestand vielmehr in einem langsamen, aber unaufhaltsam sich vollziehenden Verfall der Organisation und der Kräfte des Gesammtnervensystems (in der Form der unvollständigen Paralyse), von welchem die psychische Alienation nur eine Theilerscheinung war«; nach Appel, Schumann (Anm. 1), S. 439.

21 Nach Bernhard R. Appel: Melancholie. In: »Das letzte Wort der Kunst« (Anm. 5), S. 259-266, hier: S. 264.

22 So Kerner, Krankheiten (Anm. 20), S. 118.

schon »geisteskrank«, denn schon »geisteskrank« – also eher im Sinne der »Psychiker«. Roberts Wahnwelten ließen ihn ja Blicke in Himmel und Hölle werfen, ließen ihn Sphärenmusik und Geisterstimmen hören, und letztere hielten ihm obendrein noch vor, ein »Sünder« zu sein. In dieser Deutung aber avanciert Robert zum reuigen, bußfertigen Heiligen! Die Definition des Krankseins setzt im »Somatiker-Lager« die Abgrenzungsmöglichkeit vom Gesundsein voraus. Gesundheit und Krankheit schließen sich dabei nicht aus, sondern bestehen als Parallelwelten nebeneinander.[23] Diese Parallelität aber wird aufgehoben im Phänomen von Genie und Wahnsinn bei den »Psychikern«, da das Moment des Wahnsinns nun in die vermeintlich gesunde Alltäglichkeit hineinragt, und sogar für eine Durchlässigkeit in eine neue, höhere Wirklichkeit sorgt. Krankheit streift hierbei ihren ausschließlich negativen *Touch* ab und bietet sich als ein Portal an, durch das hindurch dem Göttlichen näher zu kommen sei.

Das wiederum trifft sich vorzüglich mit dem damaligen Verständnis von Rolle, Funktion und Bedeutung insbesondere des künstlerischen Genies. Denn keineswegs soll übersehen werden, vor welchem ideengeschichtlichen Hintergrund die Diskussion um Roberts Erkrankung geführt wurde. Dem Phänomen des Genies korrespondierte nicht nur eine geniezentrierte Ästhetik, die bekanntlich ihre maßgebliche Ausformulierung und allgemeine Akzeptanz in der deutschsprachigen Kulturwelt zwischen 1760 und 1800/1810 erfuhr,[24] sondern diese bot sich auch in ihrer Selbstverständlichkeit für Künstler als die sie selbst legitimierende Projektionsfläche an. Wobei in der weiteren Verständnisentwicklung des Genies vor allem an jener Geniebegrifflichkeit angeknüpft wurde, der nicht – wie noch im Rationalismus und in der Aufklärung – Vernunft und Traditionsfortschreibung als Konstitutionsrahmen des genialen Einzelnen betrachtete, sondern in den Äußerungen und Produktionen eines Genies das unmittelbare Walten eines metaphysischen, alle Alltäglichkeit transgredierenden Offenbarungsgeschehen erblickte. Dem Übersteigen gesellte sich vor allem unter dem Einfluss des interpretierten politischen Denkens der Französischen Revolution alsbald die Vorstellung des Übersteigen-Müssens als einem Selbstbefreiungsakt hinzu, der als Anwartschaft auf eine Genieoption erstens nur noch dem Künstler nach dem im antiken Sinne ausgefallenen Philosophen, Priester oder Staatenlenker vorbehalten bleibt, was zweitens nach sich zieht, dass das wahrhafte Genie angesichts der Wirklichkeitsverhältnisse geradezu dazu gezwungen sei, sich aus »der Misere des Alltags in ein Traumland der grenzenlosen Willkür«[25] zu retten. Diese Willkür wie die mit ihr einher schreitende Eigengesetzlichkeit wurde

---

23 Vgl. Dietrich von Engelhardt: Krankheit und Sterben. In: »Das letzte Wort der Kunst« (Anm. 5), S. 248-256.

24 Ich stütze mich hier auf die kleine, aber materialreiche Studie von Hans Brög: Zum Geniebegriff. Quellen, Marginalien, Probleme. Ratingen/Kastellaun/Düsseldorf 1973 [= Schriften zur Theorie und Praxis der Kunstpädagogik]. Vgl. hierzu auch die ›klassische‹ Studie von Jochen Schmidt: Die Geschichte des Genie-Gedankens in der deutschen Literatur, Philosophie und Politik 1750-1945. Darmstadt 1985, insbes. Bd. II: Von der Romantik bis zum Endes des Dritten Reichs.

25 Ebd., S. 42.

nicht nur immer wieder von entsprechenden Autoren aus dem Bereich Psychologie/ Psychiatrie aufgegriffen und als pathogen kommentiert, sondern bereits von Denkern um 1800 – z.B. Goethe, Schiller, aber auch Hölderlin oder Jean Paul – durchaus skeptisch begleitet. Zunächst einmal wird aber der Kniefall vor der sich alltäglicher Begrifflich- und Beschreibbarkeit entziehenden Originalität des bewunderten Genies zur selbstverständlichen Geste, dem die kulturellen Verhältnisse, so wie sie einmal waren, es nicht erlaubten, sich restlos zu verwirklichen. Dem sich nach »geheimnisvollen Prozessen« entfaltenden, »von göttlichen Eingebungen« geleiteten, von »Intuition und Ahnungen« inspirierten, nach »innerer Notwendigkeit« handelnden Genie blieb also gar nichts anderes übrig, als sich künstlerisch und auf Ebene der Phänomene z.B. in Stückwerk, in immer nur Noch-nicht-Fertigem, in schließlich Fragmentarischem zu äußern.

Vor diesem Hintergrund ist nun auch Dr. Richarz wesentlich später abgefasster Schumann-Aufsatz für die »Kölnische Zeitung« (1873) neu zu lesen. In ihm lässt sich greifen und führt zur wechselseitigen Entlastung aller Betroffenen und Beteiligten die bekannte Genie-Irrsinn-Zusammenhangs-Hypothese, die über den medizinischen Bericht zu Robert Schumann hinaus direkt zum Wesen der Musik führt. Der Text lässt erahnen, in welch (unausgesprochenem) Vorverständnis sich Patient und Arzt nebst Angehörigen, Freunden und Bewunderern trafen. Dort heißt es u.a.:

> Es ist mehr als ein Gemeinplatz, wenn man, wie oft geschieht, sagen hört, die Genialität sei mit einer Krankhaftigkeit nahe verwandt. Es enthält dieser Ausspruch vielmehr eine tiefe Naturwahrheit. Nicht als ob das Genie sich nicht mit dem höchsten denkbaren Maße leiblicher und geistiger Gesundheit vereinigt finden könne. [...] Doch zeigt sich eine so vollkommene Organisation immer nur als eine seltene Erscheinung. Die Regel ist, daß ein hoher Grad von schöpferischer Kraft des Geistes sich nicht findet ohne einen Zug von Gebrochenheit und Hemmung, und die Wahrheit ist, daß dieses Zusammenvorkommen nicht ein zufälliges, sondern eine durch ursächliche Wechselbeziehung beider Elemente auf einander bedingte Zusammengehörigkeit ist. [...] Robert Schumann war eine solche gottbegnadete, gottgeplagte Natur. [...] Berührt sich nun schon jede künstlerische, besonders jede productiv künstlerische Thätigkeit nahe mit dem Pathologischen, wie dies schon aus der durchschnittlich geringen mittleren Lebensdauer der Künstler und dem weit höheren Procentsatz nervöser Erkrankungen unter ihnen erhellt, so gilt dies im höchsten Grade für die idealste, für die freieste und reinste aller Künste, für die Musik. Um so viel alle psychischen Gefühle, alle Emotionen des Gemüthes verzehrender sind für die Kräfte des Nervensystems, als die tiefsten und angestrengtesten, aber ruhigen und klaren Operationen des Verstandes, um so viel nagender am Lebensfaden und Gesundheitswohl wirken die artistische, und besonders musicalische Bestrebungen, als jede andere Geistesarbeit. Ist die eigentliche Aufgabe einer jeden Kunst, außer der Phantasie auf unser Gemüth zu wirken, in ihm Stimmungen und Bewegungen hervorzurufen, so muß dies in ganz hervorragendem Maße der Zielpunct aller wahren Tonkunst sein. In ihrer idealen Reinheit und Wahrheit soll sie, ohne alle Mithülfe eines Verstandes-Inhalts, ohne Nahrung für die Intelligenz, ja, ohne irgend einen materiellen und intelligibeln Stoff, lediglich durch Töne, also rein formal, Gemüthszustände erzeugen. Es sind dies aber ursprünglich inhaltsleere, bloße Formen für psychische Bewegungen, die sich erst bei ihrem Entstehen, oder richtiger, erst hinterher mit einem sachlichen und dann oft irrthümlich causal scheinenden Gehalt erfül-

> len, welcher der individuellen Lebenserfahrung, ja, den jeweiligen Lebenseindrücken jedes einzelnen armen Menschenherzens entnommen ist.[26]

Die Bande: sublime Werkproduktion, genialer Künstler und begnadeter Wahnsinn wurde damit untrennbar geknüpft, Begegnung mit und Verständnis des Genies in der Überzeugung geradezu strategisch grundgelegt, dass zum Werk selbst immer auch das es hervorbringende Genie betrachtet werden müsse. Genie und Wahnsinn werden in die Nähe naturhafter Verbindung gerückt, als Phänomen in das Wesen der genialen Persönlichkeit hineinverlegt. Oder um mit Hans Brög zu sprechen:

> Der Personenkult wird auf diese Weise zu einem zwangsläufigen Phänomen. In diesem Umstand liegt auch das verkannte Genie begründet, jenes Genie, das seine Genialität in seinem Werk kaum mitteilbar machen kann. Das Genie, das auf die Nachwelt hoffen muß und an diese appelliert.[27]

Insofern wird auch verständlich, warum das Genie allein schon den Versuch, sich künstlerisch mitzuteilen, als etwas Außerordentliches, als eine Leistung sui generis versteht, für das es Respekt und Ehrfurcht erwartet. Genau das aber definiert Schumanns Erwartungs- und Handlungsrahmen. Dem Irrationalen werden gegenüber dem Rationalen schließlich nicht nur Vorrechte eingeräumt, es besteht zugleich auf seine Höherwertigkeit. Erinnert darf daran werden, dass genau in diesem Zeitraum, mit literarischer Anschlussmöglichkeit an Shakespeare, geradezu ein eigener literarischer Zweig entstand, der regelmäßig den Wahnsinn bediente, Wahnsinnsszenen durchlebte oder finaliter in ihnen mündete. Und wo sich der Wahnsinn nicht zumindest stellvertretend in Literatur oder anderen Künsten aufsuchen ließ, da blieb es ja dem Genie unbenommen, sich selbst (biografisch) in denselben zu begeben. Armes Genie! – Armer Schumann!

26 Zit. n. Appel, Schumann (Anm. 1), S. 436f.
27 Brög, Geniebegriff (Anm. 24), S. 43.

Heines Musikberichte im Kontext der zeitgenössischen französischen und deutschen Musikkritik

Rainer Kleinertz

Heines Musikberichte gehören zweifellos zu den meistgelesenen Äußerungen zur Musik überhaupt. Ebenso wie berühmte, häufig reproduzierte Portraits von Musikern – man denke etwa an Heinrich Schütz, Johann Sebastian Bach oder Wolfgang Amadeus Mozart – das ›Bild‹ des jeweiligen Künstlers unwiderruflich geprägt haben, so sind auch Heines pointierte Bemerkungen über zeitgenössische Musiker gewissermaßen ›Portraits‹, die keiner mehr völlig vergessen kann, der sie einmal gelesen hat. Diese Plastizität hat sicherlich die Verbreitung dieser Berichte befördert und damit zugleich ihre enorme Wirkung. Noch zu ihren Lebzeiten wurden selbst berühmte Künstler wie Giacomo Meyerbeer oder Franz Liszt von zahllosen Menschen mit den Zeilen in Verbindung gebracht, die Heine über sie geschrieben hatte. Nach ihrem Tod dürfte es sogar die überwiegende Mehrheit gewesen sein, die diese Komponisten – neben ihrer Musik – nur noch aus Heines Werken kannte.[1] Dies lenkte frühzeitig auch die Wut derer auf Heine, die den Verspotteten und mitunter auch Diffamierten nahestanden oder diese verehrten. Zwar ließen sich Heines Worte nicht ungeschehen machen, aber es gab Strategien, die wie ein ›Gegengift‹ die Wirkung jener Worte wenigstens abschwächen konnten. Die erfolgreichsten waren wohl der Vorwurf der Käuflichkeit (der sich gut mit antisemitischen Vorurteilen verbinden ließ) und der des Dilettantismus im modernen, negativen Sinne: dass Heine keine wirkliche Ahnung von Musik gehabt habe. Was den Vorwurf der Käuflichkeit betraf, so hat schon Michael Mann nachgewiesen, dass die Vorwürfe wesentlich auf der Verwechslung der »Lutetia«-Fassung von 1854 mit der ursprünglichen Journal-Fassung beruhten.[2] Weitgehend unwidersprochen ist jedoch bis heute die Behauptung, Heines Urteile über die Musiker seiner Zeit seien zwar außerordentlich witzig, enthielten aber keine in der Sache begründeten Beobachtungen, sondern beruhten lediglich auf einem mehr oder weniger zufälligen Hörensagen sowie auf Heines politischen und persönlichen Ansichten. Dabei müsste es eigentlich stutzig machen, dass Heine – bei allem Spott – durchweg Musiker hervorhob, deren Rang auch heute noch (oder wieder) unumstritten ist, und dabei zu

---

1 Den besten Überblick vermitteln die Bände: Heinrich Heine: Zeitungsberichte über Musik und Malerei. Hrsg. v. Michael Mann. Frankfurt a.M. 1964, sowie Heinrich Heine und die Musik. Hrsg. v. Gerhard Müller. Leipzig 1987.

2 Michael Mann: Heinrich Heines Musikkritiken. Hamburg 1971, insbesondere S. 107-110 u. S. 113. Zu Liszt vgl. auch: Rainer Kleinertz: »Wie sehr ich auch Liszt liebe, so wirkt doch seine Musik nicht angenehm auf mein Gemüt« – Freundschaft und Entfremdung zwischen Heine und Liszt. In: HJb. 37 (1998), S. 107-139, ders.: Heinrich Heine on Liszt. In: Christopher H. Gibbs u. Dana Gooley (Hrsg.): Franz Liszt and His World. Princeton/Oxford 2006, S. 441-465.

durchaus differenzierten ästhetischen und historischen Urteilen gelangte.[3] Hinzu kommt, dass er bei seinen Urteilen über Rossini, Meyerbeer und Liszt im Widerspruch stand zu weiten Teilen der deutschen Musikkritik (auch zu Robert Schumann), die die Qualität und den historischen Rang dieser Musiker keineswegs so klar zu erkennen vermochten wie er.

Dies führt zu der Frage, ob dies ein Zufall war, ob es vielleicht auf der persönlichen Bekanntschaft Heines mit diesen Musikern beruhte, ob Heine einfach nur gute ›Ratgeber‹ hatte oder ob Heine im Rahmen seiner journalistischen Tätigkeit in Paris nicht eine eigene Art der Musikkritik pflegte. Dies verweist auf die Frage nach den grundsätzlichen Unterschieden zwischen der französischen und der deutschen Musikkritik in den 1830er und 40er Jahren.

Ohne die Entwicklung der französischen und der deutschen Musikkritik hier im Detail aufzeigen zu können und ohne die Faszination großer Linien der Musik- und Geistesgeschichte überstrapazieren zu wollen, lassen sich wesentliche Denkmuster der französischen Musikkritik des 19. Jahrhunderts zwanglos auf François Raguenet (1660-1722) und seine 1702 in Paris erschienene »Parallèle des italiens et des françois, en ce qui regarde la musique et les opéras« zurückführen.[4] In ihrer Bedeutung für die Musikgeschichte und konkret für die Geschichte der französischen Musikkritik dürfte diese Schrift wohl durchaus jener von Charles Perraults »Parallèle des anciens et des modernes« für die europäische Geistes- und Literaturgeschichte vergleichbar sein.[5] Dies betrifft insbesondere folgende Aspekte:

1. Raguenet – ein französischer Abbé, der in Begleitung eines Kardinals nach Italien reiste[6] – war ein Kunstliebhaber, ein sogenannter ›Dilettant‹, kein professioneller Musiker.

2. Raguenet sprach von Musik als etwas sinnlich Erfahrenem, nicht im Sinne einer auf Regeln beruhenden Satz- und Kompositionslehre.

---

3 Zu Heines Urteil über Felix Mendelssohn-Bartholdy und Gioacchino Rossini vgl. Rainer Kleinertz: Rossini und Felix Mendelssohn: Zu den Voraussetzungen von Heines Mendelssohn-Kritik. In: Helen Geyer/Michael Berg/Matthias Tischer: »Denn in jenen Tönen lebt es« – Wolfgang Marggraf zum 65. Geburtstag. Weimar 1999, S. 113-127.

4 Ein Nachdruck erschien unter dem Titel: La Paix de l'opéra, ou Parallèle impartial de la musique françoise et de la musique italienne. Amsterdam 1753.

5 Charles Perrault: Parallèle des anciens et des modernes en ce qui regarde les arts et les sciences. Paris 1688. Vgl. hierzu: Hans Robert Jauß: Literaturgeschichte als Provokation. Frankfurt a.M. 1970. Zu Raguenet vgl. Wilhelm Seidel: Französische Musiktheorie im 16. und 17. Jahrhundert. In: Frieder Zaminer (Hrsg.): Entstehung nationaler Traditionen. Frankreich, England. Darmstadt 1986 [= Geschichte der Musiktheorie 9], S. 1-140, ders.: Der Streit um die italienische und die französische Oper um 1700. In: Sabine Ehrmann-Herfort/Ludwig Finscher/Giselher Schubert (Hrsg.): Europäische Musikgeschichte. Kassel 2002, Bd. 1, S. 319-375.

6 Raguenet begleitete 1697 den Neffen des Kardinals de Bouillon nach Italien. Vgl. Wilhelm Seidel: Raguenet, François. In: MGG[2], Personenteil Bd. 15, Sp. 1204f.

3. Raguenet stellte die italienische Oper der französischen als Schöpfung einer Nation, die ein außergewöhnliches ›Genie‹ für Musik hat, entgegen. In ihrer Lebendigkeit sei die italienische Oper der französischen Tragédie lyrique bei weitem überlegen. Die Vorzüge der französischen Oper lägen einzig in der Dichtung und in den Tänzen. Damit wurde eine musikalische Gattung erstmals als emphatisch national geprägt propagiert. Zugleich wurde die Frage des Opernstils zu einer kulturhistorischen Angelegenheit, die keineswegs nur Musiker, sondern die gesamte ›Öffentlichkeit‹ anging.

4. Raguenet übernahm von Charles Perraults »Parallèle des anciens et des modernes« die literarische Form der Parallele, die dann auch von seinem Widersacher Jean Laurent Le Cerf de la Viéville übernommen wurde, der 1704 auf seine Schrift antwortete und dabei die maßvolle Natürlichkeit der französischen Oper als überlegen darlegte.[7]

Die genannten Punkte prägten das französische Musikschrifttum – das öffentliche und dokumentierte ›Sprechen‹ über Musik – das ganze 18. Jahrhundert hindurch. Erinnert sei hier nur an die »Querelle des Bouffons« (1752-1754), in die auch Jean-Jacques Rousseau maßgeblich eingriff.

Auf der anderen Seite wird man – ohne in simple Schwarzweißmalerei verfallen und ohne die schon bei Johann Mattheson offenbaren französischen Einflüsse leugnen zu wollen – das deutsche Musikschrifttum des 18. Jahrhundert weniger als Reflexion über gehörte, ›erlebte‹ Musik bezeichnen können, sondern eher im Sinne einer ›Poetik‹, einer Reflexion darüber, wie Musik ›eigentlich‹ sein sollte. Pointiert formuliert blieb Musikkritik in Deutschland eine Angelegenheit von Fachleuten, was nicht zuletzt im Fehlen eines geografischen und geistigen Zentrums begründet lag: Es war in Deutschland bis ins 19. Jahrhundert hinein kaum möglich, von irgendeinem musikalischen Werk als von etwas allgemein Bekanntem zu sprechen. Dies betraf in besonderem Maße die Gattung Oper.

So ist es gerade kein Zufall, dass sich in Deutschland vergleichsweise früh musikalische Fachzeitschriften ausbildeten. Als die erste Musikzeitschrift, wenn auch nur im weiteren Sinne, kann man Johann Matthesons in Hamburg erschienene »Critica Musica« (1722-1725) bezeichnen, im engeren Sinne einer periodisch erscheinenden Zeitschrift dann die ab 1798 in Leipzig erschienene »Allgemeine musikalische Zeitung«.[8] Neben zahlreichen kurzlebigen Versuchen folgte 1817 die »Wiener allgemeine musikalische Zeitung«, die bis 1824 erschien, und von 1824 bis 1830 schließlich die von Adolf Bernhard Marx redigierte »Berliner Allgemeine Musikalische Zeitung«. Einen Höhepunkt bildete dann ab 1834 die von Robert

7 Jean Laurent le Cerf: Comparaison de la musique italienne et de la musique française. In: Jacques Bonnet: Histoire de la musique et de ses effets. Paris 1715.

8 Vgl. hierzu Imogen Fellinger: Mattheson als Begründer der ersten Musikzeitschrift (Critica Musica). In: George J. Buelow (Hrsg.): New Mattheson Studies. Cambridge, Mass. 1983. Vgl. ferner Dies.: Periodica Musicalia (1789-1830). Regensburg 1986; dies.: Verzeichnis der Musikzeitschriften des 19. Jahrhunderts. Regensburg 1968.

Schumann in bewusster Konkurrenz zur konservativeren »Leipziger Allgemeinen musikalischen Zeitung« begründete und bis 1844 von ihm selbst herausgegebene »Neue Zeitschrift für Musik«.[9]

Dagegen entstanden in Frankreich Musikzeitschriften erst vergleichsweise spät: 1827 gründete François-Joseph Fétis die »Revue musicale«. Ab 1834 erschien in dem Pariser Musikverlag Schlesinger die »Gazette musicale de Paris«, die 1835 die »Revue musicale« übernahm und als »Revue et Gazette musicale de Paris« weitergeführt wurde. Ab 1837 erschien dann im Verlag Escudier die wesentlich konservativere »France Musicale«.[10]

Anders oder jedenfalls in weitaus stärkerem Maße als in Deutschland waren in Paris Musikberichte über Aufführungen – in erster Linie natürlich von Opern – fester Bestandteil der Tages- und Wochenpresse. Als die bekanntesten und einflussreichsten Beispiele seien hier genannt die Tageszeitungen »Le Journal des débats«, »Le National«, »Le Figaro«, »Le Monde«, »Chronique de Paris«, »Le Temps« und »La Presse« sowie die Zeitschriften »Revue des Deux Mondes«, »Revue de Paris« und die »Revue indépendante«. In diesen Tageszeitungen und Zeitschriften schrieben zwar auch Musiker, in erheblichem Maße aber auch Nicht-Musiker. Eine systematische Auswertung der Musikbeiträge in französischen Tageszeitungen und Zeitschriften steht bislang noch aus. Ein wichtiger Charakterzug des französischen Musikschrifttums scheint aber jedenfalls zu sein, dass ganz überwiegend über Aufführungen gesprochen wurde. Dies konnten Opernaufführungen sein, aber auch Konzerte mit Sinfonien oder von Virtuosen. Umgekehrt lässt sich wohl auch ohne statistische Überprüfung unterstellen, dass das deutsche Musikschrifttum sich in erheblichem Umfang mit gedruckter Musik auseinander setzte (vor allem mit Klavier- und Kammermusik, aber auch mit neu erschienenen Sinfonien), oder aber dem ›Wesen‹ der Musik gewidmet war, was sie als Kunst war oder sein sollte.

So ist beispielsweise Ernst Theodor Amadeus Hoffmanns berühmte und einflussreiche Rezension der »Fünften Symphonie« von Beethoven, die 1810 in der »Leipziger Allgemeinen musikalischen Zeitung« erschien, in ihrem ersten Teil eine Metaphysik der Instrumentalmusik.[11] Die Musik – als Instrumentalmusik – sei die »romantischste aller Künste – fast möchte man sagen: allein rein romantisch.« Beethovens Instrumentalmusik eröffne uns »das Reich des Ungeheueren und Unermeßlichen« (S. 24), sie reiße den Zuhörer unwiderstehlich mit »in das wundervolle Geisterreich des Unendlichen« (S. 26).[12] Der zweite Teil von Hoffmanns Rezension ist dann eine rein beschreibende technische Analyse mit Notenbeispielen, in der Hoffmann Sätze aneinanderreiht wie: »Den zweiten Teil fängt wiederum das Hauptthema in seiner ersten Gestalt, nur eine Terz höher gerückt und von Klarinetten und Hörnern vorgetragen, an« (S. 30). Solche Analysen belegen vor allem die

---

9 Fellinger, Verzeichnis (Anm. 8), Nr. 36, Nr. 64 u. Nr. 120.

10 Die »France musicale« erschien von 1837 bis 1870 in Paris. Vgl. Fellinger, Verzeichnis (Anm. 8), Nr. 135.

11 E.T.A. Hoffmann: Schriften zur Musik. Hrsg. v. Friedrich Schnapp. München 1963.

12 Ebd., S. 34, 36, 37 u. 40.

Kennerschaft des Rezensenten, ihr Wert ist bis heute umstritten: Dem Laien sagen sie wenig oder nichts, während der kundige Leser solche offensichtlichen Bezüge weitgehend selbst zu erkennen vermag.

Dass Heine in Paris mit der Musikberichterstattung der französischen Presse vertraut war, steht wohl außer Frage. Und dass ihm zugleich der Unterschied zwischen französischer und deutscher Musikkritik bewusst war, legt sein Bericht über die Aufführung einer Sinfonie von Felix Mendelssohn-Bartholdy 1844 in Paris nahe. Um den Misserfolg des aus seiner Sicht ›preußischen‹ Komponisten Mendelssohn effektvoll als Scheitern eines ›Kunstverständigen‹ vor einem Pariser Publikum beschreiben zu können, setzt Heine gezielt den ›Jargon‹ der deutschen Musikkritik, der ihm aus seiner Berliner Zeit vertraut war, als Stilmittel ein:

> Obgleich diese Symphonie Mendelssohns im Conservatoire sehr frostig, ja mit empörender Kälte aufgenommen wurde, verdient sie dennoch die Anerkennung aller wahrhaft Kunstverständigen. Namentlich ist der zweite Satz (scherzo in f dur) und das dritte Adagio in a dur charaktervoll, und mitunter von ächter Schönheit. Die Instrumentation ist vortrefflich und die ganze Symphonie gehört zu Mendelssohns besten Arbeiten. Wie aber kommt es dass dem so verdienten und hochbegabten Künstler, seit der Aufführung des Paulus, den man dem hiesigen Publicum auflegte, dennoch kein Lorbeerkranz auf französischem Boden hervorblühen will? Wie kommt es dass hier alle Bemühungen scheitern, und dass das letzte Verzweiflungsmittel des Odeontheaters, die Aufführung der Chöre zur Antigone, ebenfalls nur ein klägliches Resultat hervorbringen wird? (HSA X, 229f.)[13]

Heine macht hier Aussagen, die wörtlich in einer deutschen Musikzeitschrift stehen könnten. Anschließend führt er alle diese Bewertungen (»vortrefflich«, »beste Arbeit«) *ad absurdum*, indem er in bewusst geheuchelter Sympathie (»empörend«) festhält, dass die Aufführungen von Mendelssohns Kompositionen in Paris keinen Erfolg gehabt hatten und dies wohl auch in Zukunft so bleiben werde.

Der charakteristische Jargon der deutschen Musikkritik wird also von Heine hier nicht benutzt, um sich den Anschein von Kennerschaft zu geben (wie gelegentlich unterstellt wurde),[14] sondern ganz im Gegenteil wird der Misserfolg Mendelssohns auch als Offenbarungseid derjenigen dargestellt, die Mendelssohn in eben diesem Jargon zu loben pflegten.[15] Bereits in seinem neunten Brief »Über die französische Bühne« hatte Heine darauf hingewiesen, dass solche Musikkritik, wie sie insbesondere auch der Berliner Musikkritiker Adolf Bernhard Marx pflegte, keineswegs so objektiv war, wie sie vorgab, sondern oft genug auf Vorurteilen beruhte, die sich der Analyse und den vermeintlich objektivierbaren Fakten entzogen. So berichtet Heine beispielsweise in demselben Brief über eine Begegnung mit Marx und Giacomo Meyerbeer in Berlin:

---

13 Musikalische Saison in Paris 1844 (Journalfassung). Vgl. hierzu Rainer Kleinertz: Heinrich Heine on Liszt. In: Gibbs/Gooley, Liszt (Anm. 2), S. 390-393.

14 Vgl. Müller, Heine (Anm. 1), S. 24.

15 Dies zielte wohl insbesondere auf den Berliner Musikkritiker Adolf Bernhard Marx, der sich publizistisch für Mendelssohn einsetzte.

> Ich erinnere mich, ich traf ihn [Meyerbeer] in Gesellschaft des Dr. Marx, welcher damals zu einer gewissen musikalischen Regence gehörte, die, während der Minderjährigkeit eines gewissen jungen Genies, das man als legitimen Thronfolger Mozarts betrachtete [gemeint ist Mendelssohn], beständig dem Sebastian Bach huldigte. Der Enthusiasmus für Sebastian Bach sollte aber nicht bloß jenes Interregnum ausfüllen, sondern auch die Reputazion von Rossini vernichten, den die Regence am meisten haßte. (DHA XII, 277)

Tatsächlich wurde Rossini in der von Marx redigierten »Berliner Allgemeinen Musikalischen Zeitung« mit extremer Herablassung behandelt: So heißt es dort beispielsweise 1830 zu einer Aufführung von »Torwaldo e Dorliska«:[16] »Die Musik ist wie alle rossinische karakterlos [...]. Alles Lob verdienen die Darsteller, man muss gestehen, dass sie durch den Vortrag dieser Musik nur einigen Werth geben.«[17]

Indem Heine über die Musikkritik eines Marx' und sein Eintreten für Mendelssohn und Johann Sebastian Bach[18] in politischen Begriffen sprach (»Regence«, »legitimen Thronfolger«, »Interregnum«), entlarvte er die sich objektiv gebende Musikkritik von Marx als Ergebnis eines vorgelagerten, persönlich motivierten Interesses. Wenn Heine daher in dem ober genannten Brief eine ganz andere Art der Musikkritik vorschlägt als »die einzige, die vielleicht etwas beweist«, so war dies zweifellos mehr als eine humoristische Anekdote:

> Die beste Musikkritik, die einzige, die vielleicht Etwas beweist, hörte ich voriges Jahr in Marseille an der Table-d'hôte, wo zwey Commis-Voyageurs über das Tagesthema, ob Rossini oder Meyerbeer der größere Meister sey, disputirten. Sobald der Eine dem Italiener die höchste Vortrefflichkeit zusprach, opponirte der Andere, aber nicht mit trockenen Worten, sondern er trillerte einige besonders schöne Melodien aus Robert-le-Diable. Hierauf wußte der Erstere nicht schlagender zu repartiren, als indem er eifrig einige Fetzen aus dem Barbiere di Siviglia entgegensang, und so trieben sie es Beide während der ganzen Tischzeit; statt eines lärmenden Austausches von nichtssagenden Redensarten gaben sie uns die köstlichste Tafelmusik, und am Ende mußte ich gestehen, daß man über Musik entweder gar nicht oder nur auf diese realistische Weise disputiren sollte. (DHA XII, 273)

Zwar ›disputiert‹ auch Heine selbst in seinem Brief »Über die französische Bühne« nicht auf diese ›realistische Weise‹ über die Musik Rossinis und Meyerbeers, von denen in diesem Brief die Rede ist, aber er theoretisiert nicht, sondern geht ausschließlich von den Eindrücken aus, die die Aufführungen von Werken beider

---

16 »Torvaldo e Dorliska«, *dramma semiserio* in zwei Akten. Libretto v. Cesare Sterbini. Die Uraufführung fand 1815 in Rom statt.

17 Torwaldo und Dorliska, komische Oper in zwei Akten, Musik von Rossini. In: Berliner Allgemeine Musikalische Zeitung (1830), Nr. 10, S. 39.

18 Heine war 1829 bei der ersten Aufführung der »Matthäuspassion« nach Bachs Tod durch den jungen Mendelssohn in Berlin anwesend und hatte zweifellos auch die publizistische Kampagne Marx' zu diesem Ereignis verfolgen können.

Komponisten bei ihm hinterlassen haben. Dies waren in erster Linie die ein Jahr zuvor mit ungeheuerem Erfolg uraufgeführten »Hugenotten« Meyerbeers:[19]

> Was mich betrifft, so gestehe ich, daß nie bey einer Musik mein Herz so stürmisch pochte, wie bey dem vierten Akte der Hugenotten, daß ich aber diesem Akte und seinen Aufregungen gern aus dem Wege gehe und mit weit größerem Vergnügen dem zweiten Akt beywohne. Dieser ist ein Idyll, das an Lieblichkeit und Grazie den romantischen Lustspielen von Shakespeare, vielleicht aber noch mehr dem Aminta von Tasso ähnlich ist. In der That, unter den Rosen der Freude lauscht darin eine sanfte Schwermuth, die an den unglücklichen Hofdichter von Ferrara erinnert. Es ist mehr die Sehnsucht nach der Heiterkeit, als die Heiterkeit selbst, es ist kein herzliches Lachen, sondern ein Lächeln des Herzens, eines Herzens, welches heimlich krank ist und von Gesundheit nur träumen kann. (DHA XII, 281)

Der vierte Akt der »Hugenotten«, der in seiner Dramatik in der Tat kaum zu übertreffen ist, stellt für Heine etwas ›Unerhörtes‹ dar, das ihn wie die übrigen Zuschauer in Aufregung versetzt und zugleich »die ungeheueren Fortschritte der Kunst, die neuen Formen« hervortreten lässt. Dennoch gilt seine persönliche Vorliebe – unabhängig von der historischen Bedeutung der »Hugenotten« – einer anderen, idyllischeren Musik, für die er innerhalb derselben Oper den zweiten Akt anführt. Diesen Gegensatz zwischen Fortschritt und (stilistisch konservativerem) Idyll überträgt Heine anschließend auf die Musik Rossinis und Meyerbeers insgesamt:

> Wenn ich mit Ersterem [Rossini] vielleicht mehr noch als mit Letzterem [Meyerbeer] sympathisire, so ist das nur ein Privatgefühl, keineswegs ein Anerkenntniß größeren Werthes. [...] Einem solchen Menschen [wie mir] muß Rossini besser zusagen als Meyerbeer, und doch zu gewissen Zeiten wird er der Musik des Letzteren, wo nicht sich ganz hingeben, doch gewiß enthusiastisch huldigen. Denn auf den Wogen Rossinischer Musik schaukeln sich am behaglichsten die individuellen Freuden und Leiden des Menschen; Liebe und Haß, Zärtlichkeit und Sehnsucht, Eifersucht und Schmollen. (DHA XII, 284f.)[20]

Für Heine steht außer Frage, dass Meyerbeer der fortschrittlichere, ›moderne‹ Künstler ist,[21] der Künstler der Julirevolution schlechthin, während die ›schönere‹ Musik Rossinis einer vergangenen Epoche angehörte (tatsächlich sollte Rossini nach dem 1829 uraufgeführten »Guillaume Tell« bis zu seinem Tod 1868 keine Oper mehr schreiben):

---

19 »Les Huguenots«, *Opéra* in 5 Akten v. Giacomo Meyerbeer. Libretto v. Augustin Eugène Scribe, Gaetano Rossi u. Émile Deschamps. Die Uraufführung fand am 29. Februar 1836 an der »Opéra« in Paris statt.

20 Entsprechend äußerte sich bemerkenswerterweise auch Franz Liszt in einem Artikel für »Le Monde« – vgl. Revue musicale de l'année 1836. In: Franz Liszt: Frühe Schriften. Hrsg. v. Rainer Kleinertz. Wiesbaden 2000 [= Sämtliche Schriften 1], S. 337-349, hier: S. 343.

21 Vgl. hierzu auch: Hans Robert Jauß: Literarische Tradition und gegenwärtiges Bewußtsein der Modernität. In: Ders., Literaturgeschichte (Anm. 5), S. 50ff.

> Rossinis Musik war angemessener für die Zeit der Restaurazion, wo, nach großen Kämpfen und Enttäuschungen, bey den blasirten Menschen der Sinn für ihre großen Gesammtinteressen in den Hintergrund zurückweichen mußte, und die Gefühle der Ichheit wieder in ihre legitimen Rechte eintreten konnten. [...]
>
> Die Juliusrevoluzion hat indessen im Himmel und auf Erden eine große Bewegung hervorgebracht, Sterne und Menschen, Engel und Könige, ja der liebe Gott selbst, wurden ihrem Friedenszustand entrissen, haben wieder viel Geschäfte, haben eine neue Zeit zu ordnen, haben weder Muße noch hinlängliche Seelenruhe, um sich an den Melodien des Privatgefühls zu ergötzen, und nur wenn die großen Chöre von Robert-le Diable oder gar der Hugenotten harmonisch grollen, harmonisch jauchzen, harmonisch schluchzen, horchen ihre Herzen, und schluchzen, jauchzen und grollen im begeisterten Einklang.
>
> Dieses ist vielleicht der letzte Grund jenes unerhörten, kolossalen Beyfalls, dessen sich die zwey großen Opern von Meyerbeer in der ganzen Welt erfreuen. Er ist der Mann seiner Zeit, und die Zeit, die immer ihre Leute zu wählen weiß, hat ihn tumultuarisch aufs Schild gehoben, und proklamirt seine Herrschaft und hält mit ihm ihren fröhlichen Einzug. (DHA XII, 275f.)

Die Dichotomie von Rossinischer Melodie und Meyerbeerscher Dramatik, deren Wirkungen wesentlich auf Ensembles und Chören beruhte, begründet Heine historisch: Für ihn ist Meyerbeer der moderne Künstler sowohl im Erwerb neuer Ausdrucksmöglichkeiten als auch im Verlust lyrischen Ausdrucks, über den die Zeit hinweggeschritten war.

Dies verbindet Heine in gewisser Weise mit Robert Schumann, der in seiner berühmt-berüchtigten »Hugenotten«-Rezension aus demselben Jahr 1837 allerdings zu einer ganz anderen Wertung Meyerbeers kam. Zwar begriff auch Schumann das Werk als eine der beiden wichtigsten Kompositionen der Zeit (neben Mendelssohns »Paulus«), lehnte es jedoch rundweg ab, nicht weil es konkrete Fehler enthielte, sondern weil ihn »das Ganze« mit »Widerwillen« erfülle:

> Mit welchem Widerwillen uns das Ganze erfüllte, daß wir nur immer abzuwehren hatten, kann ich gar nicht sagen; man wurde schlaff und müde vom Aerger. Nach öfterem Anhören fand sich wohl manches Günstigere und zu Entschuldigende heraus, das Endurtheil blieb aber dasselbe, und ich müßte denen, die die Hugenotten nur von Weitem etwa dem Fidelio oder Aehnlichem an die Seite zu setzen wagten, unaufhörlich zurufen: daß sie nichts von der Sache verständen, nichts, nichts. Auf eine Bekehrung übrigens ließ' ich mich nicht ein; da wäre kein Fertigwerden. (GS II, 221)

Zwar gebe es – so Schumann – in den »Hugenotten« einige »interessante Stellen«. »Was aber ist das Alles gegen die Gemeinheit, Verzerrtheit, Unnatur, Unsittlichkeit, Un-Musik des Ganzen?«

Auch Schumann benennt hier »Zeichen der Zeit«, versteht Meyerbeer als »modernen« Künstler. Er verschließt sich jedoch der historischen Erkenntnis, indem er das Fortschrittliche Meyerbeers als sittlichen Verfall deutet. Entsprechend stellt sich ihm Mendelssohns Oratorium »Paulus« als ein Werk dar, das ihn zu edleren Gefühlen stimme: »Hier wirst du zum Glauben und zur Hoffnung gestimmt und lernst deine Menschen wieder lieben« (GS II, 226).

Anders als Heine ist Schumann nicht in der Lage, zwischen seiner persönlichen Empfindung – dem »Privatgefühl«, wie Heine es nennt – und der historischen Würdigung zu vermitteln.

Im Gegensatz zu Marx in Bezug auf Rossini und im Gegensatz zu Schumann in Bezug auf Meyerbeer gelangt Heine trotz oder vielleicht gerade wegen seiner geringeren Kompetenz in fachlich-musikalischer Hinsicht zu einem weitaus komplexeren, angemesseneren und aus heutiger Sicht auch historisch ›richtigen‹ Urteil. Anders als die noch immer kursierenden Vorurteile gegenüber dem Musikkritiker Heine suggerieren, ist sein Urteil weder rein politisch geprägt noch von bloßem Hörensagen, noch von persönlicher Freundschaft oder Feindschaft und erst recht nicht von irgendeiner Bezahlung.

In seinen Musikberichten steht Heine in der französischen Tradition. Er geht vom Erlebnis der Aufführung aus, von der Musik in ihrer Wirkung auf das Publikum, und begreift dieses – hierin an Hegel geschult – zugleich als historisches Phänomen. Damit gelangt Heine zu einer Komplexität des Urteils, die der ›professionellen‹ deutschen Musikkritik oft genug versagt blieb.

Gegenfigur

Meyerbeer in der Kritik Heines und Schumanns

Tom Verschaffel

1828 besuchte Robert Schumann Heinrich Heine in München. Schumann war gerade erst 18 Jahre alt und sehr aufgeregt; es war ihre einzige Begegnung, denn sie würden sich niemals wieder treffen. 1839 befand Clara Wieck sich in Paris. Während der ersten Tage ihres Aufenthaltes wohnte sie im gleichen Hotel wie Pauline Viardot, berühmte Sängerin und Muse Ivan Turgenevs. Während eines Diners im Hause Giacomo Meyerbeers, Komponist à la mode, begegnete sie Heine.[1]

Obwohl Meyerbeer Heine in den 1820er Jahren in Berlin begegnet war, stammen ihre Kontakte vor allem aus jener Zeit, in der Heine nach der Julirevolution 1830 seinen ›Ruf‹ nach Paris bekam. Die Kontakte zwischen beiden waren eine Zeitlang gut, aber 1845 kam es zu einem Bruch. Übrigens war auch Wagner zwischen 1839 und 1842 auf einige Zeit in Paris und begegnete dort Heine. Paul Rose zufolge wundert es nicht, dass sie sich fanden, denn sie hatten manches gemein:

> Both were of revolutionary temperament; both were obsessed with the role of the artist in society; both were hypnotized by the relationship between the dreamlike productions of the artist and the mundane phenomena of the political and the social world.[2]

In vielerlei Hinsicht aber unterschieden sie sich voneinander, und grundsätzlich standen sie sogar im Gegensatz zueinander. Und es kam zu einem Bruch. Es scheint aber, dass Meyerbeer durch praktische und teilweise sogar zufällige Umstände in Heinrich Heines Leben und Kritik kam, und dass er dort blieb, bis er als Ordnungsprinzip brauchbar wurde: Er konnte immerhin anhand deutlicher Kriterien beschrieben und eingeteilt werden und fungierte als Referenzfigur, als Antagonist, der Gegensätze verkörperte. Biografisches und Verschiebungen in der Ästhetik des Autors führen dazu, dass Meyerbeer nach einiger Zeit andere Gegner bekam, dass seine Rolle anders beurteilt wurde und eine andere Symbolik erhielt.

Musik der Gegenwart (gegen Rossini)

Heine hat Vernichtendes über Meyerbeer geschrieben, aber in den 1830er Jahren war er Meyerbeers Gönner und wurde von ihm bewundert. Meyerbeer, Jahrgang 1791, befand sich auf dem Gipfel seiner Laufbahn und gehörte dem musikalischen

---

1 Ronald Taylor: Robert Schumann. His life and work. New York 1982, S. 164. Vgl. H.H. Houben: Henri Heine par ses contemporains. Übers. B. Netter-Gidon. Paris 1929, S. 130.

2 Paul Lawrence Rose: Heine und Wagner Revisited: Art, Myth and Revolution. In: HJb. 30 (1991), S. 93.

und gesellschaftlichen Establishment seiner Zeit an. Sein erster großer Opernerfolg war »Robert le Diable«, ein Stück, das 1831 uraufgeführt wurde und auch Heine zufolge eine neue Epoche einläutete. Die Pariser Oper, die längere Zeit ein Teil des Maison du Roi war, war zu einem halbwegs kommerziellen (aber immerhin wesentlich subventionierten) Unternehmen geworden. Der Direktor Louis Véron wollte aus seinem Theater ein »Versailles des Bürgertums« machen.[3] »Robert le Diable« war natürlich schon im Hinblick auf diesen Regiewechsel verfasst worden, erst noch im Auftrag von La Rochefoucault, »surintendant« des königlichen Theaters. Ursprünglich war es als *Opéra-comique* gemeint, aber nachher wurde es ausgedehnt und zu einer *Grand Opéra* umgemodelt. Kurz nach seiner Uraufführung war das Werk zwar etwas umstritten, dennoch war es besonders erfolgreich.[4] Eugène de Mirecourt – ein ausgesprochener Verehrer Meyerbeers – nannte es mehr als 20 Jahre nach der Uraufführung noch: »le succès le plus éclatant dont les fastes de l'Opéra français gardent le souvenir: succès de partition, succès de chanteurs, succès de libretto, succès de ballets, succès de décors.«[5]

Man versprach sich dementsprechend viel von Meyerbeers folgender Oper, »Les Huguenots«, die 1836 uraufgeführt wurde. Sie spielt vor dem Hintergrund der Bartholomäusnacht (dargestellt im 5. Akt), jenem Blutbad der Katholiken gegen die Protestanten im Jahre 1572. 1849 folgte »Le Prophète«, ebenfalls im 16. Jahrhundert situiert, eine Geschichte der Anabaptisten. Meyerbeers letzte große Oper war »L'Africaine«, die Geschichte einer Liebesgeschichte zwischen Vasco da Gama und einer afrikanischen Frau. Sie wurde 1865, nach dem Tod des Komponisten, uraufgeführt. Meyerbeers Werk entstand in enger Zusammenarbeit mit Eugène Scribe, dem bekanntesten Librettisten jener Periode, und dem deutschen Musikverleger Maurice Schlesinger, der mit der Oper »Robert le Diable« bekannt wurde.

Der Komponist war reich und manchen Zeugnissen zufolge freigiebig, unterstützte Schriftsteller und Musiker, auch Heine.[6] Und der Dichter war stolz auf seine berühmte Bekanntschaft. In einem Brief vom 19. November 1836 an Ferdinand Hiller erzählt er, dass er sich in Lyon, wo er damals lebte, sehr langweilte. Nur das Theater bereitete ihm Vergnügen und so wohnte er einer Aufführung von »Robert le Diable« bei:

> Mein Nachbar im Theater sagte mir: Meyerbeer ist kein Musiker, sondern ein Gott. Ich antwortete ihm, dass ich ihn persönlich kenne; worauf er mich auf heute Mittag zu Tische lud. Sie sehen also, wie nützlich es mir ist, wenn meine Freunde grosse Opern machen und grosse Musiker werden oder sogar Götter.[7]

---

3 Vgl. u.a. Philip Mansel: Paris between empires, 1814-1852. Monarchy and revolution. London 2001, S. 326, und Jean-Claude Yon: Eugène Scribe. La fortune et la liberté. Saint-Genouph 2000, S. 207.

4 Mansel, Paris (Anm. 3), S. 326.

5 Eugène de Mirecourt: Meyerbeer. Paris 1858, S. 51.

6 Vgl. z.B. Alexandre Weill (1839) in Houben, Henri Heine (Anm. 1), S. 132f.

7 Heinrich Heine: Briefe. Hrsg. Friedrich Hirth. Mainz 1950, Bd. 2, S. 149.

Die Beziehung, die zwischen beiden entstand, steht mit dem gemeinsamen Schicksal der deutschen Juden in Paris in Zusammenhang, kann aber weder nur darauf noch auf Meyerbeers Gönnerschaft zurückgeführt werden, sondern hat vor allem mit Heines ästhetischer Bewunderung für Meyerbeers Opern zu tun, die der Schriftsteller in den »Reisebildern« (1826-1831), den »Französischen Zuständen« (1833) und in »Über die Französische Bühne« (1837) ausdrückte. Heine machte wenig Unterschied zwischen Theater und Oper und betrachtete »Robert le Diable« und die »Hugenotten« denn auch vor allem als Theater.

Der fünfte Artikel der »Französischen Zustände« stammt vom 25. März 1832. Der Meyerbeer, der hier behandelt wird, ist der Verfasser des »Robert le Diable«. Heine erwähnt kaum die Musik, sondern spricht vor allem über die Protagonisten und die Geschichte, über den Erfolg und das Publikum und über die Zeit. Diese Zeit wird durch das politische *juste milieu* gekennzeichnet, (zwischen »excès du pouvoir populaire« und »abus du pouvoir royal«)[8] und durch den Erfolg des Geldes, beides verkörpert in Casimir Périers Ernennung zum Regierungschef, kaum zwei Wochen vorher.

Den Erfolg des Stückes habe nicht nur die Musik bestimmt, so Heine, sondern vor allem die politische Bedeutung und die Tatsache, dass das Werk Aktuelles evoziert:

> Robert le Diable, der Sohn eines Teufels, der so verrucht war, wie Philipp Egalité, und einer Fürstin, die so fromm war, wie die Tochter Penthièvres, wird von dem Geiste seines Vaters zum Bösen, zur Revolution, und von dem Geiste seiner Mutter zum Guten, zum alten Regime hingezogen, in seinem Gemüte kämpfen die beiden angeborenen Naturen, er schwebt in der Mitte zwischen den beiden Prinzipien, er ist Justemilieu.« (B 3, 150)

Meyerbeer ist »genial«, nicht nur weil er die Zeitstimmung zum Ausdruck bringt, sondern weil er über sein Publikum hinausragt. Heine spricht ironisch über die Begeisterung für Meyerbeers Oper: »Wie gesagt, die Leute tanzten für ihre Renten, je gemäßigter sie gesinnt waren, desto leidenschaftlicher tanzten sie, und die dicksten, moralischsten Bankiers tantzten den verruchten Nonnenwalzer aus »Robert le Diable«, der berühmten Oper.« (B 3, 150) Der Komponist hatte Erfolg gehabt: »Meyerbeer hat das Unerhörte erreicht, indem er die flatterhaften Pariser einen ganzen Winter lang zu fesseln gewußt.« (B 3, 150) Nachher äußerte Heine sich negativ zu jenem Werk: »Ich liebe keineswegs diese Oper, dieses Meisterwerk der Zagheit, ich sage der Zagheit, nicht bloß in Betreff des Stoffes, sondern auch der Execution, indem der Komponist seinem Genius noch nicht traut.« (B 3, 339)

Das schrieb er in »Über die französische Bühne«, das heißt, nachdem Meyerbeer »Les Huguenots« verfasst hatte. In der »französischen Bühne« handelte der umfassende neunte Brief von Rossini und Meyerbeer. Beide Gestalten waren damals bekannte Widersacher. Heine wollte in dieser Sache unparteiisch sein:

---

8 Höhn 2/1997, S. 391.

> Ich beschränke mich darauf, beide zu lieben, und keinen von beiden liebe ich auf Unkosten des anderen. Wenn ich mit ersterem [Rossini] vielleicht mehr noch als mit letzterem sympathisiere, so ist das nur ein Privatgefühl, keineswegs ein Anerkenntnis größeren Wertes. (B 3, 334)

Dennoch behandelte er eingehend den Unterschied zwischen beiden und betrachtete sie als »zwei Repräsentanten verschiedener Lebens- und Kunstanschauungen«.[9] Rossini vertrat das Individuelle:

> Denn auf den Wogen Rossinischer Musik schaukeln sich am behaglichtsten die individuellen Freuden und Leiden des Menschen; Liebe und Haß, Zärtlichkeit und Sehnsucht, Eifersucht und Schmollen, alles ist hier das isolierte Gefühl eines Einzelnen. (B 3, 335)

Meyerbeer dahingegen war der Komponist des Sozialen. Der Gegensatz kam in deren unterschiedlicher Musik zum Ausdruck, so allerdings Heine:

> Charakteristisch ist daher in der Musik Rossinis das Vorwalten der Melodie, welche immer der unmittelbare Ausdruck eines isolierten Empfindens ist. Bei Meyerbeer hingegen finden wir die Oberherrschaft der Harmonie; in dem Strome der harmonischen Massen verklingen, ja ersäufen die Melodien, wie die besonderen Empfindungen des einzelnen Menschen untergehen in dem Gesamtgefühl eines ganzen Volkes, und in diese harmonischen Ströme stürzt sich gern unsre Seele, wenn sie von den Leiden und Freuden des ganzen Menschengeschlechts erfaßt wird und Partei ergreift für die großen Fragen des Gesellschaft. (B 3, 335)

Auch hier herrscht die Auffassung, dass Meyerbeer seine Zeit und Gesellschaft zum Ausdruck brachte:

> die dankbare Gegenwart, die ihre inneren und äußeren Fehden, ihren Gemütszwiespalt und ihren Willenskampf, ihre Not und ihre Hoffnung in seiner Musik wieder findet, feiert ihre eigene Leidenschaft und Begeisterung, während sie dem großen Maestro applaudiert. (B 3, 335)

Kurzum: »Er ist der Mann seiner Zeit.« (B 3, 336) Rossini dahingegen war ein Komponist der vergangenen Epoche, der Restauration. Meyerbeer war modern, und eben deshalb war sein Werk von großer Bedeutung, einer Bedeutung, die mit seinen gesellschaftlichen Wurzeln verknüpft war.

---

9 Ebd., S. 392.

»Un-Musik« (Meyerbeer versus Mendelssohn)

Das war wohl teilweise der Grund, weshalb sich Heines Beurteilung grundsätzlich von der nahezu gleichzeitig verfassten Beurteilung Robert Schumanns unterschied. 1837 veröffentlichte Schumann in der »Neue[n] Zeitschrift für Musik« eine vernichtende Rezension über »Les Huguenots«.[10] Er brauchte einige Zeit bis er zu diesem Urteil kam, denn ursprünglich hatte er das Werk als Komposition umschrieben, die »an guter wie an schlechter Musik überreich« war. Nachdem er die Oper aber mehrmals gehört hatte, fand er, dass das Werk, durch höchste Nichtoriginalität und Stillosigkeit, Gemeinheit, Unnatur gekennzeichnet war, es war Un-Musik.[11]

Heine allerdings betrachtete nahezu im gleichen Augenblick »Les Huguenots« als ein Meisterwerk:

> [Meyerbeer] ist wohl der größte jetzt lebende Kontrapunktist, der größte Künstler in der Musik; er tritt diesmal mit ganz neuen Formschöpfungen hervor, er schafft neue Formen im Reiche der Töne; und auch neue Melodien gibt er, ganz außerordentliche, aber nicht in anarchischer Fülle, sondern wo er will und wann er will, an der Stelle wo sie nötig sind. Hierdurch eben unterscheidet er sich von andern genialen Musikern, deren Melodienreichtum eigentlich ihren Mangel an Kunst verrät, indem sie von der Strömung ihrer Melodien sich selber hinreißen lassen, und der Musik mehr gehorchen als gebieten. Ganz richtig hat man gestern im Foyer der Oper den Kunstsinn von Meyerbeer mit dem Goetheschen verglichen. (B 5, 140f.)

Schumann reagierte nicht selber, sondern bat Zuccalmaglio in der »Neuen Zeitschrift für Musik« die Diskussion fortzusetzen. Für Zuccalmaglio war Meyerbeer keineswegs ein Erneuerer, sondern nichts als Epigone und Manierist; die Harmonie war ein Deckmantel für Melodiearmut.[12] In seiner Rezension von Meyerbeers »Hugenotten« hat Schumann das Stück Mendelssohns »Paulus« gegenübergestellt. Die Konklusion ist bekannt: Meyerbeers Oper war »das Gesammtverzeichnis aller Mängel und einiger weniger Vorzüge seiner Zeit, Mendelssohn ist der Prophet einer schönen Zukunft, wo das Werk den Künstler adelt: sein Weg führt zum Glück, jener zum Übel.«[13]

Schumann lehnte den Gedanken an eine politische Oper überhaupt ab. Er stellte die deutsche Operntradition der »französischen« Meyerbeers gegenüber: die deutsche Oper kennzeichnete Themen aus Mythologie und Märchen, die französische,

---

10 Arnfried Edler: Robert Schumann und seine Zeit. Laaber 1982, S. 73f.

11 Klaus Wolfgang Niemöller: Robert Schumann und Giacomo Meyerbeer. Zur rezeptionsästhetischen Antinomie von deutscher und französischer Romantik. In: Ute Bär (Hrsg.): Robert Schumann und die französische Romantik. Bericht über das 5. Internationale Schumann-Symposium der Robert-Schumann-Gesellschaft am 9. und 10. Juli 1994 in Düsseldorf. Mainz 1997 [= Schumann Forschungen 6], S. 98f.

12 Christoph Bartscherer: Heines Schweigen. Schumanns Besuch in München und sein publizistisches Nachspiel. In: Joseph A. Kruse u. Marianne Tilch (Hrsg.): »Das letzte Wort der Kunst«. Heinrich Heine und Robert Schumann zum 150. Todesjahr. Stuttgart 2006, S. 150f.

13 Niemöller, Schumann (Anm. 11), S. 99.

die *par excellence* durch Meyerbeers Œuvre verkörpert wurde, historischer Stoff. Außerdem neigte die »Grand'Opéra [...] zu historischen Sujets, von denen aus eine Beziehung zur Gegenwart auf dem Wege der Analogie sich herstellen ließ.«[14] Für die modernen Liberalen lag darin gerade die Anziehungskraft dieser Werke, Schumann aber empfand dies als besonders negativ. Er hatte sich von der früheren Begeisterung verabschiedet und hegte kaum noch ein politisches Interesse.

Die Entscheidung zwischen Mendelssohn und Meyerbeer signalisierte, wie Bartscherer in »Das letzte Wort der Kunst« schreibt, Schumanns »Abkehr von der politischen Revolution und seine Resignation gegenüber dem Weltlauf«. Und »das mußte Heine, dessen Musikverständnis vornehmlich politisch motiviert war und für den musikalische Aufführungen gleichsam als Sinnträger des Zeitgeistes figurierten, wie eine Felonie, ein unverzeihlicher Treuebruch, vorkommen«.[15] Allerdings war Heine von Schumann (und Zuccalmaglio) »blamiert und als dilettierender Musikschriftsteller bloßgestellt« worden, und der Schaden für das Verhältnis zwischen beiden war angerichtet.[16]

Die Verkörperung einer anderen Gesellschaft – für eine autonome Kunst

Dennoch waren Heines Einschätzungen, auch die oben zitierte aus 1836, nicht ohne Ironie: »Alle Herzen schienen erschüttert. Das war Musik. – Und darauf der Rothschildsche Ball.« (B 5, 141) Und zehn Jahre danach kam er zu einer entschieden anderen Schlussfolgerung, im Einklang mit dem damaligen Publikum:

> Dieses Amüsement hat aber aufgehört, seitdem, durch das beständige Ableiern des »Robert le Diable« und der »Hugenotten«, auch die große Menge endlich einsehen lernte, wie Meyerbeers Opern weniger organisch entstanden als atomistisch kombiniert sind, wie er seine Effekte durch Kalkül hervorbringt, so daß man unwillkürlich glaubt, hinter dem prunkvollen Mantel die dürftige Prosa zu erschauen. (B 5, 166)

Der Genuss mit dem Heine dies feststellte, und die Selbstverständlichkeit, mit der er seine früherere Begeisterung widerrief, hatten damit zu tun, dass es 1845 zu einem Bruch zwischen dem Dichter und dem Komponisten gekommen war.

Über das Verhältnis zwischen beiden und über diesen Bruch wurde schon viel geschrieben. Vor etwa einem Jahrzehnt widmete Jürgen Voigt in der »Zeitschrift für Deutsche Philologie« dem Fall einen Artikel.[17] Vorher wurde der Konflikt zwischen beiden auf anekdotische Weise dargestellt und aus persönlichen Motiven erklärt, wie bei Heinz Becker, der 1958 über den »Fall Heine-Meyerbeer« ein ganzes Buch schrieb. Christopher Trilse hat in einer Rezension darauf hingewiesen, dass dieser

---

14 Edler, Schumann (Anm. 10), S. 240.

15 Bartscherer, Schweigen (Anm. 12), S. 152.

16 Ebd., S. 152-153.

17 Jürgen Voigt: Mäzen und Erpresser? Noch einmal zum »Fall« Meyerbeer-Heine. In: Zeitschrift für Deutsche Philologie (1993), Bd. 112, S. 543-568.

Vorstellung auch eine politische Dimension hinzuzufügen ist, und dass der Gegensatz zwischen beiden auf »den Konflikt zwischen revolutionärem Demokratismus antikapitalistischer Prägung und bourgeoisem Monarchismus«[18] zurückzuführen war. Michael Mann zufolge basierte die Abneigung Heines gegen seinen ehemaligen Gönner auf politischen und künstlerischen Meinungsverschiedenheiten.

Auch Voigt betont die Bedeutung der Politik in Meyerbeers Werk und die Verschiebungen darin. Heine hatte tatsächlich Meyerbeers erste Stücke als gesellschaftlich relevant beurteilt und Meyerbeer als einen Verbündeten betrachtet, als einen Gefährten »im Ideenkampf der Epoche«.[19] »Robert le Diable« verteidige das Justemilieu, aber auch »Les Huguenots« verteidige eine Zwischenposition, über die beide sich einigen konnten: »Mit feudalistischen Gesellschaftsstrukturen kann er [Meyerbeer] sich ebensowenig befreunden wie mit wütendem Jakobinertum. [...] Und auch Heine steuert in diesen Jahren einen vergleichsweise gemäßigten Kurs.«[20]

Dass Meyerbeers Einfluss auf den Inhalt seiner Opern groß war, spricht für sich, und das zeigt auch die Art und Weise, wie er mit Scribe zusammen arbeitete. Scribe war ein Dramenautor, der natürlich für Libretti besondere Arbeit leistete. Der Anteil des Komponisten war groß, mehr noch bei den *Grands Opéras* als bei den *Operas comiques*, weil diese mehr Sprechtext enthielten. Wie Jean-Claude Yon sagte: »la préparation d'un grand opéra est le seul cas où Scribe est amené à ne pas imposer ses vues à son collaborateur.«[21] Meyerbeer war der anspruchvollste Komponist, mit dem Scribe arbeitete. Opernkomponisten schrieben auf der Vorlage einer sehr rauhen Konzeptarbeit, der sogenannten *monstres*, und forderten sehr viel von den Textschreibern für die weitere Vollendung des Textes. Die Folgen dieser Vorgehensweise sind übrigens, dass in stilistischer Hinsicht die Freiheit des Textautors sehr beschränkt war und die Texte häufig sehr konventionell sind.[22]

Voigt zufolge war die Botschaft der Erzählung trotzdem nicht das Wesentliche. »Das tiefste Motiv von Freundschaft und Haß, [war] die gemeinsame Außenseiterrolle infolge jüdischer Herkunft, unter der beide leiden, mit der sie aber letzlich sehr unterschiedlich umgehen«.[23] Beide Aspekte sind unlöslich verbunden. Die Geschichte der Hugenotten war immerhin auch eine Geschichte der »Diskriminierung von Minderheiten im Namen eines alleinseligmachenden Glaubens«[24], weshalb sie sich dem Stoff verbunden fühlten. Meyerbeer war sich seiner jüdischen Abstammung genau so bewusst wie des Antisemitismus', dessen Zielobjekt er war. Rossini soll zum Beispiel ein Angebot des Operdirektors Véron ausgeschlagen haben mit einem Hinweis auf »La juive« von Halévy und »Robert le Diable«, und soll

18 Ebd., S. 544.
19 Ebd., S. 544 u. S. 545.
20 Ebd., S. 548.
21 Yon, Scribe (Anm. 3), S. 214.
22 Ebd., S. 203.
23 Voigt, Mäzen (Anm 17), S. 544.
24 Ebd., S. 548.

gesagt haben: »je retourne en Italie, et je reviendrai quand les juifs auront fini leur sabbat.« Eine Aussage, die Meyerbeer anscheinend bekannt war.[25]

Nach den »Hugenotten« veränderten sich Meyerbees Haltung und Position. »Die Opern, die den ›Hugenotten‹ folgen, gehören der bürgerlich-liberalen Aufklärung nicht mehr an und offenbaren zunehmend die konservative Seite der Bourgeoisie; damit gehorchen sie dem Zeitgeist des französischen Bürgerkönigtums«.[26] An sich lässt sich die Geschichte von Meyerbeers folgender Oper, »Le Prophète«, und seinem historischen Hintergrund mit »Les Huguenots« vergleichen. Abermals handelt es sich um eine religiöse Minderheit, die Anabaptisten. Jedoch die Einschätzung ihres Auftritts ist eindeutig anders.

> Die Hauptkritik richtet sich allerdings gegen die radikalen Schwärmer. [...] Die Wiedertäufer werden nicht als Verteidiger, sondern als Belagerer und Eroberer der Stadt Münster dargestellt, was ihnen den Makel auswärtiger Besatzer anheftet; zudem werden sie als grausam, rachgierig, blutdürstig und zum Teil auch als verräterisch gezeichnet.[27]

Es handelt sich nicht um die Nuance einer Zwischenposition, zwischen gemäßtigem Liberalismus und dem *justemilieu.* »Die Tendenz der Oper ist eindeutig antirevolutionär.«[28]

Die politische Position Meyerbeers entsprach seiner gesellschaftlichen Position. In dieser neuen Phase seiner Laufbahn engagierte er sich für Preußen, wo sich vermeintlich bestimmte Veränderungen vollzogen hatten, die zum Beispiel zu der Aufhebung des Verbots der Oper »Hugenotten« führten. Die Oper wurde 1842 aufgeführt, war erfolgreich und bekam gute Rezensionen, unter anderem von Richard Wagner. Meyerbeer nahm als Generaldirektor der Oper und Chef der Hofmusik eine wichtige Stelle im Berliner Musikleben ein.

> Daß damit zum erstenmal ein Jude eine derart herausragende Stellung im Musikleben Berlins einnimmt, erfüllt nicht nur den Ausgezeichneten selbst, sondern auch die jüdische Gemeinde der Hauptstadt mit größter Befriedigung.[29]

Es stellte sich aber bald heraus, dass keineswegs von einer umfassenden Emanzipation der Juden die Rede sein konnte. »Die Einsetzung Meyerbeers in sein hohes Amt hatte demgegenüber die Funktion des Feigenblatts«, so Voigt.[30] Meyerbeer selber genoss aber den Erfolg.

Für Heine hatte Meyerbeer damit ausgedient. Sein Eintreten für Preußen und seine Bewunderung der Monarchie war möglicherweise nicht so sehr eine konservati-

25 Mirecourt, Meyerbeer (Anm. 5), S. 58.
26 Voigt, Mäzen (Anm. 17), S. 554.
27 Ebd.
28 Ebd.
29 Ebd., S. 557.
30 Ebd.

ve Wende des »im Grunde unpolitischen Meyerbeer«,[31] sondern kann eher als Zeichen seines Opportunismus betrachtet werden, als Implikation der gesellschaftlichen Position, die er einnehmen wollte und einzunehmen wusste.

Der Opportunismus wird bestätigt durch die Entstehungsgeschichte – die Heine vielleicht nicht völlig kannte – des »Feldlagers in Schlesien«, einer Oper, die 1845 in Berlin verfasst wurde und als monarchistisch betrachtet wird. Im Grunde war das Werk die Übersetzung einer französischen *Opéra comique*, »Le premier flûtiste du roi«, die Scribe geschrieben hatte. Schriftsteller und Komponist kamen aber zur geheimen Übereinstimmung, dass man das Werk immer als Werk eines deutschen Autors vorstellen werde (im Grunde der Übersetzer) und Scribe nie offenbaren würde, wer der eigentliche Verfasser sei.[32]

Immer wieder taucht der Gedanke auf, dass Meyerbeer sich nur um seine Ehre und seinen Ruf kümmerte. Schon in der »Französischen Bühne« deutete Heine dies an:

> Man hat damals Meyerbeer mit Recht ein ängstliches Genie genannt; es mangelte ihm der siegreiche Glaube an sich selbst, er zeigte Furcht vor der öffentlichen Meinung, der kleinste Tadel erschreckte ihn, er schmeichelte allen Launen des Publikums, und gab links und rechts die eifrigsten Poignées de main, als habe er auch in der Musik die Volkssouveränität anerkannt und begründe sein Regiment auf Stimmenmehrheit. (B 3, 339)

»Damals« heißt in der Epoche des »Robert le Diable«. Jetzt aber, mit den »Hugenotten«, hatte er schon mehr Selbstvertrauen, aber: »Diese Ängstlichkeit hat ihn im Leben noch nicht verlassen; er ist noch immer besorgt um die Meinung des Publikums.« (B 3, 340) Nach dem Bruch wurden Heines Darstellungen von Meyerbeers Machenschaften gehässiger und schärfer:

> Nur der große Giacomo selbst, der nicht bloß Generalmusikdirektor aller Köngl. Preuß. Musikanstalten, sondern auch der Kapellenmeister des Meyerbeerschen Ruhmes ist, nur Er kann das ungeheure Orchester dieses Ruhmes dirigieren. – Er nickt mit dem Haupte, und alle Posaunen der großen Journale ertönen unisono; er zwinkert mit den Augen, und alle Violinen des Lobes fiedeln um die Wette; er bewegt nur leise den linken Nasenflügel, und alle Feuilleton-Flageolette flöten ihre süßesten Schmeichellaute. (B 5, 363)

Alle Mittel schienen erlaubt. In einem Brief aus dem Jahre 1854 an Detmold heißt es: »Die Art und Weise, wie Meyerbeer seinen Krieg führt, ist Ihnen bekannt. Es giebt kein Journal in der Welt, wobey er nicht seine wachsamen Agenten hat.«[33] Und an Julius Campe:

31 Ebd., S. 560.
32 Yon, Scribe (Anm. 3), S. 211.
33 Heinrich Heine an Johann Hermann Detmold. Brf. v. 3. Oktober 1854. Zit. n. Heine, Briefe (Anm. 7), Bd. 3, S. 558.

> Merken Sie es sich, dass Meyerbeer, selber schweigend, eine Rotte Banditen in seimen Solde hat und bey jedem Journal, in Frankreich wenigstens, gewiß auch in Deutschland, seine Creatur sitzen hat, die nichts gegen ihn durchläßt und überall für ihn wirkt.[34]

Immer schwerwiegender wurde der Gedanke, dass Meyerbeer rücksichtslos seinen Ehrgeiz verfolgte. Sogar in Mirecourts schmeichelhaftem Porträt von Meyerbeer heißt es, dass »Meyerbeer a la fibre de l'"orgueil très-susceptible. Quand on l'attaque, il emploie tous les moyens imaginables pour fermer la bouche à ses détracteurs.«[35] Heines Porträt des Komponisten war eindeutig: er verwendete unmissverständliche Ausdrücke wie »Hypokrisie«, »Filzigkeit«, »Knickerigkeit« und »Wortbrüchigkeit« oder redete von »Krieg« und »Banditen«. Meyerbeer war gefährlich.[36]

Heine zwischen Wagner und Meyerbeer

»Lutetia« vertrat die These: »das Geld ist der Gott unserer Zeit«.[37] Meyerbeers Porträt, das immer negativer wurde, war nicht nur die Schilderung seiner Person, sondern zugleich und vor allem die Abweisung einer Gesellschaft und eines Kulturbetriebs, den Meyerbeer – wie übrigens auch Scribe[38] – je länger je mehr vergegenwärtigte und der durch Bürgerlichkeit, Geldgier, Sucht nach Erfolg, Opportunismus, Wirkung und Gefallsucht, durch Populismus und Konformismus, Angst und Arroganz gekennzeichnet war.

Auch Wagner hatte sich inzwischen von Meyerbeer abgewandt. 1842 hatte er, anlässlich der Berliner Uraufführung der »Hugenotten«, noch eine positive Rezension verfasst, die er aber später widerrief. Er hat diese Rezension nicht in seine gesammelten Aufsätze aufgenommen.[39] Aber es war vor allem in seiner Schrift »Das Judenthum in der Musik« aus dem Jahre 1850, mit der Wagners Angriff einsetzte. In dieser Streitschrift wurden nicht nur Meyerbeer und andere jüdische Komponisten, sondern auch Heine aufs Korn genommen.

> Ich sagte oben, die Juden hätten keinen wahren Dichter hervorgebracht. Wir müssen nun hier Heinrich Heine's erwähnen. Zur Zeit, da Goethe und Schiller bei uns dichteten, wissen wir allerdings von keinem dichtenden Juden: zu der Zeit aber, wo das Dichten bei uns zur Lüge wurde, unsrem gänzlich unpoetischen Lebenselemente alles Mögliche, nur kein wahrer Dichter mehr entsprießen wollte, da war es das Amt eines sehr begabten dichterischen Juden, diese Lüge, diese bodenlose Nüchternheit und je-

---

34 Heinrich Heine an Julius Campe. Brf. v. 3. Oktober 1854, in: Ebd., S. 560f.
35 Mirecourt, Meyerbeer (Anm. 5), S. 68.
36 Z.B. Heinrich Heine an Josef Bacher. Brf. v. 27. Januar 1851. Zit. n. Heine, Briefe (Anm. 7), Bd. 3, S. 266-267.
37 Höhn 2/1997, S. 481.
38 Ebd., S. 482.
39 Henri de Curzon: Meyerbeer. Biographie critique. Paris o.J., S. 109.

> suitische Heuchelei unserer immer noch poetisch sich gebaren wollenden Dichterei mit hinreißendem Spotte aufzudecken.[40]

Auf Wagners Kritik an Mendelssohn scheint Heine sogar selber einigen Einfluss gehabt zu haben. So Paul Rose:

> Here Heine had prefigured some of the main lines of Wagner's criticism of Mendelssohn. Heine had stamped him as a talented composer of musical effects, possessed of formal expertise, but animated by an almost passionate indifference. Heine had not blamed these deficiencies on Mendelssohn's Jewishness, but on the character of romantic art in general which the composer typified. Recalled by Wagner in the heat of antisemitism, it did not take much for the characterization to be explained in terms of the Jewish ancestry of Mendelssohn. And, of course, once the racial explanation was established, it could also be applied forthwith to Heine himself.[41]

Wagner hatte tatsächlich die Einschätzung des Judentums zu einem zentralen Punkt gemacht:

> Wagner took the negative estimates of the Jews to be found in the early Heine and elsewhere and proceeded to make Jewishness the central obstacle in the healing of the soul. Jewishness was the embodiement par excellence of evil and corruption, the great blot from which deliverance had to be sought. Money was the material symbol of this metaphysical Jewish evil which afflicted the soul. A political revolution which swept away mammonism and money would certainly be the first step towards human redemption, for such a revolution would also carry away those Jews who fastened on bourgeois society and financed its kings.[42]

So scheinen auch kritische Texte von Heine wie von anderen Autoren, zum Beispiel Meyerbeer, leicht als Angriffe auf das Judentum verwendet werden zu können. Hier dämmert das Bild des erfolgreichen jüdischen Komponisten. 1842 schrieb Wagner eine besonders positive Rezension über die »Hugenotten« in Berlin, jedoch nahm er den Text nicht in seine gesammelten Rezensionen auf.[43] Heine hat den Angriff Wagners auf seine Person nicht beantwortet. Vielleicht weil er Meyerbeer nicht verteidigen wollte.

Das Bild, das beide vom Komponisten hatten, stimmte einigermaßen überein. Die Meinungsunterschiede zwischen Heine und Wagner liegen, abgesehen von Wagners Antisemitismus, wenigstens teilweise in einer unterschiedlichen Einschätzung des Verhältnisses zwischen Kunst und Politik. Einer der Protagonisten in der Diskussion war Ludwig Börne, dem Heine ein ganzes Buch widmete, in dem er die Autonomie der Kunst betont. Eine Zeit lang stimmte Wagner Heine in dieser Polemik bei. In »Das Judenthum in der Musik« aber knüpfte Wagner seinen Angriff

---

40 Richard Wagner: Das Judenthum in der Musik. Leipzig ^{2}1869, S. 31f.
41 Paul Lawrence Rose: Heine und Wagner Revisited: Art, Myth and Revolution. In: HJb. 30 (1991), S. 109.
42 Ebd., S. 115f.
43 Curzon, Meyerbeer (Anm. 37), S. 109.

auf Heine an eine Verteidigung von Börne. Aber sowohl Heines *l'art pour l'art* wie Wagners fremdartiger Idealismus beinhalteten eine Abweisung und Geringschätzung von Meyerbeer.

Erfolg

Schumann stellt Meyerbeer Mendelssohn gegenüber.[44] Als Liszt Schumann im März 1848 in Dresden besuchte, hatten sie in diesem Zusammenhang einen Streit. Liszt verglich Mendelssohn und Meyerbeer und bevorzugte Meyerbeer. Es ist tragisch, dass die Aufführung von Schumanns »Genoveva« in Leipzig aufgeschoben werden musste, weil ausgerechnet Meyerbeers »Le Prophète« Vorrang bekam. Für Schumann war es ein frustrierendes Zeichen, so Ronald Taylor: »To be pushed aside like this by an inferior musician whose flamboyant works were all show and no substance, symbolized, as he saw it, the churlish treatment that had always been his lot.«[45]

Im Nachhinein könnte man schlussfolgern, dass Schumann, Heine und Wagner »gewonnen« haben: Obwohl sie teilweise Gegner waren, war Meyerbeer eine Gegenfigur, die sie verband. Meyerbeer symbolisierte nicht nur den Kulturbetrieb seiner Zeit, er war im Allgemeinen eine negative Referenz. Seine Musik galt als nicht authentisch, wurde nicht als wahrhaft oder tief empfunden; Meyerbeer repräsentierte für seine Gegner Abhängigkeit, sein Œuvre war alles andere als autonom. Es war, wie Schumann meinte, ›Unmusik‹. Die Reputation Meyerbeers war damit besiegelt: Er wurde ein Symbol und deshalb reduziert, seine echte Gestalt muss er noch bekommen.

44 Edler, Schumann (Anm. 10), S. 106.
45 Taylor, Schumann (Anm. 1), S. 277.

Walpurgisnacht und Opernabend

Heine, Meyerbeer und der »Vitzliputzli« als reinszenierte Grand Opéra

Robert Steegers

»Nach des Kampfes Schreckenstag, / Kommt die Spuknacht des Triumphes« (DHA III, 66): Der Conquistador Cortez und seine Gefährten konnten sich aus der im Wasser gelegenen Stadt Mexiko an das Ufer des Sees retten. Hier stehen sie zu Beginn des zweiten Teils von Heines »Vitzliputzli«.[1] Und wie der erste Teil des Gedichts den Überfall auf Montezuma, der als Gastgeber die Spanier in ihrem Quartier besucht, als »Festspiel« (DHA III, 61) inszeniert, dessen »Autor« Cortez das »Stichwort« (DHA III, 62) gibt zur Festsetzung des Aztekenherrschers, betont auch die Menschenopferszene im Tempel Vitzliputzlis, die nun anhebt, den Aspekt der Theatralität. Cortez und die Seinen befinden sich am Seeufer, »starren nach der Stadt« (DHA III, 68) und

> Stehen dort wie im Parterre
> Eines großen Schauspielhauses,
>
> Und des Vitzliputzli-Tempels
> Helle Plattform ist die Bühne,
> Wo zur Siegesfeyer jetzt
> Ein Mysterium tragirt wird. (DHA III, 68)

Dieses »Mysterium« ist die parodistische Verkehrung eines christlichen Mysterienspiels. Die akustisch-musikalischen Elemente der theatralischen Inszenierung, der die entkommenen Spanier beiwohnen, durch den See vom Opfertempel getrennt wie Opernbesucher durch den Orchestergraben von der Bühne, legen es nahe, das hier dargebotene »Schauspiel« (DHA III, 68) auf einen Typus des Musiktheaters, der als »kulturgeschichtliches Dokument der Julimonarchie«[2] schlechthin gilt, auf die *Grand Opéra*, zu beziehen. Anne Maximiliane Jäger hat zuerst die These vertreten, Spontinis Cortez-Oper habe anregend auf Heine gewirkt. Mit ihrem Hinweis auf die »Tableaudramaturgie und die Wirkung agierender Opernchöre in den Massenszenen des Kampfes und der Opferszene«[3] benennt sie dabei jedoch Elemente,

---

1 Eine ausführliche Auseinandersetzung mit Heines »Vitzliputzli« bietet: Robert Steegers: Heines »Vitzliputzli«. Sensualismus, Heilsgeschichte, Intertextualität. Stuttgart/Weimar 2006 [=Heine-Studien].

2 Carl Dahlhaus: Dramaturgie der Grand Opéra. In: Ders.: Die Musik des 19. Jahrhunderts. Wiesbaden 1980 [= Neues Handbuch der Musikwissenschaft 6], S. 101-110, hier: S. 101.

3 Anne Maximiliane Jäger: »Besaß auch in Spanien manch' luftiges Schloß«. Spanien im Werk Heinrich Heines. Stuttgart/Weimar 1999 [= Heine-Studien], S. 267.

die stärker der Tradition der *Grand Opéra* der 1830er und 40er Jahre als Spontinis 1809 uraufgeführter Cortez-Oper entstammen.

Das Urbild des mexikanischen »Mysteriums« überhaupt im Musiktheater zu suchen, entspricht Heines eigener Gepflogenheit, nicht streng zwischen Sprech- und Musiktheater zu differenzieren. In den Briefen »Über die französische Bühne« äußert sich Heine, bei der Behandlung von Theaterfragen für ihn selbstverständlich, in den Briefen IX und X auch zum Musiktheater.[4] In der Aufführung von Berlioz' »Symphonie fantastique«, von der Heine dort berichtet, ist die Opferzeremonie im zweiten Teil des »Vitzliputzli« vorgebildet: »Das Beste darin ist ein Hexensabbath, wo der Teufel Messe liest und die katholische Kirchenmusik mit der schauerlichsten, blutigsten Possenhaftigkeit parodirt wird.« (DHA XII, 287) Im »Vitzliputzli« hält der Priester des sich später verteufelnden Aztekengottes seine blutige Parodie auf die Eucharistie und liest seine Opfermesse; der Tanz um den Götzen transponiert die Walpurgisnacht nach Mittelamerika. Auch beim Hexensabbath auf dem Brocken war, so heißt es in der Philosophie-Schrift, die »tolle, ächtberliozsche Sabbathmusik« (DHA VIII, 21) erklungen.

Die Bedeutung von Spontinis Oper für Heines »Vitzliputzli« sollte nicht unterschätzt werden, selbst Jägers Vermutung, die Architektur des Vitzliputzli-Tempels könne Anleihen bei den Bühnenbildern zur Oper gemacht haben, lässt sich an den Berliner Entwürfen Karl Friedrich Schinkels verifizieren.[5] Nachdem sich Heine in Korrespondentenberichten vom 12. Juni 1840 und 1. Mai 1844[6] noch einmal mit Spontini und seiner Operntechnik befasst hatte, könnte dessen Tod am 4. Januar 1851 einen Anlass bedeutet haben, sich des Komponisten und seiner Cortez-Oper zu erinnern. In den Texten von 1840 und 1844 wird der italienische Opernkomponist mit Giacomo Meyerbeer, dem Repräsentanten der *Grand Opéra*, zu einem ungleichen und kontrastreichen Paar verbunden. Die Frage liegt nahe, ob sich Heine für den »Vitzliputzli«, in dessen zweitem Teil es augenscheinlich theatralisch-opernhaft zugeht, weniger von Spontinis Cortez-Oper im Speziellen, als insgesamt von der *Grand Opéra*, wie sie sich als repräsentative Kunstform im Paris des Bürgerkönigtums entwickelt hat, inspirieren ließ.

Der »Vitzliputzli« ist als ein Dokument des vom Heine der ›Matratzengruft‹ nicht revidierten Sensualismus' zu lesen und musste in der tödlichen Stille des Nachmärz Verunsicherung und Widerspruch hervorrufen. Dass die Musik und speziell die Oper geeignet sind, als Signaturen ihrer Zeit verstanden und mit einem politischen oder gesellschaftlichen Sinn aufgeladen zu werden, erwägt schon der Erzähler der »Reise von München nach Genua« und enthüllt den »esoterische[n] Sinn der Opera

4 Vgl. DHA XII, 274: »Sie merken, theurer Freund, daß ich Sie mit keinen herkömmlichen Phrasen in Betreff der Oper belästigen werde. Doch bey Besprechung der französischen Bühne kann ich letztere nicht unerwähnt lassen.«

5 Vgl. Norbert Miller: Der musikalische Freiheitskrieg gegen Gaspare Spontini. Berliner Opernstreit zur Zeit Friedrich Wilhelms III. In: Preußen. Versuch einer Bilanz. Eine Ausstellung der Berliner Festspiele. 15. August bis 15. November 1981, Gropius-Bau Berlin. Katalog in fünf Bänden. Reinbek 1981, Bd. 4, S. 200-227.

6 Vgl. DHA XIII, 66-72, und DHA XIV, 136-139.

Buffa«, in der das unter österreichischer Herrschaft stehende Italien, dem »das Sprechen verboten, [...] die Gefühle seines Herzens kund geben« darf (DHA VII, 49). In den »Französischen Zuständen« wendet Heine dieses Deutungsmuster auf die französische Oper an, indem er betont, dass seiner Meinung nach das Publikum nicht allein von den ästhetischen Qualitäten von Meyerbeers »Robert le diable«, dem Erfolgsstück des Winters 1831/32, angezogen werde, »sondern auch von der politischen Bedeutung der Oper!« (DHA XII, 117)

Zu den typischen Mitteln der *Grand Opéra* gehört der effektvolle Wechsel zwischen Massenszenen und intimen Situationen bis hin zum Gebet, der Einsatz moderner Licht- und Geräuscheffekte und die Arbeit mit den Kategorien »Tableau« und »Schock«.[7] Ersteres bezeichnet »das erstarrte oder in sich bewegte Bild im Sinn eines verlängerten Augenblicks, dem, quasi als ›Zwischenelement‹, der Schock als bestürzendes, die Handlung unerwartet vorantreibendes Ereignis gegenübergestellt wird.«[8] Gerade der zweite Teil des »Vitzliputzli« mit den großen Szenen von Opfervorbereitung und -vollzug, der Paarkonstellation von Götzenbild und Opferpriester und schließlich der betenden und trauernden Spanier lässt sich mit diesen Kategorien beschreiben: Heines »Vitzliputzli« funktioniert in seinen Inszenierungsstrategien, die auf eindrucksvolle Bilder wie das vom Opfertempel, Choreografien wie die des Zuges über die Tempeltreppen und den Wechsel von Massen- und intimen Szenen setzen, nach den Prinzipien der *Grand Opéra*. Die Betonung des Akustischen im Lärm der »Tempel-Musici« (DHA III, 68) verweist auf das Vorbild der Oper, diese selbst wiederum folgt Gesetzen der optischen Strukturierung von Bildwirkungen.

Heine war sich des Stellenwerts des Optischen im Gesamteindruck, den die Werke der *Grand Opéra* auf den Zuschauer machten, bewusst. Im zehnten der Briefe »Über die französische Bühne« weist er auf die Leistungen des Operndirektors Véron hin, der erkannt habe, »daß die meisten Leute aus Convenienz in die große Oper gehen, und nur dann sich dort ergötzen, wenn schöne Dekorazionen, Kostüme und Tänze so sehr ihre Aufmerksamkeit fesseln, daß sie die fatale Musik ganz überhören.« (DHA XII, 284). In einem Artikel für die »Augsburger Allgemeine Zeitung« vom 1. Februar 1847 hebt Heine an Meyerbeers Opern dasselbe hervor, dass er nämlich »seine Effekte durch Calkul hervorbringt« (DHA XIV, 283). In diesem Artikel kontrastiert Heine Paris und Meyerbeer mit London und dem dortigen Theaterdirektor Benjamin Lumley und nutzt die Gelegenheit, auf das Ballett hinzuweisen, das Lumley nach einem Libretto, »welches H. Heine geschrieben hat« (DHA XIV, 284), zu inszenieren gedenke. Gemeint ist das Tanzpoem »Der Doktor Faust«, das wie sein zuvor für Lumley zu Papier gebrachtes Libretto »Die Göttin Diana« belegt, dass sich der Dichter der Wirkung wohlinszenierter Tableaus be-

---

7 Vgl. Dahlhaus, Dramaturgie (Anm. 2), S. 102-104.

8 Marion Linhardt: Zur Ästhetik des Visuellen in Meyerbeers Grand opéras. In: Meyerbeers Bühne im Gefüge der Künste. Hrsg. v. Sibylle Dahms/Manuela Jahrmärker/Gunhild Oberzaucher-Schüller. Feldkirchen/Paderborn 2002 [= Meyerbeer-Studien 4], S. 190-205, hier: S. 191.

wusst war und versuchte, sich die Möglichkeiten des Musiktheaters zunutze zu machen. Der Maßstab, den Heine hier an seine Arbeiten für die Bühne anlegt, ist der der *Grand Opéra*: »In einer Unterhaltung mit Lumley, dem Direktor des Londoner Theaters der Königinn, wünschte derselbe, daß ich ihm einige Balletsujets vorschlüge, die zu einer großen Entfaltung von Pracht in Dekorazionen und Costümen Gelegenheit bieten könnten« (DHA IX, 67).

Was den an das Krankenlager der ›Matratzengruft‹ gefesselten und vom Opernbesuch ausgeschlossenen Heine bei der Arbeit am »Vitzliputzli« gereizt haben dürfte, ist die Möglichkeit, im Medium des Gedichts eine *Grand Opéra* mit ihrer »Pracht in Dekorazionen und Costümen« (DHA IX, 67), in reichen Tableaus und exotischer Szenerie textuell zu realisieren und so noch einmal wenigstens in der Phantasie in das Opernhaus als die »Kathedrale des Lasters« (DHA XI, 116), wie es in der Börne-Denkschrift heißt, zurückzukehren. In den späten Gedichten bleibt die Oper auch explizit präsent; so tröstet sich das Text-Ich des Auftaktgedichts »Ruhelechzend«, dass es im Grab endlich Ruhe habe »vor der großen Oper Pracht« (DHA III, 185), und in »Jung-Katerverein für Poesie-Musik« rechnet Heine gar mit einer ganzen musikalischen Richtung ab, die er in Wagner, Liszt und Berlioz repräsentiert sieht. Auch hier wird die »große Oper« (DHA III, 224) erwähnt, und bei genauerem Hinsehen bieten die musikalischen Aktivitäten des »Katervereins« (DHA III, 223) manche Anschlussmöglichkeit an die Tempelmusik im zweiten Teil des »Vitzliputzli«: Die Kater musizieren »auf dem Dache« (DHA III, 223), Vitzliputzlis Musiker sitzen auf den Altarstufen auf dem »Ungeheuern Tempeldache« (DHA III, 67); der Katzen »Miau'n und Gegröhle« (DHA III, 224) entspricht dem »Miaulen« (DHA III, 67) des Priesterchores; beider Musik ist ein »Charivari« (DHA III, 70 u. 224); Katzen wie Azteken stimmen ein »Te-Deum« (DHA III, 68 u. 224) an und sind berauscht (DHA III, 66 u. 224); Anlass der Musik ist beide Male eine Siegesfeier (DHA III, 68 u. 224); beide Feiern enden mit dem Morgengrauen (DHA III, 71 u. 224). Eine Anspielung, die auf Meyerbeer zielt, ist im »Jung-Katerverein« nicht auszumachen, doch hatte dieser in der vorletzten Strophe von »Ruhelechzend« noch einmal ebenso sein Fett abbekommen wie in den teilweise für die Buchfassung verschärften Angriffen in den Artikeln der gleichzeitig veröffentlichten »Lutetia«. Im Grab, heißt es in »Ruhelechzend«, ist Ruhe von der Oper und ihrem »Bravourgepolter«:

> Hier wirst du nicht verfolgt, geplagt
> Vom eitlen Virtuosenpacke
> Und vom Genie Giacomos
> Und seiner Weltberühmtheitsclaque. (DHA III, 185)

Auch wenn der späte Heine sich wenig schmeichelhaft über Giacomo Meyerbeer äußert, stellt sich dennoch die Frage, ob für Heines »Vitzliputzli« nicht doch neben grundsätzlichen Parallelen zur *Grand Opéra* ganz speziell ein Muster der Gattung aus der Feder Meyerbeers anregend gewesen ist: »Die Hugenotten«, deren Uraufführung Heine am 29. Februar 1836 beigewohnt hat.[9] Hier fand Heine ein Stück vor, das ebenso wie der zweite Teil des »Vitzliputzli« auf starke Effekte setzt, an der katholischen Religion wenig Gutes lässt und das in bis dahin ungekanntem Ausmaß Gewalt auf der Opernbühne inszeniert.[10] Und ähnlich wie im »Vitzliputzli« bringen die »Hugenotten«, genauso im übrigen wie auch Meyerbeers 1849 uraufgeführter »Prophet«, eine in Gewaltexzessen eskalierende Handlung auf die Bühne, deren Rechtfertigung durch die Handelnden vordergründig mit religiösen Argumenten erfolgt, während im Hintergrund der dargestellten Auseinandersetzungen machtpolitische Motive wirken – in den »Hugenotten« der Konflikt der beiden Religionsparteien um die politische Macht in Frankreich, im »Propheten« der Konflikt von alter Reichs- und neuer revolutionärer Ordnung. In beiden Opern Meyerbeers spiegelt sich das politische Schicksal jeweils in einer Liebeshandlung, in den »Hugenotten« der von Raoul und Valentine, im »Propheten« der von Jean de Leyde und Berthe. Im neunten Brief »Über die französische Bühne« erkennt Heine darin Meyerbeers Modernität, die ihn zum »Mann seiner Zeit« (DHA XII, 276) mache. Wie das Gesellschaftliche über das Individuum triumphiere die Harmonie über die Melodie:

> Bey Meyerbeer hingegen finden wir die Oberherrschaft der Harmonie; in dem Strome der harmonischen Massen verklingen, ja ersäufen die Melodien, wie die besonderen Empfindungen des einzelnen Menschen untergehen in dem Gesammtgefühl eines ganzen Volkes, und in diese harmonischen Ströme stürzt sich gern unsre Seele, wenn sie von den Leiden und Freuden des ganzen Menschengeschlechts erfaßt wird und Parthey ergreift für die großen Fragen der Gesellschaft. Meyerbeers Musik ist mehr social als individuell; die dankbare Gegenwart, die ihre inneren und äußeren Fehden, ihren Gemüthszwiespalt und ihren Willenskampf, ihre Noth und ihre Hoffnung in seiner Musik wieder findet, feyert ihre eigene Leidenschaft und Begeisterung, während sie dem großen Maestro applaudirt. (DHA XII, 275)[11]

Das Muster der Meyerbeerschen Opern wird zum Modell für die sinnliche Inszenierung des »Vitzliputzli«. Ging es Heine darum, den ihm in der Matratzengruft nicht mehr zugänglichen Eindruck der Großen Oper im eigenen Text zu simulieren, gar im Sinne einer Referenz auf Meyerbeer, den Meister der Gattung? Oder, und darauf deuten die Meyerbeer-Anspielungen in der späten Lyrik und der »Lutetia«, werden der inszenatorische Aufwand und die blutrünstige Handlung im »Vitzliputzli« in parodistischer Absicht imitiert? Heine wird sich bewusst gewesen sein, dass das

9 Vgl. Heines Artikel vom 1. März 1836 für die AZ (DHA XII, 295-297).

10 Zu Meyerbeers »Hugenotten« vgl. Ernst Osterkamp: Giacomo Meyerbeer oder Die Gewalt der Oper. In: Zukunftsbilder. Richard Wagners Revolution und ihre Folgen in Kunst und Politik. In Zusammenarbeit mit der Staatsoper Unter den Linden hrsg. v. Hermann Danuser u. Herfried Münkler. Schliengen 2002, S. 91-107, vor allem S. 101-104.

11 In den 1837 geschriebenen Theaterbriefen entwickelt Heine seine musiksoziologische Meyerbeer-Lektüre anhand der »Hugenotten« und »Robert der Teufel«. Vom erst 1849 uraufgeführten »Propheten« weiß er vorerst nur zu berichten: »Meyerbeer schreibt jetzt eine neue Oper, welcher ich mit großer Neugier entgegen sehe.« (DHA XII, 277)

eine nicht ohne das andere zu haben ist: Eine Oper im Gedicht bekommt zwangsläufig parodistische Züge, eine Imitation der auf alle Sinne zielenden Effekte der *Grand Opéra* gelingt nicht ohne Anerkennung des Vorbilds.

Anhand seiner Korrespondenz und einiger Veröffentlichungen lässt sich Heines Verhältnis zu Meyerbeers »Hugenotten« nachvollziehen. Heine ist seit einem Monat in Paris, als er am 19. Juni 1831 von Meyerbeer eingeladen wird, in seiner Loge die Uraufführung von François-Esprit Aubers Oper »Le Philtre« mitzuerleben, deren Text von Meyerbeers Librettisten Eugène Scribe stammt.[12] Dass er am 21. November desselben Jahres auch der Uraufführung von Meyerbeers »Robert der Teufel« beiwohnte, vermutet Fritz Mende.[13] »Ich bin jetzt ein fleißiger Besucher der Oper«, schreibt Heine ein Jahr später, am 24. Oktober 1832, an den Komponisten Ferdinand Hiller, womit er sich aber weniger als Musikliebhaber denn als »bis am Hals im süßesten Gesellschaftsleben schwimmend« charakterisieren will.[14] Mitteilenswerte gesellschaftliche Ereignisse bilden auch den Inhalt von Heines Korrespondenzartikel vom 1. März 1836. Am Abend zuvor, dem 29. Februar, hatte Heine sowohl den ersten Ball in James de Rothschilds neuem Wohnhaus in der Rue Lafitte als auch die Premiere von Meyerbeers »Hugenotten« in der »Academie royale de musique« besucht:

> Ich wollte von beiden Herrlichkeiten an demselben Abend genießen, und habe mich so übernommen, daß ich noch wie berauscht bin, daß mir Gedanken und Bilder im Kopfe taumeln, und daß ich vor lauter Betäubniß und Ermüdung fast nicht schreiben kann. (DHA XII, 295)

Heine gesteht ein, dass er noch kein Urteil fällen könne, gibt aber einen Eindruck wieder, der im System seiner ästhetischen Wertungen das höchstmögliche Lob darstellt: »Ganz richtig hat man gestern im Foyer der Oper den Kunstsinn von Meyerbeer mit dem Goetheschen verglichen.« (DHA XII, 295) Im Sinne seiner Deutung der Oper als gesellschaftlicher Kunst beschränkt er sich darauf, die Premiere der »Hugenotten« in ihrer Wirkung auf die Zuhörer zu spiegeln:

> Es war gestern Abend ein wunderbarer Anblick, das eleganteste Publikum von Paris, festlich geschmückt, in dem großen Opernsaale versammelt zu sehen, mit zitternder Erwartung, mit ernsthafter Ehrfurcht, fast mit Andacht. Alle Herzen schienen erschüttert. (DHA XII, 296)

Nach der Uraufführung besucht Heine im Jahr 1836 noch zwei weitere Aufführungen der »Hugenotten«, jeweils als Gast des Komponisten, wie aus Briefen Meyer-

---

12 Vgl. HSA 24, 87f. Die Uraufführung fand am 20. Juni 1831 statt.

13 Vgl. Fritz Mende: Heinrich Heine. Chronik seines Lebens und Werkes. 2., bearb. u. erw. Aufl. Berlin 1981, S. 94.

14 Vgl. HSA 21, 40. Dort auch die Zitate.

beers und seiner Mutter Amalie Beer an Heine hervorgeht.[15] Im Juli des Jahres bittet Heine Meyerbeer um zwei Opernkarten für seine Cousine Therese und deren Mann Christian Hermann Adolf Haller.[16] 1840 und 1842 erbittet Heine Meyerbeer, mit dem er in dieser Zeit freundschaftlichen Umgang pflegt, noch zweimal Karten für Aufführungen der »Hugenotten«[17], für den Januar 1837 ist belegt, dass Meyerbeer Heine Opernkarten verschafft, ohne dass sich die gegebene Oper ermitteln ließ.[18] Nach dem vorliegenden Material hat Heine keine Oper in der Pariser Zeit so oft gesehen wie Meyerbeers »Hugenotten«. Das nach der Premiere ausgesparte eigene Urteil über Meyerbeers Oper liefert Heine im neunten der Briefe »Über die französische Bühne«. Meyerbeer erntet für seine Opernauffassung das höchste Lob, erst der Erfolg von »Robert der Teufel« habe ihm die Sicherheit gegeben, sich über Opernkonventionen und Publikumserwartungen hinwegzusetzen:

> Und mit dieser erweiterten Geistesfreyheit schrieb er die Hugenotten, worin aller Zweifel verschwunden, der innere Selbstkampf aufgehört und der äußere Zweykampf angefangen hat, dessen kolossale Gestaltung uns in Erstaunen setzt. Erst durch dieses Werk gewann Meyerbeer sein unsterbliches Bürgerrecht in der ewigen Geisterstadt, im himmlischen Jerusalem der Kunst. (DHA XII, 278f.)

Im neunten Brief ist weniger vom Inhalt als von der Form der »Hugenotten« die Rede, doch gibt es gerade auf der inhaltlich-motivischen Ebene Parallelen zu Heines etwa ein Jahrzehnt nach seinem letzten nachweislichen Besuch einer »Hugenotten«-Aufführung entstandenen »Vitzliputzli«. Darauf, dass »Hugenotten« wie »Vitzliputzli« einen Religionskonflikt, der zugleich ein politischer ist, zum Gegenstand haben und beide in einem zuvor nicht dagewesenen Maße Gewalt auf die Opernbühne beziehungsweise zwischen die Buchdeckel eines Gedichtbandes bringen, wurde bereits hingewiesen. Zentral für den »Vitzliputzli« ist die Abendmahlstravestie in der wörtlich genommenen Opferhandlung des zweiten Teils. Auch die »Hugenotten« bieten, im ersten Akt, eine Umwertung der Eucharistie, ein säkularisiertes Abendmahl. Im Schloss des Grafen von Nevers wird ein Fest begangen, das durch die Anwesenheit hugenottischer Gäste zugleich den Charakter eines Versöhnungsmahls zwischen der protestantischen und der katholischen Partei erhält; so, wie das christliche Opfermahl in der Vergegenwärtigung des Sühneopfers Jesu am Kreuz der Versöhnung Gottes mit den Menschen Ausdruck gibt. Das (be)-rauschende Opferfest der Azteken scheint hier vorgebildet:

> Sorgen entschweben –
> Schenkt ein! schenkt ein!
> Durch Saft der Reben –

---

15 Vgl. HSA 24, 383f. u. 24, 396. Meyerbeers Taschenkalender vermerkt für den 7. März 1836 zwei Billette für Heine und im April des Jahres noch einmal Logenplätze (vgl. auch HSA 24 K, 292 und 303)

16 Vgl. HSA 24, 156f.

17 Vgl. Mende, Heine-Chronik (Anm. 13), S. 177, und HSA 23 K, 273.

18 Vgl. HSA 25, 13.

Weicht Groll und Pein!
Zechend versinken –
Leicht Gram, Verdruß!
Essen und Trinken –
Nur ist Genuß![19]

Im Lied des hugenottischen Veteranen Marcel dringt, vorerst nur verbal, Gewalt in die Opernhandlung ein. Gebeten, ein Lied zum Fest der Katholiken beizutragen, singt er einen Schlachtgesang der Protestanten, für Frieder Reininghaus »ein Fanal des religiösen Fanatismus«[20]:

Erwürget sie, mordet sie, schlaget sie, brennet sie!
Vernichtet sie, schlaget sie, mordet sie, würget sie!
(Er macht die Geste des Schießens)
Piff, paff, puff, brennet sie!
Piff, paff, puff, würget sie![21]

Anders als in Scribes französischem Libretto taucht in Castellis Übertragung hier bereits das Motiv des Blutes auf, das für die »Hugenotten« ebenso zentral ist wie für den »Vitzliputzli«:

Vergießet mit Kraft und Mut ihr rosiges Blut!
Vergießet ihr rosiges Blut, ihr rosiges Blut![22]

Im 14. Auftritt des zweiten Aufzugs, als Raoul die Verlobung mit Valentine ausschlägt und so die katholische Partei vor den Kopf stößt, findet die allgemeine Empörung im Durcheinander der Stimmen und Parteien immer wieder in dem Reimpaar »Wut«/»Blut« ihren Ausdruck.[23] Auch in Raouls Duellforderung an Saint-Bris, Valentines Vater, ist vom Blut die Rede:

Und nur das Schwert entscheid allein!
Was Wort und That einmal verbrochen,
Wird nur durch Blut wieder gerochen.[24]

---

19 Giacomo Meyerbeer: Die Hugenotten. Große Oper in fünf Aufzügen. Dichtung von Eugène Scribe und Emile Deschamps. ([Ins Deutsche übertragen von] Ignaz Franz Castelli.) Vollständiges Buch. Hrsg. v. Carl Friedrich Wittmann. Leipzig [1897], S. 30.

20 Frieder Reininghaus: Die Opern im Vormärz – Vormärz in den Opern. Das deutsche Musiktheater 1830-1848. In: Theaterverhältnisse im Vormärz. Bielefeld 2002 [= Jahrbuch Forum Vormärz Forschung 2001], S. 269-301, hier: S. 293.

21 Meyerbeer, Hugenotten (Anm. 19), S. 37.

22 Ebd., S. 38.

23 Vgl. ebd., S. 73-80. – In der französischen Vorlage heißt es: »Cet affront veut du sang«; Giacomo Meyerbeer: Les Huguenots. Opéra en cinq actes. Paroles de Eugène Scribe (Booklet zur CD-Fassung der Opernaufnahme der Decca Record Company [1970], London 1991, S. 79 u. ö.).

24 Meyerbeer, Hugenotten (Anm. 19), S. 96.

Die Perversion des Religiösen im Dienste der Gewalt und, anders gewendet, die Legitimation der Gewalt durch die Religion, wie sie auch der »Vitzliputzli« thematisiert, drückt sich in den »Hugenotten« am deutlichsten in der Schwertweih-Szene des vierten Akts aus. »Blut« ist auch hier das Leitmotiv, wenn Saint-Bris und die Mönche singen:

> Waffen, für Gott mutig gebrauchet
> Und in der Ketzer Blut heut noch getauchet!
> Ihr, durch die unser Herr führt den rächenden Streich,
> Waffen, wir segnen, heilige Waffen, euch![25]

Die Parallele zum »Vitzliputzli« wird im französischen Libretto an dieser Stelle noch deutlicher, wo vom »sang impur«[26] die Rede ist. Im »Vitzliputzli« diskutiert das Erzähler-Ich angesichts der Menschenopfer die Reinheit des Blutes der Geopferten, in beiden Fällen wird die religiöse Differenz (Hugenotten vs. Katholiken bzw. Christen vs. Juden und Moslems) durch das rassistische Stereotyp der Reinblütigkeit überlagert[27]:

> Diesmal war es gar das Vollblut
> Von Altchristen, das sich nie,
> Nie vermischt hat mit dem Blute
> Der Moresken und der Juden. (DHA III, 69)

Mit gezückten Schwertern rufen die katholischen Streiter in Meyerbeers Oper:

> Volle Rache zu nehmen,
> Fließe Blut nun in Strömen![28]

Auf Heine hat, wie der neunte Brief »Über die französische Bühne« bezeugt, diese Szene nachhaltigen Eindruck gemacht:

> Seit dem Don Juan giebt es gewiß keine größere Erscheinung im Reiche der Tonkunst, als jener vierte Akt der Hugenotten, wo auf die grauenhaft erschütternde Scene der Schwerterweihe, der eingesegneten Mordlust, noch ein Duo gesetzt ist, das jenen er-

---

25 Ebd., S. 120.

26 Meyerbeer, Huguenots (Anm. 23), S. 126. – Reininghaus, Opern (Anm. 20), S. 284, sieht Meyerbeer hier als prägend für eine »Opern-Epoche«: »Seine Grand Opéra mit ihrer poystilistisch montierten Musik, seine Art der Gestaltung der individuellen Tragödien vor dem Hintergrund großer Religions- oder ›Racen‹-Konflikte, die dann ›Klassenkämpfe‹ genannt wurden, trat von Paris aus den Siegeszug durch alle bedeutenden Theater der Erde an.«

27 Osterkamp, Meyerbeer (Anm. 10), S. 103, sieht darin die »universalisierten Gewaltverhältnisse« des Zeitalters der Revolutionen: »In dieser Moderne herrscht das mechanisierte Töten, bei dem nach sozialer, ethnischer, religiöser Gruppenzugehörigkeit getötet wird und Individuen nicht mehr wahrgenommen werden«.

28 Meyerbeer, Hugenotten (Anm. 19), S. 121. Vgl. Meyerbeer, Huguenots (Anm. 23), S. 127.

> sten Effekt noch überbietet; ein kolossales Wagniß, das man dem ängstlichen Genie [Meyerbeer] kaum zutrauen sollte, dessen Gelingen aber eben so sehr unser Entzücken wie unsere Verwunderung erregt. (DHA XII, 281)

Auch im fünften Akt der »Hugenotten« bleibt das Motiv des Blutes vorherrschend. Das Gemetzel der Bartholomäusnacht ist die »Spuknacht des Triumphes« (DHA III, 66) der Oper, katholische Soldaten ermorden die in Paris versammelten Hugenotten und ihre Familien. Unter die Festgäste im Hôtel de Nesle tritt blutüberströmt Raoul und bringt die Kunde des Anschlags:

> Die Waffen nehmt zur Hand! Man erschlägt unsre Brüder!
> Jenes Ufer der Seine, es schwimmt schon von Blut![29]

»Blut« ist die zentrale Vokabel in seinem Bericht des Vorgefallenen, »Blut für Blut! Mord für Mord!«[30] ist sein Schlachtruf, den die versammelten Hugenotten aufgreifen und wiederholen. Nachdem im Bühnenhintergrund Frauen, Kinder und Greise von den katholischen Soldaten ermordet worden sind, kommt es zur Schlusskatastrophe am Ufer der Seine: Saint-Bris lässt auf Marcel, Raoul und Valentine schießen und erkennt zu spät, dass er seine eigene Tochter ermordet hat. Das letzte Wort, bevor der Vorhang fällt, hat der »Chor der Verfolger«:

> Flamm' und Schwert sollen sie verheeren,
> Die Gott nicht so wie wir verehren!
> Der Herr will, ihr sollt sie ermorden,
> Gott verlangt, Gott will ihr Blut!
> Ja, Gott will ihr Blut![31]

Auch Vitzliputzlis Opferpriester Rothjack' hätte diese Verse zu seinen Gläubigen sprechen können – »Dieu veut leur sang.«[32] Die Bedrohlichkeit des Schlussakts überträgt sich auf die Opernbesucher, wenn die katholischen Schergen auf der Bühne immer weiter nach vorne drängen. Der nächste Schritt wäre, so Anselm Gerhard im Unterkapitel »Schock« seiner Analyse der »Hugenotten«, ein Übergreifen der Handlung von der Bühne in den Zuschauerraum: »Wie nie zuvor in der Geschichte der Schaukünste ist aber auch der Zuschauer in die Schreckbilder des Bühnenge-

29 Meyerbeer, Hugenotten (Anm. 19), S. 130f. – Im französischen Originallibretto von Eugène Scribe werden die Parallelen zum »Vitzliputzli« noch deutlicher, da es dort heißt: »Man opfert unsere Brüder«. Vgl. Meyerbeer, Huguenots (Anm. 23), S. 140: »Aux armes, mes amis! on immole nos frères! / L'autre bord de la Seine est inondé de sang!«

30 Meyerbeer, Hugenotten (Anm. 19), S. 131. – Vgl. Meyerbeer, Huguenots (Anm. 23), S. 141: »Vengeons la mort de nos frères [...] dans le sang de leurs bourreaux!« Auch hier macht die Rede von den »bourreaux«, den Henkern, Scharfrichtern, Peinigern, die Parallelen zum französischen Text augenfälliger.

31 Meyerbeer, Hugenotten (Anm. 19), S. 143.

32 Meyerbeer, Huguenots (Anm. 23), S. 154.

schehens eingebunden.«[33] Die leibhaftige Zeugenschaft bei den Morden an ihren gefangenen Landsleuten bringt im »Vitzliputzli« Cortez und die Seinen in eine entsprechende schockhafte Nähe zum aztekischen Mysterienspiel, bei dem wirklich gemordet wird, und indem sich der Leser durch diese Perspektivierung mit den mitleidenden Spaniern identifiziert, wird er ebenfalls in die bedrohliche Situation hineingezogen. In der Relation Opferhandlung – hilflose Zuschauer – Leser adaptiert Heines »Vitzliputzli« die Schockästhetik der »Hugenotten« und verdoppelt sie zugleich: Sein Leser ist hilfloser Zuschauer der hilflosen Zuschauer.[34]

Auch in Meyerbeers Oper begegnet der Zuschauer einer theatralischen Inszenierung innerhalb des Stücks. Im dritten Akt trifft ein Haufen hugenottischer Soldaten (»Allons, ihr braven Calvinisten, / Zieht mutig gegen die Papisten!«[35]) auf eine katholische Prozession zu Ehren der Muttergottes (»Mutter der Gnaden, wend' ab die Streiche; / Vom Himmelreiche schenk uns ein Teil!«[36]). Als Prozessionszug sind im »Vitzliputzli« die Zurichtungen zum Menschenopfer angelegt, Mexikaner, die die Tempeltreppen »auf und nieder wallen« (DHA III, 66), und vor allem der »Zug der Sterbemänner« (DHA III., 69), der gefangenen Spanier, hinauf zum Opferaltar. Der blutige Zusammenstoß der Hugenotten-Soldaten mit der Marienprozession, der in der Oper knapp verhindert wird, entspricht dem Ausbruchsgefecht im ersten Teil des »Vitzliputzli«, bei dem die Spanier unter der Marienfahne fechten. Doch nicht allein die gewalttätigen Elemente der Meyerbeerschen Oper machten auf Heine Eindruck, im neunten Brief »Über die französische Bühne« hebt er die ländliche Idylle hervor, in der Margarete von Navarra residiert:

> Was mich betrifft, so gestehe ich, daß nie bey einer Musik mein Herz so stürmisch pochte, wie bey dem vierten Akte der Hugenotten, daß ich aber diesem Akte und seinen Aufregungen gern aus dem Weg gehe und mit weit größerem Vergnügen dem zweiten Akte beywohne. Dieser ist ein Idyll, das an Lieblichkeit und Grazie den romantischen Lustspielen von Shakespeare, vielleicht aber noch mehr dem Aminta von Tasso ähnlich ist. In der That, unter den Rosen der Freude lauscht darin eine sanfte Schwermuth, die an den unglücklichen Hofdichter von Ferrara erinnert. (DHA XII, 281)

Die Gartenszenerie des königlichen Schlosses, Refugium der Weiblichkeit und mit badenden Hofdamen den voyeuristischen Schaulüsten des männlichen Opernpublikums entgegenkommend, trägt in ihrer Konzentration auf scheinbar unberührte und heile Natur Züge, die an die Landschaft der Neuen Welt im Präludium des »Vitz-

---

33 Anselm Gerhard: Die Verstädterung der Oper. Paris und das Musiktheater des 19. Jahrhunderts. Stuttgart/Weimar 1992, S. 176.

34 Dass hier der Opernbesucher als Zuschauer betont wird, entspricht Heines eigener Einschätzung der *Grand Opéra*. Im zehnten Brief »Über die französische Bühne« betont er den Primat der »Schaulust« über die musikalischen Interessen der Besucher: »Der große Veron kam daher auf den genialen Gedanken, die Schaulust der Leute in so hohem Grade zu befriedigen, daß die Musik sie gar nicht mehr genieren kann« (DHA XII, 284).

35 Meyerbeer, Hugenotten (Anm. 19), S. 83.

36 Ebd., S. 84.

liputzli« erinnern. Selbst die Wellen, aus denen dort die Neue Welt emporgestiegen ist, tauchen im Gesang der Königin Margarete auf:

> Und das zarte Geräusch
> jener Zweige am Baum
> Trägt zu der Liebe Gruß
> Dem zarten Wellschaum.
> O du lieblicher Traum![37]

Der idyllische und zugleich utopische Charakter, den die Neue Welt des »Vitzliputzli«-Präludiums mit dem Garten der Königin von Navarra in den »Hugenotten« gemeinsam hat, wird von Heine an anderer Stelle als Kennzeichen der heiteren *Opera buffa* benannt, wie sie in der Italienischen Oper in der Salle Ventadour gegeben wurde. Wie im »Präludium« entsteht das Bild einer heilen Welt voller Blumen, Bäume und Vögel:

> Ja, das sind holdselige Nachtigallen, und die italienische Oper ist der ewig blühende, singende Wald, wohin ich oft flüchte, wenn winterlicher Trübsinn mich umnebelt, oder der Lebensfrost unerträglich wird. Dort, im süßen Winkel einer etwas verdeckten Loge, wird man wieder angenehm erwärmt, und man verblutet wenigstens nicht in der Kälte. Der melodische Zauber verwandelt dort in Poesie, was eben noch täppische Wirklichkeit war, der Schmerz verliert sich in Blumenarabesken, und bald lacht wieder das Herz. (DHA XIV, 140)

Wie im »Vitzliputzli«-Präludium erweist sich auch die Idylle der Königin von Navarra, die sich umsonst Hoffnungen macht auf eine Aussöhnung zwischen Hugenotten und Katholiken, als angekränkelt und bald schon zerstört, anders als in der *Opera buffa* verweigert die *Grand Opéra* sich dem eskapistischen Bedürfnis der Rezipienten: In der idyllischen Umgebung der königlichen Residenz weist Raoul, in Verkennung der wahren Verhältnisse, brüsk die ihm angebotene Hand von Saint-Bris' Tochter Valentine zurück und macht so den Friedensschluss unmöglich. Nur die Anwesenheit der Königin verhindert, dass die Vertreter der beiden Parteien schon an Ort und Stelle zu den Waffen greifen, doch die tödliche Eskalation, für das Paar Raoul und Valentine wie für die hugenottische Partei, nimmt von hier, der gestörten Idylle, aus ihren Lauf. Ähnlich vielen Gedichten der »Historien«-Abteilung des »Romanzero« demonstriert Meyerbeers Oper von diesem Ausgangspunkt aus, »wie die Individuen, die sich in großen geschichtlichen Auseinandersetzungen ihr privates Glück bewahren wollen, zwischen die Mahlsteine der Geschichte geraten und zerrieben werden.«[38] Und wie die meisten der »Historien« in Heines »Romanzero« zeugen auch Meyerbeers »Hugenotten« von einem Geschichtspessimismus,

---

37 Ebd., S. 56. Vgl. Meyerbeer, Huguenots (Anm. 23), S. 56f.

38 Reiner Zimmermann: Giacomo Meyerbeers politisches Theater: Kritik einer These von Carl Dahlhaus. In: Meyerbeer und das europäische Musiktheater. Hrsg. v. Sieghart Döhring und Arnold Jacobshagen. Laaber 1998 [= Thurnauer Schriften zum Musiktheater 16], S. 483-487, hier: S. 485.

der kaum noch Hoffnung auf historischen Fortschritt zulässt. »Schockierender«, schreibt Matthias Brzoska über den Schluss der »Hugenotten« (und könnte analoges auch von Heines »Vitzliputzli« sagen), »konnte mit den theatralischen Mitteln des 19. Jahrhunderts die Negation einer Konzeption der Geschichte als Heroengeschichte nicht inszeniert werden.«[39]

Was könnte den Heine der ›Matratzengruft‹ daran gereizt haben, Meyerbeers Große Oper mit ihrer Ästhetik des Schocks im Medium eines erzählenden Gedichts nachzuahmen – in parodistischer Absicht oder nicht – und zu überbieten? Neben der biografischen Erklärung, der bettlägerige Dichter habe sich so für den ihm verwehrten Opernbesuch realiter entschädigen wollen, gibt es weitere Gründe, die sich an Heines ästhetischen Urteilen über Meyerbeers »Hugenotten« aufzeigen lassen. Im neunten Brief »Über die französische Bühne« hatte Heine den Komponisten der »Hugenotten« noch vorbehaltlos gelobt und seine Meisterschaft anerkannt:

> Was dieses Werk ganz besonders auszeichnet, ist das Gleichmaaß, das zwischen dem Enthusiasmus und der artistischen Vollendung stattfindet, oder, um mich besser auszudrücken, die gleiche Höhe, welche darin die Passion und die Kunst erreichen; der Mensch und der Künstler haben hier gewetteifert, und wenn jener die Sturmglocke der wildesten Leidenschaften anzieht, weiß dieser die rohen Naturtöne zum schauerlich süßesten Wohllaut zu verklären. Während die große Menge ergriffen wird von der inneren Gewalt, von der Passion der Hugenotten, bewundert der Kunstverständige die Meisterschaft, die sich in den Formen bekundet. (DHA XII, 279)

Leidenschaft und Sinnlichkeit bei gleichzeitiger künstlerischer Perfektion, diese Messlatte legt Heine durchaus auch an seine eigenen Werke an, zumal an die selbstbewusst dem Lesepublikum präsentierte Lyrik der Spätzeit. Selbst noch im Meyerbeer gegenüber sehr kritischen Korrespondenzartikel vom 1. Februar 1847 hebt Heine dessen Fähigkeit hervor, »seine Effekte durch Calkul« (DHA XIV, 283) hervorzubringen. Im Theaterbrief von 1837 betont Heine zudem noch Meyerbeers revolutionäre Gesinnung:

> Meyerbeer, den die Fürsten dieser Erde mit allen möglichen Ehrenbezeugungen überschütten, und der auch für diese Auszeichnungen so viel Sinn hat, trägt doch ein Herz in der Brust, welches für die heiligsten Interessen der Menschheit glüht, und unumwunden gesteht er seinen Cultus für die Helden der Revoluzion. Es ist ein Glück für ihn, daß manche nordischen Behörden keine Musik verstehen, sie würden sonst in den Hugenotten nicht bloß einen Partheykampf zwischen Protestanten und Katholiken erblicken. (DHA XII, 279f.)

An dieser Einschätzung ist nicht nur bemerkenswert, wie sehr sie außer acht lässt, dass bereits der katholisch-protestantische Religionskonflikt die biedermeierlichen

39 Matthias Brzoska: Geschichtsphilosophische Dimensionen in Meyerbeers Grand Opéra. In: Zukunftsbilder (Anm. 10), S. 108-115, hier: S. 111f. – Osterkamp, Meyerbeer (Anm. 10), S. 102, spricht hinsichtlich der »Hugenotten« von der Rücknahme aufklärerischen Fortschrittsoptimismus' »im Zeichen einer geschichtspessimistischen Ästhetik der Gewalt.«

Zensurbehörden auf den Plan rief, die das Stück nur entschärft auf die Bühne gelangen ließen,[40] sondern vor allem die Tatsache, dass sich hinter dem Porträt des Freundes Meyerbeer durchaus Züge eines Selbstporträts Heines erkennen lassen. Dafür spricht nicht zuletzt die in der ganzen Passage vorherrschende religiöse Terminologie, wie sie der Heine der wenige Jahre zuvor entstandenen Deutschland-Schriften für sich und seine Bundesgenossen benutzt. Vom »himmlischen Jerusalem« (DHA XII, 279) ist die Rede und von Meyerbeer als »Apostel« (DHA XII, 280). Aber, und hier liegt eine entscheidende Veränderung in der Selbsteinschätzung Heines vor, anders als einige Jahre zuvor ist vom »himmlischen Jerusalem der Kunst« die Rede und von Meyerbeer als »Apostel dieser Religion«, die einige Zeilen zuvor als die »Religion Mozarts, Glucks, Beethovens« (DHA XII, 280), als die Musik, beschrieben wird. Die religiöse Terminologie wird nicht mehr exklusiv auf den Bereich des Politischen angewandt, sondern, »unumwunden gesteht er seinen Cultus für die Helden der Revoluzion«, auf einen Bereich, der politisches Engagement und ästhetischen Führungsanspruch vereint. Damit ist genau die Bandbreite bestimmt, in der sich der Dichter des »Romanzero« selbstbewusst bewegt. Noch im Nachwort der Gedichtsammlung betont Heine, dass er »bey denselben demokratischen Prinzipien [verharrte], denen meine früheste Jugend huldigte und für die ich seitdem immer flammender erglühte« (DHA III, 180), und seine Abschiedsworte an den Leser markieren die Höhe, aus der er, der Künstler, trotz tödlicher Krankheit auf Neider und Kritiker herabblickt: »Und nun, lebe wohl, und wenn ich dir etwas schuldig bin, so schicke mir deine Rechnung.« (DHA III, 182) Im »Vitzliputzli«, der in der »Historien«-Abteilung des »Romanzero« das letzte Wort hat, stellt Heine diesen Anspruch des Dichters aus – ähnlich nachdrücklich wie im »Jehuda ben Halevy«-Fragment, zugleich aber einzigartig in seinem Versuch, die Ästhetik der avanciertesten Kunstgattung seiner Zeit, der *Grand Opéra*, im Medium des Gedichts nachzubilden, zu parodieren und zu überbieten.

---

40 Zensureingriffe eliminierten den katholisch-protestantischen Konflikt: 1836 wurde die Oper in Prag als »Die Schweden vor Prag« gegeben und die Handlung in den Dreißigjährigen Krieg verlegt, 1838 in München stritten auf der Opernbühne »Die Anglikaner und die Puritaner«, so dass ein innerprotestantischer Konflikt ausgetragen wurde, 1839 in Kassel und Brünn, 1839 in Wien und 1840 in Prag wurde die Oper als »Die Welfen und die Ghibellinen« gegeben. In Berlin kam es überhaupt erst 1842 unter Friedrich Wilhelm IV. zu einer Aufführung der »Hugenotten«. Vgl. Christhard Frese: Dramaturgie der großen Opern Giacomo Meyerbeers. Berlin 1970, S. 93.

Zwischen Hellas und der Hauptstadt des 19. Jahrhunderts

Funktionaler Klassizismus in Heines Kunstverständnis

Ingo Meyer

Wird ein Klassiker derart extensiv erforscht wie Heine, dass mancher den »lautlose[n] Übergang in den Aggregatzustand der Tertiärliteratur«[1] befürchtet, ergeben sich typischerweise Asymmetrien. An guten Biografien und bündigen Einführungen mangelt es nicht, die Schriften zu Heines Geschichtsdenken und jüdischer Identität bzw. Emanzipation gar sind Legion. Dagegen stehen auffällige Desiderata wie etwa – beide von Gerhard Höhn vor beinahe 20 Jahren angemahnt – Arbeiten über Heines Verhältnis zum 18. Jahrhundert oder die »alle Aspekte berührende Untersuchung zu seinem Sprachstil«.[2]

Asymmetrisch verhält sich auch die Fokussierung von Heines Stellung zu Klassik und Romantik. Scharf kontrastiert die Fülle gediegener Studien über Heine und die Romantik, seiner »imagepflegenden«[3] Selbstidentifikation als »romantique défroqué« (B 6, 447) vielleicht allzu willig folgend, mit den spärlichen Einlassungen zu seinem Verhältnis zur Weimarer Klassik. Diese Beiträge verhandeln zudem nicht Heines Klassizismus, sondern beschränken sich in ihren weniger originellen Varianten meist darauf, zu rekonstruieren, »was Heine über Schiller und Goethe sagte«.[4]

Soweit ich sehe, gibt es drei Möglichkeiten, Klassizität zu bestimmen.[5] Akzentuiert man die diachrone Differenz, lassen sich Epochen bzw. ganze Kulturen als »klassisch« definieren, etwa die griechisch-römische Antike oder der Minnesang des hohen Mittelalters. Nah hierzu, obwohl, wie man heute weiß, sich zu Unrecht auf »die Alten« berufend, ist der normative Klassik-Begriff situiert, der Artefakte

1 So Ralf Schnell: Heines poetische Theodizee. In: Gunter E. Grimm (Hrsg.): Metamorphosen des Dichters. Das Rollenverständnis deutscher Schriftsteller vom Barock bis zur Gegenwart. Frankfurt a.M. 1992, S. 151-166, hier: S. 151.

2 Höhn 2/1997, S. XIV. Jüngst erschien: Sikander Singh (Hrsg.): »Aber der Tod ist nicht poetischer als das Leben«. Heinrich Heines 18. Jahrhundert. Bielefeld 2006.

3 Michael Werner – Imagepflege. Heines Presselenkung zur Propagierung seines Persönlichkeitsbildes. In: Wolfgang Kuttenkeuler (Hrsg.): Heinrich Heine. Artistik und Engagement. Stuttgart 1977, S. 267-283 – benannte früh diese Strategie.

4 George F. Peters – »Der große Heide Nr. 2«. Heinrich Heine and the Levels of His Goethe Reception. New York/Frankfurt a.M. 1989 – endlich lässt die Sichtung von »Stellen« und »Einflüssen« weit hinter sich und geht auch dem Funktionskomplex der Goethe-Chiffren (Zeus, Adler usw.) nach.

5 Ich folge eng der brillanten Skizze von Rainer Warning: Zur Hermeneutik des Klassischen. In: Rudolf Bockholdt (Hrsg.): Über das Klassische. Frankfurt a.M. 1987, S. 77-100. Die Schwierigkeit einer damit zwangsläufig verbundenen historischen Relativierung des Klassischen, das ja ein Minimum an überzeitlicher Geltung beanspruchen muss, um seinem Begriff überhaupt gerecht zu werden, kann ich hier nicht diskutieren.

an vermeintlich »ewigen« Werten misst (»gefällige Harmonie«; »gerundete Form«, Konvergenz von Form und Inhalt, adäquate Stilhöhe usw.) und als Regelpoetik bekanntlich bis um 1750 in Kurs war. Die hier zugrunde gelegte dritte und bescheidenste Variante von Klassizität ist die des Exemplarischen: Etwas zu einer bestimmten Zeit in einer bestimmten Gattung offenkundig besonders Gelungenes wird allein ob seiner einmaligen Realisierung nunmehr ohne präskriptiven Zumutungsgehalt als klassisch erfahren.

Die schöne Marmorstatue

Wie Robert C. Holub bemerkte, zählt die schöne Marmorstatue zu den »most frequent metaphors in Heine's œuvre«.[6] Galt älteren Biografen, von denen mancher so weit ging, Heine selbst eine »marmorreine Stirn«[7] zu attestieren, die Prominenz der Skulpturen in Heines Werk noch als persönlich-abwegige Obsession erotischer Affinität ans Tote, las sie Dolf Sternberger als Chiffre der Versinnfälligung von Heines Utopie einer Befreiung des Fleisches im Kontext seiner Rezeption saint-simonistischer Ideen der frühen Pariser Jahre[8]; Manfred Schneider identifizierte in komplexer psychoanalytischer Deutung postromantischer Autorschaft die Marmor-Statue als Motiv von Glück und Schönheit einer »poetischen Urszene« zwischen Angst und Begehren[9], Ralph Martin vertiefte noch einmal den Konnex einer »Repatriierung der sinnlichen Schönheit ins Leben«[10] unter Rekonstruktion der romantischen Vorlagen, indem er in den »Petrifizierungsmetamorphosen«[11] der Marmorstatuen v.a. den »Bann der Venus durch Maria«[12] chiffriert sah; Jürgen Fohrmann endlich resümierte den Synkretismus von Antike und Christentum in Heines »Ästhetik des Marmors«[13].

Mir scheint, die Verrechnung des semantischen Gehalts der Marmorstatuen im geschichtsphilosophisch-utopischen Diskurs verkürzt ihn. Zunächst sollten sie »theoriefrei« als vorbegrifflich-suggestives ästhetisches Signal des Klassisch-

6 Robert C. Holub: Heinrich Heine's Reception of German Grecophilia. The Function and Application of the Hellenic Tradition in the First Half of the Nineteenth Century. Heidelberg 1981, S. 77.

7 Ludwig Marcuse: Heinrich Heine. Ein Leben zwischen Gestern und Morgen. Berlin 1932, S. 186.

8 Dolf Sternberger: Heinrich Heine und die Abschaffung der Sünde. Frankfurt a.M. 1976, S. 181-205, hier: S. 185.

9 Manfred Schneider: Die Angst des Revolutionärs vor der Revolution. Zur Genese und Struktur des politischen Diskurses bei Heine. In: HJb. 19 (1980), S. 9-48, hier: S. 37.

10 Ralph Martin: Die Wiederkehr der Götter Griechenlands. Zur Entstehung des »Hellenismus«-Gedankens bei Heinrich Heine. Sigmaringen 1999, S. 131.

11 Ebd., S. 136.

12 Ebd., S. 133.

13 Jürgen Fohrmann: Von der marmornen Venus und von der toten Maria. In: Joseph A. Kruse u.a. (Hrsg.): »Ich Narr des Glücks.« Heinrich Heine 1797-1856. Bilder einer Ausstellung. Stuttgart/Weimar 1997, S. 401-406, hier: S. 402.

Schönen ernstgenommen werden, schließlich ist die Skulptur bei Goethe »das Höchste, was uns vom Altertum übrigblieb«[14], ist sie bei Hegel Zentrum und Höhepunkt des Systems der einzelnen Künste[15] – nicht das Epos oder Drama.

Bei Heine nun evoziert die Metapher »Marmorstatue« in verschiedensten Kontexten über 30 Jahre hinweg einen breiten Gegenstandsbereich bei enger ästhetischer Wertung, eben den der Exemplarik. In der noch immer rätselhaften Schiller-Replik »Die Götter Griechenlands« »schweben die weißen Wolken, / Wie kolossale Götterbilder / Von leuchtendem Marmor« (B 1, 205) und indizieren ironisch die Inaktualität der Vergangenen; die erste der »Florentinischen Nächte« evoziert über »das weiße Marmorbild im grünen Grase« (B 1, 562) leitmotivisch Exotismus und Geheimnis – des Schönen; das narrative Subjekt des »Buch Le Grand« prahlt mit vitalistisch-poetischer Potenz: »In meinen Adern kocht das rote Leben, unter meinen Füßen zuckt die Erde, in Liebesglut umschlinge ich Bäume und Marmorbilder, und sie werden lebendig in meiner Umarmung« (B 2, 254).

Auch die Feier politischer Souveränität gibt sich »marmorn«, erinnert sei an Heines prominente Darstellung von Napoleons Ritt durch den Düsseldorfer Hofgarten als Ankunft des Messias. Nicht nur fingiert Heine das Ereignis vom November 1811 in einen gloriosen Frühling, der kleinwüchsig-rundliche Kaiser erscheint antikisch mit einer Gesichtsfarbe, »die wir bei marmornen Griechen- und Römerköpfen finden, die Züge desselben waren ebenfalls edel gemessen, wie die der Antiken, und auf diesem Gesicht stand geschrieben: Du sollst keine Götter haben außer mir« (B 2, 275). Anders kann »marmorn« die Differenz von Schein und Sein akzentuieren, so anlässlich der Pariser Börse, ist sie doch »das schöne Marmorhaus, erbaut im edelsten griechischen Stile, und geweiht dem nichtswürdigsten Geschäfte, dem Staatspapierenschacher« (B 3, 192).

Ihren eigentlichen Platz aber hat die Semantik des Marmors im engeren Bereich des Schönen. »Marmorn« können Figuren einer Lebenswelt von noch ästhetischer Delikatesse erscheinen. Heine genießt die an Medea gemahnende »Pathosformel« eines Schankmädchens kurz vor Verona, das mit gezücktem Messer ihre Eltern gegen einen Wucherer zu verteidigen bereit ist: »Es war ein schöner Anblick, das Mädchen stand da blaßgelb und vor Zorn erstarrend wie ein Marmorbild« (B 2, 358). Ebenso marmorn zeigen sich die Teilnehmer eines Bacchanals der »Götter im Exil«, der quasi-naive Legendenton erlaubt es Heine, umso rückhaltloser eine Variante seiner sensualistischen Utopie, »lüsternen Schauer, ein ästhetisches Grüseln« (B 6, 406) bereitend, *in nuce* auszumalen. Hier finden sich »junge Männer und junge Frauen, meistens bildschön, obgleich ihre Gesichter alle so weiß wie Marmor waren«, weiße Kleidung »gab ihnen das Aussehn von wandelnden Statuen« (B 6, 404).

---

14 Johann Wolfgang von Goethe: Werke (Hamburger Ausgabe). Hrsg. v. Erich Trunz. München 1988, Bd. 11: Italienische Reise, S. 477.

15 Georg Friedrich Wilhelm Hegel: Werke. Hrsg. v. Eva Moldenhauer u. Karl Markus Michel. Frankfurt a.M. 1986, Bd. 14: Vorlesungen über die Ästhetik II, S. 360.

Vielzitiert ist das Verdikt der »Romantischen Schule« über die Werke Goethes als schöne, doch lebenspraktisch-politisch unfruchtbare Statuen (B 3, 395), wenig hingegen die Inanspruchnahme Goethes als konkret-sinnliches Antidot philosophisch-abstrakter Höhenflüge, denn er schaffe überhaupt »solide Werke [...], woran wir uns, wie an marmornen Götterbildern, festklammern können, um nicht unterzugehen im Nebelmeer des absoluten Geistes« (B 4, 41). Und der unfruchtbare Marmor wird zuletzt doch noch nobilitiert. Der wenig phantasiebegabte Goethe, so ist in den Kommentaren zum »Doktor Faust« zu lesen, habe im Alter mit der Helena des »Faust II« »ein wunderbar vollendetes griechisches Marmorbild« (B 6, 387) geschaffen: »Es ist die kostbarste Statue, welche jemals das Goethesche Atelier verlassen« (B 6, 387).

Kaum beachtet ist eine Chiffre aus der »Romantischen Schule«, wenn Heine die Lektüre Achim v. Arnims memoriert und zum Anlass nimmt, den säkularen Übergang von der klassischen zur modernen »nicht mehr schönen« Kunst ins komische Bild zu fassen – »und ein paar mutwillige Bettelbuben kauern neben einer armen Venus, die im hohen Grase liegt, und mit Brennesseln geißeln sie ihr den marmornen Hintern« (B 3, 460). Von hier ist es nicht weit nicht nur zur Banausie Börnes in Bezug auf Goethes Poesie, denn Börne »glich dem Kinde, welches ohne den glühenden Sinn einer griechischen Statue zu ahnen, nur die marmornen Formen betastet und über Kälte klagt« (B 4, 11f.), sondern auch zu Heines berühmter Prophetie eines politisch-ästhetischen Plebejertums, das die unter modernen Bedingungen ohnehin fragile Kunst endgültig destruiert – »mit ihren rohen Fäusten zerschlagen sie alsdann alle Marmorbilder meiner geliebten Kunstwelt« (B 5, 232).

Eine frühe Allusion zur Venus von Milo findet sich in einer von Heines zahlreichen allegorischen Szenarien zur Identitätsbestimmung der Kunst, die zwar den Bilderstil des Spätwerks antizipiert, als Schluss der »Französischen Bühne« jedoch unterdrückt wurde (B 3, 829).[16] Hier werden Personifikationen antiker und christlich-neuzeitlicher Kunst, Form und Gefühl, der »edelste Kontur« (Winckelmann[17]) und die »Wollust des Schmerzes« (B 3, 362) gegeneinander ausagiert – und nicht zufällig in einer Sphinx supercodiert. »Der Sphinx ist von den Figuren, die kein klares Verhältnis zu ihrer Bedeutung haben, vielleicht die einzige, welche die Griechen von den Ägyptern angenommen haben«[18], mit Hegel: Die Sphinx »ist das Symbol gleichsam des Symbolischen selber.«[19] Und Heines *subscriptio* expliziert nicht, wie

16 Eine ausführliche Deutung bei Martin, Wiederkehr (Anm. 10), S. 129ff. Hier zeigt sich die Schwierigkeit einer bloßen Ideenanalyse: Das Geschehen wird sofort auf die geschichts-philosophische Dichotomie von sinnlicher Antike und spirituellem Christentum hin interpretiert, ohne zunächst der Polyvalenz der Figuration selbst nachzudenken. Zudem wird die auffällige Ironie, die die Verbindlichkeit solcher Ableitungen Heines ja stets einklammert, bei Martin komplett übergangen.

17 Johann Joachim Winckelmann: Gedanken über die Nachahmung der griechischen Werke in der Malerei und Bildhauerkunst. Sendschreiben. Erläuterung. Hrsg. v. Ludwig Uhlig. Stuttgart 1995, S. 15.

18 Ebd., S. 102.

19 Hegel, Werke (Anm. 15), Bd. 13: Vorlesungen über die Ästhetik I, S. 465.

in der Emblematik üblich, die rätselhafte *pictura*, sondern steigert die »schwarzen Blumen« (B 3, 829) seiner symbolistischen Ästhetik: »Was ist die Kunst? frug ich ihn [den heranreitenden Vogel Strauß auf einem Kamel]. Und er antwortete: Fragen Sie das der großen steinernen Sphinx, welche im Vorhof des Museums zu Paris kauert« (B 3, 830).

Es wird deutlich: Der Bezug der Marmorbilder auf das klassische Altertum oder als Chiffre für Goethes politischen Indifferentismus ist nur der nächstliegende Aspekt eines weitverzweigten Allusionssystems. Vielmehr kann schlechterdings alles, was als ästhetisch vorbildlich, exemplarisch gelungen gelten darf, von Heine als klassisch-marmorn gefasst werden. Vitalistisch überboten aber wird der Marmor allein vom roten Sefchen, vielleicht der schönsten von Heines semi-autobiografischen Kunstfiguren, denn es ist schöner, weil »sie das Leben selbst [...] offenbarte« (B 6, 600f.).

Die Gegenprobe auf Platen zeigt sofort, dass er nicht, wie doch zu erwarten wäre, wenn Marmor ästhetische Unfruchtbarkeit indizierte, »marmorn« erscheint, sondern »glatte[n] Mist« (B 2, 444) produziere; so entstehen bloße »Klassizitätstragödien und sonstige Unsterblichkeitskolossalgedichte« (B 2, 460). Dennoch gibt es auch exemplarisches Misslingen – dies gilt für die »versifizierten Marmorblöcke« (B 3, 384) der Voßschen Homer-Übersetzung ebenso wie für die Pariser Oper, wo vor lauter mittelmäßiger Kulturindustrie die Statue der Polyhymnia wohl vom Dach gefallen sei (B 5, 538); wo Spontini, der als Menetekel des eigenen Misserfolgs umhergeistert und, um den Erzfeind zu treffen, rät, »lassen Sie mich in Lebensgröße meißeln, setzen Sie meine Statue ins Foyer der Oper, und dieser Marmorblock wird dem Meyerbeer wie ein Alp das Herz zerdrücken« (B 5, 540).

Schließlich der Aspekt der Selbstzuschreibung von Klassizität, auf den noch zurückzukommen ist. Hierzu muss die wohl fingierte Szene des kranken Heine zählen, der im Louvre vor dem Inbegriff des Schönen, der Venus von Milo, zusammenbricht (B 6, 184). Der Sinn der früh schon geübten[20] Pose des Kotaus vor der Geliebten ist klar: Heine ist – wie Goethe! – Klassiker schon zu Lebzeiten und kehrt im Schmerz heim »zu den Müttern«. Sprechender noch wird diese Assoziation, sobald man die ästhetische Allmachtsphantasie des vermutlich letzten, zweifellos aber vermächtnishaften Gedichts »An die Mouche«, das tatsächlich schnöde »33« betitelt ist, dazu nimmt. Ohne hier in Detailanalyse eintreten zu können, sei nur auf die Konfiguration hingewiesen: Ein lyrisch-träumendes Ich identifiziert sich mit einem Toten im offenen »Marmorsarkophag« (B 6, 345), barock umgeben von enigmatischen Insignien der Vergänglichkeit irdischen Seins, und lässt noch einmal souverän sein mythologisches Arsenal Revue passieren – bis dieses untereinander in fürchterlichen Streit gerät und der Träumende erwacht.

Im Marmor sind die Klassiker unter sich. Heine wusste um seinen Status als neben Goethe bedeutendster deutschsprachiger Dichter des 19. Jahrhunderts (nur ver-

---

20 Im »Lyrischen Intermezzo 25« heißt es: »Nur einmal noch möcht' ich dich sehen, / Und sinken vor dir aufs Knie, / Und sterbend zu dir sprechen: / Madame, ich liebe Sie!« (B 1, 120).

halten ironisch: B 6, 498f.) und es ist die Marmorstatue, die zur Universalmetapher des stets prekären Gelingens gerinnt und produktions- sowie rezeptionsästhetische Aspekte konvergieren lässt (daher scheinen die Statuen oft »melancholisch« oder verstümmelt): Sie scheidet das, was gilt, von Versuchen bloßer Prätention.

Die Kritik Victor Hugos

Nach der Sichtung der Marmor-Statue, eines letztlich ja »sprachlosen« Bildes, das zu vielerlei Deutung einlädt, wende ich mich nun Heines explizitem Operieren mit klassizistischen Kategorien zu. Sie finden sich paradigmatisch in Heines bisher von der Forschung zwar bemerkten, doch kaum überzeugend geklärten Kritik Victor Hugos,[21] des wenn nicht bedeutendsten, so doch öffentlichkeitswirksamsten französischen Romantikers. Wie bekannt, hielt Heine wenig von der zeitgenössischen französischen Literatur, doch findet er etwa für Lamartine das klassizistische Lob einer »Vollendung in der Form, harmonischen Einheit der Gefühle« (B 5, 211).[22] Heines Polemik kämpft prinzipiell mit harten Bandagen, doch selbst dies konzediert, ist die Schärfe der Angriffe auf Hugo auch für ihn außergewöhnlich. Die überhaupt erst relativ spät einsetzenden Angriffe beginnen in der »Französischen Bühne« moderat, indem sie Hugos »Talent der sinnlichen Gestaltung«, seinen »Sinn für das Plastische« (B 3, 317) loben: »Er ist ein Dichter und kommandiert die Poesie in jeder Form« (B 3, 316). Doch hier schon meldet Heine Bedenken an, Hugo »ist voller geschmackloser Auswüchse, wie Grabbe und Jean Paul. Es fehlt ihm das schöne Maßhalten« (B 3, 318).

Geschmack- und Maßlosigkeit, dieser altväterliche Vorwurf aus der Feder Heines verwundert – und erinnert tatsächlich an Jean Paul, allerdings nur im Lichte der Hegelschen Ästhetik, die Jean Pauls (und später Hamanns) Schriften mit den Invektiven »barocke Zusammenstellungen«[23], »Ungenießbarkeit«[24], »Karikaturen der Phantasie«[25] einer »Bizarrerie« »ohne Kern und Halt«[26] bedachte, übrigens unter den Abschnitten nur aufgesetzter Originalität und unmittelbar vor dem »Ende der romantischen Kunstform«, also der Auflösung noch der Kunstform der Auflösung einer Kongruenz von ideellem Gehalt und Materialität.

---

21 Fritz Mende hat sich dem Verhältnis Heines zu Hugo zweimal zugewandt: Prüfstein und Gegenbild. Heinrich Heines Auseinandersetzung mit Victor Hugo. In: Weimarer Beiträge (1981), H. 11, S. 114-129; ders.: Die »Wahrheit des Gefühls«. Bemerkungen zu Heines Selbstverständnis als ein Dichter der Moderne. In: Joseph A. Kruse u.a. (Hrsg.): Aufklärung und Skepsis. Internationaler Heine-Kongreß 1997 zum 200. Geburtstag. Stuttgart/Weimar 1999, S. 769-782, hier: S. 773f.

22 Dies freilich wird 1854 nach Lamartines ägyptischem Abenteuer widerrufen (B 6, 509): Politisches Fehlverhalten zieht das ästhetische Verdikt nach sich.

23 Hegel, Werke (Anm. 15), Bd. 13, S. 381f.

24 Georg Wilhelm Friedrich Hegel: Hamanns Schriften. In: Ders., Werke (Anm. 15), Bd. 11: Berliner Schriften 1818-1831, S. 275-352, hier: S. 318.

25 Hegel, Werke (Anm. 15), Bd. 13, S. 381f.

26 Ebd., Bd. 14, S. 230f.

Damit nicht genug, in »Shakespeares Mädchen und Frauen« wird Hugo nach den vordergründigen Honneurs – »Genius von erster Größe« (B 4, 282), »größte[r] Dichter Frankreichs« (B 4, 282) – Gegenwartsferne attestiert, »sein Pegasus hegt eine krankhafte Scheu vor den brausenden Strömen der Gegenwart« (B 4, 282), ebenfalls eine Kardinalsünde der Romantik bei Hegel: »Nur die Gegenwart ist frisch, das andere fahl und fahler.«[27]

Und plötzlich verliert Heine alles Maß: Hugo rühre im »trüben Moder« (B 4, 282), seinen Dramen fehle – hellenisch – »die heitere Klarheit und die harmonische Gesundheit« (B 4, 282), es finde sich keine »poetische Verklärung« (B 4, 283) – ausgerechnet der Inbegriff philiströser Ästhetik des späteren Realismus wird bemüht! Hugos Poesie habe »etwas Verstorbenes, Unheimliches, Spukhaftes, etwas grabenstiegen Vampirisches« (B 4, 283), er erschreckt [...] durch widerwärtiges Zerrbild« (B 4, 283), kurz, »es fehlt ihm das Leben« (B 4, 283): »Er leidet an Tod und Häßlichkeit« (B 4, 283).

Dass diese Vokabeln in anderem Rahmen auch Positiva bezeichnen können, sei anlässlich der Besprechung Achim v. Arnims erinnert, wo sich Heine zum höchsten Lob aufschwingt – »wir sehen schöne Leiber, wogende Busen, feingebaute Hüften, aber ein kaltes, feuchtes Leichengewand umhüllt dies alles« (B 3, 458): »Er war kein Dichter des Lebens, sondern des Todes« (B 3, 458).[28]

In der »Lutetia« dann wird die Annahme, es handele sich bei Hugo um den größten Dichter Frankreichs, endgültig kassiert, vielmehr sei er, so Heine in typischer Verquickung von Person und Sache, »im Geiste höckricht« (B 5, 266) wie Quasimodo:

> Sein Werk zeugt weder von poetischer Fülle noch Harmonie, weder von Begeisterung noch Geistesfreiheit, es enthält keinen Funken Genialität, sondern nichts als gespreizte Unnatur und bunte Deklamation. Eckige Holzfiguren, überladen mit geschmacklosem Flitterstaat, bewegt durch sichtbare Drähte, ein unheimliches Puppenspiel, eine grasse, krampfhafte Nachäffung des Lebens; durch und durch erlogene Leidenschaft (B 5, 434),

der Leser fände »barocke Barbarei, gellende Dissonanz und die schauderhafteste Difformität« (B 5, 266). Obwohl diese Passagen in der französischen Ausgabe eliminiert wurden, sind Hugo Heines Anwürfe nicht entgangen, im Nachlass fand sich die Notiz: »Henri Heine, Allemand et cul-de-jatte. Des ailes dans l'esprit; l'envie et la haine dans la collonne vertébrale. Desinit in monstrum.«[29]

Ein Blick auf Hugos berühmte »Préface« (de Cromwell) von 1827/28, die Heine gekannt haben dürfte, gibt Anhaltspunkte für das gespannte Verhältnis des letzteren

---

27 Ebd., S. 238.

28 Spätestens seit Karl Heinz Bohrer – Die Kritik der Romantik. Der Verdacht der Philosophie gegen die literarische Moderne. Frankfurt a.M. 1989, S. 97ff., hier: S. 119ff. – ist bekannt, dass zwischen politischer Abstandserklärung und Feier des (gerade auch morbiden) Phantasmas der Romantik durch Heine differenziert werden muss.

29 Victor Hugo: Pierres. Hrsg. v. Henri Guillemin. Genf 1951, S. 151.

zum ersten. Sie fordert bekanntlich für das Drama als zeitgemäßester Gattung – derjenigen, in der sich der junge Heine wenig glücklich versuchte – »du grotesque allié au sublime, de la comédie fondue dans la tragédie«[30] und behauptete von ihm, es »restaure ce que les annalistes ont tronqué«[31], leiste poetische (und damit wahrere) Geschichtsschreibung: »Ainsi le but de l'art est presque divin: ressusciter, s'il fait de l'histoire; créer, s'il fait de la poésie.«[32]

Und Heines Ideal einer poetischen Historiografie? Früh schon, in der »Reise von München nach Genua«, ist zu lesen:

> Seltsame Grille des Volkes! Es verlangt seine Geschichte aus der Hand des Dichters und nicht aus der Hand des Historikers. Es verlangt nicht den treuen Bericht nackter Tatsachen, sondern jene Tatsachen wieder aufgelöst in die ursprüngliche Poesie, woraus sie hervorgegangen. Das wissen die Dichter, und nicht ohne geheime Schadenlust modeln sie willkürlich die Völkererinnerungen, vielleicht zur Verhöhnung stolztrockener Historiografen und pergamentener Staatsarchive (B 2, 330).

Und spät, aus der Zueignung zur »Lutetia«, das berühmte: »Mein Buch ist [...] zugleich ein Produkt der Natur und der Kunst« (B 5, 239).

Seit Wolfgang Preisendanz wird die von beiden Autoren geteilte Auffassung des Kontrasts von Pathos und Komik als »Grundmuster des Wirklichen« betont.[33] Auch die ästhetische Kontur der Artefakte selbst, die mit Schlagworten wie scharfes produktions-ästhetisches Kalkül noch der Asystematizität und Digressivität, Hyperbolik, Poiesis statt Mimesis, Verzerrung, Fingieren, rückhaltlose Subjektivität (auch im Maßlosen), semantische Polyvalenz, Mythisierung des Aktuellen, kurz: Varianten der allgemeinen modernen Verkomplizierung der Form beschrieben wurden, sind so weit entfernt voneinander nicht. Dennoch, Hugos Abweisung des antiken Schönen als einseitig – »[l]e beau n'a qu'un type; le laid en a mille«[34] –, ja ermüdend[35], war für Heine keineswegs zu akzeptieren. Hier sitzt die Tradition deutscher Gräcomanie zu tief.[36]

Erschwerend kommt hinzu, dass in Hugos »Préface« die geschichtsphilosophische Stufenfolge, in der eine Synthese von Gegenwart und Hässlichem als selbständig Reales gedacht wird, als produktive Hegel-Adaption erkennbar ist.[37] Heine

---

30 Victor Hugo: Théâtre complet (éd. Pléiade). Hrsg. v. Jean-Jacques Thierry u. Josette Mélèze. Paris 1963, Bd. 1, S. 409-454, hier: S. 426.

31 Ebd., S. 436.

32 Ebd., S. 437.

33 Wolfgang Preisendanz: Die Gedichte aus der Matratzengruft. In: Ders.: Heinrich Heine. Werkstrukturen und Epochenbezüge. München [2]1983, S. 99-130, hier: S. 126. Zuletzt Sabine Bierwirth: Heines Dichterbilder. Stationen seines ästhetischen Selbstverständnisses. Stuttgart/Weimar 1995, S. 50.

34 Hugo, Théâtre (Anm. 30), S. 420.

35 Ebd., S. 419.

36 Ausführlich dazu Holub, Heine (Anm. 6).

37 Vgl. Hans Robert Jauß: Das Ende der Kunstperiode – Aspekte der literarischen Revolution bei Heine, Hugo und Stendhal. In: Ders.: Literaturgeschichte als Provokation. Frank-

aber kann fremdes Genie oder auch nur Talent, zumal, wenn es sich zeitnah oder - gleich artikuliert, so nicht stehen lassen, erträgt keine »Konkurrenz im Gebiet des Geistigen« (Mannheim), wie am Beispiel Victor Cousins deutlich wird:[38] Wenn jemand den Franzosen die neuere deutsche Philosophie vermittelt, so kommt dafür nur Heine selbst infrage. Deshalb empört er sich noch in der »Lutetia« anlässlich dessen Antrittsrede über Hugo als den »Mann, der vor einem Jahr in öffentlicher Akademie zu sagen wagte, daß es mit dem deutschen Genius ein Ende habe« (B 5, 434) – während doch, so hat der Leser zu ergänzen, Heine in Paris lebt und schreibt.

Hugo berührt also neuralgische Stellen von Heines Selbst- und Kunstverständnis. Seine Befürwortung der französischen Forderung der Rheingrenze in den 1840ern[39] – beinahe eine Kriegsgrund – mag den Patrioten Heine zusätzlich empören, ich halte einen banaleren und zugleich doch handfesten Grund für Heines vehemente Aversion für wichtiger: Hugos großen kommerziellen Erfolg plus denkbar höchste Reputation als Nationaldichter und Mitglied der »Académie française«.

Neid ist ein starkes Gefühl. Peters notierte den Umstand, dass Goethes saturierte Position Heine zu mancher Invektive veranlasst haben dürfte[40] – was Heine genau einmal unumwunden konzediert (B 3, 398). Heine war, »entgegen seiner hohen Meinung von sich selbst, kein sonderlich geschickter Verhandlungspartner«[41], Jan-Christoph Hauschild und Michael Werner legten dar, wie die zeitgenössischen Pariser Starautoren, allen voran Hugo, durch klug kalkulierte Vertragsabschlüsse erheblich höhere Gewinne erzielten.[42] Heine dürfte dies gewusst haben, zumal die zweite französische Werkausgabe Heines mit Michel Lévy frères verabredet wurde,[43] dem Verlag auch Hugos.

Es hat demnach den Anschein, als wiederhole sich traumatisch für Heines »Größen-Selbst« das Ärgernis Goethe der deutschen Heimat, indem sich ihm die Situation im französischen Exil invers darstellt, er in Hugo einen »französischen Goethe« fürchtet – beneidet: Während dem Klassizisten Goethe politische Indifferenz vorgehalten wird, so dem politischen Romantiker Hugo – klassizistische Kategorien!

---

furt a.M. 1970, S. 107-143, hier: S. 116ff. Wie adäquat sich Hugos Hegel-Rezeption ausnimmt, ist hier nicht von Belang.

38 Sprechend dazu die abschätzigen Urteile Heines über Cousin von 1835, die Karoline Joubert überlieferte. Vgl. Gespräche mit Heine. Hrsg. v. Heinrich Hubert Houben. Potsdam 1948, S. 271f., hier: S. 271.

39 Dazu Mende, Prüfstein (Anm. 21), S. 125.

40 Peters, Heide (Anm. 4), S. 107f.; 113; 128.

41 Bernd Kortländer: Heinrich Heine. Stuttgart 2003, S. 36f.

42 Jan-Christoph Hauschild u. Michael Werner: »Der Zweck des Lebens ist das Leben selbst.« Heinrich Heine. Eine Biographie. Köln 1997, S. 275f., S. 297f. u. S. 366. Ihnen, aber auch Peters, Heide (Anm. 4), ist zu danken, der Germanistik traditionell eher anrüchige, bei Heine aber so immens wichtige Themen wie Neid und Honorarfragen angesprochen zu haben.

43 Hauschild/Werner, Zweck (Anm. 42), S. 297f.

Und noch ein Küchengeheimnis der poetischen Produktion Heines sei ausgeplaudert. In »Novembre«, dem letzten Gedicht von Hugos epochaler Lyriksammlung »Les Orientales« (1829) heißt es:

> C'est Paris, c'est l'hiver. [...]
> Pleurant ton Orient, alors, muse ingénue,
> Tu viens à moi, honteuse, et seule, et presque nue.
> – N'as-tu pas, me dis-tu, dans ton cœur jeune encor
> Quelque chose à chanter, ami? car je m'ennuie
> A voir ta blanche vitre où ruisselle la pluie,
> Moi qui dans mes vitraux avais un soleil d'or![44]

Jedem, der dazu »Caput XXIII/XXIV« von »Deutschland. Ein Wintermärchen« erinnert, muss auffallen, das zwar die Sprechsituation vertauscht – keine »welsche Lorettin« (B 4, 631) besucht den kontemplativen Dichter, sondern das Heinesche, wehmütig gestimmte lyrische Ich steigt hinauf »in Hammonias Kämmerlein« (B 4, 632) –, die figurative Textbewegung einer Einkehr des Melancholikers aber gleich ist. Dies ist umso bemerkenswerter, als Hugos orientalische Muse bei Heine zur biderben Stadtgöttin geworden ist, die er in die konnotative Nähe einer Straßendirne rückt.

Es wäre nun fatal für den Dichter Heine gewesen, konzedieren zu müssen, eine poetische Motividee von demjenigen entlehnt zu haben, den er noch in einer von Mende zutage geförderten, handschriftlichen Notiz von 1855 als »glänzendes Geschwür am Unterleib der französischen Muse«[45] titulierte – umso pikanter, als in den genannten Passagen des »Wintermärchens« der Bezug zu Paris/Frankreich, der »Quelle«, beständig mitgeführt wird.

Wie man Klassiker wird

Man darf fragen: Was soll das alles? Zunächst ist festzuhalten, dass Heines Klassizismus keine Verlegenheit des jungen Autors ist, der zum eigenen ästhetischen Konzept noch nicht gefunden hätte, sondern über die Jahre stark bleibt. Hegels Bestimmungen von Klassik und Romantik als Kongruenz bzw. Divergenz von ideellem Gehalt und Materialität werden zu Beginn der »Romantischen Schule« referiert (B 3, 367), noch in der »Lutetia« appliziert Heine die Abfolge symbolischer, klassischer und romantischer Kunstformen und ihrer Gattungen auf Entwicklungen der Julimonarchie – um sie im Chiasmus umzukehren (B 5, 356f.).

So beschränkt sich sein Operieren mit klassizistischen Kategorien keineswegs auf Hugos negatives Beispiel. Über Ferdinand Hiller heißt es, seine dichterische Phantasie und sein Geist seien sehr tief, man finde eine »Mannigfaltigkeit der interessan-

---

44 Victor Hugo: Les Orientales. Feuilles d'automne. Hrsg. v. Pierre Albouy. Paris 1981, S. 178ff., hier: S. 179.

45 Mende, Prüfstein (Anm. 21), S. 124.

testen Ideen«, »innerlich zusammenhängend«, »eine umfassende und innige Anschauung«, die »Einheit des Stils«, den »Eindruck eines lebendigen Ganzen«, nämlich »Gestalten in fester und sicherer Bildung« (B 5, 126).

Wohlgemerkt, dies schreibt Heine über die – nach Hegel – »gegenstandslose Innerlichkeit«[46] der Musik als abstraktester Kunstform: »Ein Kunstwerk muß seine Deutung in sich selber tragen und nicht von außen her erwarten; es muß mit eigenen Lichte leuchten; das fremde Licht, das darauf fällt, dient weniger, es zu erhellen, als vielmehr zur Beleuchtung seiner Lücken« (B 5, 127f.).

Das ist nichts anderes als die Paraphrase der klassizistischen Zentralmetapher des Werks als Organismus, das einen Kosmos, eine intensive Totalität imaginieren lasse – und dezidiert n i c h t die frühromantische Konzeption der Reflexion/»Kritik« als Medium der approximativen, doch unmöglichen Selbstvollendung der Kunst, wie sie Benjamins Dissertation rekonstruierte.[47] Das Problem des Klassizismus bei Heine ist demnach dreifach:

1. Als apotropäischer Begriff wird normativer Klassizismus Gegnern vorgehalten, die diametrale Positionen vertreten – oder als allzu nahe Konkurrenz empfunden werden. Affirmativ, wie im Falle Hillers, wird Klassizität Künstlern attestiert, mit denen er sich ästhetisch und politisch einig weiß. Immer verdeckt der Wertungsaspekt den zutiefst funktionalen Klassizismus Heines.

2. Klaus Briegleb bemerkte Heines »unziemliche Größe des Selbstbewußtseins«[48], Goethe bleibt Referenzpunkt und Reibfläche noch der Memoirentexte[49], wird dann aber zum »Kollege[n]« (B 6, 498 u. 575). Peters notierte Heines Genugtuung über sich häufende Pressestimmen, die ihn »as a ›Klassiker‹ on the same level as Goethe and Schiller«[50] rubrizieren, und so eröffnet Heine im Brief an August Lewald vom 25. Januar 1837 die Reihe »von Lessing, Luther, Göthe, Varnhagen und H. Heine; Gott erhalte diesen letzten Klassiker!« (HSA 21, 178). Dagegen steht

3. der Umstand, dass Heine das Profil s e i n e r Schriften niemals mit klassizistischer Terminologie zu fassen suchte, im Gegenteil, er »gefiel sich gerne

46 Hegel, Werke (Anm. 15), Bd. 15: Vorlesungen über die Ästhetik III, S. 136.

47 Dagegen stehen Aussagen wie das »Athenäums-Fragment« 206: «Ein Fragment muß gleich einem kleinen Kunstwerke von der umgebenden Welt ganz abgesondert und in sich selbst vollendet sein wie ein Igel.« Vgl. Friedrich Schlegel: Kritische Schriften und Fragmente. Studienausgabe in sechs Bänden. Hrsg. v. Ernst Behler u. Hans Eichner. Paderborn 1988, Bd. 2, S. 123. Abgesehen von der Paradoxie dieses Aphorismus kann man sich vielleicht mit Hans Ulrich Gumbrecht – Die Macht der Philologie. Über einen verborgenen Impuls im wissenschaftlichen Umgang mit Texten. Übers. v. Joachim Schulte. Frankfurt a.M. 2003, S. 29 – darauf einigen, daß es philologisch-gattungstypologisch keine i n t e n t i o n a l e n Fragmente geben kann; es wären Werke.

48 Klaus Briegleb: Opfer Heine? Versuche über Schriftzüge der Revolution. Frankfurt a.M. 1986, S. 234.

49 Kortländer, Heine (Anm. 41), S. 327.

50 Peters, Heide (Anm. 4), S. 110f.

darin, den ästhetischen Wert seiner Arbeiten herunterzuspielen, wenn sie nicht mit der idealistisch-klassischen Ästhetik im Einklang standen«.[51] Also permanent, wie ein Blick in die Briefe an Julius Campe zeigt. Heines »technische« Selbstverortungen, griffig zwar, bleiben im Gegensatz zu den szenisch-allegorischen Einlassungen analytisch doch eigentümlich inoperabel – »Supernaturalist« (B 3, 46), »selbsttrunkenste Subjektivität« (B 3, 72) – und münden stets wieder in Metaphorik, etwa der »leichte[n] Goldarbeit« (B 6, 180) seines modern-symbolistischen Kunstideals.

Nun wird man vom potenten Dichter nicht erwarten dürfen, dass er auch noch konzise Theorie liefert und dazu seinen historischen Ort exakt definiert. Dennoch, dies ist der blinde Fleck in Heines Selbstverständnis: Wer an der Wand steht, kann nicht sehen, woher er kommt, nur einleuchtend, wenn man Luhmanns These einer Nachträglichkeit aller »gepflegten Semantik«[52] teilt: Deutung kommt immer zu spät. Zu vielfältig sind die Fronten, an denen Heine kämpft, zu reichhaltig aber auch der Bildungsballast, den ihm der Neohumanismus dreier führender deutscher Universitäten vermittelte – und den sich Heine durchaus produktiv-umdeutend anverwandelte.[53] Insofern ist er tatsächlich »ganz ohne Tradition«.[54] Soll demnach der Verlegenheitsrede von Heine als Exponent einer Literatur der Übergangszeit (»Übergang« und »Krise« sind seit Hegel immer) noch ein aussagekräftiger Aspekt abgewonnen werden, so dieser: Heine reagiert angesichts des schwankenden Bodens einer »Gesamttransformation«[55] alteuropäischer Wissensbestände mit der hybriden Überbietungsstrategie, bereits Klassiker zu Lebzeiten zu sein, an Campe vom 9. Juli 1848: das »Weltkuddelmuddel« (HSA 22, 287) also zu transzendieren.

Auf personal-publikumslenkender Ebene wird dies vollzogen, indem Heine, wie oft notiert, Weltgeschichte und Biografie koinzidieren lässt.[56] Dies geschieht am bestechendsten, wenn damit noch »Weltironie« (B 2, 522; B 4, 151) illustriert werden kann, etwa angesichts der politischen Wirren an Campe vom 28. Januar 1852:

---

51 Hauschild/Werner, Zweck (Anm. 42), S. 371.

52 Niklas Luhmann: Gesellschaftsstruktur und Semantik. Studien zur Wissenssoziologie der modernen Gesellschaft I. Frankfurt a.M. 1980, S. 39.

53 Wolfram Hogrebe – Die Heine-Frage. Brouillon zur dichterischen Semantik. In: Ders.: Heinrich Heine und Europa. Erlangen/Jena 1993, S. 22-38 – betonte diese epochale Leistung als Heines »Ausbruch aus der Symboltradition« (S. 27).

54 Hans Mayer: Die Ausnahme Heinrich Heine. In: Ders.: Von Lessing bis Goethe. Wandlungen der bürgerlichen Literatur in Deutschland. Pfullingen 1959, S. 273-296, hier: S. 275. Friedrich Sengle hat dem durch Hinweis auf die bei Heine starke rhetorische Tradition widersprochen, doch neigt Sengle dazu, Kontinuitäten auch dort zu konstruieren, wo keine sind. Vgl. ders.: Heinrich Heine (1797-1856). In: Ders.: Biedermeierzeit. Deutsche Literatur im Spannungsfeld zwischen Restauration und Revolution 1815-1848. Stuttgart 1971-1980, Bd. 3: Die Dichter, S. 468-591, hier: S. 472.

55 Luhmann, Gesellschaftsstruktur (Anm. 52), S. 33.

56 Z.B. Wolfgang Hädecke: Heinrich Heine. Eine Biographie. München 1985, S. 468 u. S. 500; Hauschild/Werner, Zweck (Anm. 42), S. 124, 566; Kortländer, Heine (Anm. 41), S. 107 u. S. 321.

»In demselben Maße, wie die Revolution Rückschritte macht, macht meine Krankheit die ernstlichsten Fortschritte« (HSA 23, 175), oder, wenn Heine politische Restauration und Ideengeschichte verquer-witzig kausal engführt. Nach dem Fall Napoleons und der durch Chateaubriand initiierten französischen Romantik erhielten die re-christianisierten Franzosen »im Reiche des Himmels Ersatz für die Eroberungen, die sie auf Erden einbüßten, worunter z.B. die Rheinlande, und bei dieser Gelegenheit wurde ich ein Preuße« (B 6, 457).

Briegleb sprach von »Gottkonkurrenz« einer »biblische[n] Schreibweise«.[57] Ich möchte die Begriffe beibehalten, aber in eine andere Richtung lenken, indem ich den Brief an Moritz Embden vom 3. Mai 1823 für die zentralste Programmatik erachte, die Heine je verkündet hat: »Der ächte Dichter giebt nicht die Geschichte seiner eigenen Zeit, sondern aller Zeiten, und darum ist ein ächtes Gedicht auch immer der Spiegel jeder Gegenwarth« (HSA 20, 82). Dies schreibt ein Autor, der vor zwei Jahren gerade sein erstes Lyrikbändchen publiziert hat und nun mit Tragödien zu reüssieren gedenkt.

Winckelmann forderte paradox: »Der einzige Weg für uns, groß, ja wenn es möglich ist, unnachahmlich zu werden, ist die Nachahmung der Alten.«[58] Eingelöst wird dieser Anspruch bei Heine nicht über das Exzellieren in repräsentativen Gattungen, sondern indem er auf der ästhetisch-strukturellen Ebene Mythos und Aktualität absichtsvoll interferieren lässt. Die Omnipräsenz reanimierter und komplett neuer Mythen bei Heine wurde lange übersehen[59], was verwundern muss, ist der Mythos doch poetische Urform schlechthin und fasst das komplex Intelligible ins bestechende Bild. Mythisierung des Aktuellen geht in Heines semantischem Haushalt so weit, dass sie sich als kognitives Raster tendenziell selbst vor die Beobachtung aktueller Wirklichkeit schiebt, wenn er am 5. September 1833 in Boulogne-sur-Mer Zeuge eines Schiffsuntergangs[60] wird, dem weibliche Strafgefangene während der Deportation zum Opfer fallen, und an Jacques Coste schreibt: »J'ai vu une femme sortir de l'écume de la mer, qui étoit une veritable Aphrodite, mais une Aphrodite morte« (HSA 21, 64).[61] Zudem zählt Heine zur bloßen Handvoll deutscher Dichter

---

57 Briegleb, Opfer (Anm. 48), S. 17. Bierwirth – Dichterbilder (Anm. 33) – benennt zwar Rollen wie Genius, Prophet, Märtyrer, schreckt aber vor dem »Dichter-Gott« zumal der Matratzengruft, in der das Selbstbewusstsein mit der Atrophie faktischer Existenz immer weiter expandiert, offenkundig zurück.

58 Winckelmann, Gedanken (Anm. 17), S. 4.

59 So Markus Küppers: Heinrich Heines Arbeit am Mythos. Münster/New York 1994, S. 10. – Vgl. auch Markus Winkler: Mythisches Denken zwischen Romantik und Realismus. Zur Erfahrung kultureller Fremdheit im Werk Heinrich Heines. Tübingen 1995, S. 95, sieht zwar ebenfalls die »hermeneutischen Aufgaben von Heines frappierendem mythologischen Synkretismus«, versteht den Mythos jedoch diskursiv als Störfaktor, Subversion des dominanten rationalistischen Wirklichkeitsbegriffs, ebd., S. 96, 100.

60 Am Rande notiert: Auch dies ein der Mythologie naher abendländischer Topos. Vgl. Hans Blumenberg: Schiffbruch mit Zuschauer. Paradigma einer Daseinsmetapher. Frankfurt a.M. 1979.

61 Wichtig aber der Hinweis, dass Heine nie »mythischem Denken« anhing; die Rationalität bleibt unangetastet. So auch Küppers, Arbeit (Anm. 57), S. 310.

des 19. Jahrhunderts, die eigene, wirksame Kunstmythen schufen[62] – hingewiesen sei, um nicht immer Napoleon und Barbarossa zu nennen, in aller Kürze auf die Sonne als Chiffre der Julirevolution,[63] die Nachtigall als Indikator deutsch-romantischer Gestimmtheit und Karl Stuart als Märtyrer einer poesieerfüllten ästhetischen Lebenswelt, die der Aufzug der protestantisch-sinnenfeindlichen Moderne zuerst in England verdrängte.

Nur über die Folie der »metahistorischen« Unvordenklichkeit des Mythos kann Heine als Dichter »aller Zeiten« poetische Zeitgeschichtsschreibung realisieren: instantan für die Ewigkeit schreiben. Dies ist der tiefere Sinn der hermeneutischen Grundsatzerklärung wechselseitiger Erhellung von Gegenwart und Vergangenheit, »wovon unsere bisherigen Handbuchschreiber keine Ahnung hatten« (B 3, 167), Gadamers Horizontverschmelzung *in nuce* vorwegnehmend[64] und die Aporie der »Verschiedenartige[n] Geschichtsauffassung« nicht entscheidend, sondern im poetischen Bild torpedierend. Das Resultat dieser esoterisch-antihistorischen Hermeneutik, deren Modernität erst in letzter Zeit registriert wurde,[65] fasst nicht nur erstmals eine selbstevidente Gegenwart, die Geschichtsdenker von Hegel, für den die Gegenwart, emphatisch begrüßt zwar, doch Form des »Übergangs zu einer neuen Periode«[66] blieb, bis Koselleck nicht ausarbeiteten[67], sondern leistet eine Ent-, nicht Begrenzung von Bedeutungsgehalten[68] ihrer figuralen Repräsentationen. So entsteht ein denkbar buntes *theatrum mundi* als oszillierende, breite Gegenwart mit unendlicher Tiefendimension. Wer zum Vergleich »den ganzen Heine« neben die zeitgeschichtlichen Texte der Marx/Engels, Börne u.a. stellt, wird der ästhetischen Differenz unmittelbar gewahr. Und noch für diese Dignität seiner Werke hat Heine ein tiefstapelndes Bild. An Campe vom 14. September 1840: »Das kommende Geschlecht wird auch die beschissenen Windeln sehen wollen, die seine erste Hülle waren« (HSA 21, 381).

---

62 Ein früher Hinweis bei Robert C. Holub: Heine als Mythologe. In: Gerhard Höhn (Hrsg.): Heinrich Heine. Ästhetisch-politische Profile. Frankfurt a.M. 1991, S. 314-326, hier: S. 314. Der Gedanke an Friedrich Schlegels Forderung einer neuen Mythologie liegt nahe. Vgl aber zu den Differenzen Ernst Behler: Mythos und Ironie im literarischen Diskurs Heinrich Heines. In: Kruse, Aufklärung (Anm. 21), S. 353-366.

63 Wolfdietrich Rasch – Die Pariser Kunstkritik Heinrich Heines. In: Werner Hager u. Norbert Knopp (Hrsg.): Beiträge zum Problem des Stilpluralismus. München 1977, S. 230-244, hier: S. 237 – zitiert einen zeitgenössischen Gassenhauer, in dem Julirevolution und Sonne identifiziert werden. Heine entwickelt daraus sein Privatmythologem.

64 Hans-Georg Gadamer: Wahrheit und Methode. Grundzüge einer philosophischen Hermeneutik. Tübingen ^{3}1972, S 289.

65 Karl Heinz Bohrer: Zeit der Revolution – Revolution der Zeit. In: Merkur (1989), S. 13-28, hier: S. 21.

66 Hegel, Werke (Anm. 15), Bd. 13: Phänomenologie des Geistes, S. 18.

67 So Wolfgang Hübener: Neuzeit und Handlung. In: Ders.: Zum Geist der Prämoderne. Würzburg 1985, S. 9-24, hier: S. 19.

68 Norbert Altenhofer: Chiffre, Hieroglyphe. Vorformen tiefenhermeneutischer und intertextueller Interpretation im Werk Heines. In: Höhn, Heine (Anm. 62), S. 116-135, hier: S. 122.

Sektion IV

Spätwerke 1848-1856

Himmel, Styx und Schattenreich

Heinrich Heines poetische Übergänge zwischen Leben und Tod

Christian Liedtke

> Ein lebendiger Deutscher ist schon ein hinlänglich ernsthaftes Geschöpf, und nun erst ein todter Deutscher! Ein Franzose hat gar keine Idee davon, wie ernsthaft wir im Tode sind; da sind unsre Gesichter noch viel länger, und die Würmer, die uns speisen, werden melancholisch wenn sie uns ansehen (DHA VIII, 210),

spottet Heinrich Heine in seiner »Romantischen Schule«, und er lässt keinen Zweifel daran, dass die Todesfixierung oder gar Todessehnsucht mancher romantischer Dichter seine Sache nicht ist: »der Tod ist nicht poetischer als das Leben« (DHA VIII, 170). Heine selbst ist ein Dichter des Lebens. Dennoch ist der Tod ein Lebensthema für ihn, und wenn er auch den Erzähler in »Deutschland. Ein Wintermärchen« emphatisch ausrufen lässt: »Den Himmel überlassen wir den Engeln und den Spatzen!« (DHA IV, 92), so hat er sich doch immer wieder mit dem Jenseits beschäftigt. Ein Kongress mit dem Titel »Übergänge« darf jedenfalls Heines lyrische Gestaltungen des letzten Überganges, dem vom Leben zum Tod, nicht außer Acht lassen.

»Himmel, Styx und Schattenreich« ist nicht nur ein Thema in Heines späten Gedichten, wie es überhaupt fast kein Thema gibt, das nur in einer einzigen Werk- oder Lebensphase eine Rolle spielt. »Bereits der junge Dichter hat die typischen Motive der Spätlyrik« verarbeitet, und wie Gerhard Höhn beobachtet hat, werden schon im »Buch der Lieder« die »Motive Grab und Gruft, Kirchhof und Sarg gut drei Dutzend Mal durchexerziert.«[1] Heines früheste Gestaltung einer Grabesszene ist noch älter. Sie ist besonders bedeutsam, weil sie zugleich seine erste poetische Selbstinszenierung ist. Im Brief, den er am 6. Juli 1816 aus Hamburg an Christian Sethe schreibt, präsentiert sich der 18-Jährige mit großem rhetorischen Aufwand in seiner neu gefundenen Rolle als Dichter. Der Brief ist durchsetzt mit Zitaten von Voltaire bis Goethe, neben die Heine selbstbewusst Kostproben seines eigenen Könnens stellt. Er ist ein durchkomponiertes literarisches Schaustück, darauf angelegt, die Bewunderung seines Düsseldorfer Jugendgefährten hervorzurufen:

---

1 Gerhard Höhn: Heines Einübung ins Sterben. In: Joseph A. Kruse (Hrsg.): »Das letzte Wort der Kunst«. Heinrich Heine und Robert Schumann zum 150. Todesjahr. Stuttgart 2006, S. 294-301, hier: S. 294. Für einen motivgeschichtlichen Überblick vgl. Barker Fairley: Himmel und Hölle. In: Helmut Koopmann (Hrsg.): Heinrich Heine. Darmstadt 1975 [= Wege der Forschung, Bd. 289], S. 56-81. Zu religions- und philosophiegeschichtlichen Aspekten des Themas vgl. Olaf Briese: »Ich daran zweifeln?«. Heines Vorstellungen menschlicher Unsterblichkeit. In: DVjs. (1995), S. 246-270.

> Wahr ist es, es ist ein verludertes Kaufmannsnest hier. Huren genug, aber keine Musen. Mancher deutscher Sänger hat sich hier schon die Schwindsucht am Halse gesungen. Muß Dir was erzählen:
>
> Als ich ging nach Ottensen hin
> Auf Klopstoks Grab gewesen ich bin.
> Viel schmucke und stattliche Menschen dort standen,
> Und den Leichenstein mit Blumen umwanden,
> Die lächelten sich einander an
> Und glaubten Wunders was sie gethan. –
> Ich aber stand beym heiligen Ort,
> Und stand so still und sprach kein Wort,
> Meine Seele war da unten tief
> Wo der heilige deutsche Sänger schlief: – – – – – (HSA 20, 16)

Klopstocks Grab in der Nähe von Salomon Heines Landhaus war zu jener Zeit eine nationale Wallfahrtsstätte. Mit der Wahl dieses Schauplatzes beweist Heine Sinn für Dramatik: die Schwelle zur Ewigkeit, das Grab eines unsterblichen Dichters als Markstein für den Beginn der eigenen Dichterlaufbahn. Dieses Gedicht ist eine literarische Standortbestimmung: Durch seine wortlose Ergriffenheit – ein deutlicher Anklang an Shakespeares Trauerrede des Marcus Antonius am Grabe Julius Cäsars[2] – rückt Heine sich näher an den gefeierten Sänger heran als die selbstgefälligen, konventionellen Bewunderer, und dieses Bekenntnis zum Dichtertum geht einher mit der Abkehr von den »schmucken und stattlichen« Menschen. Durch Ernsthaftigkeit und Einsamkeit – beide symbolisiert durch das Grab – sowie durch die räumliche Distanz rückt Heine von der Gemeinschaft der anderen ins Abseits und zeigt, dass er seine Dichterrolle als bewusst eingenommene Außenseiterposition definiert, die ihn notwendigerweise früher oder später mit den »schmucken und stattlichen Menschen« in Konflikt bringen muss. Diese Standortbestimmung am Grabe Klopstocks hat Gültigkeit für die gesamte Dichterlaufbahn Heines bis hin zu späten Selbstbildnissen wie dem Aussätzigen mit der Lazarusklapper aus dem »Nachwort zum Romanzero«.

Mit Klopstock – zu dessen Namen Heine später im »Wintermärchen« das Reimwort »Haubenkopfstock« (DHA IV, 145) fand – verbindet sich in der deutschen Literaturgeschichte vor allem die neue Todesauffassung der Empfindsamkeit, die bis in die Romantik hinein wirken sollte. Hatte der Tod als poetischer Gegenstand für die Dichter der Aufklärungszeit nur geringes Interesse, feierte er nun ein machtvolles Comeback: »[...] düstere Empfindungen werden geweckt, eine Stimmung des ›Memento mori‹ greift um sich. Um Krankheit, Tod, Grab und Verwesung dreht sich hier alles.«[3] So charakterisiert Walter Rehm diese Entwicklung, deren Ursprün-

2 Dort heißt es: »Mein Herz ist in dem Sarge hier beim Cäsar, / Und ich muß schweigen, bis es mir zurückkommt.« William Shakespeare: Julius Cäsar. In: Ders.: Sämtliche dramatische Werke. Übersetzt v. August Wilhelm v. Schlegel u. Ludwig Tieck. In zwölf Bänden. Berlin o.J., Bd. 6, S. 91-151, hier: S. 127 (3. Akt, 2. Szene).

3 Walther Rehm: Der Todesgedanke in der deutschen Dichtung vom Mittelalter bis zur Romantik. Halle a.d. Saale 1928 [= DVjs., Buchreihe 14], S. 284.

ge im England des 18. Jahrhunderts liegen: Die *Graveyard School* mit ihrer unverhüllten Traurigkeit und mit drastischen Bildern aller physischen Aspekte von Tod und Verwesung machte auch in Deutschland Schule. Edward Youngs »Night-Thoughts«, Richard Blairs »The Grave« und der Inbegriff der Gräberpoesie, Thomas Grays »Elegy Written in a Country Church-Yard«, wurden zu Vorläufern einer deutschen »Schwarzen Romantik«. Diese Werke haben in Heines frühen Gedichtzyklen mit all ihren Texten über »Grabesnacht« (DHA I, 23) und »Mitternachtsgraus« (DHA I, 41) ihre Spuren hinterlassen. Allerdings verfährt der junge Heine recht souverän mit dieser Inspirationsquelle: Gezielt greift er die morbide Bildlichkeit, die grellen Effekte auf, um jenes »düstre und grausame Colorit« (DHA XV, 93) zu erzeugen, das er in seinen »Memoiren« selbst als Charakteristikum seiner Jugendlyrik bezeichnet. Den mitunter sentimentalen, moralisierenden Ton und die christlichen Tugendbegriffe, wie sie für die *Graveyard School* ebenfalls typisch sind, findet man bei ihm dagegen nicht. Nicht nur die englische Friedhofspoesie, auch die deutsche Schauerballade und andere literarische Traditionen klingen in diesen Gedichten an, und es fällt auf, dass dabei eine Fülle geistes- und kulturgeschichtlicher Traditionen der Todesauffassung berührt wird, seien es Volksglaube und Volkslied, die deutsche Sagenwelt, die antike Mythologie oder christlich-jüdische Religionsvorstellungen. Teilweise geschieht das sogar parallel im selben Gedicht, wie in der ebenso irritierenden wie grandiosen »Götterdämmerung«, einer verdichteten, nihilistisch anmutenden Vision irdischer Vergänglichkeit, die wie eine Mischung aus Barocklyrik und Expressionismus wirkt.

Der Todesdarstellung des jungen Heine fehlt vor allem die eschatologische Dimension. Es gibt keinerlei ungebrochene Hindeutung auf eine Fortdauer nach dem Tode im Sinne religiöser Verheißung[4], schon gar nicht in denjenigen Gedichten, die das Motiv der toten Geliebten aufgreifen. Eben dieses Grundmotiv romantischer Todessehnsucht, vor allem in ihrer paradigmatischen Gestaltung durch Novalis, bei der sich die irdisch-sinnliche Liebe symbolisch verwandelt, die Sehnsucht nach dem Grab, nach der Vereinigung mit der Geliebten im Jenseits zum mystisch verklärten Eintritt ins ewige Leben wird, verspottet das »Lyrische Intermezzo« XXXII:

Mein süßes Lieb, wenn du im Grab,
Im dunkeln Grab wirst liegen,
Dann will ich steigen zu dir hinab,
Und will mich an dich schmiegen.

4 Diese Verweigerung jeglicher Verklärung gilt auch für den privaten Heine. Das zeigt ein Blick auf die Kondolenzbriefe, die er verfasst hat: etwa an den Komponisten Ferdinand Hiller am 7. Oktober 1837 oder der bewegende Brief an Karl August Varnhagen von Ense zum Tod von dessen Schwester Rosa Maria Assing (5. Februar 1840). Wie konsequent Heine in seiner Kritik an der christlichen Jenseitsverheißung ist, zeigt Arnold Pistiak: »Ich will das rote Sefchen küssen«. Nachdenken über Heines letzten Gedichtzyklus. Stuttgart 1999 [= Heine-Studien], S. 57f.

> Ich küsse, umschlinge und presse dich wild,
> Du Stille, du Kalte, du Bleiche!
> Ich jauchze, ich zitt're, ich weine mild,
> Ich werde selber zur Leiche. [...]
>
> Die Todten stehn auf, der Tag des Gerichts
> Ruft sie zu Qual und Vergnügen;
> Wir Beide bekümmern uns um nichts,
> Und bleiben umschlungen liegen. (DHA I, 163f.)

Die Absage ans Jenseits ist zugleich ein Plädoyer für die diesseitige, sinnliche Liebe, die Liebe zum Leben, die hier in ironischer Verkehrung als Todesliebe erscheint. Analog dazu formuliert auch der späte Heine im Schlussgedicht des Zyklus »Zum Lazarus« in den »Gedichten. 1853 und 1854«:

> Mich locken nicht die Himmelsauen
> Im Paradies, im sel'gen Land;
> Dort find ich keine schönre Frauen
> Als ich bereits auf Erden fand. (DHA III, 204)

Die Absage gründet sich nicht auf religionskritische oder weltanschauliche Argumente, sondern auf die sensualistische Perspektive, die dem Sprecher hier noch immer eigen ist. Die »Himmelsauen« werden nach ganz und gar irdischem Maß bewertet, Frauenschönheit gibt den Ausschlag: »Kein Engel mit den schönsten Schwingen / Könnt' mir ersetzen dort mein Weib« (DHA III, 204). Überhaupt ist dieser Himmel kein Ort für einen Dichter, und Heine ergänzt: »Auf Wolken sitzend Psalmen singen, / Wär auch nicht just mein Zeitvertreib« (DHA III, 204). Eine Rückkehr ins himmlische Paradies hat offenbar wenig Verlockendes, nicht zuletzt weil dort neben der Sinnlichkeit auch die Freiheit fehlt. Als »Adam der erste« es verlassen muss, lässt Heine ihn feststellen: »Das war kein wahres Paradies – / Es gab dort verbotene Bäume« (DHA II, 110). Nicht im Jenseits, sondern im irdischen Kampf erweist sich für Heine menschliche Größe. Darum bekennt er in der »Reise von München nach Genua«:

> Ich liebe Schlachtfelder, denn so furchtbar auch der Krieg ist, so bekundet er doch die geistige Größe des Menschen, der seinem mächtigsten Erbfeinde, dem Tode, zu trotzen vermag. [...] Aber ach! jeder Zoll, das die Menschheit weiter rückt, kostet Ströme Blutes; und ist das nicht etwas zu theuer? Ist das Leben des Individuums nicht vielleicht eben so viel werth wie das des ganzen Geschlechtes? Denn jeder einzelne Mensch ist schon eine Welt, die mit ihm geboren wird und mit ihm stirbt, unter jedem Grabstein liegt eine Weltgeschichte [...] (DHA VII, 71).

Ein weiteres Beispiel für sein humanistisches Ideal, wie es in der Konfrontation mit dem Tod manifest wird, findet sich in seinem Großgedicht über die Eroberung Mexikos, »Vitzliputzli«. Heine lässt keinen Zweifel daran, dass die Spanier und ihr »Räuberhauptmann« (DHA III, 59) Cortez historisch im Unrecht sind. Dennoch gibt es eine Szene, in der er sie nicht nur als goldgierige Eroberer erscheinen lässt:

Der Moment, wo »Cortez und die Kriegsgefährten« die Ermordung ihrer gefangen genommenen Landsleute ansehen müssen, gehört zu den Höhepunkten des »Romanzero«:

> Auf der Bühne, grellbeleuchtet,
> Sahen sie auch ganz genau
> Die Gestalten und die Mienen –
> Sah'n das Messer, sah'n das Blut –
>
> Und sie nahmen ab die Helme
> Von den Häuptern, knieten nieder,
> Stimmten an den Psalm der Todten
> Und sie sangen: De profundis! (DHA III, 70)

In dieser Szene ist die Geschichtsperspektive Heines konzentriert. Entscheidend ist nicht, dass er »jeweils mit der unterlegenen Partei sympathisiert« und Spanier und Azteken »aneinander relativieren«[5] will, sondern dass das Leid der Opfer als elementare geschichtliche Kategorie etabliert wird. Der Mensch, der angesichts von Gewalt und Tod – hier ohne jede Umschreibung metonymisch reduziert auf die Worte »Messer« und »Blut« – niederkniet und trauert, hat Recht, selbst wenn er moralisch im Unrecht ist. Das Leid selbst wird zum Maßstab der Geschichtsbetrachtung, und im Ausdruck dieses Leides zeigen sich Humanität und Menschenwürde.[6]

Religiöse Jenseitsvorstellungen sind, wie Hartmut Böhme betont hat, stets »Codierungen von Angst«. Die Hölle »ist der gewaltigste Raum der Angst, den diese Kultur überhaupt hervorgebracht hat.«[7] Betrachtet man dagegen Himmel und Hölle beim Heine der mittleren Jahre, so fällt gerade die Abwesenheit solcher Angst-Gestaltung auf. In humoristischem, weltläufigen Ton plaudern der Erzähler und Lady Mathilde in dem Reisebild »Die Stadt Lucca« über die Höllenschilderungen einer eben gehörten Bußpredigt wie über eine Theatervorstellung. Auch dient die Hölle mehrmals zum Vergleich mit der irdischen Institution der Ehe, beispielsweise in der Schiller-Parodie »Unterwelt«, wo Pluto, der Herrscher des Totenreichs, als leidender Ehemann auftritt:

---

5 Jürgen Brummack: Das Spätwerk (Romanzero und autobiographische Schriften). In: Ders. (Hrsg.): Heinrich Heine. Epoche – Werk – Wirkung. München 1980, S. 255-292, hier: S. 272.

6 Diesen Gedanken hat Heine bereits in der »Reise von München nach Genua« ausgesprochen: »[...] nur der kranke Mensch ist ein Mensch, seine Glieder haben eine Leidensgeschichte, sie sind durchgeistet. Ich glaube sogar, durch Leidenskämpfe könnten die Thiere zu Menschen werden; ich habe mahl einen sterbenden Hund gesehen, der in seinen Todesqualen mich fast menschlich ansah.« (DHA VII, 65)

7 Hartmut Böhme: Imagologie von Himmel und Hölle. Zum Verhältnis von textueller und bildlicher Konstruktion imaginärer Räume. In: Barbara Naumann u. Edgar Pankow (Hrsg.): Bilder-Denken. Bildlichkeit und Argumentation. München 2004, S. 19-43, hier: S. 24.

»Blieb' ich doch ein Junggeselle!« –
Seufzet Pluto tausendmal –
»Jetzt, in meiner Eh'standsqual,
Merk ich: früher: ohne Weib
War die Hölle keine Hölle« (DHA II, 96).

Diese Sichtweise ist bei Heine übrigens nicht allein an heidnische Jenseitsvorstellungen gebunden, Petrus versichert dem Neuankömmling, der Einlass begehrt:

[...] Eh'liches Dulden
Sühnt oft des Menschen ärgste Schulden;
Ein Ehmann braucht nicht in der Hölle zu schmoren,
Ihn läßt man nicht warten vor Himmelsthoren. (DHA III, 208)

Solche Beispiele zeigen, dass die Bildlichkeit des Jenseits für Heine frei verfügbares, poetisches Spielmaterial geworden ist. Dass er es allerdings nicht willkürlich verwendet, wird eindrucksvoll in seinem Spätwerk nach dem Scheitern der Revolutionen von 1848/49 deutlich. In dieser Zeit kommt Heine bezeichnenderweise noch einmal auf die *Graveyard School* zurück, die ihn als jungen Dichter beeinflusst hatte. In seinem Nachlass, auf einem Blatt mit Entwürfen zu den in die »Gedichte. 1853 und 1854« aufgenommenen »Babylonischen Sorgen«, findet sich seine Übersetzung einer Strophe aus Thomas Grays »Elegy Written in a Country Church-Yard«, dem stilbildenden Friedhofsgedicht schlechthin. Etwas ratlos über den Umstand, dass Heine sich 35 Jahre nach seinen Byron-Übertragungen noch einmal als Übersetzer versucht, vermutet Alberto Destro – dessen Kommentar in der Düsseldorfer Heine-Ausgabe die einzige Stellungnahme zu diesem späten Übersetzungsfragment ist – einen biografischen Beweggrund dafür: das »Einsamkeitsmotiv« dieser Strophe sei »der Erlebniswelt des Kranken augenfällig nahe« (DHA III, 1768). Viel wichtiger ist jedoch die poetologische Verbindung. Grays Collage aus Erinnerungen an die scheinbar unbedeutenden Toten auf diesem Friedhof wirkt wie eine Umsetzung von Heines Wort, unter jedem Grabstein liege eine Weltgeschichte. Bemerkenswert ist vor allem der Schluss, wo »sich der Dichter durch ein raffiniertes projektives Verfahren den Toten auf dem Friedhof zugesellt, als Toter spricht und ein Epitaph auf sich selbst in die Elegie aufnimmt«.[8] Heine findet hier also nicht nur ein stilistisches Vorbild für eine drastische Todesdarstellung, sondern vor allem ein Modell für die Perspektive seiner eigenen Lyrik nach dem Scheitern der Revolutionen von 1848, für den Poeten im »Grab ohne Ruhe« (DHA III, 177), der, »Vielleicht [...] gestorben längst« (DHA III, 199), eine Welt erblickt, in der der Himmel nur noch als »ein blauer Kirchhof, entgöttert und stumm« (DHA III, 83), erscheint und die Erde eine Trümmerlandschaft mit den Ruinen der vormärzlichen Ideale ist.

8 Wolfgang G. Müller: Thomas Gray. Das lyrische Werk. In: Walter Jens (Hrsg.): Kindlers neues Literatur-Lexikon. Studienausgabe. Bd. 6. München 1996, S. 814-816, hier: S. 815.

Für die Schilderung dieser Wirklichkeit vollzieht Heine einen für sein nachmärzliches Schreiben charakteristischen Paradigmenwechsel, der insbesondere in seiner Todes- und Jenseitsdarstellung zur Geltung kommt: weg von der Satire, hin zum Grotesken.[9] Mumien, kopflose Gespenster, Untote und exilierte Götter halten in dieser Ruinenwelt ihre Umzüge, und Lazarus, der biblische Wiedergänger, beschreibt sie. Das Auferstehungsmotiv, das zum Standardrepertoire der politischen Vormärzlyrik gehört hatte, verweist auf den von den Toten auferweckten Lazarus von Bethanien. An den Bericht aus dem Evangelium des Johannes schloss sich im Mittelalter eine reiche Legendenliteratur an. Ihr Kernstück ist die *Visio Lazari*, die Jenseitsvision des auferstandenen Lazarus: »Der Herr [...] ist mit seinen Jüngern und Lazarus zu Tische [...]. Auf den Befehl des Heilandes berichtet nun der Totgewesene, was er in der anderen Welt gesehen.«[10] Diese Rolle als Augenzeuge des Jenseits bestimmt auch die Perspektive derjenigen Gedichte Heines, die, wie »Himmelfahrt«, »Fromme Warnung« oder »Auferstehung« aus dieser »anderen Welt« berichten, mit dem Unterschied, dass der Lazarus der Legende aus der Hölle berichtet, Heines Lazarus hingegen aus dem Himmel. Besonders angenehm ist der Aufenthalt allerdings trotzdem nicht

> In jenen kalten Himmelshallen,
> Wo schweigend die Ewigkeiten wallen
> Und mich angähnen – sie klappern dabey
> Langweilig mit ihren Pantoffeln von Blei. (DHA III, 187)

Die Auferstehung wurde »in der vorrevolutionären Epoche zur Metapher für das sich erhebende (auferstehende) Volk«.[11] In Heines Nachmärzlyrik bedeutet Auferstehung nicht Befreiung, sondern Restauration. »Michel nach dem Merz« beschreibt, wie Arndt und der Turnvater Jahn, »Die Helden aus andern Zeiten / Aus ihren Gräbern wieder nahn / Und für den Kaiser streiten« (DHA III, 240), »Auferstehung« schildert das Jüngste Gericht als mittelalterliches Femegericht und entdeckt hinter der himmlischen Gerechtigkeit eine spießbürgerliche, sinnenfeindliche Moral: »Der Himmel dem Schäfchen fromm und brav, / Dem geilen Bock die Hölle!« (DHA III, 107). Heines *Visio Lazari* ist eine Großallegorie der nachrevolutionären Realität. Im Jenseits herrscht dieselbe gewaltsame Ruhe nach dem Sturm, dieselbe rigide Sittlichkeit, wie sie die Anfangsstrophen des Gedichts »Im Oktober 1849« schildern. Und in »Himmelfahrt« entpuppt es sich als Spießeridyll, wo man Pantoffeln trägt und Petrus als schrulliger Hausmeister auftritt, der auf »Vagabunde, / Zigeuner, Polacken und Lumpenhunde, / Die Tagediebe, die Hottentotten« (DHA III, 208) schimpft, die Einlass begehren und der einer Berliner Philosophenseele die heuchlerischen Spielregeln erklärt:

9 Vgl. Christian Liedtke: »...es lachten selbst die Mumien.« Komik und grotesker Humor in Heines »Romanzero«. In: HJb. 43 (2004), S. 12-30.

10 Max Voigt: Beiträge zur Geschichte der Visionenliteratur im Mittelalter. I. II. Leipzig 1924, S. 2.

11 Irene Guy: Sexualität im Gedicht. Heinrich Heines Spätlyrik. Bonn 1984, S. 173.

Begegnet dir von Ungefähr
Der liebe Gott, und fragt dich: woher
Du seyst? so sag nicht aus Berlin,
Sag lieber aus München oder aus Wien. (DHA III, 209f.)

Das sind die Zentren der irdischen Restauration, die offenbar sogar den Himmel erobert hat. Auch eitle Musiker, mit denen der reale Heine sich zu dieser Zeit befehdet und die in der Kapitalismuskritik seines Spätwerkes eine so wichtige Rolle spielen, geben im Himmel wie auf Erden den Ton an. Petrus rät der armen Seele:

Hörst du die Engel singen, so schneide
Ein schiefes Gesicht verklärter Freude –
Hat aber gar ein Erzengel gesungen,
Sey gänzlich von Begeistrung durchdrungen,
[…] Die Sänger, im Himmel wie auf Erden,
Sie wollen alle geschmeichelt werden –
Der Weltkapellenmeister hier oben,
Er selbst sogar, hört gerne loben
Gleichfalls seine Werke [...]. (DHA III, 209f.)

Siegbert Prawer hat treffend beobachtet, der liebe Gott erscheine in diesen Versen als eine Art himmlischer Meyerbeer.[12] Von der himmlischen Sphärenmusik, die seit dem Mittelalter ein fester Bestandteil aller Jenseitsvisionen ist, kann denn auch in der im »Romanzero« und den »Gedichten. 1853 und 1854« entfalteten *Visio Lazari* keine Rede sein: »Das heult und bellt und grunzt« (DHA III, 119) und »ächzt und zischt« (DHA III, 120), es »sumsen« (DHA III, 190) die Fliegen, mit »Dideldumdey und Schnedderedeng« (DHA III, 194) wird gefiedelt, es ertönen »schollernd schnöde« Klänge, es gibt »Krächzen und Heulen und Knurr'n, [...] Miaun und Gegröhle« (DHA III, 224), »Aechzen, Röcheln, Stöhnen« (DHA III, 197). Die groteske Lautmalerei und Geräuschmetaphorik beider Gedichtsammlungen zeigt an, dass in der Gegenwart Höllenlärm statt Himmelsklängen herrscht. Nach dem März gleicht zudem eine Art tödlicher Gemütlichkeit und Friedhofsruhe das Jenseits dem Diesseits an. Die Gleichzeitigkeit von Jenseits und Diesseits, die in der jüdischen Tradition, insbesondere im rabbinischen Schrifttum, eine wichtige Rolle spielt[13] und wie sie etwa in »Gedächtnißfeyer« dargestellt ist, wird zur Gleichartigkeit: »Warm wie an dem Flackerherde / Liegt man in der deutschen Erde.« (DHA III, 108). Das ist eine bittere Verkehrung des in »Deutschland. Ein Wintermärchen« verkündeten utopischen Programms: »Wir wollen hier auf Erden schon / Das Himmelreich errichten.« (DHA IV, 92)

12 Vgl. Siegbert S. Prawer: Heine's Jewish Comedy. A Study of his Portraits of Jews and Judaism. Oxford 1983, S. 630.

13 Vgl. Brigitte Ego: Im Himmel wie auf Erden. Studien zum Verhältnis von himmlischer und irdischer Welt im rabbinischen Judentum. Tübingen 1989 [= Wissenschaftliche Untersuchungen zum Neuen Testament 2/34], S. 2ff.

Auch die Gewalt, mit der die Restauration ihre Gegner verfolgt, ist aus der »anderen Welt«, von der Heines Lazarus berichtet, nicht verschwunden: Petrus hat Anweisung, jeden, der sich in seinem Erdenleben mit Philosophie beschäftigt hat, »schimpflich von hinnen [zu] peitschen« (DHA III, 209), und sogar der lange Arm der Zensur reicht bis ins Jenseits:

> Wenn ich sterbe, wird die Zunge
> Ausgeschnitten meiner Leiche;
> Denn sie fürchten, redend käm ich
> Wieder aus dem Schattenreiche.
>
> Stumm verfaulen wird der Tote
> In der Gruft, und nie verraten
> Werd ich die an mir verübten
> Lächerlichen Freveltaten. (DHA III, 348)

Heines Verfremdung des Auferstehungsmotivs erstreckt sich auch auf die Figur des Lazarus selbst: Weder die ihm in der Bibel zugewiesene Rolle des Auferstandenen noch die in der mittelalterlichen Legende hinzugefügte Rolle als Augenzeuge des Jenseits kann er spielen. Die Restauration schließt Lazarus von ihrer Auferstehung aus: Er wird weder auferweckt noch zum Erzählen seiner Vision berufen, sondern muß »Stumm verfaulen [...] in der Gruft«, damit im Himmelreich die »Ruhe« herrschen kann, die sein Einspruch stören würde. Die christliche Jenseitsverheißung von der gerechten Ordnung der *civitas dei* ist vollends pervertiert.

Die Lazarusgedichte arbeiten gezielt an der Destruktion tradierter Todesbilder der literarischen Klassik und Romantik. Das gilt für den als Tor zum Ewigen Leben verklärten Tod ebenso wie für den an die Stelle des hässlichen Gerippes getretenen, schönen Tod als Schlafes Bruder, den klassischen Trost-Topos des 18. Jahrhunderts, mit dem die Verdrängungsgeschichte des Todes in der Kunstperiode ihren Anfang genommen hatte. In den Lazarusgedichten hat der Tod nichts Schönes, nichts Verklärtes oder Transzendentes, er ist brutal materiell: eine »Handvoll Erde«, mit der man uns »stopft die Mäuler« (DHA III, 198). Hier reitet »der böse Thanatos [...] auf einem fahlen Roß« (DHA III, 116), der Totenomnibus »Fährt uns nach dem Tartarus« (DHA III, 403), »häßlich bitter ist das Sterben« (DHA III, 353), das begleitet wird von unumwunden benannten »Harnbeschwerden«, »Hämorrhoiden«, »Speichelfluß und Gliederzucken« (DHA III, 121), und das erhabene Sinnbild dafür, »Wie die Alten den Tod gebildet«, die gesenkte Fackel des Todesgenius, wird enttarnt als armselige Theaterleuchte zwischen den Ratten im Parterre, sie »riecht nach ranz'gem Oehle [...] / ächzt und zischt / Verzweiflungsvoll und sie erlischt.«(DHA III, 120)

Das Grab markiert die Grenze des Sagbaren. Der Tod, dieses allgemeinste und zugleich individuellste Ereignis, ist die Schwelle, welche auch die Dichtkunst nicht überschreiten kann. In eindrucksvoller Weise zeigt das die Fahrt von Heines Zauberschiff, das, gesteuert von der »Fantasie«, gezimmert aus »Trocheen stark wie Eichen«, mit Rahen aus »Metaphern« und geschmückt mit den »Fabelfarben der

Romantik« (DHA III, 367), Kurs auf die Insel Bimini nimmt. Statt des verheißenen Wassers der Verjüngung und des ewigen Lebens findet es jenen Fluss, von dessen Ufer es keine Wiederkehr gibt und dessen Wasser der Vergessenheit alle Poesie und alle Erinnerung auslöscht. Und Heines letztes Jenseitsgedicht, die grandiose Vision »Es träumte mir in einer Sommernacht«, führt in dieselbe Aporie. Die Perspektive aus dem Hamburger Brief, der den jungen Heine am Grabe Klopstocks zeigte, ist hier umgekehrt. Er selber liegt nun »im schönen Marmorgrabe« (DHA III, 393) wie Thomas Gray am Schluss seiner Kirchhofselegie. Der ewige Streit der »Wahrheit mit dem Schönen« (DHA III, 396), den »Viel bas-relief gemeißelte Gestalten« (DHA III, 392) miteinander ausfechten, die in symbolischer Überfülle in seinen eigenen Sarkophag eingelassen sind, findet keine Auflösung, ein Ende »dieser Controverse, der langweil'gen« (DHA III, 396), ist nicht abzusehen. »Dem rülpsend ekelhaften Mißlaut« (DHA III, 396) dieser Debatte wird keine positive, poetische Harmonisierung gegenüber gestellt, sondern bloß die »Grabesstille«, das beredte »Schweigen [...] ohne Metaphoren, / [...] ganz ohne List / Des Silbenfalls, des Wohllauts der Rhetoren« (DHA III, 395) – eine ästhetische Utopie jenseits der Dichtung? Peter von Matt und seinem Eröffnungsvortrag zu diesem Kongress verdanken wir das Sinnbild für die Modernität Heines, Börnes Allegorie des Berges, der mit untereinander verbundenen Mäusegängen versehen ist, die es Heine ermöglichen, aus jedem Dilemma einen Ausweg zu finden.[14] Auch dieses letzte große Gedicht Heines ist ein solcher Berg, und der Ausweg, den es anbietet, liegt in seiner Dynamik und komplexen Zeitstruktur, der Verschachtelung der verschiedenen, niemals fixierten Wirklichkeitsebenen. Es bietet keine Totalität, sondern Pluralität, keine statischen »Bas-Relieffe« (DHA III), sondern Bewegung, Veränderung in der Zeit und in ihrem lesenden Nachvollzug, eine moderne Poesie permanenter Übergänge.

Epilog im Himmel

Zwei Bücher geben Auskunft darüber, wie es Heine im Jenseits ergangen ist. Den 1904 von Johann Bánfi herausgegebenen »mediumistischen Mitteilungen« zufolge dichtet er noch immer, aber wenn seine dort abgedruckten, postum entstandenen Werke richtig übermittelt wurden, muss man feststellen, dass seine Begabung deutlich nachgelassen hat.[15] Und schon 1856 protokollierte D. Hornung mehrere

14 Vgl. S. 13 im vorliegenden Band.

15 Vgl. Johann Bánfi (Hrsg.): Schatten und Licht. Mediumistische Mitteilungen von Dr. Heinrich Heine. Leipzig [1904].

spiritistische Sitzungen mit dem soeben verstorbenen Heine, bei denen er ihm viele Fragen stellte, verfängliche Fragen mitunter, wie etwa die, ob er jetzt glücklich sei. Darauf antwortete Heine: »Ich bin stets glücklich gewesen, da ich mir stets selbst treu geblieben.«[16]

16 D. Hornung: Heinrich Heine, der Unsterbliche. Eine Mahnung aus dem Jenseits. Nur Thatsächliches, keine Dichtung. Stuttgart 1857, S. 64.

Zur Problematik von Schumanns »konservativer« Wendung in den 1840er Jahren

Peter Gülke

In den 1830er Jahren Avantgardist, seit den 1840er Jahren ein Konservativer: in diese – zugegeben: simplifizierende – Formel lässt sich ein Gerücht fassen, mit dem die Schumann-Rezeption seit jenen 1840er Jahren im Guten wie Bösen zu tun hatte. Wichtiger als die Frage nach Interessenlagen oder Schuldigen erscheint, ähnlich wie in Bezug auf spätere Werke bei vorschnellen Erklärungen mit Hilfe der Krankheit, diejenige nach der noch durch jüngste Publikationen belegten Zählebigkeit des Gerüchts. In – selten konkret begründeten – Zweifeln an Schumanns Begabung hinsichtlich großer formaler Bögen überlebt es ebenso wie in der gutgemeinten, nahezu notorischen, oft herablassenden Nachbarschaft von Verstehen und Entschuldigen. Letzteres liegt angesichts der Lebensumstände nahe, zumal Schumann in der Totalität seines Werkes und Wirkens zu verstehen schwer ist. Weshalb die selbsternannte »Zukunftsmusik« interessiert war, ihn in die konservative Ecke zu schieben – »Neue Bahnen« als Betitelung der Brahms-Begrüßung stellt sich als Gegenwehr dar –, ist leicht durchschaut; interessanter ist, dass und weshalb das gelingen und auch eng mit ihm Verbundene unter Meinungsdruck setzen konnte – erkennbar etwa anhand der Unstimmigkeiten um die Erstfassung der vierten Sinfonie und um das Violinkonzert. Jenes Gerücht gründet tief in der historischen Situation und den Notwendigkeiten polemischer Selbstverständigung; so müssen an ihm Hinweise abprallen wie etwa der, dass man bei genauerer Kenntnis der »Rheinischen Sinfonie« oder der Ouvertüre zu »Hermann und Dorothea« sich die polemisch verschärfte Dichotomie von »absoluter« und »programmatischer« Musik hätte sparen können.

Im vorliegenden Fall kommt hinzu, dass die herausragenden Protagonisten, die um 1810 geborenen Felix Mendelssohn Bartholdy, Robert Schumann, Frédéric Chopin, Franz Liszt und Richard Wagner – zunächst kaum erkennen konnten, in welcher kompositionsgeschichtlichen Kontinuität sie stünden bzw. wie die angebotenen Kontinuitäten zu nützen seien. Von Ratlosigkeit, wie es weitergehen könne, war ihre Generation besonders betroffen, die jüngst vergangene, jäh verloschene Hoch-Zeit der Künste und Wissenschaften – mit Heinrich Heine: die »Kunstperiode« – bot genug Anlass für eine Frage, die schon der junge Schubert in Bezug auf Beethoven gestellt hatte: Was bleibt überhaupt noch zu machen? So lange wir romantische Lebenshaltungen und Konzeptionen vorab als Konsequenz und Beantwortung klassischer ansehen, werden wir die Dimension jener Ratlosigkeit und deren Protagonisten verfehlen. »Tapfre Epigonen« hat der junge Schumann sich und die Generationsgenossen im Tagebuch genannt. Auch die Grabenkämpfe der »Neudeutschen« und der »Leipziger« lassen sich als Spätfolgen jener Ratlosigkeit ansehen, als Folgewirkungen des Anspruchs auf eine Erbschaft – vorab die des späten Beethoven –, die direkt anzutreten man außerstande war. Entweder umging man ihn in Sinfonien, Sonaten, Streichquartetten etc., suchte Seitenwege, oder erklärte gut ideologisch, die klassischen Formen seien ans Ende gekommen, Beethoven könne nur auf einer anderen Ebene, der des Musikdramas, beerbt werden.

Dass sie ihr auch unter professionellen Maßgaben schutzlos ausgesetzt waren, verschärfte die Nullsituation derer, die vor und um 1830 tätig wurden. Von den fünf Genannten hat nur Mendelssohn dank solid-konservativer Ausbildung gute Startbedingungen gehabt. Für die anderen war die Suche nach einem eigenen Weg durch den Mangel an einer solchen arg erschwert. Kein Wunder, dass sie – mit einer Ausnahme – die Universalität der Vorbilder scheuten, die sich mit allen Gattungen auseinandergesetzt hatten. Mendelssohn mied – weitgehend – Oper, Messe und Klaviersonate, Wagner geistliche Musik und alsbald die großen instrumentalen Formen, Chopin und Liszt definierten Musik vom Instrument und dessen Spielweise her, bei Anton Bruckner und Johannes Brahms wird sich die Spezialisierung fortsetzen. Nur Schumann hat alles gewollt und versucht und darüber hinaus in einem Umfang und auf einem Niveau als Literat für die Sache der Musik gestritten wie sonst keiner. Mit Wagner verbinden ihn die lange Anlaufzeit, der weite Weg zu öffentlicher Anerkennung und der teils bewundernde, teils neidische Blick auf den frühreifen, früh erfolgreichen Mendelssohn; Wagners spätere unappetitliche Invektiven haben mit der Unfähigkeit zu neidloser Bewunderung ebenso viel zu tun wie mit Antisemitismus.

Les dieux s'en vont; wenn das irgendwann galt, dann für die Jugendzeit der fünf. Innerhalb eines reichlichen Jahrzehnts, zwischen 1821 und 1832, starben Lord George Gordon Byron († 1824), E.T.A. Hoffmann († 1822), Jean Paul († 1825), Carl Maria von Weber († 1826), Ludwig van Beethoven († 1827), Franz Schubert († 1828), Georg Wilhelm Friedrich Hegel († 1831), Johann Wolfgang von Goethe († 1832) und Carl Friedrich Zelter († 1832). Die wenigen Altgewordenen bestätigen als Ausnahmen die Regel, dass man früh stirbt. Den Knaben Schumann betrafen darüber hinaus der Selbstmord der Schwester Emilie († 1825) und der unzeitige, in den näheren Umständen ungeklärte Tod des Vaters August († 1826) – von ihm selbst als Daten genannt, nach denen er, von suizidalen Träumen abgesehen, nie mehr die Angst losgeworden sei, die Kontrolle über sich zu verlieren. Die Situation des Nachlebenden, der die wichtigen Orientierungen bei jüngst Verstorbenen findet, erhält dergestalt eine durch familiären Verhältnisse bestätigte Unmittelbarkeit; nicht zufällig beruft sich Schumann in den Auseinandersetzungen mit der Mutter mehrmals auf den Vater.

Was noch zu tun sei, wo man komponierend anschließen bzw. wie man dem Über-Ich der erdrückenden Erbschaft standhalten, woher Künstlertum ermuntert und legitimiert sein könne – nach dem Ende der »Kunstperiode«, obendrein in einer Zeit restaurativer Windstille und angesichts einer Öffentlichkeit, der die offenen gesellschaftspolitischen Horizonte und Perspektiven fehlten, standen diese Fragen auch hinter den speziell an die Komposition gerichteten: Wo sollten die neu Antretenden ansetzen, da in jedem Genre jüngst kanonische Muster aufgestellt worden waren, an denen zu messen, mit denen zu konkurrieren aussichtslos war? – wie sollte man nach Beethovens nicht nur chronologisch »letzter« Musik Sonaten, Quartette oder Sinfonien komponieren, ohne als epigonal, als vor Beethoven sich wegduckend gebrandmarkt zu sein? Die programmatischen Artikel in Schumanns »Neuer Zeitschrift für Musik« artikulieren unzweideutig Problem und Verflechtung der ästhetischen und gesellschaftspolitischen Fragen; nicht zufällig sehen die »Davidsbündler« sich, nicht ohne verschwörerische Untertöne, bei den »phrygischen Mützen«.

Groß die Ambitionen, klein die Spielräume: Nicht anders als seinerzeit der in einer vergleichbaren Situation befindliche Schubert bei der Besetzung eines bislang geringgeschätzten Genres, des Liedes, weichen Chopin, Liszt und Schumann den mit den kanonischen Genres verbundenen Ansprüchen zunächst aus und nobilitieren das kleine, lyrische oder Charakterstück; aus einem in *Moments musicaux*, Bagatellen, Nocturnes etc. bereits oft begangenen Seitenweg wird ein Hauptweg. Von ›Gattung‹ lässt sich kaum reden – durchaus im Sinne der Autoren: Denn selbst, wenn sie eine Komposition ›Sonate‹ nennen, ist es streng genommen keine. Einerseits kann man mit Brecht von »Einschüchterung durch Klassizität«, mit Harold Bloom von »anxiety of influence« reden, andererseits von einem originären Impuls, welcher stützender Anhalte bei vorgegebenen Formen nicht bedarf.

Sofern er diese als Zwischeninstanzen einer intentional umweglosen Mitteilung nicht gar verachtet! – so konnten epigonales Bewusstsein und das Pathos des *Ab ovo* nahe beieinanderliegen. Mit einer Formulierung zweifelhaften Ursprungs könnte man von der Intention sprechen, die Klassiker zu überholen, ohne sie einzuholen. Wenn in den 30er Jahren des 19. Jahrhunderts Musik irgendwo avantgardistisch war, dann auf dem Klavier Chopins, Liszts und Schumanns. Aus einem einstmaligen Nebenweg und Nebengenre wurde ein Hauptweg – ein Hauptgenre indessen nicht, weil schon die ästhetische Konzeption den vorausfixierenden Momenten eines Genres kritisch gegenüberstand.

Für den mit jedem Stück neu unternommenen Einsatz unterhalb der Einsatzpunkte eines an Gattungskriterien orientierten Komponierens waren die drei als leidenschaftliche, hinreißende Improvisatoren bestens disponiert, geübt in der Momentaneität, welche aufs Hier und Jetzt und direkte Mitteilung setzt, darüber hinaus auf persönliche Beglaubigung durch den Spielenden. Insofern Improvisation sich der Vergänglichkeit des Klingenden aussetzt, könnte man von ihr, wäre der Begriff nicht von der Problematik semantischer Bezüge besetzt, als der »absolutesten« Musik sprechen. Jedenfalls geht es nicht an, Improvisierende lediglich als Materialsammler im Vorhof der »eigentlichen« Musik, der schriftlich fixierten, anzusehen; eher könnte man von versunkenen Kontinenten sprechen, wären wichtige Momente nicht in der aufgeschriebenen Musik aufgehoben und improvisierte »Übungen im Anfangen« nicht in diese partiell übertragbar.

Gewiss muss bei dieser Übertragung verlorengehende Unmittelbarkeit durch architektonische Stimmigkeiten ersetzt werden. Der Improvisator mag ein vage fixiertes Schema benutzen – Auseinanderliegendes zusammendenken und planvoll disponieren in einem der Niederschrift vergleichbarem Maße kann er nicht; wiederum muss der Komponierende den Verlust an persönlicher Beglaubigung und die Faszination der »Verfertigung der Gedanken beim Reden«, das unmittelbare Erlebnis des Herstellungsprozesses ersetzen durch strukturelle Schlüssigkeit der nach jenen Verlusten anonymer gewordenen Musik. Chopin und Schumann reagierten auf die Notwendigkeit solcher Übersetzung unterschiedlich – Chopin durch langwieriges Bessern und Feilen, dem offenkundig ein Bewusstsein vom Abstand improvisierter zu geschriebener Musik zugrundelag; der rasch komponierende Schumann durch den Versuch, die Musik im Handstreich zu nehmen, jenen Abstand also zu überspringen wo nicht zu ignorieren, bevor er sich in der Mitte der 1840er Jahre, angeregt auch durch neuerliche Beschäftigung mit Bach, zu einer stärker auf distanzierte Besonnenheit bauenden Arbeitsweise entschloss. Andererseits bezeugt die fast ein Jahrzehnt währende Beschränkung auf Klavierkompositionen – angesichts vorangegangener, breit gestreuter jugendlicher Versuche und starker literarischer Neigungen fast eine Quarantäne – viel methodische Bewusstheit. Offenbar sollten eine eigene Musik und der Weg zu ihr erst sicher definiert sein, bevor er den Zugriff auf andere Genres wagte – und dieser wiederum methodisch vorsätzlich: ein Jahr Lieder, im nächsten Sinfonien, im übernächsten Kammermusik.

Für die Öffentlichkeit bis in die 1840er Jahre hinein ein nebenbei, herausfordernd originell komponierender Musikfeuilletonist und von Werken anderer beeindruckbar in einer Weise, welche eigene Ambitionen eher gefährdet, hätte Schumann diese Marschroute kaum durchhalten können ohne Beistand von Seiten der Literatur. Sie half ihm, sich von der werkbezogenen Fixierung auf das kaum beerbbare Erbe zu befreien. Fast könnte man von einer Neugeburt der Musik aus dem Geiste der Poesie sprechen.

Die Ästhetik der Jenenser Romantiker hatte Vorarbeit geleistet, indem sie das fertiggestellte Werk zur Durchgangsstation eines künstlerischen Prozesses relativierte, der von den Kontexten der ersten inspirativen Zündung bis zur Rezeption reicht – so dass z.B. Friedrich Schlegels Rezension des »Wilhelm Meister« oder Schumanns Besprechung der »Don Giovanni«-Variationen als Fortschreibungen Goethes bzw. Chopins verstanden werden müssten; dahinter steht die Idee, ästhetische Produktion und Reflexion einander ungeschieden zuarbeiten zu lassen. Dergestalt relativierte sich die einschüchternde Kompaktheit und Gelungenheit klassischer Werke, wurde schon den ersten improvisationsnahen, der kompositorischen Zurichtung vorangehenden Impulsen legitimierende Kompetenzen zugesprochen, damit war klar, dass die großen Vorgänger nicht alles wegkomponiert haben konnten. Nicht bei den kanonischen Werken, sondern vor ihnen musste eingesetzt werden; neue Musik hatte eigenen Stand schon, da die subjektiv bedingte Inspiration jeweils neu und anders war als jede frühere.

Freilich wurde damit auch die Verbindlichkeit des Werkes und professioneller Maßstäbe geschwächt und dem Vorwurf Handhabe verschafft, man könne ein Werk kaum mehr als ungelungen verurteilen, wenn es nur authentisch inspiriert, aufrichtig und »gut gemeint« sei. Tatsächlich tadelt der rezensierende Schumann virtuose

Effekthascherei und als deren Hintergrund schlechte Moral härter als schlechte Qualität, und die Beglaubigung durch unzählige Adressierungen Claras – Akte ebensowohl privater wie ästhetischer Aufrichtigkeit – spielt eine übergroße Rolle; sie gibt dem Verständnis mancher hochoriginellen Lösung, u.a. in den Schlusssätzen der »Papillons« oder der »C-Dur-Sinfonie«, nicht wenig auf. Kein Komponist der ersten Garnitur ist so sehr wie Schumann in Schwierigkeiten der zweiten verstrickt geblieben, so oft der Entschuldigung »gut gemeint« bedürftig befunden worden. Dass Ludwig Rellstab in seinem Verriss der »Papillons« ein ästhetisches Missverständnis qualitätsbezogen begründete, ist ebenso bezeichnend wie, dass Schumann Clara mehrmals von der öffentlichen Darbietung seiner Werke abriet und bei der Publikation der »Papillons« die Bezüge auf das 63. Kapitel von Jean Pauls »Flegeljahren« tilgte.

Brahms, der auch hier tiefer blickte als andere, hatte wohl Grund, die Kontexte seiner nicht weniger mit weitreichenden, auch privaten Implikationen unterfütterten Musik wegzuschneiden, zu verdrängen, Spuren zu tilgen und auf »dauerhafter Musik« zu insistieren. Bei dieser ist, genau genommen, Schumann nie angekommen, durfte nicht ankommen, weil im Sinne frühromantischer Ästhetik die »Geburt aus dem Geiste der Poesie« mit der Geburt des Werkes nicht abgeschlossen war. Das freilich bedeutete, dass es in einer Schwebe festgehalten blieb. Deren Risiken gehören zum Hintergrund seiner Dedikationsmanie; die expliziten, mehr noch die impliziten, in Zitaten, Anspielungen und kryptischen Verständigungs-Chiffren aufgehobenen Zueignungen an Clara verdanken sich, über alle Bekenntnisse zur geliebten Frau hinaus, einem spezifischen Zwang zur Adressierung. Clara vertritt für ihn den Idealhörer bzw. Dialogpartner, auf den eine nicht als »dauerhaft« intendierte Musik angewiesen ist. Der intim-persönliche Zuspruch, der allenthalben mitklingt, ist nahezu eins mit der Bitte um einen Vertrauensvorschuss, dessen sie in besonderer Weise bedarf.

Dergestalt war viel riskiert bei der Besetzung des neuen, zunächst von Dichtern geöffneten Terrains. Angesichts der den Jenenser Ästheten vertrauten Musik und deren Desinteresses an jüngster müssten die Beschreibungen u.a. Ludwig Tiecks und Wackenroders als Prophetien gelesen werden, wäre der prophetische Mut nicht mitbedingt gewesen durch mangelnde Kenntnis. Unbehindert durch den Zwang zu Konkretionen konnten sie das Bild einer Idealmusik ausmalen, zu der ihre Sprache und Ästhetik *eo ipso* hinstrebte, als einer »algebraischen Formel aller Künste« (Kleist), i.e. Leitkunst, ein Orientierungspunkt wo nicht Neidobjekt. Zu diesem qualifizierte diese Idealmusik nicht zuletzt ihre mangelnde Gegenständlichkeit, welche, vordem als Defizit verbucht, zum Siegel ihrer Absolutheit wurde; so stand sie nun obenan, nicht obwohl, sondern weil bei ihr Erscheinen und Sichentziehen, Erklingen und Verklingen nahezu ein und dasselbe, sie mithin nicht ganz von dieser Welt ist.

Wie utopisch auch immer, wie sehr als poetisch verblasen verdächtig – die Skala des als Musik Möglichen war, wenngleich ins Unrealisierbare hineinreichend, nun nach oben hin offen. Vielleicht haben die Alternativen für künstlerisches Wirken,

Grabreden und große Verheißungen nie so schroff gegeneinander gestanden wie damals. Man darf großen Philosophen genug Sensibilität in Bezug auf aktuelle Problemlagen zutrauen, um ihre Aussagen wichtig zu nehmen unabhängig von der Frage, ob Schumann bei Schelling über Kunst als höchstes Organ der Welt- und Lebenskenntnis gelesen oder gehört hat, wie Hegel über Kunst als dereinst verabschiedete Durchgangsstation bei der Selbstverwirklichung des absoluten Geistes theoretisierte – vermutlich nicht, seine philosophischen Interessen hielten sich in Grenzen. Doch war solche Lektüre nicht vonnöten, um mit allen Sensorien eine Zeitsituation wahrzunehmen, welche die Möglichkeiten und Grenzen von Kunst und ihren Ort in jeder Richtung und bis in extreme Konsequenzen hinein zu durchdenken zwang.

Die romantische Prämisse, der Künstler solle Produktion und Reflexion auf sie beieinanderhalten, darf als Antwort auch auf diese Problematik verstanden werden. Für den Musiker, der den ästhetischen Ort seines Werkes zunächst nach Maßgaben des jeweiligen kompositorischen Standes bestimmt, brachte sie insofern neue Unübersichtlichkeit mit sich, als die zunehmende Historisierung des Musiklebens den Fächer der Bezugsmöglichkeiten weit öffnete. Von daher war man von einer ein, gar eindimensionalen Kontinuität weiter entfernt als je vordem, sah sich stärker veranlasst, die Historizität eigener Werke in ihnen selbst zu reflektieren – eine Modernität, welche von neuen Möglichkeiten des Rückblicks auf die Vergangenheit erzwungen wurde. Was bedeutet es, wenn man immer genauer weiß, inwiefern z.B. Kontrapunkt »von gestern« ist, und ihn zu einer Sache von heute machen muss?

Der hieraus entstehende Problemdruck gibt sich in einem Sachverhalt zu erkennen, den man bei einem Genie liebender Bewunderung, einfühlender Verständniswilligkeit kaum vermutet: Mit historisch relativierender Gerechtigkeit, in Vorlieben wie in Wertungen hat Schumann es schwer. Solidarität mit dem hochgeschätzten Altersgenossen kann ihn nicht abhalten, das Finale von Chopins b–Moll-Sonate »keine Musik mehr« zu nennen – das kann einem, der lieber lobt als tadelt, nicht leicht gefallen sein. Für Haydn hat er nicht viel übrig, nicht einmal der Respekt vor kompositorischem Vermögen bremst die herablassend-schulterklopfende Redeweise. An den Abgründen der »g-Moll-Sinfonie« KV 550, immerhin der im 19. Jahrhundert meistgespielten von Mozart, hört er vorbei. Beethoven ist für ihn, nicht erst für Brahms, der hinter ihm »tappende Riese«, er beerbt ihn selektiv. Die hämmernde Insistenz des ersten Satzes der fünften Sinfonie versucht er in der d-Moll-Sinfonie an gleicher Stelle nachzubilden, kenntlich besonders an der Notierungsweise der ersten Fassung; die Überleitung von Beethovens Scherzo zum *éclat triomphal* des Finales komponiert er an entsprechender Stelle nach und dimensioniert sie so, dass das Angekündigte die Ankündigung kaum rechtfertigt. Bei Schubert veranlasst die Entdeckung der »C-Dur-Sinfonie« D 944 eine Korrektur seines Bildes – zuvor war Schubert im Gegensatz zum »männlichen« Beethoven »weiblich« gewesen; der Liedkomponist indessen bleibt auf eine Weise historisch abgeschoben, welche einer Rechtfertigung nahekommt, auf ihn sich nicht näher einlassen zu müssen; hier war Nähe zu vermeiden, hier musste abgegrenzt werden, was

Schumann von der Klavierkomposition der 1830er Jahre ins Lied hereingeholt hatte.

Der Blick auf die andersartige Aneignung Bachs legt die Vermutung nahe, bei den Vorgenannten sei, im Gegensatz zum »fernen« Bach, zuviel Nähe zu bewältigen bzw. zu meiden gewesen. Auf Johann Sebastian Bach blickt Schumann in größerer Freiheit. Allerdings enttäuscht sie die Vermutung, historischer Abstand begünstige eine objektivierende Stilisierung, weil identifikatorische Bedürfnisse hintanstünden. Interessanterweise hat Schumann die Fugen Mendelssohns, den er ungern tadelte, nicht gemocht. Da war wohl zuviel reproduzierte Kenntnis, zuviel Verlass auf etablierte Verfahrensweisen im Spiel, da war im Sinne von Heidegger-Gadamers hermeneutischem Zirkel und dessen Unterscheidung von Kenntnis und Verstehen zu wenig vom Verstehenden ins Verstandene eingegangen. Zur vertrackten Dialektik des Historismus gehört, dass zeitliche Distanz und Dimension bzw. Tiefe der Aneignung sich nicht direkt proportional zueinander verhalten; bei den makellos kanonisch gearbeiteten »Studien für Pedalflügel« op. 56 assoziiert man – bester Ausweis für die Zwanglosigkeit der kanonischen Fügung – eher lyrische Klavierstücke, sogar eines der oft benutzten Clara-Motive kommt unter; das *Adagio espressivo* der »Zweiten Sinfonie«, thematisch von der Triosonate in Bachs »Musikalischem Opfer« angeregt, gehört zu den im allgemeinsten Verständnis romantischsten Sätzen, die Schumann komponiert hat; auf die »Sechs Fugen über den Namen Bach« op. 60 hat er große Stücke gehalten.

Die genannten Werke befinden sich im zeitlichen Umkreis des seit 1845 in neuer Intensität mit Clara betriebenen Bach-Studiums, und dies wiederum fällt mit einer Neuorientierung der Schaffensmethode zusammen – Schumann komponiert nicht länger am Klavier, er sucht Abstand zu einer ihm nun als unkontrollierbar verdächtigen Spontaneität des Arbeitens, welche am Klavier zu nahe bei der Konstellation des Improvisierenden blieb. Allzu radikal indessen darf man sich die Kehrtwende nicht vorstellen, auch zuvor schon war seine Musik als Auffangbecken Bachscher Anregungen disponiert; mehrmals zeigt er sich erstaunt, dass er unfreiwillig kontrapunktisch erfinde und erst nachträglich die polyphone Qualifikation seiner Funde entdecke, allenthalben begegnen vielsträhnige, mehrschichtige oder kontrapunktische Strukturen, welche man als solche kaum wahrnimmt – dies immerhin bei einem, der das Komponierhandwerk nie systematisch-professionell erlernt hat.

Die Empfänglichkeit für Bach freilich dispensierte Schumann nicht von Reflexionen auf deren Problematik, welche tief in die Strukturen hineinreichen, kenntlich besonders dort, wo er chronologisch mehrfach gestaffelte Zeitebenen im Jetzt eines Werkes aufzuheben sucht; da geht er deutlich hinaus u.a. über Beethovens im Vergleich naiver anmutende Bezugnahmen auf ältere Musik. Das »Nimm sie hin denn, diese Lieder« aus dessen Liedzyklus »An die ferne Geliebte« im Finale der »Zweiten Sinfonie«, hier zum dritten Mal an exponierter Stelle zitiert, ist als auskomponierte Überreichung der Sinfonie an Clara viel mehr als ein privat-persönliches Signet. Schumann wusste genau, dass es in der öffentlichen Form der Sinfonie einer besonderen Legitimation bedürfe, und er legitimiert auf eine Weise, welche das Zitat nicht nur einordnet, sondern kaum noch als auslösendes Moment gelten lässt.

Deutlicher als Beethoven am Beginn des Finales der »Neunten Sinfonie«, wenn er vor, fast mit dem Publikum verhandelt, wie es weitergehen könne, fixiert Schumann kompositorisch einen Jetztpunkt, den Moment der Überreichung. Am Zulauf auf diesen hat nicht nur das oft missverstandene Verebben der vorangehenden Kulmination teil, die Abwendung von einer finalen Aufgipfelung, zu der zuvor alles Nötige exponiert worden war, eine mutwillige Verfehlung also; zu ihm gehören auch der in der Introduktion zunächst im Hintergrund verbleibende, später mehrmals majestos präsentierte Bezug auf Haydns »D-Dur-Sinfonie« Nr. 104 und im *Adagio espressivo* der erwähnte auf das »Musikalische Opfer« samt der hochromantischen Aneignung. Nimmt man hinzu, dass das zweite Trio im Scherzo von einem Vor-Anklang der »Nimm sie hin denn«-Wendung geprägt ist und diese auch in den riesigen Skalenbildungen des ersten Finale-Teils mitklingt, so ergibt sich, dass die wichtigsten Prägungen der Sinfonie nicht Schumanns eigene sind, dass er zurücktritt hinter den Fixpunkten prominenter historischer Bezüge, prononciert gesprochen: dass es weniger um eigene Musik ging als ums Gegenwärtigmachen von Vergangenem, um Aufarbeitung, Aktualisierung von Vererbtem, welche ins das intentional einmalige, lediglich qua Musik wiederholbare Jetzt jenes Augenblicks mündet, da Schumann das Manuskript seiner Frau überreicht. Dass an der Richtung des Zulaufs kein Zweifel bleiben soll, belegen mehrere ebenfalls bereits anderswo fixierte Clara-Bezüge im ersten (T. 325ff.) und im dritten Satz (T. 94ff.).

Eine ähnliche Verschränkung der Zeitebenen verfolgt Schumann mit anderen Mitteln in der nächsten, der »Rheinischen Sinfonie«. Hier bildet der vierte Satz den Knotenpunkt des Ganzen, seinerzeit die gewaltigste, konzentrierteste Schattenbeschwörung des ehrwürdigen Kontrapunkts. Die verschränkten Quartaufschläge mit nachfolgendem Abgang, ein alter, u.a. in Mozarts »c-Moll-Messe« exponiert eingesetzter Topos, spielen als Hintergrund in fast allen Prägungen und Sätzen mit; vergangene Musik – das früher als inspirierend angesehene Hochamt in Köln hat Schumann erst später erlebt – wird zu gegenwärtiger um so mehr, als die Sätze, unbeschadet aller »absoluten« Qualitäten, nach programmatischen Assoziationen rufen – der erste als »heitere«, wo nicht jubelnde »Gefühle bei der Ankunft am Rhein«, der zweite als »Lustiges Zusammensein« des rheinischen Volkes, der dritte als Idylle vielleicht mit »Nachen auf dem Strom«, der vierte als tönender Inbegriff dessen, was sich mit dem Kölner Dom, Gotik, Ritual und großer Vergangenheit verband, das Jubelfinale u.a. mit »frohen und dankbaren Gefühlen«. So kommt eine Synthese zustande, deren Niveau und Anspruch die polemische Dichotomie von »absolut« und »programmatisch« hätte auflösen können, eine geradlinige Fortsetzung von Beethovens »Pastorale« – vermehrt um bewusste Wahrnehmung von Historizität.

In deren Sinne bedarf es, um innerhalb eines Werkes bzw. Satzes stilistisch determinierte Mehrschichtigkeit zu etablieren, nicht unbedingt historisch konkreter

Zuordnungen, um so mehr jedoch eines durch die geschichtliche Situation geschärften Bewusstseins. Erschiene der Beginn von Schumanns »d-Moll-Trio« op. 63 nicht so stark vom dunkel drängenden *Appassionato* dominiert, könnte man den dicht verknotenden Kontrapunkt auf Bach bezogen ansehen; träte das zweite Thema (T. 27ff.) nicht imitativ gefügt ein, könnte es man in seiner wie nach Worten rufenden Kantabilität als stilistisch jüngere Schicht ansprechen. Dass beide Komplexe in einem ambivalenten Spannungsfeld stehen, bestätigt Schumann mit der Einführung eines dritten Komplexes in der Durchführung (T. 91ff.; hat er das Beethovens »Eroica« abgeschaut?), welcher eine abgehobene dritte Ebene eröffnet – nach unruhiger Chromatik und vielsträhniger Rhythmik diatonisches Dur, gleichmäßig triolierende Bewegung, mit Verschiebung spielendes Klavier und *sul ponticello* spielende Streicher. Zum Eindruck einer unvermittelt eintretenden Epiphanie fehlt wenig, wäre da nicht die von vorangegangenen Prägungen herkommende, nun in eine konfliktfreie Zone transponierte Melodie, und erwiese sich der Komplex, wenn er zum zweiten Mal kurz vor Schluss in D-Dur eintritt, nicht als *Tertium comparationis*, als »Epilog im Himmel«. In solcher Bandbreite der in ein und demselben Satz integrierten Charaktere erscheint in dessen Struktur eine Problemlage hineingespiegelt und aufgehoben, welche zu reflektieren der Verlust kompositorischer Kontinuitäten ebenso zwang wie die stilistische Pluralität eines zunehmend aufgefächerten Konzertrepertoires. Die hermeneutisch wichtige Unterscheidung von Kenntnis und Verstehen hilft begreifen, dass die kompositionsgeschichtliche Situation für die fünf vor und nach 1810 Geborenen einerseits, im Blick auf das jähe Ende des »Kunstzeitalters«, objektiv ein und dieselbe, dass sie hingegen für jeden eine andere war, insofern jeder sie anders verstand.

Wie sehr Schumann, schlecht vorbereitet, aller Spezialisierung feind und zeitfühlig wie kein anderer, sich ihr ausgeliefert fühlte, belegt, u.a. als von ihm dringlich benötigter Anhalt, gerade auch die Strategie der frühen 1840er Jahre. Nicht zufällig ist unsere Beschreibung unversehens in diese hineingeraten, stellt sich doch das Planspiel der ca. 140 Lieder des Jahres 1840, der mehr als zweieinhalb Sinfonien von 1841 und der Kammermusik des Jahres 1842 nur äußerlich als Schwenk von antiklassisch freizügiger Inspirationsmusik zur gezügelten Klassizität der großen traditionellen Formen dar, bei näherem Hinblick indessen als – bewusst oder unbewusst – anvisierte, logische Konsequenz. Schon die unterschiedlichen Grade von Öffentlichkeit erlauben dem Solo-Klavier mehr Wagnis und »Avantgardismus« als größer besetzter Kammermusik, nicht zu reden von der auf breite Kommunikation angewiesenen und diese in ihrer Strukturierung reflektierenden Sinfonie – immerhin hatte der junge Schumann in ihr schon einmal großartig-fragmentarisch zugeschlagen und trug die Zwickauer Erfahrung als halb eingelöstes Versprechen mit sich herum. Halb eingelöst auch die literarischen Bezüge: In der Liedexplosion von 1840 entladen sich nicht zuletzt jahrelange Umgehungen, Vermeidungen, die weniger irgendeiner Distanz zu danken sein dürften als einer Sensibilität, welche Schumann verbot, Poesie »vorschnell« musikalisch zu vereinnahmen. Allemal war mit dichtungsbezogener Klaviermusik mehr respektvoller Abstand gehalten, war in ihr etwas aufgespart; die noch im Juni 1839 formulierte Feststellung, er habe die Komposition vokaler Musik stets geringer geachtet als diejenige rein instrumentaler, widerspricht dem – eher eine Schutzbehauptung und ein Echo hergebrachter Wertungen – nicht.

Den Charakter des Übergangs, einer Vorbereitungs- bzw. Inkubationszeit bekräftigten die Zeitumstände, das in Deutschland gesellschaftspolitisch überwiegend restaurativ windstille vierte Jahrzehnt. Dass im Großen nichts auszurichten war, hat bei den Jungen den »Weg nach innen«, den trotz aller »phrygischen Mützen« diskreten Autismus vorab künstlerischer Selbstverständigungen offenbar begünstigt; noch einmal fanden deutsche Revolutionen in den abgehobenen Reservaten des Geistes und der Künste statt.

Nicht mehr lange. Spätestens seit dem Beginn der 1840er Jahre wurden die Veränderungen des Zeitklimas für jedermann spürbar – in einem Maß, dass von konträren Denkern wie Søren Kierkegaard und Karl Marx teilweise ähnliche Diagnosen gestellt wurden. Um davon sich betroffen zu fühlen, müssen die Schumanns die aktuellen Schriften von Max Stirner, Ludwig Feuerbach, Bruno Bauer oder das »Kommunistische Manifest« nicht gelesen haben. Kam hinzu, dass die allmählich sich formierende Gegenfront der »Zukunftsmusiker« mit dem Wandel besser zurechtkam und ihn argumentativ geschickt zu nutzen verstand. Für Schumann fiel das zusammen mit einer Situation, in der die Nagelprobe für den in den Augen der Öffentlichkeit nebenbei komponierenden Musikschriftsteller, der sich selbst als nebenbei schriftstellernder Komponist verstand, immer dringlicher wurde. Auch dies zwang ihn aus der Enklave poetisch-freier Klaviermusik heraus in die Prüfstände der Lieder und der großen Formen.

Im Rückblick freilich mag sich das auch als ein Exodus ausgenommen haben, als Verabschiedung von Sonderkonditionen, wie immer sie vor Allem erlitten worden waren. Dem widerspricht nicht, dass im Jahre 1840, werkgeschichtlich und biografisch, alle Charakteristiken eines jubelnden Neuaufbruchs versammelt erscheinen. Spätestens mit den schweren Depressionen des Jahres 1844 und dem Wegzug aus Leipzig hatte es damit ein Ende – die Zeitschrift abgegeben, die Hoffnungen nunmehr auf die Nach-Nachfolge Mendelssohns in Leipzig zerstoben: So im weitesten Sinne ansässig wie in Leipzig ist Schumann in Dresden und Düsseldorf nie gewesen; was bei den neuen Orten immer lockte – sie waren jeweils auch Zufluchten, nicht ohne die Paradoxie von Zufluchten in Realitäten, welche immer umfassendere Forderungen stellten – an den Ehemann einer europaweit bekannten Virtuosin, an den Familienvater wie an den dirigierenden Musiker. Nicht also nur krankheitshalber stellt sich das als Flucht in immer größere Kalamitäten dar; dass Schumann sich aus dem revolutionären Dresden ins stille Kreischa rettete, erscheint einerseits schlicht feige (zumal Clara in die Stadt zurückmusste), hat andererseits jedoch damit zu tun, dass nicht nur diese, sondern darüberhinaus das Quantum Realität ihn überforderte. In dem Kontext bietet sich als Analogie an, dass er mit der Ausfahrt in die Gefahrenzone der traditionellen Gattungen sich auch für die volle Realität eines Komponierenden entschied, eingeschlossen der riskante

Vergleich mit den großen Vorbildern, und dass die öfter gerügte als genau reflektierte Fixierung auf klein dimensionierte Strukturen sich auch dem Bestreben verdankt, Erfahrungen und Anhalte aus dem lang bewohnten Reservat ins neue Terrain mitzunehmen.

Eben dies, bestärkt durch Fixierungen auf den »Inspirationsmusiker«, hat einseitige Betrachtungen Schumannscher Musik begünstigt. Der genuine Kontrapunktiker geriet ebenso ins Hintertreffen wie die Frage nach dem Verhältnis jener kleineren Einheiten zu großen Formverläufen. Der Unterschied zu den auch in Sonatensätzen bei Beethoven und besonders Schubert häufig begegnenden Stollen-Strukturen zu denen Schumanns ist kein qualitativer, und bei den vermeintlichen Wiederholungen war der Unterschied zwischen gelesener und erlebter Musik vergessen, d.h. die Frage, inwieweit etwas innerhalb eines musikalischen Zeitverlaufs *à la lettre* Wiederholtes überhaupt pure Wiederholung sein kann. Kaum weniger vernachlässigt war die Frage nach der inspirativen Ladung der vermeintlich kleinen Details, ihrer weit über das unmittelbar Vernommene hinausgehenden Ausstrahlung. Es gibt da eine Sprengkraft der Erfindung, welche die Margen der etablierten Formen fast unablässig verletzt, man könnte sagen: ein Notzustand, welcher ingeniöse Lösungen erzwingt. Zu ihnen gehören neben den oben erwähnten, die Historizität der Musik reflektierenden u.a. all jene im romantischen Verständnis »humoristischen«, welche den Dissens von Intention und formaler Gestaltung reflektieren, angefangen bei übers Ziel hinausschießenden modulatorischen Gewaltakten, welche rückkorrigiert werden müssen, über jene über den Tellerrand des Formbedingten hinausweisenden Ausblicke, die vornehmlich mit Clara-Anspielungen, einem gewiss nur teilweise erkannten musikalischen Privatvokabular der Schumanns zu tun haben, über Dissoziationsprozesse – etwa am Ende der Scherzi der ersten und vierten Sinfonie –, wie sie zuvor bestenfalls bei Beethoven begegnet waren, bis zu Ausbrüchen aus den Reglements wie beim »Nimm sie hin«-Bekenntnis im Finale der »C-Dur-Sinfonie« und dem jähen Sturz in bekennenden lyrischen Überschwang am Ende des ersten Satzes der »B-Dur-Sinfonie«. Solche Lösungen – nicht anders als jene fokussierenden Zellen, in die einkomponiert ist, dass er nicht loskommen will, aber loskommen muss –, erscheinen plausibel auch als Versuch, die improvisatorische Unmittelbarkeit der frühen Jahre in die großen Formen gegen deren traditionelle Verabredungen hinein zu retten, auf die Musik immer neu, wie von der Peripherie, von definierenden Rändern aus zuzukommen, sie neu zu finden und dergestalt die Reflexion auf sie zu einem Teil ihrer selbst zu machen. Gewiss mit schwierigen Erfahrungen: Je konsistenter die Form bzw. Struktur, desto stärker widerstrebt sie der Relativierung zu nur einer Station im ästhetischen Prozess, desto höher ihr Anspruch, den Widerstreit zwischen der ins Unendliche zielenden Intention und deren »endlicher« Artikulierung zu schlichten, desto weniger scheint erlaubt, sich mit Fragmentierung zu entschuldigen.

Im Gegensatz zur billig unterstellten Flucht unter das Schutzdach der Tradition ging es um Rettung dessen, was in der Enklave der frühen Klaviermusik erreicht worden war, dort aber nicht, sondern nur in den Prüfständen der großen Formen gerettet werden konnte. Mindestens insoweit ist die Stilisierung zum Inspirationsmusiker im Recht, als auch eine übermächtige Tradition keinen Zugriff auf die eigenen – mit Albrecht Dürer – »öberen Eingebungen« hat, sie mithin selbst im Schatten der Großen als Berufungsinstanz der »tapfren Epigonen« unangetastet stehenbleiben, um so wichtiger, weil Vieles schon »wegkomponiert« ist. Notgedrungen war man auf eine – später von Brahms barsch heruntergeredete – Hypostasierung jener Art angewiesen, wie sie nachmals von Thomas Mann dem mephistophelischen Alter Ego Adrian Leverkühns in den Mund gelegt worden ist:

> Eine wahrhaft beglückende, entrückende, zweifellose und gläubige Inspiration, eine Inspiration, bei der es keine Wahl, kein Bessern und Basteln gibt, bei der alles als seliges Diktat empfangen wird, der Schritt stockt und stürzt, sublime Schauer den Heimgesuchten vom Scheitel bis zu den Fußspitzen überrieseln, ein Tränenstrom des Glücks ihm aus den Augen bricht.

Schumann beim Ringen mit den traditionellen Formen *à la recherche de l'absolu* – das scheint der bessere Ansatz, um seiner Musik nach 1840 gerecht zu werden.

»Dichterliebe«

Über Heines Gedichte »An die Mouche«

Joseph A. Kruse

Noch in den spätesten Liebesgedichten verweist Heine auf jene Rollen, die er von früh an im Kontext von Liebe und Liebeswahn gespielt hat.[1] Insofern ergibt sich eine mehrdeutige Traditionslinie und vielfache Konsequenz des grandiosen romantischen wie symbolistischen Liebesthemas, gleichzeitig jedoch auch eine Variation von existentiellem Ausmaß angesichts der eigenen körperlichen Leiden mit der damit einhergehenden Vergeistigung. Vor allem in seinem großen Traumbild aus den fünf (oder sechs) Gedichten »An die Mouche« zieht der Dichter eine Summe der Variablen, durch die er seit dem »Buch der Lieder« berühmt geworden ist. Der Dichter liebt – das ist Erfindung und Realität zugleich, führt zum Ideengedicht und schließlich ins Schweigen. Symbol ist alles, Name dagegen Schall und Rauch.

1. Lebens- und Liebeslauf

Sobald der Name Mouche[2] fällt, geht es bei der Schilderung der Lebensverhältnisse Heinrich Heines nun wirklich um das Ende. Es geht um die überwältigende Liebe seiner letzten Monate und um ein Aufflackern gedämpfter Lebensgeister kurz vor dem Tod. Dabei handelt es sich gleichzeitig um das Geheimnis einer angeblichen Abenteurerin, die den um ein gutes Vierteljahrhundert älteren ebenso berühmten wie todkranken Dichter in seiner Pariser ›Matratzengruft‹ heimsucht und gleich zu lieben beginnt. Und dieser hat sie gar möglicherweise zuerst lieb gewonnen, wirbt um sie oder beantwortet seinerseits ihre Gefühle mit einer schonungslosen Offenheit und Verzweiflung, ja »mit todtkranker, innigster Zärtlichkeit«, wie er ihr – noch in der Sie-Form – im Spätsommer 1855 gesteht (HSA 23, 456), dass einen schaudern möchte, wenn es sich nicht immer auch um eine Dichterliebe handelte, das Publikum also immer auch überzeugt sein kann, die Worte würden die Erlebnisse schon richten und wären im Zweifelsfall krasser als die Realität, möglicherweise allerdings auch nur begütigender. Die Wirklichkeit wäre dann im

---

1 Die folgenden Ausführungen stehen in einem thematischen Zusammenhang mit anderen Darstellungen, die diesen Komplex auszuleuchten versuchen; vgl. deshalb Joseph A. Kruse: Von Liebe und Liebesgram. Richard Wagners Heine: Zwischen Anregung, Parodie und Verdrängung. In: Ders.: Heine-Zeit. Stuttgart/Weimar 1997, S. 363-380; ebenso: Harte Kost: Heines späte Gedichte und Lyrik aus dem Nachlaß. Nachwort zum Insel-Taschenbuch v. Heinrich Heine: Späte Gedichte und Lyrik aus dem Nachlaß. Hrsg. v. Joseph A. Kruse u. Marianne Tilch. Frankfurt a.M. 2004, S. 279-306.

2 Vgl. zur Mouche die grundlegende Quellenarbeit aus neuerer Zeit von Menso Folkerts: Wer war Heinrich Heines »Mouche«? Dichtung und Wahrheit. In: HJb. 38 (1999), S. 133-151.

letzteren Fall und mit anderen Worten gar nicht mehr richtig abzubilden gewesen! Beide Lösungen heben aber das Rätsel dieses Liebesromans nicht auf.

Mit der Liebe kannte er sich eigentlich nach Meinung seiner Zeitgenossen wirklich aus, jedenfalls besser als der Durchschnitt angepasster Spießbürger in irgendeinem Winkel Deutschlands. Und diese Überzeugung in der Öffentlichkeit war ihm selber recht und wurde von ihm geteilt. Ja, er selbst hatte sich mit erstaunlicher Raffinesse und nach teilweise petrarkistischem Muster von Beginn an ausdrücklich als Liebesdichter empfohlen und mit authentischen Liebesschmerzen kokettiert. Er versuchte die ständig wechselnden Figurationen der von ihm Angebeteten zu erreichen, aber abgesehen von wenigen Ausnahmen war, wie im Falle Petrarcas und seiner wie auch immer echten oder erfundenen Laura, die Sehnsucht größer als die Erfüllung. Diese Attitüde hatte Erfolg noch weit über seine letzte Liebesgeschichte mit der Mouche und jene erst nach seinem Tod aus dem Nachlass bekannt gewordenen Gedichte für sie hinaus. Seine nationale wie internationale Nachwirkung ist vor allem dem Schmelz der Gedichte des »Buchs der Lieder« zu verdanken. Die sind in erster Linie dem Liebeslauf samt dessen Glück und Unglück verpflichtet. Mögen die späteren lyrischen Erzeugnisse auch besser sein: die »Neuen Gedichte«, der »Romanzero« und die späten Texte, die als »Gedichte. 1853 und 1854« im ersten Band der »Vermischten Schriften« von 1854 in Hamburg erschienen sind, und auch die reiche Frucht aus dem Nachlass. Immer klingt dennoch das hohe Lied der Liebe aus Heines Jugend wie eine einmal erfolgreich angestimmte Melodie nach. Dieses Lied tönt in der Tat, wenn auch nicht in jener jugendlichen Ausschließlichkeit, in den genannten späteren Sammlungen und Publikationen, die dem »Buch der Lieder« folgen.

Gerade die Qualität der lyrischen Produktion nach dem »Buch der Lieder« von 1827 und der »Neuen Gedichte« von 1844, die bereits ein weit differenzierteres Dichterbild entwickeln, gerade die Modernität und Besonderheit der Texte nach 1844, nämlich die Gedichte des »Romanzero«, dem inzwischen bereits eine gewisse Neuentdeckung zuteil wurde, zumal aber jener Bereich, der die spätesten lyrischen Dokumente seines Lebens betrifft, gilt es oft erst noch zu erschließen, die landläufige Rezeption Heines also auf den Kopf zu stellen. Das trifft übrigens deshalb besonders auf die späten Gedichte zu, weil sie beim ersten postumen Erscheinen sogar den Editoren als allzu offen und unverblümt, eben als Dokumente einer Krankheit und somit als nicht ganz ernst zu nehmen, ja, als verrückt im Sinne von hemmungslos und obszön vorkamen. Solche Urteile wirken nach, wenngleich sich die Sitten und Gebräuche gerade des Seelenlebens und der so genannten Moralität inzwischen längst weiterentwickelt haben und uns Heine vorkommen könnte wie ein Prophet der Liebe, deren Konsequenzen längst eingelöst sind, obgleich wir immer noch an der Botschaft selbst herumrätseln müssen.

Man wünscht sich mittlerweile wieder solche psychologischen Anregungen, die der heineschen Lyrik lange Zeit eigen gewesen sind. Besonders die Wirkung von Heines Liebeslyrik hat es nämlich in sich. Effi Briest, Theodor Fontanes berühmteste Heldin, wird im gleichnamigen Roman als allein gelassene Ehefrau von ihrem ständigen Begleiter Crampas zunächst einmal durch Heine-Verse verführt.[3] Und Heinrich Mann behauptete gar, seine männlichen Altersgenossen hätten ihre erotische Initiation vor allem den heineschen Gedichten zu verdanken.[4] Ob nun die »Jungen Leiden«, seine frühesten Texte, die in den »Gedichten« von 1822 erschienen, oder das »Lyrische Intermezzo«, das zusammen mit seinen Liebestragödien »Almansor« und »William Ratcliff« 1823 herauskam, oder die »Heimkehr«, die mit diesen Zyklen und anderen Gedichtgruppen aus den »Reisebildern« später das »Buch der Lieder« von 1827 bildete –, auf diese Verse und ihren Nachklang im »Neuen Frühling«, der erst in die »Neuen Gedichte« von 1844 wanderte, stürzten sich die zeitgenössischen Komponisten mit Vorliebe, offenbar gerade weil es hier vom Worte Liebe und entsprechenden, teilweise kühnen, Komposita nur so wimmelt.[5] Eine kleine Litanei neben den zahllosen Verwendungen von Liebe und lieb aus entsprechenden frühen Wortzusammensetzungen des »Buches der Lieder«, die dem Zeitgeschmack entsprachen oder entgegenkamen bzw. übliche Variationen aufgriffen, möge das veranschaulichen: Liebesglühn, Liebesmelodein, Liebessterne, Liebesglut, Liebesbrunst, Liebesjagd, Liebessinnen, Liebesharm, Liebeshauch, Liebesweh, Liebespein, Liebesspende, Liebesklage, Liebeswonne, Liebessehnen, Liebesweisen, Liebesleid, Liebes-Eier, Liebesverdruss, Liebesreden, Liebeserguss, Liebesboten, Liebeszeichen, Liebesgeck, Liebesnetze und Liebesschmerzen sind der Reihe nach die Substantive. Die Worte liebenswürdig, liebestrunken, liebevoll, liebeflüsternd, liebeweit und liebefromm stehen als Beispiele für Adjektivkomposita. Ähnliche lexikalische Experimente ließen sich bei den folgenden Gedichtsammlungen anstellen. Auch hier wimmelt es von Liebestränen und sonstigen Zusammensetzungen genauso wie von einfachen Nennungen.

Damit also traf der Dichter den Zeitgeschmack, wenn dieser sich auch erstaunlicherweise ziemlich verzögert verhielt. Der Autor erhält aufgrund dieser Tatsache auch für die Liebeslyrik jene Vorreiterrolle, die ihm auf dem sozialen und politischen Sektor eigen war. Denn die zweite Auflage des »Buches der Lieder« erschien erst zehn Jahre später. In der Vorrede betont Heine nicht umsonst, dass ihm die deutsche Muse, »besonders in schlechten Tagen«, »ihre ganze Liebe und Treue« bewährt habe (DHA I, 564). Nachfolgende Drucke ließen sich dann aber nicht mehr aufhalten. Heine erlebte sogar noch die 13. Auflage. Der Siegeszug des Sängers der Liebe war somit schon zu Lebzeiten festgeschrieben.

Dabei bildeten Reim und Botschaft mit der von Autor und Publikum gewissermaßen gemeinsam erfundenen Biografie von Anfang an eine gewisse Einheit. Heines Lebenslauf wurde von ihm tatsächlich sorgsam als Mysterium von Anhäng-

---

3 Vgl. Hans Otto Horch: »Das Schlechte... mit demselben Vergnügen wie das Gute«. Über Theodor Fontanes Beziehungen zu Heinrich Heine. In: HJb. 18 (1979), S. 139-176, hier bes. S. 164-168.

4 Heinrich Mann: Für das Heine-Denkmal in Düsseldorf (1929). In: Karl Theodor Kleinknecht (Hrsg.): Heine in Deutschland. Dokumente seiner Rezeption 1834-1956. Tübingen 1976, S. 141f.

5 Vgl. das Standardwerk von Günter Metzner: Heine in der Musik. Bibliographie der Heine-Vertonungen. 12 Bde. Tutzing 1989-1994.

lichkeit und Erotik, aber ebenso als eines der Auseinandersetzung mit jenen Menschen gestaltet, die seiner Weltbetrachtung diametral entgegenstanden. Manchmal geschah es, dass solche Personen auch das Lager zu wechseln hatten. Liebe und Hass lagen oft genug nah beieinander und konnten unvermittelt aufeinander folgen. Dabei wusste Heine auf der Klaviatur der verschiedensten Liebesgefühle zu spielen, die neben dem erwarteten geschlechtsspezifischen Verhältnis zwischen Mann und Frau ebenfalls seine Verse und die Prosa füllten. Denn für die Liebe in all ihren Spielarten war immer Platz: Eltern-, Geschwister-, Verwandten-, Kusinen-[6], Freundes-, Freundinnen- wie Geliebten-, Gatten- und Eigenliebe wurden ausführlich in mehr oder weniger autobiografischen Einsprengseln im Werk untergebracht. Für feindliche Gefühle galt im Übrigen dasselbe. Immer also hatte die eigene Einordnung in den Gang der menschlichen Gesellschaft mit gerade jenem vorher ausdifferenzierten Begriff zu tun, der denn auch sein gesamtes Werk durchzieht und der besonders aus dem Fundus der frühen Lyrik dankbar in Tausende von Vertonungen transponiert wurde: die Liebe, und zwar, es sei noch einmal anders gewendet, die hohe und niedere, die in historischen oder poetischen Exempeln genauso wie die in privaten Zusammenhängen, nämlich die zu seiner Mutter und Schwester, das so genannte, wie auch immer ernsthaft ins Kalkül zu ziehende Amalienerlebnis und schließlich und endlich die hochgemute wie desillusionierte Liebe zu angeblich zahllosen imaginären Geliebten oder »Verschiedenen«, wie ein Zyklus aus den »Neuen Gedichten« lautet, endlich die Liebe zu seiner Frau und schließlich die zur Mouche. Damals kann er sich in der Tat kaum noch rühren. Übrig geblieben ist die von ihm ironisch beschworene »Gesundheitsliebe« (»Worte! Worte! keine Thaten!«, DHA III, 396), eben eine platonische Dichterliebe, die dennoch des früher so oft berufenen Wahnsinns nicht entbehrte. Diesem poetischen Johannistrieb, der kein Strohfeuer darstellte, sollten wir uns verstärkt zuwenden. Es geht um den »verliebten Lazarus«, wie Gerhard Höhn die Liebe Heines zur Mouche beschreibt,[7] allerdings um eine Form und Tiefe seines Trieblebens und gleichzeitig um die Summe seiner Weltbetrachtung, die über den Anlass der Verliebtheit eines Todkranken in seine junge Besucherin hinausgeht und ins Herz jener Schöpfung trifft, wie Heine selbst sie gerade am Ende verstand: in das Herz des Menschen mit der Kraft seiner Liebe als dem Mittel- und Höhepunkt der Welt.

2. »Dichterliebe«

Es sind einige Anmerkungen zum Begriff »Dichterliebe« vonnöten, der uns für die heinesche Liebeskunst in Worten und Taten so treffend erscheint, von außen mit der Jugendlyrik Heines verknüpft worden ist und gerade die Symbiose von Wort, Zyklus und Musik ins Gedächtnis hebt. Die Wirkung der heineschen Lyrik verdankt

---

6 Vgl. Joseph A. Kruse: Neujahrs-Kusinen. In: Ders.: Denk ich an Heine. Biographisch-literarische Facetten. Düsseldorf 1986, S. 20-26.

7 Vgl. Höhn 3/2004, S. 156f.

sich weltweit zweifellos auch den unzähligen Vertonungen, wobei die Zeitgenossen Franz Schubert, Felix Mendelssohn Bartholdy, Robert Schumann und Johannes Brahms besondere Leistungen von Textverständnis und Kompositionskunst vorstellen. Vor allem Robert Schumann, der gut 40 Heine-Gedichte vertonte, hat jedoch durch einen von ihm vorgefundenen Titel für eine ganze eigenständige Folge von 16 Gedichten des insgesamt 65 Texte zählenden »Lyrischen Intermezzos« aus seinem Liederjahr 1840 (neben dem »Liederkreis« op. 24 mit den neun »Liedern« aus den »Jungen Leiden« und den übrigen Vertonungen aus sonstigen Zusammenhängen oder als Einzelstücken) Heines sprachliche Vorlagen und die eigene Vertonung auf adäquate Weise zusammengebracht und mit dem rechten Ausdruck verknüpft, nämlich durch die Wortfügung »Dichterliebe« für op. 48, die er dem größeren seiner Heine-Zyklen im Jahre 1844 gegeben hat. Den Titel mag er dem »Liebesfrühling« von Friedrich Rückert entnommen haben, der 1844 auch separat erschienen war und das kleine Gedicht mit diesem Anfangswort enthielt.[8] Wie die Komposita-Kunst Heines bezeugt, lag ein solcher Begriff allerdings nicht allzu fern. Bei Heine kommt er nicht vor. Schumann hätte ihn, poetisch begabt wie er war und von der Jean Paul-Lektüre beflügelt, ohne weiteres auch selbst prägen können. In den Düsseldorfer Jahren arbeitete er an einer poetischen Anthologie der Weltliteratur mit Blick auf die Musik unter dem Namen »Dichtergarten«. Denn der Komponist, Musikschriftsteller und gelegentliche Dichter ließ sich zeitlebens gerne anregen und las beispielsweise von früh an auch und vor allem die zeitgenössische Lyrik. Rückerts umfangreiche Gedichtsammlung »Liebesfrühling«, die selbst eine solche im Deutschen so beliebte Zusammensetzung als Titel trägt und alles in allem am Ende 458 Gedichte beinhaltet, war 1821 entstanden, als der 1788 geborene Orientalist und Dichter seine 10 Jahre jüngere Frau Luise Wiethaus kennenlernte und heiratete.

In ursprünglich vom Dichter zu fünf verschiedenen »Sträußen«, wie die Zyklen genannt wurden, dann später vom Frankfurter Verleger Sauerländer in sechs »Sträußen« mit je eigenen Überschriften (»Erwacht«, »Geschieden«, »Gemieden«, »Entfremdet«, »Wiedergewonnen« und »Verbunden«) zusammengefasst, erschie-

---

8 Vgl. Dietrich Fischer-Dieskau: Robert Schumann. Das Vokalwerk. München/Kassel ^{2}1985 [zuerst 1981], S. 125. – Rudolf Kreutner (Rückert-Gesellschaft, Schweinfurt) machte mich liebenswürdigerweise mit der im Folgenden angedeuteten wechselvollen Geschichte des kleinen Rückert-Gedichtes vertraut: Der Erstdruck von Rückerts »Dichterlieb' hat eignes Unglück stets betroffen« erschien in der »Aglaja. Taschenbuch für das Jahr 1826«, 12. Jg., Wien [1825], S. 238, dort bildet das Gedicht als Nr. 16 den Schluss des mit »Tändeleien« betitelten Zyklus, der auf den »Liebesfrühling« voraus weist; im ersten Band der »Gesammelten Gedichte«, Erlangen 1834, in dem der Zyklus »Liebesfrühling« zum ersten Male dargeboten wurde, sind die acht Zeilen nicht aufgenommen worden, ebenso nicht in die ab 1841 erschienene einbändige Ausgabe der rückertschen Gedichte, die gar 19 Aufl. erlebte; offiziell in den »Liebesfrühling« aufgenommen taucht das kleine Gedicht erst in der Separatausgabe von 1844 auf (Liebesfrühling von Friedrich Rückert. Frankfurt a.M. 1844, S. 125) und erscheint dort als Gedicht Nr. 18 in einem insgesamt 85 Gedichte umfassenden »Zwischenspiel« des »Dritten Straußes«. – Schumann muss den Text also entweder der »Aglaja« oder der Separatausgabe entnommen haben.

nen die vorher gelegentlich verstreut gedruckten Gedichte (so unser »Dichterlieb'«-Gedicht im Taschenbuch »Aglaja« für 1826 in Wien) unter diesem Sammeltitel »Liebesfrühling« zuerst 1834 in der ersten Gesamtausgabe seiner Gedichte. Dabei fand das »Dichterlieb'«-Gedicht allerdings keine Berücksichtigung, sondern erst in der genannten Separatausgabe von 1844. Schumann gehörte zu den großen Rükkert-Verehrern, vertonte etwa so viele seiner Gedichte wie von Heine, selbstverständlich auch aus dem »Liebesfrühling«, den seine Frau Clara sich ebenfalls vornahm. Die Zeilen, die der Dichterliebe bei Rückert gelten, lauten: »Dichterlieb' hat eignes Unglück stets betroffen. / Hohe Götter, lasset mich das Beste hoffen!« Rückert spielt dann im Folgenden auf die Sage von Apoll und Daphne samt deren Verwandlung zum Lorbeerbaum an sowie auf die Geschichte von Pan und der Nymphe Syrinx samt deren Verwandlung zur »siebentön'gen Flöte« (»Anders nicht gewinnen konnt' Apoll die Daphne, / Bis ihn kränzte die in Lorbeer Umgeschaff'ne. / Syrinx auch, eh' sie dem Waldgott Lieb' entböte, / Mußte werden erst zur siebentön'gen Flöte.«) und ruft am Ende dieses achtzeiligen, nicht eben geglückten Gedichts, das als Nr. 81 zum dritten »Strauß« namens »Gemieden« gehört, aus: »Götter! wandelt die mir nicht, die mir erklärt, / Daß sie Liebe unverwandelt mir gewährt.«[9] Gerade die 101 Gedichte des dritten Straußes werden vom Rückert-Biografen Helmut Prang als »größtenteils weniger bedeutend und künstlerisch minder gelungen« charakterisiert. Stärker als bisher würden die »vielen Wortzusammensetzungen« auffallen, die von Rückert »immer wieder gewagt« würden.[10]

Die geliebte Frau, so die Absicht der Zeilen mit dem Anfangswort »Dichterlieb'«, soll also auf keinen Fall dem antiken Vorbild folgen, nicht wie Daphne zum Lorbeer oder Syrinx zur Flöte umgeschaffen werden, sondern in ihrer Liebe verharren, wie sie sich bisher bewiesen hat. Für solche Treue und Liebessorgen sprechen auch die Brautbriefe und das Tagebuch der im Gemüt bewegten, von Rückert erwählten Frau. Dichterliebe und persönliches Unglück gehören nach mythologischer Erfahrung zusammen. Gegen eine solche zwangsläufige Verknüpfung und den damit einhergehenden Persönlichkeitsverlust der Geliebten wendet sich das Gebet an die Götter. Rückert scheint in dieser Hinsicht erhört worden zu sein. Er schrieb zweifellos eine Liebeslyrik, deren private Tönung ganz auf die Brautzeit und Ehe ausgerichtet war. Die glückliche Liebe war sein Gegenstand, nicht die problematische, zerrissene, unerfüllte Liebe. Der Überschwang in den verbalen Produktionen begleitete dabei die Ehegeschichte nur als florales und/oder gelehrtes Element, das durchaus von der Empfängerin verstanden wurde und teilweise sogar nach Art und Weise von Goethes »West-östlichem Divan« als Liebesdialog fungierte. Das Gedicht nahm keinerlei stellvertretende Ersatzhandlung an. Die lyrische Überproduktion, die sich in einem dem bürgerlichen Gefühlsleben ganz und gar entsprechenden verbal-amourösen Ausfluss Raum schaffte, schloss eine glückliche Beziehung und den Kindersegen eben keineswegs aus, sondern steuerte geradewegs darauf zu. Die

---

9 Friedrich Rückert's gesammelte Poetische Werke in zwölf Bänden. 1. Bd., Frankfurt a.M. 1868, S. 490f.

10 Helmut Prang: Friedrich Rückert. Geist und Form der Sprache. Schweinfurt 1963, S. 92.

Verse bildeten ein Wiegenlied für das erhoffte und erlangte gemeinsame Eheglück mit sieben Kindern, ein Schlummerlied, das der Angebeteten keinerlei Surrogat bieten, sondern den natürlichen Zauber der körperlichen wie geistigen Verbindung eben nur verstärken oder als poetisches Tagebuch begleiten sollte. Ein liebenswürdiger, beruhigender Alltag in einem Gelehrtenhaushalt feiert seine Begründung im mehrfachen Sinn!

Auf andere, wenn auch vergleichbare Weise war die »Dichterliebe« für den 1810 geborenen Robert Schumann eine Bewältigungsstrategie angesichts seiner problematischen, aber ausdauernden Liebe zur neun Jahre jüngeren Clara Wieck, die er gegen den Widerstand des Schwiegervaters und Lehrers zur Frau nehmen wollte, was ihm nach einem gerichtlichen Verfahren am 12. September 1840 auch gelang. Lassen wir die Komplikatesse der juristischen Fragen und zwischenmenschlichen Probleme einmal beiseite. Jedenfalls erreichte seine Kunst eine ungleich größere, eigenständigere Qualität als die Rückerts. Der Überstieg vom Erlebnis zur Dichtung ist vollkommen gelungen. Der 1844, also schon während der Ehe, verliehene Titel der Heine-Liederfolge deutet darauf hin, dass die Wirklichkeit dieser spektakulären romantischen Verbindung das phantastische, dichterische Element der Liebe längst eingeholt, ja überholt hat. Die Gedichte und ihre Kompositionen legen Fährten aus für ein Selbstverständnis als Liebhaber und Bräutigam, der jener Gedichte und ihrer Musik tatsächlich nur als Begleitmusik, als »Hochzeitkarmen«, um mit Heines Versepos »Deutschland. Ein Wintermärchen« von 1844 zu sprechen (DHA IV, 93), bedarf. Damit befindet sich das schumannsche Verständnis gewiss einerseits auf Seiten von Rückerts ornamentaler Verschönerung von Lebensbezügen, andererseits drücken Texte wie Vertonungen jene Ambivalenzen aus von Sehnsucht und Unendlichkeit, Poesie und Realität. Rückert und Schumann wissen beide um die Nützlichkeit der Dichtung für das Leben, der Komponist setzt aber von vornherein voraus, dass die Dichterliebe vom privaten Leben durchaus unterschieden ist.

Dass Schumanns Auswahl subjektiv blieb, war sein gutes Recht. Dass Schumann auch die heinesche Ironie verstand und gelegentlich nur jene Texte auf sich beziehen mochte, die weniger gebrochen wirkten, ist ebenfalls verständlich. Gerade der Liebeskampf mit seiner Not hatte zwar das häusliche Glück Schumanns begründet und eine ebenfalls wie bei den Rückerts mit sieben Kindern gesegnete Ehe zur Folge. Dennoch blieben aufs Ganze gesehen am Ende manche dunklen Wolken zurück, überspielte die Konvention tragische Kommunikationsprobleme, die sich schließlich durch Schumanns psychische Erkrankung als Scheitern eines so hoffnungsvollen Beginns einer gemeinsamen Musikerexistenz samt providentieller Liebesgeschichte entpuppte. Insofern trifft das schumannsche Schicksal selbst im Nachhinein schon eher jenen vieldeutigen Begriff Dichterliebe von Anspruch, Erfindung und Traum, womit der Realität nur ein Entwurf, eine spielerische Möglichkeit oder ein kapriziöses Abbild, keinesfalls aber die Vollendung vorgezeichnet waren. Jedenfalls handelt es sich aber bei Dichterliebe um jenes Wort, das genau den Zustand ausspricht, der für Heines gesamtes Leben maßgebend blieb, das Schumann am persönlichsten begriff und das für Rückert eher fleißige Übung als gelungene künstlerische Leistung darstellte: Die Liebe, wie der Dichter Heine sie ins Wort brachte und wie Schumann sie kompositorisch begriff, wurde zum Konstrukt für den Seelenhaushalt von Vielen, konnte aber durchaus ihren Sitz im Leben durch den Erfahrungshorizont des Dichters und die Erlebniswelt des Komponisten erhalten.

Was die so unterschiedlichen Naturen wie Rückert und Heine dennoch geradezu zwanghaft miteinander verbindet, ist das Jahr 1821, an dessen Ende Rückert heiratet und somit ans Ziel gelangt, in dem für Heine aber der Tod Napoleons als Signatur der Weltgeschichte und der wie auch immer für sein persönliches Empfinden zu deutende Hochzeitstermin seiner Kusine Amalie im selben Jahr als katastrophales Datum seiner privaten Lebensverhältnisse festzumachen ist. So jedenfalls erzählt uns der Autor die bis in zahlensymbolische Verweise reichende Verflechtung von Individuum und Gesellschaft anhand der Geschichte des Ich-Erzählers im Kontext von »Ideen. Das Buch Le Grand« aus dem zweiten »Reisebilder«-Band von 1827. Dennoch vollzieht sich seine Dichterliebe anders als bei Rückert und Schumann vor je sich verändernden Folien, die nur teilweise mit eigenen Erlebnissen zu verknüpfen sind. Diese kann man Heine selbstverständlich nicht absprechen. Man wird ihm aber eine Variationsbreite artifizieller Anspielungen auf reale Situationen zuerkennen müssen. Seine Erfahrung, jedenfalls was ihre Literarisierung angeht, ist vor allem gespeist aus dem Fundus der gleichzeitigen Leseerwartung, die er jeweils übertrifft und überrascht, wie der literarischen Tradition, an die er anknüpft, aber seinerseits in dialektischen Sprüngen seiner Weltsicht mitsamt dem dazugehörenden Liebestheater dienstbar macht. Er selbst hat in Paris als über 40-jähriger, berühmter Schriftsteller nach längerem, etwa siebenjährigem Zusammenleben die 17 Jahre jüngere Augustine Mirat erst 1841 geheiratet, um ihre Zukunft abzusichern. Er hat diese abwechslungsreiche Leidenschaft seines Lebens mit dem Namen Mathilde belegt, so dass Heinrich und Mathilde das deutsche Liebespaar *par excellence* bildeten, das dem »Heinrich von Ofterdingen« des Novalis entsprach. Ludwig Marcuse hat dieses kinderlose Verhältnis zwischen einem Dichter und einer ehemaligen Schuhverkäuferin, die aus Charme, Eigenwilligkeit und Unbeschwertheit bestand, als »Ehe zweier Kinder« charakterisiert[11] und damit sicherlich Recht. Neben einer gestandenen, an der Bildung ihres Mannes Anteil nehmenden Luise Rückert und einer grandiosen Konzertpianistin Clara Schumann, die das Werk ihres Mannes bekannt machte, ist Mathilde Heine in der Tat wohl eher eine vitale Metapher für den Venusberg Paris, liebenswürdig und launisch, aber unselbständig, sein »Süßes, dickes Kind«, wie es in einem der Mathilde- oder Ehe-Gedichte heißt (»Gedächtnißfeyer«, DHA III, 114), eben der Gegenstand einer

11 Ludwig Marcuses immer noch anregende Darstellung »Heinrich Heine in Selbstzeugnissen und Bilddokumenten« in der Reihe der »rororo-bildmonographien« (Reinbek b. Hamburg), erschien seit 1960 und wurde erst 1997 durch den Band von Christian Liedtke ersetzt; sein (3. von insgesamt 4) Kapitel über Heine und Mathilde trägt die Überschrift: »Die Ehe zweier Kinder«.

Dichterliebe mit realen Folgen, die sich nämlich im wahren Leben für den Unterhalt und die Zukunft seiner Frau gewaltig anzustrengen hatte.

3. Die Mouche

Wie sehr auch für die frühe Liebeslyrik und die Liebesgeschichten in der Prosa jene von der Philologie von Anfang an geübten »Unterrocksschnüffeleien«, von der Jost Hermand angesichts der Interpretation von Heines Reisebild »Ideen. Das Buch Le Grand« spricht,[12] abzulehnen sind, ohne biografische Hintergründe will es bei den Gedichten an die Mouche nicht gelingen. Dabei hat der jahrzehntelange Schleier des Geheimnisses, der über dieser jungen Frau lag, das Seine zur Besonderheit der späten Liebe Heines in der ›Matratzengruft‹ beigetragen. Die Mouche galt lange Zeit als uneheliche Tochter eines Grafen von Nostitz und einer Gouvernante in Prag. Mit Alfred Meißner war sie befreundet, der seinerseits zum heineschen Bekanntenkreis zählte. Elise Krinitz verlieh sich den Schriftstellerinnennamen Camille Selden und schrieb ihre Heine-Erinnerungen, die sie allerdings nicht als große Autorin ausweisen. Sie unterrichtete in späteren Jahren im Lyceum in Rouen, nachdem sie lange Zeit in Paris die Freundin des Philosophen und Historikers Hippolyte Taine gewesen war, und verwaltete als Hauptereignis ihres Lebens das Andenken an ihren berühmten großen Freund Heinrich Heine, dessen Ende sie miterlebt hatte und zu einem bewunderungswürdigen Abschied von Liebe und Leben mitgestalten half. Sie wäre zweifellos eine gute Patientin von Sigmund Freud gewesen, der im heineschen Todesjahr geboren wurde, gewissermaßen jene ungebrochenen Waffen aufnahm, von denen Heine in seinem Lebensrückblick »Enfant perdü« (DHA III, 121f.) spricht, und dem sie die verschlungenen Pfade ihrer verästelten Traumata von Elternverlust und Namenswandel hätte verraten können. Ihrem Publikum und den Heine-Freunden hat sie die Sache eher verunklart und schwerer gemacht, als es nötig gewesen wäre.

Denn auch die Wahrheit besitzt ihren rührenden Charme. Sie kam erst im Heine-Jahrbuch 1999, was die genauen Daten und Fakten von Geburt und Herkunft angeht, durch Menso Folkerts ans Licht. Dadurch ändern sich die Verhältnisse nicht grundlegend. Aber das Versteckspiel um Geheimnis und Besonderheit, um Kurtisanentum und Opferbereitschaft zum Ruhme Heines gewinnen durch die genauen Kenntnisse erst recht den Charakter einer romantischen Affäre, die denn doch nichts anderes war als ein Gedankenspiel, Dichterliebe eben. Die Mouche (dieser französische Name für die Fliege wurde ihr von Heine nach ihrem Siegelring gegeben, so dass auch seine letzte Liebe zu den von ihm angeeigneten oder, mit Rückert zu sprechen, verwandelten Personen gehörte wie seine Frau Mathilde) wurde am 22. März 1825 in Belgern an der Elbe bei Torgau als Johanna Christiana Müller

---

12 Jost Hermand: Heines »Ideen« im »Buch Le Grand«. In: Internationaler Heine-Kongreß Düsseldorf 1972. Referate und Diskussionen. Hrsg. v. Manfred Windfuhr. Hamburg 1973, S. 370-385, hier: S. 370.

geboren. Ihre Mutter, die denselben Vornamen trug und eine geborene Schumann war, starb bei der Geburt mit 24 Jahren. Der Vater, ein Tuchmacher, ließ einen Monat später den Vornamen der kleinen Waise ändern, sie wurde jetzt als Emilie Adolphine Elise in das Kirchenbuch eingetragen und über ein Jahr später von dem Kaufmann Adolph Krinitz in Paris und seiner Frau Emilie, geb. Koch adoptiert.

Der Adoptivvater scheiterte mit seinen zeitweiligen Geschäften in Amerika, so dass die Familie in Paris mühsam zu überleben versuchte. Eine pianistische Karriere der jungen Elise führte nicht weit. Offenbar ging eine wohl 1849 mit einem reichen Mann geschlossene Ehe rasch in die Brüche. Elise Krinitz wurde möglicherweise in England in eine Irrenanstalt gesteckt, lebte aber von 1853 an wieder in Paris. Seit dem Juni 1855 besuchte die Dreißigjährige, die als viele Jahre jünger galt, den todkranken, etwa 57-jährigen Heine, »möglicherweise, um über ihn wieder in Kontakt zu Meißner zu kommen«,[13] dem sie auch unter dem Vornamen Margot schrieb. Die offenbar gegenseitige Verliebtheit (Heines Liebe ist jedenfalls in seinen Gedichten »An die Mouche« und in den unverstellten Billets mit Händen zu greifen) gehört zweifellos zu den großen Wundern biografisch-literarischer Erlebnisfähigkeit. Beinahe tägliche Besuche stellten eine Nähe her, die jedem sonstigen noch so engen erotischen Verhältnis Konkurrenz macht. Mathilde mag eifersüchtig gewesen sein, war aber mit der aufwändigen und kostspieligen Pflege sowieso überfordert. Insofern ist Heines späte Geschichte mit der Mouche eine sehr persönliche, nur ihn betreffende tröstliche Abschweifung am Schluss der ›Matratzengruft‹-Zeit, gewissermaßen eine ätherisch-ehebrecherische Kapriole, die weder zu Rückert noch zu Schumanns Leben gepasst hätte. Und sie schien Heines Schwester Charlotte nach eigenem Erleben bei ihrem Paris-Besuch im November 1855 offenbar die anständigste Abwechslung für ihren kranken Bruder: Sie war »das lieblichste Geschöpf« und besaß trotz ihrer von Charlotte notierten nur 22 Jahre »einen Schatz von Ken<n>tnissen« (DHA III, 1656).

4. Die fünf (oder sechs) Gedichte »An die Mouche«

Heine hat seiner letzten Liebe fünf hinreißende, ebenso offenherzige wie tiefsinnige Gedichte gewidmet (im Anhang des 3. Bandes der Düsseldorfer Ausgabe unter »III. Lyrischer Nachlaß [nach 1844]« als 4. Gruppe mit der Überschrift »An die Mouche« zusammengestellt, s. DHA III, 389-397); besessen hat die Mouche, was die Zahl der Handschriften angeht, sogar sechs, vier kürzere und zwei längere, wobei auf jeden Fall das vor allem mit ihrem Namen verknüpfte lange Gedicht »Es träumte mir von einer Sommernacht« (DHA III, 391-396) ihr Eigentum war und zu den eigentlichen Gedichten an die Mouche gehört. Aber auch ein Autograf des wohl vor der Bekanntschaft entstandenen Gedichts »Beine hat uns zwey gegeben« (DHA III, 400-403) war in ihrem Besitz. Es handelt sich um den ironischen Dialog des Dichters mit der blonden, ehrpusseligen Teutolinde über das »skabrose Requi-

13 Folkerts, Mouche (Anm. 2), S. 142.

sit« (DHA III, 402), das beim Manne gleichermaßen zum Wasserlassen und für die Zeugung des Nachwuchses vonnöten ist. Der männliche Geschlechtsapparat und sein Träger finden also in der Tat durch das kleine Brüsseler »Mankepiß« ihre adäquate Darstellung (DHA III, 402). Es sei erwähnt, dass offenbar der Freund des Ehepaars Heine und vor allem von Mathilde, der Rechtsanwalt Henri Julia, der sich mit dem Nachlass befasste, das Gedicht an die Mouche »Worte! Worte! Keine Thaten!« als nicht publizierbar, da zu anstößig (»trop scabreux«, DHA III, 1701) bezeichnete.

Dieses Ensemble an die Mouche verdient als Gegenstück zu einem »Liebesfrühling«, eben gerade als Abschied von der Liebe, als Liebeswinter und als deren ins Unanfechtbare verweisenden, Jahreszeiten und Leben überdauernden inneren Kern der Liebe besondere Beachtung und zwar nicht nur wegen des extremen biografischen Zusammenhangs, sondern auch wegen der Texte selbst. Personen- bzw. Widmungsgedichte hat Heine sein Leben lang geschrieben. Oft nehmen sie Charakterisierungen von Personen vor, häufig sind sie Zeichen des Andenkens und der Verehrung. Häufig sind sie ernst gemeint und ebenso ausgesprochen, oft genug aber enthalten sie auch ironische oder humoristische Verweise auf Brüche und Veränderungen, die dem Leben mitsamt seiner wechselnden Gestalt eigen sind. Auch auf Erinnerungsgedichte sei in diesem Zusammenhang hingewiesen, beispielsweise auf »Citronia« (DHA III, 404-407), in dem die frühkindlich erwachende Sexualität mit dem späteren erotischen Genuss verknüpft wird. Durch einen Gedächtnissplitter wird der Sinn des Mannes ebenso geschult wie gereizt und auf die von der Mode betonten weiblichen Formen des Unterleibs ausgerichtet.

In diesem Fall, bei den Gedichten »An die Mouche« also, handelt es sich um Variationen des gleichen Themas, Abwandlungen einer Liebesgeschichte, die keineswegs nach dem zu konstatierenden Altersunterschied, wohl aber nach dem offen geschilderten Krankheitsstand des Liebhabers ihresgleichen sucht. Die sprechenden Anfangszeilen der Gedichte lauten außer dem bereits genannten langen Traumbild »Es träumte mir von einer Sommernacht«, das einer eigenen Betrachtung bedarf: »Dich fesselt mein Gedankenbann«, »Laß mich mit glühnden Zangen kneipen«, »Wahrhaftig wir beiden bilden« und »Worte! Worte! Keine Thaten«. In einmal sieben und in den drei folgenden Fällen jeweils fünf Strophen ergibt sich neben dem 37-strophigen Hauptgedicht ein Reigen aus Anspielung, Eros, Sexualität, Sublimierung, Distanzierung und Nähe. Die Dichterliebe eines ganzen Lebens wird auf die Probe gestellt und kann sich im Ernstfall behaupten, gerade weil diese Dichterliebe aufgrund der physisch katastrophalen Vorgaben zum Exempel der geistig-leiblichen Begegnung überhaupt erhoben wird.

Der Gedankenbann, dem die Geliebte durch ein Echo auf die Gedanken des liebenden Dichters unterliegt, verweist auf das spirituelle Element der Liebe, das dennoch mit süßem Hauch, Kuss und Gekicher verbunden ist. Der Leib des Dichters ist tot, sein Geist aber wohnt im Herzen der Holden und nimmt davon voll und ganz Besitz. »Dabey bin ich sentimental wie ein Mops, der zum erstenmale liebt«, heißt es beispielsweise in Heines Brief an Elise Krinitz vom 24. Januar 1856 (HSA

23, 480). Der Vergleich der eigenen Präsenz des Sprechers mit einem »Hauskobolde«, der »seine Burzelbäume« schlägt, verknüpft das Gedicht mit den volksmythologischen Interessen und Kenntnissen des Autors und erhebt dessen ständige Gegenwart in Kopf und Herz der Geliebten zum zwar diminutiv verwandelten, jedoch unsterblich symbiotischen Geschöpf. Das Bild vom toten Autor und der fortdauernden Liebe gehört bereits zum Arsenal der schwarzen Romantik, die in den frühen Gedichten Heines ihre Urstände gefeiert hatte. Der krasse Realismus, der zur gleichen Zeit symbolistische Züge annimmt, indem die Flöhe im Hemd der Geliebten sich am Geist des Liebhabers ergötzen und seinem Purzelbaum dadurch korrespondieren, dass »sie vor Wonne hochaufspringen«, zeigt allerdings eine Entwicklung seiner Poetik an, die zwischen Ironie und Wirklichkeit einen neuen Status der Liebeslyrik erreicht. Was früher studentisch und dann lebemännisch daherkam, wird nunmehr zur existenziellen Aussage.

Jede Form der damaligen medizinischen Behandlung, die offenbar manche Schmerzattacken der Krankheit noch zu übertrumpfen wusste, ist mit ihren »Torturen« dem Warten auf die Geliebte vorzuziehen. Von Eifersucht, Ungeduld, Furcht vor mangelnder Zuwendung bzw. von der teuflischen Versuchung zu denken, die Geliebte habe ihr Interesse an dem alten kranken Liebhaber verloren, berichtet das zweite Gedicht, das bereits den Kosenamen oder die pretiös-kostbare Metapher der »Lotosblume« verwendet, der das dritte Gedicht ganz gewidmet ist. Doch neben dem Blumenvergleich wird auch das Wort Hexe bemüht, das den Liebestext mit den »Nachtgedanken« (DHA II, 129f.) an die deutsche Heimat und die Mutter in Hamburg verbindet, die ihn verhext hat. Die unterirdischen Fäden verlaufen in solcher Weise durch das ganze Werk. Insofern findet sich auch in den Gedichten »An die Mouche« stets ein Echo aus anderen Zusammenhängen.

Dem kuriosen Paar, das aus dem lahmen Liebhaber und dem leidenden Kätzchen besteht, wird ein Vergleich aus Traum und Einbildung zuteil: Lotosblume und Mond begegnen sich, die mann-weiblichen Prinzipien verschwimmen ineinander, es entwickelt sich die pure Erfahrung zweier Seelen, denn körperliche Vollzüge bleiben »fremd«. Statt den Geschlechtsakt zu erleben wird von der Lotosblume »nur ein Gedicht« empfangen, so dass die Dichterliebe ihren logischen Schluss, den Höhepunkt im Geiste, erreicht hat. Schumann wählt in den »Kinderszenen« als Überschrift über dem Musikstück neben der »Träumerei« einmal die Formulierung »Der Dichter spricht«. Die Liebesansprache hat sich auch bei Heine vollständig entsinnlicht. Die Lotosblume ist im Werk schon häufiger bemüht worden. Klaus Brieglebs schönes Chiffrenregister in seiner Heine-Ausgabe im Hanser-Verlag von 1968-1976 (ebenfalls in verschiedenen Taschenbuchausgaben) enthält allein zehn Einträge. Meyers Konversationslexikon vom Anfang des 20. Jahrhunderts, das das Wissen des vorangegangenen Säkulums noch einmal festhält, weist auf die »symbolische Behandlung« der Lotosblume in den Mythologien hin, die sich auf Wasserlilien beziehen und damit auf »die Vorstellung einer Schöpfung aus dem Wasser und die befruchtende Wirkung des Wassers für das Land«. Hinzukomme die so genannte »Sympathie mit den großen Himmelsleuchten, sofern einzelne Seerosen morgens mit der Sonne aus der Flut emportauchen und abends mit ihr untersinken, andere mit einbrechender Nacht dem Mond ihren Kelch erschließen.«[14]

Das letzte der kurzen Gedichte geht in die gleiche Richtung: die Liebe besteht nur aus Worten, nicht mehr aus Taten, nur aus Geist und nicht aus Fleisch. Aber ist sie deshalb etwa kleiner, ist sie bei schwachem Zustand nicht tatsächlich gesünder und zuträglicher? Die Triebe der Geliebten sollen ganz auf diese »Gesundheitsliebe« gerichtet sein, bei der der Liebhaber »Kaum ein Glied bewegen kann«. Deutlicher kann man sich über sich selber, nämlich im Witz über die eigene Schwäche, nicht erheben! Heine liefert also eine aus Impotenz und Ironie gedichtete Liebesregel für seine ›Matzratzengruft‹ oder modern gesprochen für das Altenheim und Krankenhaus! Mit solchen Versen weist Heine auf Gottfried Benn voraus, nimmt auch als Liebeslyriker kein Blatt mehr vor den Mund. Heine hatte in der Frühzeit die sprachlich-lyrischen Konventionen aufgebrochen, dann die mittlere Periode dazu benutzt, neben den politischen Zeitgedichten des Vormärz die Liebesprache sowohl pathetisch wie desillusionierend zu erweitern, schließlich nahm er unkonventionelle Brüche und Enthüllungen in Kauf. Für ihn blieben diese in Jahren gewachsenen literarischen Verfahren, die häufig einem autobiografischen Unterton Vorschub leisteten, mit dem Signum einheitlicher Vielfalt oder vielfältiger Einheit versehen: Immer handelte es sich nämlich um den typischen Heine-Ton, der sich freilich nach Umfang oder Färbung verändert hatte.

5. Traumbild und Abschied: »Es träumte mir von einer Sommernacht«

Unter den fünf (oder wie wir favorisieren: sechs) Gedichten »An die Mouche«, die, wie gesagt, auch als Folge von Gedichten »Für die Mouche« überliefert wurden,[15] ragt das Traumbild, um auch in dieser Charakteristik an die frühe heinesche Bezeichnung solcher Motive aus der schwarzen Romantik anzuknüpfen und an die Vielzahl der heineschen Träume, die sein gesamtes Werk durchziehen, zu erinnern, besonders heraus. Dieser »Friedenstraum« (DHA III, 395) wurde auch einzeln unter der Überschrift »Für die Mouche« geführt oder als »Die Passionsblume«. Jedenfalls hat dieses in jedem Sinne große Gedicht die berechtigte Aufmerksamkeit noch stärker zu beanspruchen verstanden als die anderen Mouche-Texte.[16]

---

14 Art. »Lotos«. In: Meyers Großes Konversations-Lexikon. Ein Nachschlagewerk des allgemeinen Wissens. 6. Aufl., Bd. 12, Neuer Abdruck. Leipzig/Wien 1908, S. 731.

15 Es lohnt sich übrigens, was die Zyklenanordnung und deren Titelgebung bzw. die im Folgenden erwähnten Überschriften der Mouche-Gedichte angeht, ein Blick in die verschiedenen Heine-Ausgaben, darunter bes. die von G.A.E. Bogeng herausgegebenen »Werke in Einzelausgaben«, deren »Lyrischer Nachlass« von Erich Loewenthal gesichtet wurde (Hamburg/Berlin 1925), S. 326-334.

16 Hier seien nur wenige Literaturhinweise zu diesem Gedicht und seinem Umkreis angeführt: Albrecht Betz: Der letzte Sommernachtstraum. Heines Gedicht »An die Mouche«. In: Joseph A. Kruse/Bernd Witte/Karin Füllner (Hrsg.): Aufklärung und Skepsis. Internationaler Heine-Kongreß 1997 zum 200. Geburtstag. Stuttgart/Weimar 1999, S. 811-818; Sabine Bierwirth: Die Erotik der »Gesundheitsliebe« – Heine und seine Mouche. In:

»Es träumte mir von einer Sommernacht«, so beginnen die 37 Strophen eines Ineinanders von Liebes- und Kunstbetrachtung, von Ideengedicht und erotischem Zwiegespräch. Die jahreszeitlich sommerlichen und welthistorisch antiken griechisch-jüdisch-christlichen Embleme bleiben der Nacht zugeordnet. Religionsgeschichtliche Schritte ohne jegliche Bekehrungsintentionen oder Glaubensbekenntnisse folgen einander oder besser gehen ineinander über oder durcheinander. Es lassen sich sprachliche und metaphorische Linien ziehen in die Frühzeit und über das Versepos »Atta Troll. Ein Sommernachtstraum« wie das »Bimini«-Fragment bis zu den ideengeschichtlichen Unterschieden zwischen den hellenischen und nazarenischen Fraktionen. Der Tote im Sarkophag und die Passionsblume zu seinen Häupten führen ein »Lautloses Zwiegespräch«: »Das Schweigen ist der Liebe keusche Blüthe«, so still und stumm, so gut und »beredsam« ist dieses Schweigen (DHA III, 394f.), was eigentlich das Gegenteil oder doch die Reduktion jeglicher Ansprache und Dichtung bedeutet bzw. die Transformation der von uns üblicherweise verwendeten Sprache. Der menschlichen Äußerungsmöglichkeiten gibt es mehrere. Wir sind an jene »Augensprache« erinnert, die »bald verloren sein« wird und über die Heine am 5. Februar 1840 im Brief an Varnhagen spricht, wobei es vorher sogar heißt: »Wir, wir verstanden einander durch bloße Blicke, wir sahen uns an und wussten, was in uns vorging« (HSA 21, 345). Eine solche Nähe scheint auch im Verhältnis zur Mouche entstanden zu sein. Die Intensität der gemeinsamen Ruhe und körperlosen Vereinigung wird am Ende gestört durch den Streit zwischen Wahrheit und Schönheit, zwischen Barbaren und Hellenen. Der Träumer erwacht durch einen viehisch zu nennenden Kampf um den alten »Glaubenswahn«, der mit der »Disputazion« aus den »Hebräischen Melodien« Ähnlichkeiten aufweist (DHA III, 158-172). Aber auch Reminiszenzen an die Sublimation durch erotische Geschichten aus der Bibel werden wach, wie sie in den »Memoiren des Herren von Schnabelewopski« zu beobachten sind. Der Abgesang an eine komplette Bildungsgeschichte ist gleichzeitig der Abschied vom Leben voller Gegensätze. Es bleiben Skepsis, Verzweiflung und Trauer. Der Traum einer erfüllten Geister-, ja Gespensterliebe ist an sein Ende gelangt.

Die Passionsblume wird im Briegleb-Register nur zweimal verzeichnet. Mit ihr wird die romantische Schule verglichen und eben die »Frauentrauer«, das »Frauenbildniß« (DHA III, 394), in das die Passionsblume sich verwandelt und das sich als Madonna und Schmerzensmutter über den »Leichnam« des Schmerzensmannes im Sarkophag beugt. Es ereignet sich der Moment der verzückten Erkenntnis, eine *unio mystica*. Wie uns wieder der große Meyer von 1909 berichtet, wurde die Pas-

---

Forum Vormärz Forschung. Jahrbuch 1999. Bielefeld 1999, S. 317-326; Wolfram Groddeck: »Es träumte mir von einer Sommernacht...«. Heines (letztes) Gedicht. In: Klaus Briegleb u. Itta Shedletzky (Hrsg.): Das Jerusalemer Heine-Symposium. Gedächtnis, Mythos, Modernität. Hamburg 2001, S. 148-160; Christoph Bartscherer: Heinrich Heines religiöse Revolte. Freiburg 2005, S. 582-594 (Koda: Heines letzter Traum); Karin Wollschläger: »daß unser Leben nur ein farbiger Kuß Gottes sey«. Heinrich Heines religiöser Sensualismus. Lübeck/Marburg 2005, S. 274-281 (Späte Wiederkehr der Madonna).

sionsblume zu Ende des 16. Jahrhunderts in Italien kultiviert, »und damals hatten auch schon die Priester die Beziehungen auf das Leiden Christi in den Blüten entdeckt«: »Den zwischen der Blumenkrone und den Staubgefäßen befindlichen Fadenkranz deuteten sie als die Dornenkrone, die drei keulig-nagelförmigen Griffel als die Kreuzesnägel und die fünf Staubbeutel als die Wundenmale.«[17] Männliches Leid und weibliches Leidensabbild vereinigen sich im Traum samt den dazu gehörigen geschlossenen Augen in den völlig entmaterialisierten Weisen von Seele, Herz und Gemüt.

Man möchte dieses Gedicht über die Liebe zur Mouche als Abbild religiöser Mariendarstellung, wie es bereits bei den drei Strophen »Im Rhein, im schönen Strome« (DHA I, 142f.) aus dem »Buch der Lieder« geschah, schließlich auch mit einem anderen späten Gedicht in Verbindung bringen, das man als siebtes der Mouche-Gedichte bezeichnen könnte: »Am Himmel Sonne Mond und Stern« (DHA III, 408-410), in dem völlig ohne Ironie das Lob der Schöpfung und des menschlichen Herzens als deren Mittelpunkt gesungen wird. Wir haben bereits am Anfang unserer Überlegungen darauf angespielt. So sehr das große Mouche-Gedicht die individuelle Liebesgeschichte zum Gegenstand hat und zum Anlass der Beschreibung einer Dichterliebe wird, so sehr ist dieses späte Gedicht mit seinen 18 Strophen ein Lobpreis der absichts- und gegenstandslosen Liebe, die dem menschlichen Herzen eingepflanzt ist und dem Lauf der Dinge erst ihren Sinn verleiht.

Wenn denn Musik auf Dichtung reagiert, die in Noten gesetzte »Dichterliebe« eine kompositorische Überhöhung der literarischen Erfindung darstellt, ist es dann verwunderlich, dass das moderne Musikschaffen gerade auf den späten Heine rekurriert? Darum sei zum Schluss an den Komponisten Günter Bialas (1907-1995) und sein »Heine-Liederspiel« mit dem Titel »Aus der Matratzengruft« von 1992 erinnert, in dem die schwerste Lebensphase Heines durch die vielfältigsten Textbelege und ihre Vertonung das Exempel statuiert zugunsten eines überzeugenden Dichters, der gerade durch seine Offenheit in sämtlichen Lebensbezügen eine jeweils in die Zukunft weisende Gegenwart erreicht.

17 Art. »Passionsblume« bzw. »Passiflora«. In: Meyer, Konversations-Lexikon (Anm. 14), Bd. 15 (1909), S. 485.

»Welch ein großes Drama ist die Passion«

Heines Faszinationsgeschichte der Passion

Sigrid Weigel

1. Der tote Mann im Marmorsarkophag

Heinrich Heines letztes Gedicht wird gern als sein Vermächtnis gelesen: Als habe er in dem Gedicht »Es träumte mir von einer Sommernacht«, das unter dem Titel »Für die Mouche« vor 150 Jahren postum in den von Alfred Meißner edierten »Erinnerungen« erstmals erschien, eine Summe seiner Poetologie gezogen. Eine solche Lesart wird durch die Tatsache gestützt, dass sich in diesem Gedicht etliche Motive verdichten, die aus Heines vorausgegangenen Texten vertraut sind. Nicht nur wiederholt die Szenerie – das lyrische Ich wähnt sich im Grabe, erwacht jedoch im Schlussvers aus einem todähnlichen Schlaf – eine bereits im »Buch der Lieder« immer wieder eingenommene,[1] seitdem durch ein figuren- und bezugsreiches Bildprogramm allerdings erheblich angereicherte Perspektive. Auch zitieren die Strophen zahlreiche Formeln, die aus verschiedenen seiner Schriften bekannt sind. So eröffnet die Anfangsstrophe mit den vom Mond beleuchteten Renaissance-Ruinen den Schauplatz romantischer Poesie, wie wir ihn beispielsweise aus jenen Kindheitserinnerungen kennen, die Maximilian in den »Florentinischen Nächten« der kranken Maria erzählt. Und das Bildprogramm auf dem Basrelief des Marmorsarkophags, der inmitten der geträumten Szenerie steht, versammelt Gestalten aus griechischer Mythologie und Bibel, die den für Heines Schriften signifikanten Gegensatz zwischen »des Griechen Lustsinn« und dem »Gottgedanke[n] Judäas« verkörpern (B 6, 346). Insofern wird das Gedicht auch gern als Beleg dafür genommen, dass Heines Literatur dem Programm eines unversöhnlichen Gegensatzes zwischen »Barbaren und Hellenen« (B 6, 349) – oder etwas neutraler: zwischen Athen und Jerusalem – folge.[2]

Was die genannte Lesart allerdings stört, ist nicht allein die Tatsache, dass der Disput zwischen den beiden Parteien im Gedicht selbst als lärmiges Gezänk bewertet wird, als langweilige Kontroverse und »alte[r] Glaubenswahn« (B 6, 349), der in dem Stein spukt und das lyrische Ich in seiner träumenden Betrachtung buchstäblich aufstört. Darüber hinaus handelt es sich bei den vielen Passagen über jenen Widerstreit, der unter dem Titel ›Athen-Jerusalem‹ verhandelt wird, um eine

1 Z.B. »Nacht lag auf meinen Augen«. Gedicht LXIV des »Lyrischen Intermezzos« (B 1, 102f.).

2 Von den zahlreichen Deutungen des Gedichts vgl. etwa Wolfram Groddeck: »Es träumte mir in einer Sommernacht...« Heines (letztes) Gedicht. In: Klaus Briegleb u. Itta Shedletzky (Hrsg.): Das Jerusalemer Heine-Symposium. Gedächtnis, Mythos, Modernität. Hamburg 2001, S. 148-160.

Diagnose, wie sich bei genauerer Lektüre zeigt. In dem »schon seit achtzehn Jahrhunderten« andauernden »Groll zwischen Jerusalem und Athen, zwischen dem heiligen Grab und der Wiege der Kunst, zwischen dem Leben im Geiste und dem Geist im Leben«, so die Formulierung in »Shakespeares Mädchen und Frauen« (B 4, 175), entdeckt Heine nämlich die Signatur einer »Feindschaft«, die die abendländische Kulturgeschichte kennzeichnet. Um diese Signatur zu erkennen, bedarf es offensichtlich einer bestimmten Haltung, denn Heine fügt hinzu, dass die durch sie verursachten Reibungen sich dem »esoterischen Leser in der Geschichte der Menschheit« offenbaren, d.h. dem in die Geheimnisse der Lehre eingeweihten Leser. Die Feindschaft zwischen »zwei ganz heterogenen Weltanschauungen« (B 4, 175) bezeichnet also nicht seine eigene Überzeugung oder philosophische Haltung, sondern eine Konstellation, die ihn – wie den toten Mann im Sarkophag – im buchstäblichen Sinne umgibt: das Umfeld, das der Autor vorgefunden hat und auf das sich seine eigenen Reflexionen beziehen.

Auch Heines bekannte Rede von seinem Hellenismus muss nicht bedeuten, dass er sich einer agonistischen Kontroverse zwischen antiker und jüdischer Überlieferung unterwirft und somit automatisch eine Gegenstellung zum Judaismus einnimmt. Vielmehr zitiert der Hellenismus eine Formel, mit der das Begehren nach Schönheit und Lust als ein der Antike entstammendes Erbe der europäischen Moderne identifiziert wird. Dass dieses Erbe eine Befangenheit gegenüber dem Judentum mit sich bringen kann, hat Heine in den »Geständnissen« (1854) thematisiert, einem Text, der sein Buch über den Mann Moses einschließt. Darin macht er sein »hellenische[s] Naturell« dafür verantwortlich, dass er von Moses und den Juden »nie mit hinlänglicher Ehrfurcht gesprochen« habe (B 6, 481) und reflektiert somit im Rückblick eine eigene Befangenheit im Athen-Jerusalem-Schema. Mit Blick auf solche Erörterungen wird das zwei Jahre später geschriebene Gedicht als kritische Auseinandersetzung mit jenem Bildprogramm lesbar, von dem sein Schreiben zu lange affiziert war. Dem kommt die allegorische Komposition des Gedichts entgegen; sie ist Darstellung und Reflexion des eigenen Bilddenkens zugleich. Mit Walter Benjamin könnte man sagen, dass die antiken und biblischen Personifikationen aus dem Bildprogramm des Marmorsarkophags, Allegorien von Lustsinn und Gottgedanke, im poetischen Traumbild noch einmal aufgerufen, reflektiert und auf diese Weise gebrochen werden, dass die Allegorien also aus der Perspektive der Leiche in ein allegorisches Verfahren transformiert werden.

Doch es bleibt ein Rest. Der ganze Mittelteil, in dem die Stimme des toten Mannes im schönen Marmorgrab spricht, lässt sich in eine solche Lektüre nicht so leicht einfügen. Schon die Art und Weise, wie der Sarg eingeführt wird, hebt ihn aus der Szenerie hervor: als »offner Marmorsarkophag / ganz unverstümmelt unter den Ruinen«, in dem »ein toter Mann mit leidend sanften Mienen« liegt, und zwar »gleichfalls unversehrt« (B 6, 345). Das bedeutet, dass es sich, im Unterschied zu den sie umgebenden Ruinen und zerbrochenen Bildsäulen, bei dem Sarg und der darin liegenden Gestalt nicht um zerbrochene Bilder handelt, diese also im Unterschied zur Umgebung nicht an der Ruinenästhetik des romantischen Schauplatzes teilhaben. Vielmehr wird der Sarg ausdrücklich als »Monument« (B 6, 345) bezeichnet. Seine Seiten bilden den steinernen Grund für die Darstellung der »bas-relief gemeißelte[n] Gestalten« (B 6, 345), die den Gegensatz von Athen und Jerusalem personifizieren:

> Die Gegensätze sind hier grell gepaart,
> Des Griechen Lustsinn und der Gottgedanke
> Judäas! (B 6, 346)

Da eine »Blume der Passion« (B 6, 347) am Kopf des Sarkophags diesen als Christus-Grab ausweist, wird das Bildprogramm des umlaufenden Basreliefs durch Bilder aus einem dritten Register unterbrochen. Die symbolische Topografie des Gedichts beschreibt damit einen dreiteiligen Schauplatz: als Umfeld eine für die romantische Ästhetik typische Ruinenlandschaft, darin ein Monument mit allegorischem Bildprogramm des Gegensatzpaares antiker und biblischer Gestalten, und im Innern eine Szene christlicher Ikonografie, »die Marterblume und ihr Toter« (B 6, 348). Damit stellt das Gedicht die angesprochenen Gegensätze auf einen komplexer gestalteten Schauplatz und führt sie dabei auf einen triangulären Ursprung zurück – in Übereinstimmung mit der bereits zitierten Datierung des Grolls zwischen Athen und Jerusalem »seit achtzehn Jahrhunderten«, die dessen Ursprung exakt auf den Beginn des Christentums legt.

Im Gedicht liest sich das so: Während die feindlichen Weltanschauungen von Athen und Judäa auf der Außenseite des christlichen Grabes, wo sie sich als »grell gepaarte« Gegensätze darstellen, in einen störenden Disput ausbrechen, wird das Innere des Sarkophags zum Ort einer Imagination. In ihr schlüpft das lyrische Ich in die Position des toten Mannes im Grabe, zu dessen Haupt eine Passionsblume steht, die sich durch die »Zauberei des Traumes« (B 6, 347) in ein Frauenbildnis verwandelt, in das Bild der Geliebten. Mit ihr tritt das lyrische Ich in ein »lautloses Zwiegespräch«, »gewebt aus Lust und Schauder« (B 6, 348). Im Unterschied zum Streit zwischen den zwei Parteien kann der Inhalt dieses Zwiegesprächs nicht benannt werden:

> Doch frage nie, w o v o n im Mondenschein
> Die Marterblume und ihr Toter kosen! (B 6, 348)

Wenn dieses Gespräch als »verschwiegen« bezeichnet wird, sein Schweigen als »beredsam« und seine Sprache als metaphernlos – »Man sagt sich alles ohne Metaphoren« –, dann ist es jenseits jeder Rhetorik, jenseits tradierter, konventionalisierter Bildprogramme angesiedelt. Das Zwiegespräch zwischen dem lyrischen Ich, das sich als toter Mann im Grab träumt, und der in der »Marterblume« verkörperten Geliebten bildet also den denkbar größten Kontrast zu dem »wüsten Streit« zwischen antiken und biblischen Allegorien. Die Komposition des Traumschauplatzes bildet damit eine signifikante Struktur: In der Mitte steht der Marmorsarkophag; auf seinen Außenflächen wird wortreich der Disput zwischen gegensätzlichen Traditionen ausgetragen, während sich im Inneren Bilder einer lustvoll-schaudernden Passionsszene abspielen.

Diese Szenen sollen nun weniger Anlass sein, »Heinrich Heines Christusbild«[3] zu untersuchen; noch weniger geht es darum, daraus sein religiöses Selbstverständnis abzuleiten. Vielmehr sind sie hier Ausgangspunkt, um die Faszinationsgeschichte der Passion in Heines Schriften zu befragen. Der Begriff der Faszinationsgeschichte ist den Arbeiten des Berliner Religionsphilosophen Klaus Heinrich entlehnt, insbesondere seiner Erörterung der Frage, was Géricaults Gemälde »Das Floß der Medusa« mit der Medusa zu tun hat, in einem Beitrag, in dem Heinrich die »Faszination durch Medusa« durch verschiedenste Szenen der Kunstgeschichte hindurch verfolgt und deren Variationen zwischen Existenzmetapher und Stillstandsmetapher untersucht.[4]

2. Die Passion als Pathosformel

Es geht hier also nicht so sehr um Heines religionshistorischen Diskurs, der in seinen großen Schriften »Romantische Schule« (1833/35), »Zur Geschichte der Religion und Philosophie in Deutschland« (1834/52), »Elementargeister« (1835), »Götter im Exil« (1853) und im Börne-Buch (1840) zu studieren ist, nicht allein um Heines geschichtsphilosophische Interpretation der Passion Christi – obwohl auch das interessant genug ist. Denn schließlich bewertet Heine das Auftreten Christus' als eine der radikalsten Zäsuren in der Geschichte, insofern durch diesen »Gottmenschen« die Ordnung im Verhältnis von Göttern und Menschen vollkommen neu verhandelt worden ist, und Heine beschreibt die Wirkung dieser Zäsur immer wieder in einer doppelten Blickrichtung, sowohl mit Bezug auf die griechische Götterwelt als auch auf das Judentum – so etwa in jenen viel zitierten Passagen aus dem zweiten Buch von »Ludwig Börne«, die auf die Lektüre der Bibel[5] folgen, zu der der Erzähler auf Helgoland, wie es heißt, aus Langeweile und Verzweiflung gegriffen habe. Hier wäre insbesondere jene Passage zu erwähnen, in der Christus als Erlöser bezeichnet wird, der »seine Brüder vom Zeremonialgesetz und der Nationalität befreite, und den Kosmopolitismus stiftete«, indem er der ganzen Menschheit das jüdische Bürgerrecht brachte (B 4, 41). In diesem Zusammenhang spricht Heine

---

3 So der Titel von Beate Wirth-Ortmann: Heinrich Heines Christusbild. Grundzüge seines religiösen Selbstverständnisses. Paderborn 1995.

4 Klaus Heinrich: Floß der Medusa. 3 Studien zur Faszinationsgeschichte mit mehreren Beilagen und einem Anhang. Basel u.a. 1995, S. 11.

5 Zu Heines Bibellektüre und zu seiner »biblischen Schreibweise« vgl. Klaus Briegleb: Bei den Wassern Babels. Heinrich Heine, jüdischer Schriftsteller in der Moderne. München 1997; ders.: Die Nacht am Strande. Eine Vorstudie zu Heinrich Heines biblischer Schreibweise. In: Briegleb/Shedletzky, Heine-Symposium (Anm. 2), S. 161-212; ders.: Heines Umgang mit Judenhass als Fortführung eines biblischen Programms. In: Aus Politik und Zeitgeschichte. Beilage zur Wochenzeitung Das Parlament (2006), Nr. 3 (16.01.), S. 32-38.

auch von der »süße[n] Gestalt« des Gottmenschen, der die ganze Menschheit liebte, während Moses nur sein eigenes Volk geliebt habe:

> Welch ein lindernder Balsam für alle Wunden dieser Welt sind seine Worte! Welch ein Heilquell für alle Leidende war das Blut, welches auf Golgatha floß!... Die weißen, marmornen Griechengötter wurden bespritzt von diesem Blute, und erkrankten vor innerem Grauen, und konnten nimmermehr genesen! Die meisten freilich trugen schon längst in sich das verzehrende Siechtum und nur der Schreck beschleunigte ihren Tod. (B 4, 45)

Mit dem Bild der vom Blut bespritzten marmornen Griechengötter mischt sich in den religionsgeschichtlichen Diskurs eine affektive Aufladung des Passionsbildes, mit der in Heines Schriften eine Art – womöglich irritierendes – Bilddenken zum Ausdruck kommt. Dieses eignet insbesondere seiner Rede über die Götter, über die Passion und das Märtyrertum. Ebenfalls im »Börne«-Buch findet sich die Passage, der das Titelzitat entnommen ist: »Welch ein großes Drama ist die Passion! Und wie tief ist es motiviert durch die Prophezeiungen des alten Testamentes! Sie konnte nicht umgangen werden, sie war das rote Siegel der Beglaubnis. Gleich den Wundern, so hat auch die Passion als Annonce gedient«. (B 4, 44f.) Auffällig ist, wie Heine hier die Passion Christi als Urbild des Märtyrers beschreibt, indem er das Konzept des Blutzeugen (gr. *martyr* = Zeuge) wörtlich nimmt: als rotes Siegel der Beglaubnis – wobei die ungewöhnliche Formulierung »Beglaubnis« auf den Zusammenhang von Glaube und Beglaubigung verweist. In ihrer Funktion einer Beglaubigung wird die Passion auch in säkularen Kontexten imitierbar, nicht zuletzt in der im Börne-Buch kritisierten republikanischen Programmatik.

Es zeugt von Heines Aufmerksamkeit auf die Wirkungsweise spezifischer Bilder, wenn er beispielsweise vom »heiligere[n] Zeugnis« spricht, »das aus dem Evangelium hervorblutet« (B 3, 230) und damit auf jene Blutspur im christlichen Bildkonzept anspielt, mit der das Neue Testament nicht nur mit dem Bilderverbot des Judentums, sondern auch mit der allegorischen Bildtradition der polytheistischen Antike gebrochen hat, in der die einzelnen Götterfiguren und -namen zugleich Begriffe verkörpern. Die Christusfigur ist keine Verkörperung im konventionellen Sinne, sondern blutige Inkarnation der Idee einer Menschwerdung Gottes: »Das Wort wird Fleisch, und das Fleisch blutet«, wie sich mit einer Wendung der »Lutetia«-Berichte von 1843 formulieren lässt (B 5, 461). Mit dem Martyrium der Christusfigur und dem daran anschließenden Zeugnisbegriff – des Blutzeugen der Passion Christi – trat ein neues Bildkonzept auf den Plan, das aus der konventionellen Symbolik und Rhetorik heraus fällt. Mit ihm hat sich die christliche Kirche die bekannte Problematik der Transsubstantiation eingehandelt, wie sie vor allem in der Eucharistie-Debatte diskutiert wird, und die christliche Kultur eine prekäre – blutige – Bildtradition.

Solch drastische, blutspritzende Bilder scheinen Heines bekannter und viel besprochener Kritik am fortschreitenden Spiritualismus der jüdisch-christlichen Tradition zu widersprechen. Doch wenn man der Spur des Passions-Motivs in

Heines Schriften folgt, dann wird deutlich, dass diese nicht einfach Teil seiner religions- und philosophiegeschichtlichen Erörterungen ist, sondern dass mit ihr regelmäßig eine affektive Aufladung des Textes verbunden ist. Assoziiert mit Feuer, Blut und Leidenschaft, sprengt Heines Darstellung der Passion auch die tradierte Ikonografie der Christologie. Sie stellt in seinen Schriften eine Art Katalysator für die Affektgeschichte der Subjekte und der Künste dar. Jenseits einer konventionellen metaphorischen Sprache – wenn darunter eine übertragene, uneigentliche Rede rhetorischer Kunst verstanden wird – verdichtet sich in der Passion bei Heine der Zusammenhang von Leidenschaft, Geschichte und Kunst. Die Passion ist für ihn Bild eines passionierten Zugangs der Subjekte zur geschichtlichen Erfahrung. Sie ist seine Pathosformel – nicht so sehr für das Nachleben der Antike in der Renaissance wie in Aby Warburgs Kulturwissenschaft, sondern für das Nachleben des Frühchristentums und des Mittelalters in der Moderne.

Als solcherart Pathosformel fügt sich die Passion aber durchaus in Heines Bild der Religions- und Philosophiegeschichte ein, in deren Zusammenhang er das Christentum auch als den »Fiebertraum eines wahnsinnigen Gottes« beschreibt und es als Möglichkeitsbedingung einer Kunst der Leidenschaften bzw. einer leidenschaftlichen Kunst bespricht:

> Ewiger Ruhm gebührt dem Symbol jenes leidenden Gottes, des Heilands mit der Dornenkrone, des gekreuzigten Christus, dessen Blut gleichsam der lindernde Balsam war, der in die Wunden der Menschheit herabrann. [...] Nur durch das Christentum konnten auf dieser Erde sich Zustände bilden, die so kecke Kontraste, so bunte Schmerzen, und so abenteuerliche Schönheiten enthalten, daß man meinen sollte, dergleichen habe niemals in der Wirklichkeit existiert, und das alles sei ein kolossaler Fiebertraum, es sei der Fiebertraum eines wahnsinnigen Gottes.« (B 3, 520)

Wenn hier das Christentum als Voraussetzung einer Kultur von Schönheit und Schmerz betrachtet wird, verdichtet sich deren Verbindung in der Passion als Pathosformel einer »Poesie des Schmerzes«. Schon in der »Harzreise« (1824) wollte Heine diese von einer Ikonografie der Kreuzigung unterschieden wissen, wie sie sich in naturalistischen Kruzifixdarstellungen in Kirchen zu präsentieren pflegt: »Solch Bild gehört eher in einen anatomischen Lehrsaal als in ein Gotteshaus.« (B 2, 123) Das bedeutet nicht, dass für Heine Poesie und Kunst an die Stelle der Religion getreten sind – im Sinne jenes sozialgeschichtlich argumentierenden Säkularisierungsmodells, wie es Heinz Schlaffers »Kurze Geschichte der deutschen Literatur« (2002)[6] entwirft, in der die protestantischen Pastorensöhne die wichtigsten Akteure einer säkularisierten Literatursprache sind, welche die biblische Sprache und die Religion beerbt.

Als Pathosformel ragt die Passion in Heines Schriften vielmehr in eine säkulare Moderne hinein. In ihren Bildern leben Affekte nach, für die die moderne Kultur keine Sprache (mehr) hat. Zum Nachleben gehören die Momente von Erinnerung bzw. Gedächtnis und Wiederbelebung bzw. Vergegenwärtigung. Seine

6 München 2002.

Ausdrucksformen können sich sehr verschieden darstellen: Sei es in physiognomischen Signaturen, die in die Körper eingeschrieben sind, wie etwa im Bild jenes Gesichts einer alten Dame, die der Erzähler der »Harzreise« beschreibt: »Ihr Bild glich einem Codex palimpsestus, wo, unter der neuschwarzen Mönchsschrift eines Kirchenvatertextes, die halberloschenen Verse eines altgriechischen Liebesdichters hervorlauschen.« (B 2, 144) Sei es in Form passionierter Kunstwahrnehmung, so etwa in der Wiederbelebung biblischer Szenen beim Musikhören, wie Heine sie am Beispiel von Liszts Klavierspiel im zehnten Brief »Über die Französische Bühne« entwirft:

> Es war im Konzerte zum Besten der unglücklichen Italiener, wo ich Liszt im verflossenen Winter zuletzt spielen hörte, ich weiß nicht mehr was, aber ich möchte darauf schwören, er variierte einige Themata aus der Apokalypse. [...] Am besten spielte er das Tal Josaphat. Es waren Schranken wie bei einem Turnier, und als Zuschauer um den ungeheuren Raum drängten sich die auferstandenen Völker, grabesbleich und zitternd. Zuerst galoppierte Satan in die Schranken, schwarzgeharnischt, auf einem milchweißen Schimmel. Langsam ritt hinter ihm her der Tod, auf seinem fahlen Pferde. Endlich erschien Christus, in goldener Rüstung, auf einem schwarzen Roß, und mit seiner heiligen Lanze stach er erst Satan zu Boden, hernach den Tod (B 3, 352).

Im Unterschied zu Aby Warburgs Studien zum Nachleben der heidnischen Antike in der Renaissance hat es eine Untersuchung zum Nachleben der Passion in der Moderne bei Heine allerdings mit dem bemerkenswerten Phänomen einer Faszinationsgeschichte zu tun. Die Irritation darüber, warum den Juden Heine ausgerechnet die christliche Figur der Passion so gefesselt hat, mag dafür verantwortlich sein, dass diese Faszination bislang in der Heine-Forschung nicht systematisch untersucht worden ist.

Seine Faszination schließt übrigens eine genaue historische Analyse nicht aus. Das lässt sich an Heines Umgang mit religionshistorischen Bildern erkennen, die er im Spannungsfeld zwischen Inanspruchnahme und Wiederbelebung diskutiert. So unterscheidet er beispielsweise präzise zwischen verschiedenen Bedeutungen des Märtyrerbegriffs in religionshistorischer Perspektive. Die Juden werden von Heine wiederholt als Märtyrervolk bezeichnet, genauer: als Volk eines 2000-jährigen Martyriums. Sie litten für das, was ihnen heilig war, wie es im Kontext einer Würdigung von Moses Mendelssohn in der »Geschichte der Religion und Philosophie in Deutschland« heißt:

> War es eine wehmütige Nachliebe, die ihn abhielt, die zerstörende Hand an Gegenstände zu legen, die seinen Vorvätern am heiligsten waren, und wofür so viel Märtyrerblut und Märtyrertränen geflossen? Ich glaube nicht. (B 3, 584)

Dagegen bedeutet die Märtyrerfigur im Christentum – jene *Imitatio Christi*, die seit dem Auftreten Christi die Menschheit ergriffen habe – umgekehrt, dass das Martyrium zu einem Mittel der Heiligung wird: geheiligt zu werden »von der Majestät des Unglücks«, wie Heine in seinen »Salon«-Berichten am Bild des toten

Königs Karl I., dem »Märtyrer des Königtums von Gottes Gnaden« auf dem Gemälde von Delaroche, erörtert. Der Vergleich zwischen ihm und Oliver Cromwell fällt für letzteren ungünstig aus. Denn der tote König,

> verklärt von dem eben erlittenen Martyrtume, geheiligt von der Majestät des Unglücks, mit dem kostbaren Purpur am Halse, mit dem Kuß der Melpomene auf den weißen Lippen, bildet den herabdrückendsten Gegensatz zu der rohen, derblebendigen Puritanergestalt. (B 3, 62)

Vor diesem Hintergrund ist auch Heines Kritik am »Nazarener Börne« und an der Inanspruchnahme des Märtyrerkonzepts für die Politik zu verstehen, das dabei zu einer Formel und zum Mittel der Politik degradiert wird. Und in diesen Zusammenhang gehört auch seine Kritik an einer »kalten Passion« und an den Passionsbildern von Kirche und Staatsreligion.

3. Das Nachleben religionsgeschichtlicher Bilder in der Kunst

Es geht bei der Faszinationsgeschichte, wie gesagt, also nicht um Heines religiöses Selbstverständnis oder seine Konfession. So wird die Vorstellung, dass man eine Religion hat, von Heine ohnehin parodiert, z.B. im Religionsgespräch der »Stadt Lucca« (1830), als Mathilde, die der Ich-Erzähler zuvor als Religionsverächterin gescholten hat, ihm die Gretchenfrage stellt:

> Zur Hälfte war es wohl Komödie, zur Hälfte aber auch wohl pikierter Ernst, daß sie mich mit bitterem Blicke ansah und aus Herzensgrund spottscharf mich frug: »Und Sie, teure Blume, welche von den vorhandenen Religionen haben Sie?«
>
> »Ich, Mylady, ich habe sie alle, der Duft meiner Seele steigt in den Himmel und betäubt selbst die ewigen Götter!« (B 2, 509)

Im Sprachspiel wird die Wendung »eine Religion haben«, die landläufig bedeutet, einer Konfession anzugehören, wörtlich genommen und interpretiert als Besitz der Götter durch den Menschen. Falls diese Art ironischer Kommentar nicht genügend Klarheit verschaffen sollte, wendet sich der Erzähler der »Stadt Lucca« aber auch direkt an den Leser. Nachdem er soeben ein drastisches Bild vom Auftritt Christus im Götterreich entworfen hatte –

> Da plötzlich keuchte heran ein bleicher, bluttriefender Jude, mit einer Dornenkrone auf dem Haupte, und mit einem großen Holzkreuz auf der Schulter; und er warf das Kreuz auf den hohen Göttertisch, daß die goldnen Pokale zitterten, und die Götter verstummten und erblichen, und immer bleicher wurden, bis sie endlich ganz im Nebel zerrannen. (B 2, 492)

– und nachdem er Christus »[v]on allen Göttern, die jemals gelebt haben«, als denjenigen Gott bezeichnet hat, »der am meisten geliebt worden. Besonders von den Frauen«, fährt er fort:

> was du, lieber Leser, eben gelesen hast, sind nicht so sehr meine eignen Gedanken, als vielmehr einige unwillkürliche Worte, die in mir laut geworden, während ich, dahingestreckt auf einer der alten Betbänke, die Töne einer Orgel durch meine Brust ziehen ließ. (B 2, 493)

Wenn die passionierten Christusbilder als unwillkürliche Worte beschrieben werden, die im »Ich« beim Hören von Orgeltönen laut werden, dann ist es die Musik, die hier eine Sprache des Unbewussten zu Tage fördert, in der biblische Gedächtnisbilder wiederbelebt werden.

Schon in dem berühmten Gedicht »Die Götter Griechenlands« (1825)[7] hatte Heine die Götter, gleichsam psychoanalytisch *avant la lettre*, als Gespenster, die am Himmel dahin ziehen, gedeutet, Wolkenbildern gleich. Anders als philosophische Sätze wie etwa »Gott ist eine Vorstellung« oder »Gott ist tot« stellt die poetische Sprache eine Möglichkeit dar, die Götterbilder als Produkte der Einbildung zu deuten, ohne dass sie dadurch ihre Faszination einbüßen müssten:

> Nein, nimmermehr, das sind keine Wolken!
> Das sind sie selber, die Götter von Hellas,
> Die einst so freudig die Welt beherrschten,
> Doch jetzt, verdrängt und verstorben,
> Als ungeheure Gespenster dahinziehn
> Am mitternächtlichen Himmel. (B 1, 205)

Musik, Poesie und Kunst, Töne und Bilder sind es vor allem, die – jenseits und gegen alle Kirchen- und Dogmenkritik – von Heine als Medien für das Nachleben biblischer oder sakraler Pathosformeln in der Sprache des Unbewussten beschrieben werden. Eine solche Passion wird selbst durch die gewaltsame Gegenwärtigkeit nicht behindert, wie sie die kirchliche Architektur als gebaute Monumente konfessioneller Dogmen darstellt, z.B. die Baukunst des Mittelalters, die Heine in der »Romantischen Schule« als steinernes Martyrtum charakterisiert:

> Hier, in der Architektur zeigt sich dieselbe parabolische Tendenz wie in der Dichtkunst. Wenn wir jetzt in einen alten Dom treten, ahnen wir kaum mehr den esoterischen Sinn seiner steinernen Symbolik. Nur der Gesamteindruck dringt uns unmittelbar ins Gemüt. Wir fühlen hier die Erhebung des Geistes und die Zertretung des Fleisches. Das Innere des Doms selbst ist ein hohles Kreuz und wir wandeln da im Werkzeuge des Martyrtums selbst; die bunten Fenster werfen auf uns ihre roten und grünen Lichter, wie Blutstropfen und Eiter; Sterbelieder umwimmern uns; unter unseren Füßen Leichensteine und Verwesung; und mit den kolossalen Pfeilern strebt der Geist in die Höhe, sich schmerzlich losreißend von dem Leib, der wie ein müdes Gewand zu Boden sinkt. (B 3, 369)

Aus dem Umfeld solch steinerner Märtyrersymbolik werden in Heines »Reisebildern« einzelne Bilder der Religionsgeschichte herausgebrochen, die Pathosformeln

7 Vgl. dazu Ralph Martin: Die Wiederkehr der Götter Griechenlands. Zur Entstehung des »Hellenismus«-Gedankens bei Heinrich Heine. Sigmaringen 1999.

einer Faszinationsgeschichte jenseits aller konfessionellen Bekenntnisse darstellen. In ihrem Zentrum steht die Passion.

4. Das leere Grab Hegels und die Liebe als Passion

In der anfangs beschriebenen Passions-Szene des letzten Gedichts Heines verdichten sich mehrere Motive: das Grab Christi, die Passionsblume und die Liebe als Passion. Im Mittelpunkt von Heines Transformation ikonografischer Bildprogramme aus den drei religionsgeschichtlichen Überlieferungen Athen, Judäa und Golgatha in einen Schauplatz der Imagination steht das stumme Zwiegespräch und Kosen zwischen »Marterblume und ihr[em] Tote[n]«. Mit der Imagination des lyrischen Ich als toter Mann im schönen Marmorsarkophag ist dieser Schauplatz – im Anschluss an die Hegelpassagen in den »Geständnissen« – auch als Ort einer anderen, poetisch-melancholischen Subjektivität zu lesen, die eine Gegenstellung zu Hegels Begriff einer abendländischen Subjektivität einnimmt. Denn Hegel ging davon aus, dass der Mensch über den Verlust des Heiligen Landes und den Anblick des leeren Christus-Grabes zu Selbstbewusstsein und unendlicher Freiheit gefunden habe. Diesen Verlust, der zugleich die Geburtsstunde des abendländischen Subjekts ist, hat er in seinen »Vorlesungen über die Philosophie der Geschichte« als Moment der Enttäuschung der Christenheit über das leere Grab Christi beschrieben. Im Kapitel über die Kreuzzüge, in dem er danach fragt, welcher Mangel es sei, der die Christenheit »befällt und sie außer sich treibt«, entwirft Hegel eine signifikante Untersuchungsanordnung; er betrachtet die Natur der christlichen Religion nach der Seite, »wonach sie einen Fuß in der Gegenwart des Selbstbewußtseins hat«,[8] anders gesagt: Er untersucht das Nachleben der christlichen Religion im Selbstbewusstsein der säkularisierten Kultur.
Ausgangspunkt ist dabei seine These vom Mangel eines besonderen ‚Diesseits', das er als Folge der spezifisch christlichen Konzeption des Göttlichen deutet, die eine sinnliche Gegenwart Gottes im Äußerlichen postuliert. Im Zentrum dieser Konzeption steht der Charakter der Christus-Figur – Hegel benennt ihn im Text stets mit dem kursiv gesetzten »Dieses« – als einer göttlichen Natur, die »in der Einheit mit der menschlichen Natur in der Gegenwart« ist. Diese Vorstellung einer äußerlichen Gegenwart des Göttlichen habe ein unendliches Bedürfnis nach dieser Art Gegenwart in Gang gesetzt. Während die Hostie zwar eine sinnliche Gegenwart von Christus' Opfer im Sakrament der Eucharistie bedeute, durch das dieses Opfer »alle Tage«[9] geschieht, könne doch jedes einzelne Abendmahl immer nur eine allgemeine Transsubstantiation bedeuten, nicht aber eine »im Raume partikularisierte Gegenwart«: als eine in der Zeit vergangene Gegenwart, aber ein im Raum erhaltenes Diesseits. »Dies Diesseits nun ist es, was der Christenheit abgeht, was sie

---

8 Georg Wilhelm Friedrich Hegel: Vorlesungen über die Philosophie der Geschichte. Frankfurt a.M. 1970 [= Werke, Bd. 12], hier: S. 467f. (Hervorhebung im Original).
9 Ebd., S. 468.

noch gewinnen muß.«[10] Damit entspringt nach Hegel der Einheit von göttlicher und menschlicher Natur in der Christusfigur ein Mangel an sinnlicher Gegenwart des Göttlichen, ein Mangel, der die Christen umgetrieben habe und den sie nicht zuletzt mit den Kreuzzügen ins Heilige Land zu befriedigen suchten. Die Kreuzfahrer wähnten sich im Besitz des höchsten Gutes, als sie Jerusalem und das Grab des Erlösers erobert hatten.

Im Grabe aber sieht Hegel den »Punkt der Umkehrung«; »im Grabe ist es, wo alle Eitelkeit des Sinnlichen untergeht.«[11] Denn am leeren Heiligen Grab, bei dessen Anblick die Kreuzfahrer die Erfahrung der Jünger wiederholen mussten, wurde die Hoffnung, »das Letzte ihrer Wahrheit«[12] zu finden, enttäuscht – und damit zugleich die Idee einer Verknüpfung des Endlichen mit dem Unendlichen, des Weltlichen mit dem Ewigen. Insofern ist das leere Grab für Hegel Symbol einer notwendigen Suche nach dem lebendigen Geist im Menschen selbst bzw. eines Umschlags von Sinnlichkeit in ein »geistige[s] Fürsichsein der Person«. Das Resultat, das die Kreuzfahrer aus dem Heiligen Land mitbrachten, war nach Hegel »von negativer Art«:

> daß nämlich für das Dieses, welches gesucht wurde, nur das subjektive Bewußtsein und kein äußerliches Ding das natürliche Dasein ist, dass das Dieses, als das Verknüpfende des Weltlichen und Ewigen, das geistige Fürsichsein der Person ist. So gewinnt die Welt das Bewußtsein, daß der Mensch das Dieses, welches göttlicher Art ist, in sich selbst suchen müsse; dadurch wird die Subjektivität absolut berechtigt und hat an sich selbst die Bestimmung des Verhältnisses zum Göttlichen.[13]

Dieser Augenblick wird von Hegel als Geburt von Subjektivität, Selbstvertrauen und Selbsttätigkeit und zugleich als endgültiger Abschied des Abendlandes vom Morgenland gedeutet.

Heinrich Heine, der im Wintersemester 1822/23 im Berliner Hörsaal von Hegels Vorlesung zur »Philosophie der Weltgeschichte« gesessen hatte, hat in der Hegel-Passage seiner »Geständnisse« (1854) wiederum vom Hegelschen Subjektbegriff Abschied genommen. Zwar zitiert er Hegels Beschreibung der Kreuzzüge als Suche nach dem Grab, wenn er beispielsweise in den »Salon«-Berichten 1831 bei der Beschreibung von Scheffers Bild »Leonore« von »einem katholischen gläubigen Zeitalter« spricht, »wo Hunderttausende, begeistert [...] nach dem Morgenlande wanderten, um dort ein Grab zu erobern.« (B 3, 35) Doch unterscheiden sich seine Folgerungen erheblich von denen Hegels, wenn er die Singularität des Jerusalemer Grabs umgehend tilgt, indem er die Kreuzfahrt als Metapher für das menschliche Leben liest, und fortfährt: »Sonderbare Zeit! Aber, wir Menschen, sind wir nicht alle Kreuzritter, die wir, mit allen unseren mühseligsten Kämpfen, am Ende nur ein Grab erobern?« Noch direkter unterminiert Heine die geschichtsphilosophische

10 Ebd., S. 469.
11 Ebd., S. 471.
12 Ebd.
13 Ebd., S. 472.

Deutung des leeren Grabes durch Hegel im Zusammenhang seiner Charakterisierung der »Götter im Exil« (1853) als »arme Heidengötter« und Emigranten, die nach dem Sieg des Christentums aus ihren heiligen Hainen flüchten, sich verstecken oder in volkstümlichen Gestalten verbergen mussten. Hier ist es der als Viehzüchter verkleidete Apollo, der als Heidengott erkannt und hingerichtet wurde und dessen Grab leer war, als man es wieder öffnete, um ihn wie einen Vampir mit einem Pfahl zu durchbohren: »aber man fand das Grab leer.« (B 6, 402) Nicht nur verlegt Heines Schrift über das Nachleben der antiken Götter in der europäischen Volkskultur die Szene des leeren Grabes nach Niederösterreich; sondern der Hirten-Apollo erscheint darin als Präfiguration der Auferstehung Christi und als dessen Wiedergänger zugleich.

In den kurz darauf publizierten »Geständnissen« hat Heine dann die Aufforderung Hegels, die göttliche Natur in sich selbst zu suchen, im Modus der ihm eigenen ironischen Schreibweise wörtlich genommen, um damit die dem Hegelschen ›Selbstbewusstsein‹ innewohnende Dialektik kenntlich und daran wiederum einen ganz anderen Mangel auszumachen: nämlich dass dem Menschen dafür die nötige Ausstattung fehle. Es habe seinem Hochmut geschmeichelt, als er von Hegel erfahren habe, »daß nicht, wie meine Großmutter meinte, der liebe Gott, der im Himmel residiert, sondern ich selbst hier auf Erden der liebe Gott sei.« (B 6, 473f.) Später aber habe er einsehen müssen, dass »die Repräsentationskosten eines Gottes« zu hoch seien und ihm vor allem zwei Dinge dafür fehlten, »viel Geld und viel Gesundheit«. (B 6, 475) So sei er in den »menschlichen Privatstand« zurückgetreten, in die »niedre Hürde der Gottesgeschöpfe«, eines »armselige[n] Menschgeschöpf[s]«, einer »seufzende[n] Kreatur«, eines »arme[n] Exgott[es]«, der selbst in seinen »göttlichsten Tagen [...] sehr oft den Teufel an dem Schwanz ziehen mußte.« (B 6, 476)[14] Damit kritisiert Heine nicht nur die Selbstüberhebung der Hegelschen Subjektivität in eine gottähnliche Position, sondern betont auch den Widerstreit der menschlichen Kreatürlichkeit zu dem, was Hegel das »geistige Fürsichsein der Person« nennt.

Als Heine zwei Jahre nach Publikation der »Geständnisse« das Gedicht »An die Mouche« schreibt, als ihm die Gesundheit noch weiter abhanden gekommen ist, kommt er noch einmal auf Hegels Szenario zurück. Dieses Mal geht es nicht so sehr um die mangelnde Ausstattung des Menschen für seine göttliche Natur als um das leere Grab, das Heine hier mit Hilfe der Imagination seines lyrischen Ich einnimmt und füllt. Wenn das lyrische Ich sich in die Position des toten Mannes begibt und damit gleichsam Leiden und Leidenschaft der Passion in sich selbst sucht, trifft es auf die Sterblichkeit als Moment einer unhintergehbaren Differenz zwischen göttlicher und menschlicher Natur. Am Ende des Zwiegesprächs, bevor die Passions-Szene vom lärmenden Parteienstreit unterbrochen wird, wird nämlich die

14 Zur Schreibweise der Geständnisse vgl. Sigrid Weigel: Heinrich Heines Geständnisse. Zur Archäologie einer Schreibposition zwischen »Confessiones« und »De l'Allemagne«. In: Stephan Braese u. Werner Irro (Hrsg.): Konterbande und Camouflage. Szenen aus der Vor- und Nachgeschichte von Heines marranischer Schreibweise. Berlin 2002, S. 25-41.

Grenze zwischen Tod und Leben als Unterscheidung zwischen »beste[r] Wollust«, Signum des Erhabenen, und dem »Krampf der Leidenschaft« (B 6, 348) im Lebens-Glück betont. Das Gedicht evoziert damit eine Subjektivität, deren Sprache das Bild der christlichen Passion mit den Passionen des Subjekts verbindet – anstatt es im Begriff eines »geistigen Fürsichseins« aufzuheben.

Dabei erinnern Formulierungen aus der Gedichtsszene, insbesondere die Beschreibung der Blume der Passion als Blutzeugnis, in der die Marterinstrumente, alle »Requisiten der Passion«, abkonterfeit seien (B 6, 347), an eine Passage in der »Romantischen Schule«. Dort hatte Heine die romantische Literatur als Wiedererweckung einer Poesie des Mittelalters beschrieben, einer Poesie, die gleichsam dem Blute Christi entsprossen war:

> Was war aber die romantische Schule in Deutschland?
>
> Sie war nichts anders als die Wiedererweckung der Poesie des Mittelalters, wie sie sich in dessen Liedern, Bild- und Bauwerken, in Kunst und Leben manifestiert hatte. Diese Poesie aber war aus dem Christentume hervorgegangen, sie war eine Passionsblume, die dem Blute Christi entsprossen. (B 3, 361)

Indem er hier die bekannte Chiffre romantischer Kunst, die blaue Blume, durch die Passionsblume ersetzt oder auch im Symbol der blauen Blume deren Präfiguration durch die Passionsblume erkennt, macht Heine nicht nur den christlichen Subtext der Romantik lesbar. Seine Erörterungen der Passionsblume bringen eine eigene passionierte Bindung an diesen Subtext zum Ausdruck. Sie ist vor allem jener spezifischen Affektlage geschuldet, die für ihn im Bild der Passionsblume zur Darstellung kommt:

> Es ist jene sonderbare mißfarbige Blume, in deren Kelch man die Marterwerkzeuge, die bei der Kreuzigung Christi gebraucht worden, nämlich Hammer, Zange, Nägel usw., abkonterfeit sieht, eine Blume die durchaus nicht häßlich, sondern nur gespenstisch ist, ja, deren Anblick sogar ein grauenhaftes Vergnügen in unserer Seele erregt, gleich den krampfhaft süßen Empfindungen, die aus dem Schmerze selbst hervorgehen. In solcher Hinsicht wäre diese Blume das geeignetste Symbol für das Christentum selbst, dessen schauerlichster Reiz eben in der Wollust des Schmerzes besteht. (B 3 361f.)

Das Bild der Passionsblume gehört in Heines poetischer Sprache einer Ordnung der Ähnlichkeit[15] an und damit einer anderen Sprachordnung vor dem Zeitalter der Zeichen. Innerhalb einer solchen Ordnung der Ähnlichkeit lässt sich das Bild auch umkehren. Es ist nicht nur die Blume, die aufgrund einer morphologischen Ähnlichkeit mit den Marterwerkzeugen nach der Passion benannt wurde. Es ist die Passion Christi, die selbst zur Blüte wird, nämlich zur sublimsten Blüte, die die als

---

15 Michel Foucault: Die Ordnung der Dinge. Eine Archäologie der Humanwissenschaften. Frankfurt a.M. 1974.

leibfeindlich kritisierte jüdische Religion hervorgebracht hat, wie es in »Zur Geschichte der Religion und Philosophie in Deutschland« heißt:

> Die Juden achteten daher den Leib als etwas Geringes, als eine armselige Hülle des Ruach hakodasch, des heiligen Hauchs, des Geistes, und nur diesem widmeten sie ihre Sorgfalt, ihre Ehrfurcht, ihren Kultus. Sie wurden daher ganz eigentlich das Volk des Geistes, keusch, genügsam, ernst, abstrakt, halsstarrig, geeignet zum Martyrtum, und ihre sublimste Blüte ist Jesus Christus. Dieser ist im wahren Sinne des Wortes der inkarnierte Geist, und tiefsinnig bedeutungsvoll ist die schöne Legende, daß ihn eine leiblich unberührte, immakulierte Jungfrau, nur durch geistige Empfängnis, zur Welt gebracht habe. (B 3, 566)

Mit dieser Bezeichnung von Christus als sublimster Blüte wird deutlich, dass die Passion bei Heine einen Schnittpunkt zwischen einer Kulturgeschichte der Affekte und Figuren aus der Religionsgeschichte markiert. In einer Aufzeichnung zum Verhältnis zwischen dem Heiligen in der Natur und dem Kunstwerk finden sich folgende Überlegungen:

> Schön ist das Kunstwerk, wenn das Göttliche sich dem Menschlichen freundlich zuneigt: Diana küßt Endymion – erhaben, wenn das Menschliche sich zum Göttlichen gewaltsam emporhebt: Prometheus trotzt dem Jupiter – Agamemnon opfert sein Kind – Christus schön und erhaben zugleich – (B 6, 628, Hervorhebung im Original).

Schön und erhaben zugleich steht die Christusfigur – als ein Hybrid: halb Mensch, halb Artefakt – auf der Schwelle zwischen Immanenz und Transzendenz, zwischen Religion und Kunst. Insofern fällt sie aus der ästhetischen und rhetorischen Theorie des Erhabenen, als Verwandlung von Schrecken in Schönheit, heraus. Heines Passion ist vielmehr eine Pathosformel, in der die Gleichzeitigkeit von Schönheit und Gewalt, von Göttlichem und Menschlichem, von Lust und Schauder sich verdichten.

5. Zum Begriff der Passion – zwischen Leiden und Leidenschaft

In dieser Lesart profitiert Heine von einer Kulturgeschichte, in der sich der Begriff der *passio*, die lateinische Übersetzung für das griechische Wort *pathos*, das soviel wie (Er-)Leiden heißt, längst in die Bedeutung von Leidenschaft verwandelt hatte. Erich Auerbach hat dieser Transformation seinen schönen Aufsatz »Passio als Leidenschaft« (1937) gewidmet. In Abgrenzung zu *pathos*, das für alles steht, »was passiv aufgenommen, empfangen, erlitten wird«,[16] bewegen sich Auerbachs Lektüren entlang der Herausbildung und Profilierung des aktiven, ekstatischen Moments

16 Erich Auerbach: Passio als Leidenschaft. In: Ders.: Gesammelte Aufsätze zur romanischen Philologie. Bern 1967, S. 161-175, hier: S. 164. Vgl. dazu auch Sigrid Weigel: Pathos – Passion – Gefühl. Schauplätze affekttheoretischer Verhandlungen in Kultur- und Wissenschaftsgeschichte. In: Dies.: Literatur als Voraussetzung der Kulturgeschichte. Schauplätze von Shakespeare bis Benjamin. München 2004, S. 147-172.

von Passion. Hatte das *pathos*, verstanden als *kinesis tes psyches*, lat. *motus animi*, in der Stoa eine negative Bedeutung erhalten, als Unruhe, lat. *perturbatio*, und als Gegenbegriff das Ideal der Apathie hervorgebracht, so entdeckt Auerbach schon in Augustinus »De Civitate Dei« eine Rehabilitierung der Passion. Dort nämlich ist u.a. von *bonae passiones* die Rede, obwohl auch Augustinus ansonsten die *passio* als *motus contra rationem* beschreibt. Doch, so Auerbach:

> Stoische und christliche Weltflucht sind tief verschieden. Nicht den Nullpunkt der Leidenschaftslosigkeit außerhalb der Welt, sondern das Gegenleiden, das leidenschaftliche Leiden in der Welt und damit auch gegen die Welt ist das Ziel christlicher Weltfeindschaft; und gegen das Fleisch, gegen die bösen passiones dieser Welt, setzen sie weder die stoische Apathie, noch auch die »guten Gefühle« (bonae passiones, s.o.), um etwa durch vernünftigen Ausgleich die aristotelische Mitte zu gewinnen – sondern etwas ganz Neues, bis dahin Unerhörtes: die gloriosa passio aus glühender Gottesliebe.[17]

Aus dieser Haltung konnte nicht nur die Figur des Märtyrers entstehen, sie war auch Möglichkeitsbedingung für die christliche Mystik, vor allem für die Passions- und Brautmystik, die seit dem zwölften Jahrhundert die mittelalterliche Kultur nicht unwesentlich geprägt haben. »[W]ie eng die Inhalte ›Leiden‹ und ›schöpferische, ekstatische Liebesleidenschaft‹ aneinander rücken«,[18] belegt Auerbach mit einer Fülle von Zitaten: von der zisterziensischen Mystik, Bernhard von Clairvaux und Bonaventura über die Literatur im Umfeld der Stigmatisierungswunder an Franz von Assisi und die figurale Bibeldeutung des Mittelalters bis hin zu den »Paradoxien der Passion«[19] im Petrarkismus bzw. in der Liebespoesie der Renaissance. Begründet, legitimiert und konventionalisiert durch die Passion Christi (gr. *pathemata*) konnten leidenschaftliche Affektmomente offenbar auch in die nicht-christliche Literatur übergehen. Die Motive der Liebesqual, der Entrückung und Verzückung, des Verbrennens, der Trunkenheit etc. finden sich, so Auerbach, auch in der profanen Liebespoesie, »zuweilen so stark, daß man zweifeln kann, ob man es überhaupt mit profaner Dichtung zu tun hat«.[20]

In Heines Umgang mit der Passion zeigt sich eine gegenüber der ein Jahrhundert nach ihm geschriebenen kultur- und begriffsgeschichtlichen Analyse umgekehrte Perspektive. Seine Schreibweise legt die christliche Passionsszene in den Passionen, d.h. in den Leidenschaften der europäischen Kulturgeschichte wieder frei. Wenn man die Verwendung des Begriffs »Passion« in Heines Schriften verfolgt, dann zeigt sich, dass er das Wort zunächst – ganz umgangssprachlich – als Leidenschaft verwendet, im Sinne von »eine Passion für etwas haben«. Es ist dann jedoch auffällig, dass er in seinen Berichten vom Theater, in »Über die Französische Bühne«, bei den affekttheoretischen Zusammenhängen der Dramentheorie und Poe-

---

17 Auerbach, Passio (Anm. 16), hier S. 164.
18 Ebd., S. 167.
19 Ebd., S. 168.
20 Ebd., S. 170.

tologie – anders als Aristoteles und Lessing – nicht von Affekten wie Mitleid und Furcht spricht, sondern stets von Passion. Beispielsweise spricht er davon, dass die französischen Dichter mehr Passion hätten als die Deutschen. Und das Mitleid, Kernbegriff der antiken Katharsis, entdeckt er zunächst nicht im Drama, sondern in der Passionsszene. So jedenfalls, wenn er in »Ideen. Das Buch Le Grand« (1826), seiner Krypto-Autobiografie, die Erinnerung an die Schulprügel mit dem Bild des gekreuzigten Christus durch die Affektfigur des Mitleids verknüpft:

> In den dumpfen Bogengängen des Franziskanerklosters, unfern der Schulstube, hing damals ein großer, gekreuzigter Christus von grauem Holze, ein wüstes Bild, das noch jetzt zuweilen des Nachts durch meine Träume schreitet, und mich traurig ansieht mit starren, blutigen Augen – vor diesem Bilde stand ich oft und betete: O du armer, ebenfalls gequälter Gott, wenn es dir nur irgend möglich ist, so sieh doch zu, daß ich die verba irregularia im Kopfe behalte. (B 2, 267)

Ebenso wie in der Affekttheorie des Dramas das Mitleid die Zuschauer mit dem Personal verbindet, ist der Junge mit der Passions-Szene verbunden. Aufgrund dieser dramaturgischen Lesart kann Heine die Passion auch als großes Drama bezeichnen.

Eine Überlagerung des poetologischen, dramaturgischen Begriffs der Passion im Sinne von Leidenschaften mit dem Passionsbild des Martyriums Christi ereignet sich vor allem im Text »Die Stadt Lucca« (1830), wo der Erzähler mit Franzeska und Mathilde durch die Straßen und die Kirchen der Stadt geht und sich dort, gleichsam unmittelbar, mit einer gespenstischen Gegenwärtigkeit vergangener Physiognomien, Texte und Bilder konfrontiert sieht – abgestoßen von der Kirche als Institution, aber angezogen von den Szenen leibhaftiger Passionen, seien es die Prozessionen auf der Straße oder die Gemälde und Fresken in den Kirchen. Angesichts der Menschenströme, die sich durch die Gassen wälzen, heißt es etwa: »Ist ein ganzes Volk als nächtliches Gespenst aus dem Grabe gestiegen, um im tollsten Mummenschanz das Leben nachzuäffen?« (B 2, 488) Ganz ähnlich sind auf den alten Fresken Gesichter zu sehen, auf denen vergangene Gefühle lesbar werden:

> Es waren darauf Gesichter aus jener heldenmütigen Zeit Luccas, wovon in den Geschichtsbüchern Machiavells, des romantischen Sallusts, so viel die Rede ist, und deren Geist uns aus den Gesängen Dantes, des katholischen Homers, so feurig entgegenweht. Wohl sprechen aus jenen Mienen die strengen Gefühle und barbarischen Gedanken des Mittelalters (B 2, 498).

Diese leibhaftige Gegenwärtigkeit der Geschichte in den Mienen der Dargestellten verwandelt nicht nur den Diskurs über Religion in einen passionierten Dialog und in eine Faszination für das Nachleben der Affekte in den Bildern, sondern sie ergreift und verwandelt auch den Erzähler selbst, so dass seine Gegenwart mit dem Ewigen unmittelbar zusammentritt:

> Ich, dessen Herz in die entferntesten Jahrtausende der Vergangenheit und der Zukunft immer tiefer und tiefer Wurzeln schlägt, ich, der ich selbst einer der ewigsten Men-

> schen bin, jeder Atemzug ein ewiges Leben, jeder Gedanke ein ewiger Stern – ich sollte nicht an Unsterblichkeit glauben? (B 2, 503)

Während er seinen Gang durch die Stadt nach dem Modell von Dantes »Göttlicher Komödie« gestaltet – »Die Bäder von Lucca« als Hölle, der Gang von Mathilde und Erzähler durch »Die Stadt Lucca« analog zu Dantes und Vergils Gang durchs Purgatorium –, erschließen sich dem Blick des geschulten Flaneurs die Bilder einer passionierten Geschichte, die auch in der Moderne fortleben. Wo Flanerie und Dantescher Höllengang sich überlagern, legt der Blick die in den Affekten und in den Bildern nachlebenden Pathosformeln der Passion frei.

Aufruhr und Nivellierung

Ästhetische und politische Virtuosität im Spätwerk Heines

Michael Gamper

Das Phänomen der ›Virtuosität‹ hat den Kunstbetrieb um 1830 entscheidend verändert. Die sozioökonomischen Verschiebungen in der ersten Hälfte des 19. Jahrhunderts, die den Musikbetrieb zunehmend den Marktgesetzen unterwarfen und das Konzert vom Bestandteil höfischer Repräsentation in ein ökonomisches Unternehmen umformten,[1] rückten Aspekte wie Vorherrschaft der Technik, Geltungsdrang der Musiker und Oberflächlichkeit des Publikums ins Zentrum der kritischen Beobachtung des Konzertwesens. Es waren deshalb sowohl produktionsästhetische wie rezeptionsästhetische Momente, die hervorgehoben wurden, wenn es darum ging, die Leistung von Figuren wie Paganini, Liszt, Clara Schumann oder Thalberg zu würdigen. Besonders skeptisch beobachtete Robert Schumann in seiner Gegenwart eine Verschiebung der Gewichte, durch welche die Bedeutung der Komposition zunehmend gegenüber der Aufführung in den Hintergrund trat. Dabei registrierte er Veränderungen sowohl bezüglich der Struktur der Musikstücke als auch des Publikums und setzte diese in direkten Zusammenhang. Er stellte so eine Beziehung her, deren spezifische historische Konturierung in der Mitte des 19. Jahrhunderts in diesem Beitrag untersucht werden soll. Weiter notierte Schumann in seinen Aufzeichnungen: »Die Masse will Massen«, und registrierte damit eine Aufblähung des musikalischen Kunstwerks unter dem Druck eines Publikums, das sich bloß hinsichtlich seiner Quantität charakterisieren ließ (GS I, 44). Diese neue Qualität des scheinbar Qualitätslosen ließ sich, so Schumann, in *Termini* des ›Gewöhnlichen‹ und des ›Oberflächlichen‹ beschreiben: »Es ist das Zeichen des Ungewöhnlichen, daß es nicht alle Tage gefaßt wird; zum Oberflächlichen ist der größere Theil stets aufgelegt, z.B. zum Hören von Virtuosensachen.« (GS I, 91)

Zumindest in Bezug auf die neue Verfasstheit des Konzertpublikums hat Schumann einen bestimmenden Zug des Kunstbetriebs seiner Gegenwart getroffen. Im Vergleich zum höfischen Konzert, aber auch zu spezifischeren bürgerlichen Formen wie dem Salonkonzert, zeichnete sich das Publikum von Virtuosenkonzerten durch eine Heterogenität der Herkunft aus, die den Zusammenhalt der Menge nur für die Dauer des Anlasses garantierte. Diese locker gestrickte soziale Kohäsion machte Eduard Hanslick in seiner »Geschichte des Concertwesens in Wien« von 1869 denn auch zu einem grundlegenden Aspekt seiner Darstellung der Periode von 1830 bis 1848, die er die »Virtuosenzeit« nannte.[2] Die »leicht bewegliche Menge« bzw. das »große Publikum« habe sich dort mit einem »Cultus der virtuosen Persönlichkeit«

---

1 Vgl. Hanns-Werner Heister: Das Konzert. Theorie einer Kulturform. 2 Bde. Wilhelmshaven/Locarno/Amsterdam 1983, Bd. I, S. 190-373.

2 Eduard Hanslick: Geschichte des Concertwesens in Wien. Wien 1869, S. 324-352.

verbunden, die im Zusammenspiel heftige Reaktionen ausgelöst hätten.[3] Vor allem Franz Liszts Erscheinung, »deren dämonische Gewalt Alles mit sich fortriß«, stand dabei im Zentrum. Ein »begeisterter Taumel« der Zuhörer, die »Entzückung des Publikums« und das »Delirium der Journale« registrierte Hanslick als charakteristische Vorkommnisse an den Konzerten.[4] Diese Effekte verdankten sich einem künstlerischen Repertoire, das »ungeheuren quantitativen Reichthum« aufweise, aber von »keinem künstlichen Prinzip beherrscht« werde und so »ein buntes, willkürliches Durcheinander« biete, mithin also selbst wiederum Charakteristika des Publikums annehme.[5] Denn Liszt würde zwar manchmal das Publikum zu sich heranziehen, oft aber »auf Unkosten des Tonstücks [...] sich zu dem Publikum herablassen«.[6]

Hanslick beobachtete an Liszt also Formen von unbeherrschter Herrschaft, die dadurch zustande kamen, dass die auratische Ausstrahlung des Künstlers zwar das Publikum im Griff hielt, diese Macht aber, weil ein ordnendes künstlerisches Prinzip fehlte, richtungslos und willkürlich blieb. Während die Kunst im Technisch-Artistischen verschwand, wurde gleichzeitig das Publikum zum Spielball unkontrolliert freigesetzter Affekte und Launen. Diese »revolutionierende Wirkung«, die Hanslick neben Liszt auch Paganini zuschrieb,[7] zeitigte Konsequenzen für die soziale Konsistenz des Auditoriums und dessen politische Verlässlichkeit. Sie war zugleich Symptom und Symbol einer allgemeiner gültigen neuen sozialen Konfiguration von herausragendem Individuum und Kollektiv in einer Zeit, in der der Kopf des Königs schon gerollt, der Star aber noch nicht geboren war.

Der Virtuose ist auf Grund dieser Charakteristik eine Gegenfigur zum »großen Mann«, den der Philosoph Victor Cousin 1828 in seiner »Introduction à l'histoire de la philosophie« als Repräsentant des Volks und als Individuum gewordene allgemeine Idee beschrieben hat.[8] Der Sozialstatistiker Adolphe Quetelet wiederum hat den »großen Mann« als dauerhafte Führungs- und Orientierungsfigur der Nation skizziert. Nicht weil sie durch die »glänzendsten Eigenschaften« herausragten, sondern weil sie »Typen der Epoche« und in ihnen »die Gefühle und Fähigkeiten Aller zusammengefaßt« seien, könnten die »großen Männer« auch »eine Ueberlegenheit über die Massen« ausüben. Quetelet umriss damit 1848 in »Du système social« eine Theorie der sozialen Leitfigur, welche die Menge beherrscht, weil sie den »Schwerpunkt« bildet, »um den sich die ganze Organisation« bewegt.[9] ›Politischer Virtuose‹ und ›großer Mann‹ haben so gemeinsam, dass sie einen direkten, nicht durch Gesetze oder staatliche Gewalt vermittelten Einfluss auf die heterogenen, durch keine feste und dauernde soziale Bindung zusammengehaltenen großstädtischen Menschenmengen ausüben. Sie unterscheiden sich aber dadurch voneinan-

3 Ebd., S. 337, 102, 331.
4 Ebd., S. 334, 335, 348.
5 Ebd., S. 337.
6 Ebd., S. 337.
7 Ebd., S. 414.
8 Victor Cousin: Introduction à l'histoire de la philosophie. [4]Paris 1861, S. 201-225.
9 Adolphe Quetelet: Zur Naturgeschichte der Gesellschaft [1848]. Hamburg 1856, S. 271.

der, dass der eine Typus, eben der ›große Mann‹, eine dauerhafte Macht über die Masse ausübt, während der andere, der ›Virtuose‹, sich durch eine unbeherrschte, nicht auf Kontinuität und bestimmte Zwecke ausgerichtete Herrschaft auszeichnet.

Die hier knapp skizzierte Neuformierung eines Sozialen, die gleichermaßen die Verfassung der Kunst wie der Politik und damit die Ordnung der Gesellschaft als Ganzer betrifft, hat kaum einer so intensiv beobachtet und prägnant gestaltet, wie während der Julimonarchie in Paris Heinrich Heine. In der »Lutetia« zeichnete er eine doppelte Verschiebung nach, bei der sich die Prozesse in ihren Verhältnissen wechselseitig spiegeln: zum einen der Wechsel vom ›großen Mann‹ zum Virtuosen der Politik und damit von der als Gefolgschaft gebündelten Masse zum Großstadtproletariat (I.), zum anderen vom Künstler zum Virtuosen und so vom räsonnierenden zum konsumierenden Publikum (II.). Es macht dabei die besondere Qualität von Heines Reflexionen und Bildern aus, dass in ihnen auch immer sein eigenes Schreiben und die eigene Involviertheit in diese Prozesse reflektiert werden (III.).

I.

Als Inbegriff des ›großen Mannes‹ hat Heine Napoleon Bonaparte porträtiert. Im zweiten Teil der »Reisebilder« hat er ihn als einen »Großen« dargestellt, der mit »den Großen der Vergangenheit« in einer »mystischen Gemeinschaft« lebe (DHA VI, 159). In »Nordsee III« zeigte er den ›großen Mann‹ Napoleon als einen intuitiv-synthetischen Geist, der, was andere »durch langsames analytisches Nachdenken und lange Schlussfolgen erkennen«, »im selben Momente angeschaut und tief begriffen« habe und deshalb ein »Talent« besitze, »die Zeit, die Gegenwart zu verstehen, ihren Geist zu kajoliren, ihn nie zu beleidigen, und immer zu benutzen.« (DHA VI, 159) Diese Fähigkeiten versetzten Napoleon in die Lage, auf eine besonders effiziente Weise Macht auszuüben, nämlich »durch seine Kunst, die Massen zu begreifen und zu lenken« (DHA VI, 160). Diese »geniale Weise« (DHA VI, 160) der Einwirkung auf Kollektive ließ sich adäquat nicht in Termini der Politik und der Staatslehre beschreiben, sondern in denjenigen der Religion. Denn die Machtentfaltung des ›großen Mannes‹ glich insofern christlich-kirchlicher Herrschaftsweise, als auch diese eine Gemeinschaft dadurch zusammenschweißte, dass sie alle und jeden einzelnen zugleich ergriff und so durch innere Gleichausrichtung homogene Kollektive begründete. Die Wirkungsweise des ›großen Mannes‹ war so eine spezifische Variante des ›Pastorats‹, das von Michel Foucault als Matrix moderner Gouvernementalität bezeichnet worden ist – einer Form der Machtausübung also, die Kollektive formiert und unterwirft, in dem sie ihre Bestandteile individualisiert.[10] In der Erinnerung an den Ritt Napoleons durch den Düsseldorfer Hofgarten in »Ideen. Das Buch Le Grand« wird der Kaiser deshalb als göttergleiche

10 Vgl. Michel Foucault: Omnes et singulatim. Zu einer Kritik der politischen Vernunft. In: Ders.: Schriften in vier Bänden. Dits et écrits. Hrsg. Daniel Defert u. François Ewald unter Mitarb. v. Jacques Lagrange. 4 Bde. Frankfurt a.M. 2001-2004, Bd. IV, S. 165-198.

Gestalt geschildert, welche die Betrachter durch seine Erscheinung in Bann schlägt und dem »das Volk [...] tausendstimmig« zuruft: »es lebe der Kaiser!« (DHA VI, 194)

Im Paris der Julimonarchie aber fehlte eine solche Gestalt. Der Bürgerkönig agierte dort, wie es gleich zum Auftakt der »Lutetia« im ersten Beitrag heißt, durch »Verstellungskunst«, also durch ein Wechselspiel von »*simulatio* und *dissimulatio*«; er täuschte seine Untertanen »über die Motive seiner Handlungen, über seine geheimen Absichten, über sein Wollen und Streben« und gründete seine Regierung so auf eine Abkopplung der Ebenen von Schein und Sein (DHA XIII, 23). Diese Machttechnik zielte auf Undurchschaubarkeit. Hatte das Volk in Heines Porträt Napoleon noch als göttergleiche Figur bewundert und hatte Napoleon dabei in den »Herzen der Menschen« gelesen (DHA VI, 194), so waren nun die direkten Kanäle der Kommunikation unterbrochen. Louis Philippe werde »sich des einen oder anderen bedienen, je nachdem er den einen oder andern nöthig hat«, heißt es über den Umgang mit den Ministern. Was in diesem politischen System getan wurde, geschah deshalb immer über die Instrumentierung anderer und hatte seine Gültigkeit nur für den Augenblick, weshalb dauerhafte Bindungen durch autoritative Gesten obsolet geworden waren (DHA XIII, 23).

Dieses Verdikt galt auch für einen weiteren bestimmenden politischen Protagonisten der 1840er Jahre, den in verschiedenen Regierungsfunktionen tätig gewesenen Adolphe Thiers. Dieser zeichnete sich laut Heine aus durch »Behendigkeit und Geschmeidigkeit« (DHA XIII, 24), und sein Verhalten erschien als »leicht« und »beweglich« (DHA XIII, 51). Auch bei Thiers standen so Wesen und Erscheinung in einer korrumpierten Beziehung, und auch er spielte zu Zwecken der Machterhaltung eine »Rolle« (DHA XIII, 29). Dem entsprach auch, dass Thiers als »Indifferentist« bezeichnet werden konnte und in den »Französischen Zuständen« als »der mächtigste Verfechter des Perierschen Systems« (DHA XII, 87f.) gilt, also jener von Casimir Périer zu Beginn der Julimonarchie verfolgen Politik des *juste milieu*. Dieses Austarieren der Gegensätze in einem moderierten Mittelbereich, das die Extreme in jeder Form vermied, unterschied Thiers denn auch vom Typus des echten ›großen Mannes‹, wie ihn Napoleon verkörperte. Mit diesem hat er zwar die »unermüdliche Activität« (DHA XIV, 35) gemeinsam, doch seine proteusartige Produktivität im Bereich der Mittellage und des Mittelmäßigen ließen ihn nicht über das Prädikat hinauskommen, ein eben nur »kleiner Napoleon« (DHA XIII, 50) zu sein.

Diese Attribuierung bestimmte präzise die Differenz, in der Heine die politischen Zustände vor 1815 und nach 1830 porträtiert hat: nämlich als unterschiedliche Regimes, das eine von der Intuition und Autorität des ›großen Mannes‹ dirigiert, das andere von den ›politischen Virtuosen‹ in unbeherrschter Herrschaft zelebriert. Dieser Unterschied schlug sich auch in der Repräsentation der Menschenmengen und ihrer Anordnungen nieder. Auf dem Schauplatz der Geschichte, wo vorher dem ›großen Mann‹ noch sein »Gefolge« in Reih und Glied beigeordnet war und das »Volk« ihm »tausendstimmig« akklamierte (DHA VI, 193f.), wurde nun eine »Bürgerkomödie [...] mitsammt ihren parlamentarischen Heldenspielern und Comparsen« aufgeführt, der, so Heine, ein »Nachspiel« drohte, das »Communistenregiment« hieß. (DHA XIII, 139) Das bedeutete: Der auf unbeherrschte Herrschaft ausgerichteten virtuosen Politik von »*simulatio* und *dissimulatio*« korrespondierte ein Zustand der unzählbar Vielen, die von keinem sozialen Gefäß mehr zusammengehalten und geschützt und so zur bedrohlichen revolutionären Masse geworden waren.

II.

Auch Heinrich Heines Auseinandersetzung mit der musikalischen Virtuosität vollzog sich in ähnlicher Weise auf der Folie eines Gegenentwurfs, hier derjenigen eines ›wahren‹ Künstlertums. In seinen über verschiedene Texte verstreuten Äußerungen zur zeitgenössischen Musik hat er unterschieden zwischen einer gelungenen musikalischen Darbietung, die dem »Wesen der Musik« als »Offenbarung« gerecht werde, und einer ungenügenden Aufführung, die keine Überschreitung der konkreten Umstände des Konzerts zulasse. Musik realisiere sich zwischen »Gedanke und Erscheinung«, ihre kunstvolle Ausübung bestehe in der transzendierenden Vermittlung von »Geist und Materie«, schrieb Heine 1837 im neunten Brief »Über die französische Bühne«. (DHA XII, 273)[11] An diesen Ansprüchen mussten sich auch die Virtuosen messen lassen. In einer für die »Salon«-Ausgabe gestrichenen Passage aus der gleichen Schrift hat Heine deshalb »alle virtuosische[n] Tours-de-force, die nur von der überwundenen Schwierigkeit zeugen«, verworfen, und verwies diese »ins Gebiet der Taschenspielereyen, des Volteschlagens, der verschluckten Schwerter, der Balancierkünste und der Eyertänze«. Dieser Ästhetik der Verblüffung stehe eine Handhabung des Instruments entgegen, die bewirke, »dass man des materiellen Vermittelns ganz vergesse und nur der Geist vernehmbar werde« (DHA XII, 503). Auch in der Kunstpraxis wurde damit eine Diskrepanz deutlich zwischen einer in die Herzen zielenden Offenbarung einer göttergleichen Entität und einer virtuosen Verstellungskunst, die bloß auf oberflächliche Unterhaltung im Moment ihrer Aufführung zielte.[12]

In der »Lutetia« hat Heine am offenbarenden »Wesen der Musik« als funktionaler Orientierungshilfe festgehalten. Es bildete den Standpunkt, von dem aus sich die

---

11 Zu Heines journalistischen Arbeiten über Musik vgl. Michael Mann: Heinrich Heines Musikkritiken. Hamburg 1971.

12 Das jenseits der gesellschaftlichen Bedingungen angesiedelte Reich der Kunst, in der Menzel-Rezension und der Schrift »Französische Maler« 1828 beziehungsweise 1831 noch als veraltet abgelehnt (DHA X, 247f.; XII, 47), wird so Ende der 1830er Jahre in neuer Weise Bezugsfeld während einer Epoche, in der »das Geld [...] der Gott unserer Zeit und Rothschild [...] sein Prophet« seien (DHA XIII, 123). Vgl. dazu Peter Uwe Hohendahl: Ästhetik und Journalismus. In: Ders.: Geschichte – Opposition – Subversion. Studien zur Literatur des 19. Jahrhunderts. Köln/Weimar/Wien 1993, S. 130-167, hier: S. 152 u. 155

virtuosen Kunstbemühungen und ihre Effekte bewerten ließen. Es war diese Perspektive, aus der die Virtuosität in der »Lutetia« als zutiefst kontaminiert von einer allgemein um sich greifenden Massenhaftigkeit erscheinen musste. Denn die Virtuosität war in Heines Darstellung ein Phänomen, das ganz den Gesetzen der großen Zahl und der allgemeinen Konformität unterlag. Unter dem Datum des 20. April 1841 stellte Heine fest, dass »man hier fast in lauter Musik ersäuft, daß es in Paris fast kein einziges Haus giebt, wohin man sich wie in eine Arche retten kann vor dieser klingenden Sündfluth, daß die edle Tonkunst unser ganzes Leben überschwemmt«. Musik und ihre Wirkung im Zeichen des Virtuosen erhielten damit eine deutlich pejorativere Note als noch in den 1830er Jahren. Denn war Heine im neunten Brief von »Über die französische Bühne« das mächtige Strömen der Musik während der musikalischen Saison noch Teilhabe an »den Leiden und Freuden des ganzen Menschengeschlechts« gewesen (DHA XII, 275), so war es ihm nun ein Phänomen, das »mehr ängstigt als erfreut« (DHA XIII, 125). Diesen unterschiedlichen Wirkungen der Musik entsprachen in Heines Darstellung auch spezifische Weisen der Kollektivfigurierung: Meyerbeer habe es verstanden, so Heine in »Über die französische Bühne«, »in dem Strome der harmonischen Massen [...] die besonderen Empfindungen des einzelnen Menschen« in dem »Gesammtgefühl eines ganzen Volkes« aufgehen zu lassen (DHA XII, 275). Auch in der »Lutetia« gestand er zwar einem herausragenden Virtuosen wie Franz Liszt noch zu, dass er nicht nur »die hysterische Damenwelt« in einen »wahnsinnigen Enthusiasmus« versetzen, sondern auch das Klavier zum Verschwinden und die Musik zur Offenbarung bringen könne (DHA XIII, 125). Doch die Zeit der großen und genialen Maestri und Virtuosen, die noch eine im positiven Sinne verstandene »social[e]« Kunst (DHA XII, 275) betrieben hätten, schien nun zu Ende zu gehen. Denn im Scheitelpunkt der Julimonarchie dominierte eben, analog zum politischen System des *juste milieu* der Louis Philippe, Périer und Thiers, musikalisch die Menge der Mittelmäßigen.[13] »Wie Ileuschrekkenschaaren kommcn dic Clavicrvirtuoscn jcdcn Wintcr nach Paris« und machen das Pianoforte zum »Marterinstrument«, schrieb Heine im März 1843. »Die grellen Klimpertöne ohne natürliches Verhallen, diese herzlosen Schwirrklänge, dieses erzprosaische Schollern und Pickern« töte »all unser Denken und Fühlen, und wir werden dumm abgestumpft, blödsinnig« (DHA XIV, 45).

In den Virtuosen des Pariser Kunstbetriebs erkannte Heine Agenten einer unheimlich gewordenen Bewegtheit der Moderne, die von Struktur und Betriebsamkeit der Industrie und der Geldwirtschaft geprägt war. Die »Triumphzüge der Claviervirtuosen« kündeten vom »Sieg des Maschinenwesens über den Geist«, so klagte Heine, und nach Paris, so bemerkte er weiter, kämen die Klavierspieler »weniger um Geld zu erwerben als vielmehr um sich hier einen Namen zu machen«. Paris sei ihnen der »Annoncenpfahl, wo ihr Ruhm in kolossalen Lettern zu lesen«

---

13 Heines Analysen haben sich damit kritisch in das ›Mittelmäßigkeits‹-Dispositiv eingeschrieben, das sich seit den späten 1820er Jahren etwa in Victor Cousins eklektizistischer Philosophie, Adolphe Quetelets sozialstatistischen Theorien und Alexis des Tocquevilles Untersuchungen zur amerikanischen Demokratie konstituiert hat.

sein sollte, und die Journale dienten der Verbreitung des Namens als Übertragungsmedien, welche die Virtuosen »mit der größten Virtuosität« zu handhaben wüssten (DHA XIV, 45f.). Heine registrierte hier ein allgemeines Reklamewesen, das im Musikbetrieb durch die Reisevirtuosen und deren Bedürfnisse ja auch tatsächlich Einzug gehalten hatte. Nach 1830 hatten sich immer mehr Solisten auf das Konzertieren als Haupteinnahmequelle verlegt, was den Auftritt an möglichst vielen Orten nötig machte, um die Einnahmen zu maximieren. Die Virtuosen bedienten sich der verbesserten Verkehrs- und Kommunikationswege und profitierten von der Tatsache, dass Solokonzerte nun auch ohne Orchesterbegleitung möglich waren.[14] Die Entortung der eigenen Existenz haben die Reisevirtuosen aber nicht nur durch die Benützung neuer Verkehrsmittel betrieben, sondern auch durch ein ökonomisches Konzept, demzufolge ihre Person in den örtlichen Medien der Reklame schon vorhanden sein musste, bevor sie selbst leiblich in die betreffenden Städte reisten. Die Abhängigkeit von der Reklame griff dabei zunehmend auch in die zeitliche Struktur der öffentlichen Anerkennung ein: Das Renommee der Virtuosen war zwar intensiv und ausgeprägt, aber nicht von langer Dauer. Heine sprach diesbezüglich von der »Eintags-Reputazion der Virtuosen« (DHA XIV, 133).

Neben dieser phantomhaften Existenz der Virtuosen in der Reklame war es aber auch ein umfassendes System der Vermittlung, dem diese ihren Erfolg verdankten und das von Heine kritisch reflektiert wurde. Die Reklame begründete ein grundsätzlich verändertes Verhältnis zu den Rezipienten, das den ganzen Musiksektor, mithin auch die Komponisten, erfasste. So wird Meyerbeer[15] als ein Meister der »Instrumentazion« bezeichnet (DHA XIII, 131), der sich seine Kompositionen zusammenkaufe und seinen Erfolg der geschickten Einwirkung auf Operndirektoren, Chefs de Claque und Journalisten verdanke.[16] Der manipulativen Benutzung der »niederträchtigsten Instrumente« verdankten sich so »die großen Effekte [...] auf die große Menge, die ihn bewundert, anbetet, verehrt und sogar achtet« (DHA XIII, 131). Der gewiefte Musikunternehmer zeigte sich so als in Zweck-Mittel-Relationen kalkulierender Demagoge, der sein Publikum nicht durch die Macht seiner Kunst, sondern durch die avancierten Vermittlungstaktiken des Kunstmarkts zu gewinnen versuchte. Meyerbeer wurde so zur prominentesten Chiffre für den Wandel vom kunstverständigen zu einem kunstkonsumierenden Publikum.

Durch diese Strategien der Reklame, die ganz auf den Praktiken von »*simulatio* und *dissimulatio*« beruhte, begaben sich die Virtuosen aber auch in ganz neuer Weise in Abhängigkeit von der »rohen Menge« (DHA XIII, 68), wie Heine am Beispiel der Sängerin Sophie Löwe und ihres Misserfolgs in Paris explizierte. Dieser

---

14 Vgl. Heister, Konzert (Anm. 1), Bd. I, S. 289-301, und Walter Salmen: Das Konzert. Eine Kulturgeschichte. München 1988, S. 142f.

15 Meyerbeers Einschätzung in der Buchversion der »Lutetia« fällt deutlich negativer aus als in den vorhergehenden Publikationen; zu Heines wechselhaftem Verhältnis zu Meyerbeer vgl. Mann, Musikkritiken (Anm. 13), S. 58-61, 104-107.

16 So in der Anschuldigung durch den Konkurrenten Gasparo Spontini, die Heine in Nr. XII der »Lutetia« zwecks Verhöhnung beider Musiker unwidersprochen wiedergab (DHA XIII, 67-69).

musste besonders krass ausfallen, weil sich dabei manifestierte, wie sehr sich in der Virtuositätsproblematik auch die gegenüber den deutschen Ländern avancierten gesellschaftlichen Verhältnisse Frankreichs spiegelten. Heine vermutete, die Sängerin habe zu viel »deutsche Seele« in ihrer Stimme, um bei der französischen »Masse des Volks« Beifall zu finden. Diese verlange nach »Geist und Passion« in einer »unruhigen, stürmischen, gehackten, aufreitzenden Form«, also in der Weise einer virtuosen Kunst, wie sie sich unter den Bedingungen des industrialisierten Kunstsystems der Julimonarchie durchgesetzt hatte (DHA XIII, 129). Virtuose und heterogenes, nivelliertes und nivellierendes Publikum verlangten sich so gegenseitig. Dabei gingen die Exaltationen des Virtuosen auf seine Zuhörer über. In den begeisterten Reaktionen auf Liszts Konzerte, in der »Lisztomanie«, erkannte Heine denn auch eine »wahre Verrücktheit, wie sie unerhört in den Annalen der Furore« sei (DHA XIII, 131f.).

Virtuose und Publikum zeigten sich so in einem ähnlichen Bedingungsverhältnis, wie es schon für die Beziehung der Politik-Virtuosen der Julimonarchie und den Untertanen beschrieben werden konnte. Die auf die momentane Wirkung beschränkte Simulationskunst der politischen wie der künstlerischen Virtuosen konnte dabei die ihr ausgesetzten Kollektive nicht dauerhaft binden, vielmehr erzeugte sie in den Menschen einen inneren bzw. äußeren Aufruhr. Tumulte in den Konzertsälen und Aufstände in den Vorstädten wurden so deutlich als Ereignisse, die unverkennbar die gleiche Zeitsignatur trugen.

III.

Heine analysierte aber nicht nur die tiefe Verflochtenheit von Massenpublikum und Virtuosität und zeigte deren Relevanz für die gesellschaftliche Verfassung, sondern demonstrierte überdies, dass es gegenüber diesen Entwicklungen kein Außen gab – auch nicht für die Kritik. Heines Schreiben war selbst zutiefst mit der kunstindustriellen Situation verbunden, die er beschrieb und beklagte. So hatte Heine zur Abfassungszeit der Journalartikel der »Lutetia« in den frühen 1840er Jahren zu den Presse-Propagandisten von Meyerbeer gehört und mit diesem erfolgreich kooperiert.[17] Und auch zu den politischen Virtuosen der Zeit stand er in persönlichem Kontakt und befand sich teilweise in finanzieller Abhängigkeit von ihnen.[18] Aber auch den unmittelbaren, momentanen Effekten der Virtuosenkunst entging der Schreibende nicht. So musste der Berichterstatter gestehen, dass ihn Liszts Spiel so stark ergreife, dass »bey jedem Ton, den die Hand auf dem Klavier anschlägt, auch die entsprechende Klangfigur in [s]einem Geiste« aufsteige, dass also »die Musik [s]einem innern Auge sichtbar« werde (DHA XIV, 288). Die auf Chladnis Ent-

17 Vgl. die Erläuterung von Volkmar Hansen in DHA XIII, 1568, sowie Heines Brief an Meyerbeer v. 12. Mai 1841 in: HSA 23, 490f.

18 Zu denken ist dabei an die Staatspension, die Heine auf Initiative von Thiers erhalten hat; zu diesen Zahlungen, der öffentlichen Debatte darum und den strittigen Punkten in der Forschung vgl. DHA XIV, 792-798.

deckung der Klangfiguren[19] referierenden synästhetischen Effekte waren in diesem Fall aber nicht nur bedrängende subjektive Grenzerfahrungen des rezipierenden Individuums, sie verbanden hier auch Heines Schriftstellerei aufs Innigste mit dem Virtuosentum Liszts. Denn die durch die Gewalt der Töne evozierten inneren Bilder wurden in der Tätigkeit des Musikkritikers Wort und gingen, durch eine synästhetische Verkopplung der Künste, in die Texte Heines ein. Sie fungierten dort als dem wehrlosen schreibenden Subjekt von außen aufgenötigte Momente des Fremden, als von der performativen Wirkungsmacht des Virtuosen aufgezwungene Elemente, durch die das schreibende Ich seine Souveränität verlor, sein Text aber seine bestimmende Charakteristik gewann.

Es waren aber nicht bloß die Eigenheiten von Heines Schreibart, die sein Schaffen unlösbar mit dem Virtuosentum verklammerten. Vielmehr ruhte die mediale Basis von Heines Arbeiten in Paris, der feuilletonistische Journalismus, auf ähnlichen Bedingungen und Umständen wie die musikalische Aufführungspraxis. Die Literaturwissenschaftlerin Susan Bernstein hat gezeigt, dass Journalismus und Virtuosität in der ersten Hälfte des 19. Jahrhunderts gleichermaßen durch Kommerzialisierung, Beschleunigung und Adressierung an ein anonymes Massenpublikum geprägt waren und ähnliche charakteristische Eigenheiten aufwiesen.[20] So wiederholte sich der momentane Aufführungscharakter der virtuosen Konzertsituation im journalistischen Schreibakt: Der Zeitdruck und die vom äußeren Anlass diktierten Vorgaben banden die Berichterstattung an Zeit und Ort des Geschehens und lösten den einzelnen Text aus übergreifenden Zusammenhängen heraus; Stabilität der Meinung und Widerspruchsfreiheit wurden zur Ausnahme, die Textinhalte verwiesen nicht wie in der klassischen Literaturpoetik auf konsistente Autorschaft oder übergreifende Sinnzusammenhänge, sondern auf momentane Gemütslagen und kontingente Ereignisse.[21]

Gerade der Autor Heine galt seit Ludwig Börnes Angriff im 30. Brief der »Briefe aus Paris« (1834) bis zu Karl Kraus' Abrechnung in »Heine und die Folgen« (1910) als Inbegriff für die Gesinnungslosigkeit und Formverliebtheit der Feuilletonschreiber.[22] So geißelte Arnold Ruge in einer ausführlichen Rezension von 1838 das »subjective Belieben« in Heines Werken, das »objective Substanz« nicht zur Dar-

---

19 Chladni war es 1787 gelungen, Schallschwingungen experimentell in Sandbildern anschaulich zu machen; vgl. Ernst Florens Friedrich Chladni: Entdeckungen über die Theorie des Klanges. Leipzig 1787.

20 Susan Bernstein: Virtuosity of the Nineteenth Century. Performing Music and Language in Heine, Liszt and Baudelaire. Stanford 1998, S. 10-35, 58-82.

21 Zur Etablierungsgeschichte des Feuilletons vgl. Günter Oesterle: »Unter dem Strich«. Skizze einer Kulturpoetik des Feuilletons im neuzehnten Jahrhundert. In: Jürgen Barkhoff/Gilbert Carr/Roger Paulin (Hrsg.): Das schwierige neunzehnte Jahrhundert. Tübingen 2000, S. 229-250.

22 Vgl. dazu als Überblick Karl Theodor Kleinknecht (Hrsg.): Heine in Deutschland. Dokumente seiner Rezeption 1834-1956. München, Tübingen 1976; hier auch die Texte von Börne (S. 1-6) und Kraus (S. 124-136, leicht gekürzt).

stellung bringen könne.[23] Die ›Substanzlosigkeit‹ des Schreibens, die das Unechte, Spielerische, Täuschende des Witzes und der Ironie meinte, wurde mit den Begriffen »Coquetterie« und »Frivolität« belegt,[24] eine Begriffsbildung, die Heinrich von Treitschke rund ein halbes Jahrhundert später um die Formulierungen »virtuoses Formtalent« und »Virtuos der Form, der nach dem Inhalt seiner Worte gar nicht fragte«, ergänzte.[25] Damit wurde Heines Literaturproduktion und mit ihm der Feuilletonismus nicht nur dem Konzept, sondern auch dem Begriff nach auf die gleiche Stufe wie eine kritisch perspektivierte Virtuosität gestellt.

Dass aber gerade für die schreibende Kunst solches Virtuosentum auch neue Darstellungsmöglichkeiten eröffnen konnte, hat Robert Prutz in seiner »Geschichte des deutschen Journalismus« von 1845 deutlich gemacht. Er erkannte das Wesen des Journalismus in der »schwankenden, flüchtigen Natur«, bei der »die Stimmungen wechseln«, die »Widersprüche sich häufen und Wahres und Falsches ineinanderläuft«, betonte dabei jedoch, dass gerade dadurch »die geheimsten Nerven, die verborgensten Adern unsrer Zeit sichtbar zu Tage« treten würden.[26]

Die Prutz'sche Apologie des Journalismus hat Heine in eine eigene poetologische Miniatur aufgenommen – eine poetologische Miniatur, die aus der eigenen Verflochtenheit in die virtuose Paradigmatik gerade die Möglichkeit generierte, das virtuose System auf virtuose Weise zur Darstellung zu bringen. So heißt es im »Zueignungsbrief« zur »Lutetia« von 1854:

> Um die betrübsamen Berichterstattungen zu erheitern, verwob ich sie mit Schilderungen aus dem Gebiete der Kunst und der Wissenschaft, aus den Tanzsälen der guten und der schlechten Societät, und wenn ich unter solchen Arabesken manche allzu närrische Virtuosenfratze gezeichnet, so geschah es nicht, um irgend einem längst verschollenen Biedermann des Pianoforte oder der Maultrommel ein Herzleid zuzufügen, sondern um das Bild der Zeit selbst in seinen kleinsten Nüanzen zu liefern. (XIII, 18f.)

Die Pointe dieser Formulierung besteht darin, dass der Ausdruck »Virtuosenfratze« gleichermaßen als impliziter *Genitivus objectivus* oder *Genitivus subjectivus* gelesen werden kann – was den Begriff als poetologischen Terminus kenntlich macht. Eingestellt ist er in ein dichtungstheoretisches Beziehungsfeld, das zwischen der romantischen »Arabesken«-Theorie, auf die im Zitat angespielt wird, und dem Abbildungsparadigma des »Daguerrotyps«, das im Anschluss an die zitierte Stelle genannt wird, sich aufspannt. Die »Virtuosenfratze« ist so einerseits ein Bekenntnis zu einer literarischen Ästhetik des Hier und Jetzt, die »das Bild der Zeit selbst in

---

23 Arnold Ruge: Heinrich Heine, charakterisirt nach seinen Schriften. In: Hallische Jahrbücher für deutsche Wissenschaft und Kunst (1838), Nr. 25-29, Sp. 193-195, Sp. 201-208, 209-216 u. Sp. 217-227, hier: Sp. 205.

24 Ebd., Sp. 215, Sp. 217, Sp. 219, Sp. 223, Sp. 193, Sp. 194 u. Sp.207.

25 Heinrich von Treitschke: Deutsche Geschichte im Neunzehnten Jahrhundert (1885-1894), zit. n. Kleinknecht, Heine (Anm. 24), S. 58, 66.

26 Robert Prutz: Geschichte des deutschen Journalismus. Zum ersten Male vollständig aus den Quellen gearbeitet, Erster Theil [mehr nicht erschienen]. Hannover 1845 (Neudruck Göttingen 1971), S. 7.

seinen kleinsten Nüanzen liefern« will und gerade in der qualvollen Überstrapazierung des Instruments, in Heines Fall also der Sprache, Adäquatheit im Detail, eben »Tageswahrheit«, erreicht. Dabei wird das nur den Augenblick festhaltende Schreiben als der musikalischen Virtuosität analoges Verfahren kenntlich, indem an die Stelle eines innerlichen poetischen Vermögens nun das »Daguerreotyp« aufscheint. Anderseits aber bindet die arabeske Struktur des Texts die momenthaft aufgenommenen Bilder zu einem Flechtwerk romantischer Phantasie zusammen, die einen über die Tagesaktualität hinausweisenden Zusammenhang kreiert.[27] Die »Lutetia« wird so gerade durch ihre virtuose Schreibart ein »daguerretopysches Geschichtsbuch, worin jeder Tag sich selbst abkonterfeite« und dem »der ordnende Geist des Künstlers« durch die Zusammenstellung der Bilder einen beziehungsreichen Sinn verleiht (DHA XIII, 19). Diese virtuose Schreibart stellt damit ebenso wenig wie die virtuose Politik oder die virtuose Kunst konsistente Kollektive von Lesern her. Doch als virtuose Schreibart ist sie zugleich Zeitsignatur und Reflexionsmedium und verbürgt damit ihrem Anspruch nach in zugleich spezifischer und einzigartiger Weise die adäquate Darstellung der Gegenwart und ihrer prägenden Strukturen.

---

27 Zur Arabeskentheorie um 1800 vgl. Sabine M. Schneider: Zwischen Klassizismus und Autonomieästhetik der Moderne. Die Ornamentdebatte um 1800 und die Autonomisierung des Ornaments. In: Zeitschrift für Kunstgeschichte (2000), H. 3, S. 339-357.

Ausklang

Schumann, die Revolution und das Ende

Frieder Reininghaus

Robert Schumann, der Introvertierte, mit Flinte oder Sense an der Barrikade? Und Frau Clara dahinter, mit der Kelle in den edel-durchtrainierten Fingern, heißes Blei zu Kugeln gießend? Hört man das »Spanische Liederspiel« nach den Texten von Emanuel Geibel aus den Revolutions-Monaten 1848/49 oder die um die gleiche Zeit in und bei Dresden entstandenen »Waldscenen«, kann man sich dieses Bild nur schwer vorstellen. Tatsächlich war der Komponist, wie kaum je zuvor, in der »stürmischen Zeit« aufs intensivste und fast ausschließlich mit der Ausführung angestauter Projekte wie mit rasch konzipierten neuen Arbeiten befasst: Er schrieb und schrieb mit enormer Geschwindigkeit, höchster Konzentration, intensivster Qualität. Angesichts der produktiven Fülle mag man sich fragen, ob er die Zeit fand, wenigstens gelegentlich aus dem Fenster zu schauen oder Zeitung zu lesen. Das Leben und das Werk kamen, in dieser Weise keineswegs beabsichtigt, mit der bürgerlichen Revolution in Deutschland in Berührung – ganz unmittelbar. Vor der Tür, in unmittelbarer Nachbarschaft der Schumannschen Wohnung, flammte das vorerst letzte Gefecht um Demokratie und Bürgerrechte in Deutschland auf, tobte der Aufstand und wütete dann die Konterrevolution. Die Familie des Komponisten geriet in eine verzwickte Situation. Und das alles zeitigte dann doch für das Schaffen wie den weiteren Lebensweg nicht ganz unerhebliche Konsequenzen.

Auf die revolutionären Erhebungen im März des Jahres 1848 in Wien, Berlin und anderen deutschen Städten reagierte Robert Schumann, der sich – wie angedeutet – in einer Phase der gesteigertsten Produktivität befand, weder mit unmittelbaren Sympathiebekundungen (oder gar unmittelbarer Teilnahme an politischen Aktivitäten), noch mit einer wesentlichen Änderung seines Arbeitsplans. Er kommentierte den historischen Umbruch allerdings mit einer kleinen Zeitverzögerung – und mit den genuinen Mitteln eines Tonkünstlers. Als solcher wollte er sich, nach anfänglichem Schwanken zwischen Jura-Studium und musikalischer Ausbildung sowie nach zehn intensiven Jahren der Parallelschwünge von (musik-)literarischen und kompositorischen Anstrengungen, ab seinem 30. Lebensjahr mit aller Entschiedenheit profilieren und etablieren. Neben einigen Tagebuch-Eintragungen zu verschiedenen Etappen der turbulenten gesellschaftlichen Situation – die, wie er fast beiläufig resümierte, weltbewegendste seit Jahrhunderten gewesen sei – warf er sowohl im Frühling 1848 wie auch im Frühjahr 1849 Musik aufs Papier und dann rasch auch auf den Markt, die sich auf ihre Weise in die großen politischen Auseinandersetzungen mit ihren keineswegs immer gradlinigen Frontlinien einzumischen gedachte: Drei Wochen nach den zunächst für die revolutionäre Bewegung siegreichen Märzstürmen und zwei Monate nach dem letzten großen Auflodern des dann von preußischen Truppen erstickten letzten Gefecht in Dresden. Einer *Pièce* wie dem »Es-Dur-Marsch« op. 76 No. 4 mit seinen hochfahrenden Melodie-Fahnen ist wohl die Emphase ebenso wenig abzusprechen wie den denkbar eindeutigen Gesängen »Schwarz-Rot-Gold« oder »Zu den Waffen« das pointierte Engagement.

Frische Begeisterung

Was sich in Dresden im April 1849 zuspitzte, war nicht voraussetzungslos eingetreten. Knapp zwei Jahrzehnte zuvor – im Gefolge der französischen Julirevolution – da hat in deutschen Landen »zum ersten Mal«, wie es Kurt Tucholsky später formulierte, »die Erde gezittert.«[1] Zum ersten Mal seit langer Zeit: Seit den Bauernkriegen – sie lagen 300 Jahre zurück – rührte sich da Unruhe im Namen des gesellschaftlichen Fortschritts. Sozial bedingter Aufruhr und politisch motivierte Manifestationen werden aus Braunschweig, Göttingen, Kurhessen und Sachsen berichtet. Der junge Schumann, der 1830 in Heidelberg Jura studierte, suchte unterm unmittelbaren Einfluss der über den Rhein in die Pfalz dringenden Nachrichten von der Revolution in Paris seinem bis dahin unentschlossenen Leben eine Wende zu geben.

Der »Kampf zwischen Poesie und Prosa«,[2] – zwischen riskanter und perspektivisch gesicherter Existenz – dieser »innere Widerstreit« wurde prinzipiell zugunsten der ersteren entschieden. Von nun an wollte er nach eigenem Bekunden »auf der Höhe der Zeit stehen«[3] – wohl wissend, dass dies im Allgemeinen wie angesichts seines Naturells, seinen immer wiederkehrenden »fürchterlichen Melancholien«, alles andere als einfach sein würde. Er kehrte nach Leipzig zurück.[4] Dort nahm er (unter Anleitung von Friedrich Wieck und in Konkurrenz zu dessen Wundertochter Clara, in die er sich verliebte) Anlauf zu einer Pianisten-Laufbahn. Die zerschlug sich allerdings, als er einen Finger der rechten Hand überstrapazierte und sich dadurch irreparable Lähmungserscheinungen einstellten. Schumann sattelte um. Er gründete die »Neue Zeitschrift für Musik«. Das Blatt sollte das Ziel verfolgen, »in die neue Tätigkeit der neuen Geister« einzugreifen und sich nicht »tändelnd mit den

1 Kurt Tucholsky: Ja damals –! In: Gesammelte Werke in 10 Bdn. Hrsg. v. Mary Gerold-Tucholsky u. Fritz J. Raddatz. Reinbek b. Hamburg 1975, Bd. 4, S. 545.

2 Robert Schumann an Therese Schumann. Brf. v. 30. Juli 1830. Zit. n. Wasielewski 6/1906, 64f.

3 Robert Schumann an Therese Schumann. Brf. v. 31. Dezember 1936. In: Briefe NF 1886, 72.

4 Im Sommer 1830 unternahm Robert Schumann einen kurzen Abstecher ins grenznahe Frankreich, ohne sich für Land und Leute sonderlich zu erwärmen; bis Paris kam er nie. Eine erste, nachhaltig prägende Rheinreise schloss sich an, bevor er nach Leipzig zurückkehrte. Auch dort hatten die Pariser Juli-Tage Spuren hinterlassen: In emphatischer Anteilnahme am politischen Geschehen draußen in der weiten Welt kam es zu Demonstrationen vornehmlich der akademischen Jugend, im Zusammenhang einer Kampagne der Solidarität mit dem polnischen Aufstand gegen die zaristische Fremdherrschaft auch zu Straßenschlachten mit der Polizei – zu »Krawallen«, an denen sich der junge Richard Wagner beteiligte. Als Schumann eintraf, hatte sich die Aufregung wohl aber bereits wieder weitgehend gelegt.

Reliquien alter Liebschaften« zu beschäftigen. »Die Zeit geht fort, und man muß mit ihr fortgehen«.[5] Der Fortgang brachte Disziplinierung und Verwicklung in Lebenskämpfe mit sich, bedeutete Beschleunigung der studentischen Existenz und Abschied von so mancher Idylle. Der nur mühsam (und nicht zuletzt durch scharf polarisierende Texte) zu etwas öffentlicher Anerkennung gelangende Jungautor, den der große Giacomo Meyerbeer im fernen Paris wegen einer Schmähkritik der »Hugenotten«[6] abfällig, aber nicht ganz unzutreffend als »Leipziger Biersanguiniker« charakterisierte, räumte im kleinen Freundeskreis durchaus ein, wie schwer es ihm falle, den vom Editorial seiner Fachzeitschrift so hoch gehängten Ansprüchen zu genügen: »Oft wird mir's bange. Auf der Höhe der Zeit und der Erscheinungen zu stehen, fortzuhelfen, zu bekämpfen, selbständig zu bleiben.« (Briefe NF 1886, 72)

Das Modell eines »auf der Höhe der Zeit« komponierenden Literaten und Kritikers, des auch literarisch ambitionierten und in allem kritisch reflektierenden Komponisten – das war ein alles andere als bescheidener und bequemer Kunst- und Lebensentwurf. »Aller inneren und geheimeren Verhältnisse nicht gedacht, da schwindelt's mir oft.« (Briefe NF 1886, 72) Auch der äußeren Verhältnisse gedacht, konnte einem Mann des Vormärz schwindeln. Auf manchen Feldern nahmen sich

5 »Editorial« zum Heft 1 der »Neuen Zeitschrift für Musik«, Leipzig 1834.

6 Bereits 1836 hatte sich Robert Schumann anlässlich einer Chopin-Rezension beiläufig mit verächtlichem Unterton über Giacomo Meyerbeers »Robert le diable« geäußert (Gesammelte Schriften über Musik und Musiker. Hrsg. v. Heinrich Simon, Bd. I. Leipzig [1888], S. 203): »Was Chopin berührt, nimmt Gestalt und Geist an, und auch in diesem kleinern Salonstil drückt er sich mit einer Grazie und Vornehmheit aus, gegen die aller Anstand anderer brillant schreibender Komponisten samt ihrer ganzen Feinheit in der Luft zerfährt. Wäre der ganze ›Robert der Teufel‹ voll solcher Gedanken, als Chopin ihn aus ihm zu seinem Duo gewählt, so müßte man seinen Namen umtaufen.«) Im Kapitel IV. der Fragmente aus Leipzig (ebd., Bd. II. Leipzig [1889], S. 96ff.) vergleicht Schumann 1837 ausführlich das Oratorium »Paulus« von Felix Mendelssohn Bartholdy mit der Oper »Les Huguenots« von Meyerbeer [S. 109ff.]; er entwickelte eine Reihe jener zentralen (und antisemitisch konnotierten) Stichworte, die Grundlage für Richard Wagners offen antisemitische Attacken gegen Meyerbeer wurden. Wagner veröffentlichte diese 1850 zunächst unter dem Pseudonym Karl Freigedank, 1869 dann mit voller Namensnennung als seine »Juden-Broschüre« (Das Judentum in der Musik). Meyerbeer benannte nach Erscheinen von Schumanns Schmähkritik in einem Brief an seinen Bruder Michael Beer (Berlin) Mendelssohn als den mutmaßlich »eigentlichen« Urheber der Attacken: »Die neue Leipz. musikalische Zeitung treibt ihre Hundsföttereien für und für. Wiewohl sie nun kein Mensch liest und sie nahe daran ist einzugehen, so weiß ich doch nicht, ob es nicht gerathen sei, den Anstifter aller dieser Schweinereien persönlich anzugreifen. Man müßte damit anfangen ihm zu sagen, er setzte sich in Leipzig, wo gar kein musikalischer Wirkungskreis sei, lediglich deshalb hin, um die Jounalistik maniiren zu können«. Auch wenn die aus Abwehr heftiger Attacken resultierende These Meyerbeers als überspitzte Meinungsäußerung gesehen wird, so verweist sie zutreffend auf einen nicht unerheblichen Einfluss Mendelssohns auf den jungen Publizisten Schumann. Vgl. hierzu: F. Reininghaus: Zwei Emanzipationswege aus Berlin – Anmerkungen zum Verhältnis Meyerbeers und Mendelssohns. In: Sieghart Döhring u. Jürgen Schläder (Hrsg.): Giacomo Meyerbeer – Musik als Welterfahrung. München 1995, S. 223ff.

die Veränderungen in jenen Jahren jäh aus. Zuvorderst war es die Industrialisierung, welche am sichtbarsten auch die deutschen Länder und Fluren veränderte. Die ließ die Städte rasch wachsen wie nie zuvor, sorgte für die Verknüpfung des Eisenbahnnetzes und mit dieser für neue Möglichkeiten der Welterfahrung. All das ereignete sich allerdings in unterschiedlicher Geschwindigkeit und, was die sich herausbildenden Widersprüche von Kapital und Lohnarbeit betrifft, keineswegs überall mit gleicher Vehemenz.

Der angedeutete Prozess des Strukturwandels erfasste auch die Presse-Landschaft. In ihr entfaltete eine freiere, reichhaltigere und zum Teil qualitativ neue Rezensenten-Tätigkeit ihre Wirksamkeit. Trotz der Zensur politisierte sich die Publizistik durch Autoren wie Ludwig Börne und Heinrich Heine (die vom Pariser Exil aus sich fortdauernd einmischten, stichelten und polemisierten), wie auch durch (die in Deutschland gespitzten Federn von) Karl Gutzkow, Heinrich Laube oder Theodor Mundt, freilich auch durch deren Antipoden – vornan Emanuel Geibel. Der artikulierte scharfe Kontraste zu den Protagonisten des »Jungen Deutschland«, erschien als offiziell gefeierter Lyriker einer deutschen Einigung unter Preußens Führung und wurde folgerichtig vom König in Berlin mit einem Jahresgehalt von 300 Talern ausgestattet.

Neue Drucktechniken und ein neuer Markt, denen auch Schumanns kleine Zeitschrift ihre bescheidene (und bald schon wieder gefährdete) materielle Existenz verdankte, sorgten dafür, dass nicht nur Texte der verschiedensten Härtegrade, sondern auch Noten der populären und »klassischen« Werke erstmals in großem Umfang für Hunderttausende von Haushalten verfügbar wurden. Das zog Konsequenzen für eine sich breit auffächernde musikalische Öffentlichkeit nach sich. Und die trug gerade dort, wo sie sich in den Formen bürgerlicher Vereine organisierte, nicht unerheblich zu einem in geordneten Bahnen sich regenden politischen Leben in der Mitte der Gesellschaft bei. Denen, die in den 1820er und 30er Jahren jung waren, erschien jene historischen Etappe in der Retrospektive bald als »köstliche Zeit« (wie es der Waffenschmied Stadinger in Albert Lortzings bürgerlich-realistischer Oper von einer verklärten Jugendzeit singt). Es war jedenfalls eine Ära, die weithin von produktivem Aufschwung gekennzeichnet war, zunächst aber – trotz der liberal-demokratisch und republikanisch geprägten Kundgebung auf dem Hambacher Schloss vom Mai 1832 und einer sich anschließenden Insurrektion in Frankfurt – nicht von weiteren spektakulären politischen Kämpfen.

Die gesellschaftlichen Verwerfungen zeigten sich zunächst als Prozess der Erschließung und der Kräfteverschiebung: Neue Ressourcen und neue Produktionstechniken wurden zugänglich gemacht und genutzt, die Industrien wuchsen teilweise so rasant wie die Metropolen, die große Umschichtung vom Land zur Stadt zeitigte weitreichende Folgen und nur gelegentlich entwich an einem Ort oder in einer Region jäh der Überdruck eskalierender ökonomischer Nöte. Der Aufstand der schlesischen Weber, deren Heimarbeit mit den Leistungen der neuen Maschinenhallen nicht mithalten konnte, wurde 1844 mit militärischer Gewalt niedergeschlagen – wie schon zehn Jahre zuvor der militante Kampf der Seidenweber in Lyon.

»Philister« und »Davidsbündler«

Die allgemeine Entwicklung von Industrie- und Finanzkapital, Produktionsweisen und Urbanität ließ auch den Konzert- und Theater-Betrieb expandieren. In ihm wurde das eine oder andere Klopfzeichen vernehmbar, das keineswegs von politikfernen deutsch-romantischen Horizonten herrührte, sondern aus Widersprüchen der materiellen Welt und aus den durchaus in den Bereich des Denkbaren rückenden Wünschen nach größerer politischer Veränderung (beispielhaft in *Klavier-Pièçen* von Franz Liszt oder »Charakteristischen Tongemälden« von Kleinmeistern wie Henri Cramer, Carl Czerny oder Josef Gungl). Die subkutanen Tendenzen dieser Vormärz-Jahre wurden von Robert Schumann mit seismografischem Gespür erfasst, von Zeit zu Zeit auch kommentiert und sogar mit Gelegenheitswerken bedacht. Zuvorderst aber begriff er seine poetische Kunstauffassung und die emphatischen Aufschwünge seiner Klaviermusik als Parallelschwünge zu den politischen Bewegungen, die auf demokratische Freiheiten, Rechtsstaatlichkeit und nationale Einheit gerichtet waren. Gerade zu jenen »unter der Oberfläche« des gesellschaftlichen Lebens – Schumann pflegte, zusammen mit einer allgemeineren »romantischen« Vorliebe für die Nächte und das Nächtliche ein besonderes *Faible* fürs Subkutane, das geheimbündlerische Dunkel und eben durch Unkontrollierbarkeit und Unberechenbarkeit potentiell Gefährliche: Irgendwann, so wohl die Annahme, werde da etwas hervorbrechen und Aufschwünge der Freiheit einläuten.

»Die politische Freiheit ist vielleicht die eigentliche Amme der Poesie«, notierte Schumann als 17-Jähriger ins Tagebuch: »In einem Lande, wo Leibeigenschaft, Knechtschaft etc. ist, kann die eigentliche Poesie nie gedeihen.«[7] Die Berücksichtigung dieser Bemerkung von 1827, der freilich auch kein allzu großes Gewicht (oder gar Ausschließlichkeitscharakter) beigemessen werden sollte, erweist sich als hilfreich für einen Blick auf den vage republikanisch motivierten Hintergrund von »eigentlicher Poesie«. Diese Denkform führte Mitte der 1830er Jahre zu Schumanns kompositorischer Demonstrationen des Kampfes von »Davidsbündlern« gegen »die Philister«, wie sie Pianisten und Hörern mit den 18 »Davidsbündlertänzen« op. 6 und dem »Carnaval« op. 9 entgegentreten. Zur Erinnerung: Als »Philister« – nach Adelbert von Chamissos und dem allgemeinen Sprachgebrauch der Zeit – wurden die »Spießer« des Lebens und der Künste charakterisiert. Literarisch anspielend auf das Alte Testament – den Bericht vom Kampf des kleinen David gegen den Palästinenser oder »Philister« Goliath, der stolze »sechs Ellen und eine

---

7 Robert Schumann: Studententagebuch Hottentottiana [1827], Robert-Schumann-Museum Zwickau; zit. n. Georg Knepler: Musikgeschichte des 19. Jahrhunderts. Bd. II. Berlin 1961, S. 794.

Handbreit hoch«[8] war – handelte es sich bei den »Davidsbündlern« um eine kleine klandestine Künstlervereinigung, die nur im Kopf des jungen Komponisten und aus den wenigstens drei Seelen, ach, in seiner Brust bestand. Der wirklich sehr geheimnisvolle Geheimbund geisterte längere Zeit durch die musikalischen Texte des Journalisten Schumann in den 1830er Jahren. Nicht zufällig ist es ein Marsch, mit dem es der Komponist Schumann zum *Showdown* kommen lässt – allerdings ein in den 3/4-Takt verrückter. Das nahm dem musikalischen Unternehmen das Martialische und brachte es gleichsam »zum Schweben«, zum tänzerischen Abheben.

Zum letzten Gefecht traten Schumanns »Philister« mit der einst allgemein bekannten und beliebten Melodie »Als der Großvater die Großmutter nahm« auf den Plan. Das Liedchen stammte vom Anfang des 19. Jahrhunderts und vom Berliner Zensor August Langbein; es verklärte »die gute alte Zeit« und stellte die »modernen Zeiten« mit antifranzösischem Zungenschlag als verderbt dar. Musikalisch (wie biografisch) wurde die »Machtfrage« von Robert Schumann fürs erste zu Gunsten der »Davidsbündler« entschieden: Für die Freiheit des Geistes und der freien Meinungsäußerung – für »freies Leben«, ungehemmte Entwicklungsmöglichkeiten von Kunst und Künstlern. Der Komponist, der er in zunehmendem Maß wurde, mochte sich an die Heidelberger Studentenzeit und die aus Frankreich herüberdringenden Signale erinnert haben, als er 1839 zu Besuch in der österreichischen Hauptstadt, das heitere Treiben in der Karnevalszeit und den Reiz der schönen Frauen porträtierte, zugleich aber auch des Klimas der Unfreiheit im Dunstkreis des Kanzlers Metternich gewahr wurde.[9] Da die »Marseillaise«, die französische Revolutionshymne, auf dem Index des Verbotenen stand, machte es Schumann wohl klammheimliches Vergnügen, dieses Klopfsignal in ein »Fantasiebild« einzuarbeiten (in leicht verklausulierter Form findet sich, wie auch kurze Zeit später im Heine-Lied »Die beiden Grenadiere«,[10] Rouget de Lisles charakteristische Melodie –

8 1. Samuel 17, 4.

9 In den Jahren nach 1840 finden sich bei Schumann zunächst keine Bekundungen demokratischer Gesinnung und freiheitlicher Wünsche mehr – er wollte nun, im Rahmen der Lebens- und Produktionsgemeinschaft mit Clara, Karriere machen. In diesem Kontext ist die Audienz beim österreichischen Kanzler Metternich im August 1842 wohl zu sehen (vgl. Anm. 19).

10 Hatte Schumann 1839 – unterm Eindruck eines längeren Wien-Aufenthalts, bei dem er nicht nur einen so bedeutenden Fund wie Franz Schuberts große C-Dur-Sinfonie machte, sondern in erster Linie die – der Braut Clara und dem künftigen Schwiegervater Friedrich Wieck zugesagte – Möglichkeit des Umzugs in eine Metropole ventilierte – in der »maskierten« Form des »Faschingsschwanks« op. 26 das musikalische Reizmotiv der französischen Revolutions-Hymne eingeführt, so tat er dies ein Jahr später in op. 49/1 offensiv: Das erste Stück in der zweiten Lieferung der Romanzen und Balladen basiert auf einem Gedicht aus Heinrich Heines »Junge Leiden«, dessen politische Implikationen Schumann wohl nicht in vollem Umfang dechiffrierte; immerhin aber setzte der Komponist ein Zeichen dadurch, dass er 1840 überhaupt – und in größerer Zahl – Texte eines Autors mit Musik versah, der in der Einflusssphäre des Kanzlers Metternich indiziert war. Und die markante Hervorhebung der Melodie Rouget de Lisles musste selbst im vergleichsweise »liberalen« Leipzig als wohlkalkulierte Kühnheit erscheinen.

und wieder, wie beim Marsch der »Davidsbündler gegen die Philister«, im 3/4-Takt).

Eine Zäsur

Das Jahr 1840 bedeutete für Deutschland in politischer Hinsicht einen nicht unerheblichen Einschnitt.

> Die außenpolitische Krise dieses Jahres, die durch die orientalische Frage ausgelöst wurde [durch den britisch-französischen Konflikt um die Vorherrschaft im Mittelmeer] führte zu französischer Kriegsdrohung mit dem lauten Ruf »Nach dem Rhein« und erweckte eine gewaltige nationale Abwehrbewegung in Deutschland, die zu einer Stärkung der nationalen Bestrebungen führen sollte,

resümierte der Historiker Wilhelm Mommsen vor gut hundert Jahren. »Innenpolitisch wirkte der in Preußen 1840 erfolgte Thronwechsel in der gleichen Richtung. Von dem neuen König Friedrich Wilhelm IV. erwartete man« – d.h. das liberale Bürgertum –, »daß er im Sinne der nationalen Bewegung vorangehen werde, wobei man sich freilich über Persönlichkeit und Wesen dieses preußischen Königs sehr täuschte.«[11]

Als der französische Angriff drohte, lobte ein Kölner Verleger ein Preisausschreiben für ein Kampflied aus, das die Funktion einer Hymne für die (noch) nicht existierende Nation einnehmen sollte:

> Sie sollen ihn nicht haben,
> Den freien deutschen Rhein,
> Ob sie wie gier'ge Raben
> Sich heiser nach ihm schrei'n,
>
> So lang er ruhig wallend
> Sein grünes Kleid noch trägt,
> So lang ein Ruder schallend
> In seinen Wogen schlägt!
>
> Sie sollen ihn nicht haben,
> Den freien deutschen Rhein,
> So lang sich Herzen laben
> An seinem Feuerwein,
>
> So lang in seinem Strome
> Noch fest die Felsen steh'n,
> So lang sich hohe Dome
> In seinem Spiegel seh'n!
>
> Sie sollen ihn nicht haben,
> Den freien deutschen Rhein,

---

11 Wilhelm Mommsen: Die deutsche Einheitsbewegung. Berlin [um 1901].

So lang dort kühne Knaben
Um schlanke Dirnen frei'n,

So lang die Flosse hebet
Ein Fisch auf seinem Grund,
So lang ein Lied noch lebet
In seiner Sänger Mund!

Sie sollen ihn nicht haben,
Den freien deutschen Rhein,
Bis seine Fluth begraben
Des letzten Mann's Gebein!

Den preisgekrönten Text von Niklas Becker vertonten mehr als 150 deutsche Tonsetzer, unter ihnen auch Schumann.[12] Auf dieses Lied und die mit ihm veranstaltete Kampagne antwortete in Paris Alfred de Musset mit »Nous l'avons eu, votre Rhin allemand«. Philippe Musard, der führende Unterhaltungsmusiker vor Jacques Offenbach in der französischen Hauptstadt, soll mit Stücken wie seinem Galopp »Le bombardier brise tout« die Menge zu gefährlicher Begeisterung getrieben haben. Musard, »ein kleiner schwarzgekleideter Mann mit einem gelben blatternarbigen Bulldoggengesicht, der seinen Anzug vernachlässigte und sich gewöhnlich zu kämmen vergass«, dieser Musard infernal »zertrümmerte den Stuhl, auf dem er gesessen hatte«, rekonstruierte Siegfried Kracauer in seiner berühmten Paris-Studie aus den 1930er Jahren.

> Er trat an den Rand der Estrade vor und feuerte einen Pistolenschuß ab. Und als hätte es nur noch eines derartigen Winkes bedurft, um das Heer der Trabanten zur äußersten Wut oder Freude anzustacheln, brach im Saal ein Gebrüll aus, das sich mit dem des Höllenorkans vermischte.[13]

Auch in Heinrich Heines musikliterarischer Berichterstattung aus Paris zucken die theatralischen musikalischen Aktionen Musards nach. »›Wir tanzen hier auf einem Vulkan‹ – aber wir tanzen«,[14] schrieb Heinrich Heine am 7. Februar 1842 in einem Bericht aus Paris für die »Augsburger Allgemeine Zeitung«. »Was in dem Vulkan gärt, kocht, brauset, wollen wir heute nicht untersuchen.«[15] Das tat der in der Regel auch politisch gut informierte Autor bei anderer Gelegenheit ausgiebig. Diesmal erklärte er den Deutschen nur, w a s auf dem Vulkan getanzt und wie dies kontrolliert wurde:

---

12 Das »Patriotische Lied« gehört kompositorisch zum unmittelbaren Kontext des Liederkreises op. 24, der »Myrthen« op. 25, der Chamisso-Lieder op. 31, der Geibel-Gesänge op. 29, der Duette op. 34, der Chorlieder op. 33 – aber eben auch der Dichterliebe op. 48 und der Romanzen und Balladen op. 45 und op. 49.

13 Siegfried Kracauer: Jacques Offenbach und das Paris seiner Zeit. Amsterdam 1937, S. 49f.

14 Heinrich Heine: Lutetia – Berichte über Politik, Kunst und Volksleben. Hrsg. v. Tilly Bergner. Frankfurt a.M. 1959, S. 164.

15 Ebd.

> Heiliger Himmel, ich soll für die Allgemeine Zeitung eine Definition des Cancan geben! Wohlan: der Cancan ist ein Tanz, der nie in ordentlicher Gesellschaft getanzt wird, sondern nur auf gemeinen Tanzböden, wo derjenige, der ihn tanzt, oder diejenige, die ihn tanzt, unverzüglich von einem Polizeiagenten ergriffen und zur Tür hinausgeschleppt wird. [...] Daß das französische Volk sogar beim Tanzen von der Polizei inkommodiert wird, [...] ist ein sehr sonderbarer Übelstand. [...] Diese Bewachung der Volkslust charakterisiert übrigens den hiesigen Zustand der Dinge und zeigt, wie weit es die Franzosen in der Freiheit gebracht haben. Es sind aber nicht bloß die geschlechtlichen Beziehungen, die auf den Pariser Bastringuen[16] der Gegenstand ruchloser Tänze sind. Es will mich manchmal bedünken, als tanze man dort eine Verhöhnung all dessen, was als das Edelste und Heiligste im Leben gilt, aber durch Schlauköpfe so oft ausgebeutet und durch Einfaltspinsel so oft lächerlich gemacht, daß das Volk nicht mehr wie sonst daran glauben kann [...] – die Vaterlandsliebe, die Treue, den Glauben, die Familiengefühle, den Heroismus, die Gottheit.[17]

Musard war der musikalische Held der Stunde und Heine sein Herold: »Hier musiziert Beelzebub mit vollem Orchester, und das freche Höllenfeuer der Gasbeleuchtung zerreißt einem die Augen.«[18]

Zwischen Frühjahr 1848 und Frühjahr 1849

Angesichts des »musizierenden Beelzebub« jenseits des Rheins verabschiedete sich Robert Schumann mit dem Brustton neu gewonnener Überzeugung von seiner jugendlichen Begeisterung für einige französische Errungenschaften.[19] Konsequent deutschte er fortan seine Gattungs- und Tempobezeichnungen ein und schrieb dann ggf. auch einen kleinen »Soldatenmarsch« im graden Takt. So für sein »Album für die Jugend« – ohne jenes Augenzwinkern und ohne jene Brechungen für die Ohren, welche die Märsche seiner Jugend begleitet hatten (op. 68 Nr. 2 – »Munter und straff«). 1848, als auch dieses ins »Album für die Jugend« aufgenommene Stückchen entstand, entlud sich in Wien wie in Preußen und einigen anderen der 32 deutschen Länder das, was sich »unter der Oberfläche« angestaut hatte.[20] An drei März-

---

16 Nach Karl Sachs u. Césaire Villatte: Großes Enzyklopädisches französisch-deutsches Wörterbuch. Berlin 1899: [schlechte] Kneipe, Winkelschänke.

17 Heine, Lutetia (Anm. 14), S. 168.

18 Ebd., S. 169.

19 In bemerkenswertem Kontrast zu den früheren literarischen und musikalischen Bekundungen für geistige, künstlerische und politische Freiheit sowie die nationale Einheit Deutschlands steht ein Besuch von Clara und Robert Schumann bei Klemens Fürst Metternich im August 1842. Anlässlich einer Reise nach Böhmen ersuchten die Eheleute um eine Audienz auf Metternichs Schloss Königswart bei Marienbad. Robert Schumann fühlte sich »gewissermaßen gebannt« vom Nimbus des von allen Liberalen und Demokraten Europas meistgehaßten Politikers; er argumentierte mit Friedrich Schiller: »Die Huld des Mächtigen erinnert den, dem sie zuteil wird, an das gemeinschaftliche Band, das alle umschlingt.« (Zit. n. Arnfried Edler: Robert Schumann und seine Zeit. Laaber 1982, S. 36).

20 Die Tatsache, dass Schumann in den Jahren 1847/48 in Dresden häufig Opern-Vorstellungen besuchte, mag auf ein seismografisches Gespür für potentiell Bedeutsames zu-

tagen wurde, was zuvor nicht denkbar schien, Wirklichkeit: Die Obrigkeiten mussten fürs erste dem Volkszorn weichen. Schumann, der mit der inzwischen mühsam geehelichten Clara 1844 und der zunehmend zahlköpfigeren Familie von Leipzig in die Landeshauptstadt Dresden umgezogen war, weil sich die Schumanns dort bessere Berufschancen für das Familienoberhaupt erhofften,[21] begeisterte sich. In den ersten Apriltagen komponierte er drei »Freiheitslieder – für Männerchor mit Begleitung von Harmoniemusik (ad libitum)« – und versah sie mit der Opuszahl 65. Das erste, in *D*, »nicht zu schnell«, skandiert einerseits mit den Worten von Ferdinand Freiligrath[22] einen linksradikalen Hurra-Patriotismus, tönt zugleich in stolzer Erhabenheit und gelassenem Ernst:[23]

---

rückzuführen sein und/oder seinen Willen, sich als Dirigent, städtischer Musikdirektor und Komponist zugleich in der Landeshauptstadt zu verankern. Überliefert sind Notizen zu den Theater-Eindrücken, die in »ruhigeren Zeiten« ausgearbeitet werden sollten (»ich hebe es mir für später auf«). Die veröffentlichten Aphorismen bekunden Anerkennung für die älteren italienischen oder französischen Highlights – z.B. für den »Barbier von Sevilla« (»geistreiche Musik, die beste, die Rossini je gemacht«) oder für Cherubinis »Wasserträger« (»geistreiche meisterliche Oper«), sowie klare Präferenzen für die bereits in den Musikerhimmel aufgefahrenen deutschen Meister – z.B. für Carl Maria v. Webers »Euryanthe« (»Geschwärmt haben wir wie lange nicht. Die Musik ist noch viel zu wenig erkannt und anerkannt. Es ist Herzblut, sein edelstes, [...] Eine Kette glänzender Juwelen vom Anfang bis zum Schluß. Alles höchst geistreich und meisterhaft«) oder Beethovens »Fidelio« (trotz der »schlechten Aufführung und unbegreiflichen Temponahme von [Kapellmeister] Wagner«). Ungnädig hingegen die Notate zu neueren italienischen Arbeiten – z.B. Donizettis »La Favorite« (»Puppentheatermusik!«) oder insbesondere zur *Grand opéra* – z.B. zu Aubers »La muette de Portici«: »Die Musik gar zu roh, gemütlos, dabei abscheulich instrumentiert«; aber immerhin seien da »hier und da Funken von Geist«. Zu Meyerbeers »Le Prophèt«: »†«. Sonst nichts. (Alle Zitate: GS III, S. 163ff.)

21 Robert Schumann erlitt im August 1844 einen schweren gesundheitlichen »Zusammenbruch«. Der Genesungsprozess erwies sich als langwierig. Zur Erholung fuhr die Familie im Oktober nach Dresden, dehnte nach Konsultation des behandelnden Arztes den auf »einige Wochen« veranschlagten Aufenthalt aber auf den ganzen Winter aus, zog überhaupt ganz in die sächsische Hauptstadt um. Schumann, der gehofft hatte, in Leipzig neben Felix Mendelssohn Bartholdy (der zunehmend von Verpflichtungen in Berlin in Beschlag genommen wurde) auf die Stelle eines zweiten Dirigenten des Gewandhausorchesters berufen zu werden, verabschiedete sich mit einer Matinee am 8. Dezember 1844 von seinem bisherigen Publikum, nachdem die vakante Kapellmeisterstelle an Nils Gade vergeben wurde.

22 Ferdinand Freiligrath (1810-1876) war Kaufmannslehrling und Bankangestellter in Amsterdam und Barmen, machte sich 1838 mit einer Gedichtsammlung (darin: »Der Löwenritt« und »Der Mohrenfürst«) einen Namen; er verzichtete 1844 auf ein von Friedrich Wilhelm IV. verliehenes preußisches Ehrengehalt, ging als ehrenamtlicher Protagonist der demokratisch-sozialistischen Bewegung nach Brüssel (wo er die Bekanntschaft mit Karl Marx machte), hielt sich aus politischen Gründen auch in der Schweiz und Großbritannien auf und kehrte 1848 nach Deutschland zurück; dort wurde er wegen des Gedichtes »Die Todten an die Lebenden« verhaftet und angeklagt, dann aber freigesprochen und war bis 1849 Redakteur der »Neuen Rheinischen Zeitung« in Köln; neuer politischer Verfolgung entzog er sich durch Flucht nach London, wo er sich als Direktor der Schweizer Generalbank nützlich machte; dank einer öffentlichen Kampagne konnte er

In Kümmernis und Dunkelheit,
Da mußten wir sie bergen!
Nun haben wir sie doch befreit,
Befreit aus ihren Särgen!
Ha, wie das blitzt und rauscht und rollt!
Hurra, du Schwarz, du Rot, du Gold!
  Pulver ist schwarz,
  Blut ist rot,
  Golden flackert die Flamme!

Das ist das alte Reichspanier,
Das sind die alten Farben!
Darunter hau'n und holen wir
Uns bald wohl junge Narben!
Denn erst der Anfang ist gemacht,
Noch steht bevor die letzte Schlacht!
  Pulver ist schwarz,
  Blut ist rot,
  Golden flackert die Flamme!

Denn das ist noch die Freiheit nicht,
Die Deutschland muß begnaden,
Wenn eine Stadt in Waffen spricht
Und hinter Barrikaden:
»Kurfürst verleih! Sonst - hüte dich! –
Sonst werden wir großherzoglich!«
  Pulver ist schwarz,
  Blut ist rot,
  Golden flackert die Flamme!

Das ist noch lang die Freiheit nicht,
Die ungeteilte, ganze,
Wenn man ein Zeughaustor erbricht,
Und Schwert sich nimmt und Lanze;
Sodann ein weniges sie schwingt,
Und folgsamlich zurück sie bringt!
  Pulver ist schwarz,
  Blut ist rot,
  Golden flackert die Flamme!

1868 nach Deutschland zurückkehren; als patriotischer Dichter verbrachte er noch einige Jahre in Stuttgart-Bad Cannstatt.

23 Schumann schrieb nur drei der zehn Strophen von Ferdinand Freiligrath in seine Partitur (1. »In Kümmernis und Dunkelheit...« 2. »Das ist das alte Reichspanier...« 3. »Und der dies Lied für euch erfand...«); er verwendete die Opuszahl 65, nachdem sich diese drei Chorsätze als womöglich allzu »zeitgebunden« erwiesen hatten, für seine Sieben Ritornelle in kanonischer Form nach Rückert, für vierstimmigen Männerchor (1847) noch einmal. Im Oktober 1979 druckte sie der Hamburger Musikverlag J. Schuberth & Co.; in den bis dahin erschienenen Werkausgaben fehlen sie. – »Schwarz-Rot-Gold«, das erste dieser drei Freiheitslieder wurde für 5-stimmigen Männerchorsatz im 3/4-Takt gesetzt (nicht als »Marschlied« im 4/4-Takt); es war ein *Cantus* auf die bis dahin verbotenen »Farben«, die zum Signet der Revolution wurden.

Das ist noch lang die Freiheit nicht,
Wenn man, statt mit Patronen,
Mit keiner andern Waffe ficht,
Als mit Petitionen!
Du lieber Gott: Petitioniert!?
Parlamentiert!? – Illuminiert!!
    Pulver ist schwarz,
    Blut ist rot,
    Golden flackert die Flamme!

Das ist noch lang die Freiheit nicht,
Sein Recht als Gnade nehmen
Von Buben, die zu Recht und Pflicht
Aus Furcht sich nur bequemen!
Auch nicht: daß, die ihr gründlich haßt,
Ihr dennoch auf den Thronen laßt!
    Pulver ist schwarz,
    Blut ist rot,
    Golden flackert die Flamme!

Die Freiheit ist die Nation,
Ist aller gleich Gebieten!
Die Freiheit ist die Auktion
Von dreißig Fürstenhüten!
Die Freiheit ist die Republik!
Und abermals: die Republik!
    Pulver ist schwarz,
    Blut ist rot,
    Golden flackert die Flamme!

Die eine deutsche Republik,
Die mußt du noch erfliegen!
Mußt jeden Strick und Galgenstrick
Dreifarbig noch besiegen!
Das ist der große letzte Strauß
Flieg aus, du deutsch Panier, flieg aus!
    Pulver ist schwarz,
    Blut ist rot,
    Golden flackert die Flamme!

Zum Kampfe denn, zum Kampfe jetzt!
Der Kampf nur gibt dir Weihe!
Und kehrst du rauchig und zerfetzt,
So stickt man dich aufs neue!
Nicht wahr, ihr deutschen Jungfräulein?
Hurra, das wird ein Sticken sein!
    Pulver ist schwarz,
    Blut ist rot,
    Golden flackert die Flamme!

Und der das Lied für euch erfand
In einer dieser Nächte,
Der wollte, daß ein Musikant
Es bald in Noten brächte!

Heißt das: ein rechter Musikant!
Dann kläng' es hell durchs deutsche Land:
Pulver ist schwarz,
Blut ist rot,
Golden flackert die Flamme!

Robert Schumann hielt sich für den »rechten Musikanten« und wollte, dass es mit seinen Tönen »hell durchs deutsche Land« klänge. Er ergänzte »Schwarz-Rot-Gold« um den *Cantus* »Zu den Waffen!« (nach einem Gedicht von Titus Ullrich: »....der Geist ersteht aus dem Grab mit neuem Tag im Bunde!«) und den »Deutschen Freiheitsgesang« (nach einem Text von J. Fürst: »Der Sieg ist dein, mein Heldenvolk« – »Der deutsche Aar steigt Himmel an! Weh dem, der heut noch wähnen kann, zum Haustier ihn zu zähmen!«)[24]. Überhaupt arbeitete Schumann fieberhaft, skizzierte heftig vorantastend, auch wieder verwerfend und neu konzipierend am Klavier, schrieb Windeseile am Notenpult oder Schreibtisch die Partituren aus. Zwar erschien ihm die Revolution durchaus als fälliger Akt der »Befreiung« und Fanal für eine »neue Zeit« – und sie setzte, indem er vor dem rohen gesellschaftlichen Gären und den Kämpfen floh, die zuvor oftmals über längere Phasen gehemmte Produktivität explosiv frei. Doch kam ihm der Aufstand, da er doch endlich die Schreibhemmungen überwunden hatte, zur Unzeit: Er wollte mit der (1847 begonnenen) romantischen Oper »Genoveva« endlich auch als Musik-

---

24 Nicht zuletzt in Rekurs auf Gedichte dieser Provenienz schrieb Heinrich Heine 1849 dann seinen Revolutions-Epilog »Michel nach dem März«:

»Solang ich den deutschen Michel gekannt,
War er ein Bärenhäuter;
Ich dachte im März, er hat sich ermannt
Und handelt fürder gescheuter.

Wie stolz erhob er das blonde Haupt
Vor seinen Landesvätern!
Wie sprach er – was doch unerlaubt –
Von hohen Landesverrätern.

Das klang so süß zu meinem Ohr
Wie märchenhafte Sagen,
Ich fühlte, wie ein junger Tor,
Das Herz mir wieder schlagen.

Doch als die schwarzrotgoldne Fahn',
Der altgermanische Plunder,
Aufs neu' erschien, da schwand mein Wahn
Und die süßen Märchenwunder.
[...]
Ich sah das sündenergraute Geschlecht
Der Diplomaten und Pfaffen,
Die alten Knappen vom römischen Recht,
Am Einheitstempel schaffen –

Derweil der Michel geduldig und gut
Begann zu schlafen und schnarchen,
Und wieder erwachte unter der Hut
Von vierunddreißig Monarchen.

dramatiker reüssieren, unternahm 1848 zugleich mit dem hybriden Melodram »Manfred« (nach dem Text von Lord Byron) ein bemerkenswertes Musik- und Theater-Experiment und komplettierte die 1844 begonnene »Faust«-Szene – ein zwischen den Gattungen stehende und im Sinn der »offenen Form« entschieden auf die Zukunft orientiertes Werk.

Stücke für eine »neue Zeit« und deren abruptes Ende

Auch schrieb Schumann 1848 – die Kinder kamen ins Alter, in dem der Klavierunterricht einsetzte – das »Album für die Jugend« op. 68 sowie über den Jahreswechsel die »Waldscenen« op. 82 (u.a. mit so dezidiert musikpoetischen *Pièce*n wie »Einsame Blumen« oder »Herberge«, mit der die Todessehnsucht reflektierenden und als musikphilosophisches *Aperçu* zu hörenden »Verrufenen Stelle«, mit »Freundliche Landschaft« und – gleichfalls musikalischen Impressionismus vorwegnehmend – »Vogel als Prophet«). Es entstanden – nicht zuletzt wiederum für den Eigengebrauch der Familie – eine größere Anzahl vierhändiger Klavierstücke, aus denen die Sammlung »Bilder aus dem Osten« op. 66 herausragt. Dazu noch im Advent (als erste Annäherung an die Sphäre der geistlichen Musik) die Rückert-Kantate »Dein König kömmt in niedern Hüllen« op. 71, Anfang 1849 dann die »Romanze und Allegro für Horn« op. 70, die fortdauernd sehr beliebten »Phantasiestücke« op. 73 für Klarinette und Pianoforte, das »Spanische Liederspiel« (posthum veröffentlicht 1858 als op. 138), vier Hefte mit Balladen, Romanzen etc. für Chor op. 67, op. 69, op. 75 und op. 91, sowie – gleichfalls in enorm kurzer Zeit – das ausladende Konzertstück für vier Ventilhörner mit großem Orchester op. 86. Angeregt wurde diese *Bravour-Pièce* durch die exzellenten Hornisten der »Königlichen Kapelle« in Dresden, die das Stück dann auch weidlich zu nutzen und mit ihm Effekt zu erzielen wussten. Welch origineller (und brüderlich anmutender) Gedanke des Komponisten, sie selbviert agieren zu lassen – als Team in Kollegialität und edlem Wettstreit zugleich![25]

Nach der eigenhändigen Notiz des Komponisten wurde diese große Arbeit in nur drei Tagen zu Papier gebracht – vom 18. bis 20. Februar 1849. Sie stammt aus einer Atempause zwischen den sich überstürzenden gesellschaftlichen Ereignissen – aus der Ruhe vor dem Sturm. Beziehungsreich sind seine Anspielungen: Der synkopische und harmonisch zunächst vieldeutige Auftakt beschwört den Beginn der irrwitzigen »Manfred«-Ouvertüre noch einmal herbei, einzelne Horn-Signale das Kampflied »Schwarz-Rot-Gold« (dessen Programmatik ja noch auf Einlösung wartete). Diskret erscheint in der Durchführung des einleitenden Satzes auch ein Gruss vom »Deutschen Rhein« – eine Reminiszenz der Komposition zur Becker-Hymne von 1840. Die von den raschen Teilen eingebettete Romanze ist als *Horn-*

25 Uraufgeführt wurde op. 86 allerdings nicht in Dresden, sondern in einem Konzert für den Orchesterpensionsfond im Leipziger Gewandhaus am 25. Februar 1850 (vgl. Wasielewski 6/1906, 411).

mage à Mendelssohn zu hören – als Bekenntnis zu der vom kurz zuvor verstorbenen Freund und Mentor entwickelten Idee des »Liedes ohne Worte« und deren durchaus »demokratische« Wirkung in den Jahren des Vormärz. Einige Klangfiguren des Schlussteils kehren wohl nicht zufällig dann in jenen »Vier Märschen für Klavier« op. 76 wieder, die Schumann im Herbst 1849 unters Volk brachte und ausdrücklich als »republikanische« charakterisierte, aber auch in einem so groteskspießigen Produkt wie den ebenfalls mit vier Hörnern operierende Vertonung von Texten aus Heinrich Laubes »Jagdbrevier«.[26] So erscheint die Intonation des Hörner-Konzertstücks doppelgesichtig: Es stellt, ohne ein literarisches Programm anzubieten, gleichsam das Mittellot zwischen »Rheinlied« und »Schwarz-Rot-Gold« einerseits, und den »republikanischen« Märschen sowie den Laube-Liedern andererseits dar. Alle diese Stücke aber waren, anders als die frühen Klavierstücke, an ein großes »Publikum der Zukunft« adressiert.

Nicht nur das Publikum tat sich freilich mit einer emphatisch gedachten Zukunft schwer, sondern diese mit sich selbst. Entgegen den hochgestimmten März-Erwartungen von Ferdinand Freiligrath, dessen martialische Verse Robert Schumann in Musik setzte, wurde nach dem Überraschungssieg der bürgerlich-revolutionären Kräfte im Frühjahr 1848 erst einmal ausführlich »parlamentiert«. Als nach den langwierigen Verhandlungen in der Frankfurter Paulskirche – sie zogen sich ein Jahr lang hin – die demokratische Verfassung schließlich verabschiedet war, hatte das zunächst so desolat erscheinende *Ancien régime* längst wieder Tritt gefasst und die März-Resultate auch militärisch zurück korrigiert. So wenig wie der Kaiser von Österreich dachte die Mehrzahl der deutschen Duodezfürsten daran, die Reichsverfassung zu akzeptieren. Das erbitterte viele zuvor duldsame Demokraten und frisch gebackene Republikaner so, dass im April 1849 verschiedentlich wieder bewaffnete Auseinandersetzungen ausbrachen. Mit besonderer Heftigkeit in Dresden. Clara Schumann notierte im Tagebuch der Eheleute:

> Donnerstag, den 3. [April], gingen wir zu Tisch auf die Villa im Plauenschen Grunde und schwelgten so recht in der herrlichen Natur – wie es unterdes in der Stadt aussah, ahnten wir freilich nicht. Kaum waren wir eine halbe Stunde zu Haus, als Gene-

---

26 Der Einsatz des virtuosen Solisten-Quartetts weist voraus auf die »Fünf Jagdlieder für vierstimmigen Männerchor und vier Hörner« op.137, die Schumann in den Wochen zwischen dem Dresdner Aufstand vom April 1849 und der Niederschrift der »Vier Märsche« op. 76 im Mai 1849 nach Texten des ehedem radikalen Burschenschaftlers Heinrich Laube komponierte, der als Autor des Jungen Deutschland politisch verfolgt worden war. »Weib, Kinder, Schulden und Sorgen« möge der deutsche Mann zu Hause lassen, um zur Freiheit zu gelangen: »Und klarer, freier wird der Drang, / Je mehr der Tag sich lichtet. / Herr Gott... hab' Dank für Jagd und Athmen« (op.137, No.3). Säuberlich wird die »deutsche Jagd« von der in den Nachbarländern unterschieden: »Der Franzos' hat sein Land überlichtet, / Nichts schonend die Jagd sich vernichtet: / Schießt singende Vögel, der Fant.« Und: »In Engeland, da ist nichts mehr / Als wie das Huhn zu Haus; / Fabriken klappern und stampfen,/ Maschinen hämmern und dampfen, / Das hält kein Wildpret aus« (op.137 No.5). Der Tenor dieser Texte trifft sich – auch musikalisch – mit dem Ton des Schumannschen Rheinliedes von 1840.

ralmarsch geschlagen und von allen Türmen Sturm geläutet wurde, bald auch hörten wir Schüsse. Der König [von Sachsen] hatte die Reichsverfassung nicht anerkennen wollen, bevor es nicht Preußen getan, und da hatte man denn die Stränge seines Wagens, in dem er fliehen wollte, zerschnitten, ihn somit gezwungen, zu bleiben, und versucht, sich des Zeughauses zu bemächtigen, von wo aus aber unter das Volk gefeuert wurde. Daß dies die größte Erbitterung hervorrief, läßt sich denken. Die Nacht verlief so ziemlich ruhig, doch am

Freitag, den 4., fanden wir, als wir in die Stadt gingen, alle Straßen verbarrikadiert, auf den Barrikaden standen Sensenmänner und Republikaner, die die Barrikaden immer höher bauen ließen, überall herrschte die größte Gesetzlosigkeit, die Schleusen und das Straßenpflaster sowie die Steine auf den Straßen wurden aufgerissen und zu den Barrikaden verwendet; auf dem Rathaus saßen die Demokraten beisammen und wählten eine provisorische Regierung (da der König des Nachts auf den Königstein geflohen war) [...] Auf unsrer Promenade durch die Stadt wurde uns auch der schreckliche Anblick von 14 Toten [nicht erspart], die tags vorher gefallen und schrecklich zugerichtet zur Schau des Publikums im Hofe des Klinikums lagen.
Ich konnte diesen Anblick lange nicht vergessen, und nur die viele Aufregung, die noch folgen sollte, verwischte den schrecklichen Eindruck. Der Tag und die folgende Nacht vergingen ohne Kampf, die Barrikaden stiegen zu förmlichen Festungen auf, die Spannung war furchtbar, wie sollte das enden, unter welchem Blutvergießen! (Litzmann II, 185f.)

Der verzweifelte Mut der Sachsen

Der Bericht Clara Schumanns wird von der »Dresdner Allgemeinen Zeitung« vom 4. April 1849 bestätigt:

So hat es denn geschehen müssen, daß die deutsche Verfassung ihre Bluttaufe erhalten hat. [...] Es wurden in der Altstadt Anfänge zum Barrikadenbau gemacht [unter sachkundiger Anleitung des Hofbaumeisters Gottfried Semper]. Der Volkszorn wälzte sich nach dem Zeughaus. Der Sturm auf dasselbe begann, und die Infanterie feuerte. Hier fielen die ersten Opfer. Mit einem Steinregen ward das Zeughaus gesprengt, und nun feuerte die Artillerie wiederholt mit Kartätschen aus dem gesprengten Tor. Jetzt brach lautes Wutgeheul aus, das Gebäude ward gestürmt und geplündert.[27]

Während der Barrikadenbau »unter Sturmgeläut und Generalmarsch« fortschritt, hielt das Schumannsche Tagebuch auch des Weiteren die Beobachtungen und Erfahrungen sehr genau fest:

Sonnabend, den 5., schrecklicher Vormittag! es bildete sich auf unserer Straße eine Sicherheitswache und man wollte Robert dazu haben; nachdem ich ihn zweimal verleugnet, die Leute aber drohten, ihn suchen zu wollen, flüchteten wir mit Marien zur Gartentür hinaus auf den böhmischen Bahnhof. [...] Hier standen Sensenmänner, welche achtgaben, daß niemand mit Gewehr abfahren sollte. Um 1 Uhr fuhren wir nach Mügeln – ich war sehr betrübt, daß wir nicht Elisen wenigstens noch mitgenommen

27 Hans Jessen (Hrsg.): Die Deutsche Revolution 1848/49 in Augenzeugenberichten. München 1968, S. 314.

hatten, doch waren wir fort, wie wir gingen und standen, hatten also auch nicht Zeit, noch die Kinder mitzunehmen, und Robert dachte, wir würden schon am Abend zurückkehren, doch ich glaubte daran nicht, besonders, als kurz vor unserer Abfahrt das Stürmen und der Kampf in der Stadt begann. Von Mügeln aus gingen wir zu Fuß nach Dohna, aßen dort, warteten noch Nachrichten mit dem nächsten Zug ab, die eben nichts Tröstliches enthielten, und fuhren um 7 Uhr nach Maxen [zum Gute des Major Serre], wo wir ziemlich viel Besuch vorfanden [...]. Meine Angst den ganzen Tag über war fürchterlich, denn fortwährend hörte man den Kanonendonner, und dazu die Kinder in der Stadt. Schon am Abend wollte ich in die Stadt, um sie zu holen, doch wurde es zu spät, und ich fand niemand, der mich so spät noch begleiten wollte. Robert konnte nicht mit mir, denn man hatte ausgesprengt, die Insurgenten suchten alle waffenfähigen Männer in den nächsten Umgebungen auf und zwängen sie, am Kampfe teilzunehmen. Ich machte mich nun am

Montag, den 7., morgens 3 Uhr nach der Stadt auf[,] begleitet von der Tochter des Verwalters auf dem Gute [Serres]. Unter fortwährendem Kanonendonner gingen wir dahin, und plötzlich sahen wir uns an die 40 Sensenmänner entgegenkommen. Wir wußten erst nicht, was beginnen, doch faßten wir uns ein Herz und gingen (mit uns noch ein Mann, den wir auf dem Felde getroffen) ruhig durch. Glücklich kamen wir in die Reitbahngasse, wo noch alle Haustüren zu waren – es war grausig, hier diese Totenstille und in der Stadt das unaufhörliche Schießen! – Die Kinder fand ich noch schlafend, riß sie gleich aus den Betten, ließ sie anziehen, packte einige wichtige Sachen zusammen, und in einer Stunde waren wir zusammen wieder draußen auf dem Felde. [...] – In Strehla setzten wir uns wieder in den Wagen, und noch vor Tisch waren wir wieder in Maxen, wo wir uns endlich alle wiederhatten; mein armer Robert hatte auch angstvolle Stunden verbracht und war daher jetzt doppelt glücklich. – Auf den Dörfern hatten wir überall Flüchtlinge getroffen, die uns Schreckliches aus der Stadt erzählten. Das Volk hält sich bewundernswürdig, und nie hätte ich den Sachsen solchen Mut zugetraut. Die Zuzüge nach der Stadt dauern unaufhörlich, und besonders sind viel Erzgebirger gekommen. Aber auch das Militär erhält fortwährend Zuwachs von Preußen, was die Erbitterung des Volkes aufs höchste steigert.

Dienstag, der 8., verging ohne Entscheidung. Der Kampf in der Stadt dauert ununterbrochen fort. Die Amme und drei Kinder habe ich zum Doktor gebracht, wo wir vor drei Jahren wohnten, damit wir nicht alle Majors belästigen. Unter andern waren dort ein Herr von Albeding mit Frau und Tochter, Frau von Hann, die neben uns in der Stadt wohnen, so auch war die Familie von Stephanitz dort. Dies waren alles Aristokraten, die vom Volke nur *en canaille* und Gesindel sprachen, so daß einem ganz unbehaglich wurde – der Major ist der einzige liberale Mensch im ganzen Hause und sagte einige Male tüchtig den Aristokraten seines Herzens Meinung! (Litzmann II, 186ff.)

Unter keinen Umständen wollte sich Robert Schumann, dessen »Gesinnung« wohl ebenso »liberal« geblieben war wie die des Gastgebers von Serre, aktiv ins Handgemenge einmischen. Anders als z.B. Albert Lortzing, der von ihm in Leipzig so herablassend behandelte Spielopern-Produzent. Der jedenfalls hatte sich ein Jahr zuvor in Wien handfest am Zweifronten-Kampf beteiligt – gegen die kaiserlichen Truppen, die nach der Flucht des Kanzlers Metternich den Abzug des Monarchen und seines Hofstaates deckten, und andererseits gegen die Arbeiter, die in den Vorstädten Fabriken gestürmt und angezündet hatten, sich nun anschickten, sich in der Inneren Stadt zu holen, was man ihnen vorenthalten hatte.[28] Ähnlich wie Schumann zog der Kapellmeister im Theater an der Wien, kurz vor dem 50. Geburtstag stehend, der fortdauernden Teilhabe am revolutionären Prozess allerdings dann künstlerische Aufarbeitung des soeben Erlebten und in Erfahrung Gebrachten vor. Lortzing nahm in fieberhafter Eile das Libretto zu einer neuen Oper in Angriff, fing auch mit der Komposition an, ohne den Ausgang der Ereignisse (und damit den Ausgang seines Dramas) abzuwarten. Diese Oper »Regina« (fertiggestellt bereits im Herbst 1848!) bezog einerseits Stellung gegen die »liebe Reaktion« (und die »Camerilla, welche den Kaiser in Innsbruck umgibt«), andererseits gegen die Proleten der Vorstädte, diese »faule Bagage«, deren aggressives Auftreten »leider ein großer Teil der Bevölkerung« verteidige.[29]

Schumann hat die kritischen Tage auf dem Lande bei Dresden ausgesessen, sich aber von kurzen Visiten in der Stadt zu seinen Märschen op. 76 inspirieren lassen.[30] Der zeitnah abgefasste Bericht von Clara Schumann hielt jedenfalls fest:

> »Mittwoch, den 9. [April], sahen wir den ganzen Morgen von der Räcknitzer Höhe Rauchwolken aufsteigen und bildeten uns ein, man bombardiere die Stadt von da aus. Wir ängstigten uns um die arme Henriette, die, wie uns die Köchin sagte, die ordentlichen Blattern bekommen hatte. Zu Mittag aber erfuhren wir, daß am Morgen die Stadt vom Volk geräumt worden war, nachdem das Militär mit Bombardement gedroht hatte, da es die Hauptbarrikaden nicht einnehmen konnte. Die provisorische Regierung war schon in der Nacht um 2 Uhr geflohen mit einer großen Schar nach Freiberg.
>
> Donnerstag, den 10., hörten wir von schrecklichen Greueltaten, die das Militär verübte; alles schossen sie nieder, was sie an Insurgenten fanden; unsre Wirtin in der Stadt erzählte uns später, daß ihr Bruder, Besitzer des goldnen Hirsches in der Scheffelgasse, zusehen mußte, wie die Soldaten 26 Studenten, einen nach dem andern, erschossen, die sie dort in einem Zimmer gefunden hatten. Dann sollen sie die Menschen zu Dutzenden von den dritten und vierten Stockwerken herab auf die Straße geworfen haben. Es ist zu schrecklich, solche Dinge erleben zu müssen! So müssen sich die Menschen das bißchen Freiheit erkämpfen! Wann wird einmal die Zeit kommen, wo die Menschen alle gleiche Recht haben werden? Wie ist es möglich, daß der Glaube unter den Adligen, als seien sie andre Menschen als wir Bürgerlichen, so eingewurzelt durch so lange Zeiten hindurch sein konnte! – Nachmittag fuhren wir in die Stadt, Robert blieb jedoch in Strehla.«

---

28 Albert Lortzing berichtet in einem Brief an seinen Freund Meisinger: »Am 13. und 14. März konntest du uns alle mit der Muskete auf der Schulter und in Ermanglung einer weißen Binde, mit einer schmierigen Conraetz'schen Serviette um den Arm bei Tag und Nacht patrouillieren sehen, denn der Pöbel plünderte in den Vorstädten. Vor der Nationalgarde habe ich mich [aber bis] Dato gewahrt. Dagegen ist mein Sohn Theodor mit Leib und Seele Vaterlandsverteidiger.« (31.6.1848).

29 Das Engagement für »die Sache der Freiheit« musste Albert Lortzing übrigens, nachdem der Revolution in Österreich und Deutschland der Garaus gemacht worden war, erheblich büßen – er blieb ohne hinreichend honoriertes festes Engagement und erhielt bis zu seinem Tod im Januar 1851 keine einträglichen Kompositionsaufträge mehr.

30 »Vier Märsche« op. 76 wurden am 17. Juni 1849 an den Verleger abgeschickt; sie erschienen im September 1849 im Druck (vgl. Wasielewski 6/1906, 410).

Anderntags, als der Pulverdampf verraucht war, kam der völlig in kompositorische Gedanken vertiefte Schumann dann doch kurzfristig nach Dresden zu Frau und Kindern:

> Wir gingen nun zusammen durch die Hauptstraßen der Stadt, um uns die Hauptkampfplätze anzusehen. Es ist kaum möglich, ein Bild zu geben von dieser Verwüstung. Tausend von Löchern von den Kugeln sieht man an den Häusern, ganze Stücke Wand herausgebrochen, das alte Opernhaus total niedergebrannt, desgl. 3 schöne Häuser in der Zwingerstraße, auch in der kleinen Brüdergasse, kurz, es ist schrecklich anzusehen und wie mögen die Häuser erst im Innern aussehen! Die Wände durchgebrochen, sodaß die Insurgenten durch viele Häuser hindurch miteinander korrespondierten. [...] Die Straßen sind meist noch aufgerissen, die Trottoirs liegen noch umher, nur die Barrikaden sind hinweggeräumt. Die Stadt ist in Belagerungszustand erklärt – es wimmelt von Preußen – auf dem Altmarkt liegen sie auf Stroh umher. Es ist ein entsetzliches, aber interessantes Bild, die Straßen jetzt! (Litzmann II, 189f.)

Schumann und Wagner

Robert Schumann, so dürfen wir annehmen, hat dieses Bild kompositorisch »eingefangen« im dritten, langsameren Klavierstück, das in op. 76 Eingang fand. Die »Lager-Scene« – ein »schwebendes« Musikstück nervöser Unruhe, die abklingt – ist keine Programm-Musik; Partei nimmt das pianistische »Charakterbild« in keiner Weise (weder durch musikalische Ingredienzen noch durch Zusatz von Worten wurde bestimmt, wer da wo und warum lagert). Schumann mag eine Atempause zwischen den Kämpfen skizziert haben, eine noch unentschiedene Situation – wohl eine Abendstimmung, ahnungsvolle Dämmerung, Ruhe vor dem nächsten Sturm. Da Claras Berichte im gemeinsamen Tagebuch der Eheleute – aller Wahrscheinlichkeit nach in Übereinstimmung mit den Anschauungen ihres Mannes – bei aller Angst vor rabiaten »Sensenmännern« einige Sympathie mit den Aufständischen erkennen lassen, ist zu vermuten, dass der Komponist mit dieser *Pièce* eher der zur Verteidigung der Barrikaden Lagernden gedachte als der preußischen Interventionstruppe auf dem Altmarkt. Mit Sicherheit wurde das Stück bei seiner Veröffentlichung – stillschweigend – als nachträgliche diskrete Solidaritätsbekundung begriffen. Da der Kampf entschieden, das Experiment der freien Republik gescheitert, die demokratischen Bestrebungen niedergeschlagen waren, mag das bürgerliche Publikum dieses *Moderato* sogar weitergehend als Abgesang auf die »Bewegung« insgesamt genommen haben: Man wurde des sensiblen Realismus gewahr, der sich da eingelagert fand zwischen den hochfahrenden Gesten des Heroischen im Anfangs- und Schlussstück des Marsch-Zyklus.

Die als Hauptzeugin für das Verhältnis von Schumannschem Schaffensschub und politischem Umbruch herangezogene Frau Clara schildert auch das Ende der Dresdner April-Kämpfe des Jahres 1849:

> Wie viele unschuldige Opfer sind gefallen, in ihren Zimmern von Kugeln getroffen worden usw. usw. Die Frauenkirche steckt voll von Gefangenen, und die Zahl beläuft

> sich schon auf 500. Kapellmeister Wagner soll auch eine Rolle bei den Republikanern gespielt haben, Reden vom Rathaus herunter gehalten, Barrikaden nach seiner Angabe haben bauen lassen und manches andre noch!« Daß er auch das Opernhaus angezündet habe, stellte sich als unzutreffende Behauptung heraus – der Dresdner Chefdirigent Richard Wagner war mit einem Zuckerbäcker gleichen Namens verwechselt worden. Doch hatte sich des Sachsenkönigs Musikdirektor, der noch im Juni 1848 seinem König Friedrich August II. in einem langatmigen Brief versichert hatte, wie sehr er von der »höchsten Heiligkeit des Königtums erfüllt«[31] sei, durchaus am Aufstand beteiligt; allerdings weniger in der Tat als mit viel Worten: »Ja, wir erkennen es, die alte Welt, sie geht in Trümmer, eine neue wird aus ihr entstehen, denn die erhabene Göttin Revolution, sie kommt dahergebraust auf den Flügeln der Stürme.[32]

Mit Demokratie und Republik hatte Richard Wagner theoretisch so wenig im Sinn wie praktisch. Die von ihm beschworene »volle warme Überzeugung der Liebe«, so seine Kernthese in der Revolutionszeit, solle Einverständnis stiften zwischen Herrschern und Beherrschten (und den Künstlern als den großen Mittlern ohnedies). Die junge Lehre des Kommunismus verstoße nicht weniger als ein »kalter, staatskluger Begriff« des Liberalismus gegen die Ordnung des organischen Ineinanders von Volk und Herrscher, »wo jedes Glied dieses Volkes [...] seinem Fürsten zulächle und ihm sage, daß er der Erste eines freien, gesegneten Volkes sei«.[33]

Von solchen Tiraden, die sich kurzzeitig – unter dem Einfluss des in Dresden abgestiegenen Michail Bakunin – mit anarchistisch eingefärbtem Anti-Monarchismus aufluden, hielt sich Robert Schumann fern. Ihm kam der Aufstand, wie bereits angedeutet, ganz zur Unzeit: Er wollte mit einer möglichst breiten Produktpalette – von der Oper und dem Melodram bis zu Klavierstücken für den Hausgebrauch, Adventsmusik und Frauenchören eine führende Stellung in einem breitgefächerten demokratischen Musikleben erringen. Als die Protagonisten und Propagandisten des Aufstands erschossen, verhaftet oder in die Flucht gejagt waren, schrieb er am 10. April 1840 an den Freund und Dresdner Amtsvorgänger Ferdinand Hiller: »Sehr fleißig war ich in dieser ganzen Zeit – mein fruchtbarstes Jahr war es als ob die äußeren Stürme den Menschen mehr in sein Inneres trieben, so fand sich nur darin ein Gegengewicht gegen das von außen so furchtbar Hereinbrechende.«[34] (Briefe NF 1886, 257)

Die Revolution war Schumann nicht als Akt der Befreiung von unerträglichem Zwang und Fanal für eine »neue Zeit« erschienen, sondern er setzte, indem er vor

---

31 Richard Wagner: Briefe. Ausgew. u. hrsg. v. Hanjo Kesting. München 1983, S. 145.

32 Im rhetorischen Überschwang ließ Wagner die Revolution selbst skandieren (und war dabei ihr Prophet): »Nur zwei Völker noch gibt es von jetzt an: das eine, welches mir folgt, das andere, welches mir widerstrebt. Das eine führe ich zum Glücke, über das andere schreite ich zermalmend hinweg, denn ich bin die Revolution, ich bin das ewig schaffende Leben, ich bin der einige Gott, den alle Wesen erkennen, der alles, was ist, umfaßt, belebt und beglückt.«

33 Zit. n. Andrea Mork: Richard Wagner als politischer Schriftsteller. Weltanschauung und Wirkungsgeschichte. Frankfurt a.M./New York 1990, S. 93.

34 Robert Schumann (Dresden) an Friedrich Hiller. Brf. v. 10. April 1840. In: Briefe NF 1886, 257.

dem rohen gesellschaftlichen Gären und den Kämpfen floh, die zuvor oftmals über längere Phasen gehemmte Produktivität explosiv frei – und schrieb fast zeitgleich hochgradig appellative Musik und höchst introvertierte.[35] Im Ansatz ähnlich wie Richard Wagner, in der Konkretisierung völlig anders sehnte sich Schumann zuvorderst eine Revolution der Köpfe, des geistigen und kulturellen Lebens herbei – »Führe doch die Revolution auch in ihre Musikmägen«,[36] wünschte er den Wienern im Sommer 1848.

Am 22. Juni 1849 balancierte er die ambivalente Gemütslage aus – in das »Erinnerungsbüchelchen für unsere Kinder« notierte er: »Lange hat der Papa geschwiegen, weil er in der Zeit sehr viele Noten geschrieben und sonst auch die Zeit eine sehr unruhige war, die bewegendste, die die Welt seit Jahrhunderten gesehen; davon später.«[37] Fünf Tage zuvor hatte Robert Schumann dem Verleger Whistling, der op. 76 drucken sollte und wollte, mitgeteilt: »Sie erhalten hier ein paar Märsche, aber keine alten Dessauer – sondern eher republikanische. Ich wußte meiner Aufregung nicht besser Luft zu machen – sie sind im wahren Feuereifer geschrieben.« (Wasielewski 6/1906, 410)

Die genauen Entstehungsdaten sind überliefert: Die vier Charakter-Stücke entstanden zwischen dem 12. und 16. Juni (Wasielewski 6/1906, 410). Das letzte rasche Stück des Zyklus, der im »heroischen« Es-Dur der »Eroica« beginnt und endet, wurde orchestriert und zu Schumanns 40. Geburtstag in Leipzig aufgeführt: »Der Paulinerchor brachte in der Frühe, zusammen mit einem Teil des Orchesters, ein Ständchen: Ein Choral, zwei Schumannsche Lieder und der 4. Marsch aus den Klaviermärschen 1849 (op. 76), instrumentiert.« (Litzmann II, 215) Dass gerade eines dieser Stücke der öffentlichen Ehrung diente, deutet an, dass die emphatischen Märsche vom Frühsommer 1849 rasch Verbreitung gefunden hatten, wohl als repräsentativ angesehen und als Aufbruch-Signal verstanden wurden für eine Zeit, in der die von Schumanns Freiligrath-Lied »Schwarz-Rot-Gold« beschworene »letzte Schlacht« auf der Tagesordnung stehen würde.

---

35 Arnfried Edler gelangt im Kapitel »Abwendung vom Weltgetümmel« seiner Schumann-Monografie zu einem analogen Resümee: »Zwar ließ sich Schumann von den Revolutions-Ereignissen zu Kompositionen anregen, die ohne Zweifel als Stellungnahme gemeint waren: die Klaviermärsche, die Chorwerke ›Adventslied‹ und ›Neujahrslied‹ [vom Jahreswechsel 1849/50, op. 144], die Männerchor-Motette ›Verzweifle nicht im Schmerzenstal‹ [n. F. Rückert, op. 93, orchestriert 1852] und einiges mehr bedeuten einen ›Widerhall der Weltbegebenheiten da draußen‹ [Litzmann II, 192]; aber gerade diese Formulierung [des Komponisten] zeigt, durch welch mächtige seelische Schutzwände sich Schumann von den Ereignissen abkapselte« (Robert Schumann und seine Zeit. Laaber 1982, S. 107).

36 Robert Schumann an Gustav Nottebaum (Dresden). Brf. v. 3. Juli 1848. In: Briefe NF 1886, 244.

37 Eugenie Schumann: Erinnerungen. Stuttgart [1925], S. 327.

Finale Geisterfragen

Robert Schumann war auch in der Phase der gesteigertsten Produktivität 1848/49 bereits von neuerlichen Krankheitsschüben heimsucht worden (insbesondere von Gesichts- und Gehörstäuschungen, Tränenkrisen und Todesangst). Dennoch wollte er der politischen Herausforderung angemessen begegnen und an der großen »äußeren Entwicklung« teilhaben – mit seiner Kunst und wohl auch über diese hinaus. Keine vier Jahre nach der Komposition und Veröffentlichung von op. 76 aber schied der Komponist aus dem aktiven Berufs- und Familienleben aus: Am Rosenmontag, dem 27. Februar 1854 sprang er – mit zerrissenem Herz und verwirrtem Kopf – von einer Brücke in Düsseldorf in den Rhein. Dem Suizidversuch vorangegangenen war eine unproduktive, von eskalierenden Gesundheitsproblemen und starken Schuldgefühlen gegenüber Frau Clara gekennzeichneten Lebensphase. Er beschäftigte sich mit »Geisterstimmen«, die er »hörte« – und begann »Geistervariationen« für Klavier, brach die Arbeit jedoch wieder ab. Schwerpunktmäßig betätigte er sich literarisch, indem er einen »Dichtergarten« anlegte – eine pedantische Anthologie von Äußerungen über Musik in der Weltliteratur seit der Antike. An den Freund und Geiger Joachim schrieb er am 6. Februar: »Die Musik schweigt jetzt – wenigstens äußerlich«. Er erinnerte sich einiger zu verschiedenen Gelegenheiten geschriebener Klavierstücke und stellte sie für den Druck zusammen – sie erschienen als op. 124 unter dem wenig originellen Titel »Albumblätter«. Gewidmet sind sie Alma, der Frau des Düsseldorfer Primarius Wilhelm Josef von Wasielewski (der auch sein erster Biograf werden sollte). Als diese inhomogene Sammlung erschien, war der Komponist bereits in einer Nervenklinik in Bonn-Endenich untergebracht.

Die »Albumblätter« beginnen mit zwei *Piècen* aus der Phase des künstlerischen »Durchbruchs« – das zweite, in a-moll, ist überschrieben mit »Leides Ahnung«; es wurde 1832 komponiert, als Schumann die juristischc Ausbildung in Heidelberg abgebrochen hatte, ins heimatliche Leipzig zurückkehrte und sich ganz »auf die Musik warf« – allerdings auch ins »dunkle Nachtleben«. Die Akademie der Künste Berlin und die Robert-Schumann-Forschungsstelle Düsseldorf haben unlängst mit »Robert Schumann in Endenich (1854-1856): Krankenakten, Briefzeugnisse und zeitgenössische Berichte«[38] alles zusammengetragen, was eine respektvoll erschütterte Öffentlichkeit schon immer gerne über gewisse Folgen der ausschweifenden Sexualität Schumanns wissen wollte; u.a. wird sie nun nochmals definitiv davon in Kenntnis gesetzt, dass er als 22-jähriger Student begründeten Anlass hatte, sich mit medizinischer Fachliteratur auseinanderzusetzen, da er davon ausgehen musste, sich eine »luetische Infektion« zugezogen zu haben. Dass die Syphilis ansteckend ist, war ihm bewusst – und er machte die minderjährige Clara Wieck unter Aufbietung aller ihm zu Gebote stehenden Mittel zu seiner Geliebten. Schon von daher wäre die heftige Zunahme der Schuldgefühle unmittelbar vor Ausbruch der finalen Katastro-

38 Hrsg. v. Bernhard R. Appel. Mainz u.a. 2006.

phe erklärbar. In diesem Zusammenhang erscheint die Veröffentlichung von »Leides Ahnung« in denkwürdigem Zwielicht.

Robert Schumann starb am 27. Juli 1856 in der Klinik Bonn-Endenich. Ihn hätten, meinte Franz Liszt nobel, »die Geister zu früh gerufen«. Aber was ist schon zu früh für einen, der nach Innen über die äußersten Grenzen will? Zwei Jahre nach dem Tod des Komponisten berichtete dessen erster Biograf Wilhelm Josef von Wasielewski, der in Düsseldorf eng mit Robert Schumann zusammengearbeitet hatte und den Meister wie seine Auffassungen aus unmittelbarer Nähe kannte:

> Schumann gehörte in politischer Hinsicht, gleichwie in religiöser, zu den Freimütigen. Er nahm jederzeit innerlich lebhaften Anteil an allen Weltbegebenheiten. Aber viel zu fern lag es seinem äußerlich passiven Verhalten, seine Meinung gegen andere offen und rückhaltlos auszusprechen, geschweige denn gar irgend einen tätigen Anteil an politischen Akten zu nehmen. So war Schumann innerlich ein Liberaler, fortschrittlich Gesinnter, äußerlich dagegen ein durchaus Konservativer. Nicht etwa in Volksversammlungen hat man ihn sich zu denken, sondern am Schreibtisch, in der Hand die Feder, welcher bei dieser Gelegenheit die Märsche op. 76 entflossen (Wasielewski 6/1906, 410).

Anhang

Orts-, Personen- und Werkregister

Die Seitenverweise beziehen sich lediglich auf den Haupttext und die Zitate, Fußnoten blieben unberücksichtigt. Heinrich Heine und Robert Schumann blieben unverzeichnet. Erwähnte Werke wurden im Personenregister dem jeweiligen Verfasser beigeordnet. Kursiv gestellte Ziffern verweisen auf Personen oder Orte, die im Text zwar namentlich nicht genannt werden, aber über die Anmerkungen recherchiert werden konnten. Fett gesetzte Ziffern verweisen auf Abbildungen.
Das Werkregister bezieht sich lediglich auf die Werke Heines und Schumanns. Die alphabetische Reihenfolge orientiert sich am Buchstaben des ersten Wortes, wobei die Artikel berücksichtigt wurden.

1. Ortsregister

2. Personenregister mit Werken

3. Werkregister Heine/Schumann

a. Heinrich Heine

b.Robert Schumann

1. Kompositionen

2. Texte

Die Register wurden zusammengestellt von Wolfgang Delseit.

Abkürzungsverzeichnis

1. Werke und Briefe

AGA	[Alte Gesamtausgabe] Robert Schumann's Werke. Hg. v. Clara Schumann. 32 Bde. Leipzig 1879-1887, 1891, 1893
B	Heinrich Heine: Sämtliche Schriften. Hg. v. Klaus Briegleb. München 1968-1976
Boetticher I	Wolfgang Boetticher: Robert Schumann. Einführung in Persönlichkeit und Werk. Berlin [1941]
Boetticher II	Wolfgang Boetticher: Robert Schumann in seinen Schriften und Briefen. Berlin [1941]
Briefe NF 1886, 2/1904	Robert Schumanns Briefe. Neue Folge. Hg. v. F. Gustav Jansen. Leipzig 1886, ^{2}1904
Briefwechsel I, II	Clara und Robert Schumann: Briefwechsel. Hg. v. Eva Weissweiler. Basel, Bd. I: 1832-1838, Bd. II: 1839. Frankfurt a.M. 1984 und 1987
CS–JB Briefe I, II	Clara Schumann – Johannes Brahms: Briefe aus den Jahren 1853-1896. Hg. v. Berthold Litzmann. Bd. I: 1853-1871, Bd. II: 1872-1896. Leipzig 1927 (Reprint Hildesheim 1989)
DBE	Deutsche Biographische Enzyklopädie. Hg. v. Walter Killy. Taschenbuch-Ausgabe, München 2001.
DHA	Heinrich Heine: Historisch-kritische Gesamtausgabe der Werke (Düsseldorfer Ausgabe). In Verbindung mit dem Heinrich-Heine-Institut hg. v. Manfred Windfuhr. Hamburg 1973-1997
DWB	Deutsches Wörterbuch von Jakob und Wilhelm Grimm. 33 Bde. München 1999 (Taschenbuchausgabe)
Erler I, II	Hermann Erler: Robert Schumann's Leben. Aus seinen Briefen geschildert. 2 Bde. Berlin [1887]
GS I, II	Robert Schumann: Gesammelte Schriften über Musik und Musiker, Bd.1 u. 2. Reprint d. Ausg. Leipzig 1854. M. e. Nachw. v. Gerd Nauhaus u. e. Register v. Ingeborg Singer. Wiesbaden 1985
HSA	Heinrich Heine: Werke, Briefwechsel, Lebenszeugnisse. Säkularausgabe. Hg. v. d. Stiftung Weimarer Klassik (vormals Nationale Forschungs- und Gedenkstätten der klassischen deutschen Literatur in Weimar) u. d. Centre National de la Recherche Scientifique in Paris. Berlin/Paris 1970-1984
HJb.	Heine-Jahrbuch. Hamburg 1962-1994; Stuttgart 1995ff.
Höhn 1987, 2/1997, 3/2004	Gerhard Höhn: Heine-Handbuch. Zeit, Person, Werk. Stuttgart/Weimar 1987; 2., erw. Aufl. 1997; 3., überarb. u. erw. Aufl. 2004
Jugendbriefe	Jugendbriefe von Robert Schumann. Nach den Originalen mitgeteilt v. Clara Schumann. Leipzig ^{4}1910
Kreisig I, II	Martin Kreisig (Hg.): Gesammelte Schriften über Musik und Musiker von Robert Schumann. Fünfte Auflage mit den durchgesehenen Nachträgen und Erläuterungen zur vierten Auflage und weiteren. 2 Bde. Leipzig 1914
Litzmann I-III	Berthold Litzmann: Clara Schumann. Ein Künstlerleben. Nach Tagebüchern und Briefen. 3 Bde. Leipzig 1902, 1905, 1908
MEW	Karl Marx/Friedrich Engels: Werke. Berlin 1972
MGG^{2}	Musik in Geschichte und Gegenwart. 2., völlig neu bearb. Ausg. Stuttgart/Weimar und Kassel 1999ff.

RSA	Robert Schumann: Neue Ausgabe sämtlicher Werke. Mainz 1991ff.
Schumanniana	Wilhelm Joseph von Wasielewski: Schumanniana. Bonn 1883
Tb I-III	Robert Schumann: Tagebücher. Bd. I: 1827-1838. Hg. v. Georg Eismann. Leipzig [2][1988]; Bd. II: 1836-1854. Hg. v. Gerd Nauhaus. Leipzig 1987; Bd. III: Haushaltbücher 1837-1856. Hg. v. Gerd Nauhaus, Basel, Frankfurt [2][1988]
Wasielewski 1/1858, 2/1869, 3/1880, 4/1906, 6/1906	Wilhelm Joseph von Wasielewski: Robert Schumann. Eine Biographie. Dresden 1858; [2]1869, Bonn [3]1880. [Eine Biographie von Wilhelm Joseph von Wasielewski. Hg. v. Woldemar von Wasielewski.] Leipzig [4]1906, [6]1906

2. Zeitschriften

AmZ	Allgemeine musikalische Zeitung, Leipzig 1798ff.
AZ	Augsburger Allgemeine Zeitung, Augsburg
BzMw	Beiträge zur Musikwissenschaft, Berlin 1959-1992 (hrsg. v. d. Gesellschaft für Musikwissenschaft)
DVjs	Deutsche Vierteljahresschrift für Literaturwissenschaft und Geistesgeschichte, Stuttgart 1923ff.
NZfM	Neue Zeitschrift für Musik, Leipzig 1834ff.

3. Allgemeine Abkürzungen

Anh.	Anhang/Anhänge
Aufl.	Auflage(n)
(ins)bes.	(ins)besonders/e
Brf. v.	Brief/e vom/n
Ders./ders.	Derselbe / derselbe
Dies./dies.	Dieselbe(n) / dieselbe(n)
Ebd./ebd.	Ebenda / ebenda
f./ff.	folgende (Seite/n)
Hrsg.	Herausgeber
Hrsg./hrsg. v.	Herausgegeben / herausgegeben von
PN	Plattennummer
S.	Seite/n
T.	Takt/e(n)
u.	und
u.a.	unter anderen/m
Übers.	Übersetzung/en
v.	von/m
V.	Vers/e
Vgl. /vgl.	Vergleiche / vergleiche
Zit./zit. n.	Zitiert / zitiert nach
Z	Zeile/n
ZZ	Zählzeit

Zeichen (innerhalb von Zitaten):

[ ]	Ergänzungen und Zusätze des Herausgebers
[...]	Auslassung

< >	Gestrichene, aber noch lesbare Textteile
<?>	Gestrichene, unleserliche Textteile
gesperrt	Hervorhebung durch den Verfasser
kursiv	Im Original unterstrichen
kursiv gesperrt	Im Original doppelt unterstrichen

Bildnachweis

S. 51 oben: Ludwig Bechstein: Sämtliche Märchen. Darmstadt 1965, »Die Hexe und die Königskinder«, S. 209 – S. 51 unten: Ebd., S. 197 – S. 52 oben: Ebd., S. 190f. – S. 52 unten: Die Loreley. Gedichte, Prosa, Bilder. Ein Lesebuch v. Wolfgang Minaty. Frankfurt a.M. 1988, S. 115 – S. 53 oben: Ebd., S. 117 – S. 53 unten: Die Loreley. Ein Fels im Rhein. Ein deutscher Traum. Katalog-Handbuch. Hrsg. v. Mario Kramp u. Matthias Schmandt. Mainz 2004, S. 96 – S. 54 oben: »An den Rhein, an den Rhein«. Das malerische und romantische Rheinland in Dokumenten, Literatur und Musik«. Eine Ausstellung des StadtMuseums Bonn. Konzeption und Durchführung Ingrid Bodsch. Bonn 2002, S. 44 – S. 54 unten: Ebd., S. 160 – S. 153-157: Bundesarchiv Berlin, Bestandssignatur R55 – S. 185, S. 187 und S. 190: Heinrich Heine: Florentinische Nächte. Mit Lithographien von Wilhelm Wagner. Berlin: Verlag Fritz Gurlitt 1920 – S. 444 oben: Georg Schünemann: Musikerhandschriften von Bach bis Schumann. Berlin/Zürich [2]1936, Tafel 96 – S. 444 unten: Universitätsbibliothek Bonn, Schumann 17, S. 45. Hier entnommen aus: Arnfried Edler: Robert Schumann und seine Zeit. Laaber 2002, S. 334 – S. 446: Robert Schumann: Carnaval für Klavier zu zwei Händen, op. 9. Nach Handschriften und persönlicher Überlieferung hrsg. v. Clara Schumann. Neu durchges. v. Wilhelm Kempff. Leipzig 1986 – S. 447: Musikerhandschriften von Schubert bis Strawinsky. Hg. v. Martin Hürlimann. Zürich 1961, S. 27 – S. 452: Musikerhandschriften, S. 9 – S. 553: Musikerhandschriften, S. 58.

Wissenschaftlicher Beirat des Kongresses

Verzeichnis der Beiträger

Appel, Prof. Dr. Bernhard R.: Studium der Schulmusik, Musikwissenschaft, Germanistik, Linguistik und Philosophie (Musikhochschule sowie Universität des Saarlandes, Saarbrücken); 1981 Promotion; 2000 Habilitation; 1986–2006 Mitarbeiter der Neuen Robert-Schumann-Gesamtausgabe in Düsseldorf; seit 2007 Leiter des Beethoven-Archivs, Bonn.

Borchard, Prof. Dr. Beatrix: Professorin für Musikwissenschaft an der HfMT Hamburg und baut dort eine multimediale Forschungsplattform zum Thema »Musik und Gender« auf; Arbeitsschwerpunkte: Interpretationsgeschichte, Geschlechterforschung, Musik als Akkulturationsmedium, Musikvermittlungsforschung.

Cook, Prof. Dr. Roger F.: Professor of German and Film Studies an der University of Missouri (USA). Chair des Department of German and Russian Studies und Direktor des Programms für Film Studies. Studium der Germanistik an der Universität Freiburg und an der University of California, Berkeley, Promotion 1986.

Danuser, Prof. Dr. Hermann: Promotion 1973 in Zürich; Habilitation 1982 in Berlin; seit 1993 Professor für Historische Musikwissenschaft an der Humboldt-Universität zu Berlin; ordentliches Mitglied der »Berlin-Brandenburgischen Akademie der Wissenschaften«. 2005 verlieh ihm die Londoner Universität Royal Holloway die Würde eines Ehrendoktors. Seine Forschungsgebiete sind Neuere und Neueste Musikgeschichte, Musikästhetik, Musiktheorie, Musikalische Interpretation.

Deiters, PD Dr. Franz-Josef: Studium der Germanistik und Philosophie. 1997 Promotion, 2004 Habilitation an der Universität Tübingen, Gastprofessuren in Sarajevo und Frankfurt a.M.; seit Oktober 2006 Senior Lecturer an der Monash University in Melbourne (Australien). Forschungsschwerpunkte u.a.: Deutschsprachige Literatur seit dem 18. Jahrhundert; Theorie der Autorschaft; Theorie und Geschichte von Drama und Theater; Kulturgeschichte des literarischen Pseudonyms; Kulturanthropologie der Arbeit.

Drux Prof. Dr. Rudolf: Studium der Germanistik, Latinistik und Vergleichenden Sprach- und Literaturwissenschaft; Professor für Neuere deutsche Literaturgeschichte an der Universität zu Köln.

Edler, Prof. Dr. Anfried: Studierte Schulmusik, Deutsche Literaturgeschichte und Philosophie in Saarbrücken und Kiel; 1964 A-Examen für Evangelische Kirchenmusik an der Musikhochschule Köln; 1968 Promotion und anschließend Referendariat für das Lehramt an Gymnasien; nach der Habilitation 1978 wurde er Professor für Historische Musikwissenschaft an der Universität Kiel und wirkte von 1989 bis 2003 an der Hochschule für Musik und Theater Hannover.

Ehrhardt, Prof. Dr. Damien: Promotion 1997 an der Sorbonne, Paris (Diss.: La Variation chez Robert Schumann. Forme et évolution. Lille 1998); 2004 Habilitation an der Universität Marc Bloch Strasbourg. Gründungspräsident der Association Musicale d'Etudes Franco-Allemandes, Saarbrücken (AMEFA e.V.). Tätigkeit als Pianist (u.a. »artiste en résidence« in der Abbaye Royale de Fontevraud, Frankreich); z. Zt. Vertretungsprofessor für Musikwissenschaft und Kulturmanagement an der Universität d'Evry-Val d'Essonne (bei Paris)

Emans, Dr. Reinmar: Studium der Musikwissenschaft, Germanistik und Italianistik in Bonn. 1982 wurde er mit einer Arbeit über die Kantaten und Canzonetten von

Giovanni Legrenzi promoviert; 1983-1996 wissenschaftlicher Mitarbeiter am Johann-Sebastian-Bach-Institut Göttingen (zuletzt stellvertretender geschäftsführender Direktor; Lehraufträge in Bochum und Marburg. Seit 1983 Mitarbeiter bei Hifi Vision, Stereo und Fono Forum sowohl im Klassik- als auch im Pop-Bereich. Seit 2003 ist er Sprecher der Fachgruppe »Freie Forschungsinstitute in der Gesellschaft für Musikforschung«.

Gamper, Prof. Dr. Michael: SNF-Förderprofessor für Literaturwissenschaft an der ETH Zürich. Forschungsschwerpunkte: Literatur des 18., 19. und frühen 20. Jahrhunderts; Kollektivphänomene und soziale Imagination; historische Stadtlektüre; Sport und Literatur; Literatur und Wissenschaft; Literaturgeschichte des Experiments.

Gesse-Harm, Dr. Sonja: 1990-1997 Studium der Musikwissenschaft sowie der Deutschen Sprache und Literatur an der Philipps-Universität Marburg. Promotion 2005 zum Thema »Zwischen Ironie und Sentiment. Heinrich Heine im Kunstlied des 19. Jahrhunderts«.

Grimm, Prof. Dr. Gunter E.: Studium der Germanistik und Geschichte, Promotion, Habilitation, 1983 Professur Universität Tübingen, 1988 Universität Würzburg, 1994 Lehrstuhl Universität Duisburg, 2004 Universität Duisburg-Essen. Forschungsschwerpunkte u.a. Literatur der Aufklärung (bes. Lessing), Geschichte der deutschen Lyrik, Literatur des 20. Jahrhunderts (bes. Nachkriegsliteratur), Literaturtheorie, Wissenschafts- und Mentalitätsgeschichte von der Renaissance bis zur Gegenwart. Zahlreiche Monografien, Sammelbände, Editionen und Aufsätze in Zeitschriften, Sammelbänden, Festschriften und im Internet.

Gülke, Prof. Dr. Peter: Studierte an der Hochschule für Musik in Weimar Violoncello, später an den Unversitäten Jena und Leipzig Musikwissenschaft, Germanistik und Romanistik; 1958 Promotion über Musik des 15. Jahrhunderts; 1985 Habilitation an der Technischen Universität Berlin. Seit 1959 arbeitete er als Kapellmeister an verschiedenen Theatern, seit 1976 an der Staatsoper Dresden, ab 1981 als Generalmusikdirektor in Weimar, von 1986 bis 1996 in gleicher Funktion in Wuppertal; anschließend hatte er bis 2000 eine Professur an der Hochschule für Musik Freiburg inne. Mitglied mehrerer Akademien; Auszeichnungen u.a. der »Edison-Schallplattenpreis« und der »Sigmund-Freud-Preis« der Deutschen Akademie für Sprache und Dichtung; Ehrendoktorate in Bern und Weimar.

Häfner, PD Dr. Ralph: Privatdozent an der Freien Universität Berlin und an der Universität Bern für Neuere deutsche Literatur und Vergleichende Literaturwissenschaft. Vertretungsprofessur an der Universität München im WS 2005/06.

Hallmark, Prof. Dr. Rufus: Professor of Music, Mason Gross School of the Arts, Rutgers University (USA). Studium der Musikwissenschaft an Boston und Princeton Universities, Ph. D. 1974. Auch Sänger.

Herwig, Prof. Dr. Henriette: Nach Studium der Germanistik, Theologie, Gesellschafts- und Erziehungswissenschaften an den Universitäten Kassel, Zürich und Bern, Promotion in Kassel (1985). 1986-1988 Assistenz am Institut für Germanistik und am Institut für Soziologie der Universität Bern. 1988-1989 Visiting Scholar an den Universitäten Harvard und Duke (USA), danach Oberassistenz und Habilitation (1996) an der Universität Bern. 1997-2001 Hochschuldozentur an der Universität Bern. 2001-2003 Professorin für Neuere deutsche Literaturgeschichte an der Albert-Ludwigs-Universität Freiburg. Lehrstuhlvertretungen und Gastdozenturen an den Universitäten Basel, Bern, Fribourg, Wien, Freiburg im Breisgau und an der Freien Universität Berlin. Seit 2003 Lehrstuhlinhaberin im Fach Neuere deutsche Literaturwissenschaft an der Heinrich-Heine-Universität Düsseldorf. Forschungsschwerpunkte im Bereich der Goethe-Forschung und der Goethezeit, der Romantik, der Frauenliteratur der Jahrhundertwende (um 1900), der Literatur des 20. Jahrhunderts, der Gender Studies, der Schweizer Literatur und der Literaturtheorie.

Hess-Lüttich, Prof. Dr. Dr. Ernest W. B.: Nach Studien d. Sprach-, Literatur-, Sozial-, Kommunikationswissenschaften u. berufl. Stationen in London, Braunschweig, Bonn, Berlin, Bloomington/Indiana seit 1992 Ordinarius für Germanistik (Sprach- u. Literaturwiss.) an der Universität Bern, Schweiz, mit Forschungsschwerpunkten in der Dialogforschung.

Höckner, Prof. Dr. Berthold: Associate Professor of Music and the Humanities, affiliated faculty in Germanic Studies, und resource faculty in Cinema and Media Studies an der University of Chicago. Auszeichnungen und Fellowships u.a. »Alfred-Einstein-Preis« der American Musicological Society, »Humboldt Forschungsstipendiat«, »New Directions Fellowship« der Mellon Foundation.

Höhn, Dr. Gerhard: Studium der Literaturwissenschaft und Philosophie in München, Bonn und Paris. Philosophische Promotion an der Sorbonne 1968. Ab 1970 Lehrtätigkeit am philosophischen Seminar der Universität Caen (Normandie). Heute freier Wissenschaftler und Publizist. Arbeitsschwerpunkte: Heine, Vormärz; außerdem: aktuelle deutsche und französische Philosophie.

Hohendahl, Prof. Dr. Peter Uwe: Jacob Gould Schurman Professor of German and Comparative Literature an der Cornell University (USA). Direktor des dortigen Institute for German Cultural Studies. Ausgedehnte Publikations- und Lehrtätigkeit zur deutschen und europäischen Literatur vom 18. bis zum 20. Jahrhundert sowie zur Literatur- und Kulturtheorie mit besonderer Berücksichtigung der Kritischen Theorie. Hinzu kommen zahlreiche Publikationen zur Wissenschaftsgeschichte und -politik.

John, PD Dr. Eckard: Studium der Musikwissenschaft, Volkskunde und Geschichte in Freiburg i. Br.; 1993 Promotion. Wissenschaftlicher Mitarbeiter des »Deutschen Volksliedarchivs« (Freiburg i. Br.). Lehraufträge an den Universitäten in Basel, Bern und Freiburg i. Br. Forschungsschwerpunkte: Sozialgeschichte der Musik, Musikgeschichte in Deutschland und Russland, populäre und traditionelle Lieder.

Kalisch, Prof. Drs. Volker: Studium der Musikwissenschaft, Philosophie und Soziologie an den Universitäten Tübingen, Zürich u. Freiburg i. Br.; 1986 Promotion in Musikwissenschaft (Freiburg i. Br.), 1990 in Soziologie (Uni Tübingen). Lehrte Musikwissenschaft an verschiedenen Hochschulen in Deutschland sowie an den Universitäten Adelaide (Süd-Australien) und Bern. Seit 1994 ist er Professor für Musikwissenschaft an der Robert-Schumann-Hochschule Düsseldorf; 1996 Wahl zum Senat, 1998 Ernennung zum Prorektor für Studium, Lehre und Forschung; Amtsbestätigung und Wiederwahl 2002; seit 2005 (nach 1995-98) erneut Geschäftsführender Direktor des Musikwissenschaftlichen Instituts der RSH.

Kleinertz, Prof. Dr. Rainer: Studium der Musik an der Hochschule für Musik Detmold, der Musikwissenschaft, Germanistik und Romanistik an der Universität Paderborn. 1992 Promotion. Von 1992 bis 1994 Gastprofessor (Profesor Visitante) an der Universidad de Salamanca. 1994-2006 Wiss. Assistent, dann Privatdozent und Lehrstuhlvertreter an der Universität Regensburg. 2000-2001 als Visiting Fellow an der Faculty of Music der Universität Oxford. Seit 2006 Ordinarius für Musikwissenschaft an der Universität des Saarlandes. Forschungsschwerpunkte sind Franz Liszt und Richard Wagner sowie das spanische Musiktheater des 18. Jahrhunderts.

Kok, Dr. Roe-Min: Assistant Professor an der McGill University in Montreal, Kanada. Studium der Musikwissenschaft, Ethnomusikologie und Anthropologie an der Harvard-Universität, Cambridge/MA (USA.). Promotion 2003.

Kolb, Prof. Dr. Jocelyne: Studium der Germanistik und Romanistik an der Yale University; Promotion 1979. Professor of German Studies, zur Zeit Chair, Smith College (Northampton/MA, USA).

Kortländer, Prof. Dr. Bernd: stellv. Leiter des Heinrich-Heine-Instituts, Honorarprofessor der Heinrich-Heine-Universität Düsseldorf. Ausgedehnte Publikations- und Vortragstätigkeit zur Literatur des 19. Jahrhunderts; zum deutsch-französischen Literaturtransfer sowie zur Literatur und Kultur des Rheinlands um 1900. Veröffentlichungen: u.a. Heinrich Heine (Reclam 2003); Baudelaire und Deutschland – Deutschland und Baudelaire (mit Hans T. Siepe 2005); »Rheinisch«. Zum Selbstverständnis einer Region (mit Gunter E. Grimm 2005).

Kruse, Prof. Dr. Joseph A.: Studium der Germanistik, Geschichte, kath. Theologie und Philosophie in Bonn; Promotion 1972, danach wiss. Mitarbeiter an der Düsseldorfer Heine-Ausgabe und Assistent an der Pädagogischen Hochschule Neuss; seit 1975 Direktor des Heinrich-Heine-Instituts in Düsseldorf; 1986 Ernennung zum Honorarprofessor an der Heinrich-Heine-Universität Düsseldorf; 1990 Gastprofessor an der University of Maryland College Park/USA und 2007 am Dartmouth College in Hanover/New Hampshire USA.

Liedtke, Christian: Studium der Germanistik und Philosophie in Hamburg, Cincinnati (USA), Köln und Bonn. Wissenschaftlicher Mitarbeiter am Heinrich-Heine-Institut, Düsseldorf, mit verantwortlich für die Internet-Edition »Heinrich-Heine-Portal« (www.heine-portal.de).

Matt, Dr. Peter von: war bis zu seiner Emeritierung 2002 Ordinarius für Neuere Deutsche Literatur an der Universität Zürich.

Meyer, Dr. Ingo: Studium in Bielefeld, Berlin, Bonn und Bochum. Promotion 2004, Arbeiten zum historischen und aktuellen Realismus und zur Soziologiegeschichte. Seit August 2005 in der Redaktion der Simmel Studies.

Neuhaus, Prof. Dr. Stefan: Universitätsprofessor für Literaturkritik, Literaturvermittlung und Medien / Angewandte Literaturwissenschaft an der Leopold-Franzens-Universität Innsbruck. 1986-1991 Studium der Germanistik in Bamberg und Leeds. 1996 Promotion. 1999 Visiting Assistant Professor an der University of the South (USA). 2001 Habilitation. 2003/04 Professor für Neuere deutsche Literaturwissenschaft in Oldenburg; 2005 Ehrendoktorwürde der Universität Göteborg.

Niemöller, Prof. Dr. Klaus Wolfgang: Studium der Musikwissenschaft, Theaterwissenschaft und Kunstgeschichte an der Universität Köln; Promotion 1955, Habilitation 1964. Direktor des Musikwissenschaftlichen Seminars der Universität Münster 1975-1983, des Musikwissenschaftlichen Instituts der Universität Köln 1983-1994. Mitglied der »Nordrhein-westfälischen Akademie der Wissenschaften« seit 1976; Präsident der »Gesellschaft für Musikforschung« 1989-1993; Vorsitzender des »Joseph Haydn-Instituts«, Köln, 1976-2006, der »Robert-Schumann-Forschungsstelle« in Düsseldorf seit 1986.

Palzhoff, Thorsten: Studium der Neueren Deutschen Philologie, Vergleichenden Literaturwissenschaft und Musikwissenschaft an der TU Berlin. Seit 2004 wissenschaftlicher Mitarbeiter im Zentrum für Literaturforschung Berlin, Arbeitsstelle Jacob Taubes. Im September 2006 erschien im Steidl Verlag als Prosadebüt der Erzählband »Tasmon«.

Peters, Prof. Dr. Paul: Studium der Germanistik und Philosophie an der Freien Universität Berlin, wo er mit einer Arbeit über die Rezeption Heines promovierte. Seit 1989 ist er Professor am Department of German Studies, McGill University, Montréal, Québec, Kanada.

Pott, Prof. Dr. Hans-Georg: Studium der Germanistik und Philosophie in Berlin (FU), Mainz und Düsseldorf; Promotion 1974; Habilitation 1979. Seit 1983 Universitätsprofessor für Neuere Deutsche Literaturwissenschaft an der Heinrich-Heine-Universität Düsseldorf. Von 1983 bis 1989 Leiter des Eichendorff-Instituts an der Universität Düsseldorf.

Preiß, Dr. Friederike: Musikstudium an der Hochschule für Musik Köln und am Conservatoire »Hector Berlioz« in Paris; Tätigkeit als Orchesterflötistin (u.a. Mitglied der »Essener Philharmoniker«); Studium der Philosophie, Theater-, Film- und Fernsehwissenschaft sowie Rechtswissenschaft an der Universität zu Köln und Musikwissenschaft an der Robert-Schumann-Hochschule Düsseldorf, dort Promotion: »Der Prozeß. Clara und Robert Schumanns Kontroverse mit Friedrich Wieck«. Frankfurt a.M. 2004. Seit Juni 2005 vom Wissenschaftsministerium Nordrhein-Westfalen (MIWFT) mit der Projektleitung einer bundesweiten Studie zum Thema »Hochschul-Fundraising und Gender Diversity Management« beauftragt.

Reininghaus, Frieder: Lebt als Publizist in Köln und arbeitet u.a. für Deutschland-Radio/Deutschlandfunk, WDR, Südwestrundfunk sowie verschiedene Tageszeitungen und den Rheinischen Merkur – vor allem über Musiktheater in Europa. 1996-2005 Lehrauftrag an der Universität Bayreuth, seit 2005 an der Universität Wien.

Schmitz-Emans, Prof. Dr. Monika: Studium der Germanistik, Philosophie, Italianistik und Pädagogik in Bonn. Professuren an der FernUniversität Hagen und (seit 1995) an der Ruhr-Universität Bochum. Seit 2005 Mitglied der »Academia Europaea«.

Schnitzler, Prof. Dr. Günter: Studium der Germanistik, Philosophie, Musikwissenschaft und Kunstgeschichte an den Universitäten Köln, Bonn und Freiburg; 1980 Promotion; 1988 Habilitation. Bis 1994 Privatdozent an der Albert-Ludwigs-Universität Freiburg. Mitglied der »New York Academy of Scienes«; Gründungsmitglied der »Gesellschaft für Musik und Ästhetik«. Mitherausgeber des Hofmannsthal-Jahrbuchs. Seit 1994 Professur für Neuere deutsche Literatur und Musik an der Albert-Ludwigs-Universität Freiburg.

Schönborn, Prof. Dr. Sibylle: Studium der Germanistik, Soziologie und Erziehungswissenschaften an der RWTH Aachen. Außerplanmäßige Professorin für deutsche Literatur an der Heinrich-Heine-Universität Düsseldorf. Mitherausgeberin der kritischen, kommentierten Ausgabe der »Gesammelten Schriften C. F. Gellerts«.

Solibakke, Dr. Karl Ivan: Studium der Musikwissenschaft mit Schwerpunkt Operngeschichte an der University of Maryland in College Park. 1985-1999 Schulleiter und Distrikt-Manager in der Erwachsenenbildung und der betrieblichen Aus- und Weiterbildung. 1999 Studium der Germanistik, Sprachwissenschaften und Philosophie an der Heinrich-Heine-Universität in Düsseldorf;. 2004 Promotion. Seit 2006 Senior Research Fellow an der Heinrich-Heine-Universität mit einem Publikationsprojekt im Bereich der transatlantischen Gedächtnisforschung sowie Vorstandsmitglied und Geschäftsführer der »Internationalen Walter Benjamin Gesellschaft e.V.«.

Singh, Dr. Sikander: Studium der Deutschen Philologie, Anglistik, Amerikanistik und Kanadistik in Düsseldorf; Promotion mit einer Arbeit zu Heinrich Heine. Bis 2005 Wissenschaftlicher Mitarbeiter an den Universitäten Düsseldorf und Darmstadt; seit 2006 als Herausgeber von der Klassik Stiftung Weimar mit dem Abschluss der historisch-kritischen Säkularausgabe der Werke Heinrich Heines betraut. Publikations- und Vortragstätigkeit zu Heinrich Heine, der Literatur des 18. bis 20. Jahrhunderts und zu Fragen der Wirkungsästhetik sowie Rezeptionsgeschichte.

Steegers, Dr. Robert: Studium der Germanistik, Theologie und Philosophie in Bonn. Zeitschriftenveröffentlichungen zu Heine und zur Literatur des Vormärz.

Synofzik, Dr. Thomas: Studium der Musikwissenschaft, Germanistik und Philosophie an der Kölner Universität sowie Cembalo an den Musikhochschulen in Köln und Brüssel. 1998-2005 Lehraufträge an den Musikhochschulen in Dortmund, Essen, Trossingen, Köln und Detmold sowie der Universität Dortmund. Seit 1998 Mitarbeiter an der Schumann-Briefedition Zwickau, 2001/02 wissenschaftlicher Mitarbeiter im Forschungsprojekt »Sängerinnen in NRW« an der Musikhochschule Köln. Seit 2005 Direktor im Robert-Schumann-Haus Zwickau.

Teraoka, Dr. Takanori: Studium der Germanistik in Hiroshima und Osaka (an der städtischen Universität), Ph. D., seit 2000 Professor für die deutsche Literatur an der Universität Okayama.

Verschaffel, Prof. Dr. Tom: Historisches Seminar der Universität Löwen (Belgien). 1988-2006 Forscher für Fonds für wissenschaftliche Forschung (Flandern). Promotion 1996. Forschungsschwerpunkte: Geschichtskultur, Kultureller Nationalismus und Interkulturelle Beziehungen Belgiens im 18. und 19. Jahrhundert.

Viehöver, Dr. Vera: Studium der Germanistik, Romanistik und Philosophie in Brüssel, Aachen und Düsseldorf; 1997–2003 wiss. Mitarbeiterin im Germanistischen Seminar II der Heinrich-Heine-Universität Düsseldorf; 2003 Promotion mit einer Arbeit zum Erneuerungsdiskurs bürgerlicher Intellektueller nach dem Ersten Weltkrieg; 2004–2006 wiss. Mitarbeiterin im Seminar für Medienkulturanalyse an der Heinrich-Heine-Universität. Seit Oktober 2006 Lektorin für deutsche Sprache und Literatur an der Université de Liège/Belgien.

Wasserloos, Dr. Yvonne: Studierte Musikwissenschaft, Germanistik, Neuere Geschichte und Skandinavistik in Münster. 2002 Promotion mit der Arbeit »Kulturgezeiten. Niels W. Gade und C.F.E. Horneman in Leipzig und Kopenhagen«. Der vorliegende Beitrag entstand im Rahmen ihrer Forschungen zur internationalen Ausstrahlungskraft des Leipziger Konservatoriums im 19. Jahrhundert. Derzeit ist sie Mitarbeiterin der »Robert-Schumann-Hochschule Düsseldorf« und Lehrbeauftragte für Historische Musikwissenschaft an der Westfälischen Wilhelms-Universität Münster.

Weigel, Prof. Dr. Sigrid: Direktorin des Zentrums für Literatur- und Kulturforschung und Professorin am literaturwissenschaftlichen Institut des TU Berlin. Forschungsschwerpunkte: Literatur- und Kulturwissenschaft, deutsch-jüdische Autoren (Heine, Freud, Warburg, Benjamin, Arendt, Taubes), Erbe/ Genealogie, Literatur und Wissenschaftsgeschichte.

Wendt, Dr. Matthias: Studierte Musikwissenschaft, Linguistik und Kommunikationsforschung an den Universitäten Bonn und Köln. 1982 Promotion über »Die Trios der Brüder Graun«. Bis 1985 arbeitete er an einer Edition der fünf Studienbücher Robert Schumanns; von 1985 bis 1991 war er Mitarbeiter des »Johann-Sebastian-Bach-Instituts« in Göttingen; seit 1991 arbeitet er in der »Schumann-Forschungsstelle« in Düsseldorf an der Neuen Robert-Schumann-Gesamtausgabe.

Werner, Prof. Dr. Michael: »Directeur de recherche« am C.N.R.S. und Professor an der Ecole des hautes études en sciences sociales, wo er das Centre de recherches interdisciplinaires sur l'Allemagne leitet. Seine Forschungsschwerpunkte sind die Sozialgeschichte des deutsch-französischen Kulturtransfers, die Kulturgeschichte des Hörens von Musik sowie die Geschichte und Methodologie der Kulturwissenschaften.

Winkler, Prof. Dr. Markus: Studium der Romanistik, Germanistik, Philosophie und Pädagogik in Bonn, Paris und Lausanne. Promotion 1983, Habilitation 1996. Forschungs- und Lehrtätigkeit in der Schweiz (1983-1989) und in den USA (1990-1998). Seit 1998 Ordinarius für Neuere deutsche und Vergleichende Literaturwissenschaft an der Universität Genf. Forschungsschwerpunkte: Aufklärung, Klassik, europäische Romantik, Mythostheorie und Probleme der Mythenrezeption, Ästhetik, literarische Gattungen, Begriffsgeschichte, Literatur und Ethnografie.

Witte, Prof. Dr. Bernd: Lehrstuhlinhaber für Neuere Deutsche Literaturwissenschaft (seit 1994) und Dekan der Philosophischen Fakultät der Heinrich-Heine-Universität Düsseldorf (seit 2002); Gastprofessuren in den USA, Israel und Frankreich; Vorsitzender der »Internationalen Walter Benjamin Gesellschaft« (seit 2001) und des »Freundeskreises des Goethe-Museums Düsseldorf« (seit 2005). U. a. Herausgeber des »Goethe-Handbuchs« und der kritischen Ausgabe der »Gesammelten Schriften Christian Fürchtegott Gellerts«.